MANUEL

DES

ACCOUCHEMENTS

ET DES MALADIES

DES

FEMMES GROSSES ET ACCOUCHÉES.

—

TOME SECOND.

Librairie Médicale de Germer Baillière.

ANDRIEUX (de Brioude) et LUBANSKI. Annales d'obstétrique, des maladies des femmes et des enfants. 1842—1843, 3 vol. in-8, avec fig. 12 fr.

BARTHEZ et RILLIET. Traité clinique et pratique des *maladies des enfants*, par MM. les docteurs *Barthez* et *Rilliet*, anciens internes de l'hôpital des Enfants-Malades, 1843, 3 forts vol. in-8, de 2,400 pages. 21 fr.

BAUDELOCQUE. Principes sur l'art des accouchements, par demandes et réponses, en faveur des élèves sages-femmes ; 7e édition, revue et corrigée. 1838. 1 vol. in-12, avec 30 fig. 7 fr. 50.

BAUDELOCQUE. L'art des accouchements, 8e édition, 1844, 2 vol. in-8 de 1,340 pages, avec 17 pl. 18 fr.

BÉRARD (A.). Diagnostic différentiel des *Tumeurs du sein*, par *A. Bérard*, professeur de clinique chirurgicale à la Faculté de médecine de Paris. 1842, 1 vol. in-8. 3 fr. 50

BRIERRE DE BOISMONT. De la *menstruation* considérée dans ses rapports physiologiques et pathologiques. (*Ouvrage couronné par l'Académie royale de médecine, dans la séance du 17 décembre 1840.*) 1842, 1 vol. in-8. 6 fr.

DUPARCQUE. Traité des maladies de la *matrice*, par F. Duparcque, docteur en médecine, ancien interne des hôpitaux de Paris. 1839, 2 vol. in-8. 12 fr.

IMBERT. Traité pratique des *maladies des femmes*, par F. Imbert, ex-chirurgien en chef de la Charité, professeur de l'école secondaire de médecine de Lyon. 1840, 1 vol. in-8. 6 fr.

LACROIX (Édouard.) Traité de l'antéversion et de la rétroversion de l'utérus, 1844, in-8. 3 fr. 50.

LISFRANC. Maladies de *l'utérus*, d'après les leçons cliniques faites à l'hôpital de la Pitié, par le docteur Pauly. Paris, 1836, 1 vol. in-8, broché. 6 fr.

MOREAU. MANUEL DES SAGES-FEMMES, contenant la saignée, l'application des ventouses, la vaccine, la description et l'usage des instruments relatifs aux accouchements, avec des notes sur plusieurs parties des accouchements (*pour servir de complément aux Principes d'accouchements de Baudelocque*. 1839, 1 vol. in-12, avec fig. 2 fr.

NAEGELE. Manuel d'accouchements, à l'usage des sages-femmes ; traduit de l'allemand par le docteur Pigné, conservateur du musée Dupuytren. 1844, 1 vol. in-12, broché. 4 fr.

SOLAYRÈS. Dissertation sur l'accouchement terminé par les seules forces de la mère ; traduit du latin par le docteur Andrieux (de Brioude). 1842, in-8, br. 2 fr 50

MANUEL

DES

ACCOUCHEMENTS

ET

DES MALADIES
DES FEMMES GROSSES ET ACCOUCHÉES,

CONTENANT

LES SOINS A DONNER AUX NOUVEAUX-NÉS;

PAR

J. JACQUEMIER,

Docteur en médecine de la Faculté de Paris, ancien interne
de la Maison d'accouchements (Maternité).

Avec 63 figures intercalées dans le texte.

TOME SECOND.

PARIS.

GERMER BAILLIÈRE, LIBRAIRE-ÉDITEUR,
17, RUE DE L'ÉCOLE-DE-MÉDECINE.

1846.

TRAITÉ D'OBSTÉTRIQUE.

LIVRE IV
(suite).

CHAPITRE II.

DE LA DYSTOCIE (ACCOUCHEMENT VICIEUX).

CONSIDÉRATIONS PRÉLIMINAIRES.

La *dystocie* (*accouchement vicieux, anormal, artificiel,* etc.) comprend les cas dans lesquels la fonction de l'enfantement ne peut s'exécuter par les seules forces de la nature sans préjudice pour la mère ou pour l'enfant, ou ne s'exécute qu'avec beaucoup de peine et de dangers pour l'un ou pour l'autre, et souvent pour les deux à la fois, soit parce que l'action des forces expultrices est en défaut ou irrégulière, soit parce que des obstacles plus ou moins grands s'opposent à la sortie du produit de la conception, soit parce que des accidents viennent compromettre l'existence de la mère et de l'enfant, ou de celui-ci seulement, avant que l'accouchement puisse se terminer. Les obstacles plus ou moins insurmontables dépendent de l'enfant, lorsque celui-ci se présente mal, lorsqu'il a un volume ou une conformation vicieuse. Les voies qu'il doit traverser peuvent rendre l'accouchement difficile et même impossible sous l'influence des seules forces de la nature, par une mauvaise conformation, soit du bassin, soit des parties molles. Les accidents qui viennent compromettre la vie de l'enfant ou de la mère, sans que l'expulsion soit entravée par des obstacles, sont également d'ordres différents : ce sont le prolapsus du cordon, l'hémorrhagie utérine, l'éclampsie, les ruptures de l'utérus, du vagin, etc.

On a pendant longtemps classé en plusieurs groupes, d'après leur analogie, les cas nombreux et variés qui sont du domaine de la dystocie, de manière à diviser les accouchements vicieux en classes, en genres et en espèces ayant une physionomie, des caractères et des indications propres. Sous l'influence de ces idées séduisantes, applicables sous certains rapports, mais sous d'autres conduisant fatalement à des confusions étranges, surtout pour les indications, sont nées des classifications qui, avec la prétention de réunir les causes de dystocie dans l'ordre le plus naturel et le plus avantageux pour l'étude et pour la pratique, n'ont produit que désordre et confusion. Il convient de rappeler les grandes divisions de quelques unes de ces classifications qui ont été le plus généralement adoptées. Solayrès, suivi par Baudelocque, a divisé les accouchements qui exigent le secours de l'art en deux classes. Il place dans la première ceux qui réclament le secours de la main ; dans la seconde, ceux qui ne peuvent se terminer que par l'application d'un instrument sur le corps du fœtus ou de la mère. Cette division, qui est excellente pour exposer l'obstétrique opératoire, est des plus défectueuses pour étudier les causes de dystocie. D'ailleurs, Solayrès et Baudeloque ont beaucoup trop multiplié les subdivisions. D'après une autre division très vulgaire, où les mots sont pris dans un sens conventionel, on a distingué les accouchements vicieux en *accouchement laborieux*, lorsque, la tête se présentant, l'expulsion se prolonge beaucoup au-delà du terme ordinaire, et qu'on est forcé d'aider ou de suppléer les forces de la nature ; en *accouchement contre nature*, lorsqu'on tire l'enfant par les pieds, ou dans lesquels on délivre le corps avant la tête.

En classant les accouchements d'après le mode de leur terminaison, on est obligé, comme l'a fait observer Désormeaux, de considérer les obstacles qu'on rencontre, les accidents qui surviennent, comme causes de telle classe, de tel ordre ou de tel genre d'accouchements ; et comme la même cause peut, suivant son intensité, suivant l'état plus ou moins avancé de l'accouchement, et suivant d'autres considérations, exiger un mode de terminaison, un procédé différent, il s'ensuit qu'en traitant de chaque ordre ou genre, qui est basé sur un procédé particulier, il faut renouveler l'exposition de ces différentes causes. Ainsi, par exemple, l'hémorrhagie utérine exige souvent que l'on accélère la sortie du fœtus ; dans certains cas, il est préférable d'opérer la version et de l'amener par les pieds ; dans d'autres, l'usage du forceps est spécialement indiqué. Outre l'inconvénient de ces répétitions, il y en a un autre encore plus grave, c'est de présenter relativement aux indications qu'exigent ces accidents ou ces obstacles des préceptes isolés, de ne pas permettre d'établir les considérations relatives qui doivent influer sur le choix du procédé à mettre en usage, suivant les circonstances exposées plus haut. La marche adoptée par Désormeaux, exempte de ces inconvénients, conforme d'ailleurs à celle qui est suivie dans les autres branches de la médecine, consiste à caractériser les états morbides préexistants et accidentels, ou survenus à l'occasion de l'accouchement, qui forment des obstacles ou des complications qui, en menaçant l'existence de la mère ou de l'enfant, empêchent qu'on ne confie à la nature le soin d'opérer cette terminaison, et à fixer avec précision les indications que chacun de ces états morbides peut présenter, soit par lui-même et d'une manière absolue, soit relativement aux circonstances dans lesquelles on peut le rencontrer. Cette manière si simple d'envisager les objets de la dystocie a produit une réforme des plus utiles et des plus importantes.

Nous nous proposons d'étudier les causes de la dystocie dans l'ordre suivant. Nous rangeons dans une première section les cas où la marche de l'accouchement est entravée par un vice dans l'action des forces expultrices, et ceux où la présentation et les autres conditions de l'accouchement étant à l'état normal, ou s'en écartant peu, l'expulsion est exceptionnellement entravée. La plupart des accouchements qui entrent dans cette classe, plus pénibles, plus laborieux, plus dangereux que l'accouchement naturel, ne demandent souvent, pour être terminés spontanément, que plus de temps et l'emploi des moyens généraux. Ils forment en quelque sorte la transition entre l'accouchement naturel et l'accouchement franchement vicieux, et rendu tel par l'absence de l'une des extrémités de l'ovoïde fœtal à l'entrée du bassin, par des obstacles formés par des états pathologiques divers, enfin par des accidents qui surviennent au moment même de l'accouchement. Les cas de dystocie qui sont relatifs au fœtus formeront la deuxième section ; la troisième comprendra les accouchements avec obstacles mécaniques formés par les parties de la mère, et la quatrième ceux qui sont compliqués d'accidents graves.

Parmi les indications que réclament les différents genres de dystocie, les unes, comme la présentation du tronc, les accidents graves inopinés, etc., sont évidentes d'emblée, et ne peuvent donner lieu à d'autre temporisation que celle d'attendre le moment opportun pour agir ; mais la plupart des autres, à leur premier degré, n'excluant pas la possibilité d'un accouchement spontané et heureux pour la mère et pour l'enfant, doivent faire accorder une large part à l'expectation. C'est par des transitions difficiles à saisir et souvent peu tranchées que les conditions de l'accouchement spontané disparaissent. Pour les obstacles sur le trajet du conduit vulvo-utérin, comme pour la plupart des autres cas de dystocie, il n'y a pas une ligne de démarcation tranchée entre l'accouchement naturel et l'accouchement vicieux. Avant d'atteindre le degré où l'organisme devient absolument impuissant, et où l'intervention de l'art est inévitable, se trouve une foule de conditions de dystocie qui ne rendent pas l'expulsion spontanée du fœtus absolument impossible, et dans ce cas tantôt il est plus avantageux d'attendre, tantôt d'intervenir à propos dans l'intérêt de la mère ou de l'enfant, ou des deux à la fois. Or, comme avec les mêmes principes généraux il est impossible que, dans l'application, c'est-à-dire dans l'appréciation de toutes ces circonstances dans chaque cas particulier, il y ait un accord parfait, où l'un croira devoir attendre encore quelque temps une expulsion spontanée, l'autre voit la nécessité de terminer artificiellement l'accouchement; il en résulte que les rapports de l'accouchement naturel à l'accouchement artificiel sont rendus fort variables. A ceux que nous avons indiqués, t. I, p. 545, comme fondés sur des appréciations aussi exactes et aussi judicieuses que possible des ressources de l'organisme, nous ajouterons les suivants, pour mettre les résultats les plus opposés en présence.

Ainsi, tandis qu'à l'école de Vienne, pendant les derniers temps de la vie de Boer, l'accouchement artificiel a été à l'accouchement naturel comme 1 est à 134, les relevés d'autres écoles de l'Allemagne nous le montrent comme 1 à 7, à 8, à 10, etc. On conçoit qu'une foule de circonstances font varier les résultats de ces relevés, surtout lorsqu'ils n'embrassent qu'une courte période; mais ils prouvent suffisamment qu'il existe une pratique active, turbulente, dangereuse, qui se substitue sans nécessité, ou prématurément, aux forces de la nature dans l'accomplissement de l'acte de la parturition. D'un autre côté, comme il est assez rare, si la présentation n'est pas vicieuse, lorsque les obstacles ne sont pas étendus, que l'expulsion spontanée ne finisse par avoir lieu à la longue, mais à la condition de n'exposer guère moins la vie de la mère que celle de l'enfant, il faut se borner à une expectation rationnelle dont il n'est pas possible de déterminer les limites en fixant, comme l'ont fait quelques accoucheurs, un nombre déterminé d'heures. La durée du travail doit être prise en grande considération; mais elle doit être subordonnée à l'appréciation des phénomènes physiologiques et mécaniques du travail, à la nature et à l'étendue de l'obstacle, à l'état de la femme et du fœtus, etc., ce qui ne peut être fait qu'en étudiant séparément avec détails chaque espèce de dystocie.

SECTION I. — Dystocie par vice des forces expultrices. — Expulsion du fœtus accidentellement entravée dans les conditions où l'accouchement est ordinairement naturel.

1. Accouchement trop prompt. — Une marche trop rapide du travail de l'enfantement peut être dangereuse pour la mère et même quelquefois pour l'enfant. Elle dépend de ce que les forces expultrices sont absolument ou relativement trop énergiques; dans le second cas, ces forces peuvent être à l'état normal; mais les résistances naturelles sont diminuées soit par un excès d'amplitude du bassin, un petit volume du fœtus, soit parce que les parties molles qui ferment les passages sont très relâchées et très extensibles, ou parce que la sensibilité y est affaiblie.

L'excès d'énergie dans l'action contractile de l'utérus se rencontre chez des femmes de constitutions diverses, bien portantes, ou dans un état maladif; plus rarement chez les femmes fortes, robustes, consacrées à une manière de vivre active, que chez celles qui sont lymphatiques, qui ont les chairs molles, ou qui sont depuis longtemps vouées aux habitudes d'une vie sédentaire. Il n'est pas rare de voir la même femme présenter cet excès d'activité à chacun de ses accouchements; cette disposition se rencontre quelquefois chez toutes les femmes d'une même famille.

On observe assez souvent une marche excessivement rapide du travail chez des femmes qui sont dans des conditions pathologiques graves : dans un degré avancé de la phthisie pulmonaire, dans le cours d'une rougeole, d'une scarlatine, d'une variole, d'une pneumonie, etc. Deux causes concourent ordinairement à produire cet effet. Dans ces divers états, les parties molles qui ferment les passages ayant, comme organes vivants, déjà perdu une partie de leur résistance, offrent des obstacles moindres qu'à l'état normal; si la contractilité utérine n'est pas affaiblie par la même cause, un grand effet sera produit dans un court espace de temps, même avec des douleurs ordinaires, absolument comme si ces parties se trouvaient très lâches et très ramollies. D'un autre côté, la sensation douloureuse étant le régulateur des contractions utérines, lorsque la sensibilité des parties est affaiblie, ces contractions ne sont plus aussi exactement réglées et limitées, de manière qu'à la résistance moindre s'ajoute encore ordinairement un excès d'action de l'utérus ; de là une marche très rapide du travail de l'enfantement.

Dans quelques cas les muscles soumis à l'empire de la volonté qui prennent part au travail pendant la période d'expulsion, trop vivement surexcités, concourent à imprimer à l'accouchement, vers sa fin, une marche trop rapide et dangereuse ; mais en général le travail trop rapide dans tous ses temps reconnaît les causes indiquées plus haut.

On observe chez les femmes qui accouchent avec une rapidité insolite et dangereuse des contractions fréquentes, énergiques et prolongées, souvent accompagnées de douleurs incessantes qui ne laissent aucun repos ; elles peuvent se manifester ainsi dès le début du travail, et aller en croissant jusqu'à la fin. Mais le plus souvent, c'est vers le milieu ou au terme de la période de dilatation qu'elles prennent cet excès d'énergie qui précipite la terminaison de l'accouchement, principalement dans la période d'expulsion. Souvent, dans les cas de relâchement considérable des parties molles, les douleurs, tout en étant rapprochées, ne paraissent pas excessives ; mais l'orifice de la matrice, le vagin, le périnée, la vulve, cèdent avec une si grande facilité, que l'enfant, petit ou volumineux, est expulsé en très peu de temps. Lorsque la marche trop rapide du travail est liée ou coïncide avec un excès de grandeur du bassin, on observe quelquefois que le segment inférieur de l'utérus, avant la dilatation complète de l'orifice utérin, est poussé au-devant de la tête, et amené au niveau des grandes lèvres ; ce prolapsus peut même être porté beaucoup plus loin. Quant aux accouchements brusques qui surviennent chez les femmes affectées de maladies graves, le plus souvent rien n'annonce un excès d'énergie de l'utérus, soit que la sensibilité émoussée masque l'énergie de son action, soit que les parties qui doivent être dilatées aient perdu une partie de leur résistance.

Les conséquences fâcheuses qui peuvent résulter de la marche trop rapide du travail sont fort variées ; lorsqu'elle est le résultat d'un excès d'énergie des contractions, on a plus particulièrement à redouter des ruptures du périnée, du vagin, de l'utérus. L'action incessante de douleurs excessivement vives, les efforts musculaires violents provoquent souvent un état d'excitation assez inquiétant, caractérisé par un tremblement de tout le corps, de l'incohérence dans les facultés intellectuelles, des mouvements spasmodiques suivis de faiblesse et d'épuisement. Que les forces expultrices soient absolument ou relativement trop fortes, la déplétion trop brusque de la matrice peut lui faire perdre pendant un temps assez long la faculté de se contracter convenablement, d'où il résulte souvent un retard dans le décollement et l'expulsion de l'arrière-faix, des contractions utérines irrégulières, le décollement partiel, la rétention du placenta, une hémorrhagie grave, le renversement de l'organe, etc., des faiblesses, une syncope et plusieurs autres troubles fonctionnels. Si, au moment où l'expulsion a lieu, la femme se trouve dans une position défavorable, l'enfant peut tomber et se blesser, le cordon se déchirer ou déterminer une traction capable d'entraîner l'utérus. Les conséquences d'un accouchement trop rapide sont d'autant plus graves que l'utérus a été plus distendu, que la femme a été plus souvent enceinte, et que la marche du travail a été plus rapide.

Pour prévenir les conséquences fâcheuses que peut avoir un accouchement trop rapide, il faut recommander à la femme de se coucher dès le début du travail dans une position presque horizontale, de garder le repos, de ne rien faire qui puisse solliciter les contractions utérines, et de modérer les efforts volontaires le plus qu'elle pourra. Les femmes qui sont sujettes aux accouchements trop prompts doivent, vers la fin de la grossesse, éviter les travaux pénibles, les mouvements violents, et même garder le repos; mais il est avantageux pour celles qui sont d'une constitution faible, qui ont des habitudes sédentaires, de se promener au grand air, de mener une vie plus active.

Lorsque la femme est forte, que les douleurs sont très intenses, continues, et accompagnées d'une grande agitation, une saignée peut amener du calme et ralentir le travail.

On a donné le conseil, pour prolonger le plus possible le travail, d'ouvrir les membranes avant que la dilatation soit suffisante pour recevoir la tête. Cette conduite, qui doit avoir souvent un effet tout contraire, ne mérite cependant pas une proscription absolue; en mettant un temps moins court entre la déplétion partielle et la déplétion complète de l'utérus, elle peut le préparer à revenir plus régulièrement sur lui-même que lorsque ces deux temps sont à peine séparés par quelques instants. Si la tête se précipite dès que la poche des eaux s'est rompue, il faut la soutenir à l'aide de deux ou quatre doigts introduits dans le vagin, et la retenir contre l'une des parois latérales du bassin. Il faut également éviter de lui laisser traverser trop rapidement le détroit inférieur, afin de prévenir la rupture du périnée et les déchirements de la vulve.

Lorsque le segment inférieur de l'utérus tend à faire saillie au-dehors, on le soutient avec les doigts convenablement placés, de manière à lui fournir un appui suffisant.

Il est avantageux de placer, immédiatement après la sortie de l'enfant, un bandage de corps autour du ventre, pour neutraliser les effets de sa déplétion trop rapide. La mère doit garder le repos plus longtemps que de coutume dans la situation où elle se trouve; si l'utérus est volumineux et mou, mais s'il ne sort pas de sang et qu'elle se trouve bien, on ne devra pas se hâter de faire des frictions circulaires sur l'abdomen, dans la crainte de produire un décollement partiel du placenta, avant que l'utérus soit revenu de sa surprise. Il faut apporter une grande surveillance, afin que, si une hémorrhagie utérine se déclare, on puisse la reconnaître et y remédier à l'instant même; car un grand nombre de femmes qui accouchent brusquement sont dans des conditions générales à ne pouvoir perdre, sans beaucoup de dangers, une grande quantité de sang.

II. Défaut et irrégularité dans l'action de l'utérus. — La lenteur, la faiblesse, un état anormal, des troubles divers dans l'action contractile de l'utérus sont plus souvent qu'on ne le croit la cause d'un travail long, ennuyeux, pénible, laborieux et même dangereux, et méritent beaucoup plus d'attention qu'on ne leur en accorde ordinairement. L'observation montre tous les jours que la même femme, dans différents accouchements, est délivrée avec une promptitude et une facilité fort différente, quoique le volume des enfants diffère peu; souvent l'accouchement le plus pénible et le plus long coïncide avec un enfant fort petit. C'est que, dans la majorité des cas, la longueur du travail dépend plutôt du défaut d'action de l'utérus, ou de la résistance qu'apportent les parties molles comme organes vivants et sensibles, que de toute autre cause. Les troubles, dans l'action contractile de l'utérus, se présentent sous plusieurs formes, et reconnaissent des causes très variées; ils peuvent être classés avantageusement, pour l'étude et les indications, de la manière suivante : 1° action trop faible ou trop lente; 2° action restreinte ou entravée par divers états; 3° action partielle ou spasmodique.

1. *Faiblesse, lenteur des contractions utérines.* — Cet état présente une foule de degrés, depuis le simple allanguissement jusqu'à la suspension complète et prolongée de toute action contractile de l'utérus, et consiste en ce que les contractions utérines n'ont pas le degré d'intensité, de durée et de fréquence qu'elles devraient avoir relativement à la constitution particulière de la femme en travail; c'est-à-dire qu'elles sont insuffisantes pour surmonter les résistances normales que rencontre l'expulsion

du fœtus dans l'accouchement naturel, ou qu'elles ne peuvent les surmonter qu'avec beaucoup de peine et de temps. La dilatation de l'orifice de la matrice ou l'expulsion du fœtus est entravée par des résistances qui n'opposeraient pas d'obstacles sérieux si les forces expultrices étaient à leur état normal. Nous supposons qu'elles ne sont pas entravées par quelques uns des états qui sont indiqués à l'article suivant ; nous écartons également cette inertie consécutive, et plutôt l'épuisement que partage l'utérus avec le reste de l'économie qui survient après une longue lutte contre des obstacles extraordinaires, comme dans la présentation du tronc, le rétrécissement du bassin, etc.

Sous le rapport du retour, de l'intensité et de la durée, les contractions utérines présentent des variétés presque infinies. Dans un assez grand nombre de cas, elles se produisent avec une faiblesse et un ralentissement tout-à-fait remarquables, et sont sujettes à des suspensions prolongées ; il en résulte un travail tantôt uniformément trop long dans toutes ses périodes, tantôt trop long seulement dans l'une ou l'autre, mais plus souvent dans la première que dans la seconde. Quelques femmes ont d'abord pendant plusieurs heures des douleurs régulières qui disparaissent et reparaissent à des intervalles plus ou moins longs ; d'autres fois ce sont des douleurs sourdes, légères, qui reviennent de temps à autre. Le travail peut ainsi durer douze heures, vingt heures, et même plusieurs jours, sans que l'orifice de la matrice s'ouvre d'une manière très sensible ; le plus souvent, la femme est peu fatiguée, son sommeil est à peine interrompu, et n'éprouve aucun trouble. Une fois que le travail est franchement commencé, il peut prendre une marche régulière jusqu'à la fin, ou rester languissant. Sans débuter comme il vient d'être dit et sans être aussi long, le travail peut affecter une marche excessivement lente pendant la période de dilatation. Les douleurs peuvent être assez fortes mais rares, ou rapprochées mais faibles ; dans l'un et l'autre cas, l'orifice utérin s'ouvre très lentement. Chez quelques femmes, l'utérus, après avoir amené lentement la dilatation de son orifice, semble ne plus avoir assez de forces pour déterminer la rupture des membranes, et il se passe plusieurs heures avant que la période d'expulsion commence ; les douleurs cessent temporairement, ou continuent à divers degrés sans produire d'effet perceptible.

Il arrive assez souvent, lorsque le travail a été extraordinairement long et languissant pendant la première période, qu'il prend une marche régulière après la dilatation complète de l'orifice de la matrice et la rupture de la poche des eaux ; mais il arrive aussi que l'action de l'utérus reste languissante, et que la tête met longtemps à descendre dans le fond de l'excavation pelvienne et à traverser le détroit inférieur et la vulve. Dans ce cas on observe quelquefois, malgré le peu d'activité de la première période, que les forces se sont tellement épuisées, surtout chez les femmes faibles, que la seconde ne peut s'accomplir qu'avec lenteur et difficulté. La marche du travail peut avoir été régulière et même trop rapide pendant la période de dilatation, et se ralentir d'une manière extraordinaire pendant la période d'expulsion. L'extrémité qui se présente reste longtemps à la même place sans y être comprimée ; quelquefois cependant la tuméfaction séro-sanguine prend un développement assez considérable. Si elle est arrivée sur le périnée, par exemple, on voit que les douleurs ont peu d'effet pour le faire saillir, et l'on peut facilement faire passer le doigt autour de la tête ou du siége. On reste convaincu qu'il suffirait de quelques douleurs fortes pour amener l'expulsion, qui se fait attendre déjà depuis quelque temps, et qui ne doit point encore avoir lieu. Dans un cas observé par Gardien, la sortie de la tête, qui paraissait à la vulve, fut retardée pendant trente-six heures. Un retard aussi long dans le dernier temps de l'accouchement est assez rare. D'ailleurs, quoique dans cette circonstance on puisse et l'on doive souvent accorder à l'expectation beaucoup plus de temps que dans le cas d'obstacles mécaniques, peu d'accoucheurs se résigneraient à attendre aussi longtemps, dans la crainte, justement fondée, de compromettre à la fois la santé de la mère et la vie de l'enfant ; d'autant mieux qu'il arrive quelquefois vers la fin de la période d'expulsion que les douleurs sont faibles ou affaiblies et inefficaces par une espèce d'épuisement ; car dans les cas où les conditions de l'accouchement naturel tant du côté de la mère que du côté du fœtus se trouvent réunis, les obstacles normaux présentent des différences telles que, chez quelques femmes, avec des forces expultrices régulières, la parturition ne peut s'effectuer sans amener de l'épuisement et la nécessité d'intervenir ; à plus forte raison lorsqu'elles sont affaiblies et ralenties, qu'il existe ou non une débilité générale : aussi, si, pendant la période de dilatation, on voit assez rarement se développer des symptômes graves, il n'en est pas de même pendant la période d'expulsion lorsqu'elle se prolonge d'une manière insolite. A la fatigue qui résulte de la longueur du travail, de l'absence de sommeil, etc., s'ajoute souvent de la fièvre, de la chaleur et de la sécheresse de la peau, de l'agitation, de l'anxiété, des tremblements ; la sécheresse de la langue, des envies de vomir, de la chaleur dans le vagin, des douleurs pelviennes continues, enfin tous les phénomènes de l'épuisement, si l'on n'opère pas la délivrance.

On reconnaît l'action trop faible de l'utérus à des suspensions prolongées du travail, à des douleurs plus rares, plus courtes, plus faibles : quelquefois la sensation douloureuse est aussi forte qu'à l'ordinaire, car elle est plutôt en rapport avec la sensibilité de la femme qu'avec la force de la contraction ; à une dilatation excessivement lente de l'orifice de la matrice ; à un faible degré de tension des membranes et de l'orifice utérin, à moins qu'il n'y ait distension de l'organe par une trop grande quantité de liquide amniotique ; à une propulsion peu marquée pendant les douleurs et au peu de compression de l'extrémité fœtale qui se présente ; à l'absence des états physiologique, ou pathologique, ou mécanique qui restreignent les contractions et leur donnent une apparence de faiblesse. La femme, malgré la prolongation insolite du travail, est peu souffrante et peu fatiguée, excepté dans les cas où l'inertie est consécutive et arrive à un temps avancé de la période d'expulsion ; il survient alors de la fièvre et quelques uns des phénomènes attribués à l'épuisement.

Les causes de la faiblesse ou de l'inertie de l'utérus sont souvent obscures. On l'observe chez des femmes de constitutions fort différentes ; elle coïncide quelquefois avec un système musculaire très développé ; d'autres fois on la rencontre dans des conditions opposées ; elle est plus fréquente dans un premier accouchement, et chez les femmes qui conçoivent à une époque avancée de la vie. Chez quelques femmes elle se reproduit à des degrés différents à toutes leurs couches. On trouve quelquefois chez des femmes bien portantes, et dans les conditions ordinaires, un défaut de force ou d'excitabilité qui semble congénial chez quelques unes. La faiblesse et la lenteur des contractions utérines sont souvent liées à des conditions particulières dont nous allons faire connaître les mieux constatées par l'observation. 1° Les femmes qui ont un embonpoint extrêmement prononcé accouchent souvent avec beaucoup de peine et une lenteur extraordinaire d'un enfant très petit, parce que les douleurs sont faibles et éloignées pendant tout le cours du travail. 2° Quoique nous ayons déjà fait remarquer plusieurs fois que la matrice a, sous le rapport de la force, une indépendance très grande, en vertu de laquelle elle conserve souvent, malgré une débilité générale très prononcée, la propriété de remplir ses fonctions, et de déployer pendant l'accouchement une énergie vraiment étonnante, il n'en est pas moins vrai qu'elle participe quelquefois à la faiblesse générale naturelle, ou acquise par des maladies antérieures, graves ou de longue durée, par des chagrins, par une mauvaise alimentation ou d'autres conditions hygiéniques débilitantes. 3° On observe assez souvent que l'accouchement est extraordinairement prolongé par une action languissante de l'utérus dans le cas où l'œuf, sans doute plus fragile que de coutume, s'est divisé avant ou dès le début du travail. Il se produit un effet contraire à celui qu'on observe ordinairement lorsqu'on ouvre la poche des eaux à une époque déjà avancée du travail. Cela dépend probablement de ce que cette rupture accidentelle a lieu avant que le travail soit commencé et qu'elle le provoque lentement, et aussi peut-être de ce que l'eau s'écoulant souvent goutte à goutte, particulièrement au moment de la douleur, ce n'est qu'au bout d'un temps assez long que l'utérus rencontre une résistance et un point d'appui plus propre au développement de ses forces. 4° La force de l'utérus est souvent affaiblie par une distension excessive de l'organe, produite par une trop grande quantité de liquide, par un enfant trop volumineux, par des jumeaux, etc. 5° On a dit, sans que cela soit suffisamment justifié par l'observation, que la présence d'un fœtus mort depuis quelque temps et putréfié dans la matrice, lui enlevait une partie de son énergie contractile : chez les femmes bien portantes, la mort du fœtus semble n'avoir aucune influence sur la marche du travail. 6° Dans un assez grand nombre de cas où l'utérus semble avoir une énergie suffisante pour produire la dilatation de son orifice, qui peut même avoir lieu dans un très court délai, on trouve néanmoins qu'il en manque pour achever convenablement l'accouchement. La division de l'œuf, la descente de la tête dans le fond de l'excavation du bassin, la distension du périnée, semblent presque au-dessus de ses forces. 7° Il arrive assez souvent que ces obstacles, tout en étant à l'état naturel, présentent cependant une résistance beaucoup plus grande, mais en rapport avec la constitution de la femme, ou que la position du fœtus exige des efforts plus grands; de là une fatigue, un affaiblissement de l'utérus sans que son action soit primitivement faible. Cette faiblesse consécutive, lorsque l'expulsion tarde longtemps à se faire, est bientôt accompagnée de quelques phénomènes d'épuisement. 8° Chez quelques femmes, où les parois abdominales trop distendues ou chargées de graisse sont affaiblies, les derniers temps de la période d'expulsion se prolongent extraordinairement, moins parce que les forces de l'utérus sont en défaut que parce que l'action des muscles abdominaux est presque nulle.

Le pronostic du travail de l'accouchement, anormalement retardé par une action trop faible de l'utérus, n'est pas en général très grave, et les dangers qui peuvent en résulter ne sont pas à comparer à ceux qui sont la suite d'un retard dû à un défaut de proportion entre le volume de l'enfant et les dimensions du bassin. On peut même dire que cette anomalie du travail dans ses premiers degrés ne se distingue de l'accouchement naturel que par une plus longue durée, et sous ce rapport elle expose au danger d'une intervention prématurée, qui peut produire des troubles beaucoup plus graves dans l'action de l'utérus, ou d'autres accidents. À son plus haut degré, il peut arriver, même avant la rupture des membranes, si le travail se prolonge très longtemps et si les douleurs, quoique faibles et inefficaces, sont cependant assez rapprochées, qu'elles privent la femme de sommeil et de repos, et qu'à la longue sa situation devienne grave. Après la rupture des membranes et l'écoulement des eaux, à la fatigue et à la souffrance qui résultent des causes que je viens d'indiquer, il faut encore ajouter la distension prolongée des parties molles dans la partie du bassin occupée par la tête, et l'on voit survenir tantôt assez vite, tantôt très lentement, de la faiblesse, de l'épuisement, des congestions vers d'autres organes. Après l'accouchement, elle reste plus exposée à une délivrance compliquée, aux hémorrhagies utérines, aux phlegmasies puerpérales. Avant la division de l'œuf, le fœtus ne semble pas devoir souffrir très sensiblement de cette prolongation du travail, sans pouvoir dire qu'il soit dans des conditions aussi avantageuses que si la femme n'était pas en travail. Dans 133 cas où la première période a été de 24 à 60 heures, 8 enfants sont nés morts; dans 8 cas où elle s'est prolongée de 60 à 100 heures, un seul est né mort; 3 femmes, où elle a duré de 100 à 177 heures, ont accouché d'enfants vivants. Même après la rupture des membranes, le fœtus est assez longtemps avant de souffrir, en raison du relâchement de l'utérus. Cependant il survient à la longue de la gêne dans la circulation du placenta et du cordon, puis la mort apparente, et même la mort réelle; et si la période d'expulsion se prolonge au-delà de huit à dix heures, la proportion des morts augmente d'une manière très sensible; le danger est plus grand pour lui dans les présentations de l'extrémité pelvienne et de la face que dans celle du vertex.

Indications. — Dans l'application des secours que réclame la faiblesse ou l'inertie de l'utérus, il ne faut point perdre de vue que cet état est souvent moins une impuissance absolue, existant par elle-même, qu'une anomalie dans laquelle les contractions utérines semblent s'essayer longtemps avant de prendre un caractère franc, et que ce travail incertain, vague, longtemps inefficace, est le plus en rapport avec la constitution particulière de la femme ; il faut par conséquent, en établissant les indications, accorder une large place à l'expectation, quelle que soit la durée du travail. Il est rarement utile, souvent dangereux d'exciter par des moyens actifs la contraction utérine avant que l'orifice de la matrice ait acquis le tiers, la moitié de sa dilatation. En général, on doit être sobre de moyens actifs, tant que la période de dilatation ne touche pas à sa fin ; ils trouvent plus particulièrement leur application pendant la période d'expulsion. L'accoucheur est souvent conduit à déployer beaucoup de patience et de fermeté. Dans cet état de souffrance et d'anxiété qui semble sa fin, la patiente est très disposée à exagérer ses souffrances, à prévoir des dangers imaginaires, à se porter à la mauvaise humeur, au découragement, et à demander avec une impatience déraisonnable des secours qui ne peuvent lui être apportés avec sûreté et qu'il doit lui refuser. En même temps qu'il la traite avec douceur, et qu'il lui prodigue les encouragements que lui dicte l'humanité, il doit rester ferme dans son devoir et ne pas se laisser entraîner par les craintes et les supplications, ni par l'idée sordide d'épargner son temps. 1° Chez les femmes qui paraissent avoir naturellement un travail long, il n'est pas convenable de faire autre chose que de les encourager et leur faire éviter tout ce qui augmente la fatigue. 2° Parmi les moyens simples qu'on peut employer sans danger, et qui ont l'avantage de faire prendre patience à la femme, en même temps qu'ils peuvent soutenir ses forces, donner un peu d'énergie et d'activité aux contractions utérines, il faut placer quelques boissons diffusibles, excitantes, une infusion de camomille, de menthe, de mélisse, de cannelle et une petite quantité de vin de liqueur ; quelques gouttes d'Hoffmann, de teinture de cannelle dans une cuillerée d'eau sucrée. Mais ces moyens ont une action très limitée et souvent nulle ; ils peuvent même être nuisibles, s'ils sont prodigués ou employés sans discernement. 3° Souvent il est plus convenable de procurer à la femme du repos et de la rafraîchir, de lui faire prendre un bain tiède, de lui accorder de temps en temps un peu de bouillon ou d'autres aliments liquides légers. 4° La position verticale, l'action de marcher est un moyen qui produit quelquefois de bons effets ; la pression de l'enfant sur l'orifice de la matrice peut concourir à donner aux contractions plus d'énergie et les rendre plus fréquentes. Mais il faut éviter de porter cet exercice jusqu'à la fatigue, ce qui

ajouterait encore aux inconvénients d'un travail trop prolongé.
5° Les frictions circulaires sèches, ou avec un liniment excitant sur la région de l'abdomen occupée par l'utérus, sont un moyen qu'on emploie souvent. Lorsqu'elles réussissent, leur effet est assez prompt : aussi ne doit-on pas y insister longtemps, mais y revenir à des intervalles plus ou moins rapprochés. On les pratique de deux manières différentes : tantôt en faisant glisser la main sur les téguments, tantôt en les embrassant assez solidement pour faire mouvoir en même temps la paroi abdominale sur le fond de l'utérus. 6° Les titillations, et à plus forte raison la dilatation la mieux ménagée de l'orifice de la matrice, qui peuvent effectivement réveiller l'action de l'utérus, doivent être, sinon proscrites, au moins employées avec une grande réserve, parce que l'irritation qu'elles déterminent peut troubler d'une manière plus profonde et plus dangereuse l'action de l'utérus. 7° Les lavements purgatifs ont joui de quelque vogue pour combattre l'inertie de l'utérus ; quelques praticiens leur accordent encore une valeur que la plupart leur refusent ; quelques uns les rejettent, dans la supposition qu'ils concourent plutôt à épuiser les forces qu'à faire du bien.

8° Le seigle ergoté est l'excitant par excellence des contractions utérines pendant le travail, et peut-être la seule substance qui jouisse de cette propriété d'une manière spéciale : aussi est-il convenable de le faire connaître ici avec quelques détails, et d'indiquer sommairement les considérations pratiques qui se rapportent à son emploi comme excitant des contractions utérines dans le travail de l'accouchement.

L'ergot est une production accidentelle, qui se développe entre les valves florales de plusieurs graminées, et notamment du seigle, principalement dans les années pluvieuses, et sur les terrains humides. Mêlé avec le pain, ses mauvais effets sur l'économie ont souvent été constatés depuis le xvi⁰ siècle, par des épidémies d'une maladie grave connue sous le nom d'*ergotisme*. Il est brun, violacé à l'extérieur, allongé, recourbé en forme d'arc, légèrement fusiforme, sillonné de stries longitudinales, quelquefois de gerçures plus ou moins profondes, d'une longeur variable, mais qui dépasse rarement 3 ou 4 millimètres. Sa cassure est nette, d'un aspect corné, d'un blanc grisâtre ou violacé ; il présente à la circonférence une couche corticale, mince, d'une couleur plus foncée ; son odeur, appréciable lorsqu'il est réuni en certaine quantité, est vireuse, et se rapproche de celle du moisi ; sa saveur est légèrement âcre et mordicante. On a attribué cette production à une maladie du seigle, à la piqûre ou à la présence d'un insecte. Aujourd'hui on est généralement d'accord pour l'attribuer au développement d'un champignon parasite qui, selon les uns, se développe dans l'ovaire même, et qui végète à la place du grain dont il tient la place (*sclerotium clavus*, De Candolle). Les autres, se fondant sur les observations de M. Léveillé, le considèrent comme formé de deux parties : d'abord de l'ergot proprement dit, qui n'est que l'ovaire du grain non fécondé et développé, puis d'un champignon déliquescent (*sphacœlia segetum*), représenté au sommet de l'ergot par les traces d'une excroissance distincte et l'existence préalable sur les épis ergotés d'un suc visqueux et brillant, de saveur mielleuse, sur lesquels Saillant et Tessier avaient déjà appelé l'attention. A haute dose il agit sur les animaux à la manière des poisons narcotico-âcres.

Cette substance était depuis longtemps employée à titre de remède plus ou moins secret pour faciliter l'accouchement, par des matrones de plusieurs provinces, en France, en Allemagne, en Italie, etc., lorsque Desgranges et Parmentier vinrent la recommander à l'attention des médecins; mais elle n'est devenue l'objet d'observations suivies et d'un usage vulgaire que depuis la publication des mémoires d'Olivier Prescot, lus en 1814 à la Société médicale de Massachusetts. Quoique l'ergot soit souvent insuffisant pour amener la terminaison de l'accouchement, et qu'il n'y ait qu'une faible part dans beaucoup des cas où il est administré, ses effets sont cependant presque constants; c'est-à-dire qu'il ranime et active presque constamment, momentanément, la contractilité utérine à un degré souvent faible et insuffisant, mais presque toujours appréciable. L'action de l'ergot se fait ordinairement sentir au bout de quinze à vingt minutes; les douleurs se réveillent, se rapprochent et deviennent plus intenses et surtout plus pénibles que les douleurs naturelles; le globe utérin reste dans l'intervalle dur et contracté, et n'offre pas d'une manière aussi tranchée les alternatives de tension et de relâchement que dans le travail ordinaire : cependant on n'observe assez souvent aucune différence entre les contractions, quoique leur retour paraisse évidemment dû au médicament. La durée de son action n'est guère que d'une heure à une heure et demie, et souvent même plus courte.

Les conditions de son administration sont, que le fœtus se présente bien, qu'il n'y ait pas défaut de rapport entre son volume et la capacité du bassin, c'est-à-dire que les conditions soient telles de part et d'autre qu'on puisse rationnellement espérer l'expulsion spontanée, et qu'il y ait réellement faiblesse, inertie de l'utérus. Dans plusieurs des cas où le travail se prolonge, parce que l'action utérine est entravée par un état pathologique, une excitation générale, une pléthore, une irritation spasmodique de l'utérus, etc., il y aurait danger de l'administrer d'emblée, s'il trouve encore son application dans ces cas, ce n'est que lorsque l'état morbide est dissipé et que l'accouchement continue à traîner en longueur. On peut, contrairement à l'opinion émise par quelques accoucheurs, avoir recours à l'ergot de seigle avant que le col soit complétement dilaté et que la poche des eaux soit rompue. Par le fait de l'intégrité des membranes, le fœtus se trouve à l'abri du seul danger qu'il peut lui faire courir en produisant des contractions moins intermittentes; toutefois on doit attendre que l'orifice de la matrice soit déjà assez largement ouvert. La rupture prématurée des membranes doit rendre plus réservé sur son emploi précoce, surtout si la plus grande partie du liquide amniotique s'est écoulée. Mais c'est principalement après la dilatation plus ou moins complète de l'orifice de la matrice et la rupture de la poche des eaux, c'est-à-dire pendant la période d'expulsion, qu'il convient d'administrer l'ergot de seigle; et son emploi doit être subordonné à l'état du fœtus; c'est aux forceps, ou à l'extraction manuelle qu'il faudrait avoir recours si on le supposait en danger. Dans le cas contraire, outre l'avantage d'éviter une extraction artificielle, le seigle ergoté peut encore rendre la délivrance plus facile et prévenir les hémorrhagies utérines, très communes, dans le cas d'inertie, après l'extraction artificielle du fœtus. A doses modérées, et lorsqu'il n'est pas contre-indiqué, l'ergot de seigle est innocent pour la mère et pour l'enfant; mais il ne faut pas perdre de vue que si celui-ci, après l'écoulement du liquide amniotique, reste longtemps soumis à l'action de l'utérus se contractant sous l'influence du seigle ergoté, il peut en résulter une gêne de la circulation qui lui sera plus promptement fatale que sous l'influence des contractions naturelles. On a supposé, mais cela n'est nullement prouvé, qu'il pouvait subir une espèce d'intoxication, qu'on ne peut admettre comme possible que dans les cas où l'usage de l'ergot serait longtemps continué à des doses élevées. Relativement à la mère, administré contre toutes les règles, il peut contribuer à produire l'épuisement, amener un état d'irritation, de spasme de l'utérus et même sa rupture; il ne faudrait cependant pas supposer, comme l'ont fait quelques observateurs, qu'il produit facilement ce dernier accident. Dans plusieurs des observations de ruptures de la matrice attribuées à l'ergot, il peut y avoir eu simplement coïncidence, tant il est commun de le voir administrer avec profusion, malgré l'action énergique de l'utérus, dans les accouchements prolongés, dans les cas de présentation du tronc, de rétrécissement du bassin, etc. Enfin quelques faits prouvent qu'administré à trop fortes doses, et trop longtemps continué, il peut produire quelques uns des effets graves attribués à l'ergotisme. On administre le plus ordinairement l'ergot de seigle en poudre, à la dose d'un à deux grammes divisés en trois ou quatre parties, qu'on fait prendre dans un peu d'eau, de quinze minutes en quinze minutes, ou de demi-heure en demi-heure, afin de se réserver le moyen de suspendre les dernières doses, ou de continuer pendant un temps plus ou moins long son action sur l'utérus. On le donne aussi en infusion, en décoction, qu'on obtient avec 4 grammes d'ergot pour 500 grammes d'eau qu'on donne par tasse. C'est sous cette forme qu'il conviendrait le mieux de le donner en lavement, s'il provoquait des vomissements ou de la répugnance. L'extrait, le sirop, la teinture éthérée ou alcolique et quelques autres préparations qui n'ont pas encore été suffisamment expérimentées, sont rarement employés. Il paraît que l'ergot récolté dans les années très pluvieuses est moins actif, et que celui qui est exposé à l'air, qui est pulvérisé depuis quelque temps, perd en partie ses propriétés actives. De là le conseil de le faire triturer au moment de s'en servir, de le faire dessécher avec soin et de le tenir dans un flacon hermétiquement fermé, ou de l'envelopper dans des feuilles d'étain.

Je reviens maintenant, pour les compléter, aux indications de l'inertie de l'utérus. Les divers moyens que nous avons passés en revue ci-dessus se rapportent principalement à la faiblesse, à l'inertie de l'utérus qui se manifestent sans cause appréciable; lorsqu'il existe une cause, elle fournit souvent elle-même l'indication à remplir. 9° Dans les cas où le travail semble avoir commencé trop tôt, et se manifeste par des douleurs sourdes et éloignées qui persistent pendant vingt-quatre, quarante-huit heures, etc., et qui fatiguent la femme, la privent de repos et de sommeil, sans ouvrir d'une manière sensible l'orifice de la matrice, on peut, si elle est suffisamment forte, avoir recours avec avantage à une émission sanguine, qui peut faire cesser tout-à-fait l'action de l'utérus, et amener un temps de repos après lequel les douleurs deviendront efficaces, ou bien déterminer presque de suite un travail régulier et franc. On peut obtenir un effet semblable d'une préparation opiacée qu'on préférera à la saignée lorsque l'état de la femme semble contre-indiquer le premier moyen. 10° Lorsque l'action faible et languissante de l'utérus dépend d'une distension excessive de l'organe, après avoir attendu que l'orifice utérin soit dilaté d'une certaine étendue, et constaté que le fœtus se présente bien, il faut diviser l'œuf, ce qui amène ordinairement, après quelques moments de repos, un travail régulier. On peut être conduit à rompre prématurément les membranes pour fixer le fœtus dans une bonne présentation, lorsqu'il est très mobile et tend à se déplacer à chaque instant, comme dans le cas observé par Baudelocque. Cette mobilité du fœtus avec déplacement a été plusieurs fois constatée depuis. Ce n'est pas seulement dans les cas de distension de l'utérus qu'on obtient de bons effets de la rupture artificielle de la poche des eaux : lorsque son action est faible et languissante, il semble souvent manquer de force pour déterminer la rupture de la poche des eaux, alors même que les membranes n'ont pas une densité insolite, et le travail, arrivé vers la fin de la période de dilatation, ne fait plus de progrès. La femme éprouve souvent beaucoup de fatigue et d'agitation, quoique les douleurs soient faibles ; elles se suspendent même quelquefois complétement pendant un temps assez long. Dans ce cas, le meilleur moyen de ranimer les douleurs est de rompre les membranes. En général, dans l'inertie simple, lorsque tout est bien disposé pour la sortie de l'enfant, que les lèvres sont minces et molles, que l'orifice a acquis le tiers, la moitié de sa dilatation, et qu'il est dilatable dans le reste de son étendue, cette pratique produit de très bons effets, alors même que la distension de l'utérus n'est pas exagérée ; mais elle serait souvent dangereuse et inefficace si le col était peu dilaté et ferme. Nous avons déjà établi, tome Ier, page 615, que la densité des membranes peut être telle, qu'elles ne se rompent qu'assez longtemps après la dilatation complète du col, malgré des douleurs régulières, et qu'il en résulte un obstacle à l'expulsion du fœtus qui n'est pas insurmontable, mais qui prolonge inutilement le travail, entrave les contractions en ne leur permettant pas de prendre le degré de force et d'énergie qu'elles acquièrent par la déplétion partielle de l'organe. Il faut éviter de rompre les membranes avant la dilatation complète de l'orifice de la matrice, lorsque le fœtus ne se présente pas bien, et lorsqu'un obstacle peut faire supposer que la période d'expulsion sera longue. 11° Lorsque la tête du fœtus ferme si hermétiquement l'orifice de la matrice que le liquide amniotique ne peut pas s'échapper au-dehors, ou qu'il se forme une seconde poche des eaux, parce que l'œuf s'est d'abord divisé sur un point éloigné du centre du col utérin, il faut dans le premier cas favoriser l'écoulement des eaux, en soulevant la tête avec deux doigts, et dans le second rompre la seconde poche. On peut donner ainsi à l'utérus l'activité et la force qu'il acquiert pendant la période d'expulsion par sa déplétion partielle. 12° Lorsque la tête est derrière le périnée, on a indiqué, comme pouvant non seulement réveiller l'action de l'utérus, mais encore provoquer celle des muscles volontaires, des pressions exercées avec les doigts sur la commissure postérieure de la vulve, l'anus, le coccyx. Ces pressions, qu'il ne faut pas confondre avec la dilatation de la vulve, que nous avons repoussée comme contraire à la saine pratique, sont d'une efficacité fort bornée. 13° Si le retard de l'expulsion de la tête semblait dépendre du défaut d'action des muscles abdominaux, on pourrait essayer la compression du ventre à l'aide d'un bandage circulaire, que plusieurs praticiens regardent comme très efficace. 14° Il arrive quelquefois, malgré la faiblesse et le peu de fréquence des douleurs, qu'il survient une excitation générale assez vive, à laquelle les moyens employés pour réveiller les contractions ne sont pas toujours étrangers ; une saignée ou une préparation opiacée, suivant la force de la femme, a souvent pour effet de dissiper cet état, de suspendre l'action de l'utérus, et d'amener un temps de repos, après lequel les douleurs reprennent de la force et de la fréquence. 15° Dans les cas où l'action de l'utérus est naturellement faible, et où le travail languissant dès le début a produit une grande fatigue, dans ceux où la perte des forces, l'épuisement, se manifestent, lorsque la tête est à peine arrivée au fond de l'excavation, à plus forte raison lorsqu'elle y est depuis quelque temps et qu'il commence à y avoir danger pour la mère et pour l'enfant, il faudra éviter de prolonger trop longtemps la délivrance et d'insister sur l'emploi des excitants ; on devra préférer l'extraction artificielle, et prendre un soin tout particulier pour qu'il ne survienne pas d'hémorrhagie après l'accouchement.

2. *Action contractile de l'utérus entravée ou restreinte.* — C'est beaucoup moins souvent par une faiblesse préexistante ou accidentelle que l'utérus est en défaut et que le travail de l'enfantement devient laborieux, que parce que son action contractile est entravée, restreinte et comme paralysée à différents degrés par divers états qui ont la plupart des caractères pathologiques.

Les causes qui peuvent restreindre et même suspendre plus ou moins complétement les contractions utérines ont leur siége tantôt en dehors de l'appareil génital, tantôt sur un point de cet appareil. Dans le premier cas elles agissent tantôt d'une manière générale, tantôt comme par une espèce de révulsion. Au premier mode se rapportent les contractions entravées, ralenties par un état de pléthore, de surexcitation nerveuse, etc. ; au second les suspensions plus ou moins prolongées et souvent brusques du travail sous l'influence d'une émotion morale vive, de l'apparition brusque sur un organe d'une action pathologique aiguë. Il n'est pas rare de voir les contractions se suspendre sous l'influence d'une préoccupation vive, ou de la crainte du danger que quelques femmes supposent courir; sous l'influence d'une douleur intense développée plus ou moins brusquement dans la tête, l'estomac, etc. Ainsi, malgré l'indépendance assez prononcée de l'utérus, il n'en est pas moins souvent influencé pendant le travail par des actions qui s'exercent en dehors de lui, et par lesquelles il est sympathiquement affecté; il est vrai qu'elles ne sont assez souvent que des manifestations locales d'un état général qui atteint d'une manière plus ou moins directe l'appareil génital.

Lorsque la cause qui restreint, entrave les contractions utérines a son siége dans l'appareil génital ou sur un point qui en est voisin, tantôt elle n'apporte par elle-même aucun obstacle mécanique à la progression du fœtus : c'est un état de congestion, d'irritation sub-inflammatoire, etc.; tantôt elle est liée à la résistance qu'opposent les parties molles comme organes vivants et sensibles. Nous avons fait voir, t. I, p. 536, en traitant des phénomènes physiologiques du travail, que les conditions du conduit vulvo-utérin, qui à la fin de la grossesse prédisposent de la manière la plus évidente à un accouchement facile, médiocrement douloureux et de courte durée, sont l'effacement du col, une grande mollesse et une grande souplesse de l'orifice de la matrice et de toute la portion de son segment inférieur que circonscrit le vagin fortement évasé en haut à cette époque, la souplesse de ce canal lui-même et de la vulve, qui en se ramollissant et en se relâchant devient le siége d'une tuméfaction qui s'étend aux parties circonvoisines du périnée, la sécrétion de mucosités glaireuses, et l'absence d'irritation dans ces parties. Lorsque le travail se déclare dans ces conditions, les contractions deviennent bientôt franches et énergiques, quoiqu'elles soient le plus souvent accompagnées de douleurs modérées : car on ne peut pas rigoureusement apprécier et mesurer la force des contractions par l'intensité des douleurs, mais par l'effet produit. Si l'on doit penser d'abord que la rapidité de la dilatation de la matrice tient seulement à ce que le col est souple et ramolli, on peut bientôt s'assurer à la tension des membranes, et, si elles sont rompues, à la force avec laquelle la partie qui se présente est poussée en bas, que les contractions sont extrêmement fortes. Si maintenant nous supposons un état opposé du conduit vulvo-utérin, c'est-à-dire une certaine fermeté; ou l'absence de mollesse et de souplesse du col, du vagin, du périnée et de la vulve, ou un état d'irritation plus ou moins étendue, les contractions seront souvent d'abord irrégulières, faibles et lentes, ou régulières, suffisamment rapprochées, mais accompagnées de douleurs très vives, et ne produiront que peu d'effets, cela non seulement parce que la réaction s'exerce contre des parties molles plus résistantes, mais parce qu'un faible degré de distension détermine de vives douleurs, qui ne permettent pas aux contractions de prendre toute leur ampleur. Si dans cette circonstance on les excite par des moyens mécaniques, on pourra bien rendre les douleurs plus fréquentes, plus vives; mais l'effort musculaire sera relativement faible, comme on pourra s'en convaincre par le peu de tension de la poche des eaux et le faible degré de propulsion du fœtus si elle est rompue. Dans ce cas la force des contractions est plus apparente que réelle ; la sensation peut être très grande, mais l'effort réel exercé par l'utérus est loin d'être toujours aussi grand que l'indique la sensation. Mais à mesure que les parties se ramollissent et deviennent souples, les contractions deviennent moins hésitantes et prennent de la force, tandis que les douleurs qui les accompagnent et l'agitation générale diminuent souvent au lieu d'augmenter. La même femme qui tout-à-l'heure retenait de toute la force de sa volonté les efforts des muscles de l'abdomen est maintenant disposée à aller au-devant et à les solliciter. Il existe un rapport bien évident entre la force et la régularité des contractions et l'état des parties molles : un relâchement préexistant, un relâchement prompt et facile, coïncident ordinairement avec des contractions rapides et fortes, quoique modérément douloureuses. Un état opposé, un état d'irritation tant qu'il persiste, coïncide souvent avec des douleurs très vives qui font supposer, si on s'en rapporte à l'apparence, des contractions très fortes, quoiqu'en réalité elles soient, sinon faibles, au moins d'une force médiocre dans la grande majorité des cas.

Pour interpréter ces faits et la plupart de ceux où l'action de l'utérus est entravée ou restreinte plutôt qu'affaiblie primitivement ou consécutivement, il suffit de se faire une idée vrai du rôle que remplit la douleur dans la contraction. Il est vraiment digne de remarque qu'on ait tant discuté sur la cause et le siége de la douleur, et qu'on ne se soit point demandé quelle en était la fin. La douleur remplit évidemment le rôle de modérateur de l'action des contractions utérines. Les muscles soumis à l'empire de la volonté reçoivent des nerfs sensitifs une sensibilité spéciale d'où dérive la conscience de leur degré de contraction et la faculté de proportionner l'effort à la résistance. Dans les contrac-

ACTION DE L'UTÉRUS ENTRAVÉE PAR DIVERS ÉTATS.

tions brusques et violentes, provoquées par l'instinct de conservation, la sensibilité spéciale peut se trouver en défaut : de là possibilité de la rupture des tendons ou du corps du muscle. Quoique l'utérus ne soit pas directement sous l'empire de la volonté, que ses contractions commencent d'abord à l'insu de l'encéphale, car à leur premier degré elles ne sont pas douloureuses, l'action de ce muscle, extraordinairement puissant, n'est cependant pas abandonnée sans contrôle et au hasard, et n'a pas, dans la série des efforts gradués par lesquels le conduit utéro-vulvaire est dilaté et le fœtus expulsé, pour limites le dernier degré de sa puissance. Son frein, son véritable modérateur, c'est la douleur, non parce que les contractions sous cette forme sont transmises au cerveau, et que celui-ci peut les modérer par le fait de la volonté, mais parce que la douleur, d'abord nulle, puis modérée, puis vive, ne peut être portée au-delà d'un certain degré, sans provoquer, par une espèce de révulsion, le relâchement de l'utérus, la cessation de la contraction : de là leur intermittence.

Maintenant on concevra facilement pourquoi, lorsque l'utérus est endolori par un état de congestion, d'irritation, d'inflammation, etc., les contractions sont faibles, suivies de peu d'effet, quoiqu'elles soient souvent accompagnées de douleurs vives; pourquoi ce trouble dans l'action de l'utérus est plus prononcé, lorsque la sensibilité morbide existe à son orifice : sur ce point il suffit d'une simple rigidité, d'un peu d'irritation, d'une déviation, etc., pour rendre les douleurs plus vives et paralyser la force de la contraction; pourquoi l'utérus, dans un état morbide ou anormalement surexcité, venant accidentellement à se rompre malgré l'avertissement de la douleur, ou parce que sa sensibilité a été engourdie, cesse aussitôt de pouvoir se contracter sous la forme d'efforts intermittents. Lorsque le point endolori, rigide, irrité, contracté spasmodiquement, qui provoque un excès de douleur au moment de la contraction et ne lui permet pas de se développer complétement, n'est ni au col ni dans d'autres points de l'utérus, mais au-dehors de cet organe, la contraction est encore restreinte, surtout dans le commencement, mais d'une manière moins constante et à un degré moindre. Cependant la sensibilité de la vessie, irritée ou distendue par l'urine, a encore un effet très prononcé pour restreindre les contractions utérines. Le vagin, la vulve, irrités, tuméfiés ou rigides, au point qu'une contraction modérée y produise une vive douleur, se trouvent dans le même cas, mais à un degré moindre cependant. Dans les résistances de la nature de celles que je viens de mentionner, la distension progressive et lente des parties amène ordinairement à la longue leur amincissement et leur souplesse ou engourdit la douleur, et les contractions utérines finissent par entrer dans la plénitude de leur action, quoiqu'elles restent souvent fort douloureuses. Dans le cas où il existe un obstacle mécanique peu sensible de sa nature et étranger aux parties molles, comme un rétrécissement du bassin, par exemple, lorsque le col est complétement dilaté et que l'effort ne porte plus sur lui qu'indirectement, après quelque temps de contractions hésitantes, modérées, quoique très douloureuses, pendant lesquelles les parties comprimées entre la tête et le bassin s'engourdissent, l'utérus perd en quelque sorte, si je puis m'exprimer ainsi, la conscience de l'effort qu'il doit produire, et se livre avec violence et sans ménagement à des contractions excessivement fortes et violentes, avant de tomber dans l'inertie ou de passer à un état de contracture spasmodique. Pour développer toute la puissance dont il est capable, il appelle encore à son aide le concours des muscles de l'abdomen. Dans cette situation, quelques femmes expriment énergiquement la sensation de distension qu'elles éprouvent en s'écriant que leur ventre va *crever*. Et en effet, il arrive quelquefois que l'utérus se rompt, que le crâne du fœtus se fracture après avoir subi une dépression plus ou moins profonde, que l'articulation des pubis s'écarte et se déchire.

Puisqu'on peut considérer la douleur inhérente aux contractions de l'utérus comme le moyen donné par la nature de modérer et de régler les efforts des forces expultrices, d'où résultent leur inefficacité, leur affaiblissement momentané ou prolongé, lorsque l'utérus ou les parties voisines sont dans un état anormal ou pathologique tel que les contractions ne peuvent s'exercer sans être gênées ou causer un excès de douleur, on doit supposer, comme conséquence et confirmation de ce qui précède, que, si la sensibilité était abolie sans altération de la contractilité, non seulement la parturition se ferait sans douleur, mais encore avec une très grande rapidité, l'action de l'utérus n'étant plus réglée ni modérée ; eh bien, c'est ce qui arrive le plus souvent. J'ai rapporté, t. I, p. 194, l'observation d'une femme affectée de paraplégie, chez laquelle l'accouchement s'opéra tout-à-coup, et avec si peu de douleur, qu'elle ne s'en aperçut que par la dépression de l'abdomen et les cris de l'enfant. Il arrive assez souvent aux femmes prises d'éclampsie d'accoucher presque brusquement pendant une attaque convulsive ou pendant la période de coma. Nous avons déjà établi qu'il n'est pas rare de voir des femmes considérablement affaiblies par des maladies graves qui ont émoussé la sensibilité et amené un état de torpeur, accoucher rapidement, lorsqu'on craint que leur état de faiblesse ne les mette dans l'impossibilité d'être délivrées spontanément; mais dans ces cas, comme dans les précédents, il peut arriver aussi, malgré l'indépendance assez grande du système utérin du reste de l'économie, qu'il reçoive lui-même l'impression débilitante et qu'il devienne impuissant à produire des efforts suffisants pour dilater les parties et expulser le fœtus. Enfin on voit quelquefois pendant l'agonie, quelques heures après la mort, l'utérus, comme muscle de la vie organique, conserver encore une contractilité suffisante pour chasser le fœtus et dilater les parties molles, qui, comme organes privés de vie, ont perdu leur sensibilité et une partie de leur résistance.

Si on trouve dans les considérations qui précèdent la véritable signification des troubles de l'utérus, dans lesquels son action contractile est entravée, on doit également y trouver en principe, pour chaque état différent et suivant les causes, l'indication de l'emploi des moyens dont l'efficacité est confirmée par l'expérience; c'est par là que nous allons terminer ces considérations générales sur cette forme de l'état vicieux de l'action de l'utérus.

Dissiper la pléthore générale et celle de l'utérus par les émissions sanguines; combattre l'excitation générale, l'irritation de l'utérus et celle des parties voisines par le même moyen, et par les bains, les calmants; chercher à enlever par des moyens appropriés l'action anormale de tout organe qui produit une révulsion sur les forces de l'utérus, qui arrête et subjugue son action contractile; diminuer la résistance des parties à dilater par les bains, la saignée, ou, s'il y a absence d'irritation, augmenter l'énergie des contractions en administrant le seigle ergoté; chercher à rendre à l'orifice de la matrice sa situation, lorsqu'il est dévié, ou donner une meilleure direction aux forces de l'utérus ; enfin terminer artificiellement l'accouchement lorsque les moyens indiqués sont inefficaces ou inapplicables : telles sont les principales indications et les principaux moyens à l'aide desquels on peut les remplir. J'aborde maintenant, après l'avoir éclairée par les considérations qui précèdent, l'étude des états particuliers, locaux et généraux où l'on trouve ordinairement les contractions utérines entravées pendant le travail.

1° *Contractions utérines entravées par un état de pléthore.*—Au terme de la grossesse la femme peut se trouver dans les conditions qui sont indiquées avec détail, t. I, p. 366, qui se prononcent encore davantage sous l'influence du travail; ou bien, sans qu'il existe de phénomènes antérieurs de pléthore, on voit assez souvent survenir, à une époque variable du travail, de la rougeur à la face, des vertiges, de la céphalalgie, des battements dans la tête, des éblouissements passagers, de la chaleur à la peau avec transpiration, de la soif, un pouls fort et plein, des lassitudes dans les membres, etc., en un mot des symptômes qui ressemblent souvent autant à ceux attribués à la fièvre inflammatoire qu'à ceux qui caractérisent la pléthore. Dans l'un et l'autre cas, l'utérus lui-même semble pénétré d'une trop grande quantité de sang; il est souvent le siége d'un sentiment de pesanteur et comme engourdi ; ses contractions sont faibles, éloignées, et le travail ne fait pas de progrès. Une saignée générale suffit le plus souvent pour dissiper cet état et rendre à l'utérus sa liberté d'action ; elle a en outre l'avantage de pouvoir prévenir une hémorrhagie utérine, soit pendant le travail, soit après.

2° *Par un état de surexcitation nerveuse.* — Il n'est pas rare de voir survenir pendant la première période du travail, sous l'influence de contractions utérines régulières, une irritation générale, un agacement des nerfs qui exalte d'une manière singulière la sensibilité ; le moindre bruit, le contact des vêtements, etc., devient insupportable ; la femme s'agite, se tourmente, éprouve souvent le besoin de pleurer ; elle est quelquefois prise de mouvements spasmodiques hystériformes; le pouls est souvent petit, serré, quelquefois fréquent. Les contractions peuvent être régulières ; mais, quoique faibles et courtes, si on les compare à l'effet produit, elles déterminent de vives douleurs, qui semblent s'irradier dans les membres, le ventre, le dos. Les femmes nerveuses sont plus particulièrement exposées à cette surexcitation, mais on l'observe aussi chez les autres. La saignée convient également ; mais la constitution de la femme la contre-indique souvent : on doit alors se borner à faire prendre un bain tiède prolongé ou administrer quelques anti-spasmodiques, qui amènent ordinairement un calme après lequel le travail fait des progrès et prend une marche régulière.

3° *Par des troubles gastriques.* — Plusieurs accoucheurs attribuent, dans un assez grand nombre de cas, mais peut-être sans motif suffisant, la lenteur et l'inefficacité des douleurs à un embarras gastrique, à la présence de saburres, de matières irritantes dans l'estomac et les intestins, qui s'y accumulent d'autant plus facilement que le volume de l'utérus, dans les derniers temps de la grossesse, gêne réellement le cours des matières intestinales, et trouble plus ou moins la digestion. Si l'on rencontrait des symptômes d'embarras gastrique ou intestinal avec un ralentissement extraordinaire du travail, on serait autorisé, surtout pendant la période de dilatation, à administrer un purgatif doux, et même un vomitif. Nous dirons tout-à-l'heure ce qu'on doit penser de ce dernier moyen considéré comme propre à accélérer le travail.

Une crampe très douloureuse de l'estomac, des coliques intestinales vives font ordinairement diversion aux douleurs utérines, qui se suspendent quelquefois complétement. Mais comme ces accidents sont ordinairement d'une courte durée, et qu'on peut souvent les dissiper par des embrocations calmantes sur le ventre, des préparations de même nature administrées à l'intérieur, le trouble de l'action de l'utérus et le retard du travail qui en résulte ne sont pas généralement très sérieux.

Il est vraiment digne de remarque que les *maux de cœur*, les envies de vomir, les vomissements, qui sont les troubles sympathiques de l'estomac les plus communs, et qui semblent les plus propres à réagir à leur tour sur l'utérus, loin d'entraver le travail, l'accélèrent souvent d'une manière évidente. Plusieurs accoucheurs, entre autres Dewes, ont remarqué qu'un effet semblable coïncidait souvent avec les frissons, les tremblements que quelques femmes éprouvent pendant la période de dilatation. Les femmes qui sont tourmentées par des nausées, des vomissements qui reviennent presque à chaque douleur, sont oppressées, abattues; le toucher augmente souvent cette disposition quand elle est véritablement sympathique de l'utérus. Il faut prendre garde de confondre ces vomissements avec ceux qui dépendent de l'épuisement, ce qui présente quelquefois de l'embarras à cause de l'abattement qui accompagne souvent les premiers. Mais les seconds ne surviennent qu'à un temps avancé de la période d'expulsion, et sont précédés et accompagnés d'autres symptômes graves, qui sont une indication pressante de terminer promptement l'accouchement; tandis que dans le premier cas on doit d'autant moins penser à terminer l'accouchement que le travail marche ordinairement assez rapidement, et que le col n'est pas le plus souvent complétement dilaté lorsqu'ils fatiguent le plus la femme. On a conseillé de donner par la bouche de l'opium associé à quelque aromate, de l'esprit de lavande, de la corne de cerf, de faire des frictions, des embrocations sur la région épigastrique; mais comme ces moyens réussissent rarement, le mieux est d'attendre, surtout si le travail marche convenablement; de se borner, si la soif est vive, et que les boissons augmentent la disposition aux vomissements, à faire sucer un morceau d'orange ou un fragment de glace.

Si nous cherchons maintenant à apprécier la valeur des vomitifs, de la solution émétisée, de l'ipécacuanha, qui ont été le plus souvent employés comme moyens propres à hâter le travail lorsqu'il se prolonge d'une manière insolite, quoique la présentation du fœtus et la conformation de la femme soient régulières, nous voyons que ce n'est pas en dissipant un embarras gastrique ou intestinal qui existe rarement, et dont le pouvoir de ralentir le travail n'est pas démontré, qu'ils agissent. S'il est permis d'établir une analogie entre les maux de cœur et les vomissements qui surviennent souvent pendant la première période du travail et les mêmes symptômes provoqués par les vomitifs, on est conduit à leur accorder une certaine efficacité, comme moyens propres à accélérer le travail. Les expériences de Lebas et de ceux qui, à cette époque et plus récemment, y ont eu souvent recours, confirment en partie leur utilité. On concevra facilement leur manière d'agir si on se rappelle que les nausées, les vomissements spontanés ou provoqués sont suivis d'alanguissement, de faiblesse, d'une espèce de détente des tissus, d'où résulte pour les parties molles à dilater une diminution dans leur résistance et leur sensibilité. De sorte que les vomitifs agiraient comme la saignée, les bains et souvent les opiacés, en relâchant les passages formés par les parties molles, en rendant leur dilatation plus facile et moins douloureuse : conditions favorables pour que les contractions utérines soient régulières, franches et énergiques, et indication fréquemment méconnue, qui s'offre plus souvent à remplir que celle d'exciter l'action de l'utérus. C'est principalement dans les cas de résistance des parties molles qu'ils conviendraient. Presque tous les accoucheurs les proscrivent, et les ont repoussés toutes les fois qu'on a tenté de les introduire dans la pratique, en se fondant moins sur leur inefficacité que sur les dangers qu'ils peuvent faire courir. On a supposé que l'utérus pouvait se rompre au milieu des efforts que provoquent les vomissements. Cette crainte paraîtra peu fondée, si on fait attention qu'on serait fort embarrassé, malgré la fréquence et souvent l'opiniâtreté des vomissements spontanés pendant le travail, de produire des observations de rupture de l'utérus se rapportant à cette cause. Cet accident ne s'est pas davantage produit dans les cas nombreux où les vomitifs ont été administrés. La crainte d'une hémorrhagie utérine est un peu mieux fondée, quoiqu'il ne soit pas commun de voir cet accident survenir à la suite d'efforts de vomissements. Cependant ces efforts peuvent n'être pas tout-à-fait sans danger ; ils sont très pénibles et très fatigants pour la femme en travail, qui souffre déjà assez d'ailleurs pour qu'on doive éviter d'y avoir recours sans nécessité. Comme ils peuvent le plus souvent être remplacés par des moyens moins pénibles, la nécessité d'y avoir recours se présente assez rarement. Mais je ne puis souscrire à la proscription absolue dont ils ont été l'objet.

4° *Par des actions morbides diverses.* — On cherchera à faire renaître la tranquillité dans l'esprit, lorsque le travail paraît troublé ou la contractilité utérine suspendue par la crainte d'un danger, par des émotions morales.

Il survient quelquefois tout-à-coup, pendant le travail, une céphalalgie violente, à la suite de laquelle les douleurs diminuent ou cessent souvent entièrement. Ces maux de tête violents, qui surviennent avant ou pendant le travail, méritent une attention d'autant plus grande qu'ils sont souvent un prodrome de l'*éclampsie;* et l'on sera conduit à tirer du sang, moins à cause du trouble du travail que par la crainte d'un danger prochain grave.

S'il arrivait que les douleurs de l'enfantement disparussent pour faire place à des accidents de dyspnée, de suffocation, à un gonflement du col, à une congestion cérébrale, à une agitation extrême, à des angoisses, à des tremblements violents, à du délire par intervalles, etc., il faudrait pratiquer une saignée; administrer quelques calmants, si l'état de faiblesse la contre-indiquait, ou si ces troubles, qui peuvent se dissiper spontanément au bout de quelques instants, et même ne pas troubler le travail, semblaient être plutôt sous la dépendance du système nerveux que du système vasculaire. Des frictions sur l'utérus peuvent y concentrer de nouveau les douleurs.

Quelquefois le travail se suspend, devient impuissant sous l'influence de ce que Deventer appelait des *douleurs errantes;* les muscles du dos, de l'abdomen, deviennent douloureux; d'autres fois les douleurs utérines ne cessent pas plus tôt de se montrer qu'elles se changent en coliques, en crampes dans les membres inférieurs. Les frictions sur l'utérus, les embrocations calmantes sur les parties douloureuses, les opiacés à l'intérieur conviennent dans ces cas.

Les *douleurs de reins*, qui coïncident souvent avec un travail pénible et long, avec les divers troubles dans l'action de l'utérus, sont plutôt un symptôme d'un état appréciable ou caché que la cause de l'inefficacité des contractions utérines qui les accompagnent si souvent; mais même dans ce cas, elles réagissent d'une manière fâcheuse sur l'action contractile de l'utérus. Elles accompagnent ordinairement la congestion, l'irritation inflammatoire, les contractures spasmodiques de l'utérus, la rigidité simple ou pathologique du col, ses déviations, etc. Plus communes dans la présentation du tronc, du pelvis, que dans celle du crâne, il suffit quelquefois d'un changement peu considérable dans les conditions du col, dans la manière dont le fœtus se présente à son orifice pour les rendre moins pénibles ou les faire cesser. On les rencontre fréquemment sans qu'il soit possible de les rapporter à une condition anormale; et alors si elles ne se font sentir que pendant les contractions de l'utérus, elles n'apportent pas toujours un ralentissement très prononcé dans le travail; mais si elles persistent dans l'intervalle, il devient ordinairement long et pénible, et elles entravent d'une manière très sensible l'action de l'utérus pendant tout le temps que dure la période de dilatation. Leur siége est plutôt à la région sacrée qu'à la région lombaire, où elles se propagent cependant, mais avec moins d'intensité. Dans leur degré le plus faible elles se développent et cessent avec chaque contraction; mais elles font déjà éprouver un sentiment plus pénible et plus fatigant que lorsque la sensation douloureuse reste bornée à l'utérus. A un degré très prononcé, elles deviennent continues, avec des exacerbations très vives à chaque contraction, quelque faible et peu prolongée qu'elle soit. La dilatation de l'orifice marche avec une lenteur extrême, et il survient un malaise et une fatigue considérables pour la femme, qui s'agite, se décourage et éprouve à chaque instant le besoin de changer de place. Lorsque la dilatation de l'orifice de la matrice est complète, que la partie qui se présente l'a franchi, et se trouve dans le fond de l'excavation, les douleurs de reins diminuent ordinairement, cessent quelquefois complètement, et le travail, n'étant plus entravé, prend jusqu'à la fin sa marche ordinaire.

Lorsque les douleurs de reins sont évidemment symtomatiques, les indications se confondent avec celles de l'état dont elles dépendent; et si cet état exige des moyens actifs, ils amènent souvent un soulagement prononcé, sans toutefois les faire cesser, en même temps qu'ils impriment au travail une marche plus active. Lorsqu'on ne rencontre aucun état particulier auquel on puisse les rapporter, elles résistent ordinairement à tous les moyens; et comme le travail, tout en marchant lentement, fait cependant des progrès, on doit s'abstenir de tout moyen actif, se borner à donner des encouragements à la femme. Comme la plupart éprouvent le besoin de se faire soutenir la région lombo-sacrée, et qu'elles en sont momentanément soulagées, on remplira cette indication avec les mains, avec une serviette passée sous cette région.

5° *Par un excès de sensibilité, un état de congestion, d'irritation inflammatoire de l'utérus.* — Nous avons fait connaître avec quelques détails, t. I, p. 362, divers états pathologiques qui se développent pendant la grossesse et peuvent exister au moment où le travail commence ou ne survenir que pendant le travail lui-même. On peut les rapporter tantôt à un excès de sensibilité, tantôt à des conjestions passives ou actives, tantôt à un premier degré d'inflammation de l'utérus, tantôt à un état d'hystéralgie ; et comme les douleurs qu'ils produisent se suspendent et se déplacent assez souvent, cette particularité et la considération que la matrice est un organe essentiellement musculaire ont conduit quelques auteurs à décrire un *rhumatisme utérin*, dont l'existence, dans l'état actuel de la science, ne peut être considérée comme légitimement établie.

Lorsque la sensibilité morbide du corps de l'utérus, attribuée à l'un des états indiqués ci-dessus, survient pendant l'accouchement, elle reconnaît assez souvent pour cause la longueur du travail, l'abus des boissons échauffantes, des secours indiqués négligés, l'impression du froid sur le corps échauffé, des violences extérieures, des manœuvres intempestives. Qu'elle préexiste ou non au travail, ses effets sur les contractions sont les mêmes : quoique peu énergiques et courtes, elles produisent des douleurs extrêmement vives, et l'effort est souvent arrêté avant qu'elles aient produit la tension du col, c'est-à-dire au moment où les contractions ordinaires commencent à devenir douloureuses. Les fibres du fond et du corps ne peuvent se raccourcir sans causer une douleur plus ou moins vive ; quoiqu'elles ne soient pas dans un état de rétraction spasmodique, les douleurs s'éloignent, se suspendent, deviennent inégales, partielles, pendant un temps plus ou moins long. Si l'utérus est indolent pendant l'intervalle, ou seulement le siége d'un sentiment de pesanteur, il est toujours sensible à la pression, et l'effet sur les contractions est quelquefois aussi marqué que lorsque la souffrance est continue. Dans ce cas, si le travail est arrivé au temps où les muscles abdominaux prennent part à l'expulsion, la femme, retenue par la crainte d'augmenter ses souffrances, évite autant qu'elle peut de les contracter, comme s'ils étaient eux-mêmes douloureux. Le travail prend une marche excessivement lente ; le col, qui est souvent souple, mais plus souvent tendu et douloureux, semble rester stationnaire et ne s'ouvrir que d'une manière presque insensible. Souvent pendant la période d'expulsion, l'impulsion communiquée au fœtus par les douleurs est à peine appréciable, et les muscles abdominaux se refusent à aider l'utérus. A un premier degré l'accouchement est seulement plus long et plus pénible. Les symptômes peuvent se suspendre après avoir été très prononcés pendant plusieurs heures, et le travail prendre une marche régulière. Mais souvent ils augmentent en intensité, et les symptômes généraux ne se bornent pas à un peu d'agitation, d'anxiété, de chaleur, de fréquence du pouls; le mouvement fébrile devient extrêmement prononcé; l'utérus devient de plus en plus douloureux, et le travail se suspend tout-à-fait; il survient quelquefois des tremblements, des frissons, des vomissements, qui ne sont plus suivis d'une prompte dilatation du col, comme dans les cas que nous avons indiqués plus haut; le pouls perd de sa force en augmentant de fréquence, et la terminaison artificielle de l'accouchement ne met la femme que très imparfaitement à l'abri du danger qu'elle court; car la métrite imminente, si elle n'existe pas encore, se transforme après l'accouchement en une métro-péritonite des plus graves.

La saignée, à laquelle on ajoute, lorsque l'utérus est dégorgé, les bains tièdes, les opiacés, qui ont un effet sédatif très marqué sur la matrice, sont les moyens à l'aide desquels on réussit souvent à rendre aux contractions utérines leur liberté et leur force. L'ergot de seigle et les autres excitants directs ou indirects des contractions sont formellement contre-indiqués, et ne feraient qu'augmenter l'irritation de l'utérus et retarder l'accouchement. Si les moyens que nous venons d'indiquer échouent ou ne peuvent être employés qu'avec beaucoup de réserve, il faut, avant que les symptômes graves mentionnés se manifestent, terminer l'accouchement dès que l'état du col le permet.

6° *Par divers états du col.* — Si, dans le travail régulier, la période de dilatation est à la période d'expulsion comme 2 ou 3 sont à 1, malgré des résistances moindres dans le premier cas, cela ne dépend pas seulement de ce que les contractions sont privées du concours des muscles abdominaux, se rapprochent et deviennent plus énergiques en s'éloignant du début, mais aussi de ce que l'orifice utérin est doué d'une susceptibilité qui en modère l'effort pour rendre sa dilatation lente et graduelle. C'est une chose à laquelle on n'a pas suffisamment fait attention que, dans beaucoup de cas, une résistance très légère qu'on croirait pouvoir être très aisément surmontée par la matrice, apporte un retard considérable dans la marche du travail, rend longtemps les douleurs irrégulières et inefficaces, et enchaîne en quelque sorte l'effort de la matrice. C'est ce que nous avons déjà fait entrevoir en établissant que la persistance de la poche des eaux au-delà du temps ordinaire, due à l'épaisseur ou à la densité des membranes, ne constitue pas seulement un obstacle mécanique, mais qu'elle entrave encore les contractions jusqu'à ce que la déplétion partielle vienne rendre à l'utérus sa liberté, et quelquefois enlever l'état fébrile ou l'excitation générale qui trouble les fonctions utérines. Lorsque la résistance au passage de l'enfant est augmentée, non seulement à l'orifice de la matrice, mais encore dans le vagin ou à la vulve, le travail se prolonge au-delà du temps ordinaire, parce que là où il faut des contractions plus fortes et plus nombreuses, elles sont ordinairement plus ou moins entravées et restreintes; il y a à la fois obstacles mécanique et dynamique. Si le premier n'est formé que par les variétés de conformation des parties dans les limites de l'état normal, ou par des états pathologiques qui ne constituent pas une altération organique profonde, une obstruction, un défaut de proportion entre le bassin et le fœtus, la longueur du travail dépend autant et souvent davantage du peu de force des contractions que de l'obstacle lui-même. S'il en est ainsi, on voit de suite combien il est rationnel, pour l'intelligence des phénomènes et pour établir les indications, de ne point séparer, comme on le fait généralement, des objets qui ont une si grande connexion.

Rigidité, épaisseur du col, étroitesse de l'orifice utérin. — Le ramollissement, l'amincissement jusqu'à l'effacement presque complet, la souplesse du col, un certain degré de perméabilité de l'orifice, même chez les primipares, l'absence de sensibilité au toucher, sont, lorsqu'il n'existe aucune complication capable de troubler le travail, les conditions d'une dilatation facile, et de contractions utérines suffisamment fortes et médiocrement douloureuses. L'absence nullement rare de l'une ou plusieurs de ces conditions, au début du travail, coïncide ordinairement avec une période de dilatation très longue et très pénible : c'est ce qu'on observe souvent dans l'accouchement prématuré; mais il arrive aussi, suivant la cause qui le provoque, que le col se ramollit et s'entr'ouvre d'avance, et que le travail, lorsqu'il est franchement déclaré, marche aussi vite que de coutume. La résistance du col, qui entraîne un travail pénible et long dans l'accouchement à terme, se rencontre surtout, comme l'a fait remarquer Dewes, chez les femmes très jeunes, et chez celles qui accouchent pour la première fois dans un âge avancé. Il peut être aussi mince qu'il l'est ordinairement au terme de la grossesse, et conserver cependant une fermeté très sensible dans une étendue variable, sans qu'il soit dans un état de tension inflammatoire ou spasmodique. Quelquefois la rigidité ne porte que sur les fibres qui circonscrivent l'orifice, et quoique l'obstacle soit extrêmement limité et très faible, il n'en résulte pas moins le plus souvent que le travail est longtemps inefficace. Mais il est plus commun de rencontrer la rigidité avec une certaine épaisseur, qui porte non seulement sur les lèvres, mais encore sur la partie la plus inférieure du col. J'ai indiqué, t. I, p. 632, les différentes formes sous lesquelles on rencontre ordinairement la rigidité ou la persistance de la densité du col, soit qu'il se soit effacé, soit qu'il forme encore une saillie plus ou moins prononcée. Ce que nous venons de dire de l'état du col se rapporte à ses variétés de conformation, à l'état normal et aux nombreuses différences qu'il présente au terme de la grossesse. Mais son volume, sa dureté, peuvent aussi être le résultat d'un état pathologique antérieur à la gestation. Les deux lèvres peuvent être indurées et hypertrophiées, et l'antérieure l'est plus souvent que la postérieure. Une portion plus ou moins considérable du col peut être dans le même état; mais le volume de la partie indurée ou hypertrophiée n'est jamais assez considérable pour s'opposer mécaniquement à l'expulsion du fœtus; mais il rend plus difficile encore la dilatation, et entrave également les contractions utérines. Ce n'est pas que ces indurations, ces hypertrophies du col dont la nature pathologique est souvent douteuse, ne soient pas susceptibles d'être transformées, ramollies et amincies par la grossesse, à moins de *transformations organiques* dont il n'est pas question ici. Le col peut rester saillant, volumineux; mais, pourvu que la masse qu'il forme soit ramollie et souple, le travail ne sera pas sensiblement entravé; cet état diffère peu de celui qu'on observe chez beaucoup de femmes qui ont déjà accouché plusieurs fois; le bout de canal évasé en bas qui forme la partie inférieure du col est extrêmement souple et ne rend pas la période de dilatation longue et pénible.

Au début du travail, l'orifice de la matrice n'est pas exactement fermé, et si les bords se touchent, ils cèdent très facilement devant l'extrémité du doigt, qui peut facilement atteindre les membranes; toutefois cette introduction ne se fait pas sans quelque peine chez les primipares, où il est moins dilaté et moins dilatable. Mais il arrive quelquefois qu'il présente naturellement ou accidentellement une étroitesse fort considérable et semble à peine pouvoir recevoir l'extrémité d'une sonde étroite; d'autres fois ses bords sont comme collés; le doigt porté entre les deux tubercules formés par le reste des lèvres ne sent qu'une légère dépression, dont les bords ne s'écartent pas devant le doigt, qui n'éprouve quelquefois pas même la sensation d'un orifice étroit ou d'une fissure. Cette disposition de l'orifice de la matrice coïncide souvent avec la distension, l'abaissement du segment inférieur de l'utérus et un déplacement du col en arrière ou sur un autre point. Cette dernière particularité concourt souvent, autant que le faible obstacle qui existe au col, à neutraliser pendant longtemps les efforts de l'utérus. Cette étroitesse de l'orifice est quelquefois le résultat de cicatrices ; elle est dans ce cas souvent accompagnée de points ou de sillons indurés. Le col, dans les divers états que nous venons d'indiquer, n'est pas complétement à l'abri de déchirures étendues; car, quoique les contractions soient d'abord plus ou moins entravées, à raison de la douleur qu'elles développent, elles finissent par prendre une certaine énergie. D'ailleurs un obstacle, un point douloureux sur la matrice elle-même, ne s'opposent pas constamment à ce qu'elle prenne une activité désordonnée. Dans ces divers états du col, le temps plus ou moins long pendant lequel la dilatation ne s'opère pas, est employé à ramollir, à relâcher les parties. Quelquefois le col ne se laisse dilater qu'avec beaucoup de peine et de lenteur, bien qu'il ne paraisse s'écarter en rien de l'état ordinaire.

Il faut éviter d'apporter de la précipitation dans l'emploi des moyens actifs propres à relâcher le col; on doit d'avance se résigner à un travail long, et s'il n'est que médiocrement douloureux et exempt de tout phénomène morbide, il faut accorder une large part à la patience. Un exercice modéré, des changements de position, un bain tiède, le repos lorsque la femme se sent fatiguée ou qu'elle éprouve le besoin de dormir, est tout ce qui convient le mieux. La dilatation de l'orifice de la matrice, inappréciable d'abord, puis extrêmement lente, finit par faire des progrès qui ne laissent plus de doutes sur l'efficacité du travail. Mais si les contractions restent inefficaces, en même temps qu'elles deviennent extrêmement douloureuses et fatigantes, il survient tantôt lentement, tantôt assez vite, une agitation pénible, des phénomènes fébriles plus ou moins intenses, qu'on doit s'attacher à prévenir ou à dissiper en diminuant autant qu'on le peut la résistance, en rendant les contractions plus régulières, moins douloureuses et plus efficaces. Ce double but est souvent atteint par la saignée, qui peut être employée alors non seulement pour relâcher le col, mais encore les autres parties du conduit vulvo-utérin, qu'elles soient rigides, étroites ou enflammées. Beaucoup de praticiens, et plus particulièrement Mauriceau, Baudelocque, Dewes, en ont fait ressortir l'efficacité. Pour produire l'effet désiré, elle doit être assez abondante, et il est souvent nécessaire de la répéter. Mais beaucoup de femmes sont dans des conditions telles qu'elle ne doit être employée qu'avec réserve, ou qu'elle ne peut pas être portée très loin sans exposer à des suites de couches fâcheuses. Dans les conditions ordinaires, surtout lorsqu'elle est indiquée par l'état général, elle peut être portée assez loin, et la pratique suivie dans les convulsions prouve que la grossesse et le travail n'excluent pas des émissions sanguines abondantes et répétés. Toutefois il ne serait pas prudent de suivre l'exemple de quelques praticiens qui en ont usé avec une profusion qui ne peut être que dangereuse. Dewees, qui saigne même les femmes délicates, a donné le conseil de faire tenir la malade debout, pendant que le sang coule, afin de déterminer plus tôt, et avec une perte moindre, de la faiblesse, de la tendance à la syncope, qui produisent un relâchement fibrillaire. L'hémorrhagie utérine qui survient pendant la grossesse fournit souvent l'occasion de constater l'influence d'une perte de sang pour relâcher l'orifice utérin, qui au bout de quelque temps se trouve entr'ouvert et souvent dilatable, quoiqu'il n'y ait pas de travail réel, mais seulement quelques douleurs de temps en temps. C'est dans le même but qu'on a administré les vomitifs, que nous avons appréciés plus haut.

Lorsque l'état de la femme interdit ou ne permet les émissions sanguines que dans des limites très étroites, si les contractions inefficaces sont très douloureuses, les opiacés, administrés à dose un peu élevée, sont très utiles pour régulariser le travail et favoriser la dilatation de l'orifice de la matrice. Si les contractions étaient médiocrement douloureuses, avec absence de réaction générale, si le col était rigide sans être irrité, on pourrait se conduire comme si les contractions étaient trop faibles, et chercher à leur donner, par les moyens indiqués, plus de force et plus d'activité.

Parmi les applications locales propres à relâcher le col, on peut à peine compter les injections émollientes, mucilagineuses, etc.; mais il n'en est pas de même de l'extrait de belladone. Cette substance ne trouve pas seulement son application dans les cas de rétraction spasmodique de l'orifice de la matrice, elle paraît également convenir dans les différentes variétés de rigidité du col, d'étroitesse de l'orifice utérin, qui rendent sa dilatation pénible et longue. Toutefois son utilité n'a pas encore été établie sur des observations assez nombreuses dans l'un comme dans l'autre cas, pour pouvoir indiquer d'une manière satisfaisante son degré d'efficacité, la fréquence de ses succès et les conditions particulières du col où elle convient le mieux. Malgré des insuccès assez nombreux, la plupart des praticiens qui l'ont employée sont restés convaincus de ses bons effets, et ont remarqué qu'une dilatation rapide a souvent suivi son application de très près. La préparation de Chaussier, faite avec 4 grammes d'extrait de belladone et 32 grammes d'axonge, est assez difficile à porter sur le col, soit avec le doigt, soit avec une boulette de charpie ; c'est pour cela qu'il avait fait construire une seringue, dont l'usage ne s'est pas répandu. On atteint facilement le but qu'on se propose en se servant, à l'exemple de M. P. Dubois, de l'extrait sec sans mélange, dont on fait une petite boulette grosse comme un pois qu'on porte avec l'ongle de l'indicateur sur le col, et qu'on étend, à mesure que l'humidité le ramollit, sur la face externe et interne de cette partie de l'utérus.

Il est extrêmement rare qu'on soit dans la nécessité d'avoir recours aux débridements multiples de l'orifice de la matrice, lorsque le col est sain d'ailleurs, malgré ses nombreuses variétés de résistance, d'épaisseur, de fermeté, d'étroitesse. Avec le temps et les moyens indiqués, la dilatation finit presque toujours par devenir complète avant que la santé de la mère soit compromise. Néanmoins il peut arriver que le col soit menacé de se rompre, ou que le travail, en se prolongeant malgré l'emploi des moyens ordinaires, devienne tellement pénible et fatigant qu'il y ait urgence à ne plus le laisser traîner en longueur. On se décidera d'autant plus facilement à avoir recours aux incisions multiples qu'il est démontré par un grand nombre d'observations qu'elles sont sans dangers immédiats, et qu'elles sont très rarement suivies d'accidents.

Sensibilité, irritation, gonflement inflammatoire, œdémateux, du col. — Sans être dans un état de rétraction spasmodique, le col peut être plus irritable que de coutume, devenir très sensible au toucher et aux efforts de distension de son orifice pendant les contractions. Le plus souvent il est en même temps chaud, sec, tendu, quelquefois légèrement tuméfié. Quoique cet état accompagne souvent l'irritation du corps de l'organe, il peut être borné seulement au col, ou s'étendre en même temps au vagin et à la vulve ; et les contractions utérines sont aussi entravées, aussi douloureuses, et aussi inefficaces que dans les cas où il existe un obstacle de nature à être plus difficilement surmonté. Les bains, les injections émollientes, mucilagineuses, la saignée si la femme est assez forte, les opiacés sont les moyens auxquels on a recours lorsqu'il y a lieu d'agir.

Il est extrêmement rare que l'irritation, l'inflammation du col, qu'elle préexiste ou qu'elle se développe pendant le travail, passe à l'état phlegmoneux, de manière à entraver les contractions et à devenir en même temps un obstacle mécanique, comme dans le cas rapporté par Bonet, d'une femme qui mourut sans avoir été délivrée, après cinq jours de douleur, et à l'autopsie de laquelle on trouva dans le col de la matrice un large abcès rempli d'un pus putride.

Le bord antérieur de l'orifice de la matrice, et principalement la portion occupée par la lèvre, devient quelquefois le siége d'un gonflement assez considérable, qui paraît être de nature œdémateuse; mais il n'est pas invraisemblable que du sang épanché concoure à sa production. L'ecchymose légère qu'on trouve ordinairement dans l'épaisseur du col après l'accouchement indique que la dilatation de l'orifice de la matrice est accompagnée de la déchirure de quelques petits vaisseaux, qui peuvent fournir quelquefois assez de sang pour former une tuméfaction plus ou moins prononcée. Quoi qu'il en soit, le gonflement rénitent dont nous parlons ne survient guère qu'à un temps avancé de la période de dilatation; le bord antérieur de l'orifice de la matrice, au lieu de s'effacer graduellement, continue à former une cloison semi-lunaire plus ou moins épaisse et plus ou moins étendue, qui est poussée au bas, au-devant de la portion de la tête à laquelle elle correspond, et se trouve plus ou moins comprimée entre les pubis et la partie du fœtus qui y correspond. Ce n'est souvent qu'à ce moment qu'il se manifeste; quelquefois il commence avant que les parties soient ainsi disposées, et a concouru à faire avancer la lèvre antérieure au-devant de la tête. Dès qu'il existe, les contractions ne tardent pas à devenir plus douloureuses et moins efficaces.

Cependant, le plus souvent, la saillie du bord antérieur de l'orifice de la matrice se rétrécit et se rapproche de la circonférence antérieure du bassin, et disparaît derrière la tête, sans que le retard ait été très considérable; mais si le travail se prolonge et que le bassin ne présente pas relativement au fœtus un excès d'ampleur, le bord saillant du col augmente et continue à être poussé au-devant de la tête, et arrive jusqu'au-dessous de la symphyse des pubis, et vient former au-devant du bulbe du vagin un relief d'une couleur rouge très foncée. Avant qu'il y ait apparu à l'extérieur, il donne au toucher la sensation d'une portion de cordon volumineux, très tendu et privé de pulsations. A ce degré, l'allongement de la lèvre antérieure est assez commun pour que je l'aie observé plusieurs fois; mais il peut être plus considérable, et cette partie du col fait entre les lèvres de la vulve une saillie de plusieurs travers de doigt.

Dans l'un des cas observés par M. Duclos, après vingt-quatre heures de douleurs modérées, une femme de trente-quatre ans, en travail pour la cinquième fois, éprouva tout-à-coup une souffrance aiguë et poussa un cri perçant. Un corps allongé apparut entre les lèvres de la vulve, et cette apparition fut accompagnée d'une légère hémorrhagie, de pâleur et de faiblesse. M. Duclos trouva à son arrivée une tumeur cylindrique, saillant hors de la vulve de quatre travers de doigt, large de deux pouces à l'endroit de sa sortie, inégale, résistante, d'une couleur vineuse ; le toucher fit reconnaître que c'était la lèvre antérieure du col comprimée entre la tête et les pubis. Il se contenta d'aider à la sortie de la tête, en attirant l'occiput d'une part et de l'autre le front, à l'aide d'un doigt porté dans le rectum. La même manœuvre a été employée dans deux autres cas observés par M. Duclos. L'accouchement fut spontané dans les deux cas qui se sont présentés à MM. Nægelé et Danyau. Dans l'un des cas rapportés par M. Lever, on cru devoir pratiquer des mouchetures dans le but d'obtenir le dégorgement et l'affaissement de la tumeur. M. Danyau a assigné le véritable caractère de cette complication en faisant remarquer qu'elle ne peut réellement être considérée comme un obstacle mécanique à l'accouchement, mais qu'en donnant lieu à une douleur vive, elle ne tarde pas à rendre les contractions irrégulières et arrêter l'effort des puissances accessoires. Le retard doit rarement être assez considérable pour exiger une intervention active ; il suffira le plus souvent d'attendre, en se bornant à soutenir la tumeur comme dans le cas d'un premier degré de prolapsus. Les tumeurs ont disparu assez vite après l'accouchement pour faire penser que si elles contenaient du sang infiltré, il ne formait pas des noyaux étendus qui seraient peu susceptibles de résolution.

Distension exagérée du segment inférieur de l'utérus ; déviation de l'orifice utérin. — Nous avons déjà fait observer qu'il n'est pas très rare de voir à la fin de la grossesse la tête, coiffée par le segment inférieur de la matrice, sans l'intermédiaire d'une couche de liquide amniotique appréciable, s'avancer vers le fond de l'excavation pelvienne. Le doigt, porté à peu de profondeur dans le vagin, rencontre une tumeur régulière dure, qu'on est d'abord disposé à prendre pour la tête à nu, tant les parties qui la recouvrent sont peu épaisses. Cette distension ne fait pas entr'ouvrir le col ; c'est plus particulièrement dans ce cas qu'on trouve l'orifice de la matrice étroit, exactement fermé comme si ses bords étaient accolés. Quelquefois, le segment inférieur de l'utérus descend ainsi pendant le travail, avant que l'orifice utérin soit dilaté, à la suite d'efforts d'expulsion faits prématurément ; à la distension se joint un premier degré de prolapsus. Dans ces conditions, le travail est souvent très prolongé et très douloureux dans sa première période ; les contractions font à peine sentir leurs efforts jusqu'à l'orifice, qui tantôt est faiblement soulevé par une petite quantité de liquide, seulement appréciable pendant ce moment, tantôt reste comme collé sur la tête, qui presse souvent plus fortement sur d'autres points. Malgré le soin de soutenir la tête avec deux doigts à différentes reprises dans l'intervalle et pendant les douleurs, les membranes restent appliquées sur elle, et la dilatation du col ne se fait qu'avec une lenteur excessive. Dans quelques cas, une portion de la tumeur est venue faire saillie à la vulve.

Lorsque la distension du segment inférieur de l'utérus est inégale, qu'elle porte plus sur un point que sur l'autre, l'orifice utérin perd souvent sa place et sa direction, et se rapproche plus ou moins de la circonférence du bassin sans que le fond de l'organe ait pris une direction vicieuse. C'est ordinairement en arrière, où le col est naturellement dirigé et porté, que se fait ce déplacement. L'orifice utérin remonte quelquefois assez haut vers la face antérieure du sacrum pour être très difficilement atteint avec le doigt, et faire croire à sa disparition par un travail d'oblitération ; il ne se trouve plus sur la partie la plus déclive de l'organe ; son bord postérieur est devenu supérieur et l'antérieur inférieur. La distension a surtout porté sur la portion du col qui est située au-devant de l'orifice, et cette portion s'avance vers le fond de l'excavation, tandis que celle qui porte l'orifice reste en place ou est refoulée en arrière. Lorsque la déviation a lieu seulement pendant le travail, elle se fait souvent par un autre mécanisme ; la dilatation se faisant aux dépens du bord postérieur de l'orifice, la tête pousse devant elle la paroi antérieure et inférieure de l'utérus. La distension partielle et préalable de la portion du segment inférieur de la matrice située derrière l'orifice, ou la dilatation pendant le travail aux dépens du bord antérieur, produisent une déviation vers le pubis. Des phénomènes analogues peuvent porter l'orifice à droite ou à gauche ; ces déplacements réunis sont moins communs que celui qui se fait en arrière. Dans tous ces cas, le travail de dilatation marche avec beaucoup de lenteur ; la partie la plus déclive du segment vaginal de l'utérus s'approche de l'extérieur, s'amincit, et menace de se rompre pour frayer une voie au fœtus par un point situé en dehors de l'orifice. Cependant, à la longue, la dilatation se fait sans qu'il arrive d'accident ; mais le travail est ordinairement très pénible et accompagné de douleurs de reins, comme dans les cas où le col est rigide, enflammé, rétracté spasmodiquement. Il est assez difficile de trouver dans la position donnée à la femme ou dans les déviations imprimées au fond de l'utérus le moyen de diriger plus convenablement l'effort sur l'orifice. On a aussi donné le conseil de le ramener à sa place en accrochant, pendant l'intervalle des douleurs, son bord avec le doigt, et en le tirant avec ménagement au centre du vagin pour l'y maintenir pendant les douleurs.

Que la cause de la lenteur, de la difficulté de la dilatation de l'orifice de la matrice ait été appréciable ou non, nous n'avons dans aucun cas recommandé de la compléter au moyen des doigts. La circonspection avec laquelle nous avons indiqué les titillations du col comme moyen d'exciter les contractions utérines engourdies ou affaiblies, nous conduit à proscrire, avec presque tous les praticiens modernes, cette pratique fréquemment employée autrefois, mais qui atteint mal le but qu'on se propose, et qui a en outre l'inconvénient d'irriter le col et de le prédisposer à se rétracter spasmodiquement, de sorte qu'on ajoute souvent un obstacle à celui qui existe déjà. Mais comme elle a encore quelques partisans, et qu'elle a rencontré dans M. Burns un défenseur judicieux et éclairé, je crois devoir faire connaître les cas où il l'indique et sa manière d'agir: « Si les eaux se sont écoulées depuis quelque temps, soit naturellement, soit artificiellement, et que l'orifice utérin ne soit pas large, et cependant qu'il soit relâché, mou et mince au point de s'appliquer intimement sur la tête de l'enfant, si enfin il cède facilement, il est à la fois sûr et avantageux de dilater doucement avec les doigts pendant la douleur. Si cette opération est faite avec précaution, elle ne cause point un nouveau surcroît de gêne, tandis que ce stimulus semble diriger l'action des fibres utérines plus efficacement vers l'orifice utérin. Je ne donne pas cependant cet avis dans l'intention de sanctionner des tentatives téméraires et non nécessaires pour dilater l'orifice utérin, qui quelquefois rendent le travail plus long, en interrompant la marche naturelle, et qui laissent le germe d'affection inflammatoire pour l'avenir. Nous ne devons pour aucune raison ni employer de la force, ni même continuer pour un certain temps des tentatives faites avec douleurs, qui finissent par irriter l'orifice utérin. Dans le cas que je viens de considérer, j'ai parlé des effets de la dilatation de l'orifice utérin; mais je ne veux pas dire que la pratique soit utile dans ce cas seul; dans la plupart de ceux d'un travail laborieux, elle est utile; et comme le sujet est important, je vais expliquer entièrement mon opinion sur ce point. Une dilatation forcée et irritant l'orifice utérin, même lorsqu'elle n'est pas suivie de conséquences dangereuses, occasionne souvent une action irrégulière et des spasmes de la matrice. Deux circonstances sont nécessaires pour faire avec sûreté la dilatation : l'orifice utérin doit être déjà considérablement ouvert, ses bords doivent être relâchés, dilatables, et généralement parlant minces, et la dilatation doit être effectuée graduellement et avec douceur pendant la durée d'une douleur naturelle. Si on cherche à la faire en l'absence d'une douleur, et surtout si elle est pratiquée de manière à causer de la douleur, elle est sujette à provoquer une action partielle ou spasmodique; et dans toutes les circonstances, une dilatation violente ou forcée, outre qu'elle trouble l'action utérine, peut encore établir les fondements d'une maladie future. La meilleure manière de la pratiquer, c'est de presser avec deux doigts, pendant une douleur, sur la lèvre antérieure de l'orifice utérin, avec une force assez modérée pour ne pas augmenter les douleurs, et pour paraître autant provoquer la dilatation que produire une ouverture artificielle ; en pratiquant cela successivement pendant plusieurs douleurs ou de temps en temps pendant une douleur, suivant l'effet qui est produit, et suivant la disposition du col à céder, on le verra bientôt s'effacer complètement. C'est un vieux principe, mais il a été mis en pratique avec témérité, et il a été adopté trop universellement pour ne pas encourir une juste réprobation, et quelques auteurs en ayant eu connaissance peuvent être étonnés de trouver un pareil avis dans les temps modernes. Le principe ne doit point souffrir de l'abus qu'on en a fait : autrement quelle est la méthode qui pourrait résister ? Il est parfaitement entendu que, lorsque le travail marche bien, il ne convient point d'intervenir; mais il n'est pas moins évident que si la nature met longtemps à accomplir la première période du travail, ou la dilatation de l'orifice utérin, l'énergie de la matrice et les forces de la malade peuvent être altérées au point de rendre les périodes suivantes dangereusement laborieuses, et d'empêcher leur accomplissement de se faire, du moins avec sûreté. La première partie du travail doit toujours se terminer dans un certain temps, qui varie en quelque sorte suivant la constitution de la malade et le degré de la douleur. C'est un principe incontestable, qu'il y a dans tous les cas une période de temps au-delà de laquelle le travail ne peut être prolongé sans épuisement, et il n'est pas moins certain que si l'on désire éviter cet épuisement, qui peut être suivi d'effets pernicieux, l'on a seulement le choix ou de suspendre entièrement l'action pendant un certain espace de temps, ou de chercher à la rendre plus efficace et à obtenir la terminaison désirée dans une période de temps qui ne laisse rien à craindre. Le premier parti est quelquefois adopté, mais il n'est pas toujours praticable, et il n'est pas toujours prudent de contre-balancer l'action utérine par de forts opiacés. Le second est plus sûr, et un des moyens de le faire, c'est celui que nous examinons maintenant. Si les douleurs continuent sans suspension ou sans un intervalle de quelques heures, et que le travail marche tout le temps, mais lentement, c'est une règle générale d'effectuer la dilatation de l'orifice utérin dans les dix ou douze heures au plus, à partir du commencement du travail régulier : c'est ce qui se pratique par la méthode décrite plus haut, lorsque l'orifice utérin est aplati et appliqué sur la tête de l'enfant. S'il projette un peu, on facilitera la dilatation en introduisant les deux doigts, en les étendant latéralement avec douceur pendant une douleur. On effectuera aisément et sûrement la dilatation ; sinon la saignée ou un opiacé, si celle-ci n'est pas indiquée, mettra le col dans un état favorable. Je puis parler positivement des avantages et de la parfaite sécurité de cette pratique, et je suis heureux de fortifier mon opinion par l'autorité du docteur Hamilton, qui se fait une règle d'accomplir la première période du travail dans un temps donné. Cependant je n'ai pas besoin d'ajouter que, pour confirmer cette règle de conduite, et pour la rendre convenable, il faut que les douleurs continuent d'être si fréquentes et tellement marquées que l'on puisse dire que la femme soit réellement tout le temps en travail. »

Je n'ai pas voulu affaiblir par une analyse succincte l'opinion de M. Burns. Il est évident que si la santé de la femme était prochainement menacée par la prolongation de la période de dilatation, on serait autorisé à dilater doucement l'orifice utérin, comme il l'indique. N'avons-nous pas déjà dit que dans les mêmes circonstances on pouvait être conduit à pratiquer des incisions sur ses bords sans qu'ils fussent le siége d'altérations organiques ou d'anomalies? Je dois ajouter que si le danger paraissait plus pressant, et si le col était réellement dilatable, il faudrait, comme dans le cas d'hémorrhagie grave, terminer artificiellement l'accouchement; mais on se trouve rarement poussé à de telles extrémités.

On ne peut accorder qu'il faille achever la dilatation si elle ne s'est pas accomplie spontanément dans un temps donné. Fréquemment ce temps est dépassé sans suspension réelle du travail, non seulement lorsque l'action de l'utérus est faible, lente, mais encore lorsqu'elle est restreinte ou entravée, avant de voir naître l'indication d'avoir recours à des moyens actifs et de se départir de l'expectation. Combien d'accouchements, dont la période de dilatation dura plus de dix à douze heures, se terminent heureusement sans le moindre secours, tandis que tant d'autres exigent plus tôt l'intervention de l'art! L'état général de la femme, les causes de la lenteur et de la difficulté de la dilatation de l'orifice utérin, lorsqu'elles peuvent être appréciées, sont de meilleurs guides que le temps, dont il ne faut cependant pas méconnaître l'importance. On peut se faire une idée de l'étendue et de la fréquence de la prolongation de la période de dilatation au-delà de sa durée moyenne ou ordinaire par un relevé de M. Churchill, qui a noté dans 984 cas le temps écoulé depuis le commencement du travail jusqu'au moment où s'est opérée la rupture des membranes, quoique ce relevé n'indique pas d'une manière très exacte la durée totale de la période de dilatation, parce que la division de l'œuf a souvent lieu plus ou moins de temps avant la dilatation complète de l'orifice de la matrice, et qu'il n'y a pas compensation par les cas de division tardive. Ce temps a été de 2 heures chez 167 femmes, de 2 à 3 chez 335, de 6 à 10 chez 163, de 10 à 14 chez 113, de 14 à 18 chez 74, de 18 à 22 chez 33, de 22 à 26 chez 46, de 26 à 30 chez 23, de 30 à 38 chez 8, de 38 à 40 chez 9, de 50 chez 4, de 60 chez 2, de 70 chez 4, de 80 chez 3, de 105 chez 1.

7° *Travail ralenti pendant la période d'expulsion par les dernières résistances du col.* — La tête ou le pelvis à demi engagé dans l'orifice utérin reste souvent encore longtemps avant de l'avoir franchi complétement. L'espèce de diaphragme formé par la portion vaginale de l'utérus, en s'effaçant graduellement du centre à la circonférence, ne formerait pas une ouverture suffisante pour laisser passer le fœtus, si toute la portion du col sur laquelle s'insère le vagin ne subissait elle-même en même temps une dilatation étendue, en vertu de laquelle ce canal s'évase de plus en plus, de sorte que l'orifice de la matrice ne forme plus une ouverture à bords étroits et saillants, mais un large canal, qui se confond avec le vagin. Dans le point de démarcation se trouvent les vertiges de la portion utérine vaginale, qui formait la cloison portant l'orifice de la matrice, et qui s'est effacée par degrés, sur les côtés, ces vestiges sont réduits à rien; en arrière la lèvre postérieure forme une saillie très peu prononcée, mais l'antérieure est encore saillante, et forme une espèce de valvule, lorsque déjà depuis quelque temps, sur les côtés et en arrière, le col et le vagin constituent un canal régulier. Les vestiges formés par les lèvres ne sont pas à la même hauteur, mais ils sont l'un et l'autre situés assez profondément dans l'excavation pelvienne, en avant, à peu de distance du bord inférieur de la symphyse du pubis, en arrière, vers le milieu de la troisième pièce du sacrum. Une portion étendue du vagin est envahie et dilatée avant que la partie la plus volumineuse de la tête ou du siége ait franchi le point où finit l'utérus; de sorte que, si l'extrémité de l'ovoïde fœtale qui s'avance est retenue par le col transformé en canal, mais insuffisamment dilaté, ou seulement par son bord antérieur formant une valvule poussée en avant, comme dans les cas où la lèvre antérieure tuméfiée éprouve un allongement plus ou moins considérable qui peut aller jusqu'à former une tumeur au-dehors, cette extrémité est très basse et peut déjà appuyer contre le périnée. Il arrive même, lorsque le segment inférieur de l'utérus est primitivement bas, que les dernières résistances du col sont à peine surmontées au moment où le périnée commence à être distendu. Dans la présentation du crâne, les bosses pariétales, sur le point de franchir le col, peuvent rester plusieurs heures au même point malgré la persistance du travail. Si la lèvre antérieure forme une espèce de valvule poussée devant le crâne, en la repoussant et en la maintenant derrière le pubis, on arrive souvent à faire avancer la tête, et le travail cesse de rester stationnaire. Mais le bord antérieur de l'orifice peut être, comme nous l'avons dit, suffisamment effacé pour rendre cette pression superflue, et cependant la bosse pariétale continue à rester au-dessus. Si la première période du travail n'est pas extraordinairement longue, le mieux est de prendre patience ; dans le cas contraire, on pourra, suivant l'état de la patiente, avoir recours à quelques uns des moyens propres à relâcher le col ou à donner plus d'énergie aux contractions.

8° *Par l'étroitesse, la rigidité, l'irritation du vagin.* — A part sa portion périnéale, le vagin se laisse dilater facilement et sans déterminer des douleurs assez vives pour entraver d'une manière prononcée les contractions utérines. Nous aurons même à faire voir plus loin que ses rétrécissements organiques cèdent souvent spontanément et dans un espace de temps assez court pour dispenser de toute intervention de l'art. Néanmoins, sans que ce canal s'écarte des conditions anormales, il peut conserver chez les primipares une étroitesse très marquée, et si elle existe à la partie supérieure, sa dilatation exige un temps assez long, et devient douloureuse et pénible ; il en est de même lorsque ses parois ne se sont pas assouplies vers la fin de la grossesse. L'étroitesse et l'absence de souplesse se rencontrent le plus souvent réunies ; c'est ainsi que dans beaucoup d'accouchements prématurés, la dilatation du col et du vagin est plus longue et plus pénible, malgré le volume moins considérable du fœtus.

L'irritation inflammatoire du vagin et de la vulve, caractérisée par de la chaleur, de la sécheresse, de la rougeur, l'aspect luisant de la muqueuse, par la sensibilité au toucher, et quelquefois par un gonflement assez prononcé, déterminés le plus souvent par des touchers trop répétés, des manœuvres pour dilater le canal vulvo-utérin, est plus souvent une cause de trouble dans l'action expultrice de l'utérus, et de ralentissement du travail, que l'étroitesse et la rigidité. Comme dans l'irritation inflammatoire du col, l'action de l'utérus est en partie neutralisée par la douleur, que réveillent les contractions, qui deviennent irrégulières, moins énergiques et plus éloignées. Les bains, les injections relâchantes sont utiles, et suffisent le plus souvent; mais la saignée est le moyen le plus efficace. Toutefois la prolongation du travail qui reconnaît l'un de ces états met assez rarement dans l'obligation d'y avoir recours, à moins que l'état général de la femme ne la requière.

9° *Par la résistance du périnée, l'étroitesse et la rigidité de la vulve.* — Ceux qui n'ont pas suffisamment réfléchi sur le rapport qui existe entre l'état de relâchement des obstacles mécaniques normaux, formés par les parties molles, plus ou moins sensibles, et l'action contractile de l'utérus, seront surpris de me voir apprécier ici ces obstacles, et poser les indications qu'ils réclament. Je conviens que cette relation, considérée dans le conduit vulvo-utérin, s'affaiblit d'une manière très sensible en s'éloignant de l'orifice de la matrice, à moins qu'il ne soit dans quelques unes de ses parties le siège d'un état inflammatoire aigu, et demeure très douloureux à chaque effort de distension. C'est au détroit inférieur, que les obstacles naturels, formés par des parties molles à dilater, sont accumulés en plus grand nombre. La portion périnéale du vagin, les éléments fibreux, musculeux, celluleux, cutanés du périnée, la vulve, se transforment en une vaste gouttière, dans le point où le cercle osseux du bassin a des dimensions qui sont de peu supérieures à plusieurs des circonférences de la tête qui doivent le traverser. Et cependant, dans le travail qui peut être considéré comme normal, la durée de la période d'expulsion n'est que la moitié et même le tiers de la durée de la période de dilatation. La nature semble s'être réservé un excès de puissance pour une période qui ne peut se prolonger très longtemps sans faire courir des dangers à l'enfant et à la mère, et où la résistance à vaincre offre une grande inégalité suivant les individus. On peut supposer que dans les cas où elle est aussi grande que possible, mais à l'état normal, et en rapport avec la constitution et la conformation de la femme, l'organisme est rarement dans l'impossibilité absolue, si le détroit inférieur est suffisamment grand, de terminer l'accouchement; mais il peut être tellement retardé, que la vie du fœtus soit compromise et la femme exposée à des dangers plus ou moins graves. C'est ordinairement chez les primipares que l'on rencontre cette résistance du périnée et des parties externes de la génération. Dans les cas ordinaires, elle rend seulement ce temps du travail plus long, plus douloureux, et plus souvent compliqué de la déchirure superficielle ou profonde de la commissure postérieure de la vulve. On admet généralement qu'elle est d'autant plus grande que la femme est plus âgée lorsqu'elle accouche pour la première fois. Cette opinion serait, selon madame Lachapelle, sinon complétement fausse, au moins très exagérée: « Il n'est pas un accoucheur, dit-elle, qui ne redoute un premier accouchement de trente, trente-cinq à quarante ans; il n'est pas de femme de cet âge qui ne voie avec effroi arriver le moment de sa première couche. L'expérience m'a trop souvent prouvé la fausseté de ces prévisions pour que je puisse les adopter. Sans doute, on voit souvent le travail long et pénible, chez une femme âgée et qui n'a point eu d'enfant; mais n'en est-il pas de même des plus jeunes? La proportion, j'ose l'assurer, est parfaitement égale. » Les primipares, chez lesquelles la résistance du périnée et des parties externes de la génération est portée au plus haut degré ont souvent les attributs de la force, un tempérament sanguin, le système musculaire très développé ou de la disposition à de l'embonpoint. Le périnée et la vulve peuvent offrir une grande résistance chez des femmes qui ont déjà accouché plusieurs fois. Il en est en quelque sorte de ces parties comme des parois abdominales: si elles restent flasques et très extensibles chez un grand nombre, il en est d'autres chez lesquelles elles reprennent leur fermeté et leur résistance primitive. Par opposition, on rencontre des femmes, même parmi les primipares, chez lesquelles le périnée et la vulve offrent si peu de résistance, ou une disposition telle à se laisser dilater, que quelques douleurs suffisent pour pousser la tête au-dehors. Outre les dispositions individuelles primitives, qui rendent la distension du périnée et de la vulve facile ou difficile, comme le plus ou moins d'ampleur de la portion inférieure du conduit vulvo-utérin, le plus ou moins de fermeté et d'épaisseur des tissus, etc., il y en existe une qui est le résultat de la gestation, et qui, suivant qu'elle est peu ou beaucoup prononcée, rend ce temps du travail long et pénible, ou court et facile; je veux parler du relâchement et de la tuméfaction des parties externes de la génération, qui se manifestent vers la fin de la gestation, et qui sont des signes précurseurs d'un accouchement prochain. Ce relâchement et cette tuméfaction, qui sont extraordinairement prononcés chez quelques femelles d'animaux, se manifestent chez la femme par une tuméfaction de la vulve, qui se relâche en même temps. Le relâchement s'étend aux grandes lèvres, à la partie inférieure du pénil, et en arrière jusqu'au-delà de l'anus. L'entrée du vagin est beaucoup plus relâchée et plus souple, et la muqueuse plus humectée; cette disposition augmente encore pendant le travail. Lorsque cet état est peu marqué, et que les parties externes de la génération avec l'entrée du vagin peuvent, comparativement à ce qu'elles sont habituellement au terme de la grossesse, être considérées comme rigides, fermes, leur dilatation sera pénible et longue, comme l'accouchement prématuré en offre assez souvent l'exemple; elle le sera bien davantage si, avec l'absence du relâchement, le périnée se trouve épais, résistant, et la vulve étroite. Comme la matrice lutte avec moins de ménagement contre le périnée que contre son propre col, les douleurs sont d'abord régulières, énergiques et fréquentes, et les muscles abdominaux leur prêtent franchement leur concours. Mais si les parties molles ne se trouvent pas souples et relâchées, au-delà d'un premier degré leur distension devient très douloureuse, et bientôt les contractions se ralentissent et perdent leur énergie, ou bien l'effort se convertit en une agitation infructueuse, parce que la femme empêche instinctivement qu'il porte tout entier sur l'obstacle. Dans un premier degré, qui ne réclame souvent que de la patience, quoique le retard puisse être de trois ou quatre heures, voici ce qu'on observe: les douleurs, après avoir été d'abord suffisamment énergiques, fréquentes et efficaces, s'éloignent et s'affaiblissent; deux ou trois douleurs avortées séparent les douleurs franches et efficaces, qui se trouvent ainsi éloignées les unes des autres; d'autres fois il survient une suspension complète, pendant laquelle les forces se réparent, les parties se relâchent et le retour du travail est suivi de la prompte terminaison de l'accouchement.

A des degrés plus prononcés les douleurs sont encore plus irrégulières, moins efficaces; la suspension et les reprises de travail peuvent être nombreuses, et le retard extraordinairement prolongé, surtout si les parties deviennent le siége d'une irritation vive; mais à la longue elles finissent par se relâcher. Ces résistances ne sont pas de nature à mettre un obstacle absolu à la terminaison de l'accouchement, si la femme est dans les conditions ordinaires, et si ses forces n'ont pas été épuisées par les fatigues de la première période trop prolongée et trop pénible. Lorsque des contractions fortes et énergiques se sont soutenues au même degré pendant plusieurs heures, qu'après des suspensions il y a eu des reprises franches, ou bien lorsque les contractions restent aussi fortes, aussi fréquentes et aussi énergiques qu'au début, sans amener de résultat, on peut être à peu près certain que c'est le détroit inférieur, plus que les parties molles, qui constitue l'obstacle, ou au moins que ces deux ordres d'obstacles sont réunis. On a attribué et on attribue tous les jours, dans la pratique, au détroit inférieur un retard à l'expulsion du fœtus qui, dans la majorité des cas, est déterminé par les parties molles du périnée ; mais il faut éviter de tomber dans l'exagération contraire. Il est d'autant plus difficile de rester dans le vrai, que la distinction est souvent difficile à faire. Le signe tiré de contractions énergiques, persistantes, suivies de peu d'effet, a quelque valeur ; l'utérus réagit, en effet, avec plus de vigueur, de régularité et de persévérance contre les obstacles qui, comme le bassin, sont insensibles, que contre les parties molles, dont la distension est accompagnée de douleurs moins plus ou vives, suivant que leurs fibres sont relâchées ou rigides. La disposition de l'utérus à se contracter moins énergiquement pour vaincre la résistance formée par les parties molles, et à les ménager en quelque sorte, d'après le degré de souffrance que leur distension provoque, ne les met pas toujours à l'abri de ruptures ; l'utérus, le vagin, la vulve, surtout lorsqu'elle est rigide et étroite, y sont plus ou moins exposés.

Pour remplir les indications, il ne faut pas perdre de vue que la tête peut être arrêtée derrière le périnée, à la vulve, sans que ces parties présentent rien d'insolite dans leur résistance ; je veux parler de ces cas où l'utérus, étant naturellement doué de peu d'activité et d'énergie, ses forces sont épuisées avant qu'il ait surmonté les dernières résistances. La même chose peut arriver lorsque la première période a été très longue et très pénible par toute autre cause ; il y a souvent alors indication de terminer l'accouchement sans attendre tout ce qu'on peut espérer d'une expectation raisonnable et des moyens ordinaires de ranimer les contractions ou de relâcher les parties molles. Cette conduite devra, à plus forte raison, être suivie avec moins d'hésitation, si en outre le périnée et la vulve offrent une résistance insolite.

Lorsque le travail a marché régulièrement jusqu'au moment où il est entravé par la résistance du périnée, et que la femme n'éprouve que la fatigue ou l'excitation qu'on observe ordinairement, il faut accorder à l'expectation une latitude suffisante. Pendant ce temps on a des chances assez nombreuses, malgré la lenteur de la distension du périnée et de la dilatation de la vulve, de voir l'accouchement se terminer spontanément et heureusement. Si le travail est peu troublé, et que les contractions continuent à être rapprochées et suffisamment fortes, on peut être à peu près certain que l'accouchement se terminera avant que la santé de la mère ou la vie de l'enfant soit compromise, à moins que le détroit inférieur ne soit resserré, et l'on se bornera à prévenir la rupture du périnée et de la vulve.

Dans les cas où les douleurs s'éloignent, s'affaiblissent ou se suspendent, pour être suivies de nouvelles douleurs peu efficaces, la conduite à tenir est variable. Si la femme est forte, pléthorique ; si l'agitation générale est vive, ou s'il se manifeste quelques symptômes d'excitation du côté de l'utérus ou de quelques autres organes, il faut tirer du sang. La saignée relâche presque aussi facilement le périnée et la vulve que l'orifice utérin, et rend souvent aux contractions leur énergie et leur fréquence. Quoique je ne veuille pas préconiser l'ipécacuanha et l'émétique, soit pour exciter des vomissements, soit seulement des nausées, je crois devoir faire observer que c'est surtout dans le cas de résistance du périnée qu'on a constaté leur efficacité. Lebas et la plupart des partisans de cette méthode ont donné le conseil de ne faire vomir, pour exciter l'utérus à se contracter, que lorsque la tête en bonne position est parvenue au fond du petit bassin. Les bains, les topiques relâchants, appliqués sur les parties externes de la génération, sont des moyens utiles, mais bornés dans leur effet. Si la femme n'est pas dans des conditions à pouvoir perdre avantageusement une certaine quantité de sang, on soutiendra l'activité de l'utérus par quelques doses d'ergot de seigle ; mais il faut éviter d'exciter directement ou indirectement l'utérus, lorsque les douleurs persistent à être fréquentes et énergiques, ou qu'elles n'offrent que des suspensions de courte durée pour reprendre avec force.

Lorsque le travail continue à traîner en longueur, il arrive un moment où, tantôt dans l'intérêt de l'enfant, tantôt dans celui de la mère, et souvent de l'un et de l'autre, il faut terminer artificiellement l'accouchement. Quoique l'on soit déterminé à agir tantôt plus tôt, tantôt plus tard, d'après des considérations puisées dans les phénomènes du travail et dans l'état de la femme, et que par conséquent on ne puisse indiquer un terme fixe, on devra rarement attendre au-delà de six à sept heures. La crainte de déchirer la vulve, rigide et très étroite, en entraînant le fœtus avec le forceps, doit faire éloigner toute précipitation.

Dans la prévision d'une rupture centrale du périnée, ou d'une déchirure étendue de la vulve, doit-on, comme s'il s'agissait d'un vice de conformation ou d'un rétrécissement organique, pratiquer une incision sur ses bords? Au dire de M. Chailly, M. Dubois a été conduit à le recommander, et a pratiqué, dans un cas, sur un des côtés près de la commissure inférieure de la vulve distendue, une incision oblique, qui permit l'expulsion spontanée d'un enfant vivant.

10° *Par l'accumulation de l'urine dans la vessie.* — La distension de la vessie par l'urine est une cause certaine de trouble dans le travail de la parturition, non pas précisément comme obstacle mécanique, gênant la progression du fœtus à travers le bassin, car, à moins de hernie vaginale, la vessie remonte dans la région hypogastrique, mais par la sensation pénible et douloureuse qui l'accompagne, et qui s'accroît à chaque contraction utérine, à chaque effort d'expulsion. Il y a beaucoup d'agitation et de souffrance, quoique les contractions soient faibles, éloignées, sans efficacité, et même suspendues. A leur tour, les muscles abdominaux se refusent à tout effort un peu énergique.

Il est extrêmement rare de voir survenir la rupture de la vessie, quoique Rhamsbotham ait observé deux fois cet accident, qui est probablement autant déterminé par l'excès de distension, par une altération de l'organe, que par les efforts auxquels la femme se livre. Indépendamment du trouble apporté dans le travail, la gravité de la rupture de la vessie, l'incontinence d'urine qui peut être la suite de sa distension prolongée, font une loi d'apporter la plus grande attention à surveiller l'expulsion des urines. Il ne faut point oublier que lorsque le travail se prolonge, malgré le soin qu'on a apporté à faire évacuer les urines au début du travail, elles peuvent d'autant plus facilement s'accumuler, que le fœtus, plus profondément engagé dans le bassin, s'oppose plus sûrement à leur issue. La distension de la vessie est si facile à reconnaître, qu'elle n'est méconnue que par faute d'attention; il est également facile d'y remédier, si le canal de l'urètre était fortement comprimé: en repoussant la matrice en arrière, en soulevant la tête du fœtus, on parviendrait toujours à faire pénétrer la sonde.

11° *Par des engorgements phlegmoneux sur le trajet du canal vulvo-utérin.* — La présence d'un engorgement inflammatoire dans l'épaisseur des parois abdominales, du périnée, dans le tissu cellulaire pelvien, au moment où le travail se déclare, le ralentit et le trouble presque constamment. Quoique ces cas soient très rares, ils méritent cependant d'être mentionnés. Une femme à terme souffrait depuis deux jours à l'anus, lorsque le travail se déclara. Je trouvai au bord de l'anus un point engorgé, dur et très sensible à la pression; les douleurs et la tuméfaction augmentèrent, et il survint un mouvement fébrile; la fluctuation était manifeste à la fin du troisième jour. Pendant tout ce temps, les contractions utérines continuèrent; mais elles étaient faibles et rares, et causaient des douleurs assez vives et de l'agitation; le col ne s'était ouvert que de 3 à 4 centimètres, quoiqu'il fût très souple et dilatable. L'ouverture de l'abcès fut suivie d'un grand soulagement; bientôt les douleurs se rapprochèrent, prirent de la force et de l'énergie, et trois heures après elle accoucha d'un enfant vivant.

3. *Action partielle, spasmodique de l'utérus.* — On désigne par ces expressions la rétraction spasmodique d'une portion ou de la totalité de la matrice. Nous ferons voir ailleurs comment elle constitue souvent un des obstacles les plus sérieux à la version et quelquefois à la sortie du délivre. Nous avons à faire connaître ici ses caractères et l'influence qu'elle a sur la marche du travail, en rendant irrégulières et inefficaces les douleurs, et en formant de plus un obstacle mécanique à l'expulsion du fœtus lorsqu'elle existe au col.

Du corps. — La rétraction spasmodique du corps de l'utérus et sa fâcheuse influence sur la marche du travail avaient à peine fixé l'attention des praticiens avant les remarques de Denman, de Wigand, de Burns. Lorsque tout le corps de l'organe en est le siége, ses parois sont tendues d'une manière continue sur l'œuf ou sur le fœtus, comme elles le sont momentanément pendant une douleur. Dans le premier cas, les parois utérines sont régulières; quelquefois la portion des membranes qui correspond à l'orifice plus ou moins dilaté est tellement tendue qu'elle ressemble, au premier abord, à une portion de l'enfant. Dans le second, exactement moulées sur le fœtus, elles en reproduisent les inégalités. La rétraction est bien plus souvent partielle, et bornée à un point plus ou moins étendu de la paroi utérine, à l'un des angles, à l'un des côtés, au fond, à une portion du corps, à toute une paroi; et comme les autres parties sont dans le relâchement, si le siége de la rétraction partielle et la paroi abdominale permettent une exploration facile, on reconnaît des duretés, des inégalités, des étranglements qui tranchent avec le peu de tension des autres parties. Lorsque la portion rétractée spasmodiquement est très étendue, occupe toute une paroi, et surtout lorsqu'elle correspond à la partie concave de l'ovoïde fœtale, la matrice peut prendre une forme oblique très prononcée. Dès que la rétraction spasmodique se manifeste, la marche du travail est troublée, les douleurs normales deviennent irrégulières et inefficaces; la sensation douloureuse qu'elles provoquent est très vive, pénible, et rarement bornée à l'utérus, quoique l'effort soit souvent incomplet, comme arrêté, et en réalité peu énergique; il semble plutôt dirigé vers le point rétracté que vers l'orifice de la matrice; tous les points de l'organe n'y prennent pas une part égale. Des douleurs courtes et faibles comme celles du début du travail causent un très grand malaise; elles se suspendent assez souvent complétement, pendant un temps plus ou moins long; c'est une circonstance favorable qui dispose les points rétractés spasmodiquement à revenir à l'état normal. Mais comme dans les cas où l'action de l'utérus est restreinte, entravée par les divers états que nous avons déjà passés en revue, les contractions, après avoir été pendant plus ou moins de temps comme enchaînées, prennent d'une manière continue ou par intervalle de l'étendue, de la force, causent alors des douleurs intolérables, et jettent la femme dans des angoisses inexprimables. Ce n'est pas seulement pendant les contractions intermittentes qu'elle souffre; les points dont la rétraction est persistante sont plus ou moins douloureux d'une manière continue, très sensibles au contact, et les contractions amènent des exacerbations vives dans l'intervalle desquelles la douleur s'éteint rarement complétement. D'autres fois, l'action partielle et pathologique semble plutôt porter d'emblée sur la forme intermittente de la contractilité de l'utérus que la forme continue ; on ne peut point constater d'une manière certaine de points rétractés spasmodiquement d'une manière non interrompue ; ce qu'il y a de plus manifeste, c'est l'irrégularité de la contraction, comme dans les cas où l'utérus est le siége d'une congestion active, d'une irritation vive, etc. Au lieu d'une contraction générale égale, synergique, dont l'effet est dirigé vers l'orifice de la matrice, c'est une contraction partielle, inégale, mal dirigée : tandis qu'une partie se contracte fortement, une autre se contracte plus faiblement, et même à peine, ou bien toutes les parties ne se contractent pas ensemble : une se relâche déjà, quand l'autre commence à entrer en action, et reste quelques instants dure, quand tout le reste de l'organe est relâché. Ces contractions partielles, sans accord, sont également accompagnées de douleurs fort vives, et laissent rarement du calme dans les intervalles. Dans tous ces cas, le travail ne fait pas de progrès, ou ne fait que des progrès extrêmement lents, soit que l'action de la matrice s'applique à dilater son orifice, soit à expulser le fœtus. L'action partielle, spasmodique, du corps de l'utérus, prolonge le travail en troublant, en restreignant, en rendant inefficaces les douleurs ; elle paraît devoir rarement agir à la manière des obstacles mécaniques. Néanmoins, si la rétraction spasmodique avait son siége, non au fond, mais plus ou moins bas sur le corps, et se présentait sous forme d'une zone oblique ou transversale étendue, la portion du fœtus qui y correspondrait y serait solidement retenue, et les efforts de l'utérus, peu efficaces d'ailleurs, viendraient inutilement s'y briser. Mais, si on en excepte le point d'union du col avec le corps, il est extrêmement rare de voir sur l'utérus ces étranglements, ces rétractions en forme d'anneau qu'on observe quelquefois après l'expulsion du fœtus, et qui produisent le *chatonnement du placenta*; il est possible que la présence du fœtus rende cette disposition peu distincte et la fasse méconnaître quand elle existe.

Du col. — La rétraction, le resserrement spasmodique du col utérin, a depuis longtemps fixé l'attention ; mais on en a exagéré la fréquence en le confondant souvent avec la rigidité organique de l'orifice de la matrice, avec le retour partiel de cet orifice sur lui-même, après avoir été plus ou moins dilaté, comme on l'observe quelquefois après la rupture prématurée de la poche des eaux, lorsque le travail se suspend momentanément, ou que la partie qui se présente s'applique mal contre ses bords, quoique dans ce cas ils restent souples et dilatables. La rétraction spasmodique du col affecte une forme circulaire. On l'observe à l'orifice externe et à l'orifice interne. Sur le premier point, où elle peut être plus facilement constatée, l'orifice utérin, après avoir été plus ou moins dilaté, revient sur lui-même, mais sans parvenir à se fermer complètement, à moins qu'il n'ait été primitivement peu dilaté; et ses bords, au lieu d'être souples, dilatables, sont tendus, résistants, chauds, douloureux et très sensibles au toucher ; la femme se plaint de douleurs très vives et continues à la région lombaire. Dans le second cas, c'est-à-dire lorsque la rétraction spasmodique existe à l'orifice interne, s'il est souvent permis de soupçonner la cause du trouble du travail et du retard de l'expulsion du fœtus, il est le plus souvent impossible de la constater ; car le point étranglé est souvent trop élevé pour être accessible au doigt, et pas assez pour pouvoir être senti à la région hypogastrique. La tendance que montre l'utérus après la naissance, à se contracter en sablier, pour reprendre sa forme primitive, explique sa prédisposition à se rétracter circulairement dans le même point sur le corps du fœtus, qui y prédispose lui-même, lorsque le sillon qui existe entre la tête et les épaules s'y rencontre. La partie rétractée paraît plus appartenir aux fibres les plus inférieures du corps qu'à celles qui correspondent à l'orifice interne dans l'état de vacuité. La rétraction spasmodique du col, qu'elle ait son siége à l'orifice externe ou à l'interne, rend l'accouchement plus ou moins difficile et plus ou moins pénible, en rendant, comme la rétraction partielle du corps, irrégulières et inefficaces les douleurs qui viennent s'épuiser sur l'anneau rétracté, et de plus en opposant un obstacle plus ou moins persistant à l'expulsion du fœtus. C'est ce dernier point qui reste à examiner. Nous avons peu de chose à dire du cas où l'orifice externe rétracté spasmodiquement est incomplétement dilaté, ou qu'il est revenu sur lui-même avant d'avoir été franchi par la tête ou le siége.; il se dilate avec plus de peine et de lenteur encore que dans les autres espèces de rigidité : cependant la résistance peut être surmontée sans que l'état de spasme cesse entièrement; mais les parties s'avancent très lentement à travers l'orifice qui les étreint, ou bien il disparaît, et la dilatation, qui avait été singulièrement ralentie ou même suspendue, fait des progrès rapides, et l'expulsion ne rencontre plus d'obstacle. Lorsque la tête a vaincu les dernières résistances du col et qu'elle franchit l'orifice externe, celui-ci et la portion du col située au-dessous de l'orifice interne sont, dans l'état ordinaire, trop minces et trop souples pour opposer au passage des épaules une résistance sérieuse. Mais il n'en est plus de même lorsqu'il se manifeste dans le col, avant ou après le passage de la tête dans le vagin, une tendance à se rétracter spasmodiquement : l'orifice externe ou le segment situé immédiatement au-dessus, n'étant plus soutenu, embrasse le cou du fœtus avec plus ou moins de force, et doit se dilater de nouveau pour le passage des épaules. Or, comme ce point est situé très bas dans l'excavation pelvienne, au moment où l'expulsion est entravée, le périnée et la vulve sont déjà très distendus; il peut même arriver que la tête soit entièrement dehors. Il est facile de se méprendre sur la nature et le siége de l'obstacle si on néglige d'insinuer les doigts assez haut ou si on ne peut le faire. Il est moins rare de voir l'étranglement se former dans la portion de l'organe comprise entre le corps et le commencement du col, dans cette partie qui, n'ayant pas à subir de distension mécanique au moment de l'accouchement, se reserre après la sortie du fœtus aussi fortement que le corps, tandis que la portion située au-dessous, ayant subi une distension mécanique étendue et assez rapide, est d'abord comme paralysée, et reste quelque temps souple comme le vagin et largement ouverte à sa base. Lorsque la contractilité de l'utérus est à l'état normal dans toutes ses parties, le passage des épaules au niveau de l'orifice interne ne paraît pas rencontrer d'obstacle; cependant, dans les cas où elle est vivement surexcitée, et où l'utérus tend à se mouler exactement sur le corps de l'enfant, il est probable que les épaules peuvent y rencontrer un obstacle assez sérieux. Ce qui semblerait le confirmer, c'est qu'on voit quelquefois l'expulsion cesser de faire des progrès pendant quelque temps, quoique les contractions soient énergiques, et la partie qui s'avance réagir faiblement contre les obstacles naturels qu'elle rencontre. Mais lorsque la rétraction devient inégale, qu'elle est plus forte et plus persistante à la partie inférieure du corps que dans les parties situées au-dessus, qu'elle prend un caractère spasmodique, et qu'il se forme un anneau autour du cou du fœtus, il en résulte un obstacle d'autant plus fort que la portion de l'utérus qui le constitue n'a pas été amincie et affaiblie par la dilatation de l'orifice externe; il est même probable que les épaules ne peuvent le franchir, tant que l'état spasmodique persiste. La tête est enveloppée par la partie du col évasée en entonnoir et par le vagin. Lorsque le doigt peut arriver assez haut, il sent que la partie supérieure du col est rétrécie et embrasse le cou du fœtus. L'expulsion cesse de faire des progrès même dans les cas où les contractions ont de la régularité et de la force. Si la tête est un peu poussée en avant, elle remonte à sa place dès que la douleur a cessé; cet abaissement dépend presque exclusivement de l'action des muscles abdominaux qui poussent en bas la matrice: aussi, pendant les contractions, la portion évasée du col n'est ni repoussée en dehors ni tendue d'une manière bien prononcée. La tête est souvent mobile, ou n'est fortement pressée ni par le périnée ni par le détroit inférieur. Mais la difficulté de porter le doigt sur le point rétracté, et les obstacles nombreux et variés que la tête peut rencontrer au fond de l'excavation, conduisent facilement à une méprise en faisant croire à un volume considérable de la tête, à un resserrement du détroit inférieur, à une résistance insolite du périnée, à une grande brièveté du cordon. Il faut un examen très attentif pour se mettre à l'abri d'une erreur qui peut avoir des suites fâcheuses. Si on avait recours au forceps, la portion dilatée du col ne mettrait pas d'obstacle à son application; mais les tractions seraient extrêmement douloureuses, et probablement infructueuses; et comme l'obstacle est, non devant, mais derrière la tête, le cou aurait à supporter tout l'effort, qui serait presque inévitablement fatal au fœtus, alors même qu'on serait resté dans les limites fixées par la prudence. Dans la présentation de l'extrémité pelvienne, le resserrement spasmodique du col peut encore, après la sortie des hanches, opposer des obstacles très sérieux à la sortie des autres parties du fœtus. Mais nous aurons à revenir sur ce point en étudiant les difficultés de l'extraction dans cette présentation et à la suite de la version.

L'action partielle, inégale, spasmodique, de l'utérus pendant le travail, qu'elle s'exerce sur le corps ou sur le col, est susceptible de cesser spontanément. Elle offre dans sa durée, qui n'est pas indéfinie, et dans son intensité de grandes différences. Dans les cas les moins graves, elle peut disparaître au bout de quelques heures; mais, sans être permanente de sa nature, entretenue par le travail, elle peut persister pendant plus de temps qu'il n'en faut pour compromettre la santé de la mère et la vie de l'enfant et reparaître même après sa naissance. Nous avons déjà fait connaître comment, en troublant, en entravant, en rendant inefficaces les contractions, elle rend la sensation douloureuse qui les accompagne, très aiguë et très pénible. Mais on observe encore d'autres phénomènes: les douleurs continues, plus ou moins vives, dont l'utérus est le siège, s'étendent dans différents points de l'abdomen, au dos, aux reins, et augmentent avec les exacerbations utérines. Les douleurs de reins se présentent rarement avec autant d'intensité, autant de persistance et d'une manière aussi continue que dans la rétraction spasmodique du col. On observe quelquefois du ténesme au col de la vessie, de fréquentes envies d'uriner. Lorsque la rétraction spasmodique dure quelque temps et que les contractions ne se suspendent pas, il survient beaucoup d'agitation; la femme se désespère, pleure; ses forces sont abattues; elle éprouve souvent des maux de cœur, de l'oppression; un mouvement fébrile plus ou moins intense se manifeste; même lorsque les douleurs du travail sont suspendues, elle ne recouvre pas un calme complet; il reste, sinon une douleur vive, du malaise dans le ventre, le dos, etc., qui entretient l'agitation.

Les causes de l'action irrégulière, partielle, spasmodique, de l'utérus sont extrêmement nombreuses. Tous les obstacles dynamiques et mécaniques qui sont signalés dans cette section, et la plupart de ceux qui se trouvent dans les suivantes, surtout la présentation du tronc, les rétrécissements, les obstructions du bassin, du vagin, peuvent y donner lieu lorsqu'ils troublent le travail, le prolongent, le rendent pénible et laborieux. Nous nous bornerons à indiquer ici les causes qui, en l'absence des conditions essentielles de dystocie, y donnent le plus souvent lieu ; elles sont quelquefois fort obscures et restent inconnues. Quelques femmes y sont plus particulièrement prédisposées ; les primipares y paraissent moins exposées que celles qui ont fait plusieurs enfants. Les femmes nerveuses, irritables, sujettes aux spasmes ; celles dont l'utérus est sensible, très mobile, y sont plus prédisposées que celles qui sont dans des conditions opposées. Parmi les particularités à la suite desquelles on voit le plus souvent se manifester la rétraction spasmodique, partielle, de l'utérus, je citerai surtout les congestions actives, les irritations inflammatoires de cet organe, un toucher trop répété de son orifice, les tentatives imprudentes de dilatation, l'emploi intempestif des excitants, des frictions trop prolongées sur l'abdomen, du seigle ergoté, de la main, des instruments, la rupture prématurée de la poche des eaux, surtout lorsqu'il s'écoule une très grande quantité de liquide ; les accouchements qui se déclarent par l'écoulement spontané des eaux sans aucune douleur, avant que l'orifice utérin ait commencé à s'ouvrir, et dans lesquelles les eaux continuent à s'écouler goutte à goutte quelquefois pendant plus d'une journée, avant que le travail commence d'une manière franche ; le contact immédiat trop prolongé du fœtus avec la cavité de l'utérus, un travail trop actif au début, etc. On peut encore mentionner, parmi les causes qui troublent le travail d'une manière indirecte, la crainte, les émotions morales, etc. La rétraction spasmodique, se produisant le plus souvent sur l'influence de causes agissant postérieurement au début du travail, s'observe le plus ordinairement après la rupture de la poche des eaux, et après que le col a déjà subi une dilatation assez étendue et pendant la période d'expulsion. Mais comme quelques femmes y sont particulièrement prédisposées, et que quelques uns des états qui y exposent préexistent au début du travail, il n'est pas rare de la rencontrer lorsque l'utérus ne réagit encore que sur l'œuf entier, surtout lorsqu'elle se présente sous forme de contractions irrégulières, partielles, inégales, sans qu'il y ait sur quelques points une rétraction continue. La compression qui s'exerce sur le fœtus l'expose plus souvent et plus promptement à succomber, en gênant la circulation fœto-placentaire, que lorsque le travail est prolongé par les autres causes que nous avons déjà passées en revue. Mais il n'est pas vraisemblable que la rétraction du col utérin sur le cou du fœtus puisse y gêner assez la circulation cérébrale pour causer la mort.

L'indication consiste à rétablir l'harmonie dans l'action des différentes parties de la matrice, et à amener le relâchement dans les points rétractés spasmodiquement. Les meilleurs moyens pour y parvenir sont la saignée, les bains, les opiacés, dont l'expérience a depuis longtemps constaté la convenance et l'efficacité. Chez les femmes fortes, pléthoriques, il faut pratiquer une saignée abondante ; il est quelquefois utile d'y revenir. Loin de prendre des précautions pour prévenir une syncope, on chercherait plutôt à la favoriser, parce qu'une faiblesse momentanée est suivie de très bons effets. C'est encore à la saignée qu'il faut avoir recours de préférence, mais avec plus de ménagement, lorsqu'il s'est développé un mouvement fébrile prononcé, alors même qu'on ne trouverait pas les conditions que je viens d'énoncer. Mais l'état général de la femme contre-indique assez souvent la saignée ; le pouls peut être fréquent, mais faible ; dans ce cas, on peut avoir recours d'emblée à l'administration des opiacés ; on se conduira de la même manière avec les femmes nerveuses, irritables, et lorsque la déplétion sanguine n'a pas amené le résultat désiré. C'est dans cet état de l'utérus qu'on donne, surtout en Angleterre, les opiacés à haute dose ; on en a fait prendre jusqu'à 10 grains ; mais quoique, comme dans le tétanos, la dose paraisse pouvoir être portée très loin, la prudence fait une loi d'être beaucoup plus réservé ; d'autant plus que 20, 40, 60 gouttes au plus de laudanum, administrées en deux ou trois fois, de quart d'heure en quart d'heure, suffisent, soit qu'on le prenne dans une potion, soit plutôt en lavement, dans une très petite quantité d'eau. Lorsque l'administration des opiacés est suivie de succès, la marche du travail peut être régularisée de deux manières différentes ; dans les deux cas, les douleurs continues diminuent, le calme revient ; mais dans le premier, les contractions, avant de redevenir régulières, se suspendent, et au bout d'une heure ou deux de repos et de tranquillité, elles reprennent leur force et leur régularité ; quelquefois, surtout lorsque le travail est peu avancé, la suspension est beaucoup plus longue sans qu'il en résulte d'inconvénient ; dans le second, il n'y a pas suspension réelle du travail ; à la diminution des souffrances, de l'agitation, succèdent immédiatement des douleurs franches et efficaces. Nous avons déjà vu que les opiacés étaient très utiles, et agissaient de la même manière sans qu'il y eût rétraction spasmodique de l'utérus ; dans les cas où cet organe ou le conduit vulvo-utérin étant ou devenant sensible sous l'influence de causes diverses, les contractions devenaient irrégulières, impuissantes pour l'effet des douleurs vives qu'elles développaient. Les bains, les demi-bains, sans avoir autant d'efficacité que la saignée et les opiacés, ont cependant une influence assez marquée et ne doivent pas être négligés, soit comme adjuvant, soit comme moyen principal ; ils suffisent quelquefois dans les cas simples ; on doit d'abord y avoir recours lorsque l'état général n'indique pas la saignée. On peut également retirer quelques avantages de fomentations adoucissantes et calmantes sur le ventre, des injections de même nature lorsque le spasme porte sur le col. C'est surtout contre le resserrement spasmodique de l'orifice de la matrice qu'on recommande l'extrait de belledone, porté sur les parties rétractées. Nous avons indiqué la manière de l'employer, et cherché à apprécier ses effets en parlant de la rigidité et de l'étroitesse de l'orifice utérin. Quelques praticiens, sans méconnaître l'indication des narcotiques, se sont élevés contre leur emploi pendant le travail, soit à l'intérieur, soit sur le col, parce qu'ils supposent à tort qu'ils peuvent déterminer une inertie prolongée et des hémorrhagies utérines graves. Les tentatives de dilatation de l'orifice utérin sont nuisibles et doivent être proscrites. Nous avons signalé les dangers de l'application du forceps, lorsque l'orifice interne ou externe est rétracté sur le cou du fœtus. Dans le cas où l'orifice externe retient la tête en embrassant sa circonférence, cet instrument peut être appliqué ; mais il expose à des déchirures qui peuvent s'étendre au-delà de ses bords. L'extrémité des cuillères ne pouvant passer que difficilement au-dessus de l'orifice ainsi resserré, on est exposé à pincer les bords de la matrice, à décoller le vagin de l'utérus. Dans la présentation de l'extrémité pulvienne, la possibilité de faire descendre les pieds, de faire avancer le tronc lorsqu'ils sont dégagés, peut, si on s'y laissait aller, amener les résultats les plus fâcheux ; car, tant que la portion rétractée du col ne porte pas sur la portion sus-ombilicale du tronc, la vie du fœtus n'est pas immédiatement menacée, tandis qu'il n'en est plus de même lorsque la partie de l'utérus rétractée retient les épaules ou la tête. Il est de la plus grande importance d'obtenir préalablement, par les moyens généraux et locaux, le relâchement de l'utérus avant d'exercer des tractions, si on se croit dans la nécessité d'aider à l'expulsion.

III. EXPULSION DU FOETUS ACCIDENTELLEMENT ENTRAVÉE DANS LES CONDITIONS DE L'ACCOUCHEMENT NATUREL. — Les causes qui peuvent rendre le travail long, pénible ou laborieux, la femme et le fœtus étant dans les conditions de l'accouchement naturel ou s'en éloignant peu, sont quelquefois fort obscures. On rencontre dans la pratique des cas où toutes les conditions d'un accouchement facile semblent réunies, et cependant le travail est tellement long, tellement pénible, qu'il fait craindre soit l'épuisement de la mère, soit la mort du fœtus, sans qu'un examen attentif des phénomènes physiologiques et mécaniques de l'état des parties molles et du bassin puisse en faire reconnaître la cause. Dans cet état d'incertitude, on est conduit à avoir recours en quelque sorte d'une manière empirique, suivant l'état de la femme, à quelques uns des moyens qui favorisent l'expulsion : au seigle ergoté, si les contractions ne sont pas très fréquentes et très énergiques, à la saignée ou aux opiacés, lorsque la sensation douloureuse qu'elles provoquent est très vive, ou que les parties molles semblent ne se relâcher qu'avec peine ; enfin à l'extraction artificielle, s'ils sont contre-indiqués ou s'ils ne réussissent pas. Quelque exacte que paraisse être la connaissance des phénomènes physiologiques et mécaniques de l'accouchement et des causes qui peuvent les entraver, il est évident qu'elle laisse encore à désirer. Cet aveu que la plupart des auteurs se sont efforcés de dissimuler, mais que font sans détour les hommes vraiment pratiques, est journellement confirmé par la légèreté avec laquelle on attribue le retard de l'expulsion du fœtus, tantôt à un léger resserrement des détroits, tantôt à une position défectueuse de l'ovoïde fœtal qui se présente. Ces circonstances et beaucoup d'autres sont, en effet, des causes qui peuvent rendre l'accouchement plus pénible et faire réclamer assez souvent l'intervention de l'art ; mais encore faut-il les constater et non les supposer fortuitement. Dans la première partie de cette section, nous avons analysé d'une manière qui pourrait paraître minutieuse si on en méconnaissait l'importance, les obstacles dynamiques et mécaniques provenant du défaut, de l'irrégularité des contractions utérines et de la différence de résistance des parties molles qui ferment les passages sans que la conformation de la femme s'écarte du type normal. Dans la seconde, nous rappelons les difficultés qui peuvent résulter des anomalies dans les mouvements mécaniques naturels de l'expulsion, de la position de l'ovoïde fœtal qui se présente et de l'irrégularité de la présentation. Si les présentations inclinées du crâne, de la face, de l'extrémité pelvienne, comme celles qui sont franches ; si les positions exceptionnelles de ces parties, comme celles qui sont normales, donnent lieu, dans les conditions ordinaires, à une expulsion spontanée et heureuse, il n'en est pas moins vrai qu'elles ne sont pas également avantageuses, et que les changements et les mouvements qu'elles nécessitent peuvent être entravés au point de ne pas se faire, ou de ne se faire qu'avec la plus grande peine. Nous n'avons pas à revenir sur le mécanisme de ces mouvements qui se font sous l'influence des contractions utérines, mais seulement à poser les indications lorsqu'ils ne s'opèrent pas et qu'il résulte un obstacle à l'expulsion, ou un retard tel que la santé de la mère ou la vie de l'enfant soit compromise. Mais il faut éviter de rapporter à une variété de présentation ou au défaut des mouvements naturels, un retard qui peut dépendre seulement de l'insuffisance des contractions utérines, d'une inclinaison vicieuse de la matrice, etc.

I. *Présentation du crâne. 1° Le mouvement de rotation ne s'opère pas. A. Positions occipito-antérieures.* — Les positions occipito-antérieures, t. I, p. 558, et celles qui ne deviennent telles qu'à la suite d'un mouvement de rotation étendu sont de beaucoup les plus favorables. Plusieurs accoucheurs admettent, et peut-être pas sans raison, que l'occipito-cotyloïdienne gauche est préférable à la droite, soit que la présence du rectum au-devant de la symphyse sacro-iliaque ne soit pas sans influence sur la marche du travail, soit plutôt parce que les positions occipito-sacro-iliaques droites, qui sont très fréquentes, s'y réunissent ordinairement par un mouvement de rotation étendu. Quoi qu'il en soit, la différence est peu prononcée. Dugès a établi, d'après les relevés de madame Lachapelle, que dans les positions occipito-antérieures, ou devenues telles par les progrès du travail, le rapport des parturitions artificielles a été aux naturelles comme 1 est à 180. Dans les positions occipito-cotyloïdiennes primitives, il est extrêmement rare que le mouvement de rotation soit en défaut, et la tête peut rester jusqu'à la fin dans sa position oblique, sans qu'il en résulte de difficultés pour son expulsion. Le bassin, sans être mal conformé, peut avoir un peu plus, un peu moins d'étendue dans un sens que de coutume. L'arcade des pubis plus étroite vers son sommet, des diamètres obliques du détroit inférieur un peu plus grands, une résistance peu considérable du périnée, etc., peuvent rendre plus facile la sortie de la tête dans une situation oblique. Les causes qui s'opposent au mouvement de rotation ou le rendent difficile, restent le plus souvent inconnues, parce qu'il résulte lui-même du concours d'un grand nombre de circonstances. Lorsque la tête reste immobile, on ne peut supposer que cela dépend de sa direction oblique dans sa situation primitive, que lorsqu'elle est déjà derrière le périnée, que les douleurs sont fortes et non interrompues. Dans ce cas, on peut essayer de lui faire exécuter son mouvement de rotation en se servant des doigts comme il sera indiqué ci-après, surtout si l'occiput, au lieu de correspondre sous le milieu de la branche ascendante de l'ischion, correspondait à sa base ou à la face interne de la tubérosité sciatique, soit qu'il ait rétrogradé, soit que la tête ait été primitivement en position transversale plutôt qu'oblique, soit qu'elle s'y soit arrêtée après avoir été en position occipito-postérieure. Si la manœuvre indiquée restait sans succès, il faudrait, suivant l'état de la femme ou l'état supposé du fœtus, avoir recours au forceps. Si la tête était tout-à-fait transversale, on lui laisserait, en l'entraînant au-dehors, une direction oblique, afin de ménager le cou du fœtus, dans le cas où le tronc n'aurait pas suivi la rotation imprimée lentement à la tête.

B. *Positions occipito-postérieures.* — Les positions occipito-postérieures qui ne se réduisent pas en antérieures, t. I, p. 568, donnent assez fréquemment lieu à une expulsion spontanée et heureuse pour prendre, dans l'*eutocie*, la place qui leur a été assignée par la plupart des accoucheurs de ce siècle. Mais il ne faut pas se dissimuler qu'elles exigent bien plus souvent l'intervention de l'art que les antérieures, et qu'elles sont plus dangereuses pour la femme et pour le fœtus. Sur 39 cas de ce genre observés par M. P. Dubois, l'application du forceps fut jugée nécessaire sept fois; dans 32 cas où l'expulsion fut spontanée, 2 enfants étaient jumeaux, 3 n'étaient pas à terme; sur 15 cas notés par M. Villeneuve, de Marseille, le forceps a été appliqué trois fois, mais, dans un cas, parce qu'il y avait une mauvaise conformation du bassin. Dugès a établi, d'après les relevés de madame Lachapelle, que les positions occipito-sacro-iliaques non réduites, séparées des occipito-cotyloïdiennes, nécessitent une opération sur 12 accouchements, et donnent 1 enfant mort, 2 faibles, et 12 vivants et sains sur 15 seulement, tandis que les positions du crâne, considérées en masse, ont donné, sur 34 enfants, 1 mort et 30 vivants, dont à peine un seul d'une viabilité douteuse. Ainsi, dans les occipito-postérieures, si, après une expectation rationnelle et suffisante, le mouvement de rotation qui amène l'occiput dans l'arcade du pubis ne s'opère pas, que la tête ne s'avance pas sur le périnée pour se dégager le visage tourné en avant, et que son immobilité dépende des difficultés de l'expulsion inhérentes à cette position et non du défaut d'action de l'utérus, on peut d'abord tenter d'imprimer à la tête son mouvement de rotation en avant. Pour cela, il faut, après une douleur, introduire deux ou trois doigts de la main qui est indiquée suivant la position, la gauche si l'occiput correspond à un point de la moitié gauche du bassin, la droite dans le cas contraire, en arrière, entre la tête et les parties correspondantes du bassin : après les avoir placés le plus près possible de l'extrémité occipitale, on cherche à imprimer à la tête son mouvement de rotation; si on peut la faire tourner en avant pendant l'intervalle des douleurs; il faut la maintenir en place pendant quelques contractions, sans quoi elle se reporterait le plus souvent en arrière. Mais il ne faut pas seulement se borner à soutenir la tête pendant les douleurs, on doit continuer l'impulsion en avant, car c'est pendant leur durée que la rotation s'opère naturellement, et qu'on a le plus de chance de la déterminer d'une manière franche, c'est-à-dire avec la participation du tronc. Pour atteindre le but qu'on se propose dans cette manœuvre, il faut y mettre du temps et de la patience, agir graduellement et lentement, et y revenir à plusieurs reprises. Quelques accoucheurs exécutent la manœuvre d'une autre manière; ils portent les doigts en avant, entre l'arcade des pubis et la partie antérieure de la tempe, et repoussent, pendant les douleurs, le front en arrière, en le soutenant en même temps. Que doit-on attendre de ces manœuvres? Beaucoup, suivant quelques auteurs, peu de chose, suivant d'autres, et cette dernière opinion est celle qui se rapproche le plus de la vérité. Lorsque le mouvement de rotation est entravé, qu'il ne montre aucune tendance à se manifester spontanément, et que la tête a cessé d'avancer, il est assez rare qu'on puisse le déterminer, et cela, non seulement dans les positions occipito-postérieures, mais encore dans les occipito-antérieures. Si l'opinion contraire a pu s'accréditer, c'est parce que ce mouvement ne s'exécutant souvent qu'à un temps très avancé de la période d'expulsion, on a agi prématurément et sans nécessité, et qu'on a attribué à l'art ce qui était l'effet du progrès naturel du travail. C'est évidemment ce qui est arrivé à Clark, qui dit avoir réussi dans les positions occipito-postérieures treize fois sur quatorze. Ignorant que la face pût se tourner spontanément en arrière dans ces positions, les considérant comme vicieuses, et cherchant à faire tourner l'occiput en avant, dès que la poche des eaux était rompue, il attribuait naturellement à sa manœuvre les bénéfices de la nature. Dans les cas où le mouvement de rotation est réellement entravé et l'accouchement retardé, il arrive quelquefois qu'une impulsion peu prolongée, et même peu forte, surtout quand la tête presse contre le périnée, suffit pour faire tourner la face dans la courbure du sacrum, avec une facilité et une promptitude surprenantes; d'autres fois, on réussit encore, avec un peu de temps et de patience, sans que la tête montre de la tendance à tourner spontanément. Malgré leurs insuccès et l'irritation qu'elles peuvent déterminer lorsqu'on n'agit pas avec ménagement, ces manœuvres, qui pourraient, sans perte réelle pour l'art, tomber dans l'oubli, ne méritent cependant pas une proscription absolue et peuvent rendre quelques services.

Après avoir essayé ou non les moyens indiqués ci-dessus, si le mouvement de rotation ne s'exécute pas, que le travail continue à traîner en longueur, malgré des douleurs fréquentes et énergiques, et que la tête soit depuis assez longtemps dans le fond de l'excavation pour causer beaucoup de fatigue à la femme et faire craindre pour la vie du fœtus, il faut aider à l'expulsion au moyen du forceps. Doit-on, à l'aide de cet instrument, pour se conformer à la marche habituelle de la nature, faire tourner la tête de manière à dégager l'occiput sous l'arcade du pubis, plutôt que de l'entraîner sur la commissure postérieure de la vulve? Le dernier mode doit être considéré comme la règle commune. Mais je dois rappeler que dans les cas où le mouvement de rotation en avant n'a pas lieu, et où la tête se dégage spontanément l'occiput tourné en arrière, les circonstances qui favorisent particulièrement cette anomalie sont : l'amplitude du bassin, des couches antérieures nombreuses, des déchirures du périnée, ou bien le petit volume du fœtus, la mollesse et la réductibilité de la tête. Ce n'est pas qu'on observe aussi l'expulsion spontanée dans les conditions ordinaires, tant du côté de la mère que du côté du fœtus; mais il n'en est pas moins vrai que, si la tête du fœtus est volumineuse, ou bien que si le bassin est petit ou moyen, le périnée très résistant, une ou plusieurs de ces circonstances peuvent, non seulement s'opposer à l'expulsion spontanée, mais rendre très pénible et dangereuse l'extraction à l'aide du forceps. Dans les cas où il est requis par le seul fait de la position de la tête restant immobile en position occipito-postérieure, on doit s'attendre à quelques difficultés. Il peut donc être avantageux, après quelques tractions, de s'assurer si la tête conserve toujours autant de tendance à rester l'occiput tourné en arrière. Il arrive quelquefois que l'instrument tend à tourner, et tourne même brusquement entre les mains. C'est une tendance qu'il ne faut pas combattre, mais qu'on doit au contraire favoriser. Ainsi, après avoir introduit la première branche, il faut essayer, en s'en servant comme d'un levier, de faire tourner la tête. Lorsqu'on a réuni les branches, après quelques tractions, on ébranle la tête dans le sens du mouvement de rotation. En supposant qu'on ne rencontrât qu'une médiocre résistance, ce ne serait que par degrés et à plusieurs reprises qu'on ferait parvenir l'occiput sous la branche ischio-pubienne, si le mouvement une fois commencé ne s'effectuait pas comme de lui-même. Lorsqu'au contraire l'occiput, après avoir été tourné de côté ou même un peu en avant, tend à reprendre sa place sous l'influence des douleurs dès qu'on laisse la tête libre, c'est une preuve que le tronc

6.

reste immobile, et c'est une raison suffisante pour ne pas insister, d'autant mieux qu'on peut entraîner la tête en la laissant dans sa situation primitive. Mais, dira-t-on, y a-t-il réellement danger, alors même que le tronc resterait immobile, à faire exécuter à la tête un mouvement de rotation qui porterait l'occiput, du milieu des ligaments sacro-sciatiques, sous le milieu de la branche ischio-pubienne du même côté? Je ne le pense pas. Mais les faits et les raisons qu'on peut invoquer en faveur de cette opinion, t. I, p. 298, ne sont pas assez concluants pour lui donner le degré de certitude suffisant pour agir autrement qu'il ne vient d'être dit.

2° *Présentation irrégulière, déviée ou inclinée du crâne.*—La facilité avec laquelle ces diverses situations vicieuses de la tête se corrigent pendant le travail, sous l'influence des contractions, surtout quand elles ne sont pas le résultat d'une inclinaison anormale de l'utérus, a dû naturellement les faire rapprocher de la présentation franche, t. I, p. 552, sous le rapport du mécanisme, de la terminaison et des indications. Ce n'est qu'exceptionnellement qu'elles peuvent donner lieu à des indications particulières, c'est-à-dire lorsqu'elles ne se corrigent pas et qu'il en résulte un obstacle à l'expulsion du fœtus. Elles peuvent alors donner lieu à des cas de dystocie obscurs, graves et très embarrassants, qui méritent d'être signalés quoique peu communs.

Les causes qui rendent la présentation irrégulière sont de plusieurs sortes. La présentation irrégulière peut être dépendante ou indépendante de la direction de la matrice. Dans le premier cas, suivant la position du fœtus et suivant que l'inclinaison vicieuse est antérieure ou latérale, un des côtés de la tête, le front où l'occiput peuvent correspondre plus ou moins en plein au centre du bassin ou à l'orifice de la matrice. Mais l'inclinaison vicieuse de la matrice n'entraîne pas nécessairement l'irrégularité de la présentation de la tête: à moins qu'elle ne soit portée à un degré extrême, la présentation est plus souvent régulière qu'irrégulière. Dans la présentation du crâne, la tête, coiffée par le segment inférieur de l'utérus, occupant le plus souvent en grande partie le bassin, peut rester dans une situation régulière, tandis que le tronc s'accommode à la forme et à la direction de la matrice par une inflexion latérale du cou, une flexion ou une extension plus ou moins prononcée. Nous aurons à traiter d'une manière spéciale de l'influence des inclinaisons vicieuses de l'utérus sur le travail, bien qu'elles ne tiennent qu'un rang très secondaire parmi les causes de dystocie.

Dans les cas où elle est indépendante de la direction de l'utérus, l'imperfection de la présentation peut résulter uniquement d'une inflexion latérale de la tête, d'un défaut d'extension ou d'un excès de flexion, ou bien encore de l'obliquité du fœtus. Le plus souvent, au terme de la grossesse, il jouit de si peu de mobilité, que son axe se confond avec celui de la matrice, qui luimême se rapproche beaucoup de celui du détroit supérieur et d'une partie de l'excavation. Mais il n'en est pas toujours de même, lorsque le liquide amniotique est très abondant; le fœtus peut prendre, par rapport à l'entrée du bassin, une direction qui n'est pas celle de l'utérus, il est incliné; mais outre qu'il ne se présente pas d'aplomb, sa tête elle-même peut être inclinée sur le tronc, ce qui augmente ou corrige l'effet. Il peut encore avoir éprouvé un léger déplacement dans sa totalité, ou avoir fait un premier pas vers une présentation du tronc. Une partie de la tête tend à se placer sur les pubis ou sur une des fosses iliaques. Cet état, qui doit le plus souvent passer inaperçu parce qu'il se corrige facilement après la rupture de la poche des eaux et l'écoulement d'une partie du liquide amniotique, peut cependant persister quelquefois plus longtemps et se rencontrer dans des cas où la mobilité du fœtus n'a rien d'insolite, soit que cela dépende, comme le prétend Dugès, parce que cette particularité paraît se rencontrer plus souvent chez les primipares, d'une inclinaison en avant de l'utérus insuffisante, qui dirige et pousse la tête sur les pubis, soit de toute autre cause encore mal appréciée. Toujours est-il qu'on peut rapporter sans hésiter à une présentation défectueuse, incomplète, de la tête, suivant que cet état est plus ou moins prononcé, ou à *la variété acromio-cervicale* de la présentation des épaules, les cas que Dugès a désignés sous le nom de *positions sus-pubiennes*, et ceux à l'aide desquels quelques auteurs ont cherché à établir une inclinaison postérieure de l'utérus. Pour ne parler ici que des cas qui s'éloignent le moins de la présentation franche du crâne, je signalerai cette élévation du ventre que madame Lachapelle regardait comme un mauvais signe, et qui lui faisait craindre l'immobilité de la tête au détroit supérieur, une présentation du tronc, des fesses, etc. Le segment inférieur de l'utérus proémine peu dans l'excavation, ou bien il y a une grande quantité d'eau entre les membranes et la tête qui ne peut être que très imparfaitement sentie. Lorsque la poche est rompue, malgré l'écoulement des eaux et la dilatation complète du col, la tête ne se précipite pas dans l'excavation, comme dans les cas où son élévation dépend de la petitesse du fœtus, de l'abondance du liquide amniotique ou de l'intégrité de l'œuf. Suivant Dugès, le principal signe est l'élévation de la tête, sa situation en devant et le vide qu'elle laisse en arrière; le fœtus continue à rester au-dessus du détroit après la rupture des membranes. On est peu disposé aujourd'hui à attribuer l'élévation de la tête à sa situation en position occipito-pubienne ou occipito-sacrée ; car si le diamètre occipito-frontal correspondait exceptionnellement au diamètre sacro-pubien, elle deviendrait oblique sous l'influence de contractions ou se fléchirait assez pour descendre. Cependant, parmi les causes obscures qui retiennent pendant plus ou moins longtemps la tête au détroit supérieur bien conformé, il n'est pas improbable que celle-ci existe réellement quelquefois, et qu'on puisse être conduit à la rendre oblique avec les doigts et même avec le forceps, si elle était solidement fixée. Quoique la tête déviée soit susceptible de se réduire au centre du bassin et de descendre, ce n'est quelquefois qu'avec beaucoup de peine et non sans les secours de l'art, comme le prouvent les observations rapportées t. III, p. 342, de l'ouvrage de madame Lachapelle. Le retard ne vient pas seulement des difficultés apportées par la mauvaise situation de la tête : l'action de la matrice est souvent irrégulière ; la dilatation du col se fait très lentement ; quelquefois il y a des suspensions prolongées jusqu'au moment où la présentation est rectifiée.

A. *Variété pariétale.* — On peut se faire une idée du peu de fréquence de cette anomalie de la présentation du crâne, en rappelant que le relevé de madame Boivin n'en renferme que six cas sur 20,517 accouchements. Mais il ne faut pas admettre que ce rapport soit exact : la facilité avec laquelle la réduction peut se faire, la difficulté du diagnostic, même lorsqu'elle entrave pendant plus ou moins longtemps l'expulsion du fœtus, doivent faire souvent méconnaître que la tête s'est présentée plus ou moins exactement par l'un de ses côtés. M. Moreau en a rencontré quatre exemples, mais trois sur la même femme, dont le bassin était rétréci, et la matrice tellement inclinée en avant, qu'elle reposait sur la face antérieure des cuisses jusqu'aux genoux lorsqu'elle était assise. Si on pouvait s'en rapporter aux six cas cités par madame Boivin, le côté gauche se présenterait plus souvent que le droit, puisqu'un seul appartient à ce côté de la tête. La présentation de l'un des pariétaux peut être primitive sans dépendre pour cela d'une inclinaison anormale de l'utérus ou de la présence d'une grande quantité de liquide amniotique. Il peut même arriver qu'elle se corrige avant que le travail se soit déclaré. M. A. Danyau rapporte avoir senti chez une femme multipare à terme, à travers l'orifice entr'ouvert et les membranes intactes, tout le pavillon de l'oreille et le conduit auditif; le lendemain c'était le sommet qui se montrait, et qui se présenta en plein au moment du travail. D'autres fois, elle est secondaire et se produit pendant que les douleurs poussent la tête à travers le bassin ; le mouvement qui tend à faire avancer le pariétal qui correspond en avant vers le centre du bassin, dépasse par degrés ses limites; quelquefois, mais plus rarement sans doute, c'est un mouvement en sens contraire, et la suture sagittale tend à se tourner vers l'arc antérieur du bassin. Il est fort difficile, et peut-être le plus souvent impossible, de reconnaître, soit dans la direction des forces expultrices, soit dans les résistances que la tête rencontre, la cause qui la fait passer d'une présentation franche à une représentation déviée et moins favorable à l'expulsion, qui demande, pour avoir lieu, un redressement ultérieur. Le mouvement qui amène la déviation de la présentation primitive peut être plus compliqué.

Une observation de Birnhaum, de Bonn, traduite par M. A. Danyau, nous montre chez une femme, mère de quatre enfants dont elle était accouchée rapidement, quelques instants après la rupture des membranes, à un cinquième accouchement, une présentation de la face en position mento-iliaque droite transversale, constatée au moment où l'orifice était dilaté de la largeur d'un écu. Une heure et demie après, la face était dans la direction du diamètre oblique droit; une demi-heure plus tard, le front était sensiblement descendu; la bouche et le menton, qui étaient graduellement remontés, étaient devenus presque inaccessibles; les contractions étaient de plus en plus fortes et se succédaient rapidement. Par un mouvement de flexion de la tête, le front fut porté de gauche à droite; la présentation de la face semblait devoir se convertir en présentation du sommet, ou au moins en variété frontale. Lorsque, trois heures après, les membranes se rompirent, à peine pouvait-on sentir tout-à-fait à droite le dos du nez et les arcades orbitaires; la joue, la bouche et le menton étaient tout-à-fait inaccessibles. Le pariétal droit, très descendu, se présentait alors comme, au début du travail, s'était présenté le côté droit de la face. Les douleurs, continuant à être énergiques, enfoncèrent de plus en plus la tête dans le bassin sans en opérer le redressement, et la ramenèrent même à une position transversale. Après deux heures d'efforts soutenus, la tête appuyait en plein sur le plancher du bassin. Derrière l'arcade pubienne se trouvait le pariétal droit, un peu moins déclive dans sa moitié occipitale que dans l'autre. Exactement dans la direction de l'axe du détroit inférieur se rencontrait l'oreille; à droite, au-devant de l'échancrure sciatique, était la bosse coronale droite; la face était si fortement appliquée contre le côté droit du bassin que le passage du doigt de ce côté était impossible ; l'occiput était à gauche et en avant ; les deux fontanelles étaient tournées en arrière. L'insuffisance des efforts maternels paraissant démontrée, M. Birnhaum se décida à appliquer le forceps. La branche gauche glissa sans peine sur l'occiput à la hauteur voulue ; la droite, portée directement sur le côté droit du bassin, ne put y pénétrer; elle fut introduite au-devant de la symphyse sacro-iliaque droite et ramené sur le côté du bassin, où elle se trouva en rapport avec le front. L'articulation ne fut possible que lorsque quelques efforts eurent amené la tête encore un peu oblique dans la direction parfaitement transversale. Deux fortes tractions obliques en bas et en avant firent avancer le côté de la tête et amenèrent transversalement à la vulve la suture sagittale. Le pariétal droit parut sortir le premier ; des mouvements de traction et d'élévation lents et bien ménagés achevèrent de dégager la tête, qui conserva jusqu'à la fin sa situation transversale. L'enfant, qui offrait, sur les deux côtés de la face à droite et à gauche de la ligne médiane, depuis la racine du nez jusqu'au menton, l'impression de la branche du forceps, était dans un état de mort apparente; mais il fut bientôt ranimé ; il était extrêmement volumineux, et tous les diamètres de la tête avaient un quart de pouce de plus qu'à l'ordinaire. A moins que la déviation ne se produise dans l'excavation, la tête doit rarement pouvoir descendre derrière le périnée sans se redresser. Cependant on voit encore, dans un cas observé par M. Caseaux, chez une primipare, la tête en position occipito-colyloïdienne gauche, présentant le pariétal droit, descendre en conservant sa situation inclinée jusque sur le plancher du bassin, se redresser tout-à-coup après quelques contractions énergiques, et franchir immédiatement le détroit inférieur. Mais la tête était peu volumineuse, bien que le fœtus fût à terme et quoiqu'on sentît l'oreille, la déviation semble avoir été moins prononcée que dans le cas de M. Birnhaum. Il ne faut pas perdre de vue que, malgré les ressources de l'organisme, la tête peut rester indéfiniment au détroit supérieur ou plus bas. Dans le cas rapporté par Paisley, où elle était tellement élevée qu'on ne pouvait la sentir, elle ne descendit pas après la rupture des membranes, et la femme mourut d'épuisement. A l'ouverture du cadavre, on trouva le frontal et le pariétal du côté droit appliqués contre les os pubis, qui y avaient fait une dépression occupant environ un ou deux pouces.

On reconnaît la présentation des côtés de la tête à l'angle de la mâchoire, à la bosse pariétale, à la fontanelle postérieure, à l'origine du cou, et surtout à la présence de l'oreille plus ou moins près du centre du bassin, suivant que l'inclinaison exagérée qui la produit est portée plus ou moins loin. A l'aide de cet organe on peut encore arriver à distinguer un côté de l'autre, et établir les rapports de la tête avec le bassin. Lorsque la tête s'incline sur un côté d'une manière vicieuse dans les positions occipito-iliaques gauches, la convexité de l'hélix dirigée du même côté indique que l'occiput y correspond et que la face occupe le côté droit du bassin. Si c'est le côté droit de la tête, le lobule de l'oreille sera dirigé vers un point de la moitié antérieure du cercle pelvien et la voûte du crâne en arrière ; si c'est le côté gauche, le lobule de l'oreille sera tourné vers un point de la moitié postérieure du bassin et la voûte du crâne en avant. Dans les positions occipito-iliaques droites, la convexité de l'hélix est à droite, occiput du même côté et face à gauche; lobule dirigé vers un point de la moitié antérieure du bassin : côté gauche de la tête et voûte tournée en arrière; lobule dirigé vers un point de la moitié postérieure du bassin : côté droit de la tête et voûte en avant.

Il est à peine nécessaire d'ajouter que si le côté de la tête à l'entrée du bassin dépend d'une inclinaison de l'utérus, il faut, à l'aide de la main, du mode de décubitus, la ramener et la maintenir dans une meilleure direction. L'indication d'attendre, fondée sur la connaissance que les efforts maternels suffisent le plus souvent pour redresser la tête, ne doit point faire négliger, alors même que l'utérus ne paraît pas vicieusement incliné, de chercher encore à lui donner, à l'aide de la main, du décubitus, une direction qui tende à diminuer le plus possible l'angle qui forme le tronc avec la tête. S'il est vrai que quelquefois, chez les primipares, la situation élevée de la tête arc-boutant contre le pubis ou tendant à glisser par-dessus et à faire un premier pas vers la *variété acromio-cervicale* de l'épaule correspondante, dépende, non de ce que l'utérus est incliné en arrière par rapport à l'axe du corps, mais par rapport à l'axe du détroit supérieur, on favorisera la descente de la tête en faisant marcher la femme et en la soutenant, pour qu'elle puisse s'incliner en avant, et en exerçant des pressions sur la région hypogastrique. Dugès dit avoir réussi plusieurs fois par ces moyens. Lorsque les efforts maternels, seuls ou secondés d'après les indications qui précèdent, sont insuffisants, que la tête ne descend pas, malgré un travail soutenu, quoiqu'il se soit déjà écoulé plusieurs heures depuis la rupture de la poche des eaux et la dilatation complète de l'orifice utérin, on peut tenter le redressement en introduisant la main dans la matrice. Pour cette manœuvre, on se sert de la main dont la face palmaire embrasse le plus facilement le vertex, la droite pour les positions occipito-iliaques gauches, et la gauche pour les positions occipito-iliaques droites. Mais le point du bassin qui laisse entre ses parois et la tête le plus d'espace libre, doit souvent déterminer ce choix. Outre la difficulté, dans quelques cas, de soulever la tête, de passer la main pour la saisir solidement, il ne faut pas s'attendre à déterminer constamment le redressement. A une époque où l'on considérait la présentation des côtés de la tête comme aussi vicieuse que celle du tronc, et où par conséquent on pouvait agir au moment le plus opportun, on échouait souvent ; à plus forte raison cela doit-il arriver lorsqu'on a confié, pendant un temps plus ou moins long, le redressement aux efforts de l'organisme. Mais comme, dans la pratique, on est souvent prévenu que la tête est dans une situation vicieuse ; que, par le long retard que l'accouchement éprouve, les conditions doivent se trouver souvent les mêmes, je rappellerai encore ici que, dans les cas où la tête ne reprend pas spontanément une situation normale sous l'influence de contractions bien soutenues et des progrès du travail, les efforts manuels sont eux-mêmes souvent insuffisants. Si les succès obtenus par plusieurs praticiens autorisent à essayer de redresser la tête avec la main, ces tentatives doivent être faites avec beaucoup de ménagement, afin que, si on ne réussit pas, on n'ait point fatigué la femme en la faisant souffrir, et en déterminant de l'irritation dans les parties. Réussirait-on mieux avec le levier ? L'ancienne école, qui a tracé les règles de son application dans toutes les positions qu'elle avait aétblies pour chaque déviation, n'a cependant rien laissé qui puisse faire juger par expérience de ses avantages sur la main. Il est vraisemblable qu'on ne rencontrerait pas les mêmes difficultés à le faire parvenir au-dessus de la tête, et qu'il produirait moins de douleur et d'irritation ; mais parviendrait-on plus facilement à la redresser ? Cela est fort douteux. Néanmoins, si le levier devait être tiré de l'oubli dans lequel il est tombé, ce serait vraisemblablement pour être appliqué aux déviations qui ne se corrigent pas sous l'influence des progrès du travail. D'après ce qui vient d'être dit, on voit que ce n'est pas sans raison que quelques praticiens se croient autorisés à négliger les tentatives de redressement pour avoir recours d'abord au forceps, qui est le moyen véritablement efficace. L'observation de M. Birnhaum, citée plus haut, montre que l'application ne peut s'en faire que d'une manière fort irrégulière. Pour pouvoir entraîner la tête, saisie entre le front et la face d'une part, et l'occiput de l'autre, il faut qu'elle soit très petite ou que le bassin soit très large ; et même, dans ce cas, pour peu que le périnée soit résistant ou la vulve étroite, on s'expose à produire des déchirures étendues. Lorsque la tête est arrêtée au fond de l'excavation, peut-être réussirait-on, malgré la présence de l'épaule et du cou abaissés d'un côté, à faire une application plus régulière, et il faudrait la tenter. Au détroit supérieur, au contraire, on ne doit guère espérer pouvoir placer les branches autrement que sur les côtés du bassin, et entraîner la tête dans l'excavation de quelque manière qu'elle soit saisie. Mais comme le redressement s'opère ordinairement sous l'influence des tractions et de la direction qu'on leur donne, après avoir fait descendre la tête derrière le périnée, si elle se trouvait saisie du front à l'occiput, on ferait bien de retirer les branches. L'obstacle étant levé, l'expulsion peut se faire d'autant plus vite et plus facilement que l'application du forceps et les tractions raniment presque toujours les contractions. Si le travail reste languissant, ou si l'expectation a été portée jusqu'à ses dernières limites, on réapplique le forceps d'une manière plus régulière; il en résulte certainement moins de danger, moins de douleur, que d'entraîner, à travers le détroit inférieur et la vulve, la tête saisie entre le front et l'occiput. Ce n'est pas faire une supposition gratuite que d'admettre, malgré la bonne conformation du bassin, la tête étant placée si haut et dans une situation vicieuse, qu'il faille renoncer à pouvoir la saisir avec le forceps. La version devient alors une ressource précieuse; et quoiqu'elle n'ait pas été tentée au moment le plus opportun, il ne faut pas croire qu'on doive toujours rencontrer des difficultés qui la rendent impraticable, ou au moins très dangereuse. Heureusement il n'en est pas ainsi : il n'y a rien de plus commun que d'être appelé à la pratiquer, sans rencontrer trop d'obstacles, dans les cas où elle est indiquée, longtemps après la rupture de la poche des eaux. C'est avec la main qu'on a terminé l'accouchement dans la plupart des cas que Dugès a rapportés aux *positions sus-pubiennes*. Madame Lachapelle avait même de la tendance à préférer la version, toutes les fois que la tête, par une cause ou par une autre, persistait à rester au-dessus de l'entrée du bassin. Il n'est pas invraisemblable que, malgré la bonne conformation du bassin, on puisse être conduit, après avoir échoué par tous les moyens indiqués, à user de la ressource extrême de perforer le crâne.

B. *Variété frontale.* — Moins rare que la précédente, cette variété, dans laquelle la tête se présente dans une situation intermédiaire au crâne et à la face et tient souvent plus de l'une que de l'autre de ces présentations, peut être primitive et dépendre tantôt d'une inclinaison anormale de l'utérus, tantôt d'un certain degré d'extension de la tête : elle peut aussi être consécutive. Dans les différentes positions du crâne, il peut arriver que la tête, d'abord bien située, tende à s'étendre (t. I, p. 552), au lieu de se fléchir davantage, en arrivant vers le fond de l'excavation pelvienne : le menton s'écarte de la poitrine, la fontanelle antérieure gagne le centre du bassin ; il peut arriver que l'occiput se tourne en même temps vers l'ischion. A ce premier degré, où le front est toujours en contact avec la circonférence du bassin, en supposant que ce déplacement, après avoir retardé l'expulsion pendant quelque temps, ne se corrige pas, la tête peut à la rigueur être expulsée ou entraînée avec le forceps, en présentant aux ouvertures son diamètre occipito-frontal. Mais à un degré plus prononcé, la tête peut tendre à passer de l'état de rectitude à l'état d'extension; le front s'éloigne de plus en plus de la circonférence du bassin, le diamètre occipito-mentonnier se substitue au diamètre occipito-frontal, et l'expulsion ne devient possible qu'à la condition d'un nouveau mouvement de flexion. En supposant que le premier puisse croiser l'excavation du bassin, il arriverait, par exemple, qu'une position occipito-antérieure du crâne serait transformée en une position mento-postérieure de la face, qui pourrait donner lieu à un cas de pratique encore plus embarrassant. Dans les positions occipito-postérieures, la mutation qui quelquefois s'opère (t. I, p. 588) peut être indifférente ou utile, au lieu d'être nuisible, en changeant une position occipito-postérieure où la tête, au lieu d'être dans un état de flexion très prononcée, se trouve dans la rectitude ou à demi étendue, en une position mento-antérieure, dans laquelle l'expulsion spontanée est très facile. De même, dans la présentation de la face, où le front tend à rester la partie la plus déclive (p. 589) et s'avancer le premier, si la présentation ne devient pas franche, l'expulsion ne tarde pas à être entravée. Mais il peut arriver aussi que la présentation soit d'abord franche, et que la tête tende à passer à l'état de flexion, ce qui a pour effet de faire avancer le haut du front vers le centre du bassin. Si la mutation pouvait s'opérer, elle ne serait avantageuse que dans la position mento-postérieure, qui amènerait une position occipito-antérieure. Mais comme il est fort difficile que le diamètre mento-occipital puisse croiser l'excavation du bassin, le mouvement sera entravé, le front correspondra plus ou moins exactement au centre du bassin, et l'expulsion ou l'extraction restera aussi difficile. Heureusement, les efforts maternels ont une grande puissance pour rectifier cette variété de la présentation de la tête, soit qu'elle soit primitive, soit qu'elle se produise à un temps plus ou moins avancé du travail; de sorte que, tout en le prolongeant, elle est moins souvent qu'on ne pourrait le craindre une cause de dystocie sérieuse.

Les indications consistent à confier l'expulsion aux efforts maternels, à corriger, s'il y a lieu, l'inclinaison de l'utérus, à donner aux forces expulsives la meilleure direction possible, et, lorsque le retour à une présentation franche se fait attendre, à soutenir solidement le front avec deux ou trois doigts pendant les douleurs, jusqu'à ce que l'extrémité occipitale se soit abaissée, ou le menton, si c'est aux trois quarts une présentation faciale. Lorsque la situation vicieuse persiste avec opiniâtreté, l'expulsion spontanée n'est pas absolument impossible; car la disposition de la tête à prendre une situation anormale, et à la conserver avec persévérance, coïncide souvent avec un fœtus peu volumineux ou avec un bassin très grand; mais si elle n'a pas lieu après avoir ainsi attendu, la tête est assez basse ou assez solidement fixée, pour qu'il y ait peu à compter sur la main introduite sur la matrice. On peut donc avoir recours immédiatement au forceps; les tractions seules ou la direction qu'on leur donne peuvent faire prendre à la tête une position régulière en traversant le détroit inférieur; mais elle peut aussi conserver sa situation première. Et dans ce cas on conçoit qu'on puisse être dans l'impossibilité de l'entraîner et dans la nécessité d'avoir recours à la perforation du crâne.

C. *Variété occipitale.* — La présence de la région occipitale au centre du bassin peut être le résultat d'une inclinaison anormale de l'utérus, du fœtus, ou d'une flexion très prononcée du cou sur la poitrine. Dans les cas où la tête s'est ainsi présentée, on n'a point observé qu'elle ait éprouvé des difficultés à descendre; ne voit-on pas au contraire l'occiput s'abaisser toutes les fois qu'elle a à franchir des passages resserrés? Il n'y a donc pas lieu à poser des indications spéciales. On conçoit cependant que, si cette variété, rare d'ailleurs, était le résultat d'une inclinaison considérable de l'utérus, ou d'une imperfection de la présentation telle que le sommet reposât sur un point de la circonférence de l'entrée du bassin et la partie supérieure du tronc de l'autre, l'engagement de la tête fût rendu plus difficile. Le redressement de l'utérus dans le premier cas et dans le second, si les efforts maternels étaient impuissants pour ramener la tête au centre du bassin, les indications posées plus haut trouveraient leur application. Les modifications dans la manière d'agir résultent trop clairement de la situation même de la tête, pour qu'il soit nécessaire d'y insister.

2. *Face.* — Comme dans la présentation du crâne, l'expulsion du fœtus peut être entravée par des anomalies dans les phénomènes mécaniques, ou par des irrégularités dans la présentation.

1° *Anomalie dans le mouvement de rotation.* — Lorsque la tête descend la face la première, il est si rare de voir le mouvement de rotation de la totalité du fœtus qui ramène le menton dans l'arcade du pubis, quelque éloigné qu'il en soit primitivement, manquer, qu'on a dû en tirer l'indication d'attendre des efforts de la nature l'expulsion naturelle dans toutes les positions. Dans les cas où le menton correspond derrière un point des branches ischio-pubiennes, si ce mouvement restait imparfait, en supposant qu'il en résultât un obstacle à l'expulsion, on pourrait toujours ou le compléter, ou entraîner la tête dans cette situation à l'aide du forceps. Mais si le menton se trouvait arrêté à l'extrémité du diamètre transverse du bassin, et qu'il fût impossible de déterminer le mouvement de pivotement, le cas deviendrait fort embarrassant, et il convient de le rapprocher des positions mento-postérieures.

Dans celles-ci, le menton peut correspondre dans la courbure du sacrum, à l'une des symphyses sacro-iliaques, ou directement en dehors, puisque nous rapprochons ici des positions mento-postérieures les mento-iliaques transversales, qui sont, suivant quelques observateurs, les plus fréquents. Bien qu'il ne soit pas commun de rencontrer, lorsque le bassin est bien conformé, la tête présentant la face, plus ou moins profondément engagée dans le bassin, définitivement arrêtée dans l'une des positions indiquées, les recueils d'observations en fournissent cependant assez d'exemples malheureux, pour faire comprendre toute l'importance de bien apprécier les ressources de l'organisme et les secours de l'art. Lorsqu'en étudiant le mécanisme de l'accouchement par la face, nous avons indiqué, t. I, p. 590, d'après des faits, la possibilité du dégagement du menton sur la commissure postérieure de la vulve, au-devant de l'ischion, des ligaments sacro-sciatiques, ou de la mutation en une position occipito-antérieure du crâne, nous avons montré toute l'étendue des ressources que la nature peut déployer avec le temps. Mais la terminaison est si incertaine et accompagnée de tant de dangers pour l'enfant et la mère, que les tractions dirigées dans le même sens participent de leur incertitude et de leurs dangers. Il faut donc, avant d'y avoir recours, qu'il soit bien constaté que la version est impossible, ou entourée d'autant de dangers. On sait par expérience qu'il peut y avoir longtemps que la poche des eaux est rompue, ou que la tête peut être assez profondément engagée dans le bassin, sans qu'il résulte de très grandes difficultés à pratiquer la version, parce que l'utérus, après avoir lutté contre des obstacles considérables, offre souvent un relâchement très prononcé pendant un temps plus ou moins long. On peut quelquefois amener le même résultat par les bains, les opiacés, la saignée. Dans les circonstances présentes, il serait presque puéril de tenter de faire descendre le crâne en refoulant la face, ou de chercher à ramener l'occiput après l'avoir embrassé avec la main ; moyens qui n'offrent quelques chances de réussir que lorsqu'on agit au moment le plus opportun, c'est-à-dire immédiatement, ou peu de temps après la rupture de la poche des eaux. Mais il ne faut pas se faire illusion, la rétraction de l'utérus sur le fœtus peut être telle, ou la tête si profondément engagée, que la version soit impossible, ou au moins aussi incertaine et plus dangereuse que les moyens qu'il convient d'essayer avant de se décider à la crâniotomie. Ces moyens demandent à être appréciés. 1° Tâcher de ramener le menton en avant à l'aide du forceps. Smellie en a donné le premier le précepte et l'exemple ; mais, sur cinq tentatives, une seule a été suivie du succès. M. P. Dubois conseille également d'essayer de convertir la position mento-postérieure en mento-antérieure : un de ses élèves s'est appliqué dans ces derniers temps à développer cette idée. En appréciant le mécanisme et les dangers de cette manœuvre, on s'est généralement mépris en admettant, comme pour les positions occipito-postérieures du crâne, que, si le tronc n'obéit pas à l'impulsion, le menton peut être dirigé en avant par un mouvement de rotation dans l'articulation atloïdo-axoïdienne ; mouvement qui resterait dans les limites naturelles lorsque le menton correspond à l'une des extrémités du diamètre transversal, et qui pourrait bien ne pas être très dangereux lorsqu'il répond plus ou moins directement en arrière, si on avait soin d'opérer le dégagement sous le milieu de la branche ischio-pubienne, car le mouvement équivaudrait à peine aux trois quarts du demi-cercle ; la laxité des articulations cervicales, chez le fœtus, s'y prêterait sans exiger beaucoup d'effort, et sans qu'il en résultât ni rupture ni luxation. Mais tout cela n'est applicable qu'aux positions occipito-postérieures du sommet. Dans les positions mento-postérieures de la face, et même dans les mento-antérieures, tant que l'état d'extension du cou persiste, le mouvement libre de l'atlas sur l'axis aurait pour effet de remplacer dans le bassin la face par un des côtés de la tête, et par la région occipitale, s'il était porté jusqu'au demi-cercle. Le forceps, appliqué du front à l'occiput, sur la tête renversée en arrière sur le cou et serrée contre la partie supérieure du dos, tourné sur son axe à l'aide des mains, ne peut pas produire ce mouvement; mais il produit une inflexion latérale du cou qui le relâche d'un côté en l'appliquant contre l'épaule, le tend davantage de l'autre, et porte un peu le menton en avant, mais dans une étendue insuffisante même pour une position mento-iliaque transversale. Pour que la tête dans cette situation pût tourner sur son axe sans le tronc, il faudrait que le cou pût s'allonger en se tordant, ce qui est impossible, dans l'état d'extension où il est. Lorsque l'inflexion latérale est produite, l'effort rotatoire est entièrement transmis au tronc par un levier très court, et qui peut presque agir aussi efficacement que s'il n'était pas coudé. Il faut néanmoins, pour que la rotation puisse avoir lieu, que l'obstacle qui s'y oppose ne soit pas très considérable : car quand elle s'opère naturellement, c'est moins par l'effet de la réaction de la partie postérieure et inférieure de l'excavation du bassin contre la face que par les difficultés que la tête rencontre à descendre, le menton tourné en arrière; si une portion du tronc est d'abord entraînée en même temps dans le détroit supérieur, elle peut devenir si difficile, que les efforts de l'art soient aussi impuissants à l'opérer que ceux de l'organisme; d'autant mieux qu'on ne peut pas compter sur une rotation suffisante de la tête seule. Les efforts doivent être lents, répétés et modérés, afin que s'il existe encore quelque disposition à la rotation, elle puisse s'exécuter sans produire de lésions matérielles dans la région cervicale.

2° Chercher à abaisser le vertex par des tractions dirigées en bas et en arrière. Cette manière de faire semble la plus irrationnelle; car, pour faire descendre le vertex et l'occiput en avant, de manière à transformer une position mento-postérieure de la face en occipito-antérieure du crâne, il faut que le grand diamètre occipito-mentonnier franchisse un des diamètres de l'excavation, ce qui doit être le plus souvent de toute impossibilité. Cependant c'est une voie que la nature suit quelquefois avec succès, et les tractions dirigées dans le même but n'ont pas toujours échoué. C'est donc un moyen à essayer : seulement, je ferai observer que souvent, dans les mutations qui s'opèrent à la longue sous l'influence des efforts maternels, les parties qui s'étaient d'abord engagées, et qui ne peuvent plus avancer, se retirent par degrés, et font place à d'autres qui s'abaissent, tandis qu'en tirant à l'aide du forceps, la mutation doit s'opérer en place; et, dans les cas où l'on réussit, on peut justement croire qu'un commencement de mutation a déjà affaibli les difficultés, ou que le bassin est extraordinairement grand relativement à la tête du fœtus.

3° Tirer pour dégager le menton en arrière paraît encore plus incertain et plus dangereux. Le cou ne pouvant mesurer la longueur de la paroi postérieure de l'excavation, on ne peut amener le menton à la commissure postérieure de la vulve qu'à la condition de faire pénétrer simultanément la partie postérieure de la tête et la partie supérieure de la poitrine dans le bassin ; et comme l'obstacle principal se trouve derrière et non devant la tête, le cou supporte une traction extrêmement forte et dangereuse. Mais, sous ce rapport, les tractions exercées pour abaisser l'occiput ne sont guère moins désavantageuses ; car la tête, renversée sur le cou, étant saisie par ses parties latérales, de la base du front à l'occiput, quelque soin qu'on mette à diriger l'effort en arrière, il ne tend pas moins à entraîner la tête et à faire supporter au cou une grande partie de l'effort.

Dans des circonstances aussi difficiles, mais heureusement très rares, quelque incertains et dangereux que soient ces moyens, ils ne doivent cependant point être négligés. Il est difficile que la face, ayant le menton dirigé de côté ou en arrière, puisse descendre jusque vers le fond de l'excavation, à moins qu'elle ne se présente en variété frontale (et le cas n'est guère moins embarrassant), sans que le fœtus ne soit très petit ou le bassin très grand, conditions qui favorisent une expulsion irrégulière et qui augmentent les chances de l'obtenir en s'aidant du forceps de l'une des manières indiquées. Pour donner définitivement la préférence à l'une plutôt qu'à l'autre, on doit se déterminer moins sur leur valeur absolue que d'après des tâtonnements qui peuvent indiquer que la tête a plus de dispositions à s'avancer dans un sens que dans l'autre. Mais il ne faut pas perdre de vue un instant que ces tractions, qui exigent qu'on déploie quelque persévérance et quelque force, ne doivent jamais dépasser les limites au-delà desquelles les manœuvres obstétricales deviennent presque aussi funestes à la mère qu'à l'enfant. C'est assez dire qu'après des tentatives infructueuses, mais ménagées et rationnelles, il ne restera d'autre ressource que la perforation du crâne, à laquelle il faut encore ajouter quelquefois son écrasement. Si le fœtus avait cessé de vivre au moment où l'on est appelé à agir, il faudrait même renoncer à la version pour peu qu'elle dût offrir de difficultés, et épargner à la femme les tentatives d'extraction avant d'avoir diminué le volume de la tête.

2° *Présentation inclinée, déviée de la face.* — Nous avons déjà parlé de la *variété frontale*, qui appartient bien plus à la face qu'au crâne. Quand une fois la tête a commencé à se renverser sur le dos, il est presque impossible de l'empêcher de se renverser davantage en la soutenant. Par conséquent, quoique la présentation du crâne soit préférable, on sera conduit, s'il y a lieu, à favoriser l'extension complète, qui s'opère d'ailleurs ordinairement spontanément à mesure que la tête s'engage dans le bassin. C'est seulement dans le cas où l'horizontalité de la face tarderait à s'opérer qu'on soutiendrait le haut du front pendant les douleurs, ou qu'on chercherait à abaisser le menton avec deux doigts recourbés. Ce que j'ai dit des *variétés pariétales* est applicable aux *variétés malaires*. D'ailleurs, comme la présentation de la face est loin d'être fréquente, ces variétés sont tellement rares, qu'on ne peut faire connaître d'une manière satisfaisante leur influence sur la terminaison de l'accouchement par des observations qui leur soient propres. J'en dirai autant de la *variété mentale*. Je me bornerai à faire remarquer d'une manière générale que, si l'irrégularité de la présentation dépend uniquement d'une inclinaison anormale de l'utérus, ou bien d'une inflexion latérale de la tête, d'une extension incomplète ou exagérée, on peut sans crainte confier aux efforts maternels le soin de régulariser la présentation ; qu'il est seulement nécessaire, dans quelques cas, de donner une meilleure direction à l'utérus, de soutenir pendant les douleurs la tête, de manière que l'effort agisse, non dans le sens de la déviation, mais dans celui de la restitution. Si, au contraire, à l'irrégularité due aux causes que je viens d'indiquer, s'ajoute un premier degré de déplacement de la totalité du fœtus, de manière qu'une partie de la tête tende à se relever contre la paroi de l'utérus, et qu'avec l'une des joues ou le menton ou l'occiput on sente une portion étendue du cou, la réduction spontanée est encore possible, mais moins certaine, et il peut arriver que la tête s'engage assez profondément dans une situation qui participe déjà, sous quelques rapports, de la présentation du tronc, ou que l'épaule finisse par prendre la place de la tête, et qu'il devienne extrêmement difficile de terminer l'accouchement. A ce degré extrême de déviation des présentations de la tête ; si on n'est pas parvenu avant la rupture de la poche des eaux à ramener la tête au centre du bassin par une meilleure direction donnée à l'utérus, par des pressions exercées sur les régions hypogastriques, iliaques, il vaut mieux, si la situation vicieuse de la tête persiste après la dilatation du col et la rupture de la poche amniotique, introduire la main dans la matrice, chercher d'abord à ramener le vertex au centre du bassin, et, si on ne réussit pas, aller chercher les pieds, que d'attendre une restitution qui peut encore s'opérer spontanément, mais qui expose à des difficultés inextricables si elle n'a pas lieu.

3. *Extrémité pelvienne.* — Nous n'avons point à parler ici des difficultés qui peuvent résulter d'*anomalies* dans les phénomènes

mécaniques de l'expulsion du siége, parce qu'elles ne sont pas de nature à apporter des obstacles sérieux à son engagement et à sa sortie, t. I, p. 605. Je rappellerai seulement que, les positions directes, où le sacrum est tourné vers le promontoire, et qui ne deviennent pas obliques sous l'influence des contractions, ont plusieurs fois mis dans la nécessité d'aller chercher les pieds.

Le bassin, jouissant de peu de mobilité sur le rachis, ne peut pas se prêter à des déviations partielles, analogues à celles qui résultent du renversement de la tête sur l'épaule, le dos ou la poitrine. Les variétés *coxales*, *sacrée*, *pubienne*, sont donc le résultat d'une inclinaison vicieuse, soit de l'utérus, soit du fœtus, ou d'un premier degré de déplacement dans sa totalité. La situation naturellement plus basse de la hanche qui est en avant, a souvent conduit à prendre une présentation franche pour une présentation inclinée. Néanmoins celle des hanches est la moins rare. L'élévation habituelle des parties dans les présentations du siége, qui doivent préalablement être rassemblées et serrées les unes contre les autres, pour s'engager dans le détroit supérieur et l'orifice de la matrice, apportent une lenteur dans l'engagement qui peut facilement conduire à l'attribuer à d'autres causes. Si la présentation ne se régularisait pas sous l'influence des contractions utérines, le siége ne s'engagerait pas. Après avoir rempli les indications relatives aux obliquités de l'utérus, et donné la meilleure direction possible aux forces expultrices, si le siége persistait à rester élevé et à garder sa situation vicieuse, après la rupture de la poche des eaux et la dilatation complète de l'orifice utérin on introduirait la main dans la matrice, et, avant d'aller chercher les pieds, on devrait essayer de repousser ou d'entraîner les fesses au centre du bassin, afin de conserver au fœtus les avantages de la présentation des membres inférieurs rassemblés.

4. *Rapports trop exacts entre le fœtus et le bassin dans les conditions normales.* — 1° Si les fœtus les plus volumineux, ceux qui ont la tête la plus grosse et la mieux ossifiée, sont comme les autres le plus souvent expulsés spontanément, il n'est pas moins vrai qu'il peut résulter de cette circonstance, non un obstacle absolu, mais un travail beaucoup plus long, plus pénible, et exigeant plus souvent l'intervention de l'art. Si la seule différence qui existe entre les deux sexes rend la mortalité sensiblement plus forte chez les garçons, cette différence serait encore plus marquée si on comparait les nouveaux-nés à terme, les plus gros aux plus petits. En effet, chez un certain nombre de fœtus, les diamètres de la tête sont tels, que son expulsion à travers le dé-

troit inférieur n'est possible qu'à la condition de s'y engager par son diamètre sous-occipito-bregmatique, d'avoir l'occiput dirigé vers l'arcade du pubis et de se réduire un peu.

2° Le bassin, chez les femmes bien conformées et régulièrement développées, présente également des différences assez prononcées, de manière à pouvoir être distingué en grand, moyen et petit, sans descendre au type rare, que nous avons rapproché des viciations de cette partie du squelette. De même que lorsque le fœtus est petit ou volumineux, en supposant l'action de l'utérus et la résistance formée par les parties molles égales et normales, l'expulsion sera prompte et facile, ou pénible et prolongée. S'il y avait coïncidence d'une tête volumineuse et d'un bassin petit, il ne serait peut-être pas impossible que l'obstacle fût insurmontable aux efforts maternels et aux tractions à l'aide du forceps. C'est seulement dans la partie du bassin qui est naturellement la plus étroite, c'est-à-dire au détroit inférieur, que se présente l'obstacle provenant de ces causes isolées ou réunies, et il est fort difficile de le distinguer de celui qui dépend de la résistance du périnée. Le volume apparent de la tête, le rapprochement des sutures, la stature de la femme, les apparences extérieures du bassin, le soulèvement peu sensible du périnée malgré de fortes douleurs, sont des circonstances qui peuvent éclairer sur la nature de l'obstacle. Après avoir attendu inutilement l'expulsion spontanée, et réveillé l'action de l'utérus, si elle s'est montrée languissante, il faut avoir recours au forceps, avant que la vie du fœtus ou la santé de la mère soit menacée d'être compromise. La présentation de la face, la moindre irrégularité dans la situation de la tête, augmenteraient les difficultés et les dangers.

SECTION II. — **Dystocie par suite de la présentation du tronc.** — **De la chute du cordon.** — **Du prolapsus des membres au-dessous de la partie qui se présente.** — **De la présence de jumeaux isolés.** — **Adhérents.** — **D'États pathologiques divers du fœtus.**

I. Présentation du tronc. — 1° Épaule droite. — 2° Épaule gauche. — En traitant de la parturition dans les présentations normales, nous avons déjà fait voir que, dans quelques cas, les extrémités de l'ovoïde fœtal tendent déjà à s'éloigner du centre du bassin, et que le diamètre occipito-coccygien, partiellement ou dans toute son étendue, s'écarte plus ou moins de l'axe de l'utérus et du détroit supérieur. Il en résulte pour les présentations de la tête, comme pour celles du pelvis, des présentations qui sont justement appelées *inclinées*, *imparfaites* ou *déviées*; mais, comme sous le rapport du mécanisme et de la facilité de l'expulsion, elles diffèrent souvent peu des présentations tout-à-fait régulières et franches, nous avons dû en traiter avec ces dernières, et poser ensuite les indications qu'elles réclament quelquefois. A un degré plus prononcé, ce n'est plus la tête ou l'extrémité pelvienne qui se présente, mais la partie intermédiaire du tronc comprise entre le cou et les hanches, qui forme chez le fœtus un tronçon assez peu étendu. Au premier abord, on pourrait penser que toutes les régions du tronc doivent se présenter indifféremment à l'entrée du bassin. C'est d'après cette idée qu'on a divisé le tronc du fœtus en un plus ou moins grand nombre de régions, dont on a fait autant de présentations. Mais l'observation de tous les jours prouve qu'un très grand nombre sont purement nominales; fussent-elles d'ailleurs quelquefois réelles, l'indication et la manière d'opérer établies pour chacune ont une si grande analogie, qu'il n'en résulterait aucun inconvénient et aucune différence essentielle à se conduire dans la pratique, comme si le tronc se présentait constamment par le côté, ce qui est en effet le cas ordinaire. C'est principalement madame Lachapelle qui a préparé sur ce point, dans ce pays, une réforme salutaire, en se fondant, non sur ce qui est possible, mais sur ce que confirme réellement l'observation. Sur plus de 40,000 accouchements qu'elle a pratiqués, elle n'a rencontré aucune position du cou ni du tronc proprement dit; un seul fœtus a présenté directement la région dorsale au détroit supérieur, et quelques autres ont pu offrir l'abdomen, les côtes et les lombes : mais tous étaient des avortons âgés au plus de six mois; on sent, comme elle le dit, combien sont faibles les inductions qu'on voudrait tirer de pareils faits. La pratique de Merriman, de MM. Naegèle, P. Dubois, etc., justifient les assertions de madame Lachapelle, et les anciennes divisions sont aujourd'hui justement abandonnées. Cependant on rencontre çà et là, dans les recueils d'observations, des faits qui semblent attester que le devant du cou, de la poitrine, de l'abdomen, les régions correspondantes du plan postérieur, se sont quelquefois présentés à l'entrée du bassin. La plupart de ces faits ne sont pas très concluants. On voit que l'issue du cordon a été pour quelques auteurs un signe que le fœtus présentait l'abdomen. On conçoit du reste que, trouvant l'orifice de la matrice occupé par une partie qu'on ne reconnaît pas, et avançant plus loin la main, c'est plutôt la partie reconnue qui sert à désigner la présentation que celle qui occupe réellement l'entrée du bassin. Du reste, il n'est pas douteux que d'autres régions que l'épaule puissent correspondre à l'entrée du bassin; mais leur forme ne leur permet pas d'y pénétrer et de s'y fixer, tandis que l'épaule, à cause de la saillie qu'elle présente, de la facilité de l'inflexion latérale du tronc et du cou, non seulement s'y arrête et y pénètre, mais y est ramenée par les efforts du travail, lorsqu'elle en est d'abord primitivement éloignée; c'est donc à juste titre qu'on peut prendre les épaules, ou, comme l'a proposé M. P. Dubois, les plans latéraux, pour type des présentations du tronc.

L'épaule ne se présente pas toujours exactement à l'entrée du bassin; elle peut même en être assez éloignée au début du travail, et pendant la plus grande partie de la première période; il en résulte des situations intermédiaires qui sont des approximations, des nombreuses présentations du tronc, admises par les auteurs, mais qui se rattachent certainement aux présentations de l'épaule à titre de *variétés*. Ainsi on peut rencontrer avec l'épaule, le cou, le coude appliqué sur le côté; le fœtus peut être plus ou moins incliné sur son plan antérieur ou postérieur. Madame Lachapelle a désigné ces variétés par les noms d'*acromiale*, de *cubitale*, de *claviculaire* et de *scapulaire*.

La perte des rapports du bras d'avec le tronc, et la présence de la main dans le vagin ou à l'extérieur, doit être considérée comme une variété de la présentation de l'épaule, consécutive à la rupture des membranes, et d'autant plus fréquente qu'il s'écoule plus de temps entre la division de l'œuf et la terminaison de l'accouchement; le bras se détachera du tronc avec d'autant plus de facilité que le coude correspondra plus près du centre du bassin; et dans ces cas, on sent souvent les membres, la main, le coude, engagés dans la poche des eaux, tandis que le tronc reste encore fort élevé. Mais lors même que la situation du fœtus est moins favorable au développement du bras, il finit ordinairement par avoir lieu, si l'accouchement est abandonné longtemps aux ressources de la nature. D'après madame Lachapelle, on ne l'observe guère qu'une fois sur vingt, lorsqu'on ne laisse pas passer le moment opportun de pratiquer la version.

« Le fœtus n'est jamais couché en travers, dit madame Lachapelle, ainsi qu'on le répète tous les jours; il peut être plus ou moins obliquement dirigé, mais jamais horizontalement, et l'extrémité pelvienne est toujours plus élevée que le reste du tronc, la tête y comprise. » Cependant, lorsque l'œuf n'est pas encore divisé, que le liquide est très abondant, et que le tronc se présente en variété cubitale, c'est-à-dire par le milieu du plan latéral, à peu près, il ne doit pas être très éloigné de la situation horizontale. Mais dès que le liquide amniotique s'est écoulé, l'utérus embrassant exactement le fœtus, la tête, qui repose sur la fosse iliaque, se renverse vers l'épaule opposée à celle qui tend à s'engager, et le pelvis remonte contre la paroi opposée vers le fond de l'organe. Les présentations de l'épaule ne semblent être, et ne sont en effet, dans la grande généralité des cas, que des présentations de l'extrémité céphalique portées au plus haut degré de déviation possible. Le nom de version céphalique donné à l'opération qui consiste à ramener la tête à l'entrée du bassin est des plus impropres; ce n'est, à proprement parler, qu'une réduction ou une adduction de la tête dans sa situation primitive.

En n'admettant pour chaque épaule que deux positions, l'une *céphalo-iliaque gauche*, l'autre *céphalo-iliaque droite*, cela ne veut pas dire qu'il n'y ait que des *variétés transversales*; les *variétés diagonales*, dans la direction des diamètres obliques, paraissent au contraire assez fréquentes.

Madame Lachapelle dit n'avoir jamais rencontré de positions *antéro-postérieures directes* : « Celles qui leur ressemblaient le plus n'étaient que des positions diagonales. Jamais la tête ou les hanches du fœtus ne s'avançaient ou ne reculaient au-delà de l'éminence iléo-pectinée ou de la symphyse sacro-iliaque, ce qui s'explique par l'ampleur du bassin d'un côté à l'autre. Une position antéro-postérieure ne pourrait se produire qu'à la faveur d'une obliquité antérieure considérable ; encore cette disposition ne rendrait-elle possible que les deuxièmes positions de Baudelocque, les fesses étant supposées projetées dans le sac formé par l'utérus, fortement oblique. » Parmi les exemples rapportés par les auteurs, comme des cas d'obliquités postérieures de l'utérus ou du fœtus, quelques uns, comme celui de M. Velpeau, dans lequel la tête descendait au-devant du pubis dans une poche formée par la paroi abdominale, ne sont autre chose que des présentations de l'épaule, dans la première position de Baudelocque. Mais ces faits doivent être considérés comme exceptionnels; et l'on peut, pour le tronc, plus légitimement encore que pour les extrémités de l'ovoïde fœtal, rejeter les positions directes dans le sens antéro-postérieur.

Fréquence. — La présentation du tronc est assez rare; on ne la rencontre qu'une fois sur cent quatre-vingts à deux cents accouchements. D'après les relevés de madame Lachapelle, l'épaule droite s'est présentée 103, et la gauche 83. La tête a été dirigée à gauche (première position des deux épaules) 88 fois; à droite (deuxième position des deux épaules) 98 fois. L'épaule droite s'est présentée en position *céphalo-iliaque gauche* (plan postérieur du fœtus dirigé en avant, extrémité pelvienne à droite), 57 fois, et 46 fois en position *céphalo-iliaque droite* (plan postérieur dirigé en arrière, extrémité pelvienne à gauche). L'épaule gauche s'est présentée en position *céphalo-iliaque gauche* (plan postérieur dirigé en arrière, extrémité pelvienne à droite) 31 fois, et en position *céphalo-iliaque droite* (plan postérieur dirigé en avant, extrémité pelvienne à gauche) 52 fois. On voit que les positions de l'un et l'autre côté, dans lesquelles le plan postérieur du fœtus est dirigé en avant, sont les plus fréquentes; ce qu'on a cherché à expliquer, ainsi que la plus grande fréquence de la présentation de l'épaule droite, par la plus grande fréquence des positions occipito-antérieures et l'obliquité habituelle de l'utérus à droite. Mais cela ne serait exact que pour les positions du sommet correspondant au côté gauche du bassin.

Causes. — Dans la présentation du tronc, on arrive assez souvent à reconnaître, dans des conditions particulières et dans des circonstances accidentelles, les causes qui y prédisposent ou les déterminent. La plus influente se trouve dans la mobilité du fœtus, résultant soit de sa petitesse, soit d'un excès de liquide amniotique, soit du peu de consistance de ses parties : aussi les présentations du tronc sont-elles plus fréquentes dans l'accouchement prématuré, l'avortement, et lorsque le fœtus est putréfié. Les relevés de M. P. Dubois, que nous avons cités, t. I, p. 310, ne laissent pas de doute à cet égard. Les fœtus multiples, les obliquités anormales de l'utérus, l'inclinaison exagérée, les déformations du bassin, prédisposent également à la présentation du tronc. Un assez grand nombre d'exemples prouvent que des causes accidentelles, une commotion vive, des secousses brusques ou répétées, etc., peuvent amener un dérangement complet dans la situation du fœtus. Mais c'est sans motif suffisamment concluant qu'on l'a attribué, dans quelques cas, aux contractions utérines irrégulières, partielles ou inégales. Quelquefois on ne rencontre aucune cause occasionnelle ou prédisposante apparente; on dirait que, chez quelques femmes, l'utérus a une forme plutôt sphérique qu'allongée, ou que ses parois latérales se sont distendues dans une proportion plus grande que les autres points.

Diagnostic. — Il a une très grande importance pratique, et l'élévation des parties le rend ordinairement assez difficile : aussi n'est-il pas rare de ne pouvoir reconnaître la présentation du tronc qu'après la rupture des membranes. Cependant on la constate souvent d'une manière positive avant, et dans un grand nombre de cas elle est rendue probable par l'absence de signes qu'on rencontre ordinairement lorsque la présentation est normale. L'élévation seule du fœtus fait naître involontairement l'idée d'une présentation de la face, du pelvis ou du tronc. Si le doigt peut atteindre quelques unes de ses parties, ce qui arrive assez souvent, on peut presque toujours en tirer quelques renseignements qui diminuent ou dissipent l'incertitude. Des parties mobiles, dans la poche des eaux, pourront être reconnues pour les pieds ou les mains; mais il n'est pas constamment possible de distinguer d'abord le membre supérieur de l'inférieur. D'ailleurs, dans quelques cas, rares à la vérité, la main peut se présenter avec la tête ou le siége. Si on peut atteindre une partie plus ou moins large au-dessus, sa forme, sa solidité, donneront d'une manière certaine ou probable la connaissance de la présentation. L'examen des parois de l'abdomen peut confirmer ou rectifier les résultats obtenus par le toucher. La forme du ventre est souvent manifestement altérée. Au lieu de s'élever en pointe, il est très large, surtout obliquement; la tête fait une saillie au niveau de l'une des fosses iliaques, et le siége vers les lombes du côté opposé. Mais ces caractères ne sont ordinairement bien tranchés qu'après l'écoulement du liquide amniotique.

Après la rupture des membranes, lorsque le diagnostic reste incertain, et qu'on a des raisons de soupçonner une présentation du tronc, on doit se hâter de reconnaître la partie, surtout si la dilatation du col est complète ou très avancée. Lorsque l'épaule se présente exactement à l'entrée du bassin, et que le doigt peut la parcourir dans une assez grande étendue, on la reconnaît à la saillie arrondie qu'elle forme, sur laquelle on trouve, en avant et en arrière, un bord saillant formé par la clavicule et l'apophyse épineuse du scapulum; d'un côté on trouve la racine du bras, l'aisselle, les côtes et leurs intervalles, et de l'autre, l'origine du cou. Si l'on ne peut atteindre que la partie la plus saillante de l'épaule, le diagnostic reste très incertain, la sensation ne différant pas assez de celle que peut donner une position inclinée du siége, de la face, etc. Mais toutes les difficultés sont levées si on peut sentir une partie plus étendue du tronc, l'aisselle, les côtes et les intervalles qui les séparent, une portion du cou, chacune de ces parties étant facile à reconnaître.

L'épaule, ou le côté du tronc reconnu, il n'est pas difficile de reconnaître la direction du fœtus : l'aisselle, l'origine du bras, d'un côté, la saillie de l'épaule, l'apophyse épineuse du scapulum, la clavicule, l'origine du cou, de l'autre, indiquent de quel côté du bassin la tête correspond. Mais il est souvent difficile de constater si c'est l'épaule droite ou la gauche qui se présente;

il ne s'agit cependant que de pouvoir distinguer la face postérieure de l'épaule de sa face antérieure, ou le plan antérieur du tronc de son plan postérieur. Si on trouve la tête à gauche, par exemple, et le plan postérieur en avant, on a une première position de l'épaule droite; si, au contraire, le plan postérieur est en arrière et l'antérieur en avant, c'est l'épaule gauche en première position. Pour distinguer la face antérieure de la face postérieure de l'épaule, on se rappellera que la clavicule est plus longue et plus saillante que l'apophyse épineuse; que l'omoplate, recouverte de ses parties molles, forme une saillie plus arrondie que la région correspondante située en avant, où l'on peut sentir, non seulement la clavicule, mais quelques côtes; tandis qu'en arrière elles sont recouvertes par l'épaule elle-même. Mais, quoique ces parties soient en réalité très différentes, le toucher ne permet souvent de saisir ces différences qu'avec assez de peine, pour laisser quelquefois dans une incertitude complète l'esprit de l'accoucheur.

Lorsque le coude est plus rapproché du centre du bassin que l'épaule, et plus facilement accessible, sa situation du côté opposé à la tête indique de quel côté du bassin elle est dirigée. L'avant-bras fléchi contre le plan antérieur du fœtus, dirigé en arrière, indique que le dos correspond avant, et réciproquement. Ainsi le coude bien apprécié, qu'on reconnaît aux saillies formées par l'olécrane et les deux condyles, fait reconnaître non seulement la présentation, mais encore la position de chaque épaule. Dans les cas où le fœtus est plus ou moins incliné sur son plan antérieur ou postérieur, le diagnostic devient plus difficile, non précisément pour reconnaître le tronc, mais pour assigner d'une manière précise la présentation et la position.

On est assez souvent appelé à constater la présentation du tronc après la sortie du bras; mais il ne faut pas oublier que le bras sorti n'est pas toujours un signe certain de la présence de l'épaule; et c'est une distinction de la plus haute importance que celle du dégagement simple du membre, quand l'épaule se présente, et de la procidence du bras au-dessous des fesses ou de la tête. Il n'est pas ordinairement difficile de constater lequel de ces deux accidents on a sous les yeux : le doigt, en suivant le bras jusqu'à l'aisselle, s'en assure aisément. Le bras peut, comme le coude, faire connaître l'épaule qui se présente et sa position. Lorsqu'il est dans sa situation naturelle, la face dorsale de la main, dirigée à gauche ou à droite vers l'une des grandes lèvres, indique que la tête correspond du même côté, et les pieds du côté opposé. Si le plan antérieur du fœtus est en avant, le pouce, ou le bord radial de la main, est dirigé en avant vers la commissure antérieure de la vulve, et le petit doigt, ou le bord cubital, vers la commissure postérieure; dans le cas contraire, c'est le pouce qui est en arrière et le petit doigt en avant. Mais comme le membre peut avoir éprouvé un mouvement de torsion assez prononcé pour altérer les rapports précités, il faut s'assurer qu'il est naturellement étendu, en portant le doigt jusque sur l'épaule.

Mécanisme de l'expulsion spontanée dans ses différents modes. — Quoique les présentations du tronc réclament ordinairement l'intervention de l'art, il n'en est pas moins vrai que la parturition, abandonnée à elle-même, peut encore, dans un grand nombre de cas, se terminer spontanément par les seules ressources de l'organisme, et d'après des modes divers, mais réguliers, et qui peuvent être soumis à une analyse exacte. Mais, je dois me hâter de le dire, ces terminaisons spontanées ne sont ni assez fréquentes ni assez heureuses pour la mère et le fœtus, pour qu'on doive cesser de se faire une loi de pratiquer la version au moment le plus opportun. Ces modes d'expulsion spontanée se trouvant liés d'une manière intime aux présentations du tronc, leur histoire doit précéder les indications générales, qu'elles modifient d'ailleurs dans quelques circonstances.

L'expulsion spontanée du fœtus dans les présentations du tronc se rapporte à trois modes différents. Dans l'un, le diamètre longitudinal du fœtus est ramené, par les contractions utérines, dans la direction de l'axe de l'utérus : il y a *version spontanée*, et l'accouchement se termine comme si le fœtus s'était primitivement présenté par la tête ou par l'extrémité pelvienne. Dans l'autre, l'épaule s'enfonce dans l'excavation du bassin, et vient se fixer sous l'arcade du pubis, où elle reste immobile, tandis que le tronc glisse contre la paroi postérieure du bassin, jusqu'à son expulsion complète, et la tête sort comme si le fœtus s'était présenté par l'extrémité pelvienne. C'est le mode d'expulsion qu'on désigne sous le nom d'*évolution pelvienne spontanée*. Le troisième suppose un fœtus extraordinairement petit qui est expulsé doublé.

1° *Version céphalique, ou réduction spontanée de la tête à l'entrée du bassin.* — Nous avons dit, en parlant de l'excès de mobilité du fœtus, qu'il pouvait, dans quelques cas, se déplacer avec une grande facilité, et se présenter successivement par différentes régions à l'entrée du bassin. Mais, à ce degré, les changements de situation sont sous l'influence des mouvements et les changements d'attitude de la femme ; l'action de l'utérus n'y a point ou peu de part, et ils surviennent aussi facilement pendant la grossesse que pendant la première période du travail.

8.

Et nous avons principalement en vue ici la transformation d'une présentation de l'épaule en une présentation de la tête, déterminée pendant le travail pour les contractions utérines. Elle peut avoir lieu avant et après la rupture des membranes. En se contractant, l'utérus tend à se rétrécir dans tous les sens; mais il s'allonge du côté de son segment inférieur, qui correspond au vide du bassin, par la distension qu'il subit dans ce sens, par l'ouverture de l'orifice de la matrice et la formation de la poche des eaux. A chaque contraction, les extrémités opposées du fœtus, inégalement élevées, qui correspondent aux parois latérales, sont pressées en sens contraire; le tronc tend à reprendre sa direction verticale, et la tête se rapproche progressivement de l'entrée du bassin, où elle prend la place de l'épaule. Pour que le tronc, placé comme il l'est dans les présentations de l'épaule, échappât à l'action de l'utérus, il faudrait une beaucoup plus grande quantité de liquide que celle qui existe habituellement. On trouve dans les auteurs plusieurs exemples de réduction de la tête à l'entrée du bassin, avant la rupture des membranes. Après la division de l'œuf, l'utérus agit de la même manière, mais avec plus d'efficacité, parce qu'il presse immédiatement sur le fœtus. Il est dans la forme et le mode d'action de l'utérus de tendre à ramener le diamètre longitudinal du fœtus dans la direction de l'axe de la matrice. On ne peut pas même supposer que ce mouvement soit complétement neutralisé lorsque le fœtus est plus ou moins exactement ployé en double, et que la tête et les fesses se trouvent au même niveau. Nous avons vu que c'était à la forme rétrécie du plan latéral, à la saillie que forme l'épaule, que cette partie devait de se présenter et de se fixer ordinairement à l'entrée du bassin. Il est vraisemblable que, si le plan latéral était aussi large et aussi régulier que les plans antérieur et postérieur, les efforts de l'utérus auraient souvent pour effet la réduction de l'une ou l'autre extrémité du fœtus à l'entrée du bassin, à moins qu'il ne fût très petit ou putréfié. Mais, dans l'état réel des choses, cette réduction est trop rare pour qu'on ait le droit d'y compter pour la terminaison spontanée de l'accouchement dans les présentations de l'épaule. En consultant les faits qui sont consignés dans la science, on voit entre eux d'assez notables différences; dans les uns, l'épaule s'est éloignée comme avant la rupture des membranes pour faire place à la tête; dans les autres, le déplacement de l'épaule a été peu sensible, et même quelquefois nul; la tête a passé au-dessous, à l'entrée du bassin, et même dans l'excavation, plutôt en déprimant le tronc qu'en le déplaçant. Mais, dans ces cas, le fœtus est presque toujours petit ou putréfié. Pour mieux faire saisir la différence, je vais citer quelques exemples. M. Velpeau, voulant se donner la satisfaction de constater dans la présentation du tronc le mode de terminaison décrit par Denman, rapporte l'observation suivante :

« Une jeune femme, enceinte pour la première fois, entra à l'hôpital de l'École de Médecine, au mois d'août 1825, à dix heures du matin. Le col était encore peu dilaté; toutefois je pus reconnaître l'épaule gauche en seconde position. Les eaux ne s'écoulèrent qu'à trois heures de l'après-midi. Quatre élèves déjà instruits exercèrent le toucher, et reconnurent comme moi la présence de l'épaule. Je ne voulus pas aller à la recherche des pieds, je n'étais pas sans quelque confiance dans les assertions de Denman. Les douleurs n'étaient ni très fortes ni très fréquentes. A huit heures, l'épaule est sensiblement déjetée vers la fosse iliaque gauche, et je pus facilement sentir l'oreille à droite. A onze heures, la tempe est presque au centre de l'orifice ; l'énergie des contractions est augmentée, et le col est complétement effacé. A minuit, le vertex s'abaisse, la tête s'engage, et dans l'espace d'une heure, l'enfant est expulsé en position occipito-cotyloïdienne droite. »

Fabrice de Hilden parle de trois cas de présentation de l'épaule qui se transformèrent en présentation du sommet. On peut rapporter au cas où le déplacement a été nul ou peu marqué les observations dans lesquelles on voit la tête s'avancer la première en tirant sur le bras sorti, et celles où elle s'est présentée après des tentatives infructueuses pour repousser l'épaule et pour aller saisir les pieds. Quoique la réduction soit moins complète, l'analogie avec les cas où l'épaule quitte tout-à-fait l'entrée du bassin est évidente. Mais on pourrait en faire un mode particulier de terminaison qui constituerait une *évolution spontanée céphalique ;* car l'analogie avec ce qui se passe dans l'évolution spontanée est très réelle : aussi M. Velpeau les a-t-il rassemblés sous le nom d'*évolution céphalique.* La transformation de la présentation d'une épaule en une présentation de la tête n'est pas commune. M. Velpeau donne l'analyse succinte de dix-huit cas qui embrassent presque tous ceux qui ont été publiés.

On peut en ajouter quelques autres qui ont été considérés comme des cas de déclinaison postérieure du fœtus ou de l'utérus (positions sus-pubiennes, t. II, p. 67). Cette déviation peut, dans quelques cas, être portée beaucoup plus loin, et permettre à la tête de glisser plus ou moins au-devant du pubis, en distendant la partie inférieure de la paroi abdominale et la partie correspondante du segment inférieur de l'utérus, dont l'orifice est entraîné vers les pubis. Ce ne sont plus les côtés de la tête qui se présentent à l'entrée du bassin, mais l'épaule et le côté du cou. Un cas remarquable de ce genre, qui est en même temps un exemple de position *céphalo-pubienne* de l'épaule, s'est présenté à l'observation de M. Velpeau, sur une femme qui vint faire ses couches à son amphithéâtre, au mois de mai 1828. Le fond de l'utérus était plutôt incliné en arrière qu'en avant. La tête du fœtus formait au-dessus du détroit une saillie considérable qui descendait jusqu'auprès de la vulve, et se trouvait au-devant de la symphyse des pubis. Les parois du ventre étaient d'ailleurs si minces qu'on sentait aisément la tête, ses fontanelles et ses sutures à travers leur épaisseur. L'occiput était dirigé à droite; le pariétal droit appuyait contre la face antérieure de la symphyse pubienne, le gauche se trouvait en avant; le col utérin, qu'il fallait aller chercher au niveau du détroit supérieur, semblait être creusé dans l'épaisseur de la matrice. Pour arriver à l'orifice, il fallait porter le doigt recourbé horizontalement au-dessus du pubis. La marche du travail en fut tellement entravée, qu'après sept jours de douleurs et de contractions assez fortes, le col, quoique très mou et très dilatable, ne s'était que légèrement entr'ouvert. A l'aide de la position et des mains, il tâcha de reporter la tête dans le centre du détroit supérieur, en la faisant glisser de bas en haut, et de devant en arrière, par dessus le pubis. Après une demi-heure de cette manœuvre, il n'y eut plus de tumeur au-devant de la symphyse, et le travail marcha si rapidement, qu'en moins d'une heure on vit l'enfant sortir et la délivrance elle-même se terminer. Une des observations que Merriman rapporte à une inclinaison postérieure de l'utérus mérite d'être citée. Une femme éprouva les douleurs de l'enfantement, le 16 juin 1806; presque au même instant elle perdit un peu d'eau. Dès lors les douleurs revinrent à des intervalles éloignés. Toute la partie postérieure du bassin était remplie par une tumeur globuleuse qui empêchait le doigt de se diriger vers le coccyx et le sacrum. En suivant la surface de cette tumeur, il se portait vers le pubis, où il pouvait atteindre la crête pubienne; mais il ne pouvait trouver le col utérin ni là ni ailleurs. En introduisant le doigt dans le rectum, il semblait que la tumeur était formée par l'utérus, à travers la paroi duquel on sentait quelque partie volumineuse du fœtus, mais sans pouvoir distinguer si c'était la tête ou les fesses. Le quatrième jour, la tumeur présentait la même forme et le même volume, s'étant toutefois plus rapprochée du périnée et masquant complétement la face antérieure du sacrum. Le jour suivant, on aperçut un changement très remarquable dans la situation de la tumeur. Les douleurs étant devenues plus énergiques, la partie postérieure se porta un peu plus en arrière, tandis que la tête du fœtus, fortement aplatie et dans un état de putréfaction, était poussée en bas, entre le pubis et la tumeur utérine. Après quelques fortes douleurs, la tumeur remonta au-dessus du détroit supérieur, et ne put plus être sentie; il fut alors facile de distinguer le col de l'utérus, qui était encore fort élevé. On pratiqua la perforation du crâne, et, après quelques douleurs aidées de tractions, le fœtus fut expulsé. On ne saurait douter que la tumeur ne fût formée par l'épaule, qui a fini à la longue par être remplacée par le vertex. On s'est principalement fondé, pour établir une inclinaison postérieure de l'utérus, sur l'élévation du col en avant vers le pubis; mais il est constant, d'après un grand nombre d'observations, que l'orifice de la matrice peut se dévier dans un sens, sans que le fond soit nécessairement dévié dans le sens opposé, et qu'une distension inégale, irrégulière, de segment inférieur de l'utérus peut produire ces déviations du col, qui est entraîné vers un point de la circonférence du détroit abdominal. Ce genre de déviation coïncide surtout avec des positions inclinées de la tête, des présentations de l'épaule dans lesquelles la tête, placée au-dessus de la cavité cotyloïde ou sur un point plus rapproché du pubis, distend la paroi abdominale. La direction oblique du fœtus d'avant en arrière fait que l'utérus, au lieu d'être transversalement élargi, l'est obliquement et même presque directement d'avant en arrière. Mais il n'y a rien là encore qu'on puisse considérer comme une inclinaison postérieure, une rétroversion dans la cavité abdominale, analogue à celle qui se fait dans la courbure du sacrum. Telle est l'interprétation que nous croyons devoir être donnée à la plupart des cas qu'on a considérés comme des exemples d'inclinaison postérieure de l'utérus; ils se rapportent à des cas exceptionnels de déviations sus-pubiennes de la tête, et a des positions céphalo-antérieures de l'épaule, et rentrent dans le cadre que nous nous sommes tracé.

2° *Version pelvienne spontanée.* — Les efforts de l'utérus ont quelquefois pour effet, dans les présentations du tronc, de ramener l'extrémité pelvienne à l'entrée du bassin, et de repousser la tête vers le fond de l'utérus; il y a alors, à proprement parler, version, car nous avons vu qu'on pouvait considérer les présentations de l'épaule comme le plus haut degré de déviation de l'extrémité céphalique. Cette mutation, comme la précédente, peut se faire avant la rupture des membranes et après. L'utérus poussant les fesses, qui se trouvent la partie du tronc la plus élevée, si l'épaule ne s'enfonce pas et ne se fixe pas d'une manière invariable dans l'excavation pelvienne, le siège s'abaisse d'un côté vers le détroit supérieur, tandis que le moignon de l'épaule remonte sur le côté opposé. C'est ainsi que Denman, qui a le premier appelé l'attention sur la possibilité de la terminaison spontanée de l'accouchement dans les présentations du tronc, en a expliqué le mécanisme. Madame Lachapelle a cru voir que les choses se passaient de la sorte dans les cas qui se sont présentés à son observation. Cependant leurs propres observations et la plupart de celles qui se trouvent dans les recueils scientifiques prouvent clairement qu'ils se sont trompés et que l'épaule n'a point abandonné sa place dans le bassin. Mais on me semble être tombé dans l'exagération en rapportant à l'*évolution spontanée* tous les cas de présentation de l'épaule dans lesquels l'extrémité pelvienne a fini par descendre la première. Dans plusieurs, l'épaule a réellement abandonné le détroit supérieur, et n'est pas restée le centre du mouvement de progression du reste du tronc. Toutefois la version pelvienne spontanée, telle que je viens de l'indiquer, n'est démontrée que par un très petit nombre de faits, dont quelques uns laissent même de l'incertitude.

3° *Évolution pelvienne spontanée.* — C'est là, à proprement parler, l'accouchement par l'épaule soumis à des lois régulières, analogues à celles qui président à l'expulsion du fœtus dans les présentations normales. On a vu que c'est à l'étroitesse et à la forme de son plan latéral que le tronc doit de se présenter, soit primitivement, soit consécutivement, à l'entrée du bassin par l'épaule, et de s'y fixer ordinairement d'une manière définitive. Sous l'influence des contractions utérines, l'épaule s'enfonce de plus en plus dans l'excavation pelvienne ; la tête est fortement infléchie vers l'épaule du côté opposé, le tronc est ramené dans la direction de l'axe de l'utérus, et le fœtus est ployé en double au niveau du cou. C'est en quelque sorte l'analogue du mouvement de *flexion*. Dans cette situation, l'épaule et la partie supérieure du plan latéral du tronc peuvent pénétrer, par un mouvement réel de *progression*, jusqu'au fond de l'excavation pelvienne, dans les cas où la tête correspond en avant, dans l'espace compris entre la cavité cotyloïde et la symphyse du pubis, l'inclinaison du bassin et le vide de l'arcade pubienne rendant dans ce sens ses parois beaucoup moins étendues. Mais lorsque la tête correspond directement en dehors, ou en arrière vers l'une des symphyses sacro-iliaques, le cou, comme dans les positions mento-postérieures de la face, n'étant pas assez long pour mesurer la paroi latérale ou postérieure du bassin, il se fait un mouvement e *rotation* qui ramène l'épaule et la tête en avant dans le voisinage de la symphyse des pubis. Nous n'insisterons point ici sur les causes de ce mouvement de pivotement de la totalité du fœtus, qui fait que sous l'influence des contractions et des efforts du travail, le fœtus prend, avec les diverses parties du canal pelvien, les rapports les plus favorables pour son expulsion. Ces causes sont les mêmes que celles qui régissent les mouvements analogues dans l'accouchement par le vertex, la face, etc. Ainsi, dans les

FIG. 43.

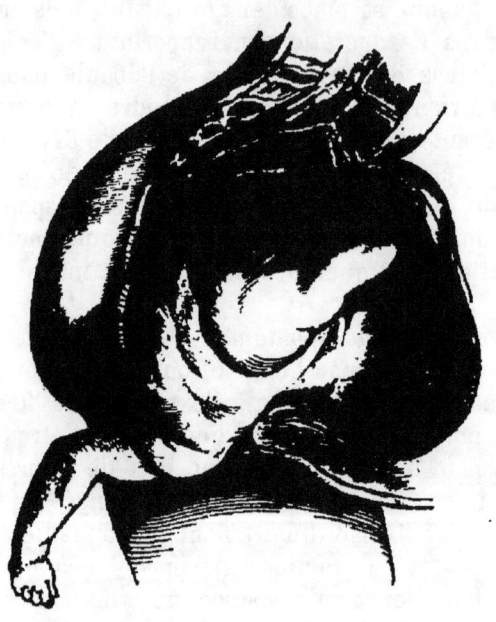

positions céphalo-latérales gauches, lorsque la tête et l'acromion sont dirigés en arrière vers la symphyse sacro-iliaque, ou latéralement vers l'extrémité du diamètre transversal, ces parties sont amenées en avant dans la direction du diamètre oblique ; dans les positions céphalo-latérales droites, le mouvement se fait en sens inverse. Dans les premières, l'épaule tend à s'engager sous le point le plus élevé du côté gauche de l'arcade du pubis, et dans les secondes, sous le point opposé du côté droit. L'épaule arrive à la vulve en glissant sous l'arcade du pubis, contre laquelle la partie inférieure et latérale du cou vient arc-bouter.

Là se trouve limité le mouvement de descente. L'épaule est arrêtée, et ne pourrait continuer à s'avancer qu'à la condition que la tête et la partie supérieure du tronc s'engageassent en même temps, ce qui est matériellement impossible, si le fœtus est régulièrement développé. Les efforts d'expulsion continuant, une partie des forces développées va se perdre contre l'arcade du pubis, l'autre pousse toujours le tronc du fœtus, qui s'engage de plus en plus dans l'excavation, en glissant au-devant de l'une des symphyses sacro-iliaques, et l'on voit apparaître successivement à la commissure postérieure de la vulve, par un mouvement d'extension ou de *dégagement*, l'aisselle, le côté de la poitrine, de l'abdomen, la hanche, la fesse correspondante, et enfin l'extrémité pelvienne tout entière; la tête, avec le bras opposé à l'épaule qui s'est présentée, reste dans la cavité du bassin, et est expulsée comme si l'extrémité pelvienne s'était d'abord présentée la première. Qu'on se figure une tige flexible dont on aurait fixé une des extrémités sur un point du détroit inférieur, tandis qu'on presserait sur l'autre extrémité; en se ployant, elle viendrait présenter sa partie convexe à la sortie du bassin, où elle se déroulerait tout entière. Telle est l'idée qu'on doit se faire de l'évolution spontanée.

Lorsque le plan antérieur du fœtus est primitivement dirigé en avant, comme dans la première position de l'épaule gauche et la seconde de l'épaule droite, l'expulsion paraît soumise, comme dans les présentations céphaliques et pelviennes, à un mouvement de rotation qui ramène le plan postérieur en avant. M. P. Dubois, qui a eu l'occasion d'observer deux cas semblables, a vu, au moment où le siége se dégageait au-devant de la commissure antérieure du périnée, le tronc du fœtus éprouver sur lui-même un mouvement de rotation extérieur qui ramena en avant le plan dorsal du fœtus, qui, sans ce mouvement, eût été dirigé vers l'anus.

L'expulsion du fœtus par l'évolution spontanée est un phénomène fort surprenant : cependant, lorsqu'on examine attentivement les rapports que le fœtus doit prendre avec le canal pelvien, on trouve que les conditions de la possibilité de l'expulstion existent à la rigueur, même lorsque le fœtus a acquis son développement ordinaire. De la partie inférieure du cou au siége, il y a environ 135 mill. (5 p.), étendue sensiblement réductible par la compression. Ainsi, lorsque l'épaule est complétement engagée sous l'arcade des pubis, et le tronc fortement comprimé, on voit que la hanche et la fesse correspondante peuvent s'engager au détroit supérieur, au-devant des symphyses sacro-iliaques, et s'avancer profondément dans l'excavation pelvienne. Mais, en approchant du détroit inférieur, l'espace diminuant, l'expulsion deviendrait impossible, si le tronc du fœtus ne s'infléchissait pas sur son plan latéral en arc de cercle, mouvement qui rapproche considérablement le siége de l'épaule qui est fixé sous l'arcade des pubis, et permet ainsi au tronc de se dégager, à la vulve, de sa partie supérieure à sa partie inférieure.

La grande capacité du bassin, la petitesse du fœtus, sont des conditions favorables pour ce genre d'expulsion, mais non absolument indispensables. Il en est de même de la mort du fœtus, la mollesse des tissus permettant une dépression plus considérable. Mais, si on en excepte un petit nombre de cas, le travail de l'expulsion spontanée est excessivement long et pénible, et la femme peut expirer d'épuisement avant qu'il soit terminé, ou peu de temps après. On ne sait pas au juste dans quelle proportion les ressources de l'organisme seraient suffisantes pour effectuer seules l'expulsion. L'indication de terminer artificiellement l'accouchement, ayant justement passé dans la pratique de temps immémorial, l'évolution spontanée n'a pu être observée que dans les cas où la présentation du tronc a été méconnue, ou la version impossible; et, quoique ces conditions paraissent assez limitées, il n'existe pas moins un assez grand nombre de cas authentiques d'évolution spontanée. M. F. H. Ramsbotham en mentionne 14 cas sur 77 présentations du tronc; M. Velpeau en a rassemblé 127 cas, sur lesquels il indique 8 enfants vivants. L'on voit donc que ce mode d'accouchement n'est pas essentiellement destructeur pour le fœtus. Cependant il n'est guère permis de compter sur l'expulsion d'un fœtus vivant, à moins qu'il ne soit très petit ou le bassin très large.

4° L'expulsion du fœtus en masse et doublé mérite à peine de nous arrêter; elle ne paraît possible que dans le cas d'avortons, ou de fœtus à terme très petits et putréfiés. L'épaule continue à s'avancer la première, et la partie supérieure du tronc traverse le canal pelvien avec la tête. On a quelquefois produit ce mode d'expulsion en tirant sur le bras.

Pronostic. — Les phénomènes physiologiques éprouvent peu de modifications. Je ferai seulement observer qu'il arrive assez souvent, pendant la première période, que les douleurs sont moins efficaces, que la dilatation de l'orifice utérin se fait avec plus de lenteur et d'une manière moins régulière, que la division de l'œuf est plus souvent prématurée. Après la rupture de la poche des eaux, il s'écoule ordinairement plus de liquide que dans la présentation de la tête ou du siége; c'est principalement dans la présentation du tronc qu'on voit quelquefois l'orifice utérin revenir sur lui-même, dans une certaine étendue, après avoir été plus ou moins complétement dilaté, quoiqu'il ne soit pas le siége de rétraction spasmodique. Une fois que le col est complétement dilaté, les douleurs prennent une intensité croissante, la matrice finit par tomber dans un état de contraction permanente qui devient très dangereux pour le fœtus. A la longue, les forces de la mère s'épuisent, l'utérus s'enflamme et se déchire quelquefois. La présentation du tronc, abandonnée à la nature, entraîne le plus souvent la mort de la mère, et presque toujours celle de l'enfant; car l'adduction de la tête à l'entrée du bassin ou la version spontanée sont des exceptions trop rares, et sur lesquelles on ne doit pas compter. A la longue, un assez grand nombre de femmes seraient débarrassées par l'évolution spontanée; mais ce mode de terminaison est entouré de tant de dangers, qu'on ne peut le désirer que lorsqu'on a laissé passer le moment opportun pour faire la version, et que cette opération devient excessivement dangereuse et pénible ; et on ne peut espérer de voir l'enfant naître vivant. Si dans quelques cas l'expulsion n'a été ni très longue ni très pénible, on peut presque sûrement affirmer que le bassin était très grand ou le fœtus très peu développé. Sans cela le travail est si long et si pénible, que les forces de l'organisme sont souvent insuffisantes. Après des suspensions et des reprises du travail, l'utérus devient le siége d'une irritation très vive, qui le prédispose aux inflammations et aux ruptures: et l'épuisement peut être porté si loin, que la femme succombe avant l'expulsion ou peu de temps après. En d'autres termes, l'évolution spontanée est impossible dans le plus grand nombre des cas, et lorsqu'elle a lieu elle expose à une série d'accidents probables si graves, qu'on doit se faire une loi de pratiquer la version au moment le plus opportun. La nécessité de faire la version laisse à cette présentation ses dangers et sa gravité. Lorsque la version est faite en temps opportun, sans difficulté, et qu'il n'existe pas d'autre obstacle que celui qui résulte de la mauvaise présentation, elle n'expose à guère plus de dangers que l'accouchement par les pieds, surtout pour la mère ; mais il arrive souvent, dans la pratique, que l'intervention de l'art est tardive, et les dangers s'accroissent en proportion des difficultés qu'on rencontre. La mère est plus exposée aux ruptures de l'utérus, du vagin, et aux phlegmasies puerpérales. Relativement au fœtus, le pronostic est toujours plus fâcheux que dans les présentations de l'extrémité pelvienne. Les relevés de madame Lachapelle donnent la proportion de 3 $\frac{11}{15}$ enfants vivants sur 7. D'autres relevés fournissent des résultats encore plus désavantageux : sur 77 cas observés à l'hospice royal d'accouchements de Londres, de 1832 à 1843, M. F.-H. Ramsbotham attribue 48 fois la mort à la présentation du tronc. D'après les cas observés par madame Lachapelle, les positions de l'une et de l'autre épaule, dans lesquelles le plan antérieur du fœtus était dirigé en avant, ont donné moitié moins d'enfants vivants que celle dans lesquelles il était dirigé en arrière ; elle attribue cette différence à la difficulté relative de la version dans les deux cas, et à ce que le plan antérieur reste souvent dirigé en avant. La sortie du bras ne rend pas par ellemême la présentation des épaules plus grave ; loin de là, elle est souvent utile pour le diagnostic : seulement, elle est souvent l'indice que le moment le plus favorable pour pratiquer la version est passé. Mais le bras n'est ordinairement pour rien dans les difficultés qu'on rencontre pour terminer l'accouchement.

Indications. — 1° L'expulsion spontanée et heureuse du fœtus, accidentellement possible par les seules forces de l'organisme, est si rare et si incertaine, et expose l'enfant et la mère à tant de dangers, qu'on ne doit négliger dans aucun cas de faire intervenir l'art au moment le plus opportun, en donnant au fœtus une situation dans laquelle il puisse sortir. Nous ferons voir tout-à-l'heure pourquoi l'*adduction* de la tête à l'entrée du bassin, ou la *version céphalique*, quoique désirable en principe, ne peut être appliquée que d'une manière exceptionnelle ; de sorte que la *version sur les pieds* paraît devoir rester définitivement l'indication générale, qu'il survienne ou non des accidents. Le moment le plus opportun pour agir ou le temps d'élection est celui où, l'orifice de la matrice étant entièrement dilaté, la poche des eaux est sur le point ou vient de rompre. Dans ces circonstances, la version se fait en général avec facilité et sans dangers ; tandis que plusieurs heures après, si les eaux se sont écoulées en totalité, que les contractions soient devenues fortes et rapprochées, ou que l'épaule et le côté du tronc se soient profondément engagés dans le bassin, elle peut présenter des difficultés telles, qu'il devienne impossible de l'opérer, ou qu'on ne puisse le faire sans qu'il en résulte les plus grands dangers pour la mère, et presque toujours la mort de l'enfant, si déjà il n'a succombé sous l'influence de la pression que la matrice exerce sur lui.

2° Il importe donc beaucoup de reconnaître de bonne heure, et avant la division de l'œuf, la présentation du tronc, afin de ne pas négliger quelques précautions, quelques moyens simples souvent utiles. Pour prévenir la rupture prématurée de la poche des eaux, on recommandera à la femme d'éviter les efforts, les mouvements brusques ; on la fera coucher de bonne heure, le siège élevé, afin qu'il reste encore de l'eau dans l'utérus, si l'œuf vient à se diviser, avant que la dilatation de l'orifice de la matrice soit suffisante pour permettre la version.

Les anciens accordaient une grande importance, pour changer la mauvaise situation du fœtus dans l'utérus, à l'attitude, aux mouvements de la femme, aux pressions exercées sur la paroi abdominale. Cette importance est certainement exagérée ; mais on aurait tort de n'en tenir aucun compte. Nous avons déjà fait observer, en parlant de la mobilité anormale du fœtus pendant la grossesse et la première période du travail, que, dans quelques cas, il flotte avec tant de liberté, qu'il change à chaque instant de place, suivant l'attitude de la femme. La grande quantité de liquide amniotique et la petitesse du fœtus étant justement considérées comme des causes de présentation du tronc, on rencontre assez souvent une mobilité très prononcée, qui peut faire espérer de ramener la tête ou le pelvis à l'orifice de la matrice, en donnant à la femme une attitude en rapport avec le changement qu'on veut déterminer ; en changeant la direction de l'utérus, s'il est incliné ; en exerçant des pressions sur les parties saillantes du fœtus à travers la paroi abdominale, de manière à rapprocher la tête de l'entrée du bassin et le siège du fond de l'utérus ; en déterminant des mouvements de ballottement ; en faisant coucher la femme sur le côté où l'on sent la tête de l'enfant et en soutenant cette partie à l'aide d'un oreiller un peu ferme. Ces manœuvres, le plus souvent infructueuses, comptent cependant un assez grand nombre de succès pour qu'on ne doive pas les négliger ; elles doivent être pratiquées avec beaucoup de ménagement ; car, si on venait à déterminer la rupture des membranes avant que l'orifice utérin fût dilaté ou dilatable, on se créerait des difficultés qu'il faut chercher à éviter : aussi faut-il réserver celles qui exigent un peu d'efforts pour le moment où la dilatation est assez avancée pour permettre de faire la version si l'œuf vient à se diviser. Si l'on réussit à corriger la mauvaise attitude du fœtus, il peut conserver une grande tendance à la reprendre ; il faudrait aussitôt rompre les membranes : l'utérus, en se rétractant sur le fœtus, le fixerait définitivement.

3° La division prématurée de l'œuf, qui est plus fréquente que dans les présentations normales, parce que la partie qui se présente ne fermant pas aussi exactement l'entrée du bassin, l'effort de l'utérus est transmis plus directement sur la poche des eaux, peut jeter de l'incertitude sur le moment où il convient d'agir. Si l'orifice utérin, déjà en partie dilaté, est en outre souple et si facilement dilatable qu'on puisse y faire pénétrer la main sans effort, il n'est pas nécessaire d'attendre une dilatation plus considérable pour agir, surtout si, après avoir retourné l'enfant, on ne procède pas de suite à son extraction. Mais lorsqu'il est peu dilaté et non dilatable, sans effort, il faut attendre qu'il soit dans les conditions énoncées ci-dessus, et ne pas même chercher à déterminer une dilatation graduelle à l'aide des doigts, comme on est conduit à le faire dans quelques cas d'hémorrhagie utérine grave; car, tant que les efforts de l'utérus ne sont employés qu'à ouvrir son orifice, on voit assez rarement survenir, alors même que la presque totalité du liquide amniotique s'est écoulée, cet état de rétraction permanente, qui est un des plus grands obstacles à la version. En intervenant trop tôt pour éviter un écueil, on s'expose à produire des déchirures, à causer beaucoup de douleurs, et à voir la tête retenue par l'orifice utérin, pendant beaucoup plus de temps qu'il n'en faut pour faire succomber l'enfant.

4° Doit-on, comme on le fait généralement, procéder immédiatement à l'extraction du tronc, après avoir retourné l'enfant, comme s'il s'agissait d'un accident qui exige la prompte terminaison de l'accouchement? Cette pratique s'est établie comme la conséquence naturelle de l'habitude, dans laquelle on a été pendant longtemps, de tirer sur les membres inférieurs, dans l'accouchement par l'extrémité pelvienne. Aujourd'hui que d'autres idées ont justement prévalu, et qu'on n'intervient que le moins possible, t. I, p. 645, il semble qu'on doit également être conduit, après avoir changé la présentation, si rien d'ailleurs n'exige la prompte terminaison de l'accouchement, à abandonner l'expulsion aux efforts naturels, comme si les pieds s'étaient primitivement présentés. M. Naegele en a déjà donné depuis longtemps le conseil. « Si l'accouchement n'est vicieux, dit-il, qu'en ce que l'enfant est dans une mauvaise position, si du reste il existe toutes les conditions nécessaires à la marche régulière du travail, il suffit de faire la version par les pieds; car, du moment où elle est opérée, c'est-à-dire dès que la position vicieuse a été convertie en une position longitudinale, s'il ne survient aucune circonstance grave qui réclame l'accouchement artificiel, et si les douleurs sont assez énergiques, il faut laisser marcher l'accouchement, qui se termine par le secours seul de la nature, comme dans les cas de présentation des pieds. » Cette conduite semble, en effet, préférable pour le fœtus, malgré l'évacuation de la plus grande partie du liquide amniotique. D'ailleurs une déplétion rapide de l'utérus n'est pas toujours sans danger pour la mère. S'il était facile d'amener le siége à l'entrée du bassin sans étendre les membres inférieurs, il serait avantageux de le tenter, ou de n'entraîner qu'un pied, afin de conserver les avantages de la présentation des fesses sur celle des pieds.

5° Après avoir dit que la version par les pieds avait plutôt prévalu par nécessité que par choix, il convient d'examiner quel parti on peut tirer de la version céphalique, et si elle doit être tout-à-fait abandonnée. Les anciens avaient donné le précepte de ramener la tête à l'orifice de la matrice, non seulement dans la présentation du tronc, mais encore dans celle de l'extrémité pelvienne, qu'ils regardaient comme extrêmement vicieuse. Ce précepte s'est maintenu dans la pratique jusqu'au milieu du xviie siècle, où les travaux de Parée, de Franco, de Guillemeau, de Mauriceau, amenèrent une réforme sur ce point important de pratique, en montrant la facilité d'aller chercher les pieds et de les amener au dehors. Depuis, la version sur les pieds est devenue une méthode générale et vulgaire, tandis que la pratique des anciens est tombée dans un oubli complet. Les efforts de Flamant et de quelques auteurs contemporains, qui, à son exemple, ont tenté de faire revivre la méthode des anciens, et l'extension qu'elle a prise depuis quelques années, surtout à l'étranger, imposent l'obligation d'examiner quelle part on doit lui faire, et de rechercher si la méthode moderne n'est pas trop exclusive. Si ces deux moyens de ramener le fœtus à sa direction naturelle étaient également faciles, également exécutables, le choix ne semblerait pas devoir être incertain; il suffit de se rappeler les avantages, dans les mêmes conditions, de l'accouchement par la tête, et les dangers pour le fœtus de l'accouchement par l'extrémité pelvienne. Il s'agit de savoir si, dans les présentations des épaules, l'adduction de la tête à l'entrée du bassin est assez généralement et assez facilement praticable; et, dans le cas où l'on pourrait répondre par l'affirmative, si les résultats justifient les espérances qu'on conçoit *à priori* pour la conservation du fœtus. Dans l'état actuel de la science, les faits appelés à éclairer la question sont peu favorables à la version céphalique. A l'époque où connaissant moins bien le mécanisme de l'expulsion du fœtus et les ressources de l'organisme, on faisait un précepte de convertir la présentation de la face en une présentation du sommet, et de redresser la tête lorsqu'elle se présentait inclinée, on était le plus souvent conduit à pratiquer la version pelvienne, tant on avait de difficulté à changer la situation de la tête. Si, lorsque la tête se présente par la face, par les côtés, on ne peut la ramener au centre du bassin que dans un petit nombre de cas où l'on rencontre le concours de circonstances favorables, les difficultés doivent être beaucoup plus grandes dans les présentations du tronc, où elle est plus éloignée du point où l'on se propose de le ramener : aussi madame Lachapelle va-t-elle jusqu'à regarder ce changement comme à peu près impossible. Mais l'on peut croire que les auteurs qui repoussent la version céphalique dans les présentations du tronc, ayant d'avance des idées arrêtées, ne se sont pas livrés à des épreuves assez multipliées. Les partisans de la version céphalique avouent eux-mêmes qu'elle est difficile, mais praticable, du moins dans les conditions où la version pelvienne est facile. A part le précepte, la pratique des anciens n'apprend rien sur les chances de succès de la version céphalique. Mauriceau reconnaît que, lorsque les eaux sont écoulées, la tête peut encore, après beaucoup de fatigue, être ramenée à l'entrée du bassin. Smellie, De Lamotte, etc., ont pratiqué dans plusieurs cas la version céphalique. Leurs observations se sont multipliées depuis que Flamant et Osiander ont appelé avec tant d'insistance l'attention sur ce point de pratique, et qu'ils sont parvenus à faire adopter leur idée par plusieurs accoucheurs. Flamant, qui a beaucoup écrit pour réhabiliter la version céphalique, n'a eu occasion de la pratiquer que deux fois ; quelques uns de ses élèves lui ont fourni deux ou trois autres cas de succès. Osiander, qui a disputé à tort à Flamant l'honneur d'avoir rappelé la pratique des anciens, a écrit, peu de temps après les premières publications de Flamant : « La lecture des ouvrages d'Hippocrate et de Celse m'a engagé à faire dans ma pratique l'essai de la méthode de retourner l'enfant sur la tête, s'il se présente dans une mauvaise position ; et l'ayant trouvée aussi avantageuse et aussi facile à exécuter que la version sur les pieds, j'ai pratiqué et enseigné publiquement une opération oubliée et négligée depuis des siècles. » Tout en parlant d'une manière aussi nette, Osiander ne fait connaître aucune de ses observations avec détail, et il est permis de croire qu'il n'a pas soumis la pratique des anciens à des épreuves nombreuses. M. D'Outrepont rapporte cinq observations où la version céphalique a réussi complétement, mais dans trois par des manipulations extérieures, et probablement avant l'évacuation du liquide amniotique. Il en est de même de celles de M. Wigand : aussi ne sont-elles pas applicables à la solution du problème qui est à résoudre ; nous nous sommes déjà expliqué sur les chances de changer la présentation avant la rupture des membranes. De quinze versions sur la tête rapportées par M. Busch, quatre seulement ont eu lieu après la rupture des membranes : tous les enfants sont nés vivants. Dans le tableau statistique des accouchements observés dans le royaume de Wurtemberg, du 1er juillet 1821 au 1er juillet 1825, publié par M. Rieche, on trouve 16 exemples de versions sur la tête pratiquées après la rupture des membranes; un seul enfant est venu au monde mort : il n'est survenu aucun accident chez les mères. Aux cas déjà publiés en 1827, M. Ritgen en ajoute 13 autres; de Siébold, Carus, Joerg, se sont prononcés pour la version céphalique dans les présentations du tronc. M. Burns lui fait une large part : « Il peut, dit-il, y avoir des cas où il serait non seulement sûr, mais plus convenable de recourir à l'ancienne pratique, quoique, comme règle générale, il faille l'abandonner. Par exemple, si l'on sait que la patiente à ordinairement un accouchement prompt, si les douleurs sont vives, que l'orifice utérin soit dilaté, ou dans un état relâché et très dilatable, que la liqueur amniotique soit gardée et que l'enfant soit mobile, alors on peut sans difficulté ni beaucoup d'irritation placer la tête dans la position convenable avec assez de chances du succès. J'en ai fait une règle de conduite, et je ne vois pas de raison pour la changer. Le travail est sans doute plus lent que si nous avions abaissé les pieds; mais l'enfant court moins de dangers, et ceci est un grand motif pour revenir, dans les cas favorables, à une ancienne pratique. » M. Velpeau est le premier auteur de l'école de Paris qui ait fait un accueil favorable à la version céphalique; il détermine avec précision les cas où elle est applicable, mais il ne paraît pas l'avoir pratiquée lui-même. M. P. Dubois, qui s'est élevé avec beaucoup de force contre elle, prouve au moins par des raisons solides qu'elle n'est applicable que dans un petit nombre de cas. Il l'a pratiquée deux fois. Dans le premier cas, il perça les membranes; dans le second, elles étaient rompues depuis un quart d'heure, mais il restait dans l'utérus une assez grande quantité de liquide amniotique. Il convient qu'il est possible, assez facile même, dans les conditions favorables, de ramener la tête de l'enfant à l'entrée du bassin, lorsqu'elle s'en trouve accidentellement éloignée, comme on le voit dans les présentations du tronc; mais il observe qu'il lui eût été plus facile encore de saisir les pieds ou les genoux, et par conséquent de faire la version par l'extrémité pelvienne. Dans quelques cas en apparence aussi favorables, après d'inutiles efforts pour rapprocher la tête du fœtus de l'entrée du bassin, il s'est vu dans l'obligation de retourner l'enfant et de l'extraire par les pieds.

Il résulte donc des faits que, dans certaines limites, la version céphalique peut être faite dans les présentations du tronc sans trop de difficulté et d'irritation pour la mère. Mais il faut convenir que, dans ces mêmes cas, elle offre presque toujours plus de difficultés que la version par les pieds, et qu'elle est même quelquefois impraticable. La possibilité de la pratiquer peut persister plus ou moins de temps après la rupture des membranes, dans les cas où l'évacuation du liquide amniotique est incomplète, et dans ceux où les contractions utérines sont très faibles et très éloignées, le fœtus conservant de la mobilité, ou au moins une assez grande facilité à être déplacé. Mais la version pelvienne sera encore possible, et même quelquefois assez facile, longtemps après qu'il ne sera plus permis de songer à la version céphalique.

Maintenant, admettant la possibilité et la convenance de la version céphalique, lorsque les conditions favorables à la version en général se trouvent réunies, nous verrons que les cas où l'on peut l'employer sont assez restreints. L'on ne peut y avoir recours : 1° lorsque l'orifice de la matrice n'est ni assez dilaté ni assez dilatable pour permettre d'y introduire la main sans violence, au moment de la rupture des membranes, et que la plus grande partie du liquide amniotique s'est écoulée avant que la dilatation soit, sinon complète, au moins suffisante pour opérer. 2° Lorsqu'il s'est écoulé un temps plus ou moins long après la rupture des membranes et l'évacuation du liquide amniotique, et que l'utérus est déjà assez fortement rétracté sur le fœtus. Cette circonstance se rencontre fréquemment dans la pratique, soit que les secours ne soient réclamés que tardivement, soit que le diagnostic soit resté longtemps incertain ou erroné. 3° L'adduction de la tête à l'entrée du bassin se faisant dans l'intérêt de l'enfant, mais étant plus difficile à exécuter, et débarrassant moins promptement la mère, on doit y renoncer toutes les fois que le fœtus est mort. 4° Il doit en être de même dans les cas d'accouchement prématuré, si les résultats obtenus par M. P. Dubois sont l'expression générale des faits, puisque la mortalité pendant le travail serait de 1 à 6, à peu près la même que l'enfant ait présenté la tête ou le pelvis. 5° L'issue du bras doit également engager à renoncer à la version céphalique, non que, dans les conditions favorables supposées, la répulsion du bras dans la matrice soit toujours impossible, ni l'expulsion de la tête avec le bras constamment accompagnée de dangers et d'obstacles à la terminaison spontanée de l'accouchement. 6° L'issue du cordon, si le fœtus n'a point encore souffert de sa compression, est une contre-indication moins formelle : en introduisant la main pour aller chercher la tête, il serait facile de le rapporter dans la matrice et de l'y fixer. 7° Une complication, l'épuisement des forces, etc., doivent aussi faire renoncer à la version céphalique, car ses avantages seraient probablement plus que compensés, s'il fallait en outre terminer l'accouchement par l'application du forceps.

Je donnerai une idée exacte des cas exceptionnels que rencontrerait dans la pratique la version céphalique, en rappelant que, sur 59 présentations du tronc observées à la Maternité de Paris, pendant un temps donné, 23 seulement, d'après M. P. Dubois, ont présenté les conditions favorables à la version céphalique. C'est à la version par les pieds qu'on a eu recours; sur 21 cas, elle n'a été funeste qu'à 2 enfants seulement. « Ces résultats sont assez favorables, ajoute M. P. Dubois, pour que nous ne pensions pas qu'ils l'eussent été davantage si la version céphalique eût été préférée. » On serait dans l'erreur si l'on considérait ce petit nombre d'observations comme l'expression des faits. S'il en était ainsi, la version sur les pieds serait aussi avantageuse pour le fœtus que l'accouchement spontané par l'extrémité pelvienne dans les conditions les plus favorables. Or, l'expérience a démontré d'une manière tout-a-fait certaine que la terminaison artificielle de l'accouchement par des tractions sur l'extrémité pelvienne, lorsqu'elle se présente la première, et à plus forte raison lorsqu'il faut retourner le fœtus, diminue beaucoup les chances de le sauver. On ne peut invoquer qu'avec une certaine défiance en faveur de la version céphalique les résultats que nous avons cités, car ils ne sont point assez nombreux, et l'état de santé du fœtus, avant l'opération, n'a pas toujours été exactement déterminé. M. P. Dubois me semble avoir exagéré au-delà de toute vraisemblance les dangers très réels de compression du cordon, qui résultent de l'écoulement presque complet du liquide amniotique pendant la manœuvre. Si l'on réfléchit que, dans l'accouchement naturel à terme, le rapport des enfants qui succombent pendant le travail est de 1 à 54 ou à 52 dans les présentations du vertex, et de 1 à 10 ou 11 dans celles de l'extrémité pelvienne, on aura de la peine à admettre que les conditions défavorables qui peuvent résulter de la réduction de la tête à l'entrée du bassin dans les présentations du tronc, puissent faire descendre les chances de mort au-delà de ce qu'elles sont dans l'accouchement naturel par le pelvis et les ramener à celles de l'accouchement terminé par la version pelvienne. Ainsi, sous le rapport du danger que court le fœtus, les faits et le raisonnement prouvent que la version céphalique serait de beaucoup plus avantageuse que la version pelvienne. Il faut donc en conclure, 1° qu'en dehors des cas mentionnés, et dans les conditions favorables déterminées plus haut, on doit préférer la version céphalique, sans perdre de vue qu'elle est plus difficile et même quelquefois impossible, surtout si les contractions utérines sont très énergiques et rapprochées, et qu'on doit se proposer en même temps d'aller chercher les pieds, si on rencontre des difficultés trop grandes ; 2° que les rétrécissements du bassin, que les obstacles de toute nature sur le trajet du conduit vulvo-utérin, qui rendent l'accouchement par l'extrémité pelvienne encore plus difficile et plus dangereux pour le fœtus, sont des raisons de plus pour tenter la version céphalique, comme, dans les mêmes conditions, d'insister sur l'abaissement du crâne, dans la présentation de la face et les présentations irrégulières de la tête, afin de ne recourir à la version pelvienne qu'à la dernière extrémité ; 3° qu'en raison des cas nombreux où la version céphalique est excessivement difficile ou impossible, elle n'est en réalité qu'une méthode exceptionnelle, et qu'elle laisse à la version pelvienne toute son importance. Le principe d'après lequel on doit se diriger pour pratiquer la version céphalique consiste à choisir la main qui, suivant la position du fœtus, s'applique le mieux à la partie postérieure de la tête, à soulever la partie qui se présente, à la porter autant que possible du côté opposé à celui où se trouve la tête, et à aller saisir celle-ci, si les efforts faits avec l'autre main, à travers la paroi abdominale, n'ont pas suffi pour la faire descendre.

En déterminant les conditions où la version céphalique est rigoureusement possible, et où la version pelvienne est très facile, nous n'avons parcouru qu'une partie des indications que peuvent offrir les présentations du tronc. Lorsque la version pelvienne elle-même n'a pas été exécutée en temps opportun, elle peut rencontrer des difficultés qui ne la rendent guère moins dangereuse pour la mère que pour le fœtus, si on veut les surmonter de vive force ; elle est même assez souvent tout-à-fait impossible. La détermination de ces cas et les moyens d'y remédier sont un des points les plus importants et les plus délicats de la pratique des accouchements. Quoiqu'en général les difficultés s'accroissent en raison du temps qui s'est écoulé depuis la rupture des membranes, il arrive souvent qu'elle reste longtemps assez facile ou rigoureusement possible, sans exposer la mère à des ruptures de l'utérus, du vagin, soit parce qu'il est resté une certaine quantité d'eau de l'amnios, soit parce que l'action contractile, après avoir été très vive pendant quelque temps, s'est affaiblie, et que l'utérus a passé de l'état de rétraction à l'état de relâchement. D'un autre côté on voit de temps en temps de grandes difficultés surgir peu de temps après la rupture des membranes : aussi n'est-ce que dans l'appréciation de ces difficultés qu'on peut tirer des indications précises.

1° Je ne mentionne ici la sortie du membre supérieur que parce qu'on a longtemps considéré la présence du bras dans le vagin ou à la vulve comme un grand obstacle à la version, et qu'elle a donné lieu à de fausses indications, dont plusieurs sont fort dangereuses ; et, quoique justement condamnées depuis longtemps, elles sont encore suivies de loin en loin, et servent de justification à des mutilations cruelles et inutiles. La sortie du bras de l'utérus, lorsqu'elle survient immédiatement après la rupture des membranes ou peu de temps après, est plutôt une circonstance favorable, en ce qu'elle éclaire le diagnostic et n'apporte aucun obstacle à la version ; mais comme elle arrive assez souvent longtemps après la rupture des membranes, elle coïncide ordinairement alors avec des difficultés qui sont presque toujours étrangères au bras, qui en a été très gratuitement accusé. Il ne faut donc pas, à l'exemple des anciens, chercher à le repousser dans la matrice ; ce replacement serait à peine possible dans les limites de mobilité du fœtus qui permettent la version céphalique ; il faut à plus forte raison ne point l'amputer ni l'arracher. On ne voit point comment l'ablation du bras pourrait créer une voie pour faire pénétrer la main dans la matrice ; il faudrait au moins enlever toute l'épaule. Mais on ne pourrait avoir recours à ces mutilations que dans les conditions bien déterminées d'embryotomie, et ce sont des procédés défectueux et insuffisants qu'on doit employer rarement. On doit également s'interdire rigoureusement toute traction sur le bras sorti, à moins qu'on n'ait complétement renoncé à l'espérance d'arriver jusqu'aux pieds et de pratiquer la version. On doit se conduire, relativement au bras sorti, comme s'il ne l'était pas ; on peut même l'amener préalablement à l'extériuer s'il tend à descendre.

2° La rétraction violente de l'utérus est l'obstacle le plus commun à la version. Cette rétraction offre deux degrés ou plutôt deux variétés. Après la rupture de la poche des eaux, si le liquide amniotique s'est écoulé presque en totalité, l'utérus, en vertu de sa propriété contractile, revient sur lui-même, et embrasse exactement le fœtus avec plus de force, et développe une tension plus considérable que sur l'œuf. Cependant il n'est pas rare que cette tension soit assez modérée pour ne point gêner, au moins pendant quelque temps, la circulation fœto-placentaire, et n'opposer que des obstacles médiocres à la version. Mais, dans un assez grand nombre de cas, sans avoir des caractères pathologiques, peu de temps après l'évacuation du liquide amniotique, elle est beaucoup plus forte, et coïncide avec des douleurs énergiques et rapprochées. La main, qui augmente d'abord l'action de l'utérus, ne peut arriver qu'avec beaucoup de peine aux pieds : elle ne tarde pas à s'engourdir, et ne peut développer qu'une force souvent insuffisante pour entraîner les pieds qui lui échappent avec facilité. Si sa présence ne finit pas par émousser l'action trop énergique de l'utérus, on est conduit à renoncer momentanément à la version.

Dans les cas que nous venons de supposer, la rétraction de l'utérus, quoique considérable, est encore simple et à l'état normal ; mais elle peut passer à l'état spasmodique, t. II, p. 52, devenir partielle, occuper le corps, l'orifice externe incomplètement dilaté ou revenu sur lui-même, soit à la suite de tentatives infructueuses de version, soit spontanément par le fait même de la longueur du travail, de la mauvaise position du fœtus, de l'écoulement du liquide amniotique ou de toute autre circonstance. Les obstacles à la version sont encore plus grands, et si on insiste avec une persistance et une force irritationnelles, on cause des douleurs très vives, et on s'expose à déterminer des ruptures de l'utérus, du vagin, auxquelles l'irritation, l'inflammation, les distensions partielles dont ils sont souvent le siége prédisposent. Il est encore plus important que dans le cas de rétraction simple de ne pas essayer de passer la main ou d'entraîner les pieds de vive force. Il faut renoncer à toute violence et toute précipitation, car il n'y a rien à perdre au délai, qui seul, ou aidé des moyens relâchants, peut amener des changements tels que la version devienne une opération médiocrement difficile. En effet, la rétraction simple, accompagnée de contractions vives et rapprochées, est fréquemment suivie de relâchement et de repos pendant lesquels l'utérus semble dans l'inertie ; la rétraction spasmodique peut elle-même céder spontanément. La pratique offre des cas assez nombreux dans lesquels la version, d'abord impraticable, devient ensuite si facile, qu'on a de la peine à se défendre de la crainte d'une rupture de l'utérus.

On obtient le relâchement de l'utérus par les bains, les émissions sanguines, les opiacés. Ce que nous avons dit de ces moyens en traitant de sa rétraction spasmodique nous dispense d'y revenir ici. Mais on ne doit pas perdre de vue que, dans quelques cas, la femme est mise dans le plus grand danger, et que la rétraction ne cède pas, ou ne cède que lorsque l'épuisement a été porté au plus haut degré, ou que d'autres complications graves sont survenues et que la mort est imminente

3° Les difficultés qui résultent de l'engagement de l'épaule et d'une portion de tronc dans le bassin, coïncident presque toujours avec une rétraction prononcée de l'utérus sur le corps du fœtus. En effet, à moins qu'il ne se rencontre du côté de la mère ou de l'enfant des conditions favorables à l'évolution pelvienne spontance, ce n'est qu'assez longtemps après la dilatation de l'orifice de la matrice et la rupture des membranes que le tronc parvient à plonger en partie dans l'excavation, de sorte que la plupart des obstacles à la version se trouvent réunis. Les efforts, soit pour repousser le tronc, soit pour faire passer la main au-dessus du détroit supérieur, déterminent d'autant plus facilement des déchirures du segment inférieur de l'utérus, de la partie supérieure du vagin, la séparation de ces deux parties, qu'elles sont fortement distendues et amincies; d'ailleurs il est souvent impossible d'atteindre les pieds. Dans ces cas si difficiles et si dangereux, il se présente plusieurs indications différentes à remplir.

Je ne pense pas qu'on puisse accorder quelque confiance au moyen proposé par Deleurye; mais comme il est jusqu'à certain point rationnel, et qu'il a reçu dans ces derniers temps l'approbation de quelques praticiens, je dois le faire connaître. Après des tentatives inutiles pour introduire la main dans l'utérus, Deleurye tâchait de dégager l'autre bras et de l'amener dans le vagin. Cette manière d'agir lui a constamment réussi. La réflexion l'avait guidé dans les premiers accouchements qu'il avait terminés ainsi; le second bras ne pouvait sortir sans ébranler l'enfant, sans lui faire changer de position et sans faciliter l'introduction de la main qui devait faire la version. On conçoit, à la rigueur, qu'en agissant ainsi on puisse forcer l'épaule qui est en bas à remonter, en faisant tourner le fœtus sur le plan antérieur; mais la possibilité d'aller chercher et d'amener le bras opposé et de faire tourner le tronc sur son axe longitudinal, suppose une mobilité du fœtus et une facilité de faire pénétrer la main dans la matrice qui est en contradiction manifeste avec les difficultés que nous supposons. Dans les cas où Deleurye a exécuté cette manœuvre, la version était déjà sans doute difficile, mais très vraisemblablement praticable de prime abord et sans qu'il fût nécessaire de faire éprouver de déplacement au fœtus.

Lorsque le tronc est engagé dans l'excavation pelvienne, ou que l'utérus persiste à rester trop énergiquement contracté pour permette la version, la conduite à tenir doit varier suivant les cas. On cherchera d'abord à se faire une idée exacte des changements que les efforts du travail amènent dans la position du fœtus; si des phénomènes de version ou d'évolution spontanée se manifestent, on devra attendre et s'en rapporter aux ressources de l'organisme, lorsque l'expulsion n'est point entravée dans sa marche et que la femme n'est point épuisée. Dans le cas contraire, on cherchera à favoriser l'expulsion dans le sens de l'impulsion déterminée par l'utérus.

Si la tête a de la tendance à se rapprocher de l'entrée du bassin et à prendre la place de l'épaule, ou à s'engager en même temps, on pourra favoriser ce mouvement par des manipulations extérieures, ou en repoussant l'épaule et en la soutenant afin que l'effort de l'utérus porte plus particulièrement sur la tête. C'est ainsi qu'on l'a vue descendre pendant les efforts qu'on faisait pour repousser le bras dans la matrice. On conçoit facilement que ces manœuvres ne peuvent avoir d'efficacité que par le concours plus puissant de l'action de l'utérus; car ce n'est point à cette période du travail qu'on peut espérer de pouvoir pratiquer la version céphalique artificielle. Quelques faits semblent faire croire que des tractions sur le bras peuvent agir dans le même sens ou déterminer l'évolution céphalique spontanée. Fichet de Fléchy rapporte deux observations des présentations de l'épaule, dans lesquelles des sages-femmes, tirant sur le bras, firent avancer la tête, qui se dégagea la première; Fichet dit qu'il lui est arrivé à lui-même de réussir en agissant ainsi. Mais ce moyen n'est ni suffisamment justifié par les faits, ni assez rationnel pour qu'on doive le recommander; cependant on ne serait pas blâmable d'y avoir recours dans le but indiqué, lorsqu'il n'existe plus aucune espérance fondée de pouvoir pratiquer la version. Il y a encore une autre circonstance où l'on pourrait tirer sur le bras: c'est lorsqu'il s'agit d'avortons, de fœtus petits et putréfiés, engagés en double jusque dans le détroit inférieur.

L'indication d'aider l'évolution spontanée pulvienne arrêtée dans sa marche est fort difficile à remplir; Peu avait donné le conseil de passer autour du tronc du fœtus enfermé dans l'utérus un lacs au moyen d'un crochet mousse fenêtré, et d'entraîner le siége en tirant sur les deux bouts du lacs. Ce moyen est probablement impraticable; mais il suffirait de pouvoir faire arriver sur le côté opposé à celui qui se présente, la main ou un crochet mousse pour faire des tractions efficaces, dangereuses sans doute pour le fœtus; mais comme on peut à peine espérer de l'extraire vivant, s'il n'est déjà mort, ce n'est pas une raison de s'en abstenir. « Dans un cas où l'évolution n'eut pas lieu, je ne pus parvenir à amener les extrémités inférieures, dit Denman, mais je n'eus pas de peine à fixer un instrument sur la partie courbe de l'enfant et à délivrer avec sécurité la mère. »

Nous avons dit que dans quelques circonstances l'évolution se fait, comme l'a indiqué Denman; par une véritable version pelvienne: et l'on donne pour preuve les cas de présentation du tronc avec issue du bras, dans lesquels on a vu le membre sorti remonter spontanément dans la matrice. Si une pareille tendance se manifestait, on devrait la favoriser en appliquant plusieurs doigts ou la main sous l'aisselle et en poussant la partie supérieure du tronc vers le fond de la matrice, et chercher ensuite à atteindre les extrémités pelviennes. Pour remplir cette indication, la main vaut infiniment mieux que l'espèce de béquille imaginée par Burton.

Si, malgré l'emploi judicieux des moyens qui viennent d'être indiqués, la version et l'évolution sont impossibles ou ne peuvent se faire qu'à la condition de faire courir les plus grands dangers à la mère, il ne reste d'autres ressources que l'embryotomie. La longueur du travail, la rétraction excessive et prolongée de l'utérus après l'écoulement de la totalité ou de la presque totalité du liquide amniotique, les tentatives plus ou moins multipliées de version, sont autant de circonstances qui ne permettent pas au fœtus de résister longtemps dans cette situation. L'état de la mère s'aggrave également, ses forces se perdent, elle marche insensiblement vers un épuisement mortel. L'utérus peut se déchirer, l'irritation dont il est le siège se propager au péritoine et la faire succomber avant d'être délivrée. Après la délivrance, elle court d'autant plus de chances de succomber à une inflammation puerpérale que le travail aura été plus long et les tentatives de version plus violentes et plus multipliées. Il faut le dire hautement, parce que c'est une vérité utile à connaître, un assez grand nombre de femmes, dans la présentation du tronc, sont immédiatement victimes des efforts qu'on a faits pour extraire l'enfant. L'embryotomie est, dans les cas difficiles, une ressource extrême mais précieuse, qui n'a pas encore complètement pris dans la pratique la place qu'elle mérite. Elle n'a été repoussée par les uns, admise avec tant de réserve pour les autres, que parce que l'incertitude des signes de la mort du fœtus l'a exposé, pendant longtemps, à être mutilé vivant. On ne doit juger de la mort du fœtus que sur l'absence des battements du cœur ou du cordon bien constatée. La chute du cordon, la possibilité de porter les doigts à sa racine ombilicale, permettent assez souvent de constater la vie ou la mort du fœtus par le toucher. Il ne faut point s'en rapporter au gonflement du bras, au soulèvement de l'épiderme, à l'infiltration séreuse et sanguine dont il peut être le siège, qui lui donnent parfois l'aspect gangréneux sans qu'il le soit véritablement. On ne doit pas non plus prendre en considération l'absence des battements de l'artère radiale, difficiles à sentir dans l'état ordinaire; ils doivent presque toujours échapper lorsque le bras est engorgé.

Tant que le fœtus n'a point encore souffert ou au moins que

l'action du cœur ne s'affaiblit pas, on ne doit point désespérer de lever les obstacles qui s'opposent à la version avant que la mère coure de véritables dangers ; car, à moins d'accidents graves, elle résiste plus longtemps que le fœtus aux effets fâcheux du travail prolongé. Il ne faut pas dissimuler, cependant, que, dans quelques cas, le fœtus paraît encore plein de vie, quand déjà l'état de la mère inspire des inquiétudes sérieuses, soit par un épuisement précoce, soit par l'imminence ou l'apparition d'accidents graves. Dans cet état de choses, l'intérêt de la mère exige une prompte terminaison de l'accouchement : la version ou les autres moyens d'extraire le fœtus sans compromettre sa vie, étant actuellement impraticables, il faut avoir recours à l'embryotomie, alors même que les battements du cœur annonceraient qu'il n'a pas encore cessé de vivre. Voyez *Embryotomie*. On ne doit pas perdre de vue, qu'en pareille circonstance, un moyen facile d'extraire le fœtus, tel que l'opération césarienne, ne lui offrirait que des chances fort douteuses de salut ; car, quoique les pulsations continuent, il peut avoir déjà assez souffert pour qu'il ait perdu l'aptitude de jouir de la vie extra-utérine. Heureusement des cas aussi graves et aussi embarrassants se présentent rarement dans la pratique. Qu'on se garde bien de croire, avec quelques auteurs, que la version est toujours possible ; oui peut-être, et encore non d'une manière absolue, mais à la condition d'exercer des efforts capables de rompre l'utérus, ce qui amène son relâchement ; d'attendre sa rupture spontanée, ou la détente organique de toute l'économie qui précède et accompagne l'agonie. En agissant ainsi, on ne peut pas même avoir l'espérance rationnellement fondée de conserver la vie à l'enfant.

Lorsqu'on rencontre les conditions où l'on peut légitimement avoir recours à l'embryotomie, le procédé n'est pas indifférent pour le succès de la délivrance. Il ne suffit pas de séparer le bras du tronc pour faciliter la version, ou, comme le veut Robert Lee, de perforer ensuite le thorax, de fixer un crochet aigu sur le bassin ou sur la portion inférieure de l'épine, et d'exercer une traction suffisante pour amener la délivrance comme dans l'évolution spontanée ; de semblables procédés exposent à tous les dangers de la version forcée sans mutilation du fœtus. La section du cou est le moyen qui doit être préféré. La netteté avec laquelle Celse en donne le précepte doit faire admettre que les anciens en avaient expérimentalement constaté les avantages : *Si vero transversus est fœtus, neque dirigi potuit.., remedio est cervix præcisa, ut separatim utraque pars auferatur.* Van Horne, Smellie, ont suivi le conseil de Celse. Asdrubasi a pratiqué cinq fois la section des vertèbres cervicales, et le plus souvent il a pu extraire les enfants sans achever la section des parties molles. Plusieurs autres accoucheurs ont pratiqué avec succès la décollation. M. P. Dubois en a fait ressortir, de nos jours, les avantages par un assez grand nombre d'observations. Après la séparation de la tête du tronc, la sortie du fœtus ne rencontre plus que de faibles obstacles ; il suffit de légères tractions sur le bras pour entraîner le tronc : la tête ne tarde pas à être poussée dans l'excavation pelvienne ; l'on peut, suivant l'urgence, attendre son expulsion spontanée ou l'entraîner avec le forceps ou le crochet ; mais la longueur du travail et l'état de la femme mettent, le plus ordinairement, dans l'obligation de terminer promptement l'accouchement. Dans le cas contraire on peut attendre sans inconvénient l'expulsion spontanée du tronc et de la tête.

La section du cou, facile dans beaucoup de cas, peut présenter de grandes difficultés dans d'autres ; si la présence du bras et de l'épaule constituaient l'obstacle, on enlèverait préalablement ces parties. Le tronc peut être tellement enfoncé dans le bassin, et le cou assez élevé pour qu'il paraisse presque impossible d'y porter l'instrument tranchant : ce serait le cas d'ouvrir la cavité thoracique ou abdominale et de diviser la colonne vertébrale ; les tronçons, complétement séparés ou non, seraient entraînés avec autant de facilité qu'après la section du cou.

II. Procidence, prolapsus, chute du cordon ombilical. — Une portion du cordon ombilical peut glisser dans la poche des eaux à côté de la partie que présente l'enfant et descendre dans le vagin après la rupture des membranes. Tantôt la présentation du cordon précède la partie qui se présente, tantôt elle n'a lieu qu'après que le travail s'est déclaré, le plus souvent au moment de la rupture de la poche des eaux, et quelquefois plus ou moins de temps après.

Comme on le conçoit aisément, ce déplacement du cordon n'a aucune influence sur la marche du travail ; mais il fait courir au fœtus de grands dangers. Ce n'est pas un accident très fréquent : il n'arrive guère qu'une fois sur cent soixante-dix. Un relevé de 90,983 accouchements, dressé par M. Churchill, en offre 322 cas.

On doit considérer comme prédisposition à la procidence du cordon sa longueur, une grande quantité de liquide amniotique, les grossesses doubles, la petitesse du fœtus, l'insertion du placenta dans le voisinage de l'orifice de la matrice, les vices de conformation du bassin, les obliquités de l'utérus, les présentations irrégulières, les présentations du tronc et de l'extrémité pelvienne y exposent plus que la présentation de la tête. La procidence du cordon se lie aussi comme effet ou comme simple coïncidence à celle des mains, des pieds au-dessous de la partie qui se présente. Dans les 41 cas de chute du cordon observés par Mme Lachapelle, 34 appartiennent exclusivement au cordon, 5 au cordon et aux membres thoraciques, 2 aux membres inférieurs descendus au-dessus de la tête. Sur 97 cas de chute du cordon observés par M. Collins, 53 se rapportent à des présentations simples du sommet, 7 à des enfants morts et putréfiés, 3 à des accouchements avant terme, 12 à des grossesses doubles, 9 à la présentation des pieds, 2 à celle du siège, 4 à celle de l'épaule, 7 à la chute de la main à côté de la tête.

Il n'y a, à proprement parler, chute du cordon qu'après la division de l'œuf; c'est le flot de liquide qui en s'échappant l'entraîne le plus ordinairement. Il peut arriver cependant, lorsque l'eau de l'amnios s'échappe peu à peu ou que les deux bouts opposés sont maintenus, qu'il se déplace pour laisser avancer la région qui se présente. On doit distinguer à la procidence du cordon trois degrés; car, malgré la différence qu'elle présente avant et après la rupture de la poche des eaux, on ne doit pas moins considérer la présence d'une portion du cordon dans la poche des eaux comme un premier degré de procidence, que quelques accoucheurs ont désigné par le nom de présentation du cordon. Après la rupture des membranes, la présence du cordon dans le vagin et à l'extérieur constitue les deux autres degrés ou la chute proprement dite. Tantôt l'anse est rapprochée et ses deux bouts sortent de l'utérus par le même point; tantôt, ce qui est moins commun, ils sont séparés par la partie qui se présente, qu'elle embrasse ou non, suivant qu'elle a plus ou moins d'étendue. Elle descend le plus souvent au-devant de l'une des symphyses sacro-iliaques ou derrière l'une des éminences iléo-pectinées.

Lorsqu'une anse de cordon pend dans le vagin ou à l'extérieur, le diagnostic est si facile, qu'il devient superflu d'y insister. Mais il n'en est pas de même lorsqu'elle reste cachée sur les côtés de la partie qui se présente ou qu'elle repose dans la poche des eaux; on peut la méconnaître jusqu'au dernier moment, ou bien éprouver la sensation d'une partie peu volumineuse qui se déplace facilement, qu'on peut prendre pour un appendice de l'un des membres. Il importe beaucoup, même dans les présentations qui paraissent simples, de porter aussi haut que possible le doigt au pourtour de la partie qui s'engage, et dans les cas où l'on rencontre une partie étrangère, de s'assurer d'une manière positive de sa nature. Il peut arriver, pendant l'intervalle des douleurs, que la poche soit assez flasque pour qu'on puisse saisir le cordon et le reconnaître aisément à sa forme noueuse et à ses autres caractères. Mais il suffit de le toucher à travers les membranes pour sentir ses pulsations dont la fréquence est caractéristique, et les fait distinguer de celles qui ont quelquefois leur siège dans les bords de l'orifice utérin, qui, en se tuméfiant, donnent la sensation d'un cordon rénitent. Le cas le plus propre à induire en erreur serait celui où une branche d'un cordon dispersé correspondrait à la poche des eaux. Un peu d'attention suffit pour empêcher de prendre pour le cordon un épaississement des membranes, des plis de la partie qui se présente ; il ne faut pas oublier, soit qu'on veuille préciser le diagnostic, soit qu'on veuille s'assurer si le fœtus est mort ou vivant, que les battements cessent le plus souvent pendant les contractions, et qu'il peut y avoir une suspension de quelques minutes sans que l'enfant ait cessé de vivre. Il faut aussi se rappeler qu'un cordon flétri, mou, verdâtre, froid, n'est pas un signe certain de la mort du fœtus.

En examinant les suites fâcheuses de la procidence du cordon pour le fœtus, on doit se demander si, avant le début du travail, une anse du cordon placée au-dessous de la région qui se présente à l'orifice de la matrice, peut être suffisamment comprimée pour amener une gêne de la circulation capable de le faire périr. Quelques cas de mort rapide, survenus sans cause appréciable dans les derniers temps de la grossesse, semblent pouvoir le faire supposer ; bien que la différence peu considérable entre la pesanteur spécifique du fœtus et du liquide amniotique doive éloigner de cette idée ; d'autant mieux que pendant le travail, mais avant la rupture des membranes et l'écoulement du liquide amniotique, la mort due à la présentation du cordon paraît assez rare. Il ne faudrait cependant pas croire qu'il est toujours à l'abri de dangers ; on le voit déjà quelquefois rendre son méconium et même avoir cessé d'exister au moment où l'œuf se divise. En effet, lorsque le segment inférieur de l'utérus, rempli par la partie qui se présente, est situé profondément dans l'excavation pelvienne, comme cela arrive souvent dans la présentation du crâne, la compression du cordon sur les côtés de la tête, à l'entrée du bassin, peut à la longue amener la mort sans interrompre complétement la circulation. Un effet analogue peut être produit dans les cas où il n'y a qu'une petite quantité de liquide amniotique, et qu'il ne s'en trouve pas entre la tête et les membranes. Néanmoins, dans la majorité des cas, quoique la tête ou le siége ne puisse s'avancer avec le cordon à travers le canal pelvien sans lui faire éprouver un commencement de compression, toutefois, tant que l'œuf est entier, le fœtus paraît peu souffrir, quoique déjà, cependant, les battements se suspendent souvent pendant les contractions. Mais il n'en est plus de même après la rupture de la poche et l'écoulement d'une partie du liquide amniotique : la gêne de la circulation devient de plus en plus considérable à mesure que la tête ou le siège est poussé dans les portions les moins spacieuses du canal pelvien. Les effets de la compression sont plus marqués, et elle est plus promptement funeste lorsque le cordon correspond en avant que lorsqu'il est situé en arrière, où se trouvent plus d'espace et de parties molles. Sa forme et l'enduit visqueux des surfaces avec lesquelles il est en contact font qu'il est ordinairement repoussé vers le point où la compression est moins forte, et on le trouve rarement à une extrémité des diamètres les plus étendus de la partie qui se présente, mais presque toujours sur ses côtés au niveau des diamètres les plus petits ou vers le point du bassin où il reste le plus de vide. Mais pendant tout le temps que la tête ou le tronc traverse le détroit inférieur et la vulve, la compression est tellement forte et soutenue que la mort du fœtus est presque inévitable, si ce temps de l'accouchement ne s'accomplit pas avec rapidité. Les battements, s'ils n'ont déjà cessé, s'affaiblissent de plus en plus dans l'intervalle des douleurs, et disparaissent bientôt tout-à-fait. Mais il n'est pas rare qu'ils se soutiennent sans trouble sensible, excepté pendant les efforts, jusqu'à la fin du travail, et que le fœtus soit expulsé vivant. Les circonstances qui favorisent cette terminaison heureuse sont la persistance de la poche des eaux, non seulement jusqu'après la dilatation complète de l'orifice utérin, mais encore pendant une partie de la période d'expulsion, un travail soutenu vers la fin, l'ampleur du bassin ou un enfant petit, des accouchements antérieurs, une position favorable de la portion du cordon qui s'est échappée de l'orifice de la matrice, et une résistance médiocre du périnée et de la vulve, afin qu'il s'écoule peu de temps entre l'écoulement du liquide amniotique et l'expulsion du fœtus. C'est probablement sans fondement qu'on attribue une influence fâcheuse à l'action de l'air sur la circulation dans le cordon, lorsque la plus grande partie est sortie de l'utérus; on peut admettre que ses parois n'étant plus soutenues comme lorsqu'il est à sa place, le sang tend à stagner dans ses vaisseaux, et que cette cause se joint à la compression, pour faire de la chute du cordon un accident si grave.

Cette gravité et la fréquence de l'insuffisance des moyens auxquels on peut avoir recours, ne sont réellement que trop confirmées par les faits. Sur le relevé de 355 cas de prolapsus du cordon, que nous avons cité plus haut, la mort du fœtus en a été 220 fois la suite. Clarke n'a obtenu que 17 enfants vivants sur 66, et M. Collins 24 sur 97. Sur les 44 cas recueillis par Mme Lachapelle, 8 fois seulement les conséquences ont été funestes. Faut-il attribuer cette différence à des accidents fortuits et à ce que les secours de l'art ont été plus souvent réclamés tardivement d'une part que de l'autre, ou bien à un diagnostic plus précis, à une intervention de l'art plus rationnelle et plus opportune ? On conçoit toute l'importance d'agir à propos et de la manière la plus sûre pour un accident qui peut déterminer la mort en quelques instants.

Lorsque le fœtus est mort, la chute du cordon n'est l'objet d'aucune indication. Dans le cas contraire, on doit, le plus tôt possible, le soustraire aux conséquences de la compression.

Avant la rupture des membranes on fera tenir la femme couchée sur le dos, la siège élevé; on lui recommandera d'éviter les mouvements brusques, les efforts; l'accoucheur lui-même, pour reconnaître la partie qui se présente avec le cordon, procédera au toucher avec beaucoup de ménagement, afin de conserver le plus longtemps possible intacte la poche des eaux.

Lorsque l'on rencontre ces cas dont nous avons déterminé les conditions, dans lesquels le travail marche avec une grande rapidité et où le fœtus court moins de dangers, on peut s'abstenir d'intervenir, sans négliger toutefois de repousser l'anse par l'endroit où elle est tombée, qu'elle apparaisse au dehors ou non, et de la soutenir entre les parois du bassin et le côté de la tête, jusqu'à ce que celle-ci soit descendue assez profondément pour que le cordon reste en place sans d'autre appui.

Lorsqu'on croit pouvoir adopter cette conduite, il faut en quelque sorte explorer d'une manière continue le cordon pour renoncer à l'expectation dès que les pulsations s'affaiblissent dans l'intervalle des contractions.

Mais à part les cas où le travail marche avec une extrême rapidité, on s'exposerait à voir périr presque constamment l'enfant si l'on abandonnait l'accouchement aux seules ressources de la nature. On remédie à la chute du cordon tantôt en le reportant dans la cavité utérine, tantôt en terminant artificiellement l'accouchement par le forceps ou la version. L'indication de réduire le cordon doit être préférée lorsque cette manœuvre est praticable, sans de trop grandes difficultés et que le travail est exempt de complications. Il est des cas où la réduction est plus particulièrement indiquée : ce sont ceux où le volume du fœtus, le peu d'ampleur du bassin, la résistance du périnée, l'étroitesse de la vulve, mettent dans la nécessité d'employer un temps assez long pour extraire l'enfant. Il en est de même de l'élévation de la tête, des positions où l'application du forceps est difficile et irrégulière, à moins qu'après avoir porté la main dans la matrice, on ne préfère pratiquer la version, soit parce que le cordon tend à retomber, soit par la crainte de difficultés ultérieures.

Les difficultés qui s'opposent assez souvent à la réduction ont jeté, dans l'esprit de beaucoup de praticiens, de la défaveur sur cette opération. Portal, Delamotte, ont préféré la version du fœtus ; Baudelocque semble approuver la défiance de ces auteurs. Boër, regardant à tort la réduction du cordon dans la matrice comme impossible dans presque tous les cas, l'a comparée au travail des Danaïdes. L'expérience s'est prononcée contre ces exagérations ; madame Lachapelle, dont l'esprit éminemment pratique était peu disposé à se prêter à des indications inapplicables, assure avoir obtenu de la réduction des succès trop nombreux pour partager ces préventions; et les résultats qu'elle cite à l'appui justifient pleinement son opinion.

La main, lorsqu'on peut facilement la porter dans la cavité utérine, paraît le moyen le plus sûr de réduire le cordon au-dessus de la tête, ou des hanches quand l'extrémité pelvienne se présente. Excepté dans les cas où une portion peu considérable du cordon tend à s'échapper par l'orifice utérin, avec la partie qui se présente, on ne réussira pas à le réduire avec l'extrémité des doigts, ni même à le tenir en place, quelque patience qu'on y apporte. Lorsqu'on rencontre des difficultés, on pourrait peut-être les surmonter assez souvent avec quelques uns des instrumets proposés, tels qu'une tige surmontée d'une éponge ou d'un anneau interrompu sur une partie de sa circonférence, une pince dont les mors, arrondis en anneau, s'ouvrent et se ferment au moyen d'une gaîne.

Le moyen proposé par M. Dudan est préférable, parce qu'il paraît atteindre parfaitement le but qu'on se propose, et qu'il n'exige pas d'instruments particuliers. On embrasse le cordon dans une anse assez grande, formée par un ruban étroit, noué par les deux bouts ; on engage une petite partie du ruban dans l'œil d'une sonde en gomme élastique assez grosse, et l'on pousse ensuite le mandrin jusqu'au bout de la sonde pour l'y fixer. On retire isolément le mandrin d'abord, puis la sonde, et le ruban est abandonné dans la cavité utérine avec le cordon ombilical. Les difficultés de la réduction du cordon proviennent moins des obstacles que l'on rencontre à le porter dans la cavité utérine que de sa tendance à retomber aussitôt que la main où l'instrument l'abandonne : aussi faut-il le repousser au-dessus du détroit supérieur et le maintenir en place jusqu'à ce que de nouvelles douleurs aient fait descendre la partie qui se présente. On peut, s'il montre une grande tendance à retomber, chercher à le passer entre un bras et le tronc ou entre les membres inférieurs.

Lorsque la réduction du cordon est trop difficile ou impraticable, ou qu'il retombe sans cesse, tant que ses artères battent vivement, il n'est pas nécessaire de précipiter la terminaison de l'accouchement : mais il faut le maintenir dans le vagin, au niveau des échancrures sciatiques, pendant que l'extrémité qui se présente approche du détroit inférieur. Lorsqu'il descend en arrière, sans sortir au dehors, ou qu'il peut être maintenu vers les symphyses sacro-iliaques, il peut, au témoignage de Boër, de Baudelocque, etc., y séjourner assez longtemps sans dangers pour l'enfant. On comprend, en effet, que le détroit supérieur et la cavité pelvienne offrent, relativement à la tête du fœtus, assez d'ampleur pour ne point gêner la circulation fœto-placentaire ; mais il ne faut pas ajouter une confiance trop grande à ces considérations. Dans les présentations du sommet, c'est à l'application du forceps qu'on doit avoir recours, dès que les pulsations commencent à s'affaiblir ; si la tête reste très élevée, qu'elle se présente mal ou par la face, de manière à faire craindre des difficultés pour l'application du forceps, on donnerait la préférence à la version. Dans la présentation de l'extrémité pelvienne, on aide à la prompte sortie du fœtus en tirant sur les membres inférieurs ; s'il fallait introduire la main dans la matrice pour les dégager, on y reporterait en même temps le cordon. Dans les présentations du tronc, il n'y a en quelque sorte rien à changer aux indications qui y sont relatives ; on fait la version au moment opportun, en ayant le soin, comme on doit le faire d'ailleurs toutes les fois qu'on a recours à cette opération pour la chute du cordon, de le réduire en portant la main dans la matrice.

III. Brièveté et entortillement du cordon ombilical. — La brièveté du cordon est, dans quelques cas, une cause de difficultés de l'expulsion et d'accidents pour la mère et l'enfant, qu'il importe de bien apprécier. Nous avons dit, t. I, p. 268, que le cordon pouvait n'avoir que quelques centimètres de long et même ne former qu'un rétrécissement circulaire entre l'ombilic du fœtus et la masse placentaire ; mais la brièveté anormale portée au point de mettre obstacle à l'expulsion du fœtus est extrêmement rare. En est-il de même de la brièveté accidentelle qui résulte de son entortillement autour du fœtus ? Rien n'est plus fréquent que ces circulaires autour du cou, du tronc, des membres ou de plusieurs de ces parties en même temps, qui sont d'autant plus communes et plus nombreuses qu'il est plus long. D'après M. Guillemot elles se rencontrent environ une fois sur cinq. Cependant elles raccourcissent rarement le cordon au point de mettre obstacle à l'accouchement ou de causer des accidents particuliers. Dans les autres cas, loin d'être nuisible, l'entortillement du cordon est avantageux, surtout lorsqu'il est très long, en prévenant sa chute à travers l'orifice utérin. Le sillon formé entre la tête et les épaules, ainsi que les anfractuosités qui résultent du pelotonnement du fœtus, concourent, après l'écoulement du liquide amniotique, à garantir le cordon contre la rétraction de l'utérus. On conçoit aisément qu'il ne faille pas au cordon une longueur bien considérable pour permettre l'expulsion du fœtus. L'œuf entier pouvant dilater l'orifice de la matrice, un cordon de longueur moyenne peut faire une ou deux circulaires autour du cou, sans qu'il en résulte pour l'accouchement ni retard ni inconvénient. Il est difficile d'admettre que la brièveté du cordon, quelque grande qu'elle soit, puisse mettre obstacle à l'accouchement, avant la rupture des membranes. Après l'écoulement du liquide amniotique, le retour de l'utérus rapproche le placenta de l'orifice utérin, et ce rapprochement continue à mesure qu'une portion du fœtus est expulsée hors de l'utérus. Le cordon était si court, sans que l'expulsion ait été entravée, dans un cas rapporté par Leroux, qu'après l'accouchement l'ombilic du fœtus resta fixé contre la vulve jusqu'au décollement du placenta. On ne peut guère considérer la répulsion du fœtus après chaque contraction comme le signe d'un obstacle apporté par le peu de longueur du cordon ; elle est généralement due à l'élasticité des parties molles, et on l'observe assez souvent chez les primipares avant que la tête réagisse contre le périnée et la vulve ; dans ce dernier temps du travail, elle se montre toujours d'une manière plus ou moins marquée. On aurait tort, cependant, parce qu'on a longtemps mal interprété ce fait, de soutenir, avec Baudelocque, qu'un cordon trop court ne peut jamais nuire à l'accouchement. Parmi les faits rapportés par les auteurs, il en est un petit nombre qui ne laissent aucun doute.

Avant la rupture des membranes, il est à peu près impossible que la brièveté du cordon, soit naturelle, soit accidentelle, trouble le travail et devienne une cause de dangers pour le fœtus. Mais après la rupture des membranes et l'écoulement d'une partie du liquide amniotique, suivant le degré de brièveté du cordon, et suivant que l'insertion du placenta est plus ou moins élevée, l'extrémité de l'ovoïde fœtal qui s'avance, est retenue dans le canal pelvien ou seulement après sa sortie à l'extérieur. On a supposé avec assez de vraisemblance qu'une fois le mouvement de progression arrêté, la partie s'avance pendant la douleur et remonte aussitôt après. Mais cette particularité n'a pas même été notée dans les cas authentiques d'obstacle réel dû à la brièveté du cordon. Néanmoins, si ce phénomène se montrait d'une manière très marquée avant que la partie qui s'avance réagisse avec force contre le périnée, et qu'il y eût en même temps écoulement d'une petite quantité de sang après chaque contraction, on serait autorisé, par des raisons assez plausibles, à admettre le tiraillement du cordon. On a encore indiqué, mais sans l'avoir bien constaté, comme signe du tiraillement du cordon, une douleur éprouvée par la mère, au moment de l'effort, dans le point de l'insertion du placenta; douleur qui rendait la contraction moins tranchée et moins énergique; à la difficulté de l'expulsion s'ajouterait un trouble dans l'action dynamique de l'utérus. Mais malgré ces signes, ou plutôt parce qu'ils sont obscurs ou qu'ils manquent, je le répète, le tiraillement du cordon; souvent supposé lorsqu'il n'existe pas, est presque constamment méconnu lorsqu'il est réel, à moins que les doigts, portés plus ou moins haut dans la matrice, ne rencontrent le cordon fortement serré autour du cou ou très tendu à son origine ombilicale, ou passé entre les cuisses du fœtus dans les présentations de l'extrémité pelvienne.

Après la sortie de la tête, si le raccourcissement du cordon provient de son entortillement autour du cou, son degré de tension peut indiquer la part qu'il a au retard de l'expulsion. Même dans ce cas on se fait souvent illusion : il n'est pas de médecins qui ayant fait quelques accouchements, à qui il ne soit arrivé de voir le tronc expulsé au moment où, après avoir inutilement tenté de relâcher le cordon, il allait le couper. Après la sortie plus ou moins complète du siège dans les présentations de l'extrémité pelvienne, le doigt peut facilement constater si le cordon est tendu à son origine ombilicale.

C'est principalement dans les cas d'entortillement du cordon autour du cou et après la sortie de la tête qu'on a constaté d'une manière certaine la réalité de cet obstacle et les dangers qu'il peut entraîner pour l'enfant. Il existe plusieurs observations où le tronc, paraissant retenu par les épaules depuis deux ou trois heures, a été brusquement expulsé, immédiatement après la section du cordon. J'ai vu moi-même un cas de ce genre; la portion de cordon qui entourait le cou était aplatie en forme de ruban assez mince. En supposant même qu'il ne se fasse ni décollement du placenta ni rupture du cordon, il faudrait une brièveté excessive pour que l'expulsion fût absolument impossible. L'orifice utérin, déjà plus bas qu'on ne le suppose généralement, peut s'abaisser encore davantage sous l'influence des efforts d'expulsion des muscles volontaires, et le point sur lequel s'insère le placenta s'en rapproche à mesure qu'une nouvelle partie du fœtus sort de l'utérus. Lorsque la brièveté résulte de l'entortillement du cordon autour du cou, si la tête et les épaules peuvent sortir, elles s'appliquent sur les côtés de la vulve pendant que le reste du tronc sort en se courbant. Dans la brièveté naturelle, si la déplétion partielle, l'abaissement de l'utérus, peuvent permettre à la région ombilicale de s'approcher de la vulve, le siège peut se dégager par un mouvement en arc de cercle. Dans la présentation de l'extrémité pelvienne, les hanches, poussées hors de la vulve, sont relevées et maintenues rapprochées des parties génitales, pendant que le reste du tronc descend en s'infléchissant à mesure qu'il sort. Ce qui vient d'être dit fait comprendre comment l'expulsion a pu avoir lieu, dans les cas où le cordon était tellement court, que l'abdomen du fœtus est resté appliqué contre la vulve après son expulsion.

Jusqu'à présent nous n'avons envisagé les effets de la brièveté du cordon que dans ses conséquences par rapport à l'expulsion du fœtus; mais elle en a plusieurs autres qui offrent toutes de la gravité. Lorsqu'elle résulte de l'entortillement du cordon autour du cou ou autour d'autres parties, la constriction peut bien vite devenir assez forte pour gêner et même intercepter complètement la circulation fœto-placentaire. On a supposé que la constriction exercée autour du cou pouvait être assez grande pour interrompre la circulation dans les gros vaisseaux de cette région. Sans doute qu'elle peut gêner le retour du sang veineux; mais la circulation du cordon serait interrompue bien avant que la vie du fœtus pût être menacée de cette manière.

Nous avons déjà parlé, t. I, p 440, des effets singuliers des constrictions lentes et prolongées qui entraînent l'atrophie et même la séparation des parties comprimées.

Le tiraillement du cordon peut amener le décollement du placenta et une hémorrhagie grave. C'est de cette manière que l'obstacle à l'expulsion a été levé dans quelques cas; le fœtus a été expulsé en entraînant le placenta. Au premier abord, en se rappelant la faiblesse des adhérences qui unissent le placenta à l'utérus, on est surpris que cela n'arrive pas constamment; mais si on réfléchit que le fœtus forme un ovoïde régulier sur lequel l'utérus est exactement appliqué après l'écoulement des eaux, on comprendra que pendant la contraction le placenta est fortement soutenu par une région du fœtus, et que la traction porte sur le cordon seulement; mais s'il reste une certaine quantité d'eau au fond de l'utérus, ou si le placenta correspond à une portion irrégulière de l'ovoïde fœtal, son décollement sera rendu extrêmement facile. Il est très vraisemblable que quelques unes des hémorrhagies qui surviennent dans les derniers temps du travail dépendent de cette cause; on a vu, dans quelques uns des cas où l'on avait pu constater le tiraillement du cordon, un flot de sang s'échapper immédiatement après la sortie de la tête, des épaules, etc.

La traction sur le cordon peut être portée assez loin pour déterminer sa rupture. Dans un cas rapporté par M. Rigby, après deux ou trois heures de douleurs violentes, le fœtus fut tout-à-coup expulsé; le cordon s'était rompu à cinq centimètres de l'ombilic. C'est là seule manière de donner une explication satisfaisante des observations de Delamotte, Levret, Baudelocque, qui ont constaté des hémorrhagies coïncidant avec la rupture du cordon survenue pendant le travail.

L'inversion de l'utérus est un autre accident, qui peut être le résultat du défaut de largeur du cordon, et qui a été constaté par plusieurs faits.

Les moyens de prévenir les accidents qui peuvent être le résultat de la brièveté naturelle ou accidentelle du cordon sont souvent d'une application difficile, rendue encore plus précaire par l'incertitude du diagnostic. Supposons d'abord le cas le plus commun et le plus facile, celui où des circulaires autour du cou retiennent le fœtus lorsque la tête a franchi la vulve. Après avoir essayé d'abord de relâcher les circulaires du cordon pour le faire passer sur la tête ou glisser sur les épaules, on doit se hâter de le couper et d'entraîner l'enfant, sans craindre de laisser un peu saigner le bout fœtal.

Lorsque la tête est retenue dans l'excavation pelvienne, qu'on en soupçonne la cause ou non, on est conduit à avoir recours à l'application du forceps, mais probablement après que le fœtus a cessé de vivre, si la brièveté résulte de l'entortillement du cordon. En amenant la tête hors de la vulve on s'expose à décoller le placenta, à rompre le cordon, à produire l'inversion d'une portion de l'utérus; mais ces accidents n'auront pas de suites fâcheuses, si on coupe le cordon aussitôt qu'on le peut, pour extraire promptement le fœtus.

Dans la supposition que la tête puisse être retenue au-dessus du détroit supérieur, on pratiquerait la rupture des membranes ; puis, si elle restait élevée après l'évacuation du liquide amniotique, et qu'aux symptômes précités on eût lieu de soupçonner que l'obstacle à la progression dépend de la brièveté du cordon, on aurait recours à la version, que l'élévation de la tête ferait le plus souvent préférer à l'application du forceps, et on couperait le cordon aussitôt qu'on aurait amené la région ombilicale à la vulve.

Lorsque le fœtus se présente par l'extrémité pelvienne, et que la brièveté dépend de circulaires à l'origine des cuisses, il est facile de les relâcher ou d'en faire la section; dans le cas contraire, il serait possible d'amener la région ombilicale à la vulve pour opérer la section du cordon et d'extraire promptement le fœtus s'il est encore vivant. Dans la présentation du tronc on serait averti de la brièveté du cordon, au moment où l'on chercherait à former une anse en tirant sur son extrémité placentaire, et on y remédierait comme dans le cas précédent. Après l'expulsion ou l'extraction du fœtus, il faut remédier promptement aux conséquences du décollement prématuré du placenta.

IV. PROCIDENCE D'UN OU DE PLUSIEURS MEMBRES A CÔTÉ DE LA PARTIE QUI SE PRÉSENTE. — Il ne s'agit point de la sortie du bras dans les présentations du tronc, ni de l'extension des membres inférieurs dans celles de l'extrémité pelvienne ; ces procidences, qui diffèrent essentiellement de celles que nous étudions ici, sont la conséquence, en quelque sorte naturelle, de ces présentations, et ne doivent point en être séparées. Mais il n'en est plus de même lorsque les membres, à raison de leur peu de volume et de leur mobilité, perdent leurs rapports naturels et viennent accidentellement à glisser isolément ou simultanément à côté de la partie qui se présente et constituer une présentation complexe. Il peut en résulter les combinaisons suivantes, qui ne se rencontrent pas avec une fréquence égale : 1° procidence de l'une ou des deux mains à côté de la tête ; 2° à côté des fesses ; 3° procidence de l'un ou des deux pieds à côté de la tête ; 4° procidence simultanée d'une main et d'un pied ou des deux mains et des deux pieds. La présentation simultanée de la tête et d'une main est assez commune, mais les autres variétés sont rares.

Les circonstances qui prédisposent le plus à ces procidences sont une grande quantité de liquide amniotique, la petitesse du fœtus, l'irrégularité de la présentation : aussi les avons-nous déjà indiquées comme compliquant assez souvent la procidence du cordon. Elles peuvent exister au début du travail ou se manifester pendant la première période ou seulement au moment de la rupture des membranes lorsqu'un flot de liquide s'échappe au dehors. Il est extrêmement rare qu'un membre perde ses rapports et descende spontanément pendant la période d'expulsion, après l'écoulement du liquide amniotique ; cela paraît cependant arriver quelquefois pour la main ; mais il est très probable qu'elle était déjà déplacée avant l'évacuation des eaux, et que son élévation ou une exploration superficielle a empêché qu'elle fût reconnue. Mais ce qui n'arrive pas spontanément peut être l'effet de l'intervention du médecin ; il est arrivé plusieurs fois qu'en croyant dégager les pieds on a dégagé la main; qu'après avoir fait avancer un pied sous la tête, il a été impossible d'achever la version.

La procidence du membre peut être plus ou moins complète : tantôt la main ou le pied reste sur le côté de la tête, tantôt ils s'avancent au-dessous ; la main, par exemple, peut descendre assez pour que l'avant-bras, et même le bras, se trouve sur les côtés de la tête : les pieds, à moins de tractions, restent toujours assez rapprochés de la tête. Dans les présentations de l'extrémité pelvienne, la main et même le poignet peuvent être complétement libres au-dessous du siége ou rester sur les côtés du pelvis.

Le diagnostic de ces présentations complexes est plus ou moins difficile, suivant que les parties restent plus ou moins élevées ; car il ne s'agit pas seulement de reconnaître le membre, mais encore la partie avec laquelle il se présente, afin de ne pas les confondre avec les présentations du tronc, avec celles de l'extrémité pelvienne, dans lesquelles les membres sont dégagés. Après la rupture des membranes, lorsque la tête s'est engagée dans le bassin, que la main ou le pied est au-dessous, il est difficile de commettre une erreur ; mais si l'extrémité terminale du membre reste appliquée sur les côtés de la tête sans s'avancer au-dessous, elle peut échapper facilement au doigt explorateur. Il est arrivé plusieurs fois qu'on n'a reconnu la procidence de la main qu'après l'expulsion ou l'extraction de la tête.

L'élévation de la partie principale, l'intégrité de la poche, rendent souvent le diagnostic fort difficile, soit qu'il s'agisse de distinguer les unes des autres les parties mobiles (mains, pieds) qui se déplacent devant le doigt, soit qu'il s'agisse de reconnaître la région du fœtus qui est située au-dessus ; d'autant plus que l'examen doit être fait avec beaucoup de ménagement, afin de ne pas déterminer la rupture des membranes ; mais aussitôt après, s'il est resté des doutes, il faut se hâter de les lever par une exploration rigoureuse.

Lorsque l'un des membres supérieurs ou inférieurs où les deux isolés ou réunis sont descendus dans la poche des eaux à côté de la partie qui se présente, deux cas différents peuvent s'offrir à l'observation après la division de l'œuf.

1.° Au lieu de descendre davantage, ils remontent ou restent en place, et disparaissent à mesure que la tête descend. Le nombre des parties n'est pas un obstacle à leur ascension ; on a plusieurs fois vu les deux mains et les deux pieds dans la poche des eaux remonter au-dessus de la tête par les progrès du travail ; j'ai observé moi-même un cas semblable. Les pieds ont beaucoup plus de tendance à remonter que les mains, et ils remontent le plus souvent, quelquefois même, assez longtemps après la rupture des membranes, lorsqu'on n'a pas exercé de traction sur eux.

2° Au lieu de remonter, le membre ou les membres engagés avec la partie qui se présente, descendent davantage ou restent sur ses côtés, à la même place, que l'engagement et l'expulsion spontanée puissent avoir lieu ou non. Lorsqu'il n'y a qu'un seul bras descendu, soit avec la tête, soit avec le siège, il n'oppose pas, en général, d'obstacles sérieux à l'expulsion, qui s'opère, le plus souvent, par les seuls efforts maternels, lorsque le fœtus et le bassin ont leurs dimensions ordinaires et que la résistance du périnée ou de la vulve n'offre rien d'insolite. Lorsque les deux bras sont descendus, l'expulsion spontanée est encore rigoureusement possible ; mais, pour qu'elle n'exigeât pas l'intervention de l'art, il faudrait, soit du côté de la mère, soit du côté de l'enfant, des conditions très favorables à l'expulsion.

La présence d'un pied et d'une main, des deux pieds et même d'un seul au-dessous de la tête, si la réduction n'a pas lieu, apporterait le plus souvent un obstacle sérieux, soit à l'engagement dans le détroit supérieur, soit à l'expulsion, qui peut encore s'opérer spontanément, s'il n'existe aucune autre condition défavorable ; mais, dans le cas contraire, s'il ne peut être repoussé, on doit s'attendre à rencontrer de grandes difficultés. Dans un cas observé par M. Cazeaux, la procidence du pied gauche, irréductible, coïncidait avec la présentation incomplète de la face en position mento-sacro-iliaque gauche ; mais la présentation de la face n'était pas la seule circonstance défavorable ; il y avait encore un notable rétrécissement du diamètre sacro-pubien du bassin, qui n'avait pas empêché l'expulsion spontanée dans six accouchements antérieurs ; quatre avec présentation du vertex, dans lesquels les enfants nés vivants moururent quelques jours après, un excepté qui vécut quelques mois ; deux avec présentation de l'extrémité pelvienne, dans lesquels les enfants furent expulsés morts ; dans un septième le fœtus se présenta par l'épaule avec issue du bras ; sa mort et les difficultés de la version conduisirent à pratiquer l'embryotomie. Dans la huitième, la face, qui se présentait avec le pied, de la manière indiquée plus haut, était encore peu engagée dans le détroit supérieur, trente-deux heures après l'écoulement des eaux ; l'utérus était fortement rétracté ; il fut impossible, soit de refouler le pied au-dessus de la tête, soit de le faire descendre. Quoiqu'on parvînt à appliquer le forceps sur les côtés de la tête, il fut également impossible de la faire descendre ; il fallut, pour opérer la délivrance, faire la perforation du crâne et appliquer le forceps céphalotribe.

Lorsqu'on reconnaît, avant la rupture des membranes, la procidence d'un membre à côté de la partie qui se présente, on doit faire coucher la femme horizontalement, afin de favoriser la réduction spontanée de la partie qui fait procidence et d'empêcher l'évacuation complète du liquide amniotique. Après la rupture de la poche des eaux, il faut se hâter de tenter la réduction, qui est pendant assez longtemps possible, lorsqu'il reste une certaine quantité de liquide amniotique dans la matrice ; on soutient le membre pendant les contractions, afin qu'il ne descende pas davantage ; dans l'intervalle on le repousse avec précaution sur les côtés de la partie qui se présente ; on se sert de la main droite, s'il correspond au côté gauche du bassin, et de la gauche, s'il correspond au côté droit. On réussira le plus souvent à le faire remonter, si le fœtus conserve un peu de mobilité ; dans le cas contraire, les efforts les plus persévérants sont le plus souvent vains. Mais en continuant à soutenir le membre, il peut encore arriver que la partie qui se présente passe au-dessous, tandis qu'il reste dans la partie la plus spacieuse du bassin.

Lorsque la réduction est impossible, la conduite à tenir varie suivant les circonstances. Si la tête est descendue dans l'excavation et que l'expulsion spontanée se fasse trop longtemps attendre, ce qui est rare dans le cas de procidence d'une seule main, il faut appliquer le forceps en évitant de saisir la main, qui a été cependant saisie plusieurs fois, dans les cas où la procidence avait été méconnue, sans fracturer le membre et même sans le contondre d'une manière dangereuse. La procidence des deux bras, d'un seul pied, d'un bras et d'un pied, etc., qui ne serait pas opposée à l'engagement de la tête dans l'excavation du bassin, n'opposerait des difficultés insurmontables à l'extraction de la tête à l'aide du forceps que dans le cas où le détroit inférieur serait resserré. Si, dans la présentation de l'extrémité pelvienne, la présence des membres supérieurs étendus sur les côtés du tronc s'opposait à l'expulsion, on aurait recours aux moyens ordinaires de faire avancer le siége.

Si la tête reste au-dessus du détroit supérieur, ce qui doit arriver le plus souvent lorsque la procidence est complexe, et même lorsqu'elle n'est constituée que par un seul pied, l'impossibilité de la réduction annonce presque toujours que le liquide amniotique est complétement évacué et que l'utérus est plus ou moins rétracté sur le corps du fœtus. Néanmoins l'élévation de la tête conduit ordinairement à tenter d'abord la version plutôt que l'application du forceps. En tirant soit avec la main, soit avec un lacs sur le pied qui fait procidence, et en repoussant en même temps la tête, on peut réussir à déterminer l'évolution ; mais elle peut être tellement difficile, qu'on arracherait plutôt le pied, et elle devient alors impossible, si on ne parvient pas à écarter un peu la tête et à saisir les deux jambes. Si la présentation est régulière et la position favorable, et qu'on parvienne à bien appliquer le forceps, on réussira presque toujours à faire descendre la tête. On ne serait guère forcé à avoir recours à l'embryotomie que dans les cas où le bassin est étroit ou le fœtus très gros, et dans ceux où la position est défectueuse et la présentation irrégulière, ce qui équivaut à un premier degré de rétrécissement du bassin lorsqu'elles ne sont pas rectifiées par les progrès du travail.

V. JUMEAUX ISOLÉS. — La parturition de jumeaux si les autres conditions sont normales de part et d'autre, rentre ordinairement par sa terminaison, t. I, p. 613, et ses indications, p. 654, dans la classe des accouchements naturels ; ce n'est qu'exceptionnellement qu'elle devient par elle-même une cause de dystocie, et c'est sous ce dernier rapport qu'il reste à la considérer. Je rappellerai seulement qu'elle expose davantage à un travail long et fatigant par la faiblesse et la lenteur des contractions utérines, à aider l'expulsion du second enfant lorsqu'elle traîne en longueur, pour abréger les fatigues de la femme, aux pertes sanguines avant et après la délivrance, aux présentations du tronc, au retard de l'expulsion de la tête lorsque le premier enfant s'est présenté par l'extrémité pelvienne, et que le périnée ou la vulve offre quelque résistance.

Lorsque le travail se suspend, après l'expulsion du premier enfant, au-delà du temps ordinaire, s'il n'existe aucune complication, il ne faut pas apporter trop d'empressement à terminer artificiellement l'accouchement ; on doit d'abord réveiller l'action de l'utérus par des frictions abdominales, par l'administration du seigle ergoté, par la rupture de la poche des eaux, afin d'éviter les inconvénients de la déplétion trop brusque de l'utérus, pendant qu'il est à l'état de repos.

Mais si le travail se suspend après l'accouchement d'un premier fœtus abortif ou d'une viabilité douteuse, on peut espérer la continuation de la grossesse pour le second ; on évitera donc d'exciter les contractions utérines et de rompre les membranes, surtout si le délivre du premier fœtus a été expulsé. Dans le cas contraire, la conduite à tenir peut devenir très embarrassante, car la femme reste exposée à l'hémorrhagie et aux autres accidents dus au décollement et à la rétention du placenta. Cependant, dans plusieurs des cas où la grossesse du second enfant a continué plus ou moins longtemps et même jusqu'à son terme, les annexes du premier fœtus expulsé sont restées dans la cavité utérine jusqu'à l'expulsion du second. En effet, tant que le placenta reste adhérent, l'hémorrhagie utérine, la putréfaction du placenta ne sont pas à craindre. Ainsi, on peut attendre, même dans ce cas, mais en exerçant une grande surveillance, afin de provoquer, comme il a été dit ci-dessus, l'expulsion du second fœtus, si des accidents se déclarent.

Ce sont principalement les obstacles que s'opposent réciproquement les fœtus multiples que nous nous proposons de faire connaître ici. Lorsque les deux œufs se divisent à leur extrémité inférieure, ou que les jumeaux sont contenus dans une même cavité amniotique, ils peuvent tendre à s'engager simultanément. S'ils se présentent tous les deux par la tête, le volume et la forme des parties amènent ordinairement, sous l'influence de l'action de l'utérus, un déplacement qui permet à l'un des fœtus de s'engager, tandis que l'autre reste dans la cavité utérine, au-dessus du détroit supérieur. Dans un cas semblable on devrait seconder ou déterminer ce déplacement en repoussant et en soutenant la tête plus élevée ou plus mobile, jusqu'à ce que l'autre soit engagée. Il n'est pas absolument impossible que les deux têtes s'engagent et soient expulsées ensemble ; le forceps serait essayé ; puis, s'il était insuffisant, il faudrait recourir à la craniotomie.

C'est surtout lorsque l'un des enfants se présente par la tête et l'autre par les pieds qu'on observe leur engagement simultané et qu'on s'est trouvé dans l'impossibilité de repousser celui qui devait être expulsé le dernier. Lorsque la tête de l'un est descendue dans le bassin à côté des pieds de l'autre, ou que ceux-ci y ont glissé à côté de celle-là, on peut encore, à cause de la petitesse probable des fœtus, conserver l'espoir d'une expulsion spontanée ou d'entraîner la tête avec le forceps.

Mais le fœtus dont les pieds se sont engagés peut être descendu assez bas pour que les deux têtes opposées soient rapprochées l'une de l'autre, et même engagées dans le bassin. On ne peut guère, dans ce cas, avoir l'espoir de conserver la vie du fœtus dont le tronc est au dehors; l'application du forceps sur la tête du second peut être tout-à-fait impossible; il reste la perforation du crâne, mais il ne faut pas se presser d'agir. Dans un cas publié par Allan, les deux têtes furent expulsées par une forte douleur. Il propose de faire la section du cou du fœtus dont le tronc est sorti, ce qui rendrait l'expulsion du second enfant plus facile, soit par les forces maternelles, soit à l'aide du forceps.

Dans un cas rapporté par Clough, la tête du second enfant sortit la première. Eneaux a réussi à terminer un accouchement semblable en appliquant le forceps sur la première tête descendue. Dans un cas observé par madame Lachapelle, le premier fœtus, se présentant dans une position inclinée de l'extrémité pelvienne, fut facilement entraîné avec la main, jusqu'à ce que la tête eût pénétré dans le bassin où elle rencontra une résistance que les doigts introduits dans la bouche ne pouvaient parvenir à vaincre. En cherchant quel était l'obstacle qui l'arrêtait ainsi, elle rompit les membranes d'un second enfant; la tête de celui-ci se trouva inférieure à celle du premier, en sorte que l'excavation était occupée à la fois par la tête du second et par le cou du premier. Les deux têtes étaient peu volumineuses, et les enfants furent extraits ensemble; mais le premier, trop comprimé, ne survécut pas à l'extraction; le second vivait, mais il mourut peu de temps après sa naissance, moins parce qu'il avait souffert que parce qu'il était naturellement faible.

Les extrémités pelviennes des deux fœtus peuvent s'engager simultanément, comme Plesseman en cite un exemple. Un pied de chacun peut être amené au dehors, si on ne s'assure pas d'avance qu'ils appartiennent tous les deux au même fœtus lorsqu'il y a nécessité de pratiquer la version ou d'exercer des tractions sur l'extrémité pelvienne. Après avoir reconnu auquel des fœtus appartient chaque membre, on cherchera à repousser ceux qui appartiennent au fœtus le moins engagé, ce qui ne peut avoir lieu que dans le cas où il reste une assez grande quantité de liquide amniotique dans l'utérus; mais en les soutenant on pourra prévenir l'engagement des deux troncs.

Il peut encore résulter d'autres obstacles des rapports variés de deux fœtus dans la cavité utérine. J'en ai observé un exemple fort remarquable à la maison d'accouchement de Paris, dans le courant de l'année 1838. Une femme qui y fut apportée presque mourante succomba quelques heures après son entrée. La sage-femme qui l'accompagnait dit qu'elle était enceinte pour la neuvième fois, que tous ses accouchements avaient été longs mais naturels, et que, dans ce dernier, elle souffrait depuis neuf jours, et que les eaux étaient écoulées depuis trois, que le forceps avait été appliqué sans succès. La tête, profondément engagée dans l'excavation pelvienne, écartait déjà les lèvres de la vulve. Mais cette femme étant dans un état désespéré, et la mort du fœtus étant certaine, on ne fit aucune tentative pour la délivrer. A l'ouverture du cadavre, on trouva deux fœtus dans la cavité utérine ; les deux œufs étaient divisés et ne renfermaient plus de liquide amniotique. Le fœtus dont la tête plongeait dans l'excavation pelvienne était en position occipito-cotyloïdienne gauche et avait franchi l'orifice utérin. Le second était en position céphalo-latérale droite de l'épaule gauche, la tête reposait sur la fosse iliaque droite, et le devant du cou, situé au-dessous de l'épaule antérieure du premier fœtus, embrassait exactement son cou dans un demi-anneau ; l'épaule gauche appuyait sur le rebord gauche du bassin, et le tronc se relevait parallèlement à celui du premier dans le côté gauche de la matrice. D'ailleurs les fœtus étaient volumineux ; le premier pesait six livres et demie, le second sept et demie. Cette femme était forte et bien conformée ; son bassin avait des dimensions ordinaires. Lorsque des fœtus jumeaux s'opposent réciproquement, d'une manière ou d'une autre, à leur expulsion, si la tête de l'un n'a point encore franchi l'orifice de la matrice et n'est pas trop profondément engagée dans l'excavation pelvienne, on trouvera dans la version de l'un ou de l'autre un moyen souvent efficace de lever l'obstacle, car il suffit pour cela de changer leurs rapports dans la cavité utérine. En pratiquant la version on devra apporter le plus grand soin à ne pas confondre les membres, pour ne pas tirer en même temps sur les deux fœtus.

VI. Jumeaux adhérents. — La réunion des deux fœtus, t. i, p. 284, s'est présentée à l'observation avec des nuances extrêmement variées, que nous n'avons à faire connaître que dans les limites où il peut en résulter un obstacle à la parturition. Tantôt ils sont unis par un point très limité de la tête, du tronc ou du bassin, tantôt par une surface plus étendue, mais sans tendre à se confondre ; tantôt l'union est plus complète, et ils tendent à une véritable fusion ; l'on voit deux têtes pour un seul tronc avec deux ou quatre membres thoraciques, plus rarement une seule tête pour deux troncs.

Rien pendant la grossesse ne peut faire soupçonner si les fœtus sont libres ou adhérents ; il en est généralement de même pendant le travail, avant la rupture des membranes. Néanmoins, si l'on sent deux poches, ou si les eaux s'écoulent en deux fois bien distinctes, il n'y a pas lieu à croire à l'existence de fœtus adhérents; il en est de même lorsque l'un des fœtus présente la tête et l'autre l'extrémité pelvienne, car on n'a jamais observé l'accollement avec cette disposition. La présence d'une seule poche, l'écoulement du liquide amniotique en une seule fois, n'ont pas, comme présomption de l'adhérence des fœtus, une valeur bien grande ; lorsqu'il existe deux œufs, ils sont disposés de manière qu'on ne peut ordinairement en sentir qu'un à la fois, et ils peuvent se diviser simultanément à leur partie inférieure ; d'ailleurs l'amnios est quelquefois commun pour deux fœtus libres. On n'est guère averti de l'union des fœtus que lorsque les parties réunies s'offrent à la vue ou au toucher; ou bien lorsqu'on est conduit à porter la main dans la cavité utérine, soit pour reconnaître la nature de l'obstacle, soit pour terminer l'accouchement.

Un assez grand nombre de fœtus adhérents sont nés spontanément par les seules forces de l'organisme; ce qui se conçoit du reste aisément. Les fœtus adhérents sont généralement plus petits et naissent encore plus souvent prématurément ou morts et ramollis que les jumeaux isolés. Mais alors même qu'ils ont leur volume ordinaire, ils peuvent souvent être expulsés ou extraits plus ou moins facilement, suivant le siége et l'étendue de l'adhérence. Lorsqu'ils sont unis par le pelvis et qu'ils se présentent par la tête, il peut arriver qu'ils sortent à la suite l'un de l'autre sans difficulté : celui qui reste dans la matrice, tandis que la tête et le tronc de l'autre sortent, est bientôt entraîné par le siége comme s'ils étaient unis bout à bout. S'ils étaient adhérents par la tête et qu'ils se présentassent par l'extrémité pelvienne ou qu'on fût allé chercher les pieds de l'un, si le point adhérent était susceptible de quelque extension, la tête dont le tronc est sorti par les pieds entraînerait après elle, par le mécanisme même, la tête de celui qui est encore tout entier dans la matrice.

Mais l'expulsion spontanée n'est plus aussi facile, quoique les faits prouvent qu'elle soit loin d'être impossible dans tous les cas, lorsqu'au lieu de sortir à la suite l'un de l'autre, ils sont forcés de sortir en même temps et dans une situation plus ou moins exactement parallèle, soit qu'ils adhèrent par la tête, le bassin ou par un point intermédiaire et qu'ils se correspondent côte à côte, dos à dos, ventre à ventre, soit qu'il y ait deux têtes pour un seul tronc. Dans le cas où l'adhérence est à quelque distance de la tête, les fœtus conservent à l'égard l'un de l'autre une assez grande mobilité. S'ils présentent la tête, celle qui est avant, ordi-

T. II.   12

nairement plus abaissée, occupe en grande partie l'entrée du bassin ; et pendant qu'elle est poussée dans l'excavation pelvienne, l'autre est maintenue relevée au-dessus du détroit supérieur, qui, devenu en partie libre, lui permet de s'engager à son tour, à mesure que la première descend ; elles se dégagent successivement à la vulve, et les deux troncs sortent ensuite sans trop de difficulté. Dans les cas où l'adhérence a lieu par la tête, où qu'il y en a deux pour un tronc unique, les difficultés semblent devoir être plus grandes ; mais l'inclinaison du bassin et de l'utérus met déjà la tête qui est en avant dans une situation déclive par rapport à l'autre ; et pour peu que le point adhérent soit susceptible d'allongement, elles pourront encore s'engager et descendre à la suite l'une de l'autre, comme il vient d'être dit. Dans la présentation de l'extrémité pelvienne, après la sortie des deux troncs ou du tronc unique, la tête qui est en arrière, abaissée par l'inflexion du tronc dans le canal pelvien, s'engage et parcourt le bassin la première, pendant que l'autre est retenue au-dessus des pubis.

Lorsqu'une seule tête porte deux troncs, l'expulsion ne rencontrerait de difficultés sérieuses que si elle était très volumineuse ; la souplesse des troncs permet ordinairement de les entraîner ensemble.

Je le répète, le volume peu considérable de ces fœtus monstrueux amoindrit ordinairement les difficultés qui résultent de leur adhérence ; mais ce n'est pas moins une chose digne de remarque que leur expulsion puisse avoir lieu assez souvent sans plus de difficultés que dans les accouchements ordinaires. Il convient donc de laisser le travail marcher naturellement, tant qu'il ne présente pas de dangers pour la mère ; d'ailleurs l'ignorance dans laquelle on se trouve le plus souvent, pendant longtemps, sur la cause qui s'oppose à l'accouchement, conduit ordinairement à une expectation assez prolongée.

Lorsque l'expulsion est entravée, on peut souvent espérer de terminer artificiellement l'accouchement sans rencontrer de très grandes difficultés. Si les deux têtes se présentent, en appliquant le forceps sur celle qui est le plus engagée, on peut forcer celle qui est en arrière, et qui la retient, à s'avancer ; si elles restent au-dessus du détroit supérieur et qu'elles se fassent réciproquement obstacle, on aura recours à la version, d'autant mieux qu'elle peut rendre l'extraction plus facile, et permettre, s'il était nécessaire, de détruire l'adhérence quand elle porte sur le tronc. Dans un cas de fœtus bicéphale, Peu repoussa la tête qui descendait la première, alla à la recherche des pieds, et dégagea ensuite les deux têtes sans trop de peine. Lorsque le fœtus double s'est présenté par le pelvis, ou qu'on l'a ramené dans cette direction par la version dans les présentations de la tête et du tronc, on dirige les tractions de manière à faire engager la tête qui est en arrière, la première, ce qu'on peut obtenir en relevant le tronc vers les pubis à mesure qu'il sort; si cela ne suffit pas, on cherchera à l'abaisser avec la main ou avec le forceps.

Mais la terminaison de l'accouchement est loin d'être toujours aussi heureuse que nous l'avons supposé jusqu'à présent; plusieurs faits attestent que les efforts de la nature et que les moyens indiqués ci-dessus sont impuissants dans quelques cas. L'embryotomie devient le seul moyen auquel on puisse avoir recours. En supposant même que le fœtus monstrueux n'ait pas succombé par la longueur du travail ou par le fait des tentatives d'extractions, j'aime à penser que les auteurs qui ont proposé l'opération césarienne n'oseraient pas se décider à la pratiquer, en réfléchissant que, malgré les pulsations cardiaques, la viabilité des fœtus peut être déjà compromise par la longueur du travail, et surtout par l'état de monstruosité des fœtus, bien qu'il soit démontré par des exemples authentiques et vulgaires que de pareils enfants ont pu vivre sept, huit, dix, vingt ans et plus encore. On a rarement à porter l'instrument tranchant sur les troncs, car il est presque toujours possible de leur faire parcourir le canal pelvien sans mutilation. Dans la présentation du crâne, l'indication de séparer l'une des têtes de son tronc est plus facile à poser qu'à remplir: aussi est-ce à la perforation du crâne, à l'écrasement de la tête la plus engagée, qu'on devra avoir recours. Lorsque les troncs sont dehors, on peut être dans la nécessité d'en retrancher un, pour pouvoir agir convenablement sur les têtes avec le perforateur et le forceps céphalotribe.

VII. Hydrocéphalie. — Quoique la plus fréquente des hydropisies qui affectent le fœtus, l'hydrocéphalie est cependant assez rare, puisque sur 40,555 accouchements, madame Lachapelle ne l'a rencontrée que 15 fois. Mais on ne doit pas considérer ce nombre comme le rapport exact de fréquence de l'hydrocéphalie congéniale, car elle existe assez souvent sans que le volume et la forme de la tête soient manifestement altérés, comme MM. Breschet et Baron ont eu assez souvent l'occasion de l'observer, à l'hospice des Enfants-Trouvés, sur des nouveaux-nés, morts peu de jours après leur admission; elle est même quelquefois plus petite. Il ne doit pas être ici question de ces infiltrations du cuir chevelu, sans hydrocéphalie interne, quelquefois considérables, coïncidant avec un état semblable du reste du corps, qu'on rencontre chez quelques fœtus qui naissent pétrifiés ; ce n'est pas qu'elles ne puissent rendre l'accouchement plus long et plus difficile, lorsque le fœtus, près de son terme, est en outre très volumineux.

Les fœtus hydrocéphales sont ordinairement maigres et peu développés ; ils meurent assez souvent dans l'utérus, ou naissent avant terme ; les os du crâne, surtout lorsque la tête a augmenté de volume, sont minces, et leur ossification est moins avancée, ce qui rend encore plus prononcé l'écartement des os, au niveau des sutures et des fontanelles. Dans ses degrés extrêmes la tête du fœtus peut égaler et même surpasser le volume de celle d'un adulte. Dans un cas observé par Wrisberg, elle avait 84 centimètres de circonférence et 27 de long. Meckel lui a trouvé, dans un autre cas, un diamètre transversal de 43 centimètres et un contour vertical, mené par le vertex et le tronc occipital, de 40 centimètres ; M. Burns a mesuré une tête hydrocéphale de 59 centimètres de circonférence.

Dans la présentation du crâne on reconnaît une tête hydrocéphale à une tumeur volumineuse, fluctuante, sur laquelle on rencontre des portions osseuses séparées par des sutures et des fontanelles extrêmement larges. L'élévation de la tête rend ordinairement le diagnostic assez difficile ; lorsque le doigt ne peut atteindre que la portion membraneuse, elle lui fait éprouver la même sensation que la poche des eaux ; dans les deux cas, la tumeur se tend pendant la contraction et se relâche dans l'intervalle. Nous avons cité, t. I, p. 576, deux cas de cette méprise ; nous avons également décrit, p. 294, des têtes de fœtus sains ou affectés de spina-bifida où l'ossification peu avancée laissait des fontanelles et des commissures étendues, ou des espaces non ossifiés sur les os larges. La rénitence de la matière cérébrale peut donner une sensation qui a quelque analogie avec la fluctuation. Si cette erreur était commise et que le travail fût entravé, elle pourrait avoir les conséquences les plus fâcheuses. La tête d'un fœtus mort, lorsque l'infiltration et la macération sont très prononcées, peut simuler l'hydrocéphalie ; mais les os tendent à se renverser les uns sur les autres, et offrent des bords saillants et des surfaces irrégulières ; d'ailleurs l'erreur serait peu dangereuse. Dans la présentation de la face, si le front n'avait pas subi des modifications très marquées, la persistance de l'élévation de la tête pourrait être attribuée à la présentation elle-même. Dans les présentations de l'extrémité pelvienne et du tronc, on n'est conduit à soupçonner l'existence de l'hydrocéphalie que lorsque la tête est retenue au détroit supérieur ou dans l'excavation ; et comme elle peut l'être par plusieurs causes, on peut rester dans le doute si les doigts ne peuvent pas atteindre une surface assez étendue du crâne.

Pour que l'hydrocéphalie mette un obstacle insurmontable à l'accouchement, il faut que cette maladie ait acquis un assez grand développement. Le crâne, étant en partie membraneux et souvent incomplètement ossifié, s'allonge et se moule sur la cavité du bassin. On voit des fœtus, dont les diamètres de la tête sont plus étendus que ceux du bassin, être expulsés par les seuls efforts maternels. Il arrive quelquefois, surtout lorsque le fœtus est mort depuis quelque temps, que les enveloppes du cerveau et du crâne se déchirent.

Lorsque l'expulsion est entravée ou se prolonge trop longtemps, il faut d'abord tenter l'application du forceps; et si l'extraction est trop difficile ou impossible, on a recours à la ponction du crâne, avec le trocart ou le bistouri. On doit d'autant moins hésiter, que lorsque l'épanchement est porté à ce point, le fœtus n'est pas viable; il faut néanmoins éviter de faire de larges ouvertures qui sont sans utilité. Les hydrocéphales meurent presque tous soit dans le sein maternel, soit au moment ou peu de temps après la naissance; néanmoins l'hydrocéphalie congéniale n'emporte pas toujours avec elle l'idée de la fin prochaine de l'individu; quelques uns ont vécu, même assez longtemps. Après l'écoulement du liquide, le crâne s'affaisse assez pour qu'on puisse abandonner l'expulsion aux forces de la nature, à moins que la femme ne soit déjà épuisée ou prise d'accidents qui exigent une prompte terminaison de l'accouchement.

Dans les présentations de l'extrémité pelvienne et du tronc, si on ne réussissait pas à faire descendre la tête par les moyens ordinaires, ces tentatives conduiraient à reconnaître l'hydrocéphalie et à pratiquer la ponction du crâne, qui rendrait l'expulsion ou l'extraction facile. L'hydrocéphalie est loin d'offrir autant de dangers et autant de difficultés pour l'accouchement que les rétrécissements du bassin.

VIII. Hydrothorax et ascite. — Si l'on fait abstraction des épanchements séro-sanguinolents qu'on trouve dans la poitrine, dans l'abdomen et dans le tissu cellulaire des fœtus putrifiés et macérés, mais qui ne sont jamais assez considérables pour empêcher l'accouchement, on peut dire que les hydropisies des plèvres et du péritoine sont extrêmement rares : il faut d'ailleurs qu'elles aient acquis un très grand développement pour qu'elles puissent mettre obstacle à l'expulsion du fœtus. Mieux encore qu'une tête hydrocéphale, la poitrine ou l'abdomen développé par un épanchement, s'allonge et prête à la forme des passages sous l'influence des efforts d'expulsion ; le liquide peut d'ailleurs éluder l'obstacle, en descendant à mesure qu'on fait avancer au dehors une portion du tronc correspondant à la tumeur. Dans un cas cité par Peu, le ventre se rompit pendant le travail. On ne reconnaît l'existence de ces hydropisies que lorsque le fœtus est expulsé, ou bien lorsque la poitrine ou l'abdomen développé est arrêté au passage ; on peut alors, par la vue, et mieux encore par le toucher, constater la nature de l'obstacle. Si des tractions faites sous les aisselles, ou sur l'extrémité pelvienne, suivant que la tête ou le pelvis se présente, étaient insuffisantes pour surmonter ce genre d'obstacle, il faudrait avoir recours à la ponction. La nécessité en est démontrée par plusieurs faits. Dans un cas où l'on avait arraché la tête du fœtus sans pouvoir l'extraire, Mauriceau perça l'abdomen et termina sans difficulté l'accouchement. La ponction était sans doute indispensable dans le cas où MM. Petit et Mangin ont retiré environ quinze litres de sérosité de la cavité abdominale. La ponction se fait avec un trocart droit ou courbe ; les difficultés de l'opération ne doivent pas être très grandes, soit qu'il faille porter l'instrument sur la cavité de la poitrine ou de l'abdomen ; le lieu d'élection est le point de la tumeur amené au dehors ou le plus facile à atteindre ; elle a été pratiquée dans un cas sur le scrotum. Si, aux épanchements intérieurs, aux infiltrations séreuses du tissu cellulaire des fœtus macérés, la putréfaction ajoutait le développement d'une grande quantité de gaz, il pourrait réellement en résulter un obstacle sérieux à l'expulsion. Merriman cite deux cas dans lesquels la rupture du vagin fut la conséquence de tractions violentes sur le tronc, énormément distendu par des gaz putrides ; les deux femmes moururent en quelques heures. Des ponctions eussent sans doute prévenu ces ruptures du vagin.

IX. Tumeurs, lésions diverses. — Les reins, par leur dégénérescence hydatique et hydatiliforme, avec ou sans vice de conformation des uretères et de l'urètre, peuvent acquérir un volume assez considérable pour gêner la parturition. M. Bouchacourt a rassemblé sept observations de ces lésions avec augmentation considérable du volume du rein malade. Si le développement du ventre provenant de cette cause s'opposait à l'expulsion du fœtus, on croirait d'abord à l'existence d'une ascite, et on serait conduit à faire une ponction ; mais il pourrait arriver qu'elle ne produisît pas un dégorgement suffisant, et qu'il fallût inciser la paroi abdominale pour extraire la tumeur.

Les tumeurs développées à la surface du fœtus, pour opposer un obstacle sérieux à son expulsion, doivent avoir un volume assez considérable, ou être placées sur un point de la circonférence de la tête. Des enfants portant des tumeurs charnues ou liquides au cou, à la région lombaire, etc., grosses comme une tête de fœtus, sont nés naturellement.

Lorsqu'elles ont leur siège sur le cou ou sur un point du tronc peu éloigné de la tête, l'expulsion spontanée a la plus grande analogie avec celle des fœtus bicéphales. Suivant leurs rapports avec l'entrée du bassin, tantôt c'est la tête, tantôt c'est la tumeur qui s'avance la première. Dans quelques cas ces tumeurs ont apporté un obstacle réel à la sortie du fœtus; comme elles se prêtent peu à des considérations générales, je me bornerai à faire connaître quelques uns de ces cas, qui serviront à poser les indications. On a vu le spina bifida à base large, arrêter le tronc du fœtus et nécessiter la ponction. Peu rapporte qu'une tumeur deux fois grosse comme la tête, bien que située à la partie inférieure de la région sacrée, rendit l'accouchement fort difficile. Un kyste très volumineux, situé dans l'épaisseur des parois du ventre, qui s'opposait à la sortie du fœtus, nécessita la ponction. M. Ozanam a rencontré, au-devant des pubis, une tumeur qui contenait environ douze peintes d'eau, et qui ne permit l'expulsion du fœtus qu'après s'être rompue. Un enfant qui portait une énorme hydro-sarcocèle ne put être expulsé qu'après la ponction. Ainsi, lorsqu'une tumeur développée sur le fœtus met obstacle à son expulsion, le forceps, les tractions sur l'extrémité pelvienne, suivant qu'il se présente par la tête ou le pelvis ou le tronc, seraient d'abord essayées; puis, si l'extraction était impossible et qu'une portion de la tumeur fût accessible, l'obstacle serait promptement levé par la ponction si elle était formée par du liquide. Mais si elle était solide, à moins d'être portée par un pédicule, son extirpation offrirait de grandes difficultés, et ferait courir les plus grands dangers au fœtus, dont l'existence, au reste, est ordinairement plus ou moins prochainement compromise par le seul fait du développement d'une tumeur aussi volumineuse.

L'anencéphalie avec spina bifida de la totalité ou de la plus grande partie du rachis, peut rendre l'expulsion spontanée difficile et même impossible, quoique l'enfant soit peu volumineux et la tête fort petite. Cette difficulté tient à la soudure de la tête sur le tronc, de sorte que le fœtus forme une masse peu flexible qui se prête mal aux mouvements nécessaires à son expulsion. Dans un fait rapporté par M. Nivert, le fœtus offrait une gibbosité solide et saillante, retenue au-dessus des pubis; le forceps fut essayé sans succès; l'on vida le crâne et l'on ne parvint qu'à l'aide du crochet aigu et des tractions les plus fortes à extraire le tronc. Dans un cas observé par M. Busch, les articulations des membres étaient ankylosées dans l'attitude ordinaire du fœtus dans la matrice; le forceps fut appliqué ; après l'extraction de la tête, le tronc ne put être expulsé à l'aide de tractions modérées; des tractions plus énergiques firent avancer la partie supérieure du tronc, en produisant un craquement ; mais la partie inférieure fut encore arrêtée, et comme l'enfant était mort, on tira sans ménagement : le reste du tronc s'avança avec un nouveau craquement. Ce double obstacle était formé par les cuisses et les bras, dont les os furent fracturés par les tractions.

Dans les cas extrêmement rares où le fœtus a contracté des adhérences avec les membranes ou le placenta, s'il en résultait un obstacle à l'accouchement, la cause serait méconnue ; mais, si les adhérences résistaient aux efforts d'expulsion, le forceps, les tractions sur l'extrémité pelvienne, s'il était nécessaire d'agir, en détermineraient la rupture.

SECTION III. — **Dystocie par vices de conformation du bassin et états morbides divers de la mère préexistant à la grossesse ou au travail de l'accouchement.**

I. DE L'ACCOUCHEMENT DANS LE CAS DE RÉTRÉCISSEMENT DU BASSIN. — Relativement à la parturition, on dit que le bassin est vicieusement conformé lorsque, s'écartant de l'état normal, il peut exercer sur la marche de cette fonction une influence telle, qu'il en résulte danger ou préjudice pour la mère et pour l'enfant. Ayant déjà apprécié l'influence de l'excès d'ampleur du bassin sur la marche du travail, il nous reste à étudier les accouchements rendus difficiles, dangereux ou impraticables par son étroitesse. Le bassin peut être trop étroit d'une manière uniforme, c'est-à-dire dans toutes ses parties ; ou d'une manière inégale, c'est-à-dire dans certains sens seulement. Les vices de conformation du bassin appartenant la plupart à des états stationnaires et ayant des formes déterminées, en les décrivant à la suite du bassin à l'état normal, nous avons déjà indiqué, pour chaque variété, sous forme de corollaires, les conséquences que la forme, le siège et le degré du rétrécissement exercent sur la marche de l'accouchement; quoique ce soit ce dernier qui décide en définitive de la possibilité ou de l'impossibilité de l'expulsion du fœtus, il n'est pas moins important de reconnaître le siége et la forme de la viciation. L'excès et le défaut d'inclinaison, isolés de toute autre viciation du bassin, ne paraissant pas avoir sur la parturition l'influence fâcheuse que quelques auteurs leur ont attribuée, je m'en tiendrai aux considérations pratiques émises en traitant de ces deux états, t. I, p. 64. Nous avons également indiqué les procédés divers à l'aide desquels on peut arriver à établir de la manière la plus rigoureuse possible le diagnostic des vices de conformation du bassin. J'ai omis de parler du pelvimètre de M. Van Huevel, qui paraît avoir des avantages réels, même sur celui de M. Wellenberght, t. I, p. 84, dont il n'est, au reste, qu'une modification. D'autres moyens de diagnostic, importants pour la conduite à tenir, sont ceux qui découlent des phénomènes et de la marche du travail.

Les rétrécissements du bassin, considérés dans leurs rapports avec l'accouchement, donnent lieu à deux ordres de considérations, les unes relatives à l'influence qu'ils exercent sur sa marche, ses phénomènes et sa terminaison ; les autres relatives aux indications qu'ils réclament lorsque les ressources de l'organisme sont insuffisantes. Aux suites plus ou moins fâcheuses qui peuvent être la conséquence des rétrécissements du bassin, il faut encore ajouter celles qui résultent souvent des moyens employés pour terminer l'accouchement.

L'étendue moyenne des diamètres des différents points d'un bassin bien conformé est très sensiblement plus considérable que celle des diamètres de la tête lorsqu'elle se présente régulièrement. Il en résulte que le bassin peut subir sur un point ou sur sa totalité une notable diminution dans sa capacité, avant que l'expulsion du fœtus devienne impossible. Tant que le diamètre le plus rétréci conserve au moins 94 millimètres (3 pouces 1/2), on peut généralement, toutes les autres conditions étant normales, espérer que l'expulsion du fœtus sera spontanée, ou qu'on pourra opérer son extraction en s'aidant des moyens ordinaires (forceps, main) suivant qu'il se présente par la tête ou le pelvis. Mais le rétrécissement peut être porté plus loin sans mettre nécessairement obstacle à la sortie du fœtus. Des faits nombreux attestent que des femmes ont accouché naturellement ou par les moyens artificiels ordinaires d'enfants vivants, le diamètre du bassin le plus rétréci n'ayant que 87 millimètres (3 pouces 3 lignes), 84 millimètres (3 pouces). Et pour embrasser les faits exceptionnels et rares, nous ajouterons que l'expulsion de fœtus vivants a pu s'effectuer à 74 millimètres (2 pouces 9 lignes), à 67 millimètres

(2 pouces 1/2). Boër assure qu'une tête de volume ordinaire, mais molle, a pu franchir un détroit supérieur de 2 pouces 8 lignes, dans son diamètre sacro-pubien, et que l'enfant est né vivant. Dans deux cas cités par Baudelocque, l'un observé par Solayrès, l'autre par lui-même, la tête s'était allongée au point que son grand diamètre avait 8 pouces moins 2 lignes; celui qui passe d'une protubérance pariétale à l'autre s'était réduit à 2 pouces 6 lignes. Les bassins n'avaient que 2 pouces 1/2; les enfants étaient nés vivants, et dès le lendemain la déformation de la tête avait en grande partie disparu. D'autres accoucheurs ont observé des faits semblables. Ainsi, comme on vient de le voir pour les rétrécissements du bassin, comme pour la plupart des autres causes de dystocie, c'est par des transitions difficiles à fixer *à priori*, variables suivant les cas, dans des limites assez étendues, que les conditions de l'accouchement spontané ou aidé par les moyens ordinaires, s'affaiblissent par degré, et disparaissent d'une manière absolue. S'il importe de bien connaître les ressources de l'organisme jusque dans leurs dernières limites, il y aurait de graves inconvénients à se les exagérer : aussi dois-je me hâter d'ajouter qu'un accouchement heureux d'un enfant à terme avec un notable rétrécissement du bassin suppose le concours de plusieurs circonstances favorables. En admettant que, dans tous les cas, l'action de l'utérus ait toute l'énergie, toute la persistance qu'on peut naturellement en attendre, si la tête est volumineuse, bien ossifiée, la disproportion existera beaucoup plus tôt et pourra rendre l'accouchement excessivement laborieux dans les premiers degrés du rétrécissement. Il le sera encore davantage si le fœtus, quoique de grosseur moyenne, se présente d'une manière irrégulière ou par la face ou dans une position qui exige un mouvement de rotation étendu; le redressement les mouvements mécaniques, l'engagement de la face, qui dans les conditions ordinaires s'opèrent généralement avec facilité, sont le plus souvent entravés dans les cas de rétrécissement ou de déformation du bassin. Le même enfant qui aurait pu être expulsé spontanément, ou extrait sans de trop grandes difficultés à l'aide du forceps, dans une position favorable et régulière du vertex, pourra exiger, dans les cas mentionnés, ou s'il y a procidence de la main, qu'on diminue le volume de la tête ou qu'on agrandisse le bassin. Dans la présentation du pelvis, à ne considérer que l'expulsion en elle-même, les difficultés ne sont pas plus grandes que si la tête s'était avancée la première; mais comme elle ne peut être retenue quelque temps dans le bassin, sans que la vie du fœtus soit compromise, elle ne peut pas, comme dans la présentation du vertex, profiter des avantages

d'une réduction lente ; puis le redressement de la tête, des bras, vient souvent ajouter encore à l'obstacle formé par le bassin ; enfin l'élévation de la tête, excepté dans les cas beaucoup moins fréquents de rétrécissement du détroit inférieur, rend plus difficile l'application des moyens artificiels d'extraction. On voit de suite combien les rétrécissements du bassin, qui ne s'opposent pas d'une manière absolue à l'expulsion de la tête, augmentent pour l'enfant les dangers inhérents à l'accouchement par le pelvis.

Nous allons maintenant apprécier sommairement les principales causes générales et exceptionnelles qui favorisent l'expulsion dans les cas de rétrécissement du bassin, et qui lui permettent quelquefois de s'effectuer dans des conditions où elle peut être regardée comme inespérée. Nous n'avons pas à nous arrêter sur la différence de volume du corps à expulser : tout le monde sait que le nombre des enfants à terme qui naissent très petits est assez considérable. L'accouchement prématuré, auquel d'ailleurs les vices de conformation prédisposent, n'est nullement rare ; dans ce cas, au volume médiocre de la tête s'ajoutent une plus grande souplesse et une étendue moindre de l'enveloppe osseuse.

Le ramollissement et l'écartement des symphyses, qui ne sont pas assez marqués pour agrandir d'une manière sensible la capacité du bassin, peuvent être portés assez loin exceptionnellement et plus souvent, dans le cas de rétrécissement du bassin, que dans les conditions ordinaires. On conçoit, comme l'a indiqué Deventer, que si les os du bassin sont mobiles, les deux iliaques puissent glisser simultanément en avant, de manière à agrandir le diamètre sacro-pubien. Madame Lachapelle fait observer que, dans ce glissement de surface articulaire, l'un des os iliaques peut s'avancer au niveau de l'angle sacro-vertébral, tandis que l'autre recule plus ou moins ; il suit de là que l'un des diamètres obliques du détroit supérieur, celui dans lequel se place le grand diamètre de la tête, est notablement agrandi, que le diamètre sacro-pubien l'est également, du moins d'un côté du bassin. Il y a des cas où la mobilité des os du bassin et l'écartement des pubis sont tels, qu'il en résulte un agrandissement aussi marqué que celui qu'on peut attendre de la symphyséotomie. M. Robert conserve un bassin vicié qui présente cette disposition.

Dans l'ostéomalaxie, la flexibilité des os peut exister au moment du travail, et permettre la sortie du fœtus avec un bassin très rétréci (t. 1, p. 60).

Le siége et la forme du rétrécissement peuvent en atténuer sensiblement les conséquences ; ainsi, dans le rétrécissement du diamètre sacro-pubien, que nous avons principalement en vue à cause de sa fréquence, l'angle sacro-vertébral peut être un peu déjeté à droite ou à gauche, de manière que la partie la moins volumineuse de la tête correspond à la partie la plus rétrécie, et la plus volumineuse à celle qui l'est le moins. Il se passe même quelque chose d'analogue lorsque le promontoire et les pubis conservent leurs rapports : que la tête soit placée obliquement ou transversalement, ce n'est pas le diamètre bi-pariétal qui correspond au point le plus rétréci, mais un diamètre qui se rapproche beaucoup du bi-temporal ; la bosse pariétale qui est en arrière correspond en dehors de l'angle sacro-vertébral, et celle qui est en avant en dehors des pubis, sur un point où le rétrécissement est déjà sensiblement moindre. La tête qui s'incline tend encore à éluder le rétrécissement, en présentant successivement au point le plus rétréci ses parties diamétralement opposées.

Les diamètres de la tête qui correspondent aux points rétrécis du bassin sont susceptibles d'une réduction sensible. Lorsque la compression s'exerce transversalement d'un côté à l'autre, les bords de la suture sagittale sont rapprochés ; il n'est pas rare de voir les pariétaux chevaucher par leurs bords supérieurs l'un sur l'autre ; on voit même quelquefois le crâne devenir de plus en plus saillant, et former un angle obtus dans la direction de la suture bipariétale. L'occipital et le frontal sont repoussés en dehors par la matière cérébrale comprimée, et ils s'écartent autant que le permettent les commissures occipito- et fronto-pariétales. Mais c'est toujours la tumeur œdémateuse qui donne en grande partie au crâne cette forme allongée. Si la tête est engagée dans le rétrécissement du bassin, de manière à être comprimée d'avant en arrière, les bords supérieurs du frontal et de l'occipital s'engagent sous les bords correspondants des pariétaux, et la commissure bi-pariétale est écartée et tendue. La réduction du crâne dans le sens du diamètre du bassin rétréci peut être portée assez loin ; mais il est impossible d'admettre d'une manière générale avec Denman qu'il puisse être réduit du tiers de son volume primitif. Elle est d'ailleurs très variable ; sur une tête bien ossifiée, à sutures serrées, les diamètres de la voûte du crâne ne peuvent être que très peu réduits ; si, au contraire, les sutures sont un peu écartées et que les os larges soient minces et flexibles, les diamètres de la voûte pourront être réduits à la longueur de ceux de la base ; à plus forte raison, si le fœtus mort a déjà éprouvé un commencement de ramollissement et de macération. C'est ce qu'Osborne a parfaitement éclairci par le raisonnement et par les faits ; mais il en a tiré, comme nous le verrons en traçant les indications, des conséquences exagérées et dangereuses pour la pratique. Mais cette réduction n'est que relative et n'a lieu qu'entre les points comprimés. La réduction absolue ne peut être qu'infiniment peu considérable : le cerveau remplit exactement la cavité du crâne, et la matière cérébrale n'est pas plus compressible que les corps liquides; il n'y a guère que le sang contenu dans les vaisseaux qui puisse être refoulé vers le tronc et permette une légère diminution de la tête.

La force avec laquelle l'utérus et les muscles abdominaux poussent la tête à travers le bassin rétréci, se manifeste quelquefois par des effets sur le crâne du fœtus encore plus remarquables. La dure-mère et le péricrâne peuvent être décollés au niveau des sutures par la force avec laquelle les os du crâne tendent à s'entre-croiser.

Les pariétaux, le frontal, portent quelquefois des dépressions profondes avec ou sans fractures. La dure-mère et le péricrâne peuvent se déchirer au niveau d'une suture et laisser la matière cérébrale s'épancher sous les os du crâne; les téguments peuvent céder à leur tour. A. Hamilton en cite dans ses lettres un exemple remarquable.

La tête, poussée à travers le bassin rétréci, peut-elle s'y *enclaver*? On dit qu'il y a *enclavement* de la tête, lorsqu'elle est retenue dans le cercle du bassin par deux points diamétralement opposés de sa circonférence, de manière à ne pouvoir ni être expulsé ou entraîné, ni repoussé au-dessus du détroit supérieur sans employer une force considérable. L'enclavement ne peut avoir lieu que dans le cas de rétrécissement du bassin ou de développement anormal du crâne par un épanchement hydrocéphalique. Dans les cas de bonne conformation du bassin et de la tête, si le crâne présentait exceptionnellement son plus grand diamètre au plus petit du bassin, l'obstacle serait éludé par une flexion plus prononcée ou par un mouvement de rotation. Mais il n'est pas rare de voir la tête arrêtée, pendant un temps indéterminé, au détroit supérieur, et surtout dans l'excavation et au détroit inférieur, par des causes que nous avons fait connaître aux sections précédentes, et de rencontrer assez souvent, en même temps, une grande fixité, au point qu'il est impossible ou au moins très difficile de la repousser, ce qui provient de l'écoulement complet du liquide amniotique et d'une forte rétraction de l'utérus sur le corps du fœtus. Ce sont des faits de ce genre mal interprétés qui ont grossi la liste des cas d'enclavement.

L'enclavement proprement dit doit être considéré comme un des effets possibles du rétrécissement du bassin. Mme Lachapelle ne nie pas qu'il puisse avoir lieu dans ce cas, mais on doit, d'après sa pratique, le regarder comme très rare; Baudelocque lui-même convient déjà que l'enclavement réel est peu commun. Il ne faut pas d'ailleurs prendre dans un sens trop absolu les termes de la définition : la difficulté de repousser la tête ne saurait être bien grande dans la plupart des cas sans la rétraction de la matrice, et celle de la faire avancer est souvent subordonnée à la persistance et à l'énergie des efforts d'expulsion. L'enclavement a lieu ordinairement d'un côté de la tête à l'autre. Si les extrémités du diamètre occipito-frontal se présentaient en même temps à l'un des diamètres du détroit supérieur rétréci, les efforts d'expulsion ne tarderaient pas à déranger cette situation ; si le crâne avançait, ce serait par l'abaissement de l'occiput, et l'enclavement ne pourrait avoir lieu qu'entre l'occipital et la portion du frontal située derrière les bosses frontales. Les points du bassin entre lesquels la tête peut s'enclaver sont l'angle sacro-vertébral d'une part, les pubis et leurs branches horizontales de l'autre. Dans le cas d'aplatissement transversal du bassin, il est douteux que la tête puisse réellement être enclavée dans la direction des diamètres obliques et transverse ; mais elle peut être serrée au point de simuler l'enclavement. Dans un bassin rétréci, sans être déformé, indépendamment de l'enclavement antéro-postérieur, la circonférence engagée dans le rétrécissement peut être comprimée par tous les points : non que je veuille dire, avec Rœderer, que, dans ce cas, la tête est tellement serrée de toute part, qu'on ne saurait y passer l'aiguille la plus fine, dans quelque endroit qu'on tente de le faire ; mais j'espère ne point tomber dans l'exagération en disant que, dans les points où la constriction est le moins forte, elle peut l'être encore assez pour qu'il soit impossible de faire passer entre la tête et le bassin la cuillère du forceps. L'enclavement véritable ne peut guère avoir lieu qu'au détroit supérieur, entre les points indiqués. Mais la tête peut être retenue et comme incarcérée dans l'excavation pelvienne, lorsque le rétrécissement porte en même temps sur le détroit supérieur et sur le détroit inférieur. Si le crâne présente une disproportion qui lui permette seulement de franchir le premier après une réduction sensible, en reprenant en partie son volume primitif dans l'excavation, il ne peut ni avancer ni être repoussée : dans un cas semblable, on fut forcé, après avoir pratiqué l'opération césarienne, d'avoir recours à la symphyséotomie pour retirer la tête. Cet état, qu'on rapproche de l'enclavement à titre de variété, en diffère cependant beaucoup.

Il faut, pour que l'enclavement puisse avoir lieu, un défaut de proportion entre le bassin et la tête, tel qu'elle puisse commencer à s'engager sans pouvoir complétement le franchir. La réductibilité du crâne, la flexibilité des os qui le composent permettent à la tête de s'avancer dans le bassin en se déprimant, jusqu'à ce que l'obstacle devienne insurmontable aux forces de l'organisme ou de l'art; et si elle s'avance dans le rétrécissement à peu de distance de la base, la partie du crâne qui fait saillie dans le vide du bassin peut reprendre son volume, de manière que la tête, sur le point enclavé, présente un rétrécissement qui tend à la fixer plus solidement et à rendre sa répulsion impossible.

La tête peut être enclavée à des degrés différents, et il n'est pas douteux que, dans quelques cas, des efforts énergiques et prolongés ne puissent triompher de l'obstacle. On se ferait une idée fausse de l'enclavement en supposant qu'il exclut toujours la possibilité de l'expulsion spontanée. La fixité et l'immobilité de la tête sont les caractères principaux de l'enclavement, et à l'aide desquels on cherche à le reconnaître; mais ils existent à des degrés différents dans beaucoup d'autres circonstances. La tête semble immobile lorsqu'elle traverse très lentement une partie du bassin rétréci ou non; elle est immobile lorsqu'elle est retenue au-dessus d'un obstacle et que l'utérus est fortement tendu sur le corps du fœtus. Dans ces cas et dans beaucoup d'autres, on ne peut souvent ni repousser la tête ni la déplacer, sans qu'elle soit enclavée. Cependant l'immobilité diffère assez dans les deux cas, pour qu'on puisse souvent distinguer ces deux états l'un de l'autre. Dans l'enclavement, la fixité est presque absolue; en repoussant la tête avec la main, on n'obtient pas de déplacement sensible; dans les autres cas, on ne déplace pas la tête relativement à l'utérus, mais on peut sensiblement soulever le tout en masse et déplacer un peu le fœtus et l'utérus par rapport au bassin. On a encore donné la tuméfaction des parties génitales comme un signe de l'enclavement; mais quoique le retour du sang veineux semble devoir être fort gêné, la tuméfaction peut se manifester sans enclavement et manquer lorsqu'il existe. D'ailleurs le doigt peut donner des éclaircissements exacts, faire reconnaître en outre le lieu où la tête est enclavée et corriger les erreurs que peuvent faire naître les changements qu'elle a éprouvés. En effet, elle peut être prise d'un côté à l'autre entre l'angle sacro-vertébral et les pubis, et cependant apparaître entre les lèvres et la vulve, lorsque, à la portion de crâne qui fait saillie dans l'excavation, s'ajoute une tumeur œdémateuse considérable.

Mais pour beaucoup d'accoucheurs toute difficulté ou interruption dans la marche du travail, provenant d'une disproportion entre le volume de la tête et l'étendue du bassin, est considérée comme autant de cas d'enclavement.

L'action des puissances expultrices n'est pas sensiblement modifiée par l'obstacle opposé par le bassin à l'expulsion du fœtus; cependant la dilatation de l'orifice utérin est généralement plus longue et plus difficile. Lorsque la partie qui se présente est poussée contre l'obstacle, les contractions sont d'abord assez faibles et assez lentes; mais elles ne tardent pas à prendre de l'énergie. Cependant elles restent quelquefois longtemps irrégulières et faibles, comme dans les cas où l'obstacle est formé par une disposition insolite des parties molles du canal vulvo-utérin. Après avoir lutté à plusieurs reprises avec violence et persistance contre l'obstacle, elles finissent par s'affaiblir, se ralentir et par offrir de longues suspensions, pendant lesquelles l'utérus est plus ou moins fortement rétracté, ce qui fait que la durée du travail, à dater de la rupture des membranes et de la dilatation complète de l'orifice utérin, peut être assez souvent plus longue que la durée totale d'un accouchement ordinaire, sans compromettre sérieusement la vie de la mère et même celle du fœtus. La position de la tête est subordonnée à la forme du bassin; mais cette forme est ordinairement telle que les positions obliques sont encore les plus communes; les transversales directes deviennent plus fréquentes que dans les conditions normales.

Le rétrécissement dans le sens des diamètres oblique et transverse amène des positions directes antéro-postérieures au détroit supérieur. Lorsque le bassin est étroit dans toutes ses parties sans être déformé, l'expulsion est uniformément longue; si la tête ne peut franchir le détroit supérieur qu'avec beaucoup de difficulté, le détroit inférieur proportionnellement plus petit, lui oppose un obstacle absolu, ou ne peut être franchi qu'après des efforts énergiques et prolongés ou à l'aide du forceps. C'est au détroit supérieur que la tête est le plus souvent arrêtée, et si elle parvient à s'engager en partie, la tumeur œdémateuse peut devenir à la longue volumineuse au point de s'avancer jusqu'au fond de l'excavation et de faire croire que la tête a franchi le détroit supérieur, lorsqu'elle reste immobile dans son intérieur. Souvent, lorsque l'obstacle a pu être franchi, l'accouchement se termine ensuite avec une grande promptitude, parce qu'il est assez commun que le rétrécissement du détroit supérieur, surtout dans les viciations rachitiques, coïncide avec l'agrandissement du détroit inférieur.

Nous n'avons pas supposé, à l'exemple de quelques auteurs, que, dans le cas de bonne conformation du bassin, les épaules puissent s'enclaver entre les pubis et l'angle sacro-vertébral et empêcher à la tête, en position occipito-iliaque directe, d'exécuter son mouvement de rotation et d'être expulsée. Mieux que les autres parties du fœtus, les épaules sont disposées à se placer, par un mouvement de rotation, dans la direction qui leur offre le plus d'espace : aussi, lorsque le rétrécissement du détroit supérieur est tel que la tête peut le franchir par les seuls efforts maternels ou à l'aide du forceps, et même dans la plupart des cas où il a fallu la diminuer par la perforation du crâne, la partie supérieure du tronc s'avance ordinairement sans difficultés appréciables. Néanmoins les épaules ont quelquefois opposé, après l'extraction de la tête, un obstacle assez sérieux à la sortie du tronc.

Il est extrêmement important, dans les premiers degrés du rétrécissement du bassin, d'étudier avec soin les phénomènes et la marche du travail, pour résoudre le problème grave et difficile de la possibilité ou de l'impossibilité de l'expulsion spontanée du fœtus, et pour déterminer la nature des secours à employer dans l'un et l'autre cas. La connaissance à peu près exacte du degré de rétrécissement du bassin qu'on peut généralement obtenir, quelque importante qu'elle soit, ne peut faire connaître au juste, *à priori*, quelle sera la terminaison de l'accouchement. Quoique le volume de la tête, le degré d'ossification du crâne, dont on juge par le rapprochement et l'écartement des sutures, ne se prêtent qu'à des appréciations vagues, on ne doit pas moins chercher à en tenir compte. Mais cela ne suffit pas : il faut encore attendre les éclaircissements qu'apportent la marche du travail, le déploiement des forces de l'organisme, le degré d'engagement de la tête dans le point rétréci du bassin, les tentatives répétées, mais mesurées et prudentes, pour l'entraîner à l'aide du forceps. Si le diamètre le plus rétréci a moins de 81 millimètres (3 pouces), la connaissance du degré de rétrécissement prend une valeur presque absolue, sans qu'il soit nécessaire d'attendre les effets du travail, et l'on devra se conduire comme si la sortie d'un fœtus vivant et à terme par la voie naturelle était impossible. Les faits exceptionnels qui prouvent qu'elle ne l'est pas absolument, sont trop rares pour qu'on puisse y compter ; d'ailleurs on peut douter que les dimensions du bassin aient été exactement estimées dans tous les cas, à moins que, comme chez la femme rachitique observée par M. Martin, de Lyon, qui est accouchée à terme d'un enfant bien portant par les seuls efforts de la nature, avec un bassin de 2 pouces 1/2, la mesure ait été prise après la mort.

L'accouchement, dans les cas de rétrécissement du bassin, a pour la femme des suites fréquemment fâcheuses, non seulement lorsqu'on est forcé de diminuer le volume de la tête de l'enfant, mais encore lorsqu'il peut être expulsé ou extrait sans mutilation. Plus que tout autre obstacle, les rétrécissements du bassin exposent aux ruptures de l'utérus, à la formation d'escarres qui s'étendent de la vessie, au canal de l'urètre, etc. La pression des parties molles, entre la tête et les points rétrécis du bassin, affaiblit d'autant plus facilement la vitalité des tissus, qu'en supposant même qu'il y ait rarement enclavement proprement dit, la rétraction violente de l'utérus, qui se développe plus ou moins de temps après la rupture des membranes et l'écoulement du liquide amniotique, rend cette compression continue et soustrait ces parties aux alternatives de pression et de relâchement qui, dans les conditions ordinaires, y entretiennent la circulation et la vitalité. Le retour du sang veineux des parties situées au-dessous de la tête est tellement gêné, qu'il survient souvent un gonflement plus ou moins considérable du col utérin, du vagin, des parties génitales externes, qui peut devenir à son tour un obstacle à l'expulsion du fœtus. L'inflammation peut également envahir les parties comprimées et les disposer à se déchirer plus facilement. L'inflammation utérine peut se propager au péritoine et la femme succomber peu d'heures après la délivrance; ou bien être prise d'un épuisement qui se manifeste par la petitesse, la fréquence du pouls, la perte de plus en plus grande des forces, des troubles de l'intelligence, la sécheresse de la bouche, des vomissements; et, si l'accouchement n'est pas terminé à temps, elle succombe sans présenter de lésions bien appréciables. Alors même que l'accouchement n'a pas les conséquences immédiates, fâcheuses, que nous venons de signaler, il expose toujours davantage aux inflammations puerpérales pendant la période des couches.

Le fœtus court encore les plus grands dangers, alors même qu'il peut être expulsé ou extrait à l'aide du forceps sans mutilation; car aux chances de mort que lui fait courir la gêne de la circulation fœto-placentaire, il faut encore ajouter celles de la compression du cerveau, pendant le passage de la tête, à travers le rétrécissement, ou entre les cuillères du forceps. Or, cette compression est une cause fréquente de mort, non seulement avant l'expulsion de l'enfant, mais encore après, car des lésions des centres nerveux souvent inappréciables, qui n'ont pas d'influence sur la circulation, rendent la respiration impossible ou très précaire; après la naissance, la circulation se trouble parce que les forces qui mettent en jeu l'action des poumons sont paralysées.

Il n'existe pas de relevés à l'aide desquels on puisse établir, d'une manière exacte, soit pour la mère soit pour le fœtus, l'expulsion ayant eu lieu spontanément ou à l'aide du forceps, le rapport de fréquence des cas heureux aux cas malheureux. Je cite le suivant, de l'hôpital de Dublin, publié par M. Breen, qui peut en donner une idée, quoiqu'il ne soit pas exactement applicable à la question ; il fait voir que le danger s'est accru avec la longueur du travail.

Le retard ne doit pas sans doute être toujours rapporté à des obstacles mécaniques, mais il est rationnel de croire qu'ils y ont eu la plus large part. Chez les femmes qui étaient en travail de leur premier enfant, depuis 30 jusqu'à 40 heures, 1 sur 34 a succombé; 1 enfant sur 5 est né mort. Avec la même durée du travail chez des femmes qui avaient déjà eu des enfants et chez lesquelles il y avait plus sûrement un obstacle mécanique il est mort 1 femme sur 11; et 1 enfant sur 6. Lorsque le travail s'est prolongé de 40 heures à 50, la mortalité des femmes a été de 1 sur 13 et de 1 à 3 1/2 pour les enfants; de 50 heures à 60, la onzième partie des femmes a succombé; de 60 heures à 70 on trouve qu'un huitième des femmes et presque la moitié des enfants moururent; de 70 heures à 80, la douzième partie des femmes a succombé; seulement cette variation dépend vraisemblablement des circonstances accidentelles. Dans 44 cas d'accouchements laborieux où l'on employa les instruments, 18 femmes succombèrent.

Indications.— La gravité de l'accouchement à terme, dans les cas où le rétrécissement ne met pas encore un obstacle absolu et constant à la sortie du fœtus par les efforts maternels seuls ou aidés du forceps ou de la main, la nécessité dans les mêmes conditions d'avoir souvent recours à la *craniotomie*, si le fœtus a cessé de vivre, de choisir, lorsqu'il est encore vivant, entre cette dernière opération et la *symphyséotomie* ou l'opération *césarienne*, font comprendre combien il est important de ne pas négliger l'occasion de provoquer l'*accouchement prématuré artificiel*, lorsque le plus petit diamètre du bassin est entre 94 et 67 millimètres (3 pouces 1/2 et 2 pouces 1/2) et qu'on trouve les autres conditions qui l'indiquent. Loin de le repousser comme illicite et dangereux, comme on l'a fait longtemps en France, on aurait dû, au contraire, s'attacher à en rendre l'idée vulgaire, afin que les femmes contrefaites, celles qui n'accouchent qu'avec de grandes difficultés, consultassent les gens de l'art sur leur état avant le terme de leur grossesse. Voyez *Accouchement prématuré provoqué*. Nous avons principalement en vue ici de poser les indications de l'accouchement à terme ou fortuitement prématuré. Nous les apprécierons dans les trois catégories que nous avons admises, d'après le degré d'étendue du bassin rétréci, en étudiant l'influence des rétrécissements du bassin sur la marche et la terminaison de l'accouchement.

I. *Le plus petit diamètre du bassin conserve au moins 94 millimètres* (3 pouces 1/2). De tels bassins peuvent être considérés comme réunissant encore, le plus souvent, les conditions nécessaires pour que l'accouchement s'effectue naturellement. Le diamètre bi-pariétal de la tête du fœtus à terme dépasse rarement 94 millimètres, et fût-il un peu plus étendu, les rapports seraient rétablis par sa réductibilité ou par sa situation un peu en dehors du point le plus rétréci.

La conduite à tenir doit donc avoir une grande analogie avec celle qui a été indiquée pour l'accouchement dans les divers genres de présentations du fœtus. Il convient, dans les présentations naturelles, d'attendre et de surveiller avec attention les phénomènes physiologiques et mécaniques du travail et l'état de la femme. Si la tête se présente bien, que son volume soit petit et même moyen, que l'action de l'utérus soit régulière et soutenue, l'accouchement se terminera assez souvent d'une manière heureuse pour la mère et pour l'enfant, quelquefois après un travail aussi court et aussi facile que si le bassin avait son amplitude ordinaire, mais le plus ordinairement après un travail long et pénible, surtout si la tête est volumineuse et bien ossifiée.

Aussi, la nécessité d'avoir recours au forceps existe plus fréquemment que dans les cas de bonne conformation du bassin. Aux difficultés qui résultent d'une trop grande exactitude entre le volume de la tête et la capacité du bassin, peuvent encore s'ajouter celles qui proviennent d'une irrégularité dans la présentation et dans la position, ce qui peut rendre vaines les tentatives d'extraction à l'aide du forceps, si la tête conserve sa situation vicieuse.

Il est impossible de déterminer d'une manière bien précise le temps qu'il faut accorder à l'expectation, car un grand nombre de particularités peuvent le faire varier. Je ne puis mieux faire que de citer l'opinion professée sur ce point par M. P. Dubois : « La dilatation de l'orifice de l'utérus, dit-il, étant complète et aucun obstacle de ce côté ne s'opposant à la descente de la tête dans l'excavation, il est évident que la résistance n'a d'autre cause que le rétrécissement du canal osseux ; lorsque plusieurs heures se sont écoulées dans cet état, surtout si la plus grande partie du liquide amniotique est écoulée, et l'utérus par conséquent presque immédiatement contracté sur le corps du fœtus, le moment est venu d'appliquer le forceps. Je n'ai pu déterminer le nombre d'heures qui devront s'écouler avant l'application du forceps, parce qu'une foule de circonstances peuvent le faire varier ; il me suffira de dire pourtant qu'en général on peut sans inconvénient différer l'application de l'instrument pendant six ou huit heures, et souvent même davantage, après la manifestation des conditions que je viens d'indiquer. Cette application, toutefois, me semble devoir être faite plus tôt, parce qu'une expectation prolongée serait alors dangereuse pour le fœtus, si la tête, rapidement plongée dans l'excavation du bassin, y était arrêtée par la réduction de l'un des diamètres du détroit périnéal. »

Dans la présentation de la face avec les mêmes conditions de grandeur du bassin, on peut espérer l'expulsion spontanée du fœtus ; mais elle est déjà plus dangereuse et moins fréquente. Si l'expectation est aussi prolongée, l'enfant court incomparablement plus de dangers, et l'application du forceps est plus difficile. Ces raisons paraissent suffisantes pour légitimer le conseil donné par M. P. Dubois, de tenter de ramener le vertex à l'entrée du bassin ; mais il ne faut point oublier que, lorsque la face se trouve déjà un peu engagée, il est le plus souvent impossible de changer la présentation. On sera donc généralement conduit à attendre les effets produits par les forces de l'organisme, mais à prolonger moins longtemps l'expectation, si elle paraissait insuffisante.

Lorsque le fœtus se présente par l'extrémité pelvienne, malgré les avantages qu'il y a pour une heureuse expulsion que les membres restent rassemblés au-devant du tronc, on sera plus souvent dans l'obligation d'attirer les pieds sous les fesses, si c'est le siége qui s'avance le premier, d'exercer quelques tractions lorsque la partie sus-ombilicale du tronc est arrivée au dehors, et d'aider à la sortie de la tête avec la main. La vie du fœtus étant fréquemment compromise dans le cas même où les difficultés ne sont pas très grandes et peuvent promptement être surmontées, l'est presque toujours s'il faut continuer quelque temps les manœuvres pour faire franchir à la tête la partie rétrécie du bassin. Le forceps n'est, dans tous les cas, qu'une ressource assez restreinte, car on ne peut guère l'appliquer avec succès que lorsque le rétrécissement porte sur le détroit inférieur ou sur un point peu élevé de l'excavation pelvienne : or, ce ne sont là que des cas exceptionnels. Mais, malgré ces désavantages et à part les dangers que court le fœtus, si les tractions et les manœuvres propres à faire avancer la tête sont bien dirigées, les difficultés de l'extraction ne sont pas plus grandes et peut-être moindres que dans les cas identiques où la tête s'avance la première. Et comme, à ce degré de rétrécissement, la disproportion, lorsqu'elle existe, est peu marquée, on peut encore souvent entraîner la tête avant que la vie du fœtus soit compromise.

Dans les présentations du tronc, le rétrécissement du bassin est une circonstance qui doit faire tenter, dans l'intérêt de l'enfant, la version céphalique ; mais les difficultés inhérentes à cette opération ne la rendant praticable que dans un petit nombre de cas, on est généralement conduit à pratiquer la version sur les pieds, et à rentrer, pour les dangers, les difficultés et les indications, dans les cas où le fœtus s'est présenté primitivement par l'extrémité pelvienne.

La découverte du forceps a de beaucoup diminué le nombre des cas où l'on était forcé d'avoir recours à la version, et a produit une heureuse réforme dans la pratique. Les indications que je viens de poser relativement aux divers genres d'accouchements, dans les conditions de rétrécissement énoncés plus haut, sont, à quelque chose près, celles qui ont été établies par la plupart des auteurs. Quelques uns, cependant, ont continué à préconiser la version, et leur opinion est fortifiée de l'imposante autorité de madame Lachapelle, qui s'exprime ainsi à ce sujet : « C'est sans doute à la facilité plus grande avec laquelle on peut diriger la tête du fœtus et à une compression moindre de cette partie, qu'il faut attribuer les succès que j'ai plus constamment obtenus, contre l'assertion de beaucoup d'auteurs, de l'emploi de la version comparée à l'application du forceps. D'après les tableaux déjà cités, sur 15 enfants extraits par le forceps pour un resserrement du bassin, 7 ont vécu, 8 sont nés morts ; tandis que, sur 25 amenés par les pieds, 16 ont vécu, et 9 seulement ont été extraits sans aucun signe de vie. La proportion des succès est presque des deux tiers pour la version, et moindre que la moitié pour l'application du forceps. » Je ne sais à quelles circonstances heureuses il faut rapporter un tel résultat ; mais l'on peut affirmer d'une manière presque certaine que les cas comparés ne sont pas identiques. On en trouverait la preuve dans la comparaison des résultats obtenus par ces deux modes de terminer l'accouchement, si ce qui a été dit dans cet ouvrage, des avantages de la présentation de la tête sur celle du pelvis, ne nous dispensait pas de toute réfutation.

Néanmoins on est réduit, dans quelques cas qui constituent des exceptions nullement rares, à avoir recours à la version. La forme du rétrécissement du bassin, l'élévation de la tête, une présentation ou une position défectueuse, rendent souvent l'application du forceps extrêmement difficile, et même impossible. Je conviens que cette impossibilité n'a rien de bien absolu et qu'elle dépend souvent du plus ou moins d'habileté de l'opérateur ; mais on n'est pas moins forcé d'en tenir compte, et je ne crois pas exagérer les difficultés qu'on peut rencontrer, en disant qu'avec des mains exercées à l'application du forceps, on peut être obligé d'avoir recours à la version dans quelques cas de présentation du crâne et surtout de la face, en position mento-postérieure.

Il est des cas où la version peut présenter des avantages sur le forceps : par exemple, lorsque le rétrécissement porte particulièrement sur un côté du bassin par la déviation de l'angle sacro-vertébral et laisse à l'autre une grande partie de sa capacité, on peut tenter d'y ramener, par la version, les parties les plus volumineuses de la tête ; M. Velpeau a obtenu un succès très remarquable en agissant ainsi. Nous avons déjà dit, t. 1, p. 89, qu'on pourrait être conduit à agir ainsi dans le cas de bassin oblique-ovalaire. D'après madame Lachapelle, elle serait encore préférable à l'emploi du forceps dans le cas où le détroit inférieur serait transversalement rétréci : « car, lorsque la tête sort du bassin la première, c'est l'occiput qui sort d'abord en avant, en se plongeant dans l'arcade pubienne, mouvement qui deviendrait fort difficile, si cette arcade était étroite et anguleuse ; quand, au contraire, il descend les pieds les premiers, alors l'occiput vient se placer derrière les pubis, le front sort le premier par la partie postérieure du détroit périnéal, et la nuque seule s'engage dans l'arcade pubienne. » Osiander, qu'on ne peut pas accuser d'être partisan de l'accouchement par l'extrémité pelvienne, a émis sur ce point les mêmes idées : « Si le détroit supérieur du bassin offre assez d'ampleur pour que la tête puisse s'y engager par de fortes douleurs, et en même temps que le détroit inférieur soit trop rétréci par l'arcade des pubis, trop peu évasée et trop inclinée en dedans, on ne réussira pas à pouvoir tirer la tête avec le forceps. C'est précisément le cas où l'on procède le plus souvent à la perforation du crâne et où je l'ai faite la seule fois de ma vie ; mais, depuis, je me suis convaincu qu'en pareille occasion, c'est par la version sur les pieds et par l'application du forceps, quand le tronc est sorti jusqu'à la tête, qu'on parvient à tirer l'enfant sans le blesser ; et c'est dans ce cas que la version sur les pieds doit être préférée à celle sur la tête. »

Lorsque le fœtus a succombé avant ou pendant le travail, la conduite à tenir diffère peu de celle que je viens de tracer, si la présentation est naturelle. N'ayant point à se préoccuper de la vie du fœtus, on peut donner plus de latitude à l'expectation, et la subordonner à l'état de la patiente. Le ramollissement du fœtus étant une circonstance favorable à son expulsion spontanée, si l'on rencontrait quelques difficultés à appliquer le forceps ou à entraîner la tête avec cet instrument, on procéderait de suite à la perforation du crâne. On n'aurait plus les mêmes raisons de tenter de substituer le sommet à la face et de préférer, dans les présentations du tronc, la version céphalique à la version pelvienne.

A ce degré de rétrécissement nous supposons que la disproportion entre la tête et le bassin est rarement assez grande pour rendre impossible l'accouchement d'un enfant vivant par la voie naturelle. Néanmoins l'expulsion et l'extraction peuvent déjà être quelquefois absolument impossibles, surtout si la tête est volumineuse ou si elle se présente d'une manière défectueuse. Dans ce cas, on aura recours à la perforation du crâne, si le fœtus est mort. Mais quelle conduite tenir lorsqu'il est vivant ? La réponse à cette grave question va être donnée dans la catégorie suivante où elle trouve plus naturellement sa place. En effet, dans les cas où le plus petit diamètre du bassin n'a exactement que 94 millimètres (3 pouces 1/2), si la tête du fœtus est très volumineuse, il peut arriver qu'elle ne puisse pas traverser le rétrécissement, et qu'on ait à se conduire comme il sera établi pour un grand nombre de cas de la division suivante.

II. *Le plus petit diamètre du bassin conserve 94 millimètres (3 pouces 1/2) au plus, et 67 millimètres (2 pouces 1/2) au moins.* — L'observation a prouvé que l'expulsion spontanée ou l'extraction d'un enfant vivant par la voie naturelle était encore possible dans un certain nombre de cas, lorsque, d'ailleurs, le bassin a dans les autres directions une étendue suffisante. On trouve, en effet, que le diamètre bipariétal a, chez plusieurs fœtus à terme, 90 millimètres (3 pieds 4 lignes), 85 millimètres (3 pouces 3 lignes), 81 millimètres (3 pouces) seulement.

Et comme c'est surtout avec les fœtus médiocrement développés qu'il est permis de compter sur la réductibilité de la voûte du crâne, il ne faut pas oublier que si le diamètre le plus étendu de la base du crâne a 81 millimètres (3 pouces) sur les têtes fortes, il peut n'avoir que 75 millimètres (2 pouces 10 lignes), 72 millimètres (2 pouces 8 lignes), 67 millimètres (2 pouces 1/2), 63 millimètres (2 pouces 4 lignes).

Ainsi, lorsque le bassin conserve dans sa partie la plus rétrécie une étendue de 94 millimètres à 81 millimètres (3 pouces 1/2 à 3 pouces), on peut espérer que la conduite tracée pour les cas de la division précédente sera encore souvent couronnée de succès. On accordera à l'expulsion un temps convenable, basé sur l'état de la mère et sur celui du fœtus, en cherchant à concilier leurs intérêts réciproques. On réitérera à des distances plus ou moins rapprochées l'application du forceps en prenant tous les ménagements convenables. Mais la temporisation et les tentatives de traction ne doivent pas être portées au point que toutes les forces soient épuisées, et que toute possibilité d'un plus grand effort soit évanouie. Si on laisse arriver un tel état, il est fort à craindre que toute intervention de l'art ultérieure ne soit infructueuse pour la mère et pour le fœtus. C'est surtout dans ces limites du rétrécissement du bassin que la tête peut s'enclaver. Si ce cas se rencontrait, il faudrait attendre peu de temps avant d'agir activement, à cause des désordres qui ne tardent pas à survenir dans les parties molles comprimées. Le forceps doit ordinairement suffire pour entraîner la tête lorsque son application est possible ; car, pour qu'elle puisse s'enclaver dans le rétrécissement, il faut que sa disproportion avec le bassin ne soit pas très considérable.

De 81 à 67 millimètres (3 pouces à 2 pouces 1/2), les chances de l'expulsion et de l'extraction diminuant dans une proportion rapidement décroissante, il n'y a lieu d'insister sur l'expectation et les tentatives d'extraction qu'autant qu'il est nécessaire pour s'assurer qu'on n'a pas affaire à l'un des cas exceptionnels où la tête se trouve très petite ou très réductible.

Dans les limites de la seconde division, les cas où l'accouchement devient impossible soit spontanément soit à l'aide des moyens ordinaires, sont très communs ; et cela non seulement lorsque le plus petit diamètre du bassin n'a que 67 millimètres, ou un peu plus, mais même lorsqu'il se rapproche de 94 millimètres.

Lorsque le fœtus est mort, n'ayant plus à veiller qu'aux intérêts de la mère, la question se trouve beaucoup simplifiée ; il suffit, comme nous l'avons dit, de diminuer le volume de la tête en ouvrant le crâne pour en faire sortir la matière cérébrale. Si le plus petit diamètre du bassin conserve encore au moins 81 millimètres, on peut, suivant l'état de la femme, attendre l'expulsion spontanée du fœtus ou en tenter l'extraction au moyen du forceps. Mais au-dessous de cette limite, la perforation du crâne et l'évacuation de la matière cérébrale suffisent rarement ; le plus ordinairement, il faut encore avoir recours au forceps céphalotrobe pour écraser la tête et faire l'extraction du fœtus. Cette méthode est applicable, non seulement lorsque la tête s'avance la première, mais encore lorsqu'elle est arrêtée dans le bassin, après la sortie du tronc.

Lorsque le fœtus est vivant, les ressources de l'art offrent une telle gravité qu'il faut apporter dans leur application une grande circonspection et une appréciation scrupuleuse de toutes les circonstances qui décident de leur emploi et du choix à prendre entre plusieurs partis. Est-il permis d'avoir recours à la crâniotomie pour éviter les opérations graves, le plus souvent mortelles, qu'il faudrait pratiquer sur la mère? Cette question, qui intéresse l'humanité dans ce qu'elle a de plus sacré, a été diversement résolue; et l'on voit la conduite des praticiens varier suivant les temps et les lieux. Pour les anciens, la mutilation du fœtus mort ou vivant semblait une nécessité absolue; c'était pour eux le seul moyen d'extraire le fœtus de la matrice. La découverte de l'*hystérotomie abdominale* n'a ni subitement ni généralement fait changer de face à la pratique. On voit encore Mauriceau, qui regardait comme autant d'impostures les cas de guérison à la suite de l'opération césarienne publiés de son temps, se demander si l'on doit mutiler le fœtus vivant lorsqu'on n'a aucune espérance de l'extraire autrement, pour sauver la vie de la mère, dont les passages sont trop étroits; ou si l'on doit différer l'opération et risquer la vie de la mère, jusqu'à ce qu'on soit tout-à-fait assuré qu'il est mort. « Pour moi, dit-il, je crois que, puisque l'enfant ne peut éviter la mort d'une façon ou d'une autre, on doit l'en tirer le plus tôt qu'il y aura lieu de le faire, pour faire en sorte que la mère ne perde la vie. » Il s'appuie, pour rassurer sa conscience, sur le sentiment de Tertullien, qui, dans son livre *de l'Âme*, dit que c'est une cruauté nécessaire de donner en tel cas la mort à l'enfant, plutôt que de l'en exempter, puisqu'il ferait certainement périr sa mère s'il demeurait en vie. Delamotte, moins hardi dans ses conseils et dans sa pratique, attendait la mort du fœtus pour employer les crochets aigus. Mais l'opération césarienne tend à se généraliser de plus en plus. Levret ne plongeait le fer dans le crâne du fœtus que lorsqu'il était présumé mort; dans le cas contraire, il conseillait l'opération césarienne. La découverte de la symphyséotomie vint ajouter encore aux droits du fœtus. D'après Baudelocque, la mort de l'enfant doit seule déterminer l'usage des instruments destinés à perforer le crâne, « parce qu'il y aurait, dit-il, autant d'ignorance et d'inhumanité à mutiler un enfant qui est vivant, pour éviter à la mère les douleurs et les dangers de l'opération césarienne, qu'à pratiquer cette opération pour donner issue à celui qui est privé de la vie, et qu'on peut extraire par les voies ordinaires après l'avoir mutilé. »

C'est là la doctrine qui depuis longtemps avait prévalu en France et sur le reste du continent, et qui a été généralement suivie jusqu'à ces dernières années. D'une part, si l'incertitude et les difficultés du diagnostic de la mort du fœtus conduisaient souvent à plonger l'instrument tranchant dans le crâne d'enfants vivants, de l'autre, on pratiquait souvent l'opération césarienne pour n'extraire du sein de la mère qu'un enfant mort, ou dont la viabilité avait été déjà compromise par la longueur du travail et les tentatives d'extraction. Il est impossible de parcourir, sans éprouver un sentiment pénible, la longue liste des cas où l'opération césarienne n'a pas même sauvé la vie de l'enfant.

En Angleterre, la pratique sur ce point n'a pas suivi les mêmes phases : on a respecté d'une manière moins absolue les droits du fœtus, et on a généralement continué à lui ouvrir le crâne, quoique vivant, plutôt que d'avoir recours à l'opération césarienne ou à la symphyséotomie. Après avoir fait observer qu'on n'est plus aussi souvent qu'autrefois dans la dure nécessité de détruire l'enfant, Smellie admet qu'on doit encore y avoir recours dans les cas où il est impossible de le retourner ou de l'extraire avec le forceps. « Cela arrive rarement, à moins que le bassin ne soit trop étroit ou la tête trop grosse pour y passer. Pour cette raison il ne doit pas être si nécessaire que l'accoucheur s'embarrasse beaucoup de tant de signes (de la mort du fœtus), tous équivoques, parce que dans ces deux cas il n'y a point à temporiser. Le meilleur expédient est sans doute de recourir à une méthode qui est la seule que l'on puisse employer pour lui sauver la vie, savoir, de diminuer le volume de la tête. » Il veut qu'on n'ait recours à l'opération césarienne que lorsque ce moyen extrême est lui-même insuffisant.

Tels sont les principes d'après lesquels se conduisent les accoucheurs anglais.

Voici comment s'exprime M. Burns à ce sujet : « Quoiqu'il soit établi, en général, qu'un bassin qui a trois pouces un quart dans son diamètre conjugué, puisse laisser passer un enfant vivant en appliquant le forceps, ou, ce qui est plus rare, avec les seuls efforts de la matrice, cependant il n'est pas moins vrai que l'enfant doit être détruit, même lorsque l'espace est plus grand. Cette mesure peut devenir nécessaire à cause de la grosseur de la tête, de la résistance du crâne et d'un état hydrocéphalique de la tête ; ou parce que les parties molles du bassin peuvent en outre se tuméfier au point de diminuer en grande proportion sa capacité et s'opposer efficacement à la délivrance. Une hémorrhagie grave, des convulsions, peuvent nous engager à perforer la tête dans un cas de mauvaise conformation, lorsqu'il peut être probable que le forceps et la nature auraient pu réussir après un délai plus long que ne le comporterait la santé de la mère. On pourrait objecter que l'opération césarienne devrait être pratiquée, et elle doit l'être sans doute, dans les cas de difformité extrême, si le temps convenable pour provoquer l'accouchement est passé; mais le danger que court la mère est si grand, que cette opération ne doit pas être une affaire de choix, mais une nécessité. Quand on met en balance l'opération césarienne avec l'emploi du crochet ou la provocation à l'avortement, il faut peser la valeur de la vie de la mère relativement à celle de son enfant. La plupart des hommes ont regardé la vie de la mère comme de la plus haute importance ; et par conséquent comme l'opération césarienne est remplie de dangers pour elle, aucun accoucheur anglais ne la pratiquera, lorsqu'en détruisant l'enfant il pourra terminer l'accouchement par les voies naturelles. » Aussi n'a-t-on pratiqué en Angleterre qu'un petit nombre de fois l'opération césarienne et une ou deux fois la symphyséotomie ; mais il arrive souvent qu'on porte l'instrument tranchant sur la tête du fœtus avec une promptitude et une facilité blâmables, et le perforateur est bien plus fréquemment employé que le forceps.

Voilà donc deux doctrines opposées sur le parti à prendre dans une situation aussi grave, consacrées l'une et l'autre par l'assentiment et la pratique d'hommes également instruits et judicieux. Ici ce sont les droits du fœtus qui ont prévalu, là ce sont ceux de la mère, et on ne veut pas l'exposer aux chances si nombreuses de mort que lui réservent la symphyséotomie et l'opération césarienne, tant qu'il est possible d'extraire le fœtus en diminuant le volume de sa tête. De ces deux manières d'agir, la première a depuis quelques années sensiblement fléchi en France, où elle régnait avec le plus d'autorité.

Nous sommes encore conduit ici, comme dans les présentations du tronc, où la version et l'évolution spontanée ne sont possibles qu'à la condition de compromettre presque nécessairement la vie de la mère, à faire une part plus large à l'embryotomie. Nous avons déjà répété plusieurs fois que l'existence des mouvements du cœur dans le sein de la mère était pendant plus ou moins longtemps compatible avec des lésions qui rendent le fœtus inapte à jouir de la vie extra-utérine. Lorsqu'on peut supposer, avec quelque vraisemblance, que le fœtus renfermé dans la matrice se trouve dans un état pareil, il vaut mieux s'exposer à diminuer le volume de la tête d'un enfant vivant et viable que d'avoir recours à la symphyséotomie ou l'opération césarienne. Et pour rentrer dans les termes d'un précepte déjà donné en France sans rencontrer de contradictions sérieuses, je dirai avec M. P. Dubois : « Lorsque le bassin rétréci n'offre qu'un passage de 3 pouces 1/2 au plus, et de 2 pouces 6 lignes au moins, si les membranes sont depuis longtemps rompues et les eaux écoulées, si les contractions ont été énergiques, ou si des tentatives d'extraction ont été sans résultats; si, en un mot, la viabilité de l'enfant peut avoir été compromise, la diminution du volume de la tête par la crâniotomie, et son extraction ensuite par des moyens convenables, sont, à mon avis, les seuls moyens auxquels il convienne d'avoir recours. »

Ce précepte, je conviens, offre dans son application beaucoup d'incertitude et quelque chose d'arbitraire, et pourrait conduire, si l'on s'en tenait moins à l'esprit qu'à la lettre, à pratiquer la crâniotomie dans tous les cas où l'extraction du fœtus est possible par ce moyen, et on rentrerait dans la pratique des accoucheurs anglais, mais en courant les chances souvent fâcheuses d'une expectation plus prolongée.

Supposons maintenant le cas où l'on ne peut pas légitimement élever de doute sur la viabilité du fœtus : il se présente lorsqu'on a acquis de bonne heure la certitude de l'impossibilité de l'expulsion spontanée, ou de l'extraction par les moyens ordinaires employés avec ménagement; et cette certitude s'obtient en général de bonne heure et sans tâtonnement, lorsque le diamètre le plus rétréci du bassin se trouve entre 81 et 67 millimètres. Peu de temps après la rupture des membranes et la dilatation complète de l'orifice utérin, on s'aperçoit si la disproportion entre la tête et le bassin est telle qu'on ne puisse pas espérer l'extraction de l'enfant vivant par les voies naturelles. On sera même conduit à n'essayer le forceps que dans les cas où la tête, se trouvant très petite, s'est engagée en partie dans le rétrécissement. Mais lorsque le rétrécissement n'a pas atteint les limites indiquées ci-dessus, l'expectation et les tentatives d'extraction devant avoir une part assez large, on laissera souvent passer le moment opportun pour agir le plus avantageusement possible. « Du choix à faire, dit M. P. Dubois, entre deux existences, résulte, il faut bien le dire, un problème souvent insoluble, celui de concilier au même degré des intérêts que la force des choses rend parfois absolument inconciliables. De là les irrésolutions, les demi-mesures, les concessions dangereuses faites au désir de protéger également deux êtres dont la vie est en péril; de là, enfin, les inconséquences pour ainsi dire forcées, et si fréquemment préjudiciables aux deux individus.» Mais dans ces limites mêmes, lorsque la tête est volumineuse et solide, on acquiert bientôt la conviction de l'impossibilité de son passage à travers le rétrécissement sans être diminué. D'ailleurs, une expectation plus prolongée que la durée ordinaire du temps d'expulsion, des tentatives réitérées, mais ménagées, d'applications du forceps, ne doivent pas être considérées comme ayant compromis la viabilité du fœtus, surtout si l'utérus n'est pas contracté spasmodiquement, s'il reste encore du liquide amniotique dans son intérieur et si les pulsations du cœur du fœtus se font entendre avec force et régularité.

Aujourd'hui peu d'accoucheurs, même en France, se décideraient pour l'opération césarienne. Quelques uns, à l'exemple des Anglais, auraient recours à la craniotomie. Mais c'est la symphyséotomie, si cette opération doit rester dans la pratique, qu'il faudrait préférer. Voyez *Symphyséotomie*.

III. *Le diamètre le plus rétréci est au-dessous de 67 millimètres* (2 pouces 1/2). Conformément aux principes émis ci-dessus, si le fœtus est mort, ou si l'on peut supposer sa viabilité compromise par la longueur du travail ou par des tentatives d'extraction superflues d'ailleurs et par conséquent contre-indiquées, car l'expulsion spontanée ou artificielle d'un enfant à terme peut être considérée comme impossible, on doit avoir recours à l'embryotomie, quelque dangereuse qu'elle soit dans cette circonstance, si le diamètre le plus rétréci du bassin offre au moins 54 millimètres (2 pouces). Lorsque l'enfant est vivant et que rien ne peut faire supposer que sa viabilité est compromise, ce qui doit arriver d'autant plus souvent qu'à ce degré les rétrécissements du bassin sont faciles à constater et qu'il n'y a pas lieu à temporiser, il faut choisir entre l'opération césarienne et l'embryotomie. Ceux mêmes qui n'ont pas de répugnance à sacrifier l'enfant pour éviter à la mère l'opération césarienne, sont forcés de convenir que l'embryotomie est si laborieuse et entourée de tant de difficultés et de dangers, que la mort de la mère en est fréquemment la suite. Voyez *Craniotomie*. De sorte que l'opération césarienne qui sauve sûrement l'enfant semble devoir être préférée. Lorsque le diamètre le plus rétréci a moins de 54 millimètres, l'opération césarienne est seule admissible, car l'extraction au moyen de l'embryotomie, en supposant qu'elle puisse être effectuée, ne ferait courir à la mère guère moins de dangers que l'opération césarienne. Néanmoins quelques accoucheurs ont donné le conseil d'y avoir encore recours, lorsque le bassin n'a plus, dans son point le plus rétréci, que 47 et même 40 millimètres. Mais dans ces cas on ne peut compter sur le succès de l'opération qu'avec le concours de plusieurs circonstances favorables, savoir, une étendue assez considérable du bassin dans le sens où il est le moins rétréci, un fœtus très petit ou ramolli par la macération ou la putréfaction de ses tissus. Au-dessous de ces limites on est forcé d'opter pour l'opération césarienne alors même que le fœtus est mort ; car il est douteux qu'on puisse, comme cela arrive quelquefois dans les grossesses extra-utérines, compter sur la sortie successive des os après le ramollissement et la dissolution des parties molles. Néanmoins, s'il s'agissait d'un fœtus mort avant le début du travail et très ramolli, le dernier parti serait peut-être préférable.

Il peut arriver qu'après l'extraction de la tête, diminuée de volume, on rencontre de grandes difficultés à faire avancer la partie supérieure du tronc et même que le cou se rompe en tirant sur l'extrémité céphalique, de manière à être forcé d'employer les crochets et même l'instrument tranchant.

Dans la présentation de l'extrémité pelvienne, ou lorsqu'on est allé chercher les pieds parce que le fœtus s'est présenté par le tronc, il arrive quelquefois, après la sortie du tronc, que le cou se rompt sous l'effort de tractions inconsidérées ; il peut même être utile de le couper pour perforer plus facilement le crâne et appliquer le céphalotribe ou se servir de crochets. Si le rétrécissement était tel que la crâniotomie ne pût être pratiquée avec sécurité, il serait peu rationnel, quoiqu'on l'ait fait dans deux cas, de pratiquer l'opération césarienne, comme si le fœtus était tout entier dans l'utérus. Après avoir perforé le crâne et s'être convaincu de l'impossibilité de son extraction immédiate, il faudrait attendre les effets du ramollissement des tissus pour rendre les os mobiles; on pourrait d'ailleurs hâter leur séparation par des tractions avec le crochet ou de fortes pinces. Dans le cas où l'on se verrait forcé d'avoir recours à l'opération césarienne, pour extraire un enfant mort, il serait préférable, si la main pouvait pénétrer à travers le rétrécissement, de pratiquer la version et la décollation après la sortie du tronc, puis de se conduire relativement à la tête comme il vient d'être dit. La femme courrait infiniment moins de chances de perdre la vie, que si on avait pratiqué l'opération césarienne.

II. DE L'ACCOUCHEMENT DANS LE CAS DE TUMEURS DES PARTIES MOLLES DU BASSIN. — Les tumeurs qui peuvent rétrécir le canal pelvien et mettre obstacle à l'accouchement sont extrêmement nombreuses. Leur étude spéciale est du domaine de la pathologie, et ne doit pas trouver sa place ici ; en les considérant comme obstacle à l'accouchement, nous les supposons connues. Leur variété presque infinie sous le rapport de leur siége, de leur nature, ne permet guère d'établir d'indications communes. Elles peuvent donner lieu aux mêmes indications que le rétrécissement du bassin ; mais la plupart en ont aussi de spéciales, tirées de leur siége, de leur nature, etc., et ce n'est que lorsqu'elles ne peuvent être remplies qu'elles deviennent communes avec celles du rétrécissement du bassin.

Le degré de rétrécissement qu'elles produisent dépend de leur volume, de leur plus ou moins de compressibilité, de fixité, de mobilité, de leur siége sur un point naturellement étroit ou étendu du canal pelvien. Les indications peuvent être résumées de la manière suivante : 1° attendre dans des limites rationnelles l'expulsion spontanée ; 2° terminer l'accouchement avec le forceps ou avec la main ; 3° repousser les tumeurs mobiles au-dessus de la partie qui se présente, réduire celles qui sont formées par des viscères qui font hernie ; 4° faire la ponction, l'incision des kystes et des tumeurs fluctuantes qui ne peuvent être déplacées et qui sont assez volumineux pour s'opposer au passage du fœtus ; 5° enlever les tumeurs solides qui sont susceptibles d'être extirpées d'après les données fournies par la chirurgie ; 6° quand les indications spéciales sont inapplicables ou trop dangereuses, et que l'accouchement est impraticable, recourir à l'embryotomie ou à l'opération césarienne, en se réglant, pour la préférence à donner à l'un de ces moyens plutôt qu'à l'autre, sur ce qui a été dit à l'article précédent, en traçant les indications relatives aux divers degrés de rétrécissement du bassin ; 7° nous fondant, avec M. P. Dubois, sur ce qu'il est presque impossible d'apprécier d'une manière rigoureuse le degré de rétrécissement et sur ce que l'étroitesse du bassin n'est pas permanente au même degré, mais résulte d'une cause qui peut l'accroître d'une grossesse à l'autre, nous dirons que la provocation de l'accouchement prématuré n'est pas, en général, applicable aux cas d'obstructions du bassin par des tumeurs.

M. Puchelt a publié récemment, sous l'inspiration de M. Naegele, un travail très complet et très étendu sur les tumeurs du bassin considérées comme obstacle à l'accouchement. Après avoir fait la part des connaissances que les anciens nous ont laissées sur ce sujet et signalé les notions acquises jusqu'à nous par Deventer, Levret, Smellie, Rœderer, Baudelocque, Denman, Parl, Merriman, Davies, Burns, Naegele, madame Lachapelle, Moreau, Deneux, P. Dubois, Velpeau, etc., il passe en revue, en les classant dans un ordre méthodique, tous les faits publiés qu'il a pu recueillir. Toutes les formes, tous les degrés d'un genre de dystocie qui se présente sous tant d'aspects différents s'y trouvent réunis ; il ne semble pas, dit M. Danyau, qui en a fait une analyse étendue, que la pratique puisse rien offrir désormais dont on ne rencontre dans cette vaste collection le pendant ou l'analogue.

A. *Tumeurs situées en dehors du canal vulvo-utérin.* — Les tumeurs appartenant aux parois du canal osseux, comme les *exostoses*, les *ostéostéatomes*, les *cals* difformes, l'ostéosarcome, qui sont d'ailleurs fort rares, ayant des indications identiques avec les viciations du bassin, doivent en être rapprochées pour la description, t. i, p. 64, et pour les indications.

1° *Tumeurs de l'ovaire.* — Les tumeurs de l'ovaire sont des hydropisies enkystées, des kystes renfermant des produits plus ou moins consistants, des corps cartilagineux, fibreux, des squirrhes, etc. Lorsqu'elles n'ont pas acquis un volume qui les fasse remonter dans la cavité abdominale pour se développer plus librement, elles sont ordinairement entraînées dans le cul-de-sac postérieur du péritoine. Le déplacement dans ce sens se fait d'une manière assez constante pour qu'on n'en ait pas encore rencontré entre la vessie et l'utérus; mais dans un cas observé par Jackson, la tumeur était logée derrière le rectum. Tantôt ces tumeurs restent libres; tantôt elles contractent des adhérences dans leurs nouveaux rapports; tantôt elles sont complétement cachées dans le bassin; tantôt elles envahissent en même temps une portion plus ou moins étendue de la cavité abdominale. On peut rapprocher des tumeurs des ovaires celles qui, développées dans les parties mobiles voisines, sont susceptibles d'être entraînées dans l'excavation du bassin, comme les trompes, les replis intestinaux du péritoine, etc. Mais ces tumeurs sont si rarement rencontrées avec la grossesse de manière à mettre obstacle à l'accouchement, qu'on doit à peine en tenir compte. Parmi ces dernières M. Puchelt ne cite qu'une tumeur de la trompe droite, occupant la plus grande partie du bassin, de près de 9 pouces de circonférence, et du poids de 17 onces; la femme, qui avait été bien portante pendant sa grossesse, mourut sans être délivrée, après un travail de dix jours; tandis qu'il a réuni trente-deux cas de tumeurs des ovaires dans lesquels la parturition a été entravée.

On ne doit pas seulement s'assurer quel est le siége de la tumeur, mais encore si elle est restée susceptible d'être déplacée ou si elle a contracté des adhérences, et surtout si elle contient ou non du liquide ou des produits demi-liquides, ce qui n'est pas toujours possible malgré l'exploration la plus attentive et la plus complète; c'est pour cela qu'on est conduit dans quelques cas à faire une ponction exploratrice.

Cette cause de dystocie offre beaucoup de gravité. Sur les 32 cas dans lesquels la parturition a été entravée par une tumeur de l'ovaire, 13 femmes seulement ont guéri, 1 est morte pendant le travail même, 14 peu de temps après l'accouchement, d'inflammation, de fièvre puerpérale. 3 à une époque plus ou moins éloignée. 24 enfants sont nés morts, 2 peu de temps après leur naissance, 7 sont nés vivants ; le sort des 2 autres n'est pas connu.

Le volume médiocre de la tumeur, son siége sur un point spacieux du bassin, la possibilité d'être plus ou moins comprimée, déplacée par la partie qui se présente, quelquefois la rupture du kyste, sont autant de circonstances en faveur de l'expulsion spontanée qu'il n'est pas facile d'apprécier *à priori*; et qui doivent faire accorder un temps suffisant à l'expectation, avant de chercher à terminer artificiellement l'accouchement avec le forceps ou la main, ou par l'une des opérations que nous allons indiquer. Sur les 32 cas cités, l'accouchement s'est terminé cinq fois spontanément. Cette terminaison a été favorable à la mère et à l'enfant une fois, à l'enfant seul une fois, fatale à la mère et à l'enfant une fois, fatale aux mères et peut-être aussi aux enfants deux fois.

Le refoulement de la tumeur, au-dessus du détroit supérieur, qu'on ne doit pas négliger de tenter, est souvent rendu impossible par son volume, des adhérences accidentelles, par le fœtus lui-même. Lorsqu'on y parvient, on doit la maintenir jusqu'à ce que l'extrémité fœtale qui se présente soit assez engagée pour l'empêcher de redescendre ; on la soutiendrait de même s'il fallait pratiquer la version ou appliquer le forceps. Le refoulement de la tumeur n'a été qu'une fois suivi de succès pour les deux individus, une fois pour la mère seulement. Deux fois le refoulement a été suivi de la version.

Cette double opération n'a été heureuse pour la mère qu'une fois ; dans ce cas, l'enfant extrait vivant, mais faible, succomba quatre jours après. Dans l'autre, la mère et l'enfant périrent. La version seule fut fatale à la mère et à l'enfant dans un cas, et à l'enfant dans un autre : dans un cas d'extraction simple, les deux individus ont succombé, et dans un autre la mère s'est rétablie.

La ponction et l'incision de la tumeur sont applicables aux hydropisies enkystées, et aux kystes renfermant des produits plus ou moins consistants ; c'est par le vagin qu'on porte généralement l'instrument : la crainte de transpercer le rectum peut, dans quelques cas, faire choisir cette dernière voie. La ponction simple de la tumeur a été faite une fois avec succès ; elle n'a pas prévenu dans deux autres cas la nécessité de la perforation du crâne ; peu de temps après, l'une des femmes succomba ; l'autre mourut un peu plus tard de la fièvre hectique.

L'incision pratiquée trois fois n'a été heureuse pour les deux individus que dans un cas ; dans les deux autres elle ne put prévenir la mort de l'enfant ; enfin, dans un quatrième, l'incision suivie de la version n'a pu sauver ni la mère ni l'enfant. Il en a été de même du forceps appliqué une seule fois.

Sur six cas où la perforation du crâne a été jugée nécessaire, trois femmes seulement ont survécu ; les trois autres ont succombé peu de temps après l'accouchement : trois femmes délivrées avec les crochets ont survécu.

Lorsque la tumeur est de nature à ne comporter ni la ponction ni l'incision, qu'elle ne peut pas être refoulée et que l'expulsion du fœtus ne peut être opérée ni par les efforts maternels, ni par les moyens artificiels ordinaires, il faut avoir recours à l'embryotomie, si l'espace qui reste libre paraît être dans les limites où cette opération peut être pratiquée avec quelques chances de succès. Dans le cas contraire, il ne reste d'autres ressources que l'opération césarienne, ou l'extirpation de la tumeur, proposée par Merriman, opérations probablement aussi funestes l'une que l'autre pour la mère.

2° *Tumeurs développées dans le tissu cellulaire du bassin.* — Ces tumeurs, comme les précédentes, sont des stéatomes, des corps fibreux, des squirrhes, etc., des kystes dont le contenu est liquide, demi-liquide, des abcès, etc. Leur siége le plus commun est la cloison recto-vaginale. M. Puchelt a réuni dix-huit observations de dystocie par des tumeurs formées dans le tissu cellulaire du bassin. Il ressort de leur comparaison avec celles des ovaires, sous le rapport de leur siége, que les unes et les autres ont une grande prédilection à se loger ou à se développer entre le rectum et le vagin ; quelques unes siégeaient sur les côtés de ce dernier conduit ; une seule, formée par un kyste volumineux, était située entre l'utérus et la vessie. On conçoit qu'il devienne difficile, impossible même, dans quelques cas, de distinguer ces tumeurs de celles des ovaires ; la réductibilité de celles-ci, qui constitue la différence la plus tranchée, est souvent en défaut. Mais il ne peut guère résulter d'embarras et de danger de les confondre que dans le cas où l'on croirait devoir se décider pour l'extirpation de la tumeur.

L'analogie dans les indications est si grande que je ne pourrai que répéter ce que j'ai dit au sujet des tumeurs de l'ovaire, et c'est une raison de plus de les en rapprocher. Leur fixité n'est pas telle qu'elles ne puissent pas, dans quelques cas, être repoussées, soit par les efforts d'expulsion, soit par la main, dans la partie la plus spacieuse du bassin, et même au-dessus du détroit supérieur lorsque leur siége en est rapproché. Dans les dix-huit cas réunis par M. Puchelt, les efforts naturels ont plusieurs fois suffi pour triompher de l'obstacle. Le forceps appliqué dans deux cas n'a pu sauver qu'une fois la mère, et les deux enfants ont succombé. Les résultats ont été les mêmes dans deux cas où la version a été faite. La rupture du kyste dans le ventre et la mort de la mère ont eu lieu dans un cas d'extraction simple. L'incision, pratiquée dans un cas, a été suivie de la mort de deux individus. La perforation du crâne, faite une seule fois, a été fatale à la mère. L'emploi des crochets a été, au contraire, deux fois suivi de succès. L'opération césarienne, pratiquée trois fois, a été trois fois funeste à la mère, et ne paraît avoir sauvé qu'un seul enfant. L'extirpation, que nous n'avons accueillie qu'avec réserve et défiance pour les tumeurs de l'ovaire, est ici justifiée par le siége de la tumeur en dehors du péritoine et par plusieurs cas de succès. On attaquerait la tumeur par le périnée, le vagin ou l'anus, suivant son siége. Les opérations de ce genre sont entourées de dangers et de difficultés, et demandent une main habile et exercée pour être pratiquées : à côté des revers, elles comptent des succès, qui montrent ce qu'on peut espérer d'une sage hardiesse au milieu de complications en apparence insurmontables, comme le prouve l'observation suivante.

« Dans un cas effrayant, dit M. Burns, que j'observais, il y a quelques années, les attaches étaient prolongées, et la tumeur assez volumineuse pour remplir le bassin et ne permettre qu'à un doigt de passer entre elle. Du côté droit du bassin elle adhérait depuis la symphyse du pubis, tout alentour, jusqu'au sacrum ; étant attachée à l'urètre, au muscle obturateur et au rectum, elle adhérait intimement au détroit supérieur du bassin et débordait un peu vers la cavité cotyloïde gauche. Elle était dure, un peu irrégulière et à peine mobile. La malade était dans le neuvième mois de sa grossesse ; il n'y avait d'autre choix qu'entre l'opération césarienne ou l'extirpation de la tumeur. Le dernier parti fut adopté, et, avec l'aide de MM. Cowper et Russel, je fis l'opération, quelques heures après que de légères douleurs d'accouchement eurent été ressenties. Une incision fut pratiquée du côté de l'orifice du vagin, du périnée et de l'anus, à travers la peau, la substance cellulaire et le muscle transverse du périnée. Le releveur de l'anus étant largement ouvert, la tumeur fut aisément sentie par le doigt ; un cathéter fut introduit dans l'urètre, et la tumeur séparée de ses attaches à cet endroit : elle fut ensuite détachée de l'urètre, du vagin et du rectum, en partie par le scalpel, en partie avec le doigt ; je pus alors la saisir comme la tête d'un enfant ; mais elle était entièrement fixée au bassin. Une incision fut pratiquée au dedans avec un bistouri, aussi près du bassin que possible; mais, à cause de la difficulté d'agir sûrement avec cet instrument, j'employai, lorsque j'arrivai à la partie postérieure, les ciseaux, que je guidais avec le doigt; et au lieu de couper tout à travers, je m'arrêtai quand je fus près de la surface postérieure, de peur de blesser le rectum ou un gros vaisseau, et je terminai l'opération avec une spatule. La tumeur fut ensuite extraite de sa base, où les attaches aux os furent disséquées aussi près qu'on le put. La malade perdit peu de sang; les douleurs devinrent aussitôt fortes, et avant qu'elle fût mise dans son lit, elles étaient très poignantes. Au bout de quatre heures elle accoucha d'un enfant mort-né, d'une grosseur plus qu'ordinaire; l'inflammation du péritoine et une grande irritation dans la constitution survinrent. Mais par un usage prompt et vigoureux des saignées et des purgatifs, le danger disparut et la convalescence alla bien. » Un mois après, la blessure fut guérie; en examinant le vagin, on le trouva adhérent, comme de coutume, au bassin, au rectum, etc. Après un laps de temps de plus de quinze ans, la femme continua à se porter bien; mais, depuis, elle n'a jamais été enceinte. M. Burns a été encouragé à pratiquer l'extirpation de la tumeur dans un cas aussi difficile, par une opération à peu près semblable, pratiquée par M. Drew, avec un succès complet; la tumeur adhérait par son pédicule aux ligaments sacro-sciatiques; elle avait quatorze pouces de circonférence.

3° *Calculs, tumeurs de la vessie.* — Il existe un petit nombre de cas de dystocie par la présence de calculs dans la vessie; comme ils se trouvent placés au-dessous de la partie qui se présente et vers l'extrémité antérieure du petit diamètre du détroit supérieur, ils entravent facilement l'expulsion du fœtus, alors même que leur volume ne serait pas très considérable. Ils peuvent être placés au-dessus de la tête, puisque, dans un cas rapporté par Planque, on fit l'extraction de la pierre par la taille hypogastrique, probablement sans nécessité. Une tumeur dure, circonscrite, mobile, sentie derrière les pubis, au-devant de la tête du fœtus, fera naître l'idée d'un calcul et conduira à pratiquer le cathétérisme.

L'indication de repousser le calcul au-dessus du détroit supérieur peut facilement être remplie lorsque la tête est peu engagée; dans le cas contraire on peut encore réussir si la poche des eaux n'est pas rompue, et même après, lorsqu'il est resté dans l'utérus une certaine quantité de liquide amniotique. Il faut soutenir le calcul avec les doigts, jusqu'à ce que l'extrémité qui se présente soit assez basse pour l'empêcher de descendre. Mais il n'est pas toujours possible de le déplacer : dans ce cas, s'il était très petit ou très friable, l'obstacle qu'il apporte à l'expulsion pourrait facilement être surmonté par les efforts naturels. Le calcul peut même être chassé par l'urètre, alors même que son volume semble en exclure la possibilité. Smellie rapporte qu'une malade, assistée par une sage-femme, après un travail pénible et long, rendit par la voie naturelle une pierre de la forme et du volume d'un gésier d'oie. Mais on doit peu compter sur les chances que je viens d'indiquer, et l'on peut être conduit à pratiquer la lithotomie. Dans ce cas, il faut choisir le procédé le plus propre à éviter les fistules urinaires. Denman rapporte deux cas d'extraction du calcul : l'incision fut faite sur la pierre à travers la paroi antérieure du vagin ; les malades n'en guérirent pas moins sans qu'il restât de fistules vésico-vaginales.

La vessie peut être le siège de tumeurs diverses ; mais elles sont si rares qu'il y a peu de chances d'en rencontrer chez les femmes grosses. Puchelt cite une observation de cancer qui occupait à la fois les parois de la vessie, les ovaires et les trompes ; une tumeur faisant saillie au milieu du bassin fut incisée au troisième mois de la grossesse, ce qui donna lieu à un écoulement de pus fétide ; il y eut de l'amélioration. A huit mois, l'accouchement eut lieu spontanément, malgré la présence de plusieurs tumeurs volumineuses, mais il fut suivi d'une hémorrhagie mortelle.

4° *Tumeurs du rectum.* — Des excréments durcis à la suite d'une longue constipation, des corps étrangers, comme des noyaux de cerises, etc., ont été dans quelques cas des obstacles à l'expulsion du fœtus. Quels ne seraient pas les regrets du chirurgien si une telle méprise le conduisait à porter l'instrument tranchant sur l'enfant ou sur la mère! On ne peut guère compter sur les lavements seuls pour débarrasser l'intestin, il faut presque toujours diviser les matières avec le doigt et extraire les fragments les plus durs.

M. Cruveilhier a publié un cas dans lequel l'expulsion du fœtus a été entravée par une tumeur cancéreuse du rectum : il réussit à terminer heureusement l'accouchement au moyen du forceps. Le docteur Lover cite un cas de travail rendu difficile par une tumeur de même nature, située à 80 millimètres au-dessus de l'anus. Les tumeurs situées près de l'anus, comme les paquets hémorrhoïdaux, etc., sont ordinairement chassées au dehors, au moment où la tête vient presser sur le périnée, et sont rarement susceptibles d'entraver l'accouchement au point de rendre nécessaire leur extirpation.

5° *Hernie périnéale.* — Quoique fort rare, la hernie périnéale s'est rencontrée deux ou trois fois chez des femmes enceintes. Smellie rapporte qu'une femme grosse portait au côté gauche de l'anus une tumeur qui disparaissait dans la position horizontale et augmentait dans la station debout ; elle fut prise des douleurs de l'enfantement pendant que la hernie était au dehors ; la tumeur s'enflamma et s'étrangla, mais n'opposa pas beaucoup d'obstacle à l'expulsion ; grâce à une hémorrhagie qui eut lieu après l'accouchement et à des applications émollientes sur le périnée, on put la faire rentrer. A une seconde grossesse, la hernie reparut au commencement des douleurs : pour prévenir l'étranglement, Smellie repoussa la tumeur avec une main introduite dans le vagin, et hâta la fin du travail en déchirant la poche des eaux, de façon que la tête du fœtus elle-même empêcha la sortie de la hernie. Chez une autre femme observée par le même auteur, une hernie survint au côté gauche du périnée un mois après un accouchement ; enceinte de nouveau, la tumeur augmenta ; et acquit le volume du poing sous l'influence d'une toux violente. Quelques semaines avant l'accouchement, la réduction devint impossible : il y eut de grandes douleurs, et les parties molles qui recouvraient la tumeur se gangrenèrent. Ouverture spontanée, écoulement d'un peu de pus mêlé de sang, puis d'une demi-pinte de liquide roussâtre. La malade se rétablit, la tumeur ne reparut pas, et l'accouchement eut lieu à terme sans accident. Cinq mois après la guérison, la plaie s'ouvrit pendant un effort ; la femme était de nouveau enceinte. La hernie se reproduisit plusieurs fois, et fut réduite ; un élève de Smellie fit l'accouchement, qui fut encore heureux.

B. *Tumeurs situées dans le conduit vulvo-utérin.* — Ces tumeurs sont de deux sortes sous le rapport du siége : les unes développées à la surface ou dans l'épaisseur du conduit ; les autres, développées en dehors, font hernie à travers ses parois. On n'observe ces dernières que dans le vagin et à la vulve.

1° *Tumeurs du col et du corps de l'utérus.* — Elles sont très nombreuses et très variées par leur nature ; elles ont fourni soixante et quelques cas de dystocie à M. Puchelt, depuis le simple retard jusqu'à l'impossibilité absolue de l'expulsion. Leur volume, leur nature, leur siége, leur forme, le mode et l'étendue de leur adhérence, leur consistance, font varier les indications et la gravité de l'accouchement ; ce qui fait comprendre l'importance de les distinguer les unes des autres, ou au moins de reconnaître celles qui sont pédiculées de celles qui ne le sont pas, celles qui contiennent des produits plus ou moins consistants, mais susceptibles d'être évacués, de celles qui sont complétement solides, celles dont le siège et l'étendue des adhérences peuvent permettre de tenter l'extirpation, de celles qui doivent être respectées par l'instrument tranchant. Comme pour les tumeurs situées au-dehors du conduit vulvo-utérin, si l'accoucheur n'est pas en même temps chirurgien, il est inhabile, dans la plupart des cas, à établir le diagnostic, à poser et à remplir les indications.

a. Tumeurs pédiculées. — Les polypes, quelques corps fibreux, sarcomateux, etc., sont dans ce cas. Ce ne sont pas seulement les tumeurs qui ont pour siège les lèvres du col et sa cavité qui sont placées au-dessous du fœtus, il en est souvent de même des polypes et des corps fibreux développés dans la cavité du corps.

D'ailleurs, celles qui sont situées au-dessus de l'orifice utérin et qui le laissent libre, ainsi que toutes les autres lésions organiques des parois de l'utérus, sans opposer un obstacle mécanique à l'expulsion du fœtus, peuvent troubler et entraver son action dynamique (t. II, p. 20); nous n'avons pas à revenir sur ce point.

La forme arrondie de ces tumeurs, leur fermeté, leur volume, qui est assez souvent aussi considérable que celui d'une tête de fœtus, expliquent suffisamment que des praticiens expérimentés aient plusieurs fois pris, au premier abord, de pareilles tumeurs pour la tête de l'enfant.

Outre les chances que le volume médiocre de la tumeur, son affaissement, son refoulement dans la courbure du sacrum ou au-devant des échancrures ischiatiques, donnent à l'expulsion spontanée, il en est encore d'autres qui permettent quelquefois l'expulsion spontanée du fœtus, quelque volumineuse que soit la tumeur. C'est ainsi que le pédicule peut se rompre et la tumeur elle-même être expulsée avant le fœtus. Celles qui tirent leur origine des lèvres du col et de leur voisinage, étant portées sur des parties assez extensibles, peuvent être chassées au dehors, sans que leur pédicule se rompe et laisser momentanément le conduit vulvo-utérin libre.

Lorsque les secours de l'art sont rendus nécessaires, on ne peut guère compter sur le refoulement de la tumeur au-dessus du détroit supérieur. Dès que la tumeur est volumineuse, le forceps est ordinairement insuffisant et dangereux; on encourrait des reproches justement mérités si on avait recours à la crâniotomie ou à l'opération césarienne, quand la tumeur est portée par un pédicule ou par les lèvres de l'orifice utérin; car, outre qu'elle peut être enlevée sans faire courir à la malade de grands dangers, l'ablation est indiquée comme le seul moyen capable de la guérir. On a plusieurs fois fait avec succès, au moment de l'accouchement, l'extirpation de tumeurs pédiculées qui mettaient obstacle à l'expulsion de l'enfant.

Van Dœveren rapporte qu'il fut appelé auprès d'une femme de trente ans, primipare et en travail depuis vingt-quatre heures. Les douleurs étaient vives et répétées ; les eaux s'écoulaient lentement ; une hémorrhagie assez abondante, et qui continuait encore, avait lieu par la vulve. La tête du fœtus pouvait être sentie au-dessus d'une tumeur arrondie, ayant presque le volume de la tête d'un fœtus remplissant tout le vagin, et se terminait par un pédicule d'un pouce d'épaisseur à peu près. Il introduisit la main droite dans le vagin, embrassa de plusieurs doigts le pédicule du polype, et, par des tractions et des torsions ménagées, il réussit à l'enlever : il pesait 1 livre 1/2. La tête du fœtus descendit bientôt dans le vagin, et l'accouchement se termina vers le soir ; l'enfant naquit mort, et offrait déjà quelques traces de putréfaction. Pugh eut recours à un moyen différent chez une femme enceinte de six mois et en travail ; reconnaissant une tumeur charnue dont le pédicule, qui naissait de la lèvre antérieure du museau de tanche, avait l'épaisseur du doigt, et dont le corps égalait à peu près un œuf de dinde, il appliqua une ligature de fil ciré et excisa ensuite la tumeur au-dessous avec le bistouri ; l'enfant fut expulsé environ une heure après. La malade se rétablit et devint quatre fois enceinte depuis. Chez une femme de trente-cinq ans, et parvenue à la fin du huitième mois de sa grossesse, Merriman pratiqua la ligature d'un polype ayant à peu près le volume de la tête d'un fœtus de cinq mois ; il tomba peu de jours après avoir été lié. Un mois plus tard, la malade accoucha sans difficulté d'un enfant dont la mort parut devoir être attribuée à des circulaires du cordon ombilical autour du cou.

b. Tumeurs enkystées. — Le col, la cavité de l'utérus, sont rarement le siége de kystes séreux ou formés de produits plus ou moins consistants, de stéatomes, etc. Bien qu'elles ne donnent pas au doigt exactement la même sensation que les tumeurs solides, il est rare qu'on puisse nettement percevoir la fluctuation ou la sensation que donne celles qui contiennent une matière consistante. Dans le doute, on peut s'éclaircir pour une ponction exploratrice.

C'est à des kystes qu'il faut rapporter les tumeurs qu'on a vues se rompre et se vider pendant les efforts d'expulsion. C'est à la ponction, à l'incision qu'il faudrait avoir recours, si elles opposaient à l'expulsion du fœtus un obstacle qui parût ne pouvoir pas être surmonté par les efforts maternels seuls ou aidés du forceps.

c. Tumeurs fibreuses. — Elles sont assez communes et acquièrent souvent un volume considérable ; elles ont leur siége dans l'épaisseur du col ou du corps de l'utérus. L'extirpation ne leur est guère applicable que lorsqu'elles se sont développées sur le museau de tanche, qui représente alors un pédicule.

Celles qui sont éloignées de l'orifice utérin, ainsi que les autres lésions organiques, quoique n'opposant pas à l'expulsion un obstacle mécanique, troublent l'action dynamique de l'utérus, exposant aux hémorrhagies, aux ruptures. Chaussier a présenté, à la Société de médecine, des tumeurs qui occupaient toute l'étendue de l'une des parois de l'utérus, chez des femmes qui avaient succombé, à la Maternité, à la suite d'accouchements difficiles, d'hémorrhagies utérines.

Lorsqu'elles ont un volume médiocre, quoique peu dépressibles, elles ne sont pas incompatibles avec l'expulsion spontanée ou l'extraction à l'aide du forceps. Des tumeurs même très volumineuses n'ont pas toujours empêché l'expulsion spontanée. Madame Lachapelle rapporte qu'une femme, dont le bassin était presque entièrement obstrué par une tumeur grosse comme la tête d'un fœtus à terme, qui paraissait renfermée dans les parois latérales et postérieures du col, accoucha spontanément. Mais le fœtus, qui était fort petit et mort depuis longtemps, s'était aplati pour traverser l'étroit passage qui restait libre.

Boivin et Dugès ont trouvé dans la paroi du col, sur une femme morte de péritonite à la suite d'un accouchement spontané mais très pénible, un corps fibreux du volume du poing. Le fœtus, expulsé mort, avait le crâne fracturé. Lorsque l'expulsion ou l'extraction est impossible, il reste à déterminer si le siège de la tumeur en permet l'extirpation. Dans le cas contraire, suivant l'étendue de l'espace libre et l'état de santé du fœtus, on a à se décider pour l'embryotomie, qui compte quelques succès en pareil cas, ou pour l'opération césarienne.

d. Tumeurs fongueuses, végétations. — Ces tumeurs sont de plusieurs espèces: les unes appartiennent à l'affection cancéreuse, les autres aux végétations syphilitiques ou simples; celles-ci, naissant des parties superficielles du museau de tanche, pourraient, sous le rapport des indications, être rapprochées des tumeurs pédiculées de cette partie. Malgré quelque analogie, elles se distinguent des tumeurs fongueuses, par un tissu plus ferme, par une disposition moindre aux écoulements sanguins abondants, et, sous le rapport de la terminaison, par une gravité beaucoup moins grande. Un trait qui leur est commun, c'est que, à raison des inégalités, de la mollesse de leur surface et des écoulements sanguins légers ou abondants dont elles sont fréquemment le siége, elles peuvent être prises pour le placenta inséré sur l'orifice utérin: de pareilles méprises ont été plusieurs fois commises par des personnes expérimentées.

Lorsque les fongosités et les végétations ont pris quelque développement, elles cachent assez bien l'orifice utérin, qu'on retrouve ordinairement, lorsque sa dilatation est plus ou moins avancée.

Les végétations, les fongosités de volume médiocre ne s'opposent pas ordinairement à l'expulsion spontanée; mais l'altération plus ou moins profonde du col, si l'affection est cancéreuse, peut, indépendamment de l'obstacle, rendre sa dilatation fort longue et fort difficile. Dans les cas où les fongosités du col ont rendu nécessaire l'intervention de l'art pour l'expulsion du fœtus, l'accouchement et ses suites ont été extrêmement fâcheux ; ce qui s'explique par le danger des opérations et par la gravité de la maladie, lorsqu'elle est de nature cancéreuse.

Sur sept cas rassemblés par M. Puchelt, on a une fois pratiqué, sur une partie du col dure et squirrheuse, des incisions qui permirent d'introduire la main ; on a enlevé une fois avec des ciseaux la tumeur fixée à la lèvre antérieure et occupant tout le vagin ; la gastrotomie, pratiquée une fois à cause de la rupture de l'utérus, ne sauva pas même l'enfant. Dans un cas, malgré la perforation du crâne, l'extraction du fœtus fut impossible, et la femme succomba avant d'être délivrée.

e. Engorgement squirrheux, cancer du col utérin. — C'est une altération qui, comme les précédentes, n'est pas absolument incompatible avec la conception et la gestation, et qu'il n'est pas très rare de rencontrer. L'engorgement squirrheux, le cancer ulcéré, les tumeurs encéphaloïdes, fongueuses, excepté les cas où elles ont pris un grand développement, rendent ordinairement l'accouchement difficile et dangereux, moins par l'obstacle qu'elles opposent comme tumeur à l'expulsion du fœtus que par l'altération du col qui rend sa dilatation difficile et l'expose à des déchirures plus ou moins étendues qui donnent à la maladie une plus grande activité et une marche plus rapide. Une chose digne de remarque, c'est que, lorsque l'altération est bornée à l'une des lèvres, qu'elle n'envahit pas toute la circonférence du col, la partie restée saine peut se prêter à une dilatation suffisante, sans que la partie altérée se déchire.

Désormeaux a vu dans un cas la lèvre antérieure dure, squirrheuse, ne se prêter nullement à la dilatation, qui se fit seulement aux dépens de la lèvre postérieure. Chez une femme âgée de quarante-cinq ans, mère de plusieurs enfants, observée à la clinique de la Faculté, par M. Cazeaux, on trouva la lèvre postérieure squirrheuse, très étendue transversalement, de 2 centimètres d'épaisseur environ, s'étendant jusqu'à un travers de doigt de la vulve, adhérant par sa face postérieure avec le vagin ou plutôt confondue avec la cloison recto-vaginale. Le travail se déclara à terme ; la dilatation fut très lente, mais elle finit par s'opérer complétement aux dépens de la lèvre antérieure. La tumeur, dont le volume paraissait devoir offrir un obstacle insurmontable au passage de la tête, rendit seulement la seconde période du travail un peu plus lente. Repoussée par la tête du fœtus, elle devint presque transversale, et formait sur le périnée une espèce de croissant dont la convexité était inférieure, et la concavité, dirigée en haut, arrêtait la tête. Sous l'influence de contractions violentes, la tête repoussa la tumeur en arrière, en déprimant fortement le périnée, passa au-devant et franchit la vulve. Ces exemples nous montrent ce qu'on peut attendre de la nature ; mais l'altération peut être si étendue ou les masses cancéreuses si volumineuses qu'il en résulte l'impossibilité d'une dilatation suffisante, des déchirures étendues, ou des obstacles insurmontables à l'expulsion. De 27 femmes dont M. Puchelt a réuni les observations, 5 sont mortes pendant le travail, 9 peu de temps après l'accouchement, 10 seulement se sont rétablies ; le sort des autres est resté ignoré ; 15 ont accouché d'enfants morts, 10 d'enfants vivants.

En établissant la gravité de ce genre de dystocie, on ne doit pas oublier de faire la part qui revient à la maladie dans la terminaison funeste. Il est une autre considération qu'il ne faut pas oublier : c'est que toutes les altérations organiques, diversement graves, des parties génitales et des organes contenus dans la cavité abdominale, surtout lorsqu'elles ont modifié et affaibli la constitution, prédisposent, après la délivrance, d'une manière singulière aux phlegmasies puerpérales ; de sorte que l'obstruction du bassin par des tumeurs, aussi grave que le rétrécissement osseux par les difficultés qu'elle apporte à l'expulsion et les moyens qu'elle réclame, le devient encore davantage par cette circonstance.

En posant les indications, on doit faire une part suffisante à l'expectation, sans la porter au point de compromettre la vie de la malade, afin de profiter de toutes les ressources de l'organisme. Il ne faut point perdre de vue que la dilatation de l'orifice utérin doit être lente non seulement à raison de l'obstacle qui s'y trouve, mais encore parce que l'action dynamique de l'utérus est troublée et entravée. Il n'est guère permis de compter sur les moyens employés souvent avec succès dans les cas où, pour une cause ou pour l'autre (t. II, p. 32), la dilatation se fait avec une lenteur insolite, parce que le principal de ces moyens est la saignée, et que l'état de la femme la contre-indique le plus souvent ici. Les incisions multiples sont le moyen qu'il convient d'employer, quelquefois avant même d'avoir constaté l'impuissance des efforts maternels, pour prévenir des ruptures commencées ou imminentes. Lorsque la dilatation spontanée du col ne peut pas s'opérer complétement, alors même qu'elle serait suffisante pour passer la main ou tenter l'application du forceps, la version ou l'extraction serait presque inévitablement suivie de déchirures dangereuses, qu'on préviendrait en faisant préalablement des incisions convenables. Si le mal avait envahi les organes voisins et que le bassin fût obstrué par des masses cancéreuses volumineuses, capables de rendre l'extraction difficile et incertaine, même après avoir perforé et écrasé le crâne, la certitude de la mort prochaine de la mère devrait faire préférer l'opération césarienne, lorsque l'enfant est vivant.

2° *Tumeurs du vagin.* — *a. Les polypes, les corps fibreux, les kystes, le squirrhe,* etc., du vagin ne sont pas communs, et ont rarement donné lieu à des cas de dystocie. Le peu de volume de la tumeur, la possibilité de son expulsion dispenseraient, dans quelques cas, de l'intervention de l'art. La science possède deux ou trois cas de polypes, et deux de tumeurs enkystées, qui ont cessé d'entraver l'expulsion du fœtus par leur rupture pendant le travail. Si le forceps pouvait être appliqué, on aurait quelques chances d'entraîner la tumeur devant la tête. Dans un cas, M. Gensoul saisit en même temps la tête et un corps fibreux qu'il amena ensemble à l'extérieur, quoique la tumeur pesât 22 onces.

Si on en excepte le squirrhe, l'extirpation serait facile et applicable à presque toutes les tumeurs solides. La ponction ou l'incision des kystes ne serait ni difficile ni bien dangereuse. Soumain a pratiqué avec succès l'extirpation d'un sarcome dont la présence semblait devoir rendre l'opération césarienne inévitable. Dans deux cas de tumeurs cancéreuses, cités par Marchand et Rœderer, les deux malades succombèrent, l'une aux suites de l'opération césarienne, l'autre à celles de l'extraction du fœtus, qui ne put avoir lieu qu'après la perforation du crâne.

b. Entérocèle et épiplocèle vaginale. — Les hernies dont le vagin peut être le siège doivent rendre très circonspect, lorsque, comme dans les cas indiqués ci-dessus, on est conduit à porter l'instrument tranchant sur ces tumeurs ; et on ne doit jamais le faire avant d'avoir bien établi le diagnostic et reconnu la nature de la maladie. On ne doit pas se dissimuler que, s'il s'agissait d'une hernie non réductible de l'épiploon et même de l'intestin, la méprise pourrait être difficile à éviter ; car la mollesse pâteuse de la première tumeur, l'élasticité et les gargouillements de la seconde peuvent manquer. Levret, appelé pour un cas où l'on discutait s'il fallait enlever la tumeur, reconnut qu'il s'était glissé quelque portion d'intestin dans l'épaisseur de la cloison vaginale, entre le col de la matrice et la partie supérieure du rectum ; en faisant mettre la femme sur les coudes et sur les genoux, la tumeur se réduisit. Il est rare que ces hernies se produisent entre la vessie et le vagin ; on les rencontre ordinairement en arrière entre ce dernier canal et le rectum, mais un peu de côté à cause de leur adhérence. Ces hernies peuvent non seulement mettre obstacle à l'expulsion, mais encore s'étrangler pendant le travail : aussi est-il très important de réduire la hernie le plus tôt possible. Malgré l'exemple de Levret, je pense qu'on réussirait rarement à la faire rentrer en se bornant à faire coucher la femme sur les genoux et sur les coudes ; néanmoins il faut la placer de la manière la plus propre à amener un relâchement qui puisse concourir au succès du taxis, qui a réussi plusieurs fois ; on soulèverait en même temps un peu le fœtus s'il gênait, et on maintiendrait les parties réduites, jusqu'à ce qu'il fût assez bas pour les empêcher de sortir. Si la hernie était irréductible ou étranglée, à moins d'être très volumineuse, elle n'opposerait pas un obstacle insurmontable à la sortie du fœtus, et il faudrait se hâter de terminer l'accouchement à l'aide du forceps ou de la main.

c. Cystocèle vaginale. — La tumeur formée par la hernie de la vessie dans le vagin est ordinairement située en avant, quelquefois sur les côtés ; dans un cas observé par Brandt, elle était en arrière, entre le vagin et le rectum. Ovalaire, à base large, elle était pédiculée dans un cas observé par madame Lachapelle, et le pédicule n'avait pas moins de 1 pouce 1/2 de largeur ; l'on pouvait repousser le liquide en totalité à travers le pédicule. Son volume est fort variable ; elle peut égaler la tête d'un fœtus ; rester complétement cachée dans le bassin ou apparaître en partie au dehors. La place qu'elle occupe, la fluctuation dont elle est le siége, mettent promptement sur la voie du diagnostic, qui est confirmé par la sonde, qu'il faut diriger de manière que son extrémité plonge dans le liquide : sans cela la tumeur pourrait persister, malgré l'écoulement d'une certaine quantité d'urine. Au dire de Merriman et d'Hamilton, un chirurgien croyant avoir affaire à une tête hydrocéphale et un autre à la poche des eaux, pratiquèrent une ponction.

Outre l'obstacle qu'une semblable tumeur peut apporter à la sortie du fœtus, elle trouble presque constamment l'action de l'utérus (t. II, p. 51). L'impossibilité de l'accouchement et la mort de la femme en ont été la suite dans un cas, et la rupture de l'utérus dans un autre. Il faut se hâter de pratiquer le cathétérisme, soutenir ensuite, s'il y a lieu, la paroi relâchée de la vessie, pour prévenir sa compression. En supposant que le cathétérisme soit impraticable, parce que la tête est trop profondément engagée, si la tumeur était peu volumineuse et peu tendue, on devrait se hâter de terminer l'accouchement; dans le cas contraire, ne devrait-on pas préférer une ponction plutôt que de s'exposer à déterminer de larges déchirures?

3° *Tumeurs de la vulve.* — *a. Inversion du vagin.* L'inversion du vagin, ou plutôt de sa muqueuse, peut préexister à l'accouchement lorsque ces parties sont très relâchées, ou se produire pendant le travail sous l'influence de sa prolongation. Le passage du fœtus peut être gêné, rendu difficile, lorsque la tumeur a pris un développement considérable ; si, au contraire, son volume est médiocre, la dilatation de la vulve s'opère facilement pendant que le bourrelet est repoussé en dehors et en arrière. J'ai vu à la Maternité une femme qui portait, au-devant de la commissure postérieure de la vulve, une tumeur de cette nature, grosse comme le poing, qui n'opposa ni obstacle ni retard à l'expulsion du fœtus. Ainsi, lorsque la tumeur vaginale formera une tumeur médiocre, on cherchera à la repousser dans le vagin et à l'y maintenir, jusqu'à ce qu'elle soit fixée par la partie du fœtus qui s'avance la première. Si on ne réussit pas, ce qui doit arriver le plus souvent, on se bornera à la soutenir avec la main en même temps que le périnée. Mais il est des cas où elle offre des obstacles réels, menace de se déchirer ou de tomber en gangrène, et exige d'autres moyens, principalement la prompte terminaison de l'accouchement. Chez une femme qui souffrait depuis trente heures pour accoucher, la tête du fœtus était tout entière dans l'excavation ; mais le vagin, complétement renversé, formait hors de la vulve un bourrelet fongueux et livide, plus volumineux que les deux poings ; M. Velpeau fut forcé d'appliquer le forceps pour terminer l'accouchement. Dans un cas rapporté par M. Rougemont, on fit des incisions sur le bourrelet muqueux, et l'expulsion se fit ensuite.

La tumeur peut être frappée de gangrène : M. Devilliers a vu la membrane interne du vagin tomber en entier. Burton cite un cas où le vagin, faisant saillie, fut pris pour une partie du placenta et tiré avec force ; par cette traction, le vagin et la vessie furent déchirés. L'erreur est moins excusable que dans les cas de tumeurs fongueuses du col, accompagnées d'hémorrhagie. On ne doit avoir recours aux incisions que lorsque les efforts de l'organisme et les moyens ordinaires de terminer l'accouchement sont évidemment insuffisants.

b. OEdème des grandes lèvres. — L'œdème des grandes lèvres, si commun pendant les derniers temps de la grossesse, apporte rarement du retard à l'expulsion ; il indique, au contraire, une laxité des tissus favorable à la prompte dilatation de la vulve. Mais outre le développement considérable qu'il prend dans quelques cas, la muqueuse peut être en même temps tendue, luisante, violacée, et ces derniers symptômes augmentent encore à mesure que la tête presse sur le périnée : à ce degré, il met non seulement obstacle à l'expulsion, mais encore la muqueuse est menacée de tomber en gangrène. Pour peu que l'expulsion tarde à se faire, on aurait tort de s'en rapporter aux seuls efforts de la nature L'application du forceps peut être difficile ou au moins déterminer des déchirures qu'on a intérêt à éviter; on préviendra ces accidents en pratiquant des mouchetures en nombre convenable.

c. Tumeurs diverses. — Des loupes, des stéatomes, des kystes, des abcès, des corps fibreux, des végétations syphilitiques, des engorgements squirrheux, etc., à la vulve, aux grandes lèvres, pourraient rendre l'expulsion du fœtus plus longue, plus pénible, exposer le périnée à se rompre au centre, etc., et exiger l'emploi du forceps, l'extirpation ou l'incision des tumeurs, suivant que l'un ou l'autre de ces moyens est applicable.

III. DE L'ACCOUCHEMENT DANS LE CAS DE RÉTRÉCISSEMENT ET D'OBLITÉRATION DE QUELQUES POINTS DU CONDUIT VULVO-UTÉRIN. — La première disposition est congéniale ou accidentelle ; la seconde, dans le cas de grossesse, est toujours accidentelle ; elle est le résultat de produits pseudo-membraneux, d'ulcérations étendues, provenant de causes diverses, cicatrisées par l'adhésion des surfaces ulcérées postérieurement à la conception.

1° *Oblitération de l'orifice externe du col utérin.* — D'après le témoignage de plusieurs auteurs, l'oblitération de l'orifice externe du col pendant la grossesse serait assez commune. Il est certain qu'on a plusieurs fois pris pour une oblitération son déplacement, son inclinaison et les autres dispositions signalées t. II, p. 33, comme le prouvent les cas où, après avoir créé une voie artificielle au fœtus, on a retrouvé le col à sa place et son orifice libre. Néanmoins, cette oblitération a été constatée par des faits authentiques ; elle peut se présenter sous deux formes d'une gravité fort différente : dans l'une il y a simplement agglutination par une exsudation plastique, filamenteuse ; dans l'autre il y a une véritable cicatrisation adhésive.

a. Agglutination de l'orifice externe du col par une exsudation pseudo-membraneuse. — M. Naegele a décrit une oblitération du col qui paraît particulière aux femmes grosses et qui ne serait pas rare, puisqu'il en a déjà rencontré seize cas. La même affection a aussi fixé l'attention de M. Martin jeune, de Lyon, qui ne l'a pas observée moins souvent. Cette oblitération est constituée par une fausse membrane ou un tissu filamenteux médiocrement résistant, qui paraît être le résultat d'un inflammation sourde du col et de la partie supérieure du vagin. L'agglutination s'étend quelquefois jusqu'aux lèvres. On ne trouve pas de trace d'orifice, ou bien il se présente sous forme d'un pli ou d'un creux un peu déprimé à son centre, occupé par une trame celluleuse ou filamenteuse. Le col est ordinairement dévié, et le segment inférieur de l'utérus, déjà très abaissé, descend davantage et s'amincit considérablement, tandis que l'orifice utérin reste fermé, malgré de fortes douleurs, et se porte de plus en plus en arrière ou en dehors.

Les contractions de l'utérus surmontent ordinairement la résistance que cet obstacle leur oppose ; mais si l'agglutination résiste et qu'on ne vienne pas au secours de la nature, il en peut résulter une rupture de l'utérus ou une prolongation du travail dangereuse. Mais il suffit de pousser l'extrémité de l'indicateur dans l'orifice pour rompre les adhérences ; il s'écoule le plus souvent quelques gouttes de sang, et la dilatation commence à s'opérer. Y a-t-il véritablement agglutination? Ce prétendu tissu plastique est-il autre chose qu'une portion de membrane caduque exubérante? Ces cas n'appartiennent-ils pas plutôt à quelques unes de ces dispositions du col qui rendent sa dilatation très difficile et très lente? Malgré l'autorité des observateurs, il est impossible qu'il ne reste pas de doutes sur la réalité de cette agglutination.

b. Oblitération par cicatrisation de l'orifice externe du col. — L'oblitération, pendant la grossesse, d'une portion ou de la totalité du canal du col utérin par un véritable produit de cicatrice est fort rare ; mais il n'en existe pas moins des exemples authentiques, comme ceux de Flamant, de Lobstein, où l'incision est venue heureusement lever un obstacle qui n'aurait pu l'être que par la rupture de l'utérus ; d'ailleurs on a pu constater, chez une femme morte pendant le travail, que le tissu qui maintenait unies les parois du canal, était dur, fibreux comme aponévrotique, et qu'il ne pouvait être rompu par une forte pression. Pendant le travail, le segment inférieur de l'utérus s'abaisse et s'amincit, et il reste comme chance heureuse la rupture de la cicatrice ou d'une portion de l'utérus comprise en dedans des attaches vaginales supérieures ; mais la femme peut mourir d'épuisement sans que l'utérus se rompe. Il faut autant que possible inciser sur le point oblitéré, afin qu'après le retour de l'utérus sur lui-même, l'orifice utérin soit à sa place accoutumée, et pendant la cicatrisation on cherchera à prévenir de nouvelles adhésions. Je vais faire connaître comment les choses se passent et la conduite à tenir pendant le travail et après, par l'extrait d'une observation de M. Caffe.

Sur la femme observée par M. Caffe, il y avait non seulement absence de l'orifice du col, mais encore disparition complète de sa partie saillante. Près de la paroi recto-vaginale, presque sur le raphé médian, on touchait un repli d'une ligne de dimension donnant la sensation d'une petite corde tendue. Cet état fut constaté par plusieurs accoucheurs très exercés ; d'ailleurs le temps qui s'était écoulé depuis le commencement du travail jusqu'au moment de l'opération avait été assez prolongé pour que l'orifice, s'il avait existé, fût ouvert et reconnu aux dernières explorations. Cette femme, qui était au terme de sa grossesse, a avoué qu'elle avait fait, pendant les premiers mois, des injections dans le vagin et jusque dans l'intérieur de la matrice, au moyen d'une sonde de gomme élastique, en se servant d'une solution de cendres de foyer. Elle avait ressenti de très vives douleurs chaque fois qu'elle recommençait cette manœuvre, et aperçut ensuite de la suppuration et la chute de quelques pellicules. Après une expectation beaucoup trop prolongée, déterminé par le désir de faire constater le fait par plusieurs médecins compétents, M. Caffe pratiqua l'opération césarienne vaginale ; ayant fait placer la femme sur son lit comme pour l'opération de la taille, les cuisses et le bassin maintenus par des aides, il introduisit sur l'index de la main gauche et à plat un bistouri droit à lame étroite, recouverte d'une bande de toile jusqu'à six lignes de sa pointe, protégée par une boulette de cire ; arrivé au sommet du vagin, de la main droite, il releva le bistouri, le dos regardant la pulpe du doigt conducteur, et divisa couche par couche la paroi antérieure de la matrice, en dirigeant l'incision du rectum vers la vessie, ayant soin de la circonscrire à cinq lignes environ d'étendue de hauteur. Les contractions rendraient plus facile la division. Après une section d'environ 3 lignes de profondeur, il reconnut qu'il avait divisé toute l'épaisseur de la paroi ; il s'écoula aussitôt près de 4 onces d'un liquide demi-consistant, de couleur lie de vin et tout-à-fait inodore. La tête de l'enfant se présenta à l'ouverture en position occipito-cotyloïdienne droite. Pour prévenir toute déchirure, il y porta de nouveau un bistouri boutonné et garni de linge jusque près de son extrémité, et pratiqua de dedans en dehors des incisions latérales, l'une à droite, l'autre à gauche, dans l'étendue de quelques lignes seulement. La forme cruciale des incisions fut effacée à l'instant par une contraction utérine qui rendit ovalaire et élargit beaucoup l'ouverture. La femme n'accusa aucune douleur pendant l'opération ; elle dit seulement avoir éprouvé la sensation du bruit d'une feuille de parchemin qu'on diviserait ; il n'y eut pas la plus légère hémorrhagie. La malade fut replacée convenablement, et les douleurs de la parturition se succédèrent régulièrement. Une heure après, la sage-femme reçut en sa présence un enfant vivant, pesant 7 livres. La délivrance ne se fit pas attendre. L'utérus, revenu sur lui-même, avait singulièrement restreint l'étendue de l'ouverture ; il ne mit d'abord aucun corps étranger entre les lèvres de la plaie. Les suites de couches furent des plus heureuses, aucun accident ne vint les traverser, et le neuvième jour elle quitta la sage-femme pour rentrer dans son domicile. Dès que l'écoulement des lochies eut cessé, M. Caffe eut la précaution d'introduire à plusieurs reprises et de maintenir pendant quelques heures, dans l'ouverture utérine, une bougie en gomme élastique, afin d'empêcher l'adhésion des bords de l'ouverture ; vers la sixième semaine après ses couches, au sortir d'un bain, elle vit suinter le fluide menstruel, qui fut peu marqué : la seconde époque menstruelle fut plus abondante et sans douleur.

2° *Vagin.* — *a. Rétrécissement.* — Il y a divers états pathologiques du vagin qui, sans s'opposer d'une manière absolue à la fécondation, sont cependant de nature à rendre la parturition difficile et même dangereuse, si l'art ne vient lever l'obstacle. De ce nombre sont, son étroitesse congéniale, son rétrécissement par l'épaississement de la muqueuse à la suite d'inflammation chronique, etc. Les rétrécissements partiels sont plus communs : ils sont congéniaux ou accidentels : c'est la persistance de l'hymen, des replis transversaux situés plus haut, des cloisons longitudinales incomplètes, etc., des coarctations dures, fibreuses, comme cartilagineuses, des adhésions partielles à la suite d'inflammation ulcéreuse, gangréneuse.

Ces obstacles sont généralement de nature à être surmontés par l'action de l'utérus et par le travail de ramollissement et de relâchement qui précède l'expulsion. Le vagin, naturellement très extensible, le devient encore davantage par le ramollissement qu'il éprouve vers la fin de la grossesse ; mais ce qu'il y a de fort remarquable, c'est que le tissu des cicatrices les plus dures se relâche et se ramollit aussi.

Les brides, les nodules, les points rétrécis, déjà relâchés, se ramollissent davantage à mesure que la tête plonge dans le bassin et qu'à chaque douleur les cercles coarctés se dilatent avant même que le crâne porte sur eux. Ces dilatations sont généralement plus faciles et plus promptes que celles du col de l'utérus sain.

Plenk cite un cas où le vagin, étroit dans toute son étendue, ne pouvait pas admettre l'extrémité du petit doigt ; néanmoins l'enfant fut expulsé, après un travail de huit heures, sans aucune déchirure. Dans un cas à peu près semblable observé par M. Moreau, les choses se sont passées aussi heureusement.

Dans le cas observé par M. Duparcque, le rétrécissement était si considérable qu'il fut très difficile de faire pénétrer une sonde cannelée jusqu'au col ; et quoiqu'on eût obtenu préalablement un premier degré de dilatation à l'aide d'éponges préparées, ce n'est pas moins à la dilatation opérée pendant le travail qu'on doit attribuer la terminaison heureuse de l'accouchement.

Les brides, les cloisons, les coarctations, les rétrécissements partiels sont également susceptibles de dilatation, même lorsqu'ils sont formés par du tissu fibreux, cartilagineux ou très dense. Les faits de ce genre sont extrêmement nombreux. On peut se convaincre, par la lecture de ceux où l'on a pratiqué des incisions, que, dans plusieurs cas, elles étaient superflues ou au moins prématurées. Lorsque les brides, les cloisons sont minces ou formées par la muqueuse comme l'hymen ou d'autres replis situés plus haut, elles se déchirent le plus ordinairement, mais sans que la déchirure s'étende dans l'épaisseur des parois du vagin.

Il ne faut pas croire, cependant, que l'accouchement, dans les diverses conditions dont je viens de parler, doive toujours être spontané et exempt de dangers ; il expose surtout aux ruptures du vagin. Merriman mentionne un cas où il y avait dans ce canal un rétrécissement cartilagineux, produit par un travail antérieur difficile ; la malade redevint enceinte et accoucha après un travail de trente-six heures, mais elle mourut au second jour, et on trouva le vagin légèrement déchiré. M. Velpeau rapporte l'observation d'une femme en travail pour la troisième fois, accouchée deux ans auparavant au moyen des instruments ; comme elle était dans les douleurs depuis trois jours, il voulut appliquer le forceps ; mais il fut arrêté par une large bride semi-lunaire dure et comme fibro-cartilagineuse, qui existait à 2 pouces au-dessus de la vulve, et qu'il incisa sur trois points de son bord libre ; l'accouchement n'eut aucune suite fâcheuse. Ainsi, dans les cas d'étroitesse du vagin, de rétrécissements par des coarctations, des brides, des cloisons transversales, etc., on attendra pendant un temps variable les effets de la dilatation produits par les ressources de l'organisme. C'est lorsqu'elles paraissent insuffisantes, qu'on a recours à la dilatation avec les doigts, avec un cylindre d'éponge préparée, qu'on incise les brides, les cloisons saillantes ; mais on doit porter avec beaucoup de réserve l'instrument sur les coarctations qui se confondent avec les parois du vagin ; on fera des incisions multiples et peu profondes, afin de ne pas perforer le canal.

 b. *Oblitération du vagin.* — L'oblitération du vagin survenue après la conception est un accident très rare. Lorsqu'elle est peu étendue, le point oblitéré peut être rétabli sans trop de dangers, et, la dilatation aidant, l'accouchement peut avoir lieu sans déchirure. Une femme, chez laquelle Valentinus rétablit à l'aide du bistouri le point oblitéré, accoucha heureusement. Mais si le vagin est oblitéré dans toute ou dans la plus grande partie de son étendue et converti en un cordon fibreux, il devient extrêmement difficile de créer une voie nouvelle, sans ouvrir le péritoine, la vessie ou le rectum. Néanmoins une telle opération n'est pas absolument au-dessus des ressources de l'art, et doit être préférée à l'opération césarienne, si l'examen des parties conduit à conclure qu'elle est praticable. Une femme observée par M. Lombard, de Genève, déjà mère de plusieurs enfants, se fit, dans le but coupable de provoquer l'avortement, une injection avec de l'acide sulfurique, dont le résultat fut l'oblitération du vagin, qui fut détruit dans un point, de sorte que la vessie et le rectum étaient immédiatement réunis. M. Lombard réussit à créer une voie au fœtus entre le rectum et la vessie ; mais l'utérus était déjà rompu, et le fœtus avait passé dans la cavité abdominale.

 3° *Rétrécissement, oblitération de la vulve.* — Dans quelques cas de vices de conformation, la fente vulvaire est réduite à un pertuis extrêmement étroit ; les grandes lèvres, les nymphes peuvent être réunies par des brides, avoir contracté des adhérences dans une étendue variable, jusqu'à une occlusion complète ; des cicatrices, suites de brûlures, d'escarres, peuvent réduire de beaucoup l'étendue de la vulve. Dans la plupart des rétrécissements de la vulve, la dilatation finirait le plus souvent par s'opérer spontanément ; mais la crainte de voir le périnée se déchirer à son centre doit engager à le soutenir avec beaucoup de soin et à ne pas tarder à pratiquer les incisions convenables, lorsque l'un de ces états oppose un obstacle sérieux à la sortie du fœtus. Dans les cas d'occlusion complète, l'opération qui consiste à rétablir l'ouverture n'offrirait plus les mêmes difficultés et les mêmes dangers que pour le vagin.

 M. Velpeau a eu l'occasion d'observer un genre d'obstacle dû à des cicatrices, aussi singulier que rare: chez une femme forte et robuste, âgée de quarante-cinq ans, enceinte pour la première fois, en travail depuis quarante heures, la tête occupait depuis deux heures le fond de l'excavation du bassin sans avancer, malgré l'énergie des contractions utérines, parce que la peau du devant des cuisses et de l'abdomen, toute couverte d'anciennes cicatrices dures et fibreuses, bridait tellement la partie inférieure de l'hypogastre, que la matrice en était comme étranglée, immédiatement au-dessus des pubis, et que l'enfant ne pouvait plus descendre ; il fut extrait vivant à l'aide du forceps.

IV. DE L'ACCOUCHEMENT DANS QUELQUES CAS DE VICES DE CONFORMATION DES PARTIES GÉNITALES. — Dans plusieurs des cas d'utérus doubles, bilobés, qui ont été recueillis, la gestation et la parturition se sont accomplies sans rien présenter de particulier. Dans celui publié par M. Ollivier, la femme avait eu cinq accouchements : le premier, très laborieux et accompagné de convulsions, fut terminé à l'aide du forceps ; les trois autres furent seulement longs et difficiles ; au cinquième, la femme succomba, et on trouva une rupture partielle du lobe qui avait contenu le fœtus. Dans un cas consigné dans la thèse de M. Cassan, la cloison qui divisait la cavité utérine fut déchirée pendant le travail, et la femme mourut le cinquième jour de ses couches.

On trouve dans les *Transactions philosophiques* l'observation d'une femme enceinte, qui avait un double vagin ; la cloison était complète et chaque orifice très petit ; le travail fut très douloureux, il survint des convulsions, et on l'accoucha en convertissant les deux trajets en un seul.

Portal cite l'observation d'une jeune fille qui avait seulement une petite ouverture à la vulve pour le passage des urines ; les règles sortaient par le rectum. Néanmoins elle devint enceinte, et, avant l'accouchement, l'orifice vulvaire s'agrandit, et elle mit au monde un enfant par les voies naturelles.

Dans un cas d'absence complète des parties externes de la génération chez une femme en travail, M. Rossi pratiqua une incision de la largeur de 2 pouces, dans la direction du vagin, qui donna bientôt passage à un enfant qui vécut sept heures. Il découvrit, près du sphincter de l'anus et à la partie interne, une petite ouverture qui pouvait à peine recevoir un stylet, par laquelle s'était opérée la fécondation.

Chapman rapporte un cas de vice de conformation analogue, avec conception ; pendant le travail, toute l'action se dirigeait du côté du rectum : on fit une incision sur le vagin, mais l'enfant sortit par l'anus.

Dans deux autres cas, où aucune incision ne fut pratiquée, l'expulsion spontanée par l'anus put avoir lieu, et son ouverture fut à peine déchirée. Barbaut cite deux observations de femmes dont le vagin s'ouvrait dans le rectum, qui devinrent enceintes ; chez l'une, l'accouchement se termina par les seules forces de la nature, au moyen d'une déchirure qui s'étendit jusqu'au méat urinaire ; chez l'autre, on pratiqua une incision.

Désormeaux cite l'observation d'une femme qui n'avait jamais été réglée, et dont la fécondation avait eu lieu par l'anus. Elle fut prise des douleurs de l'accouchement ; et pour frayer un passage au fœtus on pratiqua une incision de la longueur de 3 pouces dans la direction du vagin ; on arriva heureusement jusque sur la tête de l'enfant, qui était bien conformé et vivant. Ce dernier fait nous indique la conduite qu'il convient de tenir pour éviter la rupture de l'anus, de la cloison recto-vaginale, dans les cas d'absence complète ou incomplète de la partie inférieure du vagin. L'opération doit être commencée lorsque la tête presse sur le plancher du bassin et le fait saillir, et l'incision placée entre le méat urinaire et l'anus, de manière à ne toucher ni au rectum ni à l'urètre.

Morgani rapporte l'histoire d'une jeune fille dont le vagin s'ouvrait à la partie inférieure de l'abdomen ; une semblable conformation ne l'empêcha pas de se marier et de devenir mère. Le médecin qui lui avait donné des soins fut obligé de dilater l'ouverture extérieure pour qu'elle permît le passage de l'enfant. Dans l'observation d'Huxham, le vagin se terminait au-dessous du nombril : à l'aide d'une incision, la femme accoucha heureusement d'un enfant vivant.

V. De l'accouchement dans les cas de déplacements de l'utérus. — A. *Obliquités de l'utérus.* — A l'état normal, l'axe de l'utérus gravide (t. i, p. 180) est supposé se confondre ou à peu près avec celui du détroit abdominal. Je dis à peu près, car la déviation de l'utérus, à droite et quelquefois à gauche, empêche que ces rapports soient complètement exacts, et la laxité plus ou moins grande de la paroi antérieure de l'abdomen lui permet de s'en écarter assez souvent d'une manière notable en avant. Ce n'est que lorsque l'utérus est déjà un peu désempli et son fond descendu au niveau de l'ombilic, que les deux axes tendent à se confondre exactement. Chez la plupart des primipares, il y a défaut d'inclinaison en avant, par rapport à l'axe du détroit supérieur, tandis qu'il y a presque toujours excès d'inclinaison, chez les femmes qui ont déjà fait des enfants.

Il faut que l'obliquité de l'utérus en avant ou de côté soit portée très loin pour être considérée comme un état anormal capable de mettre obstacle à la parturition.

On doit admettre une *obliquité antérieure*, une *obliquité latérale droite*, une *obliquité latérale gauche*, et, d'après quelques auteurs, une *obliquité postérieure*.

1° *Obliquité antérieure.* — L'inclinaison anormale de l'utérus en avant est une disposition très commune. L'inclinaison du bassin et surtout la laxité très prononcée de la paroi abdominale chez un assez grand nombre de femmes, principalement chez celles qui ont eu de nombreuses grossesses, la disposition de la ligne blanche à s'étendre en toile fibro-celluleuse, permettent qu'elle soit portée, dans quelques cas, extrêmement loin. Ainsi l'utérus peut être non seulement situé horizontalement au-dessus des pubis ; mais encore son fond peut descendre au-devant des cuisses jusqu'aux genoux. A ce point extrême il est difficile de décider s'il y a simplement déviation ou hernie à travers la ligne blanche. Suivant que le corps de l'utérus est plus ou moins incliné en avant, le col remonte plus ou moins en arrière ; il peut être appliqué au-devant de l'angle sacro-vertébral, échapper aux investigations et faire croire à son absence. Il arrive quelquefois qu'il est recourbé derrière le pubis à la manière d'une cornue, et que l'orifice utérin reste au centre du bassin, de même qu'il peut être porté en arrière sans qu'il y ait obliquité du corps (t. II, p. 39).

L'inclinaison vicieuse de l'utérus en avant, dont nous avons déjà apprécié les conséquences sur la grossesse et les présentations du fœtus, même portée à un haut degré, n'est pas habituellement un obstacle très sérieux à l'expulsion du fœtus, et il est fort ordinaire de voir l'accouchement se terminer sans secours étranger. Cependant on peut dire, sans que cela soit constant, que la première période, ou la dilatation de l'orifice de la matrice, est plus longue et plus pénible. L'orifice utérin, relevé en arrière, ne recevant qu'imparfaitement l'action de l'utérus, se dilate avec une lenteur presque imperceptible ; quelquefois même, après sept ou huit heures de travail, il est encore comme à la fin de la grossesse ; ses bords restent rapprochés comme s'ils étaient réunis. La dilatation porte sur la portion antérieure du segment inférieur de l'utérus, qui s'amincit et descend plus ou moins profondément dans l'excavation au-devant de la tête, qui en est comme coiffée, et peut faire craindre qu'il se déchire. L'orifice est cependant très souple, si on parvient à y faire arriver le doigt, on peut facilement ramener la lèvre antérieure près des pubis ; si l'action de l'utérus était bien dirigée, il suffirait de quelques douleurs pour le dilater. La femme est souvent en même temps tourmentée par des douleurs de reins continues, avec exacerbation au moment des contractions.

On remédie à l'obstacle que l'inclinaison antérieure de l'utérus peut apporter à la dilatation de l'orifice de la matrice et à l'expulsion du fœtus, en faisant coucher la femme, dès le début du travail, dans une situation beaucoup plus horizontale que celle qu'on lui donne habituellement. On voit souvent, peu de temps après, l'accouchement qui traînait en longueur se terminer promptement. Le décubitus horizontal ne suffit pas toujours pour ramener l'utérus dans sa direction ; on est quelquefois obligé de le relever et de le maintenir ensuite, soit avec les mains, soit avec une serviette pliée en double et ramenée en arrière. Il faut aussi surveiller les efforts de la femme et empêcher que la contraction des muscles abdominaux ne nuise pas au redressement de l'utérus. M. Velpeau, appelé près d'une femme dont le travail n'avançait pas depuis plusieurs heures, quoique les douleurs fussent très vives, trouva la matrice recourbée en forme de cornue, et tellement disposée, qu'à chaque contraction sa face postérieure devenait complétement horizontale. Il fit comprendre à la malade que ses efforts étaient complétement inutiles, et même qu'ils suffisaient pour empêcher l'accouchement de se terminer ; elle fut docile à ses conseils, et résista de toutes ses forces aux sensations qui l'excitaient à pousser. La matrice ne tarda pas à se relever d'elle-même pendant la contraction ; la tête s'engagea promptement, et l'expulsion du fœtus s'effectua deux heures après. Le redressement de la matrice favorise non seulement la dilatation du col utérin, mais encore l'engagement de la partie de l'ovoïde fœtal qui se présente surtout quand la présentation est irrégulière. Lorsque ces moyens ne suffisent pas, on a conseillé de porter deux doigts dans le col utérin et de l'attirer doucement vers le centre du bassin, pendant que de l'autre main on soulève le fond de la matrice, en le dirigeant en haut et en arrière ; on continue cette manœuvre jusqu'à ce que la tête soit engagée dans l'excavation. Les tractions sur la lèvre antérieure sont souvent sans résultats. M. Velpeau élève des doutes sur leur utilité, et tout porte à croire, en effet, qu'elle est très bornée. Si les précautions ci-dessus indiquées avaient été négligés ou insuffisantes, et que la tête continuât à pousser devant elle la portion de la paroi de la matrice située au-devant de son orifice, au point qu'une rupture fût imminente, il faudrait, si la version n'était pas possible, avoir recours à l'opération césarienne vaginale, dont les dangers sont, du reste, peu graves.

2° *Obliquités latérales.* — Celle du côté gauche est fort rare ; elles ne sont pas portées très loin et deviennent rarement une cause de difficulté à l'accouchement. Dans le cas où elles paraîtraient apporter du retard dans le travail, il suffirait de faire coucher la femme sur le côté opposé à la déviation et d'y repousser l'utérus.

Quant à l'*obliquité postérieure*, elle n'existe pas, au moins dans le sens attaché aux précédentes, et nous croyons avoir donné la véritable interprétation des observations qu'on a regardées comme telle (t. ii, p. 67 et 94).

B. *Hernie de l'utérus.* — La hernie de la matrice à travers une ouverture de la ligne blanche se distingue à peine de l'inclinaison antérieure portée au plus haut degré, *ventre en besace*, *venter propendulus*. Elle peut donner lieu aux mêmes difficultés, et réclame les mêmes indications ; rien ne saurait justifier les opérations césariennes qui ont été pratiquées en pareils cas.

Quelque extraordinaire que paraisse la hernie de l'utérus gravide par l'anneau inguinal ou crural, il en existe cependant des exemples. Dans ces cas, le déplacement de la matrice paraît avoir précédé ; on conçoit difficilement, à moins qu'il n'existe une éventration sur ce point de la paroi abdominale, qu'il puisse se produire après la conception, lorsque le fond de l'utérus s'élève au-dessus du bassin. Que le déplacement soit partiel ou complet, on ne peut guère supposer que l'utérus, en se développant, n'agrandisse pas l'ouverture abdominale ; il est très vraisemblable qu'en s'accroissant il s'étend aussi du côté de la cavité abdominale et que l'orifice qui lui a livré passage ressemble à une véritable éventration, et il pourrait bien se faire que l'opération césarienne ne fût pas plus nécessaire que pour la hernie de la ligne blanche ou l'obliquité antérieure. Ruysch et Simon citent chacun un cas de hernie de l'utérus gravide par l'anneau inguinal ; dans l'un on pratiqua l'opération césarienne, et la femme mourut ; dans l'autre on ne fit rien, la mère et l'enfant furent sauvés. Saxtorph fut appelé près d'une femme qui portait depuis longtemps un hystérocèle crural, et qui éprouvait quelques symptômes de grossesse. Le chirurgien avait porté le plus fâcheux pronostic, et pensait être obligé de pratiquer l'hystérotomie ; mais l'accouchement se termina seul. Si l'on rencontrait des cas semblables, il faudrait surveiller le travail, chercher à réduire la matrice ou au moins à lui donner une direction convenable, comme il a été dit plus haut pour la déviation. Si, malgré ces soins, l'accouchement semblait impossible, on ne serait autorisé à avoir recours à l'opération césarienne qu'après avoir inutilement tenté de porter la main dans la matrice ; car si l'on parvenait à pouvoir saisir les membres inférieurs, on parviendrait probablement à extraire le fœtus sans faire courir de grands dangers à la mère.

C. *Prolapsus de l'utérus.* — Nous nous sommes déjà occupé, (t. I, p. 402), de ce déplacement à cause des accidents qu'il peut déterminer pendant la grossesse. Il nous reste à parler de son influence sur la parturition ; les occasions d'observer cette influence ne sont pas très communes, surtout à terme. Nous avons vu, en effet, que, lorsque la réduction n'a pas été obtenue du quatrième au sixième mois, l'avortement a ordinairement lieu : aussi la plupart des observations d'accouchements avec prolapsus de l'utérus se rapportent à des avortements et à des accouchements prématurés ; néanmoins plusieurs ont rapport à l'accouchement à terme.

Le prolapsus de l'utérus peut survenir pendant le travail chez les femmes qui ont le périnée et la vulve relâchés, et dont le bassin est très ample. Dans ces conditions le prolapsus incomplet n'est même pas très rare.

Dans la plupart des cas, l'utérus seul se suffirait pour se débarrasser du produit de la conception. Harvey cite l'observation d'une femme dont la matrice était pendante, ce qui n'empêcha pas l'accouchement de se faire sans secours, mais la femme mourut des suites de couches. Dans un cas semblable, Portal dilata l'orifice de la matrice avec les doigts et retira une fille vivante, et la mère se rétablit. Fabricius s'est conduit de même avec succès dans un cas de prolapsus complet. Il existe plusieurs autres observations semblables plus récentes ; Deventer a vu la tête et le cou du fœtus enveloppés de la matrice sortir en entier hors du bassin. Dans les observations de Duchemin et Pietsch, l'expulsion n'a eu lieu qu'à la faveur de déchirures survenues au col, après un travail de plusieurs jours. La femme observée par Bausel n'était qu'au cinquième mois de grossesse ; elle souffrit pendant sept jours pour n'avoir pas permis le débridement du col. Dans les observations de Jalouset, Marrigues, Boislard et Py, les incisions pratiquées sur le col semblent suffisamment justifiées.

La conduite à tenir est très simple ; en ce moment la réduction étant impossible ne doit pas être tentée. On fera garder à la femme le décubitus horizontal ; on attendra pendant un temps convenable l'effet des contractions sur le col, en se bornant à soutenir la matrice, soit pour éviter les tiraillements, soit pour empêcher qu'elle ne sorte davantage, si le prolapsus n'est pas complet. Lorsque le col, dur, engorgé, calleux, etc., paraît offrir une grande résistance, on cherchera à le ramollir par des topiques relâchants, des bains, etc., à aider à sa dilatation en employant les doigts avec tous les ménagements convenables. On n'aurait recours aux incisions que s'il menaçait de se déchirer ou s'il semblait évident que sa dilatation n'a pu se faire autrement. Après la sortie du fœtus et du délivre on doit se hâter de réduire la matrice, et on donnera à la femme une attitude qui l'empêche de ressortir.

VI. DE L'ACCOUCHEMENT DANS LE CAS DE MALADIES AIGUES ET DE MALADIES CHRONIQUES. — Lorsque le travail se déclare chez une femme affectée de maladie aiguë, la marche du travail n'est pas, en général, très sensiblement modifiée ; les contractions utérines s'exercent d'une manière régulière, même lorsque les forces sont abattues, soit qu'elles aient la même énergie, soit qu'elles rencontrent dans le col et le périnée moins de résistance ; l'accouchement se fait en général promptement et en apparence avec moins de douleur. Mais les forces qui s'étaient comme réveillées pendant le travail disparaissent souvent immédiatement après. La maladie reçoit presque toujours une aggravation qui est moins le fait de l'accouchement que de l'état de couches : aussi, lorsqu'on traite une femme enceinte d'une maladie aiguë, que la grossesse soit loin ou près de son terme, on doit s'attacher avec grand soin à prévenir un accouchement prématuré ; car, s'il se fait dans cette circonstance, il est très probable que la femme succombera peu de temps après. Pendant le travail son état réclame les plus grands soins ; s'il se prolonge au-delà de sa durée moyenne et qu'il soit très pénible, on devra, quand l'état de dilatation du col le permettra, abréger la seconde période en s'aidant du forceps ou de la main, suivant la présentation.

Les femmes affaiblies par des maladies chroniques accouchent généralement facilement ; la phthisie pulmonaire offre des occasions assez fréquentes de vérifier cette assertion. Les femmes valétudinaires, étiolées, celles qui sont épuisées par la misère ou par des travaux pénibles, sont à peu près dans le même cas. Le travail est souvent peu prolongé et peu douloureux, comme si l'utérus avait conservé toutes ses forces, tandis que les parties molles ont perdu en partie leur résistance. Comme dans les maladies aiguës, le danger se manifeste surtout après l'accouchement. On voit, suivant le degré de la maladie et de l'épuisement, survenir chez quelques unes, immédiatement après l'accouchement, un affaissement de plus en plus considérable. Chez d'autres, la maladie fait des progrès plus rapides, ou bien il se déclare quelques phlegmasies puerpérales graves ; ce n'est que chez le plus petit nombre qu'on voit revenir sans trouble l'état antérieur. Dans les cas où le travail se prolonge il ne faut pas trop tarder à venir au secours de la nature.

Les maladies qui semblent devoir gêner le plus la marche du travail, comme l'ascite, les hydropisies enkystées de l'abdomen, n'ont souvent aucun effet appréciable. Chez la plupart des femmes hydropiques qui deviennent enceintes, l'accouchement se fait sans secours et assez promptement. Les anévrismes des grosses artères, les maladies du cœur, l'hydro-thorax, l'asthme, etc., peuvent exposer pendant le travail à des accidents mortels, ou augmenter considérablement l'état de gêne dans lequel la femme se trouve, sans qu'elle puisse être suffisamment soulagée par une attitude convenable. Dans tous ces cas on devra surveiller avec soin le travail, empêcher que la malade se livre à des efforts violents d'expulsion ; et si, après la dilatation du col, l'accouchement ne se termine pas promptement, on le terminera artificiellement. On se conduirait de même pour toute autre maladie, si le travail était pénible et traînait en longueur, ou si la femme était affaiblie. Lorsqu'il existe une hernie à l'ombilic ou à l'aine, on la fait rentrer avant que les douleurs soient très fortes, et on retient à l'intérieur les parties qui ont une grande tendance à sortir pendant les efforts, surtout dans les derniers moments du travail, en tenant ou en faisant tenir le pouce, une pelote sur l'ouverture qui leur a livré passage. Lorsque la hernie est irréductible, on doit se borner à la soutenir, afin d'empêcher que de nouvelles parties ne pénètrent dans le sac et ne déterminent un étranglement. S'il y avait des symptômes d'étranglement, on devrait se hâter de terminer l'accouchement aussitôt que l'état du col le permettrait.

A l'occasion de quelques unes des maladies graves qui compliquent quelquefois la grossesse, on s'est demandé s'il ne serait pas convenable d'avoir recours, dans quelques cas, à l'accouchement prématuré provoqué. Ajoutons de suite qu'il ne peut pas être question des phlegmasies aiguës, car, en déterminant la parturition dans leur cours, on augmenterait les chances de mort que court la mère. Le même motif ne peut pas être invoqué dans la plupart des maladies chroniques qu'on ne peut point espérer de voir dans un meilleur état au moment où l'accouchement se déclarera à terme. Les affections pour lesquelles quelques médecins étrangers ont proposé et même provoqué l'accouchement prématuré sont : les maladies du cœur, les anévrismes très avancés, l'hydrothorax, l'ascite accompagnée de lésions graves, en un mot toutes les affections qui sont portées au point de causer, dans les derniers temps de la grossesse, des accidents graves et de menacer l'existence de la mère. Tout en admettant que ce précepte est fondé en raison et qu'il peut être suivi, je dois faire remarquer que, si on ne l'adopte que dans les cas de nécessité réelle, on aura très rarement l'occasion d'en faire l'application dans la pratique ; car la plupart de ces affections s'accommodent assez bien avec la grossesse. Si les symptômes s'accroissent dans les derniers temps, ils constituent rarement un état alarmant, et si, dans quelques cas, la maladie est accompagnée de phénomènes graves et fait des progrès rapides, la grossesse y est le plus souvent étrangère ou n'y a qu'une part très éloignée.

SECTION IV. — **Dystocie accidentelle. — Convulsions. — Hémorrhagies utérines. — Ruptures de l'utérus, du vagin, etc.**

I. CONVULSIONS PUERPÉRALES. — Nous avons déjà eu occasion de signaler l'influence de la gestation, ou autrement dit de l'*état puerpéral* sur le système nerveux, en étudiant les troubles fonctionnels sympathiques de la grossesse. Nous aurons à compléter plus loin ce qui a été dit, t. I, p. 345, de la *perversion* de l'intelligence, en traitant de la *manie puerpérale*, qui se déclare le plus souvent à la suite de l'accouchement. Nous ne traiterons ici que des mouvements convulsifs des muscles qui sont sous la dépendance de l'axe cérébro-spinal, sympathiques de la grossesse et indépendants de lésions matérielles appréciables. Ces contractions involontaires des muscles de la vie de relation se présentent sous des formes différentes qui doivent être distinguées avec soin. Sous ce rapport elles se rapportent aux différentes espèces d'affections convulsives admises par les auteurs. Tantôt elles n'offrent rien de déterminé, tantôt elles présentent avec une exactitude frappante les caractères soit de l'*hystérie*, soit de l'*épilepsie* ; ces deux formes sont les plus communes, et la dernière offre une telle gravité qu'elle doit être considérée comme un des accidents les plus fâcheux qui puissent venir compliquer la grossesse, le travail ou les couches. L'hystérie et les autres formes encore plus rares, qui n'offrent pas la même gravité, seront décrites d'une manière générale et succincte. Les convulsions qui compliquent les hémorrhagies abondantes, n'offrant rien de spécial, ne doivent point trouver place ici : les indications qu'elles réclament se confondent avec celles des hémorrhagies elles-mêmes.

A. *Convulsions sans forme déterminée.* — On voit quelquefois, pendant le cours de la grossesse, pendant le travail et même après l'accouchement, se manifester des convulsions soit partielles, soit générales, sans caractères déterminés. La cause déterminante en reste presque toujours cachée, et leur manifestation semble souvent due uniquement à une disposition aux mouvements convulsifs, encore exagérée par l'état de grossesse.

Baudelocque a soigné une dame qui tombait en convulsion toutes les fois que son enfant faisait quelques mouvements : rien ne put calmer cette grande sensibilité de l'utérus, et les convulsions persistèrent jusqu'au moment de l'accouchement. M. Deneux a vu une femme d'une constitution très nerveuse, qui fut prise de mouvements convulsifs dans tout le côté gauche du corps aussitôt qu'elle eut conçu ; ces convulsions, sans douleur et sans dérangement dans les fonctions, persistèrent jusqu'au troisième mois de la grossesse, malgré tous les moyens qu'on mit en usage ; envoyée à la campagne, quelques jours suffirent pour lui procurer du soulagement ; elle fut guérie complétement au bout de trois semaines. De retour à la ville après le sixième mois, elle passa le reste du temps sans accident.

M. P. Dubois dit avoir vu, chez une femme enceinte de cinq à six mois, les parois du ventre se contracter avec une telle force que l'utérus en était complétement refoulé dans l'excavation pelvienne. On voyait ensuite cet organe revenir brusquement à sa place. D'autres bosselures se montraient aussi dans les flancs ; à l'épigastre et à la région ombilicale, et semblaient dépendre de la contraction spasmodique des viscères autant que de celles des parois du ventre. Cette femme guérit sans avorter. Dans quelques cas, les mouvements convulsifs qui nous occupent semblent liés à un état passager d'hyperémie de l'utérus et des ovaires, et se manifestent aux époques menstruelles.

Dans d'autres cas la cause déterminante est évidente. Delamotte a observé une femme grosse de sept mois, qui éprouvait dans le bas-ventre une douleur violente, accompagnée de mouvements convulsifs et souvent de convulsions assez violentes pour faire craindre un accouchement prématuré. Cette femme avait des envies continuelles d'uriner sans pouvoir le faire que goutte à goutte. La vessie était distendue par une grande quantité d'urine; aussitôt qu'elle fut vidée, les accidents cessèrent. Delamotte lui ayant indiqué le moyen de se faire uriner, elle se porta bien jusqu'à son accouchement, qui fut heureux. Il est peu d'accoucheurs qui n'aient vu survenir des mouvements convulsifs, souvent accompagnés de trouble dans les idées, soit de la face, soit des membres supérieurs, soit de tout le corps, pendant le travail de l'enfantement ;

lorsqu'il est très douloureux ; ils surviennent le plus souvent lorsque la tête est sur le point de franchir l'orifice de la matrice ou la vulve. L'expulsion du placenta en détermine quelquefois.

B. *Hystérie puerpérale.* — Elle paraît être plus commune pendant les cinq ou six premiers mois de la grossesse qu'après ; les accès se reproduisent ordinairement à des époques plus ou moins rapprochées, et quelquefois jusqu'au moment du travail ; enfin ils peuvent se manifester pour la première fois pendant le travail ou après l'accouchement. Dans quelques cas, elle semble n'être que la continuation de l'hystérie préexistant à la grossesse ; dans d'autres, elle se manifeste sous l'influence de la prédisposition développée par la gestation, et disparaît après les couches. Dans l'un comme dans l'autre cas, tantôt l'accès est provoqué par une cause souvent légère, tantôt il se manifeste sans cause appréciable.

Les modifications produites par le travail peuvent les faire éclater même chez des femmes qui n'y paraissent pas prédisposées et qui n'ont point eu d'accès pendant le cours de leur grossesse. Tantôt l'accès est précédé de la série des phénomènes qui annoncent le plus souvent les attaques de l'hystérie dans les conditions ordinaires ; tantôt il débute brusquement, surtout lorsqu'il se déclare pendant le travail. La malade perd l'usage de la parole et entre aussitôt dans un état convulsif, avec suspension incomplète des fonctions intellectuelles, mais rarement avec perte entière de connaissance ; le plus souvent elle se plaint ou pousse un cri particulier.

La face est vultueuse, rarement convulsée ; il n'y a le plus souvent qu'un resserrement des mâchoires ou des grincements des dents. Dans le plus petit nombre des cas la face est contournée et violette comme dans l'épilepsie ; quelquefois aussi la malade rend, comme dans cette dernière maladie, de l'écume par la bouche ; mais les autres caractères rendent toujours la distinction facile. Les mouvements sont très étendus ; le tronc et les membres se fléchissent et s'étendent alternativement avec une grande énergie. Si la malade n'est pas contenue, elle se livre à des mouvements désordonnés et tombe bientôt de son lit ; l'abdomen est souvent rétracté, quelquefois gonflé. Elle éprouve un serrement de gosier, quelquefois le sentiment d'un corps étranger qui remonte de l'abdomen à travers la poitrine jusqu'à la gorge ; elle porte les mains à l'épigastre, sur la poitrine, au cou, comme pour enlever quelque chose ; quelquefois, au lieu de mouvements convulsifs étendus, il ne se manifeste que des roideurs convulsives qui ne font point changer la malade de place. Les mouvements du cœur sont forts, tumultueux, et les carotides vibrantes. La durée des attaques est ordinairement de plusieurs heures; mais les accidents ne conservent pas toujours la même intensité. Toutes les trois, quatre ou cinq minutes, plus ou moins, les mouvements convulsifs cessent pour quelques instants, pendant lesquels la malade se plaint sans recouvrer complétement la connaissance, à moins que les intervalles de repos ne soient très prolongés.

Les attaques se composent ainsi de paroxysmes convulsifs dont le nombre est très variable; à la fin, la malade ressent une grande fatigue, de la tristesse et quelquefois de la confusion dans les idées. On peut se convaincre le plus souvent que la perte de connaissance est plus apparente que réelle; plusieurs femmes peuvent rendre compte de ce qu'elles ont éprouvé et se rappellent ce qui a été dit ou fait autour d'elles. Les accès peuvent être peu intenses et peu nombreux; dans quelques cas, les malades ne présentent que de la dyspnée, de l'étouffement, un sentiment de strangulation et quelques faibles mouvements convulsifs. On trouve dans les auteurs un assez grand nombre d'observations qui nous montrent comment se comporte l'hystérie liée à la grossesse. Levret rapporte qu'une dame, peu de jours après être devenue enceinte, éprouva de l'oppression, pour laquelle elle fut saignée du bras; quelques jours après, elle eut pendant une heure des vapeurs et des convulsions dont le caractère hystérique ressort nettement de leur description; l'accès commença par de l'oppression et finit par des bâillements. Le lendemain, il reparut à la même heure, et dura un peu plus de temps que la veille. Les convulsions se renouvelèrent les jours suivants, et la durée des paroxysmes alla toujours en augmentant. Vers le milieu de la grossesse, un second accès se joignit tous les jours au premier; il survenait six heures après, et se prolongeait pendant cinq ou six heures. Sa durée augmenta ainsi progressivement. Au huitième mois, les deux accès se réunirent, et vers la fin de la grossesse, la malade n'avait plus que six heures de tranquillité sur vingt-quatre; la fin de chaque paroxysme était suivie de sueur, d'une fatigue extrême et de sommeil. La description qu'il donne des accès se rapporte exactement à ceux de l'hystérie. Le travail se déclara à huit mois et demi, pendant un accès. Dès la première douleur on s'aperçut d'un peu de diminution dans les mouvements convulsifs, qui se dissipèrent peu à peu, à mesure que les contractions utérines augmentèrent, et disparurent tout-à-fait vers le milieu du travail, qui ne dura que deux heures. L'enfant, né faible, continua à vivre. Les suites de couches ne présentèrent rien de particulier; mais les convulsions se manifestèrent de nouveau, au premier retour des règles et aux époques menstruelles suivantes. L'usage des eaux de Plombières dissipa une légère paralysie des membres inférieurs ; mais les convulsions reparaissaient cependant, pour peu que la malade éprouvât quelque peine.

Baudelocque a rapporté une observation fort intéressante d'accès hystériques entretenus par la grossesse. Les convulsions eurent lieu dès le premier mois de la grossesse ; huit à dix gouttes de liqueur minérale anodine d'Hoffmann rendirent l'accès de moitié plus long qu'il n'avait été la veille, et pareille dose, administrée le lendemain, le prolongea encore. De trois quarts d'heure qu'il était d'abord, l'accès fut porté à une heure trois quarts, puis à trois heures et demie, tant le matin que le soir ; cet état se soutint ainsi pendant douze jours de chaque mois, jusqu'à la fin de la grossesse, malgré l'usage des bains prolongés pendant quatre heures chaque jour. La seconde et la troisième grossesse n'auraient pas été moins orageuses sans la saignée du bras. Les convulsions s'annoncèrent aux mêmes époques et semblèrent prendre la même marche ; mais dix-huit fois la saignée d'une seule palette de sang en arrêta les progrès. On ne pouvait la différer de vingt-quatre heures après le premier accès de chaque mois, sans que les convulsions devinssent très fortes. M. Capuron rapporte qu'une femme très irritable, d'un tempérament sanguin ; enceinte pour la première fois à vingt-quatre ans, éprouva d'abord quelques maux d'estomac et des envies de vomir qui se dissipèrent promptement. Pendant le temps correspondant aux époques menstruelles, elle se plaignait d'un engourdissement dans tous les membres et de quelques soubresauts ou agitations involontaires durant la nuit. Vers le milieu de la grossesse, il se déclara tout-à-coup des convulsions si violentes, qu'on pouvait à peine contenir assez la malade pour l'empêcher de se blesser. On pratiqua une saignée qui produisit peu de soulagement et n'empêcha point les convulsions de durer pendant trois ou quatre jours. Le mois suivant, les convulsions revinrent avec la même violence ; elles eurent la même durée, quoique la saignée eût été réitérée et qu'on eût employé les antispasmodiques les plus puissants. Chaque période correspondante à la période menstruelle fut ainsi marquée par la contraction et le relâchement alternatifs des muscles du tronc et des membres. Le travail de l'enfantement se manifesta vers la fin du neuvième mois ; la femme éprouvait les convulsions les plus violentes lorsque les douleurs se faisaient sentir. Enfin elle accoucha d'un enfant mâle très bien portant. Les mouvements convulsifs, quoique diminués, durèrent encore jusqu'à la fièvre de lait.

Il existe plusieurs autres observations d'un état habituel d'hystérie pendant une partie ou toute la durée de la grossesse. Une femme avait pendant toutes ses grossesses des convulsions hystériques qui revenaient tous les quinze jours. La maladie peut avoir une durée très courte et ne plus reparaître après plusieurs accès ou ne se reproduire que de loin en loin, lorsqu'elle se déclare dans le cours de la grossesse; mais le plus souvent les accès de convulsions qui se manifestent pendant le travail ont la forme de l'épilepsie, et sont de nature beaucoup plus grave.

C. *Tétanos puerpéral.* — Dans quelques cas très rares, les convulsions sympathiques de la grossesse se présentent sous la forme de contractions permanentes, et les muscles du tronc ou des membres restent plus ou moins de temps tendus et contractés sans se relâcher. La ressemblance avec le *tétanos*, moins la gravité, est frappante. M. Capuron rapporte qu'une femme âgée de dix-huit ans, naturellement délicate et très nerveuse, fut prise, immédiatement après la conception, d'une rigidité tétanique de tous les muscles de la partie antérieure du tronc; elle se courba peu à peu en devant, et se ploya en deux comme dans l'*emprosthotonos*; il était impossible de redresser ou d'allonger les membres abdominaux. Du reste, point de fièvre ni d'autre incommodité. Cet état persista jusqu'au moment de l'accouchement, pendant lequel la malade se redressa insensiblement, à mesure que le travail faisait des progrès; et après la délivrance, elle avait repris son attitude ordinaire. Les suites de couches furent heureuses; l'enfant était bien portant.

D. *Catalepsie puerpérale.* — On a mentionné la *catalepsie* comme pouvant être liée à l'état puerpéral, et quelques faits semblent confirmer cette étiologie.

Peu rapporte qu'une jeune femme, grosse de quatre à cinq mois, eut une si grande frayeur en voyant un enfant glisser rapidement le long d'une de ces cordes que l'on mettait autrefois dans les escaliers en guise de rampe, qu'elle fut prise sur-le-champ d'un tremblement général. Les personnes qui vinrent la secourir la trouvèrent comme en extase, ayant les yeux ouverts et ne pouvant remuer ni parler. Lorsqu'elle fut sortie de cet état, elle dit avoir éprouvé, au moment de la frayeur, une violente douleur dans tout l'abdomen. La grossesse parvint difficilement jusqu'à son terme, et la femme accoucha d'un enfant mort. Si c'est là un état de catalepsie, il est au moins douteux que la grossesse ait été pour quelque chose dans sa manifestation.

C'est surtout comme épiphénomène de l'*éclampsie* qu'on a quelquefois rencontré la catalepsie. Cet état existait dans un cas observé par M. Deneux ; je l'ai vue moi-même une fois succéder à des convulsions éclamptiques. M. Danyau en cite un cas à l'occasion de l'observation de M. Schmids, de Paderborn, qui présente cela de curieux que l'enfant lui-même tomba dans le même état ; ses membres prirent la position étendue et fléchie qu'avaient offerte ceux de la mère, et il mourut au bout de deux heures.

Les différentes espèces de convulsions que nous venons de passer en revue ne paraissant pas très dangereuses, autant du moins qu'on en peut juger par un petit nombre de faits, n'exigent pas une médication très active. L'art est d'ailleurs fort souvent impuissant contre les accidents sympathiques de la grossesse ; c'est une raison de s'abstenir des moyens énergiques, qui sont souvent nuisibles ; les opiacés, les antispasmodiques les exaspèrent quelquefois. Les moyens les plus propres à calmer l'éréthisme du système nerveux sont les bains tièdes prolongés et souvent répétés, les boissons mucilagineuses et rafraîchissantes, un régime doux, un genre de vie calme et régulier. Lorsque ces convulsions paraissent liées à un état de pléthore, on a recours aux émissions sanguines. Dans les accès de convulsions hystériformes, il faut surveiller et contenir avec soin les malades, qui sont fort exposées à se blesser. Pendant le travail, elles mettent rarement dans la nécessité de terminer artificiellement l'accouchement.

E. Éclampsie.—On se sert encore des mots *convulsions*, *épilepsie puerpérale*, pour désigner les mouvements convulsifs qui se manifestent sous forme d'accès épileptiques pendant la grossesse, le travail et les couches, et qui ne paraissent pas différer, par leur nature, de l'épilepsie ; les symptômes sont les mêmes : l'une paraît être à l'autre ce que l'état aigu est à l'état sub-aigu dans la même maladie. Dans l'éclampsie, les accès sont très rapprochés ; l'intermittence est plus ou moins complétement remplie par un état d'assoupissement ou de coma profond, et la maladie se termine bientôt par la guérison définitive ou la mort. Sous ce rapport, la différence paraît grande ; mais personne n'ignore que dans l'épilepsie habituelle la mort survient assez souvent lorsque les accès sont très rapprochés, que les malades sont dans leur état de mal, comme on dit vulgairement dans les établissements consacrés aux épileptiques ; et dans les deux cas la mort semble avoir lieu de la même manière. On trouve, dans les convulsions qui affectent les nouveaux-nés, une forme qui peut être comparée à l'éclampsie des femmes enceintes ou en couches. L'on voit chez eux survenir des accès convulsifs qui ont tous les caractères de l'épilepsie à l'état aigu, et qui se terminent par la mort ou par le retour à la santé, sans que ces enfants soient par la suite sujets à l'épilepsie. Ces maladies ne peuvent pas être confondues dans une même description; mais, tout en les distinguant, il faut faire ressortir leur analogie, car elles s'éclairent réciproquement et doivent tenir une place très rapprochée dans le cadre nosologique.

L'éclampsie est peu fréquente ; sous ce rapport, les relevés des établissements de femmes en couches offrent entre eux d'assez grandes différences, comme 1 sur 238, 1 sur 488. Si on pouvait en tirer quelques conclusions, l'éclampsie serait très sensiblement plus commune en France qu'en Angleterre.

Relativement au moment de son apparition, on trouve sur 197 cas d'éclampsie où l'on a tenu compte du début de la maladie, qu'elle s'est déclarée 53 fois pendant la grossesse, 99 fois pendant le travail et 45 fois après. Dans ce dernier nombre je ne comprends pas les cas où la maladie, ayant commencé pendant le travail et même auparavant, a continué encore après la délivrance. Cette continuation est assez fréquente, même lorsque la terminaison est heureuse; mais dans ce cas il ne survient le plus souvent qu'un petit nombre d'accès.

L'éclampsie ne se développe pas avec la même fréquence à toutes les époques de la grossesse ; on l'observe ordinairement pendant les deux derniers mois, quelquefois pendant le septième et le sixième ; mais elle est extrêmement rare pendant la première moitié de la grossesse. M. Prestat cite comme unique le fait suivant, observé par M. Danyau père : une jeune femme, arrivée à la sixième semaine de sa grossesse, est prise des symptômes de l'avortement. Dès ce moment l'éclampsie se déclare, et les accès, d'abord séparés par des intervalles lucides, sont bientôt réunis par un coma profond. Dès que l'orifice permit l'introduction de deux doigts, M. Danyau fit l'extraction de l'œuf ; les accès cessèrent aussitôt, et la femme se rétablit promptement. A une grossesse suivante et au même terme, l'avortement survint encore, accompagné d'éclampsie ; mais cette fois les accès persistèrent quelque temps après la terminaison de l'avortement. La malade se rétablit comme la première fois.

Pendant le travail, elle se déclare assez souvent au début, et même lorsqu'il n'y a encore que des prodromes. Il est impossible de déterminer d'une manière rigoureuse si elle se déclare plus fréquemment à une période qu'à une autre ; il semble néanmoins que la plus grande fréquence se rencontre vers le temps où la tête est peu éloignée de franchir l'orifice de la matrice. Mais on n'a pas tenu compte, dans un assez grand nombre d'observations, du moment précis du début de la maladie pour pouvoir donner à cette proposition un caractère positivement affirmatif. Après l'accouchement, les accès se manifestèrent ordinairement peu de temps après l'expulsion du fœtus, depuis quelques instants à peine appréciables, jusqu'à deux ou trois heures après l'expulsion du fœtus; il n'est pas rare de ne les voir apparaître qu'après la sortie du placenta. Quelquefois l'éclampsie ne se manifeste que vingt-quatre, quarante-huit heures, etc., après la délivrance. M. Prestat l'a vue survenir, dans un cas, le quatrième jour de ses couches et se terminer par la mort. Mais on peut considérer comme une exception peu ordinaire les cas où les accès ne se sont déclarés que le sixième ou le dixième jour des couches.

Un fait observé par M. A.-C. Baudelocque est plus extraordinaire encore. La maladie ne se déclara que six semaines après l'accouchement; les caractères de l'éclampsie furent très nets; la malade succomba, et l'autopsie ne laissa pas de doute sur la nature de la maladie.

Causes. — L'état puerpéral, comprenant la gestation, le travail de l'enfantement et les couches, est la cause prédisposante générale de l'éclampsie, puisqu'on ne retrouve pas en dehors de cet état la même maladie exactement avec tous ses caractères. Mais il s'agit de faire ressortir les prédispositions particulières. Il est douteux que les femmes qui sont tourmentées par des accidents sympathiques de la grossesse y soient plus exposées que celles qui en sont exemptes; il en est de même des accidents qui paraissent avoir plus de rapport avec l'éclampsie, comme les convulsions sans forme déterminée et l'hystérie. Le tempérament nerveux préexistant à la grossesse ne paraît pas même une prédisposition évidente. L'éclampsie ne paraissant être que l'épilepsie à l'état aigu, il est curieux de rechercher si celle-ci prédispose à la première. Les médecins qui ont écrit sur l'épilepsie ne nous apprennent rien à cet égard. Mauriceau a vu une femme épileptique qui périt dans un accès huit jours après l'accouchement. Madame Lachapelle, qui a observé un assez grand nombre de femmes épileptiques enceintes, dit que les accès redoublent souvent de fréquence et qu'il est parfois impossible d'assurer que l'on n'a point affaire à un accès d'éclampsie, et que chez de pareils sujets les accès de convulsions sont tantôt sans aucune conséquence, tantôt mortels. Elle assure avoir vu des femmes qui n'étaient épileptiques que pendant la grossesse; une d'elles accoucha fort heureusement, quoiqu'elle eût eu de fréquents accès qui la saisissaient ordinairement pendant le sommeil, et souvent même ils avaient lieu deux fois dans la nuit. De pareils cas se confondent avec l'épilepsie par leur marche et avec l'éclampsie par la cause. Mais ne doit-on pas les considérer comme une véritable éclampsie dont la marche est plus lente et qui, par cela seul, perd beaucoup de sa gravité? Dugès a vu une femme sujette à l'épilepsie être prise, le lendemain de son accouchement, à la suite d'une altercation, d'accès d'éclampsie parfaitement caractérisés. M. Prestat a consigné dans sa thèse l'observation d'une femme épileptique dont les accès se répétaient assez régulièrement quatre ou cinq fois par an. Dans les trois derniers mois de sa première grossesse, les accès convulsifs devinrent fréquents et plus violents que d'habitude. Pendant le travail, plusieurs eurent lieu, et déterminèrent, suivant les personnes qui assistèrent alors cette fille, la mort de l'enfant. Elle se rétablit promptement et fut six mois sans éprouver d'attaques. Pendant les quatre derniers mois d'une seconde grossesse, les accès épileptiques avaient plus de fréquence et de gravité; elle accoucha, après un travail très long, d'un enfant vivant, sans qu'il se manifestât d'accès; aussitôt après, elle en eut trois en quelques minutes; mais ces convulsions étaient peu fortes; et après la délivrance, la malade recouvra toute sa connaissance. On trouve dans les auteurs quelques autres exemples d'épilepsie habituelle exaspérée, rendue aiguë par la gestation. Mais il n'est nullement rare de rencontrer des femmes épileptiques dont les accès ne sont pas modifiés par la grossesse et qui accouchent sans en avoir. Il ne paraît pas moins certain que l'épilepsie prédispose, pendant la grossesse, le travail et les couches au retour d'accès plus rapprochés et plus intenses, qui ont les caractères et la gravité de l'éclampsie.

Une foule d'observations attestent que les femmes fortes, vigoureuses, sanguines, celles qui sont dans un état de pléthore habituelle ou consécutive à la grossesse, sont prédisposées à l'éclampsie. Il en est de même des femmes lymphatiques. L'œdème porté à un haut degré constitue une prédisposition beaucoup plus active encore; on le rencontre à des degrés différents dans presque la moitié des cas.

Cette influence, à peine appréciable lorsque l'œdème est borné aux jambes, est porté à son plus haut degré lorsqu'il s'étend aux mains, au cou, à la face. Il y a, comme l'a dit M. Robert Johns, risque de convulsions qui se convertit presque en certitude, s'il coïncide avec de la céphalalgie, des troubles passagers des sens, une première grossesse, une constitution replète et pléthorique. Ce gonflement des mains, du cou, de la face, semble être aussi souvent le résultat d'une stase du sang qu'un véritable œdème; mais le danger n'est pas moindre.

L'éclampsie est beaucoup plus commune dans la première grossesse que dans les suivantes. Sur 17 cas que j'ai analysés, 13 étaient relatifs à des femmes enceintes pour la première fois, 2 pour la troisième, 1 pour la quatrième, 1 pour la cinquième, 1 pour la sixième fois ; mais quelques unes de ces femmes avaient eu une première attaque.

Sur 48 cas, Merriman a noté 36 primipares ; Clarke 16 sur 19 ; M. Collins 29 sur 30 ; la dernière avait déjà eu un enfant, mais avec convulsions ; M. Robert Lee 30 sur 46. Sur 9 femmes affectées et 12 menacées, observées par MM. Johns et Johnson, 19 étaient enceintes pour la première fois ; les 2 autres avaient eu des convulsions à leur première grossesse. On voit également qu'une première attaque prédispose à la reproduction de la maladie dans les grossesses suivantes.

Dewes cite une femme chez laquelle une éclampsie grave se reproduisit trois fois, et ne manqua que dans les grossesses où elle fut saignée.

Il faut aussi placer au nombre des prédispositions les grossesses doubles. Dans les 48 cas observés par Merriman, 3 sont relatifs à des accouchements de jumeaux ; on retrouve cette coïncidence assez souvent notée dans les observations particulières. Or, en comparant le rapport des grossesses multipares aux grossesses unipares, il ne peut guère rester de doute sur la réalité de cette prédisposition. Il est probable qu'il en est de même dans les cas où l'utérus se trouve distendu par une grande quantité de liquide amniotique, par un fœtus très volumineux.

On a supposé, mais sans en donner la preuve, que l'habitation dans les villes était favorable au développement des convulsions. Quelques auteurs ont pensé que l'influence des saisons, qu'une constitution atmosphérique particulière, n'étaient pas étrangères au développement de cette maladie. Madame Lachapelle fait remarquer qu'à l'hospice de la Maternité, l'éclampsie n'est pas toujours sporadique et qu'une femme affectée de ce mal en annonce ordinairement une ou plusieurs autres. Mais les relevés de la Maternité nous montrent la maladie à peu près également distribuée dans toutes les saisons, sans offrir de caractères épidémiques : seulement, en mars 1812, 3 femmes furent frappées d'éclampsie, avant l'accouchement. Chaussier et Merriman ont admis que l'état saburral des voies digestives prédispose à l'éclampsie ; mais cette assertion n'a guère d'autres preuves que l'autorité de ces auteurs.

Les muscles de la vie organique ne paraissent point participer à l'état convulsif. On ne peut pas même établir avec certitude une exception pour l'utérus ; sa rétraction spasmodique lorsqu'elle existe n'est qu'une coïncidence : ce sont des états essentiellement différents et indépendants. En attribuant à des mouvements convulsifs de l'utérus la manifestation du travail on a donné une explication à la place d'un fait constaté. C'est plus certainement encore à tort qu'on cru voir, dans l'expulsion de l'urine, des fèces, des liquides contenus dans l'estomac qu'on observe quelquefois, la participation des réservoirs qui les renferment au mouvement convulsif général. C'est un effet de la pression exercée pendant l'accès par le diaphragme et les autres muscles abdominaux.

M. R. Johns a avancé qu'on a peu à craindre de voir survenir l'éclampsie quand l'enfant ne présente pas la tête. Dans les 24 cas qu'il a observés, le fœtus présentait en effet l'extrémité céphalique, et sur les 30 cas de M. Collins il y avait 29 présentations de la tête et une présentation des fesses. Mais faut-il voir là comme le veut M. Johns une prédisposition ? La fréquence de la présentation de la tête relativement aux autres n'explique-t-elle pas suffisamment ces résultats ?

Le travail de l'enfantement, comme d'ailleurs toutes les influences non douteuses que nous venons de passer en revue, est une cause prédisposante et occasionnelle des plus manifestes, puisque c'est pendant son cours que l'éclampsie éclate le plus souvent. Mais chose digne de remarque, c'est que sa fréquence ne semble nullement augmentée par la longueur et les difficultés du travail qui résultent d'une présentation vicieuse, d'un rétrécissement du bassin ou de toute cause de dystocie. On trouve bien quelques observations où la rigidité du col utérin, le rétrécissement du bassin, du conduit vulvo-utérin, etc., ont coïncidé avec des convulsions; mais ces cas sont en très petit nombre. Il est vrai que l'accouchement laborieux est au naturel dans une proportion assez faible; mais tout en tenant compte de cette circonstance, on doit hésiter à avancer, comme on le fait généralement, que le premier est plus fréquemment accompagné de convulsions que le second. Cependant quelques faits semblent confirmer l'opinion de M. P. Dubois qui regarde le rachitisme comme prédisposant à l'éclampsie.

Bien que le plus souvent l'accès se manifeste sous la seule influence des causes prédisposantes, quelquefois néanmoins la cause occasionnelle qui le provoque est des plus évidentes. On a vu assez souvent l'éclampsie éclater pendant la grossesse, le travail et les couches presque immédiatement ou peu de temps après des émotions vives, une altercation, des reproches, de mauvais traitements, amenés par la découverte d'une grossesse cachée, la mort, l'abandon d'un enfant, etc.; mais il faut convenir que dans la plupart des cas où l'éclampsie se déclare avant le début du travail et après la délivrance, il est impossible de reconnaître une cause déterminante appréciable et que la prédisposition seule suffit souvent pour faire éclater la maladie. On peut même ajouter qu'il n'est pas très rare de ne rencontrer d'autre cause prédisposante que l'état puerpéral. Énumérer comme le font la plupart des auteurs, à l'occasion de toutes les maladies, les circonstances les plus insignifiantes dans lesquelles peuvent se trouver les malades, est un aveu de notre ignorance que nous n'avons aucun intérêt à cacher. Le travail, comme nous l'avons déjà dit, est souvent la cause déterminante de l'éclampsie, puisque c'est pendant sa durée qu'on l'observe le plus fréquemment, mais il est le plus souvent impossible de déterminer les circonstances particulières qui provoquent l'accès; il n'est pas rare de voir la maladie se déclarer dès le début du travail, lorsqu'il n'a encore provoqué que peu d'excitation. Boër croit qu'on doit moins redouter la force et la violence des douleurs que la persistance d'une douleur légère, mais qui irrite la malade par sa longueur et son caractère agaçant. L'irritation et la douleur causées par le passage à travers le col, par la distension des tissus du périnée et de la vulve semblent, dans un assez grand nombre de cas, la cause déterminante des accès. S'il faut attribuer la manifestation de l'éclampsie à l'irritation causée par le travail, elle doit être plus fréquente dans l'accouchement non naturel, où des causes diverses le rendent plus long et plus pénible, et où il faut souvent extraire le fœtus artificiellement; mais nous avons vu que ces accouchements semblent être plus rarement compliqués d'éclampsie que ceux qui se font le plus naturellement.

Après l'expulsion du fœtus on suppose généralement que la présence du délivre dans l'utérus, les douleurs qu'il réveille pour être expulsé, sont les causes déterminantes les plus actives. Il est difficile de savoir jusqu'à quel point cette opinion est fondée ; le soulagement que plusieurs malades ont éprouvé après son extraction tend à faire croire qu'il n'y est pas toujours étranger. Dans un cas, l'éclampsie s'est déclarée immédiatement après qu'on eut porté la main dans la cavité utérine pour la vider de caillots sanguins abondants.

Prodromes. — L'éclampsie est ordinairement précédée de divers phénomènes précurseurs, d'une durée variable, depuis plusieurs jours jusqu'à quelques heures seulement. Quelques observateurs ont avancé qu'elle ne débute jamais à l'improviste, et que si les prodromes ne sont pas signalés dans tous les cas, il faut l'attribuer à leur peu de durée et au défaut d'attention. Quoi qu'il en soit, il arrive quelquefois que, malgré une surveillance exacte et éclairée, l'attention de l'accoucheur n'est éveillée que par l'explosion du premier accès; mais le plus ordinairement il est précédé, pendant quelque temps, de coloration de la face, de pesanteur de tête et d'étourdissements, de céphalalgie intense, de bourdonnements, de trouble et même de perte momentanée de la vision, de lenteur et d'embarras dans la parole, d'anxiété, de gêne de la respiration, de douleur à l'épigastre, de plénitude ou dureté du pouls, d'agitation, d'indocilité. Lorsque ces symptômes se rencontrent en plus ou moins grand nombre chez une femme primipare, d'une constitution pléthorique et replète ou affectée d'un gonflement œdémateux qui s'étend aux mains ou à la face, ou qui a déjà été atteinte d'épilepsie puerpérale, il y a lieu de craindre, presque avec certitude, la manifestation prochaine d'un premier accès.

Symptômes. — Précédée de prodromes ou non, l'attaque n'en est pas moins subite. La malade tombe tout-à-coup sans connaissance et se présente dans l'état suivant : « Au début de l'accès, le regard devient fixe et il y a un moment d'immobilité générale ; puis les traits s'altèrent profondément, les muscles de la face se contractent de mille manières et grimacent horriblement. Les lèvres sont agitées de mouvements convulsifs ; l'une des commissures est fortement entraînée vers le côté sur lequel la tête doit se pencher ; la bouche d'abord entr'ouverte laisse passer la langue qui est poussée en avant entre les arcades dentaires, puis celles-ci se rapprochent, et, si on n'y prend garde, peuvent saisir la langue, la mordre et lui faire de profondes blessures. Les paupières sont agitées par un clignotement très rapide, mais assez étendu pour laisser voir le globe de l'œil ; cet organe roule de tous côtés dans l'orbite, puis il se fixe du même côté que la commissure des lèvres ; la pupille est dilatée ou immobile ; les muscles du cou participent à ces mouvements, et finissent par fléchir la tête vers l'une ou l'autre épaule, le tronc est également convulsé ; les bras fortement étendus sur les côtés du tronc sont souvent tournés dans une forte pronation, les poings sont fermés, le pouce fléchi dans la paume de la main ; les membres inférieurs sont aussi le siége de cette roideur.

La respiration et la circulation sont profondément modifiées par cet accès convulsif. La respiration est plus ou moins complètement suspendue par la contraction spasmodique du diaphragme et des autres muscles du thorax, et dès lors l'hématose se trouve interrompue. Le cœur ne chasse plus dans toute l'économie que du sang noir, et toutes les parties où la peau est fine et transparente changent de couleur. La face, les mains, deviennent violettes, livides et même noires. La partie sus-diaphragmatique du corps et surtout le col et la tête se gonflent. Cet état de spasme se trouve interrompu par des secousses partielles et générales; ces mouvements ont cela de remarquable que les bras restent collés sur les côtés du corps ou se rapprochent de la ligne médiane, et que la flexion n'est jamais portée très loin. Quant au tronc, il reste à la même place et ne présente pas cette tendance au déplacement qu'on remarque dans l'hystérie; la respiration devient courte, accélérée, bruyante, convulsive; de l'écume épaisse sort de la bouche et des narines, souillée quelquefois du sang qui provient des morsures de la langue. Il se produit dans le larynx un bruit qu'on ne saurait mieux comparer qu'au ronflement d'un chat. Les carotides battent violemment, les jugulaires prennent un volume considérale. A ces saccades succède un spasme violent et plus prolongé que le premier; la respiration et la circulation sont plus troublées, aussi la coloration bleue et la turgescence augmentent-elles beaucoup. Il y a quelquefois excrétion involontaire des fèces et des urines, une sueur froide couvre tout le corps, et l'accès commence à diminuer d'intensité. Cette diminution de l'accès est graduelle, et jamais la cessation n'est soudaine. Les mouvements convulsifs et les spasmes deviennent moins violents.

Le pouls, qui avait acquis une fréquence et une petitesse extrêmes, se ralentit et se relève, la respiration est moins courte et plus profonde, la face perd de sa lividité, les muscles ne sont plus agités que par intervalles et leur contraction ressemble beaucoup à celle qui est déterminée par un choc électrique.

L'état convulsif fait place à l'état comateux, il y a résolution plus ou moins complète de tous les muscles de la vie de relation, la respiration est stertoreuse, l'air en traversant la bouche rend la salive plus écumeuse; les facultés sensoriales et intellectuelles sont tout-à-fait abolies, les pupilles sont très dilatées et insensibles à l'action de la lumière; c'est en vain que tous les excitants sont employés, la malade ne perçoit plus aucune sensation. Cependant il semble au milieu de cette insensibilité générale que les douleurs utérines soient encore perçues par la malade; car, pendant les contractions de la matrice, on la voit grimacer et témoigner par ses gémissements des souffrances qu'elle éprouve; il faut remarquer que cet état comateux est d'autant moins prolongé, en général, que l'accès épileptiforme est moins grave, et surtout que celui-ci s'est répété moins souvent. En effet, plus les accès ont été nombreux, plus le coma se prolonge, il finit par remplir ensuite tout l'intervalle qui sépare les accès et la malade ne recouvre plus sa connaissance: il persiste encore quelque temps après que les convulsions ont tout-à-fait cessé, et il n'est pas rare de voir les malades ne recouvrer la connaissance qu'un, deux et même trois jours après le dernier accès convulsif. » J'ai emprunté ce tableau à la thèse de M. Prestat, parce qu'il me semble l'expression exacte des accès et de l'état comateux qui leur succède.

La durée des accès convulsifs est très courte, d'une, deux, trois minutes, très rarement de quatre ou cinq. Il est très vraisemblable que, dans les cas où l'on a noté des accès de dix, quinze, vingt minutes, etc., l'on n'a pas suffisamment distingué l'accès convulsif de l'état comateux.

Cette confusion a été évidemment faite par les auteurs qui ont signalé des accès d'une ou plusieurs heures, et même d'un jour entier, à moins qu'ils n'aient pris des attaques d'hystérie pour des attaques d'éclampsie. Les accès vont en augmentant d'intensité ; mais lorsqu'ils ont acquis leur plus grand degré de violence, ils diminuent ordinairement lorsque la maladie doit se terminer par la guérison. Les derniers sont quelquefois bornés à de légers mouvements convulsifs d'une durée à peine appréciable, comme dans le vertige épileptique.

Le nombre des accès est extrêmement variable ; il est très rare de n'en observer qu'un ou deux, mais il n'en survient souvent que cinq ou six lorsque l'attaque est légère. Ils ne suivent pas dans leur succession une marche régulière. Lorsque la maladie doit avoir une terminaison fâcheuse, il est assez ordinaire de les voir se rapprocher de plus en plus. Tantôt ils ne sont séparés que par quelques minutes, tantôt par des heures entières ; souvent l'accès qui suit une suspension prolongée est plus intense ou semble se partager en deux ou trois accès qui se succèdent coup sur coup, mais qui n'ont qu'une médiocre intensité. On voit des femmes qui ont quinze ou vingt accès en quelques heures, tandis que d'autres en ont à peine le même nombre en vingt-quatre heures. On a noté jusqu'à quarante, cinquante, soixante accès dans le cours de la même maladie. Le temps pendant lequel ils se reproduisent n'est pas généralement très long ; il est peu ordinaire de les voir continuer après vingt-quatre heures. On cite cependant des femmes chez lesquelles ils se sont reproduits en nombre plus ou moins considérable pendant quarante-huit, cinquante quatre-vingts heures. Dans ce dernier cas, les accès revenaient de quatre heures en quatre heures ; il y en eut quinze après l'accouchement. L'enfant succomba pendant le travail, mais la mère se rétablit. Il n'est pas question des cas rares où l'éclampsie s'est présentée en quelque sorte sous une forme chronique pendant une partie de la grossesse. Les accès sont généralement moins nombreux lorsque la maladie débute dans la dernière période du travail et après l'accouchement.

Le coma qui suit les accès convulsifs offre plusieurs degrés. Après les premiers, surtout s'ils sont peu rapprochés, il n'est ni très profond ni très prolongé; il ne présente encore que les caractères d'un assoupissement profond. Si l'on pince la malade, elle témoigne par quelques mouvements, par des plaintes lentes et inarticulées que la sensibilité n'est pas complétement éteinte, et quoiqu'on ne puisse point obtenir de réponse, on s'aperçoit que l'ouïe n'est pas tout-à-fait abolie; mais elle n'en reste pas moins étrangère à tout ce qui se passe et se dit autour d'elle, et ne se rappelle de rien lorsqu'elle a repris connaissance. Cet état de demi-coma est quelquefois très court; au bout de dix, quinze ou vingt minutes, plus ou moins, elle recouvre successivement l'usage de ses sens. La sensibilité est d'abord obtuse; elle regarde sans voir, a l'air hébété, prononce imparfaitement quelques mots, se plaint vaguement de souffrir à la tête, dans les membres; enfin, revenue à elle-même; elle se sent fatiguée, sa tête est pesante et douloureuse. Lorsque le coma est complet et qu'il remplit tout l'intervalle des accès, la perte de connaissance et l'insensibilité sont aussi complètes que dans l'état de commotion cérébrale le plus profond; et si, dans quelques cas, elle paraît encore éprouver quelque douleur au moment des fortes contractions, dans d'autres, l'expulsion ou l'extraction du fœtus est opérée sans qu'elle profère la moindre plainte et sans qu'elle fasse le plus petit mouvement. Malgré la cessation définitive des accès, elle peut rester douze, vingt-quatre heures et plus dans cet état. Le retour à la connaissance se fait alors beaucoup plus lentement. La raison, la mémoire, l'ouïe, la vue, sont souvent altérées pendant plusieurs jours. La répugnance qu'elle montre à répondre aux questions qu'on lui adresse tient souvent en partie à l'état douloureux de la langue gonflée, contuse et déchirée.

On rencontre quelquefois, pendant l'état comateux, soit avant, soit après la cessation définitive des accès convulsifs, des phénomènes insolites qui méritent une mention particulière : il reste quelquefois dans l'un des côtés un état de contracture, d'autres fois un état d'insensibilité et de paralysie complète, tandis que la faculté de sentir et de mouvoir n'est qu'obtuse du côté opposé. Ces phénomènes peuvent persister après le retour à la connaissance, et deviennent alors très manifestes; mais ils se dissipent bientôt, et sont d'une trop courte durée pour qu'on puisse supposer qu'ils dépendent d'une lésion organique accidentelle et indépendante de l'éclampsie. Nous avons déjà dit qu'il se manifestait quelquefois, après plusieurs accès, des phénomènes de catalepsie qui remplacent ceux d'éclampsie.

Quelques malades qui ont d'abord éprouvé des accès d'éclampsie sont prises, vers la fin de l'attaque, de mouvements convulsifs hystériques. Lorsque le coma a été très prolongé, on voit quelquefois survenir après l'accès final un délire qui se dissipe à mesure que la malade sort de son état d'assoupissement.

Le diagnostic ressort suffisamment de l'exposition des symptômes pour qu'il soit superflu de rappeler les signes différentiels des maladies avec lesquelles l'éclampsie peut être confondue; d'ailleurs ce que nous avons dit des *convulsions sans forme déterminée*, de l'*hystérie*, du *tétanos*, de la *catalepsie*, suffit pour la faire distinguer de ces affections.

L'*apoplexie*, qui est quelquefois accompagnée de contracture et de mouvements convulsifs, a été plusieurs fois confondue avec l'éclampsie; mais ses symptômes ont peu de ressemblance avec ceux de cette dernière maladie, et ne peuvent être confondus que par des personnes qui n'ont d'idées exactes ni des uns ni des autres. Pendant la période de coma, la ressemblance peut être très grande; toutefois la distinction n'est pas difficile lorsque la perte du mouvement et du sentiment est bornée à l'un des côtés du corps et que la perte de connaissance n'est pas complète; mais la faculté de connaître et de sentir peut être complétement abolie en même temps qu'il y a résolution dans les deux côtés du corps. Dans ce cas, l'incertitude ne peut être levée que par de nouveaux accès convulsifs ou par des renseignements exacts sur les phénomènes qui ont précédé cet état. Il en est de même du coma prolongé chez une femme habituellement épileptique. L'ivresse chez une femme enceinte pourrait également, momentanément, en imposer pour l'état comateux de l'éclampsie.

Influence de l'éclampsie sur la grossesse et le travail. — Lorsqu'elle se manifeste pendant la grossesse, elle a le plus souvent pour effet de provoquer le travail et de lui imprimer une marche plus rapide, soit qu'elle l'ait précédée ou qu'elle se soit déclarée pendant son cours. Baudelocque fait remarquer qu'il n'est pas très rare de trouver l'enfant entre les jambes de la mère, quoiqu'un instant auparavant l'on n'eût remarqué presque aucune disposition à l'accouchement. Les choses se sont passées de la sorte dans l'une des observations que j'ai recueillies à la Maternité. Le travail est souvent plus long qu'on ne croit; mais comme il se fait sans douleur, il passe d'abord inaperçu, si on n'examine pas l'état du col de temps en temps. Il n'est guère permis de douter que l'état de résolution qui suit les accès convulsifs ne diminue la résistance des parties molles du périnée, tandis que l'utérus, n'étant pas sous la dépendance des nerfs de l'axe cérébro-spinal, n'éprouve aucun trouble dans son action, qui n'est plus restreinte par la sensation douloureuse qui a cessé d'être perçue. Mais l'on s'exposerait à de fréquents mécomptes, si on s'attendait, dans tous les cas où le travail est compliqué d'éclampsie, à une prompte délivrance : il est souvent aussi long qu'à l'ordinaire ; il paraît même quelquefois très sensiblement ralenti.

Les contractions spasmodiques des muscles abdominaux doivent aussi concourir à rendre plus prompte l'expulsion du fœtus. On cite des cas où l'utérus, poussé profondément dans l'excavation pelvienne pendant l'accès convulsif, reprenait sa place aussitôt après. M. A.-C. Baudelocque rapporte, d'après M. E. Petit, que, chez une femme observée à l'hospice de la Maternité, les contractions musculaires étaient si violentes, que l'utérus se présenta à la vulve, et qu'on fut obligé de le soutenir avec les doigts, disposés en crochets, pendant que madame Lachapelle recevait l'enfant. L'action des muscles de l'abdomen a rarement un effet aussi marqué.

L'éclampsie qui se manifeste dans le cours de la grossesse n'a pas pour effet constant de provoquer l'accouchement ; elle se termine dans quelques cas par le retour à la santé, sans qu'il y ait déplétion de l'utérus. M. Gasc a observé une femme forte et replète qui éprouva, immédiatement après une chute qu'elle fit vers le quatrième mois de sa grossesse, plusieurs accès convulsifs avec perte de connaissance. Ces accidents se répétèrent à des époques plus ou moins éloignées ; le dernier eut lieu quinze jours avant l'accouchement, qui se termina heureusement et à terme : l'enfant était vivant. Une femme observée par Landré Bauvais fut atteinte d'épilepsie puerpérale dès les premiers temps de sa grossesse et s'en trouva guérie après le sixième mois. M. Velpeau rapporte un autre fait à peu près analogue aux précédents. Mais ces cas se rapportent à la forme sub-aiguë de l'éclampsie qui n'a plus la même gravité. La terminaison n'a pas été moins heureuse dans quelques cas où la maladie avait sa marche ordinaire.

Bland a vu une femme qui éprouva plusieurs accès très intenses d'éclampsie dans le huitième mois de sa grossesse ; ils cessèrent sans que le travail se déclarât, et cette femme accoucha à terme sans accident d'un enfant vivant. Mme Lachapelle a observé une femme lymphatique et infiltrée qui fut prise au neuvième mois d'attaques d'éclampsie. Elle resta dans un état alarmant pendant trente heures, sans qu'il se manifestât aucun symptôme de travail ; elle accoucha quinze jours après, naturellement, d'un enfant putréfié qui présentait les fesses.

Levret cite un cas où des convulsions violentes furent arrêtées par des saignées répétées, l'accouchement eut lieu à terme, vingt jours après. J. Hamilton cite l'observation d'une femme qui fut atteinte de convulsions violentes au septième mois d'une première grossesse, les accès furent nombreux et l'état comateux profond; la malade se rétablit et accoucha naturellement au bout de quinze jours d'un enfant putréfié. On peut également citer un petit nombre de faits qui prouvent que l'éclampsie qui se manifeste pendant le travail ou qui l'a provoqué, peut cesser définitivement avant la déplétion de l'utérus.

D'un autre côté, il est extrêmement rare de voir la mort survenir sans que le travail soit provoqué par les progrès de la maladie. M. Prestat a observé une femme qui fut prise d'éclampsie au huitième mois de sa grossesse et qui succomba au bout de dix-sept heures sans qu'il se manifestât aucun signe de travail et sans que le col eût rien perdu de sa longueur. M. A.-C. Baudelocque rapporte dans sa thèse un fait semblable. Dans les autres cas, au reste en très petit nombre, où les malades ont succombé avant d'être délivrés, le travail était commencé depuis plus ou moins de temps et plus ou moins avancé. Il est à remarquer que, dans les cas mêmes où la maladie débute avec le travail ou avant, l'utérus a ordinairement le temps de se vider avant que la mort survienne lorsqu'il n'existe pas d'obstacles et que l'enfant se présente bien. On peut objecter qu'il n'en est ainsi que parce qu'on se hâte le plus souvent de terminer l'accouchement. Je ne veux pas nier que cela ne soit quelquefois; mais je ne m'appuie que sur les cas assez nombreux, où par diverses circonstances l'accouchement a été abandonné aux seules ressources de la nature. En définitive, que l'art soit intervenu ou non pour terminer l'accouchement, le retour à la santé ou la mort ne survient le plus ordinairement qu'après l'accouchement.

Nous avons déjà vu par quelques uns des faits cités que l'éclampsie exerce une fâcheuse influence sur le fœtus, qui succombe assez souvent dans le sein de sa mère. Lorsqu'il naît vivant, il n'est pas rare de le voir mourir quelques jours après, quelquefois après avoir éprouvé lui-même des mouvements convulsifs. Il est très vraissemblable que sa mort dans la cavité utérine est le plus souvent produite par le trouble de l'hématose chez la mère : aussi le fœtus lui-même présente-t-il ordinairement les caractères de l'asphyxie. Dans un accouchement compliqué d'éclampsie observé à la clinique de la Faculté, l'enfant, extrait avec le forceps, était remarquable par une raideur très prononcée et une contracture de l'un des bras. M. Prestat, qui a rapporté ce fait, ajoute que M. P. Dubois dit à ce propos avoir déjà eu occasion de faire plusieurs fois la même remarque. La nécessité de terminer artificiellement l'accouchement a aussi sa part dans la fréquence de la mort du fœtus qu'il ne faut pas mettre sur le compte de l'éclampsie.

Terminaisons et complications. — Nous avons déjà fait connaître en grande partie ce qui est relatif à la terminaison par le retour franc à la santé, en indiquant comment les malades sortent de l'état comateux et recouvrent l'usage des sens et la connaissance. Ce retour est plus ou moins rapide, plus ou moins franc, suivant la fréquence et l'intensité des accès convulsifs. Lorsque l'attaque est dissipée, l'état des malades n'est nullement en rapport avec les dangers qu'elles ont courus; assez souvent les suites de couches ne sont ni plus longues ni plus graves qu'à l'ordinaire.

Lorsque la langue a été contuse ou déchirée, elle reste encore plusieurs jours gonflée et douloureuse, et rend la parole embarrassée; les douleurs des arcades dentaires cessent bientôt, alors même qu'une dent aurait été fracturée, soit par l'action des muscles convulsés, soit en s'efforçant à faire rentrer la langue dans la bouche. La luxation de la mâchoire inférieure, si elle avait lieu, ne serait pas de nature à entraver le retour à la santé; c'est d'ailleurs un accident fort rare, dont je ne connais d'autre exemple que celui cité par Lynney.

Quelquefois le retour à la santé n'est pas franc; il n'est pas très rare de voir la *manie puerpérale* succéder à l'éclampsie. On cite des femmes qui sont restées affectées de *surdité*, *d'amaurose*. Amand rapporte qu'une femme qui eut des convulsions affreuses pendant le travail de l'enfantement, resta douze jours sans connaissance; elle recouvra la santé, mais elle avait perdu la mémoire au point de ne savoir plus ni écrire ni chiffrer, ni même marquer son linge. La ressemblance de l'éclampsie avec l'*épilepsie* m'a conduit à rechercher si celle-ci a quelquefois pour origine la première. Esquirol, Georget qui ont recherché l'origine de l'épilepsie sur un grand nombre de femmes, n'en citent aucun cas; MM. Bouchet et Cazauvielh, qui ont fixé la cause déterminante de l'épilepsie chez soixante-neuf femmes de la Salpêtrière, font remonter, chez une seulement, la maladie aux suites de couches; mais sans indiquer si l'accouchement avait été compliqué d'éclampsie.

La terminaison par la mort est presque aussi fréquente que par le retour à la santé, mais les complications augmentent d'une manière très sensible le nombre des cas fâcheux. La mort peut avoir lieu pendant la grossesse, avant que le travail se soit déclaré, pendant le travail, avant l'expulsion du fœtus, et après la délivrance.

Mais, comme nous l'avons déjà dit, elle arrive rarement dans le premier cas, avant d'avoir provoqué le travail, et dans le second, l'expulsion ou l'extraction du fœtus a été ordinairement opérée avant qu'elle survienne. C'est en effet après la délivrance que la mort arrive le plus ordinairement, même dans les cas où la maladie a débuté avant la fin de la grossesse ou au début du travail. Lorsque l'éclampsie doit avoir une terminaison fatale, les accès sont généralement rapprochés et intenses et l'état comateux très profond. Elle arrive dans un espace de temps fort variable, mais le plus souvent entre douze et quarante-huit heures. Denman a vu une femme qui mourut au bout de trente-cinq minutes, d'autres n'ont vécu que quelques heures, huit heures, etc. Dans un assez grand nombre de cas, le dernier terme indiqué ci-dessus a été dépassé, et la mort n'est arrivée que le troisième, quatrième jour, etc.; elle peut survenir pendant un accès, mais le plus ordinairement c'est pendant la période de coma, quelquefois peu d'instants après un accès. Il n'est pas très rare de voir la mort survenir douze heures et même vingt-quatre heures après la cessation définitive des mouvements convulsifs.

L'éclampsie détermine quelquefois des complications graves, ou se termine par d'autres maladies. On cite quelques exemples de rupture de l'utérus, mais ils sont en si petit nombre qu'on peut croire qu'il y a eu simplement coïncidence. La turgescence de la face et le gonflement des veines du cou pendant les accès convulsifs ont dû faire penser qu'il se produisait souvent des épanchements dans le cerveau. Le sang est en effet poussé avec assez de force vers la tête, puisqu'on trouve quelquefois des ecchymoses dans les conjonctives; néanmoins il est très rare de voir l'éclampsie se terminer ainsi. Les huit cas d'apoplexie notés par madame Lachapelle ne paraissent pas se rapporter à des femmes attaquées d'éclampsie. Cependant on trouve, chez quelques femmes qui ont succombé dans une véritable attaque d'éclampsie, des épanchements sanguins dans la substance cérébrale, dans les ventricules, à la surface de l'arachnoïde. Il est vraisemblable qu'il en a été de même dans le petit nombre de cas où l'on a observé à la suite de l'épilepsie puerpérale une hémiplégie incurable ou de longue durée. Ce que je viens de dire de l'apoplexie est également vrai pour l'inflammation du cerveau ou de ses enveloppes; l'opinion contraire n'a été adoptée et ne semble appuyée par les faits que parce qu'on a souvent confondu avec l'éclampsie l'apoplexie, la méningite. Il est assez commun de voir la *métro-péritonite puerpérale* se déclarer vers la fin de l'état comateux ou peu de temps après, mais je dois faire remarquer qu'elle dépend de causes accidentelles parmi lesquelles je mentionnerai les émissions sanguines qu'on porte souvent très loin dans le traitement de l'éclampsie, et la nécessité de terminer fréquemment l'accouchement artificiellement.

Nature. — Les caractères anatomiques sont en grande partie négatifs; les centres nerveux ne présentent aucune altération appréciable; il est vrai que les veines du cerveau et de ses enveloppes sont le plus souvent remplies de sang noir; mais cet engorgement est quelquefois peu considérable ou manque tout-à-fait. On a pris l'effet pour la cause en supposant que la congestion du cerveau est la cause de l'éclampsie. Lorsqu'on examine attentivement les accès, on voit que la perte de connaissance précède le raptus du sang vers la tête; la congestion commence et s'accroît avec les mouvements convulsifs, dont elle n'est que l'effet; lorsqu'ils cessent, les veines du cou, très probablement aussi celles du cerveau et de ses enveloppes, se dégorgent en grande partie. Si on ne peut point attribuer les mouvements convulsifs à la congestion cérébrale, on ne serait guère plus fondé à lui attribuer l'état comateux qui leur succède, puisqu'il coïncide avec le dégorgement des vaisseaux de la tête.

On pourrait tout au plus supposer que le sang veineux, chassé avec force vers le cerveau par la contraction simultanée et générale des muscles, produit au bout de quelques instants une compression assez forte pour paralyser l'action cérébrale et mettre fin aux mouvements convulsifs, ce qui expliquerait leur peu de durée; d'un autre côté comme le dégorgement veineux se fait lentement et que la respiration est en partie suspendue pendant l'accès convulsif, le cerveau reste imprégné d'un sang insuffisamment vivifié, qui produit l'état comateux; mais l'asphyxie comme la congestion cérébrale, ne sont que des phénomènes consécutifs.

On peut avec moins de raison encore attribuer les phénomènes de l'éclampsie à une congestion séreuse, car, si l'on trouve un peu de sérosité dans les ventricules ou à la surface du cerveau, c'est là une circonstance qu'on observe quelquefois sur des individus qui ont succombé à des maladies fort différentes, et qui trouve d'ailleurs ici une explication dans l'état d'infiltration considérable de plusieurs de ces malades. Il faut convenir qu'on ne connaît en aucune façon la cause et la nature de cette surexcitation cérébrale qui produit des mouvements convulsifs si intenses, et qui est suivie d'un collapsus si profond. Les autres lésions qu'on a quelquefois trouvées dans le cerveau et les autres organes doivent être considérées comme accidentelles ou comme des coïncidences; il serait superflu de les mentionner.

La mort peut survenir par le fait de la surexcitation ou du collapsus cérébral qui la suit immédiatement; mais elle est le plus souvent le résultat d'une asphyxie consécutive. Nous avons vu combien la respiration est gênée pendant les accès convulsifs; quelques observateurs ont noté qu'elle pouvait être complétement suspendue; le trouble qui en résulte se traduit à l'extérieur par une coloration bleuâtre et livide, qui ne se dissipe pas aussi facilement que la turgescence dans l'intervalle des accès. A l'intérieur, on trouve souvent une écume abondante dans la trachée et dans toutes les divisions des bronches; le poumon, le cerveau et les autres organes sont gorgés de sang noir.

Pronostic. — Il est grave pour la mère et pour l'enfant. D'après madame Lachapelle, malgré le traitement le plus rationnel, l'éclampsie fait périr près de la moitié des femmes qui en sont atteintes. Cette assertion est confirmée par les relevés de l'hospice de la Maternité. La plupart des praticiens la regardent avec raison comme plus dangereuse que l'hémorrhagie utérine. Miquel, qui a analysé les 42 cas rapportés par Mauriceau, a trouvé que la mort avait eu lieu dans la moitié; mais sur 48 malades observées par Merriman, 37 ont guéri et 11 seulement sont mortes. Sur 21 femmes observées par M. Velpeau, 13 ont guéri et 8 sont mortes. L'éclampsie est moins grave lorsqu'elle se déclare après l'accouchement; mais l'on se tromperait si l'on supposait que la déplétion de l'utérus éloigne tout danger. Dans le relevé fait d'après les observations de Mauriceau, sur 16 femmes atteintes de convulsions après l'accouchement, 5 sont mortes; sur 6 observées dans les mêmes conditions par Merriman, aucune n'a succombé; mais sur 9, M. Velpeau en a perdu 4. Pendant l'accouchement, le danger est moindre lorsque le premier accès convulsif survient à une période avancée du travail, et que l'éclampsie paraît dépendre de douleurs trop vives, d'un excès de distension de l'utérus, de son orifice ou des parties molles du périnée, parce qu'il est dans ce cas beaucoup moins commun de voir les accès continuer après la délivrance. Les 11 cas de mort rapportés par Merriman sont relatifs à des convulsions qui ont lieu pendant le travail; dans un cas la femme est morte avant d'être accouchée. On voit que les accès se reproduisent encore souvent après l'accouchement, et cela non seulement lorsque la terminaison doit être fâcheuse, mais encore lorsqu'elle doit être favorable. Dans six cas où j'ai observé la terminaison par la guérison, les accès ont continué après la délivrance, ils furent même très nombreux dans deux. On trouve que les accès ont continué dans le plus grand nombre des cas, mais ils ont été le plus souvent en petit nombre lorsque la guérison a eu lieu.

Bœer a exprimé une opinion contredite par les faits en avançant que l'éclampsie est presque constamment mortelle, lorsqu'il survient un ou deux accès après l'accouchement. Mais des accès fréquents doivent inspirer les plus vives craintes. Dans les derniers mois de la grossesse, l'éclampsie est plus grave encore que lorsqu'elle se déclare seulement pendant le travail. La mortalité est très sensiblement moins grande lorsqu'on fait abstraction des cas où la mort est due à une métro-péritonite : c'est pour cela que les résultats de la pratique de la ville sont moins fâcheux que ceux des hôpitaux.

Le relevé de Merriman nous fait connaître les dangers que court l'enfant, puisque 48 cas ont donné 17 enfants vivants et 14 morts, quoique dans 6 les convulsions n'eussent débuté qu'après l'accouchement. Sur 16 observations que j'ai analysées, j'ai trouvé, enfants nés morts, 10 ; nés vivants, 6. Lorsque les convulsions se déclarent avant le travail, il est rare que l'enfant naisse vivant. Pendant le travail, il est d'autant plus exposé à perdre la vie, qu'il se passe plus de temps entre le début de la maladie et la terminaison de l'accouchement, et que les accès convulsifs sont plus nombreux et plus intenses. Quelquefois l'enfant naît mort après un petit nombre d'accès ; d'autres fois il survit à une attaque très prolongée. Il est indubitable que la nécessité de terminer fréquemment l'accouchement entre pour une part assez grande dans les causes de la mort de l'enfant.

Indications. — Elles sont de deux sortes, les unes générales, applicables à la maladie, qu'elle débute avant, pendant ou après l'accouchement; les autres spéciales, fondées sur les avantages qu'on peut tirer de la terminaison de l'accouchement pour la mère et pour l'enfant.

1° Les premières doivent nous occuper d'abord : elles constituent le traitement médical proprement dit, qui est préventif ou curatif suivant qu'il est employé avant ou après le début de la maladie.

On n'a distingué avec tant de soin les prodromes que pour diriger contre la maladie des moyens préventifs qui, employés à propos, l'empêchent souvent d'éclater. C'est d'abord une large saignée chez les femmes fortes et pléthoriques ; un état opposé ne devrait pas empêcher de tirer un peu de sang. On agit ensuite sur les intestins à l'aide d'un purgatif, de l'huile de ricin, du calomel, etc. MM. R. Johns, Johnson, Collins, pensent qu'il est très avantageux de mettre la femme sous l'influence du tartre émétique, de manière à produire des nausées sans vomissements : pour cela ils donnent chaque demi-heure une cuillerée de la potion suivante : eau de pouliot 90 grammes, tartre émétique 40 centigrammes, teinture d'opium 30 gouttes, sirop simple 10 grammes. Les bains tièdes prolongés peuvent être utiles. Chez les femmes très infiltrées, il faudrait administrer des diurétiques, et peut-être pratiquer des mouchetures.

Les émissions sanguines, secondées par les dérivatifs intestinaux et les révulsifs, sont avec la déplétion de l'utérus, à peu près les seuls moyens curatifs dont l'expérience ait sanctionné l'efficacité; et ce que nous avons dit de la fréquence de la terminaison par la mort nous montre qu'ils sont eux-mêmes souvent impuissants. La plupart des praticiens accordent une grande importance aux émissions sanguines et les pratiquent largement. La saignée du bras paraissant tout aussi bien remplir les indications que l'artériotomie temporale, que la division de la jugulaire externe, de la saphène interne, doit être préférée comme plus facile et comme fournissant plus sûrement la quantité de sang qu'on veut obtenir. Elle doit être proportionnée à la constitution de la malade et à l'intensité de la maladie. Chez les femmes fortes ou pléthoriques, après une première saignée de 1,000 grammes environ, on pourra encore avoir recours à deux ou trois autres de 3 à 500 grammes chaque. Une infiltration séreuse étendue ne la contre-indique pas; car on l'observe assez souvent chez des femmes fortes, et apporte plus ou moins de gêne dans la circulation générale. Mais on ne devra y avoir recours qu'avec ménagement chez les femmes faibles, chez celles qui sont extrêmement fatiguées par la gestation. Il est un certain nombre de femmes enceintes pour qui une seule saignée copieuse serait dangereuse; chez celles-là, après avoir retiré de 3 à 500 grammes de sang des veines du bras, il faut s'arrêter ou se borner à des sangsues appliquées en petit nombre. Au reste, chez les femmes où la saignée du bras a pu être répétée plusieurs fois sans inconvénients, on peut également être conduit à poser des sangsues aux apophyses mastoïdes, à la nuque, au cou, et même à la vulve, lorsqu'il y a des symptômes d'irritation ou de congestion du côté de l'utérus. On devrait même, si l'état général de la femme se prêtait peu à la saignée générale, se borner aux applications de sangsues en petit nombre ou de ventouses scarifiées aux endroits indiqués.

Poussées trop loin, les émissions sanguines augmentent la prostration sans arrêter les progrès de l'asphyxie. D'ailleurs elles sont loin d'avoir toute l'efficacité que l'accord à les prescrire peut faire supposer. Dans la pratique, elles sont plutôt employées avec profusion qu'avec réserve ; et cela a des inconvénients sérieux dans les établissements publics, où l'on voit les phlegmasies puerpérales se développer avec tant de facilité, à la suite des grandes pertes de sang. Aussi plusieurs praticiens, entre autres MM. P. Dubois, Cruveilhier, Gérardin, etc., qui ont été dans la position de soigner un grand nombre de femmes attaquées d'éclampsie, pensent que, sauf les cas où un état de pléthore les indique, on ne doit y avoir recours qu'avec ménagement. M. Prestat assure avoir remarqué que, chez toutes les femmes qu'il a eu occasion d'observer et qui avaient été largement saignées, il survenait ensuite un affaissement considérable, et que ces femmes étaient assez sujettes à succomber à une péritonite puerpérale. Pour employer les émissions sanguines outre mesure, on cite quelques faits exceptionnels auxquels il ne faut pas donner plus d'importance qu'ils n'en méritent.

Dans un cas de convulsions puerpérales, Bromfield avait saigné la malade sans beaucoup d'avantage; la violence des accès fit rouvrir la saignée, et il sortit beaucoup de sang avant que l'on s'aperçût de l'accident; mais dès lors les convulsions cessèrent. Dewes rapporte deux observations, l'une d'une femme délicate à laquelle il tira dans une journée 77 onces de sang, et l'autre d'une femme pléthorique à laquelle il en fit perdre 14 livres dans le même espace de temps; elles guérirent toutes deux. Mais ces observations et quelques autres sont à celles où l'on a employé sans succès les saignées à très haute dose, comparativement en très petit nombre et très propres à faire croire que le succès doit être attribué à une coïncidence heureuse.

On emploie comme auxiliaires des émissions sanguines, quand les accès sont éloignés et que la malade recouvre la connaissance dans l'intervalle, des bains tièdes prolongés, des applications réfrigérantes sur la tête. La malade doit être surveillée avec soin, afin de la soutenir si elle est prise d'un accès pendant qu'elle est dans l'eau.

On porte des topiques irritants, des cataplasmes de farine de moutarde autour des membres inférieurs. M. Cazeaux a vu cesser dans un cas les mouvements convulsifs à la suite de l'application de la ventouse Junod.

Lorsque le coma est profond et qu'il paraît devoir persister longtemps, on peut faire succéder aux sinapismes des vésicatoires volants.

On associe généralement aux moyens que nous venons de passer en revue les purgatifs : ceux qu'on a le plus souvent donnés sont le calomel, la poudre de jalap; mais ils ne peuvent être facilement administrés par la bouche que lorsque la malade recouvre la connaissance. Dans le cas contraire, on peut, comme le conseille Merriman, qui paraît avoir retiré un avantage réel des purgatifs, placer entre les lèvres et les arcades dentaires ou dans la bouche, un mélange de calomel et de sucre en poudre ; il est possible que la malade finisse par en avaler assez pour produire un effet purgatif. Si ce moyen était insuffisant, on aurait recours aux lavements purgatifs. Nous avons déjà indiqué comment on pouvait mettre les malades sous l'influence du tartre émétique sans produire d'effets vomitifs.

On a préconisé contre l'éclampsie quelques remèdes particuliers. J. Hamilton considère le camphre comme le meilleur remède interne qu'on puisse prescrire ; il l'administre à la dose de 10 grains toutes les trois ou quatre heures, pendant plusieurs jours, en diminuant graduellement la dose. Il recommande la digitale lorsque l'épilepsie puerpérale a été précédée de l'œdème. On a aussi employé à haute dose la valériane, le musc, le castoréum, l'assa-fœtida, etc. Il serait peu prudent d'ajouter une grande confiance à ces médicaments et de fonder quelque sécurité sur leur administration. On a conseillé plus récemment la compression des deux carotides. M. Tessier, professeur à Reims, a donné deux fois avec succès le sulfate de quinine à haute dose. Ce qu'on a dit des avantages de ce médicament dans quelques affections convulsives des enfants, considérées comme des maladies intermittentes à courtes périodes, doit engager à l'expérimenter dans l'éclampsie.

Nous avons déjà dit qu'il faut pratiquer des mouchetures chez les femmes dont les membres inférieurs sont très infiltrés. Dans les attaques d'éclampsie, il n'est pas nécessaire de maintenir la malade ; mais il faut empêcher que la langue soit pincée entre les dents pendant les accès convulsifs. Madame Lachapelle conseille de repousser avec précaution la langue dans la bouche au commencement de chaque accès ; les mâchoires une fois serrées, elle ne peut plus sortir. Mais lorsqu'elle est fortement prise entre les dents, ce moyen ne suffit pas, et l'on est dans la nécessité de la laisser dans cette position ou d'écarter les mâchoires avec un levier qui peut luxer ou fracturer les dents sur lesquelles il prend son point d'appui, surtout si l'on se servait d'une cuillère métallique ; on doit toujours se servir d'une cuillère de bois. D'ailleurs lorsque la langue a déjà été mordue et contuse, elle devient quelquefois si grosse qu'elle reste en partie hors de la bouche, et lorsque les accès surviennent, il n'y a pas d'autre moyen d'empêcher qu'elle soit mordue que de tenir les mâchoires écartées avec un morceau de liége ou une cuillère de bois.

2° Pendant la grossesse et le travail, il se présente en outre, avons-nous dit, des indications spéciales dont l'accomplissement où l'omission peut avoir une grande influence sur la terminaison heureuse ou fâcheuse de la maladie, non seulement pour la mère, mais encore pour l'enfant.

a. Pendant le travail. — Le précepte de terminer l'accouchement aussitôt qu'on peut le faire sans violence a réuni presque tous les suffrages. On a considéré l'action de désemplir l'utérus comme le meilleur moyen de faire cesser les convulsions. Mais ce moyen est bien loin d'avoir une efficacité constante; c'est au point que des hommes d'une grande expérience paraissent avoir douté de son utilité. Delamotte ne partageait pas complétement la confiance qu'on avait déjà de son temps dans la terminaison de l'accouchement. Baudelocque dit qu'on ne doit jamais se presser de délivrer, ni le faire lorsque la nature paraît être disposée à accomplir l'ouvrage elle-même. Gardien paraît disposé à limiter la délivrance artificielle au cas où il y a une grande sensibilité à l'orifice utérin avec douleur aux parties externes. Denman conclut qu'on ne doit pas recourir à la délivrance artificielle au commencement du travail, mais seulement lorsqu'on peut l'accomplir aisément. Bland est plus absolu dans ses restrictions, et veut qu'on abandonne l'accouchement à la nature. Gartshore prétend que la terminaison de la maladie est plus souvent mortelle dans les cas où l'on a terminé l'accouchement, que dans ceux où il est abandonné aux forces de l'organisme. Ces restrictions au précepte généralement adopté prouvent que le meilleur moyen de faire cesser les convulsions est encore souvent infidèle. N'avons-nous pas vu, en effet, que dans la plupart des cas où la terminaison était fâcheuse, la mort ne survenait ordinairement qu'après la délivrance? Cependant on aurait tort d'en conclure que la terminaison de l'accouchement n'exerce pas une influence heureuse sur la marche et la terminaison de l'éclampsie. Les faits prouvent le contraire : lorsque l'éclampsie paraît dépendre d'un accès d'irritabilité, de douleurs trop vives, d'une distension excessive de l'utérus ou de son orifice, on voit le plus souvent les accès convulsifs ne plus se reproduire après la délivrance. Lorsqu'on ne peut les attribuer à aucune circonstance particulière du travail, les accès convulsifs continuent encore après la délivrance, mais assez souvent en s'éloignant et en perdant de leur intensité, et ils ne tardent pas à cesser tout-à-fait. Dans un certain nombre de cas, malheureusement encore trop nombreux, ils ne paraissent en rien modifiés ; mais ces exceptions, quelque nombreuses qu'elles soient, ne peuvent justifier les restrictions qu'on a voulu établir.

Le précepte de terminer l'accouchement aussitôt qu'on peut le faire sans violence a besoin de commentaires et admet quelques exceptions. Si le travail est très avancé et marche régulièrement au moment où le premier accès se déclare, on doit, après avoir satisfait aux premières indications, attendre l'expulsion spontanée ; et même si le travail était languissant, on pourrait recourir à l'ergot de seigle ou aux autres moyens propres à réveiller l'action de l'utérus ; mais si les accès se suivaient de près, et que la perte de connaissance fût profonde et prolongée, il faudrait se hâter de terminer l'accouchement.

Lorsque le travail est moins avancé, que le col est incomplétement dilaté et la tête élevée, on peut d'abord rompre les membranes pour accélérer le travail et pour obtenir une déplétion partielle de l'utérus ; ensuite, suivant l'effet produit, continuer d'attendre ou terminer l'accouchement. Mais lorsque l'éclampsie se déclare pendant la période de dilatation de l'orifice utérin, celui-ci peut être déjà suffisamment dilaté et dilatable pour permettre de tenter l'application du forceps ou la version, ou ne l'être que tout juste pour permettre à la main de le traverser sans efforts. Dans l'un comme dans l'autre cas, on ne devra pas se presser d'agir, si les accès ne sont pas très rapprochés ni le coma très prolongé ; car si l'on peut attendre sans dangers que le col soit complétement dilaté, on pourra terminer l'accouchement sans difficulté avec la main, et, si c'est la tête qui se présente, avec le forceps, qui est de beaucoup préférable pour l'enfant, et d'après la plupart des auteurs pour la mère dans le cas de convulsions. Si, au contraire, la maladie se présentait sous un aspect grave dès le début, on se hâterait de terminer l'accouchement, lors même que l'état du col, l'élévation de la tête ne laisseraient d'autre alternative que la version.

Au début du travail, et tant que l'orifice de la matrice ne peut être traversé sans violence par la main, on attendra pour terminer l'accouchement qu'il soit suffisamment dilaté ou moins suffisamment dilatable ; et si l'éclampsie n'a pas débuté avant le travail, il y a lieu d'espérer qu'on pourra attendre ce moment sans diminuer les chances de guérison. Mais lorsqu'il est lui-même le résultat de la maladie, et même quelquefois lorsqu'elle n'a débuté qu'après le commencement du travail, l'état de la malade peut devenir très grave, avant que le col soit suffisamment dilaté ou dilatable pour permettre de terminer l'accouchement sans violence, alors même qu'on n'aurait pas négligé les onctions avec la pommade de belladone sur le col, la rupture des membranes et les autres moyens propres à hâter la dilatation de l'orifice utérin et à activer les contractions de la matrice. Dans ce cas convient-il d'attendre, ou d'avoir recours à l'*accouchement forcé* ou au débridement du col utérin?

Ces moyens, qui ont été longtemps repoussés, et qui le sont encore par beaucoup de praticiens, comptent maintenant de nombreux partisans; et cette exception à la règle générale pour les cas indiqués plus haut paraît destinée à prévaloir. En effet, lorsque le col a déjà subi un commencement de dilatation et de ramollissement sous l'influence du travail, on peut, le plus souvent, en agissant lentement et graduellement, faire pénétrer la main dans l'utérus sans employer une très grande violence, et sans déterminer de très vives douleurs dans l'état de demi-insensibilité où se trouve la malade. Cependant la résistance et l'irritation peuvent être assez grandes pour rendre préférable et même nécessaire le débridement de l'orifice de la matrice, alors même qu'on n'aurait pas à craindre de déterminer des ruptures. Appelé pour une femme affectée de convulsions qui ne put être sauvée, M. Velpeau crut devoir forcer le col, qui était dur, quoique mince et de la largeur d'une pièce de trois livres. « Je parvins, ajoute-t-il, dans la matrice, il est vrai; mais en produisant de vives douleurs, et je suis porté à croire qu'il eût été plus convenable d'inciser l'orifice. »

Le débridement du col a été pratiqué dans trop de circonstances différentes sans accident pour qu'on puisse continuer de le considérer avec quelques praticiens comme une opération grave. Les cas dans lesquels il l'a été pour des convulsions, quoique peu nombreux, sont de nature à le justifier comme moyen extrême. Dans l'observation communiquée à l'Académie royale de chirurgie par Dubosc, en 1784, la femme souffrait depuis trois jours et éprouvait des convulsions; dès le second, son état était des plus graves; l'orifice de la matrice, ouvert de la largeur d'un écu de six livres, était dur, tendu et comme calleux. L'accouchement se fit spontanément trois ou quatre minutes après la section de cette partie. L'enfant était mort; mais le calme se rétablit aussitôt chez la mère, qui eut des suites de couches heureuses. Dans un autre cas de convulsions qui avaient résisté à tous les moyens ordinaires, l'état de la malade empirant, Coutouly sentait combien il était urgent de terminer l'accouchement; mais le peu de dilatation de l'orifice de l'utérus et la constriction de ses bords y apportaient un obstacle insurmontable. Au bout de douze heures de soins inutiles il fit appeler Lauverjat; ils se décidèrent à pratiquer l'opération césarienne vaginale. Coutouly fit quatre incisions aux bords de l'orifice, sans que la malade donnât aucun signe de douleur pendant l'opération ; ces incisions fournirent une grande quantité de sang ; on put alors introduire la main dans l'utérus et faire l'extraction de l'enfant qui paraissait mort ; on parvint cependant à le rappeler à la vie. Douze heures s'écoulèrent sans que la connaissance revînt à la malade, mais elle se rétablit.

Après l'expulsion ou l'extraction du fœtus, on délivrera la femme aussitôt que le placenta sera détaché, et on fera en sorte qu'il ne reste pas de caillots de sang dans la cavité de l'utérus.

b. Pendant la grossesse. — Doit-on se borner exclusivement à la médication générale tant que le travail ne s'est pas déclaré ? C'est l'opinion du plus grand nombre des accoucheurs, et, en déduisant les indications de la marche de la maladie, il semble, en effet, que c'est la conduite qu'on doit tenir généralement. D'abord on ne doit pas perdre tout espoir de voir les convulsions cesser sans que la grossesse soit interrompue : nous en avons cité un assez grand nombre d'exemples, mais ce n'est que l'exception ; nous avons vu que le travail était le plus ordinairement provoqué avant que la malade fût dans un danger imminent de perdre la vie. En effet, quoiqu'on ait eu jusqu'à présent très rarement recours à la provocation artificielle de l'accouchement, on ne trouve qu'un petit nombre de femmes qui aient succombé avant d'avoir été délivrées. On rentre donc le plus souvent dans les indications établies pour les cas où l'éclampsie se déclare dans la première période du travail. Tantôt l'on peut attendre que l'orifice de la matrice soit complétement dilaté, tantôt on est forcé d'agir plus tôt et de la manière indiquée plus haut.

Mais on tomberait dans une grave erreur si l'on croyait qu'on peut dans tous les cas attendre avec confiance que le travail soit déclaré et ait fait quelques progrès. Si nous n'avons pu citer que deux cas où la mort est survenue avant qu'il y eût aucun signe de travail, il n'y en a pas moins un assez grand nombre où l'état de la malade est si grave, soit lorsque le travail se déclare ou lorsqu'il n'a encore fait que peu de progrès, que la terminaison de l'accouchement ne produit le plus souvent aucun soulagement, parce qu'elle est trop tardive. On a dû naturellement se poser la question s'il ne convient pas d'avoir recours soit à l'accouchement provoqué simple ou forcé, soit à l'opération césarienne vaginale, si du reste la femme est arrivée à une époque de la grossesse où la viabilité du fœtus n'est plus douteuse. Plusieurs accoucheurs étrangers se sont prononcés pour la provocation de l'accouchement. En France, MM. Velpeau, Stolz, etc., ont embrassé cette opinion, qui est repoussée par MM. P. Dubois, Moreau, etc. Il faut le dire, ce parti extrême offre bien peu de chances de succès ; car l'éclampsie qui ne se développe pas sous l'influence du travail est moins souvent heureusement modifiée par la terminaison de l'accouchement; l'état puerpéral auquel elle est liée ne cesse pas brusquement après la déplétion de l'utérus ou la délivrance. D'un autre côté, si les moyens généraux restent sans effet, il est presque certain que la maladie se terminera par la mort et que le travail se déclarera trop tard pour avoir un résultat avantageux. Dans une situation aussi critique, il semble rationnel de se décider pour le parti, tout incertain qu'il est, qui offre encore quelques chances de sauver la mère et l'enfant. Mais lorsqu'on en vient à l'application, on se trouve en face de nombreuses difficultés. Si on se décidait pour l'accouchement provoqué et qu'on voulût adopter le procédé de la ponction des membranes, le temps nécessaire pour déterminer franchement le travail serait généralement plus long que la durée de la maladie. On ne pourrait y avoir recours que dans les cas où l'utérus est distendu par une grande quantité de liquide amniotique, cette déplétion partielle pouvant déjà amener une amélioration dans la maladie.

Chez une très jeune femme, primipare, observée à la clinique de Pavie, des vomissements continuels et des convulsions souvent répétées faisant craindre, vers le septième mois, qu'elle ne pût attendre la fin de la gestation, on se décida, le 13 décembre 1830, à provoquer l'accouchement par la ponction des membres, qui évacua en totalité les eaux de l'amnios. Trente heures après, un travail régulier s'établit, troublé seulement par quelques manifestations éclamptiques, et la malade mit heureusement au monde un enfant de huit mois; tous les accidents cessèrent et la femme se rétablit promptement. Mais ces convulsions n'avaient pas le caractère de celles de l'éclampsie, et l'urgence de provoquer l'accouchement n'était pas démontrée. Le procédé qui consiste à introduire dans le col un cône d'éponge préparée provoque plus promptement des contractions et dispose plus vite le col à livrer passage à la main; mais le temps nécessaire pour amener ce résultat est encore très long, comparé à l'urgence d'une prompte terminaison de l'accouchement. La marche de la maladie conduit naturellement à donner à la provocation du travail le caractère de l'accouchement forcé, tel qu'on le pratique dans quelques cas d'hémorrhagie grave, plutôt que celui de l'accouchement artificiel provoqué comme on l'entend. Mais l'on doit s'attendre à rencontrer plus de difficulté, parce que le col utérin doit être moins souvent ramolli et relâché qu'à la suite des hémorrhagies graves; cependant la difficulté n'est peut-être pas aussi grande qu'on le suppose généralement, M. Camus a publié récemment dans la *Revue médicale* l'observation d'une femme qui fut prise d'éclampsie au huitième mois de sa grossesse. L'état de cette malade devint fort grave sans que le travail se déclarât; et les moyens ordinaires ayant échoué, on se décida à pratiquer l'accouchement forcé. En moins d'une heure, M. Camus parvint non seulement à dilater le col utérin, qui n'offrit qu'une médiocre résistance, mais encore à terminer l'accouchement par l'application du forceps : la femme succomba très peu de temps après l'accouchement. Dans deux cas publiés par M. Pellegrini, sous le titre d'apoplexie, mais qui se rapportent plus sûrement à l'éclampsie, au moins un, le procédé suivi tient bien plus de l'accouchement forcé que de l'accouchement provoqué ordinaire. On avait retiré à la femme qui fait le sujet de la première observation, sept livres de sang en quarante-huit heures ; elle était au septième mois de sa grossesse ; le col utérin était ouvert de manière à pouvoir y introduire le doigt. La malade fut mise dans un bain chaud : une demi-heure après, M. Pellegrini introduisit successivement un, deux et trois doigts dans le col utérin, et, par un mouvement de rotation assez doux, il arriva jusqu'aux membranes, qu'il perfora à l'aide d'un stylet. Il introduisit de nouveau les doigts dans le col utérin, et réussit au bout de quelque temps à y passer la main tout entière ; mais il ne jugea pas à propos d'aller à la recherche des pieds. Après avoir laissé sa main quelque temps dans la cavité utérine, il la retira peu à peu, et la tête commença à s'engager dans l'excavation. Mais le travail ne marchant pas comme il l'espérait, la malade fut retirée du bain, et l'accouchement fut terminé avec le forceps. L'enfant était vivant, mais il ne vécut qu'un quart d'heure. La mère reprit connaissance dans la journée, et l'amélioration ne se démentit pas.

Chez la femme de la seconde observation, après cinq jours passés dans un état grave qui avait, en effet, plus d'analogie avec l'apoplexie cérébrale qu'avec l'éclampsie, pendant lesquels on fit trois saignées et deux applications de sangsues sans avoir rien gagné, M. Pellegrini proposa l'accouchement prématuré : la malade était dans le septième mois de sa grossesse ; le col utérin était mou et pouvait admettre le doigt ; plusieurs accouchements antérieurs le rendaient plus facilement perméable. Agissant comme dans le cas précédent, mais sans faire usage du bain, il réussit à pénétrer dans l'utérus au bout de dix minutes ; il ouvrit ensuite les membranes, alla à la recherche des pieds, et réussit à extraire un enfant qui a vécu huit jours. La malade s'est bien rétablie après une convalescence assez longue.

Si le col offrait une grande résistance, on trouverait dans les incisions multiples un moyen sûr de frayer une voie à la main et au fœtus sans produire des déchirures qui peuvent s'étendre au-delà de la portion vaginale du segment inférieur de l'utérus. C'est le parti qu'a suivi M. Hubert, de Louvain, chez une femme enceinte de huit mois, affectée d'une éclampsie grave. Après avoir débridé l'orifice utérin, il put appliquer le forceps, et extraire un enfant apoplectique qui fut rappelé à la vie; la mère s'est également rétablie.

II. Hémorrhagie utérine pendant les derniers mois de la grossesse et pendant le travail de l'accouchement. — A cette époque, l'hémorrhagie ne diffère pas d'une manière essentielle, mais par des particularités qui sont la conséquence du développement progressif de l'utérus, de celle des premiers temps de la grossesse que nous avons étudiée en traitant de l'avortement. L'hémorrhagie utérine paraît beaucoup plus fréquente pendant les cinq premiers mois de la grossesse que pendant les derniers : mais cette différence est peut-être plus apparente que réelle ; car si un écoulement sanguin accompagne presque constamment l'avortement, il en est aussi souvent l'effet que la cause ; tandis que l'accouchement prématuré se rapprochant par ses phénomènes de l'accouchement à terme, si des causes étrangères à l'hémorrhagie ont fait périr le fœtus ou provoqué le travail, le décollement du placenta et l'écoulement sanguin qui en est inséparable n'ont lieu qu'après l'expulsion du fœtus.

Si on voulait définir l'hémorrhagie utérine produite par les vaisseaux qui laissent échapper le sang après avoir été rompus, le nom d'*hémorrhagie utéro-placentaire* lui conviendrait mieux que tout autre. C'est en forçant l'analogie qu'on a confondu avec celle-ci les pertes de sang par l'orifice utérin, qui reconnaissent pour cause la rupture des vaisseaux du cordon ombilical, et celle de l'utérus : ce sont des accidents différents, mais qu'il n'est pas toujours facile de distinguer au premier abord ; nous nous bornerons à les rappeler en établissant le diagnostic.

Tantôt le sang versé par les vaisseaux utéro-placentaires divisés s'accumule dans la cavité utérine, derrière le placenta et la caduque, sans s'échapper au dehors ; tantôt il se fraie rapidement une voie jusqu'à l'orifice de la matrice : il en résulte deux formes ou deux variétés d'hémorrhagie utérine, l'une *interne* ou *latente*, l'autre *externe* ou *apparente*. Celle-ci reconnaît deux variétés: dans l'une, l'hémorrhagie est indépendante du lieu d'insertion du placenta ; l'autre dépend de son insertion sur le col utérin ou dans son voisinage.

Conditions anatomiques et physiologiques. — Les dispositions maternelles et ovologiques de la gestation sur lesquelles reposent directement la production de l'hémorrhagie utérine, ayant déjà été décrites, nous nous bornerons à les rappeler sommairement, en renvoyant, pour leur appréciation, aux divers endroits de ce livre où elles sont exposées en détail.

La condition de l'extravasation sanguine qui nous occupe est, avons-nous dit, l'existence des vaisseaux utéro-placentaires. En effet, la métrorrhagie qui survient dans les trois derniers mois de la grossesse est d'une manière plus évidente encore le résultat de leur déchirure; car ceux qui se portent de l'utérus dans la caduque sont atrophiés ou tellement petits qu'on peut décoller l'œuf en dehors du placenta sans qu'il s'écoule de sang. Mais les pertes de sang, peu abondantes du reste, non suivies de l'avortement, qui surviennent peu de temps après la conception, pendant la période de la sécrétion et d'organisation des produits plastiques destinés à greffer l'œuf sur l'utérus, peuvent être le résultat d'une trop grande activité de ce travail organique, t. I, p. 175, ou d'un retour très prononcé de l'effort hémorrhagique menstruel, et se produire par une véritable sécrétion ou exhalation comme dans l'état de vacuité de l'organe. Dans la troisième ou quatrième semaine, les vaisseaux utéro-placentaires sont ébauchés, et l'hémorrhagie prend le caractère que nous lui avons assigné. Il est vrai que, dans les deux ou trois mois qui suivent, les vaisseaux qui se portent de l'utérus à la caduque, p. 253, sont assez nombreux et assez développés pour que le décollement de celle-ci sur une surface étendue puisse donner lieu à un écoulement sanguin sans que le placenta soit lui-même décollé. Néanmoins, comme c'est ordinairement sous l'influence de la distension exercée par le sang contre leur parois que ces vaisseaux de nouvelle formation se déchirent, leur rupture, même pendant les premières périodes de la grossesse, a généralement lieu derrière le placenta ou près de sa circonférence, où ils ont pris dès l'origine plus de développement, et où le sang afflue avec le plus de facilité et le plus d'abondance.

Les vaisseaux utéro-placentaires peuvent être déchirés et donner lieu à une hémorrhagie abondante sans que le placenta soit décollé, parce qu'il est entouré à sa circonférence de larges canaux veineux, p. 277.

Les veines utéro-placentaires se continuant sans interruption et sans rétrécissements avec les nombreux canaux veineux dépourvus de valvules, p. 193, qui sillonnent le tissu de l'utérus en convergeant vers les troncs des veines ovariques et utérines, il en résulte que la circulation veineuse utérine et utéro-placentaire partage toutes les alternatives de ralentissement et d'accélération de la circulation veineuse abdominale, p. 195. D'un autre côté, comme la force *a tergo* qui pousse le sang à travers le système veineux utérin n'est point proportionnée à la masse de sang à mouvoir, à la multiplicité, à la grandeur, à la longueur des canaux, la circulation utérine est habituellement lente, et l'appareil veineux gorgé de sang, malgré l'action contractile de l'utérus qui contre-balance en partie les effets que nous venons de rappeler. Ajoutons que l'utérus en se développant est bientôt assez comprimé sur le côté pour gêner le retour du sang veineux, et pour rendre très dangereuse, pendant la grossesse et le travail, la rupture d'une veine variqueuse située au-dessous; que le travail organique dont il est le siége pour son propre développement et pour celui du fœtus y fait affluer le sang en plus grande quantité; que la fluxion menstruelle n'est pas complétement éteinte, au moins pendant les premiers mois ; de sorte que les vaisseaux utéro-placentaires, et les veines plus particulièrement, sont habituellement le siége d'une tension assez grande. Et comme ces vaisseaux ont des parois minces et fragiles, mal soutenues par le tissu du placenta, qui est mou et dépressible, on conçoit qu'ils puissent se rompre sous la seule influence des conditions que nous venons de passer en revue, lorsqu'elles sont portées à un haut degré, et que toutes les causes accidentelles qui troublent la circulation utérine augmentent la stase veineuse ou la fluxion sanguine, et déterminent leur rupture avec une grande facilité.

Les veines ayant à supporter une tension incomparablement plus grande que les artères, c'est par elles que commence la rupture et l'extravasation sanguine : le sang épanché en s'accumulant décolle le placenta dans le voisinage, d'autres veines et des artères sont déchirées en même temps ; mais celles-ci sont tellement petites et sont le siége d'une circulation si peu active qu'elles fournissent peu de sang, et que l'écoulement conserve les caractères d'une hémorrhagie veineuse.

Causes prédisposantes et accidentelles indépendantes du lieu d'insertion du placenta. — Nous venons de signaler les prédispositions inhérentes à la texture des vaisseaux utéro-placentaires et aux modifications qu'éprouve la circulation du sang dans les vaisseaux de l'utérus. Si, sous l'influence de ces seules prédispositions, la distension des veines utéro-placentaires peut être quelquefois suffisante pour produire des ruptures sur quelques points, on conçoit que cet accident devienne imminent et arrive souvent lorsqu'aux prédispositions naturelles s'ajoutent : 1° une fluxion sanguine anormale passagère ou habituelle, due à la trop grande activité du travail organique suscité par la gestation, à un état d'hypérémie utérine constitutionnelle, qu'on observe chez quelques femmes nerveuses et abondamment réglées, à des manifestations avortées du retour menstruel, phénomènes qui, à la vérité, s'affaiblissent à mesure que la grossesse approche de son terme, et concourent assez rarement à la production de l'extravasation sanguine pendant les trois derniers mois de la grossesse; 2° une stase veineuse utérine très prononcée, soit parce qu'il y a dans toute l'économie, et plus particulièrement dans le système utérin, un état d'atonie qui prédispose aux congestions passives, comme on l'observe assez souvent chez les femmes lymphatiques indolentes, soit parce qu'il existe dans le développement ou la situation de l'utérus des conditions qui rendent le retour du sang veineux plus difficile, soit parce que ce retour est gêné par des vêtements trop serrés, une marche, une attitude debout trop prolongées, soit parce qu'il y a pléthore générale. Je me borne à énumérer ces causes, sur lesquelles j'ai suffisamment insisté, p. 450, et en traitant de l'avortement; 4° les émotions morales vives, une frayeur subite, un accès de colère, etc., ont été quelquefois presque immédiatement suivis de pertes utérines abondantes. Le trouble de la circulation cardiaque qui en résulte opposant un obstacle subit à la progression du sang dans la veine cave inférieure et ses premières divisions, la part de tension qu'éprouvent les veines utéro-placentaires peut être suffisante pour produire la rupture de quelques unes, et consécutivement un décollement partiel du placenta. 5° Les secousses répétées, le cahot d'une voiture non suspendue, le trot du cheval, les secousses brusques, une chute sur les pieds, sur les genoux, sur les fesses, l'action de se retenir dans une chute imminente, de soulever un fardeau, de le porter, etc., des coups sur l'abdomen, sont autant d'actes à la suite desquels on a vu souvent l'hémorrhagie utérine se déclarer, tantôt brusquement, tantôt après un ou plusieurs jours, et cela non seulement lorsque la cause agit d'une manière lente et prolongée, mais encore à la suite d'un mouvement violent, d'un coup porté sur les parties de l'abdomen qui correspondent à l'utérus. Comme dans l'attitude debout trop prolongée, les longues marches et les émotions morales qui ne déterminent pas immédiatement l'extravasation sanguine, l'effet produit n'amène d'abord que de la congestion et de l'irritation, qui peuvent augmenter au point de décider la rupture vasculaire, surtout si la femme est prédisposée à l'hypérémie active, aux congestions passives, ou si elle n'a pris aucune précaution après l'accident.

Lorsque l'extravasation sanguine a lieu immédiatement après l'accident, la rupture des vaisseaux utéro-placentaires peut avoir lieu de deux manières différentes. Dans l'une, au moment d'un effort brusque auquel prennent part les muscles de l'abdomen, le sang contenu dans les veines caves inférieures et ses divisions, pressé de toutes parts, et ne pouvant pas traverser assez rapidement le cœur, réagit avec force contre les parois de ces veines. Cette réaction, qui peut être portée assez loin pour déterminer, chez les femmes enceintes, la rupture des gros troncs veineux situés en dehors de l'utérus, malgré la solidité de leur parois, déterminera d'autant plus facilement le même effet sur les veines utéro-placentaires qu'elles sont très fragiles et mal soutenues à leur périphérie. Dans l'autre, le décollement partiel du placenta peut être primitif et immédiat : il n'est plus l'effet, mais la cause de la rupture des vaisseaux utéro-placentaires et de l'extravasation sanguine. Le décollement du placenta, dans les circonstances que nous supposons, précédant l'extravasation sanguine, est difficile, et sans doute assez rare ; mais les raisons sur lesquelles se sont fondés quelques auteurs pour le rejeter absolument ne me paraissent pas fondées. Il est très vrai que l'état de plénitude de l'œuf, que ses connexions non interrompues avec la face interne de l'utérus, sont autant de dispositions très propres à prévenir et à rendre extrêmement difficile ce genre de décollement ; mais quoique l'utérus gravide soit soutenu en avant par des parties molles très élastiques et qu'il repose sur le bassin par l'intermédiaire d'une couche de parties molles élastiques assez épaisse, dispositions qui tendent à décomposer et affaiblir l'action des coups, des chutes, et des secousses par contre-coup, il n'est pas pour cela à l'abri de commotions violentes, susceptibles de décoller l'œuf. Ne voit-on pas, en effet, à la suite de coups ou de chute, des organes pleins, mieux ou aussi bien disposés que l'utérus, surtout si les parties qui les composent sont d'une densité inégale, présenter à leur intérieur, sous leur membrane d'enveloppe, des ecchymoses, des épanchements sanguins, en un mot, des déchirures, lorsque leur surface n'est pas altérée ?

On ne saurait se refuser d'admettre qu'il doit en être de même pour l'utérus dans ses points d'union avec la caduque et le placenta. Dans les causes qui nous restent à examiner, nous allons voir le décollement du placenta, opéré d'une autre manière, précéder également l'extravasation sanguine.

6° Dans les derniers mois de la grossesse surtout, le développement du placenta n'étant plus en rapport avec l'agrandissement de la partie sur laquelle il est inséré, p. 176, cet organe, formé de lobes susceptibles d'être écartés, peut s'étaler pour s'accommoder à l'ampliation de l'utérus : aussi le placenta adhérant à l'utérus est beaucoup plus large et plus mince qu'après sa séparation. Cet élargissement mécanique a généralement lieu, si l'insertion existe au fond de l'utérus ou sur un point du corps éloigné du col, sans amener de décollement. Mais il n'en est pas toujours de même avec l'une des conditions suivantes : 1° lorsque le placenta présente à sa surface externe ou dans son épaisseur des masses fibrineuses indurées, que son tissu modifié est devenu compacte par du sang infiltré, il se prête plus difficilement à l'ampliation de l'utérus, et il se fait souvent de nouveaux décollements partiels. Et comme la cause sous l'influence de laquelle s'est produite la première extravasation sanguine peut persister, on comprend pourquoi une hémorrhagie antérieure est si souvent suivie d'autres hémorrhagies. 2° Lorsque l'utérus a pris un développement très considérable, comme dans quelques cas de grossesse double, d'hydropisie de l'amnios, il survient quelquefois des hémorrhagies utérines dont la cause est très vraisemblablement un excès d'écartement du placenta, et son décollement se fait en quelque sorte comme dans le cas où il est inséré sur le col.

7° Les contractions normales ou pathologiques de l'utérus, considérées comme cause de métrorrhagie pendant la grossesse et le travail, méritent d'autant plus de fixer l'attention, qu'elles ont été généralement mal appréciées. Dès le quatrième mois, l'utérus, sous l'influence d'excitations externes ou internes, est fréquemment le siége de mouvements péristaltiques dont la femme n'a pas toujours la conscience et qui ne sont pas accompagnés de sensations douloureuses. A ce degré, elles ne paraissent liées à aucun état pathologique. Mais des contractions partielles et irrégulières, plus intenses et plus rapprochées, précèdent souvent l'extravasation sanguine et l'accompagnent encore plus souvent; si l'utérus est assez élevé pour être exploré à travers la paroi abdominale, la main sent des bosselures qui se déplacent; à leur plus haut degré elles font éprouver une légère douleur. Les premières ne sont dans aucun cas susceptible de produire un décollement partiel du placenta; et je me crois autorisé à en dire autant des secondes, contrairement à l'opinion présentée d'une manière très spécieuse par M. Gendrin et accueillie avec faveur. On me semble avoir pris l'effet pour la cause.

Lorsque les vaisseaux de l'utérus sont le siége d'une congestion active ou passive, l'irritation qui en résulte excite cet organe à se contracter plus souvent d'une manière péristaltique. Ces contractions latentes empêchent le sang d'affluer avec la même abondance dans les vaisseaux de l'utérus, chassent en partie celui qui remplit les canaux veineux contractiles; le resserrement de la matrice sur l'œuf produit le même effet sur les vaisseaux utéro-placentaires, dont les parois se trouvent plus solidement soutenues.

Si l'extravasation sanguine s'opère, la lésion qui en résulte et la présence du sang épanché à la face interne de l'utérus, rendent les contractions irrégulières plus fréquentes et plus vives; elles finissent ordinairement par devenir expultrices si l'hémorrhagie continue. Ainsi, les contractions péristaltiques irrégulières, au lieu de provoquer l'hémorrhagie, tendent au contraire à la prévenir, à la modérer et même à l'arrêter lorsqu'elle existe ; leur absence, le manque de susceptibilité de l'utérus, lorsqu'il y est dans un état de congestion, est bien plutôt une prédisposition à l'extravasation sanguine.

En l'absence de preuves directes, le travail viendrait prouver que les contractions et le resserrement de l'utérus peuvent s'exercer librement sans déterminer le décollement du placenta.

Nous avons vu en effet que les contractions, et le resserrement de l'utérus qui résulte de l'écoulement du liquide amniotique et de l'expulsion successive des diverses parties du fœtus, n'entraînent le décollement du placenta qu'après ou avec la sortie des dernières parties de l'enfant, et que ce n'est, à proprement parler, qu'à dater de ce moment que la parturition devient sanglante.

Le placenta a d'autant moins de tendance à se décoller dans le principe, qu'étendu en partie mécaniquement, il ne fait que revenir naturellement sur lui-même pendant les premiers degrés de la déplétion de l'utérus.

Ce n'est que dans des conditions anormales que les contractions de l'utérus et son retour partiel sur lui-même entraînent le décollement du placenta. Cela peut arriver, 1° lorsque le placenta a perdu sa souplesse par des altérations dues à des hémorrhagies antérieures; 2° lorsque le resserrement partiel est brusque et très étendu. On voit, en effet, quelquefois l'hémorrhagie se déclarer après l'évacuation subite d'une très grande quantité de liquide amniotique et le retour de l'utérus sur le fœtus, qui est souvent en outre très petit.

Nous avons déjà dit que l'accouchement de jumeaux était plus souvent compliqué de pertes de sang ; toutefois, il tire ordinairement son origine du placenta qui appartient au fœtus expulsé, parce que, pendant le travail, le côté de l'utérus qui correspond au second enfant se contracte très faiblement, et se rétracte peu après l'expulsion du premier.

8° En traitant de la brièveté et de l'entortillement du cordon ombilical, t. II, p. 123, nous avons établi que son tiraillement pouvait, dans des conditions que nous avons fait connaître, déterminer sa rupture ou le décollement du placenta, amener dans le premier cas une hémorrhagie fœtale, et, dans le second une hémorrhagie utérine.

Nous venons de signaler et d'apprécier les causes de l'hémorrhagie utérine pendant la grossesse et le travail, causes indépendantes du lieu d'insertion du placenta et qui ont été constatées par l'observation. Les auteurs en ont indiqué d'autres ; mais les unes se rapportent directement aux précédentes, et les autres sont complétement hypothétiques.

Nous rappellerons que l'hémorrhagie peut se produire sous la seule influence des causes prédisposantes ; on la voit, en effet, assez souvent se déclarer sans causes accidentelles appréciables ou nullement en rapport avec la promptitude et l'abondance de l'écoulement sanguin. Quoique nous en ayons indiqué plusieurs où le décollement du placenta est primitif, néanmoins les cas qui s'y rapportent sont très peu nombreux comparativement à ceux où il est consécutif à la rupture des veines utéro-placentaires et à l'extravasation sanguine.

Insertion du placenta sur le col considérée comme cause d'hémorrhagie. — L'extravasation sanguine qui dépend du lieu d'insertion du placenta se produit : 1° lorsqu'il correspond à l'orifice interne de l'utérus ; 2° lorsqu'un point de sa circonférence en est plus ou moins rapprochée. Dans le premier cas, l'hémorrhagie est *inévitable ;* dans le second, elle survient fréquemment, mais n'a pas nécessairement lieu.

L'insertion du placenta sur le segment inférieur de l'utérus paraît à elle seule donner plus souvent lieu à l'hémorrhagie qui survient pendant les derniers mois de la grossesse et le travail que toutes les autres causes réunies. La difficulté de distinguer dans tous les cas l'hémorrhagie qui dépend de l'insertion anormale du placenta de celle qui en est indépendante, laisse quelque incertitude sur le rapport exact de leur fréquence. Sur 106 cas d'hémorrhagies utérines appartenant à toutes les époques de la grossesse réunis par Rigby, 46 sont rapportés à l'insertion du placenta sur le col. Sur 26,676 accouchements, M. F.-H. Ramsbotham a noté 42 fois l'implantation du placenta sur le col.

Malgré la multiplicité des faits qui établissent l'existence, pendant les derniers temps de la grossesse, d'hémorrhagies utérines graves tant internes qu'externes, indépendantes du lieu d'insertion du placenta, madame Lachapelle a porté la préoccupation si loin, qu'elle a avancé que la majeure partie des pertes de sang qui paraissaient après le sixième mois reconnaissait pour cause l'insertion du placenta sur l'orifice de la matrice. On s'éloignerait un peu moins de la réalité, en disant que la plupart de celles qui exigent la terminaison de l'accouchement reconnaissent effectivement cette cause.

Non seulement la fréquence, mais le fait même de l'insertion du placenta sur le col a été longtemps méconnu. On supposait que, détaché en totalité, il tombait sur le col de la matrice, et que les adhérences qu'on rencontrait étaient produites par du sang coagulé. En 1730, Giffart, à l'occasion de l'une de ces hémorrhagies, ajoute qu'il ne peut accepter comme vraie l'opinion de tous les auteurs qui disent que le placenta est toujours inséré sur le fond de l'utérus; que dans ce cas comme dans beaucoup d'autres, il a toute raison de penser qu'il adhérait sur l'orifice interne, et qu'en se dilatant, celui-ci occasionna la séparation de délivre et consécutivement l'hémorrhagie. Heister mentionne l'opinion nouvelle : « Quelques modernes, dit-il, pensent que l'adhésion du placenta sur le col est une cause d'hémorrhagie, et qu'alors plus le col se dilate, plus la perte est abondante. » Depuis le travail de Levret sur ce sujet, cette opinion a cessé d'être contestée ; mais l'explication donnée jusqu'à présent n'était applicable qu'au décollement du placenta déterminé par la dilatation de l'orifice interne, et nous verrons tout-à-l'heure qu'elle est loin d'embrasser tous les cas.

Lorsque le placenta est inséré sur le segment inférieur de l'utérus, indépendamment de la cause spéciale, l'hémorrhagie peut reconnaître toutes les autres causes signalées, et se produire suivant le mécanisme qui leur est propre ; cette position déclive du placenta doit même y prédisposer en favorisant la stase du sang dans les veines utéro-placentaires. Il est très probable que les pertes qui se déclarent avant le milieu de la grossesse, le cinquième et même le sixième mois, arrivent le plus souvent avant que l'influence spéciale de l'insertion du placenta sur le col se soit fait sentir.

Cette distinction établie, faisons connaître dans quelles conditions, à quelle époque de la grossesse et d'après quel mécanisme se produit l'hémorrhagie par insertion du placenta sur le col.

1° Elle se déclare pour la première fois pendant que l'orifice interne est encore exactement fermé, très rarement du cinquième au sixième mois, quelquefois pendant le septième, et le plus souvent du huitième vers le milieu du neuvième, non seulement lorsque le placenta est situé en dehors de l'orifice interne, mais encore lorsqu'il le recouvre. Si le décollement du placenta inséré sur le col de l'utérus est le résultat de sa dilatation, comment se fait-il, dans l'hypothèse qu'elle commence à s'opérer graduellement de haut en bas dès le sixième mois, que l'extravasation sanguine ne se déclare pas constamment vers cette époque? Si, au contraire, comme cela semble tout-à-fait conforme à la réalité, l'orifice interne reste exactement fermé, t. I, p. 177, jusque vers le milieu du neuvième mois, comment se fait-il que l'hémorrhagie se manifeste souvent avant cette époque? C'est que sa dilatation n'est pas la seule cause du décollement du placenta. La rapidité de l'ampliation du segment inférieur du corps de l'utérus et sa distension mécanique, pendant les derniers mois de la grossesse, qui le font descendre, dans un court espace de temps, assez profondément dans l'excavation du bassin, surtout lorsque le fœtus présente la tête, constituent la cause ordinaire de l'hémorrhagie, jusqu'à une époque très rapprochée du terme de la gestation.

Lorsque l'insertion a lieu sur le fond ou sur la partie supérieure du corps de l'utérus, l'œuf se trouvant d'abord dans une cavité très grande relativement à son volume, le placenta peut s'étendre sur une large surface; puis, croissant d'abord proportionnellement au développement de l'utérus, il ne commence à être écarté mécaniquement qu'à une époque déjà assez avancée de la grossesse; mais dès lors le développement du fond et de la partie supérieure du corps est moins rapide, parce que sa partie inférieure commence à se prêter à son tour à l'ampliation de l'organe, et le décollement partiel du placenta n'est possible que dans le cas de distension extrême de la matrice. Mais il n'en est plus de même lorsque, par des causes que nous avons cherché à indiquer, t. I, p. 255, l'œuf descend accidentellement dans la partie inférieure du corps de l'utérus, et que le placenta se greffe sur son orifice interne ou sur un point qui en est peu éloigné. La cavité de cette partie de l'utérus formant un canal fort étroit, le placenta, très large dès le principe, la recouvre en grande partie.

Le développement de cette cavité étroite se fait de bas en haut; et comme elle est assez petite, relativement à l'œuf, l'ampliation est plus précoce, plus étendue et plus rapide que lorsque l'utérus se développe de haut en bas, de sa partie spacieuse vers sa partie étroite. Pendant la première moitié de la grossesse, le tiraillement du placenta est prévenu en partie par un accroissement qui est d'abord très rapide; mais plus tard il subit une distension qui peut amener de bonne heure un décollement partiel. De là les pertes de sang, à la vérité très rares, qu'on ne peut pas attribuer à des causes indépendantes du lieu d'insertion du placenta, qui se déclarent dès la fin du quatrième mois, pendant le cinquième et le sixième. Mais lorsqu'à l'ampliation organique que le placenta peut le plus ordinairement suivre, vient s'ajouter la distension mécanique que subit le segment inférieur de l'utérus, et qui le fait plus ou moins proéminer dans l'excavation du bassin, le tiraillement augmente d'une manière très marquée et entraîne souvent le décollement d'une portion du placenta ; de là la fréquence croissante de l'hémorrhagie pendant le septième, le huitième mois et une partie du neuvième, quoique l'orifice soit encore exactement fermé au moment où elle se déclare pour la première fois.

Elle peut se manifester lorsque le placenta recouvre l'orifice interne, et lorsqu'il en est seulement plus ou moins rapproché par sa circonférence. Dans le dernier cas, et même dans celui où il recouvre l'orifice par son bord seulement, la perte, après s'être produite une ou plusieurs fois, peut cesser définitivement, et l'accouchement avoir lieu à terme sans qu'elle se reproduise. En effet, lorsque la portion du placenta qui avoisine l'orifice ou le recouvre a été décollée, et que l'extravasation sanguine a cessé, la tendance à de nouveaux décollements partiels peut disparaître, parce que les progrès de l'ampliation de la partie inférieure de l'utérus éloignent très sensiblement le bord du placenta le plus exposé à de nouveaux décollements du centre du segment inférieur, qui est la partie la plus distendue mécaniquement, et parce que le tiraillement diminue du bord inférieur du placenta au bord supérieur, qui se trouve assez haut dans la cavité de l'utérus.

2° L'ampliation et la distension du segment inférieur de l'utérus ne sont pas une cause inévitable de décollement du placenta. Il est nullement rare de voir l'hémorrhagie ne survenir qu'au moment où l'orifice interne s'ouvre. Les pertes qui surviennent huit, quinze, vingt jours avant le terme de la grossesse reconnaissent ordinairement cette cause ; l'orifice interne paraît même quelquefois s'ouvrir vers la fin du huitième mois ou le commencement du neuvième. Ici, l'explication donnée par Levret, acceptée partout le monde comme la seule cause du décollement du placenta et de l'extravasation sanguine, est complètement exacte. Dans les cas où le placenta recouvre l'orifice interne par d'autres points que sa circonférence, et où la distention seule du segment inférieur de l'utérus est d'abord la cause du décollement, lorsqu'après une ou plusieurs manifestations de l'hémorrhagie, le travail se déclare prématurément ou non, à la première cause vient se joindre ou plutôt succède la seconde. Quand l'orifice interne n'est recouvert que par un point plus ou moins étendu de la circonférence du placenta, en s'ouvrant le col en entraîne le décollement ; et si la perte n'est pas assez abondante pour provoquer le travail ou exiger la terminaison de l'accouchement, la portion du placenta décollée s'atrophie, et les vaisseaux utéro-placentaires, d'abord fermés par les caillots sanguins, deviennent tout-à-fait imperméables. L'ampliation rapide qui se fait aux dépens du col préalablement ramolli et évasé à son centre ou de l'orifice externe à l'interne, porte ce dernier et la portion du placenta décollée sur un point assez éloigné du premier; et suivant les effets de la perte, le fœtus meurt ou continue à vivre, et l'accouchement a lieu plus tard, comme nous l'avons déjà dit, sans que l'hémorrhagie se renouvelle.

Mais on voit assez souvent la perte se manifester pour la première fois seulement au moment où le travail se déclare spontanément, bien que le placenta recouvre l'orifice interne, par conséquent à une époque où la cavité du col est supposée concourir déjà depuis quelque temps à l'ampliation de l'utérus. Doit-on admettre que l'œuf fécondé, après être descendu dans la partie inférieure du corps de l'utérus, franchit l'orifice interne et s'arrête seulement dans la cavité du col pour s'y fixer et s'y développer, et que le placenta peut avoir avec l'orifice externe les mêmes rapports qu'avec l'orifice interne? La facilité avec laquelle l'œuf se fixe et se développe sur d'autres tissus que l'utérus rend cette supposition très vraisemblable, d'autant plus que l'orifice externe est, au moins chez les primipares, assez exactement fermé. Mais on comprend difficilement comment le développement progressif de l'utérus de la partie inférieure de son col vers son fond pourrait s'opérer, je ne dis pas jusqu'au terme ordinaire de la gestation, mais au-delà de quelques mois, sans déterminer des pertes et bientôt l'expulsion de l'œuf. Pour mon compte, je suis disposé à croire que quelques avortements des premiers temps de la grossesse reconnaissent cette cause. Je m'explique la perte qui se manifeste pour la première fois, après que le travail s'est déclaré, en admettant comme une chose conforme à la vérité que, chez un grand nombre de femmes, surtout parmi celles qui ne sont pas enceintes pour la première fois, l'accouchement se déclare à l'époque où l'orifice interne se prépare à s'ouvrir, ce qui expliquerait ces variations de huit, de douze et même de quinze jours, si communes dans la durée de la grossesse, t. I, p. 240. Chez les femmes dont le museau de tanche a été déformé et l'orifice externe plusieurs fois divisé par des accouchements antérieurs, il reste jusqu'à la fin de la grossesse un bourrelet extérieur, et à l'intérieur un canal plus étendu qui se termine à une partie plus resserrée qui est l'orifice interne, alors très rapproché de l'externe par le fait de l'évasement et de l'affaissement de la portion du col située au-dessous. On voit que l'explication vulgaire de la cause du décollement du placenta embrasse un assez grand nombre de cas.

Lorsque le placenta recouvre l'orifice interne, l'hémorrhagie, avons-nous déjà dit plusieurs fois, est inévitable; car si l'ampliation et la distension du segment inférieur de l'utérus ne déterminent pas le décollement du placenta, il surviendra nécessairement au moment où l'orifice interne s'ouvrira pour fournir à son tour à l'ampliation de l'utérus, ou au moment où le travail se déclarera s'il reste fermé jusqu'à la fin. Nous avons déjà dit que, lorsque le placenta recouvre l'orifice par sa circonférence ou par un point qui en est peu éloigné, il peut arriver qu'après un ou plusieurs décollements successifs, déterminés soit par la distension du segment inférieur de l'utérus, soit par la dilatation de l'orifice interne, l'hémorrhagie ne se reproduise plus. Il n'y a rien là de contradictoire; mais ce qui semble l'être, c'est que l'hémorrhagie, après s'être manifestée plusieurs fois pendant les derniers mois de la grossesse, sans en interrompre le cours, ne se reproduise pas pendant le travail, lorsque le placenta continue à recouvrir l'orifice de la matrice, et qu'il est poussé en partie ou en totalité au-devant de la tête à mesure que la dilatation fait des progrès! Ce cas est sans doute très rare; mais une observation de Baudelocque, une de Walter, deux de Mercier, de Rochefort, prouvent qu'il peut se présenter.

Les explications proposées par Walter et Mercier, reposant sur des données anatomiques erronées, ne méritent pas d'être reproduites. M. Moreau suppose qu'après la mort du fœtus, le sang, arrêté dans les vaisseaux du placenta et de l'utérus qui lui correspondent, se coagule, et que ceux-ci se resserrent et s'oblitèrent. Cela n'est pas exact; car l'expulsion d'œufs avortés conservés longtemps dans l'utérus après la mort de l'embryon et la délivrance après l'accouchement du fœtus putréfiés, sont toujours accompagnés d'un écoulement sanguin, à la vérité souvent moins abondant et plus tôt tari.

Le séjour du fœtus dans la cavité de l'utérus après qu'il a cessé de vivre est une circonstance qui peut bien rendre le décollement du placenta moins grave; mais pour que les vaisseaux utéro-placentaires s'oblitèrent, il faut que le placenta ait été préalablement décollé. Ainsi, dans le cas que nous supposons, pour que l'accouchement ait pu se faire sans écoulement de sang, on doit admettre que le placenta a été complètement décollé, ou au moins qu'il l'a été d'un côté, jusqu'au-delà de l'orifice utérin, de manière que la dilatation ait pu s'opérer sans étendre davantage le décollement, et que les vaisseaux utéro-placentaires divisés ont d'abord été fermés par du sang coagulé, puis un peu plus tard par un travail d'oblitération.

Prodromes.—L'extravasation du sang hors des vaisseaux utéro-placentaires est ordinairement précédée de phénomènes divers, le plus souvent appréciables, qui ne manquent guère que lorsqu'elle suit immédiatement l'action de la cause productrice, ou qu'elle dépend de l'insertion anormale du placenta, ou d'une circonstance indépendante de la stase, ou de l'afflux actif du sang dans les vaisseaux utérins.

Ce sont des symptômes de congestion ou d'irritation de l'utérus, de la pesanteur, une douleur sourde aux lombes, à l'hypogastre, qui augmentent par l'attitude debout, la marche, par l'action d'aller à la garde-robe, de rendre les urines, par les mouvements du fœtus. La douleur prend quelquefois un caractère plus aigu, et se montre sous la forme de coliques profondes, revenant par intervalles plus ou moins éloignés. Il y a le plus souvent en même temps du malaise, de la pesanteur et de l'engourdissement dans les membres inférieurs, de la coloration de la face, de la fréquence et de la plénitude du pouls, de l'agitation, quelquefois des mouvements fébriles passagers avec frisson : le fœtus présente assez souvent une agitation insolite ou une torpeur qui fixe l'attention de la femme.

L'invasion de la maladie suit ordinairement de près ces symptômes et se fait rarement attendre quatre ou cinq jours, à moins qu'ils n'aient été combattus par un traitement préventif convenable.

Symptômes, marche et terminaison. — Lorsque l'extravasation sanguine se produit avec quelque intensité, la douleur sourde et profonde qui se fait sentir dans le bassin, aux lombes, à hypogastre devient subitement aiguë, gravative et continue. Dans le cas où l'effet suit de près l'action de la cause, la malade éprouve assez souvent au moment où la douleur se déclare, la sensation de déchirure et de craquement. Il survient un sentiment profond de malaise et de faiblesse avec tendance à la défaillance ; les extrémités se refroidissent, la face s'altère et devient pâle. Tantôt le sang versé dans l'utérus ne met pour apparaître à l'extérieur que le temps nécessaire pour se frayer une voie du placenta à l'orifice de la matrice ; tantôt, de prime abord ou après s'être montré à l'extérieur, il augmente le décollement du placenta et de la caduque en s'accumulant entre l'œuf et l'utérus, se forme une poche plus ou moins grande, et n'apparaît point à l'extérieur ou seulement après un temps plus ou moins long. Il en résulte, comme nous l'avons déjà dit, deux formes d'hémorrhagie, l'une externe, l'autre interne, sur lesquelles nous reviendrons après avoir exposé leurs caractères communs. Tantôt l'extravasation est continue, tantôt elle est interrompue et reparaît à de courts intervalles. Pendant les rémissions ou les intermittences, les douleurs diminuent ou cessent pour reparaître, mais le plus souvent en s'affaiblissant à chaque retour. Lorsque l'hémorrhagie se produit pendant le travail ou qu'elle le provoque, les phénomènes ne sont pas très différents; si les douleurs sont faibles et éloignées, elle est peu modifiée; dans le cas contraire, elle se ralentit ordinairement et finit le plus souvent par se suspendre complétement avant la fin du travail; à moins qu'elle ne dépende de l'insertion du placenta sur l'orifice interne de l'utérus, et même dans ce cas elle est en général avantageusement modifiée, même avant la fin de la période de dilatation par un travail franc.

L'affaiblissement et les autres symptômes généraux sont ordinairement en rapport avec la quantité et la rapidité de l'écoulement : à la pâleur, à l'oppression, aux palpitations, aux angoisses épigastriques succèdent une céphalalgie plus vive, un pouls plus fréquent et plus petit, des défaillances et des syncopes qui sont souvent la cause des intermittences ou de la suspension de l'hémorrhagie.

Tantôt le symptômes se succèdent avec une grande rapidité, et quelques heures suffisent pour jeter la malade dans un danger éminent; tantôt la marche est beaucoup plus lente, soit que l'écoulement soit continu, mais très modéré, soit qu'il se reproduise à des intervalles plus éloignés, et l'hémorrhagie dure ainsi plusieurs jours, sans qu'on puisse prévoir quelle en sera la terminaison.

La terminaison peut avoir lieu de différentes manières :

1° Par la cessation de l'écoulement sanguin sans interruption de la grossesse. Après une déperdition sanguine plus ou moins abondante, l'hémorrhagie cesse définitivement, spontanément, ou par l'intervention de l'art, et le fœtus peut continuer à vivre, soit parce que le placenta a été décollé dans une étendue peu considérable, soit parce qu'il ne l'a pas été du tout, et que le sang a été fourni par les veines utéro-placentaires situées à la circonférence de l'organe. Le sang épanché se réduit bientôt à sa partie fibrineuse, et devient un corps étranger interposé à l'œuf et à l'utérus, avec lesquels il contracte de faibles adhérences et anéantit les fonctions du placenta dans les lobes auxquels il correspond. Ce corps étranger est une faible cause d'irritation pour l'utérus; si l'hémorrhagie ne se reproduit pas, la grossesse continue à marcher vers son terme naturel, et l'accouchement a ordinairement lieu sans qu'elle se reproduise, lorsqu'elle est indépendante de lieu d'insertion du placenta, bien que l'état de cet organe soit une cause prédisposante.

2° Par la cessation définitive de l'hémorrhagie avec interruption de la grossesse sans que l'expulsion du fœtus survienne immédiatement. Lorsque le décollement du placenta est étendu, la mort du fœtus ne tarde pas à survenir, et l'écoulement sanguin peut cesser définitivement sans avoir provoqué le travail de l'accouchement, qui peut tarder jusqu'au terme de la grossesse, s'il est rapproché, ou n'avoir lieu qu'à une époque assez éloignée de la cessation de l'hémorrhagie, quoique la présence d'un fœtus mort dans la matrice devienne, après un temps variable, souvent assez court, une cause déterminante des contractions expultrices de la matrice. Pendant le travail, l'hémorrhagie ne se reproduit ordinairement pas, ou si elle reparaît, elle est le plus souvent peu abondante, probablement à cause des changements survenus dans les conditions anatomiques et physiologiques de l'utérus et du placenta.

3° Lorsque l'hémorrhagie s'est arrêtée ou qu'elle a été réduite à un écoulement séro-sanguinolent, sans provoquer l'expulsion du fœtus, n'a-t-on pas à craindre que le sang coagulé, qui reste dans le col et sur le trajet limité qui s'étend jusqu'au placenta, passant à l'état de putréfaction, ne donne lieu à des symptômes d'*infection putride*. « Le sang, a dit Peu, est quelque chose de naturel; il est familier avec nous; il ne s'échauffe, ne s'altère, ni se corrompt point sitôt, ni si aisément. » Cela est vrai lorsqu'il n'existe pas de communication avec l'extérieur, comme dans les hémorrhagies utérines qui restent exclusivement internes ; mais dans le cas contraire, le sang resté dans la matrice peut s'altérer et se dissoudre en se putréfiant.

L'odeur fétide et l'écoulement bourbeux qu'on voit survenir quelquefois à la suite de pertes en est une preuve ; mais il est très rare que cette putréfaction détermine d'accidents spéciaux : au moins ne voit-on rien de semblable dans les observations de Mauriceau, de Delamotte et de M. Deneux, qui nous montrent des cas de putréfaction de sang dans l'utérus, portée à un très haut degré sans symptômes d'infection putride. Mais il ne faudrait pas en conclure qu'elle ne peut avoir lieu; on l'observe d'ailleurs quelquefois comme complication de la délivrance.

4° Elle se termine souvent par l'expulsion prématurée du fœtus. L'apparition des contractions utérines expultrices, à une époque variable du début de la maladie, quelquefois très peu de temps après, est un phénomène consécutif des plus communs. Lorsque le travail est franchement déclaré, l'hémorrhagie est presque toujours avantageusement modifiée et s'arrête assez souvent après la rupture de la poche des eaux : les contractions et la déplétion partielle de l'utérus deviennent dans beaucoup de cas un moyen préservatif suffisant lorsque la perte est indépendante du lieu d'insertion du placenta : le fœtus vivant ou mort est expulsé avant que la vie de la femme soit compromise, et l'écoulement sanguin est définitivement arrêté.

5° Enfin, non seulement lorsque la perte est externe, mais encore quelquefois lorsqu'elle est interne, malgré les ressources de l'organisme et malgré celles de l'art, surtout si elles sont tardivement administrées, l'hémorrhagie ne s'arrête que par la mort de la femme, qui perd insensiblement ou rapidement ses forces, suivant que l'écoulement a été rapide ou lent ; le pouls devient presque insensible, et l'on voit bientôt survenir comme signes précurseurs de la mort, du hoquet, des envies de vomir, du météorisme, quelquefois des vomissements, enfin des mouvements convulsifs.

A. *Hémorrhagie externe indépendante du lieu d'insertion du placenta.* — Elle est beaucoup plus fréquente que l'interne. Le plus ordinairement peu de temps après la manifestation des symptômes locaux et généraux du début, du sang pur, foncé en couleur, s'échappe par le vagin ; lorsque la perte débute avec peu d'intensité, l'apparition du sang à l'extérieur est quelquefois le premier phénomène qui frappe l'attention. Il se passe assez souvent plusieurs heures avant que le sang extravasé soit versé dans le vagin ; il s'accumule en plus ou moins grande quantité dans l'utérus avant de se faire jour au dehors, et la perte peut être considérée comme mixte. Tantôt le sang coule d'une manière continue, tantôt par ondées qui reviennent à de courts intervalles. Les douleurs lombaires et hypogastriques diminuent ou cessent plus ou moins complètement à mesure que le sang sort de l'utérus. L'écoulement ne tarde pas à diminuer ou à cesser ; mais le plus souvent les rémissions et les intermittences ne sont que temporaires et de courte durée.

Les douleurs reparaissent et le sang coule de nouveau d'une manière continue ou par ondées, entraînant de temps en temps des caillots. Dans les intervalles et après la cessation de l'extravasation sanguine, il ne s'écoule plus qu'un peu de sang mêlé à de la sérosité. Les symptômes généraux, la marche et la terminaison rentrent dans l'exposition générale. Après avoir fait connaître les caractères de l'hémorrhagie, par insertion du placenta sur le col, nous indiquerons les signes à l'aide desquels on peut distinguer ces deux variétés de l'hémorrhagie utérine externe l'une de l'autre, et des autres écoulements sanguins par le vagin qui n'ont pas la même origine.

B. *Hémorrhagie interne.* — Elle exclut l'idée de l'insertion du placenta sur le segment inférieur de l'utérus. Nous en avons déjà étudié, t. I, p. 407, une variété sous le nom d'*apoplexie utéro-placentaire*, qu'il n'est pas rare de rencontrer pendant les premiers mois de la grossesse, et qu'on observe encore quelquefois dans les derniers. Nous n'avons plus à nous occuper ici de ces épanchements peu abondants, circonscrits ou diffus, situés dans l'épaisseur ou à la surface externe du placenta, qui ne sont le plus souvent révélés par aucun symptôme.

On ne doit considérer comme hémorrhagie interne que celle où le sang épanché est retenu en totalité ou en partie dans l'utérus avec le produit de la conception; autrement toute hémorrhagie utérine serait d'abord interne à son début, pendant le temps variable que le sang extravasé met à se frayer une voie au dehors. Tantôt le sang s'accumule dans l'utérus sans qu'il s'en échappe une goutte au dehors; tantôt, après plus ou moins de temps, il apparaît à l'extérieur, et les deux formes existent en même temps; tantôt, après s'être d'abord librement écoulé au dehors, il est retenu et s'amasse dans la cavité utérine : d'externe, l'hémorrhagie devient interne. On a voulu faire considérer, mais à tort, comme une variété d'hémorrhagie interne, l'accumulation et la rétention du sang dans le vagin. Il n'est pas rare, en effet, lorsque la femme a le siège très élevé, de rencontrer ce canal plein de sang coagulé, et même en partie liquide, sans qu'il s'en échappe par la vulve. C'est une particularité qu'on peut rencontrer au début de l'hémorrhagie externe et dans son cours pendant les rémissions, et qui peut, en effet, concourir à la convertir en hémorrhagie interne au retour de l'extravasation sanguine, et rendre moins apparente la quantité de sang perdue, mais elle ne constitue pas une variété par elle-même.

Dans l'hémorrhagie interne, le sang s'accumule entre l'utérus et le placenta, qu'il décolle dans une étendue plus ou moins grande, suivant la force avec laquelle il s'épanche et la difficulté qu'il trouve à se frayer une voie au dehors, pénètre entre ses lobes qu'il sépare et s'infiltre dans son tissu ; le foyer peut rester en-deçà ou s'étendre au-delà de sa circonférence. L'absence de l'écoulement par l'orifice de la matrice ne doit pas être attribuée uniquement à la résistance que le sang trouve à décoller l'œuf; nous avons déjà indiqué la part qu'y prenait la coagulation du sang dans l'orifice utérin et dans le vagin : le fœtus peut y concourir d'une manière très efficace. Lorsque le segment inférieur de l'utérus plonge dans l'excavation pelvienne, la tête ferme plus ou moins hermétiquement tout passage au sang ; ne voit-on pas dans cette circonstance le liquide amniotique, mieux disposé pour s'écouler que le sang qui est en dehors des membranes, être très souvent retenu en grande quantité dans l'utérus, quoique l'œuf soit divisé dans sa partie la plus déclive?

On doit admettre d'une manière générale que la quantité de sang qui peut s'accumuler dans l'utérus n'est pas très grande ; l'œuf le remplit, en effet, entièrement, mais sans le distendre, et ses parois sont peu susceptibles de subir une distension rapide ; d'ailleurs sa propriété contractile, ordinairement réveillée par les premiers effets de la distension, tend à augmenter sa résistance : aussi ne voit-on pas, pendant les cinq ou six premiers mois de la grossesse, de pertes internes immédiatement fâcheuses pour la mère, par le seul fait de la quantité du sang perdu ; même pendant le reste de la grossesse, l'épanchement reste le plus souvent dans des limites qui n'exposent pas sérieusement les jours de la malade ; mais il ne faudrait pas croire qu'il doit en être toujours ainsi.

Un assez grand nombre de faits attestent le contraire, alors même que le foyer n'a pas dépassé les limites du placenta. Ces faits doivent être présent à l'esprit pour qu'on ne s'abandonne pas à une sécurité trompeuse, soit dans l'hémorrhagie interne, soit dans l'externe, si l'on a recours au tampon.

Une femme observée par Baudelocque, parvenue au commencement du neuvième mois de sa grossesse, fit une chute sur les genoux ; cet accident produisit à l'instant même des douleurs de reins continuelles, de fréquentes défaillances jusqu'au moment de l'accouchement, qui n'eut lieu que trois semaines après. Les mouvements de l'enfant, devenus moins forts à la suite de la chute, avaient fini par disparaître. Néanmoins la matrice continua de se développer et d'acquérir plus de volume et plus de fermeté ; l'accouchement se fit sans effusion de sang. Le placenta vint aussitôt après l'enfant ; sa surface externe était couverte dans les deux tiers de son étendue par une croûte de sang noir et par un caillot, qui excédait le volume de l'arrière-faix.

Le même auteur rapporte qu'une femme d'une forte complexion, qui se fit saigner pour la troisième fois au terme de sept mois, tomba à l'instant même en syncope, et que cet accident se renouvela plusieurs fois dans le cours de la journée. Dès le lendemain elle se plaignit de douleurs de reins, de coliques sourdes et profondes, semblables à celles qui précédaient ordinairement ses règles ; elle ne sentait plus remuer son enfant. Le corps de la matrice parut être un peu plus développé que la veille et manifestement plus ferme au toucher. Ces douleurs se répétèrent ainsi périodiquement pendant l'espace de dix-huit à vingt jours ; elles se faisaient sentir avec cette périodicité remarquable pendant cinq à six heures de suite, en acquérant plus de force à chaque paroxysme, mais sans produire aucun changement au col de la matrice. Après deux jours de calme de plus fortes douleurs s'annoncèrent, et le travail de l'accouchement s'établit; la femme se délivra, sans avoir perdu une seule goutte de sang fluide, d'un enfant mort que quelques caillots noirâtres avaient précédé ; mais les plus gros suivirent le placenta dont l'extraction se fit sans efforts. Deux de ces derniers étaient plus remarquables que les autres, tant par leur volume que par leur consistance. Indépendamment de ces caillots, le placenta était couvert extérieurement d'une couche de sang qui s'étendait au-delà de sa circonférence.

La marche de la maladie peut être beaucoup plus lente ; c'est encore à Baudelocque que nous empruntons un exemple pour faire connaître cette variété rare de perte latente. Un femme qui se croyait à terme, quoiqu'elle eût à peine ressenti une ou deux fois les mouvements de son enfant, à l'époque de quatre mois et demi, était dans un état qui la faisait supposer hydropique ; elle avait le tronc et les bras très maigres, le visage bouffi et d'un jaune pâle, et les extrémités inférieures très infiltrées. La matrice était complétement développée et offrait un volume énorme ; le col était effacé et son orifice entr'ouvert ; mais on ne pouvait sentir l'enfant.

Le travail commença dans la nuit, et le lendemain, après une petite quantité d'eau, la matrice expulsa un fœtus de quatre mois environ, comme desséché. Le placenta sortit sans beaucoup d'efforts, quoique son volume excédât celui d'un arrière-faix de jumeaux : c'était une espèce d'éponge à large maille, pleine de sang fluide. Immédiatement après la sortie de cette masse, il s'échappa plein un grand pot de sang également fluide qui se coagula assez promptement ; le coagulum resta mou comme une gelée tendre. L'utérus revint sur lui-même comme de coutume ; et malgré la prodigieuse quantité de sang qui sortit comme d'un seul jet, la femme n'éprouva aucun sentiment de défaillance ; elle parut au contraire plus à son aise qu'auparavant, ce qui prouvait que ce sang était perdu pour elle depuis longtemps ; les suites de couches furent heureuses, et la santé très altérée se rétablit promptement.

L'épanchement peut être plus considérable et les symptômes plus graves que dans les observations précédentes ; et la terminaison par la mort, quoique rare, a cependant été observée un certain nombre de fois.

Dans l'observation de Delaforterie, la femme, déjà mère de plusieurs enfants, était parvenue au huitième mois de sa grossesse ;

après quelques jours de toux violente et de fièvre, pressée de douleurs très vives, elle envoya chercher sa sage-femme, qui, au bout de douze heures, la vit tomber dans un état alarmant. Delaforterie, arrivé après la mort, trouvant l'orifice utérin peu dilaté, se hâta de pratiquer l'opération césarienne ; aussitôt qu'il eut ouvert le fond de la matrice, il en sortit un flot de sang noir non coagulé d'environ trois chopines ; il constata un grand vide entre l'utérus et le placenta, dont les bords avaient conservés leurs adhérences naturelles. Le fœtus, encore vivant, mourut presque aussitôt.

Peu rapporte que la femme d'un archer fut prise, quelques jours après un violent accès de colère, d'une perte si abondante qu'elle mourut avant qu'on eût pu lui procurer des secours, quoique la quantité de sang versé au dehors eût été peu abondante. A l'ouverture du cadavre, il trouva deux enfants recouverts de toutes parts d'une grande quantité de sang noir et coagulé.

Une femme grosse de sept mois et demi environ se mit sur le gazon pendant quelques instants pour se délasser d'une longue promenade ; elle ressentit quelques moments après, vers le fond de la matrice et les lombes, des douleurs sourdes qu'elles attribua à la fatigue. Dès le soir même le ventre parut plus gros, et augmenta tellement dans le cours de la nuit que cette femme à son réveil fut surprise d'un pareil développement ; n'ayant que de faibles douleurs, elle se leva et prit comme à son ordinaire une tasse de café au lait. Immédiatement après ce déjeuner elle perdit des eaux teintes de sang, et éprouva de légères défaillances qui l'obligèrent de se remettre au lit. Son état devenant inquiétant, on fit vers midi et demi, appeler Baudelocque, qui la trouva pâle et mourante ; son pouls se faisait à peine sentir ; les syncopes se renouvelaient à chaque instant. A peine quelques serviettes et les draps du lit étaient-ils mouillés d'une sérosité sanguinolente. Le volume de la matrice était devenu plus considérable que dans une grossesse à terme, même de deux enfants. La rapidité du développement qu'avait pris ce viscère depuis la veille, sa fermeté au toucher, confirmèrent Baudelocque dans l'opinion que les accidents provenaient d'une perte intérieure. Ne voyant de ressource que dans une prompte délivrance, il la proposa. Le col de la matrice, situé profondément vers le sacrum, était entièrement développé ; l'orifice était ouvert de la grandeur d'une pièce de douze sous et ses bords offraient beaucoup de souplesse ; de légères douleurs se faisaient sentir de temps à autre, et expulsaient à chaque fois un peu de sang vermeil dont la sortie était suivie d'une défaillance. Il ramena l'orifice vers le milieu du bassin, le dilata graduellement, et en moins d'une demi-heure il surpassa la largeur d'un grand écu ; à ce moment il sortit des caillots plus qu'en pourrait contenir la forme d'un chapeau, lesquels furent suivis de l'issue de sang fluide. Il ouvrit la poche des eaux ; la tête du fœtus se présentant, il la saisit avec le forceps et en fit l'extraction : l'enfant ne donna aucun signe de vie. Le placenta se présenta de lui-même et fut extrait presque aussitôt que l'enfant ; sa surface externe, à la réserve d'une très petite portion, était couverte de sang coagulé. La femme perdit peu de sang après cet instant, mais trop encore par rapport à l'état de faiblesse où elle était. Pendant quelques minutes le pouls parut se ranimer ; ensuite il s'affaiblit de nouveau et devint irrégulier ; il se manifesta une grande agitation, du météorisme, des envies de vomir et des mouvements convulsifs ; la malade succomba cinq heures après l'accouchement.

M. Gendrin rapporte, dans son *Traité de médecine*, qu'une femme enceinte de six mois, apportée dans un état grave, d'une clinique particulière d'accouchement, à l'hôpital de la Pitié, avait été prise, deux jours avant, de vives douleurs hypogastriques et lombaires qu'on prit pour les douleurs de l'enfantement. Ces douleurs furent peu prolongées et se renouvelèrent deux ou trois fois pendant vingt-quatre heures, à des intervalles assez éloignés ; le travail ne se déclara pas, malgré l'administration d'une forte dose de seigle ergoté. Le deuxième jour, les douleurs ne reparurent pas ; mais la malade tomba dans un état de faiblesse extrême, qui détermina plusieurs syncopes ; c'est alors qu'elle fut apportée à l'hôpital. Le lendemain matin, M. Gendrin la trouva dans un état si désespéré qu'il crut devoir s'abstenir d'agir. Le ventre était mou, sans résistance ; l'utérus remontait jusqu'à l'épigastre ; le col était fermé ; elle n'avait pas senti les mouvements du fœtus depuis trois jours ; elle mourut deux heures après. A l'ouverture du cadavre on trouva l'œuf enveloppé d'une masse de sang en partie coagulé, interposée entre la surface interne de l'utérus et le placenta décollé dans toute son étendue, et occupant en outre plus des deux tiers de la surface externe du chorion ; une zone de 2 à 3 pouces de large, sur laquelle la caduque adhérait encore à la surface utérine, séparait le sang extravasé de l'orifice interne de l'utérus.

Des pertes internes aussi graves ont été observées pendant le travail. Sur une femme morte pendant le travail, Albinus trouva le placenta décollé jusque près de sa circonférence et une grande quantité de sang coagulé interposé entre l'utérus et le placenta ; il ne s'en était point écoulé au dehors.

Balme rapporte qu'une femme âgée de trente ans, mère de plusieurs enfants, éprouva, au terme ordinaire, des douleurs pour accoucher ; ces douleurs se renouvelaient avec mollesse, mais la femme perdait peu à peu ses forces, et il survint quelques évanouissements dans l'un desquels elle mourut, au bout de quinze heures de travail. Un accoucheur appelé dans ce moment ouvrit le cadavre, et trouva la matrice très distendue, remplie d'une quantité prodigieuse de sang en partie liquide et en partie coagulé. Le sommet de la tête du fœtus bouchait exactement l'orifice de la matrice ; la moitié du placenta était décollée. Le même auteur rapporte une autre observation presque en tout semblable à la précédente.

Merriman et Ingleby citent chacun un cas analogue ; dans celui rapporté par le premier, la femme était d'une faible constitution, il s'était écoulé environ une once de sang par le vagin, et on trouva à peu près une pinte et demie dans l'utérus à l'autopsie.

J'ai analysé sommairement la plupart des faits, des pertes internes graves, afin de fixer l'attention sur les symptômes de cette forme de l'hémorrhagie utérine, qui est surtout dangereuse parce qu'elle est le plus souvent méconnue. Si, dans les observations que j'ai citées, elle avait été reconnue et traitée convenablement à temps, le plus grand nombre des femmes qui en font le sujet auraient pu être arrachées à la mort. Je vais terminer en insistant sur le diagnostic.

On peut avoir à se demander si l'extravasation sanguine est effectuée ou seulement imminente : c'est qu'en effet lorsqu'elle est légère et modérée ou qu'elle se fait avec lenteur, les symptômes peuvent être exactement ceux que nous avons indiqués comme prodromes ; d'ailleurs l'utérus gravide peut être le siège d'un état sub-inflammatoire qui peut donner lieu à la plupart des signes précurseurs ou concomitants des pertes utérines latentes peu intenses. Mais l'incertitude ou l'erreur ne peut pas avoir de conséquences fâcheuses, parce qu'à ce degré, les moyens préventifs et curatifs sont absolument les mêmes.

L'épanchement sanguin, lorsqu'il est peu abondant ou qu'il se fait lentement, peut même échapper à un examen attentif : il n'est pas rare de voir des femmes accoucher prématurément ou à terme, sur le placenta desquelles on trouve des caillots sanguins anciens ou récents, sans qu'on ait observé d'autres phénomènes que les incommodités dont se plaignent la plupart des femmes enceintes. Néanmoins, dans la plupart des cas, l'hémorrhagie utérine interne, modérée et même faible, autre que l'*apoplexie utéro-placentaire*, se manifeste par une série de symptômes suffisamment caractéristiques, tels que douleurs lombaires et hypogastriques, coliques utérines avec cessation ou diminution et retours, à des intervalles plus ou moins rapprochés; ces douleurs sont ordinairement plus vives que lorsque le sang s'écoule librement au dehors; il n'y a que l'inattention ou l'inexpérience la plus complète qui puisse les faire confondre avec les douleurs de la parturition. Souvent une douleur locale sur un point de l'utérus indique le siège de l'épanchement; la pâleur, l'altération de la face, un sentiment profond de malaise, et, si l'épanchement continue, les symptômes généraux propres aux hémorrhagies, ne laissent pas longtemps dans l'incertitude.

Lorsque l'épanchement est considérable, on peut constater l'augmentation de volume de l'utérus; elle est indiquée dans presque toutes les observations que nous avons citées; la rapidité avec laquelle elle a lieu ne permet pas de l'attribuer à une exhalation insolite de l'amnios.

Plusieurs observateurs, J. Hopff, Levret, Leroux, Baudelocque, etc., ont signalé une tuméfaction locale, au niveau de l'épanchement; mais pour qu'elle puisse être constatée, il faut qu'elle corresponde à un point où l'utérus peut être facilement exploré à travers la paroi abdominale. Mais, à ce degré, l'affaiblissement général, l'état du pouls, les défaillances, les syncopes que les phénomènes concomitants font distinguer de celles qui sont déterminées quelquefois par les douleurs du travail, annoncent d'une manière certaine qu'il se fait une perte interne. Les mouvements du fœtus, qui sont d'abord agités, cessent ordinairement de se faire sentir plus ou moins promptement, et on n'entend plus les battements cardiaques.

La rupture spontanée du kyste gestateur dans la grossesse extra-utérine et de l'utérus dans la grossesse normale, peut donner lieu à des symptômes qui ont plus ou moins d'analogie avec ceux de l'hémorrhagie utérine interne grave. L'épanchement sanguin se fait ordinairement avec plus de rapidité et la douleur qui accompagne la rupture est plus vive; et quand la femme survit aux phénomènes primitifs ou à la perte du sang qui accompagne la rupture, on voit bientôt apparaître les symptômes d'une péritonite aiguë. Dans la grossesse extra-utérine, une exploration attentive fera reconnaître que l'utérus est étranger à la tuméfaction et aux inégalités de l'abdomen, t. I, p. 378. Dans la rupture de l'utérus, sans déplacement du fœtus, la non-augmentation de l'utérus et les différences que j'ai indiquées suffisent le plus souvent; mais malgré des différences assez nombreuses et souvent tranchées, les symptômes de la rupture de l'utérus, ont quelquefois une telle analogie avec ceux de l'hémorrhagie utérine interne, qu'on est fort exposé à prendre l'un de ces accidents pour l'autre. Voy. *Rupture de l'utérus*.

L'épuisement des forces, qui est le résultat d'un travail laborieux, peut lui-même faire naître l'idée d'une perte interne; mais ici la distinction est plus facile et fondée sur des différences assez tranchées.

C. *Hémorrhagie par insertion du placenta sur le col.* — La perte est toujours externe, et l'apparition du sang au dehors suit de très près le décollement du placenta, bien que dans quelques cas il trouve au début, par la disposition des parties et après une suspension par la présence d'un caillot dans la cavité du col, de la difficulté à se frayer un passage au dehors, et qu'il tende d'abord à refluer vers la cavité de l'utérus et à étendre le décollement; mais cet effet n'est jamais porté au point de mériter le nom de perte interne, à moins que le tamponnement ait été pratiqué. Dans ce cas, où les phénomènes propres à la maladie sont modifiés, l'hémorrhagie peut réellement être convertie en perte interne abondante.

A l'une des époques indiquées, il survient, généralement sans prodromes, une perte subite et inattendue, le plus souvent sans cause appréciable ou à l'occasion d'une cause accidentelle légère qui ne produit aucun effet dans les conditions ordinaires.

La première extravasation sanguine est ordinairement peu abondante et de courte durée, lorsqu'elle arrive avant le neuvième mois : le repos et la tranquillité suffisent souvent pour la faire cesser; mais elle se reproduit généralement au bout de quelques jours ou de quelques semaines avec plus d'abondance et de persistance; il arrive assez souvent que la suspension n'est pas complète et qu'il s'écoule un peu de sang d'une manière contenue pendant quelque temps ou jusqu'à un nouveau décollement. Si la première extravasation sanguine n'est pas accompagnée de douleurs, il n'est pas rare de voir survenir aux attaques suivantes des coliques utérines, des douleurs lombaires et hypogastriques; il peut même rester dans l'intervalle de la pesanteur et une douleur sourde.

Lorsqu'elle n'a lieu que vers le milieu, la fin du neuvième mois ou au début du travail, ce qui est plus commun qu'on ne le croit généralement, elle est presque toujours de suite abondante et persistante. Quelquefois, cependant, elle cesse après quelques instants pour ne se reproduire qu'au moment où le travail est franchement déclaré.

Dans quelques cas, après une ou plusieurs apparitions, l'utérus continue à se développer, le fœtus à vivre, et le travail peut s'accomplir sans que la perte reparaisse, parce que le placenta est seulement situé près de l'orifice interne ou ne le recouvre que par son bord ou une portion peu étendue de sa surface, et parce qu'après l'oblitération des vaisseaux utéro-placentaires et l'atrophie de la portion de placenta décollée, le reste de l'organe se trouve suffisamment en dehors du champ d'action de la cause spéciale pour que l'ampliation du segment inférieur de l'utérus et la dilatation de son col puissent se faire sans produire de nouveaux décollements.

Mais lorsque l'implantation anormale est complète ou centrale, c'est-à-dire lorsque le placenta et l'orifice de la matrice se correspondent centre pour centre ou par des points qui n'en sont pas très éloignés, et même lorsqu'elle est incomplète ou létérale, si le bord du placenta s'avance assez loin sur le côté opposé, l'hémorrhagie, sauf le cas spécifié p. 240, se reproduira inévitablement avec une intensité croissante à une époque rapprochée du terme de la grossesse ou au début du travail, que le décollement ait été assez étendu ou non pour déterminer la mort du fœtus.

La perte inhérente à l'implantation anormale du placenta, qui se répète ou qui se produit d'abord avec intensité et persistance vers la fin de la grossesse, peut mettre la malade, si l'art n'intervient pas à temps et d'une manière opportune, dans un danger éminent avant d'avoir provoqué le travail; mais quoique trop souvent tardive, la provocation du travail en est fréquemment le résultat. Il arrive quelquefois qu'il se déclare prématurément plus ou moins de temps après la cessation de l'écoulement sanguin, parce que le fœtus a succombé dès la première attaque; ce qui nous conduit à examiner les modifications que le travail fait subir à la perte, et qu'il subit lui-même, soit lorsqu'elle n'apparaît ou ne se renouvelle qu'à son début prématuré ou à terme et qu'elle en est elle-même la conséquence.

Les douleurs sont le plus souvent faibles et éloignées, et l'orifice utérin, quoique mou et souple, se dilate avec lenteur, surtout lorsque le travail se déclare avant terme ou que le placenta correspond plus ou moins exactement centre pour centre à l'orifice utérin. A mesure que le col s'ouvre, une plus grande étendue de la face externe du placenta est mise à nu, l'extravasation sanguine augmente ordinairement pendant les douleurs, diminue dans les intervalles, surtout lorsqu'ils sont prolongés, et persiste le plus souvent avec plus ou moins d'intensité jusqu'à la rupture de la poche des eaux. Cette rupture n'a pas lieu avec une égale facilité dans tous les cas. Lorsque le bord du placenta arrive près de l'orifice interne, ou qu'il lui correspond, ou qu'il s'étend au-delà mais dans une étendue médiocre, la partie à décoller n'est pas très considérable, et l'on voit assez souvent l'hémorrhagie se modérer bien avant que la dilatation soit complète. A mesure qu'elle s'opère, la portion du placenta qui recouvre l'orifice est mise à nu, puis la portion de l'œuf qui lui fait suite ; la poche des eaux est irrégulière ; mais quoiqu'une portion plus ou moins étendue du placenta concoure à la former, sa rupture n'est pas entravée, et s'opère sur sa portion membraneuse ; elle est même entièrement membraneuse, lorsque le bord du placenta est seulement rapproché de l'orifice interne sans le recouvrir. Le placenta, au lieu d'être poussé en avant, est déjeté en dehors, et reste sur les côtés de la partie du fœtus qui s'engage à travers le col. A la modification avantageuse que produit presque toujours sur l'écoulement sanguin le retour de l'utérus sur lui-même, s'ajoute l'obstacle plus ou moins efficace apporté à l'extravasation par la portion du fœtus engagée dans le col ; et si la vie de la femme n'a pas été compromise antérieurement, avant le début du travail ou pendant la période de dilatation, la période d'expulsion peut s'accomplir spontanément sans dangers ; la perte est quelquefois légère et même nulle.

Les choses ne se passent pas ainsi lorsque le placenta correspond au col par son centre ou par un point qui n'en est pas très éloigné : à mesure que l'orifice externe se dilate, les portions mises à nu font saillie dans le haut du vagin ; il n'y a pas de poche des eaux, ou plutôt elle est entièrement formée par le placenta, qui a généralement plus d'étendue que l'orifice de la matrice entièrement dilaté. L'œuf ne pouvant se diviser que très difficilement parce que la portion de chorion qui porte les divisions des vaisseaux ombilicaux est très résistante, le travail se prolonge outre mesure ; après la division successive de la totalité ou du plus grand nombre de vaisseaux utéro-placentaires, la femme ne tarde pas à succomber, si elle n'est promptement secourue ; et malheureusement l'intervention de l'art est loin d'assurer constamment son salut. Néanmoins elle n'est pas nécessairement vouée à la mort lorsque l'hémorrhagie et l'accouchement sont abandonnés aux seules ressources de la nature : trois cas différents peuvent se présenter.

1° La portion membraneuse de l'œuf, quoique mise à nu dans une très petite étendue, se déchire vers le bord du placenta, qui occupe la plus grande partie de l'espace circonscrit par l'orifice utérin dilaté ; puis l'extrémité de l'ovoïde fœtal qui se présente, s'engage, en repoussant en dehors contre la paroi du vagin la partie décollée du placenta qui est retenu en place par sa portion encore adhérente dans l'utérus, et s'avance au-dessous; et, si l'expulsion est rapide, ou si l'évacuation du liquide amniotique et la pression exercée par le fœtus sur les vaisseaux divisés, diminuent ou suspendent l'hémorrhagie, la malade est sauvée.

2° Quoique très solide, la portion de chorion que recouvre le placenta peut se déchirer et livrer passage par son centre, non seulement au liquide amniotique, mais encore au fœtus; c'est un fait constaté par une observation de Portal, et par une autre de M. W. White, où le placenta, inséré centre pour centre sur le col, fut perforé par la tête après quelques douleurs très intenses; l'expulsion fut rapide, l'enfant naquit mort, mais la femme se rétablit.

3° L'œuf peut se diviser sur un point élevé, ou à la circonférence du placenta, au-dessus des bords de l'orifice utérin, et le fœtus pousser devant lui le placenta, qui peut même être expulsé plus ou moins de temps avant le fœtus, sans que la vie de la mère soit nécessairement compromise, même malgré la prolongation du travail: un écoulement peu abondant, des suspensions prolongées avec des retours modérés, la mort du fœtus, le décollement plus ou moins complet du placenta, survenus à une époque assez éloignée du moment de l'accouchement, ont laissé quelquefois aux ressources de l'organisme le temps et la force d'achever son œuvre.

Les faits rapportés par Baudelocque, Barlow, Ramsbotham, M. Lee, s'élèvent à seize.

Capman, Perfect, Merriman, citent chacun un cas où le placenta fut expulsé trois ou quatre heures avant le fœtus. La sortie du placenta a précédé celle du fœtus de dix-huit heures chez une femme observée par M. Collins.

Ces faits, quoique assez nombreux, ne doivent pas moins être considérés comme des exceptions rares, et ne sauraient, en aucune façon, autoriser une expectation qui, dans la plupart des cas, ne serait pas moins funeste à la mère qu'au fœtus.

Il est de la plus grande importance de distinguer les pertes externes qui dépendent de l'implantation anormale du placenta, de celles qui n'en dépendent pas: ce diagnostic différentiel conduit à une probabilité ou à une certitude suivant qu'il est établi par des signes rationnels ou des signes positifs.

Le développement ordinairement moins considérable du ventre noté par plusieurs observateurs, et remarqué par quelques femmes qui avaient déjà été enceintes, mérite peu d'attention comme signe rationnel.

Une perte de sang subite, survenue dans les derniers mois de la grossesse, sans cause appréciable ou sous l'influence d'une cause accidentelle légère, incapable d'occasionner, chez une femme qui n'est pas prédisposée à l'avortement et aux hémorrhagies utérines, le décollement du placenta, lorsqu'il occupe sa place normale, dépend très vraisemblablement de l'insertion du placenta sur le segment inférieur de l'utérus; et la probabilité est telle, que si les signes positifs étaient négatifs, on serait autorisé à admettre qu'on a affaire à cette variété de l'implantation anormale où le bord du placenta est à quelque distance de l'orifice interne, et assez souvent en dehors du champ d'action du doigt explorateur.

L'apparition ou la répétition de l'hémorrhagie à l'époque de la grossesse où s'opèrent de grands changements dans le segment inférieur de l'utérus et au début du travail, sont des présomptions très fondées en faveur de l'hémorrhagie par insertion du placenta sur le col; mais la répétition seule de la perte n'a pas une bien grande valeur, car c'est une circonstance très commune dans les pertes internes et dans les pertes externes, indépendantes du lieu d'insertion du placenta, où la prédisposition à l'hémorrhagie est un peu prononcée.

On serait souvent induit en erreur, si on considérait, dans l'hémorrhagie qui survient ou se reproduit pendant le travail, l'augmentation de l'écoulement sanguin pendant les douleurs, comme constante et propre aux pertes par implantation anormale du placenta.

Dans celle-ci, lorsque le travail est franchement déclaré et que la dilatation de l'orifice utérin est déjà un peu avancée, c'est ordinairement pendant les contractions que l'extravasation est moins abondante, parce que les vaisseaux sanguins divisés sont resserrés et que l'œuf pressé sur leurs extrémités ouvertes : aussi voit-on souvent l'écoulement devenir plus abondant dans l'intervalle des douleurs. L'augmentation qui se manifeste pendant les contractions, quelque temps après le début du travail, est plus souvent apparente que réelle, et dépend surtout de l'expulsion d'une partie du sang liquide et coagulé qui est retenu dans le col et la partie supérieure du vagin; c'est une particularité qui se rencontre également, et souvent d'une manière plus marquée, dans l'hémorrhagie externe, indépendante de l'implantation anormale du placenta, surtout lorsqu'il s'en accumule en même temps une certaine quantité entre l'œuf et la paroi de l'utérus.

Les signes caractéristiques sont fournis par le toucher vaginal; le doigt peut reconnaître la présence du placenta sur le col, à travers la paroi du segment inférieur de l'utérus, ou le toucher directement.

Le toucher médiat, qui ne donne ni aussi facilement ni au même degré une certitude entière, mérite cependant d'autant plus d'être pris en considération qu'il peut faire reconnaître positivement l'implantation du placenta sur le col, avant que l'éveil soit donné par l'extravasation sanguine, lorsqu'il est impossible ou imprudent de faire pénétrer le doigt à travers l'orifice interne. Pendant la perte ou après une suspension, il peut dispenser d'introduire le doigt dans l'orifice de la matrice, dans la crainte d'étendre le décollement, et de chasser le sang coagulé dans l'intérieur du col, et entre la partie décollée du placenta et l'utérus, qui s'oppose momentanément à l'écoulement sanguin et concourt à sa suspension définitive.

Dans les derniers mois de la grossesse, chez la plupart des femmes, au moins lorsque le fœtus présente le crâne, le segment inférieur de l'utérus proémine ordinairement assez dans l'excavation pour être parcouru dans une grande étendue par l'extrémité du doigt, qui peut facilement déterminer la fluctuation du liquide amniotique et le ballottement, reconnaître la partie du fœtus qui se présente, quand il y a peu de liquide au-dessous, et constater le peu d'épaisseur de la paroi utérine. Supposez celle-ci doublée par le placenta, son épaisseur, devenue cinq ou six fois plus considérable, donnera une sensation tout autre ; on cessera de sentir distinctement l'eau de l'amnios et les parties du fœtus ; le ballottement sera très obscur ou ne pourra pas être perçu ; lorsque l'insertion anormale est incomplète ou latérale, le contraste entre les points recouverts et ceux qui ne le sont pas sera très tranché. Plusieurs observateurs ont pu constater les modifications que je viens d'indiquer ; et une exploration attentive doit conduire à faire reconnaître ou au moins à faire soupçonner la présence du placenta sur le col.

Reconnaître le placenta lorsque le travail est déclaré et que le col est plus ou moins largement ouvert, présente peu de difficulté; il faut cependant avoir une idée très nette de la sensation que donne sa face externe; du sang coagulé, dur, divisé en lobes par le doigt, s'en distingue assez facilement; mais il n'en est pas tout-à-fait de même des fongosités et des végétations du col, qui ont été assez souvent prises pour le placenta inséré sur le col, t. II, p. 174. Lorsque le placenta n'occupe pas en totalité ou en partie l'espace circonscrit par l'orifice de la matrice, on doit faire pénétrer le doigt entre l'utérus et les membranes pour s'assurer si son bord n'est pas dans le voisinage.

Vers la fin de la grossesse, et même dès la fin du huitième mois, chez les femmes qui ont déjà eu des enfants, on peut ordinairement faire pénétrer le doigt assez librement dans le col, qui est encore plus mou et plus souple dans le cas d'implantation anormale, pour constater la présence ou l'absence du placenta sur son orifice interne, et reconnaître si l'hémorrhagie est dépendante ou indépendante du lieu d'insertion du placenta. Mais, je le répète, on doit souvent être retenu par la crainte d'augmenter ou de renouveler la perte, et agir avec précaution, lorsqu'on croit devoir compléter des éclaircissements devenus nécessaires pour déterminer la conduite à tenir.

Il ne faut pas confondre avec l'hémorrhagie utéro-placentaire les écoulements sanguins par la vulve, qui reconnaissent une autre origine, dont les uns appartiennent à la mère et les autres au fœtus.

Nous avons vu, t. i, p. 469, en traitant de l'hémorrhagie des premiers mois de la grossesse, qu'il fallait distinguer l'écoulement sanguin provenant du décollement de l'œuf de celui qui provient de la persistance de la menstruation qu'on observe chez quelques femmes, ou d'une métrorrhagie par exhalation, semblable à celle qui survient pendant l'état de vacuité, et qui, pendant la grossesse, a son siége dans la portion de l'utérus non occupée par l'œuf, c'est-à-dire dans la cavité du col. Cette exhalation sanguine périodique ou irrégulière persiste quelquefois jusque dans les derniers mois de la grossesse.

Les ruptures de l'utérus qui surviennent pendant le travail sont ordinairement accompagnées d'un écoulement sanguin par la vulve, qui ne se distingue pas toujours facilement, au premier moment, de l'hémorrhagie utéro-placentaire. Voy. *Ruptures de l'utérus et du vagin*.

La rupture d'une veine variqueuse, d'un *trombus* de la vulve ou du vagin, donne lieu à une perte externe qui peut devenir extrêmement grave, si elle est prise pour une hémorrhagie utérine; aussi ne faut-il jamais négliger d'explorer la vulve et le vagin avec le plus grand soin. Voy. *Trombus et Ruptures des veines variqueuses de la vulve et du vagin*.

Il est beaucoup plus difficile de distinguer l'hémorrhagie utéro-placentaire de celle qui provient de la rupture du cordon ombilical ou de l'un des vaisseaux qui entrent dans sa composition.

Nous avons rapproché de la brièveté du cordon les faits qui constatent la possibilité de sa rupture, t. ii, p. 124. Cet accident est si rare, que si l'on voyait survenir un écoulement sanguin par la vulve dans un cas où l'on supposerait que la brièveté du cordon met obstacle à l'expulsion du fœtus, on serait bien plus naturellement porté à croire au décollement du placenta qu'à la rupture du cordon. S'il était permis de supposer que cet accident peut arriver avant la division de l'œuf ou lorsqu'il reste beaucoup de liquide amniotique dans la cavité utérine, l'écoulement d'eaux fortement colorées en rouge indiquerait d'une manière presque certaine que l'un des vaisseaux ombilicaux s'est ouvert dans la cavité de l'amnios. Mais à part cette particularité sur laquelle on ne doit pas compter, les signes qui distinguent l'hémorrhagie maternelle de l'hémorrhagie fœtale sont si obscurs qu'ils passent presque constamment inaperçus. Néanmoins, malgré l'extrême rareté de la seconde, il ne serait guère permis de la méconnaître, si, au signe qu'on attribue au tiraillement du cordon, venait se joindre une perte assez abondante, n'exerçant aucune influence sur la mère, mais déterminant promptement la mort du fœtus. En supposant même l'accident reconnu immédiatement, quelque empressement qu'on mît à terminer l'accouchement, on ne pourrait guère se promettre de sauver le fœtus, qui se trouve privé de l'action vivifiante du placenta, en même temps qu'il perd son sang par trois vaisseaux d'un gros calibre.

Le diagnostic serait moins difficile, et la source de l'écoulement sanguin pourrait être reconnue, lorsqu'il provient de la rupture, au moment de la division de l'œuf, de l'un des vaisseaux ombilicaux ou de l'une de leurs branches dispersées dans une partie de leur longueur sur le chorion avant d'arriver au placenta. Comme cette disposition est peu commune, et qu'il faut, en quelque sorte, pour que l'accident arrive, qu'il se trouve un vaisseau sur le point où la poche des eaux se rompt, on ne doit point être étonné qu'il ne soit encore connu que par le fait observé à la clinique de M. Nægele.

Avant même que la dilatation fût très avancée, on sentait une corde anormale sans pulsations, égalant le volume d'une plume à écrire, placée dans l'épaisseur des membranes, se portant d'arrière en avant. L'écoulement des eaux fut suivi de quelques gouttes de sang. La présence d'une anse du cordon, irréductible, battant faiblement, placée entre la symphyse sacro-iliaque droite et la tête, indiquait l'application du forceps. Lorsqu'on plaça la branche droite, il sortit une grande quantité d'eau mêlée de sang. Pendant les quatre heures qui s'étaient écoulées depuis la rupture de la poche des eaux, jusqu'à la terminaison de l'accouchement, le sang n'avait cessé de couler, et la femme en avait perdu environ 200 gr. L'enfant était dans un état d'anémie profonde, et mourut après avoir donné quelques signes de vie.

L'examen du délivre fit reconnaître que la disposition signalée était portée à un très haut degré, et que la rupture avait intéressé une branche de la veine ombilicale, sur un point fort éloigné du placenta.

Maintenant que l'attention est éveillée sur ce point, la présence d'une corde semblable sans pulsations sur la poche des eaux serait vraisemblablement reconnue pour la veine ombilicale ou l'une de ses divisions ; des pulsations rapides indiqueraient d'une manière certaine qu'elle est formée par l'une des artères ombilicales. D'ailleurs une perte brusque survenant au moment de la division de la poche des eaux, et se continuant sans exercer d'influence sur la mère, ferait naître l'idée d'une rupture des vaisseaux ombilicaux.

La dispersion des vaisseaux du cordon sur la poche des eaux reconnue, il faudrait prendre toutes les précautions convenables pour retarder sa rupture ; et si elle entraînait celle d'une branche vasculaire, en se hâtant de terminer l'accouchement aussitôt après, on aurait des chances de sauver l'enfant.

Pronostic. — En indiquant les différentes terminaisons de l'hémorrhagie utéro-placentaire, et en décrivant ses formes ou espèces, nous avons fait connaître en grande partie le plus ou moins de dangers qu'elle fait courir à la mère et au fœtus. Considérée sous ce double rapport, on peut dire d'une manière générale que c'est une maladie grave, et d'autant plus grave pour la mère qu'elle se manifeste à une époque plus avancée de la grossesse ; car si l'on trouve à peine quelques cas où elle ait été immédiatement mortelle pendant les cinq ou six premiers mois, ils abondent au contraire dans les trois derniers. A toutes les époques l'interruption de la grossesse en est fréquemment l'effet, mais plus souvent et plus facilement dans la première moitié que dans la seconde.

Sous le rapport du pronostic comme sous celui de ses phénomènes, l'hémorrhagie utérine peut être distinguée en légère, modérée et en grave.

Quoi que nous ayons dit de sa gravité, considérée d'une manière générale, les faits qui viennent se ranger dans la première division ne sont pas rares, même dans les trois ou quatre derniers mois de la grossesse : non seulement la vie de la mère n'est pas menacée, mais encore celle du fœtus est peu exposée, surtout si la perte est externe.

On trouve en effet assez souvent, chez des femmes qui ont offert ou non, à une époque plus ou moins avancée de la grossesse, des symptômes de perte latente, et qui accouchent à terme ou prématurément d'enfants vivants, tantôt bien développés, tantôt très petits et maigres, le placenta partiellement décollé, recouvert ou pénétré de caillots d'une date plus ou moins récente, encore colorés, ou plus ou moins complétement décolorés ; ses parties restées saines et adhérentes suffisent pour entretenir la vie du fœtus (t. 1, p. 213).

On voit également assez souvent la grossesse arriver jusqu'à son terme, chez des femmes qui ont eu des pertes externes, qui avaient cessé, après s'être reproduites une ou plusieurs fois avec quelque intensité. Nous avons vu que l'hémorrhagie par insertion anormale du placenta se trouve quelquefois dans le même cas, lorsque cet organe est seulement rapproché de l'orifice interne de l'utérus ou qu'il ne le recouvre que par son bord.

Dans quelques cas, la perte externe peut être assez abondante et se répéter un assez grand nombre de fois, sans déterminer la mort du fœtus et sans provoquer le travail. Barbaut a soigné une dame qui garda le lit, depuis le quatrième mois jusqu'au neuvième, pour une perte dont les retours étaient rapprochés, et qui accoucha à terme d'un enfant vivant.

Dance a publié l'observation d'une femme qui, malgré une perte tous les six jours, depuis le quatrième mois, alla jusqu'à terme, et accoucha d'un enfant vivant. Il existe plusieurs exemples de pertes externes plus rapides et plus abondantes, qui n'ont pas empêché la grossesse de parcourir toutes ses périodes ; cela est même arrivé dans quelques cas où l'on avait cru nécessaire d'avoir recours au tampon. Mais, d'un autre côté, une perte très légère, surtout lorsqu'elle reste cachée, détermine assez souvent la mort du fœtus ; car il suffit d'une petite quantité de sang pour décoller le placenta dans une grande étendue.

L'hémorrhagie grave offre plusieurs degrés. Dans un premier, nous rangeons les pertes plus ou moins abondantes, plus ou moins prolongées ou répétées, qui s'arrêtent sans provoquer le travail de l'accouchement, et avant que l'état de la femme donne des inquiétudes, mais qui ont déterminé de tels désordres dans les adhérences du placenta, que la mort du fœtus en est immédiatement ou consécutivement la suite ; sa présence dans la cavité utérine provoque, après un temps variable, rarement très long, le travail, qui a souvent lieu sans la réapparition de l'écoulement, à moins que le placenta ne soit inséré sur le col ; et l'on trouve à sa surface utérine ou à sa circonférence, des concrétions sanguines plus ou moins abondantes, quelquefois du sang encore liquide. C'est l'hémorrhagie interne ou mixte qui fournit la plupart des faits de ce genre : un épanchement médiocre entre l'utérus et le placenta peut déterminer la mort du fœtus, qui devient inévitable lorsque le décollement a une grande étendue. Le fœtus survit le plus souvent aux pertes externes indépendantes ou dépendantes du lieu d'insertion du placenta, qui ne sont pas plus abondantes que les précédentes; et les premières se reproduisent rarement lorsque la femme accouche, que le fœtus soit vivant ou mort.

Dans un second degré nous rangeons l'hémorrhagie qui provoque, avant que la vie de la mère soit compromise, le travail de l'enfantement, qui diminue les chances fâcheuses auxquelles la mère et le fœtus, s'il vit encore, sont exposés. Lorsque le placenta n'est pas inséré sur le col, les contractions utérines franches ont souvent pour effet de diminuer l'écoulement sanguin, et quelquefois de le suspendre; la rétraction de l'utérus sur le fœtus, consécutive à la rupture de la poche des eaux et à l'écoulement du liquide amniotique, vient ajouter une autre cause de suspension dont l'action est encore plus efficace. Le développement du travail dans le cours d'une perte utérine, avant qu'elle ait mis en danger la vie de la mère et du fœtus, a un autre avantage très précieux, c'est qu'en dilatant l'orifice de la matrice, il amène les conditions favorables à l'emploi du moyen le plus efficace d'arrêter la perte, savoir, l'extraction du fœtus.

Bien que l'hémorrhagie par insertion du placenta sur le col soit généralement accrue pendant la période de dilatation, il n'est pas moins avantageux que le travail se déclare, avant qu'elle soit devenue alarmante; car, lorsque l'orifice utérin est entr'ouvert et dilatable, l'extraction du fœtus devient moins dangereuse que lorsqu'on est dans la nécessité de le dilater pour faire passer la main avant qu'il ait commencé à le faire spontanément. D'ailleurs la perte est avantageusement modifiée, quoique d'une manière moins constante et moins prononcée, par l'évacuation du liquide amniotique et la rétraction de l'utérus. On voit clairement maintenant pourquoi l'hémorrhagie qui survient pendant le travail, toutes choses égales d'ailleurs, expose moins la mère et l'enfant que celle qui survient auparavant, et pourquoi le danger est d'autant moins grand que le travail est plus avancé.

Au quatrième degré se rapportent les cas dans lesquels les actions qui modèrent et suspendent l'hémorrhagie ne se manifestent pas ou sont promptement neutralisés par la promptitude et l'abondance de l'écoulement sanguin; la femme est mise dans le plus grand danger, et si elle n'est pas secourue à temps, la mort arrive plus ou moins rapidement, quelquefois au bout d'un très petit nombre d'heures. Les trois variétés de l'hémorrhagie utérine donnent lieu à cette terminaison fâcheuse, mais non avec la même facilité et la même fréquence.

La perte qui reste exclusivement interne est rarement mortelle ; nous avons fait connaître à peu près tous les cas de ce genre ; ils sont en très petit nombre relativement à ceux où l'épanchement sanguin reste dans des limites restreintes. La perte externe indépendante du lieu d'insertion du placenta, si des secours efficaces ne sont pas apportés, est plus souvent et plus promptement fatale que l'interne, soit par l'abondance et la rapidité de l'écoulement, soit par sa persistance.

L'hémorrhagie par implantation anormale du placenta n'est guère plus grave que la précédente, lorsqu'il ne recouvre pas l'orifice, ou qu'il ne le recouvre que par son bord. Mais si l'implantation a lieu plus ou moins exactement centre pour centre, l'hémorrhagie entraîne ordinairement la mort, lorsque les secours se font attendre, ou qu'elle est abandonnée à elle-même ; et la femme, comme dans les autres formes, meurt avant d'être accouchée, ou plus ou moins immédiatement après la délivrance.

Il serait à désirer qu'on pût établir, pour chaque espèce, sur des renseignements statistiques, l'influence des divers modes de traitement et le degré de fréquence des terminaisons fâcheuses ; mais on n'a sur ces divers points que des renseignements très incomplets. Sur 45 cas d'hémorrhagie par implantation anormale du placenta, rassemblés par Rigby, 33 femmes, chez lesquelles l'accouchement avait été terminé aussitôt que l'état de souplesse et de dilatation l'avait permis, ont été sauvées ; les 10 autres ont succombé, quoiqu'on eût terminé l'accouchement, mais après un délai prolongé.

De 9 femmes prises de pertes utérines pendant le travail et auparavant, observées par Bland, 3 sont mortes, l'une avant d'être accouchée, la deuxième quelques heures après, et la troisième le dixième jour de ses couches, et un seul enfant a été sauvé. Le danger pour la mère est en rapport avec la rapidité de l'extravasation et la quantité de sang perdu ; mais on ne doit pas perdre de vue qu'il n'est pas rare de voir survenir, chez quelques femmes, un état alarmant à la suite de pertes médiocrement abondantes.

La constitution, l'âge, les forces, l'aptitude à supporter les pertes de sang, rendent compte, dans la plupart des cas, de cette particularité : aussi doit-on faire entrer dans les éléments du pronostic l'effet produit sur l'organisme. J'ajouterai qu'elles ne sont pas seulement graves par leurs conséquences immédiates, mais encore en prédisposant aux phlegmasies puerpérales.

Constatons encore par quelques faits l'influence fâcheuse des pertes utérines sur le fœtus. Leroux assure que le tiers des enfants qu'on extrait pour cause d'hémorrhagie, périt quoiqu'on fasse.

Sur 11 cas d'hémorrhagie par implantation anormale du placenta, notés par M. Boivin, qui ont nécessité la terminaison artificielle de l'accouchement, 2 enfants étaient putréfiés, 1 est mort pendant le travail, 8 sont nés vivants. Dans les 23 cas d'hémorrhagies graves, rapportés par madame Lachapelle, qui ont exigé la terminaison et l'accouchement, 8 enfants sont nés vivants et bien portants, 2 faibles et d'une viabilité douteuse, 13 étaient morts depuis un temps plus ou moins long.

La nécessité de terminer l'accouchement, et assez souvent même avant que le col soit suffisamment dilaté, a sans doute sa part parmi les causes de la mort du fœtus; mais la cause commune, la cause ordinaire est la suspension de l'action du placenta dans une grande partie, et quelquefois dans la totalité de son étendue. Nous avons supposé, contrairement à la croyance de beaucoup d'auteurs, que le sang contenu dans les vaisseaux ombilicaux de la portion du placenta décollée ne venait pas se mêler à celui de la mère, et que par conséquent il ne mourait pas d'hémorrhagie. Cela est généralement vrai, et l'on peut se convaincre que les vaisseaux ombilicaux n'ont pas subi de solution de continuité en injectant les placentas qui n'ont pas seulement été décollés dans une grande étendue, mais dont les lobes sont infiltrés de sang et séparés les uns des autres par des caillots. Cependant, quoique le fœtus meure par une espèce d'asphyxie, il n'en présente pas constamment les caractères extérieurs, et c'est ce qui en a imposé. Mais ne voit-on pas assez souvent les fœtus qui meurent dans l'accouchement par l'extrémité pelvienne, et dans les autres circonstances où la gêne de la circulation fœto-placentaire est la cause de la mort, avoir la surface du corps pâle et décolorée, sans que pour cela ils soient exsangues ?

Néanmoins les vaisseaux ombilicaux ne sont pas constamment à l'abri de déchirures ; un assez grand nombre doit être déchiré lorsque l'accoucheur détache le placenta, ou se fraie une voie avec la main à travers son épaisseur pour aller chercher les pieds ; il arrive quelquefois, en outre, lorsque le sang éprouve beaucoup de difficulté à s'échapper au dehors, et qu'il s'extravase avec une grande force, qu'il ne se borne pas à séparer les lobes, à disséquer les vaisseaux ombilicaux, mais qu'il rompt un plus ou moins grand nombre de leurs divisions.

Smellie rapporte un cas où le fœtus avait évidemment perdu son sang en même temps que la mère ; les vaisseaux étaient presque complétement vides. Les désordres qu'on observe quelquefois dans le placenta sont tels, qu'il y a presque lieu d'être surpris que le sang n'ait pas rompu les obstacles membraneux qui s'opposent à son épanchement dans la cavité de l'amnios; mais il peut produire des désordres aussi surprenants, comme le prouve le placenta présenté à la Société anatomique par MM. Cazeaux et Grisolle. Toute sa portion membraneuse s'était détachée de sa surface interne, et avait suivi sans effort l'expulsion du fœtus; la masse vasculaire, dépouillée de ses enveloppes, fut expulsée un peu plus tard spontanément; sa face utérine était lisse et dans l'état normal; sa face fœtale, entièrement privée de la portion du chorion qui la recouvre, était inégale, bosselée et recouverte de caillots assez épais; on pouvait y reconnaître facilement les débris de vaisseaux déchirés et décollés, et les extrémités flottantes de quelques uns avaient jusqu'à 2 centimètres de longueur; la portion du chorion attenant au cordon présentait également sur celle de ses faces qui recouvrait le placenta des débris vasculaires. La femme à qui avait appartenu ce placenta était arrivée au septième mois d'une cinquième grossesse; elle avait perdu du sang depuis le quatrième mois; et depuis six ou sept heures que les douleurs s'étaient manifestées, la perte avait considérablement augmenté. On se décida à la porter à l'Hôtel-Dieu; elle était très affaiblie, sa face était pâle et légèrement jaunâtre; le col était dilaté du diamètre d'une pièce de cinq francs, et la tête engagée dans le bassin en première position; le placenta n'était pas inséré sur l'orifice utérin ni dans son voisinage. Comme le sang avait cessé de couler, et que le travail marchait bien, on attendit; elle accoucha quatre heures après d'un enfant de sept mois, qui n'offrait aucun signe de putréfaction; il était seulement pâle, décoloré; sa sortie fut suivie de l'expulsion de trois gros caillots de sang, chacun du volume du poing : la perte ne se renouvela pas; le cordon, qui avait sa longueur habituelle, n'offrait pas de circulaires autour du fœtus.

Supposez que quelques uns des sinus veineux qui s'enfoncent profondément entre les lobes du placenta s'ouvrent sous sa face choriale, ou plutôt que le sinus disposé en couronne à sa circonférence se déchire dans l'un des points où il s'avance jusqu'à la face externe du chorion, et qu'en même temps le sang extravasé trouve une résistance insolite à s'épancher entre l'utérus et le placenta et à s'écouler au dehors, il tendra à refluer entre la surface externe du chorion et la surface interne de la masse placentaire qui adhèrent assez faiblement dans les espaces compris entre les divisions des vaisseaux ombilicaux; et quoique la résistance de ceux-ci soit assez grande, il ne semble pas impossible qu'elle puisse être surmontée par la force avec laquelle le sang s'épanche dans quelques cas. C'est là l'interprétation la plus plausible qu'on puisse donner du fait cité ; il est impossible de rapporter, comme ou l'a fait, la rupture des vaisseaux ombilicaux à une maladie préalable de toutes leurs ramifications qui serait restée inaperçue malgré l'examen attentif des parties.

Dans la première hypothèse, les faits s'expliquent naturellement : l'extravasation sanguine, se faisant dans les conditions indiquées, a pu d'abord décoller petit à petit le chorion de la surface interne du placenta, sans déchirer les divisions des vaisseaux ombilicaux beaucoup plus résistantes ; de sorte que le fœtus a pu continuer à vivre pendant que la femme ressentait seule les effets de la perte ; mais au moment où le travail s'est déclaré, l'extravasation sanguine se produisant avec plus d'abondance et de force, ces vaisseaux ont cédé à leur tour ; au sang de la mère est venu se mêler consécutivement celui du fœtus, qui n'a pas tardé à succomber.

Indications. — Nous ne reviendrons pas ici sur la partie prophylactique du traitement de l'hémorrhagie utérine pendant la grossesse et le travail, qui se déduit naturellement de la connaissance des causes, et que nous avons exposée avec détails aux articles consacrés à l'avortement, aux soins à donner aux femmes enceintes et en travail. Nous nous bornons à rappeler que la plupart des moyens préventifs sont encore employés comme curatifs; et c'est principalement sous ce dernier point de vue que nous allons les considérer.

D'ailleurs les pertes utérines imminentes se confondant souvent par les symptômes avec les pertes récemment déclarées, lorsque le sang reste dans l'utérus ou qu'il met quelque temps à s'écouler au dehors, doivent être traitées comme si l'extravasation sanguine avait commencé à s'opérer.

Pour arrêter l'hémorrhagie utéro-placentaire, que le sang s'échappe par l'orifice de la matrice, ou qu'il s'accumule dans l'intérieur de l'organe, il faut subordonner les moyens à employer à l'intensité et à la persistance de l'extravasation sanguine. Dans un premier degré, et au début de toute perte utérine, les moyens employés ont pour but, non seulement d'arrêter l'écoulement sanguin, mais encore de ne point provoquer l'expulsion du fœtus, si le travail n'est pas déclaré. Dans un deuxième degré, on se propose encore la même chose ; mais le dernier but est souvent manqué, et les moyens employés concourent plus ou moins activement avec la perte, à provoquer les contractions de l'utérus. Dans un troisième degré, il y a danger imminent pour la mère, et ce n'est qu'en vidant l'utérus et en le faisant revenir sur lui-même qu'on peut se rendre maître de l'hémorrhagie ; cette dernière indication, facile à remplir lorsque le travail est déclaré, et que l'orifice utérin est suffisamment dilaté, est au contraire entouré de dangers et de difficultés dans les conditions opposées.

1° Lorsqu'on est appelé près d'une femme menacée ou récemment atteinte d'une perte, le premier soin à remplir est de faire coucher la malade dans une situation horizontale, le bassin plus élevé que le reste du corps ; sans cette situation et le repos, il n'y a point de sécurité, et l'action des autres moyens est plus ou moins complétement neutralisée ; tandis que ceux-ci suffisent assez souvent pour prévenir un écoulement sanguin imminent, et pour l'arrêter lorsqu'il existe déjà. La situation, dans les hémorrhagies qui nous occupent, mérite justement le titre de moyen curatif.

La malade sera en outre peu couverte et débarrassée de tout vêtement serré ; en été, on rendra la température de l'appartement fraîche, et en hiver, on l'élèvera peu ; on prescrira des boissons froides, on s'attachera à calmer les inquiétudes et à obtenir la tranquillité et le repos de l'esprit. Ces soins préliminaires et importants remplis, l'examen attentif de l'état de la malade, des phénomènes généraux et utérins, mettra sur la voie des autres indications à remplir. Il sera souvent possible de reconnaître et d'éloigner la cause de l'hémorrhagie.

S'il y a lieu de croire, d'après les symptômes, qu'elle n'est encore qu'imminente, on devra avoir recours à la saignée ; il y a même assez souvent, chez les femmes fortes et pléthoriques, indication de la répéter. Mais dès qu'une assez grande quantité de sang s'est écoulée, elle devient non seulement superflue, mais souvent dangereuse, et ne fait qu'ajouter à l'effet fâcheux déjà produit par la perte utérine. Il est néanmoins quelques cas où la congestion persiste malgré le dégorgement déjà opéré par la voie de l'utérus, surtout lorsque le sang est retenu à l'intérieur ou versé en petite quantité au dehors, et l'indication de tirer du sang par les veines du bras et même par des saignés locales autour du bassin, subsiste plus ou moins longtemps. On doit se conduire de même dans les cas où l'utérus est en même temps le siége d'une irritation inflammatoire ou spasmodique (t. 1, p. 480). Mais il faut s'abstenir des émissions sanguines, lorsque l'hémorrhagie dépend de l'insertion anormale du placenta, lorsque la pléthore, les congestions utérines semblent étrangères à sa production : et même, comme nous l'avons déjà dit, lorsqu'elle dépend de ces causes, dès qu'une déplétion notable a été obtenue par l'extravasation du sang hors de ses vaisseaux ; aussi les émissions sanguines sont-elles beaucoup plus efficaces, et ont-elles une plus large part dans le traitement préservatif de l'hémorrhagie utérine des femmes grosses que dans le traitement curatif.

Après avoir satisfait aux indications posées ci-dessus, on a recours aux révulsifs sur la peau, dont les effets sont très bornés ; aux réfrigérants, qui sont avantageux et d'un usage très général ; aux opiacés, qui agissent souvent avec beaucoup d'efficacité, après la déplétion opérée par la perte ou par les émissions sanguines, contre l'agitation générale, les douleurs et les spasmes utérins, et même contre l'écoulement sanguin. Je ne fais que rappeler ici ces moyens, parce que j'ai indiqué les cas où ils conviennent et la manière de les employer (t. I, p. 481 et 477), en traitant de l'avortement et de l'hémorrhagie des premiers mois de la grossesse.

La compression méthodique de l'utérus à travers la paroi abdominale offre un autre moyen auquel on peut avoir recours concurremment avec les moyens précédents, lorsqu'ils paraissent insuffisants pour arrêter l'extravasation sanguine. Beaucoup préconisée par quelques accoucheurs contre les hémorrhagies qui surviennent après l'accouchement, cette méthode n'a pas encore été assez employée contre celles qui surviennent dans le cours de la grossesse et pendant le travail, pour qu'on puisse se faire une idée exacte de sa valeur dans ces conditions. Elle pourrait convenir dans les pertes internes pour prévenir le développement de l'utérus ; elle pourrait également être utile dans les pertes externes qui ne dépendent pas de l'insertion anormale du placenta. Des serviettes sèches ou trempées dans de l'eau froide, pliées en forme de compresses graduées, placées sur les parties latérales et sur le fond de l'utérus, sont maintenues par d'autres, disposées en bandage de corps. Cette compression ne paraît pas de nature à déterminer des accidents, ni à provoquer intempestivement l'accouchement, si elle n'est pas portée trop loin.

Par l'emploi et la combinaison judicieuse des moyens qui viennent d'être indiqués, on réussit souvent à arrêter non seulement les pertes utérines accidentelles légères ou modérées, mais encore celles qui sont abondantes, et l'on prévient l'interruption de la grossesse. Si la mort du fœtus avait suivi de près la manifestation de l'hémorrhagie, comme cela arrive assez souvent lorsque le sang est retenu à l'intérieur de l'utérus, on n'aurait pas moins obtenu un résultat avantageux, parce qu'il y aurait lieu d'espérer qu'elle ne se reproduira pas ou qu'elle offrira peu de gravité, lorsqu'un peu plus tard le travail d'expulsion se déclarera.

2° Malgré l'emploi des moyens ci-dessus indiqués, l'hémorrhagie continue ou se reproduit après des suspensions peu prolongées, mais la quantité de sang écoulée n'est point encore assez grande, ni l'écoulement asssez rapide pour faire courir un danger immédiat ou très prochain à la malade. L'insuffisance des moyens qui ont été d'abord employés étant constatée, il faut avoir recours sans retard à d'autres plus énergiques, mais qui peuvent concourir à provoquer le travail avant qu'il soit décidé.

Dans cet état de choses, on commettrait une faute grave si on insistait sur les émissions sanguines; quelquefois même l'action du froid doit être complétement suspendue, car continuée trop longtemps, elle peut produire chez les femmes naturellement faibles, chez celles qui sont déjà très affaiblies par l'extravasation sanguine, une prostration dangereuse ; on peut même être forcé, dans quelques cas, pour combattre le refroidissement, la tendance aux défaillances, les angoisses épigastriques causées par la perte, de porter de la chaleur autour des membres, etc., d'administrer à l'intérieur quelques excitants diffusibles.

La conduite à tenir varie suivant plusieurs circonstaces : lorsqu'aucun signe de travail ne s'est manifesté, que le col est exactement fermé, ou n'a éprouvé d'autres changements que le ramollissement et le relâchement qui suivent les pertes un peu abondantes, il faut insister sur les moyens qui peuvent arrêter l'extravasation sanguine sans provoquer nécessairement les contractions expultrices de l'utérus, et laissent encore espérer que la grossesse pourra suivre son cours, si l'on parvient à arrêter l'écoulement sanguin.

Deux moyens s'offrent au praticien, savoir : l'administration de l'ergot de seigle, et le tamponnement du vagin.

Le premier doit d'abord être essayé comme exposant moins à provoquer l'accouchement et à étendre le décollement du placenta. Plusieurs praticiens réservent l'usage de l'ergot de seigle aux hémorrhagies qui compliquent le travail déjà plus ou moins avancé, d'autres l'administrent presque indistinctement, que le travail soit déclaré ou non. L'expérience a pleinement justifié son utilité dans le premier cas, et c'est l'un des premiers moyens auxquels il faut avoir recours après avoir mis la femme dans le décubitus horizontal, lorsqu'il n'existe pas de pléthore ou qu'elle a été dissipée par l'écoulement sanguin. Quoique moins sûre, moins énergique et moins constante dans le second, c'est-à-dire lorsque le travail n'est pas déclaré, la propriété hémostatique du seigle ergoté ne peut pas être contestée; le resserrement de l'utérus sur l'œuf et la condensation de son tissu n'ont pas besoin, pour être mis en jeu, que les contractions soient en exercice.

Quant à la propriété de provoquer le travail, si le seigle ergoté la possède réellement, ce n'est pas à la dose à laquelle on l'administre ordinairement. D'ailleurs, si, ajoutant son action à celle de la perte, il décidait l'utérus à se contracter franchement, dans les conditions que nous supposons, où il doit s'élever des doutes si la grossesse pourra être conservée, cet inconvénient ne serait pas sans compensation, puisque l'hémorrhagie serait plus sûrement arrêtée, et que si elle persistait, l'orifice utérin pourrait être suffisamment dilaté, lorsqu'il deviendrait urgent de terminer l'accouchement.

L'action hémostatique du seigle ergoté n'est pas assez constante et assez énergique pour inspirer une sécurité pleine et durable. Mais son effet étant prompt, on sait bientôt à quoi s'en tenir; si, après en avoir administré 2 à 3 grammes dans l'espace d'une heure, il ne survient pas de changements, on doit y renoncer; si, au contraire, l'hémorrhagie est avantageusement modifiée, on peut, par de nouvelles doses, administrées à des époques plus éloignées, en soutenir les effets, qui ne sont pas très durables. Il peut, sans faire cesser complétement la perte, prévenir et rendre moins facile la distension de l'utérus et l'accumulation du sang dans son intérieur. Il est contre-indiqué lorsqu'il y a de la pléthore générale, un état inflammatoire ou spasmodique de l'utérus.

Le tamponnement du vagin, qui est assez souvent employé dans le double but d'arrêter la perte et de provoquer les contractions expultrices, de rendre celles-ci plus fortes et plus fréquentes lorsque le travail est déclaré, et que le degré de dilatation et de souplesse de l'orifice utérin ne permet pas encore de terminer l'accouchement de la manière ordinaire, laisse encore, si l'utérus est dans le repos et le fœtus vivant, l'espérance d'arrêter l'hémorrhagie sans interrompre la grossesse. Ce moyen, introduit dans la pratique par Leroux, de Dijon, a été l'objet de nombreuses controverses que nous ne reproduirons pas ici. Nous nous bornerons à distinguer, d'après les faits, les cas où il est utile et même nécessaire de ceux où il est intempestif et dangereux. En traitant de l'avortement nous avons dit qu'on pouvait avoir recours avec sécurité au tampon pour arrêter les hémorrhagies graves des quatre ou cinq premiers mois de la grossesse, même après l'expulsion de la partie fœtale de l'œuf; mais, passé cette époque, il n'offre plus une sécurité aussi absolue, et il ne faut pas un seul instant perdre de vue les dangers dont son application peut être la conséquence, c'est-à-dire de transformer une perte apparente en une perte latente assez abondante pour devenir mortelle dans l'état où se trouve la malade. Son application est inévitablement suivie de l'accumulation d'une certaine quantité de sang dans l'utérus; c'est ce sang qui, en se coagulant dans le col, entre la paroi utérine et la partie de l'œuf décollée, sur les vaisseaux utéroplacentaires déchirés, s'oppose à une nouvelle extravasation et concourt à la suspendre temporairement ou définitivement; mais il ne faut pas se dissimuler que le tampon peut augmenter l'étendue du décollement du placenta, et rendre plus précaires les chances de salut du fœtus.

Toutefois, parmi les pertes internes mortelles, il en est peu qui puissent lui être attribuées, quoiqu'il ait été fréquemment employé; à la vérité la mort a suivi plusieurs fois son application; mais on doit moins l'attribuer à la perte interne qu'à son emploi intempestif : doit-on en attendre autre chose, si on y a recours lorsqu'il y a indication de terminer promptement l'accouchement?

L'utérus est peu susceptible de se laisser distendre lorsque le travail est franchement déclaré; dans le cas contraire, l'irritation déterminée par la présence du tampon, excitant l'utérus à se resserrer, rend un épanchement abondant plus difficile que dans les conditions ordinaires. L'insertion du placenta sur le col est encore une circonstance qui rend un épanchement interne abondant plus difficile et moins à craindre. Néanmoins, dans aucun cas, la malade n'est absolument à l'abri d'une perte interne dangereuse, surtout si la quantité de sang déjà perdu est abondante; aussi convient-il d'employer simultanément la compression méthodique de l'abdomen, de surveiller avec grand soin, si l'utérus n'augmente pas de volume, si le sang ne continue pas à couler au dehors, si la faiblesse ne s'accroît pas.

L'irritation et les douleurs que détermine le tamponnement du vagin sont si vives chez quelques femmes très irritables, qu'on est forcé de le retirer; mais la plupart le supportent pendant un temps assez long pour obtenir l'effet qu'on doit en attendre; d'ailleurs il ne doit pas rester appliqué très longtemps; on peut souvent le retirer après dix à douze heures et même moins; on doit rarement attendre vingt-quatre heures, sauf à le réappliquer si l'écoulement sanguin reparaissait.

Lorsque le travail est déclaré ou qu'on se propose de le provoquer, il faut remplir l'intérieur du col comme le vagin lui-même. Dans le cas contraire, on se bornera à tamponner exactement le vagin (t. i, p. 484). Dans quelques cas, en effet, le tampon a suspendu la perte sans provoquer le travail, et la grossesse a continué jusqu'à son terme; dans d'autres, l'accouchement ne s'est déclaré que quinze jours, un mois, six semaines après, soit parce que le fœtus avait succombé, soit à la suite d'une nouvelle perte. Si l'on voit fréquemment le travail se déclarer après l'application du tampon, c'est que l'hémorrhagie elle-même l'a déjà rendu souvent plus ou moins imminent.

3° La persistance de l'hémorrhagie, sa reproduction incessante, l'insuffisance ou la contre-indication du tampon, ainsi que des autres moyens déjà recommandés, les dangers d'une temporisation plus prolongée, quoique la vie de la malade ne soit pas immédiatement menacée, exigent qu'on provoque le travail ou qu'on l'excite s'il est déjà commencé, en rompant les membranes et désemplissant partiellement l'utérus. C'est l'un des premiers moyens à employer lorsqu'une hémorrhagie grave se manifeste ou devient telle à une époque avancée de la période de dilatation de l'orifice utérin. Puzos, qui a proposé la perforation des membranes, n'y avait recours que lorsque le travail était déjà déclaré et qu'il y avait un commencement de formation de la poche des eaux. Lorsque le travail n'était pas commencé, il cherchait d'abord à l'exciter. « Pour cet effet, dit-il, il faut introduire un ou plusieurs doigts dans l'orifice, avec lesquels on travaille à l'écarter avec des degrés de force proportionnés à sa résistance : cet écartement gradué, interrompu de temps en temps par des repos, fait naître des douleurs; il met la matrice en action, et l'un et l'autre font gonfler les membranes qui contiennent les eaux de l'enfant : l'attention, pour lors, doit être d'ouvrir les membranes le plus tôt qu'on peut pour provoquer l'écoulement des eaux. »

Smellie a généralisé davantage le précepte de perforer les membranes; il ne croyait pas nécessaire d'attendre, pour y avoir recours, que le travail fût déclaré; en cela il a été suivie par plusieurs praticiens. Cette extension est fondée sur ce que l'évacuation du liquide amniotique doit amener la rétraction de l'utérus sur le fœtus, le resserrement des vaisseaux lésés, et consécutivement la manifestation des contractions expultrices; elle semble justifiée par l'expérience, bien qu'il puisse s'écouler un temps assez long avant que le danger se déclare franchement. Mais dans le cas d'hémorrhagie grave, l'utérus se trouve dans des conditions qui rendent le travail plus ou moins imminent; le ramollissement et le commencement de dilatation du col sont en partie déjà le résultat de contractions vagues et éloignées, qui ne tardent pas à prendre un caractère plus franc après l'écoulement du liquide amniotique. C'est pour cela que la perforation des membranes peut devenir une ressource précieuse dans les pertes internes graves; mais il ne faut pas négliger de dilater en même temps l'orifice de la matrice et d'exciter la contractilité de l'organe par tous les moyens en notre pouvoir.

Lorsque le col est peu ouvert, on se sert d'une sonde mousse pour perforer l'œuf; on facilitera l'écoulement du liquide amniotique en soulevant le fœtus lorsqu'il repose sur le col; on excitera ensuite la contractilité de l'utérus en le frictionnant à travers la paroi abdominale, en dilatant son orifice avec le doigt, en administrant quelques doses de seigle ergoté.

Lorsque le travail est déclaré, mais pas assez avancé pour pouvoir terminer avec sécurité l'accouchement, et que le placenta ne correspond pas à l'orifice de la matrice, quoique le tampon puisse convenir, on lui préfère généralement la perforation des membranes, sauf à tamponner après si l'hémorrhagie persiste; car l'évacuation du liquide amniotique ne contre-indique pas l'application du tampon; mais il est plus urgent encore de le surveiller, et de prendre ses précautions contre l'accumulation du sang dans la cavité utérine.

Lorsque le col est assez dilaté et assez dilatable pour laisser passer la main ou le forceps, on doit attendre l'effet de la perforation des membranes avant de se décider à terminer l'accouchement.

C'est surtout contre l'hémorrhagie qui ne dépend pas de l'insertion anormale du placenta, que le sang s'accumule dans l'utérus ou qu'il coule au-dehors, qu'on a préconisé la perforation des membranes. Au dire de quelques observateurs, elle atteint presque constamment, dans ce cas, le but qu'on se propose. D'après Rigby, toutes les fois que le placenta n'est pas greffé sur l'orifice de l'utérus, la terminaison artificielle de l'accouchement n'est pas nécessaire; car si les moyens communs, le repos absolu, l'exposition à l'air froid, les boissons froides et acidulées, les injections d'eau froide dans le rectum, les réfrigérants appliqués sur le ventre et les cuisses, ne sont pas suffisants pour calmer l'hémorrhagie, la rupture des membranes l'arrête sans retour. Sur 406 observations qu'il rapporte, 63 sont relatives à des hémorrhagies accidentelles, et dans tous ces cas, l'accouchement s'est terminé sans d'autres secours. Mais je dois faire observer qu'un assez grand nombre de ces pertes se rapportent à l'avortement, c'est-à-dire à des époques de la grossesse où elles ont moins de gravité, et sont rarement assez abondantes pour compromettre sérieusement la vie de la malade. Compter sur de pareils succès dans les derniers temps de la grossesse et pendant le travail serait une illusion dangereuse.

Merriman paraît avoir été aussi heureux que Rigby. M. P. Dubois a, d'après sa propre expérience, une grande confiance dans la perforation des membranes. Je ne dois pas dissimuler que cette méthode a été l'objet de critiques sérieuses.

Hamilton, qui repousse la méthode de Puzos, dit qu'il a vu autant de cas mortels dans les hémorrhagies accidentelles traitées par ce moyen que dans celles qui dépendent de l'insertion du placenta sur le col.

Burns n'y a qu'une confiance assez limitée; « sa simplicité, dit-il, me prédisposa d'abord fortement en sa faveur; mais je trouvai bientôt des raisons pour changer d'opinion. Je pense que nous n'avons raison d'y recourir que dans les cas légers qui marcheraient bien sans elle; je ne dois pas, du reste, cacher qu'un grand nombre de médecins distingués adoptent encore cette méthode; cependant, autant qu'on peut en juger par les cas rapportés par ces hautes autorités, il y a une plus grande proportion de femmes qui meurent dans cette espèce d'hémorrhagie que dans celle où le placenta est attaché au col de l'utérus. Klarke a 4 morts sur 10 cas; Ramsbottam, 7 sur 16; Collins a obtenu un résultat un peu différent, car sur 13, 2 femmes seulement moururent, mais la perte des enfants fut grande, 1 seul survécut. » Duncan Steward combat avec beaucoup de vivacité la perforation des membranes, mais il ne donne d'autres raisons que celles qu'on peut élever *à priori*, et qu'il a exagérées au-delà de toutes proportions. Ses propres observations font seulement voir l'avantage qu'on peut retirer des opiacés à haute dose; mais il ne serait pas prudent d'y avoir autant de confiance que l'auteur lui-même. Quoi qu'il en soit, la perforation des membranes est un moyen dont l'efficacité n'est pas douteuse, mais qui a ses limites, et auquel il ne faut pas avoir une confiance absolue.

Nous avons dit qu'on n'avait pas étendu la ponction de l'œuf aux hémorrhagies qui dépendent de l'insertion du placenta sur le col. Quelques praticiens n'ont pas tenu compte de cette restriction. Lorsque le placenta n'est inséré que par son bord ou dans une petite étendue sur l'orifice de la matrice et qu'on peut atteindre les membranes sans le décoller, et à plus forte raison lorsqu'il en est seulement très rapproché, la perforation des membranes n'est point contre-indiquée, et a été plusieurs fois faite avec succès. Mais lorsque le placenta correspond à l'orifice utérin par son centre ou par une partie qui en est peu éloignée, la contre-indication semble au premier abord évidente. Tous les praticiens n'en ont pas jugé ainsi.

Déjà Rigby avait vu la perte modifiée avantageusement dans un cas où il perfora le placenta avec le doigt. M. Gendrin a perforé deux fois à l'aide d'une sonde le placenta inséré sur le col, et dans les deux cas le résultat en a été très heureux, l'hémorrhagie a cessé et ne s'est point reproduite, et l'accouchement s'est terminé spontanément sans autre secours; un des enfants a survécu, l'autre a succombé immédiatement après sa naissance.

Ces observations, suffisantes pour engager à tenter la ponction de l'œuf dans le cas d'insertion plus ou moins centrale du placenta, ne sont pas assez nombreuses pour qu'on puisse déjà porter un jugement définitif sur ce point de pratique.

4° La vie de la femme, à moins de secours prompts et efficaces, est prochainement menacée par l'intensité ou la persistance de l'hémorrhagie, parce que les moyens recommandés ont été insuffisants ou n'ont pas été appliqués à temps. Dans cette situation, qui est des plus périlleuses, tant que l'utérus est resté dans le repos, et même lorsque le travail est déclaré tant que l'orifice utérin n'est pas suffisamment dilaté et dilatable pour laisser passer la main sans violence, on ne peut sauver la mère et l'enfant, s'il vit encore, qu'en débarrassant promptement l'utérus de son contenu et en l'excitant à revenir sur lui-même, qu'il y ait ou non un commencement de travail. Cette pratique hardie est généralement attribuée à Louise Bourgeois, mais elle paraît plus justement appartenir à Guillemeau.

L'accouchement forcé doit être pratiqué avec beaucoup de ménagement ; il ne faut pas faire pénétrer la main dans la matrice avec violence et brusquement ; on doit introduire successivement les doigts dans l'orifice utérin et le dilater lentement et graduellement, jusqu'à ce que la main puisse le franchir sans déterminer des douleurs trop vives ou des déchirures.

Les conditions dans lesquelles on opère sont généralement favorables à l'*accouchement forcé*. Ce n'est point au début de l'hémorrhagie qu'on y a recours, mais lorsqu'elle a persisté plus ou moins longtemps ou qu'elle s'est reproduite déjà plusieurs fois. Le col est ordinairement mou et entr'ouvert, et n'offre plus autant de résistance, alors même que le terme de la grossesse est encore éloigné ; les difficultés seront encore moins grandes s'il y a déjà eu un commencement de travail ou si la grossesse est près de son terme. Mais si la perte qui nécessite l'accouchement forcé a lieu le cinquième ou le sixième mois et même plus tard, le col, quoique entr'ouvert, pourra offrir une grande résistance à vaincre, mais elle doit être rarement insurmontable à des efforts lents et modérés.

Cependant Smellie et Delamotte se sont trouvés dans ce cas à l'occasion de pertes externes. S'il n'est plus permis de temporiser et de compter sur les autres moyens, il faut, à l'exemple de Smellie, pratiquer sans hésiter des incisions multiples sur les bords de l'orifice utérin. Lauverjat, qui les recommande, rapporte qu'un chirurgien, qui suivait ses cours, fut mandé pour une femme en travail, dont les jours étaient menacés par une hémorrhagie considérable ; ayant reconnu par le toucher des callosités sur les bords de l'orifice de la matrice, il les incisa sur plusieurs points ; après quoi il put facilement faire pénétrer la main dans la matrice et terminer l'accouchement ; la femme se rétablit sans éprouver d'accident.

On n'a pas à redouter les mêmes difficultés lorsque le travail est déclaré, quoique l'orifice utérin soit encore peu dilaté et peu dilatable. Quelque intérêt qu'on ait d'attendre que la dilatation, qui est souvent latente parce que les contractions peuvent être affaiblies par la perte, soit suffisante, on ne doit pas moins terminer promptement l'accouchement, dès que la déplétion de l'utérus paraît le seul moyen de sauver la mère.

On peut être conduit à pratiquer l'accouchement forcé dans les trois espèces d'hémorrhagies utérines. Nous avons déjà fait observer que la vie des malades aurait pu être conservée dans les cas de pertes internes que nous avons cités, si l'accident avait été reconnu, et qu'on eût eu recours à temps à l'accouchement forcé. Les pertes externes qui ne dépendent pas de l'insertion anormale du placenta, peuvent avoir, comme les précédentes, un tel caractère de gravité avant le début du travail, ou après lorsque l'orifice utérin est encore peu dilaté, que la mort surviendrait avant la délivrance, si on ne se hâtait de terminer l'accouchement. Mais ce sont celles qui dépendent de l'insertion anormale du placenta qui rendent le plus souvent l'accouchement forcé nécessaire ; lorsque le travail est déclaré, elles exigent ordinairement l'extraction du fœtus aussitôt que la dilatation est suffisante ou complète.

La présence du placenta sur le col peut augmenter les difficultés de l'accouchement, et devenir un danger de plus pour le fœtus s'il est encore vivant. Doit-on suivre le conseil donné par quelques accoucheurs de faire pénétrer la main dans la cavité de l'amnios à travers le placenta? Vaut-il mieux le décoller d'un côté jusqu'à ce que la main arrive sur les membranes?

Le dernier moyen est évidemment celui qu'on doit préférer lorsqu'on peut constater que l'insertion est latérale. Lorsqu'elle est plus ou moins exactement centrale ou qu'on ignore de quel côté le bord du placenta est rapproché de l'orifice de la matrice, on ne saurait affirmer sur des preuves décisives, quoique l'une et l'autre conduite ait été plusieurs fois tenue, qu'il est plus avantageux de le décoller d'un côté que de le perforer. Si, toutefois, en faisant avancer les doigts, on reconnaissait que le décollement s'étend au loin dans un sens, il faudrait suivre cette voie pour le compléter jusque sur les membranes. Dans le cas contraire, il semble qu'on doit donner la préférence à la perforation du placenta; mais comme la résistance de l'œuf sur ce point est assez grande, en cherchant à la vaincre avec les doigts, s'il n'est pas soutenu par la tête du fœtus, on est exposé à le décoller plus ou moins complétement avant de l'avoir perforé; on pourra éviter ce danger en les remplaçant, dès qu'ils paraissent insuffisants, par une sonde mousse à l'aide de laquelle on agrandirait l'ouverture jusqu'à ce qu'elle pût recevoir les doigts, qui l'agrandiraient à leur tour, en évitant de soulever le placenta. Dans trois cas de perforation du placenta, publiés récemment par un journal allemand, la main paraît avoir suffi sans peine, et deux enfants ont été extraits vivants.

Quand on est forcé de terminer l'accouchement lorsque le col est fermé ou incomplétement dilaté, c'est ordinairement à la version qu'on a recours ; il faut procéder lentement à l'extraction du fœtus; après avoir entraîné le siége dans l'orifice utérin, on doit attendre un peu, afin de vaincre sa résistance et de donner le temps à la matrice de revenir sur elle-même. Malgré ce soin, l'orifice utérin se resserre souvent sur le cou du fœtus, et rend l'extraction difficile et dangereuse même pour la mère.

La tête peut être assez engagée dans le bassin pour qu'il puisse paraître plus commode et plus avantageux d'avoir recours au forceps; c'est ainsi que s'est conduit Baudelocque dans l'un des cas de perte interne que nous avons cités.

La femme qu'on est appelé à secourir peut être dans un danger tel, qu'on a tout à craindre de la voir succomber pendant l'extraction du fœtus ou immédiatement après, et l'intérêt de notre propre réputation peut nous faire hésiter à tenter l'opération. Mais le devoir doit l'emporter : après avoir fait connaître aux personnes qui y sont intéressées l'état désespéré de la malade, on doit se hâter de proposer le moyen qui offre seul encore quelques chances de salut.

Mauriceau, à l'occasion de la mort de sa sœur, qui succomba à une hémorrhagie utérine dans le huitième mois de sa grossesse, a flétri avec énergie ces calculs égoïstes qui font souvent sacrifier la vie des malades à la crainte de compromettre sa réputation.

Nous n'avons indiqué que d'une manière sommaire et en quelque sorte incidente la conduite à tenir lorsque l'hémorrhagie se déclare pendant le travail, parce qu'elle se déduit trop naturellement, en ce qu'elle a de spécial, du traitement commun. D'ailleurs l'existence des contractions utérines qui peuvent facilement être ranimées et qui tendent à arrêter l'extravasation sanguine, la possibilité immédiate ou prochaine de terminer l'accouchement sans violence, si elle devient inquiétante et qu'elle résiste au repos, aux réfrigérants, au seigle ergoté, à la perforation des membranes, rendent le danger moins grand et d'autant moins grand que le travail est plus avancé. Au reste, s'il existait sous ce rapport une lacune, elle serait remplie par le tableau suivant, publié par M. Dubois, qui offre dans un cadre très étroit le résumé complet du traitement des hémorrhagies externes avant et pendant le travail de l'accouchement.

TABLEAU SYNOPTIQUE DU TRAITEMENT DE L'HÉMORRHAGIE UTÉRINE.

Avant le travail.
- **Hémorrhagie légère A.**
  - Situation horizontale.
  - Repos absolu.
  - Air frais.
  - Boissons acidules fraîches.
  - Diète.
  - Saignée s'il y a des symptômes de pléthore.
  - Vider la vessie et le rectum.
- **Hémorrhagie grave B.**
  - Mêmes moyens qu'en A, excepté la saignée.
  - D'abord applications froides.
  - Puis seigle ergoté 36 grains en trois doses à dix minutes d'intervalle.
  - Et si ces moyens sont insuffisants, appliquer le tampon ou faire la perforation des membranes.

Pendant le travail.
- **Hémorrhagie légère.**
  - Orifice non dilaté et non dilatable.
    - Membranes entières. — Mêmes moyens qu'en A, sauf la saignée qui ne convient que si l'état pléthorique est extrêmement prononcé.
    - Membranes rompues. — Idem.
  - Orifice dilaté.
    - Membranes entières. — Mêmes moyens qu'en A, puis attendre ou rompre les membranes.
    - Membranes rompues. — Mêmes moyens qu'en A, et attendre, si les douleurs sont faibles et lentes; donner le seigle ergoté.
- **Hémorrhagie grave.**
  - Orifice non dilaté et non dilatable.
    - Membranes entières. — Mêmes moyens qu'en A, puis les réfrigérants, et en cas d'insuffisance si les douleurs sont faibles seigle ergoté, puis rompre les membranes; enfin si l'orifice ne permettait pas la version, appliquer le tampon.
    - Membranes rompues. — Mêmes moyens qu'en A, puis les réfrigérants, si les douleurs sont faibles et lentes; puis en cas d'insuffisance, compression de l'utérus, tampon, accouchement forcé.
  - Orifice dilaté ou dilatable.
    - Membranes entières. — Rompre les membranes; si cette rupture ne suffit pas, faire la version ou appliquer le forceps.
    - Membranes rompues. — Version si la tête est au-dessus de l'orifice, forceps si la tête est dans l'excavation, extraction simple si l'extrémité pelvienne se présente.

III. Ruptures de l'utérus et de la partie supérieure du vagin.
— Je suis conduit à réunir sous le même titre les ruptures de l'utérus et de la partie supérieure du vagin qui surviennent pendant le travail, parce que les causes, les phénomènes primitifs et consécutifs, la terminaison et les indications sont dans la plupart des cas les mêmes, à part quelques différences qu'il est facile de faire ressortir dans une description générale, et parce que la lésion porte souvent sur les deux parties en même temps ou sur leur point d'union. Mais nous étudierons séparément les ruptures de l'utérus qui surviennent pendant la grossesse et dans l'état de repos de l'organe gestateur et celles qui surviennent pendant le travail. Parmi celles-ci il faut distinguer comme une variété à part les ruptures du col qui restent dans les limites de l'insertion du vagin sur l'utérus; car, tandis que les autres sont ordinairement mortelles, celles-ci ont généralement peu de gravité, et les phénomènes consécutifs sont tout autres.

A. *Ruptures de l'utérus pendant la grossesse.* — 1° *Ruptures incomplètes.* — Je veux parler des ruptures superficielles observées sur la face péritonéale de l'utérus. C'est sans doute un accident fort rare, du moins avec la gravité qu'il a présentée dans le petit nombre de cas que nous avons à signaler. Dans plusieurs, la lésion paraît être survenue pendant le travail, mais je ne crois pas devoir les séparer.

F. White rapporte qu'une femme, vers la fin de sa neuvième grossesse, ayant eu une vive frayeur, éprouva aussitôt une douleur au dos et à l'abdomen, accompagnée d'un sentiment de défaillance. Cet état cessa; mais huit heures après, retour des douleurs avec palpitations et suffocation, début du travail, accouchement au bout de peu de temps d'un enfant vivant; l'affaiblissement continuant à faire des progrès, elle expira en moins de trois quarts d'heure. On trouva une grande quantité de sang liquide au voisinage de l'utérus, qui n'était pas contracté et qui présentait à sa face antérieure deux longues déchirures ou lacérations d'où provenait le sang épanché; elles intéressaient le péritoine et les fibres les plus superficielles de l'utérus. Dans l'observation de Ramsbotham, la femme était accouchée la veille au soir de son septième enfant après un travail pénible; elle alla en s'affaiblissant, et mourut presque subitement le lendemain matin. La cavité abdominale contenait une quantité considérable de sang qui provenait d'une fissure de plusieurs pouces de long, paraissant seulement intéresser la tunique péritonéale de la face postérieure de l'utérus. Les deux autres observations qui ont été publiées ont la plus grande ressemblance avec les précédentes. Toutefois, dans celle de Clarke, la femme mourut sans être accouchée et l'on ne trouva à la face postérieure de l'utérus qu'une très petite quantité de sang déposé dans le repli du péritoine, quoique les lacérations de la face postérieure de l'organe fussent très nombreuses.

Nous aurons à signaler plus loin des épanchements sanguins aussi graves, dus à la rupture de quelques-unes des veines situées dans le bassin. Les lacérations superficielles de la face péritonéale de l'utérus ne paraissent pas avoir toujours des résultats aussi fâcheux. Lorsqu'on examine avec soin la surface extérieure de cet organe chez les femmes mortes en couches, il n'est pas rare de trouver, en arrière et sur les parties latérales, dans le voisinage des trompes et des ligaments larges, des cicatrices superficielles allongées, sinueuses, qui paraissent reconnaître la même cause, mais qui n'ont déterminé aucun accident. Le mécanisme de ces ruptures est d'ailleurs facile à comprendre : quoique l'enveloppe péritonéale participe à l'accroissement de l'utérus, elle subit à un plus haut degré que tout le reste de l'organe les effets de la distension mécanique, et peut dans quelques cas être portée au point de produire les lacérations dont nous avons cité des exemples. Des veines volumineuses peuvent être comprises dans ces lacérations, et donnent d'autant plus facilement lieu à une hémorrhagie abondante qu'il n'existe point de valvules au-dessus de la déchirure, qui se trouve trop près de la surface externe de l'utérus pour être fermée par la déplétion de l'organe et son retour sur lui-même.

Si une douleur vive, une sensation de déchirure survenues au moment de l'accident, puis des symptômes de perte interne, de la tuméfaction et de la matité dans les fosses iliaques, en dehors de l'utérus, l'absence d'augmentation de volume de cet organe, doivent faire admettre qu'il se fait un épanchement sanguin dans la cavité du péritoine et non dans celle de l'utérus, il ne sera pas moins impossible de reconnaître s'il est dû à la rupture incomplète de la matrice ou d'une veine du bassin. Nous verrons d'ailleurs que les ruptures complètes sans déplacement du fœtus n'offrent assez souvent pas d'autres symptômes.

Les indications sont tirées de l'affaiblissement de la femme, et consistent à s'opposer à l'extravasation sanguine par le repos et par des applications froides sur le ventre, à combattre les accidents consécutifs, à terminer l'accouchement lorsque le travail est déclaré et assez avancé.

2º *Ruptures complètes.* — La rupture complète de l'utérus pendant la grossesse et dans l'état de repos de l'organe, est un accident très rare, qui peut être le résultat immédiat ou consécutif d'une violence extérieure ou survenir spontanément.

Les ruptures qui sont le résultat de violences extérieures sont excessivement rares. On conçoit que l'utérus, après s'être mis en rapport avec la paroi abdominale, puisse être atteint par des corps vulnérants de diverses espèces, capables de le déchirer ou de le diviser directement. Parmi le petit nombre de faits de la division simultanée de la paroi abdominale et de l'utérus rapportés par les auteurs, plusieurs offrent des circonstances si extraordinaires qu'elles font douter de leur authenticité.

Les ruptures déterminées par la compression du ventre sont également rares. Deux fois la rupture de l'utérus a été produite par la pression de l'abdomen entre un mur et une voiture, une fois par le passage d'une roue de voiture sur le ventre, une fois par la chute d'un arbre, une fois par une chute d'un lieu élevé. Une femme enceinte reçut un coup de pied de cheval dans la région de la matrice; cette partie s'ulcéra et donna plus tard passage aux os de l'enfant.

Les ruptures spontanées et celles où l'action des causes extérieures n'a qu'une influence très secondaire sont moins rares. Ces ruptures, dont il n'est pas facile de donner une explication satisfaisante, ont été observées dans le deuxième, troisième, quatrième et cinquième mois de la grossesse presque aussi souvent que dans les mois suivants. La plupart des femmes qui en ont été affectées n'étaient pas à leur première grossesse.

Dans l'appréciation de ces faits, il faut avoir soin de ne pas confondre les ruptures de l'utérus avec celles des kystes des grossesses extra-utérines et de laisser de côté ceux où cette distinction ne peut être faite d'une manière certaine. Les ruptures de l'utérus survenues spontanément pendant la grossesse peuvent avoir leur siège sur tous les points de l'organe, moins le col; c'est surtout au fond et sur les parties postérieures et latérales qu'elles ont été observées. L'œuf entier ou après s'être divisé passe dans la cavité abdominale; il reste quelquefois dans l'utérus, mais il est plus commun de n'y trouver que le placenta, qui conserve d'abord assez souvent plus ou moins complétement ses adhérences; dans un cas le fœtus a passé dans la cavité abdominale, et le placenta a été expulsé par la voie naturelle.

Il est difficile de se faire une idée exacte des lésions organiques qui préparent ainsi l'utérus à se rompre pendant le cours de la grossesse; en le supposant à l'état normal et développé régulièrement, il est impossible d'admettre que sa distension par l'accroissement de l'œuf puisse produire un pareil résultat. On aurait moins de raison encore à l'attribuer à la réaction de ses parois contre l'œuf, réaction qui est très modérée, jusqu'au moment où le travail de l'enfantement se déclare. On est nécessairement conduit à admettre quelques dispositions anormales dans le point de l'utérus qui se déchire spontanément ou à l'occasion de causes extérieures tout-à-fait insuffisantes dans les conditions ordinaires.

Mais en quoi consistent ces altérations? Dans deux cas de rupture spontanée, les femmes avaient un utérus double; celui qui renfermait le produit de la conception, après quelques douleurs se rompit au quatrième mois, et l'on trouva l'œuf entier dans l'abdomen avec une grande quantité de sang. Il n'est pas douteux qu'un utérus double puisse être relativement trop petit pour fournir au développement complet de l'œuf, qui peut alors déterminer la rupture de la poche qui le renferme, comme dans les grossesses extra-utérines.

Dans le cas observé par M. Duparcque, la femme était au quatrième mois d'une cinquième grossesse; sa santé était profondément altérée par une métrorrhagie habituelle qui ne se suspendait que pendant la grossesse; le point de l'utérus qui était le siège de la rupture présentait un état variqueux avec amincissement et ramolissement. Dans l'observation de M. Collineau et dans quelques autres, on a noté l'amincissement des parties de l'utérus voisines de la rupture.

Mais il est difficile de dire de quelle nature est cet amincissement et comment il a été produit. On peut supposer avec assez de vraisemblance que dans quelques cas l'œuf, déposé sur un point de la surface interne de l'utérus, y est accidentellement retenu, et détermine par son accroissement un développement partiel de l'organe: de là la possibilité d'une rupture comme dans la grossesse interstitielle. On a aussi supposé que les points déchirés avaient préalablement été le siège d'un ramollissement atrophique, apoplectiforme, inflammatoire, gangréneux. Mais dans la plupart des cas on ne trouve ni dans les symptômes, ni dans les caractères anatomiques, les preuves de l'existence de ces altérations; il est vrai qu'on s'est souvent borné à mentionner la déchirure, et qu'on ne paraît pas avoir toujours apporté une attention suffisante à l'état de l'utérus.

Puisque le développement seul de l'œuf peut entraîner la rupture de l'utérus lorsqu'il est le siège d'une disposition anormale, d'altérations organiques, de dégénérescences de tissu, à plus forte raison s'il se présente en même temps des causes occasionnelles plus ou moins actives, mais tout-à-fait incapables de la produire dans l'état normal. C'est ainsi que dans plusieurs cas, elle a suivi de près un accès de colère, une vive frayeur, un exercice forcé, des efforts de vomissement, des violences extérieures, mais plus propres à déterminer l'avortement que la rupture de l'utérus.

Les phénomènes primitifs et consécutifs des ruptures de l'utérus pendant la grossesse, avec passage du fœtus dans le péritoine, ont une telle analogie avec ceux des grossesses extra-utérines terminées par la rupture des kystes que je crois devoir y renvoyer t. 1, p. 374, pour éviter de répéter ce que j'ai dit à leur occasion. Il n'est pas même toujours possible, pendant la vie, de distinguer ces deux accidents l'un de l'autre.

Toutefois il ne peut pas y avoir d'incertitude dans les cas où le siége de la grossesse a été constaté avant la rupture, dans ceux où l'accident arrive à une époque avancée de la grossesse, parce qu'alors l'utérus, après le passage du fœtus dans la cavité abdominale, conserve un volume beaucoup plus considérable que celui qu'il acquiert dans les grossesses extra-utérines et peut être touché à l'hypogastre, tandis que le fœtus forme une tumeur dans un autre point de l'abdomen.

Dans les ruptures de l'utérus, lorsque la mort n'arrive pas très promptement, il s'échappe le plus souvent par les parties génitales une quantité de sang variable, quelquefois même avant que le fœtus ait passé dans la cavité abdominale, tandis qu'on ne voit rien de semblable après la rupture des kystes extra-utérins, à moins qu'on n'admette qu'un kyste interstitiel puisse se rompre du côté de la cavité utérine.

Le passage du fœtus dans la cavité abdominale a lieu tantôt immédiatement après la rupture, tantôt seulement après quelques heures; quelquefois même après un temps assez long, la rupture s'opérant et se complétant lentement. Si la nature de l'accident pouvait être reconnue avant que le fœtus eût passé dans la cavité péritonéale, il y aurait une indication spéciale à remplir, différente de celles qui sont propres aux grossesses extra-utérines: ce serait de pratiquer l'opération césarienne vaginale, et d'extraire le fœtus et le délivre par la voie naturelle. On préviendrait ainsi, par une opération hardie, et qui n'offre pas par elle-même de très grands dangers, les accidents primitifs et consécutifs causés par la présence du fœtus dans la cavité du péritoine; mais l'incertitude du diagnostic permettra rarement qu'on se décide à temps à prendre ce parti.

B. *Ruptures de l'utérus et de la partie supérieure du vagin pendant le travail.* — Les ruptures de l'utérus pendant le travail, y compris celles de la portion intra-pelvienne du vagin, ne sont nullement rares, et l'on reste très vraisemblablement au-dessous de la réalité en disant qu'elles n'arrivent guère qu'une fois sur neuf cents accouchements. Elles sont déterminées tantôt par le travail lui-même, tantôt par la main ou les instruments de l'accoucheur.

Siége. — *a. Sur le corps de l'utérus.* — Elles sons moins communes et moins souvent le résultat de l'intervention de l'art que celles du col et de la partie supérieure du vagin.

Nous avons déjà dit que les parties latérales et le fond étaient plus souvent déchirés que les faces antérieures et postérieures. Le point où aboutit les trompes, quoique moins épais, paraît peu disposé à céder. Il semble en être de même de la portion doublée par le placenta; cependant Delamotte cite un cas où cet organe et la paroi utérine correspondante étaient divisés en même temps. Ces déchirures peuvent affecter toutes les directions, être transversales, obliques, longitudinales; cette dernière direction est celle qu'on observe ordinairement sur les côtés. Leur étendue est également très variable: quelques unes restent étroites et sont peu disposées à s'étendre, quoiqu'il s'écoule un temps assez long entre le moment de l'accident et la terminaison de l'accouchement, et le fœtus reste dans la cavité utérine; les autres sont d'abord étendues ou s'agrandissent par degrés jusqu'à ce qu'elles puissent lui livrer passage. Les plus grandes restent ordinairement bornées au fond ou au corps de l'organe lorsqu'elles sont transversales ou obliques; mais celles du corps qui sont longitudinales s'étendent assez souvent jusque sur le col; il n'est pas rare de voir les ruptures qui ont lieu sur les côtes, commencer un peu au-dessous de la trompe et s'avancer jusque sur la partie latérale du vagin. Ces ruptures latérales intéressent un plus grand nombre de vaisseaux volumineux, et exposent par cela même davantage les jours de la femme. Elles présentent encore une autre particularité exposée ci-dessous avec quelques détails, c'est de respecter assez souvent le péritoine. Sans doute la face interne de l'utérus peut être le siége de déchirures incomplètes plus ou moins profondes; mais si on en excepte ses bords et la portion sus-vaginale du col, il est très rare que la rupture s'étende jusqu'au péritoine sans se compléter.

Tant que le fœtus reste dans la cavité utérine, la rupture se montre dans toute son étendue et avec sa forme réelle; mais après son extraction ou son passage dans la cavité abdominale, la rétraction de l'utérus sur lui-même la réduit et la modifie plus ou moins. Lorsque la déchirure existe sur le fond ou sur la partie supérieure du corps, et que la rétraction s'est régulièrement opérée, on est surpris qu'une ouverture aussi étroite ait pu livrer passage au fœtus ; mais assez souvent la rétraction reste incomplète, l'utérus est volumineux et flasque, et la déchirure conserve en partie sa forme et son étendue, et peut facilement livrer passage à une portion de l'intestin.

Les bords de la déchirure sont quelquefois assez nets ; mais le plus souvent ils sont irréguliers, inégaux, sinueux et plus ou moins profondément ecchymosés. Quoiqu'il soit difficile d'admettre que des parties aussi résistantes et aussi épaisses que le fond et le corps de l'utérus puissent se déchirer sans lésions antérieures, il n'est pas moins vrai que dans la plupart des cas la lésion paraît avoir porté sur un tissu primitivement sain. Parmi les dispositions anormales mentionnées, l'amincissemement partiel des bords de la rupture est l'une des plus fréquentes.

b. Sur la position sus-vaginale du col. — La distension que le segment inférieur de l'utérus éprouve vers la fin de la grossesse et pendant le travail, la compression de quelques unes de ses parties entre la tête et quelques points du bassin, surtout s'il est vicié, l'action de la main ou des instruments pour terminer artificiellement l'accouchement, expliquent la fréquence des ruptures qui portent sur le tiers inférieur de l'organe. Celles qui se produisent en arrière ou en avant sont assez souvent transversales, ou irrégulièrement circulaires, telles qu'elles résulteraient d'un débridement multiple.

Elles sont tantôt bornées au segment inférieur, tantôt étendues sur le corps ou sur la partie supérieure du vagin, surtout lorsqu'elles affectent une direction oblique ou longitudinale ; celles qui ont lieu sur les côtés sont le plus souvent longitudinales. Elles ont leurs bords plus amincis et restent plus largement ouvertes que celles du corps et du fond, parce que cette portion de l'organe se rétracte moins bien après la sortie du fœtus ; elles exposent davantage aux hernies de l'intestin, et quoique les vaisseaux divisés soient moins volumineux, l'écoulement sanguin peut être très abondant et très persistant.

Nous avons dit plus haut que la rupture pouvait être incomplète et s'étendre jusqu'au péritoine sans pénétrer dans la cavité abdominale ; c'est surtout sur les côtés du col et du corps, en avant et en arrière sur la portion du segment inférieur de l'utérus, où le péritoine adhère d'une manière moins intime que sur le fond et sur les deux tiers supérieurs du corps, qu'on observe ces ruptures incomplètes.

Elles ne sont même pas rares, puisqu'il s'en est rencontré

neuf sur trente-quatre cas notés par M. Collins; les femmes chez lesquelles le péritoine était resté intact ne succombèrent pas moins rapidement que les autres.

Le péritoine qui revêt les côtés de l'utérus peut être décollé et les ligaments écartés dans une grande étendue sans se rompre. Cette cavité accidentelle reçoit une plus ou moins grande quantité de sang, quelquefois des parties du fœtus. Dans un cas rapporté par Radfort où le péritoine n'était pas divisé, quoique la déchirure allât du col vers le fond, l'épanchement sanguin était peu abondant; mais le fœtus, à l'exception de la tête, qui était hydrocéphale, avait passé dans la poche; l'utérus formait une tumeur distincte à gauche, et le fœtus une autre à droite. Il n'est pas rare de trouver sur la poche formée par les ligaments larges, des éraillures ou des ouvertures étroites qui la font communiquer avec la cavité du péritoine. Cette disposition existait dans l'un des cas que j'ai observés.

En arrière, l'étendue dans laquelle le décollement peut être opéré sans que le péritoine se déchire, n'est pas très considérable: aussi les ruptures incomplètes sont-elles rares sur ce point. On ne peut guère supposer que le décollement puisse s'étendre sous les replis postérieurs du péritoine jusque sur le rectum; cependant M. Burns cite un cas où, en l'absence de l'accoucheur, l'enfant fut expulsé par l'anus; l'orifice utérin était resté dur et fermé.

Il n'en est pas tout-à-fait de même en avant, où la surface sur laquelle le péritoine est uni d'une manière assez lâche au tissu de l'utérus est plus étendue; d'ailleurs la déchirure peut se trouver au-dessous du repli vésico-utérin, soit qu'elle intéresse le col exclusivement, le col et la paroi antérieure et supérieure du vagin en même temps, ou cette dernière partie seulement; mais il ne peut pas s'y former des poches aussi étendues que sur les côtés.

La déchirure peut comprendre un point de la paroi postérieure de la vessie et déterminer une fistule *vésico-utérine*, mais ce cas est extrêmement rare.

c. *Sur la portion vaginale du col.* — Nous devons entrer dans quelques détails sur la variété de rupture qui ne porte que sur la portion du col qui est limitée par les attaches du vagin, portion qui offre une surface assez étendue tant que l'orifice utérin est fermé ou peu dilaté. Ces ruptures diffèrent essentiellement, par leurs phénomènes consécutifs et leur gravité, de celles qui pénètrent dans la cavité du péritoine, et trouveraient peut être plus naturellement leur place à la suite des divers états du col qui rendent sa dilatation plus ou moins difficile, et qui en constituent en quelque sorte l'étiologie, p. 33 et 181.

Je ne veux point parler de la légère déchirure qui a habituellement lieu à l'orifice de la matrice au moment où la tête le franchit; elle est sans danger et semble inhérente à l'accouchement le plus naturel.

La portion vaginale du col peut se rompre avant que l'orifice soit assez ouvert pour laisser passer la partie qui se présente, et même lorsqu'il est encore complétement fermé. La tête poussée avec énergie sur un point du col plus ou moins éloigné de l'orifice de la matrice, détermine la solution de continuité; ce qui peut dépendre d'une mauvaise direction dans l'action des forces expultrices, de l'inclinaison anormale de l'utérus ou du fœtus, de la déviation du col, de l'oblitération ou d'états morbides divers de l'orifice de la matrice. On l'a vue survenir dans des cas où aucune de ces dispositions et aucun état morbide du col n'ont été notés. Ces ruptures se présentent sous deux formes différentes. Dans l'une, la lésion commence à l'orifice de la matrice et s'étend jusqu'à l'union du vagin avec le col; la solution de continuité est plus ou moins étendue suivant que le col est plus ou moins ouvert au moment de l'accident, et laisse passer la tête comme si la dilatation de l'orifice de la matrice s'était faite régulièrement d'une manière brusque. Ces ruptures ont été observées sur les côtés, en arrière et en avant, mais plus souvent dans ce dernier sens.

Dans l'autre, la portion vaginale du col cède dans un point compris entre l'orifice et l'insertion du vagin, et il se fait une communication artificielle entre l'utérus et le vagin, qui livre passage au fœtus comme si le col s'était dilaté brusquement. Il arrive quelquefois, avant que la rupture s'effectue, que la tête du fœtus pousse devant elle le col jusqu'à la vulve. C'est la partie située au-devant de l'orifice utérin qui en est le plus souvent le siége. Lorsqu'elle porte immédiatement en dedans de l'union du col avec le vagin, elle est quelquefois le résultat de l'introduction du forceps dont l'extrémité a été poussée contre le fond de la rainure circulaire formée par la rencontre du col avec vagin; M. Velpeau assure en avoir rencontré trois exemples. Il en résulte une boutonnière ou de larges brides qui se rétractent considérablement après la délivrance.

Les ruptures de la portion vaginale du col ne sont pas très rares, puisque Roberton a pu en réunir trente-six cas. Les indications pour les prévenir se confondent avec celles des divers états dont elles sont ordinairement la conséquence; il faudrait pratiquer des incisions multiples sur les bords de l'orifice utérin dans le cas où il paraîtrait impossible de les prévenir. Lorsqu'elles ont lieu, l'écoulement sanguin devient rarement dangereux; on pourrait d'ailleurs s'en rendre maître, comme dans le trombus où la rupture de veines variqueuses du vagin, par une compression portée sur la solution de continuité.

Mais elles rentrent dans les conditions des ruptures utérines telles que nous les avons considérées pour le corps et le col, lorsqu'elles s'étendent au-delà des attaches vaginales, ou lorsqu'elles se produisent après que l'orifice de la matrice est dilaté; elles pénètrent d'autant plus facilement dans la cavité du péritoine qu'elles portent sur des points plus minces ; cependant elles peuvent s'arrêter, comme celles qui sont situées plus haut, derrière le péritoine. Madame Lachapelle assure avoir vu plusieurs fois, surtout sur les côtés, des fissures de l'orifice propagées jusqu'au col et même jusqu'au corps, où toute la couche musculaire était divisée et la membrane séreuse seule restée intacte.

d. Sur la partie supérieure du vagin. — Comme le segment inférieur de l'utérus, et par les mêmes raisons, la portion intra-pelvienne du vagin est assez souvent déchirée. Nous avons déjà dit qu'il n'était pas rare de voir les ruptures du col et même quelquefois celles du corps, intéresser le vagin en même temps.

La rupture porte le plus souvent sur les côtés, en arrière, et sur le point d'union du col avec le vagin ; sur ce dernier point, elle représente ordinairement une fente transversale plus ou moins étendue, qui dans quelques cas a été portée jusqu'à embrasser la presque totalité de la circonférence du vagin ; sur les points moins élevés, la rupture peut être transversale, longitudinale, ou représenter une perforation irrégulière.

Après la sortie du fœtus, la rétraction est encore moins prononcée que sur le col, de sorte qu'elles gardent en partie leur étendue et se laissent facilement traverser par des anses intestinales.

Lorsque la rupture existe en avant, et qu'elle n'est pas très étendue, elle peut rester dans les limites des rapports du vagin avec la vessie, et ne pas pénétrer dans la cavité du péritoine. La déchirure peut comprendre la vessie elle-même ; dans un petit nombre de cas, l'introduction de la main, du forceps, a été suivie de la rupture du vagin et de la vessie qui peut se produire sans violence extérieure : c'est ainsi que se forment quelquefois les *fistules vésico-vaginales*. Les dispositions du vagin par rapport au rectum ne permettent pas que la rupture intéresse ces deux parties à la fois ; à moins qu'elle n'ait son siège sur la portion périnéale du vagin.

Causes. — Les causes prédisposantes jouent souvent un rôle important dans la production des ruptures de l'utérus. Les femmes qui accouchent pour la première fois y sont moins exposées que les autres : sur 75 cas cités par M. Churchill, 9 sont relatifs à des primipares, 14 à des femmes qui étaient à leur seconde grossesse, 13 à leur troisième, 37 à leur quatrième ou suivantes. L'amincissement des parois utérines qui résulte de la présence de deux enfants, d'une grande quantité de liquide amniotique y prédispose également.

Nous avons déjà signalé les amincissements partiels, les ramollissements inflammatoires, les lésions organiques, les ulcérations, les dégénérescences, cancers, tumeurs fibreuses, etc., qui rendent quelquefois la rupture tellement imminente, qu'elle se produit spontanément sous la seule influence du développement de l'œuf, ou à l'occasion de causes accidentelles peu actives.

Les points de l'utérus qui portent d'anciennes cicatrices sont généralement moins résistants : M. Kayser a rassemblé six cas de *gastrotomie* à la suite de ruptures de l'utérus, chez des femmes qui avaient subi avec bonheur l'opération césarienne; trois ont encore échappé à la mort. Il est rare de voir l'utérus ou le vagin se déchirer pendant un accouchement simple et facile. L'influence de l'accouchement laborieux se ferait déjà sentir dans la prédominance de volume des fœtus mâles, s'il est vrai, comme le dit M. Burns, et comme semble le confirmer les faits rapportés par M. Keeves et M. Collins, que dans les trois quarts des ruptures observées, l'enfant était du sexe masculin. Nous n'avons pas à revenir ici sur les diverses espèces de dystocie; la part qu'elles peuvent avoir à des degrés différents, comme causes prédisposantes des ruptures de l'utérus et de la portion intra-pelvienne du vagin, ressort suffisamment de leur étude.

Nous ferons seulement observer d'une manière générale que la distension et l'amincissement du segment inférieur de l'utérus, sur lequel sont dirigés les efforts d'expulsion, exposent d'une manière toute particulière cette partie de l'organe à se déchirer; et le danger est d'autant plus grand que les obstacles situés sur le trajet vulvo-utérin sont plus nombreux ou plus prononcés. Mais ce n'est pas tout : la pression de quelques points de l'utérus ou du vagin, entre la tête plus ou moins basse et les parties saillantes du bassin, affaiblit la vitalité de la partie comprimée, la dispose à s'enflammer, à se ramollir et même à tomber en gangrène, et par conséquent à se déchirer facilement. Cela arrive non seulement lorsque le bassin est étroit, déformé, que l'angle sacro-vertébral ou les pubis sont saillants, mais encore lorsqu'il est bien conformé et que la tête reste longtemps dans l'excavation ou arrêtée au détroit supérieur dans une situation irrégulière.

J'ai trouvé, chez une femme morte de métro-péritonite presque immédiatement après l'accouchement, la portion du segment inférieur de l'utérus qui avait correspondu à l'angle sacro-vertébral aussi mince que les parois de l'intestin, mais elle conservait encore sa consistance. L'angle sacro-vertébral et les pubis ne sont pas les seuls points entre lesquels cette compression puisse s'exercer; d'autres points peuvent être rendus saillants par la déformation du bassin ou la présence de tumeurs solides.

Pendant le travail, l'action contractile de l'utérus seule ou secondée par les muscles abdominaux est la cause déterminante des ruptures utérines ou vaginales qui ne sont pas le résultat de l'intervention de l'art. Malgré le rôle de modérateur que remplit la douleur qui accompagne les contractions, celles-ci n'en prennent pas moins quelquefois une activité et une violence extraordinaires, tantôt sans cause appréciable, tantôt pour réagir contre quelque obstacle, tantôt parce que l'utérus a reçu de quelques moyens excitants, notamment du seigle ergoté, une activité insolite. Toutefois, quoique ce médicament soit fréquemment administré dans des conditions où il est contre-indiqué, le nombre des cas où il paraît avoir concouru à produire la rupture est peu considérable. L'action violente des muscles abdominaux au moment où l'utérus se contracte peut en déterminer la rupture, qu'on a vue plusieurs fois survenir pendant que la femme se livrait à des efforts violents d'expulsion, se renversait brusquement en arrière ou était agitée de mouvements convulsifs.

Ces puissances actives peuvent-elles déterminer la rupture des parties sans qu'il existe de prédispositions anciennes ou récentes qui en aient préalablement diminué la résistance? Il est à peu près certain qu'il n'y a pas de rupture à craindre sans une prédisposition très-manifeste, lorsque l'utérus est dans les conditions ordinaires; que le travail marche régulièrement, que le fœtus se présente bien et qu'il n'existe sur le trajet du conduit vulvo-utérin d'autres obstacles que la résistance naturelle des parties.

Mais en est-il toujours de même lorsque l'action contractile de l'utérus est surexcitée comme nous l'avons dit plus haut, et que la dilatation du col ou l'expulsion du fœtus rencontre quelque obstacle? On peut répondre négativement relativement aux parties qui sont destinées à être distendues mécaniquement. Les ruptures du col, non seulement de sa portion vaginale, mais de tous les autres points, celles du vagin, ne reconnaissent souvent pas d'autres causes que l'action violente et brusque ou mal dirigée de l'utérus. Mais le corps de l'utérus, comme quelques muscles de la vie de relation, peut-il se rompre sous l'influence seule de ses propres contractions devenues brusques et violentes? Malgré des dénégations, je crois qu'il n'est pas possible de rester dans le doute. On doit rapporter à l'action de l'utérus seul ou aidé des autres puissances auxiliaires, les ruptures survenues sans aucune violence étrangère, qui portent sur le fond ou sur le corps, et dont les bords ne présentent ni amincissement ni ramollissement, ni d'autres altérations : ces cas sont assez nombreux. L'utérus en se contractant brusquement peut éclater sur le point de ses parois qui offre le moins d'épaisseur et de résistance ; mais le plus souvent les points de l'utérus les moins résistants, ceux qui sont naturellement moins épais ou distendus par une partie saillante du fœtus ou inertes, se laissent d'abord distendre et amincir, et ne se déchirent que lorsque l'équilibre entre les diverses parties de l'organe est complétement rompu.

Quelque pénible qu'il soit de l'avouer, il ne faut pas moins proclamer hautement, pour rendre hommage à la vérité et pour rappeler combien l'intervention de l'art doit être ménagée et prudente, qu'un grand nombre de ruptures, surtout parmi celles qui ont leur siége sur les parties latérales de l'utérus, sur le col, sur le vagin ou sur ces deux parties en même temps, sont le résultat des moyens employés pour délivrer la femme.

L'introduction de la main dans la matrice, la version, l'application du forceps, du céphalotribe, des crochets, le décollement mécanique du placenta anormalement adhérent, etc., sont autant d'actes à la suite desquels on pourrait établir une longue liste de cas malheureux, dont quelques uns semblent accuser une espèce d'aberration de l'esprit, tant l'ignorance le dispute à l'imprévoyance !

Mais dans l'appréciation des faits il faut savoir se défendre de cette prévention injuste et malveillante, qui semble toujours disposée à rapporter aux manœuvres obstétricales des ruptures auxquelles elles sont souvent étrangères et qui les ont précédées. D'ailleurs on ne doit jamais perdre de vue que, dans les cas où la terminaison de l'accouchement offre de grandes difficultés, la rupture peut être tellement imminente qu'elle est presque inévitable et qu'on court les plus grands dangers de la déterminer en agissant avec toute la prudence et tous les ménagements convenables. Les gens de l'art qui se respectent doivent savoir apprécier avec justice et modération la position difficile et délicate où chacun peut se trouver placé.

Symptômes. — Il est extrêmement rare que la rupture de l'utérus se produise avant la perforation des membranes et l'évacuation du liquide amniotique. Dans le petit nombre de cas où elle a eu lieu, on doit supposer que l'organe se trouvait, au moment où le travail a commencé, dans les conditions morbides qui la rendent plus ou moins imminente. Si elle survient d'une manière brusque, elle n'est annoncée par aucun prodrome; mais il n'en est pas ordinairement ainsi. Lorsqu'elle est préparée à l'avance par une compression ou une distension locale, elle est souvent précédée d'une douleur aiguë et continue, fixée sur le point de l'utérus qui va se déchirer.

M. Roberton l'a signalée comme propre aux ruptures suites de l'étroitesse du bassin, et l'attribue à la compression de l'utérus entre la tête et un point osseux saillant. Elle est notée dans plusieurs observations où la compression a été étrangère à la rupture; mais les douleurs locales dont l'utérus peut être le siége sans qu'il soit menacé de se déchirer, lui font perdre de son importance comme prodrome. Nous avons indiqué, en parlant des causes, les diverses conditions appréciables qui doivent faire craindre une rupture de l'utérus ou du vagin.

Au moment où elle a lieu, une douleur très vive, déchirante, que la femme exprime par un cri perçant, se déclare subitement sur un point des parois de l'utérus, ordinairement à la suite d'une contraction énergique ou d'un effort violent. La malade éprouve en même temps la sensation d'une déchirure et quelquefois d'un bruit de craquement qui, au dire de quelques uns, peut être entendu des assistants. Lorsque la tête franchit l'orifice de la matrice, la femme pousse souvent un cri aigu, et éprouve la sensation d'une déchirure qui a effectivement lieu, mais qui reste limitée au bord de l'orifice de la matrice. Mais dans le premier cas, outre que la douleur est ordinairement beaucoup plus vive, il survient promptement un trouble profond dans l'économie, un sentiment de défaillance, un tremblement des membres; les traits s'altèrent, la face pâlit, le pouls s'affaiblit. Les symptômes d'une perte interne sont évidents; en même temps, il s'écoule ordinairement par le vagin une quantité variable de sang, mais en général peu considérable, et nullement en rapport avec la quantité extravasée.

La douleur diminue et se transforme en une sensation d'engourdissement, les contractions se suspendent pour ne plus reparaître; cependant l'utérus conserve encore, mais plus faiblement, sa contractilité générale en vertu de laquelle il tend à revenir sur lui-même et à se débarrasser de son contenu. Mais l'ensemble de ces symptômes ne se rencontre d'une manière bien prononcée que lorsque la rupture est brusque et étendue; et le plus souvent alors, le fœtus passe immédiatement tout entier dans la cavité du péritoine

Tantôt le passage se fait plus lentement, en agrandissant et en dilatant l'ouverture; il n'a lieu quelquefois que plus de vingt-quatre heures après l'accident. En palpant le ventre, on peut sentir le fœtus distinctement à travers la paroi abdominale, séparé du corps de l'utérus, qui est vide et en partie revenu sur lui-même. Si le fœtus passe vivant dans la cavité abdominale, il peut continuer à vivre tant que les connexions du placenta avec l'utérus persistent ; il témoigne de sa souffrance par des mouvements insolites qui sont plus vivement ressentis, plus superficiels que lorsqu'ils ont lieu dans la cavité utérine.

Le fœtus trouve beaucoup plus de facilité à être expulsé par l'ouverture accidentelle que par la voie naturelle : aussi son expulsion spontanée au dehors est-elle très rare. Cette expulsion est moins rare pour le placenta, qui passe aussi le plus souvent dans la cavité abdominale; on le trouve quelquefois en place et adhérent après la mort. Une partie du fœtus peut rester dans la cavité utérine, la tête ou le tronc, etc. Lorsque le passage dans la cavité abdominale est incomplet, on peut sentir des inégalités formées à l'extérieur de la matrice. En touchant par le vagin, on trouve que la partie qui se présentait a cessé de presser sur le col, qu'elle est plus ou moins remontée. Ces signes sont dans la plupart des cas caractéristiques, alors même que la partie du fœtus engagée dans la déchirure n'est pas très considérable. Lorsqu'elle existe sur le vagin et même sur le col, le doigt peut l'atteindre et toucher directement une anse d'intestin.

L'utérus conserve une tendance remarquable à se débarrasser de son contenu par son ouverture accidentelle, non seulement lorsqu'elle existe sur le corps, mais encore sur le col et même sur le vagin.

Le fœtus peut n'éprouver aucun déplacement consécutif, et cela arrive lorsque la rupture reste étroite, incomplète, lorsqu'elle existe sur le col ou le vagin et que la tête est profondément engagée dans l'excavation ; ce n'est pas la résistance des parties déchirées qui s'oppose le plus au déplacement, mais le bassin, dans lequel une partie du fœtus est engagée et retenue; tandis que sur le fond ou le corps de l'utérus, c'est la résistance des parties qui s'oppose au passage du fœtus dans la cavité abdominale.

Lorsque le fœtus n'a pas éprouvé de déplacement, on n'a quelquefois, pour établir le diagnostic, que des phénomènes généraux et locaux qui peuvent laisser de l'incertitude sur la nature et le siége de la lésion. Les ruptures d'un vaisseau ou d'une autre partie dans le voisinage de l'utérus peuvent donner lieu aux mêmes symptômes. Mais celles de l'utérus sont ordinairement suivies d'un écoulement de sang par la vulve qui dissipe l'incertitude. Toutefois il ne faut pas oublier qu'il peut dépendre du décollement du placenta, manquer dans le cas de rupture de l'utérus; si la lésion a son siège sur le vagin, à la partie inférieure du col, elle sera reconnue par le toucher.

Il arrive quelquefois que les phénomènes généraux et locaux des ruptures utérines ne sont point en rapport avec la gravité de l'accident. La femme s'affaiblit graduellement et n'accuse que des douleurs et une sensibilité modérées de ventre; après la mort, on est surpris de trouver une rupture de l'utérus. Delamotte et Burton font justement remarquer que plusieurs cas de mort avant la délivrance, attribués à l'épuisement des forces, appartiennent à des ruptures de l'utérus qui se sont produites lentement, en quelque sorte sous une forme latente.

Terminaison et complications. — La mort est la terminaison ordinaire des ruptures de l'utérus et même de celles de la partie supérieure du vagin; elle arrive le plus souvent dans les vingt-quatre ou quarante-huit heures. Il n'est pas rare de la voir survenir peu d'heures après l'accident. On trouve le sang fourni par la déchirure épanché dans la cavité du péritoine, entre les replis du ligament large et dans l'utérus; mais il s'en faut de beaucoup que l'hémorrhagie soit assez abondante pour être constamment mortelle. Les ruptures du col, du vagin, qui n'intéressent pas quelques-uns des gros vaisseaux situés sur leurs parties latérales, ne fournissent souvent qu'un épanchement médiocrement abondant. Dans celles du fond et du corps, la rétraction de l'utérus peut prévenir un épanchement mortel; mais elle a peu d'action sur les vaisseaux superficiels des parties latérales.

Si l'hémorrhagie était la seule cause de la mort, ces ruptures ne seraient pas à moitié près aussi fréquemment mortelles.

Dans quelques uns des cas où la mort survient dans les six ou douze premières heures, elle semble dépendre du trouble général ou de l'épuisement des forces qui a suivi l'accident et de la cause qui l'a préparé; car on ne trouve qu'une petite quantité de sang épanché et des traces d'inflammation légères et peu étendues.

Lorsque la malade a échappé aux dangers du trouble général et de l'hémorrhagie, elle est encore exposée à l'inflammation aiguë du péritoine, qui est la cause ordinaire de la mort quand elle ne survient qu'après un ou plusieurs jours. Mais l'inflammation peut être partielle et modérée et ne point entraîner la mort ou ne l'entraîner qu'après un temps assez long.

Dans quelques cas, la malade ne succombe qu'à la suite d'accidents prolongés, et l'on voit déjà se manifester une tendance à la guérison. De larges abcès se forment dans le tissu cellulaire sous-péritonéal du bassin ou des fosses iliaques et ne déterminent la mort que vingt, trente, quarante jours après l'accident. Ces abcès ne se montrent pas seulement dans les cas de ruptures incomplètes ; la matière purulente peut être formée et retenue dans le péritoine, mais circonscrite par des adhérences formées autour de sang épanché et même quelquefois autour du produit de la conception.

L'issue d'une anse d'intestin à travers la déchirure est une complication qui peut avoir des suites graves. Elle n'a lieu le plus ordinairement qu'après l'extraction du fœtus ou son passage dans la cavité abdominale. Les ruptures du fond et du corps de l'utérus qui ne sont pas très étendues sont assez souvent exemptes de cette complication, surtout lorsque l'organe se rétracte d'abord convenablement; tandis que celles du col et du vagin la présentent le plus souvent; elle a même lieu quelquefois pendant que le fœtus est en place. Le resserrement de la déchirure par le retour de l'utérus sur lui-même peut déterminer des symptômes d'étranglement.

Dans un cas rapporté par Percy, la femme, avant de succomber, eut des vomissements d'une odeur infecte comme dans une hernie étranglée, menacée de gangrène. On trouva deux circonvolutions d'intestin engagées dans la matrice par une rupture qui se trouvait en arrière, près de la trompe gauche ; l'ouverture, qui avait été très large, ne pouvait plus admettre que le doigt. Lorsqu'on voulut retirer l'intestin, la portion comprimée, qui paraissait gangrenée, se déchira en plusieurs endroits.

Les ruptures du col et du vagin restant d'abord largement ouvertes, paraissent peu susceptibles de déterminer l'étranglement; mais si la femme ne succombe pas aux accidents primitifs, la rétraction lente des parties et la cicatrisation peuvent amener un resserrement capable de gêner le cours des matières. M. Burns cite un cas observé par un médecin anglais où une déchirure du vagin donna issue à une portion d'intestin d'une aune de long, qui ne put être réduite et qui se gangrena. Les matières fécales passaient par le vagin ; mais au bout de quelque temps elles sortirent par l'anus, et la malade finit par se rétablir tout-à-fait. Chez la femme observée par M. Roux, l'écoulement par le vagin, de matières fécales demi-liquides, survint huit à dix jours après un accouchement laborieux qui avait nécessité l'application du forceps. L'orifice du conduit, qui communiquait avec l'intestin grêle, se trouvait à la place de la lèvre postérieure détruite.

La terminaison par la guérison, quoique l'exception, n'est cependant pas rare. Elle n'a pas lieu avec la même fréquence dans toutes les conditions. Le peu d'étendue de la rupture, son siège sur le vagin, sur le col, sur le corps en dehors des parties latérales, sa limitation par le péritoine, la terminaison de l'accouchement avant que le fœtus ait passé dans la cavité abdominale, sont les conditions les plus favorables et dans lesquelles la guérison a été le plus souvent observée.

Le passage du fœtus dans la cavité abdominale laisse encore quelques chances de guérison. 1° Ces chances sont le moins défavorables possibles lorsque le fœtus peut être ramené à travers la déchirure par la voie naturelle.

2° Le parti de lui frayer une voie à travers la paroi abdominale augmente le danger, sans compromettre nécessairement la vie de la femme; nous citons plus bas quelques uns des faits qui le prouvent.

3° La femme peut survivre à l'abandon du fœtus dans la cavité abdominale. Du sang épanché dans le péritoine n'est pas une cause très active d'inflammation; et la séreuse semble montrer encore quelque tolérance pour le produit de la conception. Malgré le volume du fœtus et la quantité variable de liquide amniotique qui le suit, ils semblent une cause moins violente et moins active de péritonite sur-aiguë que l'épanchement de l'urine ou des matières contenues dans l'intestin. Cette terminaison heureuse, quoique fort rare, a cependant déjà été observée un certain nombre de fois. On peut en réunir une vingtaine d'observations, en ne prenant que les cas qui appartiennent aux ruptures de l'utérus et non aux grossesses extra-utérines. Les conditions semblent cependant plus défavorables dans le premier cas que dans le second, parce que le fœtus ordinairement plus volumineux, est plus difficile à enkyster et à éliminer. La communication accidentelle qui existe pendant quelque temps entre le péritoine et les voies génitales, pouvant permettre l'introduction de l'air, accroît les dangers.

La marche ultérieure est la même que dans les grossesses extra-utérines où les accidents qui suivent la rupture du kyste n'emportent pas la malade. Le produit de la conception enkysté dans un point du péritoine y subit plusieurs transformations; puis il est éliminé plus tard par parties, soit à travers un point des parois abdominales, soit par le rectum ou par le vagin, etc. Il s'est passé dans quelques cas un grand nombre d'années avant que l'élimination ait eu lieu; l'économie semble pouvoir s'habituer à la présence de ce corps étranger, après l'avoir transformé et réduit à des dimensions moins considérables. L'état plus ou moins valétudinaire de la femme, l'époque où les phénomènes qui précèdent accompagnent et suivent l'élimination, les secours qu'elle réclame étant les mêmes que dans les grossesses extra-utérines, je renvoie à celles-ci, où tous ces points on été traités.

Indications. — On peut être conduit, si le travail est assez avancé, à terminer l'accouchement, dans le but de prévenir la rupture de l'utérus, lorsqu'on rencontre quelques unes des conditions qui y prédisposent, et qu'il se développe une douleur fixe ou quelque autre symptôme qui peut faire craindre qu'elle ne soit imminente. La possibilité d'un pareil accident doit rendre l'accoucheur très attentif à suivre les phénomènes du travail; il ne doit jamais perdre de vue, un seul instant, lorsqu'il est dans la nécessité d'intervenir avec la main ou avec les instruments, qu'une manœuvre violente ou mal exécutée est souvent la cause des ruptures de l'utérus et de la partie supérieure du vagin.

Terminer l'accouchement est le meilleur moyen pour prévenir, combattre et rendre moins formidables les accidents primitifs et consécutifs.

1° *Le fœtus est resté dans l'utérus.* — On doit se hâter de pratiquer son extraction par le moyen le mieux approprié au cas, en prenant toutes les précautions pour ne pas agrandir l'ouverture, contondre l'intestin et empêcher le fœtus de passer dans la cavité abdominale. La rupture coïncidant assez souvent avec un obstacle à l'expulsion du fœtus, les dangers et les difficultés s'accroissent en proportion de son étendue. Le forceps et la main sont quelquefois insuffisants, et l'on peut être conduit à pratiquer l'embryotomie, et même l'opération césarienne si l'enfant est vivant ou le bassin absolument trop étroit.

Aussitôt après l'extraction du fœtus par la voie naturelle, il faut surveiller avec soin la délivrance, ne pas abandonner le cordon, dans la crainte que le placenta ne soit chassé dans la cavité abdominale, s'assurer si une anse d'intestin fait hernie par la déchirure, pour la réduire; on cherchera par les moyens ordinaires à faire revenir le plus promptement et le plus complétement possible l'utérus sur lui-même; après l'extraction du placenta, on s'assurera de nouveau qu'une portion d'intestin ne sort pas par la déchirure. Si la rétraction de l'utérus paraissait incomplète ou insuffisante pour arrêter l'écoulement sanguin, il serait avantageux d'établir une compression méthodique sur le bas-ventre, qui embrasserait exactement le fond et le corps de l'utérus; un peu plus tard, on aura à combattre les accidents inflammatoires.

Ce sont les ruptures de l'utérus ou du vagin, dans lesquelles le fœtus resté en place a pu être extrait par la voie naturelle, qui ont été le plus souvent suivies de la guérison; elle a même eu lieu dans des cas où l'extraction a offert les plus grandes difficultés. Madame Lachapelle en cite deux où, après un travail extrêmement prolongé, des tentatives nombreuses et infructueuses de version, d'application du forceps, l'extraction ne peut avoir lieu qu'après la perforation du crâne, et lorsque les malades étaient déjà très affaiblies; chez l'une, la déchirure existait sur l'utérus en arrière et à droite; chez l'autre, le vagin était séparé en arrière du col dans une grande étendue. Après des symptômes graves d'affaiblissement et d'inflammation du péritoine, pendant les premiers jours, il survint une amélioration progressive, et la guérison était complète au bout d'un mois. Chez la femme observée par M. Duparcque, la déchirure, qui était le résultat d'une application de forceps, portait sur le col; les accidents furent très graves, un vaste abcès formé dans une des fosses iliaques fut ouvert; de ce moment le mieux se manifesta. Il existe plusieurs autres exemples de guérison, mais la plupart appartiennent à des ruptures du vagin.

Dans deux cas de ruptures incomplètes très étendues où le péritoine seul était resté intact, la mort n'est survenue qu'après un temps assez long, à la suite d'abcès formés sous le péritoine. Dans le premier, madame Lachapelle fit la version et amena un enfant vivant; la malade ne succomba que deux mois et demi après aux progrès d'une phthisie pulmonaire; mais il existait en même temps des abcès dans le tissu cellulaire sous-péritonéal du bassin, très propres à compromettre son existence. Dans le second, la femme mourut un mois après l'accouchement, et avait, comme la première, un large abcès de la fosse iliaque qui s'était ouvert dans l'utérus et sur l'un des côtés du vagin.

2° *Le fœtus a passé en partie ou en totalité dans la cavité abdominale.* — Il faut l'extraire par la voie naturelle lorsqu'on peut le faire sans violence, et lorsque le bassin n'est pas assez rétréci pour mettre un obstacle absolu à la sortie de la tête; un bras, les pieds peuvent être engagés dans la crevasse, sans que la tête plus ou moins basse dans le bassin ait cessé de se trouver à la portée du forceps. Mais elle peut être remontée au-dessus du détroit supérieur, parce qu'une partie du tronc a suivi les pieds; ou en être éloignée, parce que le fœtus se présente par le tronc. La main devra pénétrer dans la déchirure pour aller chercher les pieds et les ramener dans le vagin. On n'a pas rencontré dans cette circonstance les difficultés qu'on pourrait supposer *à priori* apportées par le resserrement de l'ouverture sur la partie qui l'occupe.

Plusieurs fois la main, en suivant le tronc, est arrivée aux pieds, situés dans la cavité abdominale, et n'en a été avertie qu'en touchant les intestins. On serait encore moins exposé à rencontrer des difficultés, si les pieds seuls ou une partie du tronc étaient restés dans la cavité utérine.

Lorsque le fœtus est entièrement dans la cavité abdominale, on peut rencontrer des difficultés qui s'opposent à ce qu'on puisse aller le chercher ou le ramener par la déchirure pour être extrait par la voie naturelle. En général, la main pénètre facilement dans la cavité abdominale et ramène de même le fœtus lorsque la déchirure a son siége sur le vagin ou sur le col; et la possibilité d'extraire le fœtus persiste ordinairement pendant plusieurs jours. Il n'en est pas exactement de même pour le fond et le corps, qui peuvent se rétracter au point de réduire singulièrement la déchirure. Toutefois, lorsqu'elle est aussi étendue, la rétraction est moins active, et l'utérus reste ordinairement d'abord volumineux et flasque; et si on agit peu de temps après le passage du fœtus dans la cavité abdominale, on a presque la certitude de réussir. Si une portion d'intestin fait hernie à travers la déchirure, on la réduit avec beaucoup de ménagements, en faisant pénétrer la main qui doit aller à la recherche des pieds. Chaque fois qu'on a pu faire pénétrer la main à travers la déchirure, on n'a pas rencontré de grandes difficultés à extraire l'enfant. Il peut entraîner devant lui ou entre ses cuisses, comme l'a vu M. Moreau, une anse d'intestin qui pourrait être tiraillée et même déchirée si on n'avait pas la précaution de la réduire.

Lorsque le placenta n'est pas resté adhérent ou n'a pas été expulsé au dehors, mais a passé seul ou avec le fœtus dans la cavité du péritoine, il faut aller le chercher à son tour; puis on s'occupe, s'il y a lieu, à réprimer l'hémorrhagie ou à combattre les accidents inflammatoires.

On a assez souvent retiré le fœtus de la cavité abdominale par l'ouverture qui lui avait livré passage, quelquefois même dans des conditions peu favorables, et quelques unes des femmes ont survécu. Madame Lachapelle est allée chercher le fœtus dans la cavité abdominale, huit jours après l'accident, par une déchirure qui avait son siége à l'union du col avec le corps de l'utérus. Il était petit, mollasse, extensible, mais encore entier; des gaz s'échappèrent en même temps avec bruit et à plusieurs reprises. La fièvre se soutint à un degré modéré pendant quelques jours, mais la péritonite diminua assez rapidement. Un écoulement muqueux médiocre et quelques douleurs de rein persistèrent seuls pendant quelque temps. La femme, qui était entrée le 6 juillet à l'hospice (dixième jour du travail), en sortit le 15. Sa santé était déjà fort bonne; la rupture était fermée; mais l'utérus, remarquable par sa dureté, s'élevait encore jusqu'au-dessus de l'ombilic Madame Lachapelle a vu pendant plus d'une année cette femme jouir de la meilleure santé.

Dans un cas de rupture de la partie antérieure du col, Douglas alla à la recherche du fœtus peu d'instants après son passage dans la cavité abdominale; il put le saisir par les pieds et l'amener au dehors; il alla ensuite chercher le placenta, qui était dans le bas-ventre. Après la délivrance, la femme perdit un peu de sang: elle continua à souffrir à la région pubienne; elle éprouva ensuite divers accidents, et ne fut complétement guérie qu'une année après.

Chez la femme observée par Mac-Intyre, l'orifice utérin était contracté, mais il cédait à la main. On retira sans peine l'enfant de la cavité abdominale; mais pour entraîner la tête au dehors, on se servit du levier, qui resta appliqué deux heures, ce qui n'empêcha pas la guérison d'avoir lieu. Dans un cas à peu près semblable rapporté par Hamilton, la femme était convalescente dix-neuf jours après l'accident. On a quelquefois incisé les bords de l'orifice utérin insuffisamment dilaté ou induré, pour permettre à la main de pénétrer jusqu'à la déchirure.

On trouve encore dans les auteurs plusieurs autres observations de guérison après l'extraction du fœtus et à travers la rupture de l'utérus et surtout du vagin.

Lorsque le resserrement de la déchirure ou du col qui ne peut être débridé avec avantage dans le cas où il est resté fermé ou incomplétement dilaté, ne permet pas à la main de pénétrer dans la cavité du péritoine, ou lorsque le bassin est rétréci au point de rendre l'extraction du fœtus incertaine, même en diminuant le volume de la tête, il ne reste d'autres ressources que de tenter la gastrotomie ou d'abandonner le tout à la nature.

La gastrotomie est sans doute un moyen extrême et très incertain. Néanmoins on ne doit pas hésiter à y avoir recours lorsque la délivrance est impossible par les moyens indiqués plus haut, et que le fœtus donne encore des signes de vie; mais le temps pendant lequel il peut vivre dans cette situation est si court, qu'il faut peu compter sur la possibilité de le sauver. Je ne sais si on doit ajouter foi à l'observation rapportée par Frank, d'après laquelle un enfant aurait été extrait vivant par Cecconi, au moyen de la gastrotomie, douze heures après la rupture. C'est le plus ordinairement dans l'intérêt seul de la mère qu'on y a recours. Elle offre des chances de guérison moins défavorables que de l'abandonner dans la cavité abdominale; surtout si on opère avant le développement des symptômes inflammatoires. Mais lorsqu'il s'est écoulé plusieurs jours depuis l'accident, que l'inflammation du péritoine se modère et se concentre autour du fœtus, il y aurait plus d'avantage à s'abstenir, les dangers de l'élimination étant moins grands que ceux de l'extraction immédiate (t. I, p. 384).

Il faut non seulement extraire le fœtus et ses annexes si elles l'ont suivi, mais encore les caillots de sang. Si le placenta seul avait passé dans la cavité abdominale, et qu'il fût impossible d'aller le chercher à travers la crevasse, on devrait s'abstenir de pratiquer la gastrotomie; malgré l'état grave où se trouverait la femme, il y aurait beaucoup moins de dangers, en se bornant à calmer les accidents inflammatoires, et en attendant qu'il fût enkysté ou éliminé. Dans un fait rapporté par M. Duparcque où l'on avait négligé d'aller chercher le placenta, la femme résista aux accidents primitifs, et avait même pu allaiter son enfant, qui mourut à six semaines; vers cette époque, il survient des douleurs sourdes et de la tuméfaction dans le bas-ventre qui augmentait de jour en jour; il se fit tout-à-coup par la vulve un écoulement de matières brunâtres très fétides formées de pus, de sang corrompu et de débris de placenta encore garnis de portions membraneuses. L'abcès s'était ouvert par une très large ouverture, en avant, sur la partie supérieure du vagin; le col était fermé et avait repris sa forme. La femme, arrivée au dernier terme du marasme, mourut le jour même.

La gastrotomie a été plusieurs fois suivie de succès. La femme opérée par Thibault le fut peu de temps après l'accident; l'enfant fut extrait mort; la rupture avait son siège sur le corps de l'utérus: la guérison était complète le trentième jour. Lambron l'a pratiquée deux fois sur la même femme; la seconde fois presque immédiatement après le passage de l'enfant dans la cavité du péritoine; il donna quelques signes de vie, mais il ne put être conservé; chaque fois la femme se rétablit promptement, et accoucha une troisième fois naturellement. On trouve dans les auteurs anglais cinq ou six cas de guérison à la suite de la gastrotomie opérée pour des ruptures de l'utérus.

Les guérisons obtenues par les divers moyens que nous venons d'indiquer sont sans doute exceptionnelles, mais j'ai dû les rappeler, afin qu'on ne soit pas tenté de rester dans l'expectation, et afin qu'on y puise le courage d'assumer la responsabilité d'une détermination grave qu'il pourrait paraître plus commode d'éluder.

IV. Ruptures de la portion périnéale et vulvaire du vagin. — Ces ruptures se présentent sous deux formes différentes : dans l'une, le périnée se déchire dans l'espace compris entre la vulve et l'anus, et il en résulte une ouverture accidentelle assez grande pour laisser passer l'enfant. Dans l'autre, qui est fort commune, la déchirure s'étend de la commissure postérieure de la vulve vers l'anus.

A. *Rupture centrale du périnée*. — Ce qu'il y a au premier abord d'extraordinaire dans une telle perforation et l'expulsion du fœtus par cette voie, disparaît lorsqu'on se représente la région ano-vulvaire, non telle qu'elle est dans les conditions ordinaires, mais au moment où, chez une femme primipare, la tête hors du détroit inférieur se présente à la vulve pour la dilater. Nous avons donné (t. I, p. 20, fig. 9) la description du périnée converti en gouttière prolongeant le canal pelvien ou plutôt en canal membraneux très long en arrière, court en avant, terminé par l'ouverture vulvaire. La distension et l'amincissement, que M. Duparcque a cherché à apprécier par des mesures rigoureuses, vont en augmentant du coccyx à la vulve. La portion du plancher périnéal située derrière l'anus, la première abaissée et distendue, éprouve une distension modérée qui ne l'expose pas à se rompre ; elle est portée de 40 millimètres (18 lignes) d'étendue à 57 millimètres (30 lignes). Mais la région anale commence à être exposée aux ruptures ; l'anus déplissé, légèrement renversé et allongé de manière à laisser voir la partie inférieure de la paroi antérieure du rectum, peut mesurer jusqu'à 27 millimètres (12 lignes). Mais c'est sur l'espace compris entre l'anus et la commissure postérieure de la vulve ou le périnée proprement dit, où se trouve le point le plus culminant de la ligne parabolique décrite par la gouttière périnéale, que la distension est le plus prononcée ; il est porté de 27 millimètres (12 lignes) à environ 94 millimètres (3 pouces 1/2), et mesure transversalement, à la base de l'arcade des pubis, environ 16 centimètres (6 pouces). L'amincissement est souvent tel que la tête ne semble recouverte que par une membrane de peu d'épaisseur, à travers laquelle on peut distinguer les os, les sutures et les fontanelles : deux fois madame Lachapelle, avant même que la rupture eût commencé à s'opérer, a pu apercevoir par transparence le cuir chevelu. A mesure que la dilatation de la vulve approche de son terme, l'étendue en longueur et la distension du sinus membraneux coccy-vulvaire diminuent, et le danger d'une perforation centrale disparaît.

On comprendra facilement maintenant que toute disposition des parties de la mère, que toute situation du fœtus qui sont capables de rendre la distension du périnée plus considérable que dans l'état régulier, sont autant de causes qui prédisposent à sa perforation centrale. Ces causes, que M. Moreau s'est attaché à bien faire ressortir, sont du côté du bassin : le peu de courbure du sacrum, la projection de son extrémité inférieure en arrière, qui, en agrandissant le diamètre coccy-pubien, reportent plus en arrière l'axe du détroit inférieur et diminuent l'inclinaison du plan qui dirige la tête du fœtus d'arrière en avant, sous l'arcade des pubis. Un allongement trop considérable de la symphyse des pubis, le resserrement de l'arcade de même nom, qui forcent la tête à se porter plus bas et plus en arrière avant de pouvoir exécuter son mouvement d'extension, peuvent avoir le même résultat.

Les positions occipito-postérieures, qui restent telles, y exposent davantage, comme le prouvent plusieurs faits, que celles où l'occiput se dégage sous l'arcade des pubis ; il faut en dire autant de la persistance de la tête dans toute autre situation irrégulière. Dans un cas de perforation centrale du périnée, le bras était descendu avec la tête. Quoique aucun des faits n'ait coïncidé avec une présentation de la face, on ne doit pas conclure qu'elle y expose moins que le crâne. Dans un cas, la rupture a coïncidé avec une présentation de l'extrémité pelvienne. La partie du périnée comprise entre l'anus et la vulve peut être naturellement faible, ou affaiblie par une distension trop prolongée qui détermine un état inflammatoire ou rend la gangrène imminente; la formation d'une escarre a précédé la rupture dans un cas. On a noté une longueur insolite du périnée, qui porte la vulve plus haut et plus en avant, et lui donne probablement une proportion inverse. C'est en effet l'étroitesse et la résistance de la vulve qui sont les prédispositions les plus efficaces de cette perforation et sans lesquelles les causes de dystocie que nous avons énumérées sommairement et incomplétement, parce qu'il en est traité avec détail dans divers articles de cet ouvrage, restent presque constamment sans effet. Si, au contraire, la vulve est étroite et résistante, et que les contractions utérines et les efforts d'expulsion soient brusques et violents, l'accident peut survenir sans qu'il ait rien d'anormal dans la forme du bassin, dans la situation de la tête du fœtus et dans les phénomènes mécaniques de son expulsion. Les choses se seraient passées le plus souvent ainsi, s'il était permis de tirer une conclusion de faits qui la plupart manquent de détails.

Ne pas soutenir le périnée, surtout le soutenir mal en pressant fortement en avant, peut contribuer à produire l'accident : il en est de même de la mauvaise situation prise par la femme; dans deux cas il est attribué à ce qu'elle était accroupie pendant les derniers moments du travail.

L'étroitesse et la résistance de la vulve, telles qu'on les rencontre souvent chez les primipares, et le concours de l'action violente et brusque des puissances expultrices, paraissent être les conditions les plus ordinaires de la production de la rupture centrale du périnée. Une des femmes était à sa seconde grossesse; mais la vulve était rétrécie par une cicatrice dure, résultat de sa déchirure à un premier accouchement. Une autre était à sa cinquième couche; la vulve avait été déchirée à la quatrième, et il est probable qu'il en était résulté une coarctation prononcée, quoiqu'elle ne soit pas mentionnée; au cinquième accouchement, l'enfant se présentait par l'extrémité pelvienne; le travail était très actif, lorsque l'accoucheur, voulant reconnaître l'état des parties, trouva les pieds dehors; l'un était sorti par une déchirure du périnée et l'autre par la vulve. Dans deux cas de resserrement de la vulve par d'anciennes cicatrices, on a prévenu la perforation, qui paraissait imminente, en débridant. L'accident ne s'est reproduit chez aucune des femmes qui l'avait éprouvé une première fois, quoique la plupart soient redevenues enceintes. D'ailleurs, bien que les conditions qui y prédisposent soient très communes, ce n'est pas moins un accident rare, qui n'a guère été constaté qu'une trentaine de fois.

La rupture se produit généralement sur le raphé, en épargnant l'anus et la vulve, quoiqu'elle reste rarement limitée sur cette partie du périnée; elle se divise le plus souvent en deux branches qui embrassent tantôt les côtés de l'anus, tantôt les côtés de la commissure postérieure de la vulve : la plaie représente à peu près la figure d'un Y. Elle peut contourner plus ou moins les deux ouvertures en même temps, ou rester un peu distante de l'une ou de l'autre et s'étendre transversalement de manière à prendre la forme cruciale ou irrégulièrement étoilée; elle est réduite par le retour des tissus à leur longueur primitive au point de faire douter qu'elle ait pu livrer passage au fœtus.

Dans quelques cas la déchirure s'était produite en dehors du centre du périnée, et s'étendait longitudinalement du côté de l'anus au côté correspondant de la vulve. La déchirure intéresse les points les plus bas de la paroi du vagin et une partie des tissus compris dans le triangle vulvo-anal.

Le sphincter de l'anus est toujours partiellement divisé, mais ses fibres les plus concentriques restent généralement intactes. Ce n'est pas que la lésion ne puisse s'étendre plus loin; en effet, non seulement le sphincter externe peut être entièrement divisé, mais encore l'anus et la partie inférieure du rectum : la déchirure peut même commencer sur ce point; toutefois cela n'est arrivé que dans un bien petit nombre de cas. L'espace non divisé qui reste entre la perforation et la vulve est souvent fort étroit, et malgré la tendance qu'a la plaie à se limiter, elle s'étend quelquefois à la vulve. Il est constaté par plusieurs observations que les ruptures vulvo-périnéales peuvent commencer ainsi.

Le périnée distendu et affaibli se déchire avant que la tête soit engagée dans la vulve, le plus souvent instantanément, pendant une douleur vive et bien soutenue par les efforts d'expulsion, et l'enfant est brusquement expulsé par la déchirure, qui livre ensuite plus facilement passage au placenta que la vulve. Il arrive cependant quelquefois que la perforation se produit sans livrer passage à l'enfant, soit parce qu'elle est limitée par la résistance des tissus voisins, soit parce que la main de l'accoucheur a soutenu le périnée et a dirigé la tête en avant sous l'arcade des pubis; soit plutôt parce que la vulve était déjà en partie dilatée et l'impulsion de la tête dans sa direction très prononcée au moment où la lésion a commencé à s'opérer. Les cas où le fœtus a été expulsé par la vulve malgré une perforation centrale du périnée sont, comparativement aux autres, peu nombreux : on en trouve à peine cinq ou six.

L'écoulement sanguin qui se fait par les vaisseaux divisés est généralement peu abondant, et paraît n'avoir été inquiétant dans aucun cas.

L'indication de prévenir la perforation centrale du périnée, surtout lorsqu'on rencontre plusieurs des conditions qui y prédisposent ou que sa distension paraît excessive, doit prendre place parmi les soins que la femme réclame dans les derniers moments de l'expulsion de l'enfant. Pour cela, on cherchera à neutraliser autant que possible les causes et leurs effets, en favorisant le mouvement d'extension ou de flexion de la tête, suivant la position dans laquelle elle se trouve; en soutenant convenablement le périnée, en rendant la dilatation de la vulve plus facile par les moyens appropriés ; en donnant à la femme une position tout-à-fait horizontale, en cherchant à modérer les efforts auxquels elle se livre. Si ces précautions paraissaient insuffisantes, on aurait recours au forceps, qui fournirait un moyen de corriger la position défectueuse de la tête s'il y avait lieu, de la faire avancer dans la direction la plus avantageuse, et de relâcher la partie la plus distendue du périnée en lui faisant graduellement dilater la vulve. Mais, outre qu'on peut bien ne pas avoir de suite un forceps sous la main, son emploi exige, dans cette circonstance, beaucoup de ménagements, et peut facilement déterminer un accident aussi grave que celui qu'on veut éviter. Il ne faut pas perdre de vue que l'étroitesse et la résistance de la vulve sont les conditions qui, en définitive, prédisposent le plus essentiellement à la perforation centrale du périnée et sans lesquelles elle ne se produirait pas. Or si, dans cet état, une distension lente et graduelle du périnée et de la vulve, sous l'influence des efforts maternels bien réglés, peut s'opérer sans déchirures sérieuses, il n'en est pas tout-à-fait de même, quelques ménagements qu'on prenne, lorsqu'on entraîne la tête à l'aide du forceps ; d'ailleurs, la rupture centrale peut être tellement imminente qu'il n'est plus permis d'agir lentement si on veut la prévenir. Vaudrait-il mieux, comme le propose M. Duparcque, lorsque les mains sont insuffisantes pour diriger la tête d'arrière en avant, engager l'extrémité du levier jusque dans l'excavation du sacrum de manière que sa convexité corresponde à la gouttière périnéale trop faible ou trop distendue et sa concavité à la partie correspondante de la tête, et tirer sur le manche de manière à le ramener d'arrière en avant, en combinant ce mouvement avec les efforts d'expulsion, et en évitant de lui donner un point d'appui sur la commissure postérieure de la vulve, et de repousser la tête derrière les pubis si elle n'est pas encore engagée sous l'arcade? Mais en plaçant un levier entre la tête et la gouttière périnéale pour lui former une espèce de contre-fort pendant qu'on fait avancer l'enfant, on augmente encore sa distension surtout vers sa partie antérieure, et on l'expose peut-être plus qu'avec le forceps aux ruptures vulvo-périnéales. D'ailleurs cet instrument, qu'une branche du forceps remplacerait mal dans ce cas, est si peu usité qu'on ne pourrait pas se le procurer dans une circonstance pressante. On peut donc être conduit à débrider la vulve : la nécessité de le faire ou du moins l'avantage d'agir ainsi peut exister chez des femmes primipares sans que son étroitesse soit le résultat d'altérations organiques.

Chez la femme observée par Champenois, la vulve était rétrécie par des cicatrices à la suite d'une brûlure. Au moment de l'accouchement la tête fut retenue à la vulve, dont les bords formaient un cercle dur, épais et calleux : le périnée, excessivement distendu et aminci, menaçait de s'ouvrir dans son centre. Champenois pratiqua, à l'aide d'une sonde cannelée, une incision d'environ 2 pouces sur le raphé. La première douleur engagea l'occiput de l'enfant dans la vulve agrandie, et deux autres douleurs terminèrent l'accouchement. La plaie se trouva d'une très petite étendue, lorsque le périnée fut revenu à son état naturel.

Dans la crainte que la solution de continuité ne soit agrandie portée jusqu'à l'anus par le passage du fœtus, il serait préférable d'inciser sur les côtés, où l'adhésion serait plus facile et aurait moins d'inconvénient si elle restait incomplète.

Le traitement curatif est très simple et ordinairement suivi d'une guérison complète. Il consiste à faire coucher la malade sur le côté, les membres inférieurs demi-fléchis et rapprochés, à les assujettir avec une serviette si on ne peut pas compter sur la docilité de la malade, à panser la plaie simplement, et, s'il survient de l'inflammation, à imbiber la charpie de décoction émolliente ou à la remplacer par des cataplasmes de même nature assujettis par un bandage en T, à suppléer à la difficulté d'uriner, à tenir le ventre libre, etc. La guérison, qui a quelquefois été complète au bout de trois semaines, se fait rarement attendre au-delà de trente à quarante jours. C'est, en définitive, un accident médiocrement grave, qui se termine presque constamment en peu de temps par la réunion des lèvres de la plaie, sous la seule influence des forces de la nature. Il y a cependant des exceptions : Dupuytren a vu une femme chez qui la matrice venait faire saillie au dehors à travers la perforation.

Si la plaie restait fistuleuse, on ne pourrait guère en obtenir la guérison qu'en pratiquant la suture, après l'avoir transformée par la section de la bride vaginale, en déchirure antérieure incomplète. Lorsque le sphincter et l'extrémité inférieure du rectum sont compris dans la déchirure, si la plaie reste fistuleuse, la femme est exposée à l'infirmité dégoûtante de ne pouvoir retenir volontairement les matières fécales fluides qui se rendent en partie dans le vagin avant d'être expulsées.

B. *Déchirures vulvo-périnéales.* — L'étendue de la division établit plusieurs variétés, et modifie la gravité et le traitement curatif de l'accident.

1° La déchirure ne comprend que la peau mince et l'origine de la muqueuse qui recouvre le bord antérieur du périnée. Ces ruptures *vulvaires*, qui n'intéressent pas, à proprement parler, le périnée, mais la commissure postérieure de la vulve ou la fourchette, arrivent fréquemment à un premier accouchement, et ont peu de gravité.

2° Plus étendue mais toujours incomplète, la déchirure comprend en outre le constricteur du vagin et plus ou moins de tissus au-delà, en respectant incomplètement la cloison recto-vaginale et le sphincter de l'anus. En effet, la partie antérieure et inférieure de la cloison recto-vaginale est souvent intéressée, sans que les plans les plus concentriques du sphincter soient divisés, alors même que la plaie cutanée s'étend jusque sur la muqueuse anale ; le doigt porté dans l'anus constate que cette ouverture conserve sa résistance et la cloison recto-vaginale en partie son épaisseur : c'est la rupture *vulvo-périnéale incomplète* portée au plus haut dégré. Cette distinction est de la plus haute importance pour le pronostic à porter sur les conséquences de l'accident ; même à ce degré extrême, on n'a pas à craindre que les fonctions de l'anus soient troublées. C'est sur le raphé que la division porte presque constamment ; son extrémité postérieure est plus ou moins rapprochée de l'anus ; il arrive quelquefois qu'elle se dévie en dehors sur l'un de ses côtés ou qu'elle se bifurque en le laissant intact. La plaie est plus souvent régulière qu'irrégulière ; dans quelques cas, elle semble être le résultat d'un instrument tranchant. La rupture porte ordinairement sur le raphé: elle est quelquefois située en dehors, et peut même être double. La déchirure transversale que M. Velpeau dit avoir observée doit être extrêmement rare.

3° La déchirure complète ou *vulvo-anale* qui comprend toute l'étendue du périnée, le sphincter de l'anus, le rectum et la cloison recto-vaginale à une profondeur qui varie de quelques lignes à plusieurs pouces, est un accident heureusement peu commun, qui a de la gravité par lui-même, et dont les conséquences sur les fonctions de l'anus sont le plus souvent extrêmement fâcheuses. Il importe beaucoup de se faire une idée exacte de l'étendue de la division de l'intestin. Si elle n'a que trois ou quatre lignes de profondeur, ou si la portion de la cloison recto-vaginale, non divisée, conserve encore de l'épaisseur à sa base, la femme pourra le plus souvent retenir les matières fécales, et les fonctions de l'anus seront au moins en partie conservées ; tandis que si la division d'une grande partie ou de la totalité de la cloison recto-vaginale établit une large communication entre le rectum et le vagin, la femme est presque inévitablement condamnée, après la cicatrisation, à ne pouvoir retenir les matières fécales peu consistantes, et à les rendre partie par l'anus, partie par le vagin, qui forme une espèce de cloaque. La tuméfaction des parties fait souvent paraître la division plus profonde et plus étendue qu'elle n'est réellement ; s'il n'en était ainsi, la plaie aurait compris le repli recto-vaginal du péritoine, dans le cas où M. Dieffenbach lui a trouvé une profondeur de trois pouces et demi. Si le péritoine était en même temps déchiré et même seulement décollé dans une grande étendue, la déchirure aurait des suites immédiates et consécutives autrement graves. M. Deneux parle d'une rupture qui s'étendait du col de l'utérus à la commissure postérieure de la vulve, y compris le périnée et le rectum.

C'est la tête, s'avançant la première, qui détermine ordinairement ces ruptures ; dans un petit nombre de cas, elles sont le résultat de la distension produite par le passage des épaules ou de la tête après la sortie du tronc. Nous n'avons pas à revenir sur les causes qui, comme le volume de la tête, son expulsion ou son extraction dans une situation défectueuse, l'étroitesse, la résistance naturelle ou accidentelle de la vulve, y prédisposent, en augmentant la disproportion entre le volume du fœtus et l'ouverture vulvaire. Une déchirure antérieure, lorsque la réunion ne s'est pas opérée vicieusement, de manière à la rétrécir ou à détruire sa souplesse et sa dilatabilité, loin d'y prédisposer, rend une nouvelle division extrêmement difficile. Plusieurs des femmes chez lesquelles le périnée et la vulve ont été restaurés par la suture, ont accouché sans que la cicatrice ait cédé sur aucun point. Une chose digne de remarque, et qu'il ne faut pas perdre de vue dans le traitement préservatif, c'est que la vulve étroite et résistante, comme on l'observe le plus souvent chez les primipares, ou rétrécie par suite d'une disposition primitive ou de cicatrices vicieuses, de lésions organiques diverses, se laisse généralement dilater sans se déchirer, lorsque les efforts d'expulsion sont lents, graduels et bien réglés. En effet, la cause déterminante ordinaire, c'est-à-dire l'action de l'utérus et des muscles abdominaux s'exerçant d'une manière rapide, brusque et violente, de façon à précipiter le temps du travail qui correspond à la distension du périnée et de la vulve, a presque toujours la plus grande part dans ces ruptures et peut les produire sans prédisposition bien marquée. C'est chez les primipares, sans doute, qu'elles arrivent ordinairement, mais il n'est pas rare de les observer chez des femmes qui ont déjà accouché une première fois lorsque le travail prend les caractères que je viens d'indiquer. Des manœuvres mal entendues, telles que les tentatives de dilatation de la vulve et du vagin, paraissent avoir concouru, dans plusieurs cas, à déterminer la déchirure en irritant les parties, et en leur faisant perdre leur humidité et leur souplesse et en excitant l'utérus à se contracter avec plus de force. Le forceps est assez souvent, non seulement chez les primipares, mais encore chez les femmes qui ont déjà accouché plusieurs fois, l'agent des ruptures vulvo-périnéales les plus étendues. Les ruptures complètes et si profondes, observées chez plusieurs des femmes opérées par MM. Dieffenbach et Roux, avaient été déterminées par cet instrument à un deuxième, à un quatrième et à un cinquième accouchement. Le plus souvent, c'est en entraînant avec violence la tête, bien ou mal placée, à travers la vulve plus ou moins étroite, que la rupture se produit. Lorsque la tête est élevée, elle est quelquefois déterminée par la pression exercée sur la commissure postérieure pendant les tractions. Ces déchirures vulvo-périnéales se font d'une manière brusque et généralement d'avant en arrière; cependant celles qui sont profondes et étendues commencent quelquefois par le centre du périnée et même par la cloison recto-vaginale et l'anus. L'écoulement sanguin a été assez abondant dans quelques cas pour donner de l'inquiétude et exiger l'intervention de l'art.

Ce n'est pas après avoir considéré la parturition comme une fonction naturelle s'accomplissant généralement sans secours d'une manière heureuse, mais après avoir passé en revue les accidents divers qui viennent exceptionnellement la compliquer, qu'on comprend bien toute l'importance des soins et de la surveillance qu'exige la femme en travail. Les ruptures vulvo-périnéales étendues accusent presque toujours le défaut d'attention ou l'inexpérience de l'accoucheur, car elles peuvent généralement être prévenues, en se conduisant comme il a été dit, t. i, p. 639, et t. ii, p. 46 et 185, à l'occasion des soins à donner à la femme en travail, de la résistance et de l'étroitesse de la vulve, des altérations diverses et des vices de conformation du vagin et de la vulve. Le forceps, employé avec la prudence et les ménagements convenables, n'entraîne pas des déchirures comme celles que nous avons signalées.

Le traitement curatif est, sur des points importants, l'objet de dissidences qui ne pourront cesser complétement que lorsqu'on aura établi, d'une manière plus rigoureuse par les faits, suivant l'étendue de la déchirure, le sort qui est réservé aux malades, dont la guérison est abandonnée aux ressources de la nature secondées par une position convenable et des soins appropriés.

Les déchirures vulvaires, alors même qu'elles s'étendent un peu au-delà de la partie des téguments qui forme la fourchette, n'exigent pas de traitement particulier; il n'y a aucun inconvénient à ce que la cicatrisation ne se fasse pas par l'adhésion exacte des lèvres de la plaie.

Les déchirures vulvo-périnéales incomplètes sont généralement abandonnées à elles-mêmes. Ce n'est que dans le plus petit nombre de cas qu'on a l'attention de faire observer à la malade un repos plus complet et plus prolongé sur le dos ou sur le côté, de lui recommander de tenir les cuisses rapprochées, ou de les fixer l'une contre l'autre par une bande ou une serviette, et de prendre les précautions convenables pour que l'action de rendre les urines et les matières fécales ne fasse pas cesser momentanément le contact des bords de la plaie; parce que l'accoucheur cède généralement au calcul de laisser ignorer l'accident, dans la crainte d'en être accusé.

Quoi qu'il en soit, la guérison a généralement lieu dans un temps qui ne dépasse pas de beaucoup la durée ordinaire des couches, quoique la cicatrisation s'opère rarement par la réunion immédiate ou secondaire de la solution de continuité dans toute son étendue. Mais on peut supposer que cette réunion, au moins jusqu'à peu de distance de la commissure de la vulve, aurait lieu assez souvent, si le traitement rationnel indiqué ci-dessus était suivi jusqu'à cicatrisation complète. Il est également rare que les bords de la plaie se cicatrisent isolément dans toute leur étendue; les parties les plus profondes et les plus rapprochées du rectum se réunissent partie primitivement, partie secondairement; en avant et plus superficiellement en arrière, ils se cicatrisent isolément, et les cicatrices rapprochent la muqueuse et la peau, et attirent en arrière les grandes lèvres qui deviennent moins saillantes. La vulve, qui se termine en arrière par une gouttière plus ou moins profonde, laissant à peine un ou deux travers de doigt au périnée, et s'étendant quelquefois jusqu'à la marge de l'anus, s'est sensiblement abaissée et dirigée en bas. Cet état ne trouble en aucune façon les fonctions de l'anus; et n'a d'autres inconvénients que d'altérer la conformation des parties génitales externes, conformation vicieuse qui n'est bien sensible que pour les gens de l'art, et de prédisposer à la descente de la matrice, qui est peu à craindre, du reste, s'il n'existe pas d'autres prédispositions : aussi est-il venu à la pensée de peu de chirurgiens de proposer la suture immédiatement après l'accouchement, ou plus tard, après avoir avivé les bords de la solution de continuité cicatrisés isolément. M. Dieffenbach, qui a cherché, dans ces derniers temps, à faire prévaloir une conduite opposée, suppose que la déformation de la vulve est portée à un degré extrême : « La cicatrice qui se forme est un tissu inodulaire qui agit comme tous les tissus de ce genre; l'anus sert de point fixe à cette bride cicatrisée; les efforts de rétraction étant continus, et agissant sur des parties molles, sans consistance et sans appui, attirent fortement en arrière toutes ces parties, qui, dans l'état normal, sont placées en avant; les lèvres sont amenées près de l'anus; les petites lèvres, allongées outre mesure, ne présentent plus que des cordes tendues, et l'ouverture vaginale est amenée en arrière à très peu de distance de l'anus. » La déformation de la vulve, portée à ce degré, et le tableau qu'il fait des peines morales et de l'abandon auxquels seraient vouées ces femmes, sont exagérés, s'ils ne se rapportent pas aux cas où, par le fait de la distension excessive et prolongée ou par toute autre cause, les bords de la plaie ont été envahis dans une grande étendue par la gangrène, qui rendrait la suture immédiate impraticable; alors même qu'elle aurait prévalu comme méthode générale. M. A. Danyau, qui a adopté les idées de M. Dieffenbach sur la convenance de réunir, par la suture, immédiatement après l'accouchement, les déchirures incomplètes du périnée, a obtenu quatre succès sur quatre opérations. M. Velpeau ne s'est pas beaucoup engagé en permettant l'opération quand la malade la réclame, parce que la difformité favorise la descente de la matrice, et peut avoir des conséquences fâcheuses sous le point de vue des rapports et des sentiments conjugaux. Il est, en effet, extrêmement rare que la femme ou le mari la réclame en dehors des cas peu communs où les bords de la plaie restent écartés par suite d'une perte de substance déterminée par la gangrène ou par des ulcérations. Quant à la suture immédiate, on ne serait autorisé à y avoir recours qu'autant qu'il resterait démontré qu'elle réussit presque constamment, et qu'au lieu d'augmenter les dangers des inflammations puerpérales graves auxquels les déchirures vulvo-périnéales exposent, elle les prévient plutôt. C'est ce que nous aurons à examiner à l'occasion des ruptures complètes.

Les ruptures complètes ou vulvo-anales sont elles-mêmes susceptibles de guérison spontanée à l'aide de la position, de soins de propreté et de pansements convenables; elle serait même assez fréquente si l'on devait considérer comme suffisamment guéries toutes les femmes dont les fonctions de l'anus ne paraissent pas très sensiblement troublées. Mais parmi celles-ci la pluspart conservent une gouttière profonde qui s'étend de la vulve à l'anus; les bords de la plaie se sont cicatrisés isolément: seulement, du côté de l'anus, l'angle qu'ils forment est devenu obtus, s'est abaissé et rapproché de la surface périnéale; plusieurs ne sont guéries qu'en apparence, ce n'est que par des efforts pénibles et des soins infinis qu'elles parviennent à dissimuler les difficultés qu'elles éprouvent à retenir les gaz et les matières fécales liquides de l'intestin. A un degré de guérison moins imparfait, le fond de la cicatrice s'est rapproché en arrière de la peau comme après l'opération de la fistule à l'anus, et les parties présentent, à quelque chose près, le même aspect qu'après les déchirures incomplètes les plus étendues. On est parvenu plusieurs fois, à l'aide de la cautérisation, à diminuer la profondeur de la solution de continuité et à améliorer la position de la malade. Est-ce à des guérisons de la nature de celles que je viens d'indiquer, ou plus complètes, qu'il faut rapporter le cas observé par Thimœus et celui que mentionne Peu? Est-ce sur des réunions aussi incomplètes que se sont fondés Deleurie, Puzos, Aitken, M. d'Outrepont, etc., pour avancer que ces larges solutions de continuité n'ont pas besoin de la suture, et qu'on les guérit aussi bien en tenant les membres rapprochés, etc.? La réunion complète sans suture, quoique très rare, est cependant possible ; une observation de M. Trianel et une autre de M. Duparcque ne permettent pas d'en douter. Mais dans le plus grand nombre de cas, une guérison satisfaisante ne peut être obtenue que par une opération chirurgicale. Il faut lire, dans le mémoire de M. Roux, le tableau des désordres physiques et fonctionnels et de l'état déplorable dans lequel se trouvent ces malheureuses femmes, pour comprendre toute l'importance du service qu'ont rendu, dans ces derniers temps, les chirurgiens qui, tant en France qu'en Allemagne, ont fait définitivement triompher la périnéographie, en employant la suture enchevillée, qui est la mieux appropriée à la forme des parties divisées et la plus propre à en assurer le succès.

Doit-on opérer immédiatement, ou attendre que les bords de la division soient cicatrisés et que la malade soit complétement rétablie d'ailleurs? C'est là une question qui divise les chirurgiens et qui n'est pas encore résolue par les faits. MM. Roux et Velpeau se sont prononcés contre la suture immédiate. Les raisons qu'on peut invoquer *à priori* sont de trois ordres différents : 1° les tissus qui ont été violemment distendus sont exposés à éprouver une inflammation qui peut prendre un caractère fâcheux ; 2° la réunion immédiate peut être entravée par l'accumulation ou l'écoulement continuel des lochies ; 3° il ne serait pas prudent de soumettre à une opération longue et douloureuse une femme nouvellement accouchée. La première objection n'a de valeur et ne serait une raison déterminante de différer l'opération que dans les cas exceptionnels et assez rares où une longue distension a rendu la gangrène imminente ; le plus ordinairement la solution de continuité est assez régulière, ses bords sont à peine contondus et ecchymosés ; la tuméfaction des parties dépend bien plus du relâchement et du gonflement qui précède l'accouchement, et qui augmentent encore à sa suite, que de l'inflammation Cet état favorise la coaptation et rend la traction sur les fils aussi douce que possible. Les parties sont loin d'être aussi favorablement disposées après la cicatrisation qui entraîne plus ou moins les parties centrales du périnée vers l'anus et les ischions. L'écoulement sanguin d'abord, puis séro-sanguin et muqueux, lorsqu'il n'est pas altéré, est peu irritant et n'est pas aussi nuisible à l'adhésion des parties divisées qu'on le croit généralement. Si elle a très rarement lieu, cela dépend surtout de l'écartement et des frottements répétés des lèvres de la plaie, même dans le cas où l'on prend les plus grandes précautions pour faire garder le repos absolu à la malade. Mais la considération fondée sur l'état puerpéral a une grande valeur : non seulement, comme le fait observer M. Roux, la femme est devenue momentanément très nerveuse et très impressionnable, mais elle est de plus prédisposée d'une manière toute spéciale aux phlegmasies puerpérales, à la métro-péritonite, à l'inflammation des veines intra-pelviennes, aux suppurations diffuses sous-péritonéales. C'est au point que les solutions de continuité superficielles du col utérin, du vagin, de la vulve, deviennent assez souvent le point de départ d'accidents graves ou mortels, qu'on doit bien plus redouter lorsque le périnée est profondément divisé : aussi, pendant que la plaie est récente, doit-on faire observer à la femme un régime sévère, surveiller les accidents inflammatoires, pour les combattre aussitôt qu'ils apparaissent. Remarquez, en outre, que la périnéographie n'est pas seulement une opération longue et douloureuse, qui exige des soins peu compatibles avec l'état de couches, comme celui d'obtenir une constipation prolongée par les opiacées ; elle a encore une certaine gravité, et a plusieurs fois entraîné la mort à sa suite, chez des femmes qui étaient dans les conditions ordinaires. Les accoucheurs qui ont suffisamment réfléchi sur les ménagements qu'exige l'état de couches, éprouveront la plus vive répugnance à permettre l'opération immédiatement après l'accouchement, et répéteront volontiers, avec M. Roux, qu'il ne serait assurément pas prudent de le faire, qu'il vaut mieux temporiser et remettre les tentatives de guérison à l'époque où la santé de la femme est rétablie.

Mais il faut convenir que, jusqu'à présent, les cas où la conduite contraire a été tenue ne justifient pas ces craintes: aucune des femmes ne paraît avoir succombé, quoique le nombre s'élève à une vingtaine environ, y compris celles qui ont été opérées pour des déchirures incomplètes, et les succès de l'opération se trouvent dans une proportion satisfaisante ; elle a même réussi chez des femmes où le temps écoulé depuis l'accident avait mis les bords de la plaie dans des conditions peu favorables à leur réunion. La femme que M. Montain a opérée avec succès, par la suture enchevillée, était au trente-deuxième jour de ses couches ; les bords de la déchirure, complète et profonde, étaient rouges et sans commencement de cicatrice. M. Convers a également réussi chez une femme qui était accouchée depuis plusieurs jours. Des cinq femmes opérées par M. Danyau, celle chez qui la réunion n'a pas eu lieu avait seule une déchirure complète. M. Velpeau a tenté une fois sans succès la réunion après l'accouchement. Chez un assez grand nombre de femmes opérées dans les mêmes conditions, par M. Dieffenbach, la suture ne paraît avoir échoué qu'une fois. C'est à peine si l'opération pratiquée après le rétablissement de la femme et la cicatrisation des bords de la plaie peut soutenir le parallèle. Les résultats ont été généralement heureux ; mais il a fallu recommencer deux ou trois fois chez quelques femmes avant de réussir ; chez toutes, la réunion n'a pas été constamment complète. Mais, ce qui est plus grave, elle a déterminé quelquefois des accidents mortels. Sur seize malades opérées par M. Roux, deux sont mortes, l'une de phlébite, l'autre d'une entérite chronique; de deux femmes opérées par M. Velpeau, l'une est morte de péritonite ; M. Bérard a perdu une de ses malades ; M. Mercier rappelle un autre cas où l'opération a occasionné la mort. Ces deux manières d'agir ne sont pas encore depuis assez longtemps dans la pratique pour pouvoir être jugées définitivement, et il serait prématuré de conclure, sur des faits favorables à la suture immédiate, mais qui ne sont pas encore assez nombreux, qu'elle offre, nonobstant l'état puerpéral, moins ou pas plus de dangers que la suture secondaire.

Dans les tentatives de restauration du périnée, qui précèdent l'époque actuelle, on s'était généralement accordé à donner la préférence à la suture entortillée. C'est à l'aide de ce moyen que Guillemeau a guéri en quinze jours une femme affectée d'une déchirure complète. Noël et Saucerotte, qui ont fixé, au commencement de ce siècle, l'attention sur la périnéophragie, chacun par un succès, employèrent la suture entortillée. Mais des revers découragèrent bientôt ceux qui les suivirent dans cette voie. La suture enchevillée mérite la préférence ; elle est réellement mieux appropriée à la forme et à la situation des parties, et permet de placer les fils profondément et de leur faire embrasser beaucoup de chair sans déterminer des tiraillements trop prononcés. Trois points de suture suffisent ordinairement. Dans un cas où la déchirure intéressait le rectum à une grande profondeur, M. Dieffenbach posa plusieurs fils sur le rectum, puis sur le vagin, avant de réunir la plaie du périnée. La persistance d'une fistule recto-vaginale, après la réunion du périnée, est un accident qui a été plusieurs fois observé. La cautérisation paraît avoir suffi plusieurs fois pour amener la guérison : M. Dieffenbach a guéri une de ses malades par l'avivement et la suture. Le procédé opératoire, les modifications qu'il doit subir suivant les circonstances, l'avivement des bords cicatrisés dans la suture secondaire, les soins consécutifs étant entièrement du domaine de la médecine opératoire, ne doivent pas trouver leur place ici.

V. Thrombus de la vulve et du vagin. — Les tumeurs sanguines développées à la vulve pendant la grossesse, surtout pendant le travail et immédiatement après l'accouchement, ne sont pas aussi rares que pourrait le faire supposer le peu d'attention qu'elles ont attiré pendant longtemps. Elles ont été mentionnées par J. Ruef, en 1554, et décrites pour la première fois par H. Kronaeur, dans une thèse soutenue à Bâle, en 1734. Depuis, elles ont été le sujet de plusieurs publications, tant en France qu'à l'étranger ; mais leur histoire était restée fort incomplète jusqu'au mémoire publié en 1830 par M. Deneux.

Le thrombus de la vulve n'est pas un accident exclusivement propre à la grossesse et à l'accouchement ; mais dans les conditions ordinaires il est à peu près constamment le résultat d'une violence extérieure ; telle est même l'origine la plus commune de ces abcès des grandes lèvres qui laissent échapper, avec du pus, du sang plus ou moins altéré ; tandis que chez les femmes enceintes les prédispositions naissent de modifications déterminées par la grossesse elle-même. Nous avons fait connaître (t. i, p. 339 et 241) qu'à une époque avancée de la grossesse, le développement de l'utérus gêne le retour du sang veineux dans la veine cave inférieure, au point que, chez beaucoup de femmes, cette gêne est portée à un degré suffisant pour déterminer de l'œdème, des dilatations variqueuses des veines superficielles des membres inférieurs, de la vulve, du vagin et des autres parties contenues dans le bassin. On a noté, dans plusieurs observations de thrombus, des tumeurs variqueuses à la vulve, dans le vagin. Mais la prédisposition créée par la stase du sang dans les veines et par leur état de distension habituelle suffit difficilement seule pour déterminer leur rupture : aussi est-il extrêmement rare de voir ces tumeurs sanguines survenir pendant la grossesse, à moins qu'une cause occasionnelle ne vienne concourir à leur production. Chez une femme enceinte de sept mois, l'épanchement a été déterminé par l'action d'un timon de voiture qui a heurté directement les parties génitales. Mais une secousse brusque suffit. Chez quatre autres femmes, arrivées vers la même époque de la grossesse que la précédente, la tumeur sanguine de la vulve s'est formée, chez l'une, après un coup porté sur les fesses ; chez deux, après une chute sur la même partie ; chez la quatrième, après un coup porté sur le ventre. Mais les vaisseaux distendus peuvent se rompre spontanément ou sous l'influence de la secousse la plus légère. Une femme, d'un tempérament sanguin, qui s'était refusée, pendant le cours de sa grossesse, à être saignée, éprouva subitement, au commencement du neuvième mois, une douleur violente à la grande lèvre gauche, qui devint en un instant le siége d'un épanchement sanguin énorme.

C'est généralement pendant le travail, et à un temps avancé de la période d'expulsion, ou plus ou moins immédiatement après l'expulsion de l'enfant, que se forment ces tumeurs sanguines, et dans une proportion sensiblement plus forte dans le second cas que dans le premier, quoique, dans les deux cas, la cause déterminante soit la même, c'est-à-dire le retour du sang veineux rendu plus difficile par la présence du fœtus dans la portion du canal pelvien, ou la distension brusque de parties molles plus ou moins prédisposées à ce genre de lésion. On comprendra facilement pourquoi la tumeur ne se développe, le plus souvent, qu'après que ces causes ont cessé d'exister, en distinguant les deux éléments dont se compose la lésion, savoir : la rupture des vaisseaux et l'épanchement. Lorsque la rupture se produit sous l'influence de la gêne croissante du retour du sang veineux, avant que la partie inférieure du vagin et la vulve soient distendues, ou sous l'influence de leur distension commençante, l'épanchement se fera d'autant plus facilement que la tête du fœtus, encore dans le bassin, ne s'y oppose pas et gêne le retour du sang veineux dans les parties situées au-dessus. Si, au contraire, la rupture ne se fait, comme cela a lieu le plus souvent, qu'au moment où les parties sont le plus distendues et comprimées, le sang ne pourra s'échapper qu'après la sortie du fœtus. Un caillot, la résistance des parties, peuvent retarder l'épanchement de quelques minutes, de quelques heures; en effet, il est commun de ne voir apparaître la tumeur qu'après la sortie du placenta; néanmoins il est rare qu'elle n'existe pas une heure ou deux après l'accouchement; dans un cas, il s'en est écoulé neuf avant son apparition.

Le rétrécissement du bassin, les obstacles situés sur le trajet du conduit vulvo-utérin, la résistance et l'étroitesse de la vulve propres à la primiparité ne paraissent pas avoir, comme causes prédisposantes, l'influence qu'il semblerait naturel de leur accorder. Cet accident a rarement coïncidé, dans les cas observés, avec des accouchements laborieux, et la plupart des femmes n'étaient pas à leur première grossesse; ce qui confirme que la distension simple ou variqueuse des veines du vagin et de la vulve, et la laxité de ces parties constituent la principale prédisposition et que le refoulement brusque du sang et la distension rapide des partie y ont, comme cause déterminante, la plus grande part. En effet, dans la plupart des cas où l'épanchement n'est pas venu mettre obstacle à la sortie du fœtus, l'expulsion a été généralement prompte. Dans les cas observés, deux des enfants se sont présentés par l'extrémité pelvienne, les autres par la tête ; deux femmes étaient enceintes de jumeaux, et les tumeurs se sont formées après la sortie du premier enfant.

Ces épanchements sanguins font supposer que les vaisseaux divisés ne sont pas très grêles; sans cela, le thrombus de la vulve serait un accident très commun. On trouve, en effet, chez les femmes qui ont succombé peu de temps après l'accouchement, dans le tissu sous-muqueux des grandes lèvres et du vagin, des ecchymoses plus ou moins profondes, qui indiquent que la dilatation de l'orifice de la matrice, du vagin et de la vulve entraîne ordinairement, en s'opérant, la rupture de quelques vaisseaux capillaires ou d'un petit calibre. La rupture qui entraîne à sa suite le développement d'une tumeur sanguine est tantôt primitivement bornée au vaisseau lui-même, tantôt elle intéresse en même temps les tissus ambiants; il se fait une déchirure interstitielle, qui comprend plusieurs vaisseaux, et qui concourt à former la cavité, que le sang agrandit en s'y accumulant. Tantôt les vaisseaux divisés sont superficiels, et la muqueuse est en même temps intéressée ; le sang s'écoule d'abord au dehors ; mais la présence du fœtus, et, après sa sortie, la rétraction des parties s'opposant plus ou moins à ce qu'il soit versé par la plaie, le forcent à s'épancher dans les tissus lâches qui forment les grandes lèvres. L'ouverture qu'on trouve fréquemment sur un des points de la tumeur recouverts par la muqueuse, et qui permet au sang de s'écouler au dehors en même temps qu'il s'épanche dans la grande lèvre, est peut-être aussi souvent le résultat de la lésion primitive que du développement progressif de la poche sanguine.

On a cherché à établir que la formation de ces tumeurs sanguines était généralement le résultat de la rupture d'une veine variqueuse de la vulve ou de la partie inférieure du vagin. Cette disposition se trouve, en effet, notée dans plusieurs observations; mais elle ne l'a pas été dans le plus grand nombre ; et parmi celles-ci, quelques unes ont été recueillies avec assez de soin pour faire croire qu'elle aurait été mentionnée si elle avait réellement existé. Les quatre femmes chez qui j'ai observé des tumeurs sanguines de la vulve étaient complétement exemptes de ces dilatations variqueuses. Les veines de ces parties prennent, pendant les derniers temps de la grossesse, un développement suffisant, et la gêne de la circulation y est assez grande pour que leur rupture puisse facilement donner lieu à un écoulement sanguin abondant, sans qu'elles soient devenues variqueuses. L'étude des symptômes confirme pleinement que le sang épanché est veineux, et fourni moins par les vaisseaux capillaires que par des veines assez développées et non par des artères. Ces tumeurs ne présentent aucun des caractères de l'anévrisme faux primitif. Le fait rapporté par Osiander constitue une exception que la lésion dont la grande lèvre était depuis longtemps le siége peut expliquer. A la suite d'une violente contusion de la grande lèvre, il resta une tumeur sujette à augmenter et à diminuer; au bout de deux ans, cette tumeur devint énorme et fort douloureuse pendant une grossesse ; on l'ouvrit après l'accouchement, et il en sortit plus d'une livre de sang; les douleurs s'apaisèrent, mais la tumeur reparut sans reprendre son premier volume. La femme étant redevenue enceinte au bout de quatre ans, la grande lèvre augmenta de nouveau, elle se couvrit de beaucoup de varices et redevint douloureuse. Quatre heures après le début du travail, la tumeur commença à saigner; trois heures après, au moment où Osiander fut appelé, il s'était écoulé une grande quantité de sang, et la femme était dans un état alarmant. La tumeur avait le volume du poing, elle était mobile et de couleur violette; le sang sortait par trois ouvertures très rapprochées, situées au côté interne, et s'échappait de l'ouverture supérieure comme d'une artère piquée, en jet, à la vérité très fin, mais qui s'élevait très haut; en appuyant avec le doigt sur ce point, il crut sentir des pulsations. Ne pouvant arrêter l'hémorrhagie par la compression, il se hâta de faire la version ; pendant l'extraction du fœtus, les trois ouvertures se réunirent; la mort arriva peu d'instants après.

L'extravasation sanguine se fait, tantôt dans la grande lèvre droite, tantôt dans la gauche, un peu plus souvent dans la première que dans la seconde, quelquefois dans les deux. Les cinq ou six observations où cette particularité est mentionnée semblent indiquer que le sang était renfermé dans une poche commune; mais elles ne permettent pas de déterminer s'il y a eu deux foyers séparés et réunis consécutivement, ou bien si l'épanchement d'un côté s'est étendu au côté opposé. Quoi qu'il en soit, le foyer reste ordinairement borné à la grande lèvre, dans laquelle le sang s'épanche et y forme une tumeur, dont le volume peut varier depuis la grosseur d'un œuf à celle de la tête d'un enfant à terme; le développement et la laxité des parties lui permettent de prendre un volume beaucoup plus considérable que dans les conditions ordinaires : ses parois sont très minces en avant et dedans; les petites lèvres restent généralement saillantes, mais elles peuvent concourir à l'ampliation de la poche. Dans un cas qui a été publié comme un thrombus ayant principalement son siége dans les petites lèvres, qui étaient développées comme des vessies, la quantité de sang, évaluée à une livre au moins, montre suffisamment que les autres parties de la vulve avaient concouru au développement de cette vaste poche.

Le foyer ne reste pas constamment dans les limites que je viens d'indiquer, et que tend à lui donner la disposition des parties. Le sang infiltré, ou réuni en masse, s'étend quelquefois dans l'épaisseur du périnée, jusqu'à la partie supérieure et interne de la cuisse. Dans un cas rapporté par Coutouly, la tumeur s'était accrue pendant douze heures, et s'était étendue de la partie inférieure du vagin à l'une des grandes lèvres, aux pubis et au périnée, jusqu'à l'ischion.

Dans l'état de relâchement des parties, les plans musculaires et aponévrotiques qui embrassent la partie inférieure du vagin n'opposent pas un obstacle très grand à l'extension du foyer sur les côtés et en arrière de ce canal, et permettent assez facilement, d'un autre côté, aux tumeurs sanguines de la partie inférieure du vagin qui s'étendent dans le tissu cellulaire sous-péritonéal de descendre tantôt promptement, tantôt lentement dans l'une des grandes lèvres : telle est l'origine de quelques unes des tumeurs sanguines de la vulve. Mais le plus souvent, les tumeurs sanguines du vagin, se formant aux dépens du tissu cellulaire sous-péritonéal une poche, étendue quelquefois jusque sur les parois du bassin, n'entraînent pas la tuméfaction de la vulve avant que le travail d'inflammation éliminatoire soit établi. Elles sont beaucoup plus rares que celles de la vulve. Nous avons déjà esquissé, sous le rapport des caractères anatomiques, celles qui ont leur siége sur les points les plus élevés du bassin, p. 286, en traitant des ruptures incomplètes du col de l'utérus et de la partie supérieure du vagin.

Une douleur très vive précède ordinairement de quelques instants l'apparition de la tumeur, qui se forme rapidement. Le plus souvent elle acquiert en peu de temps le volume qu'elle doit avoir; quelquefois elle continue de s'accroître pendant six, douze et quinze heures; elle peut prendre assez de développement pour produire un affaiblissement prononcé. La muqueuse et la peau mince qui lui fait suite deviennent bientôt violacées et livides ; elle n'offre ni frémissement ni pulsation ; sa consistance est variable, dure lorsque le sang est simplement infiltré ou entièrement coagulé, molle et fluctuante lorsqu'il reste en partie liquide ;

elle est assez souvent le siége d'une douleur violente, qui est quelquefois accompagnée d'effort comme pour accoucher, quoique le fœtus soit sorti, et qui peut persister jusqu'à ce qu'elle se rompe ou soit ouverte. Il arrive fréquemment qu'il se fait, plus ou moins promptement après son apparition, un écoulement sanguin par une déchirure de la muqueuse ou de la peau, déchirure qui peut avoir précédé la tumeur, mais qui est le plus souvent le résultat de l'accumulation du sang dans son intérieur, ou du passage de l'enfant. L'écoulement du sang au dehors amène presque toujours la diminution ou la cessation de la douleur ; il peut être assez rapide et assez abondant pour amener promptement la mort, surtout lorsque le fœtus n'est pas expulsé ; quelquefois la tête ferme assez exactement la déchirure pour retarder l'hémorrhagie tant que l'expulsion n'est pas opérée.

Le thrombus qui se forme pendant le travail n'a pas seulement pour effet d'entraver mécaniquement l'expulsion du fœtus, la douleur qui l'accompagne trouble, ralentit et affaiblit ordinairement en outre les contractions utérines ; néanmoins l'expulsion n'est pas absolument entravée, elle a même pu avoir lieu dans quelques cas de développement considérable de l'une des grandes lèvres, sans que la poche se soit rompue. L'obstruction était si considérable dans un cas où l'épanchement s'étendait vers l'anus, l'anneau inguinal et le vagin, qu'on ne pouvait faire pénétrer les doigts dans ce canal.

La tumeur peut être assez considérable pour s'opposer à la sortie du placenta. La rétention des lochies et l'accumulation du sang au-dessus de la tumeur sont notées dans cinq ou six observations.

La difficulté et même l'impossibilité de rendre les urines ont été souvent la suite du développement des tumeurs sanguines de la vulve et du vagin ; dans un cas, il fut même impossible de faire pénétrer une sonde dans la vessie.

Les circonstances dans lesquelles la tumeur se forme, son apparition brusque, son développement rapide, sa dureté ou sa fluctuation, ou des points durs et fluctuants, sa couleur ordinairement violacée et livide, assez souvent la préexistence de varices laissent rarement de l'incertitude sur le diagnostic. Si des erreurs graves ont été commises, cela tient principalement à ce que l'attention n'avait pas été suffisamment fixée sur cet accident. Je n'ai pas à rappeler ici les caractères des tumeurs auxquelles les thrombus de la vulve ont été rapportés ; il suffit d'indiquer les méprises, pour en prémunir désormais. Dans un cas, une double tumeur sanguine de la vulve, sans changement de couleur à la peau, qui embrassait la partie inférieure du vagin et du rectum, et qui s'opposait à la sortie du fœtus, fut prise pour une double hernie étranglée ; une incision, faite près de l'anus, vint dissiper l'erreur, et sauva la mère et l'enfant. Des thrombus simples, survenus après l'accouchement, ont donné lieu plusieurs fois à la même méprise. Une sage-femme ne reconnaissant pas, à la tumeur de la vulve qui avait acquis promptement le volume de la tête d'un enfant, les caractères de la poche des eaux, ou de la tête, l'attribua au renversement du vagin, et en tenta la réduction ; la poche se rompit et laissa sortir un gros caillot, qui fut suivi d'un écoulement de sang liquide qui entraîna promptement la mort de la malade.

Les thrombus du vagin qui se développent après la délivrance, et qui ne font pas saillie à la vulve, peuvent facilement être méconnus, si une douleur vive ou une hémorrhagie ne conduit pas à examiner les parties. C'est ainsi que les choses se sont passées dans un cas qui eût été méconnu sans l'autopsie ; dans un autre, en allant chercher le délivre, on trouva, à deux pouces environ, une ouverture qui communiquait avec une vaste cavité pleine de sang, dans laquelle on sentait le rectum. On trouve le vagin obstrué par une tumeur développée en arrière, sur ses parties latérales, rarement en avant, qui en change la direction. Cette tumeur est ordinairement dure sur quelques points, fluctuante sur d'autres, insensible à la pression. La tumeur a été prise, dans un cas, pour l'utérus renversé ; mais s'étant accrue pendant douze heures, elle s'étendit à la vulve et au périnée, et fut reconnue.

La terminaison par la résolution ne peut guère avoir lieu que lorsque l'épanchement est peu considérable, et le sang est infiltré plutôt que réuni au foyer. Une observation de Boër, une autre d'Audibert, une troisième de M. Deneux prouvent cependant que des tumeurs assez volumineuses sont susceptibles de résolution.

L'inflammation et la suppuration sont assez souvent précédées d'un commencement de résolution : dans plusieurs observations, la diminution de la tumeur était sensible, lorsque les frissons, la fièvre et les autres indices de la suppuration se sont manifestés. Vers la même époque, lorsque la tumeur est très volumineuse, les points les plus distendus et les plus amincis de la poche tombent souvent en gangrène, même lorsqu'elle a été déchirée par le passage du fœtus ou l'excès de sa distension ; une incision immédiate ne la prévient pas toujours. La rétraction des parties rend les conséquences de la gangrène beaucoup moins graves qu'on ne pourrait le supposer au premier abord. Elle peut cependant s'étendre assez loin ; dans un cas rapporté par Fichet de Fléchy, où la tumeur occupait les deux côtés de la vulve et remontait autour du vagin, il se forma en arrière plusieurs escarres dont l'élimination entraîna la sortie de matières fécales ; la malade se rétablit promptement sans conserver de fistule.

Le thrombus de la vulve et du vagin est un accident grave. Sur environ 60 cas rassemblés par M. Deneux, 22 sont relatifs à des femmes qui ont succombé. Il est incomparablement plus grave lorsqu'il apparaît avant l'expulsion du fœtus qu'après ; à l'exception de deux ou trois, les femmes qui ont succombé étaient dans le premier cas : un seul enfant a survécu. Cette différence provient de ce que l'hémorrhagie est généralement la cause de la mort. La tête du fœtus exerçant au-dessus du point où les veines sont déchirées une compression qui peut être comparée à la ligature posée sur le bras pendant la saignée, la tumeur acquiert d'abord un volume considérable, et dès qu'elle est déchirée sur un point, le sang coule d'une manière continue avec une abondance proportionnée au volume des vaisseaux divisés. Quelques femmes ont succombé avant la délivrance, et les autres après ; mais la plupart de celles-ci étaient déjà dans la situation la plus fâcheuse au moment de l'expulsion ou de l'extraction du fœtus.

Il est extrêmement rare que l'inflammation, l'abondance et la persistance de la suppuration, alors même qu'il s'est formé des escarres étendues, mettent la malade dans une situation grave lorsque le foyer est resté borné à la grande lèvre ; mais il n'en est plus de même lorsqu'une partie du vagin est décollé et que le foyer a des prolongements dans le tissu cellulaire sous-péritonéal. Chez une femme observée par Ulsamer, la gangrène s'empara d'une partie de la tumeur, et il se forma entre le vagin et le rectum une vaste cavité à parois noires et putrides dans laquelle on pouvait introduire toute la main, et qui se prolongeait jusque vers la saillie sacro-vertébrale ; la guérison se fit attendre plus de six semaines. Sur une femme qui eut, immédiatement après l'expulsion du fœtus, une hémorrhagie abondante pendant laquelle la délivrance se fit, Boër découvrit, sur le côté droit du vagin, à 3 pouces de son extrémité inférieure, une ouverture arrondie qui pouvait à peine recevoir l'extrémité du doigt, et au-dessus une tumeur volumineuse qui occupait toute la partie supérieure du vagin et paraissait s'étendre très loin. Du gonflement et une infiltration sanguine se manifestèrent deux ou trois jours après dans la grande lèvre droite, le périnée et la fesse du même côté; après quelques alternatives de bien et de mal, il s'établit une suppuration ichoreuse et fœtide mêlée de sang, qui entraîna la mort de la malade; le côté droit du vagin était entièrement séparé des parties voisines; le releveur de l'anus, le psoas jusqu'au rein, étaient disséqués. Chez la femme observée par Ané, après l'extraction d'un premier enfant on découvrit à la partie postérieure et supérieure du vagin une tumeur sanguine qui s'étendait au-devant du sacrum derrière le rectum; elle acquit, en peu de temps, un volume énorme; l'infiltration s'étendit dans la fesse gauche; et la grande lèvre du même côté était tellement gonflée qu'elle rendait impossible le passage du second enfant. On incisa la grande lèvre; après l'issue d'une grande quantité de sang fluide et coagulé, on put faire la version; la malade fut dans un état grave pendant huit à dix jours; le quinzième elle allait assez bien, mais la suppuration devint ichoreuse et fétide, la fièvre hectique se déclara, et la mort survint le quarantième jour.

Les indications consistent à prévenir l'accident, à lever l'obstacle à l'expulsion du fœtus lorsque la tumeur se développe pendant le travail, à arrêter d'une manière sûre l'hémorrhagie et à employer ensuite le traitement curatif le mieux approprié.

L'accident se produit d'une manière si brusque qu'il est rare qu'on puisse le prévenir. Si on rencontrait des veines variqueuses à la vulve et dans le vagin, il faudrait soutenir avec soin les tumeurs qu'elles forment. Malgré cette précaution, Peu ne put empêcher la rupture de la tumeur, et la mort survint avant qu'il fût possible de délivrer la femme.

En ne considérant le thrombus que comme obstacle à l'expulsion du fœtus, les accoucheurs ont négligé de faire ressortir l'importance qu'il y a à terminer promptement l'accouchement, à cause de l'hémorrhagie qui donne à l'accident une gravité toute particulière. Les tumeurs sanguines qui se développent avant l'expulsion du fœtus acquièrent si rapidement un volume considérable, qu'il est rare qu'on puisse se dispenser de les inciser; comme l'accident arrive ordinairement à un temps avancé de la période d'expulsion, le fœtus est souvent expulsé peu d'instants après que l'obstacle est levé. Mais, si la sortie du fœtus se faisait attendre, ou s'il s'écoulait du sang par une déchirure de la tumeur, on ne saurait trop se hâter de terminer l'accouchement; car il est extrêmement difficile de se rendre maître de l'écoulement sanguin, à moins de pouvoir établir par un tamponnement exact une compression directe sur les vaisseaux divisés, tant que le fœtus, par sa présence dans les voies génitales, gêne le retour du sang veineux. Mais après la sortie du fœtus, l'hémorrhagie est facilement suspendue, en faisant garder à la malade une situation horizontale et en appliquant un tamponnement approprié aux parties.

Dans le traitement curatif, dès que la tumeur surpasse le volume d'un œuf, que le sang est réuni en masse et que la paroi du foyer est mince sur un point, il y a si peu de chances d'obtenir la résolution, qu'on ne doit pas même la tenter, dans la crainte de retarder la guérison.

On est généralement conduit à inciser la tumeur pour la débarrasser du sang liquide et coagulé qu'elle contient. Mais convient-il d'y procéder immédiatement ou d'attendre quelque temps ?

La conduite des praticiens a jeté quelque incertitude sur ce point : les uns l'ouvrent de suite, les autres attendent deux ou trois jours, dans la crainte de voir une hémorrhagie survenir.

Cette crainte est jusqu'à un certain point fondée : on voit en effet quelquefois la tumeur s'accroître pendant vingt-quatre, quarante-huit heures. Dans quelques cas l'incision, pratiquée le deuxième, le troisième jour, a donné lieu à une hémorrhagie grave. L'incision pratiquée neuf heures après l'accouchement fut suivie d'une hémorrhagie mortelle, malgré le tamponnement, chez une femme observée à la Maternité de Paris ; mais la tumeur s'étendait au loin dans l'abdomen. Elle n'est survenue que le septième jour (*Chaussier*), dans la troisième semaine (*Baudelocque*) ; mais ces deux cas où l'hémorrhagie a été mortelle n'appartiennent pas, à proprement parler, aux thrombus de la vulve ; les foyers s'étendaient au loin dans le bassin, et il existait de grands désordres.

Quant aux thrombus bornés à la vulve, si leur incision donnait lieu à une hémorrhagie, il serait toujours possible de l'arrêter par la compression et le tamponnement ; et comme l'incision immédiate, ou au moins au bout de douze heures ou de vingt-quatre au plus, a l'avantage de favoriser le retour sur elles-mêmes des parties distendues, de prévenir les escarres et de réduire les surfaces qui doivent supurer, on doit lui accorder la préférence. Le foyer doit être largement ouvert, afin que le coagulum soit facilement détaché de ses parois. On ne tamponne la plaie que lorsque l'écoulement sanguin le rend nécessaire ; les soins ultérieurs se bornent à un pansement convenable, à surveiller et à combattre les accidents inflammatoires s'il y a lieu.

VI. RUPTURE DE QUELQUES UNES DES VEINES DISTENDUES PENDANT

LA GROSSESSE. — La rupture des veines devenues variqueuses ou distendues outre mesure pendant la grossesse, est un accident rare qui peut survenir spontanément ou sous l'influence de causes peu actives, et qui emprunte à la gêne de la circulation veineuse déterminée par la présence de la matrice distendue une gravité toute particulière.

A. *Rupture des veines du bassin.* — Les veines des ligaments larges et des ovaires, qui prennent un développement considérable, et qui sont presque toujours variqueuses sur quelques points, y sont particulièrement prédisposées ; la gêne de la circulation laisse également des traces, mais moins prononcées, sur les autres plexus veineux du bassin ; les troncs iliaques eux-mêmes, sans être variqueux, présentent souvent une distension marquée.

Lorsque l'une de ces veines vient à se rompre, tantôt le sang s'épanche sous le péritoine, tantôt dans sa cavité. On a publié trois ou quatre observations de ruptures des veines des ligaments larges et des ovaires, survenues avant ou pendant le travail, qui ont entraîné la mort ; on a observé un cas de rupture d'une veine iliaque. Parmi les faits rapportés par Schmucker, Botal, Smellie, Ruysch, Haller, etc., de femmes qui ont succombé à une époque plus ou moins avancée de la grossesse ou pendant le travail, et dans l'abdomen desquelles on a trouvé des épanchements considérables de sang sans autres lésions, plusieurs, sinon toutes, appartiennent vraisemblablement aux ruptures indiquées plus haut, qui peuvent facilement échapper même à un examen attentif.

Je me borne à citer un exemple, pour faire connaître les symptômes et la marche de cet accident. Une femme de la campagne, d'une forte constitution, âgée de trente ans, dans le cinquième mois d'une quatrième grossesse, monta sur une charrette qui se rendait à la ville voisine, distante de deux lieues de son domicile. Pendant le trajet sur un chemin brisé par des ornières profondes, elle se plaignit plusieurs fois de la violence des secousses, qui lui faisaient éprouver des douleurs au côté droit de l'abdomen. Arrivée à la ville, elle se mit au lit pour se reposer ; bientôt il survient des faiblesses, des défaillances et des sueurs froides ; elle succomba dans l'espace de trois heures. A l'ouverture du cadavre on trouva une des veines de l'ovaire droit déchirée, et sous le péritoine, dans la partie profonde de l'abdomen, une grande quantité de sang noir en partie fluide et en partie coagulé, ramassé en foyer, formant une tumeur qui s'étendait de la fosse iliaque du côté droit jusqu'à la hauteur du rein.

B. *Rupture des veines variqueuses de la vulve et du vagin.* —

Ces ruptures doivent être séparées des thrombus de la vulve lorsque la solution de continuité comprend la muqueuse ou la peau, et que le sang s'écoule librement. Les tumeurs que forment souvent ces veines devenues variqueuses n'ont pas le volume ni les autres caractères des thrombus. L'accident peut survenir même sans cause occasionnelle et avant que le travail soit déclaré. M. Hesse, d'Emmerich, rapporte qu'une veine variqueuse de la vulve se rompit au milieu de la nuit, chez une femme qui n'était pas en travail, et donna lieu à une hémorrhagie promptement mortelle. C'est surtout pendant le travail que les veines variqueuses de la vulve et du vagin sont exposées à se rompre.

Sur 11 cas rapportés par différents auteurs, neuf fois l'accident est arrivé plus ou moins longtemps avant le dernier temps de l'expulsion, et une hémorrhagie mortelle en a été la conséquence dans tous les cas ; il est arrivé trois fois au moment de la sortie de la tête : l'hémorrhagie fut grave dans les trois cas, et a entraîné la mort de l'une des femmes. Chez celle-ci, l'écoulement sanguin rapporté à l'utérus, persistait depuis trois heures, lorsqu'on découvrit une veine variqueuse de la nymphe droite ouverte, d'où le sang sortait.

On peut juger par ce qui précède de l'importance qu'il y a à reconnaître promptement la source des écoulements sanguins qui se font par la vulve. Quoi qu'il soit presque toujours possible d'exercer une compression assez exacte sur la veine déchirée, il arrive souvent qu'elle est insuffisante, tant que le fœtus comprime les veines situées au-dessus : aussi doit-on procéder sans retard à son extraction. Dans un cas où une veine du vagin s'était rompue pendant le travail et donnait lieu à un écoulement de sang abondant, M. d'Outrepont, ne pouvant l'arrêter par le tampon, termina l'accouchement et put facilement s'en rendre maître ensuite.

Pendant la grossesse ou pendant le travail, lorsque le col n'est ni dilaté ni dilatable, si la compression à l'aide du tampon était insuffisante, comme les parties ont beaucoup de laxité, il serait possible de soulever suffisamment avec une pince ou une érigne les lèvres de la plaie, pour placer une ligature, qui embrasserait les deux bouts du vaisseau divisé.

C. *Rupture des veines superficielles des membres inférieurs.* — Nous avons déjà rapporté, t. I, p. 342, un cas d'hémorrhagie mortelle à la suite d'une déchirure, près de la malléole, de la veine saphène interne devenue variqueuse. La rupture spontanée de cette veine a également déterminé la mort dans un cas observé par Murat. Siebold rapporte qu'une femme enceinte, qui se blessa à la malléole, eut une hémorrhagie si considérable que ses jours furent mis en danger, et qu'elle fut longtemps à se rétablir. Ces ruptures n'ont eu de suites si fâcheuses que parce que des secours efficaces n'ont pu être apportés à temps.

VII. Ruptures diverses. — Il peut survenir pendant les efforts d'expulsion d'autres ruptures que celles que nous avons étudiées individuellement.

Nous avons déjà cité les faits qui constatent que les pubis peuvent être désunis pendant l'expulsion ou l'extraction du fœtus.

Chez une femme qui s'était livrée à une agitation violente pendant le travail, Chaussier trouva après la mort, qui survint peu de jours après, une rupture de la plus grande partie du muscle grand psoas et une grande quantité de sang épanché dans la fosse iliaque sous le péritoine.

On cite d'après Bartholin une femme dont l'ombilic se déchira pendant le travail.

Chez une femme d'une forte constitution observée par Chaussier, le sternum se rompit en travers à sa partie supérieure dans les derniers efforts de l'expulsion, au moment où elle se livrait à des efforts violents en se renversant la tête en arrière et en s'appuyant sur les coudes et sur les talons ; elle sentit tout-à-coup au milieu de la poitrine une douleur violente accompagnée de craquement ; un abcès se forma dans le médiastin antérieur, et la mort survint vingt-quatre jours après l'accident.

MM. Jourdan et Campbell ont publié chacun un cas d'emphysème du cou, de la face et de la poitrine, à la suite d'une déchirure de la trachée survenue pendant les efforts de l'expulsion.

Il est probable que les crachements de sang qu'on observe quelquefois pendant le travail proviennent de la déchirure de quelques vaisseaux des bronches ou du pharynx.

Plusieurs faits d'épanchements de sang dans le crâne prouvent que les vaisseaux du cerveau ou de ses enveloppes peuvent se rompre pendant les efforts du travail.

VIII. Épuisement des forces. — Dans quelques cas l'organisme semble ne pouvoir supporter la somme des douleurs et des efforts nécessaires pour obtenir la délivrance, et tombe dans un état d'épuisement qui peut devenir mortel. Nous n'avons point à revenir ici sur les différentes espèces de dystocie et en particulier sur les présentations vicieuses et sur les rétrécissements du bassin qui en sont les causes les plus communes. Mais on l'observe quelquefois lorsque l'expulsion ne rencontre que ses obstacles ordinaires ou dynamiques; quelques femmes douées d'une grande irritabilité s'épuisent par l'excès même des douleurs.

D'autres, naturellement faibles et dépourvues d'énergie, ou devenues comme anémiques pendant une grossesse pénible, s'affaissent peu à peu pendant le travail, alors même qu'il ne se prolonge pas beaucoup au-delà de sa durée ordinaire. Les femmes affaiblies par des maladies chroniques, qui accouchent en général facilement et promptement sans que leur état s'aggrave, sont très exposées à présenter des symptômes d'épuisement des forces pour peu que le travail se prolonge.

Les femmes dont les forces s'épuisent pendant le travail sont d'abord agitées et inquiètes, fatiguées par des envies de vomir et des vomissements de matières bilieuses; la bouche se dessèche et se recouvre d'enduits noirâtres, la peau est chaude et sèche, le pouls devient fréquent et faible; puis elles perdent par degrés leurs forces et leur énergie, éprouvent un sentiment de défaillance, quelquefois des syncopes; les idées deviennent confuses; le ventre est souvent douloureux, et l'utérus tantôt spasmodiquement contracté, tantôt complétement inerte. La mort peut survenir avant que la femme soit délivrée ou peu de temps après. Dans ce cas, au lieu d'une réaction favorable, l'affaissement augmente, et la malade s'éteint insensiblement ou tombe dans un collapsus mortel.

Les femmes qui succombent ainsi ne présentent aucune lésion appréciable; l'épuisement des forces qui résulte d'un travail laborieux ou de mauvaises conditions dans la santé constitue un état morbide plus ou moins grave suivant son degré, qui doit avoir sa place dans le cadre nosologique. Mais on rapporte quelquefois à l'épuisement des accidents qui en diffèrent essentiellement. Dans quelques cas les pertes internes, les ruptures de l'utérus se présentent avec des caractères qui peuvent facilement en imposer, au milieu des douleurs et du trouble occasionnés par le travail. Une inflammation de l'utérus et du péritoine peut passer inaperçue, et semble même quelquefois se développer en quelque sorte d'une manière latente.

Lorsque les forces se perdent pendant le travail, malgré le soin de faire garder le repos à la femme, il faut éviter d'abuser des excitants, et ne pas attendre, pour terminer l'accouchement, que l'épuisement soit porté très loin. Après la délivrance il faut surveiller avec soin les accidents inflammatoires du côté de l'utérus et du péritoine, auxquels les femmes épuisées par le travail sont très exposées.

CHAPITRE III.

OBSTÉTRIQUE OPÉRATOIRE.

Après avoir étudié avec soin les différentes causes de dystocie et précisé les indications que chacune d'elles réclame, il nous reste à décrire les procédés opératoires qui en sont le complément nécessaire. Parmi ces opérations, il en est plusieurs qui n'exigent pas de descriptions spéciales, parce qu'elles ont, d'une part, un temps commun avec la version, savoir, l'introduction de la main dans l'utérus, et parce que de l'autre, elles s'identifient avec les indications : telle est l'action de changer une position défectueuse, de rectifier une présentation irrégulière, p. 62-84, *manœuvres* généralement inutiles qui ont aujourd'hui perdu l'importance qu'on leur a longtemps accordée, parce que ces changements ont ordinairement lieu spontanément, et parce que dans le cas contraire on réussit rarement à les opérer. En traitant du prolapsus du cordon et des membres, nous avons également décrit la manière de procéder à leur réduction. Les opérations que peuvent exiger les tumeurs du bassin, les oblitérations et les rétrécissements du conduit vulvo-utérin, p. 163-186, étant du domaine de la chirurgie, ne doivent pas trouver place ici. Il nous reste seulement à traiter de la version, de l'extraction du fœtus avec la main, avec le forceps, de l'embryotomie, de la provocation de l'accouchement, de la symphyséotomie et de l'opération césarienne.

SECTION I. — Version pelvienne. — Extraction du fœtus à l'aide de la main.

De la version pelvienne considérée d'une manière générale. — On donne le nom de *version* à l'action de retourner, à l'aide de la main, le fœtus dans la matrice, de manière à amener à l'entrée du bassin l'extrémité de son grand diamètre qui ne s'y présente pas. Ce mot, dans son acception générale, comprend la *version céphalique* et la *version pelvienne*. Nous avons apprécié la première et décrit la manière d'y procéder, p. 102, en traitant de la présentation du tronc pour laquelle on a cherché à la faire revivre. Elle n'a plus dans la présentation de l'extrémité pelvienne qu'un intérêt purement historique, et paraît justement et pour toujours tombée dans l'oubli.

La version pelvienne, ou plus simplement la version, suivant le sens généralement attaché à ce mot, c'est-à-dire l'action d'aller, dans les présentations de la tête et dans celles du tronc, chercher les pieds et de les amener dans le conduit vulvo-utérin, est complétée par des tractions sur les jambes d'abord, puis sur le tronc pour extraire l'enfant. Ce sont deux opérations distinctes confondues sous le même titre : la première constitue la version dans l'acception rigoureuse du mot, la seconde l'extraction du fœtus ou l'accouchement artificiel à l'aide de la main. Cette distinction est d'autant plus importante qu'il conviendrait peut-être, contrairement à l'usage consacré, de se borner à la version proprement dite dans le cas où il y a indication de retourner l'enfant pour une présentation vicieuse seulement, afin de profiter des avantages qu'offre pour le fœtus l'expulsion spontanée par l'extrémité pelvienne sur l'extraction artificielle.

Conditions qui permettent de pratiquer la version.—1° L'indication de changer la présentation ou de terminer l'accouchement doit être réelle et bien appréciée.

2° La version est l'indication spéciale des présentations du tronc, à moins qu'un rétrécissement du bassin ne conduise à tenter la version céphalique, ou qu'un retard apporté à changer la présentation n'ait rendu imminente l'évolution spontanée.

3° Dans les présentations de la tête, la préférence donnée à la version doit être fondée sur l'impossibilité ou la difficulté et le danger de se servir du forceps, causés par l'élévation de la tête, par sa présentation défectueuse ou par l'état du col, etc.

4° La disproportion entre le volume de la tête et les dimensions du bassin est un motif d'exclure la version qui souffre peu d'exceptions, p. 154.

5° L'orifice de la matrice doit être complétement dilaté ou seulement en partie ; mais dans le dernier cas, il faut qu'il soit en outre assez dilatable pour permettre un libre passage, non seulement à la main de l'accoucheur, mais encore au tronc et à la tête du fœtus. La dilatation complète ou à peu près est le *temps d'élection*, et l'on peut presque toujours l'attendre lorsque l'indication de pratiquer la version est fondée sur la présentation vicieuse du fœtus. La dilatation incomplète est un *temps de nécessité*. La nécessité d'agir est déterminée par la crainte d'une rétraction trop forte de l'utérus sur le fœtus lorsque le liquide amniotique s'est écoulé prématurément, ou par les dangers que la mère peut courir aux différents temps de la période de dilatation. Cette nécessité est telle dans quelques cas, heureusement rares, qu'on est conduit à pratiquer la version, ou, suivant le terme consacré, *l'accouchement forcé*, lorsque le col est encore complétement fermé, et même avant que le travail soit déclaré. Même en faisant abstraction de l'accouchement forcé, il ne faut pas perdre de vue que la nécessité d'agir, avant que l'orifice de la matrice soit dilaté, si son ouverture n'offre pas au moins de 4 à 5 centimètres de diamètre, a des dangers très graves pour la mère et surtout pour l'enfant. Savoir attendre, sans compromettre la vie de la mère, le moment où la dilatation et la dilatabilité du col utérin sont suffisantes pour pratiquer avec facilité et sûreté la version et l'extraction du fœtus, est dans la pratique un point important et difficile qui mérite la plus grande attention.

6° Le fœtus doit être mobile, ou au moins, si le liquide amniotique s'est écoulé en totalité, l'utérus doit être faiblement rétracté et rester extensible. Le moment opportun pour pratiquer la version peut être passé depuis longtemps lorsque l'accident qui exige la terminaison de l'accouchement se déclare ou lorsque les secours de l'art sont réclamés. Dans ce cas il peut arriver qu'on soit forcé, même dans les présentations du tronc, d'ajourner la version ou d'y renoncer, parce que la rétraction violente de l'utérus la rend impossible ou expose à rompre l'utérus si on agit avec violence.

7° Il faut éviter de tenter la version lorsque la tête est profondément engagée dans l'excavation du bassin, et à plus forte raison lorsqu'elle a en grande partie franchi l'orifice utérin. Mais dans les présentations du tronc, la présence de l'épaule tout entière dans le vagin, est une condition très défavorable à la version, mais qui ne doit point empêcher de la tenter dans la mesure de force, de persévérance que comportent les opérations obstétricales.

Soins préliminaires. — 1° Il faut, avant de se décider à opérer, avoir apprécié avec exactitude, sous le rapport de sa gravité propre et de son influence sur l'accouchement, la cause qui rend la version nécessaire.

2° On doit également avoir acquis une connaissance nette de la position du fœtus et des rapports de ses différentes parties avec l'utérus.

3° Il faut informer les parents et même la femme de la nécessité où l'on se trouve de changer la présentation. Si l'on juge convenable, dans l'intérêt de notre réputation, de faire connaître aux parents le danger qu'on redoute, il faut le faire avec prudence, de manière à ne pas effrayer la mère, qui doit ignorer tout ce qui peut lui causer de l'inquiétude, et être rassurée par le calme et la contenance non seulement de l'accoucheur, mais encore des personnes qui l'entourent. En la prévenant de la manœuvre qu'on se propose d'exécuter, on doit s'attacher à lui en faire comprendre la nécessité, les avantages et le peu de dangers. Ainsi prévenue et préparée, elle montrera plus de calme et de docilité pendant son exécution.

4° La position qu'il convient de donner à la femme diffère de celle que nous avons indiquée pour l'accouchement naturel : on se sert généralement d'un lit ordinaire ou du lit de sangle préparé, sur lequel on la place en travers, de manière que le bassin, reposant en arrière sur le bord, soit complétement dégagé en avant. Les membres sont écartés et fléchis, les pieds placés sur deux chaises et maintenus par deux aides, ou bien sur les genoux des aides, assis sur des chaises en face l'un de l'autre; un troisième aide placé près de la femme pour fixer le bassin. On assujettit le lit en l'appuyant contre un mur ou un meuble; son plan horizontal, formé par des matelas et exhaussé du côté de la tête, doit être solide et élevé, pour suppléer autant que possible au peu d'élévation du lit. Ce lit n'est pas précisément le plus commode, car il est encore généralement trop bas, quoique l'opérateur mette un genou à terre ; sa position serait moins gênante si la femme était placée sur une table ou une commode recouverte d'un matelas. Mais le premier, qui exige peu de préparatifs et de déplacements, effraie moins la femme, et doit être préféré, à moins qu'on ne s'attende à rencontrer des difficultés qui peuvent faire modifier la position de la femme et de l'accoucheur.

Les Anglais laissent, comme dans l'accouchement naturel, la femme couchée sur le côté droit, les genoux écartés par un oreiller, et se bornent à lui faire rapprocher davantage le siége du bord du lit.

5° Il faut disposer d'avance tout ce qui est nécessaire à l'opération, des serviettes, un lacs ou une bande ordinaire, pour le cas où il y aurait lieu de fixer un des membres du fœtus, un corps gras pour oindre la face dorsale de la main et l'avant-bras.

6° Il faut s'assurer dans quel état se trouvent la vessie et le rectum, pour les vider s'il y a lieu.

7° Le choix de la main est déterminé par la position du fœtus et la nécessité d'entraîner les pieds sur son plan antérieur. On choisit celle qui, placée entre la pronation et la supination, a la face palmaire tournée vers le plan antérieur du fœtus Ce choix paraît avoir peu préoccupé les anciens accoucheurs, et jusqu'à Baudelocque la main droite semble avoir été généralement préférée; l'on doit encore suivre leur exemple lorsque la position reste douteuse. Mais en se servant de la main qui est la mieux appropriée à la position du fœtus, on évite souvent, non seulement de la gêne, mais encore de véritables difficultés : aussi doit-on se servir de la main d'*élection* toutes les fois que la position du fœtus peut être déterminée.

Lorsque, après l'introduction, de la main on a reconnu qu'on s'est trompé, on ne doit pas moins continuer la manœuvre, qui sera presque aussi facilement exécutée si la poche des eaux n'est pas rompue ou le liquide amniotique complétement écoulé. Dans le cas contraire, pour peu que l'utérus soit rétracté sur le fœtus, on peut rencontrer des difficultés qui seront plus facilement levées en la retirant pour la remplacer par l'autre.

Manuel opératoire. — La version pelvienne, y compris l'extraction, se compose de trois temps principaux, l'introduction de la main, l'évolution et l'extraction, qui sont eux-mêmes susceptibles d'être divisés en plusieurs temps.

Introduction de la main. — L'opérateur, placé en face de la femme, à genoux ou debout suivant l'élévation du lit, écarte

FIG. 44.

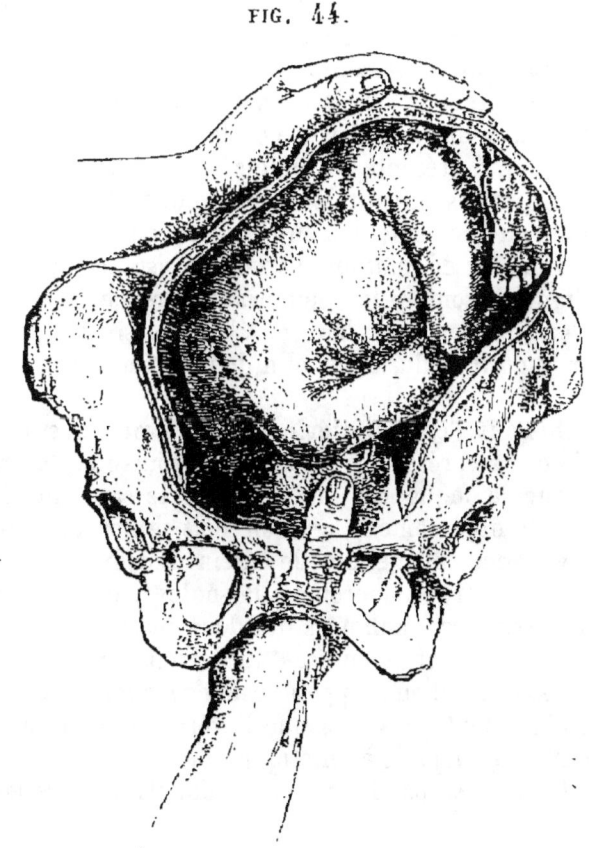

d'une main les bords de la vulve, et, pendant l'intervalle d'une douleur, fait pénétrer devant la commissure postérieure les doigts de l'autre, rassemblés en cône ou seulement rapprochés, le pouce appliqué contre la paume de la main, dont le bord radial doit correspondre au pubis et le cubital au coccyx ; puis il la fait avancer lentement dans la direction du vagin, en lui imprimant un léger mouvement de rotation.

Le passage de la partie la plus saillante de la main à travers l'anneau vulvaire, malgré le soin de le distendre par degrés, cause ordinairement une douleur assez vive. Le conseil donné, peu suivi d'ailleurs, pour la rendre moins appréciable, de faire pénétrer la main dans le vagin pendant une douleur, atteindrait mal le but ; car la femme ne souffre jamais avec plus d'impatience les attouchements qu'en ce moment.

Avant de faire pénétrer la main dans l'utérus, il faut le fixer avec l'autre, portée sur son fond; si on n'a pas confié ce soin à l'aide chargé de maintenir la femme. C'est toujours dans l'intervalle des douleurs qu'il faut agir ; dès que l'utérus se contracte, la main doit rester immobile. Si l'orifice de la matrice est complétement dilaté et l'œuf divisé, il suffit de glisser les doigts entre la partie qui se présente et les membranes, en donnant à la main une direction qui la rapproche de l'axe du détroit supérieur. Si, au contraire, l'orifice de la matrice est incomplétement dilaté, on y présente les doigts rassemblés en cône ou les uns après les autres suivant le degré de dilatation, et l'on fait avancer plus ou moins lentement la main en lui imprimant de légers mouvements de rotation suivant la résistance qu'on rencontre, en évitant de rompre les membranes lorsque l'œuf n'est pas divisé. Avant d'aller plus loin on s'assure si on ne s'est pas trompé sur la position du fœtus, afin de modifier la manœuvre s'il y a lieu.

En franchissant l'orifice utérin et en s'avançant sur les côtés de la partie qui se présente, la main la repousse et l'écarte sans efforts lorsque le fœtus est mobile. Dans le cas contraire, elle éprouve peu de déplacement, et l'on doit se borner à glisser la main sans violence entre elle et le bassin. Lorsqu'on éprouve de la difficulté à passer, on cherche à la soulever et à l'écarter un peu par des pressions combinées des deux mains.

Tenter de la refouler au-dessus du détroit supérieur et de la repousser vers la fosse iliaque opposée est une manœuvre dangereuse et impraticable, toutes les fois que l'utérus ne renferme pas une grande quantité de liquide amniotique.

Lorsque l'œuf n'est pas divisé, on ne doit pas rompre les membranes avant d'avoir fait pénétrer la main dans la matrice, afin de profiter du déplacement dont le fœtus est susceptible. Mais doit-on les rompre sur la partie qui se présente ou seulement après avoir porté la main entre l'utérus et les membranes, jusque sur les membres inférieurs? De ces deux manières d'agir la seconde est la moins suivie et en effet, l'évolution est généralement si facile dans les conditions que nous supposons, que cette précaution semble superflue ; d'ailleurs elle expose à décoller le placenta, et la main cause plus d'irritation, glisse moins facilement entre l'utérus et les membranes qu'entre celles-ci et le fœtus.

Au reste, en rompant les membranes sur les côtés de la partie qui se présente, on prévient en partie l'écoulement du liquide amniotique, puisqu'on laisse intacte la partie de l'œuf qui correspond au col, et la main se trouve à la portée ou peu éloignée des pieds si on la fait avancer sur le plan antérieur du fœtus.

Après avoir traversé l'orifice de la matrice et rompu les membranes s'il y a lieu, la main posée à plat est glissée jusqu'aux pieds, en suivant d'après les uns, le plan antérieur du fœtus, et, d'après les autres, en suivant le plan postérieur, après avoir contourné le côté qui correspond en arrière. En suivant le plan antérieur, la voie est beaucoup plus courte ; les pieds se présentent souvent à la main dès que le poignet a franchi l'orifice utérin. Mais en allant ainsi directement saisir les pieds ou les genoux, on est exposé à rencontrer les membres supérieurs, qui peuvent gêner et donner lieu à des tâtonnements et à des méprises, à comprimer le cordon, la région abdominale, presque entièrement occupée par le foie, qui demande beaucoup de ménagements ; toutefois, avec de l'habitude et de l'attention, on peut facilement surmonter ces difficultés si elles se présentent. En suivant le plan postérieur du fœtus qui offre une surface convexe libre, susceptible d'être comprimée sans inconvénient, on évite les dangers que je viens de signaler, et on arrive sûrement aux pieds. Mais ce procédé est d'une application moins générale ; il devient douloureux, difficile et même inexécutable lorsque le fœtus a cessé d'être mobile.

En parlant de cette manière de porter la main aux pieds, qui est la plus généralement recommandée, madame Lachapelle ajoute : « Nous réservons cette recherche lente mais assez sûre pour les cas douteux, pour les positions équivoques, et pour les cas où l'utérus est vide d'eau et médiocrement serré sur l'enfant ; car la matrice fortement appliquée sur le corps de l'enfant pourrait bien la rendre impossible et forcer l'opérateur de marcher au hasard. » On trouve en effet dans la pratique une foule de circonstances qui font modifier les règles générales.

Je le répète, ce premier temps de la version peut se résumer ainsi : soutenir le fond de l'utérus d'une main, introduire l'autre lentement et sans violence, pendant qu'il est dans le repos, à travers son orifice, écarter par des pressions combinées des deux mains la partie qui se présente lorsqu'elle rend difficile l'introduction, rompre les membranes s'il y a lieu, suivre, pour arriver aux pieds, le plan antérieur ou le plan postérieur du fœtus ou le point où l'on rencontre le moins de résistance, faire en sorte que les pressions inévitables portent, non sur l'utérus, mais sur le fœtus, en évitant toutefois de comprimer le cordon et l'abdomen, cesser d'agir pendant les contractions, que la présence de la main rend ordinairement plus fréquentes et plus prolongées.

Évolution. — Lorsqu'on est arrivé aux pieds, on les saisit tous les

FIG. 45

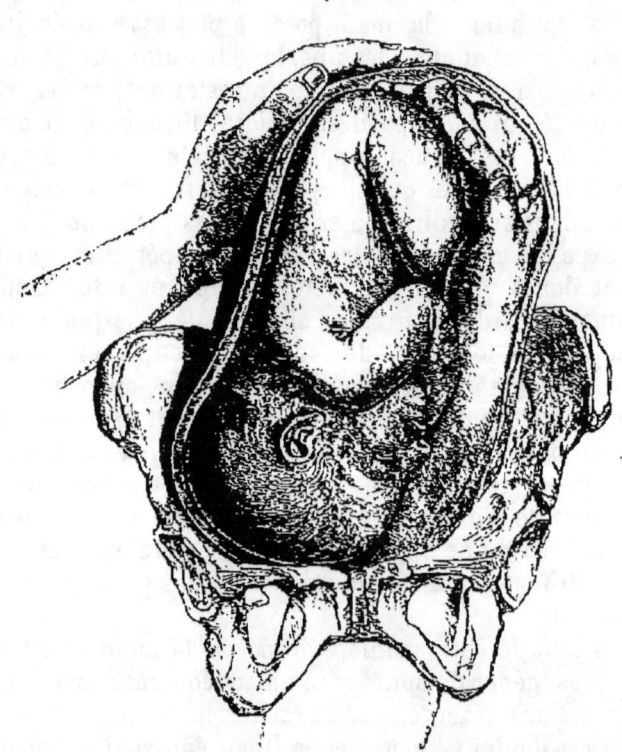

deux si cela est possible ; on place le doigt médian entre eux, au-dessus des malléoles, et avec les autres on embrasse les jambes ; puis, dans les intervalles des douleurs, on les abaisse lentement et sans violence le long de la face antérieure du fœtus, en les dirigeant vers l'orifice utérin.

On saisirait les genoux s'ils se présentaient plus naturellement à la main, qui peut généralement les embrasser solidement. Il arrive fréquemment qu'on ne peut saisir avec facilité les membres inférieurs ensemble que d'une manière irrégulière et par une surface moins étendue ou seulement un des pieds, sans qu'il en résulte le moindre inconvénient lorsque l'évolution est facile à exécuter.

Le conseil de saisir les deux pieds est subordonné au plus ou moins de facilité qu'on rencontre à le faire, à la nécessité de terminer promptement l'accouchement dans le cas d'accident grave, à la difficulté que peut présenter l'évolution. C'est surtout dans ce dernier cas qu'il est souvent difficile et quelquefois impossible de saisir les deux pieds ensemble. Si on ne réussit pas facilement, en s'aidant de pressions modérées, exercées par la main placée sur l'abdomen pour les rapprocher l'un de l'autre ou déplacer le fœtus, quel que soit le membre saisi, on le fait descendre dans le vagin en suivant le plan antérieur du fœtus. Les difficultés et la résistance qu'on rencontrera feront juger s'il est nécessaire ou non d'aller chercher l'autre pied. Lorsqu'il est abandonné dans l'utérus, il reste appliqué contre le plan antérieur du fœtus; il n'est exposé à aucune lésion, et n'apporte que peu d'obstacle à la sortie du pelvis. Si les tractions qu'exige l'évolution paraissent trop fortes pour un seul membre, on passe un lacs au-dessus des malléoles, on en confie les bouts à un aide qui fixe ainsi ce membre tandis qu'on glisse la main qu'on a retirée le long de sa face interne jusqu'à l'autre, qu'on fait descendre à son tour après avoir saisi le pied.

Le pelotonnement et l'évolution du fœtus se font sur son plan antérieur et dans le sens de la flexion naturelle à ses parties. Tant que l'évolution n'est pas accomplie, c'est toujours dans l'intervalle des douleurs qu'on doit exercer les tractions, qu'on suspend aussitôt qu'elles reparaissent. Il arrive assez souvent, lorsque l'utérus se rétracte vivement sous l'influence de la main, ou lorsqu'il reste peu de liquide dans son intérieur, que la tête ou l'épaule qui se présente ne se dévie ni ne remonte, comme cela a lieu ordinairement, au moment où l'on entraîne les pieds à travers l'orifice utérin. Dans ce cas, pour prévenir les conséquences fâcheuses que pourraient avoir pour la mère et le fœtus des tractions trop fortes, on cherche à déplacer la partie qui se présente à l'aide de la main qui est sur l'abdomen; et si on ne réussit pas, après avoir entraîné les pieds dans le vagin, on fixe un lacs sur chacun, on exerce des tractions d'une main, tandis que de l'autre on cherche à repousser et écarter la partie qui se présente; un aide peut être chargé de faire en même temps des pressions extérieures.

Lorsque le fœtus est engagé dans le détroit supérieur jusqu'au siége, son diamètre longitudinal est parallèle au diamètre longitudinal de l'utérus; à ce moment, la version proprement dite est opérée, et l'extraction peut être abandonnée aux efforts naturels, si on n'a opéré que pour remédier à une présentation vicieuse.

Extraction. — Lorsque les pieds sont amenés au dehors et

FIG. 46.

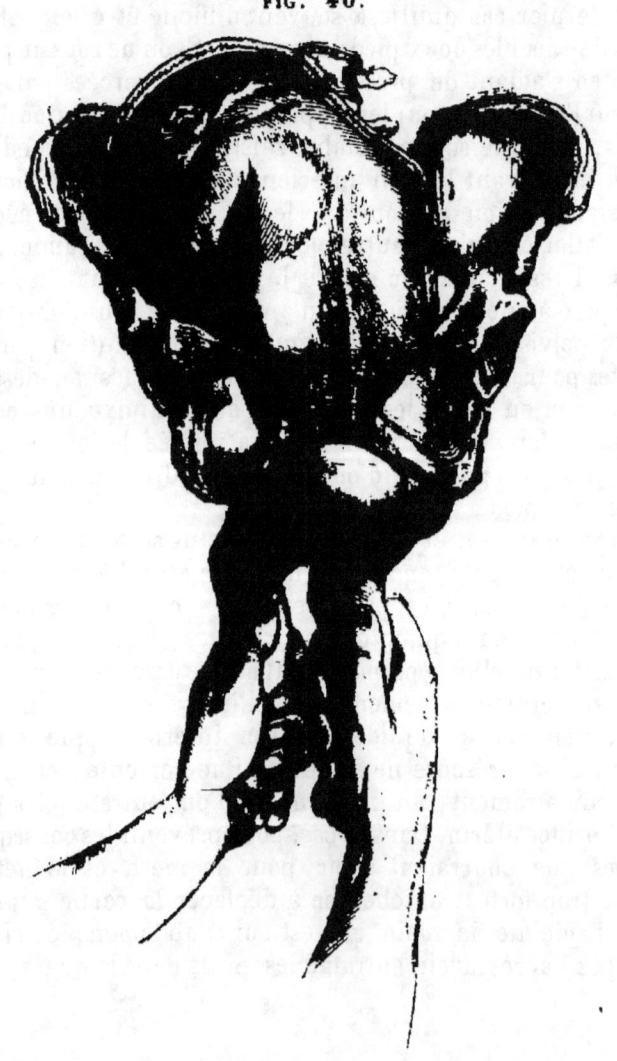

340 TRAITÉ D'OBSTÉTRIQUE.

que l'évolution est accomplie, on attend, pour tirer sur l'extrémité pelvienne, qu'il se manifeste des contractions utérines, afin agir avec le concours de l'utérus. Autant il était à désirer qu'il restât dans le repos pendant les deux premiers temps de l'opération, autant il est à souhaiter dans celui-ci qu'il recouvre toute son énergie. On évite ainsi les dangers de l'inertie suite de la déplétion trop brusque de l'utérus; les bras et la tête restent le plus souvent fléchis, comme dans l'accouchement naturel par l'extrémité pelvienne. Mais, dans quelques cas, le salut de la mère ou de l'en-

FIG. 47.

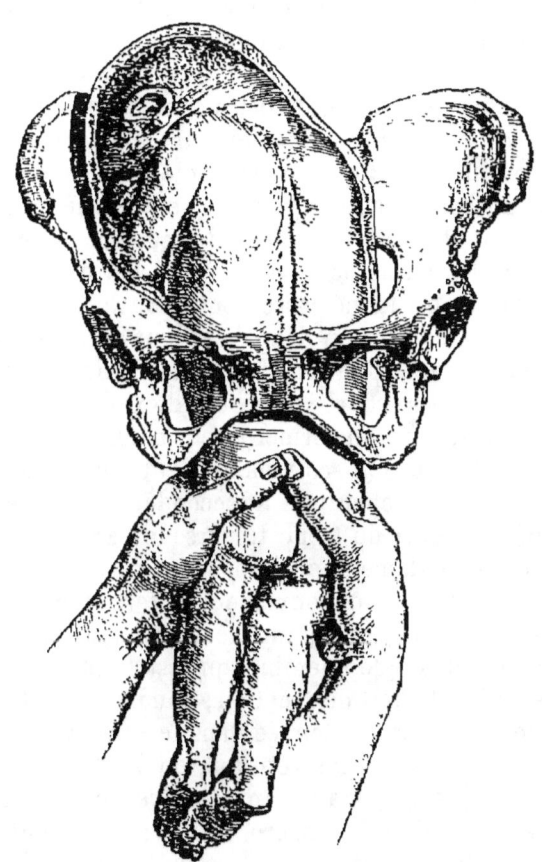

fant exige une prompte terminaison de l'accouchement; et s'il n'y a pas de contractions, ou si elles sont faibles et éloignées, il faut bien alors se décider à remplacer plus ou moins complétement les efforts naturels, sans toutefois y apporter de précipitation.

Comme les parties du fœtus sont très glissantes et qu'elles échappent facilement des mains, on a l'habitude de les entourer d'une serviette; mais on peut le plus souvent sans inconvénient se dispenser de cette précaution. On embrasse de chaque main le pied et les malléoles, les pouces étendus sur la face postérieure de la jambe, et à mesure que le fœtus descend, on porte, pour ménager les articulations, la main le plus près possible des parties génitales, sur la partie moyenne des jambes, sur les genoux, sur les cuisses, enfin sur les hanches, qu'on saisit, les pouces placés sur le sacrum et les autres doigts au-devant des cuisses et des pubis, de manière à former une ceinture qui ne porte que sur les parties osseuses, afin de ne pas comprimer les viscères contenus dans la cavité abdominale. On ne doit jamais saisir le fœtus plus haut.

Les tractions, exercées pendant les contractions et suspendues après, doivent être faites avec lenteur, avec ménagements et sans secousses, et, autant que le permet le périnée, dans la direction de l'axe du bassin, afin de faciliter l'engagement de la hanche qui est en avant et de prévenir le redressement du bras lorsqu'il arrive derrière les pubis ou la partie antérieure du col. Lorsque le plan postérieur du fœtus correspond en avant, vers l'une des cavités cotyloïdes ou plus en dehors, il faut avoir soin de ne pas lui laisser perdre cette position favorable. Mais lorsqu'il correspond en arrière, les efforts naturels d'expulsion tendant à le ramener en avant, et à transformer une position sacro-iliaque d'un côté en une position sacro-cotyloïdienne du même côté, c'est ce mouvement qu'il faut chercher à seconder ou à déterminer dès que la partie inférieure du tronc traverse le bassin.

On réussit généralement en imprimant au tronc, pendant la contraction de l'utérus, un mouvement de torsion du côté vers lequel sa face antérieure est déjà dirigée, ou mieux en faisant porter principalement sur le membre qui est le plus rapproché de l'arcade des pubis l'effort de traction, tandis qu'on lui imprime un mouvement de spirale allongée dans le sens indiqué. Si cette première tentative reste sans résultat, on la renouvelle au moment où les hanches, en traversant la vulve, tendent à se mettre en rapport avec le diamètre sacro-pubien; l'on peut encore la renouveler pendant le passage du reste du tronc. Lorsqu'il ne subit qu'un mouvement de torsion, il tend à reprendre sa direction aussitôt qu'on l'abandonne. Ce mouvement peut être porté au-delà d'un quart de cercle sans danger pour le fœtus, parce qu'il se répartit sur toute la largeur de la colonne vertébrale.

Dès que l'ombilic apparaît, on attire un peu le bout placentaire du cordon, pour prévenir son tiraillement et sa déchirure. S'il était placé entre les cuisses, après avoir formé une anse et

FIG. 48.

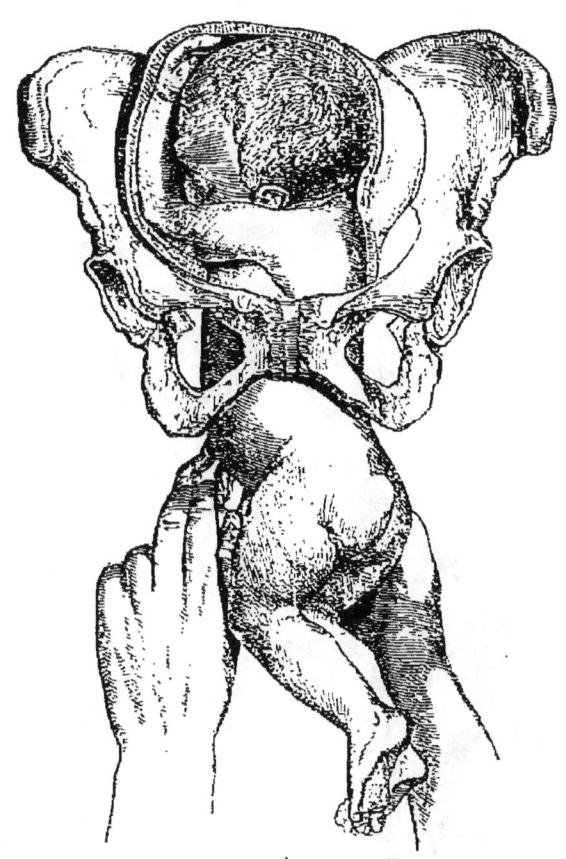

fléchi le membre qui est en arrière, on glisserait le cordon par dessus, et on le refoulerait ensuite vers la symphyse sacro-iliaque ; il suffit d'une anse peu étendue pour pouvoir le dégager d'entre les cuisses.

On continue ensuite les tractions pour engager la poitrine et les épaules dans le bassin ; puis on élève un peu le tronc, en continuant de tirer jusqu'à ce que les épaules s'engagent entre les grandes lèvres. Malgré le soin de procéder lentement et pendant les douleurs à l'extraction du tronc, il arrive assez souvent que les membres supérieurs, au lieu de rester sur les côtés et le devant de la poitrine, remontent sur les côtés de la tête, l'accompagnent dans l'excavation et apportent ordinairement quelques difficultés à la sortie. Il faut donc, avant d'aller plus loin, procéder à leur dégagement. Ce n'est pas qu'ils s'opposent constamment à la sortie de la tête : dans les cas où le bassin est

FIG. 49.

large ou le fœtus petit, elle est à peine arrêtée. Mais le plus souvent ils apportent un obstacle assez sérieux, et la prudence exige qu'on les abaisse sans retard. Les motifs sur lesquels se sont fondés quelques accoucheurs pour donner le précepte contraire n'ont rien de sérieux et ne méritent pas d'être discutés. C'est par le membre qui correspond en arrière, vers un point de la partie postérieure du bassin, qu'il faut commencer, parce que, les parties molles du périnée offrant moins de résistance, on rencontrera moins de difficulté. On soulève le tronc par le côté avec la main qui correspond à son plan antérieur ; puis on glisse, aussi haut qu'on peut, l'indicateur et le médius de l'autre, au-dessus de l'épaule et le long du bras, sur sa face externe et postérieure, tandis qu'on étend le pouce en dessous et dedans. Pendant qu'on abaisse le bras en le fléchissant, il faut le porter dans l'adduction, afin qu'il descende sur les côtés de la tête, la face et le devant de la poitrine; le bras étant dégagé, on l'étend sur les côtés du thorax. Pour procéder au dégagement du bras qui est en avant, la main qui a dégagé le premier laisse retomber le tronc en arrière, tandis que l'autre main va dégager le second, en faisant glisser entre lui et l'arcade des pubis l'indicateur et le médius, et en suivant pour le reste les règles qui viennent d'être posées. Pendant qu'on dégage les bras, il faut éviter avec soin de déterminer des fractures, et de comprimer le cordon et l'abdomen en soutenant le tronc, en l'abaissant ou en l'élevant.

Lorsque l'extraction du tronc s'est faite avec le concours de l'utérus, la tête, en descendant dans le bassin, reste ordinairement fléchie et dans les rapports les plus convenables pour traverser ses différentes parties. Il suffit de seconder le mouvement de rotation qui ramène le plan postérieur du fœtus directement en avant, de le relever vers les pubis à mesure que la face parcourt la partie inférieure du sacrum et la gouttière périnéale, d'engager la femme à faire valoir ses douleurs, de se conduire, en un mot, comme dans l'accouchement naturel par l'extrémité pelvienne. Mais on n'est pas moins le plus souvent conduit à aider ou à effectuer l'extraction de la tête, soit parce qu'elle éprouve de la difficulté à traverser le détroit inférieur et la vulve quoique fléchie, soit parce que le menton s'est éloigné de la partie supérieure du sternum; et l'expulsion spontanée peut se faire attendre plus ou moins longtemps; l'extraction est souvent même assez difficile. La situation est des plus graves pour l'enfant; huit, dix, douze minutes au plus suffisent pour compromettre son existence, encore faut-il que le dégagement des bras n'ait pas déjà pris un temps précieux: trois ou quatre minutes de retard suffisent pour le faire périr lorsqu'il souffre déjà.

Il serait extrêmement nuisible de vouloir déterminer le passage de la tête uniquement par des tractions sur le tronc, parce qu'elles peuvent augmenter l'extension et rendre l'extraction plus difficile et plus longue. Il faut commencer par fléchir la tête, ou, si elle l'est déjà, la maintenir dans cette situation. Voici de quelle manière on procède à l'abaissement du menton et à l'extraction de la tête. La main dont la face palmaire correspond au plan antérieur du tronc est glissée dans les parties génitales, au-devant de la poitrine et du cou, et on la fait avancer jusqu'à ce que l'indicateur et le médius, qui sont introduits seuls lorsque la face est peu élevée, rencontrent un point qui puisse leur offrir quelque prise : le bord alvéolaire de la mâchoire inférieure, les fosses canines, le bord inférieur des cavités orbitaires sont dans ce cas. Mais, excepté sur le premier point, les doigts glissent facilement, et leur action est très limitée et souvent insuffisante ; et comme on doit se hâter et ne pas perdre un temps précieux en tâtonnements qui peuvent apporter un retard très préjudiciable, le mieux est d'introduire de suite les doigts dans la bouche, pour prendre un point d'appui sur la mâchoire inférieure. La crainte de rompre ses épiphyses, de la luxer, de déchirer les parties

FIG. 50.

molles, ne serait fondée qu'autant qu'on serait forcé d'exercer des tractions violentes. C'est d'ailleurs le point qu'on atteint avec le moins de difficulté, lorsque la tête est arrêtée au détroit supérieur.

Pendant qu'on fléchit la tête avec la main portée sur la face, les doigts indicateur et médius de l'autre main, portés aussi haut que possible sur l'occiput, cherchent à la faire basculer dans le sens de la flexion. Dès que la flexion et la direction de la tête sont bien assurées, si elle éprouve de la difficulté à franchir le détroit inférieur et la vulve, l'indicateur et le médius restant appliqués sur la nuque, on tire sur les épaules avec les autres doigts, pendant qu'on abaisse la face avec l'autre main ; on engage la femme à faire en même temps des efforts d'expulsion ; et pendant qu'on exerce ces tractions, à mesure que la tête descend, on renverse de plus en plus, avec l'avant-bras de la main introduite dans les parties, le tronc du fœtus sur l'abdomen de la mère, de manière à faire pivoter la région occipitale sous la symphyse des pubis ; la face, le front et les autres parties qui constituent le sommet parcourent successivement la courbure sacro-périnéale et se dégagent à la vulve.

Circonstances qui peuvent rendre la version difficile ou impraticable. — On peut rencontrer dans les différents temps de la version des conditions diverses, des anomalies, soit du côté de la mère, soit du côté de l'enfant, qui la rendent difficile, dangereuse et même impraticable.

A. *Étroitesse de la vulve.* — Nous n'avons point à revenir sur les difficultés qui dépendent des rétrécissements divers du conduit vulvo-utérin, qui exigent ou non une opération préalable pour que le fœtus puisse sortir, pag. 183. Il est évident que, si on est forcé d'avoir recours à la version dans cette circonstance, elle sera plus difficile et plus dangereuse. L'étroitesse de la vulve chez les primipares peut, dans quelques cas, être telle, que l'introduction de la main, surtout si elle est volumineuse, soit très pénible et très douloureuse. Mais le relâchement que les parties externes éprouvent vers le terme de la grossesse, les disposant singulièrement à se laisser dilater, il n'y a pas à craindre d'obstacles et de dangers sérieux, si on agit lentement et avec ménagement, en prenant, s'il le faut, la précaution d'introduire les doigts les uns après les autres.

B. *Dilatation incomplète, résistance de l'orifice utérin.* — *Insertion du placenta sur le col.* — On ne doit jamais se décider sans une nécessité absolue à terminer l'accouchement, avec la main ou autrement, avant que l'orifice utérin soit suffisamment dilaté et dilatable, parce que, outre les difficultés et les dangers de faire pénétrer la main dans l'utérus, la tête peut encore être retenue par le col resserré sur le cou du fœtus: de là de nouvelles difficultés, de nouveaux dangers, qui compromettent nécessairement la vie du fœtus, et exposent la mère à des ruptures ordinairement mortelles. En traitant de l'hémorrhagie utérine, qui exige quelquefois qu'on termine l'accouchement lorsque l'orifice utérin est peu dilaté et résistant, et même lorsqu'il est complétement fermé, nous avons indiqué, pag. 275, la manière de procéder à sa dilatation et à son débridement s'il y a lieu. Nous avons également indiqué, p. 276, les modifications que la présence du placenta peut apporter dans l'introduction de la main à travers le col.

Nous avons dit aussi, pag. 33, par quels moyens l'on accélère la dilatation de l'orifice utérin, lorsque par suite d'états divers elle s'opère lentement. Il faudrait les employer avant de pratiquer la version, et temporiser jusqu'à ce que la dilatation soit suffisante, si la cause qui exige qu'on termine l'accouchement avec la main le permet.

C. *Rétraction violente de l'utérus.* — Elle peut porter sur le col seulement et principalement sur son orifice interne, qui rend le passage de la main difficile ou impossible, ou sur tout l'organe rétracté violemment sur le fœtus après l'évacuation plus ou moins complète du liquide amniotique. Il est vrai que c'est le forceps, et non la version, qui est indiqué; mais on peut être conduit à renoncer à l'appliquer, parce que la tête reste élevée et se présente d'une manière défectueuse; d'ailleurs, si c'est le tronc qui se présente, la version seule est applicable. Nous avons fait connaître, pag. 52 et 108, dans quelles conditions l'utérus peut se rétracter violemment et d'une manière continue sur le fœtus. Cette rétraction comme spasmodique n'arrive ordinairement que lorsque le temps opportun pour pratiquer la version est passé depuis longtemps. Elle peut être portée à un tel degré, qu'il soit impossible de faire arriver la main jusqu'aux pieds, à moins d'agir avec une force qui rendrait la rupture de l'utérus presque inévitable. Nous avons indiqué les moyens locaux et généraux à l'aide desquels on peut obtenir le relâchement de l'utérus, et fait connaître les degrés de la force et la persistance qu'il est permis d'employer dans ce cas. Le résultat est souvent heureux ou funeste, suivant que cette appréciation a été bien ou mal faite; car, malgré l'emploi judicieux des moyens locaux et généraux, le relâchement qu'on obtient est assez souvent peu considérable, et la version exige encore de la part de la main une action assez forte et assez persévérante, et en quelque sorte forcée, qu'il importe beaucoup de maintenir dans de justes limites. Je ne crois pouvoir mieux faire apprécier cette difficulté qu'en rapportant les propres remarques de madame Lachapelle. « La rigidité de l'orifice et sa dilatation médiocre, la position basse de la tête, le resserrement de l'utérus vide d'eau, rendent toujours l'opération très difficile. On sait que cette dernière disposition engourdit la main de l'opérateur et l'empêche de rien sentir ou de rien faire, et même le force de la retirer pour la reposer ou la remplacer par l'autre. Plusieurs fois j'ai rencontré une difficulté d'un genre tout particulier : c'est le resserrement exclusif de l'orifice interne. C'est sur le col de l'enfant que le resserrement se remarque d'ordinaire; il m'a quelquefois rendu presque impossible l'accès des pieds: il fallait attendre le relâchement de son spasme ; il fallait passer du côté qui offrait le plus de liberté et glisser la main la plus commode. On sait bien aussi quel risque il y aurait à vouloir forcer cet obstacle, si même on l'avait pu, l'utérus n'étant déjà que trop exposé à la rupture lors du passage des pieds et de l'évolution du fœtus. Je faisais alors presser fortement la région où passait la tête de l'enfant, pour prévenir autant que possible une distension outrée des parois de la matrice. On ne s'étonnera donc pas que je range de pareils faits parmi ceux où le choix de la main devient impossible, et où il devient impraticable de marcher régulièrement sur les côtés du fœtus. On prend les pieds où on les trouve et avec la main qui peut arriver jusqu'à eux après plusieurs tâtonnements. »

D. *La partie qui se présente est profondément engagée dans le bassin.* — Lorsque cette disposition donne lieu à des difficultés, elle est ordinairement liée à l'évacuation du liquide amniotique et à la rétraction plus ou moins prononcée de l'utérus. Dans le cas contraire, la partie qui se présente recule et s'écarte assez pour laisser passer la main. Dans le premier cas, ce n'est qu'exceptionnellement qu'on a recours à la version dans les présentations de la tête, et cette nécessité ne se rencontre guère que dans les positions mento-postérieures de la face.

Dans les présentations du tronc, l'épaule peut être profondément engagée dans le bassin sans qu'il y ait lieu d'attendre et de favoriser l'évolution spontanée. La version est encore assez souvent possible sans être meurtrière, quoique la partie qui se présente soit profondément engagée dans l'excavation pelvienne et que le fœtus ait cessé d'être mobile. Voici ce qui arrive : en poussant la main lentement et avec un degré de force compatible avec la résistance des parties, le vagin étant naturellement extensible, on soulève en masse, même quelquefois à notre insu, l'utérus et le fœtus.

Ce déplacement, qui est sans dangers lorsqu'il n'est pas porté trop loin, peut être suffisant, sans que le col soit porté au-dessus de l'entrée du bassin, pour permettre à la main de passer, si l'utérus n'est pas en même trop fortement rétracté sur le fœtus, et dans ce cas, il faut commencer par combattre la rétraction Lorsqu'on est conduit à employer quelque force et quelque persévérance, il ne faut jamais perdre de vue qu'on peut facilement dépasser le but, et que les difficultés de la version signalées dans ce paragraphe et le précédent sont les causes les plus ordinaires de la rupture de l'utérus et du vagin.

E. *Mobilité de l'utérus.* — M. P. Dubois a signalé la mobilité de l'utérus comme pouvant, quand on n'y fait pas attention, empêcher la main d'arriver aux pieds. Dans ce cas, la main, serrée entre l'utérus et le fœtus, les entraîne en masse dans ses mouvements sans glisser entre eux. On remédie à cette difficulté en faisant fixer l'utérus par un aide.

F. *Confusion des membres.* — Que l'utérus soit fortement rétracté ou non, on a quelquefois de la difficulté à trouver les membres inférieurs, soit parce qu'on s'est mépris sur la position du fœtus; soit parce qu'ils ont perdu leur situation ordinaire et qu'on rencontre à leur place les membres supérieurs.

Madame Lachapelle, dont l'expérience et l'habileté ne sont pas suspectes, ajoute à ce sujet : « Quelquefois j'ai suivi le côté du fœtus jusqu'aux hanches, et, arrivée là, il m'a été impossible de trouver les cuisses et les jambes, et de déterminer leur situation. Plusieurs fois cette confusion fut spontanée, et je la trouvai au premier abord; plus souvent encore je la rencontrai après que des mains inexpérimentées avaient tenté la version, avaient tiraillé et déplacé les membres. C'est surtout quand cette confusion existe qu'il est impossible d'agir avec régularité. En vain glisserez-vous la main sur une surface bien reconnue, elle ne vous conduira point au but, et vous serez bientôt dérouté. En pareil cas je cherche le passage le plus facile, et si une main ne réussit pas, j'introduis l'autre ; je cherche, je tâtonne et je n'exerce d'effort que quand j'ai saisi une partie favorable. Si j'ai un pied, je l'amène, et je me conduis sur la jambe pour aller chercher l'autre, ou bien je tire sur celui-là seul. Remarquez que l'introduction répétée de la main, faite avec tous les ménagements convenables, est bien moins douloureuse qu'on ne pourrait l'imaginer. La première fois seulement elle cause une douleur très vive ; mais quand la voie est frayée, l'introduction est de moitié moins pénible et pour la mère et pour la sage-femme. Remarquez encore que quand cette confusion existe, l'évolution est plus que jamais dangereuse, et demande aussi plus de soins, plus de précautions que de coutume. L'attitude du fœtus est changée, et peut-être, au lieu de favoriser le peletonnement, ne ferez-vous, en tirant, que déployer les membres, le rachis, la tête, etc., et, par conséquent, augmenter le diamètre de l'enfant et distendre l'utérus d'une manière inégale. »

La confusion des membres peut provenir de la présence de jumeaux, pag. 129. Pour éviter la méprise ou rectifier l'erreur, on suivra exactement le côté du fœtus qui se présente le premier, ou l'on ne prendrait qu'un pied s'il restait du doute.

G. *Difficulté de l'évolution.* — Lorsque le liquide amniotique est écoulé ou qu'il en reste peu et que l'utérus se rétracte vivement sous la main, ou qu'il est déjà dans un état de rétraction continue, il est quelquefois impossible, après avoir amené les pieds à l'orifice utérin ou dans le vagin, de faire basculer le siége. Malgré le soin de repousser en même temps la partie qui se présente et de faire exercer sur elle à travers la paroi abdominale des pressions dans le même sens, elle reste immobile ou tend à s'engager davantage devant la partie qu'on s'efforce d'abaisser. Lorsqu'on parvient à déterminer l'évolution, le déplacement de la partie qui se présente est tardif et peu étendu, de sorte que les parties inférieures de l'utérus sont fortement distendues et très exposées à se rompre. Lorsqu'on n'a pu saisir qu'un pied, la traction ne peut être portée bien loin sans déterminer des lésions graves sur le fœtus ; on entend bientôt des craquements qui indiquent que les parties fibreuses des articulations tibio-tarsienne, tibio-fémorale commencent à se déchirer ; si l'on continue à tirer, on sent le membre s'allonger : une lésion grave est déterminée, et la rupture complète ne tarderait pas à avoir lieu. Bien qu'on tienne les deux pieds, il peut arriver qu'on ne les embrasse bien que par le talon et la face dorsale ou que la main glisse sur ce point, malgré l'attention de saisir en même temps la partie inférieure de la jambe. Dans ce cas, les articulations tibio-tarsiennes courent encore de grands dangers si on peut tirer avec force ; en même temps que l'on entend des craquements, on sent les malléoles s'éloigner, et le pied ne tient bientôt plus à la jambe que par la peau. Mais le plus souvent la lésion des articulations est prévenue par la facilité avec laquelle la main glisse dès que l'effort est un peu considérable : aussi n'est-il pas très rare qu'après avoir entraîné les pieds dans le vagin, il faille renoncer à la version, et chercher dans l'embryotomie un moyen plus sûr et moins dangereux de délivrer la femme.

H. *Brièveté du cordon.* — S'il arrivait que la brièveté ou l'entortillement du cordon mît obstacle à l'expulsion du fœtus, ce qui est extrêmement rare, on se conduirait comme il a été dit p. 124 ; et si l'on était dans la nécessité de le diviser, on achèverait promptement l'extraction pour empêcher que le fœtus ne perde son sang. L'interruption de la circulation placentaire serait moins prolongée en confiant le bout fœtal du cordon à un aide pour le comprimer, qu'en s'arrêtant à le lier ou à poser préalablement deux ligatures, afin d'opérer la section sur un point compris entre elles ; d'autant mieux qu'il peut être avantageux pour le fœtus de perdre sans retard un peu de sang.

I. *Difficultés dans l'abaissement des bras.* — C'est ordinairement le dégagement du bras en rapport avec l'arcade des pubis, qui offre des difficultés qui peuvent apporter un retard à la sortie de la tête extrêmement préjudiciable au fœtus.

1° La difficulté peut dépendre uniquement de ce que le membre est trop serré entre le côté de la tête et la partie antérieure du bassin ; malgré le dégagement du bras qui est en arrière, on ne peut pas faire pénétrer les doigts sous l'arcade, ou l'on ne peut les placer que très imparfaitement sur le bras qui est solidement retenu. En refoulant le tronc du fœtus, on crée quelquefois une voie suffisante aux doigts, et on diminue assez la pression exercée sur le bras pour qu'il puisse être facilement abaissé. Si on ne réussit pas, il faut, suivant le conseil de quelques accoucheurs, en refoulant le tronc lui imprimer un mouvement de rotation, qui porte le bras à dégager vers la partie postérieure du bassin. On se procure ainsi plus d'espace et de facilité ; et alors même que la tête ne suivrait que très imparfaitement le mouvement de rotation du tronc, la torsion du cou ne serait pas portée assez loin pour être dangereuse ; mais la tête peut se trouver après dans une position moins favorable à sa sortie.

2° L'obstacle au dégagement du bras peut provenir de ce qu'il s'est placé derrière la nuque, entre la tête et les pubis ; il prend, en effet, quelquefois cette situation insolite sous l'influence des tractions combinées avec le mouvement de rotation qu'on imprime au tronc pour ramener son plan postérieur en avant lorsqu'il est dirigé en arrière. Le croisement des bras derrière la nuque ou plutôt du bras qui est en avant, car celui qui est en arrière prend rarement cette position et n'offrirait pas autant de difficultés à être dégagé, peut s'opérer de deux manières différentes : 1° en abandonnant le côté de la tête pour se porter en arrière et en bas ; 2° en remontant derrière le dos à mesure que le tronc descend. Dans le premier cas, l'angle inférieur de l'omoplate est très éloigné du rachis ; il en est au contraire très rapproché dans le second. Cette distinction est importante à faire pour le dégagement, qui doit être opéré en sens inverse du chemin que le bras a suivi pour se déplacer. Ainsi, si le croisement s'est fait d'avant en arrière et de haut en bas, on ramènera le bras sur la poitrine et le faisant glisser sur l'occiput, le côté de la tête, la face ; s'il s'est opéré de bas en haut sur le plan dorsal du fœtus, après avoir glissé l'indicateur et le médius jusqu'au pli du coude, on fera descendre le bras de haut en bas sur le dos. Lorsque la région occipitale presse fortement contre les pubis, le dégagement du bras croisé offre de grandes difficultés, qu'on ne peut pas toujours surmonter soit en refoulant le tronc, soit en lui imprimant un mouvement de rotation qui porte l'épaule qui est en avant vers le sacrum. « Un bras ainsi placé, dit madame Lachapelle, est si difficile à dégager, que je me suis vue plus d'une fois forcée de tirer sur la tête, en le laissant dans sa mauvaise position. Je tirais avec ménagement, et je suis ordinairement parvenue à extraire le tout sans fracture. J'avais eu soin de dégager le bras placé vers le sacrum... C'est le seul cas où je me suis exemptée de dégager les deux bras. »

D'ailleurs, si le fœtus est vivant, il ne faut pas perdre un temps précieux en tâtonnements, qui compromettraient promptement son existence ; et en employant quelque force pour entraîner le bras, on n'est pas moins exposé à le fracturer qu'en le dégageant avec la tête. Cette fracture, lorsqu'elle est simple, a par elle-même peu de gravité. Dans un cas observé par M. Moreau, où le bras était remonté sur le dos, entre la nuque et les pubis, l'humérus s'était fracturé ; l'un des fragments avait percé les muscles et la peau, et s'opposait à la sortie du membre. Il parvint à lever l'obstacle. L'enfant fut extrait mort ; mais la femme se rétablit sans éprouver d'accidents.

J. *Arrêt de la tête.* — Les causes qui peuvent rendre l'extraction de la tête à l'aide de la main difficile ou impraticable sont relatives à sa position défectueuse, à son défaut de proportion avec le bassin et au resserrement du col utérin sur le cou du fœtus. Le retard que ces difficultés entraînent, alors même qu'elles peuvent être surmontées à l'aide de la main seule, est ordinairement fatal au fœtus.

1° Lorsque la tête est fléchie et dans sa position normale, c'est-à-dire l'occiput dirigé en avant, il est extrêmement rare qu'on ne parvienne pas à la dégager avec la main, en exerçant les tractions comme il a été dit. Mais le temps nécessaire pour y parvenir, lorsque le périnée est résistant, le bassin étroit sans être vicié ou la tête forte, est déjà le plus souvent funeste au fœtus. Si on avait à sa disposition un forceps, peut-être qu'en se hâtant de l'appliquer, aussitôt qu'on aurait reconnu que l'extraction à l'aide des mains offre des difficultés qui ne pourront être surmontées qu'après plusieurs tentatives, on sauverait quelques enfants, qui autrement ont peu de chances d'être extraits vivants.

2° Il est assez rare qu'on ne parvienne pas à fléchir facilement la tête sur la poitrine, alors même qu'elle reste élevée, parce qu'il est presque toujours possible d'introduire la main en arrière jusqu'à la bouche, et que la mâchoire inférieure offre une prise favorable aux doigts. Mais lorsque des tractions imprudentes ont été exercées sur les hanches ou sur les épaules, et qu'on a cherché à entraîner à travers le bassin la tête redressée, elle peut être fixée si solidement dans le sens de son plus grand diamètre, entre deux points opposés, qu'il soit absolument impossible de la fléchir; et les difficultés de l'extraction peuvent être presque aussi grandes que si le bassin était réellement rétréci. Si on était dans la nécessité d'appliquer le forceps, il faudrait exercer les tractions de manière à fléchir d'abord la tête, condition indispensable pour qu'elle puisse passer.

3° Lorsque l'occiput regarde directement à droite ou à gauche, les doigts portés sur la face et sur la nuque pour fléchir la tête, en combinant leur action, le ramènent sous la symphyse des pubis presque aussi facilement que s'il correspondait derrière l'une des cavités cotyloïdes. Si l'on rencontrait des difficultés, on chercherait à faire tourner la face en arrière par le procédé de madame Lachapelle, qui aurait plus de chances de succès que lorsqu'elle est dirigée en avant.

4° Il peut arriver que la face reste dirigée en avant, soit qu'on ait négligé de faire exécuter au fœtus le mouvement de rotation qui ramène son plan dorsal en avant, soit qu'on ait trouvé une trop grande résistance à l'opérer. Le tronc, dans le dernier cas, reprend sa place primitive aussitôt qu'on l'abandonne; ou, si on le maintient dans la position qu'on lui a donnée, on trouve que la face ne correspond pas en arrière, lorsqu'on introduit la main pour fléchir la tête, comme cela est arrivé à Delamotte. Dans les positions dorso-antérieures primitives de l'extrémité pelvienne, le plan dorsal se dirige quelquefois en arrière, pendant l'expulsion, avec une telle persistance, qu'on ne peut empêcher que la face se trouve en avant lorsque la tête se présente à l'entrée du bassin.

L'extraction de la tête peut être opérée d'après les deux modes d'expulsion spontanée observés en pareil cas, t. II, pag. 606. Lorsque la tête est restée fléchie en descendant dans l'excavation du bassin, il est possible de glisser deux doigts sur les côtés du nez ou dans la bouche pour entraîner la face dans l'arcade des pubis, tandis qu'on incline le tronc sur le périnée, et qu'on tire en même temps de l'autre main sur les épaules s'il y a lieu. Mais lorsque la tête est étendue, et c'est le cas le plus ordinaire, sa flexion à l'aide des doigts est généralement impraticable, à cause des difficultés opposées à l'introduction de la main par la paroi antérieure du bassin, au-dessus de laquelle il faudrait aller chercher la face. Au lieu de faire des tentatives sur lesquelles il est peu permis de compter, on se hâtera de favoriser l'expulsion d'après le second mode; c'est-à-dire en relevant le tronc au-devant des pubis, afin que l'occiput se dégage le premier sur la commissure postérieure de la vulve. Dans ces deux modes d'expulsion, le dégagement de la tête étant plus difficile et l'action des mains plus bornée, on ne peut guère espérer de voir l'enfant naître vivant, à moins qu'il n'ait la tête très petite, ou que le bassin ne soit très large; dans les conditions opposées, et même dans les conditions ordinaires, les difficultés sont assez grandes pour qu'on doive, avant de chercher à entraîner la tête à l'aide des forceps dans la situation insolite qu'elle a prise, tenter de ramener la face en arrière, manœuvre qui, au dire de madame Lachapelle, n'offrirait pas toujours autant de difficultés qu'on pourrait le supposer.

« Si la face est en avant, dit-elle, j'introduis dans la cavité du sacrum la main dont la paume embrasserait plus aisément l'occiput: je suppose la face un peu diagonale. Si la face était tout-à-fait au-dessus de la symphyse pubienne, le choix de la main serait indifférent. Les doigts glissent sur les côtés de la tête, après avoir passé derrière elle, et parviennent assez aisément (et plus aisément que la théorie ne semble l'indiquer) jusque dans la bouche: ils ont alors la plus grande force pour tourner la face vers un des côtés du bassin; c'est vers le côté opposé à la main introduite. Arrivés là, ils enfoncent le menton dans l'excavation, puis le tournent en arrière. »

5° La rétraction du col utérin sur le cou de l'enfant est un obstacle à la sortie de la tête, qui peut avoir les conséquences les plus fâcheuses même pour la mère. Lorsqu'on est dans la nécessité d'avoir recours à la version ou de tirer sur les pieds dans les présentations de l'extrémité pelvienne avant que le col soit suffisamment dilaté, sa résistance étant incomplétement vaincue, il conserve une tendance prononcée à se resserrer sur le cou aussitôt que les épaules l'ont franchi. C'est une difficulté que madame Lachapelle a eu assez souvent l'occasion de constater et sur laquelle elle insiste avec raison. « Lorsque, moins expérimentée, dit-elle, et par conséquent plus inquiète, plus impatenté, je négligeais d'attendre un temps suffisant, je voyais souvent l'orifice menacé de rupture, je ne pouvais pas toujours l'éviter, et même, quand j'y parvenais à force de ménagements, je le voyais tiraillé et amené au-dehors de la vulve par la tête, au-dessous de laquelle il s'était resserré de nouveau. Quelle peine n'avais-je pas alors pour le repousser, le soutenir et le conserver intact ! » Cette difficulté peut se rencontrer alors même que le fœtus est loin d'avoir acquis tout son développement. Chez une femme enceinte de six mois, les pieds se présentaient à la vulve ; l'orifice utérin était assez largement dilaté, mais résistant près de ses bords. Comme le travail avait été prolongé, je cédais à la tentation de tirer sur les pieds : le tronc descendit facilement ; mais lorsque je voulus dégager la tête, le col s'y opposa, bien qu'il me fût possible d'agir avec assez de force, parce qu'il n'embrassait pas très exactement le cou du fœtus. Je renouvelai plusieurs fois les tentatives pendant le peu de temps que le fœtus donna des signes de vie ; je ne pus opérer son extraction que quatre heures après, lorsque le col fut tout-à-fait dilaté sous l'influence de nouvelles contractions. Dans des circonstances à peu près analogues, je me suis laissé aller à tirer sur les pieds d'un avorton de cinq mois qui présentait de signes non équivoques de putréfaction ; j'ai rencontré les mêmes difficultés, et le retard à la sortie de la tête fut encore plus prolongé.

Le resserrement peut être spasmodique ; il porte alors principalement sur l'orifice interne du col. L'obstacle est encore plus difficile à vaincre, et expose à des accidents graves si on s'obstine à vouloir entraîner la tête de force, au lieu d'employer les moyens locaux et généraux propres à faire cesser cet état. Saxtorph rapporte qu'ayant été appelé par une sage-femme qui, en voulant entraîner l'enfant, sépara le tronc de la tête, qui resta dans la matrice, il trouva, en essayant de délivrer l'accouchée, l'orifice de la matrice dilaté de manière à y pouvoir passer la main ; mais la tête de l'enfant lui parut comme enfermée dans un sac formé par la contraction de la matrice autour du cou de l'enfant. Il ne put parvenir à ôter la tête de cette espèce de sac qu'après avoir combattu l'état spasmodique qui y avait donné lieu.

6° Alors même qu'on s'abstiendrait absolument de la version pelvienne dans les présentations de la tête, et que l'indication d'avoir recours à *la version céphalique*, lorsqu'il y a défaut de rapport entre le volume de la tête et la capacité du bassin, serait plus généralement suivie qu'elle ne l'est, l'impossibilité de l'opérer dans beaucoup de cas, la coïncidence d'un bassin rétréci ou d'une tête trop volumineuse avec une présentation de l'extrémité pelvienne, ne mettraient pas moins assez souvent l'accoucheur en face des difficultés et des dangers de l'arrêt de la tête par le bassin, après la sortie du tronc. Lorsque la disproportion n'est pas telle que le passage de la tête soit absolument impossible et que l'occiput est dirigé en avant, on parvient le plus souvent à lui faire franchir le rétrécissement; mais le délai nécessaire est presque toujours fatal à l'enfant. Comme le rétrécissement existe ordinairement au détroit supérieur, l'application du forceps est impraticable, et l'action des mains est de beaucoup réduite: à part les tractions sur le tronc, elle est nulle lorsque la face est dirigée en avant; mais lorsqu'elle regarde en arrière ou de côté, on peut généralement porter deux doigts dans la bouche et agir avec efficacité, en combinant les tractions sur la mâchoire inférieure et sur les épaules; et comme après un temps assez court l'enfant a cessé de vivre, les tractions peuvent être portées très loin sans exposer les parties de la mère à être déchirées. Lorsqu'on ne peut pas entraîner la tête à travers le rétrécissement, la promptitude avec laquelle le fœtus succombe conduit naturellement à éviter, dans le but de le sauver, ces temporisations, ces tâtonnements, ces applications de forceps si difficiles et si dangereuses au détroit supérieur, qui, dans la présentation de l'extrémité céphalique, compromettent si souvent la vie de la mère et de l'enfant. Après des tractions infructueuses à l'aide des mains, la tête s'étant en partie engagée dans le rétrécissement et surtout le cou s'étant allongé, les épaules sont ordinairement à quelque distance de la vulve, et il serait quelquefois possible d'appliquer le forceps. Mais l'enfant ayant cessé de vivre, et l'application du forceps étant plus difficile et aussi dangereuse que la craniotomie, c'est à ce dernier moyen qu'on doit avoir recours, alors même que le degré de rétrécissement du bassin ne semblerait pas devoir absolument l'exiger; et comme il est avantageux pour la sûreté de l'opération et la facilité de l'extraction de la tête qu'elle ne soit pas séparée du cou, on ne procéderait à sa section qu'autant que l'obstacle apporté par la partie supérieure du tronc l'exigerait absolument.

La version, abstraction faite des complications qui l'exigent et opérée dans des conditions favorables, est à la fois peu pénible et peu dangereuse pour la mère: cependant il se manifeste déjà pendant les couches une disposition un peu plus prononcée aux inflammations puerpérales qu'après l'accouchement naturel. Mais pratiquée dans des conditions défavorables, surtout lorsque l'eau de l'amnios est écoulée depuis longtemps et que l'utérus et fortement rétracté sur le fœtus, ou lorsqu'il existe des rapports peu favorables entre son volume et la capacité du bassin, etc., elle devient très pénible et très dangereuse, et expose non seulement aux ruptures de l'utérus et du vagin, mais encore prédispose singulièrement aux phlegmasies puerpérales. La version, qui est l'une des opérations les plus importantes de l'art des accouchements et souvent l'unique moyen de sauver la vie de la mère et de l'enfant, n'est jamais sans dangers, et expose en général plus l'enfant que la mère. Pratiquée même dans les circonstances les plus favorables en apparence, elle peut avoir les conséquences les plus funestes : aussi ne doit-on pas se hâter de trop se promettre de son résultat. Sa gravité pour les deux individus dépendant en partie de la difficulté qu'on éprouve à pratiquer l'évolution et l'extraction du fœtus, et en partie des causes pour lesquelles on la pratique, il faudrait, pour l'apprécier rigoureusement, faire la part de l'influence de ces dernières sur la mère et sur l'enfant : c'est ce que nous avons fait en partie en traitant de l'éclampsie, de l'hémorrhagie, du prolapsus du cordon, etc. Mais il n'est pas moins intéressant de connaître quelle a été la proportion de la mortalité dans cette espèce d'accouchement artificiel y compris les causes dépendantes et indépendantes de l'opération. Sur 3,120 cas de version rassemblés par M. Riecke, 600 femmes sont mortes; c'est-à-dire que la mortalité a été de 1 sur 10, 4.

Le tableau suivant va nous faire connaître dans quelle proportion se présente à peu près dans la pratique la nécessité d'opérer la version, et le rapport des enfants qui naissent vivants à celui de ceux qui succombent pendant l'opération.

	Accouchements.	Version.	Proportion.	Enfants vivants.	Enfants morts	Proportion.
Mme Boivin, Paris.	20,517	171	1 sur 120	134	22	1 sur 6,02
Mme Lachapelle, Paris.	22,243	162	1 — 137	127	35	1 — 3,62
Riecke, Le Wurtemberg.	219,353	3,120	1 — 70	1,364	1756	1 — 1,28

1. DE LA VERSION DANS LA PRÉSENTATION DU CRANE. — Quelle que

soit la cause qui nécessite la terminaison de l'accouchement, le forceps, qui est généralement moins pénible pour la mère et compromet moins souvent la vie de l'enfant, doit être, toutes les fois que le choix est possible, préféré à la main, qui n'est indiquée que dans les cas où l'application du forceps est impossible, ou tellement difficile et dangereuse, qu'elle expose à plus d'accidents que la version : le forceps est le moyen d'*élection*, et la main le moyen de *nécessité*. Nul doute que, si l'on se proposait seulement de terminer artificiellement l'accouchement sans se préoccuper du sort de l'enfant, le choix ne fût très souvent à peu près indifférent. La préférence et l'exclusion de la version ont une telle importance pratique, que je crois devoir rappeler sommairement les principales considérations propres à servir de règles sur ce point.

1° Supposons que l'orifice utérin soit complétement ou à peu près complétement dilaté, que l'œuf ne soit pas divisé, et, comme cela a lieu ordinairement, que le crâne, coiffé par le segment inférieur de l'utérus, soit en partie engagé dans le bassin, lorsqu'un accident vient imposer l'obligation de terminer l'accouchement. quoiqu'on doive préférer le forceps et qu'il soit réellement indiqué, la version étant généralement facile et médiocrement dangereuse pour le fœtus dans ces conditions, on ne peut pas absolument blâmer la préférence qui lui soit souvent accordée.

2° A plus forte raison faudrait-il préférer le forceps si la tête était profondément engagée dans l'excavation, comme cela arrive souvent. Ce n'est pas que la version soit généralement impossible ou très difficile, dans le cas même où la poche des eaux est rompue depuis quelque temps, s'il reste, comme cela arrive ordinairement dans la présentation du vertex, une assez grande quantité de liquide amniotique dans le fond de l'utérus. On aurait tort de soutenir qu'il est, dans tous les cas, impossible de repousser la tête assez haut pour opérer la version. Sans doute il serait peu rationnel d'y avoir recours ; je ne parle pas ici de sa convenance, mais de sa possibilité. Baudelocque proteste contre cette assertion et indique les conditions et les circonstances qui peuvent, dans ce cas, faire recourir à la version, dans des termes que je crois devoir citer. « Ce n'est qu'au défaut du forceps, qu'on ne peut pas se procurer sur-le-champ, qu'il est permis de repousser la tête de l'enfant, à dessein de le faire venir par les pieds, quand elle est descendue dans le bassin ; encore faut-il, pour y être autorisé, qu'elle ait traversé le détroit supérieur avec aisance, en poussant au-devant d'elle le cercle qui constitue alors le col de la matrice, comme on le remarque le plus souvent chez les femmes dont le bassin est très large du côté de son entrée, et en qui le cercle utérin dont il s'agit conserve quelque roideur. C'est en vain que quelques uns s'élèveront contre le précepte que nous donnons à ce sujet, qu'ils s'efforceront de persuader qu'on ne peut alors repousser la tête sans un extrême danger pour la mère et pour l'enfant; ils n'intimideront que de jeunes praticiens médiocrement instruits, et n'ébranleront jamais la confiance que nous sommes fondé à leur inspirer d'après des succès réitérés. On repousserait la tête de l'enfant avec aussi peu d'inconvénients que nous y en avons rencontré dans les cas dont il s'agit, quand elle serait encore beaucoup plus engagée, pourvu qu'elle soit enveloppée du col de la matrice comme nous l'avons dit, et que l'orifice de celle-ci se trouve au-dessous du vertex. »

3° Il ne faut plus la tenter sous quelque prétexte que ce soit, lorsque la tête a franchi l'orifice de la matrice: car on n'aurait quelques chances de la repousser qu'en soulevant en masse le fœtus et l'utérus, et en s'exposant à déchirer le vagin à son union avec le col.

3° Lorsque l'orifice utérin n'est que peu dilaté, mais plus ou moins dilatable, on préfère en général la version, comme étant d'une exécution plus facile et comme exposant moins à la rupture de ses bords. Néanmoins cette règle comporte de nombreuses exceptions: lorsque la tête fait saillie dans le bassin par la plus grande partie de son étendue, si on peut faire pénétrer les doigts entre elle et le col, on peut également y faire pénétrer la cuillère du forceps sans violence, et l'application de cet instrument serait préférable à la version. En ne faisant franchir l'orifice utérin à la tête qu'à la suite de tractions ménagées et lentes, on éviterait aussi sûrement de le léser qu'en amenant le fœtus par lse pieds.

4° Lorsque la tête est au-dessus du détroit supérieur ou à peine engagée, qu'elle conserve une grande mobilité, parce que la poche des eaux est entière ou le liquide amniotique incomplétement écoulé, il faut retourner l'enfant et l'extraire par les pieds; car la version offre aussi peu que possible de dangers pour la mère et pour l'enfant, tandis que l'application du forceps pourrait être très difficile et dangereuse.

4° Il n'en faudrait pas conclure que la version doit être préférée toutes les fois que la tête est encore au détroit supérieur: cependant, si elle y est arrêtée parce qu'elle se présente inclinée dans un sens et dans l'autre, on doit encore préférer la version, à moins qu'un resserrement violent ou spasmodique de l'utérus sur le fœtus et l'écoulement complet du liquide amniotique ne la rendent incertaine et dangereuse; car, outre les difficultés qui naissent de l'élévation de la tête, on aurait encore celles qui résultent de sa mauvaise présentation si l'on voulait l'entraîner avec le forceps. Néanmoins, comme la tête déviée pénètre ordinairement dans le détroit supérieur et même dans l'excavation en se redressant sous l'influence des contractions de l'utérus, il s'ensuit qu'on accorde un temps assez long à l'expectation, et que si l'on est ensuite dans la nécessité de terminer artificiellement l'accouchement, le moment opportun de pratiquer la version peut être passé, et la tête, plus ou moins engagée dans l'excavation, doit être saisie avec le forceps.

5° La tête peut être retenue à l'entrée du bassin par un défaut de proportion entre les parties. On a d'abord à s'enquérir si ce défaut de proportion est de nature à pouvoir encore laisser passer la tête ou à lui opposer un obstacle absolu. Dans le premier cas, si on est conduit à terminer l'accouchement artificiellement, ce n'est point à la version, mais au forceps, qu'il faudra avoir recours. Les inconvénients du premier moyen et les avantages du second ont frappé l'esprit de la plupart des praticiens, au point que ceux qui repoussent la version céphalique se montrent disposés à l'admettre dans ce cas. Supposez qu'un fœtus, dont la tête ne pourrait être expulsée que par l'action prolongée de l'utérus, ou entraînée qu'avec grande peine à l'aide du forceps à cause de ses rapports trop exacts avec le détroit supérieur, soit ramené par les pieds ; les mêmes difficultés vont se rencontrer dans un moment où quelques minutes de retard suffisent pour le faire mourir. N'est-ce pas le vouer volontairement presque aussi sûrement à la mort que si on lui avait plongé le perforateur dans le crâne? C'est, en effet, à ce moyen qu'on doit avoir recours, lorsqu'après des tâtonnements ménagés et prudents, on ne parvient pas à appliquer le forceps ou à entraîner la tête. Je dois avouer toutefois, et cela me semble démontré par l'observation, que, toutes choses étant égales, la tête bien dirigée et convenablement fléchie s'engage sensiblement plus facilement à travers le bassin quand l'enfant vient par les pieds. Mais il peut se rencontrer des viciations où le bassin a conservé d'un côté une assez grande ampleur, parce que l'angle sacro-vertébral est déjeté du côté opposé; si par la version on y ramène la partie la plus volumineuse de la tête, on trouvera un moyen d'éluder l'obstacle.

Quelques accoucheurs ont proposé la version pour les rétrécissements peu étendus du détroit inférieur ; mais on trouverait rarement l'occasion de faire l'application de ce conseil ; car si la tête était arrêtée par le détroit inférieur, elle aurait franchi en partie ou en totalité le col, et sa position exclurait la version. On se trouve généralement dans la même position relativement aux obstacles situés sur le trajet du conduit vulvo-utérin.

Il résulte des considérations qui précèdent et de celles qui ont été posées pour chaque cas de dystocie en particulier, que l'extraction avec le forceps est le mode ordinaire de terminer artificiellement l'accouchement dans la présentation du vertex, et la version un mode exceptionnel qui trouve néanmoins souvent son application.

Les résultats suivants, quoique donnant une idée exagérée de leur fréquence relative, parce que la version était en grande faveur dans la pratique qui les a fournis, ne sont pas moins intéressants à comparer.

Le tableau de madame Boivin donne pour 19,584 présentations du vertex :

Versions 68 ; enfants vivants 45 ; morts 13 ; putréfiés 10.

Forceps 94 ; enfants vivants 71 ; morts 20 ; putréfiés 3.

Celui de madame Lachapelle donne sur 21,974 présentations du vertex :

Versions 47 ; enfants vivants 39 ; morts 8.

Forceps 72 ; enfants vivants 55 ; morts 17

Procédé opératoire. — Ayant décrit la version d'une manière générale, et insisté sur les difficultés qu'elle peut présenter, il ne nous reste qu'à indiquer les particularités spéciales à chaque présentation.

1° *Positions occipito-iliaques gauches.*—Elles indiquent la main gauche, qui est introduite dans le canal vulvo-utérin comme il a été dit. On la fait glisser à plat pendant l'intervalle des douleurs, en arrière et à droite, entre le col utérin et la tête, qu'on repousse de la paume en haut, dans la direction de l'axe du bassin ; puis à gauche, vers la fosse iliaque, tandis que la main droite qui soutient le fond de l'utérus incline cet organe à droite.

La présence de la main dans les parties suffit pour empêcher que la tête ne reprenne sa place. On profite des temps de repos de l'organe pour la faire arriver jusqu'aux pieds, soit en suivant le chemin le plus court, c'est-à-dire le plan antérieur du fœtus, soit en suivant le plus long, c'est-à-dire le plan dorsal, après avoir contourné le côté gauche.

Lorsqu'on a saisi les pieds, on les fait descendre sur le plan antérieur du fœtus jusqu'à la vulve. Si on n'avait pu amener qu'un seul pied, on ne tirerait dessus qu'autant que l'évolution paraîtrait facile et que la tête ne montrerait pas de tendance à s'engager en même temps dans le détroit supérieur. Dans le cas contraire, il faut aller à la recherche du second, en suivant les règles indiquées. La disposition qu'a la tête à descendre dans le bassin permet moins souvent de se dispenser de tirer sur les deux pieds que dans les autres présentations. Dans celle-ci, on est quelquefois forcé d'interrompre l'opération pour repousser la tête.

Il ne faut jamais perdre de vue que c'est pendant le relâchement de l'utérus qu'on doit procéder à l'évolution du fœtus. Cette mutation, qu'on favorise par des pressions exercées sur le fond de l'utérus avec la main droite, transforme une position occipito-iliaque gauche du vertex en une position sacro-iliaque gauche de l'extrémité pelvienne.

Une fois l'évolution complétée, on doit attendre, pour tirer sur les pieds, les contractions de l'utérus, à moins que des circonstances particulières ne forcent de précipiter l'extraction. Lorsque l'occiput correspond primitivement vers la symphyse sacro-iliaque gauche, le plan postérieur du fœtus est ramené naturellement derrière la cavité cotyloïde droite. Mais c'est ordinairement vers la cavité cotyloïde gauche qu'il correspond, et dans ce cas le dos tend à se diriger vers la symphyse sacro-iliaque du côté opposé ; mais on le ramènera en avant, vers la cavité cotyloïde, en tirant presque uniquement sur le membre droit qui est en avant, et en cherchant à imprimer au tronc un mouvement de spirale allongée, d'arrière en avant et de droite à gauche.

Pour exercer les tractions, la main droite est successivement appliquée sur la jambe, les cuisses, la hanche droite, qui sont dirigées en avant, la gauche sur les mêmes parties du membre gauche qui correspond en arrière. C'est la main droite qui tire sur le bout placentaire du cordon pour former une anse, tandis que la gauche soutient le tronc et l'incline un peu sur son plan postérieur ; mais c'est la main droite qui soulève le tronc et l'incline à gauche, pendant que la gauche dégage le bras gauche qui est en arrière ; après quoi elle soutient le tronc à son tour, pendant que la gauche dégage le bras droit qui est en avant. Pour le dégagement de la tête, le tronc, toujours soutenu par la main et le bras gauche, est relevé vers l'arcade des pubis du côté droit de la mère, et la main droite ou l'indicateur et le médius seulement sont introduits dans la direction de la symphyse sacro-iliaque gauche pour abaisser la face et la diriger vers le diamètre coccy-pubien, pour lui faire franchir le détroit inférieur et la vulve. Nous renvoyons pour les irrégularités et pour les difficultés qu'on peut rencontrer à la description de la version en général.

VERSION DANS LA PRÉSENTATION DU CRANE.

2° *Positions occipito-iliaques droites.* — C'est la main droite qui est indiquée pour opérer. Elle refoule et repousse la tête à droite, parcourt le plan antérieur ou le plan postérieur du fœtus pour atteindre les pieds et amener le pelvis en position sacro-iliaque gauche. La main droite correspond au côté droit du fœtus dirigé en arrière, la gauche au côté gauche dirigé en avant. La première dégage le bras qui est en arrière, la seconde forme l'anse du cordon, dégage le bras qui est en avant et fléchit la tête. On voit qu'il n'y a de différence que dans le rôle des mains qui est interverti. L'analogie avec la manœuvre précédente rend superflue une description détaillée.

FIG. 51.

Si, par extraordinaire, l'occiput correspondait soit à la symphyse des pubis, soit à l'angle sacro-vertébral, l'une ou l'autre main serait indiquée indifféremment; mais on choisirait de préférence la main droite, parce qu'on s'en sert ordinairement avec plus de dextérité, et parce qu'elle ramène l'extrémité pelvienne en position sacro-cotyloïdienne gauche, qu'on suppose plus favorable pour le passage de la tête que celle du côté opposé.

II. DE LA VERSION DANS LA PRÉSENTATION DE LA FACE. — Les considérations qui ont été développées au sujet de la présentation du vertex sont applicables à celle-ci. Mais la face, restant ordinairement plus élevée à la fin de la grossesse et pendant la première période du travail, rend l'application du forceps plus difficile et plus limitée, et donne, toutes choses égales, plus souvent lieu à la version. Elle serait formellement indiquée si le menton correspondait vers le sacrum, et il faudrait la tenter alors même que la tête serait profondément engagée dans le bassin. Les positions mento-iliaques directes exigent également la version pour peu que la face soit élevée. Et comme, dans les cas où le forceps est inadmissible ou d'un emploi difficile et dangereux, il devient le plus souvent impossible de fléchir la tête, la version est par le fait le mode ordinaire de terminer artificiellement l'accouchement dans la présentation de la face. Les relevés suivants nous montrent dans quelle proportion la version, comparativement aux autres modes simples de terminer l'accouchement, a été employée pendant une longue période à l'hospice de la Maternité de Paris, et les modifications que la pratique a subies à mesure que cette espèce d'accouchement a été mieux connue.

Mme Boivin,

faces 74.

- Terminaisons spontanées 44.
- Après avoir fléchi la tête 17, — nés vivants 16, né mort 1.
- Par la version 14, — nés vivants 11, né mort 1, putréfiés 2.
- Avec le forceps 2, — nés vivants 2.

Mme Lachapelle,

faces 103.

- Terminaisons spontanées 88, — nés vivants 84, nés morts 3, putréfié 1.
- Après avoir remplacé le front par la face 2, — nés vivants 2.
- Par la version 7, — nés vivants 7.
- Avec le forceps 5, — nés vivants 4, né mort 1.

Le procédé opératoire est le même que pour le vertex. La tête, au lieu d'être fléchie en avant, est renversée en arrière : les positions mento-iliaques gauches représentent les occipito-iliaques droites et indiquent le procédé qui convient à celles-ci : les mento-iliaques droites représentent les positions occipito-iliaques gauches et exigent, par conséquent, la main gauche. La seule différence consiste à repousser la face au lieu du vertex, et cette partie de l'opération demande plus de ménagement, afin de ne point blesser les yeux et les autres parties avec lesquelles la main se met en contact.

III. De la version dans les présentations du tronc. — Dans les présentations du tronc, l'expulsion spontanée est encore rigoureusement possible ; mais elle est si incertaine, et expose le fœtus et la mère à tant de dangers qu'on ne doit, dans aucun cas, négliger le précepte de faire intervenir l'art au moment le plus opportun. Nous avons dit pourquoi, pag. 102, l'adduction de la tête ou la version céphalique, quoique désirable en principe, ne pouvait être appliquée que d'une manière exceptionnelle ; de sorte que la version sur les pieds paraît devoir rester définitivement le mode ordinaire de terminer l'accouchement dans les présentations du tronc, qu'il survienne ou non des accidents.

Malgré l'indication formelle de terminer l'accouchement, il s'en faut de beaucoup qu'il soit toujours opéré dans des conditions favorables, soit que la présentation n'ait été reconnue que longtemps après la rupture des membranes, soit que les secours de l'art n'aient été réclamés que tardivement. Outre la facilité avec laquelle la totalité du liquide amniotique s'écoule, l'utérus peut se rétracter fortement sur le corps du fœtus, et, à la longue, l'épaule et le côté peuvent s'engager profondément dans l'excavation pelvienne. J'ai longuement insisté sur toutes ces circonstances et sur les dangers de faire la version avec violence ; je rappellerai cependant que l'engagement de l'épaule et d'une partie du côté dans l'excavation pelvienne ne la contre-indique pas de prime abord, bien qu'il suppose une rétraction assez forte de l'utérus, et l'impossibilité de repousser cette partie. Dans ce cas, on peut encore assez souvent faire passer sans trop de difficulté la main entre le fœtus et la paroi postérieure du bassin, et exécuter la version, quoique la partie du tronc engagée éprouve peu de déplacement. Mais il faut que l'utérus soit dans le relâchement, et nous avons indiqué, pag. 58, les moyens à l'aide desquels on l'obtient assez souvent ; nous avons également fait connaître la conduite à tenir lorsque la version est trop dangereuse ou impossible.

Procédé opératoire. — Si le bras est descendu, ou s'il a été entraîné pour éclairer le diagnostic de la position, on place un lacs sur le poignet, non pour l'empêcher de remonter, mais afin de le maintenir allongé pendant l'évolution. La présentation de l'épaule droite indique la main droite pour opérer, et la présentation de l'épaule gauche la main gauche. La version est, toutes choses égales, d'une exécution plus facile que dans la présentation de la tête : outre que les pieds sont généralement moins élevés et plus faciles à saisir, la partie qui se présente, étant moins engagée, laisse le plus souvent un libre passage à la main, alors même qu'elle ne peut être déplacée.

1° *Épaule droite.* — A. *Première position ou céphalo-iliaque gauche (dorso-antérieure).* — Le pelvis correspond à droite, où il est plus ou moins relevé vers le fond de l'utérus. La main droite est mieux disposée que la gauche pour suivre le côté droit ou le plan antérieur du fœtus jusqu'aux pieds qui sont en arrière. Toutefois, si l'on allait directement aux pieds, la main gauche conviendrait presque aussi bien que la droite.

FIG. 52.

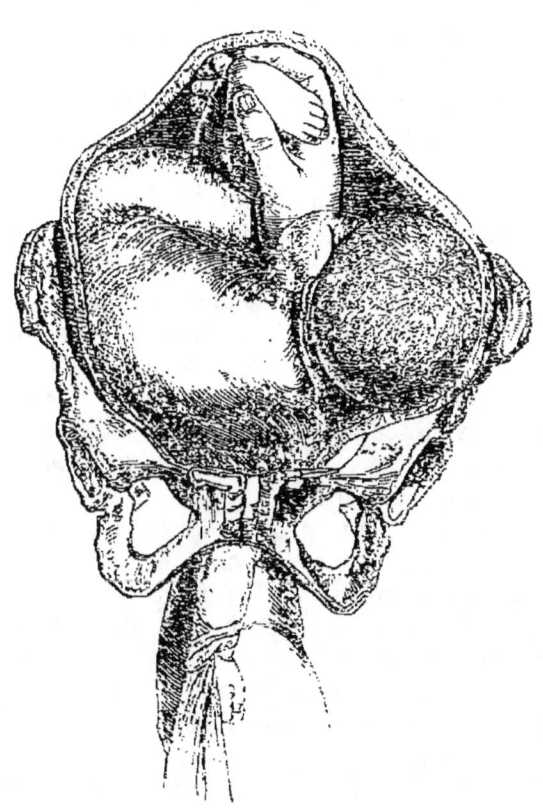

En entraînant les pieds, on ne peut pas leur faire suivre exactement le plan antérieur du fœtus dans toute son étendue, comme dans les présentations de la tête ; ils croisent obliquement le tronc au-devant de la poitrine. Il en résulte pendant l'évolution, une inflexion du tronc sur le côté droit et un mouvement de torsion du rachis, auquel succède plus ou moins promptement, suivant le degré de resserrement de l'utérus, un mouvement de rotation en masse, dès que le pelvis est assez abaissé pour forcer la tête à remonter. On seconde ce mouvement par des pressions exercées avec la main gauche. La flexion sur le côté et la torsion sont réparties sur une trop grande étendue pour qu'elles puissent devenir dangereuses pour le fœtus, alors même que tout le liquide amniotique serait écoulé, et l'utérus rétracté. Une conséquence presque forcée de cette direction des tractions, c'est que le dos tend à se diriger en arrière vers la symphyse sacro-iliaque droite, à mesure que l'évolution se produit : aussi faut-il avoir soin de diriger les tractions ultérieures de manière à ramener le plan dorsal vers la cavité cotyloïde droite. Pour l'extraction, on se conduit comme il a été dit pour les positions lombo-iliaques droites.

Le principal inconvénient, qu'il ne faut pas s'exagérer, est la tendance, dans cette position de l'une et l'autre épaule, qu'a le plan dorsal à se diriger en arrière pendant l'évolution. Cet inconvénient a paru assez grave à quelques auteurs pour proposer des modifications à la manœuvre ; mais ces modifications supposent, contrairement à la vérité, la possibilité de faire exécuter dans l'utérus au fœtus des déplacements étendus. Il est superflu de leur donner ici une place ; elles ne peuvent avoir pris naissance que dans des études faites sur le mannequin, et par cela même ne méritent aucune attention : on a suffisamment insisté dans diverses parties de cet ouvrage sur la difficulté et même l'impossibilité de redresser la tête inclinée, de changer une présentation de la face en une présentation du sommet, d'amener la tête à l'orifice de la matrice dans les présentations du tronc, pour être dispensé de toute discussion à ce sujet.

La même manœuvre convient quel que soit le point de la moitié gauche du bassin où la tête correspond ; elle convient également dans les présentations irrégulières, où la poitrine ou le dos est plus ou moins incliné vers l'entrée du bassin. Dans la seconde variété, le mouvement de torsion pourrait être très étendu si l'utérus était fortement resserré sur le fœtus ; il est douteux qu'il fût même dans ce cas de nature à compromettre son existence, mais il pourrait en résulter d'assez grandes difficultés. D'ailleurs, le moyen qu'on a proposé pour diriger préalablement le plan antérieur en bas serait impraticable.

B. *Deuxième position de l'épaule droite* ou *céphalo-iliaque droite* (*dorso-postérieure*). — On introduit la main droite dans la matrice en supination ou en pronation, suivant qu'on veut lui faire suivre, pour arriver aux pieds, le plan postérieur ou le plan antérieur du fœtus. Dans le premier cas, on la fait glisser derrière l'épaule qu'on cherche à soulever, et on lui fait parcourir le plan latéral et postérieur jusqu'aux membres inférieurs, qu'on entraîne en leur faisant croiser obliquement le plan antérieur. Dans le second cas, on fait avancer la main entre l'épaule et les pubis, pour aller saisir directement les pieds à leur place supposée. La difficulté de faire pénétrer la main entre les pubis et la partie qui se présente, et la nécessité de renverser fortement le poignet sur l'avant-bras pour arriver aux pieds qui sont en avant et à droite, rendent ce procédé assez défectueux, à moins qu'on ne fasse placer la femme sur les genoux et sur les coudes, et qu'on n'introduise la main par derrière. La difficulté d'arriver aux pieds d'une manière régulière lorsque l'utérus est rétracté immédiatement sur le fœtus, peut conduire à faire prendre à la femme cette singulière attitude.

Pendant l'évolution, il y a également un léger mouvement de flexion du tronc sur le côté droit, et un mouvement peu étendu de torsion du rachis, auxquels succède un mouvement de rotation de tout le fœtus, qui se trouve placé en position sacro-cotyloïdienne gauche. Les mouvements que nous venons d'indiquer ont pour résultat d'amener le plan postérieur en avant, et sous ce rapport la seconde position de l'épaule droite semble présenter un avantage sur la première ; mais il est souvent compensé par une plus grande difficulté d'arriver aux pieds : car, dans la variété où la tête correspond vers la région lombaire du côté droit, il faut aller chercher les pieds sur un point de la moitié antérieure gauche de l'utérus ; et malgré la dépressibilité de la commissure postérieure de la vulve et la propriété qu'a la main de se renverser en arrière, de s'infléchir sur les côtés, il peut arriver qu'elle ne puisse saisir que très difficilement les pieds, malgré le soin de redresser l'utérus avec la main gauche, surtout s'il se trouvait incliné en avant.

2° *Epaule gauche.*—A. *La première position de l'épaule gauche, ou céphalo-iliaque gauche (dorso-postérieure)* réclame le même procédé et prête aux mêmes considérations que la seconde de l'épaule droite, avec cette différence que c'est la main gauche qui est portée dans l'utérus, et que l'enfant est ramené en position sacro-cotyloïdienne droite.

B. *La seconde position de l'épaule gauche ou céphalo-iliaque droite (dorso-antérieure)* exige qu'on fasse avec la main gauche la manœuvre de la première position de l'épaule droite, sans autres changements que ceux qui résultent des rapports différents. Une description détaillée serait superflue ; il est cependant très important de se familiariser avec chacune de ces opérations, malgré la grande analogie qu'elles ont entre elles.

FIG. 53.

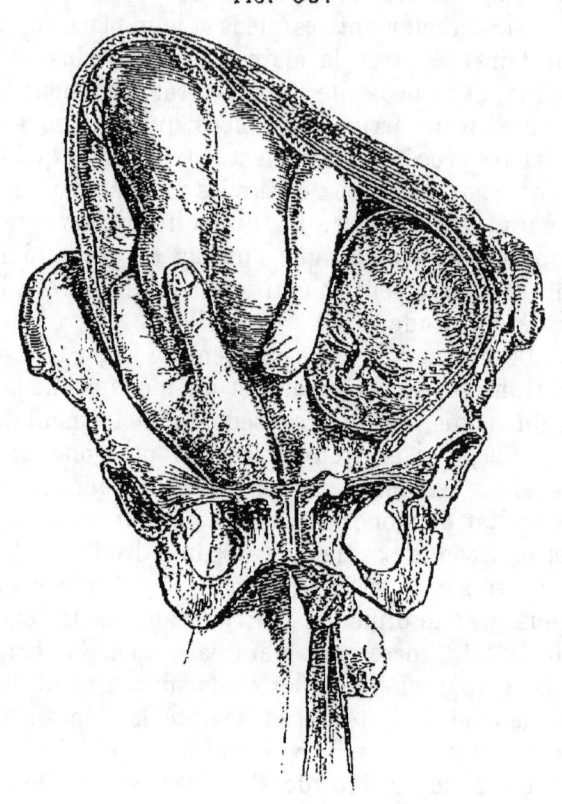

IV. DU DÉGAGEMENT DE L'EXTRÉMITÉ PELVIENNE A L'AIDE DE LA MAIN. — Les présentations de l'extrémité pelvienne faisant partie des accouchements qu'on abandonne aux efforts maternels, l'art n'intervient pour le dégagement du pelvis que lorsque les forces naturelles sont insuffisantes, qu'un obstacle s'oppose à son expulsion, ou qu'il se manifeste des accidents qui exigent la terminaison de l'accouchement.

La nécessité de l'intervention de la main pour dégager l'extrémité pelvienne s'est présentée dans les proportions suivantes à la Maternité de Paris.

Madame Boivin : présentations du pelvis 616, expulsions spontanées 566 ; dégagements 47, enfants nés vivants 35, nés morts 10, putréfiés 2.

Madame Lachapelle : présentations du pelvis 804, expulsions

spontanées 790 ; enfants nés vivants 673, morts 101, putréfiés 16 ; dégagements 12 ; enfants nés vivants 9, morts 3.

1° Lorsque les pieds se présentent à l'orifice de la matrice ou sont descendus dans le vagin, il est facile de les saisir avec l'une ou l'autre main et de les entraîner au dehors ; il en serait de même dans le cas très rare où les genoux s'avancent les premiers.

2° Lorsque les fesses se présentent à l'orifice de la matrice, les pieds en sont très rapprochés, si les jambes et les cuisses sont fléchies; ils en sont au contraire éloignés, si les membres inférieurs sont étendus sur le plan antérieur du fœtus, et la main aura un trajet assez long à parcourir. Tant que les fesses n'ont pas franchi l'orifice de la matrice, elles sont en général fort élevées, alors même que la poche des eaux est rompue depuis plus ou moins de temps. Dans le cas même où elles feraient une saillie très prononcée à travers l'orifice utérin et seraient engagées à l'entrée du bassin, il serait médiocrement difficile de faire passer la main. Toutefois si l'extrémité pelvienne rassemblée était fortement serrée par le détroit supérieur et par l'utérus, outre les difficultés de faire pénétrer la main, on pourrait en rencontrer de telles à entraîner les pieds qu'on les arracherait plutôt. C'est la main gauche, dont la face palmaire correspond au plan antérieur du fœtus, qui doit être introduite suivant les règles prescrites, dans les positions où le sacrum regarde un point de la moitié gauche du bassin. La main droite remplit le même rôle dans les positions sacro-iliaques droites. Si les lombes correspondaient au pubis ou sacrum de la mère, le choix de la main serait indifférent. Les mêmes règles sont encore applicables lorsque la présentation n'est pas franche; il y a même plus de facilité à introduire la main, et à entraîner les pieds lorsque le fœtus a cessé d'être mobile.

3° Lorsque les fesses ont franchi l'orifice de la matrice et sont profondément engagées dans l'excavation pelvienne, on s'exposerait à déchirer le vagin ou le segment inférieur de l'utérus, si l'on voulait les repousser pour aller prendre les pieds ; d'ailleurs on le tenterait presque toujours en vain. Il faut glisser l'indicateur de chaque main entre les hanches et le bassin sur les aines, et tirer pendant les contractions avec les deux doigts recourbés en crochets. Il peut arriver qu'on ne trouve pas assez d'espace pour passer le doigt entre l'arcade des pubis et la hanche, et que le doigt introduit en arrière soit insuffisant, parce que le siége étant encore élevé, ce doigt saisit mal la partie et tire dans une fausse direction.

Cette difficulté peut être surmontée en faisant arriver l'indicateur sur l'aine du membre qui correspond en avant, non entre la hanche et l'arcade des pubis, mais entre la racine des cuisses, sans comprimer les parties génitales. Lorsque le siége est descendu dans le fond de l'excavation pelvienne et qu'il commence à se réfléchir d'arrière en avant pour parcourir la gouttière coccy-périnéale, il est plus avantageux de tirer sur le pli de l'aine du membre qui correspond à la courbure du sacrum. Il est fort à regretter que les doigts employés comme crochets sur le pli de l'aine aient une action si restreinte; s'il en était autrement, il ne faudrait pas négliger, alors même que les fesses seraient encore élevées, de les faire descendre sans étendre les membres inférieurs, afin de procurer au fœtus les avantages d'une prompte expulsion du tronc et de la tête. Quoi qu'il en soit, la possibilité d'entraîner les pieds, lorsque le siége est trop élevé pour que les doigts puissent accrocher le pli de l'aine, met heureusement très rarement dans la nécessité d'employer le crochet mousse.

SECTION II. — Du forceps. — Du levier. — Du crochet mousse.

I. Du forceps. — Le forceps est une grande pince formée de deux branches croisées s'articulant librement, destinée à saisir la tête du fœtus dans les parties de la mère, et à l'amener au dehors.

Le forceps est une découverte moderne. Le véritable inventeur n'est ni Palfin, ni Gilles, ni Ledoux, mais bien Chamberlen. Des documents irrécusables sont venus récemment s'ajouter aux témoignages des contemporains : ce sont les forceps de diverses formes et les leviers dont il se servait, trouvés, avec des pièces de correspondances, dans une armoire secrète d'une maison qui avait appartenu, de 1683 à 1715, à la famille Chamberlen. L'incertitude sur la date précise de la découverte du forceps et les contestations sur les droits à la priorité proviennent de ce que cet instrument, ainsi que le levier, fut pendant longtemps l'objet d'un trafic peu honorable.

Le forceps n'était dans le principe qu'une pince droite dont les mors, pleins ou fenêtrés, étaient seuls recourbés pour s'accommoder à la forme de la tête. Levret et Smellie les recourbèrent sur les bords pour les approprier à la courbure du bassin. Depuis aucune modification importante n'a été acceptée, malgré des tentatives incessantes qui sont toutes tombées dans l'oubli; l'instrument a paru à presque tous les praticiens s'adapter aussi exactement que possible à la forme de la tête et à la direction du bassin. La plupart des forceps qu'on fait aujourd'hui ne représentent pas exactement en tout point les modèles donnés par Levret et Smellie; mais ils en diffèrent si peu que les modifications utiles ou insignifiantes qu'ils ont subies ne sauraient valoir à ceux qui les ont fait adopter le titre d'inventeurs qu'ils se donnent. Au reste, il est inutile de protester contre ces manifestations puériles d'une vanité que personne ne prend au sérieux.

Le forceps, avons-nous dit, représente une grande pince formée de deux branches séparées. On distingue sur chaque branche le mors, la jonction ou articulation et le manche. Les mors forment des espèces de cuillers percées d'une large fenêtre allongée, courbées en dedans sur le plat et en avant sur le bord, pour s'accommoder à la fois à la forme de la tête et à la direction du bassin; ils sont évidés et polis à la lime en dedans. La jonction des branches s'opère au moyen de deux entablures à mi-fer pratiquées à la base des courbures, présentant, l'une un pivot mobile sur son axe, l'autre une ouverture destinée à recevoir ce pivot. Une espèce de clef est nécessaire pour fermer l'instrument dans le cas où les doigts sont insuffisants pour faire tourner le pivot. Il existe un autre mode d'articulation aussi simple et aussi avantageux : la mortaise est creusée sur le bord de la branche et représente une échancrure au lieu d'un trou; le pivot fixe est diversement configuré. Le premier est généralement en usage en France, et le second en Angleterre et en Allemagne. On est enfin parvenu à établir un double pivot sans rendre l'articulation moins simple et l'instrument moins commode. Cette modification, qui permettrait d'introduire indifféremment l'une ou l'autre branche la première, mérite d'être adoptée.

Les manches décrivent une courbure près de l'articulation, afin que les mains puissent mieux saisir l'instrument quand il est fermé, et leurs extrémités sont recourbées en dehors en bec-de-cane, de manière à former deux crochets mousses. Dans quelques forceps, l'une des olives qui terminent le manche est vissée sur une pointe qui forme un crochet aigu; l'autre manche, également vissé, au-dessous du point où il se recourbe en crochet, peut former un perforateur; la partie qui porte les pas de vis était terminée en pointe.

Mais ce sont là des instruments fort défectueux dont il faut éviter de se servir. Il vaut mieux laisser aux manches leur simplicité ou les garnir en bois, afin de donner plus de prise aux mains.

La branche qui porte le pivot est désignée par les noms de branche à *pivot*, de branche *mâle*, ou de branche *gauche*, parce qu'elle est appropriée au côté gauche du bassin sur lequel elle doit être appliquée ou ramenée; et celle qui porte la mortaise par ceux de branche à *mortaise*, de branche *femelle* ou de branche *droite*.

Quoique la courbure du canal pelvien ne soit pas la même dans toute son étendue, on se sert généralement du même instrument, soit qu'on l'applique au détroit inférieur, dans l'excavation, ou au détroit supérieur. Les Anglais ont un grand et un petit forceps, et font un fréquent usage de celui-ci; ils se servent même quelquefois du forceps droit. Notre forceps ordinaire, qui représente un grand forceps, convient dans la généralité des cas; mais lorsqu'on ne peut pas dégager la tête sans lui faire exécuter un mouvement de rotation très étendu, il devient fort embarrassant et infiniment moins bien approprié à la difficulté que le petit forceps, et surtout que le forceps droit.

Mode d'action du forceps. — La tête est la seule partie du fœtus sur laquelle on applique le forceps : on y a recours dans les présentations de l'extrémité céphalique, et dans les présentations de l'extrémité pelvienne ou après la version, lorsqu'on ne peut pas dégager la tête. Quoiqu'on n'ait jamais pris au sérieux la proposition de l'appliquer sur le bassin dans la présentation du siège, nous n'examinerons pas moins, en traitant de l'application du crochet mousse sur le pli de l'aine, si on doit absolument y renoncer.

Le forceps doit être considéré comme un instrument de traction et non de réduction des diamètres de la tête. Le premier effet est généralement produit sans que le second se manifeste; mais il n'en est pas moins des cas où les deux effets se combinent.

Les expériences de Baudelocque, qui a soumis à la plus forte pression, entre les cuillers d'un forceps d'une solidité éprouvée, neuf têtes d'enfants morts-nés, me paraissent propres à fixer l'opinion sur ce point. La réduction qu'a éprouvée la tête a été un peu différente suivant que les os du crâne présentaient plus ou moins de solidité, et que les sutures et les fontanelles étaient plus ou moins serrées; mais elle a pu difficilement et rarement être portée au-delà de 9 à 11 millim. (4 à 5 lig.). Lorsque l'instrument pressait sur les côtés de la tête, les diamètres qui croisent celui sous lequel on la comprimait, loin d'augmenter dans la même proportion que celui-ci diminuait, n'augmentaient pas même pour l'ordinaire d'un quart de ligne, et devenaient quelquefois plus petits. Cette réduction, toute petite qu'elle est, ne serait point à dédaigner ; mais, malheureusement, elle peut rarement concourir au profit de l'expulsion. Pour cela il faudrait, en effet, que le forceps fût appliqué sur le diamètre qui met obstacle au passage de la tête et non sur celui qui le croise. Or, comme c'est ordinairement au détroit supérieur et dans la direction du diamètre sacro-pubien que se trouve l'obstacle, alors même que la tête serait assez mobile pour livrer passage aux cuillers, il ne serait pas moins impossible de les placer à cette hauteur, l'une devant le sacrum, l'autre derrière les pubis. Mais de ce que le forceps est appliqué sur le diamètre de la tête qui n'a pas besoin d'être réduit, il ne s'ensuit pas que celui qui correspond au rétrécissement ne puisse pas l'être sous l'influence même des tractions.

N'avons-nous pas établi, p. 144, que les diamètres de la voûte du crâne peuvent, dans un assez grand nombre de cas, être réduits sous l'influence de l'action de l'utérus prolongée aux dimensions des diamètres correspondants de la base, et qu'il en résulte quelquefois des dépressions profondes et ces fractures sur lesquelles M. Danyau a récemment appelé l'attention ? Pendant les tractions exercées lentement et avec le degré de force qu'il est permis d'employer, la compression de la tête entre les parties qui la retiennent est supérieure ou au moins égale à celle qu'elle éprouve entre les cuillers du forceps. Ces tractions devenant un puissant auxiliaire des efforts maternels, il en résulte, suivant que les os larges du crâne sont plus ou moins mobiles et flexibles, un aplatissement plus ou moins prononcé de la tête qui peut décider de son passage. Dans les cas de ce genre, comme M. Velpeau l'a prouvé par des faits, l'emploi du forceps permet de compter sur une assez forte réduction du crâne ; elle serait plus forte encore si le défaut de proportion était le résultat d'une hydrocéphalie. Il est vrai que, dans beaucoup de cas, la tête, poussée depuis longtemps contre l'obstacle par les efforts maternels, a déjà subi une réduction que les tractions à l'aide du forceps ne pourront augmenter que de fort peu, et que, dans tous les cas, malgré le soin d'agir avec lenteur et avec prudence, la double compression de la tête entre les mors du forceps et les points opposés du bassin expose davantage le fœtus à périr et les parties de la mère à être déchirées, que dans l'expulsion spontanée ; ce qui n'est pas une raison déterminante de s'abstenir de tentatives prudentes d'extraction, à moins que la crâniotomie ou d'autres opérations ne soient indiquées d'emblée.

Conditions qui permettent l'application du forceps.—Le forceps partage principalement avec la main le privilége de terminer artificiellement les accouchements qui peuvent être opérés par la voie naturelle. Il exige plus rigoureusement encore que la main, comme condition favorable à son application, que l'orifice utérin soit dilaté, ou au moins très dilatable s'il est incomplétement dilaté. Lorsqu'il y a nécessité de terminer sans retard l'accouchement avant que l'orifice utérin soit suffisamment dilaté ou suffisamment dilatable, la version est plus généralement praticable, et avec moins de difficultés et de dangers que l'application du forceps. Néanmoins, si la tête était fort basse, le forceps serait préférable, même dans le cas où il faut débrider l'orifice utérin. Lorsqu'on est parvenu à placer à plat quatre doigts entre la tête et le col utérin, on peut y glisser facilement la cuiller du forceps sans craindre de déterminer des déchirures.

La déchirure du col est, en effet, le danger qu'on a à craindre et à prévenir, et dont les conséquences peuvent être extrêmement fâcheuses, alors même que la lésion reste bornée au tissu de l'utérus. L'accident se produit lorsqu'on fait pénétrer la main sans observer la lenteur et les ménagements nécessaires, et lorsqu'on entraîne à travers l'orifice utérin les parties les plus volumineuses du fœtus. Or avec le forceps on agit aussi lentement qu'il est nécessaire pour obtenir la dilatation graduelle de l'orifice utérin, tandis que, dans la version, une fois que la portion sus-ombilicale du tronc est dehors, il faut, si l'on veut sauver le fœtus, précipiter l'extraction des épaules et de la tête; et l'on s'expose autant si ce n'est davantage à déchirer le col, et l'on diminue singulièrement les chances de salut du fœtus. Les observations d'hémorrhagies utérines, d'éclampsie, etc, fournissent des preuves irrécusables de l'opportunité du forceps dans les conditions que je viens de spécifier. Toutefois, lorsque la nécessité de terminer l'accouchement se manifeste avant que l'orifice utérin soit largement dilaté ou très dilatable, quoique le forceps soit le mode d'extraction propre aux présentations de la tête, on est le plus souvent conduit à donner la préférence à la version, parce que l'intégrité de l'œuf est une condition qui lui est très favorable, et parce que la tête est ordinairement assez élevée et mobile, conditions qui sont peu favorables à l'application du forceps. Mais à mesure que la version perd de son opportunité jusqu'à devenir absolument impraticable, à raison de l'engagement de la tête dans l'excavation du bassin et de la rétraction immédiate de l'utérus sur le corps du fœtus, l'usage du forceps devient de plus en plus opportun et facile.

Pour bien préciser les conditions dans lesquelles le forceps convient, les difficultés et les dangers de son application, il est nécessaire, comme nous venons de le faire pour le degré de dilatation de l'orifice utérin, de rapprocher sommairement les principales causes qui en réclament l'emploi des diverses conditions dans lesquelles la femme peut se trouver.

A. La tête a complétement ou presque complétement franchi l'orifice utérin, et se trouve, en totalité ou en grande partie, engagée dans l'excavation du bassin, lorsqu'une hémorrhagie grave, des attaques d'éclampsie répétées, des symptômes d'épuisement des forces, le prolapsus du cordon, etc., rendent l'indication de terminer l'accouchement pressante; ou bien elle est arrêtée par une inertie persistante, par les dernières résistances du col, par la brièveté du cordon, par sa persistance dans une position irrégulière, par des anomalies dans les divers mouvements qu'elle doit exécuter, par un rapport trop exact entre son volume et le détroit inférieur, par la résistance du vagin, du périné, de la vulve, etc., et l'arrêt dure depuis un temps assez long pour rendre imminents les accidents qui sont souvent la conséquence, pour la mère et l'enfant, de son séjour trop prolongé dans l'excavation du bassin après la dilatation de l'orifice et la rupture des membranes.

Dans toutes ces circonstances, le forceps est exclusivement indiqué, et l'on rencontre toutes les conditions favorables à son application. C'est en outre le cas où il est ordinairement appliqué. Pour s'en convaincre, il suffit de rappeler que sur dix applications de forceps, neuf au moins se rapportent à une seule des causes que nous venons d'énumérer, la résistance des parties molles. Et comme cette cause de dystocie, ainsi que la plupart de celles qui retiennent la tête dans le fond de l'excavation du bassin, n'oppose pas, en général, un obstacle absolu à l'expulsion de la tête, cela explique les variations de fréquence de l'emploi du forceps dans la pratique, suivant qu'on fait une part plus ou moins grande à l'expectation.

B. Avant de déterminer les conditions qui permettent ou exigent l'emploi du forceps au détroit supérieur, il est utile de faire connaître les opinions les plus accréditées sur la convenance de son application sur ce point. Smellie a formellement donné le précepte d'appliquer le forceps au détroit supérieur et a posé les règles de son application; il y a eu recours plusieurs fois avec succès, quoique son forceps ne soit pas des mieux disposés pour saisir la tête à cette hauteur. On a supposé à tort que Levret, qui a si heureusement modifié le forceps pour l'accommoder à la courbure du bassin, n'a pas eu la pensée de l'appliquer au détroit supérieur.

Ce qu'il a dit de son usage dans l'enclavement et des avantages qu'il en a retirés s'applique en plusieurs points exactement à la question, et il ne l'a point posée comme on l'a fait arbitrairement plus tard, en supposant la tête mobile ou non tout entière au-dessus du détroit supérieur. Sans doute elle peut se trouver dans cette situation, et cela dans trois circonstances différentes : 1° avant la rupture des membranes, lorsque la matrice est extrêmement distendue par une grande quantité de liquide amniotique. Deux cas peuvent se présenter : un accident grave exige la prompte terminaison de l'accouchement; si après avoir rompu les membranes, on ne sent pas la tête descendre, il faut préférer la version au forceps alors même qu'il pourrait être appliqué ; ou bien l'on a à se préoccuper seulement de la persistance de l'élévation de la tête : si l'orifice de la matrice est complétement dilaté, ou rompt les membranes, et la tête ne tarde pas à descendre dans l'excavation, à moins que le détroit supérieur ne soit rétréci, et alors le cas rentre dans les conditions précisées ci-après. 2° La tête reste au-dessus du détroit supérieur, parce qu'elle est tellement déviée qu'elle repose sur les pubis ou sur la fosse iliaque; il y a tendance à une présentation des épaules : le forceps est inapplicable, et quoique la tête soit ordinairement ramenée par les progrès du travail au centre du bassin, et qu'il convienne d'attendre, on ne saurait absolument blâmer le praticien qui aurait recours à la version aussitôt après la dilatation de l'orifice utérin et la rupture des membranes. 3° La tête reste complétement au-dessus du détroit supérieur, parce que ce détroit est extrêmement rétréci. Dans ce cas, il serait peu censé de tenter l'application du forceps; mais il le serait moins encore de pratiquer la version. Ainsi, comme on le voit, lorsqu'il s'agit d'appliquer le forceps au-dessus du détroit supérieur avec l'espoir de succès, la tête est partiellement engagée ou fait saillie par sa voûte à son entrée, et jouit d'une mobilité fort restreinte si elle n'est pas complétement immobile; elle doit être considérée comme étant au détroit supérieur, et même au-dessus, lorsqu'elle y est retenue entre deux points plus ou moins rapprochés de sa circonférence occipito-frontale ou occipito-bregmatique; la tumeur œdémateuse du cuir chevelu peut même la faire paraître descendue dans l'excavation. M. Velpeau a dit avec raison que la plupart des praticiens qui repoussent l'application du forceps au détroit supérieur s'y conforment sans s'en douter. Mais poursuivons.

Baudelocque ne semble admettre l'emploi du forceps au détroit supérieur, que le bassin soit bien ou mal conformé, que d'une manière tout-à-fait exceptionnelle. « Il est souvent si difficile, dit-il, à ceux qui ne sont pas versés dans l'art d'employer le forceps, de bien saisir la tête avec cet instrument quand elle est encore au-dessus du bassin, et il peut en résulter tant d'inconvénients, qu'ils ne doivent le tenter qu'autant que les circonstances qui compliquent le travail ne leur laissent entrevoir de ressources plus douces ni plus assurées. Quoique les difficultés soient moindres pour ceux qui ont une habitude raisonnée d'employer cet instrument, qui en connaissent parfaitement les rapports avec la tête de l'enfant et le bassin de la mère, elles sont assez grandes encore cependant pour qu'ils ne s'en servent pas préférablement à d'autres méthodes, quelquefois également praticables. Les accidents qui exigent qu'on opère l'accouchement quand la tête est encore aussi éloignée ne sont pas suffisants pour nous déterminer à donner cette préférence au forceps. Le défaut de largeur du détroit supérieur respectivement au volume de la tête, joint à la très forte contraction des parois de la matrice sur le corps de l'enfant, comme dans le cas où il y a beaucoup de temps que les eaux sont pleinement évacuées, peut seul nous y engager: encore faut-il qu'il reste assez d'espace de la part du détroit pour espérer d'amener l'enfant avec moins de dangers qu'en le retournant et en l'entraînant par les pieds. Quoiqu'il y ait moins d'accidents à craindre de l'usage du forceps porté aussi loin, quand le bassin est bien conformé, que dans l'état contraire, puisqu'il y a plus d'espace pour l'appliquer et que les parties de la femme, ainsi que la tête de l'enfant, ne doivent pas en éprouver une pression aussi forte, il ne faut cependant pas s'en servir, parce qu'il est d'autant plus difficile de saisir la tête qu'elle est plus mobile sur le détroit du bassin. L'extraction de l'enfant par les pieds mérite alors la préférence, après les préparations ordinaires, si l'état de la matrice en exige. Cette méthode est plus facile pour la plupart des praticiens, et plus sûre, entre leurs mains, pour la femme que l'usage du forceps. »

Baudelocque, considérant l'enclavement de la tête au détroit supérieur, entre l'angle sacro-vertébral et les pubis, comme assez fréquent, et comme exigeant l'emploi du forceps, qu'il conseille dans ce cas d'appliquer sur les côtés du bassin, fait également une part assez large à cet instrument. Car ce prétendu enclavement n'est, dans la plupart des cas, que l'arrêt de la tête plus ou moins engagée à l'entrée d'un bassin rétréci ; son peu de mobilité dépend bien plutôt de l'évacuation du liquide amniotique et du resserrement de l'utérus que d'un enclavement réel.

L'obligation dans laquelle on s'est cru de placer constamment les cuillers sur les côtés de la tête est une des causes qui ont le plus contribué à jeter des doutes sur l'opportunité ou la possibilité de l'application du forceps au détroit supérieur. L'exception admise pour l'enclavement supposé ou réel est le principe qui doit servir de règles dans presque tous les cas, ce que Deleurye avait bien compris. On ne peut pas, comme au détroit inférieur et dans le fond de l'excavation, sacrifier les avantages qui résultent de la courbure des cuillers sur leurs bords. Ce n'est pas seulement parce que les côtés de la tête sont serrés entre l'angle sacro-vertébral et les pubis qu'on ne peut pas y placer les cuillers, mais encore parce que leur courbure n'est plus en rapport avec celle du bassin. Le forceps devient un instrument droit introduit dans un canal courbe. Qu'est-ce que la courbure sur le plat de la branche introduite en arrière, comparée à la courbure du canal pelvien, de l'angle sacro-vertébral à la commissure postérieure de la vulve? La branche placée derrière les pubis est moins bien disposée à la direction du bassin que si elle était droite sur le plat, puisque sa convexité est opposée à la courbure du bassin. L'instrument introduit ainsi sur un bassin pourvu de ses parties molles ne pourrait pas même saisir la tête la plus petite, alors même qu'on déprimerait la commissure postérieure de la vulve jusqu'au coccyx. L'application du forceps au-dessus du détroit supérieur, entre l'angle sacro-vertébral et les pubis, est réellement impossible.

Dans la direction de la symphyse sacro-iliaque à la cavité cotyloïde opposée, une partie des obstacles a disparu; la branche qui est en arrière s'accommode aussi exactement à la direction du bassin que si elle était placée sur ses côtés. Mais celle qui est placée derrière la cavité cotyloïde se trouve dans des conditions aussi défavorables que derrière les pubis : seulement comme la branche placée devant la symphyse sacro-iliaque n'est pas repoussée en avant par la saillie de l'angle sacro-vertébral, il reste en général assez d'espace entre elles pour que la tête puisse être embrassée. On rencontrerait les mêmes difficultés si on la faisait avancer directement en avant et de côté; mais en l'introduisant d'abord sur le côté du bassin, une fois que l'extrémité est au-dessus de la partie la plus saillante de la tête, le reste de la cuiller présentant une courbure peu prononcée qui s'accommode assez bien à la paroi antérieure du bassin qui est plutôt droite que convexe, il est possible et même assez facile, si elle joue avec quelque liberté entre la tête et le bassin, de faire avancer son bord concave jusqu'au niveau de l'éminence iléo-pectinée et même au-delà. En un mot, si le bassin est bien conformé et la tête peu serrée, il est possible d'appliquer le forceps diagonalement au détroit supérieur, et l'on doit chercher à le faire toutes les fois que ces conditions existent, et que le diamètre occipito-frontal correspond à l'un des diamètres obliques. Mais, le plus souvent, lorsqu'on est appelé à appliquer le forceps au détroit supérieur, la tête presse fortement contre les points qui mettent obstacle à son passage, et l'on est généralement conduit, quelle que soit sa position, à placer les branches du forceps sur les côtés du bassin. Dans cette situation, où les courbures de l'instrument sont en rapport avec celles du bassin, on parvient presque toujours assez facilement, et sans faire courir de dangers sérieux à la mère, à introduire les branches et à les articuler, alors même que le bassin est mal conformé, et par conséquent à entraîner la tête sans exposer gravement ni la mère, ni même l'enfant, toutes les fois que l'obstacle qui s'oppose à son passage est de nature à être surmonté par des tractions modérées.

Mais c'est là que commencent sinon les difficultés, au moins le danger. La tête n'étant plus entraînée, comme au détroit inférieur, contre des parties molles et élastiques, mais contre des surfaces osseuses doublées d'une couche charnue peu épaisse, l'utérus peut facilement être lacéré et le cerveau du fœtus éprouver une lésion grave si les tractions sont brusques ou trop violentes et trop prolongées. Ce sont les conséquences de ces tractions inconsidérées, auxquelles on n'a malheureusement que trop de tendance à s'abandonner quand on est parvenu à placer l'instrument, qui fournissent les plus fortes objections contre l'usage du forceps au détroit supérieur, et qui en font le plus redouter l'emploi par des mains inexpérimentées.

En appliquant les branches du forceps sur les côtés du bassin, il arrive rarement que la tête soit saisie régulièrement d'un côté à l'autre, à moins qu'elle n'éprouve un déplacement pendant qu'on introduit les branches ou qu'on les articule, car l'occiput ou le front ne correspond guère derrière les pubis que dans les bassins dont le diamètre sacro-pubien est allongé aux dépens des diamètres oblique et transverse ; elle est ordinairement saisie du front à l'occiput, tantôt directement, tantôt diagonalement. Dans le premier cas, la pression s'exerçant uniformément ne fait pas courir au fœtus plus de dangers que si la tête était saisie par ses côtés ; dans le second cas, c'est-à-dire lorsque la tête se trouve diagonalement placée de manière à être saisie d'un côté du front au côté opposé de la région occipitale, outre qu'il peut en résulter plus de difficultés dans l'introduction et l'articulation des branches et une prise moins sûre, la pression souvent inégale des bords des cuillers expose davantage le crâne aux dépressions, aux fractures qui sont quelquefois le résultat de l'application du forceps.

La tête, prise du front à l'occiput, peut aussi facilement être entraînée dans le fond de l'excavation du bassin que lorsqu'elle est saisie par les côtés de la tête. Mais il est difficile et dangereux de lui faire ainsi traverser le détroit inférieur ; ce qui conduit le plus souvent à retirer le forceps lorsque l'obstacle au passage de la tête à travers le détroit abdominal est surmonté, sauf à le réappliquer régulièrement ensuite si un accident ou l'impuissance des efforts maternels l'exige.

Maintenant que nous connaissons les règles qui doivent présider à l'emploi du forceps au détroit supérieur, ses difficultés et ses dangers, nous pouvons établir dans quels cas il convient d'y avoir recours et dans quelles limites on peut insister sans aggraver directement les dangers que courent la mère et l'enfant. Les considérations qui précèdent et celles qui suivent sont plus particulièrement applicables à la présentation du crâne ; l'application du forceps sur la tête, dans la présentation de la face et dans la présentation de l'extrémité pelvienne après la sortie du tronc, comporte des restrictions importantes que nous ferons connaître plus loin.

1° La tête restée au-dessus du détroit supérieur ou à peine engagée à son entrée, sans que sa présentation soit irrégulière ou le bassin trop étroit, réclame très rarement, par le fait de cette élévation insolite, l'intervention de l'art. Lorsqu'elle reste ainsi élevée pendant la période de dilatation et les premiers temps de la période d'expulsion, cela dépend d'obstacles de nature à être facilement surmontés par les progrès du travail. Ce sont, la présence d'une grande quantité de liquide amniotique, une inclinaison insuffisante de l'utérus en avant, circonstance qui fait que son segment inférieur reste plus souvent élevé pendant les derniers temps de la grossesse et pendant le travail chez les primipares que chez les autres, la résistance du col élevé et peut-être quelquefois les parties charnues qui occupent les côtés du détroit supérieur.

Si, malgré une expectation suffisante et l'emploi des moyens les plus propres à donner de l'énergie à l'utérus et à faciliter l'engagement, la tête restait élevée, ce qui serait l'indice presque certain d'un premier degré de défaut de proportion résultant, soit de son volume considérable, soit d'un bassin peu spacieux, quoique bien conformé, il faudrait employer le forceps de préférence à la version, qui est devenue plus ou moins difficile et prononcée suivant que la rétraction de l'utérus est plus ou moins dangereuse, et l'écoulement du liquide amniotique plus ou moins complet.

Mais lorsqu'on est conduit à terminer l'accouchement pour un accident grave, avant la rupture des membranes, ou peu de temps après, on doit généralement préférer la version, parce que toutes les conditions favorables à son exécution sont réunies. Cependant, si, comme dans l'hémorrhagie utérine, on avait d'abord dû, pour combattre l'accident, rompre les membranes, favoriser l'écoulement du liquide amniotique et exciter l'utérus à se rétracter, il faudrait encore donner la préférence au forceps. Lorsque la tête est à demi engagée dans le détroit supérieur, comme cela arrive le plus souvent, l'une ou l'autre conduite peut généralement être tenue avec un avantage égal ; toutefois si la tête est peu mobile, quoique la poche soit encore entière ou si une partie du liquide amniotique s'est écoulée depuis quelques instants, le forceps, pour ceux qui ont l'habitude de s'en servir, n'offrant pas plus de dangers pour la mère, doit être préféré à la version dans l'intérêt de l'enfant.

2° Lorsque la tête reste au-dessus ou à l'entrée du détroit abdominal seulement, parce qu'elle se présente d'une manière irrégulière, le forceps, pas plus que la version, n'est indiqué de prime abord ; parce que ces anomalies, d'ailleurs fort rares, se corrigent ordinairement sous l'influence des contractions utérines, après la rupture des membranes et l'évacuation d'une partie du liquide amniotique. Mais s'il survenait un accident imprévu qui exigeât la prompte terminaison de l'accouchement pendant la période de dilatation ou peu de temps après la rupture de la poche des eaux, il faudrait préférer la version, incomparablement moins difficile, et même seule applicable lorsque la déviation est extrême, de manière à tenir à la fois de la présentation de la tête et du tronc. Dans ce dernier cas, si on ne parvient pas, avant la division de l'œuf ou aussitôt après, à redresser la tête par des manipulations extérieures, il vaut mieux pratiquer la version que d'attendre les chances d'un redressement spontané incertain. Dans tous les autres cas on doit attendre avec confiance le redressement spontané et le favoriser par les moyens que nous avons indiqués ; et lorsque la tête persiste à rester élevée, et qu'à raison du temps écoulé on juge l'expulsion impossible, ou l'intervention de l'art plus avantageuse que la continuation de l'expectation, la rétraction de l'utérus rend généralement la version inapplicable ou moins avantageuse que le forceps. La position défectueuse de la tête peut bien ajouter aux difficultés inhérentes à son élévation ; mais la bonne conformation du bassin les atténue très sensiblement. On paraît s'être fait une idée des difficultés et des dangers du forceps au détroit supérieur par celles que le rétrécissement du bassin y ajoute.

Le précepte de préférer le forceps à la version dans les cas précités n'a rien d'absolu, parce qu'il peut arriver que malgré le temps écoulé depuis la rupture de la poche des eaux, l'utérus soit faiblement rétracté sur le fœtus au moment d'agir. La plupart des considérations qui précèdent sont applicables à la tête arrêtée au détroit supérieur par la présentation simultanée d'une main ou d'un pied irréductible.

3° C'est par le défaut de proportion entre son volume et la capacité du bassin que la tête est le plus souvent retenue au-dessus ou à l'entrée du détroit supérieur.

Lorsque ce défaut de proportions dépend du volume et de la solidité du crâne, ou de ce que le bassin, quoique bien conformé, est petit, l'obstacle est rarement absolu ; et s'il résiste aux efforts maternels, il peut presque toujours, à une époque du travail où la version est impraticable ou au moins très difficile et très dangereuse, être surmonté par le forceps sans aggraver beaucoup l'état de la mère et de l'enfant.

Dans les rétrécissements rachitiques et autres, où le diamètre le moins étendu conserve plus de 84 millimètres (3 pouces), la tête peut encore, dans un assez grand nombre de cas, franchir le rétrécissement, soit parce que ses rapports de proportion avec le bassin ne sont pas encore détruits, soit parce que le degré de réduction dont elle est susceptible peut encore les rétablir. Dans ces limites, on ne peut pas juger *à priori* si la tête passera ou non ; car on ignore à peu près complétement si le fœtus est petit ou volumineux, si les os du crâne sont fermes et serrés, ou flexibles et écartés. Après une expectation plus ou moins prolongée, à dater du moment où la dilatation de l'orifice utérin est complète, si l'expulsion n'a pas lieu, on est autorisé à croire l'organisme impuissant à triompher de l'obstacle. L'étendue que conserve le diamètre rétréci permettant d'espérer de pouvoir extraire l'enfant sans le mutiler, on devra tenter l'application du forceps. La version n'est pas seulement contre-indiquée par le temps qui s'est écoulé depuis la rupture de la poche des eaux et par la rétraction de l'utérus, mais encore par l'impossibilité où l'on se trouverait de faire traverser rapidement à la tête l'espace qu'elle n'a pu franchir par degrés sous l'influence prolongée des efforts maternels. Ce n'est qu'avec une réserve extrême qu'on doit se décider à pratiquer la version lorsque le bassin est rétréci; et encore faut-il que le rétrécissement soit de 10 à 12 millimètres au-dessus de la limite mentionnée plus haut, qu'un accident mette dans la nécessité de terminer l'accouchement, sans attendre les effets de l'expectation, qu'une situation défectueuse de la tête, la procidence d'un membre, etc., ne permettent pas de profiter des avantages de la présentation du vertex.

Il arrive assez souvent qu'après avoir réussi à saisir la tête, on renonce à terminer l'accouchement avec le forceps, parce qu'il faudrait employer une telle force pendant un temps si long, qu'on s'exposerait à compromettre à la fois la vie de la mère et celle de l'enfant; car une tête volumineuse et bien ossifiée peut rencontrer les plus grandes difficultés à franchir un bassin médiocrement rétréci. L'expectation et les tentatives doivent être calculées d'après l'état de la mère, qu'on ne doit pas laisser tomber dans l'épuisement, et d'après l'état du fœtus qu'on se propose d'extraire vivant. Ces tentatives demandent beaucoup de prudence et de discernement; il ne faut pas perdre de vue un seul instant que l'emploi du forceps est dangereux en proportion de la difficulté qu'on a à s'en servir et de la force qu'il faut employer. On est cependant autorisé, lorsqu'on a quelque expérience de cet instrument à faire avec ménagement et douceur, mais en même temps avec fermeté et persévérance, les tentatives nécessaires pour se convaincre qu'il peut ou non atteindre le but qu'on se propose; mais lorsque les chances de succès paraissent douteuses, il faut peu insister sur ces tentatives, qui compromettent souvent la vie de la mère sans sauver l'enfant.

Si nous avons supposé, p. 157, qu'il reste encore quelques chances de se servir utilement du forceps lorsque le diamètre le plus rétréci ne conserve plus que 81 à 68 mill. (3 p. à 2 p. 1/2), c'est en vue de cas exceptionnels qui ne peuvent se rapporter qu'à des fœtus peu développés, dont le crâne est fort réductible, et qui touchent de près à ceux dont l'expulsion spontanée est possible dans les mêmes circonstances. Par conséquent, si la tête ne montre, sous l'influence des contractions utérines, aucune tendance à proéminer dans le bassin, on devra renoncer de prime abord au forceps. Il résulte de ce qui précède que si le degré de rétrécissement du bassin laisse des probabilités rationnellement fondées de permettre le passage de la tête sans mutilation, le forceps est le moyen propre à seconder les efforts maternels.

Les répétitions multipliées auxquelles j'ai été conduit en reproduisant en partie d'une manière générale les indications des principales causes de dystocie, sont suffisamment justifiées par l'importance du sujet et la gravité des décisions à prendre.

A en juger par les relevés satistiques des principales maisons d'accouchement, on pourrait croire que les principes qui président aux opérations obstétricales, et surtout à l'emploi du forceps, sont mal posés, incertains et vagues. Mais ces différences dans le nombre des accouchements terminés artificiellement et la manière d'opérer tiennent moins au défaut d'uniformité des doctrines qu'aux difficultés de leur application dans la pratique et aux idées différentes qu'on se fait sur l'étendue des ressources de l'organisme et sur la part qui peut leur être faite, sans exposer la mère et l'enfant à plus de dangers qu'en intervenant. Toutefois la pratique anglaise présente sur un point important des principes qui conduisent à opérer la crâniotomie dans beaucoup de cas où, sur le continent, on a recours au forceps, et souvent avec succès. Voici, d'après M. Robert Lee, comment on se conduit généralement. Après avoir fait connaître d'une manière incomplète et inexacte les idées de Baudelocque, de madame Lachapelle, de Flammant, de M. Velpeau, sur l'emploi du forceps au détroit supérieur, et blâmé ceux de ses compatriotes qui suivent leur exemple, il ajoute : « En Angleterre, il est peu de praticiens expérimentés et capables qui aient fréquemment recours au forceps, ou qui l'emploient avant que l'orifice de l'utérus soit entièrement dilaté, que la tête de l'enfant soit descendue assez bas dans le pelvis pour que l'on puisse sentir une oreille, et que la position de la tête relativement au bassin soit exactement reconnue. On n'emploie pas non plus cet instrument lorsque le pelvis est très difforme, ou les parties molles dans un état de rigidité ; mais on y a recours lorsque la délivrance est rendue nécessaire par l'état d'épuisement, par une hémorrhagie, par des convulsions ou d'autres accidents qui mettent la vie de la mère en danger. Tous les praticiens en renom emploient la crâniotomie, que l'enfant soit vivant ou mort, dès l'instant que la position de la mère réclame une prompte délivrance ; ils ont recours à cette opération lorsque la tête de l'enfant est au-delà de la portée du forceps, lorsqu'il y a mauvaise conformation du bassin, rigidité de la matrice ou du vagin, cas dans lesquels l'enfant ne peut être extrait si son volume n'est réduit. Cette opération est pratiquée dans la conviction que si on néglige de l'exécuter à temps, la mère sera sacrifiée, et sa vie est considérée comme plus importante que celle de l'enfant. »

TABLEAU comparatif des accouchements terminés par le forceps et la crâniotomie, dans les principaux établissements publics en France, en Angleterre et en Allemagne.

	ACCOUCHE-MENTS.	FOR-CEPS.	PROPOR-TION.	CRANIO-TOMIE.	PROPOR-TION.
Mme Boivin, Paris.	20,517	96	1 sur 214	16	1 sur 1,282
Mme Lachapelle, Paris.	22,243	76	1 — 293	12	1 — 1,854
Clarke, Dublin.	10,199	14	1 — 728	49	1 — 248
Collins, Dublin.	16,654	27	1 — 617	118	1 — 141
Marriman et Blanc, Londres.	5,697	21	1 — 172	15	1 — 256
H. Ramsbotham, Londres.	26,676	34	1 — 785	26	1 — 1,026
Boër, Vienne.	9,589	35	1 — 274	13	1 — 737
Naegele, Heidelberg.	4,411	22	1 — 64	3	1 — 282
Carus, Dresde.	2,549	184	1 — 14	9	1 — 283
Kluge, Berlin.	1,111	68	1 — 16	6	1 — 185
Siebold, Berlin.	2,093	300	1 — 7	1	1 — 2,093

Admettre la crâniotomie de préférence au forceps lorsque l'obstacle est constitué par la résistance des parties molles, c'est faire sans nécessité une part considérable à une opération cruelle et inhumaine, lorsqu'elle n'a pas pour but d'éviter à la mère la symphyséotomie ou l'opération césarienne. Dans les rétrécissements du bassin, où elle est assez souvent nécessaire, alors même que le diamètre le moins étendu conserve au moins 81 millimètres (3 pouces), on ne saurait cependant se dispenser d'avoir recours d'abord au forceps, par la seule raison qu'il n'atteint pas généralement le but qu'on se propose, et qu'il est souvent d'un emploi difficile et dangereux. Les faits suivants montrent combien il peut sauver d'enfants voués à la mort dans la doctrine dont je combats les exagérations. Sur 15 applications du forceps pour resserrement du bassin, faites par madame Lachapelle, 7 enfants ont été extraits vivants, 8 morts, et aucune des mères ne paraît avoir éprouvé d'accidents immédiats.

C'est aux dépens de l'expulsion spontanée, de l'extraction à l'aide de la main et du forceps, que le nombre des cas de crâniotomie s'accroît. On se tromperait si l'on croyait que dans les établissements où ils sont peu nombreux, on a dû souvent pratiquer la symphyséotomie ou l'opération césarienne. Les relevés de madame Boivin et de madame Lachapelle réunis ne contiennent que deux cas de symphyséotomie, et six cas d'opérations césariennes, qui se rapportent, un à une grossesse tubaire, un à une rupture de l'utérus, quatre à des femmes mortes avant d'être accouchées. Le reproche fait si souvent à la chirurgie française de sa prédilection pour ces opérations est au fond peu fondé. Pour rendre la différence plus tranchée encore, je ferai observer que pendant la période que ces relevés embrassent, on n'avait pas recours, en France, à la provocation de l'accouchement, tandis qu'elle était popularisée en Angleterre et en Allemagne. Plusieurs des relevés cités en contiennent un assez grand nombre de cas; celui de M. F.-H. Ramsbotham, entre autres, renferme à lui seul seize cas de provocation de l'accouchement.

Les accidents qui peuvent être le résultat de l'application du forceps sont pour l'enfant, une compression mortelle du cerveau sans ou avec fracture des os du crâne, une exophthalmie, des contusions du cuir chevelu et de la peau de la face, la paralysie du nerf facial, la compression et même la section du cordon ombilical entre une des cuillers et la tête, etc.; pour la mère, une vive irritation des organes de la génération, une déchirure étendue du périnée, des lacérations du col, une rupture complète de l'utérus ou du vagin, etc.; elle est en outre plus prédisposée aux phlegmasies puerpérales. Il est fort difficile de juger, d'après les relevés, dans quel rapport l'emploi du forceps augmente les dangers de la parturition : il ne faut pas oublier qu'il est souvent réclamé pour combattre une hémorrhagie, une attaque de convulsions ou d'autres accidents graves, qui augmentent dans une forte proportion les cas malheureux. Nous avons fait voir, p. 150, d'après le relevé de Breen, que la mortalité pour la mère et pour l'enfant s'accroît rapidement avec la prolongation insolite du travail. Or, lorsqu'on applique le forceps pour suppléer à l'impuissance de l'utérus ou pour l'aider à surmonter une résistance insolite, l'influence fâcheuse de la prolongation du travail et de l'obstacle vient s'ajouter à celle de l'instrument. On ne doit donc pas s'étonner que dans l'accouchement artificiel la mortalité soit si grande, quoique les accidents immédiats, qu'on peut éviter le plus souvent en agissant avec prudence, ne soient pas très communs. Nous avons déjà dit que la mortalité a été chez l'enfant de 1 sur 4,7, dans le relevé de madame Boivin, et 1 sur 4 dans celui de madame Lachapelle. De 44 femmes accouchées par les instruments, Breen en a perdu 18. Le relevé le plus intéressant à consulter est celui du royaume de Wurtemberg, publié par M. Riecke, parce que la fièvre puerpérale épidémique n'y a pas ajouté, comme dans la plupart des maisons d'accouchement où elle sévit si souvent, un nouvel élément d'incertitude relativement à la mortalité chez la mère, et parce qu'il embrasse un grand nombre d'accouchements artificiels (7,949). La mortalité dans les accouchements naturels a été, chez les mères de 1 sur 346, chez l'enfant de 1 sur 31 :

Dans les accouchements terminés avec le forceps, elle a été, chez la mère de 1 sur 22, chez l'enfant de 1 sur 4,3.

Soins préliminaires à l'opération. — Ils sont à quelque chose près les mêmes que pour la version. La femme doit être placée et maintenue de la même manière sur le lit. Si la tête du fœtus était très basse et qu'il y eût quelque inconvénient à déplacer la femme, on pourrait appliquer le forceps dans la situation où elle se trouve. Un aide est de plus chargé de présenter les branches de l'instrument à l'opérateur, qui les montrera ou non à la femme suivant la disposition d'esprit qu'elle manifeste. Lorsque le travail est prolongé et pénible, la plupart demandent le secours des instruments et y sont préparées d'avance : la plus grande prudence doit présider aux explications nécessaires, p. 332. On doit avoir à sa disposition de l'eau chaude pour chauffer modérément les cuillers avant de les introduire, un corps gras pour graisser leur face externe et l'appareil nécessaire (t. I, p. 623) pour secourir immédiatement la mère ou l'enfant s'il y a lieu. On s'assurera de nouveau qu'on ne s'est pas trompé sur les rapports de la tête avec le bassin ; que la vessie et le rectum sont vides ; que le col est dilaté, la poche des eaux rompue ; qu'on ne prend pas le segment inférieur de l'utérus, aminci et distendu, pour les membranes.

Règles générales de l'application du forceps. — Les règles qui président à l'emploi du forceps sont déduites de la forme de l'instrument, de la direction du bassin, de la position de la tête et du mécanisme de son expulsion. L'application du forceps se compose de deux temps principaux : 1° de l'introduction des branches, de leur placement et de leur jonction ou articulation ; 2° de l'extraction de la tête.

1° Il faut, toutes les fois qu'on peut le faire, placer les cuillers sur les côtés de la tête, de manière à la saisir par ses plus petits diamètres, la concavité des bords dirigée vers l'extrémité qu'on veut dégager sous l'arcade des pubis. La possibilité de saisir la tête par ses côtés existe lorsqu'elle est descendue dans le fond de l'excavation du bassin, et qu'elle est retenue par le détroit inférieur ou les parties molles du périnée, etc.; de sorte que suivant sa position, les branches doivent être placées tantôt sur les côtés du bassin, tantôt diagonalement, tantôt directement en travers. Dans cette dernière position, si la tête n'est pas très basse, il est souvent impossible de les placer sur ses côtés. Au détroit supérieur, on ne peut guère les placer que sur les côtés du bassin, et comme l'occiput ou le front correspond très rarement aux pubis, la tête est généralement saisie du front à l'occiput ou d'une bosse frontale à la région occipitale opposée, ce qui entraîne dans l'extraction des modifications que nous ferons connaître. De sorte qu'on peut dire d'une manière générale qu'au détroit inférieur et dans l'excavation, on doit appliquer les branches du forceps sur les côtés de la tête, et au détroit supérieur sur les côtés du bassin quelle que soit la position de la tête, à moins qu'au lieu du crâne la face ne se présente en position mento-iliaque directe. De ce qu'on ne peut pas établir une règle invariable, il ne s'ensuit pas qu'on doive imiter la conduite de la plupart des accoucheurs allemands, qui veulent que dans tous les cas, aussi bien dans l'excavation qu'au détroit supérieur, quelle que soit la position de la tête, on place les branches du forceps sur les côtés du bassin. Il est vrai que ce qu'il y a de défectueux dans cette méthode peut être en partie corrigé pendant l'opération : lorsque la tête conserve quelque mobilité et qu'elle est dans une direction oblique, l'introduction et l'articulation des branches lui faisant assez souvent exécuter son mouvement de rotation, elle se trouve saisie par les côtés. Mais ce déplacement, dont on peut tirer parti lorsqu'il a de la tendance à se manifester, n'est pas assez constant pour servir de base à une règle générale.

2° La nécessité de faire correspondre le bord concave des cuillers en avant, ou de l'y ramener, lorsqu'il a été dirigé de côté, à mesure qu'on entraîne la tête, est la conséquence de la courbure de l'instrument. Si la concavité était dirigée ou ramenée en arrière, elle serait à contre-sens de la direction du bassin. Comme, dans les positions mento-postérieures de la face, on peut être quelquefois conduit à essayer d'amener le menton en avant, il en résulte que cette manœuvre serait difficile et dangereuse si on n'avait pas à sa disposition un forceps droit ou très peu recourbé.

3° En général, on doit introduire la branche à pivot la première. Ce précepte est fondé sur la présence du pivot : la seconde branche devant être introduite au-dessus de la première pour ne pas être gênée dans son introduction par la présence du périnée, si on commençait par la branche à mortaise, on serait conduit à introduire la branche à pivot au-dessous, ce qui peut être difficile et même impossible, ou à les décroiser pour articuler l'instrument. Mais le décroisement peut changer les rapports de la tête avec les cuillers et faire éprouver à l'orifice utérin et à la vulve une distension douloureuse qui ne serait pas toujours exempte de dangers. Si la branche gauche portait un double pivot, on pourrait commencer indifféremment par l'une ou l'autre, ou plutôt par celle qui doit rencontrer le plus de difficultés.

Lorsque l'instrument doit être placé sur les côtés du bassin, on peut constamment commencer par la branche à pivot. Mais il n'en est pas toujours de même lorsque la tête est diagonale ou transversale, et qu'on veut opposer les branches diagonalement ou directement d'arrière en avant. En se conformant à la règle générale, on commence l'introduction suivant la position de la tête, tantôt par la branche qui doit être placée en arrière, tantôt par celle qui doit être placée en avant ; et si on se trouve avoir commencé par celle qui peut arriver le plus facilement sur les côtés de la tête, on rend l'introduction de l'autre encore plus difficile. C'est dans ce cas que le précepte de commencer par la branche qui offre le plus de difficulté trouve assez souvent son application dans la pratique. Pour les uns, c'est celle qui doit être placée en arrière, et pour les autres, celle qui doit être placée en avant. Madame Lachapelle, dont les opinions sont fondées sur une grande expérience, soutient que dans les positions transversales où l'on veut placer une des branches directement en avant, et l'autre directement en arrière, il est préférable de commencer par celle-ci. En commençant par celle qui doit être portée ou ramenée derrière les pubis, on pousse la tête dans la concavité du sacrum ; la seconde branche étant moins courbée sur ses faces que cet os, son extrémité heurtera contre lui ou contre l'angle sacro-vertébral et ne pourra plus avancer. Mais elle ajoute qu'il n'en est pas de même si les branches ne doivent être placées que diagonalement, c'est-à-dire l'une de côté et en arrière, l'autre en avant et du côté opposé. Il suffira dans ce cas de pousser directement la branche qui doit rester en arrière sur le ligament sacro-sciatique, rien ne l'arrêtera ; en commençant par l'autre on se ménage donc plus de facilité. En se conformant à cette règle, on est obligé, dans les cas où il a fallu introduire la branche à mortaise la première, de décroiser les manches pour ramener la branche à pivot au-dessus de l'autre ; et quoique le décroisement n'offre pas toujours les inconvénients que j'ai signalés, on ne doit pas moins chercher à l'éviter autant que possible. Ainsi, tout en tenant compte des modifications recommandées par madame Lachapelle comme une ressource utile lorsqu'on rencontre des difficultés à introduire une des branches, on ne devra y avoir recours, dans les positions où il faut opérer le décroisement ou introduire la branche à pivot au-dessous de la branche à mortaise, qu'après avoir tenté de la placer suivant la règle ordinaire.

4° La branche à pivot appropriée au côté gauche du bassin est tenue de la main gauche, et la branche à mortaise appropriée au côté droit du bassin est tenue de la main droite.

5° La main opposée à celle qui doit tenir la branche, c'est-à-dire la droite pour le côté gauche du bassin, et la gauche pour le côté droit, enduite d'un corps gras, est préalablement introduite dans le vagin, entre la tête et le point du bassin sur lequel on veut faire pénétrer la cuiller. Lorsque la tête est très basse, il suffit d'introduire deux ou trois doigts ; mais pour peu qu'elle soit élevée, on atteint mieux le but qu'on se propose en introduisant tous les doigts à l'exception du pouce qu'on relève vers le pubis. Lorsqu'elle est très élevée, on peut être dans la nécessité, pour agir sûrement, de porter la main tout entière dans les parties. Cette main n'a pas seulement pour but de servir de guide à la cuiller et de concourir avec l'autre main à lui donner les rapports voulus avec la tête, mais encore de garantir sûrement la parties de la mère. Le point qui peut être lésé est particulièrement le col à son union avec le vagin : aussi faut-il faire en sorte que l'extrémité des doigts dépasse l'orifice de la matrice. Lorsqu'il est complétement franchi par la tête, il est très élevé et au-delà de la portée des doigts ; mais, au moins sur les côtés, il est complétement effacé, ce qui diminue le danger de l'atteindre. Néanmoins, la tête étant déjà très basse, il faut éviter d'engager trop profondément les branches, afin que l'extrémité des cuillers n'aille pas heurter contre le col qui est très rapproché de la base du crâne, ou contre l'orifice interne resserré au-dessus de la tête. Le soin de veiller à ce que le col ne soit pas lésé par les extrémités des cuillers a une très grande importance ; c'est parce qu'il est négligé qu'on a si souvent à déplorer des ruptures de l'utérus à son union avec le vagin.

6° C'est en arrière et de côté, au-devant des ligaments sacro-sciatiques, qu'on doit, en général, faire pénétrer la cuiller dans les parties. C'est la voie d'élection : les branches y rencontrent moins d'obstacle et y pénètrent plus facilement que partout ailleurs ; c'est au point que, lorsqu'on veut les introduire d'abord tout-à-fait sur les parties latérales, elles glissent souvent en arrière malgré qu'on cherche à s'y opposer. Supposons d'abord que les branches doivent être opposées latéralement.

On saisit la branche à introduire près de son articulation comme une plume à écrire, ou mieux à pleine main. Pour que l'extrémité de la cuiller se présente dans la direction de la vulve, il faut que le manche corresponde vers la fosse iliaque du côté opposé à celui où elle doit être introduite. On la fait glisser sur la face palmaire des doigts introduits dans les parties, en abaissant le manche entre les cuisses et en le rapprochant de la ligne médiane, pour la mettre en rapport avec la direction du bassin, à mesure qu'on la fait pénétrer plus ou moins profondément, suivant l'élévation de la tête qu'elle doit déborder. Pendant ces mouvements, la branche se place comme d'elle-même sur le côté du bassin.

Outre la connaissance de la direction des parties génitales et du bassin, la main sur laquelle on fait glisser la cuiller nous avertit des changements de direction qu'il faut faire éprouver au manche. Si on l'abaisse trop tôt, on sent que l'extrémité de la cuiller tend à se relever avant d'être suffisamment engagée ; si au contraire on le tient trop relevé, elle va heurter contre la paroi postérieure du bassin ; en ne le rapprochant pas assez de la ligne médiane, c'est contre la face palmaire des doigts qu'elle presse, et contre la tête dans le cas contraire ; et l'on peut ainsi à chaque instant donner à l'instrument la direction la mieux appropriée à la forme des parties. Il faut n'employer ni force ni brusquerie, mais agir lentement et sans efforts. On surmonte facilement les obstacles que je viens de signaler en variant la direction de la branche, en la retirant un peu pour la faire avancer plus loin ensuite. Lorsque la première branche est placée, on la confie à un aide pour la maintenir en place. On introduit ensuite la seconde au-dessus et au-devant de l'autre de la même manière : seulement le rôle des mains est interverti.

Lorsque l'une des branches doit être placée en avant, on peut l'y faire parvenir de différentes manières. La suivante, recommandée par madame Lachapelle, est généralement suivie.

Fig. 54.

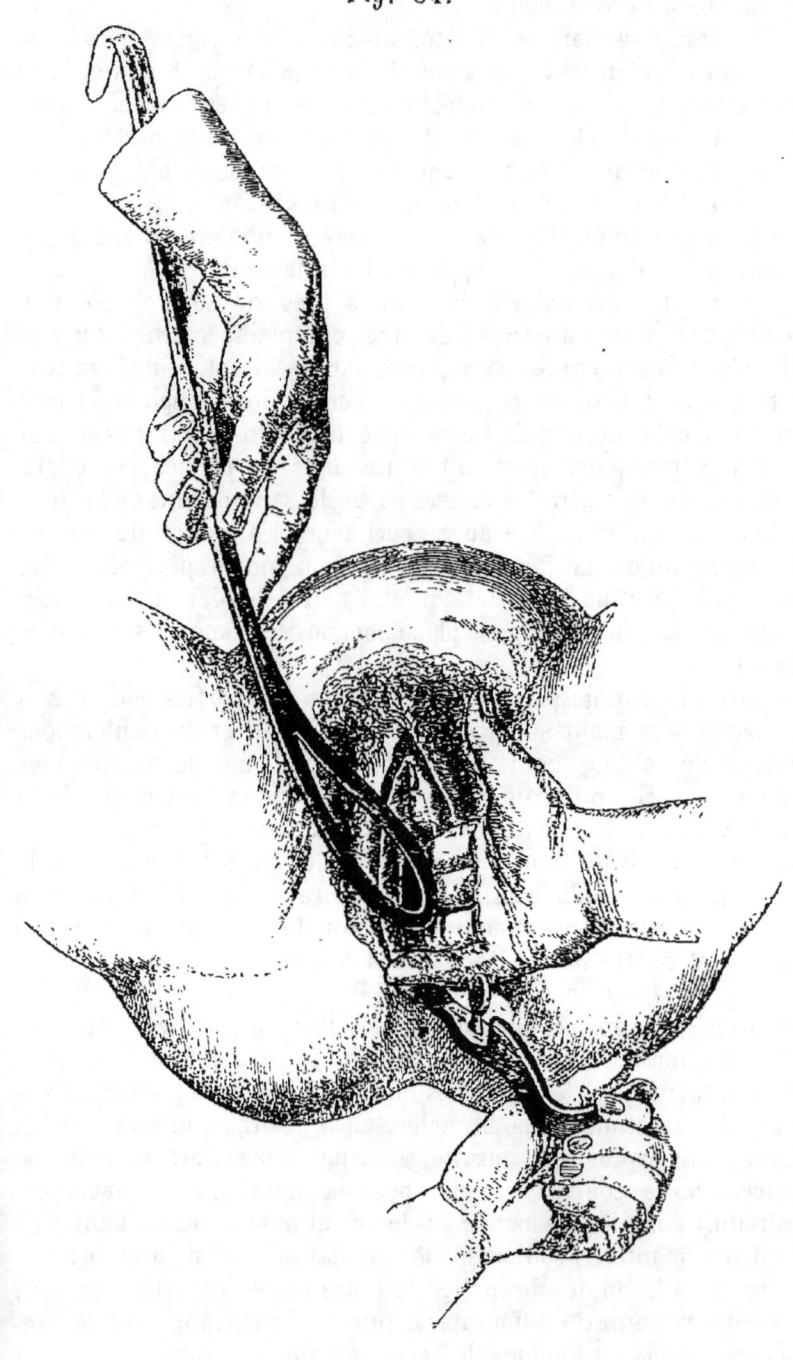

« J'insinue, dit-elle, l'extrémité de la cuiller au-devant du ligament sacro-sciatique; puis, à mesure que j'enfonce, j'abaisse le crochet et je le ramène peu à peu entre les cuisses, jusqu'à l'incliner fort bas au-dessous du niveau de l'anus : par ce mouvement je fait décrire à l'extrémité de la cuiller un mouvement en spirale, que les doigts introduits dans le vagin dirigent et perfectionnent. Ce mouvement porte la cuiller en même temps en avant et en haut; il lui fait cerner la tête par un trajet oblique, que représenterait une ligne étendue du ligament sacro-sciatique à la branche horizontale du pubis et tracée à l'intérieur du bassin. Ce mouvement est opéré en un clin d'œil, et il se fait sans la moindre douleur, sans le moindre froissement ; il diffère beaucoup de celui qu'indique Levret, qui enfonce d'abord la cuiller en arrière, puis la ramène en sciant au point voulu. Dans son procédé, c'est le bord, ici c'est l'extrémité qui chemine. C'est sur cette extrémité que doit porter toute l'attention de l'accoucheur, c'est elle qu'on doit toujours suivre et diriger. »

Ce mouvement de spirale n'est facile que quand la tête est descendue dans l'excavation et pour porter la cuiller derrière la cavité cotyloïde; si on veut la faire avancer au-delà, il faut compléter le mouvement de la manière indiquée par Levret. Baudelocque donne le conseil d'introduire les cuillers directement sur les points où elles doivent être placées; et comme il se conformait vraisemblablement aux procédés qu'il a décrits, on doit en conclure, au moins lorsque la tête est dans l'excavation, qu'on peut, sans trop de difficulté, introduire directement une des branches sous l'arcade des pubis. Ainsi, tout en adoptant comme règle générale le conseil de porter la branche en avant et de côté par un mouvement combiné avec l'introduction, il ne faut pas perdre de vue qu'il peut être moins difficile dans quelques cas de la faire glisser comme le recommande Levret, ou de l'y introduire directement comme le veut Baudelocque.

On reconnaît que les branches sont bien placées à la possibilité de les faire pénétrer sans peine à la même profondeur, à un certain degré de fixité et de résistance lorsqu'on tire sur le manche en ligne directe et aux rapports du pivot avec la mortaise.

7° Lorsque la mortaise correspond exactement au pivot, l'articulation ne présente aucune difficulté; il suffit de mettre les deux branches de niveau et de les rapprocher. Il arrive assez souvent qu'elles paraissent assez bien placées, mais lorsqu'on veut les joindre, on voit que la pointe du pivot vient tomber sur les côtés de la mortaise, ou se présente à son entrée dans une direction si oblique qu'il ne peut y pénétrer; ce défaut de rapport dépend de ce que l'une des branches ou toutes deux sont trop renversées sur leur face. On parvient ordinairement à les redresser en cherchant à tourner les manches de manière à donner au pivot et à la mortaise des rapports plus exacts; les efforts doivent être modérés et faits avec lenteur. Ce n'est quelquefois qu'après des tâtonnements assez longs qu'on parvient à joindre les branches. Cette difficulté annonce presque toujours que la tête n'est pas exactement embrassée ou que les branches ne sont pas parfaitement bien placées; les efforts qu'on fait pour les articuler ont pour résultat de les placer mieux, ou de donner à la tête une situation plus en rapport avec la concavité des cuillers. Après des tentatives suffisantes, si le défaut de rapports restait prononcé, il faudrait retirer la branche qui paraît la plus mal placée et s'opposer le plus à la jonction de l'instrument, pour procéder de nouveau à son placement d'une manière plus convenable. Les branches étant articulées, on fait tourner le pivot mobile qui les réunit solidement.

L'introduction des branches, leur placement, leur articulation, peuvent, dans quelques cas, présenter des difficultés si grandes qu'on soit forcé de renoncer à l'emploi du forceps; mais si on a agi avec prudence, lenteur et ménagement, on n'aura déterminé dans les parties de la femme aucune lésion grave, si ce n'est une irritation plus ou moins vive, suivant la susceptibilité des organes et suivant que les tentatives auront été plus ou moins prolongées.

8° Lorsque les branches du forceps sont articulées, on s'assure de nouveau si la tête est saisie, et si elle est saisie seule. La résistance que rencontrent de légères tractions indique que la tête est bien prise ; en pressant d'abord modérément sur les manches, la femme ne manquerait pas d'accuser une vive douleur si des parties molles étaient pincées.

Toutefois, pendant les différents temps de l'application du forceps, il ne faut pas s'en laisser imposer par les plaintes et les cris que poussent quelques femmes, car la présence de l'instrument dans les organes de la génération excite l'action de l'utérus : de là souvent des douleurs vives et rapprochées qui tourmentent la femme pendant toute la durée de l'opération.

Après qu'on s'est assuré que la tête est bien saisie, on fixe les manches de l'instrument avec un lien, une serviette, lorsqu'ils sont très écartés, ce qui annonce que la tête est saisie d'une manière irrégulière : dans les cas contraires, on confie aux mains le soin de maintenir le forceps fermé.

9° Pour exercer les tractions, on place une main près de l'articulation de l'instrument et l'autre au-devant des crochets. Ce temps de l'opération n'exige pas moins de soins et de discernement que les précédents. La force à employer varie suivant la résistance et peut être quelquefois assez considérable; mais on doit lui imposer des limites qu'il ne faut pas dépasser. Il serait très dangereux de se livrer à des efforts qui nécessiteraient de se renverser en arrière, de manière à se suspendre en quelque sorte au manche de l'instrument, pour y déployer la plus grande somme de forces possible. On doit conserver une attitude qui ne fasse pas perdre l'équilibre si l'instrument vient à glisser, et tirer principalement des bras. On surmonte bien plus facilement et avec beaucoup moins de dangers les obstacles en donnant une bonne direction aux tractions, en procédant lentement, et en ne perdant pas de vue qu'un médiocre degré de force continué longtemps équivaut, en général, à une force plus grande exercée avec précipitation, et expose infiniment moins la mère et l'enfant. On doit chercher à mettre à profit les douleurs s'il en existe ou si la présence de l'instrument les réveille, et ne pas tirer d'une manière continue. Plusieurs accoucheurs combinent les tractions avec des mouvements de latéralité; mais ces oscillations, si on juge à propos d'y avoir recours, doivent être peu étendues et faites avec lenteur pour éviter les pressions douloureuses et les contusions auxquelles elles exposent. On doit le plus exactement possible imiter la marche de la nature ; agir et cesser alternativement; s'assurer si la tête descend, si l'instrument est toujours bien appliqué, afin de prévenir son glissement, qui peut avoir des conséquences fâcheuses lorsqu'il a lieu précipitamment. En effet, si la tête lui échappe, non par l'extrémité, mais par les bords des cuillers, on est exposé à déchirer profondément le segment inférieur de l'utérus ou le vagin au moment où il est brusquement entraîné entre la tête et les parties de la mère; il peut même arriver qu'il reste si solidement engagé entre la tête et le bassin qu'il soit difficile de le retirer. Si la tête ne peut être ébranlée qu'avec peine, et si elle reste en place malgré des tractions bien dirigées et assez fortes, comme cela arrive assez souvent dans les rétrécissements et les obstructions du bassin, il faut renoncer au forceps après des tentatives persistantes et énergiques, mais faites en même temps avec prudence et discernement.

Au détroit supérieur, on ne peut pas se conformer exactement au précepte d'exercer les tractions dans la direction de l'axe du du bassin. En tirant autant que possible en bas et en arrière, quoique le périnée soit assez dépressible, l'instrument n'est pas parallèle à l'axe du détroit abdominal et de la partie supérieure de l'excavation ; mais il l'est assez pour empêcher que la tête ne soit entraînée et retenue contre le pubis, comme cela arriverait si on négligeait d'abaisser fortement le manche. Il n'en est plus de même dans l'excavation, dès qu'il faut diriger les tractions en bas et en avant, soit qu'on doive maintenir la tête fléchie, soit qu'on doive favoriser son mouvement d'extension, en relevant de plus en plus le manche de l'instrument.

10° Il faut aussi, dans les positions obliques ou transversales, combiner les tractions avec le mouvement de rotation que la tête doit exécuter pour franchir le détroit inférieur et la vulve, en conduisant la branche à pivot sur le côté gauche du bassin et la branche à mortaise sur le côté droit ; c'est une condition indispensable pour que leurs bords concaves, dirigés vers l'extrémité de la tête qui doit être dégagée sous les pubis, correspondent en avant. Lorsqu'elle est en position occipito-cotyloïdienne gauche ou droite, et même en position occipito-latérale directe, il faut ramener l'occiput sous l'arcade des pubis. On ne doit chercher à déterminer ce mouvement que lorsqu'elle est arrivée vers les points du bassin où il a naturellement lieu, c'est-à-dire dans le fond de l'excavation et au détroit inférieur. Ce mouvement de rotation imprimé au forceps pour ramener son bord concave et l'occiput en avant, doit être opéré lentement et peu à peu. Cela est particulièrement de rigueur lorsque la tête est placée transversalement ; car, si on la ramenait d'emblée et rapidement dans la direction du diamètre coccy-pubien, on aurait à craindre de produire quelques lésions dans la région verticale ; tandis qu'en agissant plus lentement et à plusieurs reprises, il y a lieu d'espérer que le tronc obéira au mouvement de rotation imprimé à la tête. D'ailleurs on n'est pas dans l'obligation de ramener l'occiput directement sous la symphyse des pubis. Nous avons vu, en étudiant le mécanisme de l'accouchement naturel ; que l'occiput franchit souvent le détroit inférieur avant d'être remonté complétement sous la symphyse des pubis, et que, lorsque le mouvement de rotation devient complet, il s'achève au moment où la tête traverse la gouttière périnéale et la vulve. On peut donc dégager l'occiput sous le milieu de la branche ascendante de l'ischion. Baudelocque lui-même en avait reconnu la nécessité dans quelques circonstances : « Il y a des cas, dit-il, où l'on ne peut absolument rouler la tête de cette manière, et dans lesquels il serait dangereux, non de le tenter avec ménagement, mais de s'obstiner à vouloir le faire en y employant beaucoup de force. Chez plusieurs de ces femmes, nous avons vu sortir la tête après un travail très long, dans une situation diagonale à l'égard du détroit inférieur; et chez les autres nous l'avons extraite au moyen du forceps, dans une pareille situation, après avoir essayé de la rouler et de ramener l'occiput sous le pubis. »

Dans les positions occipito-sacro-iliaques droite ou gauche, on a fait un précepte de rouler l'occiput dans la courbure du sacrum. Ce précepte est la conséquence logique des idées qu'on avait sur le mécanisme de l'accouchement dans ces positions. Mais on ne doit plus faire de son observation une obligation aussi rigoureuse, s'il est vrai que, dans la plupart des cas, l'occiput tende naturellement à rouler sous l'arcade des pubis par un mouvement auquel tout le fœtus participe.

Si, après avoir appliqué le forceps dans l'une de ces positions, on sent aux premières tractions que l'instrument tend à tourner entre nos mains, on ne doit assurément pas s'opposer à ce mouvement. Ne doit-on pas aussi dans les autres cas chercher d'abord à entraîner la tête dans ce sens, si elle se montre disposée à céder facilement, soit après avoir placé la branche postérieure et en la faisant agir à la manière du levier, soit en exerçant les premières tractions avec le forceps articulé?

Les inconvénients qui en résultent, lorsque ce mouvement est déterminé sans violence, dépendent exclusivement de la forme du forceps, et n'existeraient pas si l'on avait fait usage du forceps droit sur les bords, qui peut facilement être appliqué sur la tête dans l'excavation du bassin. Mais, avec le forceps ordinaire, la courbure des bords se trouve dirigée en arrière, c'est-à-dire à contre-sens de la direction du bassin, et les extrémités des cuillers, pour peu qu'elles dépassent la tête, viennent heurter contre les ligaments sacro-sciatiques et contre le périnée. Mais ce danger peut être évité, en relâchant l'instrument, et en abaissant le manche entre les cuisses de la femme; et quoiqu'il soit très irrégulièrement appliqué, on peut continuer les tractions nécessaires pour faire franchir à la tête le détroit inférieur et la gouttière périnéale.

On rencontrerait plus de difficulté si on voulait appliquer le forceps en dirigeant d'abord sa courbure en arrière, pour la ramener ensuite en avant, comme l'ont conseillé quelques auteurs. Mais à quoi bon, dira-t-on, tenter de ramener l'occiput en avant, puisque la tête peut franchir le détroit inférieur en conservant sa position? Cela est généralement vrai; mais si l'expulsion n'a pas lieu, c'est, le plus souvent, parce que la tête est volumineuse, le périnée résistant ou le détroit inférieur un peu resserré. Dans tous ces cas, où les efforts doivent être plus grands et plus nombreux, ce n'est point une chose indifférente pour la mère et pour le fœtus que l'occiput soit dégagé sous l'arcade des pubis ou sur la commissure postérieure de la vulve, et l'action du forceps ajoutant encore aux dangers, on doit mettre à profit toutes les occasions favorables de les éviter.

11° Ce n'est pas seulement au détroit supérieur qu'on est conduit à saisir la tête du front à l'occiput, ou diagonalement d'une bosse frontale à la région occipitale opposée ; elle est assez souvent prise d'une manière aussi irrégulière dans l'excavation, tantôt à notre insu, parce qu'on s'est mépris sur sa position, tantôt parce qu'il a été impossible de placer les cuillers sur ses côtés ; et son extraction a pu être effectuée plusieurs fois sans qu'il en soit résulté d'accidents ni pour la mère, ni pour le fœtus. Mais, pour peu qu'elle soit volumineuse, on rencontrera de grandes difficultés à lui faire franchir ainsi le détroit inférieur, et l'on aura à examiner si l'on doit continuer les tractions ou retirer les branches pour les appliquer sur ses côtés. D'autant mieux, qu'on est presque toujours averti, par l'écartement des manches, pour peu qu'on ait l'habitude du forceps, qu'elle est saisie dans le sens de ses plus grands diamètres. Dans le premier cas, si en amenant l'occiput ou le front sous la symphyse des pubis, la convexité des faces de l'une des cuillers y correspond aussi, et comme le peu d'étendue de l'arcade des pubis, en haut, ne permet pas que la branche antérieure s'y adapte exactement, l'extraction de la tête serait impossible ou extrêmement difficile. Si l'on continuait les tractions en laissant les branches sur les parties latérales du bassin, le diamètre occipito-frontal se présenterait au détroit inférieur, entre les tubérosités de l'ischion, et l'on ne rencontrerait guère moins de difficulté ; si au contraire l'une des branches est conduite au-devant du ligament sacro-sciatique et l'autre sous le côté opposé de l'arcade des pubis, de manière que la concavité des bords regarde obliquement à gauche ou à droite, et que le bassin ait de l'ampleur, la tête pourra assez facilement passer pour peu qu'elle soit fléchie. Cependant, si les parties molles étaient très résistantes et la vulve étroite, on aurait à craindre des déchirures, et il serait prudent de retirer les branches pour les réappliquer sur les côtés de la tête, si l'on ne pouvait pas abandonner l'expulsion aux efforts de l'organisme.

12° Lorsque la tête distend le périnée et la vulve, on doit redoubler de ménagement et de lenteur. Baudelocque donne le conseil de tenir l'instrument d'une seule main et d'appliquer l'autre contre le périnée, pour le soutenir, afin d'en prévenir la rupture, comme on le fait dans l'accouchement naturel. Il ajoute qu'on ne doit dégager les branches du forceps qu'à l'instant où les protubérances pariétales de l'enfant ont franchi l'ouverture de la vulve. Je crois devoir rappeler l'opinion de madame Lachapelle sur ce sujet : « Baudelocque a-t-il pu croire, dit-elle, qu'une seule main soutiendrait suffisamment le périnée pendant qu'on fait effort de l'autre? En suivant son précepte, la rupture de cette partie est inévitable; car le forceps augmente le volume de la tête, écarte davantage les lèvres de la vulve, et, accélérant la sortie de la tête, rend la distension bien plus forte et bien plus brusque. Dire qu'une main suffira pour achever l'extraction, n'est-ce pas dire que la tête ne tient presque à rien, et qu'un faible effort la fera sortir? Eh bien! ce léger effort, c'est à la mère que je le confie. Quand une fois la tête est hors des parties osseuses, elle ne rétrograde plus; j'ôte doucement les branches du forceps, je les désarticule avec la clef placée entre elle en forme de levier; je les extrais en les inclinant graduellement, car souvent l'extraction un peu brusquée d'une branche produit l'expulsion de la tête. Le forceps ôté, la tête achève de dilater les parties par un bref séjour; la distension est plus graduelle, et je puis d'ailleurs porter toute mon attention, toutes mes forces sur le périnée pour prévenir sa rupture. S'il le faut, je fais pousser la femme; mais la présence de la tête à la vulve l'y engage assez positivement par les ténesmes qu'elle occasionne.

» S'il est utile dans les cas ordinaires d'ôter le forceps à la fin de l'accouchement, il l'est bien plus encore quand on n'a pas pu saisir la tête par ses côtés, quand on l'a prise diagonalement. Si l'on voulait alors achever l'extraction avec le forceps, on ferait traverser la vulve par des diamètres défavorables, et le périnée serait plus que jamais en danger, ainsi que les nymphes, etc. Au contraire, détachez le forceps au moment où la tête est engagée dans le détroit inférieur et les parties externes, et vous verrez sa rotation s'achever et sa direction devenir favorable, sans qu'il en coûte beaucoup d'efforts aux muscles abdominaux et à la matrice. Je sais bien qu'aux yeux des gens du monde si l'accouchement ne se fait pas à la première douleur, on paraît avoir manqué l'opération; je sais qu'ils peuvent prendre pour impéritie une sage prévoyance. Qu'en conclura-t-on? Ne sont-ce pas les mêmes personnes qui croient tout vous devoir dans l'accouchement le plus simple, le plus facile et le plus prompt, et qui semblent vous imputer les difficultés d'un accouchement laborieux qui exige tout votre savoir, tout votre sang-froid et toute votre habileté? » C'est cette crainte, avouée ou non, qui empêche la plupart des praticiens de se conformer au conseil de madame Lachapelle, qui d'ailleurs ne doit pas être suivi dans tous les cas.

I. Application du forceps dans la présentation du crane. — Les considérations qui précèdent sur les circonstances favorables ou défavorables à l'emploi du forceps, sur les difficultés qu'il peut rencontrer, sur les règles générales de son application, les exceptions qu'elles comportent, et les irrégularités qui peuvent en être la conséquence, me permettent d'être bref dans chaque description particulière et de ne rappeler que ce qu'il y a de spécial dans le manuel opératoire.

A. *Au détroit inférieur et dans l'excavation du bassin.* — Les branches de l'instrument pouvant être appliquées sur les côtés de la tête, il y a autant de manières différentes de s'en servir que de positions.

1° *Position occipito-pubienne.* — Dans cette position consécutive, le vertex est déjà ordinairement à demi engagé dans le détroit périnéal; il arrive même quelquefois qu'il fait saillie à la vulve quand on est conduit à se servir du forceps.

Dans beaucoup de cas la tête conserve encore un certain degré d'obliquité; mais le diamètre occipito-frontal est tellement rapproché du diamètre coccy-pubien, qu'on doit la considérer pour l'application du forceps comme étant en position directe. Deux ou trois doigts de la main droite étant introduits dans le canal vulvo-utérin, entre la tête et le côté gauche et postérieur du bassin, on présente dans la direction de la vulve l'extrémité de la branche à pivot, tenue de la main gauche de la manière indiquée, son bord concave tourné vers le pubis et le manche incliné au-dessus de l'aine droite, et on la fait pénétrer dans le vagin entre la tête et les doigts qui lui servent de guide. A mesure qu'elle pénètre, on l'abaisse avec lenteur entre les cuisses de la femme, pour lui faire suivre l'axe de l'excavation. Le léger mouvement de spirale qu'on lui imprime en l'abaissant la porte sur les parties latérales du bassin, où elle se place comme d'elle-même, et la tête se trouve embrassée latéralement, du vertex vers l'angle de la mâchoire. Après avoir reconnu qu'elle est bien placée à la direction du pivot qui correspond à la symphyse des pubis, elle est confiée à un aide pendant qu'on applique la seconde.

On introduit celle-ci de la même manière, mais en la tenant de la main droite, en inclinant son manche au-devant de l'aine gauche, et en faisant pénétrer l'extrémité de la cuiller dans le conduit vulvo-utérin, entre la tête et deux ou trois doigts de la main gauche introduits en arrière sur le côté droit de la vulve. On la fait

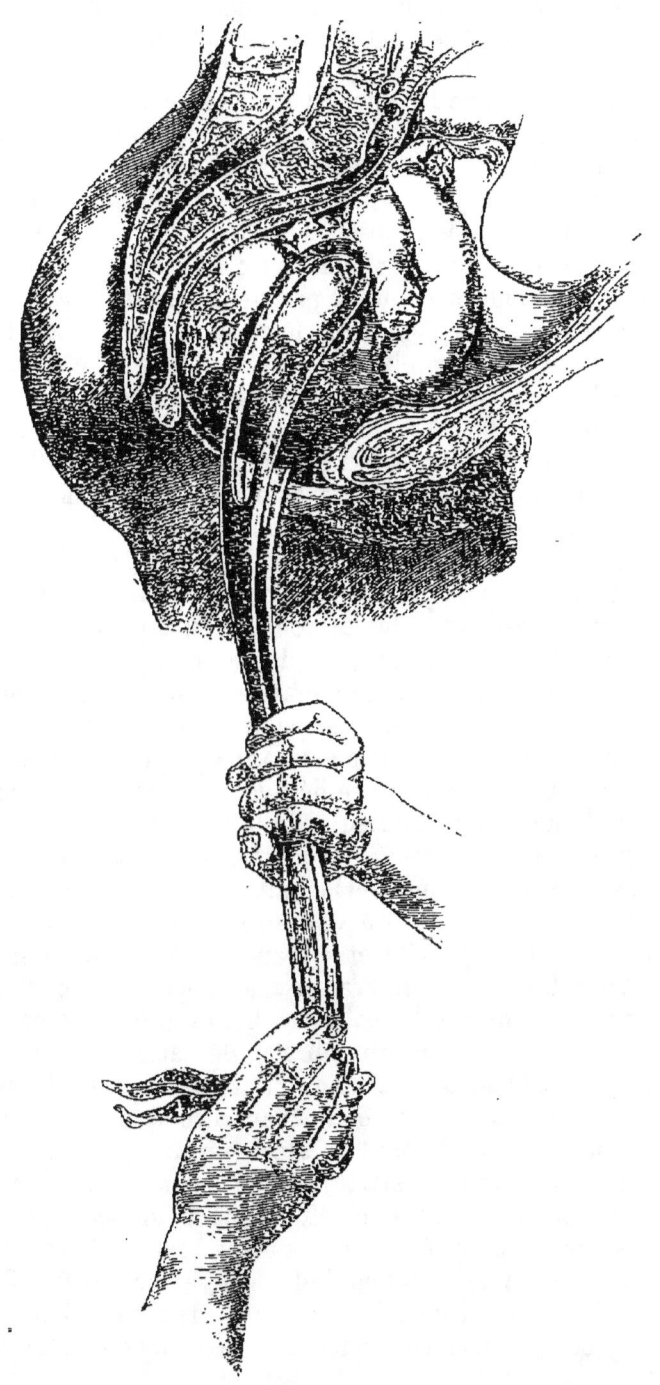

FIG. 55.

de même arriver sur le côté du bassin et sur les parties latérales de la tête en abaissant le manche et le rapprochant de la ligne médiane, de manière à la mettre en position de recevoir le pivot.

Après s'être assuré que la tête est bien saisie et qu'elle est saisie seule, on tire sur le manche, la main gauche placée en dessus près de la jonction, la droite en dessous au-devant des crochets. On le maintient abaissé jusqu'à ce que l'occiput soit engagé sous l'arcade des pubis; puis on le relève pour faire avancer la face sur le périnée, qu'on soutient avec une main ou qu'on fait soutenir par un aide, si on juge à propos de continuer les tractions jusqu'à la sortie complète de la tête. Mais, dans ce cas, les tractions doivent être très faibles ; il faut en quelque sorte se borner à relever les manches de l'instrument vers les pubis.

2° *Position occipito-sacrée.* — Étant comme la précédente une position consécutive, la tête est extrêmement basse.

L'application du forceps se fait exactement de la même manière. La courbure des bords correspondant à la face, le manche de l'instrument doit être moins abaissé, afin que la tête reste fortement fléchie, et que l'occiput puisse glisser sur la gouttière périnéale. Il faut agir avec plus de lenteur encore et plus de précautions que dans la position précédente, parce que le périnée doit subir une distension plus grande. Lorsqu'on a avancé l'occiput sur la commissure postérieure de la vulve, au lieu de continuer à relever l'instrument au-devant des pubis, on doit l'abaisser sur le périnée pour faire dégager le front et la face de dessous la commissure antérieure de la vulve.

3° *Position occipito-cotyloïdienne gauche.* — L'occiput étant dirigé vers le trou ovalaire gauche et le front vers la symphyse sacro-iliaque droite, la branche à pivot doit être placée au-devant de l'échancrure ischiatique gauche, et la branche à mortaise derrière le tronc ovalaire droit, afin d'embrasser exactement les côtés de la tête. La première, tenue de la main gauche, est introduite de la manière indiquée : en l'abaissant au lieu de faire remonter la cuiller sur le côté gauche du bassin, on la fait avancer au-devant du ligament sacro-sciatique et de l'échancrure ischiatique, de manière à croiser un peu le bord du sacrum pour la faire arriver jusque sur la joue. Le pivot est toujours en dessus, mais tourné vers l'aine gauche, et l'extrémité du manche un peu inclinée vers la cuisse du même côté. On introduit la branche à mortaise en arrière et à droite dans le lieu d'élection, et on lui fait décrire à mesure qu'elle pénètre le mouvement de spirale allongée, à l'aide duquel la cuiller est portée sur le côté de la tête; on relève ensuite un peu le manche pour que cette seconde branche soit convenablement placée derrière le côté droit de l'arcade des

FIG. 56.

pubis et sur le côté de la tête qui y correspond. S'il arrivait que le mouvement de spirale fût incomplet, les doigts introduits dans le vagin, portés sur le bord convexe de la cuiller et agissant de concert avec la main qui tient le manche, la feraient glisser derrière la cavité cotyloïde, non par son extrémité, mais par son bord concave. Si on ne parvenait pas à la conduire sur le côté de la tête, on essaierait de l'introduire directement, comme le veut Baudelocque, entre le côté de la tête et le côté droit de l'arcade des pubis; et si l'on ne réussissait pas, on retirerait la branche à pivot pour ne l'introduire qu'après l'autre, malgré les inconvénients du décroisement, qu'on peut rendre nuls en agissant lentement. Lorsque la branche antérieure est convenablement placée, son manche est incliné vers la cuisse gauche et la mortaise dirigée vers l'aine du même côté, c'est-à-dire qu'elle est avec l'autre dans des rapports qui rendent leur jonction facile. En exerçant les tractions pour faire descendre la tête et l'engager dans le détroit inférieur, on imprime à l'instrument un mouvement de rotation de gauche à droite, en relevant en même temps un peu le manche de l'instrument, de manière à ramener son bord concave directement ou presque directement en avant. On se conduit pour le reste comme dans le cas où l'occiput a déjà exécuté son mouvement de rotation.

4° *Position occipito-sacro-iliaque droite.* — Elle est diamétralement opposée à la précédente : le front correspond derrière le trou ovalaire gauche, et l'occiput au-devant de la symphyse sacro-iliaque droite. L'introduction des branches du forceps se fait dans le même ordre et de la même manière.

Sauf les réserves faites pour le cas où l'occiput a de la tendance à exécuter le mouvement de rotation qui dirige le plan postérieur du fœtus en avant, en exerçant les tractions, on ramène vers les pubis le front qui correspond à la courbure des cuillers, et l'on termine l'extraction comme dans la position occipito-sacrée.

5° *Position occipito-cotyloïdienne droite.* — L'occiput répondant au trou ovalaire droit et le front à l'échancrure ischiatique, la branche à pivot doit être placée derrière l'arcade des pubis du côté gauche. On la fait arriver sur ce point d'arrière en avant par le mouvement de spirale allongée; et s'il reste incomplet, on s'aide des doigts de la main droite introduite dans le vagin. Lorsque cette branche est convenablement placée, le manche est incliné vers la cuisse droite et le pivot vers l'aine du même côté. On introduit ensuite la branche à mortaise, tenue de la main droite, en arrière et à droite, entre les doigts de la main gauche et le côté de la tête, au-devant du ligament sacro-sciatique, de l'échancrure ischiatique et d'une portion du sacrum, en abaissant son manche et en le dirigeant vers la cuisse droite, jusqu'à ce que la mortaise qui s'incline à droite soit arrivée au niveau du pivot de l'autre branche. Après les avoir réunies et assujetties, on exerce les tractions en imprimant à l'instrument un mouvement de rotation de droite à gauche, qui ramène la courbure de l'instrument et l'occiput sous la symphyse du pubis, et l'on termine comme dans la position occipito-pubienne.

6° *Position occipito-sacro-iliaque gauche.*—Le front correspondant derrière le trou ovalaire droit, et l'occiput au-devant de la symphyse sacro-iliaque gauche, les branches doivent être introduites dans le même ordre et de la même manière que ci-dessus, et la tête est dégagée comme dans la position occipito-sacro-iliaque droite.

7° *Position occipito-iliaque directe gauche.* — La branche à pivot est introduite en arrière, au-devant du ligament sacro-sciatique gauche ; en abaissant le manche on dirige la cuiller au-devant du sacrum sur le côté de la tête, et le pivot se tourne directement vers la face interne de la cuisse gauche. La branche à mortaise, introduite en arrière, et à droite, est amené entre les pubis et le côté de la tête, par le mouvement de spirale, qu'il faut le plus souvent compléter à l'aide des doigts introduits dans le vagin. Lorsque les deux branches sont en position pour être articulées, leurs bords concaves tournés vers l'occiput regardent directement à gauche. La difficulté de faire parcourir ce long trajet à la branche à mortaise quand l'autre est introduite, doit d'autant mieux déterminer à commencer par elle, qu'on peut éviter les inconvénients du décroisement ; car en faisant tenir son manche incliné vers la cuisse opposée, on peut facilement introduire la branche à pivot derrière son bord convexe. Si on ne parvenait pas à la faire arriver sur les côtés de la tête, on chercherait à l'introduire directement derrière les pubis, en tenant le manche abaissé entre les cuisses. En exerçant les tractions, on conduit l'occiput sous l'arcade des pubis, par un mouvement de rotation de gauche à droite, et comme ce mouvement de rotation est assez étendu, il faut l'exécuter lentement et à plusieurs reprises.

8° *Position occipito-iliaque directe droite.* — Le procédé opératoire est l'inverse du précédent. La branche à pivot est portée derrière les pubis, la branche à mortaise au-devant du sacrum ; la concavité des bords regarde directement à droite, et le mouvement de rotation qui amène l'occiput sous l'arcade des pubis s'exécute de droite à gauche.

Dans l'une et l'autre de ces positions, pour que le forceps puisse être appliqué sur les côtés de la tête, il faut qu'elle soit complétement descendue dans l'excavation et que l'extrémité de la cuiller, placée en arrière, reste au-dessous de l'angle sacro-vertébral. Dans le cas contraire, on est presque toujours conduit à placer les branches du forceps sur les côtés du bassin ou diagonalement. La tête est prise du front à l'occiput ou d'une bosse frontale à la région occipitale opposée, et si elle ne se place pas régulièrement entre les cuillers, pendant qu'on articule ou qu'on exerce les premières tractions, on est exposé à rencontrer de grandes difficultés pour lui faire franchir le détroit inférieur, et à déchirer la vulve et le périnée. Il est donc convenable après avoir amené l'occiput sous l'arcade des pubis, de retirer les branches pour confier l'expulsion de la tête aux efforts maternels, sur lesquels on peut d'autant plus compter, que la présence du forceps les a rendus plus actifs, et que l'obstacle apporté par la position de la tête est levée ; si l'expulsion n'avait pas lieu, l'application du forceps sur les côtés de la tête serait devenue très facile.

B. *Au détroit supérieur.* — Nous avons fait connaître les conditions qui permettent l'emploi du forceps au détroit supérieur et les cas qui l'exigent. On ne doit pas perdre de vue qu'on ne se sert pas du forceps, uniquement parce que son application est facile, mais bien parce qu'elle est nécessaire ou préférable à d'autres moyens, quoique difficile et entourée de dangers. Nous avons établi qu'il est à peu près impossible d'appliquer, au détroit supérieur, une branche au-devant du sacrum et l'autre derrière le pubis, et qu'on ne doit pas même le tenter. On peut, à la rigueur, les placer diagonalement et même souvent assez facilement lorsque le bassin est bien conformé ; mais, dans ce dernier cas, la tête est rarement retenue au-dessus ou à l'entrée du détroit supérieur, de sorte que, dans la pratique, on est généralement conduit à les placer sur les côtés du bassin, quelle que soit la position de la tête, position d'ailleurs souvent inconnue. Néanmoins, lorsqu'elle est dans une position diagonale, comme cela arrive ordinairement, on doit d'abord essayer de la saisir par ses diamètres transversaux, et c'est là le cas de placer la branche antérieure la première.

D'ailleurs, quoique l'occiput corresponde très rarement au pubis ou à l'angle sacro-vertébral, en plaçant le forceps sur les côtés du bassin, il n'arrive pas moins quelquefois que la tête se trouve prise par ses régions pariéto-temporales, parce que dans les positions diagonales elle peut se placer ainsi lorsqu'on articule les branches et qu'on commence à exercer des tractions. Mais le plus souvent elle est prise du front à l'occiput ou d'une bosse frontale à la région occipitale opposée, et dans ce dernier cas, les cuillers sont plus exposées à glisser et à comprimer inégalement le crâne.

FIG. 57.

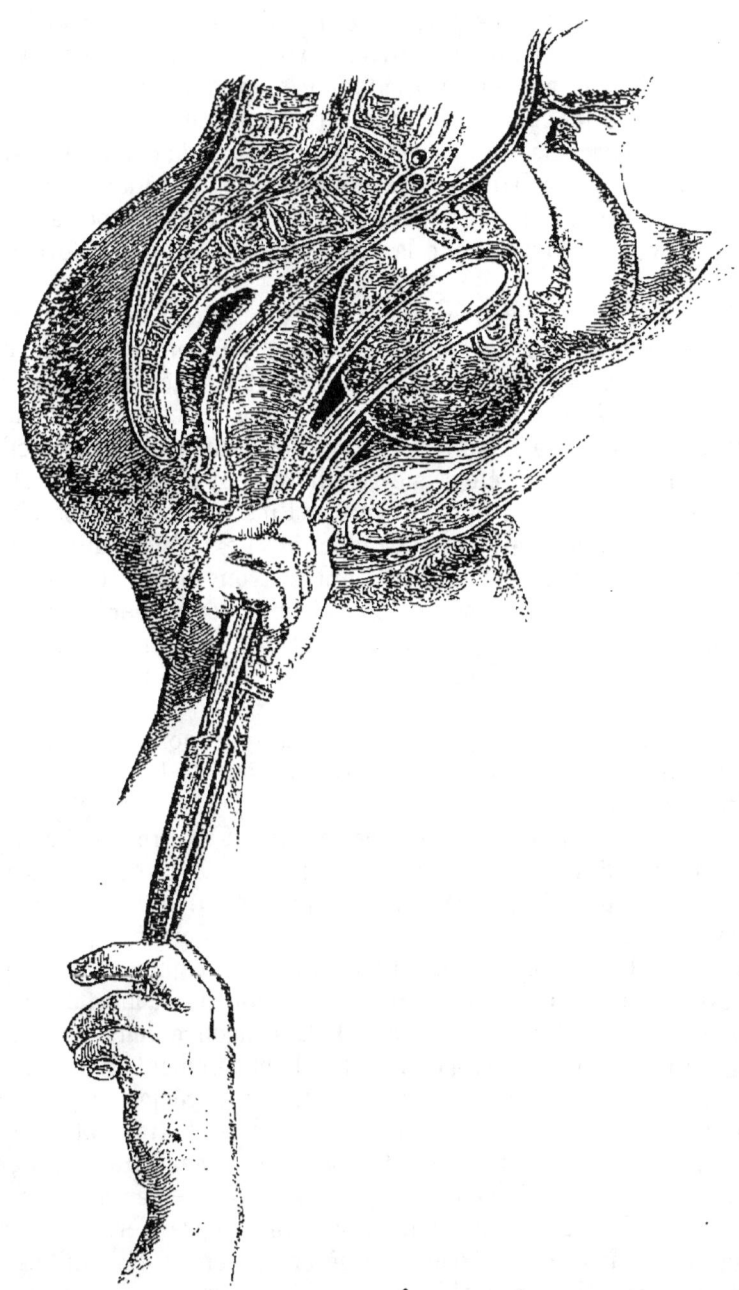

Qu'on place les branches sur les côtés du bassin ou diagonalement, le procédé opératoire est le même que dans l'excavation, sauf les particularités suivantes : la main qui sert à guider les cuillers et à protéger les parties de la mère doit être introduite tout entière dans le conduit vulvo-utérin ; en faisant pénétrer les branches jusque près de l'articulation, on abaisse fortement leur manche entre les cuisses ; les mains placées l'une en dessus, au-devant des crochets, l'autre en dessous, près de la jonction, exercent, autant que possible, les tractions dans la direction du détroit supérieur, en déprimant assez fortement la commissure postérieure de la vulve, jusqu'à ce que la tête soit entraînée dans l'excavation.

Là, on s'assure positivement si la tête est bien ou mal saisie ; dans le premier cas, on achèvera l'extraction conformément aux règles prescrites pour les cas où l'occiput correspond à l'arcade des pubis ou à la courbure du sacrum. Dans le second cas, où la tête a pu être entraînée à travers le détroit supérieur aussi facilement que si elle avait été saisie régulièrement d'un côté à l'autre, on aura à examiner si l'on doit retirer l'instrument pour le réappliquer régulièrement, ou abandonner l'expulsion aux efforts maternels ; ou bien si l'on peut, après avoir donné à la tête la meilleure direction possible, chercher à l'entraîner au dehors comme elle a été saisie, en redoublant de précautions pour prévenir la déchirure du périnée.

II. APPLICATION DU FORCEPS DANS LA PRÉSENTATION DE LA FACE. — Lorsqu'il y a indication, dans la présentation de la face, de terminer l'accouchement avec le forceps, le précepte de placer les cuillers sur les parties latérales de la tête ne souffre pas d'exception. Quels désordres ne produirait-on pas si l'une des branches était appliquée sur le vertex et l'autre sur la base de la mâchoire et le devant du cou ! D'ailleurs cette dernière partie est tellement favorable au glissement, que le forceps ainsi appliqué serait d'une efficacité incertaine, alors même que la mort du fœtus laisserait toute liberté à cet égard. Ces inconvénients disparaîtraient en partie si la tête était saisie diagonalement d'une joue et de la base de la mâchoire correspondante à la région temporo-occipitale du côté opposé, surtout lorsque c'est le front plutôt que la face en plein qui se présente. La tête, dans cette direction, peut être assez solidement prise, et sans trop de dangers pour le fœtus ; d'ailleurs en articulant ou pendant les premières tractions, elle peut encore se placer régulièrement entre les cuillers. Il est également indispensable que le bord concave de l'instrument soit tourné vers le menton, qui ne peut pas, comme l'occiput, être dégagé en arrière. On voit par là que l'emploi du forceps est plus restreint et souvent plus difficile dans la présentation de la face que dans celle du crâne. Si l'on est dans l'obligation de terminer l'accouchement lorsque le fœtus est au-dessus du détroit supérieur ou à demi engagé dans l'excavation, et que le menton corresponde vers un point de la moitié postérieure du bassin, on ne doit tenter de se servir du forceps que lorsque la version est impraticable ou extrêmement difficile et dangereuse. Il en est de même lorsqu'il correspond directement vers la fosse iliaque ou la cavité cotyloïde, parce que la nécessité de placer les branches transversalement ou diagonalement en rend l'emploi plus difficile et plus limité. Ces particularités expliquent pourquoi, dans la présentation de la face, l'extraction par la version est dans une proportion beaucoup plus forte que l'extraction à l'aide du forceps (p. 364). Ce n'est pas tout : lorsque les dimensions du bassin sont au-dessous de leur étendue moyenne, les chances de l'expulsion spontanée et de l'extraction à l'aide du forceps disparaissent beaucoup plus tôt que pour la présentation du vertex, et si le diamètre le plus rétréci n'a pas au moins 94 millim. (3 p. 1/2), les tentatives d'extraction seront le plus souvent infructueuses. Les irrégularités dans la présentation qui ne se réduisent pas par les progrès du travail, la procidence persistante des mains, d'un pied, sont dans le même cas. Aussi est-il convenable, surtout lorsqu'il y a rétrécissement du bassin, de tenter de convertir, au moment où il a le plus de chances de réussir, la présentation de la face en une présentation du sommet.

Avant qu'on se fût fait une idée exacte du mécanisme de l'accouchement par la face, on s'efforçait de changer la présentation, en repoussant la face pour faire descendre le vertex, ou mieux en allant accrocher l'occiput avec la main ou le levier pour l'entraîner au centre du bassin. La seconde manœuvre est la seule qui puisse offrir quelques chances de succès, si on opère avant la rupture des membranes, ou peu de temps après : encore échoue-t-on le plus souvent. On était tellement imbu de l'idée de ramener le vertex à l'entrée du bassin, qu'on ne se résignait à appliquer le forceps qu'après avoir épuisé tous les moyens d'opérer la mutation et avoir reconnu que la version n'était pas praticable. Aujourd'hui que la plupart des praticiens abandonnent ces accouchements aux efforts de l'organisme, s'il arrive qu'ils soient insuffisants, il n'est plus permis de tenter avec succès ces mutations, parce qu'on a ordinairement laissé passer le moment où il y avait quelques chances de réussir. Mais les progrès du travail amènent généralement des conditions favorables à l'emploi du forceps ; en effet, pendant que la tête descend dans l'excavation, le menton se rapproche de l'arcade des pubis, même dans les positions où il correspond primitivement vers un point de la moitié postérieure du bassin.

A. *Positions mento-antérieures.* — 1° *Dans l'excavation.* — Le procédé opératoire étant exactement le même que dans les positions occipito-antérieures du vertex, je dois me borner à quelques remarques spéciales pour éviter des répétitions inutiles et fastidieuses.

La position mento-pubienne est très fréquente, puisque dans l'expulsion régulière le menton converge vers l'arcade des pubis, quel que soit le point où il se trouve primitivement. Lorsqu'on est conduit à faire usage du forceps dans cette position, la tête est extrêmement basse, puisque le mouvement de rotation est complet ou presque complet. Chaque branche sera placée sur les parties latérales du bassin, absolument de la même manière que dans la position occipito-pubienne. En insinuant les cuillers entre les doigts conducteurs et les joues, il faut prendre garde de ne pas heurter leur extrémité contre la face. Pendant les premières tractions le manche doit être tenu convenablement abaissé pour faire avancer le menton sous l'arcade des pubis; puis, en tenant compte des précautions à prendre pour prévenir les déchirures du périnée, on le relève graduellement vers l'abdomen, pour que le reste de la face se dégage successivement, au-devant de la commissure postérieure de la vulve.

Dans les positions mento-cotyloïdiennes, les branches, ayant leurs bords concaves tournés vers le menton, sont placées de la même manière et aussi facilement que dans les positions occipito-cotyloïdiennes; après avoir amené le menton sous l'arcade des pubis, on opère le dégagement de la tête comme il a été dit ci-dessus.

Dans les positions mento-iliaques directes, si la face ne repose pas sur le plancher du bassin, on peut se trouver dans l'impossibilité de placer les cuillers sur les côtés de la tête.

Lorsque la position n'est pas franche, que c'est le front plutôt que la face en plein qui se présente, on peut, à la rigueur, laisser les branches sur les côtés du bassin; mais, dans le cas contraire, une des cuillers embrasserait le devant du cou, et il en résulterait une compression funeste si le fœtus était vivant. Mais en plaçant les branches diagonalement sur le bassin et sur la tête, une partie des dangers est éludée, et c'est une dernière ressources qui n'est pas à négliger.

2° *Au détroit supérieur.* — Il est extrêmement rare que le menton corresponde aux pubis, à moins que le bassin ne soit resserré transversalement; mais il peut s'en trouver très peu éloigné, de manière qu'en plaçant les branches du forceps sur les parties latérales du bassin, la tête se trouve régulièrement saisie ; et comme cette manière d'appliquer le forceps est assez facile, même au détroit supérieur, il résulte qu'on peut s'en servir avec succès dans les positions mento-pubiennes et dans celles qui s'en éloignent peu.

Comme il est assez souvent possible de placer les branches diagonalement, l'une au-devant de la symphyse sacro-iliaque, l'autre derrière la cavité cotyloïde opposée, il reste des chances assez nombreuses de se servir utilement du forceps au détroit supérieur dans les positions mento-cotyloïdiennes.

Dans les positions mento-iliaques directes, il est à peu près impossible de placer les cuillers sur les côtés de la tête, et il est extrêmement dangereux pour le fœtus de les placer sur les côtés du bassin ; mais comme, à la rigueur, on peut les placer diagonalement, le forceps peut encore rendre quelques services dans ces positions.

Il est bien entendu qu'on n'est autorisé à tenter l'application du forceps au détroit supérieur dans ces positions qu'autant que l'utérus est fortement rétracté, et que la version est impraticable ou extrêmement difficile et dangereuse.

B. *Positions mento-postérieures.* — 1° *Dans l'excavation.* — La situation est des plus critiques lorsque l'intervention de l'art est nécessaire. Mais ajoutons d'abord qu'il est extrêmement rare que la face descende jusqu'au fond de l'excavation, le menton dirigé directement en arrière, dans la courbure du sacrum, et même de côté, au-devant des ligaments sacro-sciatiques.

Il ne peut guère en être ainsi que lorsque le bassin est extrêmement grand ou le fœtus très petit, ou mort et putréfié. Il n'y a pas à penser à la version, que nous supposons absolument impossible.

Voyons quel parti on peut tirer du forceps et de quelle manière on doit s'en servir. La difficulté n'est pas dans l'introduction et le placement des branches, qui se font comme dans les positions occipito-postérieures du vertex ; mais leurs bords concaves regardent l'extrémité opposée au menton.

1° En tirant sur le manche, le plus possible en arrière, de manière à faire descendre le vertex, on ne peut guère espérer de réussir, à moins que les efforts de l'organisme n'aient déjà à demi produit cette mutation.

2° Le pivotement de la face en avant est peut-être le déplacement le moins difficile à produire si le bassin n'est pas déformé, et comme le menton correspond plutôt au-devant des ligaments sacro-sciatiques qu'au devant du sacrum, et qu'on peut le dégager sous le milieu de l'arcade ischio-pubienne, le mouvement de rotation peut bien ne pas être funeste au fœtus, alors même que le tronc resterait immobile. Mais en agissant lentement et en s'interrompant pour attendre les douleurs, on peut espérer que le tronc obéira, au moins en partie, au mouvement qui porte le menton en avant. Pour pratiquer cette manœuvre, le forceps droit serait plus avantageux que le forceps courbe, qui exige plusieurs applications successives pour tourner le menton en avant, ou de relâcher les cuillers, pour abaisser le manche à mesure qu'on tourne la concavité des bords en arrière.

Lorsque l'enfant est vivant, ces tentatives doivent être faites avec beaucoup de ménagements, et doivent être abandonnées dès qu'on trouve que la tête a peu de tendance à suivre l'impulsion qu'on veut lui donner.

3° Si, pendant qu'on s'efforce en vain de ramener le menton en avant ou d'abaisser le vertex, on s'apercevait que le menton peut descendre au-devant des ligaments sacro-sciatiques, on essaierait de le faire avancer jusqu'au-devant de la commissure postérieure de la vulve; puis on dégagerait la tête, en abaissant le manche de l'instrument. Mais il n'y aurait lieu de le tenter que si la tête était extrêmement petite et molle ou le crâne en partie vidé.

Nous avons fait connaître, p. 76, les dangers et le peu de certitude de ces moyens, qui, sans sauver l'enfant, exposeraient sérieusement les jours de la mère, si on insistait au-delà de ce qu'il convient. Aussi, dans cette circonstance, on peut être conduit à pratiquer la crâniotomie, alors même que le bassin a ses dimensions ordinaires et le fœtus un volume médiocre.

2° *Au détroit supérieur.* — Le menton correspond assez souvent en arrière, non à l'angle sacro-vertébral, mais à l'une des symphyses sacro-iliaques, et à la droite en particulier. Ces positions n'exigent pas par elles-mêmes l'intervention de l'art, puisque le menton et le plan antérieur du fœtus sont généralement amenés spontanément en avant; mais ils peuvent rester en arrière et s'opposer à la descente de la tête, ou d'autres causes exiger la terminaison de l'accouchement. Les ressources qu'offre le forceps sont si incertaines et si restreintes qu'on doit y renoncer. On pourrait, à la vérité, ne pas rencontrer de très grandes difficultés à placer les branches; mais on n'aurait pas, comme dans l'excavation, la présomption que la tête est très petite ou le bassin très spacieux. Il serait plus difficile encore de diriger le menton en avant, et les difficultés déjà si grandes et le plus souvent insurmontables lorsque la tête est descendue dans l'excavation, se trouveraient encore augmentées. Heureusement les cas de ce genre ne sont pas communs, et la version offre presque toujours une ressource suffisante. Si la tête est à demi engagée et l'utérus violemment rétracté sur le fœtus, on peut souvent amener par des moyens appropriés un relâchement suffisant; et dans ce cas, en faisant pénétrer la main dans l'utérus, on chercherait, avant d'aller aux pieds, d'abaisser le vertex.

III. APPLICATION DU FORCEPS SUR LA TÊTE, RETENUE DANS LES PARTIES APRÈS LA SORTIE DU TRONC. — Lorsque, dans les présentations de l'extrémité pelvienne ou après la version, la tête est retenue dans les parties, l'enfant court le danger imminent et très prochain de perdre la vie par suite de la compression du cordon, et par le décollement du placenta s'il échappait à cette compression. Aussi sa mort est-elle presque inévitable lorsqu'on ne parvient pas à vaincre promptement l'obstacle qui résulte soit de l'extension de la tête, soit de la résistance du col ou du périnée, soit de rapports trop exacts entre le volume de la tête et la capacité du bassin. On trouve généralement dans l'emploi seul et bien entendu des mains un moyen assuré et peu dangereux d'entraîner la tête au dehors: mais il s'en faut de beaucoup que l'extraction soit toujours assez prompte pour garantir le fœtus contre le danger éminent qui menace son existence. Le forceps lui offrirait-il une ressource moins incertaine? Non, sans doute; car en supposant qu'on ne rencontre pas de difficultés dans son application, l'extraction ne serait pas plus prompte. On est donc conduit à tenter d'abord l'extraction à l'aide de la main; et si le bassin se trouve dans des conditions qui permettent le passage de la tête, on réussira presque constamment; de sorte que l'occasion d'avoir recours au forceps se présente rarement; c'est au point qu'il est presque impossible de se faire une idée exacte de ses avantages et de ses inconvénients d'après les faits seuls. Cependant il peut arriver que des tractions inconsidérées sur le tronc aient si solidement fixé entre deux points du bassin, la tête étendue qu'il soit impossible de la faire avancer avec les mains. La même chose peut arriver par le fait d'un bassin resserré, quoique la tête ne soit pas mal placée ni mal dirigée, ou par la tension du col utérin sur la base du crâne.

Dans tous ces cas le forceps peut offrir une ressource précieuse: l'enfant peut encore donner des signes de vie après des tentatives infructueuses pour l'extraire avec la main; d'ailleurs le désir de lui conserver la vie n'est pas le seul motif qui doive nous déterminer à en faire usage. Toutefois la promptitude de la mort du fœtus est une circonstance qui tend encore à restreindre l'emploi du forceps ; car si les obstacles sont assez grands pour exiger des tractions énergiques, la crainte de déterminer des lésions graves dans les parties de la mère doit engager à pratiquer la perforation du crâne : on ne doit pas chercher à se donner la satisfaction d'extraire un cadavre non mutilé, aux dépens de la vie de la mère.

Ce qui concourt à augmenter les difficultés de l'application du forceps après la sortie du tronc, c'est qu'on est le plus souvent conduit à le porter au détroit supérieur ; car c'est surtout quand la tête y est arrêtée, que l'action des mains est le plus limitée, tandis qu'elle est très efficace quand elle est retenue dans l'excavation ou au détroit inférieur. La présence du tronc, dont la partie supérieure obstrue d'autant plus l'entrée du conduit vulvo-utérin que la tête est plus élevée et empêche de la saisir dans la meilleure direction possible, est la cause principale qui rend l'emploi du forceps plus difficile que dans la présentation de l'extrémité céphalique ; et si l'on peut s'en servir au détroit supérieur, ce n'est guère qu'après la mort du fœtus, lorsque des tractions sur les épaules ont allongé le cou.

Madame Lachapelle semble disposée à le proscrire dans tous les cas ; elle assure en avoir fait plusieurs fois l'essai, et chaque fois sans véritable utilité. Elle a trouvé qu'il était difficile de l'appliquer, et de s'en servir convenablement après son application. Mais Smellie, Baudelocque, l'ont appliqué avec succès, même au détroit supérieur. Deeves, qui a plusieurs fois tenté de l'appliquer au détroit supérieur, a toujours échoué.

Le procédé opératoire est le même que dans la présentation du vertex, et ne subit d'autres modifications que celles qu'entraîne la présence du tronc au dehors. L'instrument doit correspondre au plan antérieur du fœtus qui est écarté dans le sens opposé.

1° *Positions occipito-antérieures.* — Lorsque l'occiput correspond à la symphyse des pubis ou en est très rapproché, le tronc, ainsi que les bras étendus sur ses côtés, enveloppés d'une serviette chaude, est fortement relevé vers l'abdomen de la mère et soutenu par un aide. On place les branches sur les parties latérales du bassin, absolument de la même manière que dans la position occipito-pubienne du vertex.

Le forceps, appliqué sur les parties latérales du bassin, peut, sans trop de difficulté, saisir la tête dans toute l'étendue du canal, jusqu'au-dessus du détroit supérieur ; et l'on serait certainement conduit à le placer ainsi, dans les positions diagonales et transversales, pour peu que la tête fût élevée. Avant de placer les branches, il faut avoir l'attention de fléchir la tête aussi exactement que possible, et, malgré ce soin, elle ne peut pas être saisie du menton à l'occiput, mais seulement de l'angle de la mâchoire, et même d'un point plus reculé au milieu du vertex. Cette direction qu'on est forcé de donner à l'instrument ajoute aux difficultés de l'extraction, difficultés qui seraient très grandes si la tête se trouvait étendue et même à demi étendue; il faudrait chercher à l'ébranler et à la soulever, afin de pouvoir la fléchir, après avoir relâché l'instrument. Pour dégager la tête par un mouvement de flexion, on tire sur le manche en le relevant vers les pubis, et à mesure que la face parcourt la gouttière coccy-vulvaire, on la soutient d'une main ou on la fait soutenir par un aide.

Lorsque l'occiput correspond derrière l'une ou l'autre cavité cotyloïde, on fait relever le tronc vers l'aine du même côté; les branches sont placées sur les côtés de la tête, l'une au-devant du ligament sacro-sciatique, l'autre derrière la cavité cotyloïde, en observant les mêmes règles que pour la position occipito-cotyloïdienne correspondante; et lorsque la branche qui correspond à la face doit être ramenée en avant, on la fait avancer, en arrière, entre les doigts et la joue, jusqu'à la hauteur du front, avant de lui faire exécuter le mouvement de spirale qui la fait arriver sur les côtés de la tête, ou bien on l'y introduit directement, afin que son extrémité ne vienne pas heurter contre les os maxillaires ou le nez. Après avoir articulé, on imprime le mouvement de rotation qui amène l'occiput et la concavité des bords sous l'arcade des pubis. On doit rarement se trouver dans la nécessité d'appliquer le forceps diagonalement; car on peut presque toujours, à l'aide des doigts, faire exécuter à la tête son mouvement de rotation, ce qui permet de placer les branches sur les parties latérales du bassin et d'éviter les difficultés qu'on peut rencontrer dans le placement de la branche antérieure.

Lorsque l'occiput correspond directement vers l'une des fosses iliaques, le tronc est incliné du même côté, les cuillers sont placées comme il a été dit, l'une au-devant du sacrum, l'autre derrière les pubis, la concavité de leurs bords dirigée du côté de l'occiput, qu'on doit amener sous l'arcade des pubis par un mouvement de rotation d'arrière en avant. Mais pour que le forceps puisse être appliqué de cette manière, il faut que la tête soit très basse.

Dans le cas contraire, et même sans qu'elle soit au-dessus du détroit supérieur, on est conduit à placer les branches sur les parties latérales du bassin et à saisir la tête, non par ses côtés, mais de la face à l'occiput; et si le bassin est resserré, d'arrière en avant, il ne faut imprimer à la tête son mouvement de rotation qu'après l'avoir entraînée dans l'excavation. Mais elle est prise trop irrégulièrement pour pouvoir être dégagée ainsi, à moins que le détroit inférieur ne soit très large et le périnée très souple.

2° *Positions occipito-postérieures.* — On peut être conduit à se servir du forceps lorsque la tête est arrêtée, l'occiput dirigé en arrière, et qu'il est impossible de tourner, à l'aide de la main, la face dans la courbure du sacrum, ou de la dégager sous l'arcade des pubis. Le fœtus est renversé en arrière, afin de pouvoir intro-

FIG. 58.

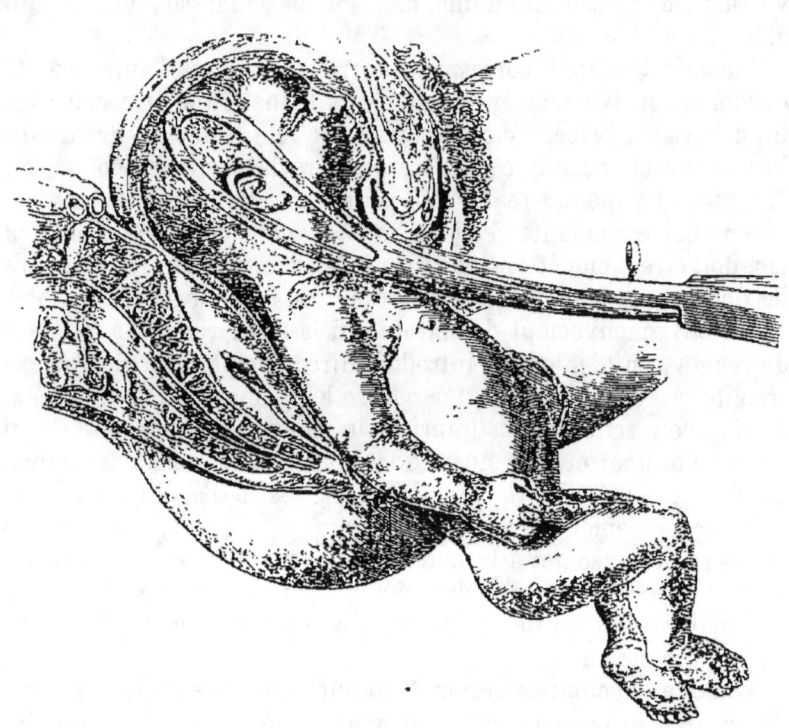

duire les branches au-devant du tronc. Elles sont placées suivant que la position est directe ou diagonale, comme dans le cas où l'occiput correspond au pubis ou à l'une des cavités cotyloïdes; et suivant que la tête est fléchie ou étendue, le dégagement est opéré d'après les modes décrits t. i, p. 606, et t. ii, p. 333. Dans le premier cas, on exercera les tractions en tenant le manche de l'instrument le plus bas possible, sans comprimer trop fortement la poitrine si l'enfant est vivant, de manière à engager la face et le front sous l'arcade des pubis. Dans le second cas, le dégagement de l'occiput en arrière par un mouvement d'extension très prononcé, semble, *à priori*, extrêmement difficile ; mais les observations de MM. Eckard et Michaelis sont de nature à lui faire accorder quelque confiance. Après avoir entraîné la tête dans le fond de l'excavation, on relèverait le manche de l'instrument vers l'abdomen, pour faire avancer l'occiput de la partie inférieure du sacrum au-devant de la commissure postérieure de la vulve, jusqu'à ce que la tête soit entièrement dégagée.

Le dégagement de la tête suivant l'un et l'autre de ces modes ne paraissant guère possible qu'à la condition d'un bassin très grand ou d'une tête peu volumineuse, et exposant sans doute davantage aux ruptures du périnée, on pourrait essayer, si l'on rencontrait des difficultés à entraîner la tête, de rouler l'occiput en avant, d'autant mieux qu'on n'est pas exposé à tordre le cou du fœtus. Mais ce mouvement, qui fait correspondre le bord concave de l'instrument en arrière, serait rendu encore plus difficile par la présence du tronc, et l'on ne pourrait guère le tenter avec sécurité que si on avait à sa disposition un forceps droit.

3° *Sur la tête séparée du tronc.* — L'occasion d'appliquer le forceps sur la tête séparée du tronc se présente très rarement ; car lorsque la détroncation a été déterminée par des tractions inconsidérées sans que le bassin soit rétréci, on peut confier son expulsion à l'action des efforts maternels ou l'entraîner à l'aide des doigts ou d'un crochet mousse placés sur la mâchoire inférieure. Si elle est retenue par la rétraction spasmodique du col, on combattra d'abord cet état par les moyens appropriés, et lorsque le bassin est rétréci, que la détroncation soit accidentelle ou volontaire, c'est à la crâniotomie qu'il faut avoir recours. Mais lorsque le bassin est convenablement ample, que l'expulsion de la tête tarde à s'opérer, et qu'on s'est assuré qu'on ne peut pas l'entraîner avec les doigts, il faut se servir du forceps, qu'il est plus facile de faire agir que lorsque la tête tient au tronc. Si elle était mobile, on la disposerait de manière à pouvoir la saisir par ses petits diamètres, en plaçant les branches sur les côtés du bassin, et à la faire avancer par l'une de ses extrémités. Pendant l'introduction des branches, on la ferait maintenir par les mains d'un aide portées sur l'hypogastre.

IV. Du levier. — Avant de passer dans le domaine public, le levier a donné lieu pendant longtemps aux mêmes spéculations que le forceps. Il paraît également dû au génie inventif de la famille Chamberlen : c'est celui dont s'est servi Roonhuyson et après lui Bruyn, que de Vischer et Van de Poll achetèrent à sa mort, pour le faire connaître. C'était une lame d'acier bien trempée, longue de 30 centimètres (11 pouces) environ et de l'épaisseur de 4 millimètres (1 ligne 1/2), droite dans sa partie moyenne et légèrement recourbée vers ses extrémités, dans l'étendue de 10 centimètres (3 pouces 1/2). Elle était garnie d'emplâtres épaisses, recouvertes d'une peau de chien dans le but de modérer les pressions. Le levier fut bientôt modifié de différentes manières. Les uns lui donnèrent la forme d'une spatule, les autres d'une cuiller pleine ou fenêtrée. Celui qui a prévalu n'est autre chose qu'une branche du forceps droit, à cuiller allongée et peu courbée, sans entablure, et supportée par un manche en bois; mais il est convenablement remplacé par une branche du forceps ordinaire.

Considéré comme moyen de traction, le levier a une action très limitée. Les succès qu'on a obtenus en Hollande s'expliquent facilement par l'abus et les spéculations qu'on en faisait. Pour le prouver, il suffit de rappeler que Bruyn prétend avoir désenclavé huit cents têtes, dans l'espace de quarante-deux ans. Quoiqu'on s'en soit beaucoup occupé en France, il n'y a guère été employé que pour redresser la tête; mais il a conservé quelque vogue en Angleterre, où il remplace encore quelquefois le forceps. En décrivant la manière de s'en servir dans les cas où il peut être employé, nous apprécierons son degré d'utilité et la place qu'il doit occuper dans la pratique.

1° Il peut arriver que les déviations de la tête ne se corrigent pas sous l'influence des contractions utérines et que l'expulsion soit entravée, p. 66, ou qu'il y ait lieu de tenter de convertir une présentation de la face en une présentation du crâne. Si la main ne peut aller embrasser convenablement la partie qu'on veut abaisser, il reste encore la chance d'y conduire la cuiller du levier, qui occupe beaucoup moins de place et qu'on peut presque toujours placer convenablement. On peut être conduit à porter la cuiller du levier sur la région occipitale pour fléchir la tête, sur l'un de ses côtés pour la redresser, et même sur le menton pour compléter son extension.

Le levier est introduit dans les parties de la même manière et avec les mêmes précautions que les branches du forceps. Lorsqu'il doit être placé derrière un point de la moitié antérieure du bassin, on l'y fait arriver d'arrière en avant, par le mouvement de spirale ou par des pressions sur le bord qui répond en arrière, à l'aide des doigts conducteurs. Si l'on rencontrait des difficultés insurmontables, on essaierait de le porter directement en avant. Lorsqu'on est parvenu à placer la cuiller sur le point choisi, qu'on s'est assuré qu'elle embrasse exactement la partie, on s'y prend de la manière suivante pour le faire agir. Pour servir de point d'appui et pour prévenir une pression dangereuse, la main qui a dirigé la cuiller embrasse solidement le manche près de la vulve, et l'autre tire sur son extrémité, en sens inverse de celui dans lequel on veut faire basculer la tête. Dans ce cas, le levier agit à la fois comme agent de traction et levier du premier genre. On peut encore s'en servir, en lui donnant un point d'appui sur la main portée à l'extrémité du manche, tandis que l'autre presse en dehors sur le milieu du levier, pour faire basculer la cuiller du côté opposé : ici l'instrument agit comme un levier du troisième genre ou interpuissant.

On agit dans l'intervalle des contractions ; mais comme celles-ci sont ordinairement excitées par la présence de l'instrument, qu'elles ne sont pas étrangères au redressement de la tête, après les premières tentatives, on continue pendant les douleurs. Lorsqu'on a obtenu le redressement, ce qui, pour dire vrai, n'arrive que dans le plus petit nombre de cas, on retire l'instrument pour laisser l'expulsion suivre son cours naturel.

2° Dans les positions du vertex et de la face, où l'occiput et le menton, malgré l'action prolongée des efforts d'expulsion, persistent à rester directement du côté ou vers un point de la moitié postérieure du bassin, il est de la plus grande importance, surtout dans la seconde, de ne rien négliger pour déterminer le mouvement de rotation, p. 62 et 76. Or, lorsque la main ne suffit pas, il faut essayer du levier, qui est introduit, en arrière, sur le côté de la tête et le plus près possible de son extrémité qu'on veut diriger en avant ; on fait ensuite agir l'instrument d'arrière en avant, de l'une des manières indiquées plus haut. On peut également le placer en avant, sur le point opposé, pour le faire agir en sens inverse. Mais, outre qu'il est plus difficile à placer, son action paraît moins efficace.

3° Lorsqu'on se sert du levier comme agent de traction, on le place de la même manière qu'une branche du forceps, autant que possible sur le côté de la tête et dans la direction qu'elle doit suivre en descendant. Toutefois, si l'obstacle à l'expulsion paraît dépendre d'un défaut ou d'un excès de flexion, il sera placé, dans le premier cas, sur l'apophyse mastoïde ou l'occiput, et dans le second sur le côté du maxillaire inférieur. On le maintient solidement en place avec la main qui lui sert de point d'appui, tandis que de l'autre on tire sur le manche dans la direction suivant laquelle on veut faire avancer la tête, en ne le faisant agir à la manière d'un levier qu'autant qu'il est nécessaire pour prévenir son glissement.

C'est uniquement pendant les douleurs qu'il faut exercer les tractions, et le levier sera plus ou moins efficace suivant que le concours de l'utérus sera plus ou moins énergique. Le succès dépend plus des efforts de la matrice que sa présence excite, que de sa puissance propre, qui est très limitée : aussi ne peut-on guère espérer de réussir que lorsque l'expulsion est entravée par le ralentissement et l'affaiblissement de l'action de l'utérus, par une résistance médiocre des parties molles du périnée, par un défaut ou un excès de flexion de la tête, un retard dans son mouvement de rotation.

En comparant le levier au forceps, on voit clairement qu'il lui est infiniment inférieur sous tous les rapports, comme agent de traction ; qu'il ne peut l'y suppléer que dans les cas où l'obstacle qui s'oppose à l'expulsion est peu considérable, et à la condition d'être aidé par des douleurs plus vives, excitées par sa présence dans les parties. Il n'exige pas moins d'habitude et de précautions que le forceps, devant lequel il a perdu depuis longtemps toute l'importance pratique qu'il avait acquise. Mais ne devrait-on pas, après l'introduction de la première branche du forceps, essayer, dans les cas où la tête n'est pas solidement arrêtée, de la faire avancer en tirant sur le manche, comme il vient d'être dit pour le levier, et n'appliquer la seconde qu'après s'être assuré que ce moyen est peu sûr ou insuffisant? Car un des dangers du forceps, dans lequel tombent bien des accoucheurs et presque tous les médecins qui n'ont pas l'habitude de s'en servir, c'est de serrer la tête trop violemment et de l'extraire trop promptement ; de sorte que l'enfant est exposé à perdre la vie, et la mère à avoir le périnée déchiré. Avec le levier, il n'y a pas de compression dangereuse à craindre, et l'on observe forcément une lenteur plus en rapport avec la marche naturelle de l'expulsion, et la distension des parties molles se fait de manière à prévenir leur déchirure.

V. Crochet mousse. — L'extrémité externe des branches de la plupart des forceps est recourbée de manière à former des crochets mousses. Comme instrument particulier, c'est une tige métallique portée sur un manche en bois, dont l'extrémité externe, un peu aplatie et mousse, est recourbée dans l'étendue de 4 centimètres (1 pouce 1/2), de manière à former un sinus peu profond. L'extrémité olivaire ne doit pas être plus basse que le point où la tige commence à être courbée. Si la partie recourbée était plus longue et plus concave, l'application de l'instrument deviendrait plus difficile.

Les occasions d'avoir recours au crochet mousse sont extrêmement rares ; car la main, qui est le meilleur des instruments de ce genre, l'y supplée généralement, et il ne doit être appliqué que lorsqu'elle est insuffisante. Il est extrêmement rare qu'on soit forcé de l'appliquer sur l'aisselle après la sortie de la tête. Lorsque l'enfant est vivant, on ne l'applique guère que sur l'aine. En effet, dans la présentation de l'extrémité pelvienne rassemblée ou étendue au-devant du tronc, il arrive quelquefois, si on est dans la nécessité d'aider l'expulsion ou de terminer l'accouchement lorsqu'elle est engagée dans le bassin, qu'on ne peut ni accrocher l'aine assez solidement avec les doigts, ni faire descendre les pieds ; c'est principalement dans ce cas qu'on se trouve dans la nécessité d'avoir recours au crochet mousse.

Lorsque le siége est encore élevé, il est avantageux que l'instrument soit placé sur l'aine qui est dirigée en avant, afin de pouvoir exercer les tractions dans la direction de l'axe du bassin. Mais les difficultés apportées par la présence de l'arcade des pubis ne laissant pas toujours la liberté du choix, on le place ordinairement en arrière, alors même que le siége n'est pas descendu dans le fond de l'excavation ; à moins qu'on ne le porte sur l'aine, entre la racine des cuisses. Il est introduit absolument de la même manière qu'une branche du forceps : les doigts, portés dans les parties pour lui servir de guide, doivent eux-mêmes arriver jusque sur l'aine et suivre le crochet, à mesure que le mouvement de rotation imprimé au manche l'éloigne de leur face palmaire et le tourne sur le pli de l'aine. Cette partie de l'opération peut offrir de grandes difficultés et entraîner beaucoup de tâtonnements. Avant d'exercer des tractions, il faut bien s'assurer que l'instrument est bien placé, qu'il embrasse exactement l'aine et qu'il ne presse pas sur les parties génitales. Ces tractions doivent être lentes et ménagées, et faites autant que possible dans la direction de l'axe du canal pelvien et de manière à maintenir la région dorsale du fœtus en avant, ou à favoriser sa rotation dans ce sens, si elle regarde plus ou moins en arrière. Dès que les doigts de la main introduite dans les parties peuvent atteindre l'aine opposée, on les fait concourir aux tractions.

L'application d'un crochet mousse sur l'une ou l'autre des aines est généralement difficile ; elle est aussi très dangereuse. Ce n'est pas seulement lorsque son extrémité olivaire correspond au-devant de la cuisse ou sur le bas-ventre, que les parties sont exposées à être contuses et déchirées, mais encore lorsqu'il est exactement appliqué, si le cas exige que les tractions soient un peu énergiques. Il est très vraisemblable qu'on aurait défendu de l'appliquer sur le fœtus vivant, si les occasions de s'en servir n'étaient pas si rares, et qu'on aurait trouvé moins étrange la proposition d'appliquer le forceps sur le bassin. En effet, il n'a pas pour le fœtus les dangers sur lesquels on s'est fondé pour le rejeter. Il est tout-à-fait inexact de dire qu'il écraserait les os du bassin et qu'il tuerait immanquablement le fœtus en contondant et en déchirant les viscères abdominaux. On peut facilement se convaincre du contraire en expérimentant sur des fœtus morts-nés. Lorsque le bassin est saisi d'une hanche à l'autre et serré de toute la puissance des mains, l'extrémité des cuillers presse modérément sur les parties inférieures et latérales de l'abdomen, et l'on ne trouve aucune lésion ou seulement un peu de décollement de l'épiphyse marginale de la crête iliaque. Smellie, se fondant sur une observation de Pudécomb, a donc eu raison de penser qu'on pouvait appliquer le forceps sur le bassin. MM. Dubois et Stolz professent aujourd'hui la même opinion. Et d'après ce que nous venons de dire des dangers du crochet mousse dans les rares occasions où il y a indication de l'appliquer sur l'aine, il semble tout-à-fait rationnel de lui préférer le forceps toutes les fois que le fœtus est vivant.

SECTION III. — De l'Embryotomie.

La nécessité de diviser ou d'écraser quelques parties du fœtus pour en diminuer le volume ou la résistance, se rapporte à plusieurs circonstances différentes. Mais, à part les simples (p. 135) ponctions faites avec le bistouri ou le trocart, dans les cas d'accumulation de sérosité dans le crâne, la poitrine, l'abdomen ou dans des tumeurs, et l'incision (p. 133) d'adhérences superficielles qui unissent deux fœtus, l'embryotomie cause des désordres incompatibles avec la continuation de l'existence.

Les opérations que nous avons à décrire ici ont pour but : 1° à un premier degré, de diminuer le volume de la tête, en perforant le crâne et en facilitant l'évacuation de la matière cérébrale; à un second, l'écrasant ou en déchirant les os qui entrent dans sa composition ; 2° de pratiquer la section du cou dans la présentation du tronc, où la version et l'évolution spontanées sont impossibles ; 3° de faire des divisions dont les règles ne peuvent pas être fixées d'avance, mais qui sont déterminées par la difficulté d'extraire la tête ou le tronc d'un fœtus monstrueux.

En traitant des causes de dystocie qui peuvent exiger l'embryotomie, nous avons établi qu'on pouvait être conduit à y avoir recours sur un fœtus vivant, mais à la condition que la viabilité devait être considérée comme très incertaine par le fait de sa conformation vicieuse, ou compromise par la longueur du travail et des tentatives infructueuses d'extraction, p. 113 et 157. Lorsqu'on ne peut pas élever des doutes sur la viabilité du fœtus, il peut y avoir de l'hésitation et de l'incertitude sur le parti à prendre. Nous avons fait voir qu'en Angleterre on n'hésitait pas à le détruire, non seulement pour éviter à la mère les dangers de la symphyséotomie ou de l'opération césarienne, mais encore ceux d'une extraction difficile à l'aide du forceps; car un grand nombre de praticiens ne l'emploient que pour suppléer au défaut d'action de l'utérus, p. 385 : aussi les cas d'embryotomie y sont-ils dans une proportion considérable. En France, cette doctrine a été longtemps stigmatisée, non seulement dans ses exagérations, mais encore comme illicite en principe, et l'on ne se considérait autorisé à pratiquer l'embryotomie que sur le fœtus mort. Mais en l'absence d'un signe constant et certain de la mort du fœtus, que l'auscultation seule peut fournir, les praticiens s'écartaient souvent, à leur insu, de la loi qu'ils s'étaient faite; il leur arrivait même quelquefois d'entraîner avec le crochet aigu des enfants horriblement mutilés qui survivaient plusieurs jours. Aujourd'hui qu'il se fait dans notre pays un mouvement décidé vers la pratique anglaise, il importe beaucoup de se défendre de ses abus et de ses exagérations, et de ne pas affaiblir le sentiment de répulsion que fait naître l'idée de porter l'instrument tranchant sur un enfant vivant, et la responsabilité qu'entraîne un pareil acte. Il ne faut pas non plus perdre de vue qu'elle n'offre pas pour la mère tous les avantages qu'elle semble promettre, puisque la mortalité est à peu près de 1 sur 5, et qu'à un certain degré de rétrécissement du bassin, l'embryotomie devient si difficile et si dangereuse qu'elle compromet presque autant la vie de la mère que l'opération césarienne, qui offre au moins la compensation de sauver l'enfant. Lorsque, dans la pratique, il s'agit de choisir entre l'embryotomie et la symphyséotomie ou l'opération césarienne, la décision à prendre est si grave qu'il faut, pour laisser le moins de chances possible à une appréciation inexacte, réclamer, toutes les fois qu'on le peut, le concours d'hommes éclairés, afin qu'il nous reste, quel que soit le résultat, la conviction que le meilleur parti a été suivi.

A. *Craniotomie.* — Elle admet deux variétés, ou plutôt deux degrés, avons-nous dit : dans le premier on perfore le crâne pour obtenir l'évacuation de la matière cérébrale et la réduction de la tête au volume de la base; dans le second on se propose, en outre, d'écraser ou de désunir les os qui constituent la base du crâne. On a recours à la crâniotomie lorsque la tête se présente la première ou lorsqu'elle est retenue dans les parties après la sortie du tronc.

1° *Perforation du crâne.* — Un bistouri ordinaire ne peut guère convenir que lorsque la tête est basse, et que les fontanelles ou les sutures sont facilement accessibles ; il pourrait difficilement l'atteindre si elle était au détroit supérieur, et la pointe se casserait presque infailliblement s'il fallait le faire pénétrer à travers un des os, quoiqu'ils soient très minces et peu résistants. Le manche du forceps, qui porte une pointe cachée, est un instrument défectueux, qui peut facilement glisser sur la tête et blesser les parties de la mère. Les perforateurs formés d'une tige de fer aplatie vers son extrémité aiguë et tranchante par les bords, à la manière d'une lance, atteignent beaucoup mieux le but qu'on se propose.

Les ciseaux de Smellie, qui représentent lorsqu'ils sont fermés un poignard terminé par deux anneaux, ont en outre l'avantage de pouvoir agrandir l'ouverture, et sont le meilleur des perforateurs. La figure qui les représente nous dispense d'en donner la description ; ils doivent être longs et forts, afin qu'on puisse les ouvrir facilement sans craindre de les fausser.

FIG. 59.

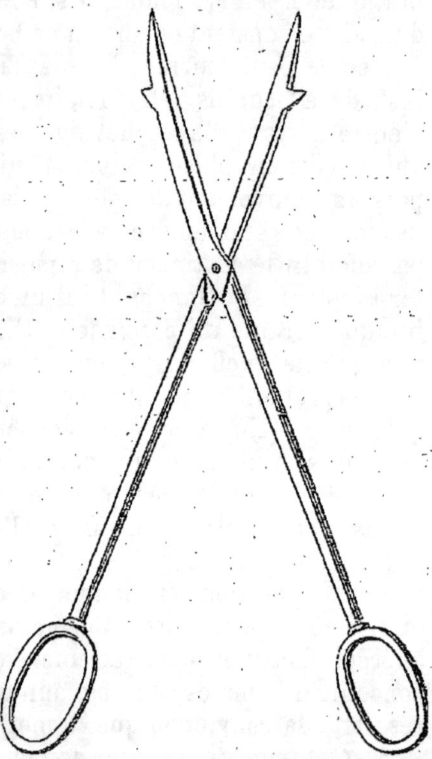

Quel que soit l'instrument dont on ait fait choix, on fixe sur son extrémité une petite boulette de cire, on le tient de la main droite, et on le fait pénétrer dans les parties, le long de la face palmaire de la main gauche, dont un ou deux doigts sont portés jusque sur la tête. Il est assez souvent impossible ou dangereux de se conformer au conseil de diriger l'instrument sur une fontanelle ou une suture ; car, lorsque l'une de ces parties ne se rencontre pas directement au-devant de l'instrument, il faudrait pour l'atteindre lui donner une direction plus ou moins oblique qui l'exposerait à glisser et à blesser les parties de la mère ; tandis qu'en le tenant perpendiculaire-

36.

ment à la partie de la tête sur laquelle il arrive le plus facilement, il est peu exposé à le voir glisser, et l'on n'éprouve qu'une médiocre difficulté à perforer l'os qu'il rencontre. Ce n'est pas uniquement en pressant sur l'instrument, mais en lui imprimant en même temps des mouvements de rotation en sens contraire qu'on le fait agir. La cessation de la résistance indique qu'il a pénétré dans la cavité crânienne. Si l'on s'est servi des ciseaux de Smellie, on agrandit l'ouverture en écartant les anneaux, et l'on multiplie les incisions si on le juge à propos ; on les introduit ensuite plus profondément et on leur imprime des mouvements en divers sens pour diviser la masse cérébrale, afin qu'elle puisse s'écouler plus facilement par l'ouverture du crâne. Du sang foncé et une plus ou moins grande quantité de matière cérébrale s'échappent d'abord avec facilité, suivant que la tête est plus ou moins fortement comprimée. L'ouverture se rétrécit à mesure que le crâne s'affaisse, et peut être tout-à-fait oblitérée lorsqu'elle se trouve sur une fontanelle et une suture, ce qui peut nécessiter une nouvelle application du perforateur ; mais le doigt suffit ordinairement pour la désobstruer. Il est rarement nécessaire, pour faire sortir la matière cérébrale, d'injecter de l'eau tiède dans le crâne au moyen d'une seringue armée d'une longue canule.

Lorsque le tronc est au dehors, on a conseillé de porter le perforateur sur le front et principalement sur la suture bicoronale ; mais, à moins que la tête ne soit très basse et fortement fléchie, ce point ne peut être atteint que difficilement et dans une direction peu favorable. Il n'en est pas de même de la partie postérieure : l'occipital, quoique assez épais, peut être perforé sans trop de peine, et l'on peut, le plus souvent, porter l'instrument vers l'un de ses angles latéraux, où les os qui s'y rencontrent sont minces et souvent séparés par un espace membraneux assez étendu. Il ne faut jamais sans nécessité pratiquer la détroncation, parce que le tronc sert à fixer la tête dans les parties et à prévenir le glissement du perforateur. Lorsque la tête a été séparée du tronc volontairement ou involontairement, la main introduite dans les parties pour servir de guide au perforateur, cherche d'abord à la placer d'une manière convenable pour être perforée et expulsée. Il faut apporter le plus grand soin à la faire fixer par un aide, qui l'embrasse à l'extérieur avec les deux mains et la refoule vers l'excavation pelvienne ; sans cette précaution on est fort exposé à blesser la femme.

La perforation du crâne, dans toutes les conditions où elle peut être indiquée, est une opération simple et facile, et qui est à peine douloureuse lorsque le conduit vulvo-utérin n'est pas fortement irrité. Après avoir réduit le volume de la tête par la perforation du crâne, on se conduit différemment suivant les cas. Si le bassin a des dimensions assez étendues pour livrer passage à la base du crâne, on attendra d'abord ou l'on aura recours plus ou moins promptement au forceps, suivant que la terminaison de l'accouchement paraîtra plus ou moins urgente d'après l'état de la femme. Quoiqu'un rétrécissement peu prononcé puisse quelquefois exiger la perforation du crâne, en général, lorsque la tête se présente bien et qu'elle se présente seule, sa base peut traverser un bassin qui conserve 75 millimètres (2 p. 3/4).

Osborne et d'autres accoucheurs anglais conseillent d'ouvrir de bonne heure la tête et d'attendre ensuite trente heures avant de tenter l'extraction, afin qu'un commencement de putréfaction la rende plus facile, si l'expulsion ne s'opère pas spontanément. Un délai aussi long peut avoir de graves inconvénients, même en pratiquant de bonne heure la perforation. Or, comme en France, on attend déjà longtemps avant d'y avoir recours, à moins que le fœtus soit mort au début du travail, on ne peut pas suivre cette pratique qui a d'assez nombreux partisans en Angleterre, où elle a moins d'inconvénients, parce qu'on a recours à la perforation du crâne avec moins de réserve. Il est conforme à une bonne pratique d'admettre en principe un délai plus ou moins long entre la perforation et les tentatives d'extraction; mais ce délai ne doit pas, à beaucoup près, être aussi prolongé qu'il vient d'être dit, ni avoir des limites fixes. L'état général de la femme et celui des parties comprimées par la tête doit en décider; l'urgence de terminer l'accouchement peut être telle que les tentatives d'extraction doivent suivre immédiatement la perforation du crâne. Si le rétrécissement du bassin n'est que juste suffisant pour réclamer l'emploi du perforateur, la tête peut être promptement expulsée si les douleurs sont suffisamment fortes et rapprochées. Quoique l'expulsion spontanée, après la perforation du crâne, ne soit pas la règle générale, elle offre assez d'avantages quand elle a lieu pour qu'on doive chercher à l'obtenir.

L'expectation a encore l'avantage de permettre à la tête de descendre aussi bas que possible, et de la mettre plus à la portée des instruments de traction qu'on jugera à propos d'employer. Je ne parle ici que du forceps, parce que c'est celui dont l'emploi est le moins meurtrier, et qu'il suffit généralement lorsque le bassin conserve l'étendue que nous supposons. Comme il n'y a aucun intérêt à ménager le fœtus, on a souvent employé dans les mêmes circonstances les crochets aigus; mais comme ils sont dangereux, il faut autant que possible en restreindre l'emploi; en se servant de préférence du forceps céphalotribe, d'autant mieux que, lorsque la tête ne descend pas après la perforation du crâne, on peut supposer que sa diminution n'est pas suffisante.

2° *Écrasement de la base du crâne* (*céphalotripsie*). La réduction du volume de la tête par la perforation du crâne et l'évacuation de la matière cérébrale, est loin de satisfaire à toutes les exigences de la pratique. Pour qu'elle soit suivie de succès, il ne faut pas que le rétrécissement du bassin soit porté au-delà d'un certain degré, qui varie suivant que la tête est volumineuse ou petite et suivant qu'elle se présente bien ou mal. Dès qu'elle ne suffit plus, l'écrasement ou la désunion des os de la base du crâne devient nécessaire.

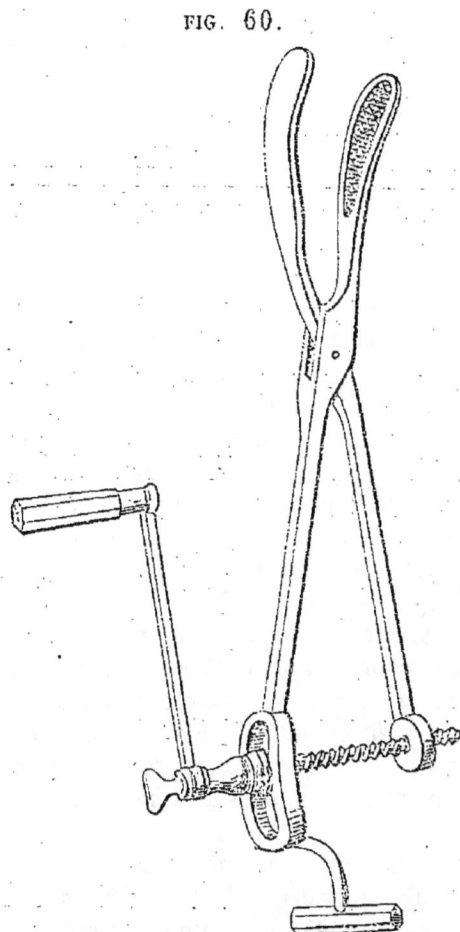

FIG. 60.

En pareil cas, des crochets aigus, des pinces à dents, etc., ont été employés, non seulement comme agents de traction, mais encore pour rendre flexible la base du crâne en la divisant. On peut se faire à priori une idée des dangers, des difficultés et de la longueur d'une opération de ce genre : aussi a-t-elle été funeste à un grand nombre de femmes. On doit accepter comme une ressource heureuse le forceps céphalotribe, inventé par M. L. Baudelocque. Cet instrument, qu'on applique comme le forceps ordinaire remplit avec sûreté le but qu'on se propose et peut rendre, au moins dans un assez grand nombre de cas, tout-à-fait inutiles les crochets aigus.

Il se compose, comme le forceps ordinaire dont il rappelle la forme, de deux branches séparées qui reçoivent à leur extrémité externe une vis mue par une manivelle. Les cuillers sont pleines et peu excavées. La courbure du bord et des faces est beaucoup moins prononcée que dans le forceps ordinaire. L'axe ou pivot est en dessous, et l'articulation est disposée comme dans le forceps de Smellie. Toutes les parties qui le composent doivent être d'une grande solidité : aussi le poids total de l'instrument est-il d'environ 2 kilogrammes, et l'auteur pense qu'on ne peut pas le rendre sensiblement moins lourd. Fermé, l'écartement est de 27 millimètres (12 lignes), au centre des cuillers, de 47 millimètres (21 lignes), du milieu de la surface externe de l'une d'elle au même point de l'autre ; lorsqu'il est fortement serré sur la tête, cet écartement est porté à 54 millimètres (2 pouces) environ. La largeur des cuillers n'est que de 25 millimètres (16 lignes). On voit par là que le forceps céphalotribe peut être employé lorsque le rétrécissement du bassin est considérable ; car on peut considérer comme tel celui qui ne laisse que 54 millimètres (2 pouces) au diamètre, dans le sens duquel la réduction a été portée le plus loin.

Tel qu'il est construit, le forceps céphalotribe de M. Baudelocque laisse à désirer sur deux points importants : 1° le peu de courbure des bords des cuillers le rapprochant d'un instrument droit, en rend l'application difficile au détroit supérieur où il doit le plus souvent être porté, et donne forcément aux tractions une direction défavorable ; 2° les cuillers étant peu courbées sur leur face n'embrassent pas la tête exactement comme celles du forceps, et tendent à la chasser par leur extrémité à mesure qu'on rapproche leur manche. M. Cazeaux a satisfait à un besoin généralement senti, en faisant construire un instrument courbé sur les bords comme le long forceps. Ne pouvant pas excaver la face interne des cuillers sans augmenter le diamètre de leur partie moyenne, il a donné au niveau de l'articulation une entablure beaucoup plus large, qui permet des mouvements latéraux qui sont commandés par une vis régulatrice qu'on fait agir à volonté, et dont l'extrémité, appuyant sur le pivot, peut donner à la base des cuillers un écartement plus considérable qu'à leur extrémité. La tige à pas de vis et la manivelle placées à l'extrémité du manche ont été remplacées avantageusement, d'après le conseil de M. Depaul, par une chaîne ou tige crénelée, qui rapproche par un mécanisme simple l'un de l'autre les manches de l'instrument à l'aide d'une clef.

Le forceps céphalotribe est à la fois un agent de compression et de traction : c'est sous ce double rapport qu'il faut l'envisager pour bien préciser les limites au-delà desquelles il perd ses avantages et devient dangereux. Indiquons d'abord sommairement les conséquences de son application sur la tête. Qu'elle soit saisie d'une région temporale à l'autre, du front à l'occiput, ou diagonalement, elle est aplatie avec la même facilité par le rapprochement des manches. A un certain degré, la matière cérébrale déchire ses enveloppes et celles du crâne; il s'en épanche sous les téguments, et il s'en échappe au dehors; les os compris entre les mors ploient et se fracturent en se rapprochant, sans toutefois cesser de rester unis. Il est extrêmement rare qu'ils forment des esquilles dénudées, les points sur lesquels ils sont ployés le plus angulairement représentent ordinairement une surface assez régulière et recouverte par les téguments; de sorte que l'utérus n'est pas très exposé à être lacéré par ces inégalités, qui conservent quelque chose de régulier dans leur forme. Lorsque l'instrument est complétement fermé, la tête représente un disque très aplati à sa partie moyenne et relevé vers ses bords, devant et derrière les cuillers. En se réduisant d'un côté, elle s'étend de l'autre dans une forte proportion. Lorsqu'elle est prise par les côtés, le diamètre antéro-postérieur peut s'allonger de 4 à 6 centimètres; l'allongement des diamètres transverses ou obliques est un peu moins considérable lorsqu'elle est prise longitudinalement ou diagonalement. Tant que l'instrument est fermé, la tête, aplatie, présente sur les côtés et à sa circonférence une résistance qui n'est pas très sensiblement moins grande qu'à l'état ordinaire. Lorsqu'elle est libre, elle présente, au contraire, un sac incomplétement rempli, à paroi très flexible.

Supposons la tête à demi engagée et retenue solidement dans le détroit supérieur rétréci d'arrière en avant, et l'instrument appliqué sur les côtés du bassin.

A mesure qu'on rapproche les cuillers, la tête fait effort pour s'étendre entre l'arc antérieur des pubis et l'angle sacro-vertébral, et si elle ne peut pas remonter en glissant entre elles ou en entraînant l'instrument en haut, elle va subir une compression égale entre les points du bassin rétréci, contondre et déchirer les tissus qui y correspondent. Heureusement, la tête n'est presque jamais ainsi solidement enclavée; elle est en totalité ou en grande partie au-dessus du détroit supérieur, et dans les deux cas elle peut s'étendre sans rencontrer d'obstacles osseux ou inextensibles; et comme elle reste assez régulière, les parties molles peuvent être distendues sans éprouver de déchirures, d'autant mieux que le rapprochement des manches se fait assez lentement. Toutefois, il est prouvé par des faits que le simple aplatissement de la tête dans les parties peut déterminer des ruptures mortelles.

Les cuillers ne pouvant pas être placées au devant du diamètre qui retient la tête, c'est dans ce sens que ses propres diamètres sont augmentés par son aplatissement, et l'impossibilité de l'entraîner en place est encore plus grande qu'avant. Il faut donc lui imprimer un mouvement de rotation qui amène ses diamètres réduits au-devant des plus petits diamètres du bassin, et ce mouvement de rotation peut devenir difficile et dangereux, à cause de la forme irrégulière donnée à la tête. Pour que son passage ne rencontre pas d'obstacle dans le sens opposé à celui où elle est aplatie, il faut que les diamètres du bassin les moins réduits conservent une assez grande étendue, ce qui, heureusement, a le plus souvent lieu dans les bassins rachitiques. Il se peut, avec un bassin simplement petit dans toutes les parties, qu'après avoir aplati la tête et ramené la circonférence du disque solide qu'elle représente au-devant des plus grands diamètres du bassin, il soit absolument impossible de les lui faire franchir.

La pince céphalotribe a un champ d'action moins étendu comme agent d'extraction que comme agent de compression. Dans un assez grand nombre des cas où elle peut encore écraser la tête, il lui est impossible de l'entraîner à travers le rétrécissement. Mais, même dans ce dernier cas, elle peut rendre de grands services et atteindre ou concourir puissamment à atteindre le but qu'on se propose. Car, lorsqu'on a retiré l'instrument, la tête est réellement souple, malléable, extrêmement réductible dans tous les sens, état essentiellement différent de celui qu'elle présente lorsqu'elle est entre les mors de l'instrument fermé, ce à quoi on n'a pas fait assez attention. En l'abandonnant aux efforts d'expulsion, elle peut encore franchir l'obstacle après s'être moulée sur la forme du bassin, s'être étendue dans le sens où il conserve quelque largeur et s'être réduite dans le sens où il offre peu d'espace. Et enfin, s'il faut avoir recours aux crochets ou aux pinces, leur action sera rendue plus efficace et moins meurtrière. Mais il est ordinairement impossible de l'employer, même pour écraser la tête, lorsque le bassin est réduit au point de n'avoir, dans son diamètre le plus rétréci, que quelques lignes de plus que les dimensions des cuillers de l'instrument; parce que l'élévation de la tête, sa projection en avant par l'angle sacro-vertébral, alors même qu'on pourrait introduire les branches, permettraient rarement de les placer de manière à la saisir, sans qu'elle échappe soit en articulant, soit en rapprochant les manches. Et, pour l'employer à la fois comme agent de compression et d'extraction, il faut que le bassin conserve une assez grande ampleur, sans quoi on expose la femme à tous les dangers des instruments les plus meurtriers; et si l'on parvient à la délivrer, ce n'est qu'à la condition d'employer une violence extraordinaire.

Les considérations qui précèdent sont d'autant plus opportunes qu'on s'est généralement exagéré les avantages et l'innocuité du forceps céphalotribe, en admettant avec l'inventeur qu'il est toujours d'un emploi sûr et facile, pourvu que le diamètre sacro-pubien soit au-dessus de 42 millimètres (19 lignes).

La confiance en une pareille opinion conduirait à de cruelles déceptions, bien propres à discréditer le forceps céphalotribe. C'est le sentiment de M. P. Dubois, qui, comme l'a fait observer M. Depaul en répondant à des critiques aussi mal fondées en raison qu'en fait, mieux que tout autre a pu en apprécier les avantages et les inconvénients, parce que personne peut-être ne s'en est servi plus souvent que lui. Toutes les fois que le bassin n'a que 54 millimètres (2 pouces) ou au-dessous, dans le diamètre sacro-pubien, l'extraction de l'enfant à travers les voies naturelles lui paraît impossible ou tellement dangereuse, qu'il regarde l'opération césarienne comme une ressource moins désespérée. Il a trouvé qu'à 60 millimètres (2 pouces 1/4), 67 millimètres (2 pouces 1/2), et souvent même au-dessus, l'introduction de l'instrument a toujours été difficile ; que plusieurs tentatives sont souvent nécessaires avant de pouvoir saisir convenablement la tête, et que l'extraction exige des efforts souvent très dangereux.

Passons maintenant aux faits. M. L. Baudelocque rapporte, dans un mémoire publié en 1836, l'histoire de dix femmes délivrées au moyen de la pince céphalotribe. Deux de ces femmes avaient le bassin bien conformé et de grandeur naturelle ; l'obstacle au passage de la tête est attribué au volume du fœtus. Il est attribué à la même cause chez une autre, où il est fait mention d'un rétrécissement sans indication de son étendue. Chez cinq, l'étendue du diamètre sacro-pubien a été estimé à 74 millimètres (2 pouces 3/4) ; l'une d'elles avait été accouchée antérieurement d'une petite fille, à l'aide du forceps. Chez deux, il a été estimé à 67 millimètres (2 pouces 1/2), et l'une d'elles avait accouché deux fois spontanément, mais avant terme. Mon intention n'est pas de faire supposer que, dans les cas où le bassin n'était pas rétréci et où l'obstacle dépendait du volume du fœtus, il eût été possible de l'extraire sans diminuer le volume de la tête ; mais il est vraisemblable que la disproportion était peu considérable et que la perforation du crâne aurait suffi pour la faire cesser.

L'estimation du rétrécissement n'a-t-elle pas été exagérée chez la femme qui a été accouchée une première fois à l'aide du forceps, et chez celle qui avait déjà accouché deux fois spontanément avant terme ? Dans tous ces cas, le diamètre sacro-pubien était loin de n avoir que 2 pouces ; et, à l'exception de deux, le bassin se trouvait dans les conditions où la perforation du crâne suffit assez souvent, et où l'on peut généralement se servir avantageusement du forceps céphalotribe.

Deux de ces femmes ont succombé, l'une, le sixième jour, à une métro-péritonite aiguë, l'autre à une entérite, après deux mois de souffrance. Parmi celles qui ont survécu, deux ont été affectées d'une inflammation gangréneuse du vagin, qui s'est terminée chez l'une par une fistule vésico-vaginale ; chez l'autre, de vastes escarres se sont détachées sans entraîner de perforation, et la guérison n'a été complète qu'après un mois ; une troisième a eu des symptômes de péritonite intense, et ne s'est rétablie qu'après une convalescence assez longue ; les autres ont eu des suites de couches naturelles. Je dois faire remarquer que l'opération ne paraît avoir déterminé chez aucune des lésions immédiates graves. Chez la plupart, on n'avait eu recours au forceps céphalotribe qu'après un travail très prolongé et des tentatives multipliées d'extraction à l'aide du forceps ordinaire, et l'on ne saurait décider laquelle de ces circonstances a eu la plus grande part aux accidents qui sont survenus consécutivement.

Rapprochons des faits qui précèdent ceux que M. Depaul a empruntés à la pratique de M. Dubois.

Chez une femme de la Clinique, dont le bassin avait au moins 2 pouces 1/2, et dont le travail n'avait pas duré assez longtemps pour compromettre la santé, et par suite le résultat de l'opération, M. Dubois éprouva d'assez grandes difficultés pour saisir la tête ; mais celles qui se présentèrent pour l'extraire furent bien plus grandes encore ; il fallut, pour les surmonter, recourir aux plus énergiques tractions. Quelques heures après, il se développa une métrite intense, et la malade succomba malgré le traitement le plus énergique.

Le forceps ordinaire et la pince céphalotribe avaient été employés à plusieurs reprises sans succès, par un accoucheur expérimenté, chez une femme qui fut apportée à la Clinique dans un état tellement désespéré, qu'on crut devoir s'abstenir de toute opération pour la délivrer.

A l'autopsie, on trouva une perforation de la paroi postérieure du vagin, très près de son insertion sur le col ; sa forme représentait très exactement celle de l'une des cuillers du céphalotribe ; le diamètre sacro-pubien avait cependant 3 pouces.

M. Dubois a raconté dans ses leçons que, sur une femme de la Maternité, dont le bassin avait 2 pouces 1/2, et chez laquelle la santé générale était excellente au commencement de l'opération, il éprouva de très grandes difficultés pour appliquer l'instrument, et surtout pour entraîner la tête. Pendant qu'à l'aide de la vis de rappel on cherchait à obtenir une réduction considérable, arriva un moment où de vives douleurs se firent sentir vers le bassin : cependant, après de pénibles efforts, la femme fut débarrassée. Mais bientôt après, de violents accidents inflammatoires se déclarèrent, et la mort arriva au bout de quelques jours.

A l'autopsie, on reconnut une large déchirure du muscle psoas du côté gauche.

Une femme de la Clinique, dont le bassin avait 3 pouces moins 1/4, fut délivrée par le céphalotribe. Au début de l'opération, le pouls était calme ; mais quand tout fut terminé, et ce ne fut pas sans de vigoureuse tractions, qui durèrent près d'un quart d'heure, quoiqu'on eût préalablement perforé et vidé le crâne, la malade fut très fatiguée ; le pouls était devenu fréquent, la peau chaude ; quatre heures après, elle eut un accès d'éclampsie qui ne se renouvela pas, et le retour à la santé ne se fit pas longtemps attendre.

Sur une tête qui se présentait par le sommet, en position occipito-cotyloïdienne gauche et qui fut saisie un peu obliquement, l'une des branches correspondant à l'oreille gauche, l'autre à la bosse coronale droite, l'instrument serré autant que possible, et ayant réduit le diamètre correspondant à 2 pouces 4 lignes, en y comprenant l'épaisseur des cuillers, M. Depaul a constaté, quoique le crâne eût été complètement vidé, que le diamètre sous-occipito-bregmatique offrait encore 3 pouces 3 lignes, et qu'il se réduisait à peine sous l'influence d'une pression très forte. La circonférence horizontale offrait 10 pouces ; il fallut cependant lui faire traverser un bassin dont le diamètre sacro-pubien n'avait conservé que 2 pouces 3/4.

Dans une autre circonstance, l'enfant s'étant présenté par l'extrémité pelvienne, dans un bassin de 2 pouces 1/2, on crut devoir, après l'extraction du tronc, pratiquer la section du cou. La tête, correspondant au détroit abdominal par son extrémité mentonnière, fut saisie par le céphalotribe, appliqué sur les côtés du bassin. L'opération fut des plus laborieuses, et la malade succomba à ses suites.

Les branches qui se trouvaient dans la direction du diamètre occipito-mentonnier avaient réduit à 1 pouce 3/4 le diamètre qui va d'une oreille à l'autre ; celui qui du front se rendait à la nuque n'avait pas moins de 4 pouces 3 lignes ; le diamètre occipito-mentonnier présentait 6 pouces 1/2, et la circonférence horizontale 12 pouces.

Quoique le forceps céphalotribe puisse suppléer à la perforation du crâne, on ne doit le préférer à ce moyen d'un emploi facile que lorsqu'il est insuffisant pour faire cesser la disproportion entre le bassin et la tête. On doit même employer préalablement le perforateur dans les cas où le céphalotribe est indiqué de prime abord ; car la tête, en s'affaissant et en pénétrant plus profondément dans le bassin, est moins exposée à échapper aux cuillers ou à se soustraire par sa base à leur action, et l'instrument devient plus facile à appliquer.

L'extraction est aussi moins difficile et moins dangereuse, parce que l'accroissement des diamètres opposés à ceux par lesquels la tête a été saisie est beaucoup moins prononcé. Ces avantages sont d'autant moins à négliger que l'introduction, l'articulation des branches et l'action de saisir la tête peuvent rencontrer de très grandes difficultés, qui dépendent de son élévation et du degré plus ou moins considérable du rétrécissement ou de la déformation du bassin et de la facilité avec laquelle l'instrument glisse.

Je ne crois point exagérer les difficultés et les dangers inhérents au céphalotribe en disant qu'aux degrés de rétrécissement du bassin qui nécessitent l'écrasement de la base du crâne, on est exposé, malgré l'évacuation de la matière cérébrale, à rencontrer un assez grand nombre de cas où il sera impossible, soit de placer l'instrument, soit de le faire agir d'une manière efficace sans employer une violence extraordinaire, quoique le petit diamètre ait plus de 2 pouces.

L'application du céphalotribe se fait d'après les mêmes règles que celle du forceps ordinaire. On place les branches aux extrémités du diamètre du bassin qui offre le plus d'étendue ; et comme l'obstacle au passage de la tête se rencontre ordinairement sur le diamètre sacro-pubien, c'est sur les parties latérales du bassin qu'on les place généralement, sans chercher à saisir la tête dans un sens plutôt que dans l'autre. On les enfonce un peu plus profondément que celles du forceps, afin que les cuillers saisissent la tête dans toute son étendue verticale ; sans cette précaution, la base du crâne pourrait ne pas être écrasée.

Les deux branches, étant introduites et articulées, sont confiées à un aide qui les maintient rapprochées l'une de l'autre, tandis que l'opérateur introduit la vis dans les trous qui traversent les branches et tourne lentement la poignée de la manivelle, jusqu'à ce que l'instrument soit fermé. Il est généralement impossible d'entraîner la tête dans cette situation à travers le rétrécissement, parce que les parties non comprises entre les mors se sont allongées et forment de chaque côté des masses saillantes, médiocrement dépressibles, qui correspondent au diamètre du bassin le plus rétréci.

On éludera ces difficultés et les dangers qui pourraient en résulter en soulevant un peu l'instrument et en lui imprimant, dans le sens où l'on rencontre le moins de difficultés, un mouvement de rotation qui amène la partie de la tête comprimée dans le sens où le bassin est le moins étendu, et les parties saillantes en dehors des cuillers dans celui où il conserve le plus d'étendue. On se conduit ensuite comme si on agissait avec le forceps, en tirant suivant la direction du bassin et en imprimant à la tête les mouvements les plus favorables à son extraction. On doit procéder à l'extraction avec lenteur et ménagement, et s'assurer par le toucher que des os dénudés ne déchirent pas les parties molles.

Si, au lieu d'être dans l'utérus, le tronc avait été amené au dehors et que l'étroitesse du bassin exigeât l'écrasement de la tête, on procéderait à l'application du céphalotribe d'après les règles indiquées pour le forceps en pareil cas, et suivant les données exposées ci-dessus.

La présence du tronc, si la tête est retenue par sa base au détroit supérieur, peut entraîner des difficultés insurmontables ou capables de compromettre le succès de l'opération. On peut donc être conduit à pratiquer la section du cou pour agir plus sûrement et plus facilement. Les difficultés qui pourraient naître de la mobilité de la tête seraient combattues par une compression convenable exercée à l'hypogastre.

3° *Crochets aigus, pinces, etc.* — Nous croyons avoir pleinement rendu justice au céphalotribe et lui avoir assigné le rang qu'il doit occuper dans la pratique : nul doute qu'il ne faille le préférer aux crochets aigus et à tous les instruments de ce genre lorsque l'état du bassin permet de l'introduire et de le faire agir librement, et qu'il est nécessaire de diminuer le volume de la tête au-delà de la réduction qu'on obtient par l'évacuation de la matière cérébrale. Sous tous les rapports la comparaison est toute à son avantage, et il complète jusqu'à un certain point le forceps, qui avait déjà beaucoup restreint l'usage des crochets appliqués sur la tête ; mais il existe encore des cas où l'on est forcé d'y avoir recours.

On peut se trouver, comme nous l'avons prouvé, dans l'impossibilité, soit de placer l'instrument, soit de saisir la tête ou de l'entraîner après l'avoir saisie, quoique le diamètre le plus réduit conserve plus de 2 pouces.

A 54 millimètres (2 pouces), à 40 millimètres (18 lignes), on peut encore espérer de délivrer la femme au moyen de l'embryotomie; mais l'opération est si difficile et si dangereuse qu'on ne doit pas hésiter à pratiquer l'opération césarienne si le fœtus est vivant. Mais le fœtus peut être mort et déjà plus ou moins ramolli, ou le travail s'être déclaré à une époque encore assez éloignée du terme de la grossesse ; la mort ou le ramollissement du fœtus d'une part, sa petitesse de l'autre, feront pencher la balance en faveur de l'embryotomie. Le céphalotribe, comme je l'ai établi plus haut, peut encore, à la rigueur, être introduit et écraser les os du crâne ; mais on ne peut plus s'en servir comme moyen d'extraction, et on doit le retirer pour le remplacer par de fortes pinces ou des crochets, qui sont tantôt employés simplement comme moyen de traction quand le bassin conserve assez d'ampleur pour laisser passer la base du crâne, tantôt avec l'intention de diviser préalablement cette partie de la tête, afin de la rendre flexible.

Les points de la tête sur lesquels le crochet aigu peut être appliqué sont assez nombreux. On l'a porté quelquefois à travers l'ouverture du crâne, pour le fixer sur le rocher, sur le sphénoïde ou l'occipital ; mais, outre la difficulté de le fixer sur un de ces points, la pointe se trouve dirigée de manière à blesser facilement les parties de la mère. C'est sur les parties extérieures de la base du crâne qu'on devra chercher à le placer ; sur l'occipital, sur les apophyses mastoïdes, etc., en le fixant le plus près possible de la racine du cou. On s'assure ainsi une bonne prise, et les tractions, en agrandissant l'ouverture, divisent la base du crâne et la rendent flexible. Dans la présentation de la face, il peut être fixé au-dessus de l'apophyse orbitaire, sur la mâchoire inférieure, la voûte palatine, etc.

L'instrument est conduit entre la face palmaire des doigts d'une main et la tête ; on en dirige ensuite la pointe sur la partie où l'on veut la faire pénétrer. Cette partie de l'opération est peu dangereuse et souvent médiocrement difficile. On tire d'abord doucement pour s'assurer que l'instrument tient bien ; puis on exerce les tractions autant que possible dans la direction de l'axe du bassin.

Quelques doigts de l'une des mains sont maintenus au-devant du crochet, et si l'on tire avec mesure et précaution, on sentira toujours l'instrument céder et déchirer l'os, et l'on en sera averti avant qu'il glisse tout-à-fait. On le reportera chaque fois sur un autre point. C'est ainsi qu'en exerçant des tractions convenables, on rend la base du crâne très flexible en la divisant dans différents sens.

438 TRAITÉ D'OBSTÉTRIQUE.

La tête prend une direction favorable à son expulsion lorsque le crochet peut être placé sur sa partie postérieure ; mais s'il est fixé sur un des côtés, son action ne semble plus aussi directe ni aussi efficace, il doit incliner la tête par rapport à l'axe du bassin : cependant, le crâne étant vidé et se déprimant facilement vers la tempe, son inclinaison peut lui faire présenter un plus petit diamètre au rétrécissement du bassin. On a trouvé, en effet, dans quelques cas, après l'extraction, que le diamètre solide de la base du crâne était très sensiblement plus étendu que le diamètre du bassin, mesuré après la mort de la mère.

Fig. 61.

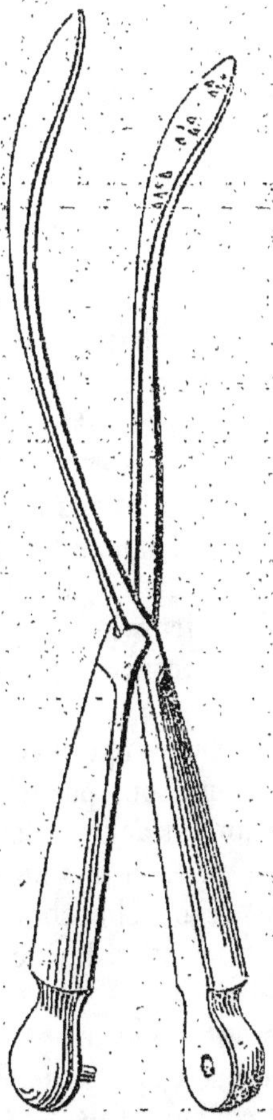

Fig. 62.

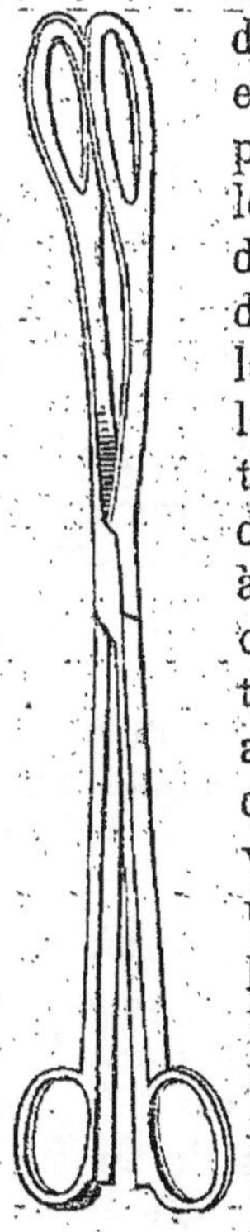

De fortes pinces à dents ou à crochets, articulées de la manière ordinaire ou comme le forceps, peuvent être employées dans le même but que les crochets aigus. Un des mors est introduit par l'ouverture faite au crâne, l'autre entre sa surface externe et les parties de la mère. Elles n'exposent pas, comme les crochets, à déchirer le conduit vulvo-utérin, en glissant ou en emportant la portion du crâne saisie ; et on peut les réappliquer un grand nombre de fois sans trop de fatigue et d'irritation pour la mère. Dans la pince imaginée par M. Davis, le mors de la branche qui doit rester en dehors du crâne est armé de dents, et celui qui doit être porté à l'intérieur est recourbé en un crochet dont l'extrémité est protégée par l'autre branche. Pour atteindre convenablement le but qu'on se propose, ces pinces doivent être de deux espèces, les unes à mors évidés et tranchants par leurs bords (pinces craniotomes), de manière à pouvoir extraire le crâne en grande partie par fragment, les autres disposées pour le saisir solidement et pour servir principalement aux tractions.

Lorsqu'on est parvenu à entraîner la tête au dehors, on l'enveloppe d'un linge pour la saisir solidement, et l'on dirige les tractions de la manière la plus convenable pour engager le tronc à travers le rétrécissement. L'on peut être conduit à appliquer le crochet sur le haut du rachis ; mais le tronc, à raison de sa compressibilité, s'accommodant à la forme du bassin, n'offre pas toujours pour son extraction autant de difficulté qu'on serait disposé à le supposer.

Si le tronc avait été amené au dehors, et que l'emploi du crochet fût jugé nécessaire pour diviser la base du crâne et lui faire franchir le rétrécissement, on procéderait de la même manière ; et pour l'extraction on le fixerait sur la face ou sur le front, afin d'éviter d'ajouter aux difficultés du rétrécissement, celles qu'entraînerait l'extension de la tête.

Il est difficile de dire au juste quelle dimension doit avoir le plus petit bassin, qui admet encore l'extraction du fœtus par les voies naturelles. 40 millimètres (18 lignes) est un minimum qui ne semble convenir que lorsqu'on peut supposer le fœtus petit ou déjà ramolli ; encore faut-il que le bassin conserve près de 81 millimètres (3 pouces) dans le sens où le rétrécissement est porté le moins loin.

Plusieurs auteurs, entre autres Boër, madame Lachapelle, disent que dans le cas où le fœtus est mort, on doit avoir recours à l'embryotomie tant que le rétrécissement du bassin permet le passage de la main. Heureusement, il se rencontre rarement des bassins aussi rétrécis dans l'un de ses diamètres que nous venons de le dire ; mais, déjà à un degré bien moins prononcé, il faut s'attendre à rencontrer des difficultés extrêmes et à faire courir de plus grands dangers à la mère. Il n'y a pas, dans la chirurgie, d'opérations qui demandent plus d'habileté, de sang-froid et de patience.

Les crochets aigus sont les instruments les plus dangereux et les plus meurtriers qu'on puisse employer, s'ils ne sont pas dirigés par des mains exercées et prudentes ; on doit attacher à leur emploi une grande défaveur, afin que l'abus qu'on en a fait ne se renouvelle jamais. Mais on dépasserait le but si on cherchait à faire croire que ce sont des agents de destruction pour les deux individus, impuissants même à extraire le fœtus.

La pratique anglaise prouve surabondamment le contraire, et fournit de nombreux exemples de femmes délivrées heureusement, quoique le rétrécissement du bassin fût considérable.

On trouve dans le 11e Mémoire de madame Lachapelle vingt observations de perforations du crâne, suivies, dans la plupart des cas, de l'emploi des crochets aigus. 7 femmes ont succombé, mais 2 ne doivent pas entrer en compte : l'une était mourante lorsqu'elle fut apportée à l'hospice, et on ne voulut pas troubler ses derniers moments par des tentatives d'extraction ; l'autre avait été prise d'une pneumonie dans les derniers temps de la grossesse, et succomba aux progrès de cette maladie, sept jours après l'accouchement ; d'ailleurs la perforation du crâne avait été très promptement suivie de l'expulsion spontanée du fœtus. Dans un cas la femme mourut d'une métro-péritonite, après cinq jours de travail, sans être délivrée, malgré la perforation du crâne et l'emploi réitéré et persévérant des crochets aigus ; l'utérus et le vagin n'avaient pas été déchirés.

Dans tous les autres cas, l'extraction du fœtus a été possible, mais excessivement longue et laborieuse dans deux, et l'une des femmes a succombé. Le bassin a été le plus souvent dans des conditions très désavantageuses : le diamètre le plus rétréci sacro-pubien avait, dans un cas, 19 lignes ; dans un autre, 2 pouces ; dans trois, 2 pouces 1/4 ; dans cinq, 2 pouces 1/2 ; dans un, 2 pouces 3/4 ; dans deux, 3 pouces ; un cas excepté, le volume du fœtus a été médiocre. Les femmes qui sont mortes, comme celles qui ont survécu, n'ont pas présenté de déchirures de l'utérus ou du vagin. Plusieurs n'étaient arrivées à l'hospice qu'après quatre à cinq jours de travail et de tentatives infructueuses d'extraction. Dans les cinq cas fâcheux, la mort a été déterminée par la métro-péritonite.

Le résultat aurait-il été sensiblement plus avantageux si, dans les cas qui ont exigé le crochet, on avait pu employer le céphalotribe ? D'abord il n'aurait pas été applicable chez les femmes dont le bassin n'avait que 19 lignes et 2 pouces. Nous avons signalé les difficultés et les dangers qu'on aurait très probablement rencontrés chez celles dont le diamètre le moins étendu n'avait que 2 pouces 1/4, 2 pouces 1/2. Chez les autres, l'extraction aurait été sans doute plus prompte, plus facile et accompagnée de moins de dangers et d'irritation ; mais il ne faut pas se faire illusion, et croire que le résultat définitif aurait été très sensiblement plus avantageux. Car, outre les conditions peu favorables que nous avons déjà signalées, il ne faut pas oublier que l'habitation dans un hôpital, tel que la Maternité de Paris, prédispose singulièrement aux phlegmasies puerpérales. Les résultats cités plus haut, eu égard au degré de rétrécissement, ne doivent pas être considérés comme très défavorables, puisqu'il résulte des relevés statistiques des accoucheurs anglais, que la crâniotomie, y compris la simple perforation, est funeste à la mère une fois sur cinq.

Il n'y a rien à dire de cette foule d'instruments imaginés dans le même but que les crochets aigus, les pinces : les uns n'ont même jamais été employés, et les autres sont complétement tombés dans l'oubli, et ils n'ont plus qu'un intérêt purement historique. Ce que nous avons dit des dangers et des difficultés de se servir du forceps céphalotribe dès que le rétrécissement du bassin est un peu considérable, doit faire accueillir avec faveur les tentatives qui ont pour but de trouver un moyen moins dangereux et moins limité. C'est à ce titre que je dois mentionner le *craniotome* ou le *forceps-scie* de M. Van-Huével. C'est un forceps ordinaire entre les mors duquel on peut faire agir lorsqu'il est appliqué, de leur base vers leur extrémité, une scie à chaînette, à l'aide d'un mécanisme ingénieux, mais compliqué. En rendant les cuillers très étroites, il pourrait être appliqué dans les cas où le bassin est le plus rétréci. Cet instrument, qui mérite d'être mis à l'épreuve, soulève *à priori* un assez grand nombre d'objections ; mais il faut attendre la sanction de l'expérience, sans laquelle il ne peut être jugé d'une manière définitive.

B. *Section du cou du fœtus.* — Il n'y a pas lieu de revenir ici sur la détroncation après la sortie du tronc ; lorsqu'on se trouve dans la nécessité de l'opérer volontairement, le procédé à suivre est si simple, qu'il est tout-à-fait inutile de le décrire. Nous avons établi, en traitant de la présentation du tronc, que dans quelques circonstances la version devient impossible, ou tellement difficile, qu'on s'expose presque inévitablement à rompre l'utérus en s'obstinant à la pratiquer de vive force ; qu'il ne faut compter sur l'évolution spontanée que dans des limites assez restreintes, et que la section du cou, et quelquefois de la portion du tronc engagée dans le bassin, est le seul moyen rationnel et sûr qui reste pour délivrer la femme.

Lorsqu'on est conduit à prendre ce parti, le fœtus est ordinairement mort, où son existence est tellement compromise par la longueur du travail et par les tentatives de version, qu'on doit avoir perdu tout espoir de l'extraire vivant ou viable. En citant le précepte si formel et si précis de Celse, nous avons dit que les anciens paraissent avoir connu tout le parti qu'on pouvait tirer de la *décollation*.

Si l'on pouvait mettre sous les yeux du lecteur le tableau des ruptures de l'utérus ou du vagin qui ont été le résultat d'efforts violents pour pratiquer la version, on ne verrait pas, sans éprouver un sentiment pénible, combien les modernes ont eu tort de perdre complétement de vue un précepte aussi utile.

On a proposé plusieurs instruments pour opérer la décollation du fœtus renfermé dans l'utérus. Asdrubali, qui y a eu recours un assez grand nombre de fois, et toujours avec succès, se servait de grands ciseaux. C'est aussi de forts ciseaux modérément recourbés sur le plat dont se sert M. P. Dubois : « Avant de procéder à l'opération, il est nécessaire, dit-il, de s'assurer du lieu qu'occupe précisément le cou du fœtus; une main, ordinairement la main gauche, ayant été introduite tout entière dans les voies génitales, l'indicateur de cette main s'appliquera en forme de crochet sur la région cervicale qu'elle environne autant que possible et qu'elle s'efforcera d'attirer dans le détroit supérieur, afin de la rendre encore plus accessible. La main droite, armée des ciseaux, les engagera dans le vagin, et, les guidant sur la main introduite, elle en portera les lames jusqu'au cou du fœtus. Celles-ci seront écartées avec prudence, et une partie du cou engagée entre elles. Dès ce moment, de petites incisions répétées diviseront successivement toutes les parties molles ou solides qui constituent la région cervicale. Dans cette manœuvre délicate et difficile, parce qu'elle s'exerce sur des parties très profondément situées, et au milieu d'organes qui doivent être scrupuleusement garantis et respectés, la main gauche et le doigt qui entoure le cou ne doivent pas un instant abandonner l'instrument; ils doivent, au contraire, rendre le compte le plus fidèle de sa marche et des progrès de la section. »

Il y a des cas où la main gauche ne peut pas remplir le rôle qui lui est assigné ; M. P. Dubois se sert alors, au dire de l'un de ses élèves, d'un crochet mousse pour abaisser et fixer le cou. Il le fait glisser sur la main gauche, jusqu'au-dessus du cou, sur lequel il tâche de le fixer ; puis, retirant la main gauche, il saisit le crochet et le bras à deux mains, et exerce des tractions assez énergiques, dans le but d'abaisser autant que possible le cou de l'enfant. Lorsqu'il lui paraît assez bas pour être accessible à l'instrument tranchant, il confie le manche du crochet à un aide qui est chargé de le maintenir solidement. Il réintroduit la main gauche dans les parties et va fixer l'extrémité des doigts sur le point où il veut opérer la section du cou, qui est faite de la manière indiquée plus haut.

D'après un autre procédé, on se sert du crochet lui-même pour pratiquer la section du cou. Van-Horne a pratiqué la décollation au moyen d'un crochet tranchant par sa concavité. Ramsbotham se servait d'un crochet dans la partie recourbée duquel se trouve cachée une lame tranchante qu'on peut en faire sortir à volonté. L'espèce de guillotine de M. L. Baudelocque, trop compliquée et probablement d'une application difficile, est de beaucoup inférieure aux simples crochets tranchants par leur concavité.

Fig. 63.

Lorsque la section du cou est opérée, l'expulsion du tronc ne tarde pas à se faire, et il suffit d'exercer quelques tractions en passant un ou deux doigts sous l'aisselle, si le bras n'est pas descendu, et en tirant dessus dans le cas contraire. La tête est ensuite expulsée ou facilement extraite par les moyens ordinaires. C'est ainsi que les choses se sont passées dans les cas où l'on a eu recours à la décollation. Si un rétrécissement du bassin s'opposait à la sortie de la tête, on aurait recours à la craniotomie.

Il peut arriver que le cou du fœtus reste assez éloigné de l'entrée du bassin pour qu'on ne puisse pas l'atteindre; l'on fait alors porter la section sur la portion du tronc qui se présente. Les difficultés n'ont pas été beaucoup plus grandes et le résultat a été aussi heureux dans le petit nombre de cas où l'on a eu recours à la section du tronc. Pour faire connaître la manière de procéder, je vais donner l'extrait d'une observation de M. P. Dubois, publiée par M. Chailly. Il fixa d'abord un crochet mousse sur le milieu du tronc, qu'il incisa par sa partie moyenne à l'aide de grands ciseaux. La section successive des parois de la poitrine fut d'abord faite petit à petit; il incisa d'un seul coup la colonne vertébrale, et recommença de nouveau à agir lentement et à petits coups, ayant soin de placer l'extrémité de la main gauche derrière les parties fœtales. Cette opération fut prompte et innocente pour la mère. Les crochets tranchants par la concavité seraient également applicables.

C. — Les fœtus monstrueux doubles, etc., pourraient, p. 132, donner lieu à des divisions qui seraient déduites de l'indication, mais qui n'ont rien de réglé et qui ne peuvent pas être l'objet de descriptions spéciales. Suivant le degré d'élévation de la partie à inciser, un bistouri boutonné, de grands ciseaux, le crochet tranchant par sa concavité, seraient employés, en prenant les précautions convenables pour ne pas blesser la mère.

SECTION IV. — De la provocation artificielle de l'accouchement avant terme.

On provoque artificiellement la parturition dans un temps opportun de la grossesse pour conserver plus sûrement la mère et l'enfant, ou seulement la mère : de là *l'accouchement prématuré artificiel* et *l'avortement provoqué*. Il est de la plus grande importance de les distinguer soigneusement, afin de prévenir toute solidarité entre eux. C'est principalement parce que cette distinction n'a jamais été bien faite dans le pays où l'accouchement prématuré artificiel a pris naissance, que cette heureuse innovation a inspiré d'abord tant de répugnance et a eu tant de peine à se répandre. La légitimité de l'accouchement prématuré artificiel n'est plus contestée par personne, tandis qu'il n'en est pas de même de celle de l'avortement provoqué.

I. *Accouchement prématuré artificiel.* — On donne ce nom à l'accouchement provoqué par l'art avant le terme ordinaire de la grossesse, mais à une époque où le fœtus est déjà viable, dans le but de lui permettre de franchir, sans perdre la vie, un bassin rétréci jusqu'à un certain point, de manière à rentrer dans les conditions de la parturition naturelle, ou de sauver la mère d'un danger prochain de mort, déterminé ou entretenu par la présence du fœtus dans l'utérus.

L'accouchement prématuré artificiel est une découverte entièrement moderne. Il y a d'autant plus lieu de s'en étonner, qu'on a senti de tout temps la nécessité de trouver un moyen qui pût diminuer le nombre des cas dans lesquels l'embryotomie ou l'opération césarienne devenait indispensable, et qu'il trouve en quelque sorte expérimentalement sa justification en dehors même des faits qui lui sont propres. En effet, ne sait-on pas, de temps immémorial, que le fœtus venu au monde entre la trentième et la trente-sixième semaine de la gestation, quoique plus petit et moins développé que celui qui est parvenu au terme de la vie intra-utérine, est néanmoins généralement viable ; que les femmes qui accouchent prématurément ne sont pas plus exposées, soit pendant le travail, soit pendant les couches, à moins que l'accouchement prématuré ne soit déterminé par une maladie aiguë ou par une maladie chronique momentanément exaspérée; qu'il y a des moyens à l'aide desquels on peut, avec certitude et sans aucun danger, provoquer le travail de la parturition? Depuis J. Guillemeau et Mauriceau, n'a-t-on pas admis pour quelques cas d'hémorrhagies utérines graves, une espèce d'accouchement artificiel prématuré, en dilatant forcément les bords de l'orifice utérin pour faire l'extraction de l'enfant par les pieds? Toutefois ce serait à tort qu'on revendiquerait, au moins dans le sens restreint du mot, l'idée de l'accouchement artificiel provoqué, pour ces auteurs et même pour Puzos, qui a proposé l'heureuse modification de provoquer le travail en excitant la contractilité utérine par une dilatation lente et graduelle de l'orifice utérin, et par la perforation des membranes. Les opérations sont en définitive les mêmes, mais le principe sur lequel elles reposent est essentiellement différent.

Dans l'ordre des faits qui ont des rapports plus directs à la question, qui ne sait que la pratique des accouchements offre fréquemment des indications propres à faire admettre l'accouchement prématuré artificiel. Ne trouve-t-on pas dans les auteurs un grand nombre d'observations anciennes et récentes de femmes affectées de rétrécissement du bassin, qui n'avaient pu accoucher à terme que d'enfants morts ou mutilés, donner le jour à des enfants vivants et viables, en accouchant fortuitement dans le huitième ou septième mois de leur grossesse? C'est un phénomène que la plupart des accoucheurs ont pu observer eux-mêmes. Mais, malgré ce concours de particularités, il n'était venu à l'esprit de personne de réunir tous ces éléments épars pour en tirer des inductions logiques et les employer au profit de l'humanité.

C'est dans la dernière moitié du dernier siècle, à une époque où l'on agitait vivement en Europe les questions que soulèvent les opérations sanglantes pratiquées sur la mère, et où l'on s'occupait à en diminuer le nombre, que la provocation de l'accouchement se présenta pour la première fois à l'esprit de quelques praticiens.

En 1756, au rapport de Denman, plusieurs médecins célèbres de Londres, réunis en consultation, furent unanimement d'avis que cette pratique était avantageuse et approuvée par la morale. Peu de temps après, l'occasion s'offrit à Macaulay de justifier le premier la décision de ses compatriotes; il fut suivi par Kelly, qui la pratiqua trois fois sur la même femme. La provocation de l'accouchement prématuré, préconisée et pratiquée par Denman, John Hul, John Barlow, S. Merriman, Headly, James Barlow, John Marschall, John Ramsbotham, etc., passa bientôt dans la pratique ordinaire, malgré quelques oppositions.

En Allemagne, quoique Mai eût essayé, en 1799, de déterminer les indications de l'accouchement prématuré artificiel, que

Wensel l'eût pratiqué en 1804, en 1808, Krause en 1819, cette opération n'y a été popularisée que par la connaissance plus exacte des faits publiés en Angleterre, et à dater du travail de Reisinger publié en 1820. Prenant tous les jours plus d'importance, elle compta bientôt dans ce pays de nombreux partisans et de zélés défenseurs.

De l'Allemagne il se répandit assez promptement en Hollande et en Italie. C'est la France qui a le plus longtemps résisté; cependant, ici comme en Angleterre et en Allemagne, la pensée de provoquer l'accouchement prématuré était venue à l'esprit de quelques médecins. Ainsi Roussel de Vanzesme proposa, en 1779, pour éviter la section pubienne, de solliciter par l'art l'accouchement au septième ou au huitième mois de la gestation. Il dit tenir cette idée de Levacher, de la Feurtrie, tandis que Sue l'attribue à A. Petit, quoique ni lui ni ses élèves en fassent mention. Cette pensée, qui se communiquait confidentiellement et que personne n'osait revendiquer, Lauverjat, un peu plus tard, l'émet de nouveau, mais avec timidité : « Ce moyen, dit-il, dont il serait criminel d'abuser, ne doit pas être absolument rejeté, parce qu'il pourra, dans certaines circonstances, conserver la mère et les enfants dont la vie serait compromise. » Sacombe, pamphlétaire envieux et peu véridique, prétend l'avoir mis en exécution en 1795; mais il paraît sur ce point, comme sur tant d'autres, en avoir imposé. D'ailleurs, quelques hommes justement considérés eussent-ils franchement pris l'initiative, qu'ils auraient échoué devant le sentiment si profond et si universel qu'il était contraire au droit et à la morale d'interrompre le cours de la grossesse sous quelque prétexte que ce fût, et devant la crainte de favoriser des tentatives criminelles. Si la décision de Baudelocque a été si longtemps respectée, c'est autant parce qu'elle consacrait ce sentiment que par l'autorité qui est justement attachée à ses doctrines ; et si l'on tient compte de la puissance de l'opinion, on comprendra qu'on doit atténuer le reproche adressé à ses successeurs d'avoir résisté contre l'évidence, ou plutôt de n'avoir voulu ni connaître ni examiner les faits. Ce n'est qu'assez récemment, de 1832 à 1835, que les publications de MM. Dezeimeris, P. Dubois, Velpeau, en faisant mieux connaître le but de l'opération et les résultats obtenus à l'étranger, ont triomphé des répugnances et préparé les esprits à l'accepter. Mais, quoiqu'elle ne soit plus combattue et qu'elle ait passé dans les esprits et les livres, elle n'a cependant pas encore complètement passé dans les habitudes. Si M. Stolz y a eu recours en 1834, c'est sous l'influence du mouvement imprimé à l'école de Strasbourg par l'Allemagne.

Enfin, en 1836, M. Villeneuve, de Marseille; en 1840, MM. Nichet, de Lyon, et P. Dubois, ont provoqué avec succès l'accouchement prématuré; mais on ne compte encore aujourd'hui que 9 cas, dont 5 appartiennent à M. Stolz.

On a proposé la provocation de l'accouchement artificiel pour obvier aux rétrécissements, aux obstructions du bassin et à des maladies diverses capables de compromettre l'existence de la mère si elle tarde à être délivrée. La grande majorité des cas appartient à la première catégorie, la seule pour laquelle elle soit universellement admise sans contestation.

D'après le relevé statistique tout récent publié par M. Lacour dans sa thèse, qui est le travail le plus complet que nous ayons, sur 250 cas, on a opéré 125 fois pour obvier aux inconvénients d'une mauvaise conformation du bassin, et 25 fois pour d'autres motifs.

A. En traitant, p. 154, des indications que réclament les rétrécissements du bassin, nous avons énoncé la part qui doit être faite à l'accouchement prématuré artificiel; mais nous avons à revenir sur ce point pour le compléter.

L'opération ne doit être tentée que dans les cas où l'on est autorisé à croire qu'elle atteindra pleinement le but qu'on se propose, et se trouve par conséquent circonscrite dans certaines limites. Quoique rétréci, le bassin peut encore permettre à la tête du fœtus à terme de le traverser, sans que son existence soit compromise, et l'opération n'est pas requise; elle ne doit plus être entreprise lorsqu'il est tellement réduit que la tête ne peut plus le franchir à l'époque de la grossesse où la viabilité commence à être certaine. C'est seulement dans les cas où les dimensions du bassin sont dans certaines limites qu'elle peut être tentée avec les chances de succès qu'on a droit d'en attendre.

La solution de ces questions offre déjà de grandes difficultés en théorie, qui s'accroissent encore lorsqu'on veut passer à l'application : aussi les praticiens n'ont-ils pu se mettre complétement d'accord sur le *maximum* et le *minimum* d'étendue qu'on doit accorder au bassin. Froriep et Carus ne donnent point de limites; ils se bornent à dire qu'il faut devancer le terme de la parturition toutes les fois que l'expérience a démontré que le bassin est assez étroit pour ne pouvoir être traversé par un fœtus vivant. Ritgen veut qu'on y ait recours de 84 à 94 millimètres (de 3 pouces à 3 pouces 1/2); M. Stolz, de 75 à 87 millimètres (de 2 pouces 3/4 à 3 pouces 1/4). Les accoucheurs anglais opèrent à 67 millimètres (2 pouces 1/2), et même quelquefois au-dessous. MM. P. Dubois et Kilian veulent aussi que l'opération ne soit pas entreprise au-dessous d'une certaine limite ; mais dans les rétrécissements les moins considérables ils n'admettent pas de terme précis. C'est, suivant eux, l'observation attentive des phénomènes d'un accouchement antécédent qui doit déterminer la limite supérieure, qui n'est pas toujours la même, et cesse par cela même d'être nécessaire.

Il y a entre le volume de la tête d'un fœtus à terme et la capacité du bassin à l'état normal, un excédant en faveur de celui-ci, qui lui permet de perdre une certaine étendue sans gêner d'une manière très sensible la parturition. Jusqu'à 3 pouces 1/4 d'étendue dans le plus petit diamètre, l'accouchement à terme peut généralement avoir lieu sans compromettre dans une très grande proportion la vie du fœtus, quoiqu'il faille déjà assez souvent aider aux forces de l'organisme par les secours de l'art. Aussi est-on généralement d'accord à ne pas avoir recours de prime abord à l'accouchement prématuré artificiel, lorsque le diamètre le plus rétréci du bassin est au-dessus de la limite qui vient d'être posée ; mais l'expérience d'accouchements antérieurs peut conduire à le pratiquer chez quelques femmes dont les enfants sont ordinairement très développés. De 3 pouces 1/4 à 3 pouces moins 1/4, un certain nombre de fœtus à terme peuvent encore traverser le bassin ; mais dans la très grande majorité des cas ils y perdent la vie, même lorsque les forces de l'organisme ou le forceps suffisent pour opérer la délivrance ; pour les autres, l'expulsion ou l'extraction n'est possible qu'après la perforation du crâne. C'est dans cette limite que la provocation de l'accouchement prématuré semble avoir son plus grand degré d'opportunité, et l'on doit y avoir recours chez les primipares aussi bien que chez les autres ; toutefois l'occasion de le faire se présente rarement, parce qu'on n'est guère prévenu du rétrécissement du bassin avant un premier accouchement. Au-dessous, jusqu'à 2 pouces 1/2, les chances du passage de la tête avec la conservation de la vie pour le fœtus, même au terme légal de la viabilité, ont considérablement diminué, et ce dernier terme est une limite extrême que n'admettent pas tous les partisans de l'accouchement prématuré artificiel, et qu'on ne peut point dépasser sans dénaturer le but de l'opération. C'est rentrer dans la question de l'embryotomie sur le fœtus vivant, et dans celle de l'avortement provoqué, qui doit être distingué de l'accouchement prématuré artificiel, même dans le cas où l'opinion de ceux qui le regardent comme licite dans le cas de rétrécissement considérable du bassin viendrait à prévaloir.

On a blâmé les accoucheurs anglais d'assigner au rétrécissement une limite inférieure trop basse, ou plutôt de ne point en poser en quelque sorte, sans faire attention qu'ils sont parfaitement conséquents. On sait, en effet, qu'ils ont repoussé la symphyséotomie, et qu'ils n'ont recours à l'opération césarienne que lorsque le bassin est tellement rétréci que l'embryotomie devient impraticable. En provoquant l'accouchement prématuré au-dessous de la limite adoptée sur le continent, ils ont encore quelques chances, si le fœtus est très petit, par rapport à l'époque de la vie intra-utérine où il est arrivé, de le voir naître vivant; et s'ils sont dans la nécessité d'avoir recours à la crâniotomie, cette opération n'offrira ni les mêmes difficultés ni les mêmes dangers qu'au terme de la grossesse. On voit par plusieurs de leurs observations que les mêmes femmes délivrées à terme par la crâniotomie avec les plus grandes difficultés, l'ont été à sept mois avec beaucoup moins de peine et de dangers; le crochet, après avoir promptement déchiré le crâne en plusieurs sens, a pu le faire descendre assez facilement. Si le mouvement qui se manifeste depuis quelques années sur le continent en faveur des doctrines anglaises, relativement à la crâniotomie, aboutit à les y faire adopter, on sera nécessairement conduit à les imiter dans la provocation de l'accouchement prématuré. On n'a plus à craindre aujourd'hui de fournir des arguments aux adversaires de l'opération.

Les limites posées ci-dessus, étant établies d'après le volume présumé de la tête, ne peuvent par cela même être très précises: les mêmes différences qu'il présente à terme se retrouvent aux différentes périodes de la grossesse où le fœtus est viable. Ces différences ont une médiocre importance dans l'accouchement à terme, où le bassin a toute son ampleur; mais dans les premiers degrés de resserrement de son plus petit diamètre, la terminaison de l'accouchement sera fort différente, suivant que la tête du fœtus est grosse, moyenne ou petite. Il en est de même dans l'accouchement artificiel prématuré.

Pour déterminer les dimensions du bassin qui justifient son opportunité et les époques où il peut être provoqué, il était important de connaître la longueur moyenne du diamètre bipariétal et ses variations en plus et en moins à ces mêmes époques. En général, ce diamètre a 94 millimètres (3 pouces 6 lignes) à terme, 84 millimètres (3 pouces) à huit mois, 67 millimètres (2 pouces 6 lignes) à sept mois.

Voici le tableau que M. Salomon, de Leyde, a donné de l'étendue du diamètre transversal de la tête à diverses époques:

38.

À 33 semaines, 70 millimètres (2 pouces 7 lignes).
34 — 75 — 2 — 9 —
36 — 78 — 2 — 11 —
40 — 100 — 3 — 9 —

On peut se faire sur les mesures prises par M. P. Dubois une idée juste des variations que présente le diamètre biparietal :

Sur 10 fœtus de 7 mois, le diamètre biparietal avait :

1 fois 3 pouces 1 ligne.
1 — 2 — 10 —
3 — 2 — 9 —
2 — 2 — 8 —
1 — 2 — 6 —
1 — 2 — 1 —
1 — 2 — 0 —

Sur 17 fœtus de 7 mois 1/2.

3 fois 3 pouces 1 ligne.
5 — 3 — 0 —
1 — 2 — 11 —
2 — 2 — 9 —
1 — 2 — 6 —
1 — 2 — 5 —
4 — 2 — 3 —

Sur 5 fœtus de 8 mois 1/2

1 fois 3 pouces 3 lignes.
1 — 3 — 2 —
1 — 3 — 1 —
1 — 2 — 7 —

On voit d'après ces tableaux que si la tête, qui est d'autant plus malléable que le fœtus est plus éloigné du terme de la grossesse, ne jouissait pas d'un réductibilité assez étendue, le résultat de l'opération serait assez souvent compromis lorsque le petit diamètre du bassin a 2 pouces 3/4, et le plus souvent lorsqu'il n'a que 2 pouces 1/2. Mais, outre que la tête est susceptible d'une réduction assez prononcée, elle se présente assez généralement de telle manière que l'une des bosses pariétales correspond à la symphyse sacro-iliaque, et l'autre derrière la branche horizontale du pubis, sur un point qui n'est pas très rapproché de la symphyse ; c'est un diamètre transversal de la tête sensiblement plus petit que le bi-pariétal, qui est en rapport avec le diamètre sacro-pubien. Néanmoins, on doit s'attendre, lorsque le rétrécissement du bassin se rapproche de la dernière limite adoptée, à voir assez souvent le fœtus périr par les effets de la compression de la tête, à aider à son expulsion par les moyens ordinaires, et même à recourir quelquefois à la perforation du crâne.

Le moment d'agir doit être rapproché ou éloigné du terme de la grossesse, suivant le degré de rétrécissement du bassin, sans toutefois descendre jusqu'au terme légal de la viabilité. Jusque vers la fin du septième mois, les chances de viabilité du fœtus sont fort incertaines; mais il n'en est plus même après cette époque. M. Ritgen donne les termes suivants comme règle générale :

A 2 pouces 7 lignes la 29ᵉ semaine.
2 — 8 — 30ᵉ —
2 — 9 — 31ᵉ —
2 — 10 — 35ᵉ —
2 — 11 — 36ᵉ —
3 — » — 37ᵉ —

On comprend, sans qu'il soit nécessaire de le dire, que ces données ne peuvent pas être appliquées d'une manière rigoureuse, parce qu'on ne peut pas mesurer exactement le bassin, surtout si le rétrécissement n'est pas très considérable, ni fixer avec précision le terme de la grossesse. D'ailleurs, les variations du volume de la tête du fœtus diminuent l'importance de la connaissance exacte du degré de rétrécissement du bassin et de la fixation des limites précises en dehors desquelles on ne doit pas solliciter l'accouchement. Il faut hautement reconnaître la portée pratique du conseil donné et suivi par plusieurs accoucheurs, de n'avoir recours à la provocation de l'accouchement que lorsqu'il est prouvé par un ou plusieurs accouchements antérieurs que la femme ne peut avoir d'enfants vivants à terme.

D'après cette donnée, on est légitimement autorisé à solliciter l'accouchement avant terme dans des cas où le bassin est très peu rétréci, et où il n'est pas indiqué *à priori* : les femmes dont le bassin est naturellement petit, celles qui accouchent d'enfants volumineux, peuvent se trouver dans ce cas. D'un autre côté, on a d'assez nombreux motifs pour attendre l'épreuve d'un premier accouchement, lorsque le bassin paraît conserver plus de 3 pouces d'étendue dans son plus petit diamètre ; mais à cette limite et au-dessous, jusqu'à la dernière, les chances de l'accouchement à terme d'un enfant vivant sont dans une proportion si faible, qu'on doit cesser d'attendre l'épreuve d'un accouchement antérieur, si on ne veut exposer la mère aux plus grands dangers.

Tout en indiquant des époques à peu près fixes pour solliciter le travail, suivant le degré de rétrécissement du bassin, il ne faut pas se dissimuler qu'on ne peut pas, dans la pratique, atteindre à cette précision, quelque soin qu'on mette à consulter tous les éléments propres à résoudre la question. On peut même, à cet égard, tomber dans des erreurs assez graves, et être conduit à opérer avant que le fœtus soit réellement viable, ou à une époque si rapprochée du terme de la grossesse qu'il n'en résulte aucun avantage. Des objections faites contre l'accouchement prématuré artificiel, c'est à peu près la seule qui soit restée.

Pour faire apprécier les difficultés de ce problème, je vais citer les résultats obtenus par M. P. Dubois, en constatant chez 50 femmes l'époque présumée et l'époque réelle de la grossesse. Il ne s'agit pas de chercher une coïncidence exacte, on doit la considérer comme telle lorsque la différence ne dépasse pas huit jours : 17 se sont trouvées dans ce cas.

L'erreur n'est pas essentiellement préjudiciable lorsque la différence ne dépasse pas quinze jours : 17 ont été dans cette catégorie ; mais de quinze à vingt jours, surtout de vingt à trente-quatre, les avantages de la parturition prématurée auraient pu être tout-à-fait compromis : 3 ont été dans le premier cas, et 13 dans le second.

L'époque présumée de l'accouchement s'est rencontrée 8 fois seulement avant l'époque réelle et 41 fois après. M. P. Dubois ajoute que sur 100 autres femmes enceintes et parvenues à un terme avancé, 18 n'avaient aucun souvenir du temps où leurs règles avaient cessé ; 11 étaient fort irrégulièrement menstruées avant de devenir enceintes ; 3 avaient été certainement réglées pendant les premiers mois de leur gestation. Ainsi, voilà 32 femmes sur 100 chez lesquelles il n'était pas possible de s'éclairer de cette circonstance, et qui se trouvaient par conséquent dans des conditions à fournir des résultats beaucoup moins précis que ceux énoncés plus haut, qui se rapportent à des femmes qui avaient pu fournir des renseignements certains sur l'époque de leur dernière menstruation. Il en conclut que, malgré toutes les précautions que nous pouvons prendre pour apprécier le terme de la grossesse, une erreur de quinze jours ou de plus encore est souvent possible ; et qu'il lui semble que la prudence exige que nos déterminations soient fondées sur des calculs tels, que l'accouchement ne soit provoqué qu'à une époque que nous jugerons être intermédiaire entre le septième mois et demi et le huitième, ou dans la trente-cinquième semaine.

Lorsque le rétrécissement du bassin n'est pas stable, qu'il est le résultat de l'ostéomalaxie, ou du développement des tumeurs des os ou du périoste, l'indication n'est plus aussi précise et ne peut pas être posée d'avance. La déformation ou le rétrécissement peut avoir fait assez de progrès d'une couche à l'autre pour rendre la provocation du travail prématuré nécessaire après plusieurs accouchements naturels, et même pour l'exclure tout-à-fait. Si les dimensions du bassin se trouvent dans les limites voulues, on doit, comme dans les rétrécissements stables, provoquer l'accouchement prématuré. Mais dans l'ostéomalaxie, la déformation est ordinairement si considérable que le rétrécissement est le plus souvent porté sur quelques points, au-dessous de la dernière limite admise. Et quoique les cas de dilatation du bassin au moment du travail ne soient pas très rares, on ne doit pas moins s'abstenir d'opérer ; car si les os ont assez de flexibilité pour se redresser sous l'influence des efforts d'expulsion, comme le rétrécissement dépend presque exclusivement de leur déformation, il y a presque autant de chances pour que l'accouchement puisse s'opérer à terme qu'un peu avant.

Quoique couronnée de succès, il ne faudrait pas imiter la conduite de Ritgen, qui, se fiant à cette dilatabilité, a provoqué l'accouchement prématuré dans un cas où les deux tubérosités sciatiques se touchaient. Il fit la ponction de l'œuf au milieu du huitième mois et donna 25 centigrammes de seigle ergoté tous les cinq quarts d'heure. Douze heures après l'opération, la tête du fœtus s'engagea dans le bassin. A chaque contraction les ischions s'écartaient l'un de l'autre ; bientôt la tête fut visible à la vulve ; enfin, elle franchit le détroit inférieur, seize heures après l'écoulement des eaux. Les épaules rencontrèrent encore de la résistance, mais on parvint facilement à la vaincre. La mère se rétablit, mais l'enfant expira une heure après sa naissance.

Ce n'est pas seulement pour se fixer sur la conduite à tenir par un premier accouchement qu'on a avancé que l'opération était contre-indiqué chez les primipares, mais encore par la difficulté que devait y apporter l'état du col. Cette difficulté peut être réelle, mais elle n'est pas de nature à ne pouvoir être surmontée et à en compromettre le succès. Comme la primiparité, la grossesse gémellaire doit conduire à s'abstenir de provoquer l'accouchement prématuré, lorsque le rétrécissement ne descend pas sensiblement au-dessous de la première limite ; mais, à un degré plus prononcé, le volume, ordinairement moindre, des jumeaux n'offre pas en général une compensation suffisante pour s'abstenir. Je dois aussi ajouter qu'une présentation autre que celle de la tête, quoique moins favorable au succès de l'opération, n'est pas une contre-indication. Si le tronc se présentait, la mobilité du fœtus donnerait quelques chances de pouvoir le redresser avant d'opérer.

Les faits qui montrent le peu de danger et les avantages de l'accouchement artificiel prématuré, dans le cas de viciations du bassin, sont aujourd'hui nombreux et concluants. D'après le relevé de M. Lacour, qui comprend la plupart des cas publiés jusqu'à présent, on a provoqué l'accouchement prématuré, avons-nous déjà dit, 225 fois pour obvier aux inconvénients d'une mauvaise conformation du bassin : sur ce nombre, 152 enfants sont nés vivants ; 73 étaient morts en naissant. Sans doute, comme le fait observer M. Stolz, plusieurs des enfants vivants ont succombé à une époque plus ou moins rapprochée de leur naissance, parce qu'il étaient trop faibles pour continuer à vivre. Il ne peut en faire connaître le chiffre exact ; mais il pense qu'à peu près la moitié des enfants nés par l'accouchement prématuré artificiel a été sauvée.

En Angleterre, sur 90 cas, 48 enfants sont nés vivants et 42 morts ; tandis qu'en Allemagne, sur le même nombre, 75 enfants sont nés vivants, 15 morts. Cette différence tient à ce que les accoucheurs anglais, voulant absolument éviter la symphyséotomie et l'opération césarienne, provoquent assez souvent l'accouchement à une époque de la grossesse où la viabilité est encore fort incertaine et à des degrés très prononcés d'étroitesse du bassin, de 2 pouces 3/4 à 2 pouces d'étendue dans le diamètre sacro-pubien, par exemple : aussi sont-ils souvent obligés d'avoir encore recours à la craniotomie. D'un autre côté, il est pleinement reconnu que les accoucheurs allemands l'ont provoqué souvent sans indications précises et sans nécessité, dans des cas où tout faisait espérer un accouchement naturel à terme. Le grand nombre de fois qu'ils ont opéré depuis 1820 est assez significatif pour dispenser de tout commentaire.

Voyons maintenant quel a été le résultat de l'opération dans les mêmes circonstances, du côté de la mère. M. Lacour n'a pu établir sa statistique que sur 176 femmes : 11, c'est-à-dire 1 sur 16, ont succombé, 2 à la rupture de la matrice, 3 à la péritonite puerpérale, 3 à la pneumonie, 1 à la rupture du vagin, 1 à la phlébite utérine. Devant ces résultats a dû bientôt tomber la crainte de tant de dangers conçus *à priori*, qui ne méritent même plus, d'être discutés. Pour la mère, beaucoup plus encore que pour le fœtus, l'accouchement prématuré artificiel se rapproche de la parturition à terme dans les conditions normales.

Si maintenant on établit un parallèle entre ces résultats, même en ne prenant que les cas où des accouchements antérieurs n'ont pu avoir lieu qu'à la condition de perforer le crâne, et ceux de toutes les autres opérations qui seraient devenues nécessaires si l'on avait négligé d'avoir recours à l'accouchement prématuré artificiel, on trouvera qu'il leur est de beaucoup supérieur et qu'il mérite la préférence à un degré tel, que toute opposition, toute dissidence a dû cesser dès que les faits ont été produits en assez grand nombre.

B. Les obstructions du bassin, par la présence de tumeurs étrangères aux os et au périoste, ne donnent plus la même précision à l'indication de provoquer l'accouchement prématuré, et sont de nature à en compromettre souvent les résultats : aussi ne l'a-t-on proposé qu'avec réserve, et personne, que je sache, n'y a eu recours jusqu'à présent. Une tumeur, p. 103, qui ne paraît pas laisser entre elle et les autres points du bassin un passage suffisant pour un fœtus à terme, peut, suivant sa nature ou ses connexions, s'affaisser, être vidée par une simple ponction ou se déplacer assez pour rendre l'accouchement naturel et heureux. Les obstacles de ce genre, s'accroissant ordinairement d'une grossesse à l'autre, ôtent toute valeur aux enseignements tirés d'accouchements antérieurs ; c'est dans l'appréciation exacte de chaque cas qu'il faut en puiser l'indication. Si des tumeurs solides, immobiles ou peu mobiles, réduisaient le bassin aux proportions adoptées par l'accouchement prématuré artificiel, on pourrait s'en promettre les mêmes avantages, et l'on ne devrait pas négliger d'y avoir recours. C'est une ressource d'une application difficile, qui peut devenir précieuse entre les mains d'un praticien judicieux et expérimenté.

C. Nous nous sommes déjà expliqué sur la plupart des motifs de provoquer l'accouchement prématuré, tirés d'états morbides divers, déterminés ou entretenus par la grossesse, ou qui lui sont étrangers. En les passant sommairement en revue, nous aurons l'occasion de montrer qu'on s'est laissé aller sur plusieurs points à des exagérations, à des entraînements qui pourraient avoir les conséquences les plus fâcheuses.

L'indication cesse d'avoir un caractère précis et tranché ; fondée sur le danger plus ou moins prochain que court la mère ou l'enfant de perdre la vie si l'accouchement tarde à se faire, c'est-à-dire sur une appréciation souvent variable et diverse, elle en reflète l'incertitude et les fluctuations.

1° On doit placer en première ligne au nombre de ces entraînements dangereux, le conseil donné et quelquefois suivi de provoquer l'accouchement prématuré dans les cas de mort du fœtus et de grossesse tardive. On ne comprend pas comment cette pensée a pu venir à l'esprit de quelqu'un, en face d'un fait aussi commun que la mort du fœtus dans l'utérus et son passage à un état qui n'est pas une putréfaction véritable, mais une espèce de macération, sans qu'il en résulte le moindre danger pour la mère tant que l'œuf n'est pas divisé. La mort du fœtus peut coïncider avec un état grave de la mère, mais alors il en est la conséquence et non la cause ; et, comme nous l'avons démontré, si le travail se déclare, le danger augmente au point de laisser peu d'espoir de conserver la malade. Ainsi, loin de chercher à le provoquer, il faudrait, au contraire, chercher à le prévenir.

Quant au second motif, il est tout-à-fait étrange. Est-on souvent à même de pouvoir affirmer que la grossesse se prolonge au-delà de son terme ordinaire ? Connaît-on des accidents qui soient le résultat de cette prolongation ?

Denman a été bien mieux inspiré que Mai et Osiander en appelant l'attention sur l'utilité qu'on pourrait retirer de l'accouchement prématuré dans le cas de mort habituelle du fœtus à une époque rapprochée du terme de la grossesse. « Il est des femmes, dit-il, chez lesquelles la grossesse ne présente rien de particulier, jusqu'à ce qu'elle arrive au neuvième mois et près de son terme ordinaire. Alors, sans cause apparente ou appréciable, il se déclare à différentes reprises des frissons ; les mouvements de l'enfant cessent, il meurt ; souvent il n'est expulsé que quinze jours ou trois semaines plus tard. Dans deux cas de cette espèce, j'ai recommandé et opéré la provocation de l'accouchement avant l'époque à laquelle le fœtus cessait ordinairement de vivre ; les enfants sont nés vivants et les mères n'en ont pas souffert du tout. » M. Stolz a accouché plusieurs fois une femme qui se trouvait dans le même cas : devenue enceinte sept fois, elle n'accoucha qu'une seule fois d'enfants vivants : c'étaient deux jumeaux, qui naquirent au terme de sept mois et demi, vers l'époque où les premiers enfants étaient morts.

Cette particularité du fœtus qui meurt habituellement chez quelques femmes à une époque rapprochée du terme de la grossesse n'est pas très rare. Il semble qu'à une période rapprochée du terme de la gestation, la quantité du liquide amniotique devienne, quelquefois, relativement trop petite, et qu'il en résulte une compression du cordon et une gêne dans la circulation fœto-placentaire qui peuvent devenir lentement ou promptement funestes au fœtus.

2° En admettant en principe que la provocation de l'accouchement prématuré est un moyen extrême, auquel on doit cependant avoir recours lorsqu'il n'existe pas d'autres moyens de sauver la mère ou l'enfant du danger de succomber, on comprendra que l'occasion de le mettre en usage, déterminée par les accidents sympathiques de la grossesse, doit se rencontrer très rarement, parce que ces accidents, alors même qu'ils prennent une grande intensité, ont généralement peu de gravité.

La question ne peut guère se présenter qu'à l'occasion des vomissements opiniâtres qui compromettent la nutrition, et les cas où l'on s'est cru autorisé d'y avoir recours sont déjà assez nombreux. Merriman fait honneur de l'initiative à un chirurgien qu'il ne nomme pas, et qui aurait provoqué l'accouchement chez une malade affectée de vomissements si opiniâtres qu'elle faillit périr, le succès fut complet. Simmons rapporte qu'une dame affectée de plusieurs incommodités et de l'impossibilité de se nourrir aurait été infailliblement exposée à périr, lorsque, après avoir employé tous les moyens pour la soulager, il se décida à provoquer le travail prématuré au septième mois de la grossesse. Le 24 mars 1813, vers huit heures du soir, il rompit les membranes, et, vingt-deux heures après, la femme commença à être en travail ; le même soir à dix heures elle accoucha d'un enfant qui vécut. Avec sa délivrance tous les symptômes qui l'avaient fatiguée durant la grossesse diminuèrent graduellement. Merriman, tout en doutant de la nécessité de l'opération, rapporte l'observation d'une femme enceinte de sept mois qui était affectée d'une toux très incommode et dont l'estomac était tellement irritable, qu'il ne supportait pas même l'opium en substance. Les absorbants, les stomachiques, les amers, les aromatiques, n'avaient pu la soulager d'aucune manière. Comme la maladie empirait chaque jour et menaçait de se terminer fatalement, on provoqua comme dernière ressource l'accouchement prématuré. La grossesse était parvenue au milieu du huitième mois ; la patiente accoucha d'un enfant vivant, et ne tarda pas elle-même à se rétablir.

Une femme enceinte, dit Schneider, de Fulde, vomit pendant trente semaines de grossesse tout ce qu'elle ingérait dans son estomac. Les moyens les mieux indiqués échouèrent. L'accouchement prématuré provoqué lui sauva la vie ainsi qu'à son enfant.

Robert Lee, appelé par un chirurgien pour une malade parvenue au quatrième mois de la grossesse, qui souffrait depuis plusieurs semaines de vomissements constants, de douleurs épigastriques et de fièvre, fit, quand tous les modes de traitements eurent été employés, la ponction des membranes. Les vomissements cessèrent immédiatement, la fièvre diminua, quoique le fœtus ne fût expulsé que quelques semaines plus tard. A ces cas heureux il faut ajouter celui de M. Lavoti : à des vomissements continuels s'ajoutaient des convulsions très souvent répétées que rien ne put arrêter. Dans le cours du septième mois, on craignit que la jeune femme, qui était d'une constitution faible, ne pût atteindre la fin de la gestation. On fit la ponction des membranes, qui évacua la totalité de l'eau de l'amnios. Trente heures après un travail régulier s'établit, troublé seulement par quelques faibles manifestations éclamptiques, et la malade mit heureusement au monde un enfant de huit mois. Après la parturition s'évanouirent comme par enchantement les convulsions générales et celles de l'estomac.

Dans tous ces faits, la description de l'état des malades n'est pas assez détaillée pour qu'on puisse juger sûrement si la provocation de l'accouchement était réellement nécessaire. Pour tout commentaire je citerai le fait suivant. Il s'agit d'un avortement provoqué ; par conséquent on n'a dû se décider que sur une nécessité en apparence bien démontrée. Une malade enceinte de deux mois avait été prise, peu de temps après la conception, de vomissements, de défaillances, de violents maux de tête ; cet état de choses avait constamment empiré : il y avait grande émaciation et fièvre ; la langue était rouge, l'épigastre tendu et douloureux à la pression. Les symptômes ayant pris un caractère très alarmant et tous les remèdes étant sans effet, Robert Lee et un chirurgien qui l'avait appelé en consultation, résolurent de faire la ponction de l'œuf en introduisant une sonde dans l'utérus ; mais il ne sortit pas de liquide : l'œuf n'avait pas été divisé. Peu de temps après les vomissements commencèrent à diminuer, la malade alla à terme et fut heureusement délivrée d'un enfant vivant.

En effet, les vomissements et les autres phénomènes nerveux, purement sympathiques de la grossesse, alors même qu'ils sont le plus intenses et le plus persistants, n'exposent peut-être jamais les jours de la malade au point de rendre absolument nécessaire la provocation de l'accouchement ; mais ils tiennent quelquefois à un état complexe, à la grossesse et à une phlegmasie de l'utérus ; à des vomissements persistants s'ajoutent de la fièvre, un affaiblissement et un amaigrissement plus prononcés et plus rapides, et souvent des symptômes locaux.

Nous avons cité, t. I, p. 330, deux cas de ce genre qui se sont terminés par la mort, sans que le travail se soit déclaré. L'accouchement provoqué, au lieu d'être indiqué, est au contraire formellement proscrit. Pendant la gestation, l'utérus, ses annexes et le péritoine lui-même sont, à un degré très prononcé, réfractaires aux phlegmasies, non qu'ils n'en soient quelquefois atteints; mais alors elles affectent généralement une marche lente, alors même qu'il se forme du pus, et ont peu de tendance à s'étendre. Mais que l'avortement ou l'accouchement prématuré survienne spontanément, ces germes d'inflammation vont bientôt s'étendre au loin, envahir les vaisseaux lymphatiques et les veines de l'utérus, le péritoine, et la malade est presque nécessairement vouée à la mort. Ainsi, loin de chercher à provoquer le travail, il faut, au contraire, en traitant l'inflammation, mettre le plus grand soin à prévenir les contractions de l'utérus. Aussi la provocation du travail, dans le cas de vomissements opiniâtres et de fièvre, a-t-elle déjà été plusieurs fois funeste à la mère. M. Merriman, pour modérer, dans une consultation, l'ardeur de plusieurs confrères, leur raconta qu'un cas de vomissements durant la grossesse, qui s'était présenté quelques années auparavent à un célèbre accoucheur, s'était terminé d'une manière fatale après qu'on eut pratiqué l'opération, et que le médecin fut injustement et très fortement blâmé.

La provocation du travail ne fut pas moins décidé si les symptômes ne cédaient pas aux moyens ordinaires. Il s'agissait d'une dame de vingt-neuf ans, enceinte de six semaines, qui avait beaucoup souffert du mal de mer, dans une traversée de Dublin à Liverpool, à la fin de juin 1839. L'irritabilité de l'estomac devint de plus en plus forte après son arrivée à Londres; au commencement de juillet, et pendant vingt jours, il lui fut impossible de rien garder, excepté un peu d'eau-de-vie et d'eau. L'acide prussique, les boissons effervescentes, le calomel, l'opium, les sangsues, les vésicatoires à l'épigastre, à la région de l'utérus, et tous les autres remèdes ordinaires, furent absolument sans effet. La persistance de la fièvre et les progrès de l'amaigrissement faisaient présager que la malade mourrait bientôt si elle n'était pas soulagée. M. Merriman vit alors cette dame avec MM. Jordin et R. Lee; on convint de donner la *mixtura creta*, la créosote, enfin de provoquer le travail si les symptômes ne cédaient pas. Le 24, les symptômes devenant plus alarmants, R. Lee évacua le liquide amniotique, mais les symptômes persistèrent; le 27, l'œuf fut expulsé, ainsi qu'une quantité considérable de sang coagulé; bientôt l'état de la malade s'aggrava, et elle mourut peu de jours après. L'estomac, les intestins et les autres viscères étaient dans un état sain.

3° Nous avons apprécié, p. 225, les motifs pour et contre la provocation du travail, dans les cas d'éclampsie, et fait voir que si elle devait prévaloir, elle aurait plutôt les caractères de l'accouchement forcé, que de l'accouchement prématuré artificiel ordinaire.

4° La plus importante application de la provocation du travail en dehors des viciations du bassin se rapporte aux hémorrhagies utérines graves; et l'initiative non seulement de la provocation de l'accouchement prématuré, mais encore de l'avortement, appartient à Puzos. Nous n'avons rien à ajouter à ce que nous en avons dit, t. 1, p. 485, 11, p. 271.

5° La provocation de l'accouchement prématuré, dans quelques cas d'hydropisie active ou passive de l'amnios, avec ou sans ascite ou infiltration des membres inférieurs, t. 1, p. 428, est une ressource extrême qui peut sauver la mère et l'enfant. La gravité de cet état, lorsqu'il est porté à un très haut degré, surtout s'il est complexe, ne saurait être douteuse. Il a plusieurs fois entraîné la mort; à lui seul, R. Lee en a observé trois cas. D'un autre côté, plusieurs accoucheurs ont rapporté l'histoire de femmes qui paraissaient être dans un danger éminent, lorsqu'un travail prématuré spontané est heureusement venu mettre fin aux souffrances et aux angoisses déterminées par le développement extrême du ventre. La grossesse double peut même produire ces accidents.

M. Stolz a donné des soins à une dame qui fut dans un état très alarmant pendant plusieurs semaines, par la distension énorme de la matrice renfermant des jumeaux. Vomissements, dyspnée, palpitations de cœur, auxquels se joignirent des lipothymies effrayantes, tels étaient les symptômes. Après une défaillance les eaux de l'amnios s'écoulèrent tout-à-coup, et les accidents se dissipèrent à mesure que le travail avança. Dans le cas d'hydropisie de l'amnios, portée à un très haut degré et accompagnée de grandes souffrances, on doit d'autant moins hésiter à provoquer le travail que la perforation des membranes n'est pas plus dangereuse que leur rupture spontanée et que le fœtus est assez souvent mort ou d'une viabilité douteuse.

D'ailleurs, on n'en est plus, depuis assez longtemps, à juger de ses avantages seulement sur des motifs rationnels. Duclos, de Toulouse, a rapporté dans les *Bulletins de la Faculté de médecine de Paris*, l'observation d'une jeune dame qui avait eu quatre accouchements très heureux, et qui fut en proie, à sa cinquième grossesse, à de graves incommodités. Vers le milieu du septième mois, elle fut prise d'une toux très fréquente, à laquelle se joignit bientôt de la fièvre. Les extrémités inférieures s'infiltrèrent; en moins de huit jours le ventre devint dur, tendu, douloureux et très volumineux. La gêne de la respiration ne permettait pas à la malade de garder une position horizontale; il y avait en même temps des vomissements continuels et des défaillances. Lorsque Duclos fut appelé, l'état de la malade était alarmant : la figure était abattue et grippée, la respiration très courte et précipitée, et lorsqu'elle changeait de position elle était suffoquée. La matrice, énormément distendue, était très élevée et semblait occuper toute la cavité du ventre. Plusieurs médecins réunis en consultation s'accordèrent à dire que le seul parti qui offrît à la malade quelques chances de salut était la provocation de l'accouchement. Duclos perfora les membranes avec l'indicateur introduit dans l'orifice utérin, et fit évacuer les eaux à quatre reprises. Bientôt la respiration devint libre, les vomissements, les palpitations, ne revinrent plus. Après cinq heures de repos, comme la matrice restait inactive, on se décida à hâter le travail. La main introduite dans la matrice rencontra la tête de l'enfant, l'opérateur la saisit et l'amena peu à peu dans l'excavation pelvienne; il la fit avancer insensiblement, et, au bout de peu de temps, fut expulsé un enfant du sexe féminin, très petit et très faible, mais vivant. Les couches furent naturelles, et, au bout de six semaines, la malade était bien rétablie.

Une femme observée, en 1828, par R. Lee, offrait, quoique arrivée seulement au septième mois de la grossesse, un développement de l'abdomen plus considérable qu'il ne l'est ordinairement à terme. Les extrémités inférieures étaient œdémateuses, et la malade éprouvait de vives douleurs à l'hypogastre, de la dyspnée et de la toux; le facies était pâle et présentait une expression d'anxiété. Le pouls était vif, la soif ardente et la sécrétion urinaire très rare. Tous ces symptômes avaient paru depuis trois mois; mais l'accroissement extraordinaire de l'abdomen ne s'était manifesté qu'au commencement du septième mois, époque à laquelle il avait augmenté avec une incroyable rapidité. Les mouvements de l'enfant étaient très faibles, et on sentait une fluctuation obscure dans l'abdomen. Le col de l'utérus était comme dans le neuvième mois; le ballottement du fœtus était très distinct, et l'on pouvait aisément percevoir la présence d'une grande quantité de fluide dans l'utérus.

Des saignées, des diurétiques, etc., furent employés sans soulagement. La gêne de la respiration augmenta beaucoup, l'abdomen devint plus tendu, et l'urine plus rare durant les deux semaines suivantes; enfin, un peu plus tard, la suffocation étant imminente, il rompit les membranes, quoiqu'il n'y eût aucun signe de l'approche du travail, et il s'écoula dix pintes de liquide amniotique Le jour suivant les contractions utérines se déclarèrent; l'enfant expulsé vivant a pu être élevé. La mère continua à éprouver de la dyspnée; l'œdème des extrémités inférieures persista pendant quelques semaines; mais enfin le rétablissement eut lieu: une fluctuation obscure de l'abdomen était perceptible quelque temps après la délivrance.

Plusieurs années après, M. R. Lee fut appelé par un confrère pour voir une malade parvenue au septième mois de sa grossesse, qui avait une hydropisie de l'amnios. L'abdomen était si énormément distendu, que la malade n'aurait pu prendre un instant la position horizontale. On pouvait percevoir la fluctuation aussi distinctement que dans l'ascite. Le col de l'utérus était fermé, et on sentait les mouvements de l'enfant dans le liquide amniotique. L'abdomen avait commencé à croître tout d'un coup, trois semaines auparavant, et une grande dyspnée se manifesta bientôt après. En considérant la lividité de la face, l'état alarmant de suffocation et la froideur des extrémités, il n'était pas douteux que cette femme pouvait expirer dans quelques instants, si elle n'était pas soulagée promptement. Il introduisit à neuf heures du soir la *sonde-stylet* dans l'utérus, et ponctionna les membranes à trois endroits. Le liquide amniotique commença bientôt à s'écouler en abondance. Avant le jour, dix pintes d'eau s'étaient écoulées, et deux fœtus non à terme avaient été expulsés sans difficultés. La malade se rétablit parfaitement.

Peu de temps après M. R. Lee fut encore appelé par un autre confrère pour voir une dame parvenue à quatre ou cinq mois de sa grossesse, et affectée d'hydropisie de l'amnios; mais sa santé était trop compromise pour qu'elle pût être sauvée. L'abdomen était distendu; la face, le tronc et les extrémités étaient œdématiés. L'oppression était si grande qu'on était obligé de soutenir la malade assise sur le bord de son lit, avec les pieds sur une chaise. Il était évident que si on ne portait pas quelque soulagement à cet état, la femme ne pourrait vivre plus de quelques heures. Ces symptômes s'étaient manifestés dans le second mois de la grossesse, et avaient pris un caractère très grave depuis environ une semaine. Les diurétiques, les vésicatoires, les drastiques, les cathartiques, avaient été employés sans le plus léger soulagement. A la perforation des membranes, une immense quantité de fluide s'écoula de l'utérus et continua au point d'inonder le parquet de l'appartement. Quoique l'abdomen fût un peu diminué de volume, la difficulté de la respiration, la lividité des lèvres et la rapidité du pouls persistèrent; six heures après la sortie du liquide, l'orifice de la matrice était dilaté de la largeur d'une couronne; mais les douleurs du travail ne s'étaient pas encore manifestées. Les symptômes continuèrent, et au bout de quinze heures le fœtus et le placenta furent expulsés sans hémorrhagie. La déglutition devint bientôt impossible, et la malade mourut au bout de quelques heures. Quatre livres de sérum furent trouvées dans le péritoine, et trois onces dans le péricarde ; les poumons gorgés de sérosité présentaient çà et là quelques portions indurées.

6° Les tumeurs de l'abdomen, qui ont acquis un grand volume, peuvent donner lieu aux mêmes symptômes, et indiquer aussi la provocation de l'accouchement. Le déplacement de l'utérus qu'elles déterminent quelquefois peut rendre l'opération très difficile, comme le prouve le fait suivant observé par M. R. Lee. Il s'agit d'une femme qui était affectée d'une tumeur de l'ovaire qui avait paru cinq mois avant la conception. La malade était parvenue au sixième mois de la gestation ; l'abdomen était énormément distendu, et la percussion faisait découvrir de la fluctuation. La respiration était tellement difficile qu'il était impossible à la femme de rester un instant dans une position horizontale. La provocation de l'accouchement fut jugée nécessaire dans une consultation ; mais le col était si haut et tellement dirigé en arrière, que l'opérateur éprouva beaucoup de difficulté à introduire le *stylet-catheter* dans l'organe pour perforer les membranes ; la lèvre antérieure pouvait à peine être atteinte avec l'extrémité du doigt. Le lendemain, les douleurs du travail commencèrent : une saignée et les opiacés furent employés pour hâter la dilatation du col. Le fœtus se présentait par les fesses, et fut expulsé mort. La délivrance apporta un grand soulagement, quoique l'abdomen fut toujours distendu par la tumeur fluctuante. Les suites de couches furent naturelles ; un an après, la santé générale était à peu près dans le même état qu'avant la grossesse, et la tumeur avait considérablement diminué à la suite d'application répétées de sangsues et de l'usage de la liqueur de potasse.

7° On doit principalement placer parmi les affections étrangères à la grossesse, qui peuvent s'aggraver et donner lieu à des symptômes dangereux de dyspnée et de suffocation, les maladies organiques du cœur, les anévrismes de l'aorte, l'hydrothorax, l'hydropéricarde. L'aggravation des symptômes de ces maladies, lorsqu'elles viennent à être compliquées de grossesse, est attesté par un assez grand nombre de faits.

M. R. Lee, dans son mémoire sur la provocation du travail, rapporte l'histoire de quatre femmes enceintes affectées de maladies du cœur qui, après avoir beaucoup souffert de palpitations, de dyspnée et de suffocations répétées et menaçantes, sont mortes avant la fin de la grossesse, trois subitement et la quatrième peu de temps après avoir été délivrée.

Le fait, signalé par M. Costa, d'un accouchement prématuré survenu spontanément et fort heureusement, chez une femme affectée d'un anévrisme du cœur, et menacée à chaque instant de périr de suffocation, s'est offert à plusieurs observateurs.

Lorsque les symptômes sont plutôt sympathiques de la grossesse que le résultat d'une lésion organique, ils peuvent être très intenses sans compromettre l'existence.

M. R. Lee rapporte l'observation d'une jeune mariée, ayant toujours été d'une bonne santé, qui commença au cinquième mois de sa grossesse à souffrir de battements irréguliers et violents du cœur, de l'aorte et des carotides. Plusieurs praticiens qui furent consultés crurent, d'après la violence des symptômes, qu'il y avait un anévrisme de la crosse de l'aorte. A mesure que la grossesse avançait, la malade souffrait davantage ; un accoucheur tenta sans succès de provoquer le travail. Les saignées, la digitale et autres remèdes n'ayant apporté aucun soulagement, tous les médecins qui virent la malade considéraient la provocation de l'accouchement comme le seul moyen de salut. Cette dame souffrait tellement durant les trois derniers mois, que l'on craignait que quelque événement funeste n'arrivât pendant la délivrance. Un œdème considérable de la face, des membres inférieurs et des supérieurs, se déclara avec soulagement momentané de l'affection interne. L'accouchement fut parfaitement naturel. Les palpitations diminuèrent graduellement, et la femme se rétablit complétement. Si l'on doit se garder de toute précipitation et n'agir que quand la nécessité en paraît bien démontrée, il ne faut pas non plus, d'un autre côté, perdre de vue qu'en attendant trop longtemps, le succès de l'opération peut être en partie compromis.

Une femme âgée de trente-trois ans, enceinte pour la dixième fois, fut reçue, à la fin de son huitième mois, à la clinique d'accouchement de Berlin, dans un état extrême de prostration, et affectée d'un hydrothorax qu'avaient amené l'œdème des extrémités inférieures et une ascite consécutive : fièvre continue, toux opiniâtre, expectoration de matières muqueuses striées de sang, dyspnée très grande, décubitus impossible. Pendant la nuit, la suffocation devenait souvent imminente, et la malade se soulageait en penchant le tronc en avant. On fit la ponction de l'œuf : dès qu'une certaine quantité d'eau se fut écoulée, il y eut un soulagement marqué. Dès le lendemain, des contractions se déclarèrent, le travail fut facile. L'enfant naquit vingt-deux heures après l'opération ; il était vivant, et quitta la Clinique trois mois après sa naissance. Les difficultés de la respiration diminuèrent à mesure que l'enfant avançait ; la malade, dès la première nuit, put dormir tranquillement dans une position inclinée. Au bout de quelques jours elle fut transférée à la Clinique interne, où elle mourut hydropique (Siebold).

8° Les phlegmasies aiguës, les fièvres éruptives, les maladies épidémiques n'admettent pas la provocation du travail. Ces affections, lorsqu'elles sont intenses, s'aggravent et deviennent presque constamment mortelles par le fait de l'accouchement, t. 1, p. 355, t. 11, p. 256. En leur appliquant le traitement qui leur convient, loin de chercher à solliciter les contractions de l'utérus, il faut, au contraire, chercher à les prévenir.

Procédés opératoires. — Considérés d'après leur mode d'action, ils se divisent en deux classes : à l'une se rapportent les moyens qui sollicitent indirectement les contractions utérines en impressionnant toute l'économie ; à l'autre ceux qui les provoquent directement en agissant mécaniquement sur l'utérus.

L'action des moyens qui appartiennent à la première classe, c'est-à-dire des *emménagogues* ou excitants spéciaux de l'utérus, est trop incertaine pour qu'on puisse y recourir. L'ergot de seigle, qui est quelquefois employé comme adjuvant et qui ranime si bien les contractions pendant le travail, ne paraît pas avoir la propriété de les provoquer d'emblée. M. Goetz en a fait prendre en deux heures 25 centigrammes à une femme rachitique qui eut le lendemain quelques douleurs légères, mais sans amener de résultat. Après avoir attendu encore, il fut obligé d'en venir à la ponction des membranes, à laquelle succédèrent au bout d'une heure des frissons et des contractions énergiques.

M. R. Lee fit prendre à une femme enceinte de six mois révolus, 5 grains d'ergot de seigle, toutes les quatre heures, pendant cinq ou six jours ; le dernier jour, elle éprouva des douleurs dans le dos et au bas des cuisses, environ dix minutes après chaque prise. Les douleurs n'ayant produit aucun effet, il fut continué toutes les trois heures ; le cinquième jour, il se manifesta des douleurs semblables à celles du travail ; mais elles cessèrent graduellement ; il ne peut être continué parce qu'il produisait du malaise et des vomissements. Cinq jours après, il fut encore administré, mais il produisit de suite un violent malaise qui y fit renoncer. L'enfant n'eut pas à souffrir de l'usage de ce médicament. M. R. Lee fit la ponction de l'œuf près d'un mois après, quoique le diamètre sacro-pubien n'eût que 4 pouce 1/4. L'extraction du fœtus à l'aide du crochet fut extrêmement laborieuse ;

le col de l'utérus fut déchiré, et la mère ne tarda pas à succomber.

M. R. Lee a donné l'ergot de seigle dans le but de produire l'expulsion de l'œuf, à une autre femme qui, comme la précédente, avait le bassin déformé et rétréci à un degré extrême par le rachitisme. Peu de temps après la cessation de l'écoulement menstruel, elle en prit douze grains en infusion quatre fois le jour; au bout de six jours la dose fut élevée jusqu'à quinze grains; au bout de six autres à un scrupule : six jours après elle fut portée à vingt-cinq grains, toujours sans résultat; elle fut alors élevé à un demi-gros. Le remède fut suspendu pendant une semaine et repris ensuite sans plus d'effet à la dose d'un gros pendant quatre jours, ce qui portait la quantité d'ergot administrée à sept onces. M. Lee perfora les membranes à six mois; les douleurs parurent bientôt après, et le travail se termina en trente-sept heures. L'enfant était mort : la tête, ainsi que la face, était très gonflée et d'une couleur noirâtre. Comme on ne peut pas faire remonter la mort du fœtus au premier ou au second mois de la grossesse, et qu'elle semble, au contraire, assez rapprochée de l'époque où l'on a provoqué le travail, on est autorisé à admettre que l'administration de l'ergot y est restée étrangère. Ce remède, pas plus que les autres excitants de l'utérus, ne paraît avoir la propriété de provoquer le travail, ce qu'on ne doit pas regretter. C'est un grand bien, une garantie pour la société qu'il en soit ainsi, que les suggestions criminelles, que les égarements passagers ne soient point armés de substances homicides qu'il est si facile de se procurer.

Les moyens directs ou mécaniques de provoquer le travail sont : 1° les frictions exercées sur le fond et le col de l'utérus; 2° le décollement du segment inférieur de l'œuf à l'aide du doigt ou d'une sonde; 3° le tamponnement du vagin; 4° la perforation des membranes; 5° l'introduction d'un corps étranger dans le col. Les deux premiers moyens, incertains et le plus souvent inefficaces, sont justement abandonnés et ne méritent pas d'être décrits. La décision est assez grave pour qu'on ne doive pas négliger de prendre l'avis de confrères éclairés toutes les fois qu'on le peut. Plusieurs accoucheurs conseillent d'y préparer la femme plusieurs jours à l'avance par des bains, des injections émollientes, etc.

a. M. Schœller a eu récemment l'idée d'appliquer, comme on le fait depuis longtemps dans quelques hémorrhagies graves, le tamponnement du vagin à la provocation du travail prématuré. Ce procédé, employé dans le but illicite de procurer l'avortement, paraît avoir été familier aux Grecs et aux Romains. Dans la liste des *abortifs* qu'ils ont laissée, figurent avec faveur les pessaires composés de racines et de matières irritantes. En Orient, où les mœurs ne réprouvent pas ces manœuvres antisociales, les *matrones* qui sont appelées dans les harem se servent le plus souvent d'une espèce de pessaire de bois en forme de croix, très propres à irriter mécaniquement les parties. M. Schœller emploie le tampon ordinaire, qu'il renouvelle chaque jour jusqu'à ce que le travail soit franchement déclaré. Il l'a employé dans six cas avec un succès constant; mais l'accouchement n'eut lieu que le sixième jour dans un cas, et le huitième dans un autre; ce qui indique que ce moyen n'est pas très actif et qu'il est de nature à échouer assez souvent, ou à ne réussir qu'après avoir déterminé beaucoup d'irritation. Ce procédé mériterait même d'être complétement oublié s'il n'était démontré par la relation de quelques faits que la perforation des membranes, l'introduction d'un corps étranger dans le col, les deux moyens par excellence, sont quelquefois extrêmement difficiles et même impraticables.

b. La ponction de l'œuf paraît aussi avoir été connue de l'antiquité dans un autre but que celui dont il s'agit ici. Elle a été pendant longtemps le seul procédé employé pour provoquer l'accouchement prématuré; c'est encore celui qui est généralement suivi en Angleterre. Parmi ceux qui ont eu recours à la ponction de l'œuf, les uns se sont proposé d'évacuer complétement le liquide amniotique, afin de déterminer plus promptement et plus sûrement les contractions utérines; les autres de l'évacuer incomplétement et lentement, afin que le fœtus ne soit pas pressé directement par l'utérus pendant toute la durée du travail. La ponction est un moyen sûr de provoquer le travail, qui se déclare dans les vingt-quatre ou quarante-huit heures qui suivent; mais il peut se faire attendre plus longtemps et ne marcher d'abord qu'avec lenteur et s'interrompre. On a supposé avec raison que le fœtus, privé en partie ou en totalité de liquide amniotique pendant toute la durée d'un travail généralement prolongé, était plus exposé à succomber; d'ailleurs s'il se présentait de manière à exiger l'intervention de la main, on serait exposé à rencontrer les difficultés qui dépendent de la rétraction de l'utérus.

Pour pratiquer la ponction, on se sert de cathéters mousses ou aigus. Avec les premiers, on est peu exposé à blesser les parties de la mère ou du fœtus; mais ils ont l'inconvénient de refouler et de ne déchirer qu'assez difficilement les membranes. Toutefois, pour peu que leur extrémité soit conique, ils sont convenablement appropriés au but de l'opération. Les instruments aigus dont on se sert sont des sondes à dard, des trocarts allongés et légèrement recourbés.

A l'aide de ces instruments, qui n'exposent pas plus que les autres aux déchirures, aux fausses routes, on peut plus facilement limiter la quantité de liquide amniotique qu'on veut d'abord évacuer. La femme est placée comme pour être accouchée par la version, et même debout. Deux doigts de la main gauche sont introduits dans le vagin jusque sur la partie postérieure du col, qu'on fixe et qu'on ramène un peu en avant s'il est nécessaire ; on fait ensuite avancer sur ces doigts l'instrument tenu de la main droite ; on l'engage dans l'orifice externe, et on lui fait parcourir lentement et avec ménagement la cavité du col, jusque sur les membranes, ce qu'on reconnaît au défaut de résistance que rencontre son extrémité. On fait ensuite avancer le dard peu au-delà de l'extrémité de la canule pour ne pas blesser le fœtus, ou, si l'on s'est servi du trocart, on retire d'abord le mandrin mousse qui a servi à l'introduction pour le remplacer par le mandrin aigu.

Si les doigts introduits dans le vagin ne pouvaient pas atteindre le col à cause de l'élévation de l'utérus, on pourrait se servir d'un spéculum, de manière à l'embrasser par son extrémité et à mettre à découvert son orifice. Après la ponction de l'œuf et l'évacuation d'une certaine quantité de liquide amniotique, pour que le reste ne s'écoule pas trop vite, on fait coucher la femme dans une situation horizontale, le siège un peu élevé. Si le travail ne se déclarait pas au bout de vingt-quatre heures, et qu'il ne se fût écoulé que peu d'eau, on ferait marcher la femme, on soulèverait la tête du fœtus pour faciliter l'écoulement du liquide amniotique, on ferait des frictions sur le fond de l'utérus, et enfin, si tout cela était insuffisant, il faudrait renouveler la ponction de l'œuf.

Pour prévenir les inconvénients attachés à l'évacuation rapide et le plus souvent complète du liquide amniotique, M. Meissner, au lieu de ponctionner l'œuf en bas dans sa partie la plus déclive, a imaginé par un procédé ingénieux de conduire une canule entre l'utérus et l'œuf, de manière à ouvrir celui-ci par en haut vers son sommet. Son instrument se compose d'une sonde ordinaire de 12 pouces de long sur 1 ligne 1/2 de diamètre, ouverte à ses deux extrémités et dont la courbure est appropriée à celle du trajet qu'elle doit parcourir, et de deux mandrins, l'un mousse, occupant la sonde au moment de son introduction ; l'autre à dard aigu, remplaçant le premier pour faire la ponction. A genoux devant la femme, comme pour le toucher, il introduit la sonde dans le col de l'utérus, la fait glisser en arrière, entre les membranes et la paroi de l'organe, jusque vers le sommet de l'œuf. Après s'être assuré, par quelques mouvements de bascule de la sonde, que le bouton repose, non sur le placenta, mais sur des membranes fluctuantes, il retire le mandrin arrondi et le remplace par le mandrin à dard, qu'il fait ensuite saillir hors de la sonde de 1 centimètre environ, en portant l'extrémité inférieure de l'instrument contre le périnée, afin que le bec de la sonde appuie sur les membranes et non sur l'utérus. La ponction faite, il retire le dard et laisse écouler par la sonde une petite quantité de liquide, puis il l'enlève; vingt-quatre ou quarante-huit heures après, le travail se déclare. Il a employé quatorze fois ce procédé avec un succès constant pour la mère et pour l'enfant. Toutefois on ne peut juger de sa supériorité par la comparaison de ce résultat avec celui obtenu en Angleterre par la ponction ordinaire, parce que, comme nous l'avons dit, dans un assez grand nombre de cas le degré de rétrécissement du bassin laissait au fœtus peu de chances de pouvoir le traverser sans perdre la vie. Néanmoins, il est très vraisemblable que la manière d'opérer a une part assez sensible dans les résultats, peu avantageux pour le fœtus, obtenus dans ce pays. Mais le procédé de M. Meissner pourrait bien être d'une application assez difficile pour tout autre que lui, pour l'empêcher de devenir le mode ordinaire d'opérer. Il convient cependant de le tenter lorsqu'il y a indication de donner la préférence à la ponction de l'œuf, comme dans les cas d'hydropisie de l'amnios, de maladie du cœur, etc.

c. La dilatation du col par un corps étranger, qui, en l'irritant, fait entrer l'utérus en action, semble mériter, comme méthode générale, la préférence qu'on lui accorde sur le continent, et particulièrement en France. Les frictions, le décollement des membranes, le tamponnement du vagin, ne sont que des variétés défectueuses de cette méthode. On se sert de l'éponge préparée à la cire, à la gomme arabique, et de préférence de l'éponge ficelée. On taille des cônes longs de 6 à 10 centimètres, épais de 4 à 6 millimètres, sur la base desquels on fixe un fil qui sert à les retirer. Pour surmonter les difficultés qu'on peut éprouver à faire pénétrer le cône d'éponge dans le col chez les primipares, MM. Busch et Mende ont proposé des instruments dilatants ou espèces de pinces à trois branches qu'on écarte après l'introduction. L'opérateur ayant introduit deux doigts ou l'indicateur seulement de la main gauche dans le vagin, jusque sur la face postérieure du col pour le fixer, porte le long de sa face palmaire, dans l'orifice externe du col, le cône d'éponge enduit d'un corps gras et tenu par sa base à l'aide d'une longue pince à anneau recourbée, et l'y pousse lentement, soit avec la pince, soit avec l'index gauche, jusqu'à ce que sa base soit au niveau des lèvres. Pour l'empêcher de sortir, ce qui peut être difficile lorsque le col est très court, on place dans le vagin une éponge ordinaire grosse comme un œuf, munie de rubans, qui sont, ainsi que le fil de l'éponge préparée, fixés sur l'hypogastre, au moyen d'un emplâtre agglutinatif, et on la maintient par un bandage en T, si elle tend à être expulsée.

M. P. Dubois se sert, pour introduire l'éponge préparée, d'un spéculum plein. Cette modification est de nature à rendre l'opération plus facile lorsque l'utérus est élevé. En attendant les contractions de l'utérus, le décubitus n'est pas absolument de rigueur; M. Stolz permet à la femme de marcher. L'éponge ficelée, en s'humectant, se dilate lentement et graduellement; elle cause d'abord de la gêne et de l'irritation, que quelques femmes supportent avec une grande impatience. On ne tarde pas à voir survenir quelques contractions; une seule éponge suffit ordinairement pour faire déclarer franchement le travail, et alors on retire le tout. S'il n'avait pas commencé au bout de vingt-quatre heures, on introduirait un second cône plus long et plus gros que le premier; celui-ci ne tarderait pas à produire une dilatation assez grande et des douleurs franches et persistantes.

Quel que soit le procédé qu'on ait adopté, outre les soins préliminaires dont j'ai parlé, il faut, avant de commencer l'opération, s'assurer si le rectum et la vessie sont vidés. On surveille ensuite le travail, afin de remplir les indications générales et spéciales qui peuvent se présenter; et quoiqu'on doive s'attendre à une expulsion spontanée si le fœtus se présente bien, on n'est pas moins assez souvent dans la nécessité de ranimer les contractions de l'utérus, lorsqu'il tend à retomber dans le repos ou que le travail a de la peine à se déclarer franchement; aux moyens ordinaires on ajoute de l'ergot de seigle, dont l'action n'est plus neutralisée. On est aussi quelquefois dans la nécessité d'avoir recours aux moyens ordinaires d'extraction, et même, dans quelques cas, à ceux qu'entraîne une trop grande disproportion entre le volume de la tête et la capacité du bassin.

II. *Avortement provoqué.* — La défaveur croissante qui s'attache à l'opération césarienne et une connaissance plus exacte de ce qui se passe à l'étranger ont fait remettre en question parmi nous une solution que l'on croyait conforme à la morale et à la législation. Mais comment admettre qu'elle est une prescription de la conscience, quand on voit, tout près de nous, dans un pays éclairé, où les devoirs envers la divinité et la société sont en grand respect, le même acte être considéré comme un moyen de salut parfaitement licite? L'absence de toute espèce de parité entre l'avortement provoqué, tel que nous le considérons, et l'avortement provoqué dans des intentions criminelles, ne permet pas de supposer qu'il puisse venir à la pensée du juge d'appliquer au premier la législation qui frappe justement le second : ce serait comme s'il appelait le chirurgien à répondre des actes de sa profession, en les qualifiant de blessures, de tentatives homicides faites avec préméditation.

Plus encore que l'accouchement prématuré artificiel, la provocation de l'avortement, quoique proposée à plusieurs reprises depuis la renaissance, particulièrement en Allemagne, par des hommes judicieux et recommandables, devait naître en Angleterre. En effet, avoir recours à l'embryotomie plutôt que de pratiquer l'opération césarienne, et provoquer l'avortement lorsque le degré de rétrécissement ne permet plus de sauver la mère par le premier moyen, sont deux idées qui ont entre elles une connexion intime. La première manière de faire implique la seconde. La provocation de l'avortement y a suivi de près celle de l'accouchement prématuré; on ne les a même pas toujours bien distinguées.

En 1768, W. Cooper demande si, dans le cas où il est positivement reconnu qu'un enfant à terme ne pourra pas naître vivant par la voie naturelle, la raison et la conscience n'autorisent pas, afin de sauver la mère, des tentatives propres à provoquer l'avortement, aussitôt qu'elles pourraient être convenablement employées. Ce conseil ne tarda pas à être suivi par J. Barlow, Hull, Headly, Wigan, etc. Depuis longtemps, on considère l'avortement et l'accouchement provoqués comme également rationnels et licites.

On n'a pas limité la provocation de l'avortement au seul cas de rétrécissement considérable du bassin, mais on l'a encore étendu aux cas de maladies pour lesquelles on a proposé de provoquer l'accouchement prématuré, ce qu'on peut considérer comme un abus; car, dans les cinq ou six premiers mois de la grossesse, il n'y a peut-être pas une seule maladie dans laquelle le salut de la mère soit attaché à l'expulsion de l'œuf de la cavité utérine. Les accoucheurs anglais se croient assez souvent dans la nécessité de provoquer l'avortement, à en juger du moins par le mémoire de M. R. Lee, qui en contient sept cas qui lui sont propres :

trois pour des rétrécissements du bassin, quatre pour des maladies diverses.

La provocation de l'avortement n'est, à proprement parler, nulle part naturalisée sur le continent; mais elle compte déjà d'assez nombreux défenseurs en Allemagne, pour qu'on ne puisse plus douter qu'elle ne passe bientôt dans la pratique à la suite de l'accouchement prématuré artificiel. En France, il y a déjà plusieurs années que M. Velpeau a publié qu'il est impossible de mettre en balance la vie précaire d'un fœtus, qui jusque là diffère à peine de la plante, qui ne tient encore par aucun lien au monde extérieur, avec celle d'une femme que mille rapports sociaux nous engagent à conserver. M. Stolz est aussi explicite. Enfin, M. P. Dubois, dont les opinions portent toujours un caractère de haute raison et de prudente réserve qui leur concilie de nombreuses adhésions, vient de publier sur cette question délicate et litigieuse des considérations qui ne laissent pas de doute sur les conclusions, quoiqu'elles ne soient pas émises d'une manière positive, parce que la publication n'a pas encore été complétée.

En admettant comme conclusion de ce qui précède qu'il est des cas peu nombreux, très restreints, où le salut de la mère, devenant inconciliable avec celui de son fruit, impose la pénible obligation de lui en proposer le sacrifice, nous devons préciser quels sont ces cas. Ce sont ceux où le bassin est tellement rétréci qu'il est impossible d'extraire le fœtus par la voie naturelle, même en diminuant le volume de la tête, et où il n'y a d'autres moyens de délivrer la femme d'un enfant vivant que par l'opération césarienne. Cette condition existe lorsque le diamètre du bassin le plus rétréci a moins de 67 millimètres (2 pouces 1/2). De 67 à 54 millimètres (2 pouces), l'extraction du fœtus est le plus souvent, à la rigueur, praticable à l'aide de l'embryotomie; mais, quels que soient les instruments dont on fasse usage, si l'on ne veut tenir compte que des faits qui entrent dans cette catégorie, on se convaincra facilement qu'elle n'est pas moins dangereuse pour la mère que l'opération césarienne. A ce degré, la symphyséotomie expose autant la mère sans sauver l'enfant. Il en serait de même de l'accouchement prématuré artificiel : seulement, il rendrait l'embryotomie un peu moins difficile et moins meurtrière.

Les tumeurs des parties molles qui obstruent le bassin aux degrés que nous venons d'indiquer, et qui ne sont susceptibles ni d'être déplacées, ni d'être affaissées par la ponction ou extirpées, sont dans le même cas.

Quant aux maladies diverses qui peuvent mettre pendant la grossesse en danger les jours de la femme, nous avons vu que celles qui, comme les épanchements dans les séreuses thoraciques, les maladies organiques du cœur, les anévrismes de l'aorte, l'hydropisie de l'amnios, les tumeurs volumineuses de l'abdomen, indiquent quelquefois la provocation de l'accouchement prématuré, ne sont guère susceptibles d'être aggravées par le développement de l'utérus, de manière à menacer sérieusement les jours de la malade avant l'époque où le fœtus est viable. Les autres maladies graves qui peuvent atteindre les femmes enceintes sont loin d'être mises dans de meilleures conditions ; en provoquant l'avortement, on ne ferait que les aggraver encore.

SECTION V. De la symphyséotomie.

La section du fibro-cartilage inter-pubien pour agrandir les dimensions du bassin rétréci est de date assez récente. Toutefois l'idée de cette opération remonte plus loin : Severin Pineau, en parlant du relâchement des articulations du bassin, ajoute : *non tantum dilatari, sed etiam secari tuto possunt*. Elle aurait eu un commencement d'exécution, s'il est vrai, comme l'a publié de La Courvé, en 1655, qu'il a délivré, en incisant avec un rasoir la symphyse pubienne, une femme morte dans les derniers jours de sa grossesse. En 1766, dans une circonstance à peu près analogue, Plenck, après avoir fait la section césarienne, fit celle du cartilage pubien, pour retirer la tête engagée dans le bassin. Sigault, encore élève, n'était pas assurément inspiré par des réminiscences historiques lorsqu'il en fit, en 1768, la proposition à l'Académie de chirurgie, qui la blâma et la repoussa avec dédain et sans examen. Les espérances du jeune étudiant ne furent point ébranlées ; il développa ses idées sur ce point dans sa thèse inaugurale, qu'il soutint, en 1773, à l'école d'Angers ; et, en 1777, il pratiqua pour la première fois, avec un succès complet, la nouvelle opération, aidé par A. Leroy, qui dès le début s'en était fait le plus ardent défenseur. Une faveur irréfléchie accueillit aussitôt la nouvelle méthode ; le gouvernement accorda une pension à Sigault, et la Faculté de médecine fit graver une médaille en son honneur.

La fausse position dans laquelle s'était mise l'Académie de chirurgie par sa première décision affaiblit l'autorité de son opposition, qui, du reste, fut toujours empreinte de partialité. Les discussions scientifiques dégénérèrent en disputes et en pamphlets ;

mais les insuccès ne tardèrent pas à venir modérer la faveur qu'on avait accordée à la nouvelle opération, et faire comprendre qu'elle a ses limites et qu'elle n'excluait pas l'opération césarienne. La réaction eut son tour, et depuis plus de trente ans on y a aussi rarement recours en France qu'à l'étranger. Elle est aujourd'hui menacée d'être exclue de la pratique, par l'accouchement prématuré artificiel, qui s'applique au même cas ; mais l'idée en fût-elle aussi répandue dans le public qu'elle le mérite, qu'un assez grand nombre de femmes, au moins à une première grossesse, ne se mettraient pas en position d'en profiter ; et par l'embryotomie, qui tend de plus en plus à être appliquée au fœtus vivant. Mais au-dessous de 80 millimètres (3 pouces) elle n'offre pas des résultats assez avantageux pour faire oublier même la symphyséotomie.

On trouve dans les écrits du temps, en les dégageant des préoccupations du moment, tous les éléments propres à résoudre les questions qui se rattachent à la symphyséotomie. D'ailleurs elle a déjà été l'objet d'un examen impartial de la part de plusieurs auteurs et particulièrement de Gardien, qui, toutefois, en a exagéré les avantages. Nous allons essayer de lui assigner le rang qu'elle doit occuper dans la pratique.

Il est certain que pendant les derniers mois de la grossesse les articulations du bassin se relâchent et qu'elles jouissent d'une mobilité moins obscure, qui est quelquefois portée au point de gêner sensiblement la station debout et la marche. Cet état, auquel participent les symphyses sacro-iliaques, favorise évidemment l'écartement des pubis, après la section des liens fibro-cartilagineux qui les unissent. Mais jusqu'à quel point peut-il être porté sans déchirer les symphyses postérieures? Les expériences faites sur des femmes mortes peu de temps après l'accouchement, donnent des résultats variables. Les sujets étant couchés sur le dos, les cuisses modérément écartées, immédiatement après la section les pubis s'éloignent spontanément de 10 à 20 millimètres. En agissant en même temps sur les hanches et sur les cuisses ou sur les premières seulement, on porte sans trop de peine l'écartement des pubis à 40 ou 50 millimètres (18 ou 22 lignes) sans lésions appréciables des symphyses postérieures. Pour le porter jusqu'à 67 millimètres (2 pouces 1/2), il faut déployer beaucoup de force. A 54 millimètres (2 pouces), un peu en avant ou un peu après, on entend des craquements, et quelques unes des lames fibreuses superficielles placées au-devant des articulations ont cédé ; mais les ligaments inter-articulaires sont intacts, et il faut encore ajouter un grand effort pour les déchirer. Ces déchirures superficielles commencent d'abord du côté où l'écartement est le plus prononcé ; car il est le plus souvent inégal.

Giraud, qui a fait un grand nombre d'expériences sur des sujets pris dans des circonstances différentes, a obtenu, chez des femmes récemment accouchées, en opérant immédiatement après la mort, des résultats plus avantageux. L'écartement a pu être porté à 2 pouces, à 2 pouces 1/2 et même 3 pouces, sans produire de déchirures.

M. Ansiaux est arrivé au même résultat.

Dans les expériences de Baudelocque, ce n'est qu'en portant les cuisses fortement en dehors et jusqu'à leur faire décrire sur plusieurs femmes des angles droits avec le tronc, qu'on a pu obtenir un écartement de 2 pouces 1/2 ; encore a-t-il fallu tirer sur les hanches, dans le même sens qu'on écartait les extrémités inférieures. Cet écartement n'a eu lieu sur aucune femme sans que les symphyses sacro-iliaques se soient déchirées, et la déchirure, qui a commencé plus tôt ou plus tard, a été plus ou moins considérable, suivant la forme particulière des bassins, et suivant que les symphyses présentaient plus ou moins de souplesse. Ces résultats ont été contestés ; il paraît, en effet, que Baudelocque considérait comme rupture de la symphyse tout décollement partiel du périoste, la rupture de quelques faisceaux fibreux superficiels ; ces désordres précèdent ordinairement la désunion des os, qui exige encore un très grand effort et un écartement plus considérable pour être produite. D'ailleurs, en procédant lentement et sans secousses, on portera généralement l'écartement à 54 millimètres (2 pouces), sans déterminer de solution de continuité au-devant et dans l'intérieur des symphyses sacroiliaques, et même dans un assez grand nombre de cas à 67 millimètres (2 pouces 1/2) sans produire de lésions graves ; mais c'est un degré extrême, qu'on ne doit pas chercher à atteindre violemment, et qui suppose les articulations du bassin beaucoup plus mobiles que de coutume ; on ne doit même le porter à 54 millimètres qu'avec beaucoup de ménagements et de circonspection. Les symphyses postérieures sont en quelque sorte ménagées par l'excès même de force qu'il faut employer pour les désunir ; je n'ai dans aucun cas réussi en pressant sur les hanches, et rarement même en écartant les cuisses de toutes mes forces. Comme l'extension porte presque exclusivement sur des tissus fibreux, on ne peut pas supposer que l'écartement doit être moins prononcé sur la femme vivante. L'écartement des pubis n'entraîne jamais des déchirures de quelque importance dans les parties molles voisines.

Les viciations du bassin disposent-elles à un écartement plus grand ? Dans un assez grand nombre de cas, on trouve une plus grande mobilité des symphyses, p. 443.

Les bassins sur lesquels MM. Giraud et Anseaux ont pu porter l'écartement si loin sans produire de déchirures étaient très rétrécis; mais, dans les mêmes conditions, Baudelocque a observé la désunion des symphyses sacro-iliaques avant que l'écartement eût atteint 2 pouces 1/2. La plus grande mobilité des symphyses chez les femmes dont le bassin est vicié n'est pas suffisamment démontrée comme disposition ordinaire pour être prise en considération; on ne peut faire entrer en ligne de compte que des éléments peu variables et bien déterminés. Il peut arriver que les articulations sacro-iliaques soient plus serrés et même ossifiées. L'une d'elles l'est constamment dans le bassin *oblique ovalaire*; il y a lieu de croire qu'il en est ainsi lorsque le rétrécissement est produit par une tumeur, soit des os, soit du périoste, située au-devant de l'une de ces articulations. Dans ces cas, la section de la symphyse est contre-indiquée; on ne doit même l'admettre qu'avec réserve chez les femmes avancées en âge, car ces articulations peuvent être ossifiées ou très peu mobiles. Cette remarque est conforme aux expériences faites sur le cadavre, qui ne donnent, sur les sujets âgés de l'un et de l'autre sexe, qu'un écartement peu considérable.

Examinons maintenant quelle est l'augmentation d'étendue qu'acquièrent, aux degrés d'écartement des pubis que nous venons d'indiquer, les diamètres du bassin, et, en premier lieu, le sacro-pubien, dans le sens duquel se rencontre généralement l'obstacle au passage de la tête. Sur ce point, les adversaires et les partisans de la section de la symphyse des pubis sont promptement tombés d'accord. Les os du pubis, dit A. Leroy, se portent d'autant plus en avant qu'ils sont plus éloignés l'un de l'autre : à 27 millimètres (1 pouce) d'ouverture, ils divergent en devant de 4 millimètres (2 lignes); à 54 millimètres (2 pouces), d'après les observations de Lauverjat, ils divergent de 11 millimètres (5 lignes); à 67 millimètres (2 pouces 1/2), ils se portent en devant de 18 millimètres (8 lignes). Ces résultats sont ceux qu'on obtient sur des bassins de grandeur naturelle et bien conformés. C'est sans fondement qu'on dit que le sacrum était repoussé en avant de manière à faire perdre une partie de l'augmentation qu'on obtient par l'écartement des pubis.

Les défenseurs de la nouvelle méthode ont soutenu que l'agrandissement du diamètre sacro-pubien était d'autant plus prononcé que le détroit supérieur était plus resserré. Baudelocque accorde que cela est généralement vrai, et la planche 15ᵉ de son ouvrage, qui représente un bassin de 2 pouces 1/2 d'arrière en avant, est favorable à cette opinion. Les bassins très rétrécis dans le même sens, présentés par MM. Giraud et Ansiaux, sont dans le même cas : il faut en excepter les bassins dont le rétrécissement est produit par l'aplatissement de leur partie antérieure ou le refoulement des pubis en arrière, où l'écartement se fait presque sur une ligne parallèle. Une semblable disposition, facile à constater d'ailleurs, doit faire renoncer à la symphyséotomie, comme ne pouvant agrandir le diamètre sacro-pubien que de 4 à 6 millimètres ; mais les bassins rétrécis et déformés par le rachitisme et l'ostéomalaxie présentent généralement une tout autre forme : la portion qui correspond aux cavités cotyloïdes et aux corps des pubis est plus ou moins redressée. L'angle formé par la réunion des pubis est plus étroit et moins arrondi ; le rétrécissement est particulièrement constitué par la projection en avant de l'angle sacro-vertébral. Ce n'est pas seulement le diamètre sacro-pubien qui est rétréci, mais le diamètre sacro-cotyloïdien et tous ceux qu'on peut mener de l'angle sacro-vertébral sur chaque point de la moitié antérieure du bassin. Il est donc vrai que la plupart des bassins rétrécis dans leur diamètre sacro-pubien donnent, par l'écartement des pubis, un agrandissement sensiblement plus grand que les bassins réguliers. L'objection de l'écartement des pubis sur une ligne parallèle, qu'on a regardée, d'après Boër, comme péremptoire, n'est fondée que sur une forme particulière de rétrécissement assez rare.

Il résulte aussi de ce qui précède que, dans bien des cas, l'obstacle au passage de la tête ne réside pas uniquement entre le sacrum et les pubis, mais sur toute la longueur de leurs branches horizontales, jusqu'au-delà des cavités cotyloïdes, où il peut être plus considérable d'un côté que directement en avant, si l'angle sacro-vertébral est déjeté de côté. Or, l'agrandissement qui s'opère entre le sacrum et la moitié antérieure du bassin est proportionnellement plus grand à mesure qu'on s'éloigne de la symphyse des pubis, ce qui donne un avantage qui n'a pas été apprécié, et qui a pourtant une grande importance. Ainsi, sur les bassins qui ne sont pas compris dans l'exception mentionnée, un écartement des pubis de 54 millimètres (2 pouces) produira entre le sacrum et les pubis une augmentation de 9 à 11 millimètres (4 à 5 lignes), de 15 à 18 millimètres (7 à 8 lignes) entre l'angle sacro-vertébral et le milieu de la branche horizontale des pubis, et de 18 à 22 millimètres (8 à 10 lignes) entre le premier et la cavité cotyloïde. La bosse pariétale qui est en avant, en s'engageant dans le vide inter-pubien, diminue de 4 à 6 millimètres (2 à 3 lignes) le diamètre transversal de la tête le plus étendu ; ce qui donne une augmentation réelle de 15 à 20 millimètres (7 à 9 lignes) dans la direction du diamètre sacro-pubien. Il y a une différence sensiblement moins prononcée, que le moins de résistance de la tête compense sans doute, entre le diamètre bipariétal d'un fœtus à terme et celui d'un fœtus franchement viable, et cependant l'accouchement prématuré artificiel, à huit mois de grossesse, donne des résultats très satisfaisants.

Que la tête soit située transversalement ou obliquement, la bosse pariétale opposée aux pubis ne correspond point à l'angle sacro-vertébral, mais à l'une des symphyses sacro-iliaques. Ce n'est pas là un avantage particulier à la symphyséotomie, mais il ne faut pas moins en tenir compte. Dans les positions occipito-sacro-iliaques, la bosse pariétale qui est en avant est trop éloignée du vide inter-pubien, soit pour y correspondre, soit pour y être ramenée ; mais la partie la plus volumineuse de la tête correspond entre l'angle sacro-vertébral et la cavité cotyloïde, où le bassin a reçu un agrandissement plus considérable, tandis que la portion fronto-pariétale, moins épaisse, située en avant peut même faire un peu saillie dans l'écartement des pubis.

Ainsi, lorsque le diamètre sacro-pubien conserve au moins 75 millimètres (2 pouces 3/4), la section pubienne semble convenir, puisqu'à ce degré, en ne portant l'écartement des pubis qu'à 54 millimètres (2 pouces), on donne au diamètre sacro-pubien qui n'est pas celui dans la direction duquel descend la portion la plus volumineuse de la tête, 95 ou 90 millimètres (3 pouces 6 lignes ou 3 pouces 4 lignes). Lorsque le diamètre sacro-pubien n'a que 67 millimètres (2 pouces 1/2), l'agrandissement serait encore assez souvent suffisant. Mais si l'on peut descendre jusqu'à ce degré dans l'accouchement prématuré artificiel, c'est que, si le but de l'opération est manqué, on n'a pas aggravé l'état de la mère en provoquant le travail, et qu'on rend l'embryotomie moins difficile et moins dangereuse ; au contraire, dans la symphyséotomie qui est déjà grave par elle-même, si on est conduit à perforer le crâne ou à employer beaucoup de force pour extraire le fœtus, l'une des symphyses sacro-iliaques est presque nécessairement déchirée, et l'on a le regret de voir que le but qu'on s'est proposé est doublement compromis. A ce degré, qui est la dernière limite admise par la plupart des auteurs, on ne pourrait rationnellement avoir recours à la symphyséotomie qu'autant que la tête serait fortement enclavée, qu'on aurait la certitude que le fœtus est médiocrement développé et que les commissures du crâne sont peu serrées. On a admis pour limite supérieure 88 millimètres (3 pouces 1/4); mais cette limite ne peut avoir rien de fixe à 81 millimètres et au-dessus : c'est d'après le résultat d'accouchements antérieurs qu'on peut présumer si les efforts maternels et le forceps sont insuffisants ou non.

Les avantages de la symphyséotomie sont beaucoup moins limités dans le cas de rétrécissement des diamètres transverses et obliques, puisque le degré d'agrandissement de ces diamètres est d'un tiers de la moitié des deux tiers de l'écartement total obtenu entre les pubis, suivant qu'on s'éloigne ou qu'on se rapproche des extrémités du diamètre transverse. Dans l'excavation et au détroit inférieur elle suffirait pour lever des obstacles assez étendus formés par des tumeurs situées sur les côtés du bassin, par le rapprochement des ischions et de leurs branches ascendantes. Dans le diamètre coccy-pubien, l'agrandissement ne serait pas plus considérable qu'au détroit supérieur, mais une plus grande portion de la tête s'engagerait entre les pubis, si l'occiput était ou pouvait être dirigé en avant. Mais tous ces obstacles réunis sont, dans la pratique, comparativement en petit nombre, et l'on aurait rarement eu recours à la symphyséotomie, si elle n'avait été pratiquée que dans des cas semblables, où l'on ne peut lui opposer que des objections peu sérieuses.

Voyons maintenant jusqu'à quel point les faits qui peuvent servir à éclairer les autres points de l'histoire de la symphyséotomie confirment ou infirment les déductions précédentes.

Pour avoir la véritable signification de ces faits on n'a pas moins à se tenir en garde contre les appréciations des adversaires, alors même qu'ils se nomment Baudelocque, que contre celles des partisans de l'opération; on va en juger par le fait suivant.

Chez la première femme opérée par Sigault, le bassin n'avait réellement que 2 pouces 1/2. Aux témoignages les plus compétents on peut encore ajouter celui de Baudelocque : « Nous avons examiné, dit-il, le bassin de la femme *Souchot* à plusieurs reprises, en présence de plus de quarante-cinq élèves. Les pelvimètres de MM. Coutouly et Trainel y ont été développés successivement, et l'emploi de ces instruments a donné le même résultat et n'a fait que confirmer celui que nous avons obtenu de l'application du doigt et du compas d'épaisseur. Appuyés sur la grande convexité de la saillie du sacrum, nous n'avons pu les développer librement que de 2 pouces 6 à 7 lignes. » Mais il veut qu'on mesure ce diamètre « en suivant la ligne un peu diagonale selon laquelle se présente constamment le plus petit diamètre de la tête du fœtus, c'est-à-dire en partant de l'un des côtés de la saillie même que forme la base du sacrum, pour se rendre à la symphyse des pubis. On peut, ajoute-t-il ensuite, assurer, sans crainte de se tromper, que le petit diamètre de la femme Souchot est de 3 pouces, relativement à l'accouchement. » Baudelocque use envers ses adversaires d'un procédé étrange qu'on n'a point relevé. Il cherche d'abord à prouver l'insuffisance de la symphyséotomie par le peu d'augmentation du diamètre sacro-pubien, et lui oppose l'étendue de la tête du fœtus d'une bosse pariétale à l'autre ; puis, analysant les observations, il veut qu'on fasse abstraction de la saillie de l'angle sacro-vertébral, ou plutôt de la bosse pariétale qui correspond sur le côté de l'angle sacro-vertébral. C'est ainsi qu'il aurait dû envisager la question dans les deux cas ; mais Baudelocque a écrit sur ce sujet sous l'influence d'une partialité si grande, qu'on ne doit accepter ses assertions qu'avec quelque réserve.

Dans les quatre accouchements antérieurs de cette femme, dont le bassin admettait à peine la symphyséotomie, on avait constamment sacrifié l'enfant, quelque soin qu'on eût donné à sa conservation. Dans le cinquième, il se présentait par l'extrémité pelvienne, c'est-à-dire dans des conditions défavorables à sa conservation, alors même qu'on aurait pu rendre au bassin sa grandeur ordinaire. Après la section pubienne, l'écartement fut porté au point de recevoir l'extrémité de quatre doigts fléchis, ce qui équivaut au moins à 2 pouces. A ce degré d'écartement on put extraire assez facilement la tête. La respiration ne s'établit d'abord qu'avec quelques difficultés, mais elle fut bientôt complète. Le volume de la tête était de 3 pouces 4 lignes, au niveau des protubérances pariétales. La mère fut dans un état assez alarmant pendant plusieurs semaines, et ne fut complétement rétablie que près de quarante jours après l'opération.

Chez *Julie Collet*, opérée par A. Leroy, le diamètre sacro-pubien n'avait aussi, de l'aveu de Baudelocque, que 2 pouces 1/2. L'enfant, qui se présentait en position occipito-cotyloïdienne gauche, fut retourné et extrait sans difficulté ; il était dans un état de mort apparente, mais il fut promptement ranimé par les moyens ordinaires : le diamètre bipariétal de la tête avait 3 pouces 8 lignes. L'opérée ressentit si peu d'accidents, qu'elle se leva dès le neuvième jour et marcha le douzième.

De tels succès à un degré de rétrécissement du bassin qui n'admet généralement pas l'opération, tend à faire supposer qu'à 75 millimètres (2 pouces 3/4) et au-dessus, elle atteint pleinement le but qu'on se propose. Aussi la femme *Du Belloy*, qui avait accouché cinq fois sur six d'enfants morts après un travail très prolongé et laborieux, et dont le diamètre sacro-pubien, estimé par Leroy à 18 ou 19 lignes, mais en réalité de près de 3 pouces 1/4 d'après l'estimation faite plus tard par Baudelocque, fut-elle facilement délivrée et promptement rétablie. L'enfant, qui se présentait par l'extrémité pelvienne, n'eut pas besoin d'être ranimé; le diamètre transversal de la tête avait 3 pouces 8 lignes. La femme commença à marcher le dixième jour, sortit de sa chambre le dix-septième, alla à l'église le vingtième et à la Faculté le vingt et unième.

A. Leroy compte encore deux succès complets chez deux femmes, qui avaient aussi, à son dire, le bassin extrêmement resserré, mais dont le diamètre sacro-pubien avait au moins 3 pouces, d'après Baudelocque, qui a pu également les examiner plus tard à loisir. Le retour à la santé fut également prompt et exempt de complications.

Les femmes *Blandin*, *Verderais* et *Laforêt*, opérées par Sigault, furent délivrées assez facilement, mais les enfants furent extraits morts ou ne tardèrent pas à succomber. La dernière de ces femmes commença à marcher dès le quinzième jour. La première est accouchée une seconde fois, naturellement, d'un enfant vivant; étant morte quelques années plus tard, Sigault put s'assurer que le petit diamètre du bassin avait 3 pouces. La seconde, devenue enceinte une seconde fois, fut délivrée par la version, parce que l'enfant présentait la main avec la tête; il ne tarda pas à expirer après sa naissance. On ne peut pas douter que le rétrécissement du bassin ne fût assez considérable, puisqu'on a rencontré à ce dernier accouchement une grande saillie de la base du sacrum, qui était déjetée sur le côté gauche.

Les autres faits où la mère et l'enfant ont été sauvés, ou la mère seulement, sans éprouver d'accidents sérieux, manquant pour la plupart d'appréciations contradictoires sérieuses, ont moins de valeur. Néanmoins, malgré l'entraînement irréfléchi de plusieurs chirurgiens en faveur de la nouvelle méthode, chez toutes le bassin paraît réellement avoir été rétréci, mais pas toujours assez pour nécessiter d'une manière évidente l'opération. Si plusieurs, comme quelques unes de celles opérées par Sigault et Leroy, avaient accouché avant et ont accouché après spontanément d'enfants vivants, et donnent par là une forte présomption de l'inutilité de l'opération, il ne faut pas perdre de vue que chez la même femme dont le bassin est médiocrement rétréci, l'accouchement peut se terminer fort différemment, suivant que l'enfant est petit ou volumineux, que la tête se présente bien ou mal, être spontané dans un cas, et exiger dans l'autre la perforation du crâne, ou présenter l'indication de la symphyséotomie s'il est vivant. Quelques unes de ces femmes paraissent avoir été dans ce cas. D'un autre côté, les pubis, qui ont une tendance très prononcée à rester écartés, se réunissent assez souvent par un corps fibreux de quelque étendue qui, dans un bassin médiocrement rétréci, peut produire une augmentation qui permettra le plus souvent l'expulsion spontanée. D'ailleurs le petit nombre d'enfants qui ont été sauvés prouve qu'on n'a pas souvent opéré sans nécessité; après tout, si l'agrandissement du bassin n'était pas nécessaire, il a au moins dû rendre la sortie du fœtus plus facile et plus prompte et moins dangereuse pour lui.

Opposons aux faits qui précèdent ceux où l'opération n'a pas sauvé l'enfant, et a été funeste à divers degrés à la mère, pour juger s'il en est réellement beaucoup où les femmes fussent dans des conditions où elle est rationnellement indiquée. Les véritables auteurs de la défaveur qui pèse encore sur la symphyséotomie sont bien plus ses partisans que ses adversaires, qui lui rendaient, au contraire, un grand service en constatant rigoureusement les faits. Mais on ne doit pas continuer, comme on le fait généralement, à juger la symphyséotomie sur les faits où elle était pour la plupart de toute évidence contre-indiquée. Que voit-on dans une première catégorie? La femme *Vespres*, cette naine difforme, haute de 30 pouces, qui n'avait jamais marché qu'avec des béquilles, et dont le diamètre sacro-pubien n'avait, d'après le rapport d'une commission, que 23 lignes et l'espace sacro-cotyloïdien d'un côté gauche, 12 seulement, les parties molles enlevées. Ce qui doit le plus étonner, c'est qu'elle ait pu être délivrée par la voie naturelle, sans que l'écartement des pubis ait été porté très loin, et sans que l'extraction ait été ni très difficile ni très longue, puisque l'enfant, dont le diamètre bipariétal avait 3 pouces 7 lignes, amené par les pieds, a vécu plus d'une demi-heure; c'est qu'elle ait vécu cinq jours, et qu'on n'ait pas trouvé de plus grands désordres dans les symphyses sacro-iliaques.

Du côté droit de la matrice, le long du muscle psoas, une ecchymose descendait jusqu'à la fosse iliaque; la symphyse postérieure droite était recouverte de son périoste, détaché seulement de la surface de l'os, dans une longueur d'environ 7 lignes; les deux os étaient désunis dans leur partie antérieure de la profondeur d'environ 4 ligne. La symphyse postérieure gauche était un peu mobile; le périoste entier et point détaché. Baudelocque assure, d'après l'autorité de Lauverjat, que les symphyses étaient plus manifestement altérées, et que les termes du procès-verbal que je viens de citer portent l'empreinte de l'erreur ou de la modération. Mais, en admettant que ces désordres aient été un peu plus grands, il n'en reste pas moins démontré que les surfaces articulaires, même du côté droit, étaient encore solidement unies. L'écartement de 1 pouce 1/2 des pubis, noté comme spontané, a dû être bien plus considérable au moment de l'accouchement. sans cela le passage de la tête, qui a été retenue quelque temps au détroit supérieur, aurait été impossible. Cependant il est démontré que la suppuration qui a fait périr la femme n'a pas eu son point de départ dans les désordres superficiels ou profonds des symphyses sacro-iliaques. Les altérations suivantes vont nous faire connaître la cause de la mort : on trouva sur la partie latérale gauche et inférieure de la matrice une destruction évidente de sa substance jusqu'au col. L'introduction d'un stylet fit reconnaître une communication avec un foyer de pus, gris foncé, dans tout le tissu cellulaire voisin de la fosse iliaque gauche, qui s'étendait supérieurement jusqu'au-dessus du rein, et inférieurement jusque sur le côté gauche de la vessie. Le vagin et la vulve présentaient quelques escarres en arrière. On trouve ici portés à un haut degré les désordres qu'on observe assez souvent à la suite des accouchements rendus laborieux par le rétrécissement du bassin et qui n'ont pu se terminer qu'après un temps très long ou à l'aide de l'intervention énergique de la main, du forceps, de la crâniotomie. Ce cas malheureux semble montrer que les ressources de la symphyséotomie sont moins limitées qu'elles ne le paraissent ; car, malgré le rétrécissement extrême du bassin, la tête , du volume ordinaire et bien ossifiée, a pu le traverser assez promptement sous l'influence de tractions qui n'ont rien présenté d'extraordinaire, sans qu'il en soit résulté de déchirures profondes des symphyses sacro-iliaques, d'inflammation et de suppuration dans leur intérieur. Mais, à la vérité, ces désordres se sont montrés dans quelques cas où le rétrécissement était peu au-dessous des limites que nous avons assignées à cette opération.

Le résultat pouvait-il être autre, et les désordres moindres chez la femme opérée par Duchaussoi, dont le diamètre sacropubien avait 19 lignes ; chez celle opérée par Lavaquino, dont le même diamètre avait 2 pouces 5 lignes, et chez celle opérée par Riollay, dont l'espace compris entre l'extrémité du sacrum et la partie inférieure de la symphyse des pubis n'avait que 2 pouces 4 lignes, quoique le diamètre sacro-pubien fût de 3 pouces ? Toutes ces mesures ont été prises après la mort ou sur les bassins conservés. On doit être surpris que l'opération n'ait pas eu un résultat plus fâcheux sur une femme opérée à la Maternité de Paris. Le détroit supérieur, d'après l'estimation d'A. Dubois et de madame Lachapelle, n'avait, d'avant en arrière, que 2 pouces 1/4.

Cette femme avait été délivrée une première fois par la perforation du crâne. Redevenue enceinte quelques années après, on se décida pour la symphyséotomie : on retourna d'abord l'enfant et l'on amena un pied au dehors, puis on divisa la symphyse pubienne. Les genoux furent ensuite élevés et écartés, et par ce moyen les os s'éloignèrent de 1 pouce 1/2 ; on tira en ce moment sur le pied dégagé, la jambe sortit, mais les fesses s'engagèrent difficilement. On introduisit de nouveau la main, et cette fois on trouva et l'on amena sans peine l'autre membre. Le tronc se dégagea facilement, mais en tournant derrière le pubis sa face sternale. Quant à la tête, ce ne fut qu'après de violentes tractions que l'on obtint son passage à travers le détroit rétréci, quoiqu'on lui eût donné la direction la plus favorable. L'enfant vivait encore, mais il expira peu de temps après : c'était un fœtus mâle du poids d'environ 6 livres. La guérison fut assez rapide pour donner la certitude que les symphyses postérieures n'avaient pas été lésées. Madame Lachapelle, qui a revu cette femme plusieurs années après, ajoute qu'elle marche avec beaucoup de difficulté, et se plaint d'une incontinence d'urine qui détériore sa santé naturellement faible. Madame Lachapelle l'attribue à une fistule *vésico-vaginale*, mais elle ne paraît pas s'en être assurée directement.

Cette observation n'offre rien de bien encourageant ; mais il ne faut pas perdre de vue que le degré du rétrécissement était de beaucoup au-dessous de la dernière limite qu'on peut poser pour la symphyséotomie ; que l'écartement des pubis a dû être porté très loin, sans que les symphyses postérieures se soient déchirées. Quant au fœtus, il est permis de penser que si on avait préféré le forceps à la version, on aurait pu le sauver.

A 67 millimètres (2 pouces 1/2) et au-dessous de 75 millimètres (2 pouces 3/4), l'opération perd déjà très sensiblement de sa gravité, comme on le voit par quelques uns des faits que nous avons cités, mais pas encore assez pour qu'on puisse la considérer comme applicable, à moins d'avoir la certitude que le fœtus est médiocrement développé.

Les deux faits suivants font bien connaître les caractères et les suites de la lésion en quelque sorte propre à la symphyséotomie pratiquée dans des conditions où elle n'est pas franchement indiquée. Chez la cinquième femme opérée par A. Leroy, en présence de

Baudelocque, le bassin, qui avait été estimé plus grand, n'avait, des pubis à la base du sacrum, que 2 pouces 1/2. Le fœtus, qui se présentait par le crâne, courait de grands dangers par le fait de la procidence du cordon. La section offrit quelques difficultés, parce qu'elle fut faite en dehors du cartilage inter-pubien. L'écartement spontané fut peu étendu et s'annonça par un faible bruit, semblable à celui de la détente d'un ressort. Il se fit graduellement pendant l'introduction de la main dans la matrice, et brusquement à l'instant où les fesses traversèrent le détroit; au même moment on entendit un craquement vers la symphyse sacro-iliaque gauche. L'écartement était environ de 2 pouces, il n'augmenta nullement pendant le passage de la tête, et resta le même après l'accouchement jusqu'au moment où l'on rapprocha les genoux. Il fut presque en entier le produit du déplacement du pubis gauche, qui se retira profondément sous les téguments, tandis que le droit ne s'éloigna que de quelques lignes. L'enfant fut faible pendant quelques instants, mais la respiration ne tarda pas à s'établir pleinement. Le petit diamètre de la tête avait 3 pouces 5 lignes. La mère mourut le huitième jour. La grande lèvre du côté gauche était très tuméfiée et livide; les symphyses sacro-iliaques étaient d'une couleur brunâtre dans l'étendue d'un pouce au moins, à cause du sang épanché sous le périoste, qui s'en était détaché; elles étaient inondées d'une matière purulente et ichoreuse plus abondante du côté gauche que du côté droit, et qui jaillissait de leur fond à l'extérieur, par plusieurs ouvertures qui étaient autant de déchirures, lorsqu'on ramenait en avant les os des îles et qu'on les rapprochait du sacrum; en outre, une inflammation gangréneuse s'était développée sur plusieurs points voisins, et s'étendait jusqu'au tissu de l'utérus.

Chez une femme haute de 3 pieds seulement, opérée par Lambron, le diamètre sacro-pubien mesuré sur le bassin conservé n'avait que 2 pouces 7 lignes. Après de nombreuses tentatives pour faire la version et l'extraction du fœtus à l'aide du forceps, on eut le tort de préférer à l'embryotomie la section pubienne, quoique le fœtus, dont le cordon était sorti, fût mort depuis plusieurs heures. L'écartement s'étendit brusquement de deux à quatre travers de doigt, avec un bruit de déchirement remarquable, à l'instant où la tête, entraînée par le forceps qu'on avait réappliqué, franchit le détroit supérieur. La malade mourut le sixième jour: on trouva un dépôt de matière sanieuse et ichoreuse, prenant sa source dans la symphyse sacro-iliaque droite, entr'ouverte de 7 à 8 lignes, inondant toute la fosse iliaque de ce côté, le petit bassin et s'étendant au-dessous de l'arcade crurale jusque sur l'articulation du fémur; la symphyse gauche n'avait éprouvé que de la distension.

Chez la femme opérée par Guérard, de Dusseldorp, on trouva à l'ouverture du cadavre que le petit diamètre du bassin n'avait que 2 pouces 1/2. On s'arrêta d'abord au parti de faire la version ; on fit descendre assez difficilement dans le vagin un pied, qui se trouvait dans le voisinage de l'orifice utérin ; après beaucoup d'efforts, soit pour l'entraîner, soit pour faire descendre l'autre pied, il fallut renoncer à la version. C'est alors qu'on se décida à diviser la symphyse pubienne : nouvelle tentative de version ; on arrache une jambe, on repousse la cuisse dans la matrice pour se frayer une route vers l'autre membre, à l'abaissement duquel l'opérateur et deux consultants travaillent tour à tour en vain. La tête paraissant vouloir s'engager, on attend : encore trompé, on ouvre le crâne, on applique successivement le forceps et le crochet; on détache quelques fragments du crâne avec de fortes pinces. Mais le reste parut inébranlable : la nature, après cinq heures, l'expulsa cependant. La femme mourut le onzième jour.

En supposant qu'on se fût abstenu de l'opération, comme on aurait dû le faire, qui oserait dire qu'après de telles tentatives de version, l'extraction à l'aide de la crâniotomie eût été suivie d'un résultat moins fâcheux ? Parlerai-je de l'opération pratiquée par Mathiis, sur laquelle Baudelocque nous a conservé des détails qui ne sont pas suspects ? Le petit diamètre du bassin n'avait que 2 pouces 1/2. L'opérateur avait agi si maladroitement qu'il avait coupé transversalement de la manière la plus nette la branche descendante du pubis droit, à 6 lignes environ au-dessous de la symphyse même, après avoir haché les pubis sur lesquels deux fragments de l'instrument étaient restés implantés. Le soupçon exprimé par Baudelocque, que la section de la symphyse ne fut faite qu'après la mort, pour couvrir l'opérateur aux dépens de l'opération, paraît on ne peut plus fondé, tant d'après le détail de l'opération que d'après ceux de l'autopsie.

Chez la femme opérée par Duret, qui resta affectée d'une *fistule vésico-vaginale* avec large perte de substance et de *claudication*, le bassin était rétréci par une exostose de la partie inférieure et droite du sacrum. L'espace resté libre entre elle et les pubis n'est pas déterminé, et on ignore par conséquent si l'opération était rationnellement indiquée ou non. Le travail avait été très long, et plusieurs applications de forceps étaient restées infructueuses. Il fallut encore l'appliquer après la section. Le passage de la tête détermina un écartement de trois travers de doigt, qui entraîna une déchirure de plaie du côté de la vulve; l'enfant ne donna aucun signe de vie, et la femme éprouva des accidents graves dont elle fut longtemps à se rétablir.

Mais chez la femme opérée à la Maternité de Paris, qui resta affectée de *fistule vésico-vaginale*, outre que l'opération était contre-indiquée, puisque le bassin n'avait que 2 pouces 7 lignes du pubis à l'angle sacro-vertébral, très accessible au doigt, les autres circonstances du travail semblent avoir eu plus de part à cet accident que l'opération elle-même. La femme avait été apportée à l'hospice après plusieurs tentatives d'application de forceps, de version, de réduction de la tête, qu'on supposait mal placée. Rien n'étant urgent, on attendit assez longtemps; mais, dans la nuit, la fièvre s'éleva, l'abdomen devint plus douloureux; douze heures s'étaient écoulées depuis que la femme n'avait plus senti aucun mouvement de l'enfant. L'idée de perforer le crâne se présenta à Dubois; mais il fut retenu par l'augmentation de volume et de rénitence de la tuméfaction du crâne, qui lui parut un motif suffisant pour écarter l'idée de l'emploi de l'instrument tranchant porté sur le fœtus. La section pubienne fut décidée et exécuté par Béclard. Plusieurs applications de forceps furent nécessaires pour entraîner la tête, qui avait l'occiput dirigé en arrière et à droite. Les pubis, écartés spontanément de 1 pouce, s'éloignèrent de 30 lignes environ, au moment où la tête franchit le détroit, et un craquement se fit très distinctement entendre vers la symphyse sacro-iliaque droite. Le tronc sortit sans difficulté.

Pendant deux heures, l'enfant fit quelques mouvements inspiratoires et offrit des mouvements à la région précordiale; il pesait 6 livres 1/2; la tête était volumineuse, et les sutures peu mobiles. La guérison de la plaie fut retardée par une suppuration abondante, accompagnée de fièvre et de la chute de plusieurs escarres formées au vagin, à la vulve; soixante-cinq jours après l'opération, la cicatrisation était complète, mais il restait une fistule vésico-vaginale. Cette femme a fini par marcher librement; mais l'incontinence d'urine n'a pas cessé.

A 75 millimètres (2 pouces 3/4) et au-dessus, c'est-à-dire dans des limites où la symphyséotomie peut trouver rationnellement son application, les cas malheureux pour la mère ont été très rares; il n'en est pas tout-à-fait de même pour l'enfant: nous dirons tout-à-l'heure pourquoi. Toutefois son expulsion ou son extraction a rarement rencontré de difficultés sérieuses. Cependant, chez la femme opérée par Siebold, quoique le petit diamètre eût 75 millimètres (33 lignes), il fallut comprimer fortement la tête, au point de l'écraser en quelque sorte pour en obtenir la sortie ; et, quoiqu'on eût limité l'écartement des pubis à 15 ou 18 lignes, la malade éprouva des accidents assez sérieux avant de se rétablir. Je vois bien qu'une femme dont le petit diamètre du bassin avait 3 pouces mourut le huitième jour ; l'enfant, qui ne donna des signes de vie que pendant un quart d'heure, avait été retourné et extrait facilement, quoique l'écartement des pubis ne paraisse avoir été porté qu'à 1 pouce 1/2. La cause de la mort de la mère doit plutôt être raportée à une inflammation gangréneuse et à une suppuration diffuse qui avait pour point de départ la plaie, qu'à la lésion des symphyses postérieures, qui, quoique mobiles, paraissaient n'avoir été le siége ni de déchirures ni d'inflammation.

Lorsqu'on apprécie la symphyséotomie sur l'ensemble des faits, elle semble désastreuse au premier abord. D'après Baudelocque, sur 33 femmes opérées, 12 sont mortes des suites de l'opération, et l'on n'a conservé que 13 enfants. D'après Merriman, qui ajoute au relevé de Baudelocque la plupart des autres cas de section pubienne, sur 44 femmes opérées, 14 sont mortes, et 15 enfants seulement ont été conservés. On a eu recours deux fois à l'opération césarienne après avoir entrepris la symphyséotomie. Parmi les femmes conservées, 1 est restée affectée de claudication, 2 ou 3 de fistules vésico-vaginales. Ces résultats, qu'on cite encore tous les jours triomphalement, n'ont de valeur que contre la symphyséotomie substituée d'une manière absolue par ses premiers partisans à l'opération césarienne.

Voyons, puisqu'on ne l'a pas fait, quelle est leur valeur dans la question, telle qu'elle doit être posée, en les divisant par groupes. Nous ne prenons que les faits du relevé de Baudelocque, auxquels nous ajoutons les deux de la Maternité, parce que la plupart des autres manquent de détails. Dans la crainte de trop accorder à la pubiotomie, lorsque nous avons rencontré des assertions contradictoires, nous avons adopté celles de ses adversaires.

On ne doit pas compter la femme chez laquelle on a pratiqué l'opération césarienne, puisque l'opérateur n'y a eu recours que parce qu'il n'avait pas su ouvrir la symphyse. Ce fait, pas plus que les deux autres où cette partie de l'opération a rencontré de grandes difficultés, ne saurait être une objection sérieuse ; ils accusent seulement l'inhabileté de quelques uns des opérateurs. Je ne fais que mentionner un cas malheureux pour la mère et l'enfant, qui manque absolument de détails.

Chez 3, le bassin avait moins de 2 pouces dans son diamètre le plus raccourci ; les mères et les enfants ont été sacrifiés. Je dois dire, sans atténuer le tort des opérateurs, que l'une de ces femmes était mourante et que son enfant avait probablement déjà cessé de vivre.

Chez 10, le bassin avait, dans son petit diamètre, de 2 pouces 4 lignes à 2 pouces 6 ou 7 lignes; 6 mères sont mortes et évidemment des suites de l'opération; 7 enfants ont été extraits morts ou ont succombé peu d'instants après. L'extraction a été, à peu près dans la moitié des cas, assez facile; on a eu recours à la crâniotomie dans un seul. 2 enfants étaient évidemment morts avant l'opération, l'un à la suite de la procidence du cordon; l'autre présentait un commencement de ramollissement. Chez 2 autres, la longueur du travail depuis l'écoulement du liquide amniotique et les tentatives réitérées de version, d'application du forceps avant l'opération, doivent faire présumer qu'ils étaient morts ou qu'ils avaient cessé d'être viables. Deux des femmes, affectées d'incontinence d'urine, se rangent dans cette catégorie. Je ne fais que mentionner la femme affectée à la fois de claudication et de fistule vésico-vaginale, parce que le degré de rétrécissement produit par une exostose du sacrum n'a pas été précisé.

Chez 24, le diamètre sacro-pubien était de 2 pouces 3/4 et au-dessus; 1 seule est morte des suites de l'opération; mais la suppuration qui s'est étendue dans le bassin avait pour point de départ la plaie, et non les symphyses postérieures, qui n'avaient pas été déchirées. L'extraction de la tête n'a offert des difficultés que dans 1 cas. 11 enfants sont nés morts ou n'ont donné des signes de vie que pendant quelques instants; 1 seul peut être présumé mort avant l'opération. J'ai rangé parmi les femmes dont le plus petit diamètre du bassin est au-dessus de 2 pouces 1/2, quoiqu'il fût peut-être moins étendu, celle qui portait une exostose sur le sacrum. On doit donc reconnaître que la moitié, à peu près, des enfants a succombé pendant l'accouchement. Mais je dois faire observer que presque tous ont été amenés par l'extrémité pelvienne, quoiqu'ils se présentassent par la tête; et l'on peut assurer que le résultat aurait été tout autre, si, au lieu de les retourner, on eût attendu l'expulsion spontanée ou appliqué le forceps, si elle se fût fait attendre trop longtemps. Mais, dira-t-on, chez plusieurs de ces femmes la pubiotomie n'était nullement nécessaire, soit; je ne me charge pas de défendre dans tous les cas les motifs qui ont déterminé à opérer. Mais il n'en reste pas moins prouvé que l'opération, pratiquée dans des conditions qui n'exposent pas à la déchirure des symphyses sacro-iliaques, n'a pas plus de gravité qu'on peut le supposer *à priori*. Or, en n'opérant pas au-dessous de 2 pouces 3/4, on n'a pas à craindre cette déchirure ; car la voie deviendra généralement suffisante pour le passage de la tête à un écartement des pubis de 18 à 20 lignes. Averti du danger, si l'expulsion du fœtus ne se fait pas spontanément, on procédera à son extraction avec des précautions convenables. Et si, par extraordinaire, les articulations du bassin se trouvaient très peu mobiles ou la tête du fœtus extrêmement volumineuse ou mal placée, il faudrait perforer le crâne plutôt que d'employer de grands efforts d'extraction.

Ces derniers résultats, tels qu'ils sont, n'ont pas à souffrir de leur comparaison avec ceux obtenus par les autres moyens de terminer l'accouchement dans des conditions semblables. On sait (p. 357, 387) que la proportion des cas malheureux pour la mère et l'enfant est considérable dans les accouchements terminés à l'aide de la main ou du forceps, dès qu'on fait abstraction de cas simples, à plus forte raison lorsqu'il existe un premier degré de rétrécissement du bassin.

Dans l'accouchement prématuré artificiel (p. 354) qui est indiqué dans les mêmes conditions, on ne peut pas se flatter de sauver plus de la moitié des enfants, et on a perdu 1 femme sur 16.

Mais c'est surtout avec la craniotomie que la comparaison doit être établie. On croit généralement, avec trop de confiance, qu'on a tout fait pour la mère dès qu'on a sacrifié l'enfant ; c'est pour cela que nous avons longuement insisté sur les dangers et les difficultés de cette opération. En Angleterre, où l'on y a souvent recours avec une facilité et une promptitude qui n'est pas toujours à l'abri de la critique, on a perdu 1 femme sur 5. A la vérité, pour que la comparaison fût exacte, il ne faudrait prendre que les cas qui se trouvent dans les conditions où la symphyséotomie est indiquée. Mais il est à craindre que le chiffre ne fût pas très sensiblement différent, parce que les rétrécissements qui affectent peu ou médiocrement le bassin sont beaucoup plus nombreux que ceux qui l'affectent à un degré très prononcé, et parce que les accoucheurs anglais substituent fréquemment au forceps, qu'ils emploient très rarement au détroit supérieur, la craniotomie, qui est souvent admise d'emblée, non seulement dans les cas de rétrécissement du bassin, mais encore dans celui d'obstacles apportés par la résistance des parties molles.

Il n'y a aucune parité à établir, au degré de rétrécissement que nous supposons, entre l'opération césarienne et la symphyséotomie, et il faut espérer qu'elle ne sera plus pratiquée dans les premiers degrés de rétrécissements ; de même qu'on doit renoncer à la symphyséotomie, au-dessous de 2 pouces 3/4 dans le petit diamètre du bassin ; car, dès qu'elle expose à déchirer profondément les symphyses postérieures, elle peut rarement sauver l'enfant, et compromet presque autant les jours de la mère que l'opération césarienne elle-même.

Dira-t-on encore avec Baudelocque que la symphyséotomie ainsi réduite ne s'applique plus à aucun cas, qu'elle empiète d'une part sur l'accouchement spontané et de l'autre sur le forceps? L'accouchement prématuré artificiel n'est-il pas venu démontrer combien il est commun, dans les mêmes conditions de rétrécissement du bassin, de voir l'accouchement à terme ne pouvoir se terminer qu'à la condition de perforer le crâne ou d'exercer des tractions qui n'exposent guère moins l'enfant et qui font courir à la mère les plus grands dangers?

Trois cas peuvent se présenter : 1° Le fœtus est très petit, ou s'il est bien développé, le petit diamètre du bassin se trouve encore éloigné de la dernière limite posée : l'expulsion spontanée n'est non seulement pas possible, mais encore généralement assez facile.

2° Le fœtus a son développement ordinaire, et le petit diamètre du bassin a de 80 à 88 millimètres (3 à 3 pouces 1/2). Si le passage de la tête ne se fait pas en temps opportun, sous l'influence des efforts maternels, il reste quelques chances de le décider à la première tentative avec le forceps.

3° Le fœtus est très développé, ou bien il n'a que son développement ordinaire, mais le diamètre le plus rétréci a moins de 80 millimètres, ou bien encore la tête, placée d'une manière défectueuse, persiste à rester immobile dans la même situation : il y a peu à compter sur l'expulsion spontanée en temps opportun, même pour la mère. Si le forceps réussit encore quelquefois, ce n'est qu'à la condition d'applications réitérées, d'efforts énergiques et longtemps continués, qui compriment mortellement la tête du fœtus, et qui exposent singulièrement la mère aux ruptures de l'utérus ou du vagin, à la formation d'escarres sur le trajet du conduit vulvo-utérin, aux fistules vésico-vaginales, à l'inflammation et aux suppurations diffuses du tissu cellulaire du bassin ; mais, le plus souvent encore, ces tentatives sont infructueuses ; il faut en finir par la crâniotomie, et la mère n'est pas dans une situation moins grave après la délivrance.

C'est pour prévenir les cas malheureux qui viennent se grouper dans les deux dernières catégories que la symphyséotomie trouve le plus d'opportunité ; et, pour qu'elle n'empiète pas sur l'expulsion simple et le forceps, il faut accorder à l'expectation le temps rationnellement permis, faire avec prudence et ménagement une ou deux tentatives d'application du forceps lorsqu'elle paraît insuffisante, et ne pas attendre qu'elle devienne dangereuse pour se décider. Des accouchements antérieurs laborieux, dans lesquels le fœtus aurait perdu la vie au passage, sous l'influence de la compression énergique exercée par le bassin et le forceps, ou dans lesquels il aurait fallu recourir à la craniotomie, peuvent déterminer à agir plus promptement, mais ne dispensent pas d'accorder quelque temps à l'expectation. Car il n'est pas rare de voir ces femmes accoucher alternativement, heureusement ou malheureusement; il y a souvent autant de différence entre le volume des différents enfants de la même femme, qu'entre ceux de femmes différentes. C'est pour cela que, selon moi, la symphyséotomie est à peine applicable aux présentations de l'extrémité pelvienne ou du tronc; car si, dans l'espoir que le bassin est assez large pour laisser passer la tête, on entraîne le tronc au dehors; lorsqu'on se sera assuré par plusieurs tentatives que la main est insuffisante, l'enfant donnât-il quelques signes de vie, on ne pourrait se promettre qu'il fût encore vivant après avoir divisé la symphyse et procédé à son extraction. Si, au contraire, on divisait la symphyse après avoir engagé le pelvis du fœtus dans le bassin de la mère, ou avant de procéder à la version, on ferait, dans un certain nombre de cas, l'opération sans nécessité; puis, dans les cas où elle est nécessaire, pour peu que l'engagement de le tête offrît de sérieuses difficultés et apportât du retard à sa sortie, l'enfant succomberait, et le but de l'opération serait manqué, ou serait atteint dans un trop petit nombre de cas, eu égard aux dangers qu'on ferait courir à la mère.

Mais, après avoir accordé un temps suffisant à l'expectation, avoir tenté une application du forceps, si le fœtus est vivant, la viabilité est-elle au moins assez certaine pour espérer qu'il pourra vivre dans le monde extérieur? Puis est-on bien sûr que le bassin n'est pas plus rétréci qu'on le suppose, et qu'on n'exposera pas la mère au danger si grave de la rupture de l'une ou des deux symphyses postérieures?

Assurément, il n'est pas possible, dans les premiers degrés du rétrécissement, d'assigner d'une manière précise l'étendue du diamètre rétréci. Mais ce qu'on peut toujours faire par un examen attentif quand on a quelque expérience, et cela est suffisant, c'est de déterminer que le diamètre raccourci a plus de 67 ou de 75 millimètres (2 pouces 1/2 ou 2 pouces 3/4); car dans ces limites et au-dessous, le doigt est encore suffisant, et il peut, à quelques millimètres près, mesurer exactement le diamètre sacro-pubien. Quant à la question de se déterminer à temps pour concilier les intérêts de la mère et de l'enfant, elle exige une grande habitude de la pratique, qui, à la vérité, n'est pas à la portée de tous les médecins.

L'observation attentive de l'état général de la mère, des phénomènes physiologiques et mécaniques du travail, du degré de fixité et d'engagement de la tête, fait souvent assez vite reconnaître le danger de l'expectation et le peu de chances qu'il reste de délivrer la femme par les moyens ordinaires. Si on a attendu, si on attend encore, c'est qu'il faut plonger l'instrument tranchant dans le crâne d'un enfant dont on entend les battements du cœur ; et cet acte, on le conçoit, inspire une telle répugnance à la plupart des praticiens, qu'ils attendent d'heure en heure, et compromettent la vie de la mère dans la pensée que bientôt il sera mort. Les moyens propres à concilier la vie de la mère et de l'enfant, ils les ont déjà employés sans succès. S'ils ne partageaient pas contre la symphyséotomie la répugnance commune, née de l'appréciation inexacte des faits, ils l'auraient pratiquée.

Doit-on supposer qu'à dater du moment où la dilatation est complète et l'œuf divisé, une expectation double, triple de la durée ordinaire du temps d'expulsion, et une ou deux tentatives prudentes d'application du forceps, peuvent tuer l'enfant, ou au moins compromettre sa viabilité? Cela arrive en effet, mais moins souvent et moins promptement qu'on ne l'admet pour s'autoriser à entrer d'une manière indirecte dans la pratique anglaise, qui n'a pas les mêmes scrupules que la nôtre. Quand le cordon ne se trouve pas engagé avec la partie qui se présente, la vie du fœtus persiste longtemps avant d'être compromise, soit qu'il reste le plus souvent, quand le crâne se présente, une certaine quantité de liquide amniotique, soit que l'utérus, après s'être contracté avec énergie, présente de longs et fréquents intervalles de repos. Tant que les battements du cœur du fœtus sont réguliers et forts, on a de fortes raisons de le présumer viable, et, bien qu'elles ne soient pas péremptoires, de se croire autorisé à proposer la symphyséotomie. On ne doit pas s'attendre à le voir constamment naître vivant ou apte à vivre ; car il faut tenir compte des circonstances difficiles dans lesquelles il se trouve, et du danger presque aussi grave pour la mère d'être délivrée à l'aide de l'embryotomie. L'une et l'autre, indépendamment des dangers qui leur sont propres, ont en quelque sorte à répondre des prédispositions morbides déterminées par la longueur du travail, la nature de l'obstacle, les tentatives infructueuses d'extraction, sous l'influence desquelles se développent souvent des accidents formidables.

Procédés opératoires. — Dans le procédé commun, la femme

est placée et maintenue sur une table à opération ou sur un lit, comme pour l'application du forceps; une sonde, introduite dans la vessie pour évacuer l'urine, est confiée à un aide qui dévie le canal de l'urètre à droite. L'opérateur, placé à droite, ou plutôt entre les cuisses de la femme, s'assure avec soin du point qu'occupe la symphyse, qui est quelquefois déviée d'un côté, ce qui l'exposerait, s'il agit avec peu d'attention, à porter l'instrument sur l'os, et il fait avec un bistouri convexe, sur la peau des pubis préalablement rasée, une incision de 5 à 6 centimètres, qui comprend la peau et toutes les parties molles qui constituent le mont de Vénus, jusque sur le milieu de l'articulation. On conseille de l'incliner à sa partie inférieure, un peu de côté, entre le sommet de la grande et de la petite lèvre, et de séparer de l'os la racine du clitoris afin de prévenir sa déchirure. Les artérioles divisées exigent rarement qu'on en fasse la ligature, à moins que l'incision trop prolongée en bas n'ait intéressé l'artère honteuse interne. L'écoulement sanguin veineux est quelquefois assez abondant, mais il suffirait de tamponner la plaie pour s'en rendre maître. La division du fibro-cartilage se fait avec le bistouri tout aussi facilement qu'avec les divers couteaux qu'on a proposés. On fait agir l'instrument tranchant, de haut en bas et d'avant en arrière, en redoublant de précaution à mesure qu'on approche de la face pelvienne, pour éviter sûrement de blesser la vessie ou le canal de l'urètre. Si la symphse était ossifiée, il faudrait se servir de la scie ; mais cette circonstance, si elle se rencontrait, devrait faire craindre que les symphyses sacro-iliaques ne fussent dans le même état, et il serait prudent de renoncer à l'opération. La position dans laquelle les membres inférieurs sont maintenus produit d'abord un écartement assez considérable.

On a proposé plusieurs modifications aux deux temps du procédé ordinaire, qui sont peut-être de nature à diminuer la gravité de l'opération, et qui doivent être prises en considération. Voici de quelle manière M. Imbert, qui ne paraît pas avoir opéré seulement sur le cadavre, a adapté à la symphyséotomie la méthode sous-cutanée : après avoir vidé la vessie et déprimé l'urètre en le déjetant du côté opposé à celui sur lequel il veut faire la ponction, il enfonce dans le vestibule un bistouri à rondache qu'il dirige sous la symphyse, pour diviser de bas en haut et d'arrière en avant les parties molles et le cartilage, de manière à laisser les téguments intacts en avant. D'après M. Pétrequin l'idée de ce procédé remonterait à Aitken, et aurait été mis en pratique en 1780, à Utréra, en Andalousie.

M. Carboni fait à la peau, à 35 millimètres au-dessus des

pubis, une incision transversale, pour introduire sur la ligne médiane, de haut en bas, un ténotome droit, jusqu'au niveau de la partie inférieure de la symphyse, et opère la section en lui imprimant de légers mouvements de scie. On a pu remarquer que le principal danger de la symphyséotomie ne dépend pas de la plaie extérieure. Toutefois, comme elle a été dans deux ou trois cas le point de départ de suppurations qui se sont étendues dans le bassin, et comme ces modifications ne rendent pas l'opération d'une exécution très difficile, elles méritent d'être mises à l'épreuve.

M. Stolz s'est en outre proposé d'obtenir une consolidation plus prompte et exempte des inconvénients que présente quelquefois celle de la symphyse. D'après M. Lacour, qui a publié son procédé, il pense que le dernier mot n'a pas été dit sur la symphyséotomie, et qu'on condamne trop généralement cette opération, qu'il appelle *pubiotomie*. Il décrit depuis plus de six ans dans ses cours et démontre sur le cadavre un procédé opératoire des plus simples et des plus faciles. Il consiste à diviser un des pubis *près de la symphyse* au moyen de la scie à chaînette. Pour cela, on pratique une petite boutonnière au mont de Vénus, au point correspondant à la crête pubienne, à droite ou à gauche de la symphyse. Par cette boutonnière on introduit une aiguille longue et légèrement recourbée, à laquelle on fixe la scie à chaînette ; on glisse l'aiguille le long de la face postérieure des pubis en rasant l'os et on fait sortir la pointe à côté du clitoris, entre un des corps caverneux et la branche descendante des pubis. Lorsque l'aiguille a entraîné la scie, on adapte la poignée, on tend légèrement la scie entre les deux mains, et quelques mouvements de *va-et-vient* suffisent pour diviser le pubis.

Pratiquée de cette manière, la section du corps et de la branche des pubis de chaque côté entre les trous sous-pubiens, proposée par M. Galbiati, devant perdre une partie de sa gravité, est peut-être destinée à rendre un grand service, si elle donne une voie suffisante pour rendre inutile l'opération césarienne.

Après la section du fibro-cartilage ou du pubis, l'écartement spontané est généralement plus prononcé que sur le cadavre. A l'action des parties fibreuses situées en arrière, s'ajoute la pression exercée par le fœtus à la circonférence du bassin.

Si les contractions sont encore énergiques et soutenues, on doit abandonner l'accouchement aux efforts maternels, qui complètent l'écartement sans exposer à déchirer les symphyses sacro-iliaques; et si elles étaient languissantes, on chercherait même à les ranimer par les moyens ordinaires.

En attendant quelque temps, si la tête n'est pas expulsée, elle peut au moins être assez descendue pour rendre l'application du forceps moins difficile ; et on n'aurait recours à la version qu'autant que l'application du forceps serait impossible ou trop dangereuse. Il faut exercer les tractions avec plus de lenteur et plus de ménagement que dans les cas ordinaires, pendant qu'on entraîne la tête à travers la partie rétrécie du bassin ; et loin de faire écarter les hanches, on doit plutôt les faire soutenir solidement.

La délivrance opérée, on procède au pansement. Dans le procédé ordinaire, après avoir rapproché les pubis l'un de l'autre, de la charpie enduite de cérat et des compresses sont placées sur la plaie, et maintenues par un bandage de corps passé autour du bassin et assez serré pour s'opposer à un nouvel écartement des os. La malade doit être couchée sur le dos, les cuisses rapprochées et maintenues immobiles. Dans la méthode sous-cutanée, le pansement se bornerait à l'application du bandage de corps. On se conduit comme à la suite des opérations graves, et l'on combat les accidents s'il en survient. Ordinairement, au bout d'un mois à six semaines, la symphyse est consolidée ; mais on ne doit encore permettre les mouvements et la marche qu'avec beaucoup de réserve. La mobilité et la douleur indiquent si on doit insister plus longtemps sur le repos. Chez quelques femmes, l'écartement des symphyses est resté assez considérable sans que la station et la marche en aient été très sensiblement gênées ; dans ce cas, la réunion se fait par un tissu cellulo-fibreux épais et résistant.

SECTION VI. — De l'opération césarienne.

On donne le nom d'*opération* ou de *section césarienne*, d'*hystérotomie*, de *gastro-hystérotomie* à l'extraction du fœtus à travers une ouverture faite à la paroi abdominale et à l'utérus, et par extension aux incisions et aux débridements du col utérin. Mais ce rapprochement est forcé, et l'on ne doit pas comprendre dans la même définition des opérations qui n'ont guère de commun que l'incision faite à l'utérus. Nous avons déjà indiqué la manière de procéder à l'*hystérotomie vaginale* en traitant des divers états du col qui la réclament.

On a supposé que l'opération césarienne était connue de l'antiquité ; mais on n'a sur ce point que des données très vagues, et l'on s'est généralement accordé à reconnaître qu'on ne la pratiquait que pour soustraire l'enfant à la mort, dans le cas où la mère mourait sans être délivrée. Une loi romaine défendait d'enterrer une femme morte enceinte sans lui avoir ouvert le ventre pour en retirer l'enfant. L'église l'a adoptée dans le but de procurer le baptême à l'enfant. Quelques États modernes l'ont introduite dans leurs codes. En 1740, le roi de Sicile fit promulguer un édit qui infligeait la peine de mort aux médecins qui auraient omis de pratiquer l'opération césarienne aux femmes mortes dans les derniers mois de la grossesse.

Le double but qu'on se propose aurait été souvent atteint si on pouvait ajouter foi à toutes les histoires qui ont été publiées ; mais la plupart sont accompagnées de particularités invraisemblables qui leur ôtent tout caractère d'authenticité. Les faits authentiques d'enfants vivants extraits par l'opération césarienne ou par la voie naturelle après la mort de la mère sont en très petit nombre. Le plus souvent l'enfant meurt avant la mère ou ne lui survit pas ; et lorsqu'il lui survit, cette existence isolée est très courte : c'est par minute et non par heures qu'il faut la compter. Par conséquent, il faut agir promptement et pratiquer l'opération avec le même soin que si la femme était vivante.

Le premier fait d'opération césarienne pratiquée sur la femme vivante qui paraît avoir quelque authenticité est raconté par Nicolas de Falcon et remonterait à l'année 1491 ; puis viendrait celui d'Élisabeth Alepaschin, que son mari Jacques Nufer, châtreur de cochons, à Siegershausen, en Turgovie, opéra en 1500, avec la permission du magistrat, parce qu'elle ne pouvait, au dire des sages-femmes et des chirurgiens appelés auprès d'elle, accoucher autrement. Mais ce fut le traité de Rousset, publié en 1581, qui fixa le premier l'attention des gens de l'art sur cette innovation. Les raisons qui militent en faveur de l'opération césarienne y sont présentées avec beaucoup de force et de la manière la plus séduisante. Haller parle de l'hystérotomie de Rousset avec une vive admiration : *egregius est labor, cordate et mascule scriptus, cujus eo sœculo nihil prodiit simile.* Guillemeau et plusieurs chirurgiens de son temps pratiquèrent sans succès l'opération césarienne ; Ambroise Paré la condamna après l'avoir d'abord approuvée. Elle fut aussi réprouvée par Mauriceau et la plupart des accoucheurs de son temps, qui regardaient comme autant de fables les faits de guérison rapportés par Rousset et par G. Bauhin ; et, en effet, l'authenticité d'un plus grand nombre est fort douteuse. Mais les succès incontestables se multiplièrent, et l'opération césarienne fut approuvée et encouragée par l'Académie de chirurgie.

En France et sur le reste du continent elle fut acceptée et pratiquée avec une faveur qui est loin d'être à l'abri de tout reproche. En repoussant l'embryotomie tant que le fœtus ne donnaît pas des signes certains de mort, et la symphyséotomie dans les conditions où elle est applicable, on avait fait, pour un grand nombre de cas, de l'opération césarienne une affaire de choix et non de nécessité ; on était même disposé à la préférer au forceps lorsque l'emploi de cet instrument rendait très probable la mort du fœtus.

Le passage suivant de G.-G. Stein résume parfaitement les idées dominantes pendant une longue période de temps. « On doit encore, dit-il, avoir pour but principal de conserver la vie au fœtus, et savoir que quand le petit diamètre du détroit supérieur, mesuré avec le pelvimètre, n'a que 3 pouces d'étendue, l'opération césarienne est absolument indiquée, puisqu'il est certain qu'un fœtus à terme et gros doit perdre la vie pendant l'accouchement si on ne recourt à cette opération ; par conséquent, dans ce cas, un accoucheur honnête ne doit opérer un accouchement à terme d'un fœtus gros et vivant que par l'opération césarienne. » Aussi combien de fois n'a-t-on pas opéré chez des femmes dont le bassin était assez grand pour permettre l'expulsion spontanée et l'extraction à l'aide du forceps ou de la main ! Mais ces cas sont en petit nombre comparativement à ceux où l'on n'a pas même sauvé l'enfant. La probabilité de sa mort ou de son inaptitude à vivre après la naissance ne leur paraissait pas même une raison suffisante pour s'abstenir.

Une doctrine contraire, qui est à peu près généralement acceptée maintenant sur le continent, a constamment prévalu en Angleterre, où l'on ne pratique pas l'opération césarienne lorsqu'en détruisant le fœtus on peut terminer l'accouchement par la voie naturelle. On ne laisse ainsi à l'opération césarienne qu'un champ très limité qui ne comprend que les rétrécissements extrêmes du bassin, dans lesquels le diamètre le plus raccourci a moins de 54 millimètres (2 pouces).

Voyons si ce parti extrême et rigoureux n'est pas justifié par le peu de chances de salut que laisse à la mère l'opération césarienne.

Plusieurs auteurs ont répété sérieusement d'après Tenon, membre de l'Académie des sciences et chirurgien de la Salpêtrière, que depuis que l'opération césarienne a été pratiquée par Bauhin, on avait sauvé soixante-dix femmes à l'Hôtel-Dieu de Paris par ce moyen, tandis qu'il est certain que la mère a toujours succombé jusqu'à présent, non seulement à l'Hôtel-Dieu, mais encore dans les autres hôpitaux. Mais c'est une erreur de croire, comme on le répète souvent, et comme on l'a publié récemment, qu'elle n'a jamais réussi dans cette ville. Le succès de

Millot, celui de Deleurye, les deux de Lauverjat, et quelques autres, ont toute l'authenticité désirable.

En ne tenant pas compte des faits de guérison qui ne paraissent pas authentiques, on n'a pas encore éliminé toutes les causes d'erreur. Le même succès, rapporté avec des circonstances un peu différentes, peut faire double emploi ; des guérisons annoncées prématurément, les succès publiés avec beaucoup plus d'empressement que les insuccès, font que les relevés généraux donnent de l'opération une idée plus avantageuse qu'elle ne le mérite. Je ne cite pas le relevé de Simon, qui a fait une trop grande part à la crédulité.

Dans le relevé publié par Baudelocque, sur 73 femmes opérées, 31 ont été sauvées et 42 sont mortes ; et quoiqu'il ne remonte pas au-delà de 1750, il est permis de croire que la proportion des femmes mortes est très sensiblement atténuée par les causes que nous avons signalées.

Sur 106 cas appartenant au xviiie siècle, rapportés par Sprengel, 45 seulement ont été malheureux. Michaëlis, qui a rassemblé les cas publiés de 1804 à 1832, au nombre de 110, a trouvé que l'opération a été 62 fois suivie de la mort de la mère, et 48 fois de sa guérison. Kayser a cherché à établir qu'elle était funeste à la mère presque dans les 4/5 des cas (0,79). Ce chiffre ne paraîtra point exagéré, s'il est vrai, comme le rapporte Burns, que de 33 femmes opérées en Angleterre, 2 seulement ont été sauvées, et que sur 36 opérées dans divers hôpitaux, 25 ont succombé.

On a supposé, non sans raison, que le retard apporté souvent à l'opération a dû avoir une influence fâcheuse sur sa terminaison. Kayser, qui a soumis sous ce rapport à une analyse intéressante les cas qui en étaient susceptibles, a trouvé que, sur 164 où la durée totale du travail a été notée, son influence n'a commencé à se faire sentir qu'au-delà de 72 heures seulement. Mais en calculant le temps écoulé après la rupture des membranes, le résultat a été tout autre. Ainsi, sur 112 cas où le moment de la rupture des membranes a été noté, on a opéré 39 fois avant ou six heures après la rupture des membranes : 20 femmes ont survécu et 19 sont mortes ; 35 fois de sept à vingt-quatre heures après la rupture des membranes : 14 ont guéri et 21 sont mortes ; et 38 fois, plus de vingt-quatre heures après la division de l'œuf : 13 se sont rétablies et 25 ont succombé.

Un premier succès semble diminuer les dangers de l'opération. Il existe un assez grand nombre de femmes chez lesquelles elle a été pratiquée plusieurs fois.

On voit d'après les faits rassemblés par Michaëlis que 15 femmes ont subi deux fois l'opération ; 10 y ont survécu et 5 ont succombé : que 2 des premières, redevenues enceintes, ont succombé à la troisième opération, et que 1 autre l'a subie trois fois avec succès.

Les femmes qui meurent dépassent rarement le huitième jour. La plupart succombent du cinquième au huitième ; quelques unes ont survécu jusqu'au dix-septième, au dix-huitième, au vingtième, au vingt-septième, au trentième et au quarante-cinquième. L'inflammation du péritoine, les suppurations diffuses du tissu cellulaire sous-séreux du bassin, etc., sont les causes les plus ordinaires de la mort. L'hémorrhagie y prend une part assez grande ; la mort est cependant très rarement immédiate. Plusieurs restent jusqu'au dernier moment dans un état d'affaissement profond, qui est peut-être moins le fait de l'opération elle-même que des souffrances et de la fatigue antérieure. 2 ont succombé aux convulsions ; 1 au tétanos, le dix-septième jour de l'opération. Parmi les femmes qui sont guéries, un assez grand nombre sont restées affectées de hernie abdominale ; chez plusieurs, la cicatrice de l'utérus s'est déchirée aux grossesses suivantes.

Le sort des enfants est loin d'avoir été constamment assuré, ou plutôt un assez grand nombre étaient morts ou avaient déjà trop souffert pour être viables. Sur les 33 cas mentionnés par Burns, 12 seulement ont été sauvés.

Sur 110 cas, Michaëlis a noté 63 enfants nés vivants, 29 nés morts et 4 très faibles ; le sort des autres est resté ignoré. La durée moyenne du temps écoulé depuis le commencement des douleurs a été, pour les enfants nés morts, de 2 jours 3/4, et pour les enfants nés vivants, de 1 jour 3/4.

Le temps moyen écoulé depuis la rupture des membranes a été, dans le premier cas, de 2 jours, et dans le second de 1 jour 1/2. 7 opérations pratiquées avant la rupture des membranes et 3 immédiatement après, ont eu pour résultat 10 enfants vivants. En d'autres termes et sur un plus grand nombre, d'après Kayser, sur 158 cas où le sort des enfants et la durée du travail sont indiqués, 101 sont nés vivants et 57 sont nés morts. Après moins de 24 heures de travail, il y a eu 42 succès, 16 insuccès ; de 24 à 72 heures, 48 succès, 24 insuccès ; après plus de 72 heures, 11 succès, 17 insuccès. 106 cas où il est tenu compte du moment de la rupture de la poche des eaux, se divisent de la manière suivante : avant la rupture des membranes ou 6 heures après, 37, succès 34, insuccès 3 ; de 7 à 24 heures après la rupture des membranes, 32, succès 25, insuccès 7 ; plus de 24 heures après la rupture des membranes, 37, succès 19, insuccès 18.

En restreignant l'opération césarienne aux cas où elle est le moins incertaine ou le seul moyen de délivrer la femme, on a toute liberté pour agir au moment le plus opportun. Cela existe évidemment, p. 162, lorsque le diamètre raccourci n'a plus que 54 millimètres (2 pouces) et au-dessous. On peut pratiquer l'opération avant la rupture des membranes au moment où le col est assez largement dilaté pour laisser un libre cours à l'écoulement du sang et des lochies, immédiatement ou peu de temps après, dans les meilleures conditions possibles pour la mère, et sauver l'enfant toutes les fois qu'il est vivant. A ce degré, on ne diminuerait pas sensiblement les chances de perdre la mère en sacrifiant l'enfant. Néanmoins, s'il était mort et surtout s'il l'était depuis quelque temps, ou si le travail s'était déclaré prématurément, et que le bassin eût au moins 35 ou 40 millimètres (16 ou 18 lignes) dans le sens où il est le plus réduit, et une étendue assez considérable dans le sens opposé, il faudrait encore tenter de délivrer la femme par la voie naturelle. Mais malgré quelques succès, il ne faut pas se faire illusion sur les dangers et les difficultés de l'embryotomie pratiquée dans de telles conditions. L'opération, toujours fort longue exige une grande habitude, beaucoup de patience et de sang-froid. La limite de 54 millimètres dans la direction du plus petit diamètre du bassin, comme imposant l'obligation de pratiquer l'opération césarienne, au moins lorsque l'enfant est vivant, paraîtra trop élevée à quelques auteurs qui n'ont pas suffisamment réfléchi sur les difficultés et les dangers de l'embryotomie. Si l'on rassemblait tous les cas où elle est pratiquée entre 54 et 67 millimètres (2 p. à 2 p. 1/2), on serait plutôt disposé à élever la limite qu'à l'abaisser. C'est surtout lorsqu'on a adopté comme règle de sacrifier l'enfant plutôt que de pratiquer l'opération césarienne qu'on doit regretter que les moyens d'extraire l'enfant par la voie naturelle, en le mutilant, soient si peu aptes à atteindre le but qu'on se propose, et si dangereux, dès que le petit diamètre du bassin est descendu au-dessous de 67 millimètres (2 pouces 1/2).

Les obstructions du bassin par des tumeurs et les oblitérations étendues du conduit vulvo-utérin qui peuvent exiger l'opération césarienne (p. 165, 185) permettent également, quoique moins facilement, de se décider à temps, c'est-à-dire avant que la mère et l'enfant aient eu à souffrir de la longueur du travail.

Enfin, à l'exemple des anciens et comme le prescrit l'église, on pratiquera l'opération césarienne immédiatement après la mort des femmes enceintes, qui sont en travail ou arrivées à une époque de la grossesse où l'on peut supposer le fœtus viable. La possibilité d'une mort apparente déterminée par une syncope, etc., doit faire apporter une grande circonspection dans notre conduite. Si le col est dilaté ou dilatable, on devra préférer la version ou le forceps. Dans le cas contraire, si l'auscultation indiquait que l'enfant a cessé de vivre, on pourrait s'abstenir; mais si l'on perçoit les pulsations cardiaques, après s'être assuré que la mort est bien réelle, on se hâtera de pratiquer l'opération avec autant de soins que si la femme était vivante.

Procédés opératoires. — Ils se rapportent à deux méthodes : dans l'une on pénètre dans l'utérus en ouvrant le péritoine ; dans l'autre, on fraie une voie au fœtus en dehors de la séreuse. A la première appartiennent toutes les opérations césariennes qui ont été pratiquées jusqu'à présent. La seconde n'est en quelque sorte qu'à l'état de projet, et ne peut être définitivement jugée.

A. La première méthode comprend plusieurs procédés, principalement caractérisés par le point de l'abdomen sur lequel on fait l'incision et par la direction qu'on lui donne.

1° On a incisé sur la ligne blanche, parallèlement à l'axe du corps ;

2° Verticalement en dehors du muscle droit ;

3° Transversalement entre le muscle droit et la colonne vertébrale, plus ou moins au-dessous de la troisième fausse côte, suivant que le fond de la matrice se trouve plus ou moins élevé ;

4° Obliquement de la branche horizontale des pubis à la ligne blanche ou au-delà.

Les incisions faites en dehors de la ligne blanche intéressent un plus grand nombre de tissus, et peuvent diviser l'artère épigastrique, ou au moins des branches assez volumineuses pour exiger des ligatures ; elles ont un autre inconvénient plus grave, c'est d'exposer davantage aux éventrations. Les avantages qu'on leur a supposés sont entièrement chimériques : elles ne sont pas plus propres à maintenir le parallélisme entre la plaie de la paroi abdominale et celle de l'utérus. Ce défaut de rapport est inévitable après l'extraction du fœtus et le retour de l'utérus sur lui-même. D'un autre côté, le siége et la direction donnée à la plaie de l'utérus n'influent en rien sur son plus ou moins de resserrement ; il n'y a pas d'autres précautions essentielles à observer, qu'à éviter de faire porter l'incision sur le côté, par les points où pénètrent et sortent ses vaisseaux.

Sur la ligne blanche, on n'a que les téguments, une toile fibreuse mince et le péritoine à diviser, et l'on peut toujours éviter de blesser la vessie. La réunion est tout aussi facile que sur les autres points de la paroi abdominale ; aussi l'incision sur la ligne blanche est-elle aujourd'hui généralement préférée. Si l'utérus était fortement incliné d'un côté, il serait facile d'écarter assez un des bords de la plaie du côté opposé, pour le diviser sur un point convenable; le défaut de parallélisme donné d'abord aux divisions, loin d'avoir des inconvénients, aurait au contraire l'avantage de le rendre moins sensible, après que l'utérus aura opéré son mouvement de redressement et de détorsion. Cependant, s'il était fortement dévié, on pourrait, comme le conseille M. Velpeau, faire correspondre l'incision de la paroi abdominale au côté le plus saillant de l'utérus, et diriger l'incision obliquement, de haut en bas et de dehors en dedans, comme s'il s'agissait de lier l'artère iliaque par la méthode d'Abernethy.

On a cherché à baser la préférence à donner aux divers procédés que je viens d'indiquer sur les résultats; mais on ne peut en tirer aucune conclusion. D'après Michaëlis, sur 72 cas dans lesquels on a eu recours au procédé qui consiste à inciser la paroi abdominale sur la ligne blanche, l'opération a été funeste 54 fois et 22 fois heureuse. Sur 8 incisions latérales parallèles à la ligne blanche, ont 3 réussi. L'incision, oblique d'un côté, pratiquée 7 fois, a réussi 4 fois. 3 femmes opérées d'après le procédé de Stein jeune, qui consiste à faire une incision transversale en croisant la ligne blanche, moururent. L'incision transversale en dehors du muscle droit a réussi dans les 2 cas où elle a été pratiquée.

B. La seconde méthode, quoiqu'elle ne soit pas encore acceptée, compte aussi plusieurs procédés. Déjà C. Bell, Gœrg et madame Boivin avaient eu la pensée d'inciser seulement le vagin ou tout au plus le col de l'utérus après l'ouverture de la paroi abdominale, lorsqu'en 1820 M. Ritgen proposa de faire une incision semi-lunaire, de la partie antérieure de la crête iliaque à l'épine des pubis, de décoller le péritoine et de le refouler en dedans pour inciser le vagin et le col de l'utérus.

M. L. Baudelocque choisit le côté gauche à cause de l'inclinaison du col quand l'utérus est dévié à droite, et le côté droit dans le cas contraire. Son incision, commencée près de l'épine des pubis, se prolonge parallèlement au ligament de *Poupart*, jusqu'au-delà de l'épine iliaque antéro-supérieure. Après avoir incisé la paroi abdominale, il décolle le péritoine dans toute l'étendue de la fosse iliaque. Un aide, placé au côté droit de la femme, soulève le péritoine et la masse intestinale, tandis qu'un autre aide maintient la matrice dans la position où elle est. L'opérateur introduit la main dans le vagin, fait saillir ce canal dans la plaie extérieure et l'ouvre, au-dessous de son insertion au col, dans l'étendue de 4 pouces, sans intéresser le segment inférieur de l'utérus. Physick, ayant remarqué que sur les femmes enceintes le péritoine est facile à séparer de la vessie et des environs du col de l'utérus, a pensé qu'en faisant une incision horizontale, immédiatement au-dessus des pubis, on pourrait arriver au sommet de la matrice et l'ouvrir sans intéresser la membrane séreuse.

La proposition d'inciser l'utérus ou le vagin en dehors du péritoine a été accueillie peu favorablement ; on a regardé l'opération comme impraticable ou au moins comme extrêmement difficile. C'est la pensée que doivent faire naître les rapports du péritoine avec l'utérus dans l'état de vacuité. Mais si l'on réfléchit aux changements apportés par son développement, on ne peut s'empêcher de lui accorder une attention plus sérieuse qu'on ne l'a fait. Le péritoine de la partie inférieure de l'abdomen est fortement soulevé et, de plus, facile à séparer, dans une assez grande étendue, des tissus sous-jacents, et l'on peut arriver sans trop de difficultés dans l'espace compris entre les parties inférieures du ligament large, et même en avant entre le col et la partie supérieure du vagin. Il semble qu'on peut faire une incision assez étendue pour extraire le fœtus, surtout si on la fait porter sur le col et sur le vagin en même temps ; c'est l'idée qui m'est restée de l'autopsie d'une femme morte en travail. L'examen auquel je me suis livré sous ce rapport m'a convaincu qu'on serait facilement parvenu à diviser, par l'un des procédés proposés, la paroi abdominale, le col et le vagin dans une étendue suffisante, sans pénétrer dans la cavité du péritoine. Mais je dois ajouter que l'utérus renfermait deux fœtus volumineux, qu'il était excessivement développé, et que par conséquent les conditions d'opérer suivant la méthode en question étaient les plus favorables possible. Mais n'en est-il pas de même dans le cas de rétrécissement considérable du bassin, par le fait de l'élévation du segment inférieur de l'utérus au-dessus du détroit supérieur?

Les plaies de l'utérus, surtout celles du col, n'ayant pas les dangers que leur attribue M. L. Baudelocque, on ne doit pas se créer de plus grandes difficultés, en s'astreignant à n'inciser que le vagin, alors même que l'opération ainsi limitée ne serait pas tout-à-fait impossible.

L'incision de la paroi abdominale par le procédé de Physick semble offrir quelque avantage pour ménager le péritoine ; mais ne doit-elle pas faire craindre une rétraction trop considérable des bords de la plaie, et par suite presque inévitablement une espèce d'éventration? Ce procédé a été jugé sévèrement par M. Velpeau, qui le regarde comme peu digne de son inventeur. Les incisions proposées par MM. Ritgen, L. Baudelocque, qui diffèrent peu, semblent le mieux appropriés au but; mais elles entraînent la division de plusieurs artères assez volumineuses qui rendent l'opération longue et difficile. Dans la première tentative de M. L. Baudelocque, la section de la paroi abdominale nécessita la ligature d'un grand nombre de petites artères; et la piqûre du vagin donna lieu à un écoulement sanguin abondant, qui remplissait la fosse iliaque à mesure qu'on l'épongeait, ce qui détermina l'opérateur à faire la section césarienne par le procédé ordinaire. L'enfant, qu'on aurait pu extraire par la voie naturelle à l'aide de la crâniotomie, puisque le petit diamètre du bassin était 2 pouces 1/2, avait déjà cessé de vivre. La mère ne tarda pas à succomber à la persistance de l'hémorrhagie.

Dans la seconde tentative, la section de la peau et des muscles entraîna la ligature d'une trentaine d'artères. M. L. Baudelocque, crut devoir lier l'artère iliaque interne, qu'il piqua avec l'aiguille, ce qui le força à porter la ligature sur l'artère iliaque primitive. Le décollement du péritoine, l'incision du vagin, offrirent peu de difficultés; la main passée dans la plaie vaginale alla chercher les pieds du fœtus, qui présentait la tête; la version et l'extraction furent faciles. L'enfant était également mort et aurait dû être extrait par la voie naturelle, puisque le bassin était de 10 centimètres. La femme, qui avait été prise, pendant le travail, d'accès d'éclampsie, mourut soixante-quatorze heures après l'opération, et l'on trouva à l'autopsie les lésions qui caractérisent la péritonite.

En supposant, comme semble le prouver le fait qui précède, qu'on peut, sans intéresser le péritoine, inciser le vagin et à plus forte raison le col ou ces deux parties en même temps dans une étendue suffisante pour livrer passage au fœtus, mais que l'opération est plus longue, plus difficile et exige beaucoup plus d'habitude que la section césarienne ordinaire, doit-on en attendre des avantages assez grands pour la faire préférer à la méthode ordinaire? L'incision pouvant être faite au-devant des vaisseaux qui rampent sur les parties latérales du col et du vagin, l'hémorrhagie est moins à redouter peut-être que dans l'incision du corps de l'utérus, et l'on sait que ce n'est pas la cause la plus commune de la mort. Il ne faut pas compter la ligature de l'artère iliaque interne, qui compliquerait l'opération sans exercer une grande influence sur ces hémorrhagies veineuses. Sans doute le décollement étendu du péritoine, les tissus divisés exposeraient beaucoup encore aux suppurations diffuses du tissu cellulaire sous-jacent, à la péritonite, à l'inflammation des veines et des lymphatiques de l'utérus et du bassin, auxquelles l'état puerpéral prédispose d'une manière toute particulière; mais on ne saurait disconvenir qu'en évitant l'ouverture du péritoine, et l'épanchement dans sa cavité du sang versé par les vaisseaux divisés et des liquides sécrétés dans l'utérus, on ne soustraie la femme à la cause la plus commune et la plus active de la mort.

Manuel opératoire du procédé ordinaire. — Après avoir fait évacuer les matières contenues dans le rectum, vidé la vessie avec la sonde, préparé tout ce qui est nécessaire à l'opération et au pansement, on place la femme sur le lit convenablement disposé, la tête un peu élevée et les jambes médiocrement fléchies; un des aides applique les mains à plat sur les côtés et le fond de l'utérus, afin d'empêcher une anse d'intestin ou toute autre partie flottante de s'interposer entre l'organe et la paroi abdominale. L'opérateur, armé d'un bistouri convexe, incise la peau, de l'ombilic vers les pubis, dans l'étendue de 13 à 14 centimètres (5 pouces) environ. L'angle inférieur de l'incision doit être distant de deux ou trois travers de doigt du bord supérieur de la symphyse des pubis; si l'on est forcé de la prolonger au-dessus de l'ombilic, on l'incline un peu à gauche, moins pour éviter la cicatrice ombilicale que l'anastomose anormale qui existe quelquefois entre la veine ombilicale et la veine épigastrique. On incise ensuite avec précaution le tissu cellulaire et l'aponévrose; et dès qu'on a ouvert le péritoine dans un point, on y introduit le doigt indicateur gauche pour servir de guide à un bistouri boutonné, à l'aide duquel on divise le péritoine et la toile fibreuse dans la même étendue que les téguments; on redouble de précaution en arrivant vers la partie inférieure, afin de ne pas léser la vessie. Le plus souvent les vaisseaux artériels divisés n'exigent ni ligature ni torsion. On incise ensuite l'utérus couche par couche, en ménageant le col au moins dans sa partie inférieure. En étendant l'incision vers le fond, on favorise le parallélisme entre la plaie de l'abdomen, et celle de l'utérus, après la rétraction de l'organe. Un aide absterge avec des éponges le sang à mesure qu'il s'échappe des vaisseaux utérins.

Lorsqu'on est arrivé dans un point sur la surface externe de la caduque, on la décolle avec le doigt qui sert de conducteur au bistouri boutonné, avec lequel on achève l'incision de l'utérus. Cette précaution est importante à observer lorsqu'on opère avant la rupture des membranes et lorsque le placenta correspond à l'incision. Mais si, sans le vouloir, on pénétrait sur un point dans la cavité de l'œuf, on introduirait par cette ouverture le doigt indicateur gauche pour servir de conducteur au bistouri boutonné, avec lequel on diviserait en même temps les membranes et les fibres les plus profondes de l'utérus. Si la poche des eaux était rompue, on pourrait se conduire avec intention de la même manière ; le doigt indicateur nous avertirait de la présence du placenta, qu'il faudait décoller et non inciser. Quand on opère avant la rupture des membranes, quelques auteurs ont conseillé, afin d'éviter l'épanchement du liquide amniotique dans le péritoine, de les rompre par le vagin après avoir mis à nu l'œuf. Cette précaution semble tout-à-fait superflue ; les mains de l'aide, appliquées sur les côtés de l'incision de la paroi abdominale, suffisent pour s'opposer à l'épanchement du liquide amniotique dans l'abdomen.

On procède de suite à l'extraction du fœtus par la tête ou par le pelvis, suivant que ces parties correspondent à l'incision de l'utérus ; si elles en étaient éloignées, on irait saisir les pieds. En entraînant le fœtus, il faut éviter les tiraillements qui peuvent déchirer les angles de la plaie. Le placenta est extrait par la même voie ; il est d'ailleurs porté vers la plaie par le resserrement de l'utérus ; dès qu'il est détaché, on le roule sur lui-même, afin d'entraîner en même temps les membranes ; pour peu qu'il tardât à se détacher, on favoriserait son décollement avec les doigts. Ce serait prolonger inutilement l'opération que de vouloir, comme le conseille Planchon, porter le cordon par la plaie dans le vagin au moyen d'une sonde en gomme élastique, afin de l'entraîner par la voie ordinaire. Si du sang coagulé était retenu dans la cavité de l'utérus, on l'entraînerait par la plaie avec la main. L'incision de l'utérus, l'extraction du fœtus et du délivre doivent être faites avec tous les ménagements convenables, mais cependant avec le plus de promptitude possible ; car pendant tout ce temps il se fait un écoulement sanguin assez abondant, qui ne diminue ou ne s'arrête que lorsqu'on a mis l'utérus dans les conditions à pouvoir se rétracter complétement sur lui-même. La plus grande partie de ce sang est fournie par les veines de l'utérus, d'où il s'échappe en nappe, et en grande abondance si la femme pousse des cris ou se livre à des mouvements. Plusieurs artères, au moment de leur division, donnent un jet très ténu, mais qui cesse presque aussitôt ; si quelques unes d'un calibre plus considérable donnaient du sang en abondance, en attendant que l'utérus pût se rétracter, un des aides placerait les doigts sur les extrémités divisées de ces vaisseaux. Quant à l'écoulement veineux, il est modéré par l'application des mains sur les côtés de l'utérus. Cette application bien faite ne s'oppose pas seulement à l'issue des intestins, à la pénétration de l'eau de l'amnios dans le péritoine, mais contient encore jusqu'à un certain point l'effusion du sang veineux hors de ses vaisseaux. L'issue des intestins vient quelquefois compliquer désagréablement l'opération.

Chez les femmes dont la colonne vertébrale est très déformée, la cavité de l'abdomen étant considérablement rétrécie, se développe principalement aux dépens de sa paroi antérieure; et, lorsque celle-ci est incisée, l'utérus et le paquet intestinal tendent à s'échapper par l'ouverture, malgré les mains de l'aide destinées à maintenir le tout en place; ou, aussitôt que le fœtus est extrait, plusieurs anses intestinales tendent à glisser au-devant de l'utérus et s'échappent souvent en dehors, ou ressortent à mesure qu'on les fait rentrer. On ne parvient même quelquefois à les réduire qu'à mesure qu'on rétrécit l'ouverture par la suture; ce temps de l'opération est rendu très difficile, et il résulte une très grande irritation du péritoine.

Pour maintenir l'orifice de la matrice ouvert, quelques auteurs conseillent d'y placer une canule en gomme élastique; Baudelocque conduisait de la plaie extérieure dans le vagin une mèche effilée, dont les deux bouts, réunis l'un à l'autre, étaient maintenus au-devant des pubis. Si l'écoulement des liquides épanchés dans l'utérus devait être facilité par un corps étranger, c'est la conduite de Baudelocque qu'il faudrait imiter; car cette mèche est ce qu'on peut mettre de moins irritant, et, en la déplaçant, on favorise en même temps l'issue des matières par le vagin et par la plaie extérieure. Mais il vaut mieux s'en abstenir; car l'orifice de la matrice a peu de tendance à se fermer pendant le premier temps des couches, et si des caillots de sang l'oblitéraient, le doigt suffirait pour rétablir la communication.

On réunit la plaie de la paroi abdominale à l'aide de la suture, et c'est à la suture entortillée ou à la suture enchevillée qu'on donne généralement la préférence; on a eu assez souvent recours à la suture à points passés. On laisse libre l'angle inférieur de la plaie, et on y place une mèche qu'on fait pénétrer jusque dans l'utérus, afin de faciliter l'écoulement des matières au dehors. Les points de suture ne doivent pas être très rapprochés, et l'on soutient les intervalles par des bandelettes agglutinatives. Un linge troué, enduit de cérat, est appliqué sur les bords rapprochés de la solution de continuité; des gâteaux de charpie, des compresses disposées convenablement sont maintenues par un bandage de corps qui concourt à maintenir rapprochées les lèvres de la plaie. Car si le ventre prend du développement, les points de suture sont tiraillés et exposés à s'ulcérer et à se déchirer; on est même quelquefois forcé, dès le deuxième ou troisième pansement, d'enlever une partie des points de suture et de les remplacer par des bandelettes agglutinatives et un bandage approprié. La femme, nettoyée, débarrassée des linges salis, si le lit n'a pu être disposé pour qu'elle y restât, est portée avec le moins de mouvement possible sur celui qu'elle doit garder, et on lui donne une position qui maintienne les muscles de l'abdomen dans le relâchement.

Des réfrigérants appliqués sur le ventre auraient l'avantage d'exciter l'utérus à se rétracter, de modérer l'écoulement sanguin; mais ne doit-on pas craindre qu'ils ne prédisposent à l'inflammation du péritoine au lieu de la prévenir? Dans tous les cas, on doit surveiller les premiers symptômes inflammatoires, afin de les combattre et de les maintenir dans des limites modérées, par des fomentations émollientes, la saignée, des applications de sangsues si les forces de la malade le permettent. Dans d'autres cas, on doit s'attacher à relever les forces, à calmer l'agitation par quelques antispasmodiques diffusibles.

Un des premiers effets consécutifs à l'opération, lorsque les symptômes inflammatoires sont modérés, c'est l'adhésion de la surface externe de l'utérus dans le voisinage de la division avec les anses d'intestins ou les autres parties qui se trouvent placées au devant, et la cavité du péritoine se trouve ainsi séparée de la cavité de l'utérus et de la plaie extérieure. Si les choses se maintiennent dans cet état, la malade est dans les conditions les plus favorables pour la guérison; mais si l'inflammation devient très intense et qu'il se forme des épanchements séro-purulents dans le péritoine, cette adhésion, formée par une couche albumineuse, se rompt ou se dissout, et les liquides de l'utérus peuvent s'échapper de nouveau dans la cavité du péritoine.

La réunion de la plaie de l'utérus ne se fait qu'assez tardivement et vraisemblablement qu'après avoir suppuré. A l'autopsie on trouve ordinairement, chez les femmes mortes dans les huit ou dix premiers jours, la plaie béante et beaucoup plus étendue à sa surface externe qu'à sa surface interne et comme coupée en biseau de dehors en dedans; ce qui dépend de la rétraction plus étendue des fibres superficielles plus longues. Elle ne se trouve guère dans les conditions à être réunies et à se cicatriser que lorsque l'utérus est en grande partie dégorgé et revenu sur lui-même. Dans quelques cas, il reste une dépression superficielle, ou la partie la moins profonde de la cicatrice est formée par un tissu de nouvelle formation; quelquefois les points avec lesquels l'utérus a contracté des adhérences concourent à fermer la solution de continuité.

CHAPITRE IV.

DE LA DÉLIVRANCE.

On désigne ainsi l'expulsion et l'extraction artificielle de l'arrière-faix ou de l'œuf vide : c'est le complément, la dernière période de la parturition ; comme l'expulsion du fœtus, elle est l'œuvre de la nature, et peut, dans la généralité des cas, s'opérer spontanément et sans secours étrangers. Mais il peut survenir, pendant cette dernière période du travail, des accidents qui menacent la vie de la femme si elle n'est promptement délivrée : il peut aussi arriver par des causes diverses qu'elle ne s'accomplisse pas dans les limites de temps tracées par la nature ; et alors, tantôt l'arrière-faix est encore expulsé en entier après un temps variable, tantôt par parties après avoir été ramolli et réduit en putrilage, à l'exception des vaisseaux et des membranes qui sortent par lambeaux. Dans quelques cas, la dissolution est beaucoup plus complète, au point de faire croire à la possibilité de la résorption du délivre. Lorsqu'il survient des accidents, comme une hémorrhagie utérine, des convulsions, etc., pendant la délivrance, ou lorsqu'elle se prolonge anormalement, la femme est exposée à périr, si on ne la délivre pas, et si l'on ne remplit pas les autres indications spéciales à chaque cas.

Il est donc important de traiter séparément de la *délivrance naturelle* et de la *délivrance compliquée* ou *artificielle*.

SECTION Iʳᵉ. — De la délivrance naturelle.

En suivant avec attention les phénomènes de la délivrance naturelle, on voit, comme l'a observé Désormeaux, qu'elle présente trois temps distincts : dans le premier, le placenta est séparé de la surface interne de l'utérus ; dans le deuxième, il est poussé hors de la cavité de cet organe dans le vagin, entraînant avec lui les membranes ; dans le troisième, il est expulsé au dehors.

L'action de tirer sur le cordon lorsque le placenta est engagé dans l'orifice de la matrice, convertit les deux derniers temps en un seul ; mais cela ne détruit pas la vérité de la distinction.

1° La séparation ou le décollement du placenta de la surface utérine sur laquelle il adhère, est facile à concevoir : cette surface devient relativement trop petite par le resserrement de l'utérus sur lui-même, après l'expulsion du fœtus. Les membranes sont plissées, le placenta est resserré et froncé de sa circonférence à son centre ; les éléments celluleux et vasculaires, mous et friables, qui unissent les deux surfaces, sont bientôt déchirés ; le placenta complétement décollé glisse vers l'orifice interne de la matrice, en entraînant avec lui les membranes, et s'y présente, tantôt par sa face fœtale ou interne, tantôt par sa face utérine ou externe, tantôt par un point de sa circonférence, roulé sur lui-même en forme de gouttière. On doit en conclure que le décollement commence tantôt par le centre du placenta, qu'il se propage de proche en proche jusqu'à la circonférence et que l'œuf se retourne en descendant, tantôt par un point de sa circonférence. Dans ce dernier cas, si c'est par le bord supérieur, il peut encore se renverser sur lui-même lorsque la partie décollée la première n'est pas retenue en place par les points opposés de l'utérus. Lorsque le décollement commence par le bord inférieur, il glisse sur le col par sa face utérine, et s'y présente par quelques points de cette face ou plutôt par une portion de sa circonférence.

Le décollement du placenta se fait toujours avec une effusion de sang assez abondante ; le contraire ne peut arriver que lorsque le fœtus est mort depuis longtemps dans l'utérus et que les vaisseaux utéro-placentaires se sont oblitérés. Comme les veines ont un calibre beaucoup plus considérable que les artères qui sont très grêles, le sang qui s'écoule offre tous les caractères physiques du sang veineux. Il est assez souvent en grande partie retenu dans l'utérus par le placenta, qui bouche exactement l'orifice utérin lorsqu'il se présente par l'une ou l'autre de ses faces ou qu'il est engagé. A mesure que le placenta est décollé, l'utérus, revenant de plus en plus sur lui-même, resserre les orifices vasculaires béants à sa surface interne et modère l'effusion sanguine.

La séparation du placenta est un phénomène entièrement mécanique, non que je veuille nier qu'elle soit préparée en quelque sorte et rendue plus facile par la maturité de l'œuf. Cette disposition à une séparation, non pas spontanée, mais plus facile, me semble au contraire démontrée, non pas précisément par ce qui se passe dans l'expulsion du placenta dans l'avortement, mais bien dans l'accouchement prématuré, où le décollement du placenta est plus long et plus difficile que dans l'accouchement à terme, quoique la texture qui rend l'utérus si éminemment contractile soit déjà parfaite.

Ce n'est pas par ses contractions douloureuses et intermittentes que l'utérus détache le placenta, mais par cet autre mode de contractilité, en vertu duquel il tend d'une manière continue à revenir sur lui-même et à réagir avec quelque force sur son contenu à mesure qu'il se désemplit. Aussi le décollement du placenta se fait-il ordinairement sans douleurs : la main appliquée sur le globe utérin n'éprouve, pendant qu'il s'opère, d'autres sensations qu'une tension continue.

Lorsqu'on voit survenir des contractions intermittentes et douloureuses, le placenta est le plus souvent détaché, et l'utérus se contracte pour l'engager et l'expulser à travers le col. C'est aussi la rétraction continue qui maintient fermés les vaisseaux utéro-placentaires déchirés, et réduit l'écoulement sanguin à une perte modérée et sans dangers.

C'est avec l'expulsion des dernières parties du fœtus ou seulement après son expulsion complète que le placenta commence à se détacher. On a vu comment il se trouve à l'abri des contractions utérines pendant le travail : pour suivre l'utérus dans son développement il est forcé de s'étaler mécaniquement de son centre à sa circonférence dans une assez grande étendue ; de sorte que la matrice, en se resserrant soit alternativement, soit d'une manière continue, ne fait d'abord que rendre au placenta sa largeur réelle.

Après l'écoulement du liquide amniotique et la rétraction de l'utérus sur le fœtus, les adhérences du placenta ne paraissent pas encore tiraillées ; c'est à tort que quelques auteurs ont pensé que le décollement commence à cette période du travail. Le placenta, formé d'un tissu mou et souple, disposé en lobes pouvant se tasser les uns contre les autres, suit le resserrement de l'utérus assez loin avant que ses adhérences soient rompues; ce qui explique pourquoi son décollement ne commence qu'avec l'expulsion des dernières portions du fœtus ou seulement quelques instants après. Dans un assez grand nombre de cas il est impossible d'assigner un temps distinct entre la sortie du fœtus et le décollement du placenta; l'expulsion des dernières parties du fœtus est accompagnée d'un flot de sang qui contient quelquefois des caillots, et le doigt porté dans le col trouve déjà le placenta au-dessus.

Mais le plus souvent il n'est pas encore décollé ou il ne l'est que partiellement, et il ne descend sur le col que cinq, dix, quinze, vingt minutes après. Il est rare que le décollement ne soit pas achevé au bout de trente minutes, de trois quarts d'heure ou une heure. Lorsqu'il se fait si tardivement, il y a ou un certain degré d'inertie de l'utérus ou une adhérence du placenta qui, sans être positivement morbide, est cependant déjà assez solide, car la résistance qu'il oppose à son décollement offre une foule de degrés. Mais la force que développe l'utérus pour la vaincre en revenant sur lui-même est très puissante, et agit sur le placenta dans une direction très favorable. Cette force peut être surexcitée ou affaiblie par divers circonstances accidentelles qui accélèrent ou retardent le décollement du placenta. Il est en général très prompt chez les femmes dont les contractions ont été bien soutenues pendant le travail, chez celles qui ont été accouchées artificiellement; tandis qu'il est ordinairement retardé lorsque le travail a été languissant, lorsque l'expulsion a été très rapide ou a suivi de près l'écoulement d'une grande quantité de liquide amniotique.

2° Lorsque le placenta est décollé, il ne tarde pas à être poussé dans le vagin; l'utérus, uniformément tendu, se moule sur lui, et prend une forme plus régulière et plus globuleuse. La main appliquée à l'hypogastre sent qu'il devient le siège de contractions intermittentes ordinairement accompagnées de douleurs médiocres. Il se contracte assez souvent d'abord d'une manière intermittente sans exciter de douleurs; mais d'autres fois elles deviennent assez vives, si on abandonne l'expulsion entièrement à son action. La rétraction de l'utérus et ses contractions ont non seulement pour effet d'engager le placenta à travers le col, mais elles le réduisent encore et le dirigent le plus souvent dans le sens où il présente le moins de volume. Cependant, lorsqu'il se présente par son centre, il serait souvent expulsé dans cette situation si on n'exerçait pas de tractions sur le cordon, et exigerait une dilatation assez grande du col utérin.

Cette partie de l'utérus a une forme très différente de celle qu'elle présente avant l'expulsion du fœtus. Dans le premier cas, le corps et le col forment une grande cavité ovoïde ouverte dans le vagin par un orifice à bords étroits et tranchants formés par la partie la plus inférieure du col. Dans le second c'est un véritable canal long de 2 à 3 pouces, resserré en haut et largement ouvert en bas, présentant à l'intérieur des reliefs et des anfractuosités, et donnant la sensation du tissu de l'utérus à l'état d'inertie. C'est qu'en effet cette partie a été fort distendue mécaniquement et n'a recouvré que très imparfaitement sa contractilité et son irritabilité naturelle; mais la portion qui correspond à l'orifice interne s'est rétractée comme le reste de l'utérus, et c'est dans ce point que le placenta est retenu et qu'il trouve le plus de difficulté à passer.

Le doigt introduit dans le col rencontre souvent une portion du placenta dans sa partie inférieure et flasque ou dans le vagin, et reconnaît qu'il est retenu par la partie supérieure du col seulement ou par l'orifice interne. Mais lorsqu'il est très gros ou qu'il est poussé à travers le col sans être roulé en gouttière, l'utérus prend jusqu'à un certain point la forme qu'il avait avant l'expulsion du fœtus, et la portion vaginale du col ou l'orifice externe offre une certaine difficulté à se laisser traverser par cette masse. Quoi qu'il en soit, dans un assez grand nombre de cas le placenta passe si promptement dans le vagin, qu'on peut à peine saisir un temps d'arrêt entre son décollement et son passage dans ce canal; il semble chassé par le seul retour de l'utérus sur lui-même, sans le concours des contractions intermittentes et douloureuses; c'est plus particulièrement chez les primipares qu'on observe cette absence de douleurs. Mais dans la plupart des cas, le placenta détaché reste dans la cavité utérine, dix, vingt, trente minutes, etc., et son passage à travers le col est accompagné de quelques douleurs qui peuvent devenir assez vives; quelquefois il n'est chassé qu'après plus d'une heure d'attente. Ce retard, qui est ordinairement lié à une faible action de l'utérus, peut dépendre de causes diverses sur lesquelles nous aurons à revenir.

3° On n'a pas apprécié très exactement le temps que le placenta met à traverser le col et qu'il reste dans le vagin, parce qu'on est généralement dans l'habitude de tirer sur le cordon dès qu'il y est engagé, et qu'on abandonne rarement à la nature ce dernier temps de la délivrance. Il n'est pas rare de voir le placenta s'arrêter à peine dans le vagin, être en quelque sorte chassé de la cavité de l'utérus au dehors en un seul temps; mais c'est une exception. La distension qu'il a subie, ainsi que la partie inférieure du col, leur a fait perdre en grande partie leur irritabilité et de leur contractilité, et les efforts expulsifs ne sont souvent provoqués qu'après un temps plus ou moins long. Chez des femmes qu'on a négligé de délivrer ou qui ont été privées d'assistance, le placenta est resté assez longtemps dans le vagin ou n'est sorti que par le changement d'attitude, l'action de passer d'un lit dans un autre.

M. P. Dubois a fait quelques expériences pour apprécier la durée de la délivrance entièrement abandonnée aux efforts de l'organisme. Voici comment M. Cazeaux en rend compte : « Lorsqu'on abandonne la délivrance à la nature, l'expulsion complète du placenta n'a lieu le plus souvent qu'une heure ou une heure et demie après la naissance de l'enfant. Le décollement du placenta et son expulsion hors de la cavité utérine s'opèrent, il est vrai, comme l'a indiqué Clarke, au bout d'un quart d'heure, de vingt à vingt-cinq minutes ; mais, une fois arrivé dans le vagin, le placenta y séjourne quelquefois plusieurs heures sans que sa présence y détermine la moindre irritation, le moindre ténesme, le moindre effort expulsif. »

Conduite à tenir. — On s'est fait, suivant les temps, des idées fort différentes sur la conduite à tenir et sur la part qu'on doit accorder à l'art dans le travail de la délivrance. Puisque, dans la généralité des cas, elle peut se faire par les seules forces de la nature, on a dû penser que l'assistance, comme dans l'accouchement naturel, devait être entièrement passive, lorsqu'il ne se présente aucune complication. Cette pratique, qui, d'après ce que nous avons dit plus haut, n'est pas sans inconvénient et sans dangers, paraît avoir été celle des anciens : ils recommandaient de n'avoir recours aux médicaments ou à l'action de la main, pour procurer la sortie du délivre, que dans les cas où la nature paraissait impuissante à l'opérer. A la renaissance, s'imaginant que l'orifice de la matrice devait se refermer immédiatement après l'expulsion du fœtus et retenir longtemps le délivre, qui devenait dès lors la source d'accidents graves, le précepte de procéder à la délivrance aussitôt que le fœtus était sorti s'établit peu à peu. Cette pratique, recommandée par Mauriceau, Peu, de Lamotte, avait encore de nombreux partisans dans la dernière moitié du siècle passé. Mais des idées plus rationnelles ont prévalu depuis longtemps ; et servent à peu d'exceptions près de règle de conduite à tous les praticiens. Dans les cas qui ne s'écartent pas de l'ordre naturel, on attend pour tirer sur le cordon que le placenta soit décollé et qu'il commence à s'engager. En agissant ainsi on ne s'expose pas à déterminer des hémorrhagies graves en décollant le placenta avant que l'utérus soit suffisamment revenu sur lui-même, à renverser cet organe, etc.

En favorisant le passage du placenta à travers le col utérin et en l'entraînant de suite au dehors, on abrège de beaucoup la durée de la délivrance, qui ne doit pas cesser d'être considérée comme naturelle, quoiqu'on accélère la sortie du délivre en tirant sur le cordon, et qu'on confonde ses deux derniers temps en un seul.

Ainsi, après l'expulsion de l'enfant et l'administration des soins immédiats qu'il réclame, on porte la main sur la région hypogastrique pour s'assurer si l'utérus ne contient pas un second enfant, et s'il se rétracte convenablement. Il ne faut troubler par aucune manœuvre l'état de repos, de bien-être et de satisfaction qui succède aux derniers efforts tumultueux de l'enfantement; mais lorsqu'on sent l'utérus devenir globuleux, se durcir et se relâcher sous la main ou que la femme accuse de nouvelles douleurs, on porte le doigt dans le vagin, et l'on sent ordinairement une portion de placenta engagée dans le col.

Si le doigt ne pouvait pas pénétrer assez profondément, il suffirait d'abaisser l'utérus, en pressant sur son fond avec l'autre main ou de tirer légèrement sur le cordon pour s'assurer si le placenta est détaché ou non. Si l'utérus tardait à se contracter, à se durcir, on attendrait, et on exercerait avec la main des frictions sur son fond. Quoique dans la généralité des cas le placenta soit détaché au bout de dix, vingt minutes, trois quarts d'heure, on ne doit pas précisément prendre pour règle de conduite le temps écoulé, quoi qu'on doive en tenir compte, mais bien l'état de l'utérus. Tant qu'il reste mou, volumineux, qu'il ne prend pas une forme globuleuse, y eût-il une heure, deux heures que l'enfant est né, qu'on ne serait pas autorisé à croire à une adhérence anormale; dans cet état d'inertie profonde et persistante, on exposerait la femme à une hémorrhagie grave en tirant sur le cordon ou en allant décoller le placenta avec la main. Au contraire, si le placenta reste adhérent, quoique l'utérus se soit rétracté et qu'il soit le siège de contractions répétées, y eût-il même moins d'une heure que l'enfant est expulsé, on est en droit de supposer une adhérence anormale ou un obstacle à son expulsion, qui exigera très vraisemblablement d'autres secours qu'une attente limitée et les moyens simples d'exciter la contractilité de l'utérus.

Avant de tirer sur le cordon, il faut s'assurer non seulement que le placenta est détaché, mais il est aussi avantageux d'attendre qu'il soit déjà engagé dans le col, ramassé sur lui-même et réduit par l'action de l'utérus; il est alors entraîné avec la plus grande facilité. Presque toutes les personnes qui ont fait quelques accouchements avec attention ont pu constater que si l'on tente la délivrance aussitôt que le placenta est détaché, on rencontre souvent une résistance à l'entraîner qui fait craindre la rupture du cordon, et que quelques instants après une traction légère suffit pour l'entraîner. On tire sur le cordon en le saisissant solidement le plus près possible des parties génitales, soit en l'entortillant plusieurs fois autour de deux doigts, soit en l'enveloppant d'un linge sec, afin qu'il puisse être serré dans la main ou entre le pouce et l'indicateur, sans glisser; l'autre main est préalablement appliquée sur le globe utérin, pour s'assurer qu'il n'est pas tiraillé et pour solliciter l'organe à revenir sur lui-même à mesure qu'il se désemplit. On tire d'abord en ligne directe, puis en inclinant alternativement la main d'un côté à l'autre. Les tractions se font nécessairement suivant l'axe du vagin, de sorte que le placenta, au lieu d'être porté vers le centre du col, est poussé contre son bord antérieur. On diminue ce défaut de parallélisme entre le col de l'utérus et le vagin, en tirant le plus possible en arrière et en inclinant le fond de l'utérus dans le même sens. Le conseil de tenir la main appliquée sur l'utérus pendant qu'on tire sur le cordon, a une certaine importance pour apprécier les effets des tractions; mais, si l'on éprouvait quelques difficultés à diriger le placenta convenablement à travers le col et qu'on eût la certitude qu'il est complétement détaché, il faudrait, comme on le conseille généralement, rapprocher davantage de l'axe de l'utérus la direction donnée aux tractions, en portant l'indicateur et le médius réunis, le long du cordon jusqu'à l'orifice de la matrice, pour repousser le bout placentaire vers le sacrum, de manière à former comme une poulie de renvoi. Lorsqu'il est descendu dans le vagin, on continue les tractions dans la direction de ce canal en portant le cordon en avant. Aussitôt qu'il franchit la vulve, on le saisit avec les deux mains, et on le roule plusieurs fois sur lui-même pour réunir les membranes en un cordon, afin d'achever de les détacher de l'utérus et de les entraîner en entier.

Si le placenta s'est engagé dans le col par son bord et qu'il fasse saillie dans le vagin, M. Guillemot conseille d'exercer de légères tractions sur cette partie, au moyen de deux doigts portés dans les parties, car en tirant sur le cordon, la portion centrale du placenta tend à s'engager en même temps, et vient ajouter son volume à celui du disque qui est déjà engagé, ce qui peut devenir un obstacle à son extraction. En suivant avec attention les indications et les règles qui viennent d'être posées, on terminera généralement la délivrance avec facilité, alors même qu'un certain degré de resserrement du col, l'inclinaison de l'utérus en avant, le volume plus considérable du placenta, la faiblesse du cordon, la rendraient sensiblement plus difficile que dans les conditions ordinaires.

On examine ensuite le délivre, afin de constater s'il n'en est pas resté quelques fragments dans l'utérus. Lorsque le placenta a été entièrement décollé spontanément et qu'il a été entraîné au dehors par les seules tractions sur le cordon, il n'y a pas à craindre qu'il en soit resté une portion dans la matrice. Il n'en est pas tout-à-fait de même pour les membranes, dont une partie ou la presque totalité peut se séparer du gâteau vasculaire ; mais, dans ce cas, il est rare qu'on n'en rencontre pas une portion dans le vagin ou dans le col, ce qui permet généralement de les entraîner sans porter la main dans la cavité utérine. On ne serait pas autorisé à l'y porter pour des parcelles de placenta, des lambeaux de membranes, un caillot de sang, à moins qu'ils ne forment une masse volumineuse. Dans le cas contraire, à moins de perte abondante, on se bornerait à débarrasser le col s'il était obstrué par du sang coagulé, à frictionner le globe utérin ; ces corps étrangers peu volumineux ne tarderaient pas à être expulsés sans avoir produit d'autres accidents que des tranchées utérines plus ou moins fortes.

Dans le cas de jumeaux, les rapports intimes qui existent assez souvent entre les placentas indiquent suffisamment qu'il ne faut jamais négliger de poser une ligature sur le bout placentaire du cordon du premier fœtus expulsé, ni tenter de délivrer la femme avant l'expulsion du second. Lorsque les placentas sont séparés et les œufs simplement adossés, le délivre du premier jumeau ne sort généralement qu'après l'expulsion du second enfant; cependant il arrive quelquefois que celui du premier s'engage avant. Dans ce cas seulement, et lorsqu'il est descendu dans le vagin, on procède à son extraction comme il a été dit. Dans tous les autres, on attend la sortie du dernier enfant et le décollement des placentas. Avant de tirer sur les deux cordons en même temps, on aura soin de constater lequel des placentas correspond le plus exactement au col utérin, afin de faire avancer les deux masses l'une après l'autre, en graduant les tractions et même en ne tirant d'abord que sur l'un des cordons. Nous avons indiqué, t. 1, 486, la conduite à tenir dans la délivrance à la suite de l'avortement.

Soins que réclame la femme immédiatement après la délivrance. — Après la délivrance on s'assure que l'utérus reste dur et rétracté ; on porte l'index dans le col pour le débarrasser, s'il y a lieu, du sang coagulé qui peut l'obstruer ; on laisse la femme encore quelque temps couchée horizontalement sur le lit où elle vient d'accoucher.

Après avoir pris le soin de remplacer par des serviettes sèches et chaudes les linges mouillés placés sous elle et au-devant des parties génitales, on la couvre convenablement pour la garantir du froid, on lui prescrit le repos et le silence, et l'on continue à surveiller l'état de l'utérus et l'écoulement sanguin. Il faut écarter les visites importunes et éloigner tout ce qui pourrait faire naître en elle des mouvements tumultueux de joie ou de tristesse. En la laissant quelques instants sur le lit où elle est accouchée, on lui procure un peu de repos dont elle a grand besoin après les violentes secousses qu'elle vient d'éprouver, et l'on prévient les défaillances, les pertes dont elle pourrait être prise, si on la remuait, en la déplaçant trop promptement. Au bout de quinze à vingt minutes, quelquefois davantage, après s'être assuré que l'utérus reste rétracté, que des caillots sanguins ne sont pas retenus dans le vagin, et l'avoir débarrassé s'il s'en rencontre, on lave avec une éponge imbibée d'eau tiède ou un linge fin les parties génitales, qu'on essuie avec une serviette fine et chauffée. On remplace les vêtements de dessous, humectés par la sueur et souillés, par d'autres bien secs et chauffés, et l'on place un bandage de corps autour de l'abdomen. Ce bandage, médiocrement serré et purement contentif, soutient les viscères abdominaux et supplée à la pression que les parois relâchées du bas-ventre n'exercent plus au même degré. On porte ensuite la femme dans son lit ordinaire, qui est préparé d'avance, garni d'alèzes et bassiné ; il ne faut sous aucun prétexte permettre qu'elle se lève pour s'y rendre. Elle ne doit d'abord être couverte qu'autant qu'il le faut pour la préserver du froid, et pour abréger les horripilations et les frissons portés assez souvent jusqu'au tremblement, et dont peu de femmes sont exemptes. Souvent, presque aussitôt qu'elle est réchauffée, elle s'endort d'un sommeil paisible qu'il ne faut pas troubler ; mais il faut continuer pendant une heure ou deux une surveillance attentive, dans la crainte qu'il ne survienne une hémorrhagie, et changer plusieurs fois la serviette placée au-devant des parties génitales.

SECTION II. — De la délivrance artificielle et compliquée.

Ce n'est pas seulement d'après le temps qui s'est écoulé depuis la naissance de l'enfant qu'on juge qu'il est avantageux de pratiquer artificiellement la délivrance, mais aussi d'après la nature des accidents qui se déclarent et des obstacles qui la retardent. Ainsi, une hémorrhagie utérine grave, l'éclampsie, etc., peuvent exiger qu'on aille chercher le placenta avec la main peu d'instants après la sortie du fœtus ; tandis que s'il reste entièrement adhérent par la suspension prolongée de la contractilité de l'utérus, on peut temporiser plusieurs heures, en s'appliquant seulement à la ranimer ; car si, à la fin, on est forcé d'introduire la main dans l'utérus, on n'a pas à craindre que le col y mette un obstacle sérieux. Mais si le placenta reste adhérent ou est retenu dans l'utérus sans que sa contractilité soit en défaut, la temporisation n'est permise que dans des limites assez restreintes ; si une heure ou deux après la naissance de l'enfant, le placenta ne peut pas être entraîné par de simples tractions ou expulsé à l'aide de moyens par lesquels on seconde la délivrance naturelle, il ne faut point hésiter à porter la main dans la matrice ; car alors il reste peu de chances que l'expulsion spontanée se fasse très prochainement, et lorsqu'à la fin on se décide à agir, le resserrement du col rend l'opération difficile et dangereuse, quelquefois même impossible, et toujours excessivement douloureuse. Ou bien si on persiste, comme quelques praticiens le recommandent, dans l'expectation indéfinie, l'écoulement sanguin, alors même qu'il reste modéré, affaiblit graduellement la femme ; mais il devient souvent promptement grave par son abondance ou par ses fréquentes répétitions. Le placenta en se décomposant expose en outre la femme à la résorption de la matière putride et à une des formes les plus graves de l'inflammation puerpérale. Le conseil de tenter la délivrance avant que le col de l'utérus ait eu le temps de se resserrer trop fortement fait supposer d'un autre côté qu'on ne doit pas mettre, pour l'obtenir, une insistance et une force susceptibles de compromettre la vie de la femme ; dès qu'on a acquis la certitude que des tentatives faites avec prudence et ménagement sont insuffisantes, il faut y renoncer, au moins pour le moment.

Les règles générales qui précèdent sont conformes aux conseils et à la conduite de presque tous les praticiens éclairés par une longue expérience, et sont d'ailleurs pleinement justifiées par les faits. Mais l'appréciation individuelle rend assez souvent artificielle une délivrance qui aurait pu être abandonnée aux forces naturelles, et réciproquement. Aussi trouve-t-on dans les relevés statistiques de grandes différences sous ce rapport : les 219,353 accouchements du relevé de M. Riecke ont donné lieu à 1,500 délivrances artificielles (1 sur 213). A la clinique de Tubingue, 2,000 accouchements ont exigé 40 fois la délivrance artificielle (1 sur 50). Sur les 26,676 accouchements de F.-H. Ramsbotham, le placenta a été retenu 151 fois dans l'utérus (1 sur 177). Merriman a trouvé que la délivrance artificielle a été opérée 1 fois sur 77 dans la pratique des pauvres, et 1 fois sur 300 seulement dans la sienne propre.

Les causes qui rendent la délivrance artificielle nécessaire et les conséquences fâcheuses qui en résultent ont en général de la gravité, moins cependant que ne le fait supposer le relevé de M. Rieche, qui donne 1 mort sur 10 délivrances artificielles. C'est dans l'appréciation exacte des causes qui s'opposent à la délivrance et des accidents qui la compliquent qu'il faut chercher l'indication d'agir sans précipitation, et aussi sans retard intempestif; mais ces causes et ces complications étant diverses, il faut, pour en faire ressortir les indications, les étudier séparément.

I. *Persistance de l'adhérence du placenta par défaut de contractilité de l'utérus.* — Nous n'avons point à revenir ici sur les diverses causes qui prédisposent à l'inertie de l'utérus, ni sur les circonstances particulières du travail qui peuvent la produire; nous ne ferons que mentionner deux de ses effets, l'hémorrhagie utérine lorsque le placenta est en totalité ou partiellement décollé, et le renversement de l'utérus sur lui-même, accident beaucoup moins commun, pour nous attacher seulement à la moins grave de ses conséquences, la persistance de l'adhérence du placenta.

L'absence de tout écoulement sanguin, avec inertie de l'utérus, fait nécessairement supposer que le placenta est encore adhérent dans toute son étendue. Et cette adhérence peut persister tant que la contractilité reste suspendue ou faible; toutefois il est extrêmement rare qu'elle persiste au-delà de quelques heures. Mais il importe beaucoup pendant ce temps de ne pas se méprendre sur la cause de la persistance de l'adhérence; car en tirant sur le cordon on peut détacher le placenta et provoquer une hémorrhagie foudroyante, entraîner le fond de l'utérus au dehors et renverser l'organe sur lui-même. On reconnaît l'inertie de l'utérus à la mollesse et à la flaccidité de l'organe, qui reste extrêmement volumineux, et qui se distingue d'une manière moins tranchée par le palper abdominal des autres organes; tandis que dans l'état ordinaire il forme au-dessus des pubis une tumeur ferme, bien circonscrite, qui est de temps en temps le siége de contractions intermittentes, accompagnées de douleurs.

On doit bien se garder de chercher à décoller le placenta avant que l'utérus ait repris sa contractilité, qui revient souvent spontanément au bout d'un temps assez court; mais l'inertie peut persister plus longtemps, et exiger qu'on la combattre. Les moyens simples, les frictions, les pressions sur le globe utérin réussissent le plus souvent; si elles étaient insuffisantes, on administrerait l'ergot de seigle, on appliquerait des compresses froides sur le bas-ventre et les cuisses; on pourrait également faire des injections d'eau froide dans l'utérus ou dans la veine ombilicale.

Lorsqu'on est parvenu à rendre à l'utérus sa contractilité, on est rentré dans les conditions de la délivrance naturelle, qu'on favorise de la manière ordinaire. Si par l'effet d'une méprise on était conduit à introduire la main dans l'utérus, on en profiterait pour l'exciter à se contracter et non pour décoller artificiellement le placenta, et si la matrice se rétractait assez sur la main pour le détacher, on l'entraînerait au dehors en la retirant.

II. *Adhérence anormale ou contre nature du placenta.* — Cette espèce d'adhérence peut être partielle ou totale, médiocrement forte ou presque intime. Elle existe ordinairement à un degré très prononcé, lorsque l'utérus, jouissant de toute sa contractilité et tendant à revenir avec force sur lui-même, ne peut décoller le placenta dans l'espace d'une heure ou deux, et il y a tout lieu de craindre qu'il soit dans l'impossibilité d'en déterminer la séparation avant qu'il survienne du ramollissement sur la surface adhérente.

Rien n'est plus obscur que la cause de cette adhérence anormale. C'est à tort qu'on a voulu l'attribuer aux divers produits pathologiques dont le placenta peut être le siège; quoiqu'ils soient communs (t. I, p. 414), leur coïncidence avec une adhérence anormale est très rare. C'est avec moins de raison encore qu'on l'a rapportée à une prétendue inflammation de cet organe ou de l'utérus; on ne trouve qu'un petit nombre de cas où l'on a signalé une altération quelconque dans le placenta; en général, la grossesse n'a été troublée par aucun accident, et le développement du fœtus s'est fait d'une manière régulière et complète. Il est vrai que le plus souvent on ne peut pas étudier avec soin l'état de ces placentas; car si on les décolle avec les doigts, on défigure les tissus, et la partie la plus importante à examiner reste à la surface interne de l'utérus; et lorsqu'ils sont expulsés longtemps après l'accouchement, les changements qu'ils ont subis rendent méconnaissable l'altération primitive : aussi doit-on avouer que, dans l'état actuel de la science, on ne peut ni présumer quelle est la cause qui donne aux tissus qui unissent le placenta à l'utérus une consistance comme fibreuse, ni quelle est la nature de l'altération qui constitue cette adhérence anormale.

Quoi qu'il en soit, tantôt l'adhérence plus ou moins intime porte sur le placenta tout entier au même degré ou à des degrés différents, tantôt sur un ou plusieurs lobes seulement, assez souvent sur la circonférence; et c'est par ces points seulement qu'il reste attaché à l'utérus. Lorsque l'adhérence est partielle, il se fait toujours au dehors un écoulement sanguin qui peut devenir inquiétant par sa persistance et même quelquefois par son abondance, quoique l'utérus ne soit pas dans l'inertie ; soit que la portion adhérente du placenta gêne le resserrement des vaisseaux utéro-placentaires déjà déchirés, soit qu'elle devienne la cause d'un afflux sanguin plus considérable. L'utérus prend une forme moins globuleuse que lorsqu'il se resserre sur le placenta détaché; les efforts d'expulsion deviennent moins manifestes, et s'il survient des douleurs passagères, elles ne coïncident pas toujours avec des contractions évidentes; il n'y a guère de contractions franchement expulsives que lorsqu'une portion étendue du placenta est décollée. Mais ce n'est que par le toucher qu'on peut acquérir la certitude de la persistance de l'adhérence du placenta ; il faut en outre s'assurer que son éloignement du col ne dépend pas du resserrement spasmodique de l'orifice interne ou d'une portion du corps de l'utérus.

En introduisant profondément le doigt dans le col et en faisant tendre le cordon, on peut même reconnaître par la direction qu'il prend sur quel point de l'utérus le placenta est inséré: et en tirant plus fort on peut assez souvent en amener une portion au contact du doigt, lorsque l'implantation n'a pas lieu sur le fond: mais aussitôt qu'on abandonne le cordon, le placenta remonte, entraîné par la portion de l'utérus qu'on avait momentanément déprimée. On reconnaît que l'adhérence est entière ou partielle à l'absence ou à la présence de l'écoulement sanguin.

Avant d'étudier les phénomènes consécutifs à la persistance de l'adhérence complète ou partielle du placenta et à sa présence dans la cavité utérine, je dois poser les règles de conduite à suivre, lorsque son adhérence persiste au-delà du temps ordinaire sans que l'utérus soit à l'état d'inertie. Après avoir attendu trois quarts d'heure, une heure, ou deux au plus, on devra se disposer à intervenir afin de déterminer le moins de douleur et de rencontrer le moins d'obstacles possible, s'il faut introduire la main dans l'utérus.

L'existence d'un écoulement sanguin abondant peut déterminer à agir beaucoup plus tôt. Avant d'introduire la main dans l'utérus, on doit chercher à déterminer le décollement par les moyens ordinaires. On insistera particulièrement sur les tractions au moyen du cordon. Lorsque cette tige a son volume et sa consistance ordinaires, et que les vaisseaux qui la composent ne se séparent pas avant leur distribution au placenta, elle peut supporter un assez grand effort sans se rompre.

Depuis Levret on a beaucoup insisté sur la nécessité de tirer sur le cordon perpendiculairement au plan du placenta, parce que sans cela l'effet des tractions est en grande partie perdu, surtout s'il est inséré près du bord inférieur de l'organe : il peut paraître très adhérent, quoiqu'il le soit en réalité peu, parce qu'on ne tend pas plus à décoller aucun point de sa circonférence que si on voulait tirer à soi, en le faisant glisser, un papier figuré en palette, mouillé et appliqué sur un plan parallèle à ses surfaces ; on arracherait plutôt l'appendice, tandis qu'en le soulevant il quitterait aisément le plan sur lequel il est appliqué. Levret trouvait, dans la poulie de renvoi faite avec deux ou trois doigts introduits dans le col, le moyen de remédier à cet inconvénient ; il les portait en arrière lorsque le placenta était inséré en avant, à gauche ou à droite, suivant que l'insertion avait lieu de l'un ou de l'autre côté.

M. Velpeau et M. Guillemot ont fait observer avec raison que ce raisonnement ne serait juste que si on manœuvrait dans un espace libre, si le placenta n'était que plaqué contre les parois de la matrice fortement distendue. Mais comme le délivre touche les parois de l'utérus par sa face spongieuse et par sa face membraneuse, de quelque manière qu'on s'y prenne, le cordon sera toujours parallèle et non perpendiculaire au grand diamètre de la matrice, depuis son insertion jusqu'à ce qu'il ait traversé l'orifice de cet organe. Ils en concluent qu'il est tout aussi bon et même meilleur de placer les doigts de manière qu'en agissant tout à la fois comme un levier et comme une poulie, ils puissent entraîner le cordon et le reste du délivre dans l'axe longitudinal de la matrice. Mais comme cet axe peut varier, se porter en avant, à droite ou à gauche, rester droit ou se courber selon la position, la forme, la direction qu'affecte la matrice, il n'en est pas moins important de diriger les tractions tantôt plus, tantôt moins en arrière ou de côté.

Si les tractions paraissent insuffisantes, avant de porter la main dans la matrice on peut avoir recours aux injections d'eau froide dans la veine ombilicale, proposées par M. Mojon. On suppose que l'impression de froid portée sur les parois de l'utérus, l'augmentation de volume et de poids du placenta doivent efficacement concourir à déterminer son décollement. On répète plusieurs fois l'injection, après avoir laissé chaque fois le liquide précédemment injecté s'écouler. Malgré les succès nombreux, attribués à ce moyen nouveau, il est douteux qu'il soit réellement suffisant, lorsqu'il existe véritablement une adhérence contre nature du placenta. Son utilité paraît devoir se borner aux cas où la persistance de l'adhérence dépend du défaut de contractilité de l'utérus.

Mais comme ces injections sont faciles à faire, et paraissent sans danger, si on pousse le liquide avec peu de force, il est bon de les essayer même dans les cas d'adhérence morbide. Toutefois, si on ajoute à l'eau froide du vinaigre, comme quelques praticiens le conseillent, la quantité doit en être très petite. Le liquide injecté, en s'épanchant entre la face externe du placenta et l'utérus, peut pénétrer dans le torrent de la circulation par quelques veines utéro-placentaires déchirées.

Une femme chez laquelle les tractions sur le cordon, l'injection d'eau froide dans la veine ombilicale étaient restées sans effet, éprouva, presque aussitôt qu'on eut répété l'injection avec de l'eau vinaigrée, un goût de vinaigre dans la bouche, et fut prise de ptyalisme et d'un froid si intense qu'on eut pendant quinze heures les plus grandes peines à la réchauffer. La délivrance n'ayant pas eu lieu, on fit appeler M. Moreau, qui, trouvant le placenta en partie engagé dans l'orifice, mais non complétement détaché, introduisit la main dans la matrice pour rompre les adhérences, et opéra l'extraction sans difficulté ; tous les accidents cessèrent, et la femme se rétablit promptement.

Lorsque les injections dans la veine ombilicale, les tractions sur le cordon sont impuissantes, et qu'il commence à se déchirer, ce qu'on reconnaît à des craquements et à un allongement subit, il ne reste d'autres moyens que de porter la main dans la matrice pour aller détruire les adhérences. La main gauche, appliquée à l'hypogastre, soutient le fond de l'utérus pendant qu'on introduit l'autre dans les parties, de la manière et avec les précautions indiquées pour le premier temps de la version. A un moment aussi peu éloigné de l'expulsion du fœtus, en la faisant avancer avec lenteur, elle traverse en général le col sans déterminer trop de douleurs et sans difficultés ; plus tard l'opération peut devenir très difficile et très dangereuse. Lorsque la tige ombilicale n'a pas été arrachée, on s'en sert comme d'un guide pour arriver sur le placenta ; dans le cas contraire on cherche à le reconnaître par le relief qu'il fait sur les parois utérines ; les doigts, portés sur sa surface externe, reconnaissent les ramifications vasculaires et un tissu plus lisse et plus glissant que celui de l'utérus, et ne font éprouver à la femme qu'une sensation obscure. Pour opérer le décollement, il est difficile de suivre des règles régulières et tracées d'avance. Lorsqu'une portion du placenta est décollée, on la saisit à pleine main et on la renverse sur la partie adhérente ; mais on l'arrache quelquefois sans opérer le décollement du reste. Si la portion centrale a été décollée par l'action de l'utérus ou par les tractions exercées sur le cordon, on peut la perforer avec les doigts pour saisir ensuite les lambeaux. Lorsque l'adhérence ne cède pas aux tractions exercées sur les lambeaux décollés ou qu'elle s'étend à tout le placenta, on cherche à glisser à plat les doigts entre cet organe et la matrice; qu'on sépare par une pression ménagée qui ne doit porter que sur le tissu du placenta ; il vaut mieux en laisser des fragments que de s'exposer à lacérer la paroi de l'utérus. Le décollement ou l'arrachement opéré, la main, entraîne en poussant devant elle le placenta ou ses fragments et les caillots sanguins qui peuvent s'être formés dans l'utérus.

Il est assez rare que l'adhérence ne puisse pas être détruite ; quelques praticiens assurent qu'ils n'ont jamais été forcés de renoncer à décoller le placenta, ou d'en abandonner des portions plus ou moins étendues dans l'utérus. Il serait dangereux de prendre de telles assertions pour l'expression des faits ; l'adhérence est quelquefois tellement intime qu'il est impossible de la faire céder sans s'exposer à déchirer l'utérus, à en laisser de nombreux fragments et à faire des manœuvres beaucoup plus dangereuses que ne peuvent l'être les suites du séjour prolongé du placenta dans l'utérus. Sur une femme morte treize jours après l'accouchement, Morgagni trouva une portion du placenta décollée et pendante dans le col, et l'autre indurée et tellement adhérente qu'il put à peine la détacher avec le scalpel.

Saint-Amand cite l'observation d'une femme morte d'une inflammation gangréneuse de l'utérus à la suite de manœuvres employées pour la décortication du délivre. Rœderer a vu sur le cadavre d'une femme morte d'hémorrhagie utérine, après avoir été délivrée avec violence, la surface interne de l'utérus déchirée, de manière que les fibres charnues étaient mises à nu dans une grande étendue. Leroux, de Dijon, a détaché un lambeau assez considérable du plan musculaire interne, en tirant trop violemment sur une portion de placenta décollée, et il survint une perte abondante dont il put se rendre maître par le tampon. Il existe plusieurs cas de déchirure complète de l'utérus, déterminée par des manœuvres imprudentes pour décoller le placenta. Le relief, formé par la surface placentaire de l'utérus, pris pour une portion du placenta, a été plusieurs fois déchiré.

Smellie, Levret, Baudelocque, Désormeaux, M. P. Dubois, M. Moreau et d'autres praticiens, convaincus des dangers d'abandonner le placenta dans l'utérus, mais sachant aussi s'arrêter dans ces tentatives devant le danger de déterminer des déchirures, ont rencontré des cas d'adhérences assez intimes pour être forcés d'en laisser des portions considérables adhérentes à l'utérus. Dans des cas semblables, il faudrait se conduire comme ils l'ont fait ; après avoir détruit les adhérences, sur tous les points où elles ne sont pas trop intimes, on déchire tout ce qu'on a pu décoller, et on abandonne le reste aux ressources de la nature, en se bornant à surveiller les accidents pour les combattre, et à favoriser la sortie des fragments à mesure qu'ils se présentent à l'orifice de la matrice. Nous reviendrons sur les phénomènes consécutifs et les indications à remplir, lorsqu'on laisse volontairement ou non le placenta en partie ou en totalité adhérent, après avoir traité de sa rétention sans adhérence.

Le conseil de ne pas attendre au-delà de deux ou trois heures avant de chercher à rompre les adhérences anormales du placenta, alors même que la nécessité d'agir n'est pas déterminée par l'hémorrhagie utérine qui complique ordinairement l'adhérence partielle, dans la crainte que le resserrement du col n'y apporte plus tard des obstacles et n'accroisse les dangers, n'implique pas la nécessité d'y renoncer lorsqu'il s'est écoulé un temps beaucoup plus long. Le degré de resserrement du col, d'endolorissement de tout l'organe, l'état général de la femme décideront si l'on doit porter ou non la main dans la matrice. J'ai pu l'y porter avec la plus grande facilité sept heures après l'accouchement ; plusieurs accoucheurs ont pu, sans trop de difficulté, aller détruire des adhérences partielles du placenta, douze heures, vingt-quatre heures, trois jours, etc., après l'expulsion du fœtus.

Le fait suivant, publié par M. Moreau, montre la possibilité d'introduire la main dans la matrice longtemps après l'accouchement, et les dangers d'abandonner à la nature l'expulsion du placenta adhérent. Une jeune dame, fille et femme de médecins, accouche fort heureusement d'un enfant bien portant ; mais la délivrance ne se fait pas, et, comme il ne se manifeste pas d'accidents, on ne voit aucun inconvénient à attendre ; au troisième jour, il survint une légère hémorrhagie, et l'on continue de temporiser. Plusieurs jours se passent ainsi avec perte continuelle, mais peu abondante. Au septième jour on s'aperçoit que la face pâlit, qu'il y a de la faiblesse, que le sang exhale une mauvaise odeur ; on se contente de faire des frictions sur le ventre, des injections dans le vagin et de prescrire quelques remèdes insignifiants. Appelé le huitième jour, M. Moreau trouva le pouls faible et fréquent, le ventre douloureux, l'utérus fortement revenu sur lui-même, le cordon pendant encore à la vulve. Sans se dissimuler la gravité du cas, il procède de suite à la délivrance, qui est effectuée sans peine. Le placenta avait contracté des adhérences dans les deux tiers de son étendue ; la partie adhérente était fraîche comme sur une personne récemment accouchée, et la partie libre putréfiée. Malgré ce secours, la femme succomba trente heures après. « Ayant eu, ajoute M. Moreau, cet exemple sous les yeux au commencement de notre pratique, nous n'avons jamais hésité depuis à pratiquer la délivrance artificielle dans les cas analogues. Assurément, quand le placenta ne sort pas et qu'il ne survient point d'accidents, on peut attendre une heure ou deux; mais, ce laps de temps écoulé, il faut agir sans balancer. »

III. *Rétention du placenta décollé.* — La rétention prolongée du placenta dans l'utérus sans qu'il y soit retenu par des adhérences anormales, est étrangère ou inhérente à la rétraction spasmodique du col ou d'une autre partie de l'organe.

1° *Rétention simple.* — Elle tient à des causes diverses : l'action lente, l'obliquité de l'utérus, l'endolorissement du col, une résistance plus prononcée de cette partie, une plus grande tendance à se resserrer, le volume plus considérable du placenta, apportent assez souvent un retard prolongé à son engagement, quoiqu'il soit complétement détaché depuis plus ou moins longtemps. La faiblesse du cordon qui dépend moins de son petit volume que de l'écartement de ses vaisseaux à son insertion placentaire ou d'un commencement de putréfaction, peut empêcher qu'on s'en serve pour exercer des tractions convenables. Il peut céder sans qu'il soit plus faible que de coutume, ce dont on s'apperçoit ordinairement à temps pour cesser les tractions avant qu'il soit entièrement rompu; toutefois il peut arriver qu'il soit entraîné seul, sans qu'on soit en droit d'accuser d'impéritie la personne chargée de la délivrance. Dans tous ces cas, si l'écoulement sanguin n'est pas très abondant, il est rarement nécessaire de porter la main dans la matrice, même lorsqu'il s'est écoulé une ou deux heures depuis l'accouchement. On doit s'attacher à exciter la contractilité utérine; et s'il survient des contractions expulsives franches et répétées, le placenta ne tarde pas à être roulé et dirigé de la manière la plus convenable pour franchir le col, ou les tractions sur le cordon qui jusqu'à présent étaient restées sans effet deviennent efficaces. Lorsqu'il a été arraché ou qu'il est trop faible pour permettre de continuer les tractions, il n'est pas toujours nécessaire de porter la main dans la matrice; pour peu qu'il soit engagé, il ne tarde pas à l'être davantage et à pouvoir être saisi avec les doigts; et si les contractions de l'utérus deviennent fortes et rapprochées, on peut même attendre qu'il soit descendu dans le vagin. Si, au contraire, l'action de l'utérus persistant à rester peu active et peu efficace, le placenta ne tend pas à s'engager, malgré les tractions sur le cordon tant qu'il offre de la résistance, à plus forte raison lorsqu'il a été arraché et que le col montre plutôt de la tendance à se resserrer qu'à s'ouvrir, il faut, dès qu'on a attendu deux ou trois heures, introduire la main dans l'utérus, plus ou moins lentement suivant le degré de résistance qu'on rencontre. Lorsque, par des circonstances indépendantes de notre volonté ou par une conduite irrationnelle, il s'est écoulé un temps beaucoup plus long, on doit encore se conduire de même; on ne renoncera à introduire la main dans la matrice que lorsque le resserrement du col rend l'introduction, quoique opérée lentement et graduellement, impraticable ou extrêmement difficile et douloureuse. Des placentas entiers, des fragments volumineux à demi putréfiés, ont été assez souvent extraits avec la main plusieurs jours après l'accouchement, chez des femmes qui étaient dans un état alarmant, et qui ont été bientôt après dans de bonnes conditions. Dans la rétention du placenta sans adhérence, l'opportunité d'opérer la délivrance après une attente limitée est encore plus évidente que dans la rétention avec adhérence ; car dans le premier cas l'opération se borne en quelque sorte à faire pénétrer la main dans l'utérus, tandis que, dans le second, il faut en outre décoller le placenta, ce qui peut beaucoup augmenter l'irritation et compromettre le succès de l'opération.

En effet, à un degré prononcé d'adhérence contre nature, il est souvent presque aussi dangereux d'opérer que d'abandonner le placenta dans l'utérus.

2° *Rétention du placenta par la rétraction spasmodique de l'utérus.* — Cette rétraction offre, relativement à son siége et à la forme qu'elle donne à l'obstacle, des particularités importantes à connaître. Nous avons déjà étudié, p. 52, ces spasmes, cet état de contracture comme tétanique qui peut affecter tout l'organe ou seulement des points limités ; nous n'insisterons ici que sur ce qui est relatif à la rétention du placenta. On a vu que la matrice a une certaine disposition à se mouler exactement sur le corps qu'elle renferme et à en prendre la forme ; on observe quelquefois, lorsque le liquide amniotique est complétement écoulé depuis longtemps, qu'elle se resserre davantage à l'endroit qui correspond au cou du fœtus, qu'elle tend à prendre la forme d'un sablier. Cette disposition peut se reproduire après l'accouchement par le resserrement des fibres qui se trouvent à l'union du corps avec le col.

Elle est même à un degré moins prononcé jusqu'à un certain point naturelle. Après la sortie du fœtus, le fond et le corps revenant exactement sur eux-mêmes, forment une tumeur solide qui se laisse difficilement pénétrer. Le col, au contraire, comme vaincu par la distension considérable qu'il a éprouvée, ne revient qu'incomplétement sur lui-même : il reste largement ouvert, mou et flasque comme une portion du gros intestin. Les fibres de sa partie supérieure, ou plutôt de la partie inférieure du corps, présentent un anneau solide et rétréci qui forme un contraste frappant avec les parties situées au-dessous. L'espèce d'entonnoir formé par le col offre une longueur assez considérable à cause de son état de relâchement ; mais l'orifice interne ne divise pas la matrice en deux parties égales. On a vu que c'est dans ce point que le placenta est le plus longtemps retenu, et qu'il franchit sans peine et comme par son propre poids les parties sous-jacentes, y compris l'orifice vaginal. Mais lorsque l'orifice interne ou les fibres les plus inférieures du corps se rétractent spasmodiquement, l'utérus prend d'une manière plus tranchée la forme d'un sablier, et le placenta reste emprisonné dans le compartiment supérieur tant que cet état dure.

D'après ce qui vient d'être dit, on ne peut guère supposer que l'orifice externe et le segment inférieur du col peuvent être le siége d'une rétraction spasmodique après la sortie de l'enfant ; nous verrons cependant, par une observation que nous citerons plus bas, qu'ils n'en sont pas absolument exempts.

C'est la rétraction spasmodique de l'orifice interne ou de la partie la plus inférieure du corps, celle qui donne à l'utérus la forme de *sablier*, *hour-glass* comme l'appelle M. Guillemot, qui est la plus commune. Depuis A. Paré, presque tous les praticiens en ont parlé comme l'ayant observée.

Le placenta est tantôt complétement renfermé dans la cavité supérieure, tantôt seulement en partie ; une portion, comme étranglée, fait saillie dans le col, le vagin. La main portée sur la région hypogastrique constate le plus souvent la dépression qui partage ainsi l'utérus, et le doigt introduit dans le col rencontre l'obstacle et peut en reconnaître la nature. Mais je dois faire observer que, pour qui n'a pas une idée nette de la disposition du col immédiatement après l'accouchement, il est difficile de distinguer l'état spasmodique de l'orifice interne de son état normal : aussi plusieurs cas rapportés à la rétention du placenta par la rétraction spasmodique de l'orifice interne appartiennent-ils au simple retard apporté par la résistance naturelle de cette partie.

La rétraction spasmodique peut n'être pas bornée à l'orifice interne ou à la partie inférieure du corps, mais s'étendre au corps et ou fond de l'utérus, sans que pour cela le placenta soit expulsé. Dans cette variété, qui est moins rare qu'on ne le suppose, l'utérus aurait la même forme que dans la précédente : seulement, il serait moins volumineux et plus uniformément dur. Plusieurs des cas qu'on rapporte à la contraction spasmodique bornée à l'orifice interne du col lui appartiennent ; l'espèce d'étranglement correspondant à l'orifice interne et à la partie inférieure du corps, se dessinant davantage et étant à portée de doigt, appelle seul ou plus particulièrement l'attention.

Le fait suivant, rapporté par M. Stolz, nous montre l'état spasmodique étendu à toutes les parties de l'utérus, y compris l'orifice externe. Appelé près d'une femme accouchée depuis une heure, à laquelle on avait administré plusieurs doses d'ergot, pendant le travail et après, pour provoquer la sortie du placenta qui se faisait attendre, il trouva l'utérus développé comme au cinquième mois de la grossesse, mais ferme et dur, tant il était contracté. En suivant le cordon, il arrivait jusqu'à l'orifice externe, qui était très resserré et permettait à peine l'introduction de la première phalange. Le col était ferme et contracté comme le corps et le fond : il était impossible d'opérer la délivrance. Aucun accident n'en indiquant pas la nécessité, il fit administrer dans une potion de la liqueur d'Hoffmann et de la teinture d'opium. Sept heures après, le fond de l'utérus paraissait encore aussi contracté ; il parvint à dilater l'orifice, et à faire pénétrer trois doigts jusqu'à la racine du cordon ; mais, ne pouvant aller plus loin, il retira sa main et ordonna des injections avec une décoction d'herbes, de belladone et de jusquiame, faites de demi-heure en demi-heure. A la cinquième on sentit une portion du placenta engagée dans le vagin ; de légères tractions suffirent pour l'extraire, douze heures après l'expulsion du fœtus.

Il nous reste à parler d'une autre variété, remarquable par la forme étrange donnée à l'utérus par la rétraction partielle de quelques parties de son corps. Le placenta se trouve logé dans une cellule formée aux dépens d'une portion de la paroi de l'utérus ; cet état a été désigné sous les noms de *chatonnement, d'enchatonnement du placenta*. Nous allons en constater l'authenticité par l'exemple rapporté par Levret. Une sage-femme, ayant arraché le cordon en essayant d'opérer la délivrance, porta la main dans la matrice, et trouva au côté droit une sorte d'ouverture qui lui fit croire que ce viscère était déchiré, et que l'arrière-faix avait pénétré dans le bas-ventre. Cette ouverture, que Levret reconnut de même, était, ajoute-t-il, exactement ronde, du diamètre de 2 pouces et de niveau avec la surface interne de la matrice ; c'était l'entrée d'une poche qui renfermait le placenta, qui s'était formée accidentellement après la sortie de l'enfant, et qui s'effaça insensiblement.

après celle de l'arrière-faix, comme il s'en assura en reportant la main jusqu'à trois fois dans le sein de la femme. Il serait difficile de réunir beaucoup de faits aussi concluants. La formation de ces cellules est sans doute fort rare, mais on ne saurait la révoquer en doute. Elles se forment plus particulièrement sur les côtés et sur le fond de l'utérus; mais on paraît aussi en avoir rencontré sur les parois antérieures et postérieures. L'ouverture de la cellule offre des degrés différents de resserrement, et forme, comme le dit M. Guillemot, un *enchatonnement par enkystement* complet ou incomplet. Une portion du placenta peut être engagée avec le cordon par l'ouverture. Il peut présenter une autre forme : les parois utérines, en se rétractant autour de la circonférence du placenta, constituent sur ses bords une espèce de bourrelet qui l'encadre incomplétement ou complétement, à peu près comme la conjonctive encadre la cornée dans le chémosis : c'est l'*enchatonnement par encadrement*. Ce n'est pas tout : suivant M. Velpeau, les cotylédons, en se détachant, pouvant s'isoler, forment des masses distinctes sur lesquelles la paroi utérine peut se mouler et se diviser en loges plus ou moins distinctes qui toutes embrassent une portion du délivre. Toutes ces distinctions ne sont point établies sur des faits positifs ; on paraît avoir admis comme réel ce qu'on a supposé possible. Y eût-il quelque chose comme l'encadrement ou les loges multiples, qu'on ne pourrait, sans tomber dans de vaines subtilités, les distinguer de l'enchatonnement ou de l'enkystement simple.

On explique la formation des cellules de la manière suivante : la portion de l'utérus à laquelle correspond le placenta reste dans l'inertie, tandis que tout le reste non seulement se rétracte de la manière ordinaire, mais passe encore à l'état spasmodique ; la portion inerte se développe en cellule ou en poche herniaire dans laquelle le placenta adhérent ou non reste enfermé ; ou si les contractions s'étendent sur toute sa masse, les parois utérines ne rencontrant pas de résistance au niveau de sa circonférence, se rapprochent, et forment autour de lui un cercle qui l'emprisonne. Mais les choses ne se passent pas ainsi dans tous les cas. Ce n'est pas la plus grande partie de l'utérus qui est à l'état de contraction spasmodique, mais seulement une portion assez limitée située en dehors de la circonférence du placenta, le reste étant à l'état normal. Lorsque la loge est sur le côté et vers le fond de l'utérus, sa formation est aussi facile à concevoir que la division de l'organe en deux compartiments par le resserrement de l'orifice interne du col. Le plan musculaire interne est formé d'anneaux de plus en plus grands à mesure qu'ils s'éloignent de l'orifice de chaque trompe, et qui ne se confondent avec ceux du côté opposé que vers la partie moyenne du corps. C'est comme si les côtés de l'utérus correspondants aux trompes étaient prolongés en forme de cornes.

Chaque anneau un peu éloigné de l'orifice de la trompe peut, en se contractant spasmodiquement, former dans la partie qui est dessus, surtout si elle est inerte, une poche assez grande pour renfermer le placenta.

On reconnaît l'enchatonnement du placenta aux deux tumeurs séparées par un étranglement que forme l'utérus à l'hypogastre.

Cette disposition peut être peu appréciable par le palper; mais conduit à porter la main dans l'utérus par le retard qu'éprouve la délivrance, on le trouve comme composé de trois cavités : celle du col, celle du corps parcourues par le cordon, et celle de la loge qui enkyste plus ou moins complétement le placenta. La sensation que donnent les bords de l'ouverture n'est pas la même que dans la rupture ; d'ailleurs l'état général de la femme en éloigne bientôt l'idée, malgré un écoulement sanguin, quelquefois abondant, et malgré la douleur assez vive dont l'utérus est ordinairement le siége, douleur qui augmente à la pression.

Les causes des contractions spasmodiques ou irrégulières de l'utérus après la sortie de l'enfant sont souvent inappréciables; mais on ne doit pas moins admettre que les excitations directes et indirectes de l'utérus, frictions, titillations, tiraillements intempestifs sur le cordon, remèdes excitants, ergot de seigle, etc., concourent à les provoquer ; on a également supposé que les accouchements des jumeaux y prédisposent.

Les contractions spasmodiques partielles ou générales qui retiennent le placenta, étant de nature à céder spontanément après un laps de temps qui n'est pas généralement très long, on ne doit pas chercher à pénétrer de vive force dans l'utérus, à moins qu'il n'existe en même temps une hémorrhagie assez abondante pour compromettre gravement la santé de la femme. On favorise et hâte le relâchement des parties contractées par les moyens appropriés : lorsque l'utérus paraît être dans un état de congestion ou d'irritation inflammatoire, on a recours à la saignée du bras si l'état de la femme le permet; lorsque les spasmes paraissent dépendre d'une surexcitation nerveuse générale ou locale, on administre les préparations opiacées par la bouche ou par l'anus ; on injecte dans l'utérus des liquides relâchants, dans lesquels on ajoute de la solution d'opium ou plutôt de belladone et de jusquiame ; on porte de la pommade de belladone sur les points contractés ; on fait prendre des bains généraux et locaux. La portion de l'utérus qui correspond au placenta complétement ou incomplétement détaché, étant souvent dans le relâchement ; l'abondance de l'écoulement sanguin peut exiger qu'on porte la main dans la matrice en se guidant sur le cordon pour chercher à dilater graduellement l'orifice interne ou le collet du kyste.

Mais, si la rétraction est très prononcée, il est impossible, même en agissant avec violence, de faire pénétrer la main au-dessus, ce qui donne quelque importance à la proposition de M. Dubroca, de Bordeaux, de déchirer, de réduire en bouillie le placenta à l'aide d'un doigt poussé dans l'ouverture ; ce moyen paraît lui avoir réussi plusieurs fois.

III. *Phénomènes consécutifs à la rétention du placenta détaché ou adhérent.* — Nous rangeons sous ce titre son expulsion tardive, la résorption putride, son absorption ou dissolution latente.

A. *Expulsion tardive du placenta.* — Retenu dans l'utérus par une cause ou l'autre, il peut y avoir été abandonné volontairement ou involontairement. En se conduisant d'après les règles posées dans les articles précédents, on est très rarement forcé d'abandonner la délivrance à elle-même ; cela n'arrive guère que dans quelques cas d'adhérence anormale très intime. Mais il n'en est plus de même lorsqu'il s'est écoulé un temps beaucoup plus long entre le moment de la naissance et la première tentative de délivrance artificielle.

Dans ce cas, le col peut être déjà assez revenu sur lui-même, assez résistant pour que les violences qu'il faudrait employer pour faire pénétrer la main dans l'utérus, fussent plus dangereuses que la présence prolongée du placenta dans sa cavité. C'est à la sagacité du praticien qu'il appartient d'apprécier jusqu'à quel point il est permis d'insister.

Après tout ce que nous avons dit, nous nous bornerons à ajouter que, toutes choses étant égales, il vaut mieux pratiquer la délivrance artificielle, même dans le cas où elle devient une opération douloureuse et longue, exigeant jusqu'à un certain point la dilatation forcée du col, mais à la condition de ne pas produire de déchirure, que d'abandonner l'expulsion du placenta à la nature, même dans les cas où l'écoulement sanguin est peu abondant pendant les premiers jours, et où l'état général semble justifier d'abord la temporisation ; car on voit le plus souvent la femme s'affaiblir par la persistance de l'hémorrhagie ou par ses fréquentes répétitions, tant que le placenta reste dans l'utérus. Une hémorrhagie continue ou répétée, extrêmement rebelle, est en effet le phénomène concomitant le plus commun, et le danger imminent de la rétention du placenta.

Lorsque le placenta n'a pu être extrait à temps, et que la prudence défend de chercher à pénétrer de nouveau dans l'utérus, il faut surveiller la femme avec soin, combattre par les moyens appropriés l'hémorrhagie et les autres accidents qui peuvent se déclarer, et favoriser l'écoulement des matières qui se décomposent dans l'utérus par des injections simples, aromatiques ou légèrement chlorurées. On débarrasse avec le doigt le col des fragments de placenta, des caillots sanguins qui peuvent s'y présenter et s'opposer à l'écoulement des liquides; s'ils étaient volumineux et qu'on ne pût pas les entraîner avec le doigt, on essaierait de les saisir avec une pince appropriée, comme dans les cas de rétention du placenta après l'avortement. Un grand nombre de femmes qui sont dans ces conditions succombent non seulement à l'hémorrhagie utérine prolongée ou répétée, mais encore à des phlegmasies puerpérales qui offrent des caractères particuliers, par le fait de la débilitation produite par l'écoulement sanguin ou de l'absorption des matières putrides contenues dans l'utérus.

Chez les femmes qui survivent sans qu'il survienne d'accidents particuliers, ou malgré ces accidents, tantôt l'arrière-faix plus ou moins altéré est expulsé après un temps variable, tantôt il ne l'est pas du tout, et semble avoir été éliminé d'une manière latente. Le premier cas est beaucoup plus commun que le second. L'expulsion se fait ordinairement dans les huit ou dix premiers jours, et souvent après un temps plus long dans l'avortement. Les matières qui s'écoulent du vagin ne tardent pas à contracter une odeur fétide, et entraînent souvent des détritus formés de caillots sanguins ramollis, et de pulpe placentaire séparée des rameaux vasculaires.

L'utérus, qui semblait s'être habitué à la présence de ce corps étranger, devient de nouveau le siége de coliques, de contractions ordinairement accompagnées d'un écoulement sanguin; le col, qui s'était resserré, s'ouvre de nouveau, et la masse placentaire plus ou moins altérée est expulsée.

D'autres fois, le placenta, en partie extrait et déchiré après l'accouchement ou divisé par sa décomposition, se présente à l'orifice de la matrice par fragments, qui arrivent dans l'intérieur du col sans donner lieu à des phénomènes d'expulsion et de dilatation bien sensibles. Cependant il y a dans la plupart des cas des coliques et des douleurs lombaires. Il arrive quelquefois que les lochies ne contractent pas l'odeur putride, et qu'elles n'entraînent pas des parties du placenta en décomposition, même à une époque éloignée de l'accouchement ; c'est qu'il est resté adhérent dans toute son étendue. Tant que cet organe n'est pas décollé, il reste frais et conserve la vie végétative qui lui est propre. S'il se détache peu à peu, la décomposition putride s'empare successivement des portions décollées, et lorsque, à la fin, il est expulsé, il présente des parties plus ou moins fraîches et d'autres dans un état de putréfaction plus ou moins avancée. Le décollement et l'expulsion tardifs du placenta sont toujours accompagnés d'une effusion de sang, qui devient quelquefois l'accident culminant.

Exceptionnellement le délivre peut rester beaucoup plus longtemps dans l'utérus, surtout lorsqu'il est constitué par un œuf abortif. Il n'a été expulsé qu'au bout d'un mois (*Bouquenod*), de soixante-cinq jours dans un état parfait de conservation (*Osiander*), de trois mois (*Morlanne*), de quatre mois (*Revue méd.*, 1829); dans un cas où la fécondation s'est effectuée malgré sa présence dans l'utérus, il ne fut rendu que plusieurs mois après l'expulsion du dernier délivre.

Pour faire connaître tout le danger de la rétention du placenta adhérent ou détaché, et faire apprécier l'importance de ne pas négliger d'opérer la délivrance en temps opportun, toutes les fois qu'il n'est pas absolument impossible de le faire, nous allons mettre sous les yeux du lecteur quelques relevés statistiques.

Une année du compte-rendu de M. Riecke a fourni 600 délivrances difficiles ou rétardées ; sur ce nombre 563 femmes ont été délivrées artificiellement, 62 sont mortes ; 32 n'ont pas été délivrées et 29 ont succombé.

Sur 163 femmes délivrées artificiellement, M. Beck ne cite que 6 cas malheureux, tandis que sur 35, chez lesquelles la délivrance fut abandonnée à la nature, il en mourut 30.

D'après M. Ulsamer, la mort surviendrait 1 fois sur 13, quand on délivre artificiellement, 1 fois sur 2 dans le cas contraire.

M. Meissner dit n'avoir perdu que 4 femmes déjà épuisées par des pertes sur 148 qu'il a délivrées artificiellement.

Mais on trouve dans un relevé de M. Küstner 69 cas malheureux sur 429 délivrances opérées promptement.

Je dois faire observer que parmi les femmes dont la délivrance a été abandonnée à la nature, elle ne l'a été chez un assez grand nombre qu'après des tentatives infructueuses et répétées, et qu'aux dangers de la rétention du placenta, il faut ajouter ceux de l'opération tentée en vain dans les conditions les plus difficiles et les plus graves; tandis que parmi les femmes délivrées, un grand nombre l'ont été avec la plus grande facilité, sans avoir à vaincre la résistance du col ou à décoller péniblement le placenta.

B. *Résorption putride.* — La décomposition dans l'utérus du placenta et du sang coagulé y crée un foyer d'infection putride ; les éléments gazeux, les principes organiques nouveaux, déterminés ou indéterminés, mais appréciables par leurs effets sur l'économie animale, sont en partie portés dans le torrent de la circulation par absorption et par imbibition. L'utérus et le vagin ne sont pas la seule voie par laquelle ils se mêlent aux humeurs. Lorsque les matières putréfiées sont abondantes, que les soins de propreté et le renouvellement des linges souillés sont négligés, l'atmosphère de la chambre est bientôt viciée, et l'infection s'opère en même temps par la voie pulmonaire. Les personnes qui restent constamment près de la malade peuvent même en recevoir des atteintes. J'ai observé chez une sage-femme, placée auprès d'une accouchée affectée de rétention du placenta et de caillots sanguins avec complication de résorption putride, les mêmes phénomènes généraux, avec une intensité remarquable, dès la première nuit qu'elle coucha dans la même chambre ; cependant cette chambre était spacieuse, mais la décomposition du placenta donnait une odeur des plus infectes. Quoiqu'elle se retirât aussitôt, ces phénomènes ne furent complétement dissipés qu'au bout de vingt-quatre heures. L'accouchée était dans une situation grave ; mais des injections fréquentes, le renouvellement presque continuel des linges salis et de l'air, et l'expulsion de la dernière portion du placenta et d'un caillot sanguin profondément putréfiés amenèrent dans son état une amélioration qui de jour en jour fit de rapides progrès.

Le principal symptôme de l'infection putride est une fièvre continue plus ou moins intense, suivant que les produits absorbés sont plus ou moins abondants ou plus ou moins délétères. Avec la fièvre on observe ordinairement un sentiment de faiblesse, des troubles des voies digestives, surtout de la diarrhée. Lorsque l'affection débute avec intensité, au mouvement fébrile s'ajoutent des déjections alvines abondantes et répétées, des envies de vomir, même des vomissements, un accablement profond, de l'anxiété et quelques troubles cérébraux. Les produits délétères absorbés sont assez rapidement éliminés, et les symptômes de l'infection putride persistent le plus souvent à des degrés modérés pendant tout le temps que les matières putrides restent dans l'utérus, sans compromettre sérieusement la vie de la malade ; et si la mort survient assez souvent, c'est qu'il se déclare une métro-péritonite à laquelle cet état prédispose.

La circonstance de la rétention et de la décomposition du placenta met de suite sur la voie du diagnostic. Le traitement est en grande partie local, consiste à extraire les parties décomposées aussitôt qu'on le peut, à faire de fréquentes injections dans lesquelles on ajoute de la décoction de quinquina, un peu de chlorure de chaux, etc. Après les injections qui débarrassent l'utérus et le vagin des matières putréfiées détachées, il faut maintenir les cuisses de la femme rapprochées, afin de fermer l'accès des parties internes à l'air, qui est l'agent le plus actif de la décomposition putride. Le lit doit être entretenu dans la plus grande propreté, et l'air de la chambre purifié et souvent renouvelé; on fait prendre à la malade des boissons légèrement excitantes, toniques, diurétiques, afin de faciliter l'élimination par les voies naturelles.

C. *Absorption du placenta.* — Depuis Guillemeau, qui parle d'une femme qu'une portion de placenta restée dans la matrice n'empêcha pas de devenir enceinte quatre mois après et d'accoucher à terme, on a observé, de loin en loin, des femmes qui n'ont point rendu de portions de délivre et même des délivres entiers.

Cette disparition d'une portion du délivre ou de sa totalité a été le plus souvent observée après l'expulsion de fœtus abortifs. On a dû croire, et quelques auteurs croient encore que le placenta réduit par la dissolution de ses parties les plus molles et divisé en petits fragments, a été expulsé à l'insu du médecin et de la femme; on ne peut guère douter que cette interprétation ne s'applique à plusieurs de ces faits. Mais depuis que M. Nægele a appelé l'attention sur eux et qu'une controverse s'est élevée à leur sujet, on a pris assez de précautions pour être autorisé à rejeter cette interprétation dans la plupart des cas nouveaux.

Les observations de MM. Nægelé, Salomon, Velpeau, Stolz, P. Dubois et de quelques autres me paraissent dans ce cas; au reste, c'est un phénomène fort rare. Les femmes chez lesquelles il a été observé ont présenté des états différents après l'expulsion du fœtus: quelques unes ont passé de l'état de couches à l'état ordinaire, sans rien présenter de particulier; d'autres ont éprouvé à des degrés différents la série des accidents qu'on observe à la suite de la rétention du placenta.

On a beaucoup discuté sur la réalité du fait et sur le mode de disparition du délivre. Madame Boivin, qui n'a pas admis la possibilité de son absorption, a cherché à prouver qu'on avait dû être induit en erreur par des dispositions anormales que présente quelquefois le placenta, et qu'il a pu être expulsé avec les membranes sans qu'on s'en soit aperçu, parce qu'il était extrêmement mince ; soit qu'il fût, comme chez certains animaux, étalé à la surface des membranes ou bien réduit à un simple nœud où aboutissent les vaisseaux ; soit enfin parce que, resté dans l'utérus, il a pu être rendu sous diverses formes, à l'insu de la femme et de l'accoucheur.

Nul doute qu'il ne faille avoir présentes à l'esprit ces particularités, lorsqu'on observe un fait de cette espèce ; mais, comme nous l'avons déjà dit, il est impossible de révoquer en doute la réalité de la plupart des faits que nous avons mentionnés plus haut. Il est fort difficile de se faire une idée juste du mode de disparition du placenta et de ses annexes. Son absorption, lorsqu'il est détaché, est en contradiction manifeste avec tous les phénomènes naturels dont l'utérus est le siége pendant les couches. Il se dégorge des fluides dont il est pénétré par une sécrétion abondante, et tend sans cesse à rejeter au dehors, en les dissolvant, les vestiges de tissu caduc qui restent attachés à sa surface interne. C'est ainsi que l'économie est préservée des dangers de l'absorption des matières lochiales. Et quoiqu'il se fasse, comme dans tous les autres organes, un échange continuel d'éléments solubles, au point de donner lieu à des symptômes d'infection putride lorsqu'il existe des masses putréfiées dans son intérieur, la part de l'absorption n'est pas très grande. S'il n'en est pas ainsi dans tous les cas, c'est que l'économie est déjà troublée par un état grave qui altère profondément le jeu des divers appareils fonctionnels. Cependant le seul fait où jusqu'à présent l'ouverture du cadavre ait permis de vérifier ce qu'était devenu le placenta, est en faveur d'une résorption même assez prompte.

Je l'emprunte à M. Velpeau, qui l'a observé lui-même à l'hôpital de la Pitié.

Une femme, enceinte de deux à trois mois, était à peine sortie de la période dangereuse d'un érysipèle, qu'elle fut prise de tous les symptômes de l'avortement. En voyant que l'œuf, qui proéminait depuis deux jours à travers le col dans le haut du vagin, n'avançait pas, il prit le parti d'en rompre la coque ; le fœtus, ramolli et à demi putréfié, en sortit aussitôt, mais le reste du produit ne voulut pas céder. Il le laissa en place, espérant que l'action de la matrice allait se réveiller, et que les annexes du fœtus ne tarderaient pas à descendre ; il enjoignit très expressément à l'élève de la salle, à la religieuse et à l'infirmière de surveiller la malade, de ne jeter aucun caillot, de lui montrer tous les linges et de ne rien écraser.

Cette femme, qui tomba dans l'adynamie, qui ne bougea pas de son lit, qu'il toucha chaque matin, ne rendit rien de consistant. Le sang avait promptement cessé de couler; le col s'était refermé complétement en trois jours ; elle finit par succomber, et la cavité utérine fut trouvée parfaitement libre et entièrement saine.

Ce fait prouve-t-il que le délivre ait été réellement absorbé, ou plutôt la facilité avec laquelle il peut échapper malgré la plus grande attention, surtout quand il appartient à un fœtus abortif? M. Velpeau lui-même semble assez disposé à le penser, puisqu'il ajoute : « Quant à la manière d'interpréter un accident aussi étrange, je ne m'y arrêterai pas dans la crainte qu'on pourrait avoir encore de renouveler sur ce point l'histoire de la dent d'or. »

La disparition du placenta par une espèce d'absorption se prête mieux à une interprétation rationnelle, lorsqu'il est resté adhérent, et qu'il continue à vivre d'une vie obscure. Les changements survenus dans l'utérus, qui lui font rapidement perdre à lui-même son excès de volume, ne permettent plus au placenta d'y puiser une quantité suffisante d'éléments nutritifs ; il tend graduellement à s'atrophier, et cette atrophie est encore favorisée par la compression qu'exerce le retour de l'utérus sur lui-même. Dans ce sens il y aurait véritablement absorption, et on conçoit qu'elle puisse être portée au point que toutes les parties de l'œuf disparaissent complétement, et, si quelques unes ne disparaissent pas tout-à-fait, qu'elles puissent y rester presque indéfiniment ou n'être expulsées qu'à la suite d'un nouvel accouchement. Il n'est pas nécessaire, comme le fait M. P. Dubois, d'admettre que l'adhérence contre nature soit le produit d'une inflammation avec exsudation plastique qui s'organise et se vascularise.

Pour que cet effet puisse se produire, il suffit que le placenta reste adhérent, peu importe par quelle cause. Cet organe, réduit par degrés à un volume moindre, ne fait pas partie intégrante des parois de l'utérus, mais, plus intimement uni que de coutume, il continue à vivre à la manière des produits parasites.

IV. *Hémorrhagie utérine après l'accouchement.* — Ce n'est pas seulement comme complication de la délivrance que nous avons à étudier l'hémorrhagie utérine après l'accouchement, mais dans son ensemble, avant et après la sortie de l'arrière-faix. La nécessité, dans un ouvrage élémentaire, de scinder l'histoire de cette maladie entraîne dans quelques répétitions, qui sont d'ailleurs pleinement justifiées par l'importance du sujet.

Mode de production. — La séparation du placenta, avons-nous dit, est toujours accompagnée d'une effusion sanguine assez abondante, due à la rupture des vaisseaux utéro-placentaires, qui sont déchirés à leur embouchure dans les vaisseaux de l'utérus. Cette effusion sanguine est généralement modérée et bientôt arrêtée par la rétraction de l'utérus, qui réduit, fronce les vaisseaux, dont les extrémités déchirées retiennent du sang coagulé, et cet obstacle tout passif vient bientôt seconder l'action contractile de l'utérus. L'écoulement sanguin inhérent à la séparation et à l'expulsion du placenta est considéré comme un phénomène naturel; mais s'il dépasse ses limites ordinaires, il devient promptement un phénomène morbide profondément perturbateur, qui peut causer la mort en peu d'instants. C'est donc par le défaut, l'affaiblissement, l'irrégularité de l'action contractile de l'utérus que l'effusion sanguine, qui suit l'accomplissement de la parturition, passe, par son abondance et sa persistance, à l'état morbide; c'est ce qu'on doit avoir sans cesse présent à l'esprit en établissant les indications. Il faut en outre que le placenta soit partiellement ou complétement décollé, en un mot, qu'il existe une solution de continuité dans les vaisseaux utéro-placentaires. Ainsi l'écoulement sanguin sera plus ou moins abondant et rapide, suivant que le défaut de contractilité de l'utérus sera plus ou moins grand, et suivant l'étendue du décollement du placenta. Toute contraction intermittente peut être suspendue sans que, pour cela, l'utérus soit dans l'inertie, qui est plus particulièrement caractérisée par la diminution et la suspension des deux modes par lesquels sa contractilité se manifeste; mais le premier peut cesser ou ne pas se montrer, sans que le second soit le moins du monde altéré.

Dans quelques cas, on pourrait croire, au premier abord, que l'hémorrhagie n'est pas symptomatique de l'inertie de l'utérus, parce que cet organe semble régulièrement contracté, et qu'il l'est même assez souvent d'une manière spasmodique, tandis que le sang s'échappe avec abondance de ses vaisseaux. Mais, dans ce cas, la contraction n'est que partielle, et la portion à laquelle adhérait ou adhère encore partiellement le placenta est dans l'inertie. Dans d'autres cas beaucoup moins communs que les précédents, le placenta est décollé et même expulsé; l'utérus entier paraît, sinon dans un état absolu d'inertie, au moins dans un grand relâchement, et cependant l'écoulement sanguin n'est pas très sensiblement plus considérable qu'à l'état ordinaire. Cela tient très probablement à ce qu'il s'est formé promptement des caillots solides dans les orifices des vaisseaux béants à a surface interne.

Une portion de placenta restée adhérente entretient souvent l'écoulement sanguin dans des conditions morbides, soit parce qu'il y a inertie partielle, soit parce que l'utérus ne peut pas se contracter aussi exactement sur ce point, soit parce que la présence de la portion de placenta adhérente entretient un afflux sanguin plus considérable. On doit accorder aux deux dernières causes une assez grande influence; car il est difficile d'admettre que l'inertie persiste, en quelque sorte, d'une manière indéfinie.

L'écoulement sanguin peut persister avec opiniâtreté dans des cas où l'utérus est régulièrement rétracté et nullement inerte. Cela arrive assez souvent lorsque le placenta a été inséré sur le col. Cette partie restant naturellement dans un état très prononcé de relâchement, les vaisseaux ouverts qui s'y trouvent ne peuvent être que très imparfaitement fermés. Lorsque la femme a eu des pertes très abondantes pendant la grossesse, le travail, ou que, par des causes diverses, elle est dans un état d'anémie, le sang devenu très fluide, ayant en grande partie perdu la propriété de se coaguler, filtre avec la plus grande facilité de la surface placentaire de l'utérus, et peut-être en même temps des autres points. Tels sont les divers modes de production des hémorrhagies utérines qui surviennent plus ou moins immédiatement après l'expulsion du fœtus ou du placenta.

Je dois mentionner une autre variété d'hémorrhagie utérine qui ne survient pas immédiatement ou quelques heures après l'accouchement, mais plusieurs jours. Quelques auteurs l'ont désignée sous le nom d'*hémorrhagie lochiale*. Son apparition est ordinairement liée à l'action de se lever, de marcher, ou à quelques autres écarts dans le régime, que les femmes se permettent souvent après la fièvre de lait. M. Moreau a observé deux cas de pertes abondantes survenues huit à dix jours après l'accouchement, et dues à l'accumulation de matières fécales durcies dans le gros intestin; la constipation était si opiniâtre, qu'il fallut avoir recours à la curette pour débarrasser le rectum. Elle a été observée après un espace de temps plus long. Non seulement les lochies redeviennent rouges, mais il se fait un écoulement de sang pur, souvent abondant, et plus ou moins persistant. Si un certain degré de relâchement des fibres de l'utérus peut favoriser l'écoulement sanguin, il est déjà le plus souvent dû à un état de congestion ou d'irritation de cet organe, et il se fait plutôt par transsudation et exalation que par extravasation. Il peut se faire néanmoins que le travail d'oblitération des vaisseaux déchirés soit troublé et partiellement détruit, et qu'ils livrent encore tardivement passage au sang.

Causes. — A part les conditions spéciales que nous venons d'énoncer, les causes de l'hémorrhagie utérine après l'accouchement sont celles de l'inertie de l'utérus. C'est la distension anormale de cet organe par une grande quantité de liquide amniotique, un fœtus très volumineux, des jumeaux, la prompte expulsion du fœtus après l'écoulement du liquide amniotique, son extraction artificielle pendant que le travail est languissant. Quelques femmes y sont plus particulièrement prédisposées : à la suite de chaque accouchement leurs jours sont menacés par des hémorrhagies graves. On ne trouve pas une relation bien manifeste entre l'activité de la contractilité de l'utérus et les divers tempéraments. Cependant elle est plus souvent suspendue chez les femmes fortes et pléthoriques, et plus promptement épuisée chez celles qui sont faibles ou débilitées par des pertes pendant la grossesse et le travail. Un travail long et laborieux prédispose à l'hémorrhagie après l'accouchement, tantôt en favorisant l'inertie de l'utérus, tantôt en provoquant irrégulièrement son action ; il n'est pas rare de l'observer lorsque l'utérus est dans un état de congestion, d'irritation, de contraction spasmodique partielle. Des tractions sur le cordon déterminent souvent la perte en décollant le placenta avant que l'utérus soit suffisamment rétracté. La crainte, l'inquiétude, une émotion morale vive, peuvent brusquement suspendre l'action contractile de l'utérus et donner un libre cours à l'extravasation sanguine. Tout en reconnaissant que la rétraction de l'utérus, et consécutivement la coagulation du sang dans les vaisseaux ouverts à sa face interne, sont les causes qui s'opposent à l'hémorrhagie utérine après l'accouchement, on doit cependant admettre que l'action de ces obstacles mécaniques est secondée par une espèce de diversion qui s'opère après la naissance de l'enfant, qui fait prendre à la circulation une autre direction et qui affaiblit et diminue l'afflux du sang vers l'utérus. Comme le sang poussé par le cœur de l'enfant cesse graduellement d'arriver au placenta à mesure que la respiration s'établit, de même le sang poussé par le cœur de la mère cesse de se porter avec la même force vers l'utérus, après l'accouchement. Ces phénomènes très réels ne sont hypothétiques que dans les explications qu'on voudrait en donner. Cette action conservatrice peut, comme la contractilité, être troublée ou suspendue par des causes diverses.

Symptômes. — L'hémorrhagie utérine après l'accouchement n'a, en général, d'autres signes précurseurs que ceux qu'on peut déduire de l'état de développement et de mollesse de l'utérus; quelquefois un état de pléthore général ou de congestion utérine. On a donné pour tels l'absence de l'horripilation et des frissons légers qui se manifestent ordinairement quelques instants après l'expulsion du fœtus ou du placenta ; une chaleur sèche de la peau, plus particulièrement à la paume des mains et à la plante des pieds : je ne sais jusqu'à quel point ces signes annoncent l'imminence d'une perte.

Elle peut précéder l'expulsion du fœtus, la suivre immédiatement, débuter pendant que le placenta est dans l'utérus ou plus ou moins immédiatement après sa sortie, rarement plus de deux ou trois heures, à moins qu'une portion du délivre ou des caillots sanguins volumineux ne soient retenus ; tant qu'ils ne sont pas sortis, la disposition aux pertes persiste. Celles qui surviennent quelquefois plus tard n'ont ni les mêmes caractères ni la même gravité, et doivent être rapportées à la forme désignée sous le nom d'*hémorrhagie lochiale*.

Dans les pertes qui surviennent plus ou moins immédiatement après l'expulsion du fœtus, ou qui accompagnent la délivrance ou la suivent de très près, le sang coule souvent avec une telle abondance qu'en quelques instants le lit en est inondé, ou l'utérus a repris un volume considérable s'il est retenu en partie dans son intérieur. Les expressions métaphoriques de *déluge de sang*, d'*hémorrhagie foudroyante*, se sont offertes à la plume de plusieurs observateurs, témoins de l'écoulement de ces flots de sang. Mais je dois faire observer que la quantité versée au dehors, dans un moment donné, est loin de représenter toujours exactement la vitesse et l'abondance de l'extravasation hors des vaisseaux. L'utérus distendu, venant à se contracter, surmonte l'obstacle qui s'opposait à l'écoulement, et le sang est expulsé brusquement par flots, en partie liquide et en partie coagulé ; au moment même où la perte paraît le plus effrayante, il se manifeste un effort conservateur qui peut y mettre fin. Si elle peut débuter brusquement et avec impétuosité, elle peut aussi cesser promptement, sous l'influence des moyens les plus simples, et même tout à fait spontanément ; mais elle peut aussi persister avec une grande opiniâtreté, et débuter d'une manière beaucoup moins alarmante. Le défaut de contractilité de l'utérus, depuis une diminution appréciable jusqu'à son inertie absolue, offre un grand nombre de degrés dans son intensité et sa durée, que la perte reproduit par sa plus ou moins grande abondance et par sa plus ou moins grande persistance.

La perte peut être *externe*, *interne*, et *mixte*. Ces distinctions ont plus d'importance encore que pendant la grossesse et le travail. L'externe est caractérisée par l'écoulement du sang au dehors ; toutefois il est rare qu'il n'en reste pas une plus ou moins grande quantité dans l'utérus, qui peut être assez peu considérable pour que le phénomène principal soit l'écoulement du sang au dehors ; mais elle existe le plus souvent à l'état mixte : le sang épanché est en partie retenu dans l'utérus, en partie versé au dehors.

La perte doit être considérée comme interne, dès que la plus grande quantité de sang épanché est retenue dans l'utérus ; mais elle est assez souvent complétement interne, c'est-à-dire qu'il ne s'est pas écoulé, dans le principe, plus de sang qu'après l'accouchement et pendant la délivrance simple, ou bien que l'hémorrhagie, après avoir été d'abord externe, est devenue entièrement interne. Les causes qui concourent à rendre la perte mixte ou interne sont la présence du placenta sur ou dans le col, des caillots sanguins qui remplissent le même rôle, la rétraction de l'orifice interne, la position horizontale qu'on donne à la femme, la facilité avec laquelle l'utérus se laisse distendre, la coagulation du sang dans le vagin et le col, des soins mal entendus, l'obstruction de la vulve par le rapprochement des cuisses, des linges, le tamponnement du vagin. Il peut arriver, mais ce cas est très rare, que le sang soit retenu entre la paroi de l'utérus et le placenta décollé de son centre à sa circonférence, et qu'il ne s'en écoule pas du tout au dehors. Chez une femme qui avait éprouvé de violentes coliques et plusieurs syncopes, immédiatement après la sortie naturelle du fœtus, en portant la main dans l'utérus, Morlane trouva le placenta encore adhérent ; mais le centre formait une tumeur volumineuse et fluctuante, qu'il ouvrit avec les doigts ; il détacha ensuite le reste du placenta. Leroux, de Dijon, et quelques autres, ont observé des faits semblables.

Diagnostic. — A moins d'une grande inattention, la perte externe ne peut guère être méconnue, même momentanément. La femme sent s'échapper par la vulve un liquide chaud qui se répand sous elle : alors même que l'accoucheur serait occupé à donner à l'enfant des soins urgents, il serait prévenu du danger avant l'apparition des symptômes alarmants. Il devra s'assurer s'il ne s'accumule pas du sang dans l'utérus, en même temps qu'il s'en échappe au dehors ; en un mot, si la perte n'est pas mixte. Avec un peu d'habitude, il reconnaîtra si le sang qui s'échappe en quantité variable, pendant et après la délivrance, reste dans les limites normales. Lorsque le placenta s'applique sur le col, ou reste quelque temps dans son intérieur ou dans le vagin, un flot de sang, des caillots s'échappent ordinairement à sa suite ; mais immédiatement après, tout rentre dans l'ordre normal. Une persistance anormale de l'écoulement sanguin, coïncidant avec la rétraction régulière de l'utérus, doit faire redoubler d'attention dans l'examen du vagin et du col ; car il est très vraisemblable, si le délivre est sorti et s'il n'en reste pas des portions adhérentes, ou si la femme n'est pas dans ces conditions où le sang est extrêmement diffluent, qu'on a affaire à une hémorrhagie provenant de la partie relâchée du col, sur laquelle une portion du placenta aurait été implantée, ou d'une déchirure plus ou moins profonde du col, de la rupture d'un thrombus, d'une veine variqueuse du vagin. Il est d'autant plus important de ne pas méconnaître ces accidents que le traitement dirigé contre l'hémorrhagie utérine ordinaire reste presque sans effet sur eux ; et s'ils ont été si souvent mortels, c'est que, confondus avec les pertes utérines, on leur a rarement appliqué le traitement qui leur convient.

Le diagnostic de la perte interne, alors même que le sang n'est pas encore accumulé en grande quantité dans l'utérus, n'est ni obscure ni difficile. Si elle est si souvent méconnue, ou plutôt reconnue trop tard, c'est qu'on s'écarte malheureusement trop souvent de la surveillance dont la femme doit être l'objet, tant qu'elle n'est pas délivrée depuis une heure ou deux. La main portée sur l'hypogastre reconnaît que l'utérus est dans l'inertie, qu'il est large, mou, qu'il s'élève jusqu'à l'ombilic ou plus ou moins au-dessus, suivant la quantité de sang accumulé dans sa cavité ; qu'il ne se distingue plus d'une manière aussi tranchée des autres viscères, et qu'il donne la sensation d'une fluctuation obscure. La pression qu'on exerce suffit souvent pour provoquer l'expulsion de quelques caillots et de sang liquide ; le doigt porté dans les parties, trouve, le plus souvent, le vagin et le col obstrués par des caillots qui, en se détachant, laissent écouler du sang liquide. Lorsque l'épanchement se fait avec abondance et rapidité, on n'en est souvent averti que par les troubles qui se manifestent ; quelques femmes accusent la sensation d'un liquide chaud qui s'épanche à l'intérieur ; il survient promptement de la pâleur, de l'anxiété, un sentiment de défaillance, souvent de la tendance à l'assoupissement ; le pouls s'accélère en perdant de sa force. Si l'extravasation ne se modère pas, il ne tarde pas à survenir des syncopes ; il se manifeste un tremblement, des mouvements spasmodiques des membres, des mâchoires ; en un mot, les divers phénomènes qu'on observe dans une attaque légère d'hystérie. Mais si, dès les premiers changements survenus dans l'état général, on porte son attention du côté de l'utérus, on reconnaîtra assez tôt la perte interne pour y porter remède. Il ne faut pas moins être en garde contre la perte interne, lorsque le sang a d'abord coulé librement au dehors, ou qu'il s'en écoule encore, c'est même le cas le plus ordinaire ; car on s'exposerait à prendre l'accumulation du sang dans l'utérus pour la cessation ou la diminution de l'hémorrhagie. C'est surtout lorsque l'épanchement se fait lentement par une succession de pertes peu abondantes qu'il peut échapper longtemps à l'attention, et avoir pour la malade les conséquences les plus fâcheuses.

Marche et terminaison. — Les pertes qui surviennent après la sortie du fœtus, pendant la délivrance, ou plus ou moins immédiatement après, ont ordinairement une marche très rapide ; elles se terminent promptement par la mort ou la suspension de l'écoulement sanguin. Elles offrent assez souvent des exacerbations, des diminutions, et même des suspensions momentanées. En effet, tantôt l'utérus semble ne vouloir offrir aucun obstacle à l'extravasation ; tantôt, au contraire, il réagit par instants avec plus ou moins de force et de persistance, et présente des alternatives de rétraction et de relâchement, qui impriment des rémissions, des intermittences à la perte. Au début du mouvement de resserrement, elle semble souvent augmenter, parce que le sang liquide accumulé dans l'utérus est expulsé brusquement. Sa durée est beaucoup plus longue, lorsqu'elle dépend de la rétention d'une portion de délivre restée adhérente. C'est, comme nous l'avons déjà dit, plutôt une série d'hémorrhagies se reproduisant à des intervalles plus ou moins rapprochés ; quelquefois l'écoulement sanguin est continu, mais peu abondant. L'hémorrhagie lochiale se rapproche déjà, par sa marche, sa terminaison et le traitement, des hémorrhagies utérines qui surviennent en dehors de l'état puerpéral.

L'hémorrhagie utérine qui précède, accompagne ou suit plus ou moins immédiatement la délivrance, est fort commune et fort grave. Elle se terminerait le plus souvent par la mort, si elle était abandonnée aux seules ressources de la nature. Cette terminaison fâcheuse peut survenir dans un temps extrêmement court. Plusieurs femmes ont succombé avant qu'il se fût écoulé une heure depuis le début. Mais la terminaison par la mort n'est pas ordinairement aussi rapide ; il survient le plus souvent des rémissions déterminées, soit par des syncopes, soit par la formation de caillots, soit par le retour momentané de l'action contractile de l'utérus, et la femme survit plusieurs heures ; elle ne succombe même souvent qu'après la cessation de l'hémorrhagie, se trouvant dans un état d'anémie incompatible avec la continuation de la vie. Si, au contraire, des secours appropriés sont employés à temps, il est très rare qu'elle succombe aux suites immédiates de la perte ; cependant elle peut avoir été assez grande ou persister assez longtemps à un faible degré pour déterminer une anémie plus ou moins promptement mortelle. Elle ne succombe assez souvent que plusieurs jours après la cessation de l'écoulement sanguin, à une phlegmasie puerpérale, à la production de laquelle concourent la déperdition sanguine et les moyens employés pour l'arrêter. Ce serait se faire une fausse idée de ces pertes, que de croire qu'elles doivent se terminer inévitablement par la mort, si elles sont abandonnées à la nature. Dans un assez grand nombre de cas, légères ou abondantes, elles cessent bientôt spontanément; l'action contractile de l'utérus n'est pas profondément pervertie, et devient bien vite assez puissante pour faire cesser l'extravasation sanguine. C'est ce qu'on observe surtout chez les femmes fortes et pléthoriques, et dans les cas où l'utérus est dans un état de congestion ou d'irritation; la déperdition sanguine qui peut débuter d'une manière alarmante, rend bientôt à l'utérus sa propriété contractile, et l'hémorrhagie cesse avant qu'on ait eu le temps d'avoir recours à des moyens actifs.

Traitement. — Dire ce qu'il convient de faire lorsqu'une femme en travail offre des symptômes de pléthore générale, de congestion, d'irritation subinflammatoire, d'inertie, de contraction irrégulière de l'utérus, ce serait répéter ce que nous avons déjà exposé ailleurs. Nous ne voulons rappeler ici qu'en remplissant certaines indications pendant le travail, on diminue les chances de voir l'hémorrhagie survenir après l'accouchement, on applique le *traitement préventif* qui lui convient. On arrive au même résultat en modérant une expulsion trop prompte, en sollicitant, par les moyens appropriés, les contractions utérines, lorsqu'il y a lieu en évitant les tractions intempestives sur le cordon avant que l'utérus soit suffisamment revenu sur lui-même pour décoller le placenta. M. R. Lee assure s'être bien trouvé, chez les femmes dont les antécédents font craindre une hémorrhagie, de rompre les membranes dès le début du travail, sans attendre la dilatation de l'orifice et même les fortes douleurs, et d'appliquer un bandage autour du ventre, qu'il serre graduellement à mesure que le travail fait des progrès, en s'abstenant de tout stimulant.

Avant d'indiquer et d'apprécier les divers moyens curatifs qu'on peut diriger contre l'hémorrhagie utérine après l'accouchement, examinons la question importante de savoir s'il existe, ou non, pour suspendre momentanément ou définitivement l'effusion sanguine, un moyen hémostatique temporaire, analogue à celui qu'on applique sur les membres ou à leur racine, lorsqu'on pratique une opération grave sur leur continuité ou qu'une de leurs artères a été ouvertes; ou, en d'autres termes, la compression de l'aorte ventrale, sur le corps des vertèbres lombaires, est-elle de nature à s'opposer à l'extravasation sanguine qui se fait à la surface placentaire de la cavité utérine, comme au bout divisé d'artères dont le tronc est exactement comprimé? C'est ce que nous allons examiner avec quelques détails.

Et d'abord il y a un point qui est hors de toute contestation. A quelques exceptions près assez rares, on peut, chez les femmes qui viennent d'accoucher, facilement et sûrement comprimer l'aorte sur le corps des vertèbres lombaires, de manière à y intercepter complétement le cours du sang. Cette possibilité est due à la distension, à l'amincissement de la paroi antérieure de l'abdomen et à la facilité avec laquelle les intestins peuvent se déplacer. Mais il faut avoir soin de relâcher le plus possible la paroi abdominale, en relevant légèrement la tête et les épaules par un oreiller, et en faisant fléchir les membres inférieurs. Il faut aussi écarter l'utérus du côté où il est déjà incliné, et refouler les intestins par des ondulations ménagées. Placé au côté droit de la malade, on se sert de préférence de la main gauche; la droite restée libre peut aider à l'action compressive, ou exercer les manœuvres que la perte réclame. On déprime la paroi abdominale, à peu près vers le niveau de l'ombilic, derrière et à gauche du globe utérin; et, lorsqu'on a reconnu les pulsations de l'aorte, les trois doigts médians l'affaissent contre la vertèbre correspondante. On s'est servi quelquefois du pouce seulement, du bord cubital de la main, du poing. Mais si l'on ne veut pas comprimer la veine cave en même temps, il faut non seulement faire porter la compression un peu à gauche, mais encore se servir du pouce; ou, si l'on se sert de trois ou quatre doigts réunis, il faut les placer parallèlement à la direction du vaisseau. Si on les place transversalement, et à plus forte raison, si on emploie le bord radial de la main ou le poing, la veine cave ne peut guère échapper à une compression plus ou moins complète. Mais avec quelque attention, on peut très bien ne la faire porter que sur l'aorte. Le degré de force qu'il faut employer n'est pas très considérable; cependant la main s'engourdit facilement, et si la compression doit se prolonger au-delà d'un quart d'heure, on éprouve le besoin de se faire remplacer, ou bien de changer de main. De cette manière, la même personne peut continuer la compression presque toujours aussi longtemps qu'elle est nécessaire. C'est sans fondement que quelques auteurs ont prétendu que la compression de l'aorte est d'une exécution difficile et incertaine. Elle n'est guère inapplicable que dans les cas où l'abdomen serait très sensible à la pression, ou très développé par le météorisme, et chez quelques femmes dont la paroi abdominale a conservé beaucoup d'épaisseur ou s'est promptement rétractée.

Depuis que MM. L. Baudelocque et Tréhan se sont disputé, en France, la priorité de la découverte de la compression de l'aorte dans le traitement des hémorrhagies qui succèdent à l'accouchement, cette méthode a été accueillie avec une faveur qui a fait rechercher si, dans d'autres temps, elle ne s'était déjà pas présentée à l'esprit de quelques praticiens. On en a attribué l'idée première à D.-L. Budiger, accoucheur à Tubingue, vers la fin du dernier siècle. Mais Budiger comprimait l'aorte à travers la paroi postérieure de la matrice, avec la main introduite dans sa cavité. Il l'employa, pour la première fois, sur une femme qui venait d'accoucher et qui était sur le point de succomber à une perte; l'écoulement diminua aussitôt, et l'utérus se contractant, la mère fut ranimée et sauvée. Il a eu recours à ce moyen dans une vingtaine de cas (Brierre de Boismont). Boër parle de la compression de l'aorte à travers la paroi postérieure de l'utérus, par la main introduite dans la matrice, comme d'un moyen connu qu'il juge très défavorablement. Math. Saxtorph comprimait aussi l'aorte, mais à travers les parois de l'abdomen et de l'utérus. Enfin, M. Ulsamer, accoucheur à Wurtzbourg, proposa, en 1825, la compression de l'aorte, à travers la paroi abdominale, au-dessus de l'utérus, comme l'ont fait plus tard MM. L. Baudelocque et Tréhan. La compression de l'aorte est aujourd'hui acceptée par la plupart des praticiens, et, à mon avis, sans motifs suffisants, ce que je vais essayer de démontrer.

Cette faveur provient de ce qu'on a généralement des idées fausses ou peu exactes sur les dispositions vasculaires de l'utérus dans l'état de gestation. On a tellement l'habitude de considérer les hémorrhagies traumatiques abondantes comme artérielles, qu'on est disposé à regarder comme un paradoxe singulier la pensée de rapporter aux veines déchirées par le décollement du placenta la source principale des hémorrhagies puerpérales. Ce qu'on a tous les jours sous les yeux dans les blessures, dans les opérations chirurgicales, dispose peu à admettre que le sang qui s'écoule d'une solution de continuité puisse provenir des bouts supérieurs des veines divisées : c'est cependant ce qui arrive dans les hémorrhagies utérines qui surviennent pendant la grossesse et immédiatement après l'accouchement. Dans les dernières, l'écoulement sanguin provient aussi sûrement que dans les premières de la surface de l'utérus sur laquelle adhérait le placenta. N'est-il pas démontré que, tant qu'il reste complètement adhérent, il ne se fait pas d'écoulement de sang qui ait le caractère d'une hémorrhagie, quoique souvent l'utérus soit dans l'inertie? car on ne peut pas donner ce nom à la petite quantité fournie quelquefois par la légère déchirure de l'orifice utérin, au moment du passage de la tête, ou à la transsudation par gouttelettes qui suit le décollement des membranes. Mais est-il partiellement ou complétement décollé, et le décollement coïncide-t-il avec l'inertie, aussitôt une hémorrhagie grave se manifeste. Elle n'a donc pas lieu par une espèce de transsudation sur toute la surface interne de l'utérus, favorisée par l'inertie, puisqu'elle ne se produit qu'à la suite du décollement et de l'inertie.

Quand je dis que l'*hémorrhagie puerpérale*, ou, en d'autres termes, *utéro-placentaire*, soit pendant la grossesse, soit pendant et après l'acccouchement, dépend du décollement du placenta, je ne veux parler que de sa forme ordinaire; et non de quelques variétés plus ou moins rares, qui n'en ont plus les caractères. Il se fait quelquefois, pendant la grossesse, des suintements, des pertes légères, irrégulières ou périodiques comme le retour des règles, qui sont très probablement produites par une exhalation active. Les écoulements sanguins opiniâtres, qu'on observe quelquefois chez des femmes cachectiques, chez celles dont le sang a été rendu excessivement séreux par des hémorrhagies abondantes et persistantes, se font très vraisemblablement par une espèce de transsudation passive, qui peut avoir son siége sur tous les points de la cavité utérine. L'hémorrhagie lochiale, qui survient après la fièvre de lait et avant le retour menstruel, se fait sans doute d'après l'un ou l'autre de ces modes; mais toutes ces pertes réunies sont relativement à la forme ordinaire très rares.

En soutenant que les hémorrhagies utérines, ainsi circonscrites, sont produites par le décollement du placenta, et, de plus, qu'elles sont veineuses, je n'entends pas dire qu'il ne s'y mêle pas une certaine quantité de sang artériel, mais qu'elle est relativement très petite, comparée à celle fournie par les veines qui imprime à l'hémorrhagie ses caractères et sa gravité. Par la séparation du placenta, deux ordres de vaisseaux qui se continuent directement avec ceux de l'utérus sont déchirés: les artères et les veines utéro-placentaires, les premières très grêles, à calibre comme filiforme; les secondes, au contraire, très larges, en grand nombre, et pouvant recevoir l'extrémité du petit doigt lorsque l'utérus reste dans l'inertie. Il est de toute impossibilité que les artères seules puissent fournir le sang qui s'extravase dans les pertes, même d'intensité moyenne; à plus forte raison, lorsqu'elles sont très rapides et très abondantes. On suppose à tort que les divisions artérielles qui parcourent le tissu de l'utérus prennent autant de développement que les veines Elles s'allongent, à la vérité, beaucoup; mais elles restent fort grêles, et la circulation s'y fait lentement et sous une faible impulsion (t. i, p 149). On en a du reste la preuve directe lorsque, dans l'opération césarienne, on incise la paroi de l'utérus : il ne s'élève que quelques jets grêles et faibles qui s'arrêtent promptement, quoique l'utérus soit encore distendu par le fœtus ou par l'œuf entier, tandis que le sang veineux s'échappe en grande abondance. Lorsque, dans les pertes abondantes, on porte la main dans la cavité de l'organe gestateur, quoique ses parois soient écartées, on acquiert la certitude que le sang ne s'échappe pas par jets des extrémités divisées des artères utéro-placentaires. Le sang qui coule au dehors, à l'état liquide ou coagulé, présente absolument les mêmes caractères physiques que celui qu'on retire des veines du bras; et l'on sait que celui qui s'échappe des artères s'en distingue d'une manière très tranchée par la couleur. A la vérité, lorsque l'hémorrhagie est rapide et prolongée, le sang prend une couleur rouge moins foncée : mais on observe le même phénomène vers la fin des saignées abondantes et répétées. La facilité avec laquelle l'écoulement s'arrête et reparaît n'est-elle pas aussi un caractère propre aux hémorrhagies veineuses trumatiques?

Les larges orifices veineux, béants à la surface placentaire de l'utérus, se continuant sans interruption avec les veines ovariques et utérines, considérablement développées dans leurs troncs et leurs divisions, peuvent, suivant que l'action contractile de l'utérus est plus ou moins en défaut, laisser échapper une plus ou moins grande quantité de sang et donner lieu à des hémorrhagies médiocres ou très abondantes. L'absence de valvules dans les troncs et les divisions de ces veines permet au sang de couler dans la cavité de l'utérus, tant que la rétraction de ses parois ne remplit pas le rôle de valvule. Le sang contenu dans les sinus veineux qui sillonnent les parois de l'utérus et dans les troncs des veines ovariques et utérines a la même tension contre ses parois que celui de la veine cave inférieure et de ses divisions dépourvues de valvules. On sait par les expériences de M. Poiseuille que cette tension est toujours plus considérable que la pression atmosphérique, qu'elle augmente pendant les inspirations, les cris, les mouvements musculaires, dans la gêne de la respiration, de la circulation cardiaque, dans l'attitude debout, etc., particularités qui rendent aussi instantanément l'hémorrhagie utérine plus abondante. Si ces effets sont nuls dans les veines de la partie supérieure des membres inférieurs, c'est parce que l'effort de tension vient se détruire contre les premières valvules qu'il redresse. Mais comme les veines ovariques et utérines en sont dépourvues, le sang s'échappe dans la cavité utérine par les sinus veineux déchirés, à moins que l'utérus, en se rétractant, ne vienne à les fermer ou à faire l'office de valvule. Ce n'est pas là une explication gratuite ; elle est fondée sur des expériences directes et positives, et sur la connaissance de la disposition exacte des vaisseaux de l'utérus. Ne sait-on pas, d'ailleurs, que la compression de la base de la poitrine, de la partie supérieure de l'abdomen, tout ce qui peut gêner l'abord du sang de la veine cave dans le cœur, sont des causes actives d'hémorrhagie utérine pendant la grossesse et après l'accouchement ?

En comprimant exactement l'aorte au-dessus de la naissance des artères ovariques, on arrêtera la petite quantité de sang artériel fourni par les artères utéro-placentaires, et en partie seulement si la compression porte au-dessous de l'origine des artères ovariques, ou si elles naissent des rénales ; mais elle sera sans influence sur celui que fournissent les veines ouvertes sur une partie de la face interne de l'utérus, qui sont la principale source des pertes abondantes et rapides, de celles qu'on désigne quelquefois sous le nom de foudroyantes. Bien plus, en rétrécissant le cercle artériel aortique, on augmente la stase du sang dans la veine cave inférieure, et par suite, dans les veines de l'utérus, et l'on aggrave encore la prédisposition à l'hémorrhagie. On créerait une situation des plus dangereuses, s'il arrivait que l'aorte restât plus ou moins libre, et que la compression portât plus particulièrement sur la veine cave.

Je suis tellement convaincu que la compression de l'aorte seule est un moyen illusoire de suspendre l'hémorrhagie utéroplacentaire, dangereux en lui-même et en ce qu'il peut faire perdre un temps précieux, que j'assume avec confiance la responsabilité de faire naître des doutes, en attendant que la vérité soit acceptée.

Les faits qui semblent justifier ce moyen n'ont pas toute la valeur qu'on leur a accordée. Comme les théories, les faits reposent, aussi, souvent sur des illusions ; et, surtout, lorsqu'ils contredisent des dispositions matérielles certaines, il faut apporter dans leur admission beaucoup de réserve et de sévérité.

Le même observateur qui a enrichi la compression de l'aorte de deux succès nouveaux, ne vient-il pas de communiquer à l'Académie de médecine le *fait* de violences exercées sur le fœtus ressenties par la mère !

Parmi les erreurs qu'emporte le temps, beaucoup sont appuyées sur des faits nombreux et concluants en apparence. Dans le traitement des hémorrhagies utérines et de toutes les autres maladies, des moyens, depuis plus ou moins longtemps couronnés de succès, sont tous les jours reconnus innocents. Pour en revenir à mon sujet, je ferai observer qu'il est très facile d'être induit en erreur dans les pertes sanguines qui succèdent à l'accouchement, par cela même qu'il est de leur caractère, lorsque l'utérus est débarrassé du délivre, de se suspendre le plus souvent rapidement; quelquefois dès qu'on a placé la femme dans une situation horizontale; d'autres fois aux premières excitations portées sur l'utérus. Je ne pense pas qu'il puisse y avoir dissidence parmi les praticiens expérimentés et non prévenus sur la valeur négative de ces observations, qui constatent qu'on a arrêté l'hémorrhagie par la seule et unique compression de l'aorte, dans l'espace de quatre à sept minutes. Considérant que la compression de l'aorte ne pouvait être qu'un moyen de suspendre provisoirement l'écoulement sanguin, on a généralement suivi le conseil d'employer simultanément et très activement les moyens les plus propres à rappeler la contractilité de l'utérus, et dans la plupart des cas ces moyens ont été employés avec discernement. Mais il devient alors très difficile d'apprécier les effets de la compression de l'aorte, mise sous la protection des moyens reconnus très efficaces. Ne l'a-t-on pas gratifiée souvent d'effets produits par les moyens ordinaires? C'est la conviction qu'a laissée dans mon esprit la lecture de la plupart de ces observations. D'ailleurs il est à ma connaissance que deux ou trois des femmes chez lesquelles on avait exercé la compression ne sont pas moins mortes des suites de la perte.

Je ne dois point taire qu'on n'a eu recours, dans quelques cas, à la compression qu'après avoir essayé d'abord sans succès de réveiller l'action contractile de l'utérus, et que dans d'autres, on a noté une circonstance tout-à-fait propre à démontrer qu'elle peut réellement suspendre l'écoulement sanguin, qui cessait ou reparaissait suivant qu'on l'exerçait ou qu'on la suspendait. Je n'ai essayé de comprimer l'aorte que dans des pertes médiocres et persistantes, entretenues par des fragments de placenta adhérents, où l'on pouvait supposer qu'elles étaient presque autant artificielles que veineuses, et cependant je n'ai pas même observé dans ces cas de changements appréciables dans l'écoulement. En admettant ces faits de suspension et de réapparition comme réels, il reste à savoir si la compression a porté sur l'aorte seule ou sur l'aorte et la veine cave simultanément : dans le dernier cas, ce phénomène n'aurait plus rien de contradictoire, surtout si la compression a porté au-dessus de l'origine des artères et des veines ovariques.

On ne pourrait pour un seul cas affirmer sans témérité que la compression a porté exclusivement sur l'artère, tandis qu'il paraît certain qu'à l'insu et contre la volonté des observateurs, elle a porté dans la plupart des cas sur les deux vaisseaux. A-t-il pu en être autrement dans les cas de Budiger, qui embrassait avec la main portée dans la matrice la région lombaire, dans ceux de Saxtorph, qui comprimait à travers les parois abdominales et utérines, lorsqu'on s'est servi du poing, du bord radial de la main, de trois ou quatre doigts?

Examinons donc ce qui arriverait si la compression portait simultanément sur l'aorte et sur la veine cave, de manière à effacer complètement le calibre de ces deux vaisseaux. Il en résulterait, après le dégorgement des vaisseaux utérins, en supposant qu'elle porte au-dessus de la terminaison des veines ovariques, la suspension de tout écoulement sanguin par les deux ordres de vaisseaux ouverts sur la surface placentaire de l'utérus. Car on ne peut guère considérer la veine azygos comme pouvant établir des communications anastomotiques suffisantes pour maintenir la partie inférieure de la veine cave à l'état de plénitude. Mais on a à craindre que la compression ne porte au-dessous de l'embouchure des veines ovariques, d'autant mieux qu'elles se rendent souvent aux rénales; et, comme elles sont très développées, l'hémorrhagie ne serait que fort incomplétement suspendue. C'est donc dans la compression simultanée de l'aorte et de la veine cave qu'il faut chercher un moyen de suspendre provisoirement plus ou moins complétement l'hémorrhagie utéro-placentaire, et si la manière ordinaire de procéder conduit souvent à ce résultat, il suffira de faire porter la compression un peu à droite pour qu'il soit sûrement obtenu. Mais c'est un moyen auquel il ne faut pas avoir recours sans une nécessité bien démontrée.

Quoique plusieurs observations constatent qu'une compression de deux, de trois heures, n'a eu aucun résultat fâcheux, on ne doit pas moins craindre que le froissement du péritoine et probablement aussi quelquefois de portions de l'intestin, de l'utérus, ne soit, dans des conditions où les organes sont si susceptibles, une cause active de péritonite. Comme, dans les pertes très abondantes, on est le plus souvent dans la nécessité d'introduire promptement la main dans l'utérus, la compression peut être exercée plus facilement avec moins d'efforts à travers sa paroi postérieure, et sans plus de dangers si elle ne doit durer que cinq à six minutes. La durée de la compression doit être calculée sur la persistance de l'inertie. Si les observateurs n'ont pas involontairement cédé au désir de lui donner de l'importance, elle semblerait rendre l'inertie plus persistante; la plupart nous la montrent ne cédant qu'à la longue aux moyens ordinaires; il a fallu, dans un assez grand nombre de cas, continuer la compression une, deux, trois heures. Or, à part les cas de rétention du placenta partiellement adhérent, d'une grande quantité de sang dans l'utérus, il est extrêmement rare que la tendance à l'hémorrhagie persiste le même laps de temps. C'est, du reste, ce qu'on serait autorisé d'admettre *à priori*.

L'abord du sang artériel dans l'utérus joue le rôle d'un excitant, et pour qu'il revienne promptement sur lui-même lorsqu'il est dans l'inertie, il ne doit pas être indifférent qu'il en soit privé. Le conseil répété par tous d'administrer, pendant qu'on exerce la compression de temps en temps, une dose d'ergot de seigle pour réveiller la contractilité de l'utérus, est aussi superflu qu'irrationnel. Comment admettre que cet agent, dont les effets sont prompts, mais passagers, puisse aller stimuler l'utérus, pendant que le sang artériel a cessé d'y arriver? Il faudrait le porter directement sur sa face interne en injection ou incorporé à une pommade.

Les indications du traitement curatif consistent :

1° A débarrasser, s'il y a lieu, l'utérus du délivre ou du sang accumulé dans son intérieur;

2° A réveiller le plus promptement possible sa contractilité par les divers moyens dont l'efficacité est le mieux constatée;

3° A s'opposer à l'afflux du sang vers l'utérus;

4° A son extravasation dans sa cavité;

5° A combattre les effets immédiats et consécutifs de l'hémorrhagie.

Un soin préliminaire d'une grande importance sur lequel j'ai déjà eu l'occasion d'insister, c'est de donner aussitôt à la malade une situation horizontale et d'élever le siége; cette situation seule modère souvent presque aussitôt des pertes qui débutent d'une manière grave; il faut aussi l'exposer à un air frais et la laisser peu couverte.

1° Dans tout écoulement sanguin qui mérite le nom d'hémorrhagie utérine, si le placenta est encore dans l'utérus, l'indication de hâter la délivrance est formelle; son omission peut entraîner les conséquences les plus fâcheuses. Mais il faut bien distinguer le cas où le placenta n'est que partiellement décollé de celui où il l'est en grande partie ou complétement : dans le premier, si on apporte un empressement intempestif à délivrer, en tirant sur le cordon avant d'avoir remédié à l'inertie, on aggrave la perte en augmentant la surface saignante. Si la rapidité de l'écoulement ou la rétention du sang exige qu'on porte sans délai la main dans l'utérus, on le débarrasse d'abord du sang, on promène ensuite les doigts sur sa surface interne, et lorsqu'il se rétracte avec force on entraîne le placenta, alors même qu'il adhérerait encore par une portion étendue. Lorsqu'il est complétement détaché, on procède de suite à son extraction; et, si on ne peut l'entraîner en tirant sur le cordon, on hésitera d'autant moins à porter de suite la main dans l'utérus que sa présence est l'un des meilleurs moyens d'en provoquer le resserrement. On se conduira du reste, suivant la cause de la rétention du placenta, comme il a été dit aux articles consacrés à chacune d'elles, avec le plus de célérité possible, sans toutefois s'écarter des ménagements commandés par la prudence. Il ne faut pas perdre de vue que la présence du placenta dans l'utérus entretient l'écoulement sanguin, favorise son accumulation, et que les moyens qu'on emploie pour achever son décollement et terminer la délivrance concourent à arrêter l'hémorrhagie en sollicitant l'utérus à se rétracter. On ne doit pas mettre moins de soins et d'empressement, dans les pertes internes et mixtes, à vider l'utérus du sang qu'il contient, aussi bien après la délivrance qu'auparavant.

2° En même temps qu'on procède à la délivrance s'il y a lieu, on excite l'utérus à se contracter. Nous avons déjà apprécié les divers moyens directs ou indirects à l'aide desquels on peut atteindre ce but; il ne nous reste en quelque sorte qu'à les rappeler dans l'ordre de leur application et à insister sur quelques uns seulement. La plupart peuvent être employés simultanément, et doivent l'être dans les pertes rapides. Dans le cas contraire on emploie d'abord les plus simples, ceux qui sont le moins susceptibles d'avoir une influence fâcheuse sur la santé de la femme. Ce sont les frictions exercées avec les mains sur le fond et le corps de l'utérus, les titillations du col avec un ou deux doigts, l'administration de l'ergot de seigle, l'introduction de la main dans la cavité utérine, des compresses renouvelées, imbibées d'eau froide, sur les cuisses et l'hypogastre, des boissons froides, des injections de même nature dans le rectum, dans l'utérus.

Par l'introduction de la main dans l'utérus on se propose ordinairement un double but, de le stimuler en promenant les doigts sur sa face interne, tandis que l'autre main, appliquée sur l'hypogastre, continue les frictions, et de le débarrasser de l'arrière-faix ou du sang amassé dans sa cavité. Même quand il semble couler librement au dehors, il en reste presque toujours une plus ou moins grande quantité dans sa cavité, ce qui rend l'emploi de ce moyen en quelque sorte de rigueur pour peu que la perte soit abondante. De l'aveu de presque tous les accoucheurs, l'action de la main portée dans la matrice est le moyen le plus puissant de déterminer sa contraction et la cessation de la perte. Ce n'est pas seulement l'agacement qu'on produit avec l'extrémité des doigts, mais encore le volume et les inégalités de la main, qui, en causant de la douleur et de l'irritation, provoquent la rétraction de l'utérus: aussi ne doit-on pas hésiter à l'y porter dans les pertes externes abondantes, alors même que le sang s'écoule complétement au dehors. Le nombre des femmes qui ont dû leur salut à ce moyen est vraiment très considérable. Il a par lui-même peu d'inconvénients: l'introduction de la main dans la matrice, à l'état d'inertie et à une époque aussi rapprochée de la sortie du fœtus, est une cause encore peu active de phlegmasie puerpérale. On est assez souvent dans la nécessité de l'introduire plusieurs fois de suite ou de l'y laisser pendant plusieurs minutes ; il n'est pas rare de voir l'utérus retomber dans l'inertie, après s'être fortement contracté sur la main, et, dix, vingt minutes après, etc., le sang s'accumuler de nouveau ou s'échapper au dehors. Dans quelques cas, où la compression simultanée de l'aorte et de la veine cave est plus particulièrement applicable, la matrice semble vouloir rester inerte sous l'excitation produite par la présence de la main, le sang continue à ruisseler entre les doigts, et le danger que court la femme devient de plus en plus imminent. On cherche dans ces cas à rendre la main plus excitante par divers moyens qui peuvent se trouver de suite à la portée de l'accoucheur, tels qu'une éponge, un linge trempés dans de l'eau froide ou vinaigrée, un citron dépouillé de son écorce ; en serrant la main, le liquide froid ou styptique se répand sur la surface interne de l'utérus, et le sollicite plus activement à se contracter ; dans quelques cas on a introduit un fragment de glace. Ces divers moyens ont réussi dans des cas où la main paraissait insuffisante ou agir trop lentement.

J'ai dit (t. I, p. 484) de quelle manière et dans quelles limites on peut porter les réfrigérants autour du bassin. Employés comme ils le sont souvent, avec profusion et peu de discernement, ils deviennent une cause très active de phlegmasies puerpérales; ce qui a inspiré à madame Lachapelle des réflexions que je crois devoir reproduire: « J'engage, dit-elle, les jeunes praticiens à ne point dépasser certaines bornes dans l'emploi de ce moyen, et à ne pas l'employer sans nécessité reconnue, tant pour épargner à la femme quelques réactions inflammatoires que pour compromettre le moins possible leur réputation. Le froid doit toujours être proportionné à la fois à la violence des accidents et aux forces de la femme. Une femme très faible serait aisément précipitée dans une torpeur mortelle par un froid trop vif. En général on doit s'arrêter dès que le frisson se déclare, et remplacer les linges mouillés par des linges secs et d'une température assez basse, mais douce encore. C'est pour cela qu'il sera bon de n'employer que des linges simplement humides, et que l'on évitera d'inonder le lit de la malade et de faire ruisseler l'eau autour d'elle, comme je l'ai vu quelquefois ; il faut être à même de pouvoir en un instant substituer la chaleur au froid, et surtout supprimer toute humidité. »

Les injections d'eau froide, vinaigrée, rendue astringente, portées dans l'utérus à l'aide d'une canule allongée, ne peuvent avoir une efficacité réelle qu'autant que l'utérus est en grande partie débarrassé de sang coagulé, et que le liquide mouille la surface utérine et vaginale.

Si le placenta n'était que partiellement décollé, on pourrait injecter l'eau froide par le cordon. Les injections ne peuvent être employées avec avantage que dans les pertes peu abondantes, mais persistantes. On n'a pas à craindre qu'il en passe, comme à l'état de vacuité de l'organe, une certaine quantité dans le péritoine, à travers les trompes, parce que les orifices internes de ces canaux paraissent exactement bouchés par des débris de la caduque, ni dans le torrent de la circulation par les veines ouvertes à la face interne de l'utérus ; ces veines ayant une direction oblique, leur portion amincie s'applique comme une valvule sur leur orifice, lorsque du sang ou tout autre liquide distend l'organe. D'ailleurs l'état du col permet toujours au liquide de l'injection de s'écouler librement au dehors, et il faut employer une assez grande force pour le faire refluer par les veines utérines. Elles ne peuvent produire des accidents consécutifs qu'en irritant trop vivement l'utérus, lorsqu'elles sont chargées en trop grande quantité de substances actives. Et alors même que l'odeur ou le goût de certaines substances injectées se ferait quelquefois promptement sentir dans la bouche, cette absorption ne semble pas de nature à être bien nuisible. Mais personne n'oserait avec raison, comme Pasta l'a conseillé, porter dans l'utérus des liquides caustiques ou des poudres de même nature.

Quant aux moyens indirects, il est démontré par des faits nombreux que l'ergot de seigle réveille, après l'accouchement, la propriété contractile de l'utérus avec autant de promptitude et autant d'activité que pendant le travail, et qu'il est à ce titre un moyen hémostatique précieux et exempt de tout danger. Dix minutes, un quart d'heure se passant avant que ses effets soient sensibles, on doit l'administrer dès le début, toutes les fois qu'on en a à sa disposition, et un accoucheur attentif en est toujours pourvu. Mais il trouve plus particulièrement son emploi dans les cas où l'inertie est très persistante, ou se reproduit facilement, dans ceux où des fragments de placenta restés adhérents entretiennent la perte. Comme ses effets sont d'une durée assez courte, si l'on s'aperçoit que l'utérus redevient volumineux et mou, on en administre une seconde dose vingt minutes, trois quarts d'heure après la première. Mais outre que ses effets ne sont pas constants, il est quelquefois altéré au point d'avoir perdu toute propriété active : aussi, tout en l'administrant, ne faut-il pas négliger les autres moyens.

Quelques accoucheurs anglais vantent, comme d'une grande efficacité contre les pertes par inertie, la teinture d'opium à haute dose. Leur pratique prouve au moins que les opiacés, en pareil cas, n'ont pas, au degré qu'on le suppose, la propriété de ralentir, de suspendre la contractilité de l'utérus, et par conséquent de prédisposer à l'extravasation sanguine, loin de s'y opposer. Néanmoins on doit les considérer comme formellement contre-indiquées quand l'hémorrhagie est abondante et l'inertie franche. Mais on en retire des avantages incontestables lorsque l'utérus présente un mélange d'inertie et d'irritation spasmodique, et que la perte est plutôt inquiétante par sa persistance ou ses retours que par son abondance.

3° Les moyens que l'on suppose pouvoir s'opposer à l'afflux du sang vers l'utérus sont : les révulsifs, les ligatures circulaires portées à la racine des membres, la compression méthodique de l'utérus à travers la paroi abdominale. Les révulsifs portés sur divers points de la surface du corps, les toniques, les astringents à l'intérieur sont sans effet marqué sur les pertes abondantes qui suivent plus ou moins immédiatement l'accouchement. Ce serait perdre un temps précieux que de promener des sinapismes sur les membres, d'appliquer des ventouses sur les mamelles, de faire sucer les mamelons par l'enfant. Les ligatures circulaires à la racine des membres, en s'opposant au retour du sang, semblent en effet pouvoir modifier avantageusement la perte ; mais ce moyen occupe une place tellement secondaire qu'il suffit de l'avoir mentionné.

Mais il n'en est pas de même de la compression régulière de l'utérus à travers la paroi abdominale, moyen encore peu connu et mal apprécié. On en trouve l'idée dans plusieurs auteurs du dernier siècle. Millot, qui se l'attribue, l'a réellement proposé d'une manière plus formelle qu'on ne l'avait fait avant lui, et justifie son utilité par des observations concluantes. Il le recommandait, surtout, contre les pertes rebelles qui dépendent de la rétention de fragments de délivre ou de caillots de sang. Un grand nombre de médecins anglais l'emploient et le regardent comme l'un des plus propres à suspendre les pertes utérines. Dans quelques cas d'inertie opiniâtre où l'hémorrhagie avait résisté à toutes les tentatives ordinaires, et dans d'autres où la matrice se contractait par moments pour retomber dans un colapsus qui renouvelait l'hémorrhagie, madame Lachapelle, après avoir tamponné le vagin, a saisi la matrice dans le moment de la contraction et l'a maintenue fortement serrée entre ses mains. Elle ajoute : « J'ai plusieurs fois réussi de cette façon, après plusieurs heures de patience, à rendre la vie à des femmes dont l'état semblait désespéré. »

MM. Deneux et C. Baudelocque, appelés près d'une femme chez laquelle on avait retourné l'enfant et fini par séparer le tronc de la tête, qui était restée dans l'utérus, retenue par un resserrement du détroit supérieur d'avant en arrière, la trouvèrent dans un état de faiblesse extrême, occasionnée par la longueur et la violence des douleurs qu'elle avait endurées, et par une perte de sang très considérable. Il fallut vider le crâne pour pouvoir extraire la tête. Cette opération fut faite avec promptitude : cependant la matrice, au lieu de se durcir, resta dans un état de mollesse et de flaccidité remarquables.

Son volume n'était pas considérable ; néanmoins le sang continuait à couler. Quoique l'écoulement fût peu abondant, il l'était trop, vu l'état de la femme, qui à chaque instant se trouvait mal. On frictionna l'utérus, on introduisit la main dans son intérieur ; mais loin de réagir il se laissait distendre, et le sang sortait avec plus d'abondance. On promena à plusieurs reprises un glaçon sur sa surface interne, on exprima deux citrons, on fit plusieurs injections avec de l'eau froide, du vinaigre, de l'eau-de-vie ; tout fut inutile. Craignant à chaque instant de voir cette malheureuse périr, M. Deneux eut l'heureuse idée d'appliquer l'une contre l'autre les parois de la matrice, à l'aide d'une serviette pliée en plusieurs doubles, appliquée sur l'hypogastre et soutenue par un bandage de corps serré : ce moyen suspendit complètement l'écoulement du sang. Néanmoins la malade succomba au bout de quarante-huit heures.

M. Deubel assure que M. Stolz a souvent arrêté des pertes opiniâtres en serrant avec force l'utérus contre le côté droit du bassin. La forme de la paroi postérieure du bassin est assez bien disposée pour établir une compression régulière, et l'utérus peut y être maintenu appliqué, non seulement avec les deux mains, mais aussi avec des serviettes pliées en plusieurs doubles et disposées en compresses graduées embrassant le fond, la paroi antérieure et les côtés de l'organe, le tout fixé par un bandage de corps convenablement serré. On produit ainsi sur les vaisseaux de l'utérus le même effet que son resserrement actif, et la circulation veineuse abdominale est plutôt favorisée que gênée. On trouve donc dans la compression méthodique de l'utérus, qu'on peut sans inconvénient prolonger aussi longtemps qu'il est nécessaire, un moyen le plus souvent efficace d'arrêter les pertes sanguines rebelles, qu'elles dépendent soit du retour répété et persistant de l'inertie, soit de la rétention de fragments du placenta, soit de son insertion sur la portion du segment inférieur qui reste toujours plus ou moins inerte, soit de la fluidité du sang occasionnée par l'extrême abondance de la perte ou par un état cachectique, soit enfin d'une déchirure de l'utérus.

4° Les moyens mécaniques qu'on a proposé d'appliquer à l'intérieur pour s'opposer à l'extravasation sanguine sont le tampon, porté dans le vagin ou dans l'utérus lui-même. La réserve qu'on met avec raison à tamponner le vagin dans les pertes graves qui surviennent pendant la grossesse et le travail, et la facilité avec laquelle l'utérus inerte se laisse distendre, doivent le faire proscrire dans celles qui se produisent plus ou moins immédiatement après l'accouchement. Il a cependant été employé par Leroux, de Dijon, et quelques praticiens ont continué à y avoir recours. Plusieurs observations de Leroux prouvent qu'il a été suivi de succès dans des pertes très graves. Quoique la bonne foi de ce praticien distingué ne puisse pas être suspectée, je crois devoir rappeler que Millot a avancé, sur le témoignage de plusieurs personnes de Dijon, que de sept femmes tamponnées par Leroux, cinq sont mortes. Dans tous les cas, elles n'auraient succombé qu'à des accidents consécutifs à la perte.

La manière d'opérer de Leroux explique jusqu'à un certain point ses succès sans justifier suffisamment le moyen. Il introduisait des linges imbibés de vinaigre, non seulement dans le vagin, mais dans le col, et jusque dans la cavité utérine. Le tamponnement appliqué ainsi revient à peu près à l'emploi du citron écrasé dans la matrice, à l'éponge ou à la compresse de linge imbibée de vinaigre qu'on laisse plus ou moins de temps en contact avec sa paroi interne. Le resserrement de l'organe a été immédiat et durable, une très petite quantité de sang est sortie avec le tampon; mais si l'utérus ne s'était pas rétracté sous l'influence de l'irritation mécanique et de l'impression occasionnée par les linges trempés dans le vinaigre, ou si l'inertie s'était reproduite un peu plus tard, il serait presque inévitablement survenu une hémorrhagie interne mortelle. Les faits que nous avons cités pour prouver les dangers de l'occlusion du col ou du vagin, qui ne fait que rendre la perte interne, ne laissant pas le moindre doute à cet égard. Ce n'est pas seulement immédiatement après l'accouchement que le tamponnement peut devenir funeste, mais encore plusieurs jours après.

Baudelocque rapporte qu'une femme fut victime d'une perte au septième jour de ses couches, parce qu'un chirurgien, pour s'opposer à l'issue du sang qui coulait abondamment au dehors, avait imprudemment tamponné le vagin. L'épanchement fut tel, en très peu d'heures, que le fond de la matrice s'élevait de beaucoup au-dessus du niveau de l'ombilic, au moment où la femme mourut.

M. Chevreul a cherché à prouver qu'il y a des cas où rien ne peut suppléer au tampon dans les hémorrhagies qui succèdent à la délivrance; et il l'a employé plusieurs fois, non seulement sans danger, mais avec un succès marqué. Mais au tamponnement pratiqué comme Leroux, il ajoute, comme madame Lachapelle, la compression, le frottement et l'agacement de l'utérus à travers la paroi abdominale. Cette méthode complexe est tout-à-fait rationnelle; mais il ne faudrait avoir recours au tampon qu'après avoir appliqué la compression hypogastrique et constaté qu'elle est insuffisante. Elle a d'ailleurs été recommandée et employée par Baudelocque, qui considérait le tampon comme une ressource extrême dans les hémorrhagies qui surviennent après l'accouchement. « Si l'on était obligé, dit-il, de tamponner le vagin dans ce dernier cas, comme nous l'avons fait plusieurs fois avec succès, il faudrait s'opposer au développement de la matrice, en appuyant d'une main sur la région hypogastrique, en embrassant, pour ainsi dire, de tous les doigts le corps de cet organe, en l'irritant et l'agaçant fortement, tandis que, de l'autre main, on soutiendrait et on appuierait le tampon s'il le fallait pour l'empêcher de sortir.»

Leroux, en introduisant jusque dans la matrice la première pièce de linge, ne tamponnait pas, à proprement parler, cet organe; car à l'état d'inertie il en faudrait un grand nombre pour le remplir. C'est ce dernier but que s'est proposé M. Schwenghaenser. D'après ce praticien, c'est surtout le tampon qui est le plus puissant moyen d'arrêter l'hémorrhagie utérine tant avant qu'après la délivrance, en comprimant les orifices des vaisseaux et la substance de la matrice qu'ils traversent ; il est souvent encore nécessaire après la sortie de l'arrière-faix, pour prévenir une perte, ou pour l'arrêter si elle continue. Il conseille d'introduire successivement dans la matrice, jusqu'à ce qu'elle en soit *remplie* et *gorgée*, des pelotes de chanvre ou de charpie de 2 ou 3 pouces de diamètre, trempées dans l'eau froide, rendue styptique avec du vinaigre ou de l'alcool ; il remplit ensuite le vagin et soutient en même temps extérieurement l'utérus au moyen d'un bandage de corps, jusqu'à ce que de fortes douleurs avertissent que la matrice s'applique à expulser son contenu. Elle se laisse souvent distendre au point de présenter une cavité de plus de 6 pouces dans toutes ses dimensions, rendue irrégulière par les pièces du tampon, qui forment des bosses palpables à travers les téguments du bas-ventre et la substance de la matrice. Il cite une observation de Lobstein qui constate toutes ces particularités. Les inconvénients et les dangers du tamponnement réel et complet de l'utérus, par ce moyen ou tout autre, sont trop évidents pour que je m'attache à les faire ressortir. On a proposé une autre manière de tamponner l'utérus, qui consiste à introduire dans sa cavité une vessie de cochon, et à la remplir ensuite en y injectant de l'eau froide, afin de réveiller la contractilité utérine et d'exercer une compression directe sur l'orifice des vaisseaux ouverts.

5° Il nous reste à parler des moyens, communs d'ailleurs à toutes les hémorrhagies où une très grande quantité de sang a été perdue en très peu de temps, et qui n'ont plus pour but d'arrêter l'effusion du sang, mais d'en combattre les effets. La malade peut être dans une situation alarmante, et même succomber après que la perte a complètement cessé, soit parce qu'un traitement efficace n'a pas été employé, ou l'a été tardivement, soit parce que la perte s'est montrée très rebelle. Si la tendance aux syncopes, les colapsus, persistaient avec opiniâtreté, et que les moyens simples, vulgairement employés, fussent insuffisants, il faudrait, comme l'a fait M. Roux, pour faire cesser une syncope prolongée chez un blessé épuisé par plusieurs pertes abondantes, comprimer l'aorte au-devant des vertèbres lombaires. En diminuant ainsi l'étendue du cercle de la circulation, il força le sang à se porter en plus grande quantité au cerveau et au cœur, et il obtint la cessation de la syncope ; mais l'épuisement était très considérable, et le succès ne fut que passager. Plusieurs des médecins qui ont eu recours à la compression de l'aorte pour arrêter des pertes utérines abondantes, ont remarqué que pendant la compression le visage reprenait en partie sa coloration ; que le pouls se relevait, que la malade sortait de l'état d'abattement ou de syncope, et que l'état primitif se reproduisait lorsqu'ils cessaient de comprimer. On s'est quelquefois proposé le même résultat par les ligatures circulaires à la racine des membres; mais elles doivent alors être disposées de manière à intercepter à la fois le cours du sang veineux et artériel. Dans l'un comme dans l'autre procédé, le cercle circulatoire est considérablement rétréci, et la masse du sang en circulation étant relativement augmentée, une excitation plus forte et plus rapide est portée aux centres nerveux.

La transfusion du sang d'un autre individu, pour remédier à cette anémie portée au plus haut degré, conserve encore quelques partisans. M. Blundell, en Anglererre, s'efforce depuis longtemps à en démontrer les avantages dans les pertes utérines, et à fait construire divers instruments pour rendre l'opération plus facile, et pour que le sang transfusé éprouve le moins d'altération possible. Un sang qui n'aurait pas conservé sa fluidité parfaite pourrait provoquer des accidents rapidement mortels. Mais il n'est pas moins certain qu'on peut injecter, sans trop de dangers, dans les veines du pli du bras d'une personne vivante, du sang qu'on vient de tirer des veines d'une autre personne. On a cependant observé qu'une femme qui fut soumise à la transfusion, à Middlesex, mourut presque subitement. Mais dans les autres cas où la mort est survenue, il ne semble pas qu'elle ait été déterminée par l'injection. Quant aux succès, ils sont déjà assez nombreux, puisque M. Ingleby en comptait, il y a déjà plusieurs années, vingt exemples, et qu'on en a publié quelques autres depuis. Mais ces succès prouvent-ils les avantages de la transfusion, ou seulement qu'elle peut être faite sans danger ? Les individus sur lesquels elle a été pratiquée étaient-ils véritablement dans un état d'anémie qui dût très prochainement déterminer la mort ? Plusieurs observations manquent de détails pour juger cette question, et la plupart des autres laissent douter si la conservation de la vie doit être attribuée à la transfusion. Mais, malgré les légitimes espérances que font concevoir ces faits et les expériences sur les animaux, il est douteux que la transfusion ne retombe pas dans l'oubli, malgré les efforts de quelques médecins physiologistes.

Pour combattre la faiblesse qui suit les grandes pertes de sang, les Anglais emploient les opiacés, et plus particulièrement le laudanum à haute dose. Le résultat de leur pratique ne laisse pas de doute sur leur efficacité en pareil cas. Ils modifient avantageusement et promptement deux symptômes qu'on observe ordinairement pendant un temps plus ou moins long, savoir, une fréquence excessive du pouls et une céphalalgie très vive. On ne doit pas tarder à donner des aliments liquides, comme du bouillon, du lait coupé, dès que l'estomac peut les supporter. Mais, quelques soins qu'on prenne, on a quelquefois le regret de voir des malades succomber, quoique l'écoulement sanguin ait complétement cessé, et sans qu'il se soit développé d'inflammation du côté de l'utérus ou du péritoine.

V. RENVERSEMENT, INTROVERSION DE L'UTÉRUS. — Le renversement de l'utérus peut offrir un grand nombre de degrés, depuis la simple dépression du fond ou d'un autre point des parois, jusqu'à ce que la totalité du viscère se soit retournée en traversant son orifice. On embrasse toutes ces nuances en distinguant, avec Leroux, trois degrés. Dans le premier, il y a simplement dépression en cul de bouteille du fond ou de tout autre point de l'utérus; dans le second, la partie renversée n'a pas encore franchi l'orifice utérin, mais elle s'y présente, ou y fait déjà une saillie plus ou moins considérable; dans le troisième, la totalité, ou la plus grande partie du corps retourné a franchi l'orifice, et remplit le vagin ou pend entre les cuisses de la femme. C'est, du reste, un accident qui n'est pas commun.

Le renversement peut être complet, et la tumeur, formée par l'utérus, rester tout entière dans le vagin. Le plus souvent, dans ce cas, le segment inférieur de l'utérus n'est pas complétement retourné; mais c'est moins la résistance qu'il oppose que celle de l'anneau vulvaire qui tend à limiter l'introversion. Au reste, dans les cas mêmes où la tumeur pend au dehors, le renversement doit rarement s'étendre jusqu'à la portion vaginale du col, dont les lèvres restent dirigées en bas. En effet, les connexions de l'utérus semblent devoir limiter le plus haut degré de renversement à ce point; mais elles sont assez extensibles pour que la portion vaginale du col, et même une portion du vagin, puissent être retournées comme quelques auteurs prétendent l'avoir observé, et comme tend à le faire croire la forme très allongée que présente quelquefois la tumeur. Mais on a le plus souvent constaté que les lèvres étaient dirigées en bas, et que l'orifice n'avait subi d'autres changements dans ses rapports qu'un abaissement, lorsque la tumeur formée par l'utérus était pendante au dehors, et une élévation lorsqu'elle était retenue dans le vagin. C'est ainsi que Baudelocque a pu, dans le dernier cas, constater d'une manière très distincte, et faire constater à quelques élèves, l'orifice de la matrice à travers les enveloppes du bas-ventre.

Lorsque la matrice se renverse et que son fond sort par son orifice, de manière que sa face externe devienne interne, les trompes, les ovaires, les ligaments larges sont entraînés dans l'entonnoir formé par l'utérus renversé. Les ligaments larges, à raison de leur disposition et de leur extensibilité, se prêtent à un déplacement des plus considérables; mais ils doivent opposer une assez grande résistance dès que le renversement atteint le segment inférieur de l'utérus.

Les intestins prennent la place de l'utérus; mais il leur est difficile de pénétrer profondément dans l'entonnoir, qui, au-delà de son entrée, ne doit plus présenter qu'un canal très étroit. Cependant Stapart-Vander-Wiel cite l'histoire d'une femme morte à la suite d'un renversement complet, une demi-heure après être accouchée, chez laquelle l'utérus, formant au dehors une tumeur grosse comme la tête d'un enfant, contenait plusieurs anses d'intestin. Baudelocque a observé un fait à peu près analogue. Levret rapporte que, chez une femme de soixante-dix ans, le sac formé par la matrice renversée renfermait une portion du rectum, de la vessie et des intestins grêles.

Pour que l'utérus puisse se renverser, il faut qu'il ait été distendu par un corps étranger et que ses parois restent dans l'inertie. Parmi les corps étrangers, autres que le produit de la conception, qui peuvent développer l'utérus, il n'y a guère que les polypes, les corps fibreux, qui soient susceptibles d'entraîner à leur suite l'introversion de l'utérus. C'est un accident plus particulièrement propre à la période des couches la plus rapprochée du moment de l'accouchement. Il semble superflu d'examiner s'il peut se rencontrer hors l'état de couche, ou chez des femmes qui n'ont jamais fait d'enfants. Les dispositions anatomiques de l'utérus semblent exclure d'une manière formelle une pareille supposition. Mais, depuis Puzos, on a publié un assez grand nombre d'observations pour prouver qu'il peut se produire, l'utérus étant tout-à-fait dans l'état naturel; quelques unes paraissent même très concluantes, et ont entraîné l'assentiment de praticiens dont le nom fait autorité dans la science. Mais il faut dire aussi que les polypes qui prennent leur origine dans la cavité de l'utérus peuvent avoir avec le renversement ancien non réduit une telle ressemblance, qu'il soit tout-à-fait impossible de les en distinguer autrement que par la dissection. D'un autre côté, il peut arriver qu'un renversement méconnu, s'il ne se réduit pas spontanément, passe plus tard pour être survenu hors l'état de couches.

Au reste, nous n'avons à nous occuper ici que du renversement consécutif à l'accouchement ou à la délivrance. Il survient tantôt immédiatement et brusquement après l'accouchement, comme s'il était entraîné par le fœtus lui-même; tantôt, quelques instants avant, ou pendant, ou après l'extraction du placenta; il est rare qu'il ne survienne que plusieurs heures après sa sortie. Il ne se montre quelquefois que beaucoup plus tard; mais comme il se fait assez souvent d'une manière lente et graduelle, il est probable qu'il existe au premier ou au second degré plutôt. Cependant il n'est pas absolument impossible qu'il ne survienne que quelques jours après l'accouchement. Des syncopes renouvelées après la délivrance ayant forcé Ané à porter la main dans l'utérus, pour en reconnaître la cause, il constata que le fond n'était pas déprimé; l'organe se contracta bientôt, cependant il se renverse le douzième jour après une perte effrayante. Nous l'avons dit, dans les conditions où se trouve l'utérus, l'inertie est la prédisposition essentielle à son renversement et sans laquelle il ne se produirait pas, à moins de violences extraordinaires : aussi le voit-on ordinairement survenir dans les conditions que nous avons indiquées comme prédisposant à l'inertie de l'utérus après l'accouchement. Mais, pour qu'il ait lieu, il faut, le plus souvent, qu'une cause auxiliaire se joigne à l'inertie. Cependant, dans quelques cas, il semble se faire d'une manière toute spontanée, soit par le propre poids du placenta ou du fond de l'utérus, soit par la pression ordinaire des viscères abdominaux. Un premier renversement semble prédisposer à sa reproduction après les accouchements suivants : il en existe plusieurs exemples remarquables. L'expulsion prompte, peu douloureuse du fœtus, en un mot les conditions dans lesquelles on observe l'inertie de l'utérus après l'accouchement y prédisposent.

On le voit quelquefois survenir à l'instant même de la sortie de l'enfant, au moment où la femme se livre à des efforts plus violents et plus prolongés que de coutume. On conçoit facilement que, dans les accouchements où la puissance auxiliaire, c'est-à-dire les muscles abdominaux deviennent l'agent presque exclusif de l'expulsion du fœtus, tandis que l'utérus languissant y reste en grande partie étranger, le fœtus puisse entraîner avec lui l'utérus en le renversant, par un effet tout-à-fait analogue à celui qu'on produirait, en retirant du fond d'un cylindre membraneux, clos et imperméable à l'air, un piston qui y ferait le vide. A mesure qu'on le désemplirait, il s'affaisserait et se renverserait sur le piston. Mais si, au lieu d'être inerte, le cylindre est, au contraire, très contractile, et qu'il concoure à faire mouvoir le piston, l'espace devenu libre est aussitôt effacé que formé, et il n'y a plus d'effet de vide produit : c'est la condition de l'accouchement ordinaire, où la contractilité de l'utérus reste l'agent principal de l'expulsion du fœtus, et où l'organe se resserre à mesure qu'il se désemplit. L'extraction artificielle du fœtus trop promptement opérée peut produire le même effet que son expulsion obtenue par le concours des muscles abdominaux seuls, l'utérus étant supposé, dans les deux cas, à l'état d'inertie. On ne doit donc pas être surpris de voir, dans un assez grand nombre de cas, le renversement suivre si brusquement, et comme par une action continue, la sortie du fœtus hors des organes génitaux. Je ne veux pas dire que d'autres causes, comme la brièveté du cordon, son entortillement autour du cou ou d'une autre partie du fœtus, ne puissent pas le produire également, surtout si la femme accouche debout ; je ferai seulement remarquer que cette cause, à laquelle on l'attribue ordinairement, n'est mentionnée que dans quelques cas.

Le renversement qui n'a pas eu lieu immédiatement après la sortie du fœtus est le plus souvent déterminé par des tractions inconsidérées ou intempestives sur le cordon. Mais on trouve un assez grand nombre de cas où il ne peut pas être attribué à l'intervention inopportune de l'art. Le poids seul du placenta, d'un polype, l'a déterminé dans quelques cas d'une manière lente et graduelle.

Après la délivrance, la cause occasionnelle est le plus souvent obscure. Dans quelques cas d'atonie extrême de l'utérus, une simple dépression du fond peut être convertie en un renversement étendu par la pression des viscères abdominaux, à laquelle le col, largement ouvert, n'offre pas une résistance suffisante, et l'utérus se renverse sous l'influence des mêmes causes qui poussent, à travers les anneaux dilatés de la paroi de l'abdomen, une portion d'intestin.

Au premier degré, le renversement ne consistant qu'en une simple dépression du fond ou d'un autre point de l'organe, la femme n'éprouve le plus souvent rien d'insolite, et cet état passerait inaperçu si on négligeait de s'assurer, après la sortie du fœtus et du placenta, que l'utérus est bien revenu sur lui-même, ou si une perte que rend imminente son état d'inertie ne vient pas éveiller l'attention. La main portée sur l'hypogastre trouve, si la femme n'est pas douée d'un trop grand embonpoint, le globe utérin inégal et déprimé dans un point, et ordinairement au fond. Le doigt, introduit dans la cavité utérine, rencontre le point déprimé, plus ou moins rapproché de l'orifice.

Dans le second degré, où la partie renversée se présente à l'orifice utérin ou fait déjà une saillie plus ou moins prononcée dans le vagin, il se manifeste divers symptômes qui sont plus ou moins aigus, suivant que le renversement est plus ou moins prononcé, et qu'il s'est fait brusquement ou lentement. Ce sont des tiraillements douloureux dans les aines et dans les lombes, une pesanteur incommode dans le bassin, souvent des efforts d'expulsion comme pour aller à la garde-robe, qui tendent à rendre le renversement plus étendu ou complet. On trouve à l'hypogastre les dispositions qui sont indiquées ci-dessus : seulement une plus grande portion de l'organe a disparu, et le doigt rencontre dans l'orifice utérin une portion de l'utérus renversé. Lorsque la portion renversée est doublée par le placenta adhérent ou partiellement décollé, on peut facilement se méprendre, croire qu'il est décollé, qu'il tend à s'engager, et, en tirant sur le cordon, on complétera le renversement. On voit par là combien il est important de s'assurer, avant d'exercer des tractions sur le cordon, si le placenta est décollé, surtout lorsque l'utérus reste volumineux et mou, et de tenir le fond embrassé d'une main, plutôt que de s'en servir pour faire une poulie de renvoi.

Dans le troisième degré, où la plus grande partie, sinon la totalité de l'utérus a franchi son orifice, la tumeur peut encore rester dans le vagin et ne faire qu'entr'ouvrir la vulve ; dans ce cas, le col est repoussé en haut, et a pu quelquefois se sentir au-dessus des pubis; si, au contraire, la tumeur est pendante au dehors, on ne trouve plus de trace de l'utérus à la région hypogastrique. Cette tumeur contenue dans le vagin ou pendante au dehors est allongée et pyriforme : sa grosse extrémité est libre et dirigée en bas, et n'offre point l'ouverture transversale ou circulaire qu'on rencontre dans le *prolapsus* de l'utérus ou du vagin.

Le renversement complet est ordinairement accompagné, au moins au début, de troubles graves ; s'il s'est fait brusquement, les douleurs sont déchirantes, la femme se plaint d'éprouver des tiraillements qu'elle compare à ceux qu'elle ressentirait si on lui arrachait les viscères du bas-ventre. La violence des douleurs est souvent telle qu'elle détermine des défaillances, des syncopes inquiétantes, des tremblements convulsifs des membres, du hoquet, des vomissements, la pâleur et l'altération des traits, la dépression du pouls, qui reste fréquent. Elle peut succomber pendant la période où les douleurs sont violentes, mais elles se calment ordinairement au bout d'un temps assez court; elles diminuent sensiblement lorsqu'on soutient l'utérus avec la main, et se reproduisent quelquefois avec intensité pendant les efforts de réduction. Si, au contraire, le renversement se fait lentement, plusieurs des phénomènes que nous venons d'indiquer manquent, et les tiraillements douloureux sont beaucoup plus supportables.

Quelques auteurs ont pensé qu'il fallait rapporter ces troubles fonctionnels si graves à un étranglement de l'utérus par le col ou des intestins descendus jusque dans le fond de la tumeur ; mais le gonflement de l'organe et les points gangréneux qui se manifestent quelquefois à sa face interne lorsqu'on tarde à opérer la réduction, dépendent évidemment d'autres causes que d'un étranglement réel. Quant aux intestins, il est très rare, quoique nous en ayons cité des exemples, qu'ils puissent descendre dans la tumeur au-delà du col. Les tiraillements brusques qu'éprouvent les filaments nerveux qui se rendent à l'utérus, aux trompes et aux ovaires, entre les lames des ligaments larges, rendent parfaitement compte de la nature et de l'intensité des accidents, de l'absence de plusieurs ou de leur moindre intensité lorsque le renversement se fait lentement.

L'hémorrhagie utérine est un accident qui doit compliquer fréquemment le renversement de l'utérus à tous les degrés, puisqu'il suppose un état plus ou moins prononcé d'inertie : elle a en effet lieu avec une intensité variable toutes les fois que le placenta est partiellement ou complétement décollé, tandis qu'on observe à peine un suintement sanguin lorsqu'il reste adhérent. Cependant, lorsque le renversement existe depuis quelque temps, qu'il y a de la tuméfaction et que la surface interne de l'utérus a été fortement irritée par des tentatives infructueuses de réduction, il peut s'écouler de toute sa surface interne une certaine quantité de sang. Mais, malgré le décollement du placenta, l'hémorrhagie est rarement aussi abondante et aussi rapide que dans l'inertie sans renversement. Baudelocque fait remarquer que c'est chez quelques femmes le seul accident à la suite de ce déplacement, et encore, ajoute-t-il, n'est-il inquiétant qu'autant que la matrice reste molle et flasque. Aucune des femmes chez lesquelles il a été témoin du renversement de la matrice n'a perdu au-delà de deux à trois palettes de sang dans le premier moment, tandis que d'autres, en moins de temps, en ont perdu plusieurs livres, quoiqu'ils n'y eût ni renversement ni dépression de l'organe. Dans quelques cas cependant elle est très abondante. La compression qu'exercent le col, le vagin et la vulve, sur la partie supérieure de la tumeur, agit comme moyen hémostatique et suffit ordinairement, non pour arrêter complétement l'écoulement sanguin, mais pour le modérer ; d'ailleurs l'utérus, quoique renversé, peut se rétracter suffisamment pour effacer les vaisseaux béants à sa surface interne.

Quoique le renversement de l'utérus soit un accident grave, il se termine ordinairement par le retour à la santé, si la réduction est faite à temps et avec les ménagements convenables. Cependant il existe quelques exemples de femmes qui ont succombé pendant les douleurs déchirantes qui accompagnent le renversement brusque et étendu, pendant les efforts de réduction ou peu de temps après la réduction, soit que l'utérus ait été déchiré, soit que les efforts de réduction aient concouru à déterminer des inflammations puerpérales graves.

Dans quelques cas la réduction n'a pu être obtenue de suite; dans d'autres, il a été impossible de l'obtenir, ou elle n'a pas même été tentée. Les conséquences qui en sont résultées ont varié. Il survient ordinairement, peu de temps après le renversement, un engorgement et un gonflement inflammatoire plus ou moins intense; il s'écoule d'une manière continue une petite quantité de sang, ou la tumeur saigne à la moindre pression; il s'y forme quelquefois des escarres.

Primerose cite un cas où une grande partie de l'utérus se détacha par gangrène, et la femme se rétablit. Dans un autre cas, rapporté dans le *Journal général de médecine*, il y avait imminence de gangrène, on pratiqua des incisions sur la matrice, le gonflement ne tarda pas à disparaître, et la malade guérit. Ainsi, après plusieurs jours d'un gonflement considérable, l'utérus peut être ramené dans des conditions convenables pour être réduit, ou bien il fournit un écoulement sanguin médiocre mais continu, auquel se joint une suppuration plus ou moins abondante, de la leucorrhée, qui déterminent un état de marasme qui ne tarde pas à être suivi de la mort.

Les suites du renversement qui n'a pas été ou qui n'a pu être réduit, sont loin d'être toujours aussi fâcheuses. Les phénomènes primitifs et consécutifs peuvent être modérés et se dissiper par degrés. Il peut même arriver que l'utérus, en se dégorgeant et en revenant à son état ordinaire, se réduise spontanément. Cette réduction s'opérant pendant l'état de couches, n'a rien de surprenant; l'utérus, en reprenant son premier volume, doit en même temps tendre à reprendre sa forme. Cette réduction peut s'opérer beaucoup plus tard, à s'en rapporter à deux faits extraordinaires observés, l'un par de La Barre sur sa propre femme, l'autre par Baudelocque. De La Barre reconnut l'accident et n'osa tenter d'y remédier. L'état de sa femme devint de plus en plus fâcheux à cause de la continuité de l'hémorrhagie. Six mois après, voulant descendre de son lit, elle fit un effort et tomba sur le carreau; à l'instant même elle ressentit dans le ventre un mouvement extraordinaire, accompagné d'une douleur très vive qui fut suivie de syncope. Revenue de son évanouissement, elle s'aperçut que la tumeur avait disparu ; le renversement était réduit. Chez la femme dont Baudelocque rapporte l'histoire, les antécédents ne permettent pas de douter qu'il n'y ait eu après son premier accouchement un renversement complet qui ne fut pas réduit. Après avoir éprouvé une longue série d'accidents, cette dame, au bout de sept à huit ans, vint à Paris consulter Baudelocque, qui reconnut que la tumeur était formée par l'utérus renversé. Il essaya de le réduire, mais il ne put y parvenir. La veille du jour fixé pour tenter de nouveau la réduction, en marchant dans sa chambre, elle tomba brusquement assise sur le parquet. Un mouvement extraordinaire et une douleur aiguë se firent sentir dans le ventre. Baudelocque, appelé aussitôt, ne trouva plus la tumeur qu'il avait si bien examinée trois jours auparavant. A dater de cette époque, cette femme reprit de la fraîcheur et de l'embonpoint, devint enceinte plus tard et accoucha heureusement.

Quoi qu'il en soit, lorsque la réduction n'a pu être opérée, ou ne s'est pas opérée pendant la période puerpérale, on ne peut guère l'espérer plus tard ni des secours de l'art ni des forces de la nature. La forme particulière qu'a conservée l'utérus en reprenant son volume primitif est d'autant plus difficile à être changée qu'il est vraisemblable que l'inflammation plus ou moins prononcée dont cet organe a été le siége a souvent déterminé l'adhérence du feuillet séreux qui revêt sa surface externe.

Par le retour de l'organe à l'état ordinaire, la tumeur qui fait saillie au dehors rentre souvent en totalité ou seulement en partie dans le vagin, les rapports des diverses parties de l'utérus restant les mêmes. C'est dans cet état, surtout, que le renversement de l'utérus a une ressemblance frappante avec les polypes qui naissent de la cavité de cet organe. Parmi les femmes dont le renversement a été définitif, les unes ont continué à être sujettes aux pertes en rouges et en blanc, et à d'autres incommodités qui ont détérioré leur constitution et amené une terminaison fâcheuse après un certain nombre d'années ; d'autres, au contraire, se sont rétablies à peu près complétement, et leur infirmité n'a déterminé qu'un peu de gêne.

De La Motte cite une femme qui porta une introversion de l'utérus pendant plus de trente ans.

Chez une autre, observée par Cleghorn, l'utérus revint lentement à son volume naturel, les règles reparurent, et cette femme jouit pendant plus de vingt-cinq ans d'une santé assez bonne.

La menstruation a également continué dans un cas rapporté par Hamilton.

Une observation communiquée par M. Chevreul à Baudelocque

tendrait à faire croire, contre toute vraisemblance, que la conception est possible malgré le renversement de l'utérus.

Le diagnostic offre des difficultés qui varient suivant le degré du renversement et suivant qu'il est récent ou ancien. Au premier degré, la dépression passe d'autant plus facilement inaperçue si les effets de l'inertie ne conduisent pas à porter la main dans l'utérus, qu'elle n'est probablement pas aussi facile à constater à travers la paroi abdominale qu'on le suppose. Au deuxième et au troisième, quoique généralement facile à reconnaître, le renversement récent peut donner lieu à des méprises fâcheuses qu'il importe d'avoir présentes à l'esprit. A la vérité, il en est qui ne font qu'attester l'ignorance et la témérité de quelques unes des personnes auxquelles on confie le soin de veiller au salut de la mère et de l'enfant.

Bartholin rapporte un cas où la matrice fut arrachée et retrouvée sous le lit de la malade après sa mort.

Chapman raconte qu'une sage-femme tira avec tant de force sur l'utérus renversé, qu'elle détermina des convulsions, des évanouissements et la mort.

Wrisberg cite un cas où la matrice fut coupée par la sage-femme qui l'avait retournée. Dans un cas semblable rapporté par Osiander, la malade se rétablit.

Il existe d'autres cas de matrices excisées par méprise dans le renversement récent. De La Barre, retiré dans une chambre voisine de celle où sa femme accouchait, eut à peine entendu les premiers cris de son enfant, que ceux de la mère, qu'il croyait délivrée, le rappelèrent près d'elle. La sage-femme avait renversé l'utérus en voulant extraire le placenta; et, croyant que c'était un faux germe, elle s'efforçait de l'arracher. Dans plusieurs cas la tumeur a été prise pour la tête d'un second enfant, et déchirée avec les crochets.

Toutefois, la ressemblance de l'utérus, même récemment renversé, avec un polype volumineux, développé dans la cavité utérine, peut être assez grande pour faire naître des doutes qui ne peuvent être levés sur-le-champ, par l'examen le plus attentif. J'ai recueilli, en 1834, à la Maison royale de santé, l'observation d'une femme chez laquelle rien, soit pendant la grossesse, soit antérieurement, n'avait fait présumer la présence d'un polype volumineux dans l'utérus. L'accouchement fut naturel, mais après la sortie du placenta il se présenta à la vulve une tumeur ovoïde grosse comme la tête du fœtus, d'une couleur rouge, à surface rugueuse et nullement saignante; elle remplissait le vagin et faisait encore une saillie considérable au dehors; l'utérus, assez dur, se sentait au-dessus des pubis, mais il paraissait déprimé sur sa paroi antérieure. M. J. Cloquet crut d'abord que cette tumeur était formée par l'utérus renversé, et il fit quelques tentatives pour le réduire.

Un examen ultérieur, fait en commun avec madame Boivin, fit reconnaître un polype qui, en sortant, avait abaissé le point de l'utérus sur lequel il était implanté. M. Cloquet éprouvait encore de l'hésitation à porter une ligature ou l'instrument tranchant sur le pédicule, qui était volumineux. S'étant aperçu qu'il se laissait déchirer assez facilement, il le sépara par la simple action des doigts. Le rétablissement de la malade fut prompt et complet. Une conduite moins prudente et moins réservée en pareil cas peut avoir les conséquences les plus fâcheuses, faire qu'une tumeur formée par le renversement de l'utérus ne soit pas réduite à temps, ou, ce qui est plus grave encore, conduire à la traiter comme production morbide dont il faut débarrasser la malade.

Une femme, enceinte pour la première fois, accouche heureusement à terme, le 6 juillet 1824. La sage-femme qui l'assiste, dans la vue de hâter la délivrance, exerce des tractions violentes sur le cordon ombilical, et renverse complétement la matrice, qui pend entre les cuisses, sous la forme d'une grosse tumeur, à laquelle le placenta est attaché. Un médecin, appelé aussitôt, méconnaît la maladie et la regarde comme un polype sur lequel le placenta est implanté ; il détache ce corps, et place une ligature sur la tumeur, qui versait une grande quantité de sang. La constriction, exercée au moyen d'un serre-nœud, fait cesser l'hémorrhagie, et la tumeur est repoussée dans le vagin. Cette ligature ne cause ni douleurs vives, ni convulsions, ni aucun accident bien remarquable, quoique de temps à autre on augmente la constriction. Dix-huit jours se passent sans qu'il survienne de grands changements dans l'état de la malade. A cette époque elle est conduite à l'hôpital de la Charité. Boyer reconnaît dans le vagin une tumeur ronde, molle, dont on ne pouvait atteindre les limites supérieurement, ni même à l'endroit où était placée la ligature. Sept jours après, la ligature tombe ; et le lendemain la tumeur, sur laquelle on reconnaît les orifices des trompes et les traces de l'insertion du placenta, sort spontanément. Ayant succombé quelques jours après, on trouva que la portion restante de la matrice formait une espèce d'entonnoir profond, dans lequel s'enfonçaient les ligaments larges et les trompes de Fallope, et que les ovaires flottaient sur les parties latérales.

La dépression ou l'absence de l'utérus à l'hypogastre, la sensibilité de la tumeur, son aspect, la présence du placenta ou des traces de son insertion, la réduction ou l'effacement de la cavité utérine, font en général facilement reconnaître cet organe dans le renversement récent. La partie qui occupe le col ne ressemble encore que très imparfaitement au pédicule d'un polype ; mais la distinction peut déjà devenir très difficile, lorsqu'une tumeur pédiculée a déterminé un commencement d'introversion. Le prolapsus de l'utérus récent ou ancien ne peut guère donner lieu à une méprise excusable, parce qu'il peut facilement être reconnu, à tous ses degrés, à la présence du col et de son orifice sur la partie inférieure de la tumeur.

Mais le renversement ancien peut être facilement pris pour un polype, une tumeur fibreuse pédiculée, et réciproquement. Le palper hypogastrique ne donne plus aucun renseignement ; si le renversement n'est pas absolument complet, et c'est le cas ordinaire, les lèvres et le col sont dans leur position naturelle, la portion retournée est embrassée par l'orifice utérin comme le serait un polype naissant de la cavité du corps, que le doigt ne peut que difficilement explorer ; d'ailleurs elle peut avoir conservé une certaine ampleur. Ce n'est pas sur le plus ou moins d'épaisseur du pédicule, sur la couleur et la consistance de la tumeur qu'on peut juger si c'est une introversion plutôt qu'un polype fibreux. Il ne faut pas oublier non plus que la sensibilité de l'utérus renversé depuis longtemps peut être très obtuse ou nulle ; d'ailleurs la tumeur pédiculée peut être recouverte par des fibres utérines, être dégénérée et donner des signes de sensibilité. Le meilleur moyen de s'assurer si on a affaire à un renversement est d'introduire une sonde dans la vessie pour constater si le corps de l'utérus occupe sa place, et d'explorer conjointement par le vagin et par l'anus ; on pourra ainsi reconnaître la dépression ou l'absence du corps de l'utérus. Le fait rapporté par A. Petit va nous donner une idée des difficultés du diagnostic du renversement ancien ; il s'agit d'une femme de trente-six ans dont l'utérus avait été retourné neuf mois auparavant à la suite d'un second accouchement, et chez laquelle des pertes continuelles en rouge et en blanc avaient produit une altération profonde de la santé. Le toucher fait reconnaître dans le milieu du vagin, et postérieurement vers la concavité du sacrum, un corps mollasse, uni, pyriforme, tenant par son pédicule au centre du col de la matrice, à travers lequel il passait sans y être gêné, et que Petit crut reconnaître pour un polype né du fond de cet organe, et descendu à travers son orifice jusque dans le vagin. Quatre autres chirurgiens examinèrent ensuite la malade ; tous reconnurent un polype, et pensèrent que la ligature était le moyen le plus convenable d'en délivrer la malade ; elle fut placée quelques jours après avec assez de difficulté; mais au moment où on la serrait, la femme poussa un cri violent qui fit soupçonner de suite un renversement de matrice. On suspendit l'opération, et l'on procéda à un nouvel examen, sans pouvoir lever l'incertitude. Elle succomba quelques jours après, et l'on trouva dans le vagin la matrice, de grosseur et de consistance ordinaires, engagée tout entière à travers son orifice, assez mou pour permettre d'y promener circulairement le doigt, et formant une gouttière qui avait dans tous les points de son étendue 7 à 8 lignes de profondeur. Du côté de l'abdomen on voyait une cavité dont les parois étaient formées par la surface externe de la matrice renversée, et sur les bords de laquelle reposaient, à droite et à gauche, l'ovaire et le morceau frangé qui semblaient près de s'y introduire.

Indications. — On doit commencer par donner à la femme la situation la plus propre à s'opposer aux progrès du renversement, c'est-à-dire la faire coucher horizontalement sur le dos, les membres inférieurs et la partie supérieure du tronc légèrement fléchis. Dans la dépression simple, on cherche d'abord à exciter la contractilité de l'utérus par les moyens ordinaires, en évitant avec soin de tirer sur le cordon si le placenta est adhérent; en se resserrant, l'utérus reprend sa forme régulière. Si la dépression persistait, on porterait la main dans la matrice pour relever la partie déprimée, et pour exciter plus énergiquement l'organe à se contracter. Au second degré, la conduite à tenir est encore la même. La réduction ne peut offrir aucune difficulté, puisque la partie saillante de la tumeur n'a pas encore franchi l'orifice; mais il ne faut rien négliger pour l'empêcher de s'engager davantage. En commençant par exciter l'utérus à se contracter, il faut en même temps soutenir la tumeur avec les doigts et la repousser; pour peu qu'il tarde à reprendre sa forme, il faut porter la main tout entière dans sa cavité, et ne la retirer que lorsqu'il est assez rétracté pour empêcher qu'il ne se renverse de nouveau. Si le placenta était adhérent, on ne chercherait à le détacher qu'autant que l'adhérence paraîtrait dépendre d'une autre cause que de l'inertie. Dans ce dernier cas, il ne tardera pas à se détacher, dès que la présence de la main aura suffisamment excité la contractilité utérine. Par les mêmes moyens, on remédie à la fois au renversement, à l'inertie et à l'hémorrhagie.

Dans le renversement complet, et l'on peut le considérer comme tel dès que la partie la plus saillante de la tumeur a franchi l'orifice de la matrice, la réduction, qu'il faut opérer le plus tôt possible, n'est pas aussi facile; l'obstacle est plus ou moins grand suivant que l'orifice de la matrice est plus ou moins resserré, et suivant que la tumeur est plus ou moins volumineuse. Si le placenta est encore entièrement adhérent ou dans la plus grande partie de son étendue, doit-on le détacher avant de procéder à la réduction? Beaucoup de praticiens ont suivi le conseil de Puzos, qui veut qu'on le détache d'abord pour diminuer le volume de la tumeur et pour ne point exposer plus tard la femmes aux inconvénients d'une délivrance qui peut devenir difficile. La crainte de l'hémorrhagie doit moins effrayer que dans l'inertie simple, puisqu'elle est en général modérée. Mais la présence du placenta sur la tumeur suppose un renversement très récent, survenu peu de temps après l'expulsion du fœtus, et dans ce cas le volume du placenta augmente peu les difficultés de la réduction; il garantit, au contraire, l'utérus de pressions irritantes; et, après la réduction, il prévient une hémorrhagie grave si l'inertie persiste, car l'extravasation sanguine ne sera plus gênée par la compression du pédicule de la tumeur par le vagin et la vulve. Ainsi je crois qu'il est préférable de chercher à réduire l'utérus avec le placenta; si la réduction offre des difficultés, les pressions qu'on exerce amèneront assez vite son décollement. Cette conduite a été tenue par plusieurs praticiens expérimentés. Si le placenta est encore adhérent, dit M. Burns, il ne faut pas l'ôter avant d'avoir réduit l'utérus; après quoi on excitera les contractions, afin qu'il expulse le placenta. Il rapporte que, dans un cas, Merriman, après avoir suivi l'avis de Puzos, et quoiqu'il pût détacher le placenta sans causer de lésions, déclara cependant qu'il ne se conduirait plus à l'avenir de même.

On ne s'expose guère à être forcé de recourir plus tard à la délivrance artificielle que dans le cas très rare d'adhérence morbide; et en attendant pour retirer la main que l'utérus se contracte avec force, on pourra presque toujours entraîner le placenta. Cependant, dans un cas, Perfect fut forcé d'en faire l'extraction, après quatre heures d'attente; et dans un autre, rapporté dans les Mémoires de la Société de médecine, on attendit son expulsion pendant cinq jours. Il ne conviendrait pas d'attendre au-delà du temps que nous avons indiqué, en traitant de la délivrance.

Lorsqu'on procède à la réduction du renversement de l'utérus immédiatement après sa production, on l'opère, en général, facilement, ou l'on ne rencontre que des difficultés qu'on peut vaincre sans trop de peine avec un peu de patience; mais si la maladie a d'abord été méconnue, ou si elle s'est produite en l'absence du médecin et qu'il se soit écoulé déjà quelque temps, il peut être survenu un gonflement de la tumeur, un resserrement du col, qui rendent la réduction extrêmement difficile et même actuellement impossible.

Denman dit avoir trouvé la réduction impossible quatre heures après l'apparition de la tumeur. La réduction étant encore le meilleur moyen de dissiper l'engorgement et l'état d'irritation des parties, on devra la tenter, mais avec tous les ménagements convenables et sans violence. Mais on doit y renoncer pour le moment dès qu'on s'aperçoit que la réduction est dangereuse ou impossible, pour se hâter d'amener du relâchement dans les parties, de combattre la tuméfaction et l'engorgement de l'utérus et les autres symptômes graves par des moyens appropriés, tels que bains, fomentations émollientes, saignées si l'état de la femme le permet, opiacés à l'intérieur ; il ne faut pas oublier de vider de temps en temps la vessie. Desault voulait qu'on appliquât sur la tumeur une compression méthodique.

A l'aide de ces moyens on parviendra presque sûrement à ramener l'utérus dans des conditions qui permettront d'opérer la réduction sans produire de déchirures dangereuses. Elle a pu être réduite par Ané le huitième jour. M. Radfort cite un cas où elle fut réduite en un quart d'heure, quoique plusieurs jours se fussent écoulés depuis son apparition.

Lorsqu'on ne peut pas opérer la réduction, et que la femme survit ; après avoir combattu l'engorgement et les accidents inflammatoires, on la fait rentrer dans le vagin et on la soutient au moyen d'un pessaire ou d'un bandage, afin de la soustraire à l'irritation causée par les frottements dans la marche, par le contact de l'urine, des vêtements. Quant à la réduction du renversement complétement passé à l'état chronique, il reste très peu de chances de l'obtenir.

Il nous reste à indiquer comment on procède à la réduction de la matrice. On ne s'y est pas toujours pris de la même manière : les uns recommandent de placer les doigts d'une main réunis en cône sur le centre de la tumeur, que l'on s'efforce de faire remonter en suivant la direction du conduit vulvo-utérin, de sorte qu'après la réduction la main occupe la cavité utérine ; les autres veulent qu'on embrasse la tumeur au moyen des doigts distribués autour de son pédicule et qu'on commence comme dans la réduction d'une hernie par faire rentrer les parties qui se sont renversées les dernières.

Ce dernier procédé, où l'on peut réunir à l'action de repousser la tumeur, une compression assez forte en l'embrassant de toutes parts, paraît plus avantageux, et a réussi lorsque la réduction n'était déjà plus possible par le premier. Dans tous les cas, la réduction opérée, on doit laisser la main dans la matrice, tant qu'elle ne se rétracte pas convenablement. On fait ensuite conserver longtemps à la malade une position dans laquelle les muscles de l'abdomen sont dans le relâchement, en lui recommandant de ne faire aucun effort.

Quant au renversement de l'utérus passé à l'état chronique, et devenu entièrement irréductible, s'il ne constitue qu'une incommodité plus ou moins grande, mais sans altérer profondément la constitution, il ne faut rien faire, renoncer à la cure radicale de la maladie, et borner le traitement aux soins hygiéniques appropriés. Mais, si, au contraire, la malade reste sujette à des accidents divers, surtout aux écoulements en rouge et en blanc, et que, loin de diminuer avec le temps, ils ne fassent qu'augmenter et qu'elle tombe dans un état d'épuisement et de marasme, l'extirpation de la portion renversée de l'utérus semble la seule chance de salut qui lui reste. Nous avons vu qu'il a été plus ou moins complétement enlevé par méprises à la suite d'un renversement récent, et que la mort n'en a pas été constamment la suite. Mais les conditions de guérison sont bien moins défavorables dans le renversement ancien.

Morgagni rapporte qu'un chirurgien enleva l'utérus avec les trompes, croyant exciser seulement une excroissance des parties génitales, et que la femme se rétablit heureusement; la dissection de la tumeur fit voir que c'était réellement l'utérus qui avait été excisé. Vieussens dit avoir enlevé l'utérus à une femme qui avait un renversement ancien, que cette femme vécut dix ans après l'opération, et continua à être réglée; l'examen de la tumeur, puis, plus tard, l'ouverture du cadavre prouvèrent que l'utérus avait été enlevé, et qu'il ne restait plus qu'un petit morceau du col, lequel était fort dur et calleux.

Bouchet, de Lyon, a enlevé au moyen de la ligature, avec connaissance de cause, au dire de son fils, un utérus renversé depuis trois ans, et arracha ainsi la femme qui le portait à une mort lente qui la menaçait.

Hunter, de Dunsbarton, dans un cas où la matrice ne s'était montrée au dehors que quinze jours après la délivrance, et était redescendue après avoir été réduite, posa une ligature, puis incisa la tumeur. La femme, qui avait été réduite par un écoulement fétide dans un état de grande faiblesse, se rétablit.

Newnham cite un exemple de succès obtenu par la ligature, qui détermina des douleurs très vives, revenant par intervalle comme celles de l'enfantement.

Gooch a appliqué la ligature sur un utérus qui était retourné depuis près de trois ans. La malade éprouva des douleurs très vives qui furent calmées par les opiacés; la ligature tomba le quatorzième jour, et la malade alla bien.

Blasius cite un cas où l'utérus était dur et squirrheux; on fit la ligature; mais, le troisième jour, la malade succomba. Dans la portion comprise par la ligature, on trouva les ovaires et les ligaments larges. La malade de Goulard mourut le dix-huitième jour.

Symonds appliqua la ligature et combattit la douleur par l'opium : l'utérus tomba le quinzième jour; mais la malade mourut d'une inflammation du péritoine six jours après.

LIVRE V.

DE LA FEMME EN COUCHES, DU NOUVEAU-NÉ, DES SOINS QU'ILS RÉCLAMENT ET DES ÉTATS MORBIDES QUI LEUR SONT PROPRES.

CHAPITRE PREMIER.

ÉTAT PUERPÉRAL, MALADIES PUERPÉRALES.

SECTION Ire. — État puerpéral, soins qu'il réclame.

I. ÉTAT PUERPÉRAL CONSIDÉRÉ DANS SES PHÉNOMÈNES NATURELS. — On désigne sous les noms d'*état puerpéral*, *couches*, l'état de la nouvelle accouchée (*puerpera*), pendant la période où les organes génitaux et le reste de l'économie reviennent à leur type ordinaire d'où la conception les avait fait sortir. Dans le sens le plus général, l'état puerpéral comprend en outre les modifications matérielles, physiologiques et constitutionnelles imprimées à la femme par la gestation; comme on désigne sous le nom de *maladies puerpérales*, les affections qui, soit pendant la grossesse, soit pendant les couches, reçoivent de ces modifications quelque chose de spécial. On désigne aussi par le mot couches ou couche, le temps pendant lequel se fait le retour à l'état antérieur, et, dans un sens plus étendu, l'accouchement et ses suites. Ce mot, malgré d'autres significations vulgaires (*lochies*, *linge qui enveloppe l'enfant*), ne donne lieu à aucune équivoque, le sens général indique clairement l'acception dans laquelle il est pris.

On voit survenir comme conséquences de la parturition une série de phénomènes vitaux et physiques dont l'apparition, la durée n'est pas la même. Leur développement et leur succession constituent un état naturel propre à la femme qui vient d'accoucher. Ces phénomènes sont susceptibles d'éprouver divers troubles, de dépasser ou de ne pas atteindre leur but, et de présenter un état anormal ou morbide, qui est le plus souvent la conséquence d'une maladie se développant au milieu de l'état puerpéral, et c'est pour cela que nous n'avons point à en parler d'une manière spéciale.

A. Presque immédiatement ou peu d'instants après l'expulsion du fœtus, la femme est prise d'un refroidissement général, qui se manifeste par de l'horripilation, par du tremblement et souvent même par un frisson de courte durée, mais peu intense. Ces phénomènes ne se manifestent quelquefois que plus d'une heure après l'accouchement. On a supposé, lorsqu'ils tardent à se montrer, que la femme est menacée d'hémorrhagie, et exige la plus grande surveillance. Leur apparition tardive peut les faire considérer comme le prodrome d'une phlegmasie grave dont ils diffèrent, en général, par une longueur, une intensité moindres et l'absence de la fièvre et d'autres symptômes ; d'ailleurs le frisson est rarement, même dans les épidémies les plus graves, aussi rapproché de l'accouchement. Ces phénomènes, qui manquent rarement, sont sans doute dus à la cessation brusque du grand déploiement de force, porté au plus haut point dans les derniers moments du travail, et aussi au changement qu'apporte tout-à-coup dans la circulation la déplétion subite de l'utérus.

B. Un autre effet immédiat de la parturition, c'est un sentiment de lassitude fort remarquable, qui se signale par un état d'accablement, accompagné de sensations agréables de bien-être et de satisfaction ; l'accouchée délivrée de ses inquiétudes éprouve le besoin de repos et de sommeil. Lorsqu'elle montre de l'agitation ou de l'inquiétude sans motif apparent, on doit craindre l'apparition de quelques phénomènes morbides imminents.

C. L'excitation et l'irritabilité, augmentées par la gestation et exaltées par le travail, ne s'apaisent que peu à peu ; il reste encore une grande prédisposition à leur renouvellement. La moindre cause suffit pour troubler l'organisme entier et les nouvelles fonctions de la matrice, qui a été le point central de la plus grande activité. Les organes des sens, surtout, ont acquis un surcroît d'impressionnabilité ; l'œil et l'oreille sont très sensibles. La propension au repos déterminé par le sentiment de lassitude, agit d'une manière salutaire.

D. *Tranchées utérines*. — Peu d'instants après la délivrance, beaucoup de femmes éprouvent dans la région de l'utérus des douleurs intermittentes qu'on a désignées sous le nom de *tranchées* ou de *coliques utérines*. Elles manquent souvent chez les primipares, tandis qu'il est assez ordinaire de les observer chez les autres femmes, et plus particulièrement lorsque l'utérus a pris un grand développement, que l'expulsion a été prompte ou suivie d'inertie. Elles acquièrent promptement leur plus haut degré d'intensité, et vont ensuite en s'éloignant et en diminuant jusqu'à l'époque de la fièvre de lait, où elles cessent ordinairement; dans quelques cas elles ne font que diminuer et se prolongent au-delà. A une époque rapprochée de l'accouchement, l'enfant en saisissant le mamelon renouvelle quelquefois ces douleurs. Elles ont pour caractères distinctifs de revenir avec une certaine régularité après des intervalles de repos plus ou moins prolongés, de n'avoir qu'une durée passagère, mais en général sensiblement plus longue que celle des douleurs du travail; on sent l'utérus se durcir pendant la douleur et se relâcher après. Elles sont fréquemment suivies de l'expulsion d'un caillot de débris de l'arrière-faix ou d'une plus grande quantité de sang liquide. Les tranchées utérines sont essentiellement produites par une contraction intermittente de l'utérus, portée à un certain degré. Après la sortie du placenta, la contractilité se présente pendant quelque temps encore sous ses deux formes; la contraction continue qui maintient l'utérus dans un état de fermeté sensible, s'élève de temps en temps à l'état de contraction intermittente, et l'on sent l'utérus diminuer de volume, se durcir et se redresser un peu, offrir des alternatives de resserrement et d'expansion. Le mouvement est souvent indolore, et ne semble s'élever à l'état de contraction douloureuse que lorsque l'utérus a encore à réagir contre un corps étranger, comme un caillot de sang, une portion de délivre, un peu de sang liquide retenu dans sa cavité. Les tranchées produites par ces causes sont jusqu'à un certain point un état morbide, comme lorsque l'utérus est dans un état d'endolorissement déterminé par la fatigue extrême qu'il a éprouvée. Mais il est assez commun de ne voir sortir ni caillots ni sang liquide, pour faire admettre que le resserrement intermittent peut devenir douloureux, quoique l'utérus ne réagisse que sur lui-même.

E. *Lochies, écoulement lochial.* — On désigne ainsi l'écoulement qui se fait par les parties génitales après la délivrance et pendant tout le temps que l'utérus met à revenir à son état ordinaire. Cet écoulement est loin d'être identique par sa nature et par son aspect aux diverses périodes de sa durée ; c'est d'abord du sang pur provenant de la même source que celui qui est rendu en plus grande abondance pendant la délivrance ; puis du sang où la partie séreuse devient tout-à-fait prédominante ; enfin une matière de sécrétion blanche, épaisse, où l'on trouve encore des traces de l'élément séreux. C'est d'après ces caractères qu'on a distingué les *lochies* en *lochies sanguines*, en *lochies séro-sanguines* ou *séreuses*, en *lochies muqueuses* qu'on appelle aussi *laiteuses*, *puriformes*, *purulentes*.

Les trois premières dénominations sont exactes; elles indiquent véritablement la nature du liquide épanché, tandis que les dernières sont fondées sur des idées erronées. Le liquide muqueux sécrété par l'utérus ne renferme pas de lait et ne contient qu'accidentellement du pus.

L'écoulement qui a lieu pendant les douze ou quinze premières heures, est du sang à peu près pur, qui s'écoule lentement et en petite quantité; tantôt d'une manière continue, tantôt d'une manière intermittente. Après une suspension ou rémission qui peut durer plusieurs heures, il se fait, avec ou sans tranchée utérine, un écoulement sanguin plus abondant, mais d'une durée trop passagère pour être considéré comme une hémorrhagie. Pendant cette période la femme salit de six à dix serviettes; mais il est assez difficile d'évaluer la quantité de sang perdu, quantité qui est d'ailleurs très variable. L'aspect du sang sur les serviettes destinées à le recevoir n'est pas identique pendant toute la durée de la période; dans les premières heures il ne diffère pas de celui qui est fourni par une blessure récente.

Au bout de huit à dix heures la couleur rouge des taches est moins foncée au centre et pâle à la circonférence, où l'on trouve déjà des teintes formées par un liquide séreux décoloré. L'écoulement devient par degré séro-sanguinolent, puis séreux; la partie teinte en rouge pâle forme la plus petite portion des taches; et souvent au début de la fièvre de lait et pendant sa durée, il est plus séreux que sanguin; mais il est rare qu'il soit déjà complètement dépourvu de sang. D'ailleurs il diminue beaucoup, et même se supprime tout-à-fait lorsque le gonflement des seins est considérable et qu'il détermine un mouvement fébrile marqué. Ce liquide séro-sanguinolent est fourni par la surface placentaire de l'utérus qui ne laisse plus sourdre que la partie la plus séreuse du sang, à laquelle s'ajoute la sérosité qui se dégorge de toute sa face interne à mesure que l'organe revient sur lui-même.

Après la fièvre de lait, l'écoulement lochial devient plus abondant; il est formé par un liquide un peu épais, muqueux, blanc, souvent jaunâtre, répandant une odeur particulière, et formant sur le linge des taches qui ont quelque ressemblance avec celles qu'y produirait du lait. Mais immédiatement après la fièvre de lait il présente encore, le plus souvent, des traces de sang et de sérosité. C'est ordinairement du quatrième au cinquième jour qu'il est le plus abondant et que son odeur est le plus prononcée; mais à l'odeur des lochies se joint aussi celle de la transpiration et du lait qui s'aigrit sur les linges dont les seins sont garnis. A partir du huitième ou dixième jour il est plus albumineux, plus blanc, et devient de moins en moins abondant; il cesse au bout d'un mois environ chez les femmes qui allaitent, et de six semaines chez les autres. L'écoulement lochial de la troisième période est produit par le dégorgement de l'utérus, par le travail d'élimination qui détache et entraîne la légère couche de tissu caduque restée sur toute sa surface interne. C'est à tort que quelques auteurs ont pensé qu'il se faisait une suppuration comme à la surface d'une plaie récente. La solution de continuité ne porte que sur la caduque et sur les vaisseaux qui se prolongent dans son épaisseur et qui établissent seuls une communication directe entre l'utérus et l'œuf. Ceux qui se rendent à la caduque sont trop rares et trop grêles pour donner lieu à de la suppuration; et l'occlusion des vaisseaux utéro-placentaires n'y donne pas davantage lieu : les orifices de ces vaisseaux resserrés par la rétraction de l'utérus se ferment par première intention, au moyen d'une lymphe plastique. Ce n'est qu'exceptionnellement, lorsque ce travail dépasse le but, qu'il se forme un peu de pus et qu'on observe une inflammation superficielle sur la portion de l'utérus où adhérait le placenta. C'est donc par un travail de sécrétion spéciale à l'utérus dans les conditions où il se trouve après l'accouchement, que se forme après l'effusion sanguine simple, cette sécrétion lochiale. Elle ne commence pas immédiatement après la délivrance, mais elle est à son plus haut degré dès que la révolution laiteuse est accomplie; elle déterge la surface interne de l'utérus, délaie et entraîne les particules de caduque, les matières glaireuses restées adhérentes, et se charge ainsi de produits étrangers et accidentellement de pus.

On remarque que les lochies sont en général plus abondantes chez les femmes dont la menstruation est copieuse, qu'elles soient pléthoriques ou d'une complexion molle ; chez celles qui ont déjà eu plusieurs enfants, qui font usage d'un régime trop nourrissant, qui n'allaitent pas. Elles sont très peu abondantes chez quelques femmes ; mais il est douteux qu'il faille prendre à la lettre les cas d'absence complète cités par quelques auteurs. En dehors de ces conditions individuelles, on trouve que les pertes graves, que les accouchements avant terme, une sécrétion sur un autre point du corps, rendent les lochies moins abondantes. Nous n'avons point à examiner ici les troubles que leur fait subir le développement d'une phlegmasie puerpérale. Ajoutons seulement que, si elles ont diminué ou ont été suspendues, elles reprennent ordinairement leur cours lorsque la maladie se termine par la résolution. Mais elles peuvent éprouver des troubles qui ne paraissent nullement liés à un travail morbide étranger.

Les lochies contractent quelquefois une odeur très fétide sans qu'il existe d'inflammation ni dans l'utérus ni dans le vagin. Cette fétidité reconnaît assez souvent pour cause la décomposition de fragments du placenta ou de caillots sanguins restés dans l'utérus ; ce qui donne en outre une couleur noirâtre aux matières de l'écoulement. Mais dans quelques cas on ne peut pas l'attribuer à cette cause ni à l'absence des soins de propreté : c'est la matière sécrétée elle-même qui a contracté une fétidité remarquable ; j'en ai rencontré plusieurs exemples chez des femmes qui avaient été affectées d'infiltrations étendues des membres inférieurs et de la vulve, pendant les dernières périodes de la grossesse. Mais, en général, la fétidité des lochies, qui ne dépend pas de la décomposition putride de fragments de placenta, de caillots sanguins, de l'absence de soins de propreté, est ordinairement liée à une inflammation gangréneuse de quelques points du vagin ou de l'utérus.

Les lochies sanguines se prolongent souvent bien au-delà du terme ordinaire ; souvent aussi le sang, qui avait cessé de teindre la matière de l'écoulement, reparaît par intervalle ; quelquefois sans causes appréciables ; mais le plus souvent à la suite de quelques émotions morales, d'un écart dans le régime, le repos.

Les mêmes causes qui tendent à augmenter, à prolonger, à faire reparaître les lochies sanguines, produisent assez souvent un effet tout contraire sur les lochies puriformes ; elles tendent à diminuer ou à suspendre le travail de sécrétion. Il n'est pas douteux que les lochies puissent se supprimer pendant vingt-quatre, quarante heures et même plus longtemps, sans que l'utérus ou d'autres organes soient déjà le siège d'une inflammation. Un refroidissement, une émotion, peuvent suspendre complétement l'écoulement lochial, même pendant plusieurs jours sans qu'il se manifeste des phlegmasies puerpérales qui, à leur tour, peuvent être provoquées par cette suppression seule, ou concurremment avec la cause qui l'a produite. Le nier, c'est tomber dans une erreur qu'il importe d'autant plus de relever aujourd'hui, qu'on considère généralement, contrairement aux idées qui ont régné longtemps, la diminution et la suppression des lochies comme un effet toujours consécutif d'une maladie aiguë préexistante.

F. *Retour de l'utérus à l'état antérieur.* — En étudiant les tranchées et les lochies, nous n'avons pu indiquer que très imparfaitement, sous le rapport anatomique, la marche du retour de l'utérus à son état antérieur. Immédiatement après la délivrance, l'utérus forme encore une tumeur de 7 à 9 pouces de long, sur 5 ou 6 de large, qu'on sent très distinctement en palpant la paroi abdominale; elle est déjetée de côté, le plus ordinairement à droite ; son fond s'élève jusque dans la partie inférieure de la région ombilicale. Il augmente ordinairement un peu de volume pendant les six, douze premières heures qui suivent la délivrance : cette augmentation de volume dépend d'une diminution sensible dans la rétraction. Dans quelques cas, surtout, lorsqu'il a été très distendu, son volume est beaucoup plus considérable et son fond dépasse de plusieurs travers de doigt l'ombilic; mais s'il reste ferme, et si la femme n'éprouve rien d'insolite, cet excès de volume n'annonce rien de fâcheux; d'autres fois son fond est très élevé parce que l'organe presque tout entier reste, pendant les premiers jours, au-dessus du détroit supérieur. Il diminue très lentement les trois ou quatre premiers jours, et rentre progressivement dans la région hypogastrique, en se rapprochant de la ligne médiane ; le septième ou le huitième jour, on le sent encore facilement au-dessus des pubis qu'il dépasse de plusieurs travers de doigt. Mais à partir de cette époque on ne peut plus le sentir distinctement que chez les femmes maigres ou à parois abdominales flasques ; il n'est guère complétement caché dans le bassin que du douzième au quinzième jour, et au bout de six semaines il a, à peu près, repris le volume, la consistance et la forme qu'il doit conserver.

Après le décollement du placenta, à mesure que l'utérus se resserre, le plan interne de sa portion placentaire criblée de trous et moins consistante que le reste, tend à faire hernie dans la cavité utérine, et y forme une tumeur aplatie, ordinairement plus large que la paume de la main, dans laquelle les vaisseaux divisés deviennent tortueux et comme inextricables. Cette disposition concourt avec la rétraction de l'utérus, la coagulation du sang dans l'intérieur des vaisseaux divisés, à s'opposer à l'hémorrhagie. Ce que quelques auteurs désignent par le nom de *cotylédons de l'utérus* se rapporte à ce relief, qu'il est bien important de connaître pour ne pas le prendre pour un fragment du placenta. Il est arrivé plusieurs fois qu'on s'est efforcé d'arracher le tissu de l'utérus, en croyant agir sur des portions de placenta restées adhérentes. Cette tumeur disparaît par degré ; le sang épanché dans son épaisseur est résorbé, les vaisseaux se cicatrisent, et les fibres utérines, en se transformant, reprennent leur place.

Le corps et le col de l'utérus ne suivent pas exactement la même marche pour revenir à leur premier état ; tandis que le corps de l'organe se resserre et perd assez vite sa forme globuleuse en s'aplatissant, le col reste, pendant les trois ou quatre premiers jours, flasque et large jusqu'à son orifice interne, qui reste lui-même assez largement ouvert; toute la partie située au-dessous est comme frappé d'inertie par le fait de la distension étendue qu'elle a éprouvée pendant le travail; son élasticité et sa contractilité, d'abord presque nulles, se réveillent lentement. Il n'y a pas, à proprement parler, de portion vaginale, les lèvres seules forment en avant et en arrière des saillies assez épaisses; pendant la seconde semaine seulement elle a une longueur de 4 à 6 millimètres; au bout de six semaines elle est longue de 11 à 13 millimètres, et offre les dispositions qu'elle conserve chez les femmes qui ont fait des enfants, t. I, p. 97. Plusieurs causes concourent simultanément à ramener l'utérus à son état antérieur: c'est sa contractilité et son élasticité, l'écoulement lochial qui dégorge ses parois et déterge sa surface interne, un travail de résorption et de transformation qui rend par degré à ses fibres leurs caractères primitifs.

Les ovaires, qui avaient pris un assez grand développement pendant la grossesse, reviennent à leur premier volume, et les ligaments larges qui s'étaient en partie effacés, reprennent par degré leur forme et leur position; le vagin perd l'excès d'ampleur qu'il avait acquis, mais il ne revient pas aussi complétement que l'utérus à son état primitif. Pendant les premiers jours qui suivent l'accouchement, les parties génitales externes sont tuméfiées et plus ou moins douloureuses; il y a souvent aux bords de la vulve, surtout en arrière, des éraillures, une déchirure superficielle, qui occasionnent un vif sentiment de cuisson pendant les premiers moments; il ne reste à la fin qu'un peu plus de laxité et d'étendue.

G. *Fièvre de lait*. — On a vu, en étudiant les modifications des mamelles pendant la grossesse, qu'elles se préparent de bonne heure à la sécrétion laiteuse, et, que dès les premiers mois les canaux galactophores se remplissent d'une humeur séreuse, qui est déjà sécrétée avec quelque abondance vers la fin de la grossesse, et a pris de la consistance et une coloration blanche-jaunâtre. Après l'accouchement, cette humeur, qui est désignée sous le nom de *colostrum*, est remplacée par le lait proprement dit, qui en diffère par son aspect et sa composition. Au moment où la sécrétion des glandes mammaires devient plus élaborée et forme du lait, elle devient aussi beaucoup plus abondante, et l'on donne le nom de *fièvre de lait*, de *révolution laiteuse* à cette sécrétion ou plutôt aux phénomènes qui l'accompagnent.

Pendant les vingt-quatre ou trente-six heures qui suivent l'accouchement, les seins augmentent peu de volume; mais au bout de quarante-huit heures, un peu plus tôt ou un peu plus tard, les mamelles se gonflent, se durcissent d'une manière manifeste et deviennent douloureuses. Au début, la femme éprouve un léger frisson et plus souvent seulement un sentiment de froid qui est bientôt suivi de chaleur de la peau et de transpiration ; la face devient rouge et animée ; il y a de la céphalalgie ; l'appétit se perd, la langue se couvre d'un enduit blanchâtre ; l'écoulement des lochies est très sensiblement diminué, mais rarement complétement suspendu, au moins pendant toute la durée de la fièvre de lait ; le pouls s'accélère, devient plein et fort, puis large et souple. Cet état fébrile dure de vingt-quatre à trente-six heures. Lorsque la tuméfaction des mamelles est portée au plus haut degré, le tissu cellulaire ambiant, les ganglions lymphatiques voisins y participent, et le gonflement s'étend jusque aux aisselles ; les mouvements des bras et de la poitrine deviennent difficiles et douloureux. L'écoulement du lait par le mamelon amène promptement la cessation des douleurs et de la fièvre.

Le tableau que nous venons de tracer de la fièvre de lait se rapporte aux cas où elle est le plus marquée ; dans un très grand nombre, ces phénomènes sont beaucoup moins sensibles, et souvent on ne trouve à noter qu'un gonflement modéré des seins, un peu de chaleur et de sueur ; on peut même dire qu'il ne survient d'état véritablement fébrile que lorsque le gonflement des seins prend un grand développement, ou lorsque l'écoulement du lait s'établit difficilement et que la femme ne nourrit pas ; il est en général plus marqué dans un premier accouchement. Chez quelques femmes il y a non seulement absence des phénomènes de réaction, mais il se fait à peine de gonflement dans les mamelles ; la sécrétion laiteuse n'est pas tout-à-fait nulle, mais de beaucoup insuffisante pour alimenter l'enfant ; et cela ne se rencontre pas seulement chez des femmes débilitées par des causes diverses, mais encore chez des femmes qui sont dans des conditions de force et de santé convenables. La durée de la fièvre de lait peut de beaucoup dépasser les limites que j'ai déjà indiquées, ou durer à peine douze heures ; elle se déclare quelquefois au bout de vingt-quatre heures, et d'autres fois seulement trois ou quatre jours après l'accouchement. Désormeaux dit l'avoir vue quelquefois se manifester à l'époque ordinaire, être modérée, se calmer, puis se réveiller, pour ainsi dire, avec plus d'intensité, après un intervalle d'un ou de deux jours, sans que dans ce mouvement fébrile on pût reconnaître un état morbide différent, dû à quelques causes étrangères à l'état physiologique de la femme. Mais le plus souvent ces suspensions, qui sont communes, dépendent d'un état morbide, et s'il se termine promptement par la guérison, on voit là sécrétion laiteuse recommencer avec assez de force pour renouveler les phénomènes de réaction. Dans quelques cas, des tranchées utérines sont excitées par la fièvre de lait, ce qui peut en imposer pour une phlegmasie puerpérale, si on n'apporte pas une grande attention dans l'examen des phénomènes. Les anomalies dans la fièvre de lait, surtout quand la fréquence du pouls n'est pas en rapport avec le gonflement et les douleurs, imposent une grande surveillance et doivent faire craindre qu'elles ne soient produites par quelques inflammations qui se développent d'une manière obscure. Après la fièvre de lait, la sécrétion laiteuse est très abondante, et augmente encore lorsque la femme nourrit. Dans le cas contraire, il s'en écoule une partie par le mamelon, tandis qu'un travail de résorption s'exerce sur celui qui engorge les canaux galactophores; la sécrétion diminue assez rapidement, les seins s'affaissent, et au bout de deux ou trois semaines le lait cesse de couler par le mamelon ; cependant, pendant plusieurs mois encore, un peu de cette humeur est sécrétée et conservée dans les canaux galactophores où il est repris par résorption. Quelquefois l'écoulement laiteux devient, par son abondance et sa persistance après l'accouchement ou le sevrage, un véritable état morbide ou anormal, qu'on a désigné sous le nom de *galactirrhée*.

Les auteurs ne sont pas d'accord sur la cause des phénomènes fébriles qui accompagnent souvent l'établissement de la sécrétion laiteuse. Leur caractère et leur succession tendent à faire admettre qu'ils sont symptomatiques, et qu'ils dépendent de la distension des canaux galactophores qui ne se prêtent pas d'abord à une excrétion facile. L'augmentation de sécrétion et la transformation du lait en un état plus parfait que le colostrum, se produisent sans trouble appréciable, lorsqu'un écoulement prompt et facile, une succion prompte et complète, viennent soustraire les seins à l'engorgement qui semble seule produire les phénomènes de réaction.

Il est en effet peu rationnel de supposer qu'une sécrétion naturelle à laquelle l'organisme se prépare pendant toute la grossesse, ne puisse s'établir complètement qu'en excitant une série de phénomènes morbides. Après la parturition, les mamelles deviennent en quelque sorte le centre de l'activité dont l'utérus était le siège pendant la grossesse, et sont chargées à leur tour de préparer la nourriture de l'enfant : elles acomplissent en partie le rôle rempli pendant la grossesse par le placenta. La sympathie et l'antagonisme entre l'utérus et les mamelles continuent à se manifester après l'accouchement, soit à l'état normal, soit à l'état morbide de la femme en couches, par des phénomènes facilement appréciables.

H. La nouvelle accouchée présente encore sous le point de vue physiologique quelques changements remarquables :

1° La respiration, qui était plus ou moins gênée pendant les derniers temps de la grossesse et pendant le travail, reprend bientôt sa pleine liberté.

2° Le pouls qui était serré et un peu fréquent, devient immédiatement après l'accouchement plus lent, souple et développé. Le sang, n'ayant plus à fournir à la nutrition du fœtus, ne se porte plus avec la même activité vers l'utérus, dont les vaisseaux rétrécis et plissés ne se prêtent plus d'ailleurs au même mode de circulation ; la déplétion subite de l'utérus et la rétraction assez lente des parois de l'abdomen impriment une stase veineuse plus ou moins prononcée à la circulation dans les veines du bassin et de l'abdomen. S'il existe de la pléthore, elle est détruite par le sang qui s'extravase pendant le décollement et l'expulsion du placenta et par l'écoulement lochial ; et il survient ordinairement une pâleur assez marquée et de la faiblesse : un assez grand nombre de femmes nouvellement accouchées présentent un premier degré d'anémie.

3° L'appétit est d'abord faible; des aliments légers et peu nourrissants suffisent pour le satisfaire.

4° Parmi les sécrétions, celle de la peau paraît plus particulièrement modifiée; il survient bientôt après l'accouchement de la moiteur qui se change facilement en une sueur abondante. La transpiration a une odeur particulière tirant sur l'aigre ; elle excite souvent en traversant la peau un sentiment de picotement; et lorsque la sueur est abondante, il n'est pas rare de voir apparaître une éruption miliaire, ce qui dépend souvent de ce que la femme a été trop couverte.

5° En général, il n'y a point d'évacuation alvine pendant les trois ou quatre premiers jours. Cette constipation peut être la suite de celle qui existe souvent vers la fin de la grossesse ou dépendre de ce que la vitalité est dirigée vers d'autres organes pour la sécrétion des lochies, du lait ; mais c'est le relâchement de la paroi abdominale qui paraît avoir la plus grande part à cette rétention des matières fécales.

6° Il en est de même de l'excrétion de l'urine qui a lieu le plus souvent, mais la vessie ne se vide pas toujours complètement ; le gonflement, l'irritation du méat urinaire, et le relâchement de la paroi abdominale, le décubitus, sont les causes ordinaires de la difficulté d'uriner qu'on observe généralement les premiers jours qui suivent l'accouchement.

7° L'organisme revient par degrés à l'état où il était auparavent, même dans les organes et dans les fonctions qui ont été le plus profondément modifiés comme l'utérus. Si la femme ne nourrit pas, la menstruation reparaît au bout de six semaines à deux mois environ, t. i, p. 130. L'étude de la nouvelle accouchée à l'état normal a une très grande importance, non seulement pour en déduire les règles d'hygiène les mieux appropriées à sa situation, mais encore pour l'appréciation des maladies graves auxquelles l'état puerpéral prédispose d'une manière toute particulière, et pendant la durée duquel il meurt trois ou quatre fois plus de femmes que pendant la grossesse et le travail.

II. Soins que réclame la femme en couches. — Nous avons déjà fait connaître ce qu'il convient de faire pendant la délivrance et immédiatement après, jusqu'à ce qu'on ait placé la femme dans le lit préparé pour la recevoir.

1° Le bandage de corps placé autour de l'abdomen me paraît avoir une importance réelle qui n'est pas celle que lui attribue généralement la femme elle-même ; il s'oppose plus ou moins efficacement à la stase veineuse dans des parties très susceptibles de s'enflammer, il favorise l'excrétion des urines et des matières fécales. Ce bandage doit être modérément serré, large et appliqué régulièrement ; il devient bientôt superflu si on n'a pas la précaution de le réappliquer tous les jours avec le même soin.

2° Des linges fins et chauds, de la ouate, seront appliqués sur les mamelles, qu'on devra maintenir modérément relevées, parce que, abandonnées à leur propre poids, elles se portent souvent en bas et en dehors, et s'engorgent dans la partie la plus déclive.

3° La serviette placée entre les cuisses et les linges salis doivent être remplacés souvent, afin de prévenir l'humidité du lit et l'altération de l'air.

4° Il faut laver les parties génitales une ou deux fois par jour, suivant que les lochies sont plus ou moins abondantes ou qu'elles exhalent plus ou moins d'odeur. L'eau tiède convient parfaitement ; mais si les parties externes de la génération sont tuméfiées, on peut ajouter à l'eau un peu de vin rouge, ou se servir de lait coupé avec une décoction de cerfeuil, d'infusion de sauge, de romarin, de mélisse, etc. Pour faire ces lotions on se sert d'une éponge ou d'un linge ; on essuie ensuite les parties mouillés avec une serviette bien sèche et chauffée. Il faut aussi remplacer l'alèze, les linges qui enveloppent les seins dès qu'ils sont salis.

5° Il faut, autant que possible, que la chambre soit grande, éloignée du bruit, bien aérée, modérément chaude et maintenue à peu près à la même température; le lit doit être placé dans l'endroit le plus à l'abri des courants d'air. L'accouchée doit être suffisamment couverte pour ne pas sentir l'impression du froid, mais point assez pour exciter une transpiration artificielle et surabondante. Il n'y a pas pour elle obligation de rester sur le dos, elle pourra, après les premières heures, se mettre sur l'un ou l'autre côté et varier son attitude suivant qu'elle en éprouvera le besoin. L'air de la chambre se vicie assez promptement, surtout lorsqu'elle est habitée en même temps par l'enfant. On doit la débarrasser promptement des linges salis, faire ouvrir de temps en temps la croisée, après avoir mis la mère et l'enfant à l'abri derrière les rideaux fermés; en hiver, surtout si la température était très basse, on chercherait à obtenir le renouvellement de l'air au moyen des portes. On ne commence à faire le lit qu'après la fièvre de lait; mais lorsqu'il a été sali ou qu'il est imprégné de mauvaise odeur, on doit le faire plus tôt pour changer les draps et les matelas; toutefois, à moins d'urgence, il faudrait s'en abstenir pendant la fièvre de lait. Pour faire le lit, la malade sera transportée chaque fois sur un autre, jusqu'au moment où on lui permet de se lever.

6° Ce n'est pas seulement pendant qu'on lave les parties génitales, qu'on change les linges, qu'on renouvelle l'air de l'appartement, qu'on fait le lit, etc., qu'on doit prendre les précautions convenables pour éviter le refroidissement; ces précautions doivent être de tous les moments. Dans l'état de couches, le moindre refroidissement peut devenir la cause de maladies graves; la femme, la garde-malade, les personnes qui l'approchent, doivent être pénétrées de cette vérité. Mais il faut prendre garde qu'on ne tombe dans un excès très commun et pernicieux, qu'on charge la malade de couvertures, qu'on chauffe outre mesure l'appartement et qu'on lui fasse une atmosphère méphitique, en ne renouvelant pas l'air dans la crainte de la refroidir.

7° Le repos et la tranquillité de l'esprit sont aussi des conditions indispensables à la femme en couches. On devra éloigner de sa pensée et de sa présence tout ce qui pourrait l'impressionner, éviter qu'elle se livre à la conversation, qu'elle reçoive des visites, etc.

8° Lorsque les tranchées utérines sont modérées, elles ne réclament aucun traitement; dans le cas contraire, on les fait ordinairement cesser ou diminuer en appliquant sur l'hypogastre des linges chauds, des cataplasmes laudanisés, en frictionnant la région de l'utérus avec des liniments huileux et opiacés ou camphrés, en donnant des quarts de lavements calmants. Si le col était obstrué par des caillots, on chercherait à les diviser avec le doigt pour favoriser leur expulsion ; ce serait le cas d'administrer l'ergot de seigle, vanté par MM. Crozat et Velpeau.

9° Pendant la fièvre de lait on devra suspendre le peu d'aliments qu'on a accordés ; s'abstenir de laver les parties génitales, ou ne le faire qu'avec la plus grande précaution, si quelques lotions sont nécessaires.

10° Chez les femmes qui ne nourrissent pas, il peut devenir nécessaire de soulager les douleurs déterminées par le gonflement des mamelles. Les cataplasmes émollients sont le meilleur moyen qu'on puisse employer ; en relâchant les parties tuméfiées et la peau distendue, et en favorisant l'écoulement du lait par le mamelon, ils amènent ordinairement un soulagement très sensible. On doit les faire très minces, afin qu'ils n'augmentent pas les douleurs par leur poids, et les changer avant qu'ils se refroidissent. S'ils ne pouvaient être supportés, on les remplacerait par des embrocations huileuses chaudes, rendues calmantes par l'addition de laudanum. Il faut être très réservé sur l'emploi des purgatifs à une époque aussi rapprochée de l'accouchement.

11° On doit s'assurer à chaque visite si les urines sont rendues régulièrement ; il ne faut pas seulement s'en rapporter à l'assertion de la femme, mais s'assurer si la vessie n'est pas distendue et seulement partiellement débarrassée par regorgement. S'il y a rétention d'urine, on pratiquera le cathétérisme plusieurs fois par jour jusqu'à ce que la fonction se rétablisse.

12° Il n'y a pas à solliciter de garde-robe pendant les deux ou trois premiers jours ; et si, dans le cas où le ventre est un peu tendu ou douloureux, on administre quelques lavements simples ou émollients, ils restent ordinairement sans effet, souvent ils ne sont pas même rendus. Après la fièvre de lait ; si les lavements ne provoquent pas de selles, il faut ajouter, pour les rendre laxatifs, du miel mercurial ou de l'huile commune délayée dans un jaune d'œuf. On peut rendre les lavements un peu plus actifs en les préparant soit avec de l'huile de ricin ou de séné, soit avec un peu de savon dissous ou du sel commun. Il est rare qu'on soit forcé d'avoir recours à des purgatifs administrés par la bouche pour vaincre la constipation. Pour aller à la garde-robe comme pour rendre ses urines, l'accouchée se servira d'un vase plat qu'on passe sous elle ; elle ne doit sous aucun prétexte se lever pour remplir ces fonctions, quoique cette attitude soit assez gênante et entre sans doute pour quelque chose dans la difficulté d'uriner et dans le retard apporté à l'expulsion des matières fécales.

13° La persistance des lochies rouges, lorsque l'écoulement ne prend pas les caractères francs de l'hémorrhagie lochiale, n'exige d'autres soins que le repos, un régime plus sévère, l'attention de tenir le ventre libre, d'administrer quelques calmants lorsqu'il y a un état d'excitation générale. Si l'écoulement lochial se suspend sans que sa suspension soit liée à un état morbide, de linges chauds, des cataplasmes émollients appliqués sur le ventre les cuisses, suffisent ordinairement pour le rappeler. Les lochies blanches sont quelquefois très abondantes et extrêmement fétides et souvent dans ce cas la partie séro-sanguine prédomine. Cet écoulement a ordinairement quelque chose d'âcre qui irrite les parties sur lesquelles il coule ; des lotions, des injections répétées sont nécessaires ; on peut les rendre légèrement toniques ou astringentes, ou y ajouter une petite quantité de chlorure de chaux. S'il y a un état de débilité générale, l'emploi des toniques convient de même qu'aux écoulements rouges, dans les mêmes conditions, qui ne sont pas entretenus par un état local.

14° Le régime des femmes en couches mérite une attention toute particulière : il faut proscrire, à moins d'indication spéciale, les boissons fortement excitantes ou stimulantes. De l'eau sucrée, une légère décoction de gruau, les infusions légères de mauve, de violettes, de tilleul, de feuilles d'oranger, de camomille, etc., sont les plus usitées ; ces boissons doivent être prises tièdes. Les aliments doivent être d'une digestion facile et prises en petite quantité ; quelques potages bien préparés, un peu de bouillon ou de lait coupé, suffisent pendant les deux premiers jours ; mais l'abstinence doit être complète pendant la fièvre de lait lorsque la réaction est prononcée ; après on revient aux potages et aux bouillons ; on y ajoutera bientôt des aliments solides, d'une digestion facile, mais encore en petite quantité, alors même que la femme nourrit.

15° L'accouchée doit garder le lit pendant les dix ou douze premiers jours ; elle ne restera d'abord levée que quelques heures et ne se livrera à aucune occupation. Dès qu'on permet à la femme de se lever, il ne faut pas négliger de s'assurer si l'utérus est bien à sa place, afin de pouvoir prévenir à temps un prolapsus, une rétroversion, accidents auxquels ce défaut d'attention l'expose souvent. Ce n'est qu'après la cinquième ou sixième semaine, surtout en hiver et dans les mauvaises saisons, qu'on doit lui permettre de sortir et de reprendre sa manière de vivre habituelle, si elle est d'ailleurs bien portante.

16° Pendant l'état de couches, surtout vers la fin, il y a assez souvent indication d'administrer quelques légers purgatifs pour remédier, soit à un embarras intestinal, soit à la sécrétion laiteuse chez les femmes qui ne nourrissent pas; de là l'opinion vulgaire qu'il faut purger toutes les femmes en couches. S'il importe beaucoup de tenir le ventre libre par des lavements simples ou laxatifs, de satisfaire à quelques indications à l'aide de légers purgatifs, on ne doit pas moins les employer qu'avec beaucoup de réserve. Le danger d'en abuser ressortirait d'une manière évidente des chiffres suivants, s'ils n'embrassent que des cas comparables : à l'hospice de Stockholm, de 146 femmes en couches purgées, 32 furent atteintes de métro-péritonite, et 5 succombèrent; tandis que de 108 auxquelles on donna seulement des lavements simples, 18 présentèrent des symptômes de métro-péritonite, et 1 seule mourut.

17° Les écarts dans le régime alimentaire, les émotions morales, l'action de se lever trop tôt, etc., sont les causes les plus ordinaires des accidents et des maladies qui menacent la santé et la vie des femmes en couches. Les imprudences de tous genres que commettent impunément beaucoup d'entre elles ne doivent point affaiblir l'importance qu'il y a à suivre exactement les règles de conduite que nous venons d'indiquer. Il est du devoir du médecin d'en faire comprendre toute l'importance à la femme et aux personnes qui l'entourent; il doit en surveiller l'application, en la visitant deux fois par jour jusqu'après la fièvre de lait, et une fois ensuite; s'assurer si ses conseils sont exactement suivis, et chercher à répandre dans les familles de saines pratiques, sans céder, dans un intérêt personnel, devant des préjugés ridicules ou dangereux, qui n'en tiennent que trop souvent lieu dans toutes les classes de la société.

SECTION II. — Maladies puerpérales à la suite des couches.

Dans le sens le plus général du mot, on donne le nom de *maladies puerpérales* aux accidents et aux affections qui se manifestent sous l'influence de la gestation, du travail de l'enfantement et de l'état de couches ou qui en reçoivent des caractères spéciaux. Il est synonyme des maladies et accidents propres à la grossesse, au travail, aux couches, à la lactation ou à l'allaitement.

Nous avons déjà étudié les divers états morbides qui se rapportent à la grossesse et à l'accouchement, y compris la délivrance. Ceux qui sont propres à l'état de couches ou qui en reçoivent des caractères spéciaux sont aussi d'ordres différents; ils se classent parmi les lésions traumatiques, les phlegmasies, les affections nerveuses comme la *manie puerpérale*.

L'état de couche a également une influence marquée sur le développement, la marche et la terminaison de beaucoup de maladies, particularités qui mériteraient, comme on l'a fait pour l'enfance et la vieillesse, d'être rigoureusement appréciées. C'est une lacune qu'il n'est pas en mon pouvoir de remplir; je me bornerai à signaler celles de ces affections qui sont les plus communes et les plus importantes à connaître, comme complications et concomitances de la fièvre puerpérale qu'elles accompagnent, en effet, assez souvent.

I. Rétention d'urine, paralysie de la vessie, du rectum. — Nous avons signalé, comme causes de la difficulté d'uriner, de la rétention de l'urine après l'accouchement, le relâchement de la paroi abdominale, la gêne apportée à son excrétion par l'attitude couchée donnée à la femme; par ce sentiment inné qui empêche beaucoup de personnes de remplir cette fonction en présence de témoins; par la contusion, le gonflement et l'irritation du canal de l'urètre. La compression d'une partie de la vessie pendant le travail peut être portée au point de déterminer une paralysie passagère de ce réservoir; dans ce cas, la rétention, l'écoulement de l'urine par regorgement, ont une durée plus longue; la fonction ne se rétablit qu'au bout de deux, trois, quatre, six semaines, et même après un temps plus long. Cette compression des organes par la tête contre les parties dures du bassin peut aussi porter simultanément ou isolément sur les filets nerveux qui président aux fonctions du rectum.

M. Martin, de Lyon, a vu, à la suite d'un accouchement laborieux, les matières fécales, retenues pendant plus de vingt jours, s'amasser en si grande quantité, qu'elles égalaient le volume de la tête d'un enfant à terme et avaient une extrême consistance; tous les laxatifs ayant échoué, il fut obligé d'introduire une curette et d'amener par parcelles les matières endurcies. L'intestin ne reprit pas de suite ses fonctions; mais au moyen de lavements irritants, il empêcha une nouvelle accumulation; la contractilité ne fut complétement rétablie que vingt-neuf jours après.

Beaucoup de femmes, mues par le sentiment de la pudeur, montrent une extrême répugnance à se laisser sonder, et l'on peut quelquefois leur épargner ce désagrément lorsque la difficulté d'uriner ne dépend pas d'un gonflement trop considérable de l'urètre ou de la paralysie de la vessie, en relevant le tronc, en se retirant après avoir placé convenablement le vase plat ou en fai-

sant tomber un filet d'eau dans un vase, de manière à simuler le jet
de l'urine; mais il ne faut pas pousser la condescendance jusqu'à
laisser la vessie se distendre et se débarrasser par regorgement.
La paralysie est de nature à se dissiper en vidant la vessie cinq ou
six fois dans les vingt-quatre heures, sans qu'il soit nécessaire
d'employer les divers moyens recommandés contre cette maladie
par causes locales. Dans le cas de paralysie du rectum on se conduira comme il a été dit plus haut.

II. CONTUSION DES PLEXUS ET DES TRONCS NERVEUX DU BASSIN. —
On observe chez les nouvelles accouchées, malgré le silence de
la plupart des auteurs, assez souvent des effets de compression
ou de contusion sur le trajet du nerf sciatique et sous-pubien;
j'en ai observé pour ma part plusieurs cas. L'accident se présente, tantôt avec les symptômes d'une *névralgie* ou d'une *névrite*;
les rameaux cutanés de la jambe peuvent être douloureux,
tandis que les troncs sont tout-à-fait indolents: j'ai vu la douleur bornée à la face dorsale du pied. Tantôt au lieu de douleurs
névralgiques sur le trajet des nerfs du membre, la malade accuse
de la pesanteur, de l'engourdissement, une diminution dans la
sensibilité, un état qui se rapproche plus ou moins d'une paralysie
complète; il y a quelquefois de l'œdème et des douleurs dans les
faisceaux musculaires.

Ces accidents ne se rencontrent ordinairement que sur l'un des
membres; ils ne sont accompagnés ni de fièvre ni de symptômes
cérébraux, et se terminent par la guérison au bout de quelques
semaines; mais elle se fait attendre quelquefois plus longtemps;
dans un cas que j'ai observé, elle n'a été complète qu'après quatre
mois.

Cet accident a été le plus souvent observé à la suite d'accouchements laborieux, de l'application du forceps. Sa liaison avec les
douleurs, les crampes, que beaucoup de femmes éprouvent sur
le trajet des nerfs de la cuisse pendant le travail est évidente ;
dans quelques cas cette compression ne se borne pas à produire des
effets momentanés, mais elle laisse sur le tronc nerveux comprimé
des altérations plus durables et même quelquefois des ecchymoses, de petits épanchements sanguins autour et même au-dessous du névrilème.

D'après Dugès, et quelques autres, le tronc des nerfs peut s'enflammer, ou au moins le tissu cellulaire qui l'enveloppe, et il se
dessine comme les veines enflammées sous forme d'un cordon dur,
et il existe en même temps un gonflement du membre. Si ces symptômes de névralgie, de névrite ou de paralysie résistent aux em-

brocations huileuses, anodines ou excitantes, aux émissions sanguines, s'il y a de la fièvre ; on fera succéder à ces moyens des vésicatoires volants, des bains salins, des douches, etc.

On voit chez quelques femmes, à la suite d'abcès de la fosse iliaque, de l'excavation du bassin, de la *phlegmasia alba dolens*, et quelquefois sans maladie antécédente, un des membres abdominaux rester après l'accouchement, longtemps, sinon indéfiniment dans les conditions pathologiques suivantes : il est le siège d'un sentiment d'engourdissement et de froid ; il semble moins fort que l'autre, la jambe conserve plus de volume, elle est dure, rénitente, le doigt n'y laisse pas de dépression ; la marche, l'attitude debout prolongée, font augmenter le gonflement vers la partie inférieure de la jambe et y développent de la douleur. On obtient de l'amélioration et du soulagement par l'usage d'un bandage roulé ou d'un bas lacé. Ces moyens contentifs secondés par le temps et quelques autres moyens propres à redonner de l'activité aux tissus, finissent par amener une guérison définitive.

III. INFLAMMATION TRAUMATIQUE SIMPLE ET GANGRÉNEUSE DU VAGIN ET DE LA VULVE. — Le conduit vulvo-utérin porte toujours à un certain degré des traces de distension et de contusion, caractérisées par des ecchymoses légères dans son épaisseur, qui s'étendent souvent dans le tissu cellulaire voisin ou sous-péritonéal, sans déterminer les déchirures que nous avons décrites ; l'effet mécanique du passage de la tête produit assez souvent des contusions plus profondes, des lacérations superficielles qui se terminent généralement par résolution, sans réaction fébrile, donnant lieu seulement à un peu plus de gonflement et à des cuissons plus prolongées.

Ces lésions superficielles ou profondes, surtout lorsqu'elles existent à la partie inférieure, sur les points qui peuvent être baignés par l'urine et les lochies altérées par le contact de l'air, deviennent assez souvent le siège d'une inflammation plus ou moins vive et plus ou moins étendue, qui donne lieu à une réaction fébrile marquée, et dont la cause peut d'autant plus facilement être méconnue que les symptômes locaux sont souvent peu marqués et n'appellent pas l'attention sur le siège du mal. A un degré modéré, cette inflammation marche assez vite vers la résolution ; mais elle peut prendre des caractères ulcéreux ; elle peut aussi donner lieu, surtout dans les grandes lèvres, à un abcès, qui, à raison de la laxité des tissus, peut prendre un grand développement et s'étendre sur le périnée.

Des injections, des lotions émollientes, souvent répétées, des cataplasmes de même nature, lorsque l'inflammation envahit la vulve, l'isolement des lèvres au moyen d'un plumasseau de charpie, lorsqu'elles sont excoriées, suffisent ordinairement pour calmer les accidents et amener promptement la résolution.

A la suite du séjour prolongé de la tête derrière le périnée, d'accouchements laborieux, terminés spontanément ou à l'aide du forceps, du céphalotribe, des crochets, la contusion et la compression peuvent être portées beaucoup plus loin et affaiblir singulièrement la vitalité des tissus ; cette disposition à la mortification est due quelquefois à l'œdème des parties externes. Au bout de quelques jours, des escarres se forment dans le conduit vulvo-utérin. A la vulve et sur le périnée, où l'on peut suivre leur développement, on voit apparaître une tache d'un rouge obscur, douloureuse, qui s'agrandit, suinte, s'excorie, et bientôt sa partie centrale présente une escarre qui s'étend plus ou moins loin et plus ou moins profondément ; d'autres fois ce sont des déchirures, des excoriations, des ulcérations qui, au lieu de se réduire, s'étendent, deviennent douloureuses et prennent un aspect sale, plombé, brunâtre, et dont le fond repose sur un tissu comme lardacé ; le mouvement fébrile est très prononcé et il s'établit une suppuration ichoreuse d'une grande fétidité.

Dans le vagin, sur le col, l'inflammation gangréneuse s'établit de la même manière ; mais ses premiers phénomènes passent le plus souvent inaperçus si la douleur et la fièvre n'appellent pas l'attention sur ce point, et l'on ne reconnaît le mal que lorsque la suppuration est devenue fétide et détache des lambeaux de tissu mortifié. Aux parties externes comme dans le vagin, tantôt les téguments et la muqueuse sont seuls envahis, ou du moins les organes et les canaux voisins sont respectés, et une inflammation franche détache les escarres ; il en résulte des ulcérations de bonne nature qui marchent rapidement vers la guérison. Tantôt l'inflammation gangréneuse s'étend au loin ; si elle est bornée aux parties externes, la plus grande partie de la vulve est envahie et la suppuration s'étend dans l'épaisseur du périnée ; dans le vagin elle dépasse la paroi de ce canal, s'étend au bas fond de la vessie, au canal de l'urètre, qui sont les parties les plus exposées à la compression pendant le travail, et beaucoup plus rarement jusqu'au rectum ; le doigt explorateur porté dans le vagin se trouve dans une espèce de cloaque d'où s'exhale une odeur infecte, et lorsqu'on le retire il est couvert d'une bouillie putride ; l'urine s'écoule par le vagin, et si la femme guérit elle reste affectée de fistules urétro-vaginale ou vésico-vaginale, affections généralement incurables, la dernière du moins.

Leur traitement curatif, ainsi que celui de la fistule recto-vaginale, rentre dans le domaine de la médecine opératoire et nous n'avons pas à nous en occuper.

L'inflammation gangréneuse de la vulve ou du vagin peut se présenter avec des caractères plus graves encore, soit parce qu'elle s'étend plus loin, soit parce qu'elle devient le point de départ d'affections ordinairement mortelles. Dans le premier cas, le pus ichoreux fuse sous le péritoine, autour du vagin, de la vessie et du rectum, entre les muscles du périnée, quelquefois jusque dans l'épaisseur de la fesse, et si la femme survit aux premiers accidents, elle succombe un peu plus tard avec les symptômes d'une fièvre hectique aiguë.

Dans le second cas, quoique la gangrène envahisse rarement le péritoine, il ne se manifeste pas moins une péritonite aiguë, ou les veines qui aboutissent au foyer gangréneux s'enflamment, et l'on voit bientôt se manifester les symptômes de l'infection purulente. Cette infection se manifeste même quelquefois à la suite d'escarres superficielles, d'ulcérations simples, de déchirures superficielles ou profondes mais enflammées. Dans quelques cas l'inflammation gangréneuse du conduit vulvo-utérin, dont l'apparition est toujours alors d'un augure funeste, est moins l'effet de la compression, des lacérations qu'il a éprouvées que d'un état général qui entraîne en même temps d'autres lésions graves de l'économie sur lesquelles nous aurons à revenir.

Le traitement de l'inflammation gangréneuse de la vulve ou du vagin se borne souvent, au début, à des soins hygiéniques, à des injections, des lotions d'herbes ou de graines émollientes, et de quinquina, ou légèrement chlorurées lorsque les escarres commencent à se détacher. A moins de complications, il est rare qu'on soit forcé d'avoir recours aux émissions sanguines ; les toniques à l'intérieur ne conviennent guère qu'à une période avancée de la maladie. Lorsque les escarres sont détachées, que les plaies marchent vers la cicatrisation, il faut avoir soin de prévenir les adhésions partielles ou complètes des lèvres de la vulve, les coarctations, les oblitérations du vagin par l'emploi raisonné de gâteaux de charpie, de mèches. Ces accidents, qu'il n'est pas toujours possible de prévenir lorsque la perte de substance est étendue, sont presque inévitables si ces soins sont négligés.

IV. Fièvre éphémère des femmes en couches. — On observe assez souvent sans lésions caractérisées, plus souvent à certaines époques qu'à d'autres, des phénomènes fébriles d'une courte durée, qui se manifestent non seulement pendant les premiers jours, mais encore après le huitième ou le dixième, et attestent l'extrême susceptibilité organique des femmes en couches. S'ils reconnaissent le plus souvent pour cause un écart dans le régime, une infraction aux règles de conduite qu'elles doivent observer, ils se développent aussi sans causes appréciables, aussi bien chez les femmes qui nourrissent que chez les autres. La femme qui, jusque là avait été exempte de tout mouvement fébrile, est prise avant, et le plus souvent après la révolution laiteuse, tantôt d'un frisson assez intense suivi d'une prompte réaction, tantôt d'un sentiment de froid ou de légers frissons qui se reproduisent plusieurs fois avant que la réaction s'établisse. Dans l'un comme dans l'autre cas, il y a de la céphalalgie, la peau devient chaude, moite ou se couvre d'une transpiration plus ou moins abondante; la face est animée sans être sensiblement altérée; le pouls est plein ou serré et fréquent, et il donne 100, quelquefois 120 pulsations par minute; la soif est vive, la langue blanche; il n'y a ni vomissements ni envie de vomir; le ventre est souple et indolent ou le siège de douleurs passagères et peu vives, douleurs qui peuvent avoir leur siége dans les membres, sur la poitrine. Après les frissons l'écoulement lochial est moins abondant, quelquefois suspendu; la sécrétion du lait diminue aussi, et les seins s'affaissent plus ou moins. Après un amendement sensible, le frisson peut reparaître le lendemain ou le surlendemain, et les symptômes prendre les caractères d'une fièvre intermittente ou plutôt rémittente quotidienne ou tierce. Au bout de vingt-quatre, quarante heures, trois, six jours au plus, les frissons ne reparaissent plus, le pouls a cessé d'être fréquent et tout rentre dans l'état normal.

Cet état, qui est de nature à donner les plus sérieuses inquiétudes, en ce qu'il ressemble par la plupart de ses caractères aux prodromes ou début des phlegmasies puerpérales graves, mais qui s'en distingue par une altération bien moins profonde des traits et des forces et par une prompte amélioration dans les symptômes, peut exister et existe en effet souvent en dehors des diverses lésions qui sont accompagnées d'un mouvement fébrile et qui s'en distinguent par quelques particularités qui échappent rarement à un examen attentif. La fréquence du pouls due à une perte abondante pendant le travail ou après l'accouchement est facilement rapportée à sa véritable cause; il en est de même des frissons, du tremblement, du mouvement fébrile qui reconnaissent pour cause l'accumulation de l'urine dans la vessie; l'engorgement laiteux, l'irritation qu'occasionne l'allaitement lorsque le mamelon se couvre d'excoriations, de crevasses, dès les premiers jours. La distinction est plus difficile et la confusion possible lorsque le mouvement fébrile est lié à une inflammation simple ou gangréneuse cachée dans le vagin, à une inflammation des veines de l'utérus ou du bassin, inflammation qui débute souvent d'une manière sourde ou latente, et qui ne se révèle d'abord que par des frissons irréguliers et la fréquence du pouls, phénomènes dont la persistance dénote presque toujours un état grave. On observe également des frissons irréguliers et une grande fréquence du pouls, mais avec plus de persistance encore, lorsque l'état de couches vient, comme cela arrive assez souvent, imprimer une marche aiguë au développement ou au ramollissement de tubercules pulmonaires.

La fièvre éphémère des femmes en couches n'exige pas, en général, un traitement actif: des boissons délayantes, la diète, des laxatifs, un léger purgatif si la femme n'a pas eu de garde-robes depuis plusieurs jours, des révulsifs sur les membres inférieurs suffisent ordinairement; mais si elle était forte ou pléthorique, ou si une inflammation paraissait imminente, il ne faudrait pas hésiter à pratiquer une saignée du bras.

V. Péritonite puerpérale, métro-péritonite puerpérale, fièvre puerpérale. — Tels sont les noms qui sont le plus généralement consacrés par l'usage pour désigner une maladie grave des femmes en couches, qui, malgré ses formes et ses complications variées, conserve toujours les traits généraux qui lui sont propres. Elle a été connue de l'antiquité : on croirait avoir sous les yeux des extraits d'observations recueillies de nos jours, lorsqu'on lit les relations succinctes des cas observés par Hippocrate; on retrouve ces caractères généraux dans tous les auteurs, qui, tant en France qu'à l'étranger, ont écrit d'après l'observation.

Chacun de ces noms laisse quelque chose à désirer; si les deux premiers lui conviennent, en ce sens qu'elle est bien réellement de nature inflammatoire, ils étendent ou restreignent souvent trop son siége. En effet, dans un assez grand nombre de cas, c'est une péritonite, rien de plus; dans les autres avec la péritonite, il y a des altérations diverses de l'utérus et de ses annexes, telles qu'une inflammation du parenchyme, des vaisseaux lymphatiques ou des veines. Les lésions peuvent être encore plus complexes, s'étendre plus loin; mais alors ce sont des phénomènes consécutifs ou concomitants. C'est principalement l'inflammation du péritoine qui donne à la maladie son expression symptomatique; car, lorsque l'utérus est enflammé, soit dans son parenchyme, soit dans ses vaisseaux, sans que le péritoine participe à l'inflammation, les symptômes ne sont plus les mêmes ; ce sont des affections puerpérales distinctes qui ne doivent pas être confondues.

Le mot de *fièvre puerpérale* désigne dans la pensée de quelques médecins, revenant aux idées des anciens, un état morbide général, inappréciable dans ses lésions organiques, comme une sorte d'infection du sang, ou une affection pyrétique formant un genre à part dans la classe des fièvres essentielles. Détourné de sa signification étymologique, le mot *fièvre puerpérale* est aussi employé comme synonyme de *péritonite* ou *métro-péritonite puerpérale*, et nous nous en servirons souvent dans ce sens. S'il a l'inconvénient de prêter à l'équivoque, il a au moins l'avantage de ne rien préjuger sur le nombre des parties lésées primitivement et secondairement.

La métro-péritonite ou fièvre puerpérale est sporadique, épidémique et pour ainsi dire endémique dans quelques établissements consacrés aux femmes en couches ; elle est aussi accidentelle ou symptomatique de lésions traumatiques déterminées par le travail ou par des manœuvres.

Caractères anatomiques. — On peut plutôt supposer que décrire les lésions antérieures à l'épanchement dans la cavité du péritoine ; car, la mort, quelque étendue que soit l'inflammation, ne survient presque jamais pendant cette période, qui paraît, du reste, n'avoir qu'une durée très courte. Lorsque la maladie s'est terminée très promptement par la mort, on trouve avec les produits épanchés, tantôt dans une grande étendue, tantôt plus partiellement, une coloration d'un rouge pâle ou assez foncé du péritoine, généralement plus prononcée sur ses replis flottants, sur la surface de l'utérus, des trompes, des ovaires, des ligaments larges, des fosses iliaques, des circonvolutions de l'intestin grêle ; assez souvent la rougeur n'est bien distincte que sur quelques unes de ces parties. Elle présente tantôt des arborisations, tantôt au lieu d'une injection des vaisseaux capillaires une teinte uniforme ; les deux formes coexistent le plus souvent ; on trouve quelquefois des ecchymoses dans le tissu cellulaire sous-jacent. Cette rougeur semble pénétrer dans le tissu même du péritoine jusque près de sa surface interne ; cependant, si on en sépare un fragment avec précaution, il est rare qu'il conserve des traces de rougeur. Le tissu cellulaire sous-péritonéal, quoique fortement injecté, ne présente pas de tuméfaction sensible, si ce n'est dans quelques replis flottants ; le grand épiploon, par exemple, offre quelquefois un épaisissement assez considérable.

Il est vraisemblable que la rougeur du péritoine est beaucoup plus générale et plus vive au moment où l'épanchement commence à s'opérer, et que, lorsque la mort arrive dans ce moment, ces lésions anatomiques s'effacent en grande partie. Quand l'épanchement est formé, la rougeur disparaît en grande partie, et on n'en trouve souvent plus de traces que sur quelques portions du péritoine. Au milieu des épanchements les plus considérables, le péritoine peut n'offrir que des altérations à peine appréciables. Il m'est arrivé plusieurs fois, après avoir enlevé la matière molle déposée sur les circonvolutions des intestins et sur d'autres parties, de le trouver lisse, humide, transparent et sans traces de rougeur anormale. Il semblerait même que, dans un assez grand nombre de cas où la marche de la maladie est très rapide, les épanchements les plus abondants, non seulement de sérosité trouble et floconneuse, mais de matière fibrineuse ou purulente, se fassent sans être précédés et accompagnés de l'injection vive des vaisseaux capillaires qui viennent se distribuer à la surface externe du péritoine; d'ailleurs celui-ci ne paraît dans aucun cas ni sensiblement épaissi, ni ramolli ; il semble cependant quelquefois avoir acquis un certain degré de friabilité.

Les matières épanchées dans le péritoine ne sont pas identiques et se présentent sous des aspects fort différents : c'est de la sérosité trouble, blanchâtre, grise, très souvent purulente, rarement sanguinolente, tenant en suspension des flocons gris blancs, etc.; la partie liquide épanchée dépasse rarement 4,000 grammes, et n'est point en rapport avec le développement du ventre, qui dépend en grande partie, de la présence de gaz dans les intestins ; une matière fibrineuse, mais d'apparence albumineuse, est déposée en plus ou moins grande abondance sur les replis du péritoine, sur les viscères qu'il tapisse, et les fait adhérer les uns aux autres. Assez souvent les exsudations de matières solides, comme la rougeur, sont limitées aux organes qui occupent le bassin, la région hypogastrique, les fosses iliaques; d'autres fois la face convexe du foie, la face supérieure de l'estomac, le diaphragme, sont recouverts par une couche épaisse de quelques lignes, tandis qu'on ne trouve que des flocons déposés sur les autres points, et de la sérosité trouble ou purulente dans les parties les plus déclives de l'abdomen. La couche de matière fibrineuse déposée à la surface du péritoine est fréquemment parsemée de petits dépôts purulents ou presque entièrement formée par du pus bien lié et étendu en nappe sur divers points du péritoine. On trouve le plus souvent, en même temps, du liquide séreux trouble, de la matière d'apparence albumineuse et du pus. Une partie du pus est souvent renfermée dans des poches formées par les circonvolutions intestinales adhérentes. Il n'est pas rare de rencontrer dans l'épaisseur du grand épiploon tuméfié et ecchymosé, du pus en foyer ou diffus, mêlé à du sang noir, de manière à former une sanie d'une apparence gangréneuse. Mais on ne rencontre nulle part de véritables escarres; les observateurs qui en mentionnent paraissent s'être mépris sur cette apparence. Avec l'épanchement séro-purulent et les dépôts solides contenus dans la cavité du péritoine, on trouve quelquefois le tissu cellulaire sous-péritonéal de la partie inférieure de l'abdomen, légèrement infiltré, dans une étendue plus ou moins grande de sérosité trouble ou de pus. Les lésions que je viens de décrire sont assez souvent les seules qu'on rencontre même lorsque la maladie règne d'une manière épidémique.

Les analyses chimiques ont démontré que la matière épanchée dans le péritoine avait dans sa partie liquide la plus grande analogie avec le sérum du sang, et que la partie solide n'était autre chose que de la fibrine avec une très petite portion d'albumine. Elle est alcaline, jouit de propriétés irritantes et détermine assez souvent de la cuisson aux mains, sans qu'elles soient dépouillées de leur épiderme sur quelques points. D'après des observations que m'a communiquées M. Legendre, le microscope fait reconnaître des globules purulents dans les cas où l'épanchement est seulement formé par de la sérosité trouble et floconneuse, ou par des exsudations plastiques simples.

Les médecins d'une partie du siècle passé considéraient ces épanchements dans la cavité du péritoine comme des dépôts de lait altéré. Cette opinion ne mérite d'être rappelée que pour montrer comment s'établissent sur de grossières apparences des erreurs qui jouissent pendant un temps du même privilège que les vérités les mieux démontrées.

Le passage suivant, que j'emprunte à Bordeu, qui n'exprime pas une opinion individuelle sur ce point, va nous faire connaître l'idée qu'on se faisait des métastases laiteuses et du dépôt de ce liquide dans différents points de l'économie. « Peut-être l'économisme d'Hippocrate à l'égard des maladies des femmes en couches, a-t-il conduit bien des médecins à ne point faire mention du reflux du lait dans le tissu spongieux des parties et dans le sang, non plus que des effets qu'il y produit. J'en ai connu qui niaient l'existence de ce reflux ; mais le hasard m'a fait voir plusieurs fois des amas de fromage véritable et de lait aigri sous l'épiderme des femmes en couches. J'ai vu des dépôts extérieurs qui n'étaient que du lait ramassé et figé, j'ai vu comme du lait caillé, comme du petit-lait, et en telle quantité, une fois surtout, que le chirurgien qui ouvrait le corps, ramassait à pleines mains le lait caillé, et qui semblait à peine dénaturé. La femme était morte en couches, les vidanges et le lait avaient été dérangés dans leur cours. Tout ce lait, et il y en avait une énorme quantité, s'était ramassé dans les entrailles et collé à elles et à la partie extérieure de la matrice, par où il semblait avoir suinté ; la face intérieure de ce viscère était saine. En un mot, je n'ai jamais douté, depuis que je vois des malades, de l'existence du reflux et des dépôts laiteux ; j'en ai observé jusque sur la dure-mère. Ainsi la cachexie laiteuse est connue et avouée ; mais elle ne me paraît pas avoir été aussi bien examinée qu'elle l'exige. »

Les altérations de l'utérus ne sont pas constantes comme celles du péritoine, et la valeur de plusieurs n'est pas encore nettement déterminée. Les fausses membranes qui le recouvrent souvent, ainsi que ses annexes, doivent être rapportées à l'inflammation du péritoine : l'utérus proprement dit reste tout-à-fait étranger à leur production. Cet organe n'est pas revenu sur lui-même en proportion du temps qui s'est écoulé depuis l'accouchement ; il est resté volumineux, flasque, et présente souvent à sa surface externe les traces de dépressions, de gouttières, déterminées par les portions d'intestins avec lesquelles il est en rapport. Cette flaccidité, ce retour incomplet de l'utérus sur lui-même, dépendent-ils d'une simple atonie, déterminée par l'inflammation du péritoine, ou de ce que ses propriétés contractiles ont été en partie détruites par une inflammation dont les traces disparaissent ou restent obscures ? Il est impossible, dans l'état actuel de la science, de répondre d'une manière précise à ces questions. Toutefois, la première supposition me paraît admissible pour un grand nombre de cas ; mais, dans d'autres, le volume considérable de l'utérus, conservant une forme sphérique, paraît être l'indice que toutes ses parties ont été enflammées ou fortement congestionnées. On peut présumer qu'il en est ainsi, plutôt par ce qu'on observe pendant la vie que par ce qu'on trouve après la mort. L'utérus était volumineux, ferme, rénitent, douloureux à la pression abdominale et au toucher vaginal. Mais à l'autopsie la turgescence et la fermeté ont disparu ; il est encore volumineux, mais flasque et souple, et ses vaisseaux sont médiocrement engorgés ; une coloration un peu plus foncée de sa surface muqueuse, qui est recouverte d'une exsudation sanguine, d'une matière putrilagineuse fétide plus épaisse que de coutume, des rougeurs marbrées à sa surface péritonéale et dans ses parois, un peu moins de consistance de son tissu, est tout ce qu'on observe. Ces altérations pourraient bien être, dans un grand nombre de cas, simplement cadavériques, ou n'avoir que des rapports indirects avec la maladie qui a existé pendant la vie. Mais on doit les considérer comme les signes d'une inflammation antécédente, lorsque le tissu de l'utérus a une coloration grisâtre, jaunâtre, due à une infiltration du pus concret ou diffluent; lorsqu'il est seulement d'un rouge vif ou foncé, qu'il est comme hypertrophié, qu'il a perdu sa souplesse et sa consistance, sans que les autres tissus soient le siége d'un ramollissement semblable.

La surface interne de l'utérus est recouverte par une couche de matière putrilagineuse peu épaisse, gluante, sanieuse ou grise, exhalant l'odeur de lochies, assez souvent en même temps de putréfaction, et se laissant facilement enlever avec le doigt ou sous un filet d'eau. Cette couche se rencontrant avec les mêmes caractères chez les femmes en couches qui ont succombé à d'autres maladies qu'à la métro-péritonite, doit être considérée comme une disposition normale. Il ne faut pas non plus prendre pour des productions pseudo-membraneuses, des débris plus ou moins étendus de la caduque, qu'on rencontre généralement lorsque la mort survient peu de temps après l'accouchement. On doit considérer la surface interne de l'utérus comme saine, lorsqu'après avoir enlevé la matière putrilagineuse, on trouve cette surface ferme, résistante, d'un aspect blanc rosé ou gris peu foncé. Les taches brunes sans ramollissement qu'on trouve quelquefois dans l'intérieur du col, ne paraissent être que des ecchymoses survenues à la suite du passage de la tête. Mais il n'est pas douteux qu'elle a été le siége d'une inflammation, lorsqu'on trouve du pus disséminé à sa surface, une couenne albumineuse qui n'appartient pas à des débris de la caduque, ou lorsque le tissu sous-jacent est jaunâtre et ramolli. Il est assez rare de rencontrer du pus ou des fausses membranes à la surface interne de l'utérus; lorsqu'il en existe, c'est plus particulièrement sur la portion où adhérait le placenta.

Les divers éléments anatomiques qui entrent dans la composition de l'utérus et de ses annexes, offrent diverses altérations isolées ou réunies, qui sont plus communes que les précédentes, et moins équivoques dans leurs caractères. Le tissu cellulaire sous-péritonéal peut être infiltré de sérosité purulente ou de pus, qu'on rencontre dans les points où le péritoine est le moins intimement uni à l'utérus, sur ses parties latérales, son segment inférieur, dans les ligaments larges, autour des ovaires, des trompes, dont la cavité renferme souvent du pus. Les ovaires plus ou moins tuméfiés et ramollis peuvent en être complétement infiltrés de pus ou convertis en un abcès.

Il est rare de voir l'infiltration purulente pénétrer profondément dans le tissu de l'utérus, ou remonter sur ses faces et sur son fond où le péritoine adhère d'une manière si intime au tissu sous-jacent ; les petits abcès qu'on y rencontre assez souvent appartiennent presque toujours à des vaisseaux lymphatiques dilatés. Cependant le tissu de l'utérus est quelquefois infiltré de pus dans une certaine étendue ; cette portion, assez consistante ou ramollie, présente un aspect jaunâtre ou grisâtre, et lorsqu'on l'incise, non seulement il ne s'en écoule pas, mais on peut à peine en faire suinter par la pression, parce qu'il est infiltré dans un tissu à fibres très serrées et très imbriquées où il existe à peine de trame celluleuse appréciable. Lorsqu'il s'en échappe après l'incision ou que la pression en fait sortir des gouttelettes, on peut être presque sûr qu'il n'est pas infiltré entre les fibres musculaires, mais contenu dans des vaisseaux lymphatiques ou veineux.

On trouve souvent dans les veines de l'utérus et de ses annexes, des traces d'inflammations, surtout dans celles qui correspondent à l'insertion du placenta et au col. Tantôt l'inflammation s'étend à un grand nombre, tantôt elle est limitée à quelques unes. Les veines de l'utérus, des ligaments larges, etc., enflammées, ne semblent plus perméables au sang ; elles sont obstruées par des caillots adhérents à leurs parois et par de la lymphe plastique ; le pus est ordinairement situé au-dessous, et l'on trouve alternativement des caillots et du pus. Ce dernier est souvent mêlé à du sang demi-liquide, de manière à former une sanie purulente, que son plus ou moins de ressemblance avec le putrilage lochial a fait supposer à tort absorbé à la surface interne de l'utérus. Cette absorption ne peut pas s'exercer sur du pus ou du sang en nature ; on peut tout au plus supposer que, s'il existait un obstacle mécanique à l'écoulement des lochies et des produits morbides sécrétés à la face interne de l'utérus, il en pourrait refluer par les orifices veineux placentaires restés perméables ; ce reflux paraît réellement avoir existé dans quelques cas.

Dans les parois de l'utérus, les veines étant réduites à leur tunique interne et intimement unies au tissu utérin, ne sont pas sensiblement tuméfiées ni épaissies ; mais elles ont généralement une teinte terne, jaunâtre, un aspect moins lisse qui est, avec la présence du pus dans leur cavité, l'indice qu'elles sont enflammées. Celles des ligaments larges, au contraire, sont en outre épaissies et friables : le tissu cellulaire qui les entoure est assez souvent enflammé, infiltré de pus. Les veines ovariques et utérines offrent assez souvent des traces d'inflammation dans la plus grande partie de leur étendue ; l'inflammation atteint rarement les veines iliaques, et plus rarement encore la veine cave.

Le mélange du pus avec le sang en circulation, semble prévenu dans la plupart des cas, au moins dans le principe, par la présence de caillots sanguins adhérents, de fausses membranes, ou exsudations plastiques qui isolent en quelque sorte les veines enflammées en les rendant imperméables. Il est certain que le mélange du pus au sang n'est ni aussi général ni aussi rapide que quelques auteurs l'ont supposé. Mais, d'un autre côté, il s'en faut de beaucoup que le pus soit constamment isolé dans les veines enflammées, de manière à rendre tout mélange mécanique impossible. Cette opinion, journellement contredite par les faits, ne mérite pas une réfutation sérieuse. J'ai vu souvent pour ma part des cas où il n'existait pas de trace d'oblitération, et où l'on pouvait faire avancer le pus dans la partie saine de la veine par la plus légère pression. Cette disposition se remarque surtout lorsqu'il existe une grande tendance à la prompte formation de pus, et que les veines s'en remplissent sans que leurs parois soient très sensiblement altérées. Dans d'autres cas, il s'établit secondairement un travail de dissolution du sang coagulé et des exsudations plastiques, et le pus, en s'accumulant, trouve plus de facilité à fuser dans la portion saine de la veine, qu'à ulcérer les parois de la portion malade; ce qui explique sa présence dans des veines parfaitement saines, comme cela arrive assez souvent pour les troncs ovariques, utérins, iliaques, etc. C'est sans doute aussi une des causes qui font avancer l'inflammation des branches vers les troncs.

Il est beaucoup plus commun de rencontrer du pus dans les vaisseaux lymphatiques de l'utérus, des ligaments larges, du bassin et de la région lombaire que dans les veines des mêmes parties. Les vaisseaux lymphatiques distendus par le pus, ont souvent un volume plus considérable que les vaisseaux artériels de ces mêmes parties. Ceux qui sont situés sous le feuillet péritonéal de l'utérus, dans l'épaisseur des ligaments larges, sur les côtés du détroit supérieur, vers les reins, sont faciles à reconnaître à leur position superficielle, à leur direction tortueuse vers les ganglions, à leurs renflements et étranglements en forme de chapelet; le pus leur donne une couleur d'un blanc jaune, et il s'en écoule un peu lorsqu'on les pique ou qu'on les divise; il est quelquefois très épais et ne sort que par la pression. Dans les parois de l'utérus ce sont ceux qui correspondent au col, à l'insertion du placenta, à l'origine des trompes qui sont le plus souvent affectés; leur volume, lorsqu'ils sont remplis de pus, peut facilement les faire prendre pour des veines. Cette méprise a été commise par plusieurs observateurs et même par Dance. Lorsqu'après avoir incisé les parois de l'utérus, on fait sortir par là pression du pus d'un point circonscrit, si ce pus n'est pas mélangé à du sang altéré ou non, on peut être à peu près certain qu'un examen attentif conduira à reconnaître qu'il est contenu dans un vaisseau lymphatique. La disposition en renflement peut aussi faire croire à l'existence de petits abcès sous l'enveloppe péritonéale. La continuité de ces ampoules avec le vaisseau aux dépens duquel elles sont formées, ne peut souvent être constatée qu'après des recherches attentives et patientes. La plupart des petits abcès signalés dans l'épaisseur des parois de l'utérus, sous son enveloppe péritonéale, autour de l'origine des trompes, appartiennent ordinairement à des vaisseaux lymphatiques partiellement distendus. Cette disposition se rencontre aussi dans ceux des ligaments larges; il peut même arriver que l'ampoule se rompe, et que le pus s'infiltre ou se réunisse en foyer dans le tissu cellulaire qui les entoure.

Les lymphatiques remplis du pus sont tantôt en petit nombre, tantôt très multipliés; ils n'en contiennent ordinairement que jusqu'aux premiers ganglions, qui ne présentent souvent pour toute altération qu'un peu de tuméfaction et une couleur plus foncée; quelquefois les ganglions qui sont sur le trajet des lymphatiques utérins et pelviens sont ramollis et infiltrés de pus, et les vaisseaux qui en partent en contiennent eux-mêmes. Plusieurs observateurs, MM. Tonnelé, Velpeau, Nonat, Berrier-Fontaine, en ont rencontré jusque dans le réservoir Pecquet et le canal thoracique. M. Deschamps a trouvé deux fois le canal thoracique dilaté dans toute sa longueur et gorgé d'un fluide puriforme jusqu'à son embouchure dans la veine sous-claviaire gauche.

Le pus contenu dans les lymphatiques paraît plus blanc que celui des autres tissus; il est bien lié, quoique assez fluide. On ne trouve pas dans ces vaisseaux remplis de pus les traces ordinaires de l'inflammation; on n'y voit ni rougeur ni oblitération ou adhérence par des exsudations plastiques; débarrassées de la matière purulente, leurs parois sont transparentes et ne paraissent pas épaissies. Il n'est cependant pas exact de dire qu'elles paraissent toujours saines, elles sont assez souvent friables, colorées en jaune pâle ou d'un blanc plus terne. J'ai déjà fait observer que lorsqu'il existe une grande tendance à une prompte suppuration, le pus se forme sans laisser de traces bien évidentes d'inflammation. Nous avons signalé cette disposition dans la maladie qui nous occupe, pour le péritoine et pour les veines; mais ce sont les vaisseaux lymphatiques qui la présentent au plus haut degré et le plus fréquemment. Je ne pense pas qu'il soit possible de douter sérieusement que le pus contenu dans les vaisseaux lymphatiques ne provienne d'une autre source que de leur propre inflammation, et d'admettre, avec quelques auteurs, qu'il y a passé par l'absorption exercée sur le pus épanché dans le péritoine, dans le tissu cellulaire du bassin, dans l'utérus et ses annexes. Il ne peut pas être puisé à la surface interne de l'utérus, où il n'en existe généralement pas, car dans le cas même de putrescence ou de gangrène, il conserve sa blancheur et sa pureté. Il n'est pas non plus absorbé dans la cavité du péritoine, où il s'en trouve en même temps le plus souvent dans un grand nombre de points, puisque les lymphatiques de l'utérus, de ses annexes et du bassin sont ordinairement les seuls qui s'en remplissent ; il est en effet peu commun d'en rencontrer dans ceux du mésentère. D'ailleurs, s'il entrait dans les fonctions des lymphatiques d'absorber le pus en nature, on en trouverait toujours dans ceux qui partent des parois des foyers purulents ou séro-purulents. Sans doute les lymphatiques comme les veines sont susceptibles de se charger de principes délétères, de virus, de substances toxiques solubles ; mais il y a loin de là à prendre par imbibition ou absorption du pus en nature, chargé de ses globules et de ses autres éléments solides.

L'inflammation des lymphatiques s'explique, au contraire, d'une manière satisfaisante, comme on le voit sur les membres par le gonflement douloureux des ganglions. Ces vaisseaux sont facilement influencés de loin sympathiquement ou directement par l'inflammation des parties dans lesquelles ils se distribuent ; on trouve souvent chez les femmes en couches, dans les inflammations phlegmoneuses des membres, du pus dans les lymphatiques sous-cutanés.

Ceux qui naissent de l'utérus, de ses annexes et derrière les portions du péritoine le plus ordinairement inflammées primitivement, doivent également ressentir dès le début cette irritation qui, à raison de la tendance à la propagation de l'inflammation et à la prompte formation du pus dans l'état puerpéral, se convertit promptement en une inflammation suppurative de leur surface séreuse ; étant d'ailleurs presque aussi prédisposés à s'enflammer que le péritoine, ils sont par conséquent souvent envahis en même temps et quelquefois sans lui, comme on peut le voir dans la métrite puerpérale isolée.

La présence du pus dans les lymphatiques désignés n'est pas une condition essentielle de la maladie, même dans sa forme épidémique ; elle dénote seulement un état plus grave, une marche plus prompte vers une terminaison funeste, mais sans se révéler par aucun symptôme qui lui soit propre : aussi en rencontre-t-on plus fréquemment dans le cours des épidémies, mais dans des rapports fort variables. On peut en trouver jusqu'à quinze ou dix-huit fois sur vingt dans quelques unes, dans la moitié, le tiers, le cinquième des cas, moins souvent encore dans d'autres. Les métro-péritonites sporadiques, celles qui sont le résultat de contusions, de déchirures, déterminées par la tête du fœtus, par les instruments, la main, n'en sont pas toujours exemptes. La présence des ganglions s'oppose presque constamment à la propagation du pus jusque dans le canal thoracique; et si l'on en excepte quelques cas très rares, on ne peut pas supposer, eu égard à la marche rapide de la maladie, qu'il est versé dans le torrent de la circulation.

Montrons maintenant comment les diverses altérations que nous venons de décrire se combinent ou restent isolées pour constituer la maladie. D'après mes observations, la péritonite a existé isolée des lésions ci-dessus indiquées dans un tiers des cas; dans les autres elle a été alliée à ces lésions dans l'ordre suivant sous le rapport de la fréquence des parties affectées : lymphangite bornée à l'utérus ou étendue aux ligaments larges, à la région lombaire; phlébite utérine ou pelvienne; pus dans les ligaments larges, ovaires, trompes; inflammation utérine parenchymateuse superficielle ou profonde; dans le sixième des cas environ, il y a eu, soit avec des épanchements dans le péritoine seul, soit avec les diverses lésions de l'utérus et de ses annexes, du pus ou de la sérosité purulente infiltrée dans le tissu cellulaire du petit bassin, ou des régions iliaques, lombaires, hypogastriques. Je ne mentionne pas pour le moment les altérations concomitantes qu'on rencontre souvent dans d'autres organes plus ou moins éloignés de l'utérus et du péritoine.

Je n'ai rencontré sur 45 cas que deux fois sur le cadavre la métrite sans épanchement dans le péritoine; mais je dois ajouter que dans un certain nombre de cas les altérations de l'utérus ont été dominantes, et celles du péritoine peu étendues ou récentes, quoique la maladie eût déjà une assez longue durée avec les symptômes de la métrite isolés de ceux de la péritonite.

Nous reviendrons sur ce mode de terminaison de la métrite puerpérale en la décrivant d'une manière spéciale.

Dans l'année 1829, qui a été l'une des plus meurtrières, à l'hospice de la Maternité, M. Tonnellé a trouvé, sur 222 cas soumis à son examen, l'inflammation du péritoine avec celle de l'utérus, 165 fois; du péritoine seul, 28 fois; de l'utérus seul, 29 fois.

La substance et les enveloppes de l'utérus présentèrent des altérations dans 190 cas : une métrite simple, 79 fois; un ramollissement superficiel, 29 fois ; un ramollissement profond, 20 fois ; l'inflammation des ovaires, 58 fois ; avec abcès, 4 fois.

La suppuration des veines s'est rencontrée 90 fois, savoir : seule sans aucune autre altération, 8 fois ; accompagnée de la suppuration de l'utérus, 32 fois ; d'un ramollissement putrescent, 11 fois ; de la métrite combinée avec le ramollissement, 5 fois ; de la péritonite sans aucune autre altération, 34 fois.

La suppuration des lymphatiques a été notée dans 44 cas, dont 29 furent compliqués de la suppuration des veines, 13 de celle de l'utérus, 6 de son ramollissement, 3 d'une simple péritonite, 2 sans aucune autre altération.

Les ovaires ont été trouvés enflammés dans 62 cas avec différentes complications, mais le plus grand nombre avec une simple péritonite ; il n'a remarqué que 6 fois la suppuration du tissu cellulaire sous-péritonéal.

D'après les calculs de Dugès, la métro-péritonite formerait à peu près les trois quarts des inflammations du bas-ventre, observées chez les femmes en couches. La métrite, avec ses formes diverses, isolée de la péritonite, serait, d'après lui, assez rare ; il ne compte que 26 cas contre 686 péritonites ou métro-péritonites.

Les recherches cadavériques tendent à faire paraître la métrite puerpérale isolée beaucoup moins commune qu'elle ne l'est réellement. L'observation clinique montre dans une proportion assez grande les phénomènes de métrite seuls ou diminuant, pendant une durée variable, lorsque l'extension de l'inflammation au péritoine vient imprimer à la maladie une marche plus rapide et une terminaison plus promptement funeste. Ici la péritonite apparaît en quelque sorte comme complication ou terminaison de la maladie. Ajoutez à cela les traces plus manifestes d'inflammation qu'on trouve si souvent sur le péritoine qui enveloppe l'utérus ou forme les ligaments larges, et l'on restera convaincu que la métrite a d'abord existé seule dans un assez grand nombre des cas où l'autopsie fait voir une métro-péritonite. L'état des trompes et des ovaires semble aussi attester, dans un certain nombre de cas, la propagation de l'inflammation au péritoine par continuité ou contiguïté.

Les veines et les lymphatiques remplissent probablement quelquefois le même rôle ; mais il ne faudrait pas en conclure que, sous une forme ou sous l'autre, l'inflammation utérine préexiste toujours. On rencontre trop fréquemment la preuve du contraire : il est assez commun, en effet, d'observer la maladie, soit à l'état sporadique, soit à l'état épidémique, sans qu'il existe après la mort d'altérations appréciables de l'utérus. Les différentes épidémies paraissent offrir à cet égard de notables différences. Dans certaines saisons on observe plus particulièrement des péritonites sans métrite ; dans d'autres, la péritonite est ordinairement accompagnée de quelques altérations de l'utérus, et en particulier de la présence du pus dans les veines ou les lymphatiques. Ces altérations étaient communes dans les épidémies si graves observées à la Maison d'accouchement par MM. Tonnellé, Cruveilhier, Berrier-Fontaine. D'un autre côté, il est vraisemblable que les altérations diverses de l'utérus, ainsi que les infiltrations séro-purulentes dans le tissu cellulaire sous-péritonéal, sont quelquefois consécutives à l'inflammation du péritoine.

En définitive, l'inflammation simultanée ou très rapprochée de l'utérus, dans un ou plusieurs de ses éléments, et du péritoine, est assez ordinaire pour qu'on puisse donner à la maladie le nom de métro-péritonite, nonobstant les traces d'inflammation et de suppuration qu'on rencontre dans d'autres organes, lésions qui ne lui donnent pas son expression symptomatique. comme l'inflammation du péritoine avec ou sans celle de l'utérus ou de ses annexes. Quant à la métrite, à l'ovarite, aux suppurations pelviennes extra-péritonéales, isolées de la péritonite, elles ont, dans leurs diverses formes des symptômes, une marche qui les distingue non seulement de la péritonite simple, mais encore de la métro-péritonite ou de la réunion plus ou moins complexe de phlegmasies qui constituent la fièvre puerpérale.

Il nous reste à parler d'un autre groupe d'altérations accessoires qui ne sont pas constantes, mais qui se rencontrent assez souvent dans des proportions variables, et qui doivent être considérées comme des épiphénomènes concomitants ou consécutifs dont l'étude offre beaucoup d'intérêt, rarement comme des complications purement accidentelles.

Sur une première ligne, par rapport à leur fréquence, se placent les épanchements purulents dans l'une ou les deux plèvres, dans les synoviales articulaires, et les abcès dans l'épaisseur des muscles et leur enveloppe celluleuse.

Tous les auteurs qui ont écrit d'après l'observation ont signalé la pleurésie comme compliquant fréquemment la fièvre puerpérale. Leake va même jusqu'à se demander si, à la suite des couches, la pleurésie n'est pas plus fréquente que la péritonite. Les observations de M. Tonnellé nous montrent cette complication de la maladie principale dans le rapport de 1 à 7 ; elle a été de 1 à 9 dans les miennes; sur 19 cas M. Voillemier a trouvé 6 fois du pus dans les plèvres.

On a rencontré de la sérosité purulente, du pus dans toutes les articulations des membres, quelquefois dans plusieurs à la fois ;

celles du genou, du poignet, du coude, de la hanche, de l'épaule, sont plus souvent affectées que les autres.

Les abcès dans les muscles, le tissu cellulaire sous-cutané ou profond, sont un peu plus communs que les épanchements purulents dans les articulations ; ces deux affections réunies se présentent dans une proportion un peu inférieure à celle de la pleurésie. Ces abcès sont le plus souvent multiples, petits, mal circonscrits, quelquefois étendus et diffus ; c'est principalement sur les membres, et assez souvent autour des articulations qu'on les rencontre. Il n'est pas rare d'observer aussi des inflammations sur quelques veines des membres ; celles du bras sont plus sujettes à s'enflammer après la saignée que dans les conditions ordinaires.

De loin en loin on trouve en outre des pneumonies lobulaires, de petits abcès dans les poumons, dans le foie, la rate, le rein ; du pus épanché dans le péricarde, les méninges, infiltré dans la pie-mère ou la substance du cerveau ; on en a trouvé jusque dans le globe oculaire. Il se manifeste aussi quelquefois dans les mêmes conditions, sur divers points, des escarres, sur lesquelles nous reviendrons à l'occasion de la métrite puerpérale.

Ces dépôts purulents sont-ils, comme le pensent quelques pathologistes, le résultat d'une infection purulente consécutive à la métro-péritonite? Les uns reconnaissent en effet cette cause, mais elle n'est plus admissible pour les autres. On ne peut pas admettre que le pus en nature est absorbé par les veines ou les lymphatiques à la surface interne de l'utérus ou dans son épaisseur, même en supposant qu'il y en eût toujours, puis déposé sans inflammation antécédente dans les cavités séreuses ou synoviales, dans l'épaisseur des tissus. La théorie des abcès métastatiques, interprétée de cette manière, est aussi erronée que celle des dépôts de lait en nature.

Lorsque le pus sécrété dans les veines est mêlé au sang, et qu'il détermine des abcès multiples, une inflammation préexiste toujours à la formation et au dépôt du pus dans les cavités séreuses comme dans le parenchyme des organes ; et l'on rencontre ordinairement des traces d'inflammation autres que la présence du pus, bien qu'elles soient souvent peu distinctes. Le sang ainsi altéré produit des troubles divers et devient, en traversant les tissus et en laissant dans les capillaires des particules de pus, une cause d'irritation, c'est-à-dire un germe d'inflammation et de suppuration qui se développera plus ou moins sûrement et plus ou moins promptement, suivant que la susceptibilité de l'organe est plus grande et que la prédisposition générale à l'inflammation suppurative est plus prononcée.

Nous avons déjà établi que la présence du pus dans les lymphatiques de l'utérus et de ses annexes n'implique en aucune façon son mélange avec le sang ; mais il n'en est pas de même quand les veines de l'utérus, de ses annexes ou du bassin en contiennent. Toutefois il s'en faut de beaucoup qu'il soit porté constamment dans le torrent de la circulation et qu'il devienne ordinairement, dans la fièvre puerpérale franche, la cause de ces épanchements et de ces abcès. Sans admettre que les veines enflammées qui sécrètent du pus soient constamment oblitérées du côté du cœur par des fausses membranes, des caillots sanguins, on ne peut disconvenir que cette oblitération ne soit assez fréquente et qu'elle ne s'oppose souvent définitivement ou temporairement au mélange du pus avec le sang en circulation. Or, dans la fièvre puerpérale, les inflammations suppuratives concomitantes apparaissent souvent peu de temps après le début de la maladie principale, qui a une marche très rapide. Ce n'est pas tout : ces dépôts de pus sont sensiblement plus fréquents que l'inflammation des veines de l'utérus, de ses annexes ou du bassin ; dans les cas qui se sont présentés à mon observation, je les ai rencontrés aussi souvent lorsque la maladie principale était constituée par la péritonite seule ou avec du pus dans les lymphatiques que dans ceux qui étaient compliqués de la présence du pus dans les veines de l'utérus ou du bassin. Je sais bien qu'on invoque en pareil cas des phlébites capillaires qui échapperaient à l'examen ; mais on abandonne le champ de l'observation pour faire une théorie. Ces abcès ne doivent être considérés comme métastatiques que dans les cas où les symptômes de la métrite ont précédé de plusieurs jours ceux de la péritonite ; et même dans ces cas ils sont souvent encore concomitants ou plutôt coïncidence qu'effet. On ne peut pas nécessairement inférer qu'ils sont le résultat du mélange du pus avec le sang en circulation par les circonstances qu'ils sont multiples, dépourvus de membrane ou d'une enveloppe distincte, et promptement formés. Les épanchements purulents, les dépôts du pus formés très promptement, sans que les traces de l'inflammation qui a précédé et qui les accompagne soient très prononcées, sont aussi un des caractères des phlegmasies puerpérales qui ne se retrouve pas seulement dans les plèvres, les synoviales articulaires, les abcès des membres, mais encore dans le péritoine, le tissu cellulaire sous-jacent, les lymphatiques et les veines de l'utérus.

Si on doit admettre que les inflammations et les suppurations dans diverses parties du corps, plus ou moins éloignées du péritoine et de l'utérus, ne s'expliquent par le mélange du pus au sang que dans un certain nombre des cas, comment alors s'en rendre compte dans les autres? Quelques unes, comme la pleurésie, l'arthrite, les suppurations dans le tissu cellulaire, sont trop fréquentes, et existent trop souvent sans qu'il y ait du pus dans les veines de l'utérus ou ailleurs, pour leur donner cette origine, ou les considérer comme des complications accidentelles et fortuites. Il est évident que les plèvres, les synoviales articulaires, etc., participent jusqu'à un certain point à la tendance qu'ont le péritoine et l'utérus à s'enflammer et à suppurer promptement. Ce sont des maladies concomitantes ayant les mêmes caractères, la même nature, se développant sous l'influence des mêmes conditions générales, d'une prédisposition commune à l'inflammation suppurative; prédisposition qui, dans quelques épidémies, revêt en quelque sorte les caractères d'une diathèse purulente; mais qui semble néanmoins recevoir une plus grande activité du développement même de la métro-péritonite. Il est assez commun d'observer la pleurésie, l'arthrite, des abcès, sans que le péritoine ou l'utérus présente de traces d'inflammation. Si ces deux dernières parties n'existaient pas, on aurait très certainement décrit des pleurésies, des arthrites puerpérales, qui, comme la péritonite et la métrite, auraient plus de gravité que dans les conditions ordinaires et d'autres caractères particuliers.

Parmi les altérations variées qu'on a rencontrées dans le canal intestinal, aucune, si ce n'est dans quelques cas comme causes, ne paraît avoir de rapports directs ou indirects avec la maladie; quelquefois, cependant, les glandes isolées et agglomérées ont offert un peu plus de développement. Les matières contenues dans son intérieur sont colorées par la bile; et son développement par des gaz le rend sensiblement plus court.

Le sang contenu dans le cœur et les gros vaisseaux n'offre rien, sous le rapport des caractères physiques, qui ne se trouve dans les autres inflammations franches ou putrides; tantôt les caillots sont volumineux, fermes, denses et résistants, tantôt peu volumineux, diffluents, d'une couleur très foncée et jaunâtre par place; tantôt le sang est noir, visqueux, liquide ou à peine coagulé; les viscères sont presque toujours gorgés de sang noir. Lorsqu'il a existé des phlébites étendues dans les veines de l'utérus ou du bassin, on retrouve quelquefois du pus amalgamé à du sang coagulé, non adhérent aux parois des vaisseaux, dans les veines iliaques, et jusque dans la veine cave.

Le sang retiré des veines du bras pendant la vie présente tantôt les mêmes caractères que dans les phlegmasies franches; tantôt le caillot est plus noir, plus diffluent, recouvert d'une couenne jaunâtre, verdâtre, molle. D'après les expériences de M. A. Becquerel, qui ne sont point assez nombreuses sur ce point, et qui ne portent pas sur des malades assez bien choisis pour être concluantes, il y aurait une diminution considérable des globules et de l'albumine. Jusqu'à présent l'analyse microscopique n'a pas fait reconnaître d'une manière certaine de modifications dans la composition du sang.

Nature. — D'après ce qui précède, et quand on peut affirmer qu'on ne rencontre pas le groupe de symptômes attribué à la fièvre puerpérale sans que le péritoine seul et le plus souvent concurremment avec l'utérus, etc., présente les altérations que nous avons décrites, il serait superflu d'insister sur la nature inflammatoire de la maladie, sans des efforts jusqu'à un certain point couronnés de succès, pour faire prévaloir des idées de nature à jeter de nouveau la plus grande confusion dans l'étude des maladies puerpérales. Pour quelques uns c'est une affection générale pyrétique, formant un genre à part dans la classe des fièvres. Les lésions que nous avons assignées à la maladie ne sont pas son point de départ, son caractère pathologique, mais des effets secondaires d'une altération générale primitive, insaisissable, engendrée par un agent spécifique inconnu dans son essence, et qui pénètre par infection, par contagion peut-être; quelque chose qui trouble à des degrés différents presque toutes les fonctions de l'économie, que révèlent quelquefois, avant l'explosion du mal, différents phénomènes précurseurs, quelque chose enfin qu'on croit consister dans une altération du sang. Les lésions que nous considérons comme primitives sont accidentelles ou secondaires, n'ayant même pas toujours le temps de se développer; et la maladie peut exister, et même parcourir toutes ces périodes sans qu'elles se manifestent. Cette manière de voir, ancienne dans la science, qui peut être invoquée à l'occasion de toutes les phlegmasies spontanées, et avec quelque apparence de raison lorsqu'elles se présentent sous la forme épidémique, paraît être celle de la plupart des accoucheurs anglais. Elle a été adoptée en France par M. P. Dubois et quelques autres, et c'est dans ce sens qu'ils emploient le mot de *fièvre puerpérale*.

Dans une autre manière de voir toute récente, qui me semble l'application aux phlegmasies des femmes en couches, des idées de M. Teissier, relativement à l'infection purulente à la suite des lésions traumatiques, on nomme la maladie *fièvre pyogénique*. D'après M. Voillemier, la fièvre puerpérale n'est pas une maladie de tel ou tel organe en particulier, ce n'est pas plus une métro-péritonite qu'une phlébite utérine ou une lymphite, mais une affection éminemment générale. On a trop négligé l'étude de ses symptômes pour lui préciser un siège et la localiser dans une lésion anatomique plus ou moins constante. Si, ne considérant plus quel est le siège des altérations, on envisage seulement leur nature, on verra que peu importe les tissus affectés, les veines ou les lymphatiques, le péritoine ou l'utérus, etc., mais qu'il existe un caractère anatomique invariable, la présence du pus dans l'économie, un état pyogénique constituant à lui seul toute la maladie, et qui tantôt se révèle par des lésions anatomiques manifestes, tantôt échappe à nos investigations quand une mort trop prompte n'a pas laissé à l'affection le temps de se fixer et de se traduire par quelque altération locale.

Dans l'une et l'autre manière de voir, lorsqu'on veut descendre de la théorie à l'application clinique, on est forcé de reconnaître qu'il y a des péritonites, des métro-péritonites, des métrites qui ne sont pas secondaires ou qui ne sont pas la fièvre puerpérale, sans qu'il soit possible d'assigner à ces maladies prétendues différentes des caractères différentiels pris soit dans les symptômes, soit dans les lésions anatomiques. Pour quelques uns, jusqu'à certain point conséquents, mais peu soucieux de laisser à la maladie le groupe des symptômes nettement définis par ceux qui n'ont pas confondu toutes les maladies fébriles des femmes en couches ; les phlegmons de la fosse iliaque, du bassin, des membres, la phlébite, l'arthrite, la pleurésie, la pneumonie, les affections du canal intestinal, etc., existant isolées de la péritonite ou de la métro-péritonite, sont devenus des fièvres puerpérales, quelquefois même à des époques déjà fort éloignées de l'accouchement. Cette confusion fâcheuse porte avec elle sa condamnation ; et ceux qui, tout en considérant la maladie comme une affection générale, veulent cependant lui conserver son unité symptomatique ne peuvent l'éviter.

Pour apprécier jusqu'à quel point ces prétentions sont fondées, nous avons à examiner s'il est exact de dire que la présence du pus dans l'économie, n'importe quel est l'organe affecté, peut faire naître l'ensemble des symptômes attribués à la fièvre puerpérale ; si ces symptômes peuvent exister sans qu'on rencontre dans le péritoine ou l'utérus en même temps les traces plus ou moins complexes d'inflammation, considérées comme lésions primitives, et s'il y a entre l'apparition des symptômes généraux et des symptômes abdominaux une succession qui puisse faire supposer que ces lésions sont effectivement secondaires et qu'elles apparaissent plus ou moins de temps après que la maladie est déclarée.

Il est assez étrange d'avancer que, dans certains cas, du pus dans un point de l'économie, n'importe lequel, par exemple qu'une pleurésie, un phlegmon, une arthrite, une phlébite suppurée, etc., peuvent donner lieu aux symptômes de la fièvre puerpérale, pour faire vivement regretter de ne pas trouver dans le mémoire de M. Voillemier les observations sur lesquelles est fondée son opinion. Sur 19 cas, il aurait trouvé 6 fois le péritoine exempt de toute altération. Les faits, très probablement les mêmes, observés à la clinique la même année, qui ont paru favorables à l'*essentialité* de la fièvre puerpérale, ont été rassemblés dans une thèse présidée par M. P. Dubois. L'espace ne me permet pas de les analyser avec détail ; mais j'en dirai suffisamment pour faire voir qu'on s'est laissé entraîner dans la confusion à laquelle ces doctrines conduisent presque inévitablement.

L'un de ces faits se rapporte à une femme morte le treizième jour d'une affection qui, par ses symptômes, sa marche, sa durée et la lésion intestinale, se rapproche d'une fièvre typhoïde et non de la fièvre puerpérale. On trouva à la face dorsale de l'avant-bras, entre les muscles superficiels et les profonds, un peu de sérosité sanguinolente, une véritable suffusion ; nulle trace d'inflammation péritonéale ; rien dans le tissu de la matrice comme dans ses annexes ; mais sur la surface de l'intestin grêle aux environs du cœcum existaient plusieurs plaques gaufrées bien apparentes et quelques ulcérations commençantes à bords relevés.

Un autre cas, qui se distingue par les symptômes, la marche, la durée de la maladie, d'une manière plus caractéristique encore de la fièvre puerpérale, est relatif à une femme qui ne mourut que le vingt-troisième jour, après avoir offert les symptômes d'une fièvre grave, compliquée au treizième jour d'un érysipèle qui parcourut une partie du tronc, la face ; des escarres s'étaient formées au sacrum. On trouva le péritoine et l'utérus sains ; l'intestin grêle offrait çà et là sur sa surface interne quelques arborisations vasculaires, et à sa partie inférieure trois plaques assez larges.

Dans un troisième cas, où l'on ne trouva après la mort aucune altération ni du péritoine ni de l'utérus, la malade avait effectivement offert au début les symptômes de la fièvre puerpérale, mais ils avaient été promptement dissipés par un traitement antiphlogistique. Quelques jours après, il se développa une phlébite très étendue des deux veines saphènes, suivie de symptômes d'infection purulente, et la mort survint le onzième jour. Des incisions pratiquées aux mollets, où avait commencé la phlébite, laissèrent échapper des veines superficielles ouvertes une assez grande quantité de pus bien lié qu'on faisait sortir facilement par des pressions de haut en bas et de bas en haut ; la veine crurale droite était épaissie.

C'est en vain que j'ai cherché des observations plus concluantes de femmes en couches ayant présenté le groupe des symptômes propres à la fièvre puerpérale sans que le péritoine seul ou avec l'utérus, etc., ait offert les altérations caractéristiques, ou avec du pus seulement dans d'autres parties plus ou moins éloignées.

Mais, dit-on, on ne trouve assez souvent, lorsque la maladie règne d'une manière épidémique, et qu'elle se présente avec les caractères qui lui ont fait donner par quelques auteurs le nom de *typhus puerpéral*, que des lésions qui ne sont pas en rapport avec l'atteinte profonde portée à l'économie et la rapidité de sa marche vers une terminaison fatale. Voyons d'abord ce qu'on entend par des lésions qui ne sont pas en rapport avec la gravité de la maladie. C'est un épanchement dans la cavité du péritoine, d'un liquide trouble, grisâtre ou rougeâtre, tenant en suspension des flocons albumineux libres, s'élevant à peine quelquefois à 300 ou 500 grammes ; ce sont, en outre, çà et là des rougeurs, un aspect dépoli de la séreuse, qui, malgré une transparence souvent parfaite, est recouverte par place et dans les points les plus opposés, sur l'utérus, les ligaments larges, les intestins, l'estomac, le foie, le diaphragme, d'une exsudation plastique que l'œil ne découvre pas d'abord, mais que la pince, l'ongle ou le frottement enlève facilement. En un mot, il y a des indices divers qu'il a existé pendant la vie une péritonite générale. C'est, en même temps ou non, du pus dans les lymphatiques ou les veines qui proviennent de l'utérus ou de ses annexes, de la sérosité purulente infiltrée dans le tissu cellulaire du bassin, des régions iliaques ou lombaires. Si l'on veut ne pas perdre de vue quelle est l'étendue du péritoine, on se fera facilement une idée de ce que doit être une inflammation générale intense de cette séreuse. Qui n'a pas vu dans la péritonite générale, consécutive à une perforation de l'intestin, de la vésicule biliaire, etc., où aucun principe délétère n'a été introduit dans l'économie, des frissons violents accompagnés et suivis de douleurs vives s'étendant à tout l'abdomen, de la décomposition des traits, de nausées, de vomissements, de l'accélération, de la petitesse du pouls, de refroidissement, de la coloration bleuâtre de la face, d'un affaissement rapide, de la cessation de la douleur même à la pression, et les malades cessant de se plaindre, espérant la guérison, mourir au bout de dix, vingt heures, quelquefois dans un espace de temps plus court ; et ne présenter qu'une petite quantité de liquide dans le péritoine, des exsudations très minces, à peine appréciables, dans plusieurs points l'inflammation encore à la période des congestions, le liquide du réservoir perforé étant en grande partie retenu dans le voisinage de la solution de continuité par des adhérences? J'ai vu plusieurs fois des femmes en couches succomber aussi rapidement, et avec les mêmes symptômes que dans le *typhus puerpéral*, à des métro-péritonites consécutives à des lésions traumatiques déterminées par l'accouchement, avec des lésions du péritoine qui ne paraissaient pas plus en rapport avec la gravité de la maladie et la rapidité de sa marche vers une terminaison fatale. Si la période de congestion n'était pas suivie d'aussi près de l'épanchement et de la formation d'exsudations plastiques, la mort pourrait survenir avant qu'il y eût des traces de ces produits. Il n'est pas impossible qu'il puisse en être ainsi, quelques observations du moins semblent le faire présumer.

Je dois aussi faire observer que les traces de l'inflammation sont moins marquées, moins franches dans les phlegmasies épidémiques; c'est une remarque qui a été faite dans la plupart des maladies inflammatoires qui se sont présentées avec ce caractère. Une dernière observation : chez les femmes récemment accouchées, l'état de relâchement de la paroi abdominale favorise l'extension de l'inflammation, en ne présentant plus les mêmes obstacles à la migration du liquide épanché au-delà des points enflammés. Ajoutez encore à cela la tendance à la diffusion rapide de l'inflammation pendant la période puerpérale, surtout lorsque la maladie se présente sous sa forme épidémique.

Il n'y a point, dans la fièvre puerpérale, entre les symptômes généraux et locaux, une succession qui indique que ceux-ci correspondent au développement secondaire ou accidentel de l'inflammation, quelque chose d'analogue à ce qu'on observe dans la variole, la rougeole ou la scarlatine. Relativement au début les faits qui appartiennent à la maladie peuvent se diviser en deux catégories. Dans l'une, on n'observe pas même de prodromes, la maladie débute brusquement : la femme, qui, quelques heures auparavant, paraissait être dans un état de santé parfaite, est prise de frissons et de douleurs abdominales vives, superficielles, étendues, accompagnées de l'altération des traits, douleurs que tous les observateurs ont signalées, dans la forme qu'ils ont désignée sous le nom de *typhoïde* comme dans celle qu'ils ont appelée *inflammatoire*; leur cessation, assez souvent prompte lorsque l'affaissement est rapide, pourrait seule les faire passer quelquefois inaperçues par défaut d'attention; l'inflammation a envahi en même temps l'utérus et le péritoine, ou, s'il y eu une succession entre les diverses altérations de ces parties, de manière que les unes soient secondaires par rapport aux autres, cette succession a été d'une durée à peine appréciable. Dans l'autre, il existe, avant que la maladie soit caractérisée, divers symptômes qui pourraient, jusqu'à un certain point, être considérés comme des phénomènes précurseurs. Le péritoine est envahi secondairement après un temps variable, mais généralement assez court lorsque la maladie se développe sous une influence épidémique ; ce sont des frissons irréguliers, un appareil fébrile plus ou moins prononcé ; tantôt alors les symptômes locaux et le palper hypogastrique ne laissent pas de doute sur le développement d'une inflammation de l'utérus ; tantôt ils ne fournissent guère que des renseignements négatifs, bien que son parenchyme, ses vaisseaux veineux ou lymphatiques, ou le tissu cellulaire sous-péritonéal du bassin soient déjà le siége d'une inflammation portée jusqu'à la suppuration. Dans ce cas, pas plus que dans le premier, les symptômes ne peuvent être rapportés à un état morbide général.

De ce que les métro-péritonites sporadique, épidémique et accidentelle, c'est-à-dire consécutives à une lésion traumatique de l'utérus, du vagin ou de quelques unes des parties contenues dans le bassin, ou simplement à un travail laborieux, etc., sont de même nature et appartiennent toutes à la classe des phlegmasies ; il ne s'ensuit point qu'elles n'offrent pas de grandes différences, qu'il n'y ait pas dans les deux premières quelque chose de général dont il importe beaucoup de tenir compte. Une inflammation accidentelle diffère déjà considérablement, par sa marche et sa gravité, d'une inflammation sporadique spontanée, qui se développe sous l'influence d'une cause occulte affectant souvent les humeurs comme les solides ou d'une disposition actuelle de toute l'économie. La différence est autrement marquée dans les inflammations épidémiques, où l'élément général est des plus manifestes et prédomine souvent ; c'est une chose reconnue de tout le monde, et que l'étiologie s'efforce de mettre en relief. Chez les femmes en couches, à l'élément épidémique, lorsqu'il existe, vient s'ajouter l'influence de l'état puerpéral, qui est constitué par des modifications de l'organisme qui intéressent les liquides aussi bien que les solides, et par la solution de continuité utéro-placentaire, qui met jusqu'à un certain point les femmes accouchées dans les mêmes conditions que les blessés ou les opérés ; état dans lequel les maladies d'une gravité moyenne dans les conditions ordinaires, comme la rougeole, la scarlatine, etc., deviennent le plus souvent mortelles. Il n'y a donc rien de surprenant que les phlegmasies puerpérales, et en particulier la péritonite, la métrite, réunies ou séparées, offrent une plus grande gravité et quelques traits d'une maladie générale, qui se retrouvent assez souvent jusque dans les inflammations consécutives aux lésions traumatiques déterminées par l'accouchement ou les opérations qu'il a exigées. C'est se placer complétement en dehors de la vérité que de considérer cette prédisposition, alliée ou non à l'élément épidémique, comme la maladie elle-même, et de la regarder, soit comme une *fièvre essentielle*, soit comme une *fièvre pyogénique*, pouvant parcourir ses différentes phases sans laisser dans les organes d'altérations appréciables. On voit tous les jours, même au milieu des épidémies les plus meurtrières, la maladie débuter franchement par des phénomènes de péritonite ou de métro-péritonite, lorsque la femme était, quelques heures auparavant, dans un état de santé parfaite. On ne saurait établir les idées que je combats sur les cas où les phénomènes de péritonite sont tout-à-fait secondaires. En effet, lorsque l'inflammation est bornée d'abord à l'utérus ou à ses annexes, et en particulier aux veines ou aux lymphatiques, les phénomènes locaux peuvent être à peine appréciables, tandis que les phénomènes généraux sont très marqués et dénotent une maladie grave.

Invasion. — La maladie débute généralement à une époque très rapprochée de l'accouchement. Dans les épidémies graves qui atteignent un grand nombre d'accouchées, il n'est pas rare de la voir débuter presque aussitôt après la délivrance, quelquefois même avant la fin du travail. Mais elle débute le plus souvent après vingt, trente-six heures, et déjà dans une proportion bien moins forte après le troisième jour.

Sur 247 malades observées en une année à la Maternité, par M. Berrier-Fontaine, elle a débuté 185 fois du premier au troisième jour, 60 fois du quatrième au dixième, 2 fois seulement du onzième au douzième. Mais il arrive assez souvent que des femmes sorties de la maison cinq ou six jours après l'accouchement, quelquefois davantage, se présentent bientôt dans d'autres hôpitaux avec tous les symptômes de la fièvre puerpérale. A l'état sporadique il n'est pas rare de l'observer après les six ou huit premiers jours, époque à laquelle les femmes commettent souvent des imprudences, des écarts dans le régime; elle peut être encore plus tardive lorsqu'elle est consécutive à la rétention de fragments de placenta, à une métrite, à une inflammation du tissu cellulaire du bassin, et ne se montrer que le douzième, le quinzième jour, plus tard encore. J'ai observé une femme dont les suites de couches avaient été naturelles, mais chez laquelle la constipation avait persisté avec quelque opiniâtreté, être prise, le dix-septième jour, d'une fièvre puerpérale rapidement mortelle aussitôt après avoir pris une forte dose d'huile de ricin, administrée pendant deux jours de suite.

Le début est ordinairement brusque et sans prodromes lorsque la maladie sévit d'une manière épidémique, même lorsqu'elle est sporadique, mais qu'elle se déclare à une époque rapprochée de l'accouchement, et à toutes les époques lorsque son développement paraît spontané. Le phénomène initial est un frisson caractéristique, moins par lui-même que par quelques uns des phénomènes qui l'accompagnent ou le suivent de près. Assez souvent, cependant, dans les conditions mentionnées, et le plus souvent lorsqu'elle ne se manifeste qu'à une époque déjà éloignée de l'accouchement, ou qu'elle se déclare plutôt sous l'influence de causes déterminées appréciables que d'une manière spontanée, la maladie est précédée d'un état morbide qui se révèle par divers symptômes, se rapportant le plus généralement à un état d'irritation de l'utérus, à un premier degré de métrite. Les douleurs hypogastriques sont tantôt assez vives et assez superficielles, tantôt profondes, vagues, obscures, même nulles. Dans tous les cas il existe un mouvement fébrile plus ou moins prononcé, des horripilations, de légers frissons auxquels s'ajoutent de la céphalalgie, de l'insomnie, de la chaleur et une fréquence du pouls qui atteint ou dépasse assez souvent 100 pulsations. La signification de cet état morbide, lorsqu'il est peu caractérisé, est quelquefois rendue obscure par des douleurs qui ont le caractère des tranchées utérines, par sa simultanéité avec la révolution laiteuse qu'il tient comme à demi enchaînée ; le gonflement des seins est retardé et se fait lentement et incomplètement. Ces phénomènes morbides sont loin d'annoncer nécessairement l'invasion prochaine ou éloignée de la maladie ; tantôt ils disparaissent par le repos, le régime ou sous l'influence d'un traitement plus actif ; tantôt l'inflammation de l'utérus, de ses annexes, etc., s'étend au péritoine, et l'on voit la fièvre puerpérale apparaître alors avec le cortége de ses symptômes ; tantôt l'inflammation commençante de l'utérus ou du tissu cellulaire de quelques points du bassin continue à se développer sans s'étendre au péritoine ou seulement à des points limités de sa portion pelvienne, et la maladie prend franchement le caractère d'une métrite puerpérale, d'une phlébite utérine, pelvienne, d'un phlegmon de tissu cellulaire sous-péritonéal, etc. Quelquefois la fièvre puerpérale est précédée d'une diarrhée plus ou moins abondante, survenue sans cause appréciable, accompagnée d'une fréquence insolite du pouls, qu'il est impossible de rapporter à un état morbide appréciable.

Lorsque le début de la maladie se confond avec des états morbides déterminés ou indéterminés, c'est-à-dire lorsque quelques uns de ses éléments phlegmasiques plus ou moins complexes précèdent et existent sans que le péritoine participe à l'inflammation, cette participation secondaire n'est pas moins toujours annoncée, sinon par un frisson intense, du moins par des phénomènes franchement caractéristiques.

Symptômes. — Le frisson initial ou secondaire à des frissons moins caractéristiques et à quelques uns des phénomènes morbides que je viens de mentionner, manque rarement; seulement, son intensité et sa durée sont très variables. Il est, en général, intense et assez prolongé lorsque la maladie débute à une époque très rapprochée de l'accouchement ou qu'elle doit prendre rapidement un caractère grave; quelquefois, cependant, il est de courte durée, partiel, ne dépassant guère un refroidissement un peu marqué, quoique la maladie doive promptement se présenter sous une forme grave. Mais ce qui le distingue de ceux qui surviennent assez souvent chez les femmes en couches sans avoir les mêmes conséquences, c'est que, toutes choses étant égales alors, s'il n'est remarquable ni par une grande intensité ni par sa durée, il est néanmoins accompagné d'un abattement, d'une anxiété, d'une impression de tristesse remarquables; les traits du visage sont altérés, quelquefois déjà grippés, les yeux comme inanimés; le pouls, serré, petit, est d'une fréquence qui s'élève souvent à 120, 140 pulsations par minute.

Lorsque l'affection doit prendre une marche rapide vers une terminaison fatale, les malades se réchauffent difficilement, il ne s'établit pas une réaction franche; la peau est chaude et sèche sur le tronc, tandis qu'il se développe un peu de moiteur sur les membres seulement. Dans les autres cas, il se manifeste une réaction plus ou moins vive qui est assez souvent franche; la chaleur est générale, la transpiration abondante, la face animée, le pouls a perdu de sa fréquence et repris de la force et de la plénitude; et, si les douleurs abdominales ne se sont pas encore déclarées, la femme ne se plaint que de céphalalgie et d'abattement.

Pendant le frisson, immédiatement ou peu de temps après, le plus souvent pendant la réaction qui lui succède, apparaît une douleur abdominale, vive et superficielle, précédée assez souvent d'une douleur sourde, profonde, plus particulièrement sensible à la pression. Elle commence presque toujours par la région hypogastrique ou par les fosses iliaques, et s'étend bientôt à l'ombilic, et souvent à tout l'abdomen. Cette douleur aiguë, mais plus ou moins vive, est un phénomène constant; dans un assez grand nombre de cas elle s'étend si rapidement qu'elle semble envahir tous les points de la cavité abdominale en même temps, et se fait sentir aux lombes, aux aines et sur le trajet des nerfs de la cuisse, sous forme de crampes; d'autres fois elle reste plus ou moins exactement circonscrite à la région hypogastrique et aux fosses iliaques. Elle est exaspérée par l'action de tousser, de vomir, d'uriner, d'aller à la garde-robe, d'injecter des liquides dans le rectum; en un mot, par toute espèce de mouvement qui ébranle la paroi abdominale ou les viscères abdominaux. La pression est si douloureuse que souvent, loin de pouvoir supporter le poids d'un cataplasme, la malade peut à peine endurer celui des couvertures ou de simples linges imbibés de liquides émollients; elle conserve dans son lit une attitude d'immobilité remarquable. Les douleurs qui se rapportent à l'utérus sont moins vives, plus profondes, gravatives, et se font souvent sentir aux lombes, aux aines; elles peuvent même rester sourdes, obscures, latentes : aussi la participation de l'utérus à la maladie, lorsque l'inflammation n'a pas commencé par ce viscère, échappe-t-elle souvent pendant la vie à l'attention de l'observateur.

La douleur, souvent générale, largement étendue dans tous les cas, d'abord vive et aiguë, diminuant ou disparaissant par intervalles, perd bientôt de son acuité en s'éloignant du début, non seulement lorsque la maladie marche vers une prompte résolution, mais encore lorsqu'elle a une marche croissante et que les autres symptômes s'aggravent; elle paraît même s'éteindre tout-à-fait plusieurs heures avant la mort. Dans beaucoup de cas elle est promptement masquée par un état grave de l'innervation; le ventre semble médiocrement sensible, même à la pression; la malade cesse de se plaindre peu d'heures après son apparition, mais la face, moins grippée, accuse encore une impression, une inquiétude douloureuse qui persiste jusqu'aux derniers moments.

Le développement de l'abdomen par des gaz dans les intestins est aussi un phénomène constant; mais il n'est pas, comme la douleur, le grippement des traits qui l'accompagne, et quelques autres phénomènes, un symptôme du début. L'époque où il est le plus prononcé correspond à la période de collapsus.

Au début, lorsque la douleur est très vive et comme sur-aiguë, la paroi du ventre est même rétractée, dure et bosselée sur plusieurs points, mais cet état dure peu et manque souvent. Lorsque la période de réaction est franche où se soutient sans être bien nette, le météorisme ne se développe qu'assez tard et lentement, le deuxième, le troisième ou le quatrième jour, et il est rarement très prononcé lorsque la maladie marche vers la guérison. Au contraire, il se montre promptement et devient bientôt considérable lorsque le collapsus suit de près les symptômes de réaction, il fait des progrès à mesure que les douleurs abdominales diminuent et que l'état général s'aggrave, et augmente plutôt qu'il ne diminue avec l'apparition des déjections alvines. Cette augmentation du ventre est due presque exclusivement à l'accumulation de gaz dans les intestins, favorisée d'abord par la laxité de la paroi abdominale, encore très grande à une époque aussi rapprochée de l'accouchement, et ensuite par une espèce de détente du système musculaire, à laquelle les intestins prennent sans doute part; ce dernier état favorise non seulement l'accumulation des gaz, mais encore leur développement. Toutefois je dois faire observer qu'il n'est pas très rare de voir survenir un météorisme considérable chez des femmes en couches qui sont bien portantes ou qui n'ont qu'une affection légère.

Les matières solides, les liquides sécrétés dans le péritoine, n'ont qu'une part assez faible dans le développement du ventre; aussi, à l'exception de la région occupée par l'utérus, des flancs et des côtés, tous les autres points sont sonores à la percussion. Chez les femmes dont la paroi abdominale distendue est très mince, on observe assez souvent des anses d'intestins, et l'utérus se dessiner à travers et former des reliefs.

On voit habituellement survenir dès le début ou à une époque qui en est très rapprochée, des envies de vomir, des nausées, souvent du hoquet, puis bientôt des vomissements d'un liquide blanc-jaunâtre, d'abord en grande partie composé de boissons ingérées; mais la bile ne tardant pas à affluer dans l'estomac, il prend une couleur verte foncée, porracée, qu'il conserve jusqu'à la fin, et tient en suspension des mucosités stomacales tantôt rares, tantôt assez abondantes, qui se déposent au fond du vase. Ces vomissements persistent le plus souvent jusqu'aux approches de la mort, ou jusqu'au moment où une amélioration franche se manifeste. Ils sont quelquefois assez tardifs ou n'ont qu'une courte durée, quoique la maladie marche vers une terminaison fatale. Dans l'un et l'autre cas, ils sont tantôt rapprochés, tantôt assez éloignés. L'ingestion des boissons, quelquefois les mouvements même peu étendus les provoquent. Ils ne sont pas, en général, très abondants, à moins que les malades ne cèdent à un besoin vif de boire.

Ils sont très douloureux et très fatigants dans le principe, mais ne provoquent pas, en général, de grands efforts. Ces efforts diminuent à mesure que la maladie fait des progrès; vers la fin, même à une période moins avancée, lorsque la prostration des forces est prononcée, les malades vomissent sans éprouver lebesoin de soulever la tête ; le liquide arrive à la bouche, coule sur les draps sans efforts apparents.

Le siége de l'inflammation a une grande influence sur leur production ; ils paraissent constants lorsqu'elle est générale ou lorsqu'elle a plus particulièrement envahi la portion du péritoine que revêt le diaphragme, le foie, l'estomac. Ils sont moins constants, manquent quelquefois tout-à-fait, ou les troubles de l'estomac ne s'élèvent qu'à des nausées, du hoquet, des rapports, quelques vomiturations, lorsque l'inflammation est restée en grande partie bornée à l'excavation du bassin, à la surface de l'utérus, des ligaments larges, des fosses iliaques, de la partie inférieure du paquet intestinal.

Il y a anorexie, soif plus ou moins vive ; la langue est le plus souvent humide, et se recouvre à sa base d'une couche muqueuse blanchâtre qui devient souvent jaunâtre par le passage répété des matières bilieuses vomies ; en un mot, l'état de la langue, soit qu'elle reste humide, soit qu'elle se dessèche, est le même que dans la plupart des phlegmasies aiguës.

Deux phénomènes opposés, la constipation et la diarrhée, se rencontrent isolément, et aussi très souvent successivement, dans le cours de la même maladie. En général, à l'époque où la fièvre puerpérale se développe, les femmes en couches sont constipées, et son développement augmente encore cet état ; de sorte que, pendant les deux ou trois premiers jours, on a souvent de la peine à obtenir des évacuations à l'aide de lavements ou d'un laxatif. Lorsque la maladie se termine par la guérison, la constipation peut persister jusqu'au retour de la santé ; il en est encore assez souvent de même lorsque la terminaison a lieu par la mort ; et on trouve dans le gros intestin une quantité variable de matières dures. Mais il est bien plus commun de voir la diarrhée, composée de matières jaunes plus ou moins liquides, se déclarer sans coliques le deuxième, troisième ou quatrième jour, spontanément ou à la suite de l'emploi de laxatifs ou d'un purgatif, et persister jusqu'à la terminaison de la maladie. L'apparition de la diarrhée coïncide ordinairement avec la diminution des douleurs abdominales, le développement d'un météorisme considérable et l'abattement des forces ; de sorte qu'à l'exception d'un petit nombre de cas, une diarrhée abondante et persistante annonce l'aggravation des phénomènes morbides. Dans plusieurs épidémies, la diarrhée a précédé ou accompagné chez plusieurs malades les phénomènes initiaux ; dans ces cas, il semble que l'influence épidémique fait aussi sentir son action sur le canal intestinal. Mais on voit aussi de temps en temps, dans les établissements publics, un plus ou moins grand nombre de femmes en couches prises de diarrhée sans qu'il existe d'épidémie de métro-péritonite, et sans que les femmes qui sont atteintes de la diarrhée paraissent sensiblement plus exposées que les autres à la métro-péritonite sporadique; et lorsque cette dernière survient, la diarrhée persiste ordinairement pendant toute la durée de la maladie. En général, on peut dire que la constipation est plus fréquente lorsque la péritonite est sporadique; qu'elle est même la règle au début et pendant une partie de la durée de la maladie, et que la diarrhée spontanée ne lui succède que dans le plus petit nombre des cas. Il paraît en avoir été de même dans plusieurs épidémies. Au rapport de Tenon, à l'Hôtel-Dieu de Paris, dans les épidémies des années 1776 à 1782, toutes les malades étaient constipées, tandis que dans celles de plusieurs autres années, elles avaient un dévoiement d'une matière bilieuse et glaireuse d'une grande infection. Le même phénomène s'est souvent reproduit. Il est également commun d'observer de la constipation chez une partie des femmes affectées, et de la diarrhée chez les autres : c'est ainsi que, dans l'épidémie observée à la clinique de la Faculté par M. Voillemier, les malades étaient constipées dans la forme inflammatoire, tandis que, dans la forme typhoïde, la diarrhée était un des symptômes les plus alarmants, et se montrait ordinairement vers le troisième ou quatrième jour. En effet, même dans les cas les plus graves, il n'est pas commun de voir la diarrhée précéder ou accompagner les phénomènes initiaux ; mais elle survient presque constamment à une époque rapprochée du début, et les matières sont quelquefois rendues involontairement à une période avancée. Elles sont liquides, le plus souvent très fétides, mêlées de parties glaireuses, de fragments blanchâtres à demi coagulés, et restent ordinairement teintes en jaune jusqu'à la fin par la bile, qui afflue en plus grande quantité dans l'intestin grêle que dans l'estomac; elles sont quelquefois foncées, brunes. Il est vraisemblable que la dysenterie compliquait la fièvre puerpérale dans les cas où elles se sont montrées sanguinolentes. L'apparition de la diarrhée peut rarement être considérée comme un phénomène critique salutaire. A l'époque où la doctrine des crises était en grand crédit, on était forcé de convenir que, loin d'être un symptôme critique favorable, elle était un des accidents les plus fâcheux que les malades pussent présenter. Néanmoins une diarrhée modérée paraît salutaire dans un assez grand nombre de cas, ou au moins ne rien ajouter à la gravité de la maladie.

Il est très rare d'observer une suppression complète de l'écoulement lochial pendant toute la durée de la maladie, à moins qu'elle ne se déclare à une époque déjà éloignée de l'accouchement, ou que la terminaison par la mort ou par le retour à la santé ne soit très prompte. Mais la suppression ou une diminution très sensible se manifeste ordinairement pendant le frisson initial, et persiste assez souvent pendant toute la durée des phénomènes de réaction; puis l'écoulement reparaît, avec ou sans amélioration dans l'état de la malade. L'écoulement lochial, continuant ou reparaissant après avoir été interrompu, présente souvent des particularités dont plusieurs méritent d'être notées : il peut être simplement diminué ou bien présenter un état opposé. c'est-à-dire être plus abondant, rester plus longtemps sanguin ou le redevenir, présenter un aspect plus purulent, répandre une odeur très fétide. Les trois dernières modifications paraissent coïncider avec une participation plus grande de l'utérus à la maladie. Mais on n'a pas constaté encore entre la métrite et les variations de l'écoulement lochial une liaison nette et constante. Nous rappellerons en terminant que toutes les modifications que nous venons de mentionner peuvent se manifester sans qu'il existe une fièvre puerpérale, et même sans état morbide appréciable.

La diminution, la suppression de la sécrétion laiteuse est un phénomène constant pour peu que la maladie soit intense. Lorsqu'elle débute avant l'apparition de la fièvre de lait, celle-ci n'apparaît point, ou les phénomènes locaux qui la constituent sont très peu marqués et comme avortés. Si, au contraire, la sécrétion laiteuse est en pleine activité. lorsque la maladie se manifeste, les seins ne tardent pas à s'affaisser et à se flétrir; s'ils restent tendus, on peut être presque assuré qu'elle n'est pas grave, alors même qu'il existerait des symptômes assez intenses. Lorsqu'elle se termine par le retour à la santé, la sécrétion laiteuse reprend généralement son cours, même chez les femmes dont les seins ont été le plus affaissés.

Le pouls offre de nombreuses variations; mais il est constamment d'une grande fréquence dès le début, et la fréquence devient excessive lorsque la maladie marche vers une terminaison fâcheuse. Pendant la durée du frisson, il est petit, concentré, et donne, dans les cas graves, cent vingt, cent trente, cent quarante pulsations par minute. Après le frisson, tantôt il se relève, perd de sa fréquence, prend de la plénitude, de la force, la réaction est franche; ou bien il se montre modérément fort, dur; la réaction, sans être franche, est appréciable, et se soutient pendant plusieurs jours; et, suivant que la maladie marche vers la résolution ou s'aggrave, il diminue de fréquence en prenant de l'ampleur, ou va en s'affaissant et en augmentant de fréquence; tantôt il se relève à peine et augmente encore de fréquence. Si les douleurs abdominales sont très vives, quoique excessivement fréquent et déprimé, il est plutôt dur que faible, et les émissions sanguines ont souvent pour effet de le relever; mais si la période de colapsus suit de très près le début de la maladie, que l'état du ventre soit plutôt remarquable par le prompt développement du météorisme, de la diarrhée, que par l'intensité des douleurs, il est petit, faible, dépressible, et une émission sanguine même peu abondante accroît encore sa fréquence et sa faiblesse. Il présente souvent chez la même malade, et dans un espace de temps très court, les diverses modifications que je viens de signaler; il n'est pas rare même, lorsque la maladie est dans la période de colapsus, ou lorsque la période de réaction a une durée très courte ou est à peine appréciable, de le voir se relever momentanément pour redevenir après plus petit, plus dépressible, plus fréquent et comme filiforme. Vers la fin, les pulsations de la radiale ne donnent plus que la sensation d'ondulations excessivement fréquentes et à peine perceptibles, qui disparaissent même quelquefois.

Indépendamment des cas où il se fait un épanchement abondant dans les plèvres, et où il survient de l'engouement, une pneumonie lobulaire, la respiration est très notablement modifiée, souvent même dès le début, et toujours peu de temps après, pour peu que la maladie devienne grave. Lorsqu'elle débute avec une grande intensité, ou lorsque la réaction est peu marquée ou nulle, elle devient dès le principe fréquente, haute, costale, entrecoupée de temps en temps par de profonds soupirs. Lorsque la réaction est franche, ou que, sans l'être, elle se soutient néanmoins, la respiration n'est pas profondément modifiée au début; mais elle est toujours, à un degré appréciable, fréquente, incomplète et costale. Mais dès qu'à la réaction succède le colapsus, elle s'accélère, et les caractères énoncés deviennent de plus en plus prononcés; aux approches de la mort, et à une époque qui n'est pas très éloignée du début, lorsque la maladie marche rapidement vers une issue funeste, elle devient souvent haletante. Quoique les fonctions du poumon paraissent si entravées, les malades, même celles qui conservent leur pleine connaissance, se plaignent rarement de suffocation ou de gêne de la respiration. Tant que les douleurs abdominales sont vives, il est rationnel d'attribuer en partie ces modifications de la respiration à l'immobilité instinctive de plusieurs des muscles inspirateurs; un peu plus tard, le développement de l'abdomen par le météorisme, les épanchements qui se font si souvent dans les plèvres, doivent également y concourir. Mais comme elle augmente encore lorsque les douleurs abdominales sont tombées, dans des cas où le météorisme n'est pas très considérable et où il n'y a pas d'épanchement dans les plèvres, il faut bien reconnaître que la respiration, comme la circulation, est aussi troublée sympathiquement.

Un symptôme qui correspond à la gêne très prononcée de la respiration, et qui se manifeste à une époque peu éloignée du début, lorsque les phénomènes graves se succèdent rapidement, et seulement à une époque avancée de la maladie dans le cas contraire, c'est un certain degré de cyanose qui se montre aux lèvres, aux pommettes, aux extrémités. Il en est de même du refroidissement et des sueurs visqueuses qui s'étendent des membres et de la face sur le tronc.

Dans les cas qui se montrent graves dès le début, et où le frisson a été intense ou prolongé et la réaction peu marquée, les malades se réchauffent difficilement, les membres conservent de la tendance à se refroidir, et la température y reste plus basse que sur le tronc; mais, alors même que la réaction est peu appréciable ou nulle, la peau ne devient pas moins chaude et sèche. La chaleur sèche devient souvent fort vive et fort incommode. La chaleur est vive et la transpiration assez abondante lorsqu'il se manifeste une réaction franche. Les réactions incomplètes ou éphémères, comme celles qui préludent à une amélioration soutenue et définitive, sont toujours accompagnées d'une chaleur moins incommode et d'un peu de moiteur, qui se distingue facilement des sueurs visqueuses qui coïncident avec le refroidissement des extrémités. Les urines sont rares, rougeâtres; leur excrétion est difficile, et on trouve après la mort la vessie en grande partie vide et rétractée.

Les troubles de l'innervation sont plus ou moins prononcés. Une céphalalgie plus ou moins vive succède ordinairement au frisson, et persiste avec plus ou moins d'intensité pendant les premiers jours. Les forces sont plus ou moins abattues, suivant l'intensité des symptômes. Dans l'appréciation de ce phénomène, il y a à distinguer l'oppression des forces par l'intensité de la douleur, de leur prostration réelle. Sous l'influence d'une douleur abdominale vive, étendue, les forces sont comme anéanties; la face, pâle et grippée, présente une expression remarquable de souffrance et d'anxiété; les malades montrent une antipathie profonde pour toute espèce de mouvement, plus par la crainte instinctive d'augmenter leurs douleurs que par une faiblesse réelle; l'intelligence est intacte, et l'on voit les forces se relever avec la diminution de la douleur, lorsque cette diminution ne coïncide pas avec une aggravation marquée des autres symptômes. Dans le cas contraire, la prostration des forces succède sans interruption à leur oppression, et même lorsque la réaction a été franche, on voit survenir des phénomènes de prostration lorsque la maladie marche vers une terminaison fâcheuse. Mais la prostration des forces ne se range pas toujours d'une manière aussi marquée parmi les phénomènes consécutifs. Lorsque la maladie se déclare sous une influence épidémique ou endémique, qu'elle est accompagnée d'une réaction peu marquée, de la diminution prompte des douleurs abdominales sans amélioration dans les symptômes, elle semble être souvent un phénomène primitif, qui se manifeste en même temps que les autres symptômes graves. Plusieurs malades accusent dès le début un sentiment de lassitude générale, des courbatures; lorsque le frisson initial est intense, il est immédiatement suivi d'un abattement très prononcé des forces musculaires; et si aucune réaction salutaire ne se manifeste, à l'abattement succède bien vite la prostration; l'intelligence est intacte, mais lente et apathique; à un degré plus prononcé et à une phase ordinairement plus éloignée de l'invasion, il y a de la somnolence, de la stupeur; le facies, à peine grippé, exprime encore un sentiment d'anxiété douloureuse. Plusieurs malades ont de l'agitation, des rêvasseries, et par moments du délire tranquille, quelquefois furieux; mais le plus grand nombre conservent leur connaissance jusqu'à la fin, sans toutefois se faire une juste idée de leur position.

Marche, durée et formes. — Maintenant que nous avons étudié les symptômes isolément, nous allons les grouper sommairement dans l'ordre de leur développement et de leur marche, afin de faire ressortir l'expression symptomatique de la maladie et les formes principales qu'elle affecte.

Tantôt elle débute brusquement, sans prodrome, par un frisson plus ou moins intense, accompagné ou promptement suivi d'une douleur abdominale plus ou moins vive et étendue, pendant lequel le pouls est petit, déprimé et fréquent, la face pâle et exprimant l'anxiété; tantôt son début est précédé d'un peu de fièvre, de quelques frissons légers, d'abattement, d'agitation, d'insomnie, de douleurs hypogastriques profondes, rémittentes, qui, après un temps variable, mais généralement peu prolongé, deviennent, sans ou avec frisson, plus ou moins brusquement superficielles et vives, et s'étendent le plus souvent, comme dans le premier cas, de l'hypogastre, des fosses iliaques au reste de l'abdomen. Dès que la maladie est caractérisée, la face grippée, le plus souvent pâle, quelquefois animée, prend une expression douloureuse caractéristique; il y a de l'abattement, de l'antipathie pour toute espèce de mouvement; le pouls est fréquent, petit, serré, quelquefois dur et assez plein, mais rarement alors très fréquent; la respiration accélérée, courte; la peau chaude, sèche, moins souvent humide; les seins s'affaissent ou ne se gonflent pas; lochies sont souvent diminuées ou momentanément supprimées, les urines rares; la soif est vive, la langue humide, recouverte d'un enduit blanc, rarement jaunâtre au début. Le plus souvent, à une époque peu éloignée du début, surviennent des nausées et des vomissements d'un liquide bilieux, jaune, puis vert; peu à peu le ventre se météorise. Les malades sont souvent prises vers cette époque, surtout lorsque la maladie règne d'une manière épidémique, de diarrhée; les lochies, diminuées d'abord, coulent le plus souvent de nouveau avec des caractères variables. Assez souvent, lorsque les symptômes sont modérés, il se manifeste, à une époque tantôt rapprochée, tantôt assez éloignée du début, des réactions franches ou équivoques, à la suite desquelles on voit survenir ou une amélioration soutenue, puis la convalescence, ou éphémère ou à peine appréciable.

Quoique la maladie suive une marche croissante, qu'à la période de réaction plus ou moins franche et soutenue ou équivoque, de courte durée ou nulle, succède la période de collapsus ou une atteinte profonde et durable de toute l'économie, la douleur abdominale ne diminue pas moins, disparaît même vers la fin, ou n'est plus appréciable qu'à la pression; mais tous les autres symptômes vont en s'aggravant. A l'abattement, à l'oppression des forces par la douleur, succède une prostration profonde, de la somnolence, de la rêvasserie pendant la nuit; le plus souvent l'intelligence est intacte, mais lente; quelquefois il y a de l'agitation, du délire, et, dans les intervalles, les lèvres sont tremblantes et les membres éprouvent des soubresauts; les vomissements se rapprochent, deviennent plus faciles, d'un vert plus foncé, ou cessent tout-à-fait ou font place à du hoquet; les selles sont plus rapprochées, souvent fétides et involontaires; le météorisme a pris un grand développement; l'enduit de la langue se sèche et devient noir; le pouls est d'une fréquence excessive, petit, comme filiforme; la respiration est de plus en plus fréquente et incomplète; les lèvres, les pommettes, deviennent violacées; les extrémités se refroidissent, et prennent aussi un aspect livide, bleuâtre, et se couvrent, comme la face, d'une sueur visqueuse et froide. L'altération des traits s'est également accrue; alors même que la douleur abdominale est nulle ou se fait à peine sentir, la face reste grippée et conserve son expression douloureuse; elle est pâle, terreuse; les yeux sont caves, vitreux, bordés de noir, et les pupilles dilatées. La mort est souvent précédée de stupeur, de coma, de la cessation des faibles et rapides ondulations du pouls dans les artères radiales ; beaucoup de femmes pourtant conservent leur connaissance jusqu'à la fin. Un fait qui fixe souvent l'attention, c'est que beaucoup de malades dont la fin paraît imminente et l'agonie commencer vivent encore un jour, vingt-quatre heures dans cet état. On voit quelquefois, lorsque la mort semble déjà prochaine, se manifester une dernière réaction ; le pouls se relève, la peau se réchauffe, la prostration, la diarrhée, diminuent, et les malades accusent du soulagement ; mais cette amélioration ne dure que très peu de temps, et la maladie ne tarde pas à reprendre sa marche vers une terminaison fatale. Quelquefois pourtant, lorsque les symptômes du début ont été moins intenses et se sont développés avec plus de lenteur, une réaction tardive, survenue dans la période de collapsus, est suivie d'une amélioration soutenue ; le pouls, en se relevant, perd beaucoup de sa fréquence, les vomissements cessent, la diarrhée et le météorisme diminuent, la peau devient moite, la prostration fait place à l'abattement, qui est bientôt peu prononcé, et la convalescence se déclare du sixième au dixième jour. D'autres fois, malgré une amélioration qui annonce que la maladie est en voie de guérison, l'abondance de l'épanchement et l'étendue des autres lésions entretiennent la fièvre avec d'autres symptômes qui n'ont plus exactement les mêmes caractères, et les malades succombent plus ou moins tardivement ; quelques unes survivent avec des épanchements qui leur laissent plus ou moins de chances de guérison. Les chiffres suivants, que j'emprunte à la thèse de M. Berrier-Fontaine, vont nous donner une juste idée du plus ou moins de rapidité de la marche de la maladie. Sur 247 cas, sa durée a été 138 fois de douze heures à trois jours, 90 fois de quatre à neuf jours, 19 fois elle a dépassé d'un temps variable le terme de dix jours.

D'après la plupart des auteurs, la maladie se développant accidentellement ou spontanément, à l'état sporadique comme à l'état épidémique, se présenterait sous des formes distinctes avec des symptômes différents, dans les diverses épidémies, et même encore dans le cours de la même épidémie. Si en faisant ces distinctions on veut dire autre chose que les lésions anatomiques sont plus ou moins complexes, l'atteinte portée à l'économie d'abord plus ou moins profonde, la marche de la maladie plus ou moins rapide, les mêmes symptômes plus ou moins intenses et plus ou moins graves, on retombe dans l'erreur de ceux qui confondent toutes les maladies fébriles des femmes en couches sous le nom de fièvre puerpérale. Lorsqu'au contraire on les range sous des types différents, on est frappé de l'analogie et de la constance des troubles fonctionnels qui se rapportent au type qu'on a désigné sous le nom de fièvre puerpérale, ou autrement dit de péritonite ou métro-péritonite puerpérale, soit qu'on compare entre elles des observations appartenant à la maladie développée accidentellement ou spontanément sous une influence épidémique ou sporadique. Une telle similitude dans les symptômes exige une description commune, un cadre unique. Comme dans les autres maladies inflammatoires, on observe des différences en rapport avec l'étendue et le degré de l'inflammation, les différentes phases de la maladie, la prédominance de quelques symptômes sur les autres; ce sont des particularités, comme celles déterminées par les causes, dont il faut tenir compte, à titre de variétés souvent importantes, qu'on peut désigner sous le nom de formes, mais sans y attacher l'idée d'une maladie en quelque sorte distincte. La distinction que nous avons établie dans la description générale sous le nom de *période de réaction* et de *période de collapsus* sert de base aux deux principales formes adoptées par la plupart des auteurs, la *forme inflammatoire* et la *forme typhoïde*. Nous allons nous expliquer d'abord sur celle-ci.

J'ai fait observer qu'il est beaucoup de cas, surtout dans les épidémies graves, où la période de réaction est comme masquée par l'intensité des douleurs, ou presque nulle, peu marquée et d'une durée très courte, et où les symptômes de collapsus deviennent prédominants dès le début. Avec un frisson généralement assez fort apparaissent en même temps des douleurs étendues à tout l'abdomen, aux lombes, etc., des vomissements bilieux; la face est pâle, abattue et grippée; le pouls, petit, donne cent trente, cent quarante pulsations par minute. Quelques heures plus tard, la malade est dans un état de somnolence marquée, les vomissements continuent; le ventre, déjà sensiblement développé, est moins douloureux; la diarrhée s'est déclarée, les extrémités se sont incomplétement réchauffées; la respiration est haute et très accélérée, le pouls encore plus petit et plus fréquent, les yeux sont cernés d'une auréole livide, les lèvres commencent à se cyanoser. Bientôt la malade tombe dans la stupeur, avec ou sans délire; la connaissance est singulièrement affaiblie ou complétement abolie; le système musculaire, à l'exception des muscles respirateurs, qui redoublent d'activité, paraît dans la résolution; les selles sont involontaires; la face est cyanosée, couverte d'une sueur visqueuse; les extrémités sont froides, livides; le pouls, filiforme, semble sur le point de cesser de battre, et la mort survient quinze, dix-huit, vingt-quatre heures après l'invasion. Toutefois les cas où la maladie a une marche aussi rapide et comme *foudroyante* ne sont pas communs, et ne se présentent guère que lorsqu'elle éclate presque immédiatement ou peu de temps après la délivrance. Le plus communément, quoique la maladie doive presque inévitablement avoir une terminaison fatale, les symptômes, tout en étant les mêmes, n'ont pas une marche aussi rapidement croissante, et la mort n'arrive qu'à la fin du troisième, quatrième ou cinquième jour. C'est lorsque la maladie se présente avec ces caractères que les noms de *typhus puerpéral*, *forme typhoïde*, sont plus particulièrement applicables. Sous l'influence de la cause épidémique et de conditions spéciales dans lesquelles se trouvent les femmes qui viennent d'accoucher, non seulement l'inflammation s'étend d'emblée à tout le péritoine, et le plus souvent à d'autres parties, mais encore la tendance à la suppuration est si grande que la formation du pus, les épanchements purulents semblent s'opérer en quelque sorte d'une manière passive à la suite des premiers phénomènes de congestion. Ce n'est pas seulement lorsque la maladie sévit d'une manière épidémique qu'elle se présente avec ces caractères ; les cas sporadiques en offrent quelques exemples ; il en est souvent de même, quoique la cause soit fort différente, dans les péritonites, les métro-péritonites qui surviennent, sans que l'influence épidémique se fasse sentir, chez les femmes fatiguées, épuisées à divers degrés par une grossesse extrêmement pénible, des pertes de sang abondantes ou répétées, une maladie antérieure, la misère, les chagrins, à la suite d'un travail extrêmement long et laborieux, d'une rupture de l'utérus, du vagin, etc. Beaucoup de praticiens considèrent comme appartenant à la forme typhoïde presque tous les cas où la maladie marche vers une terminaison fâcheuse, non seulement lorsque la péritonite existe seule ou est liée avec la métrite, mais encore lorsque cette dernière est isolée de la première. En effet, lorsque la période de réaction est d'abord franche et soutenue à des degrés différents, il ne survient pas moins, dans la plupart des cas, des phénomènes adynamiques, typhoïdes ou ataxiques, si la maladie passe à la seconde période, qui a alors une marche moins rapide. Tantôt les troubles de l'intelligence sont prédominants ; il y a perte plus ou moins complète de connaissance, coma plus ou moins profond ; des soubresauts dans les tendons, quelquefois de légers mouvements convulsifs des muscles de la face ; le délire est persistant et tranquille ou agité ; tantôt les malades sont dans un état *typhoïde-ataxique* ; tantôt c'est un état *typhoïde-adynamique* qui prédomine ; à une prostration extrême des forces s'ajoute une diarrhée intense, une faiblesse remarquable du pouls, et, pour peu que la maladie se prolonge, la langue se dessèche et devient fuligineuse; souvent alors les selles et les lochies contractent l'odeur de matière animale en putréfaction : aussi y a-t-il beaucoup d'arbitraire dans le classement des différents cas de la maladie. Tandis que Dugès dit n'avoir compté sur 686 cas que 30 compliqués d'un véritable état typhoïde, c'est-à-dire essentiellement adynamique ou ataxique, quoique la présence du pus dans les veines utérines ait été observée sur les trois quarts des cadavres; la plupart des autres médecins qui ont comme lui observé à la Maternité des épidémies meurtrières rapportent la grande majorité des cas à la forme typhoïde. Un autre inconvénient de considérer une phase, un degré de la maladie comme une maladie distincte, c'est de faire confondre avec la fièvre puerpérale la métrite isolée de la péritonite, la métro-phlébite, l'inflammation d'autres veines, accompagnées de l'infection purulente. On ne devrait conserver le nom de forme typhoïde que pour les cas où l'influence épidémique ou une condition spéciale de l'économie tout entière domine la lésion locale dès le début, et donne à l'inflammation des caractères de malignité ou de putridité.

La *forme inflammatoire* est, d'une manière plus distincte encore, un degré, une phase de la maladie, et comprend les cas où la réaction est plus ou moins franche et soutenue. Lorsqu'elle est dominante, le pouls est plein, fort, médiocrement fréquent; la face rouge, vultueuse; les traits moins altérés; la peau chaude et moite, etc. Si la maladie marche vers la résolution, elle conserve les mêmes caractères; et après une durée variable, les symptômes diminuent graduellement. Dans le cas contraire, on voit assez vite ou tardivement se manifester la période de collapsus avec ses divers phénomènes. La maladie peut se présenter avec ces caractères à l'état épidémique, et constituer alors ces épidémies médiocrement meurtrières. Dans les plus graves, on observe ordinairement un certain nombre de cas qui offrent ces caractères; il en est souvent ainsi chez les femmes qui sont en même temps atteintes en dehors des établissements publics. Mais c'est surtout lorsque la maladie est sporadique, ou déterminée par une cause accidentelle, que la réaction est plus souvent dominante. Les différences dans les symptômes tiennent principalement au plus ou moins de promptitude dans le développement et la propagation de l'inflammation suppurative, à son plus ou moins d'étendue et d'intensité.

Bien que l'état puerpéral prédispose, non seulement à l'inflammation du péritoine, mais encore à son extension à une grande partie ou à la totalité de son étendue, et à la prompte formation du pus, il ne se présente pas moins un assez grand nombre de cas où elle a de la tendance à se développer lentement et à rester limitée, sans donner lieu avec une promptitude insolite à des épanchements purulents; il en résulte, relativement au siége, une variété ou forme de la maladie très importante à distinguer : c'est la *métro-péritonite hypogastrique*. Dans un assez grand nombre de cas, l'inflammation montre une tendance marquée à rester limitée à la surface séreuse de l'utérus, aux ligaments larges, aux fosses iliaques et aux parties voisines, même après l'épanchement; des exsudations plastiques, unissant les anses intestinales entre elles et à la paroi abdominale, tendent à garantir les autres points du peritoine en les isolant du foyer de l'inflammation. On observe souvent la péritonite ou la métro-péritonite hypogastrique lorsque la maladie est accidentelle et reconnaît pour causes les difficultés de l'expulsion, l'extraction artificielle du fœtus, etc. Elle affecte aussi quelquefois cette forme lorsqu'elle se développe sporadiquement ou sous une influence épidémique. La douleur reste plus ou moins exactement limitée à la région sous-ombilicale, qui est rénitente, et les symptômes se présentent toujours sous la forme inflammatoire. C'est dans ces cas surtout qu'on observe assez souvent l'absence de vomissements. Lorsque la péritonite reste partielle, et que l'utérus participe à un faible degré ou pas du tout à l'inflammation, la résolution s'opère promptement sous l'influence d'un traitement approprié; mais lorsque les symptômes de métrite deviennent prédominants, la durée de la maladie est souvent assez longue et peut offrir la plupart des symptômes graves que nous avons signalés. La métro-péritonite hypogastrique, qui montre peu de tendance à s'étendre, se termine ordinairement par la guérison; mais il arrive aussi souvent qu'elle s'étend, après un temps variable, au reste du péritoine, et la maladie prend tout-à-coup ou assez promptement une gravité extrême.

Il n'existe pas une forme ou une phase de la maladie, pas plus au début qu'après, à laquelle on puisse donner le nom de *forme muqueuse* ou *bilieuse*. La coexistence des phénomènes morbides, qu'on connaît sous le nom d'état bilieux, est une complication beaucoup moins commune que ne l'ont pensé les médecins du siècle passé, et non une forme de la maladie. Les phénomènes qu'on attribue à cet état, comme le sentiment de plénitude à l'épigastre, les envies de vomir, les nausées, les vomissements de matières bilieuses, la constipation, comme les évacuations teintes en jaune par la bile, sont symptomatiques de l'inflammation du péritoine; la saveur amère de la bouche, l'enduit jaunâtre dont la langue se recouvre, sont le plus souvent consécutifs au passage du liquide bilieux contenu dans l'estomac.

Complications. — Je ne veux parler que de celles que j'ai déjà caractérisées en retraçant les lésions anatomiques, et qui sont liées à la maladie principale, en ce sens qu'elles se développent sous l'influence de causes et de conditions communes, ou qu'elles lui sont consécutives. Sans doute les inflammations disséminées qui apparaissent très rarement dès le début de la maladie, mais le plus souvent à une époque déjà avancée, ont une certaine part dans les symptômes généraux, et ajoutent à la gravité de l'affection; mais comme leurs symptômes locaux sont généralement peu prononcés et plus ou moins marqués, elles n'altèrent pas son expression symptomatique, et passent très souvent inaperçues. La pleurésie elle-même, malgré sa fréquence et des signes physiques facilement appréciables, échappe le plus souvent à l'attention pendant la vie. La raison en est facile à concevoir : elle débute plutôt par une douleur sous-sternale que par un point de côté; d'ailleurs, en se développant, elle ne détermine souvent qu'une douleur obscure, et n'ajoute pas beaucoup à la gêne de la respiration. En fût-il autrement, que la douleur pleurétique serait le plus souvent masquée par la douleur abdominale, qui s'irradie si souvent à la base de la poitrine. Et pour peu que la métro-péritonite soit intense, l'auscultation et la percussion de la partie postérieure de la poitrine deviennent si pénibles pour la malade qu'on est en quelque sorte forcé d'y renoncer. C'est par les mêmes raisons qu'on méconnaît généralement les bronchites, les pneumonies hypostatique, lobulaire, et les autres inflammations viscérales. Au contraire, pour peu qu'on observe attentivement, on sera averti du développement d'une arthrite, non que la douleur soit toujours vive, mais elle est accusée par la malade, à moins qu'elle ne soit dans le coma ou dans le délire; et dans les cas où elle paraît nulle, le mouvement du membre la rend sensible. Dans l'articulation de la hanche, de l'épaule, la tuméfaction est peu appréciable; dans la plupart des autres cas, il y a tuméfaction avec ou sans rougeur. Comme dans le péritoine, les plèvres, l'épanchement de sérosité purulente ou de pus bien lié se fait le plus souvent avec une rapidité remarquable. Quoique plusieurs articulations puissent être affectées simultanément ou successivement, la maladie n'a qu'une ressemblance éloignée avec le rhumatisme articulaire. Les abcès qui se développent sur les membres ou sur le tronc se forment aussi très rapidement sans être précédés d'un engorgement considérable, donnent lieu à des douleurs plus obscures que l'inflammation des articulations, et ne sont guère reconnus que lorsqu'ils sont superficiels ou étendus. Nous parlerons de la formation d'escarres sur diverses parties du corps à l'occasion de *métrite gangréneuse*.

Diagnostic. — Lorsque la maladie se montre dès le début avec ses symptômes propres, frisson, douleur abdominale, altération des traits, vomissements, météorisme, fréquence du pouls, abattement, etc., il est si facile à établir qu'il est superflu d'y insister, surtout après les détails qui précèdent. Mais il n'en est plus de même lorsqu'elle commence d'une manière insidieuse, c'est-à-dire lorsque l'inflammation est d'abord bornée aux tissus ou vaisseaux de l'utérus, à ses annexes, au péritoine qui revêt ces parties, le bassin ou les fosses iliaques. Les symptômes sont incomplets, et peuvent rester obscurs jusqu'au moment où l'inflammation envahit une grande étendue du péritoine. Le début de la maladie est alors facilement méconnu ou attribué à un autre ordre de phénomènes morbides, et on est exposé à s'abandonner à une temporisation dangereuse au moment même où un traitement approprié a de nombreuses chances de succès. Il se fait quelquefois des épanchements purulents dans le péritoine d'une manière en quelque sorte latente; il y a peu de douleur, même à la pression; le ventre est médiocrement développé; les vomissements manquent ou sont rares; mais le pouls est très fréquent et faible, l'affaissement considérable. On rencontre plus particulièrement ces cas chez les femmes qui ont été épuisées par un travail long et laborieux, par des pertes abondantes, etc., où le début de la maladie semble se confondre avec les derniers temps du travail. Il faut donc étudier avec un soin extrême les premiers phénomènes morbides qui apparaissent, apporter une grande attention à l'état du ventre, de l'utérus, du pouls, des traits, etc.; avoir présents à l'esprit les caractères des différents états morbides qui peuvent se manifester pendant la période des couches, tels que tranchées utérines exagérées, fièvre de lait avec réaction vive, rétention d'urine, fièvre éphémère, météorisme simple, constipation prolongée, métrite, inflammation du vagin, des symphyses, ovarite, phlegmon du tissu cellulaire sous-péritonéal. Quant aux maladies étrangères à l'état puerpéral qui ont quelque ressemblance avec la fièvre puerpérale, elles sont rares pendant la courte période des couches; et, quoique plusieurs offrent des caractères communs avec elle, elles s'en distinguent cependant d'une manière assez tranchée pour me dispenser d'en rappeler les signes différentiels. Si pendant longtemps on a confondu avec la fièvre puerpérale la plupart des phlegmasies dont les femmes en couches peuvent être atteintes, c'est que l'on considérait l'état fébrile comme le caractère principal de la maladie.

Pronostic. — D'après Delaroche et Dugès, la fièvre puerpérale emporterait les quatre cinquièmes des femmes qui meurent en couches. La proportion de la mortalité au nombre des femmes atteintes de la maladie offre dans le même établissement, à des époques différentes, des différences assez grandes. Sur 686 cas simples ou compliqués observés à la Maternité par Dugès, 312 se sont terminés par la mort. Sur 132 mentionnés par M. Laserre, il y a eu 87 décès. Sur 250 malades observées par M. Ducrest, 230 ont succombé. Tout en tenant compte des circonstances accidentelles et individuelles, la gravité du pronostic est encore subordonnée à la forme de la maladie. A l'état épidémique, elle offre une gravité toute spéciale, mais qui varie suivant le caractère général de l'épidémie. Lorsqu'elle se présente dès le début avec des caractères typhoïdes ou ataxiques, elle est si grave qu'elle ne laisse que de rares chances de salut, comme on peut en juger par les derniers chiffres qui se rapportent à l'une des épidémies les plus graves qu'on ait observées à la Maternité. Au rapport de M. A.-C. Baudelocque, sur 39 femmes affectées dans le même établissement, dans un espace de temps très court, 36 ont succombé. Une telle gravité n'est pas particulière à cette maison. Dans l'épidémie observée à l'Hôtel-Dieu, en 1746, par Col de Villars et Fontaine, à peine échappait-il une malade sur vingt. W. Hunter relate une épidémie où l'on ne sauva qu'une femme sur trente-deux. Telle est l'idée qu'on doit se faire de la forme à laquelle le nom de typhus puerpéral semble légitimement applicable. Il est d'autres épidémies beaucoup moins meurtrières, quoique la maladie conserve encore quelques caractères typhoïdes, et où la mortalité est de la moitié, d'un tiers, et même moindre. Enfin, il est des cas où elle se développe encore sous une influence épidémique, sans que son action semble ajouter à sa gravité, c'est-à-dire que l'inflammation a peu de tendance à s'étendre, à se disséminer, et à se terminer promptement par la suppuration; les phénomènes de réaction inflammatoire sont francs et soutenus, et les complications rares. Ce serait une épidémie de ce genre, si toutefois il n'y a pas eu méprise, qui aurait fait croire à Doucet et à la plupart de ses contemporains que les vomitifs étaient un moyen presque infaillible de guérison. On doit penser de même de l'épidémie observée par Gordon, qui guérit presque toutes ses malades par les saignées abondantes et répétées : aussi Tenon distinguait-il deux espèces de fièvre puerpérale épidémique, l'une simple et curable, l'autre compliquée et rebelle qu'il était impossible de guérir.

A l'état sporadique, quoique grave, elle offre des chances assez nombreuses de guérison; néanmoins il n'est pas rare de voir des cas isolés, non seulement dans les hôpitaux, mais aussi au dehors, se présenter avec le cortége des lésions multiples et des symptômes graves, si communs à l'état épidémique. En général, plus la cause occasionnelle paraît obscure, plus la maladie, qu'elle règne d'une manière épidémique ou non, offre de gravité. Les cas observés par M. Lasserre, divisés en fièvre puerpérale spontanée et en fièvre puerpérale secondaire, lui ont donné, sur 76 femmes rangées dans la première catégorie, 64 décès; et sur 56 rangées dans la seconde, 23. Si on fait abstraction des métro-péritonites consécutives à la rupture de l'utérus, du vagin, à d'autres lésions traumatiques graves qui se terminent généralement par la mort, celles qui résultent simplement d'un travail laborieux terminé spontanément ou à l'aide de l'intervention de l'art, mais avant qu'il se soit manifesté des symptômes d'épuisement, ou de causes externes évidentes, en dehors de toute influence épidémique, offrent le plus de chances de guérison ; ce sont les cas où la maladie a le plus de tendance à rester limitée à la région hypogastrique, à fournir moins rapidement des épanchements purulents, et à s'étendre moins brusquement et avec moins d'intensité au reste du péritoine, par conséquent à se présenter sous la forme inflammatoire. La maladie se présente assez souvent avec ces caractères lorsqu'elle est sporadique ou accidentelle, et même quelquefois, comme nous l'avons déjà fait observer, lorsqu'elle se développe sous une influence épidémique. Sur 53 cas observés par M. A.-C. Baudelocque à la Maternité, pendant les mois de janvier et février de l'année 1824, 40 se sont terminés heureusement. La pratique civile, moins défavorable que celle des hôpitaux, ne semble pas offrir des résultats plus avantageux. La péritonite ou métro-péritonite générale, avec ou sans inflammation concomitante, parvenue à la période de suppuration, est presque constamment mortelle, tandis que, bornée au bassin et à la région hypogastrique, elle est le plus souvent susceptible d'une solution heureuse, même après la formation d'épanchements, d'exsudations plastiques. Quelle que soit d'ailleurs la forme de la maladie, des circonstances particulières en font varier la gravité. Toutes choses étant égales, le danger sera plus grand chez les femmes maladives, d'une mauvaise constitution, épuisées par des privations, le chagrin, des pertes sanguines répétées ou abondantes, un travail laborieux, des manœuvres prolongées ou répétées. Lorsque la maladie débute immédiatement ou peu de temps après l'accouchement, elle a plus souvent une terminaison funeste que lorsqu'elle ne se déclare qu'après la fièvre de lait. Nous avons suffisamment insisté sur les caractères des symptômes pris isolément et dans leur ensemble, d'après lesquels on peut préjuger si l'issue de la maladie sera funeste ou heureuse, pour que nous n'ayons pas à y revenir.

Étiologie. — Sans doute la gestation, c'est-à-dire la vie spéciale à cet état, les changements anatomiques et physiologiques qui s'opèrent, le travail organique dont l'utérus est le siège, son développement et les changements qu'il entraîne, les modifications dans la composition du sang, dont la fibrine s'élève du terme moyen de trois millièmes jusqu'à quatre, cinq et même six, dans les phénomènes d'assimilation et d'absorption interstitielle, etc., doivent être considérés comme une prédisposition, une préparation éloignée aux phlegmasies puerpérales, et en particulier à celles qui, isolées ou réunies, constituent la fièvre puerpérale; mais cette prédisposition, élaborée de longue main, reste en quelque sorte latente tant que la grossesse existe, et ses effets ne se font guère sentir qu'après la parturition. En effet, les femmes grosses ne paraissent pas beaucoup plus exposées que les autres aux péritonites, aux métrites simples ou compliquées, développées spontanément. C'est une chose fort digne de remarque de voir des épidémies sévir avec intensité, atteindre un grand nombre de femmes en couches quelquefois aussitôt après la délivrance, et même dans les dernières périodes du travail, et respecter constamment les femmes enceintes rassemblées dans le même établissement.

Le travail de l'enfantement et les conséquences qu'il entraîne ont, comme prédisposition, une influence plus manifeste et plus prochaine. Tous ses phénomènes n'y prennent point une part égale. Passons en revue sous ce rapport ceux dont l'influence peut être le mieux appréciée.

C'est sans fondement que quelques auteurs ont supposé qu'il fallait considérer comme prédisposition à la métro-péritonite le froissement du péritoine et de l'utérus par les contractions des muscles abdominaux. Ce froissement est une supposition gratuite que la part peu considérable et tardive que ces muscles prennent à l'expulsion du fœtus ne permet pas d'admettre.

Quoique la durée du travail, dont les effets comme causes sont fort complexes, ait une influence très prononcée sur la production de la maladie, les contractions utérines, tant qu'elles s'exercent d'une manière physiologique, et qu'elles n'ont pas à lutter contre des obstacles insolites qui prolongent l'accouchement, ne paraissent pas déterminer un froissement, une irritation du tissu de l'organe et du péritoine qui le revêt, de nature à prédisposer d'une manière bien évidente à la métro-péritonite. Mais il n'en est pas de même de quelques uns de leurs effets et de ceux des puissances expultrices accessoires.

La distension mécanique considérable qu'éprouve le col utérin, et la légère déchirure qui s'opère ordinairement sur son orifice externe, au moment du passage de la tête du fœtus, constituent une prédisposition bien évidente, prouvée par le ramollissement de son tissu et de la présence du pus dans les veines et les lymphatiques voisins, plus fréquent que sur les autres points qui ne correspondent pas à l'insertion du placenta.

Le décollement du placenta, qui entraîne la déchirure des vaisseaux utéro-placentaires, et qui met à nu un grand nombre de veines d'un calibre considérable, a une influence beaucoup plus générale et également démontrée par la fréquence des lésions anatomiques sur ce point et sur les vaisseaux veineux et lymphatiques qui y correspondent.

Il faut aussi admettre, quoiqu'on n'en ait pas la preuve directe, que la déplétion rapide de l'abdomen, le prompt retour de l'utérus sur lui-même, le relâchement des ligaments larges, qui entraînent comme conséquence inévitable un ralentissement dans la circulation abdominale, une véritable stase dans les vaisseaux veineux et lymphatiques utérins, dans ceux de toutes les parties que revêt le péritoine jusqu'à ce que les parois de l'abdomen soient suffisamment rétractées, favorisent le développement de l'inflammation de la séreuse et des vaisseaux veineux et lymphatiques dans les points où ces modifications sont le plus prononcées.

Les tranchées utérines vives, souvent répétées et prolongées, finissent assez souvent par s'irradier vers les reins, s'accompagner de fièvre ; puis bientôt, surtout pendant la durée des épidémies, de tous les symptômes de la métro-péritonite puerpérale.

Il est aujourd'hui démontré, au moins pour la grande majorité des cas, que la suppression des lochies est un effet, non une cause, de phlegmasie puerpérale. Il y a lieu d'être surpris que la doctrine qui attribue la fièvre puerpérale à la suppression des lochies et à leur reflux dans le torrent de la circulation ait pu s'établir d'une manière aussi générale et régner aussi longtemps sans contradiction, lorsqu'on voit que cet écoulement, assez rarement complètement supprimé, au moins d'une manière un peu durable pendant le cours de la maladie, continue souvent sans changement notable, qu'il augmente même quelquefois, et que les modifications qu'il subit sont ordinairement consécutives aux premiers symptômes. D'un autre côté, l'observation attentive des femmes en couches montre que les lochies peuvent couler en très petite quantité, diminuer d'une manière très sensible, et même se suspendre momentanément, sans qu'il existe de lésions appréciables sur aucun point de l'économie et sans qu'il s'en déclare. L'écoulement lochial a, sous ce rapport, quelque analogie avec l'écoulement cataménial. Cette suppression des lochies, cette diminution dans leur quantité à la suite d'une émotion morale, de l'impression du froid sur quelques parties du corps, d'injections astringentes, de l'administration de l'ergot de seigle, etc., surviennent assez souvent sans cause appréciable. Nous venons de dire que la santé de la femme pouvait ne pas en être troublée ; mais on observe assez souvent le contraire, et l'on voit bientôt après survenir des frissons, de la fièvre, d'autres troubles, et assez souvent tous les symptômes d'une métro-péritonite. Ici la diminution, la suppression des lochies peut être encore symptomatique, et le premier effet appréciable de l'inflammation commençant par l'utérus ; car les causes que nous venons d'indiquer, comme pouvant diminuer ou suspendre l'écoulement lochial, sont aussi des causes assez actives d'inflammation de l'utérus ou du péritoine. Mais il faut admettre que, dans un certain nombre de cas, la diminution, la suppression des lochies est d'abord primitive, et que le défaut de sécrétion est la cause prédisposante ou déterminante de la métro-péritonite, sans toutefois qu'il se fasse un reflux de cette humeur dans le sang en circulation. La diminution ou la suppression des lochies préexistant à toute lésion appréciable, et considérée comme cause de métro-péritonite, ne doit pas conduire à la pratique dangereuse des anciens, qui administraient, dans le but de les rappeler, les médicaments irritants connus sous les noms d'*emménagogues*, d'*aristolochiques*. Les cataplasmes sur l'hypogastre, les cuisses, les injections émollientes, les délayants, sont les moyens les plus efficaces pour favoriser leur retour.

Les médecins du siècle passé, surtout en France, sont tombés dans une erreur moins fondée encore sur les apparences ; je veux parler de la métastase laiteuse. Pour eux, le lait, ne se portant pas ou cessant de se porter aux mamelles, refluait dans le torrent de la circulation, et se déposait dans la cavité de l'abdomen, sur l'épiploon, le mésentère, les intestins, et y déterminait une inflammation. Ils rapportaient à la même cause la présence du pus, de la sérosité purulente, dans les autres séreuses, dans l'épaisseur des organes, à la surface de la peau, chez les femmes en couches et chez les nourrices. L'observation journalière démontre que la métro-péritonite ou toute autre inflammation un peu intense amène presque constamment la diminution ou la suppression de la sécrétion laiteuse et l'affaissement des seins. Lorsqu'elle se déclare avant la révolution laiteuse, celle-ci n'a pas lieu ou est peu prononcée et comme avortée. Et si la maladie se termine après une courte durée par le retour à la santé, on voit le plus souvent les seins se gonfler et la sécrétion du lait prendre tardivement son cours ordinaire. Mais le moment où cette suppression et ce retour se manifestent prouve que ce sont deux phénomènes consécutifs dont l'un coïncide avec le développement de l'inflammation, l'autre avec sa résolution, et qui ne peuvent être considérés ni comme cause, ni comme crise salutaire. On cite quelques cas d'épanchements dans le péritoine, et d'abcès dans d'autres parties, à la suite d'applications astringentes sur les seins distendus par le lait. Mais ces faits, observés la plupart à l'époque où la doctrine de la métastase laiteuse était en grande faveur, doivent être acceptés avec réserve. On conçoit du reste que toutes les causes susceptibles de troubler la sécrétion laiteuse puissent déterminer une inflammation non seulement dans les seins, mais encore dans d'autres parties. On voit quelquefois apparaître les symptômes de la métro-péritonite lorsque la fièvre de lait se prolonge d'une manière insolite, ou lorsque le gonflement des seins détermine une réaction vive, qui entraîne une suspension prolongée de l'écoulement lochial.

Les femmes dont la mamelle est désemplie à mesure que le lait se forme et la sécrétion laiteuse entretenue par l'allaitement sont-elles moins exposées à la fièvre puerpérale que celles qui ne nourrissent pas, et chez lesquelles il y a stagnation et absorption de cette humeur et cessation prématurée de sa sécrétion ? La plupart des auteurs pensent qu'il est plus avantageux pour la femme de se conformer au vœu de la nature, et qu'elle est moins exposée à contracter des maladies pendant les couches en nourrissant. Mais cette opinion est plutôt fondée sur des idées théoriques que sur les faits, qu'on paraît avoir fort peu consultés. D'après mes observations, il serait à peu près indifférent, sous le rapport du développement des phlegmasies puerpérales, que l'allaitement eût lieu ou non. Je dois ajouter que s'il paraît avoir quelques avantages, il a aussi des inconvénients. Pendant les premiers jours, un assez grand nombre d'enfants prennent difficilement le mamelon, et l'allaitement est souvent d'abord difficile et pénible chez les primipares, ce qui force les femmes à avoir longtemps les seins découverts et à prendre fréquemment une attitude fatigante. J'ai cru devoir rapporter à ces causes plusieurs des cas de métro-péritonite que j'ai observés. Assez souvent, dans les premiers moments la succion détermine des tranchées utérines très vives. M. A.-C. Baudelocque rapporte plusieurs cas où ces tranchées ont été suivies de symptômes de métro-péritonite.

Il ne faut pas perdre de vue que la susceptibilité organique, liée à l'accomplissement des phénomènes puerpéraux, constitue un état spécial qui non seulement prédispose aux phlegmasies, mais ajoute encore à leur gravité en leur donnant une tendance plus prononcée à s'étendre et à suppurer promptement.

Les prédispositions qui ne sont pas inhérentes à l'état de couches sont, les unes indépendantes, les autres dépendantes de la grossesse et du travail. Il est difficile d'apprécier l'influence des tempéraments, parce qu'ils sont eux-mêmes diversement appréciés. Mais, si on classe, sous le rapport de la constitution, les femmes en fortes, moyennes et faibles, on verra qu'un bien plus grand nombre appartenant à la dernière catégorie sont affectées, et que la maladie est, en général, plus grave et plus souvent mortelle. D'après M. Lasserre, sur 706 rangées dans la première catégorie, 35 ont été affectées de la fièvre puerpérale et 12 ont succombé; sur 1,042 rangées dans la seconde, 52 ont été prises de la maladie et 36 sont mortes; sur 591 rangées dans la troisième, le nombre des cas a été de 45, celui des décès de 39.

Il en est de même des femmes soumises depuis un temps plus ou moins long à de mauvaises conditions hygiéniques, à des souffrances morales. Un relevé de M. Lasserre donne, sur 88 femmes placées dans de bonnes conditions hygiéniques, 14 cas de fièvre puerpérale, 2 morts; sur 186 placées dans des conditions hygiéniques médiocres, 46 cas et 23 morts; et sur 182 placées dans de mauvaises conditions hygiéniques, 72 cas et 62 morts. La différence est bien autrement prononcée encore, lorsqu'au lieu d'une simple faiblesse primitive ou acquise il y a un état morbide ou cachectique déterminé soit par la misère, une habitation malsaine, des travaux pénibles, des chagrins profonds; soit par des maladies chroniques, des souffrances continuelles pendant la grossesse, des pertes sanguines abondantes ou répétées. Quand la perte survient pendant le travail ou après l'accouchement, il faut faire la part des moyens employés pour la faire cesser. Les femmes chez lesquelles certaines affections aiguës sont portées au point de provoquer le travail succombent si souvent, non seulement parce que l'affection s'aggrave après l'accouchement, mais encore parce qu'elle se complique fréquemment d'épanchements séro-purulents dans la cavité du péritoine.

Les femmes qui accouchent prématurément sont plus souvent prises d'inflammations puerpérales que les autres, sans doute parce qu'elles se trouvent pour la plupart sous une influence morbide, qui pour n'être pas toujours appréciable n'est pas moins réelle.

Les femmes bien portantes qui accouchent à terme d'enfants

morts et putréfiés ne paraissent pas sensiblement plus exposées que les autres; si le chiffre de la mortalité est un peu plus fort, c'est qu'elles se trouvent assez souvent dans les conditions énoncées ci-dessus, et non parce qu'elles seraient mises dans des conditions plus défavorables par l'absorption d'une portion de liquide amniotique altéré.

La primiparité prédispose d'une manière manifeste aux maladies puerpérales. Dans le relevé de M. Riecke, la mortalité, considérée d'une manière générale, a été de 1 sur 175, et de 1 sur 143 chez les primipares. Le danger d'un premier accouchement s'est accru avec les progrès de l'âge. Ainsi, chez un cinquième des primipares qui avaient atteint trente ans, la mortalité a été de 1 sur 50. Mais il ne faut pas perdre de vue qu'à l'influence de la primiparité ou de l'âge se joint celle d'un travail souvent plus long et d'une intervention de l'art plus fréquente. L'influence fâcheuse des grossesses et des accouchements doubles est aussi très prononcée : la mortalité a été de 1 sur 57 dans le relevé cité.

Il résulte aussi de relevés statistiques concluants (t. II, p. 154) que la prolongation insolite du travail prédispose beaucoup aux phlegmasies puerpérales. Je dois faire remarquer que la plupart des observateurs ont signalé les accouchements courts et faciles comme exposant davantage les femmes que ceux qui ont une durée moyenne. D'après M. Laserre, pendant la même période la mortalité a été de 1 sur 26 lorsque le travail s'est prolongé plus de dix-huit heures, de 1 sur 36 lorsqu'il ne s'est pas prolongé au delà de six heures, de 1 sur 53 lorsqu'il a duré de six à dix-huit heures. Ce n'est pas parce que l'accouchement est prompt et facile que la femme est plus exposée, mais parce qu'il est rendu tel par les conditions fâcheuses dans lesquelles elle se trouve. C'est un fait bien constaté que les femmes cachectiques, affaiblies par une maladie chronique, etc., celles qui sont dans la période d'incubation ou affectées d'une inflammation viscérale, de la fièvre typhoïde, d'une fièvre éruptive, etc., accouchent souvent très vite et presque sans douleurs. C'est ainsi qu'il faut interpréter ce qu'on a dit du danger des accouchements brusques ou trop prompts. Dans l'épidémie qui régna en 1822 à Marbourg et dans les environs, M. Busch a observé que la maladie n'affectait guère que les femmes dont l'accouchement avait été prompt et facile. Delaroche, Doublet, etc., ont signalé des faits analogues. Mais ces observations doivent être entendues dans le sens de l'aphorisme suivant d'Hippocrate : « Un accouchement subit et sans douleurs doit être suspect, surtout si la femme était déjà languissante ou malade, ou si les lochies sont de mauvaise qualité. »

L'accouchement artificiel a une part considérable dans le développement des phlegmasies puerpérales. Nous avons cherché autant qu'il nous a été possible à établir le chiffre de la mortalité dans chaque espèce. Nous nous bornerons à rappeler ici que, dans le relevé de M. Riecke, la mortalité a été de 1 sur 346 dans l'accouchement naturel, et de 1 sur 12 1/2 dans l'accouchement artificiel. Mais il faut ajouter que, dans un grand nombre de cas, les phlegmasies puerpérales et les manœuvres obstétricales sont étrangères à la mort. En effet, ces relevés comprennent les cas les plus graves d'hémorrhagies utérines, d'éclampsie, d'autres états morbides graves par eux-mêmes, et très souvent la prolongation insolite du travail, ce qui réduit beaucoup la part des manœuvres. La rétention du placenta, la délivrance artificielle, pour lesquelles on doit faire des restrictions analogues, sont aussi des causes très actives de métro-péritonite, et fournissent un chiffre de mortalité presque aussi élevé (t. ii, p. 536).

Tantôt l'action des causes occasionnelles est peu appréciable ou nulle ; la maladie semble se développer d'une manière toute spontanée sous la seule influence de quelques unes des causes prédisposantes ; ce cas est très commun. Tantôt une cause déterminante appréciable concourt d'une manière manifeste à sa production. Pendant les couches, le refroidissement, une émotion morale, une indigestion, l'action de se lever, de se livrer à quelques occupations peu de jours après l'accouchement, la rétention d'urines, une constipation opiniâtre, etc., sont des causes assez communes de métro-péritonite grave pour faire comprendre toute l'importance des règles de conduite qu'on doit faire observer aux femmes en couches. Tantôt la cause occasionnelle a une plus grande part au développement de la maladie, qui peut être souvent considérée comme accidentelle : sous l'influence d'un travail prolongé, de manœuvres obstétricales, etc., l'utérus devient le siége d'une irritation vive, d'une tension comme spasmodique ; ou bien les parties distendues et comprimées entre la tête et le bassin perdent en partie leur tonicité. Dans l'un et l'autre cas, que la femme soit en proie à une grande excitation générale ou éprouve des symptômes d'épuisement, l'utérus et le péritoine ont une si grande tendance à s'enflammer qu'il n'est pas rare qu'ils soient déjà affectés lorsque le fœtus est expulsé. D'autres fois, pendant l'extraction artificielle du fœtus, quelquefois pendant son expulsion spontanée, l'utérus et les parties molles du bassin subissent de fortes contusions, ou le conduit vulvo-utérin des lacérations qui sont promptement le point de départ d'une inflammation qui s'étend au péritoine. Enfin l'accouchement naturel ou artificiel peut déterminer des lésions plus profondes, la rupture complète de l'utérus, du vagin, etc., et la métro-péritonite est symptomatique d'une lésion traumatique grave.

Les causes prédisposantes et occasionnelles que nous venons de passer en revue et d'apprécier expliquent suffisamment pourquoi la métro-péritonite sporadique et accidentelle est une maladie commune dans toutes les conditions et dans tous les temps ; mais elles n'expliquent pas pourquoi elle se présente si souvent à l'état épidémique, et en quelque sorte à l'état endémique dans la plupart des établissements publics consacrés aux femmes en couches.

Dans les plus favorisés, la mortalité y est de beaucoup supérieure à celle du dehors, et dans une proportion effrayante dans ceux qui le sont le moins.

D'après un relevé de M. Deneux, elle a été, à l'Hôtel-Dieu, de 1746 à 1789, en omettant cinq années qui manquent, de 1 sur 21 et une fraction.

Les femmes en couches n'auraient que peu gagné à être transférées à la Maternité ; car le même auteur a trouvé que la mortalité y a été, pendant les 31 premières années, de 1 sur 22, et une fraction ; et elle n'a pas diminué sensiblement depuis. Elle est tout aussi grande, si ce n'est plus, à l'hospice des Cliniques.

Quelques uns des hospices de Londres ne paraissent pas offrir plus de sécurité aux nouvelles accouchées. Il ne faudrait pas croire qu'il en soit de même dans toutes les maisons de femmes en couches. Dans celle de Dublin la mortalité n'a été que de 1 sur 87 pendant une période de 28 ans. Elle aurait été beaucoup moindre dans d'autres, mais d'après des relevés qui, n'embrassant que de courtes périodes, n'ont pas une grande valeur. En général, la maladie reste limitée à l'établissement ; néanmoins, lorsqu'elle sévit avec une grande intensité, qu'elle atteint un grand nombre de femmes, il n'est pas rare de l'observer au dehors dans une proportion plus forte que de coutume et d'une manière en quelque sorte épidémique ; c'est ce qui est arrivé plusieurs fois à Paris dans ces dernières années.

L'épidémie de Londres de 1778 s'étendit dans une assez forte proportion aux divers quartiers de la ville. Delamotte, après avoir rapporté l'observation d'une femme en couches, dans le ventre de laquelle il trouva une sérosité blanche épanchée, et qui, entre autres symptômes, avait eu le ventre dur, météorisé et douloureux au point de ne pouvoir supporter sans douleur le poids des couvertures, ajoute que dans l'année 1713, il mourut à Rouen et à Caen quantité de femmes en couches attaquées de cette maladie, quoiqu'elles eussent été fort heureusement accouchées.

En 1790 et en 1794 des épidémies de fièvre puerpérale régnèrent dans le comté d'Aberdeen. On observa quelques années plus tard une épidémie de même nature à Créteil, près Paris. Dans les maisons d'accouchement, on considère la maladie comme étant à l'état épidémique lorsque le chiffre de la mortalité dépasse la moyenne pendant une période; de sorte que toute recrudescence passe pour une épidémie légère ou grave, courte ou prolongée. Il y a quelque chose d'exagéré et d'inexact dans cette manière de voir. Souvent il n'y a pas plus de raison de considérer comme une épidémie cette augmentation dans le nombre des maladies qu'il n'y en aurait à regarder l'élévation du chiffre de la pneumonie, de la pleurésie, de la bronchite, etc., à diverses époques, comme autant d'épidémies de ces maladies. Mais la métro-péritonite ne se présente pas moins assez souvent avec des caractères franchement épidémiques dans les établissements publics, et quelquefois au dehors.

Il n'est pas facile de saisir d'une manière précise les causes qui rendent dans les maisons d'accouchement la métro-péritonite si commune, comme endémique dans un grand nombre, et souvent épidémique. Les femmes qui y séjournent plus ou moins de temps avant l'accouchement sont-elles plus ou moins exposées que les autres à contracter la maladie ? D'après M. Gérardin, elles le seraient moins à la Maison d'accouchement de Paris. M. Lasserre, reprenant la même question, est arrivé aux résultats suivants : femmes accouchées après un séjour de plus de huit jours, 794 ; malades, 32 ; décédées, 18 : après un séjour de moins de huit jours, 528 ; malades, 32 ; décédées, 17 : entrées en travail, 1,020 ; malades, 68 ; décédées, 52. De ce que les femmes entrées depuis quelque temps à la Maison semblent moins cruellement frappées que celles qui y sont entrées depuis peu ou en travail, il ne s'ensuit pas que l'habitation commune dans des dortoirs, des ouvroirs trop peu spacieux et encombrés ne prédisposent pas à contracter la maladie, mais que cette influence est en partie neutralisée chez les premières par une plus longue habitude, par un espèce d'acclimatement.

Est-ce à l'altération de l'air et par suite à une espèce d'infection qu'il faut rapporter la cause que nous cherchons ? L'air des salles des femmes en couches, s'il n'est pas suffisamment renouvelé ou si les soins de propreté sont négligés, est promptement altéré par la décomposition des lochies, favorisée même, dans les saisons froides, par la chaleur du lit. A cette cause s'ajoute souvent l'encombrement, qui multiplie les émanations putrides et diminue promptement la portion de l'air respirable. S'il est vrai que l'adulte ait besoin de 192 mètres cube d'air en vingt-quatre heures pour sa respiration, et que, dans les salles qui semblent réunir des conditions suffisantes de salubrité, il contienne après une nuit de clôture cinq fois plus d'acide carbonique et cinq fois moins d'oxygène qu'à l'état normal, on conçoit qu'un bien petit nombre de salles de femmes en couches remplissent les conditions nécessaires de salubrité; d'autant mieux que l'espace consacré à chaque nouvelle accouchée est souvent partagé avec son enfant. Que penser alors des anciennes salles des femmes en couches à l'Hôtel-Dieu? Ces salles, les plus basses de l'hôpital, n'avaient que 10 pieds 4 pouces de hauteur ; elles n'étaient séparées de la salle des femmes grosses que par des portes à jour. Les lits, très rapprochés, servaient au besoin à deux ou à trois femmes. « Qu'on entr'ouvre, dit Tenon, ces lits de souffrance, il en sort comme d'un gouffre des vapeurs humides, chaudes, qui s'élèvent, se répandent, épaississent l'air, lui donnent un corps si sensible, que le matin, en hiver, on le voit s'entr'ouvrir à mesure qu'on le traverse, et on ne le traverse point sans un dégoût qu'il est impossible de surmonter.» Il était difficile de ne pas rapporter à l'infection de l'air la mortalité qui, d'après Tenon, était de 1 sur 15.

Mais nous avons vu, d'après un relevé plus étendu, que les femmes en couches avaient peu gagné à être transférées de l'Hôtel-Dieu à la Maternité, et que les améliorations qui y ont été introduites n'ont pas fait sensiblement diminuer le chiffre de la mortalité. Néanmoins elles y sont dans des conditions beaucoup moins mauvaises que dans les anciennes salles de l'Hôtel-Dieu, même en supposant que le tableau tracé par Tenon ne soit pas tout-à-fait exempt d'exagération. Mais telle qu'elle est, la Maison d'accouchement est loin d'offrir des conditions suffisantes de salubrité : deux longs dortoirs de vingt-huit cellules chacune, communiquant les unes dans les autres par le corridor et renfermant assez souvent deux femmes en couches, avec leurs enfants, quoiqu'elles ne contiennent en capacité y compris la portion attenante du corridor, que 30 mètres cubes d'air, difficilement renouvelé au moyen du corridor, c'est-à-dire beaucoup moins qu'il n'en faudrait pour un seul individu. Il semble donc, comme pour les anciennes salles de l'Hôtel-Dieu, qu'on soit autorisé à conclure que l'altération de l'air, une sorte d'infection, ait une grande part dans le développement de la fièvre puerpérale. S'il en est ainsi, l'augmentation accidentelle du nombre des nouvelles accouchées doit se traduire par une augmentation dans le chiffre des malades et de la mortalité.

En réunissant les femmes accouchées dans les mêmes mois, pendant une période de dix ans, M. Lasserre a trouvé que ceux qui sont le plus surchargés sont aussi ceux où la mortalité a été dans la plus forte proportion. Mais comme ce sont les mois de décembre, janvier, février, mars et avril, c'est-à-dire ceux où l'influence atmosphérique exerce le plus son action, on ne peut pas l'attribuer à l'encombrement seul ; d'un autre côté, on n'observe pas des rapports constants entre l'accroissement du nombre des accouchées et les recrudescences de la maladie ou les épidémies ; une mortalité minime coïncide souvent avec un plus grand nombre d'accouchées que durant les épidémies, et celles-ci se manifestent souvent lorsque le nombre des accouchées est le plus bas. De sorte que si on doit admettre que l'altération de l'air par le plus ou moins d'encombrement des salles prédispose à contracter la maladie, à lui imprimer des caractères typhoïdes et à la rendre habituellement commune dans les maisons d'accouchement, on ne peut plus rattacher à cette cause les recrudescences ou au moins les épidémies qui s'y manifestent si souvent.

Cela est rendu encore plus évident par ce qui se passe à la Clinique, où les épidémies sont très fréquentes et la mortalité plus grande qu'à la Maternité, bien que les salles semblent réunir toutes les conditions désirables de salubrité ; elles sont grandes, élevées, bien aérées, tenues proprement, et les lits peu nombreux. Il est vrai qu'on a cru trouver, dans le voisinage des pavillons d'anatomie d'où s'échappent, en été, des émanations putrides infectes qui se répandent dans l'établissement, une cause permanente d'infection. Mais si on fait attention que ces émanations se font à peine sentir en hiver, saison pendant laquelle la mortalité est généralement plus grande et les épidémies plus fréquentes, et qu'il n'y a pas entre la production de ces émanations à un degré très prononcé et le développement de la maladie dans de larges proportions un rapport habituel, on sera forcé de convenir que cette supposition paraît à peu près dénuée de fondement, et que cette cause peut tout au plus concourir à diminuer la salubrité de la maison, et à y rendre les maladies puerpérales habituellement plus communes et plus graves à certaines époques. Les femmes de la classe peu aisée qui accouchent chez elles, manquant souvent de linge et habitant des chambres étroites, sont souvent plongées dans un air plus altéré que celui des salles des femmes en couches : aussi sont-elles assez souvent frappées par la fièvre puerpérale sporadique ; mais lorsque la maladie affecte au dehors des établissements publics des caractères épidémiques, si elle se fait sentir dans la classe pauvre, elle n'atteint pas moins dans une assez forte proportion les classes aisées et riches.

Les saisons froides ont une grande influence sur le développement de la fièvre puerpérale; on en trouve la preuve dans les relevés de Tenon, Delaroche, Dugès, Tonnellé, Berrier-Fontaine, etc. Mais il semblerait que c'est moins à la température basse qu'à ses variations subites et étendues, à l'humidité, et peut-être à la direction des vents. En comparant les relevés de la Maternité de 1814 à 1835, M. Gérardin a trouvé que les mois les plus redoutables pour cette maison sont ceux de février, mars et avril. Il en attribue la cause au nombre d'accouchements plus considérable à cette époque que dans les autres temps de l'année, et à cette saison remarquable par ses fréquentes variations atmosphériques, et surtout par les brusques alternatives de froid et d'humidité. M. Lasserre, en notant les époques où la mortalité a été assez grande pour faire considérer la maladie comme épidémique, a trouvé qu'il y a eu à la Maternité, en douze ans, de 1830 à 1841, quatorze épidémies qui ont emporté 660 malades : une a duré quatre mois; trois, trois mois; trois, deux mois; sept, un mois : trois ont eu lieu en 1830, trois en 1831, une en 1832, deux en 1833, une en 1834, une en 1835, une en 1838, une en 1839 et une en 1841; trois ont été observées en janvier, cinq en février, trois en mars, quatre en avril, une en juin, trois en juillet, deux en août, une en octobre, une en novembre et trois en décembre.

On est fort exposé à tomber dans l'erreur et à introduire de la confusion dans la question lorsqu'on ne note que sur des impressions les conditions météorologiques régnantes pendant une épidémie : c'est ce qui est arrivé à M. Tonnellé, qui a observé à la Maternité pendant l'année si meurtrière de 1829. « Les fièvres puerpérales, dit-il, se sont souvent présentées sous forme épidémique, principalement dans les mois de janvier, de mai, d'août, de septembre et d'octobre, où elles ont sévi avec beaucoup de violence. On serait d'abord tenté de croire que c'est au froid et à l'humidité, qui ont presque constamment régné pendant l'année, qu'il faut en attribuer le développement; mais si ces causes ne sont pas tout-à-fait étrangères à leur production, au moins serait-ce tomber dans une grave erreur que de ne rien voir au-delà. Pour s'en convaincre, il suffit en effet des observations suivantes : pendant le froid sec et vif de janvier, les fièvres puerpérales ont été plus fréquentes; mais, d'un autre côté, pendant le mois de décembre, où des conditions en apparence identiques ont été observées, à peine en avons-nous rencontré quelques exemples.

Enfin, elles ont sévi avec violence pendant la longue et remarquable sécheresse du printemps. » Après avoir cité ce passage, M. Berrier-Fontaine ajoute : « Pour la réfutation du froid humide et de la sécheresse, M. Tonnellé a bien mal choisi ses exemples. Si le mois de janvier, qu'il appelle froid et sec, était un de ces mois ordinaires qui passent inaperçus dans la foule, on pourrait se méprendre ; mais c'est précisément celui qui est désigné comme le plus humide à l'observatoire de Paris pendant les années de 1829 à 1834 : A la vérité, le mois de décembre, peu fertile en décès, quoiqu'il ait présenté un chiffre ordinaire d'entrées à l'infirmerie, a été aussi très humide et plus froid que le mois de janvier ; mais, d'un autre côté, il y a une influence atmosphérique négligée. Dans le mois de janvier, les vents ont soufflé du sud, de l'ouest et du sud-ouest, tandis qu'en décembre l'est, le nord et le sud-est ont particulièrement donné. Enfin la maladie, qui, suivant l'auteur, a sévi pendant la longue sécheresse du printemps, a pourtant été moins cruelle en résultats, puisque le mois d'avril, très humide encore, avait fourni 69 entrées à l'infirmerie, sur lesquelles 44 sont mortes. Ceux de mai et de juin, les plus secs de l'année, ont moins de mortalité, le premier 21, le second 14. » M. Berrier-Fontaine, en rapprochant l'état sanitaire de la Maison d'accouchement, en 1834 et pendant les quatre premiers mois de 1829, des observations météorologiques faites jour par jour à l'Observatoire, a reconnu, laissant de côté tout ce qui est relatif aux variations de la pression atmosphérique, que le thermomètre présente déjà des chiffres plus constamment en rapport avec ceux des maladies observées ; les températures basses ont paru fâcheuses, surtout lorsqu'elles ont été accompagnées d'humidité. Les maladies ont été fréquentes lorsque l'hygromètre de Saussure a varié de 75 à 90°, que la température a été basse, et qu'en même temps les vents soufflaient avec impétuosité de l'ouest, du nord-ouest et même du sud.

En admettant, comme les faits le démontrent, que la température basse, ses variations, le passage subit du chaud au froid, l'humidité de l'air, etc., ont une grande influence sur le développement de la fièvre puerpérale, on conçoit sans peine que la maladie doive se présenter à diverses époques avec des recrudescences comme épidémiques ou ayant réellement ce caractère. L'influence météorologique se fait d'autant plus facilement sentir dans les établissements publics, qu'aux prédispositions communes si prononcées aux phlegmasies puerpérales s'ajoutent encore, pour les femmes qui y sont rassemblées, celles qui résultent, pour un grand nombre, de conditions hygiéniques antérieures mauvaises pour toutes, du plus ou du moins d'altération de l'air des salles, et d'autres causes plus ou moins inhérentes à la vie commune, parmi lesquelles il ne faut pas omettre une certaine uniformité dans le chauffage, tout le contraire de ce qu'il faudrait pour soustraire les salles aux variations atmosphériques. Mais, il faut le reconnaître, surtout lorsque la maladie se présente avec des caractères franchement épidémiques, il s'en faut de beaucoup qu'il existe toujours des rapports directs entre l'état ou les variations météorologiques et le développement de la maladie ; elle peut être rare ou très commune avec des conditions atmosphériques identiques en apparence. Elle a cela de commun avec toutes les maladies qui se présentent sous la forme épidémique, et cette influence occulte donne souvent, dans des conditions semblables, plus ou moins de gravité à la maladie. Lorsque la fièvre puerpérale, sous l'influence de conditions générales appréciables ou non, sévit dans une maison, et plus particulièrement encore lorsqu'elle se manifeste au dehors par des cas plus nombreux que d'ordinaire, il est très commun de voir d'autres maladies, la bronchite, la pneumonie, l'érysipèle, le rhumatisme, des affections gastro-intestinales, affecter dans une plus forte proportion la masse de la population. Je n'invoque pas la contagion, parce qu'elle semble absolument étrangère au développement de la fièvre puerpérale, aussi bien lorsqu'elle est épidémique que lorsqu'elle est sporadique. L'opinion que la fièvre puerpérale est contagieuse, contredite par l'observation journalière, appuyée seulement sur de rares coïncidences, sur quelques faits incomplets et mal interprétés, n'a compté et ne compte encore des partisans que parce que, dans certains esprits, les idées ne cèdent jamais entièrement la place aux faits.

Indications. — La *prophylaxie* se déduit trop naturellement de l'étude des causes pour que nous y insistions en détail. Tout praticien éclairé doit rester profondément convaincu de l'importance qu'il y a à s'abstenir de manœuvres intempestives, à ne pas terminer artificiellement l'accouchement, soit avec la main, soit avec les instruments, sans une nécessité bien démontrée, à remplir les indications qui se présentent pendant le temps des couches, et à faire observer les règles de conduite que nous avons tracées. Après avoir rappelé le chiffre de la mortalité dans la plupart des établissements publics, il nous reste à protester contre cette coupable indifférence qui ne s'émeut pas à la vue d'une situation aussi déplorable, et ne tente rien pour améliorer les conditions de ces tristes asiles de la mort où les mères indigentes sont chaque année décimées!

A en juger par les diverses relations, il existe le plus grand désaccord sur le meilleur *traitement curatif* à opposer à la maladie; les moyens vantés par les uns sont blâmés comme inefficaces et dangereux par les autres. Ce n'est pas seulement sur des vues théoriques qu'est fondée la dissidence, mais elle semble ressortir même de l'observation impartiale des faits; ce qui dépend de ce qu'à certains degrés ou avec certains caractères elle se joue, il faut bien l'avouer, de toutes les ressources de la thérapeutique, et de ce qu'elle ne se prête pas à une méthode de traitement uniforme et constante. Néanmoins l'observation clinique démontre tous les jours que certains moyens employés dans des conditions déterminées ont une influence favorable et souvent décisive sur sa marche et sa terminaison. Parmi ces moyens, les émissions sanguines tiennent la première place, et sont, à proprement parler, la base du traitement véritablement actif et efficace; les autres ne sont en quelque sorte que des auxiliaires, dont quelques uns, comme les vomitifs, les purgatifs et les mercuriaux, deviennent, dans quelques circonstances, les moyens principaux, soit d'emblée, soit concurremment avec ou après les émissions sanguines employées avec beaucoup de réserve et de ménagement.

Un grand nombre de praticiens préconisent les évacuations sanguines comme le meilleur et l'unique moyen à opposer à cette affection; d'autres n'en usent qu'avec sobriété et réserve; enfin quelques uns les condamnent comme essentiellement nuisibles. Si les premiers ne tiennent pas suffisamment compte des contre-indications, il est évident que les autres, les derniers surtout, les généralisent et les érigent en règle. C'est un fait tellement bien établi que les émissions sanguines hardiment employées sont le moyen principal véritablement efficace de traiter la maladie lorsqu'elle est sporadique ou accidentelle, et qu'il n'existe pas de contre-indications, telles que celles qui résultent d'une période trop avancée, de l'épuisement des forces par la misère, diverses cachexies, un travail long et laborieux, etc., qu'il est superflu d'en fournir les preuves. Mais lorsqu'elle est épidémique, les émissions sanguines sont d'un emploi moins sûr et moins général, et l'on n'a que trop souvent l'occasion d'en constater l'inefficacité et même le danger. Néanmoins il s'en faut de beaucoup qu'il en soit toujours ainsi. Je citerai, entre autres exemples, les épidémies observées par Gordon à Aberdeen et dans les environs pendant une période de plusieurs années. La méthode de traitement que le médecin anglais trouva la plus efficace consistait dans des saignées abondantes, pratiquées aussitôt après l'invasion des premiers symptômes; mais elles ne répondaient nullement à son attente lorsqu'elles n'étaient pas employées largement et de bonne heure. Quand il retirait seulement dix à douze onces de sang, il ne manquait pas de voir ses malades périr; mais dès qu'il eut le courage de leur en faire perdre le double d'une seule fois et dès le commencement, cette méthode fut suivie du succès le plus complet. W. Hey a obtenu, des évacuations sanguines, des résultats aussi avantageux dans l'épidémie qui régna à Leeds de 1819 à 1822. Au commencement de l'épidémie, il avait employé les purgatifs avec quelque utilité; mais il n'avait pu, dans la plupart des cas, procurer à ses malades qu'un soulagement, à la vérité marqué, mais de courte durée, et sur 14, 3 seulement avaient survécu. Les succès obtenus par Gordon l'engagèrent à ajouter la saignée aux purgatifs, et il vit aussitôt sa pratique devenir infiniment plus heureuse : sur 37 malades qu'il traita ainsi, 3 seulement moururent. Il tira jusqu'à 30, 40 et même 50 onces de sang dans les douze premières heures, en proportionnant l'abondance des saignées à l'urgence et aux progrès des symptômes, pourvu que la malade ne fût pas dans un état désespéré. Denman, qui avait d'abord professé que la saignée ne lui avait pas paru être le remède le plus naturel et le plus sûr qu'on pût opposer à la fièvre puerpérale, se rétracta dans la suite, en ajoutant qu'une expérience nouvelle et répétée l'avait convaincu que ses raisonnements étaient faux et ses craintes sans fondement; que ce qu'il avait considéré comme des preuves de l'insuffisance et de l'impropriété de la saignée dans la fièvre puerpérale vraiment inflammatoire doit en réalité être attribué à ce qu'il avait négligé de l'employer d'une manière convenable et dès les premiers instants. Delaroche, dont l'ouvrage est presque entièrement le fruit de l'observation, a dit : « Je crois que, dans presque tous les cas graves, la saignée est le remède essentiel et sur lequel on doit le plus compter pour assurer la guérison. Et comme les progrès de cette maladie sont très rapides, lorsque l'inflammation est violente, il faut, autant qu'il est possible de le faire, saigner dès que les symptômes commencent à devenir graves. » Même dans les établissements publics, où la maladie a habituellement beaucoup de gravité et une marche rapide, on a fréquemment constaté les bons effets des émissions sanguines abondantes, employées de bonne heure. Il n'est pas sans importance de le rappeler, parce que les cas nombreux où, employées ainsi, elles sont non seulement insuffisantes, mais encore aggravent la maladie et hâtent la mort, sont venus jeter une espèce de défaveur sur ce moyen et empêcher souvent qu'on en tire, dans les cas où elles sont le mieux indiquées, tout le parti qu'on peut en attendre. Il nous reste donc à préciser à quelle époque, dans quelle mesure et sous quelle forme elles doivent être employées, ce qui, dans l'application, offre souvent des difficultés qui justifient les détails dans lesquels nous allons entrer.

Pour obtenir les bons résultats qu'on peut légitimement attendre des émissions sanguines, il faut y avoir recours de bonne heure et seulement pendant la période de réaction. Lorsqu'avec un épanchement dans la cavité du péritoine se sont déjà manifestés les divers symptômes graves qui caractérisent la période de colapsus, au lieu de produire de bons effets elles aggravent l'état de la malade et détruisent le peu de chances de salut qui reste; et cela dans toutes les variétés de la maladie, aussi bien dans celles où elles sont pleinement indiquées dans le principe que dans les autres. Si l'on fait attention à sa marche, ordinairement si rapide, on restera facilement convaincu que l'opportunité des émissions sanguines est généralement limitée à un laps de temps assez court. M. Legoüais, qui s'est attaché, avec des observations recueillies à la Maternité, à faire ressortir l'importance d'y avoir recours de bonne heure, a cru pouvoir établir qu'on devait entendre, par première période, celle qui s'étend au plus aux vingt-quatre premières heures après l'invasion. Mais une limite posée aussi arbitrairement ne peut être que très souvent en défaut : c'est surtout le caractère des symptômes et leur ensemble qui doivent servir de règle de conduite. Dans beaucoup de cas graves, des évacuations sanguines pratiquées douze, quinze heures après le début, sont déjà inutiles ou nuisibles; quelques uns semblent les exclure même dès le début; tandis que dans d'autres, où l'inflammation est restée plus ou moins limitée dans la partie inférieure de l'abdomen, où il y a une succession marquée entre l'inflammation de l'utérus et celle du péritoine ou entre divers points de celui-ci, elles peuvent être indiquées le troisième, le quatrième jour et plus tard encore. Il en est de même des cas où la maladie, ayant été amendée par un traitement antiphlogistique, se réveille avec une nouvelle intensité après un ou deux jours d'apparence de convalescence; de ceux où, s'étant présentée au début avec des caractères qui rendent réservé sur l'emploi des émissions sanguines, elle prend un peu plus tard, spontanément, où sous l'influence d'une autre médication, une forme inflammatoire moins équivoque. Mais je dois ajouter que ces émissions sanguines tardives doivent généralement être locales et peu abondantes.

Aucune forme, aucune variété de la maladie n'exclut d'une manière absolue et *à priori* les émissions sanguines; mais, abstraction faite des particularités individuelles ou accidentelles qui en restreignent plus ou moins l'emploi, elles ne sont pas dans toutes indiquées d'une manière uniforme. Qu'elle soit symptomatique ou accidentelle, sporadique ou épidémique, lorsqu'elle se présente avec des phénomènes de réaction francs, comme cela arrive le plus souvent dans les trois premiers cas, elles doivent être employées sans hésitation, et la quantité du sang retiré doit être proportionnée aux forces de la malade et à l'intensité des symptômes : une, deux saignées de 300 à 400 grammes, une ou deux applications de 20, 40 sangsues sur les points douloureux du ventre, dans les vingt-quatre ou quarante-huit premières heures.

Les émissions sanguines sont encore le remède efficace, et ne peuvent être remplacées par aucun autre moyen, quoiqu'elles échouent déjà souvent, lorsque les phénomènes de réaction sont dominés par l'intensité de l'inflammation du péritoine, qu'il y a oppression et non anéantissement des forces. Le facies a une expression d'une anxiété des plus douloureuses, le pouls est très fréquent, petit, mais dur et concentré, la respiration accélérée et costale; l'immobilité que garde la malade ne tient pas à un état de faiblesse extrême, mais à la crainte d'exaspérer la douleur de l'abdomen, qui est extrêmement vive, superficielle et étendue; il y a plutôt de l'excitation que de la stupeur. Dans ce cas, les émissions sanguines sont encore franchement indiquées, et on tire des effets plus prompts et plus durables de larges applications de sangsues sur l'abdomen que de la saignée, dont on peut s'abstenir, pour revenir aux sangsues en grand nombre, tant que l'acuité des symptômes l'exige et que les forces se relèvent.

Mais, il faut le reconnaître, lorsque les émissions sanguines employées hardiment et à propos ont de bons effets, la maladie se présente avec des caractères particuliers : l'invasion et la marche ne sont pas très rapides; la douleur, au lieu de s'étendre d'abord à tout l'abdomen, a plutôt de la tendance à rester limitée à sa portion sous-ombilicale; la période de réaction ou d'excitation est plus ou moins marquée et soutenue; si le pouls est déjà très fréquent, il est plutôt dur, concentré que faible; ou bien elle se présente avec les symptômes qui l'ont fait désigner par quelques praticiens sous le nom de fièvre puerpérale inflammatoire Leur opportunité décroît rapidement avec l'apparition des phénomènes typhoïdes ou de collapsus. Plusieurs cas peuvent se présenter.

Les phénomènes peuvent être mixtes et équivoques dès le début; la réaction est incomplète, mais la marche de la maladi n'est pas très rapide : à plusieurs des symptômes rappelés plus haut s'ajoutent bientôt du météorisme, de la diarrhée, de la tendance à la stupeur et à l'adynamie. Un traitement antiphlogistique énergique est contre-indiqué; mais on peut encore obtenir de bons résultats des émissions sanguines peu abondantes. Il faut pratiquer une saignée explorative, ou bien, guidé par quelques symptômes locaux, appliquer quinze, vingt sangsues sur les points douloureux du bas-ventre ou à la vulve, suivant qu'on veut agir plus directement sur le péritoine ou sur l'utérus, et observer avec soin l'effet produit pour être à même d'insister ou de s'abstenir suivant qu'il est bon ou mauvais, et de chercher d'autres indications en perdant le moins de temps possible.

Lorsque la période de réaction est nulle ou à peine marquée, que le pouls est très fréquent et faible, que des phénomènes prononcés de collapsus apparaissent dès le début ou peu de temps après, alors même que la maladie n'a pas une marche assez rapide pour mériter le nom de *foudroyante* ou de *typhus puerpéral*, il n'y a rien à attendre de bon des émissions sanguines, et l'on voit souvent une saignée peu abondante ou une application d'un petit nombre de sangsues seulement, aggraver la maladie et hâter la terminaison par la mort. Malheureusement elle ne se présente que trop souvent avec ces caractères dans les hôpitaux, surtout lorsqu'elle sévit d'une manière épidémique. Mais il est à remarquer que, lorsqu'à la cause locale de l'épidémie s'ajoute une cause générale, sous l'influence de laquelle des cas plus ou moins nombreux se déclarent au dehors, les émissions sanguines sont souvent appliquées avec succès à ceux-ci, qui n'ont pas absolument les mêmes caractères, quoique la cause paraisse identique. Mais là où les émissions sanguines sont sans effet ou nuisibles, la maladie a ordinairement une gravité telle, que les autres moyens doivent aussi échouer : seulement, ils ne paraissent pas, comme elles, avoir des effets nuisibles, et produisent quelquefois des améliorations passagères.

Il existe encore d'autres contre-indications de l'emploi des émissions sanguines, abondantes ou répétées, qui ne sont pas tirées de la forme et des caractères de la maladie. Les principales sont une constitution affaiblie ou détériorée par la misère, le chagrin, des maladies antérieures, une hémorrhagie abondante pendant ou après l'accouchement, par un travail assez long et laborieux pour produire un épuisement prolongé. Néanmoins il est peu de ces péritonites ou métro-péritonites qui les contre-indiquent d'une manière absolue; mais elles se terminent ordinairement par la mort, parce qu'elles sont généralement très graves, et qu'on ne peut employer que d'une manière très restreinte le moyen le plus efficace de combattre l'inflammation. En général, les femmes en couches, même dans de bonnes conditions antérieures, supportent moins bien les émissions sanguines abondantes, et cette disposition est d'autant plus prononcée que le moment de l'accouchement est moins éloigné.

Les vomitifs, dont on a exagéré les avantages, tiennent cependant une place importante dans le traitement curatif comme moyen principal. White est un des premiers qui en aient préconisé les bons effets. Il faisait usage du tartre stibié, et plus souvent encore de l'ipécacuanha, qu'il donnait tantôt à la dose de 24 grains, tantôt à une dose plus faible. Ayant administré ce dernier remède à six femmes attaquées de fièvres puerpérales qui n'étaient point encore compliquées d'accidents fâcheux, elles guérirent, soit par des sueurs, soit par des selles. L'utilité des vomitifs dans les maladies aiguës des femmes en couches n'était pas inconnue aux médecins français. A. Petit en parle comme d'un moyen qu'on doit employer dans plusieurs circonstances, et il recommande surtout l'ipécacuanha contre la diarrhée. Les médecins de l'Hôtel-Dieu avaient déjà plusieurs fois essayé de ce remède, lorsque Doulcet vint, en 1782, lui donner une vogue extraordinaire, mais qui ne fut pas de longue durée. Il administrait l'ipécacuanha à l'invasion de la maladie, et répétait deux ou trois fois ce remède lorsqu'elle ne prenait pas un caractère plus avantageux après la première dose ; puis il soutenait les déjections alvines par une potion composée de deux onces d'huile d'amandes douces, d'une once de sirop de guimauve et de deux grains de kermès minéral, qu'il faisait prendre par cuillerées. Pendant une épidémie de quatre mois, il ne perdit que cinq ou six femmes qui s'étaient refusées à prendre le remède, et plus de deux cents malades furent sauvées. Ces résultats extraordinairement heureux furent confirmés par ses collègues de l'Hôtel-Dieu et consignés dans un rapport fait par ordre du gouvernement. On ne doutait plus qu'on n'eût enfin trouvé un moyen certain de guérir à son début la maladie la plus dangereuse qui puisse atteindre les femmes en couches. La mort vint enlever Doulcet au milieu de si douces illusions, et les épidémies de l'Hôtel-Dieu reprirent leur gravité, malgré le soin qu'on mit à administrer la méthode toute-puissante.

Il est généralement vrai que, dans beaucoup de circonstances, les différentes épidémies de fièvre puerpérale ne se prêtent pas à une méthode de traitement uniforme : tandis que les unes réclament les antiphlogistiques, les autres les excluent ou au moins ne les réclament qu'avec une grande réserve ; et, dans ce cas, les vomitifs, les purgatifs, les mercuriaux ont assez souvent une efficacité qu'ils n'ont pas dans les circonstances ordinaires : l'indication spéciale de l'épidémie étant saisie et remplie à propos, on peut espérer d'en atténuer les ravages. En a-t-il été ainsi dans l'épidémie observée par Doulcet? Il est permis d'en douter. Il parle d'une épidémie qui sévit avec fureur pendant quatre mois. Pour qui connaît la gravité de cette maladie, il est impossible d'admettre que, sur plus de deux cents femmes qui en seraient réellement atteintes, il n'en succombât pas une seule. Ne faut-il pas plutôt admettre que les maladies qui régnèrent à cette époque sur les femmes en couches de l'Hôtel-Dieu n'ont été autre chose que des embarras gastriques, bilieux ou muqueux, sans complication de l'inflammation du péritoine ou de l'utérus, ou bien d'autres affections fébriles peu graves? Dans la plupart des cas, le diagnostic n'a pu être établi que d'une manière très incomplète, puisque, sur le plus faible indice de maladie, on administrait à toute heure du jour et de la nuit le remède tout-puissant. Ce soin étant confié à la sage-femme en chef et probablement encore à d'autres personnes moins expérimentées, la crainte d'une part, la confiance dans le remède de l'autre, ont dû le faire administrer à beaucoup de femmes légèrement indisposées. De sorte qu'il est difficile de tirer des expériences de Doulcet des conclusions de quelque valeur en faveur de l'ipécacuanha, même comme moyen préventif, dans le traitement de la fièvre puerpérale ou de quelques unes de ses formes. Mais on trouve dans le mémoire de Doublet des observations concluantes qui ne laissent pas de doute sur les avantages qu'on peut retirer des vomitifs dans des cas où la maladie est bien confirmée, et se présente déjà sous une forme grave. Hufeland, qui regardait les vomitifs comme l'unique remède efficace et pouvant remplir à la fois toutes les indications dans le traitement de la fièvre puerpérale, cite trois exemples de succès tirés de sa propre pratique, d'autant plus remarquables qu'un état inflammatoire dominant semblait contre-indiquer cette médication. Il ajoute que, dans l'épidémie de Cassel, observée par Osiander, de toutes les femmes attaquées de cette fièvre, une seule, qui se trouvait déjà dans un état désespéré, fut sauvée, et cela par le moyen de l'émétique. De neuf malades dont Selle lui avait communiqué l'histoire, une seule fut guérie, et ne dut son salut qu'à l'usage réitéré des vomitifs. Cliet, de Lyon, a également publié des observations de succès par l'ipécacuanha, seul ou combiné avec les émissions sanguines. Et, de nos jours, M. Récamier et M. Tousseau emploient souvent ainsi les vomitifs.

Tout en faisant la part des exagérations, il faut reconnaître que les vomitifs, sans avoir rien de spécial, si ce n'est peut-être l'action contre-stimulante de l'émétique, sont dans quelques circonstances un moyen d'une assez grande efficacité. Ils paraissent agir en produisant sur l'économie un double effet : comme évacuant à la manière des purgatifs, et en éveillant dans les principales fonctions une réaction salutaire. « Malgré l'affection locale, dit M. Trousseau, administrez l'ipécacuanha et les évacuants, et vous disposerez toujours l'organisme à une réaction avantageuse contre l'infection épidémique. » Ce dernier effet est des plus manifestes dans un assez grand nombre de cas. Je vais m'expliquer par quelques exemples dans lesquels je cherche à résumer les observations en faveur de cette méthode. Une femme en couches, bien portante ou déjà indisposée, est prise de frissons et d'autres phénomènes fébriles plus ou moins intenses; le pouls est fréquent, mais plutôt petit ou dépressible que fort ou dur, la peau sèche et chaude, le ventre un peu météorisé, la douleur abdominale médiocrement vive ; il y a déjà un premier degré d'anxiété, d'altération des traits, de l'abattement plutôt que de la stupeur ou de l'adynamie; quelquefois déjà des nausées ou des vomissements et de la diarrhée. 1 gramme, 1 gramme 1/2 d'ipécacuanha administré en deux doses, détermine des vomissements abondants; le pouls prend de l'ampleur et perd de sa fréquence, la peau devient humide et le siége d'une chaleur plus douce, le visage animé, le ventre moins tendu ; en un mot, à une réaction équivoque succède une réaction franche qui laisse des chances d'une résolution prompte et de pouvoir diriger des émissions sanguines contre les symptômes locaux lorsqu'ils paraissent l'exiger. Mais cet effet salutaire est loin de se produire dans la majorité des cas, et dans beaucoup il est très passager et ne peut être soutenu par de nouvelles doses du remède.

Avec des symptômes moins prononcés et tout-à-fait au début, un vomitif dissipe quelquefois cet appareil morbide effrayant, et la métro-péritonite, qui semblait imminente, ne se déclare pas. Le même résultat peut être obtenu par une émission sanguine, et même quelquefois à la suite de la réaction spontanée, accompagnée de sueurs abondantes, qui succède au frisson du début. La maladie est-elle simplement imminente et prévenue, ou déjà déclarée et dissipée? Les deux suppositions me semblent admissibles. Quant à la seconde, qui est de nature à rencontrer des contradicteurs, je me bornerai à dire que l'observation attentive de quelques faits m'a laissé convaincu que l'inflammation réellement déclarée peut se terminer par une prompte résolution, une espèce de délitescencé, ou être rapidement dissipée, et pour me servir d'une expression réhabilitée, être jugulée à son début par un traitement approprié.

Il est bien essentiel de ne pas se méprendre sur les indications des vomitifs. Ils sont indiqués lorsqu'il existe un état muqueux ou bilieux ; mais nous avons déjà fait observer que cette complication est fort rare, qu'on a pris le plus souvent pour telle les troubles de l'estomac qui sont propres à la maladie, un état de la langue et une céphalalgie qui sont le cortége ordinaire des phlegmasies aiguës. Ils trouvent principalement leur application lorsque la maladie est épidémique ; mais il faut qu'elle se présente avec les caractères dont nous avons mentionné les principaux traits plus haut. On peut également les employer avec avantage dans les métro-péritonites sporadiques ou accidentelles où l'on retrouve quelques uns de ces caractères.

Ils sont contre-indiqués d'une manière formelle lorsque les symptômes de péritonite sont très intenses. L'administration d'un vomitif, d'un purgatif et même d'un simple lavement exaspère la douleur abdominale par les mouvements qui sont imprimés aux intestins ; la douleur, de partielle, devient souvent rapidement générale ou au moins très étendue, et l'état de la malade est visiblement aggravé. J'ai vu si souvent les mauvais effets de l'emploi intempestif de ces moyens, que je suis étonné qu'ils n'aient pas frappé d'une manière plus particulière l'attention des praticiens. Il est peu de métro-péritonites sporadiques ou accidentelles où l'on puisse administrer d'emblée, au début, un vomitif ou un purgatif ; ils ne deviennent opportuns que lorsque la douleur abdominale, ordinairement vive, a été calmée par des antiphlogistiques ; et il en est souvent de même lorsque la maladie règne d'une manière épidémique.

Les purgatifs reconnaissent les mêmes indications et les mêmes contre-indications que les vomitifs. Cependant leur emploi est plus étendu ; car, si on peut les employer comme moyen principal dans les mêmes cas que les vomitifs, auxquels on les fait souvent succéder, on les associe presque toujours aux émissions sanguines comme auxiliaires, quelle que soit la variété ou la forme de la maladie. On les emploie contre la constipation, très commune au moins pendant une partie de la durée de la maladie. Si les douleurs abdominales ne sont pas très aiguës, on peut les administrer immédiatement après les premières émissions sanguines ; dans le cas contraire, il faut attendre qu'on ait obtenu une rémission dans la douleur et la tension abdominale ; et comme on se propose d'entretenir une diarrhée modérée, on continue à les employer à petite dose. Lorsque la diarrhée persiste ou se développe dès le début, comme cela arrive assez souvent dans les épidémies, on pourrait croire qu'ils sont superflus et même contre-indiqués ; cependant, dans ce cas, ils produisent encore de bons résultats, et souvent, loin de l'augmenter, ils la font diminuer et lui donnent de meilleurs caractères. Les bons effets des purgatifs comme auxiliaires des émissions sanguines ont été constatés par tous ceux qui ont écrit d'après l'observation ; mais on trouve de plus un assez grand nombre de faits où l'on voit que les purgatifs ont amené une prompte amélioration, puis la guérison, tandis que les émissions sanguines n'avaient produit que peu de soulagement ou avaient semblé aggraver l'état des malades.

Je vais faire connaître les principaux purgatifs employés et le mode de les administrer, en indiquant la pratique de quelques médecins plus particulièrement habitués à soigner les maladies des femmes en couches. Chaussier se servait d'un mélange à parties égales d'huile de ricin et de sirop de chicorée composé ou de rhubarbe. Il faisait d'abord prendre à la malade une ou deux cuillerées de ce mélange, continuait d'en donner une cuillerée à des intervalles de demi-heure en demi-heure, jusqu'à ce que l'effet laxatif fût produit, et entretenait les évacuations tant que les accidents persistaient. C'est encore l'huile de ricin ou les purgatifs salins doux qu'on emploie généralement. M. Trousseau, après l'ipécacuanha, administre dans les cas graves les drastiques, l'eau-de-vie allemande, à la dose de 40 grammes, ou l'huile de croton tiglium, à la dose de 3 gouttes dans un looch (Bouchut). Denman, concurremment avec les saignées hâtives, donnait l'émétique de manière à faire vomir, à purger et à produire de la transpiration ; il employait 2 grains de tartre stibié avec 2 onces d'yeux d'écrevisse, à prendre depuis 3 grains jusqu'à 10 à la fois. White, qui condamnait tout-à-fait la saignée, donnait d'abord l'émétique, puis un laxatif et des diaphorétiques ; il faisait prendre ensuite le quinquina avec l'acide sulfurique. J. Clarke avait surtout confiance dans les purgatifs salins. Gordon et Hey, qui ont employé avec tant d'énergie les émissions sanguines, administraient en outre un bol composé d'un demi-gros de poudre de jalap, mêlée avec trois ou quatre grains de mercure doux ; ils entretenaient les évacuations avec une solution d'un sel purgatif dans de l'eau simple ou une infusion de séné. Dès le début, M. Burns fait pratiquer une saignée, appliquer des sangsues et donner quelques lavements purgatifs avec une forte dose de calomel, ou une quantité modérée d'huile de ricin, ou une infusion de séné ou une solution de sulfate de magnésie.

Les préparations mercurielles, employées en 1764 par R. Hamilton, ont été popularisées en France par Chaussier et M. Velpeau. Le calomel était administré autant à titre de remède spécial que comme purgatif. C'est sur une action spéciale des mercuriaux qu'on s'est fondé pour les proposer à l'intérieur et en friction sur l'abdomen comme moyen principal ou auxiliaire. Vanderzande, médecin de l'hôpital civil d'Anvers, ayant vu échouer depuis deux ans toutes les méthodes ordinaires de traitement, proscrivit dès le début de la maladie, le calomel uni à la jusquiame et à l'opium; les deux dernières substances n'étaient employées que pour la douleur abdominale et l'agitation du système nerveux. Lorsque les vomissements s'opposaient à l'administration du calomel, il le remplaçait par les frictions d'onguent mercuriel à haute dose (6 à 8 gros par jour) sur le ventre et sur les cuisses; il continuait l'emploi des mercuriaux jusqu'à ce qu'il survînt de la salivation. Dès les premiers signes qui l'annonçaient, il pouvait prononcer sur l'issue heureuse de la maladie qui était ordinairement jugée avant le cinquième jour. Il proscrivait les émissions sanguines et employait seulement des fomentations sédatives et émollientes sur le ventre et des lavements de même nature. Il faisait usage depuis plusieurs années de ce mode de traitement, lorsqu'il publia en 1824 le résultat de ses expériences; et il rapporte des observations de métro-péritonites graves terminées par la guérison qui semblent d'autant plus concluantes qu'aucun autre moyen actif n'a été employé. M. Velpeau a également préconisé, comme moyen principal, les frictions d'onguent mercuriel à haute dose, et depuis quelques années on les emploie fréquemment, mais plutôt comme moyen accessoire, après l'emploi des émissions sanguines, et dès le début, dans les cas où l'on doit s'en abstenir, on ne les emploie qu'avec réserve. On étend deux fois par jour sur le ventre et même sur la partie supérieure des cuisses 10 à 20 grammes de pommade mercurielle; dès qu'elle forme une couche épaisse, il faut l'enlever avant d'en étendre une nouvelle; et quand on observe un commencement de salivation, on s'arrête et l'on nettoie la paroi abdominale; comme on se propose de la déterminer le plus tôt possible, il serait bon d'administrer en même temps du calomel à l'intérieur. Ce mode de traitement a passé dans la pratique sans que son efficacité soit démontrée d'une manière certaine. Il faut beaucoup rabattre des espérances qu'il a fait concevoir. Je ne l'ai vu modifier avantageusement la maladie dans aucun des cas que j'ai observés. Lorsqu'elle est très intense et sa marche rapide, la malade succombe avant qu'il se manifeste des symptômes de salivation. Dans le cas contraire, elle n'est pas très intense ni sa marche très rapide, et la salivation ne survient souvent qu'après qu'une amélioration prononcée s'est déjà manifestée, c'est-à-dire à une époque où l'absorption s'exerce plus facilement. Il est généralement vrai que, lorsqu'elle se déclare, on peut compter sur la guérison; il y en cependant plusieurs exemples de femmes qui ont succombé après son apparition. Il est permis de croire que lorsque des escarres se sont formées dans la bouche et le pharynx, d'autres causes ont concouru à les produire. Par conséquent, quoiqu'il doive rester des doutes sur l'efficacité de ce moyen, on ne doit pas le négliger dans une maladie contre laquelle les moyens les plus efficaces sont souvent insuffisants.

D'autres remèdes ont joui d'une vogue qu'ils n'ont pu soutenir, ce qui doit nous faire craindre pour plusieurs de ceux en qui nous avons encore quelque confiance. Nous ne voulons rappeler que ceux qui sont de nature à remplir certaines indications. Pouteau a attribué au camphre les prodiges revendiqués par Doulcet pour l'ipécacuanha. Témoin des épidémies de fièvre puerpérale qui enlevaient les nouvelles accouchées de l'Hôtel-Dieu de Lyon, il conseilla de leur administrer le camphre à haute dose, comme il le faisait pour l'érysipèle. Un premier succès l'ayant encouragé, il conseilla à la sœur d'avoir une provision de potions camphrées; le succès fut toujours le même à chaque occasion de s'en servir, et toutes les malades qui n'en firent pas usage moururent. Dans le siècle passé on avait encore une telle confiance en son efficacité que c'est à peine si Delaroche ose lui refuser le titre de spécifique. « Malgré les succès de Pouteau, malgré ce que j'ai vu moi-même des heureux effets de ce remède, je ne saurais le regarder comme étant véritablement un spécifique dans la fièvre puerpérale. »

Le camphre uni au quinquina a été donné par Leake, Storck, Doublet, Delaroche et la plupart de leurs contemporains. J. Clarke proscrivait la saignée et conseillait le quinquina aussi largement que l'estomac peut le supporter. Quoique le camphre et le quinquina séparés ou associés n'aient pu soutenir leur réputation, il ne s'ensuit pas qu'ils ne puissent être utiles pour remplir quelques indications, surtout lorsque la maladie est épidémique et qu'elle a une tendance marquée à la suppuration diffuse et à se présenter avec des caractères typhoïdes ou adynamiques. Je n'ai pas vu employer le camphre, mais je suis resté convaincu que le quinquina (sulfate de quinine), administré dans les conditions que je viens de mentionner, modifie quelquefois d'une manière avantageuse les symptômes les plus graves.

Le sous-carbonate de potasse a été administré à la dose de 12,

15, 24 grains en potion dans le but, peu propre à le recommander, de prévenir la coagulation du lait épanché et de dissoudre celui qui est déjà coagulé. M. Tessier préconise en ce moment l'aconit.

L'essence de térébenthine, employée avec succès à Dublin, par Brénan, à la dose de 1 à 2 gros toutes les trois ou quatre heures, tant que l'état de la malade l'exige, n'a pas réussi en d'autres mains, quoiqu'à cette dose elle puisse être considérée comme un purgatif, et comme tel de nature à être de quelque utilité.

Aux moyens curatifs simples ou combinés, s'ajoutent d'autres soins qui complètent le traitement. Lorsque la douleur abdominale est très vive, il arrive quelquefois que la malade ne peut supporter ni les cataplasmes ni les linges imbibés de liquides chauds et émollients; mais, dans les autres cas, il ne faut pas négliger ces applications émollientes, qu'on peut rendre sédatives par l'addition de laudanum, etc.; par leur seule influence, on voit souvent les douleurs abdominales diminuer et les lochies reprendre leur cours. L'avantage que peuvent procurer les bains est plus que balancé par les inconvénients de déplacer la malade, de l'exposer à se refroidir. Dans beaucoup de cas, il lui serait presque impossible d'en prendre même dans une baignoire à châssis mobile, pouvant être élevé et abaissé à volonté, et sur lequel on peut lui donner l'attitude qu'elle a dans le lit.

Les boissons doivent être, comme dans les autres phlegmasies aiguës, légèrement sucrées, gommeuses, acidules, aromatiques; on se propose de modérer la soif et la chaleur, quelquefois d'exciter de la transpiration et de la réaction; elles doivent être prises en petite quantité à la fois, afin de ne point augmenter la disposition aux vomissements.

La fréquente coïncidence d'une amélioration passagère ou soutenue avec des sueurs abondantes, la réaction si souvent incomplète après le frisson initial, ont dû faire espérer qu'on retirerait quelques avantages des sudorifiques sous diverses formes. Mais malheureusement lorsqu'il n'existe pas une tendance marquée à une réaction avec transpiration, et qu'elle ne se déclare pas sous l'influence de quelques uns des moyens actifs que j'ai déjà fait connaître, les autres restent ordinairement sans effet. Les bains de vapeur ne font le plus souvent que réchauffer momentanément la peau sans relever le pouls, ou déterminent des sueurs passagères, à la suite desquelles l'affaissement est généralement aussi prononcé qu'auparavant. On retrouve d'ailleurs les mêmes difficultés et les mêmes inconvénients que pour les bains ordinaires. Chaussier a imaginé un appareil à l'aide duquel on fait arriver la vapeur sous le drap et les couvertures, soulevés par deux cerceaux, et avec lequel on peut donner assez convenablement un bain de vapeur; mais tout le lit est imprégné d'humidité qui le refroidit et met dans l'obligation de faire promptement transporter la malade dans un autre. Depuis Chaussier, cet appareil a été peu employé à la Maison d'accouchement, et c'est tout au plus si les expériences ont été assez nombreuses pour avoir une opinion motivée sur la valeur des bains de vapeur. On se borne le plus souvent, lorsque la réaction est incomplète et obscure, à donner des boissons chaudes, diffusibles et aromatiques, auxquelles on ajoute assez souvent de l'acétate d'ammoniaque liquide, ou une préparation alcoolique. Sous l'influence de ces moyens on voit quelquefois la circulation se relever et le pouls prendre de la force et de la résistance; mais le plus souvent ces excitants n'ont que des effets peu marqués, et ne déterminent qu'une réaction passagère sans modifier la marche de la maladie.

Pour provoquer de la réaction, après le frisson initial, on obtient quelquefois, concurremment avec les moyens précédents, de bons effets des frictions sèches, de sinapismes promenés sur les membres inférieurs. Il y a peu de chose à attendre de l'effet révulsif déterminé par l'allaitement, les ventouses sèches sur les seins. Lorsque la maladie prend une forme adynamique ou ataxique prononcée, les vésicatoires sur les jambes, les cuisses, peuvent être de quelque utilité; mais les cas où ils paraissent convenir le mieux sont ceux où l'inflammation du péritoine étant calmée, le plus grand danger résulte de l'épanchement; on peut alors en appliquer de larges sur le ventre.

On oppose à quelques symptômes devenus dominants une médication spéciale. Les vomissements sont quelquefois calmés par quelques sangsues à l'épigastre, l'eau gazeuse, une préparation opiacée, la glace; la diarrhée excessive, par les mucilagineux, l'opium; le météorisme porté au point de gêner considérablement la respiration, par les embrocations d'huile de camomille camphrée, les purgatifs, les toniques; le délire avec agitation par la saignée, les antispasmodiques seuls ou unis à l'opium, par les révulsifs; l'adynamie par le quinquina, le camphre, les vésicatoires.

J'ai peu de chose à dire pour faire comprendre comment on doit se comporter avec les complications. Quoiqu'elles soient de nature inflammatoire, elles n'admettent le traitement antiphlogistique que dans des limites fort restreintes; car si la maladie principale n'admet ce traitement qu'avec ménagement, il en est à plus forte raison de même des complications qui surviennent plus ou moins tardivement; si elle l'admet franchement, après en avoir tiré tout le parti possible, il est difficile de l'appliquer encore avec quelque énergie contre les accidents secondaires. Néanmoins il peut se faire qu'on soit conduit à appliquer des sangsues ou des ventouses scarifiées sur la poitrine, pour combattre des symptômes de pleurésie, de bronchite ou de pneumonie. Mais le plus souvent on se borne à recouvrir la poitrine de cataplasmes émollients ou à appliquer sur le point le plus affecté un large vésicatoire. On retire de si bons effets des sangsues au début des arthrites, qu'on ne s'en abstiendrait qu'autant que l'état de la malade contre-indiquerait absolument toute émission sanguine, pour s'en tenir aux topiques émollients, et plus tard aux frictions mercurielles et aux vésicatoires. On retire aussi de bons effets d'une application de sangsues sur le trajet des veines des membres, enflammées spontanément ou à la suite des piqûres de la lancette. Les abcès cellulaires ou musculaires avec ou sans phlébite doivent être ouverts de bonne heure, et pansés de manière à empêcher l'infiltration, la stagnation du pus. Chacune de ces maladies, au lieu d'être une complication, peut exister seule, et alors le traitement antiphlogistique doit être plus actif, mais toujours basé, pour son plus ou moins d'opportunité, sur les règles établies pour le traitement de la métro-péritonite.

VI. MÉTRITE PUERPÉRALE. — La métrite peut exister et parcourir toutes ses périodes sans être associée à la péritonite, qu'elle se termine par la guérison ou la mort; dans le dernier cas, cependant, l'inflammation du péritoine vient souvent la compliquer, à une période avancée, et hâter ou décider la terminaison par la mort. Mais ce n'est, ainsi que d'autres complications, qu'un épiphénomène; la maladie principale est la métrite qui a une marche et des symptômes propres plus ou moins masqués, au point de passer souvent inaperçus lorsque les deux maladies sont associées, mais facilement appréciables lorsqu'il n'y a pas péritonite. Les conditions dans lesquelles se trouve l'utérus après l'accouchement, conditions qui rendent ses différents éléments facilement accessibles à l'inflammation, font aussi de la métrite puerpérale une maladie tout-à-fait distincte, par ses caractères anatomiques et ses symptômes, de la métrite ordinaire.

Caractères anatomiques. — Sous ce rapport la métrite puerpérale se divise en espèces distinctes, suivant le tissu affecté (t. II, p. 608); espèces qui alors même qu'elles ne seraient pas le plus souvent réunies en plus ou moins grand nombre, se distingueraient difficilement pendant la vie par des phénomènes caractéristiques propres. Ces espèces sont :

1°. *L'inflammation de la muqueuse utérine*, caractérisée à un premier degré par la phlogose de la surface interne de l'utérus, et à des degrés plus avancés par une couche de pus ou par une couenne albumineuse, irrégulière, peu consistante, jaunâtre ou noirâtre, adhérente à la surface muqueuse ramollie ou non ;

2° La *métrite parenchymateuse*, caractérisée par la phogose, l'hypérémie du tissu de l'utérus, une diminution dans sa consistance, du pus infiltré entre ses fibres ou réuni au foyer ;

3° La *métro-phlébite*, dans laquelle je comprends non seulement l'inflammation des veines de l'utérus et de ses annexes, mais encore celle des veines du vagin et d'autres points du bassin ;

4° La *métro-lymphangite*, bornée aux lymphatiques de l'utérus et de ses annexes ou étendue à ceux du bassin ;

5° La *métrite gangréneuse* et *putrescente*, dont nous n'avons point encore fait connaître les caractères. Cette altération, signalée par Boër, et sur laquelle les recherches de MM. Luroth, Danyau, Tonnellé, Montault, Duplay, ont jeté quelques lumières, se présente sous deux formes : dans l'une, les caractères gangréneux sont positifs et tranchés, ce sont de véritables escarres d'une étendue variable, bornées à la surface interne de l'utérus, ou s'étendant plus profondément de manière à intéresser le quart, le tiers et même la moitié de l'épaisseur de la paroi utérine. Ces plaques gangréneuses présentent une coloration brune, noirâtre ou grisâtre ; M. Duplay les a comparées à des escarres des parties molles produites par l'action de la potasse caustique. Elles sont formées d'un putrilage noirâtre sans apparence de texture, exhalant une odeur fétide *sui generis*, s'enlevant par lambeaux ; la délimitation entre les parties saines et gangrenées est le plus souvent nettement tranchée. Ces escarres ont été observées sur tous les points de la face interne de l'utérus, mais plus souvent sur le col, qu'on trouve quelquefois presque entièrement détruit. Il ne faut pas prendre pour des escarres les ecchymoses qui s'y forment assez souvent pendant sa dilatation, et qui peuvent prendre un aspect brun très foncé. Mais les escarres du col reconnaissent souvent une cause entièrement différente, c'est-à-dire la distension extrême et la compression dont cette partie a été le siège pendant le travail. C'est au point qu'on le voit quelquefois tomber en gangrène et se séparer des parties saines avant d'être ouvert, lorsqu'il existe quelque obstacle mécanique ou dynamique à sa dilatation ; MM. Scott, Kennedy, Power, Lever et d'autres en ont rapporté des exemples remarquables. Ainsi les escarres du col, comme celles du vagin et de la vulve, doivent souvent être distinguées, sous le rapport des causes, de celles de la face interne du corps de l'utérus. Quant à celles-ci, elles doivent être rapportées moins à la violence, à l'intensité de l'inflammation, qu'à un état général, une influence septique, qui peut aussi concourir à déterminer la mortification des points qui ont été comprimés, contus et distendus pendant l'accouchement.

Dans la seconde forme, le ramollissement putrescent n'a pas des caractères franchement gangréneux; loin d'être limité à des points circonscrits comme dans la première, il est le plus souvent étendu à la plus grande partie ou à toute la surface interne de l'utérus. Si la partie ramollie est brune ou grisâtre, c'est une teinte qui lui est communiquée par du sang altéré, retenu dans la cavité utérine; le plus souvent elle est d'un rouge clair, et forme une pulpe rosée d'une odeur fétide, que Désormeaux comparait à de la gelée de groseille. On l'enlève assez facilement avec l'extrémité du doigt ou le manche d'un scalpel. Avant d'avoir été enlevée ou comprimée, on reconnaît encore d'une manière assez nette, au moins sur les points où le ramollissement n'est pas porté au plus haut degré, la texture du tissu de l'utérus. Il est tantôt assez superficiel, et ne s'étend qu'à quelques millimètres de profondeur, tantôt à presque toute l'épaisseur des parois utérines, mais il n'est très prononcé qu'à la face interne; on trouve ordinairement en même temps des traces évidentes d'inflammation, du pus dans quelques uns des vaisseaux veineux ou lymphatiques, ou infiltré entre les fibres musculaires et sous le péritoine. Ce ramollissement est-il le résultat d'une altération particulière *sui generis*, comme le voulait Boër, qui l'a désigné sous le nom de *putrescence* de l'utérus, ou n'est-ce qu'une forme de gangrène, comme l'odeur qui s'exhale tendrait à le faire croire, ou bien le résultat de l'inflammation qui ne borne pas ses effets à diminuer la consistance des tissus atteints, mais les rend en quelque sorte diffluents? Il est impossible de répondre d'une manière positive à ces questions. Il est très vraisemblable que ce ramollissement reconnaît tantôt l'une, tantôt l'autre de ces causes. Je vais terminer par une remarque qui, loin de diminuer l'incertitude, est de nature à l'augmenter : je veux dire qu'il est souvent impossible de distinguer si le ramollissement putrescent ou autre de l'utérus est véritablement pathologique ou simplement cadavérique. L'accès, pendant la vie, de l'air dans la cavité utérine, qui détermine assez souvent la décomposition putride du sang ou des lochies, accélère le ramollissement de sa surface interne imbibée d'humeurs déjà altérées. Il n'est pas rare de le trouver des plus prononcés sans que la température soit très élevée ou l'autopsie faite tardivement; le sang a transsudé à travers les parois de ses vaisseaux et coloré çà et là en rose le tissu de l'utérus, qui se laisse écraser et réduire en pulpe sous la pression des doigts ; il est vrai que le cœur et d'autres parties abreuvées de fluides sont souvent en même temps dans un état analogue. Des utérus sains à l'autopsie m'ont souvent offert ; à leur surface interne, quelques heures après, lorsque je les avais laissés exposés à l'air, avec un ramollissement général, les caractères attribués à la putrescence pathologique. Il n'est pas douteux que Boër, et ceux qui après lui ont signalé la putrescence partielle ou générale de la surface interne de l'utérus comme une altération commune, ont méconnu la putrescence cadavérique, qu'on doit soupçonner lorsqu'on trouve plusieurs autres organes ramollis, mais que n'exclut pas la coexistence de traces évidentes d'inflammation sur d'autres points de l'organe ; car l'inflammation, en diminuant la cohésion de son tissu, rend le développement des phénomènes cadavériques plus prompt et plus facile. Mais on doit la considérer comme pathologique, lorsque l'autopsie est faite de bonne heure, que la température est peu élevée, que d'autres organes ne participent pas au ramollissement, qu'il y a du pus dans divers points de l'utérus ou qu'une exsudation épaisse, molle, noirâtre ou grisâtre, comme gélatineuse, semble se confondre plus ou moins profondément, par son aspect et sa consistance, avec sa surface interne.

Symptômes.—Sous ce rapport, plus que sous les autres encore, l'histoire de la métrite puerpérale laisse beaucoup à désirer. C'est avec raison que Dance a avancé qu'elle est plus fréquente qu'on ne le pense communément, et qu'on n'en a pas encore une description satisfaisante. Le travail si remarquable de cet observateur et les faits publiés depuis, l'ont beaucoup avancée, mais ils laissent encore plusieurs points obscurs.

Nous allons retrouver la plupart des symptômes que nous avons attribués à la métro-péritonite et même à la péritonite simple, bornée au bassin ou à l'hypogastre. Nous n'avons à insister que sur les différences, afin de faire ressortir l'expression symptomatique et la marche de la métrite isolée de la péritonite. La douleur est gravative, moins superficielle, souvent rémittente, et n'a pas le même degré d'acuité ; son siége désigne l'utérus comme organe malade. Dans les cas où elle a le plus d'acuité, elle se fait sentir profondément dans le bassin, s'irradie au sacrum, aux lombes, aux aines; la flexion, l'extension des cuisses l'exaspère ou la réveille. A ce degré, ses caractères diffèrent peu de ceux de la péritonite pelvienne ou hypogastrique ; toutefois il est rare qu'on ne puisse pas s'assurer par la palpation et le toucher que l'utérus en est le siége. Mais elle est loin de s'élever constamment à ce degré d'acuité, ou elle le perd souvent promptement, bien que l'inflammation continue à s'étendre ; souvent la malade n'éprouve que la sensation d'une douleur sourde, obscure, profonde, d'une pesanteur incommode dans le bassin, aux lombes, dont la femme se plaint à peine ; mais la pression, le toucher, font naître une sensation douloureuse assez vive, qui sans cela frapperait peu son attention ; il arrive même quelquefois que l'exploration ne fait pas naître de douleurs, bien qu'il y ait des désordres graves dans l'utérus, un ramollissement prononcé, du pus dans les veines, etc. Mais dans tous ces cas, il existait de la fièvre depuis plus ou moins de temps, la maladie a débuté et marché d'une manière latente, et n'a souvent fixé l'attention que lorsqu'elle a pris des caractères graves. L'utérus est volumineux eu égard au temps qui s'est écoulé depuis l'accouchement, dur, rénitent ou flasque et comme inerte ; ce dernier état coïncide souvent avec les désordres les plus graves et les plus étendus. Les traits du visage sont naturels ou animés ; à un degré plus avancé, ils sont profondément altérés, mais ils ne présentent pas le grippement propre à la péritonite, tant que celle-ci ne vient pas compliquer la maladie principale ; les urines sont rendues avec difficulté ; il y a habituellement de la constipation, quelquefois de la diarrhée à la fin, ou lorsque la maladie se développe sous l'influence d'une infection miasmatique ou d'une cause générale ; il y a rarement quelques vomissements ; le pouls est généralement fort ou plein, modérément fréquent ; il ne devient petit, faible, excessivement fréquent, comme dans la métro-péritonite, que vers la fin de la maladie. A une époque plus ou moins avancée, lorsque la métrite ne marche pas vers la résolution, souvent presque dès le début dans les formes graves, le ventre se météorise ; à l'abattement succède promptement des phénomènes ataxiques ou adynamiques ; en un mot, la plupart des symptômes généraux qu'on rencontre dans la fièvre puerpérale grave.

Formes et marche. Nous avons dit que les espèces fondées sur les caractères anatomiques, alors même qu'elles seraient plus souvent isolées qu'elles ne le sont, ne se traduisent pas par des symptômes propres, et qu'on ne peut pas dire, en général, d'une manière certaine, d'après tel groupe de symptômes, qu'il existe une métrite parenchymateuse, purulente ou gangréneuse, plutôt qu'une métro-phlébite ou une métro-lymphangite. Mais les symptômes sont fort différents suivant le degré de l'inflammation ; tant qu'il n'y a que de la phlogose, la réaction est en général franche ; mais dès que du pus est sécrété, ou qu'il se manifeste un ramollissement putrescent ou gangréneux, on voit presque constamment apparaître des phénomènes typhoïdes-adynamiques qui ne diffèrent pas sensiblement de ceux de l'infection purulente, alors même que les veines ne présentent pas de traces d'inflammation; de sorte que lorsqu'elle se produit, elle ne peut être reconnue que si elle se présente avec des caractères particuliers, que nous ferons connaître. Nous avons déjà fait observer, à l'occasion de la métro-péritonite, parvenue à la période du colapsus, ou se présentant presque dès le début avec des symptômes typhoïdes-adynamiques, que les suppurations intérieures et extérieures, bien qu'elles aient généralement le caractère des abcès métastatiques, et qu'elles ne se développent le plus souvent qu'après que du pus ou de la sérosité purulente a été sécrétée dans le péritoine, se rencontrent trop souvent sans qu'il existe de traces apparentes d'inflammation dans les veines de l'utérus ou d'autres parties, ou de suffusions purulentes dans le tissu cellulaire sous-péritonéal, pour qu'on puisse supposer avec quelque certitude qu'il existe néanmoins sur quelques points une inflammation veineuse, qui serait restée inaperçue, malgré des recherches bien dirigées et persévérantes. Pour ne rien accorder à une hypothèse, quelque plausible qu'elle paraisse, nous avons distingué les suppurations intérieures et extérieures en *concomitantes*, liées à l'affection principale par des causes et une disposition communes, et en *secondaires* ou *métastatiques*. Pour ne pas nous égarer à la suite des anciens et nouveaux partisans de la médecine ontologique, nous avons admis, comme confirmé par l'observation journalière, qu'arrivée à un certain degré, l'inflammation, même la plus franche, se présente assez souvent avec des symptômes typhoïdes-adynamiques; que ces symptômes deviennent prédominants, lorsque l'inflammation revêt certains caractères qui lui sont souvent imprimés d'une manière non douteuse par une disposition actuelle de l'économie, l'état puerpéral ou par une espèce d'infection due à l'altération de l'air par un principe épidémique, par l'encombrement ou d'autres causes appréciables ou non; ces causes, dans l'état où sont les parties après l'accouchement, les prédisposent davantage aux inflammations multiples, aux suppurations rapides et diffuses, avec les symptômes des fièvres graves, même dans les cas où les veines restent saines, et influencent sans aucun doute toute l'économie, aussi bien les liquides que les solides, et constituent un état anormal morbide, mais qui n'est point la maladie à laquelle il prédispose et imprime des caractères d'une gravité insolite. Les mêmes remarques sont applicables à la métrite isolée de la péritonite. En admettant deux formes, la *forme inflammatoire* et la *forme typhoïde*, on distingue des degrés de la même maladie et non des maladies différentes, qu'on ait à tenir compte ou non d'une influence générale.

La métrite puerpérale débute aussi le plus souvent dans les cinq ou six premiers jours qui suivent l'accouchement. Elle ne se déclare assez souvent d'une manière franche qu'après le neuvième, douzième, quinzième, dix-huitième jour, chez des femmes qui sont sorties de l'hôpital ou qui ont repris en partie leurs occupations. Mais ces femmes en portent ordinairement le germe depuis un temps plus rapproché de l'accouchement; en les interrogeant, on reconnaît qu'elles n'étaient pas bien portantes, ce qui tient à ce que quelques points de l'utérus ou de ses annexes étaient déjà le siége d'une inflammation peu étendue et lente à se développer. L'invasion est tantôt brusque et franche, tantôt lente et obscure. Dans le premier cas, la femme n'a pas accusé de malaise ou de souffrances, lorsque apparaissent un ou plusieurs frissons avec les autres symptômes caractéristiques; assez souvent le frisson manque ou n'est pas accusé, mais la céphalalgie, qui est un des symptômes les plus constants du début, la fièvre et les douleurs utérines s'accroissent par degré. Dans le second cas, tantôt il existe des symptômes très propres à fixer l'attention sur l'imminence ou le début d'une maladie grave : le mouvement fébrile est prononcé, le pouls surtout est fréquent, mais l'utérus, son col, ou les autres points du ventre ne sont pas douloureux même à la pression ; tantôt, avec l'absence de douleur, il n'y a pas d'altération des traits, le mouvement fébrile est peu prononcé; du malaise, un peu de fréquence du pouls, quelques frissons irréguliers, ou une fièvre de lait qui se prolonge est tout ce qu'on observe; et pendant qu'on est encore dans une pleine sécurité, l'on voit apparaître, avec ou sans phénomènes locaux du côté de l'utérus, les symptômes caractéristiques de l'infection purulente.

La période de réaction qui constitue la *forme inflammatoire* des auteurs est caractérisée, à part les cas où le début et les progrès de la maladie sont obscurs ou latents, par la douleur et le développement de l'utérus, symptômes qui sont plus ou moins prononcés, et dont nous avons défini plus haut la manière d'être. Le doigt introduit dans le vagin perçoit une chaleur brûlante et détermine de la douleur en pressant le col, qui est souvent tuméfié; au-dessus du fond de l'utérus, le ventre est souple et indolent. Les urines et les matières fécales sont souvent rendues avec peine et douleurs; les lochies sont tantôt diminuées ou momentanément supprimées, tantôt plus abondantes et rendues sanguines après avoir perdu ce caractère; elles n'ont pas encore contracté de mauvaise odeur, et restent quelquefois tout-à-fait naturelles; les seins se gonflent incomplétement ou s'affaissent d'une manière sensible. Le pouls est généralement fort, dur ou plein, et donne de 90 à 120 pulsations par minute; la peau est chaude et sèche ou couverte de sueur; la soif plus ou moins vive, la langue humide. Il existe presque constamment de la céphalalgie frontale; la face est tantôt rouge et animée, tantôt pâle et altérée, mais non grippée; l'abattement est plus ou moins prononcé; les malades sont souvent prises d'impatience, de tristesse, de découragement. Le mouvement fébrile présente souvent des exacerbations vers le déclin du jour, et ces exacerbations sont précédées de légers frissons. Lorsque la période de réaction est franche, sa durée est ordinairement de plusieurs jours, que les symptômes se soient accrus par degrés ou qu'ils aient été d'abord intenses. À part les cas où l'inflammation envahit d'abord les veines, l'utérus peut être six ou huit jours, et même davantage, dans un état de phlogose intense, avant qu'apparaissent les symptômes graves qui annoncent ou des désordres étendus dans l'utérus ou une infection purulente. Pendant toute cette période, les chances de guérison sont nombreuses; tantôt les symptômes sont peu intenses et décroissent promptement, la maladie est légère et de courte durée; tantôt ils sont intenses et persistants, mais ils décroissent plus ou moins rapidement sous l'influence d'un traitement approprié, et l'inflammation se termine par résolution, bien qu'elle paraisse avoir été portée à un très haut degré. Mais dans l'un comme dans l'autre cas, le développement d'une péritonite vient souvent mettre promptement fin à la maladie; cette terminaison est encore plus commune à une période avancée, et tend à faire croire, sur les données de l'autopsie, que l'inflammation de l'utérus, isolée de celle du péritoine, est moins commune qu'elle ne l'est réellement. Je crois devoir fixer l'attention sur ce point, par un fait qui nous montre en outre la marche et les caractères de la maladie allant en s'aggravant.

Une femme âgée de trente et un ans, primipare, accouchée naturellement, mais avec beaucoup de douleurs et de difficultés, est prise, sans cause connue, vers le commencement du quatrième jour, d'une fièvre violente et d'une douleur peu vive à l'hypogastre. Entrée le soir même à la Charité, elle était faible, abattue; l'utérus, sensible à la pression, était élevé de trois bons travers de doigt au-dessus des pubis. La douleur hypogastrique était moins vive que celle que la malade disait ressentir aux deux aines. Le reste de l'abdomen était souple et indolent; aucun écoulement n'avait lieu par le vagin. Le col de l'utérus parut douloureux et tuméfié; le pouls était fréquent et dur, la peau chaude et sèche, la langue naturelle, les selles rares, la respiration libre (30 sangsues à l'hypogastre). Le lendemain, troisième jour de l'invasion, les symptômes étaient les mêmes. Du troisième au septième, saignée au bras, deux applications de 15 sangsues chaque fois; cessation des douleurs inguinales et hypogastriques, mais persistance du développement de l'utérus, et malgré l'amélioration de plusieurs symptômes, dépérissement rapide, remarquable altération des traits. Du huitième au neuvième jour, il se manifesta tous les symptômes d'une péritonite sur-aiguë, et la mort survint quarante-huit heures après l'invasion de ces nouveaux symptômes. A l'autopsie, outre les traces de la péritonite récente, on trouva l'utérus très développé ; son tissu avait acquis une grande friabilité, il se déchirait très facilement, et de divers points de ses parois incisées s'écoulait en nappe un pus crémeux et abondant; ses parois, dans toute leur étendue, surtout vers le fond, étaient infiltrées de ce pus qui, en cinq ou six endroits, était ramassé en foyer ; la cavité utérine était très ample, sa surface rouge et recouverte d'une petite quantité de liquide sanguinolent (Andral).

Comme on le voit par cette observation, lorsque la métrite continue à faire des progrès, qu'elle passe de la période de réaction à la période de collapsus en restant isolée, tandis que plusieurs symptômes paraissent rester stationnaires ou diminuer, les autres s'aggravent ou il en apparaît de nouveaux. Aux pressentiments sinistres, à l'humeur impatiente, aux paroles promptes et brèves, succède un délire fugace, accompagné de rêverie, d'hallucinations, de mouvements de tremblotement de la langue et des lèvres ; le pouls devient très fréquent, très petit ; il survient assez souvent des frissons à des époques plus ou moins rapprochées ; la respiration s'accélère ; la face prend un aspect terreux, jaunâtre, elle est profondément altérée, exprime la stupeur ou l'abattement, sans présenter le grippement propre à la péritonite dans sa période d'acuité ; le météorisme est assez considérable, la langue se sèche et se recouvre d'un enduit noir ; il est rare qu'il ne survienne pas de la diarrhée, et vers la fin les selles sont souvent involontaires ; les lochies, diminuées ou suspendues au début, reparaissent, et sont ordinairement sanieuses et fétides ; les seins sont affaissés et flétris. Dans les cas où l'excitation cérébrale est nulle ou peu marquée, la prostration des forces est profonde. Les malades restent souvent, avant de succomber, vingt, trente heures dans un état qui a déjà la plupart des caractères de l'agonie.

Les symptômes graves se développent assez souvent sans avoir été précédés d'une réaction inflammatoire franche, ou dès le début, les progrès de la maladie sont, comme nous l'avons dit, plus ou moins latents. C'est une particularité qu'on ne saurait avoir trop présente à l'esprit. Une fille de vingt-deux ans, maigre, délicate et nerveuse, accouchée naturellement à terme d'un deuxième enfant, n'offre d'abord rien de particulier, les lochies et la fièvre de lait s'établissent; mais du cinquième au sixième jour, on remarqua une légère accélération du pouls avec petitesse, de la chaleur à la peau, surtout un abandon, une sorte de désespoir; le ventre était indolent. Les jours suivants le pouls avait toujours de la fréquence, la malade se désespérait et implorait les secours de la religion. Son ventre pouvait être pressé impunément dans tous les sens, mais la matrice était volumineuse et dure. Le cinquième jour de l'invasion, mêmes symptômes, de plus suspension des lochies, affaissement des seins, désespoir croissant, refus de parler, face contemplative, peu altérée; respiration légèrement accélérée, langue humide. Le sixième, état plus grave, ventre toujours indolent, matrice proéminant à l'hypogastre, urines difficiles, constipation. Le septième, la pression fit éprouver de la douleur vers la partie inférieure du ventre; le pouls était d'une fréquence prodigieuse, la face altérée sans présenter le grippement propre à la péritonite; mort dans la nuit. Péritoine exempt de traces d'inflammation, matrice encore très volumineuse, se laissant déchirer et pénétrer avec une facilité qu'on ne rencontre pas hors le cas de maladie; sa face interne, noirâtre à plusieurs lignes de profondeur, est ramollie au point de se dissoudre par la pression en une pulpe organique. Tous les autres organes étaient sains (Dance). Outre des variétés de symptômes, les autres observations de Dance offrent non seulement des traces évidentes d'inflammation de la face interne et du parenchyme de l'utérus, mais encore du pus dans les veines enflammées ou dans les lymphatiques, et la métrite a dans plusieurs cas marché isolée de la péritonite jusqu'à la fin; dans les autres, l'inflammation du péritoine ne s'est déclarée que tardivement, lorsque la malade n'avait encore que peu de temps à vivre.

Sans doute, lorsqu'il existe de grands désordres dans l'utérus, qu'il est entièrement infiltré de pus, ou ramolli dans une grande étendue, la terminaison par la mort est presque inévitable; mais il n'en est pas de même lorsque la lésion est moins profonde ou plus limitée. On voit quelquefois la convalescence s'établir chez des femmes qui ont offert à un degré prononcé la série des symptômes graves indiqués plus haut, et chez lesquelles les parties enflammées avaient très vraisemblablement suppuré. On observe aussi quelquefois, chez des femmes qui succombent à des complications, des phlébites suppurées en voie de guérison. D'un autre côté, la mort survient quelquefois à la suite de suppurations fort limitées. Dugès mentionne l'observation d'une femme qui, guérie en apparence d'une métro-péritonite aiguë, mourut après avoir offert tous les symptômes d'une fièvre ataxique, et chez laquelle on trouva seulement, vers les angles supérieurs de l'utérus encore volumineux, deux abcès sous-péritonéaux gros comme une cerise. M. H. Bourdon a rapporté deux cas d'infiltrations peu étendues et peu abondantes entre le péritoine et le tissu de l'utérus chez des femmes qui avaient offert les signes d'une métrite grave accompagnée de symptômes typhoïdes et adynamiques; quoiqu'il n'ait pas trouvé de pus dans les veines, l'infection purulente ne paraît pas douteuse ; l'une de ces femmes, dont l'observation est rapportée en détail, a même présenté des frissons caractéristiques.

Quelquefois les symptômes cérébraux prédominent et donnent à la maladie une forme particulière. On a vu que quelques malades sont en proie à des pressentiments sinistres; que leurs paroles sont brèves, saccadées, que les yeux, la face, prennent une expression d'une vivacité singulière. A un degré plus prononcé, il se manifeste des accès de manie ; elles cherchent à fuir, parlent avec un sentiment exalté des choses les plus contradictoires ; leur délire est tantôt furieux, tantôt joyeux ; le visage est rouge, animé, les yeux brillants, le pouls accéléré. Ces accès sont de courte durée ; au bout de six, dix ou douze heures, elles reprennent leur connaissance, tombent dans un épuisement profond et vivent rarement au-delà de deux ou trois jours. Quelquefois le pouls est dur, peu fréquent, et peut faire croire à une manie simple, quoique la malade soit dans un état grave qui doit bientôt se terminer par la mort. Mais lorsqu'elle survient très promptement, elle est le plus ordinairement due à l'extension de l'inflammation au péritoine.

Nous avons dit qu'au milieu des symptômes typhoïdes adynamiques que provoque la métrite, sans qu'on trouve du pus dans les veines de l'utérus ou d'autres parties, il est souvent impossible de distinguer ceux de l'infection purulente lorsqu'elle se manifeste ; quelquefois cependant la teinte jaune terreuse de la peau, les frissons irréguliers, sans qu'il se manifeste d'abcès métastatiques intérieurs et extérieurs, deviennent suffisamment caractéristiques, comme l'attestent quelques unes des observations de Dance et de plusieurs autres praticiens.

Quelquefois, avec des symptômes locaux positifs ou obscurs de métrite, les frissons reviennent d'une manière assez régulière, pour simuler des accès de fièvre intermittente ou rémittente. On va en juger par quelques exemples. Chez une femme, accouchée depuis peu, facilement et promptement, les lochies coulaient bien, la sécrétion mammaire était bien établie, l'enfant tétait, il n'y avait pas de douleurs dans la poitrine, la tête; le ventre, était un peu volumineux, mais parfaitement souple et indolent. Néanmoins, depuis trois ou quatre jours, elle était prise tous les soirs d'un frisson très marqué, suivi d'un mouvement fébrile qui se continuait pendant la nuit, persévérait le lendemain et cessait à peine pendant quelques instants de l'après-midi. Plusieurs jours se passèrent sans médication et sans changements dans la maladie. Legallois crut avoir affaire à une fièvre intermittente subintrante, et donna six grains de sulfate de quinine. La rémission et le mouvement fébrile furent moins prononcés. Il en administra dix grains, puis douze, sans observer autre chose qu'un faible amendement qui l'encouragea à continuer. A dix-huit grains, il trouva pour la première fois la malade sans fièvre; le frisson reparut le soir, mais plus tard qu'à l'ordinaire, et l'accès suivant fut moins prononcé. Mais de ce moment, l'ordre des accès changea, et le frisson, au lieu de paraître à sept heures du soir, se montra à neuf heures du matin, et fut plus fort qu'il ne l'avait été. Le lendemain, les mêmes symptômes persistèrent, mais la malade avait été prise de vomissements bilieux, et le ventre, qui jusque là avait été indolent, devint douloureux; plusieurs applications de sangsues, des bains furent à peu près sans résultat. Les forces tombèrent complétement, le ventre prit du volume, et la malade s'éteignit, quatre ou cinq jours après le début des nouveaux symptômes. L'autopsie ne put être faite. Une autre malade, observée par Legallois, a présenté en quelque sorte, traits par traits, les mêmes symptômes, avec cette différence que le retour des accès fut moins régulier : l'accouchement avait été naturel, mais avait duré quatre jours. Des mouvements convulsifs se manifestèrent au moment où une péritonite consécutive vint rapidement décider la terminaison par la mort. Deux pintes environ d'un liquide blanc et laiteux remplissaient l'abdomen ; on voyait à la surface de l'intestin grêle et du foie quelques fausses membranes caséeuses par l'aspect et la consistance. Le tissu de l'utérus, ses vaisseaux veineux et lymphatiques, ne présentaient pas de traces manifestes d'inflammation, mais on trouva à la face interne des deux grandes lèvres, près de la commissure postérieure, deux lacunes de trois à quatre lignes de diamètre, remplies d'une humeur blanchâtre et puriforme. Un de ces pertuis tombait dans une grosse veine, qui émanait de la veine vésicale pour se porter au vagin. Ce vaisseau et le tronc d'où il naissait jusqu'à son embouchure dans la veine hypogastrique, c'est-à-dire dans l'étendue de trois ou quatre pouces, étaient complétement remplis par une humeur blanche, épaisse, crémeuse, telle qu'on l'eût trouvée dans un abcès bien mûr. Les veines du côté opposé présentaient les mêmes particularités. Partout où ces veines étaient en contact avec le pus, leur membrane interne était blanchâtre, rugueuse, manifestement épaissie. J'ai observé, à la Maternité, chez une femme accouchée à terme d'un enfant putréfié, des accès quotidiens aussi caractérisés, qui commencèrent le septième jour; ils avaient été précédés d'une douleur assez vive vers le côté droit de l'utérus. Une application de sangsues, puis le sulfate de quinine avaient amené une amélioration sensible, et changé l'heure des accès; deux ou trois fois la rémission fut complète, toutefois il restait un peu d'abattement et de fréquence du pouls. Le huitième jour de l'invasion des frissons, la malade fut prise tout-à-coup d'une péritonite intense qui la fit succomber en deux jours. Outre les produits de l'inflammation récente du péritoine, on trouva du côté droit de l'utérus plusieurs des veines et des lymphatiques qui s'étendent du col dans les ligaments larges remplis de pus; l'ovaire droit avait le double du volume de l'autre, et présentait sous son enveloppe péritonéale une suffusion purulente.

C'est d'après des faits plus ou moins analogues qu'Osiander et d'autres praticiens ont décrit une *fièvre puerpérale intermittente*. A n'en juger que sur la symptomatologie, cette distinction semblerait fondée, bien que, d'après leurs observations, le nom de fièvre rémittente, quoique également impropre, convînt mieux : ils ont reconnu qu'il n'y a pas apyrexie complète entre les accès, et que ceux-ci ne se présentent pas sous un type parfaitement régulier. Osiander donne comme signes de cette maladie des accès fréquents et irréguliers de froid, suivis, peu de temps après l'accouchement, de chaleur avec douleur dans l'un ou l'autre côté du bassin, douleur causée par une forte suppuration; il lui reconnaît beaucoup de gravité et une marche qui ne laisse pas le temps d'employer les moyens curatifs propres à sauver la malade, car la mort survient ordinairement le troisième, le cinquième, le neuvième jour, à dater des premiers accès.

Pronostic. — La métrite puerpérale est en général fort grave; toutefois elle est encore le plus souvent susceptible de résolution, tant qu'elle se présente avec des symptômes d'une réaction franche, que les vaisseaux veineux ou lymphatiques ne se remplissent pas de pus, ou que le tissu, l'organe, n'en est profondément infiltré ou ramolli. Sur vingt-six métrites exemptes de complications observées en deux ans par Dugès, à la Maternité, treize ont été mortelles. Bien souvent la péritonite vient compliquer la métrite et décider la terminaison par la mort, avant qu'elle ait revêtu des caractères graves. Elle se termine quelquefois par la guérison, malgré la manifestation de symptômes typhoïdes adynamiques très prononcés, de manière à faire admettre que du pus dans les lymphatiques, dans les veines de l'utérus ou de ses annexes, dans son tissu et sous son enveloppe péritonéale, ne détermine pas des accidents constamment mortels. Si l'on pouvait considérer l'existence de frissons plus ou moins réguliers comme un signe positif d'infection purulente, on serait conduit à la considérer comme susceptible de céder devant la réaction de l'organisme et de se terminer par la guérison. Mais, en général, des frissons irréguliers, même sans teinte terreuse ou jaunâtre de la peau, mais avec fréquence et petitesse du pouls, indiquent un état extrêmement grave. La fréquence de l'absence ou de l'obscurité de la douleur, surtout à une période avancée, même lorsque l'utérus est le siége de désordres profonds, laisse souvent dans l'incertitude si l'on doit rapporter l'état grave qui se manifeste à des lésions du parenchyme de l'utérus, plutôt qu'à une inflammation suppurative de ses veines seulement ou de celles de ses annexes, ou bien de celles du bassin qui naissent du conduit vulvo-utérin, si souvent le siége dans ses divers points de lésions traumatiques cachées et très susceptibles de s'enflammer. Quoique je confonde ici ces phlébites, il est quelquefois possible d'en préciser le siége par la palpation et le toucher ; mais il y a peu d'inconvénients pour les indications qu'il reste incertain. Dans le cas de phlébite utérine ou pelvienne, la lésion locale est souvent très limitée, lorsque la mort survient. Il n'y a plus aucune chance de guérison, lorsque l'état typhoïde adynamique est très prononcé, et que les lochies sanieuses, noirâtres, exhalent l'odeur de gangrène, ou que la peau, surtout celle de la face, prend une teinte terreuse, jaunâtre ou verdâtre, colorations qui coïncident presque toujours avec des frissons irréguliers.

Complications. — Je n'ai plus à parler de la péritonite, qui vient si souvent aggraver la métrite et accélérer la terminaison par la mort, ni des diverses inflammations internes et externes se développant dans des parties sans rapports de continuité ou de contiguïté avec l'utérus et ses annexes : j'ai traité, à l'occasion de la métro-péritonite, de ces inflammations souvent multiples que nous avons distinguées en concomitantes de l'affection principale et en consécutives à l'infection purulente; mais je n'ai fait que signaler la disposition à la gangrène, me proposant d'y revenir ici. En étudiant les escarres et le ramollissement putrescent de la surface interne de l'utérus, tout en admettant qu'une inflammation, plus ou moins intense, paraît avoir préexisté, nous avons été conduit à reconnaître l'action d'une disposition générale éminemment septique, qui doit être considérée, dans la plupart des cas, comme la cause déterminante de la mortification. Ce qui confirme cette opinion, c'est que d'autres organes peuvent être atteints par la gangrène. Les auteurs qui ont écrit, dans le siècle précédent, sur la fièvre puerpérale, parlent de la gangrène des intestins et des replis du péritoine, comme d'un accident assez fréquent. Mais on est conduit à admettre, d'après les recherches contemporaines, qu'ils ont dû prendre le plus souvent pour des escarres des produits de l'inflammation. Toutefois il est rationnel de rapporter à un état gangréneux les perforations de l'estomac et des intestins que plusieurs observateurs ont signalés. M. E. Raynaud a rassemblé dans une thèse intéressante (1841) sur les affections gangréneuses observées chez les femmes en couches la plupart des faits qui peuvent être rapportés à la gangrène par infection. Cette gangrène a été observée dans les poumons (trois fois), la rate (une fois), les reins (une fois), sur la muqueuse des fosses nasales (deux fois), sur le voile du palais et la langue (une fois), au grand cul-de-sac de l'estomac (une fois), sur divers points de la surface cutanée (sept fois), la face (une fois), les mamelles (quatre fois), les membres inférieurs (une fois), la vulve (une fois), les membres supérieurs (une fois). Assez souvent les escarres ont été multiples. En général elles sont restées bornées aux points sur lesquels elles s'étaient primitivement développées, et n'ont pas présenté de traces manifestes de travail éliminatoire. L'apparition de la gangrène n'a coïncidé dans aucun cas avec une péritonite simple; même dans plusieurs, le péritoine est resté complétement sain. Mais il n'en est pas de même de l'utérus : sur dix cas, dit M. Raynaud, dans lesquels les ouvertures ont été faites avec soin, neuf fois les veines de l'utérus contenaient du pus et présentaient des traces de phlébite. On peut donc conclure avec assez de vraisemblance que ces affections gangréneuses sont le plus souvent consécutives à l'altération du sang par le mélange du pus, tout en reconnaissant qu'à l'état puerpéral s'ajoute encore un état particulier de l'économie qui y prédispose. En effet, deux observations de M. Tonnellé nous montrent la gangrène se développant primitivement, et constituant à elle seule toute la maladie. Une femme, qui était accouchée heureusement et qui n'avait

58.

éprouvé d'abord aucun accident, fut prise, le huitième jour, de fièvre et de diarrhée; presque aussitôt la langue se dessécha et se couvrit d'un enduit brun très épais; la face se décomposa, les idées se troublèrent; plus tard, le délire devint continuel, le regard égaré, les membres tremblants, l'écoulement des matières fécales involontaire, le pouls petit, fréquent et irrégulier. En même temps de larges et profondes escarres se développèrent sur différents points du corps, aux mamelles, au sacrum, à la partie antérieure des cuisses, aux deux talons; vers la fin, il survint quelques nausées, de faibles efforts de toux, et la mort arriva au dixième jour de l'invasion. L'estomac était percé à son grand cul-de-sac d'une large ouverture, à bords mous, frangée et d'une couleur noirâtre. Le reste de l'organe était sain; le lobe inférieur du poumon droit était hépatisé dans une petite étendue; le cœur, flasque, était gorgé d'un sang fluide et séreux; le péritoine, l'utérus et ses annexes étaient intacts.

Chez une autre femme, qui avait éprouvé à peu près les mêmes phénomènes, la gangrène n'avait envahi que les grandes lèvres. Après la mort, on trouva l'utérus volumineux, son tissu flasque, mais sain; ainsi que ses vaisseaux qui furent disséqués avec grand soin; aucun autre organe ne présentait d'altérations appréciables. Mais je dois faire observer que ces deux femmes n'étaient pas dans les conditions ordinaires. La première, qui avait été prise d'une inflammation grave du genou peu de temps après le commencement de sa grossesse, était épuisée par des souffrances très vives, un traitement débilitant et un séjour de cinq mois dans un hôpital. La seconde jouissait d'une bonne santé au moment de l'accouchement; mais le travail, très long, très douloureux, fut terminé avec le forceps, et la délivrance fut suivie d'une perte abondante, qu'on n'arrêta que difficilement à l'aide des injections et des applications froides.

Le développement de la gangrène sur les viscères n'a été ni reconnu ni soupçonné, si ce n'est dans le poumon : chez deux malades, on a noté des crachats fétides, et leur apparition avait été précédée d'une douleur vive dans l'un des côtés de la poitrine : dans un troisième cas, bien que les crachats fussent muqueux et spumeux, une fétidité particulière était répandue autour de la malade, et paraissait bien évidemment venir de la respiration (Raynaud).

Dans le cas où la gangrène s'est développée sur divers points de la surface cutanée, M. Raynaud fait observer que tantôt son développement n'a été précédé d'aucun symptôme local, que tantôt, au contraire, les malades ont éprouvé avant son apparition des douleurs assez vives, un sentiment de chaleur ou de froid, de l'engourdissement ou une insensibilité complète ; deux fois les parties étaient tuméfiées avant l'apparition des escarres. Dans quelques cas, celles-ci ont été consécutives à des ecchymoses dans l'épaisseur du derme. Les escarres ont présenté tous les caractères de la gangrène sèche ; aucun travail d'inflammation éliminatoire ne s'est développé autour d'elles : presque toujours ces escarres sont restées bornées aux points sur lesquels elles s'étaient primitivement développées ; dans quelques cas, elles ont rapidement envahi les parties voisines.

Indications. — Nous les avons déjà précisées à l'occasion de la métro-péritonite. Tant que la maladie se présente avec des symptômes d'une réaction franche, la saignée générale et les saignées locales, seules ou combinées avec la première, à l'hypogastre, aux fosses iliaques, aux aines, à la vulve, au périnée, plus ou moins abondantes et répétées suivant les forces de la malade, l'intensité des symptômes et le caractère de la maladie, sont la base du traitement actif, qui est avantageusement secondé par des cataplasmes émollients sur le bas-ventre, des bains prolongés, quand les malades peuvent être déplacées sans trop de difficultés et de douleurs. Lorsque les émissions sanguines ne doivent être employées qu'avec une grande réserve, soit parce que l'état antérieur de la femme les contre-indique, soit parce que la maladie est arrivée à une période ou se présente presque dès le début avec des caractères qui les rendent inefficaces et dangereuses pour peu qu'on insiste, il faut se hâter d'employer, d'après certains phénomènes dominants ou empiriquement, les autres moyens dont l'efficacité paraît le mieux constatée, tels que l'ipécacuanha à dose vomitive, l'émétique comme vomitif, puis comme contre-stimulant, qu'on peut, à l'exemple de M. Duparcque, employer incorporé à l'axonge en frictions sur le bas-ventre, les cuisses, pour produire en même temps un effet révulsif ; les purgatifs non seulement pour combattre la constipation, mais encore pour modifier la diarrhée ou d'autres symptômes ; les frictions mercurielles jusqu'à salivation ; le sulfate de quinine seul ou associé au camphre ; les vésicatoires, etc. Les injections jusque dans l'utérus paraissent peu utiles, à moins que les lochies ne soient purulentes, sanieuses et fétides, et encore les matières altérées adhèrent trop à la face interne de l'utérus pour pouvoir être entraînées. On a employé, dans quelques unes des observations recueillies par M. Bourdon, la compression de l'utérus à travers l'hypogastre, comme dans les hémorrhagies utérines. Ce moyen, lorsque la douleur ne met pas obstacle à son emploi, est tout-à-fait rationnel. Il est de nature à favoriser la résolution et à prévenir l'absorption des matières purulentes ou putrides contenues dans la cavité de l'utérus, dans ses vaisseaux ou infiltrées dans son tissu. La compression devrait être essayée surtout comme moyen préventif, lorsque l'utérus reste suspect, plus volumineux que de coutume après l'accouchement. Dans les mêmes circonstances on retirerait peut-être de bons effets de l'administration prolongée de l'ergot de seigle à petite dose.

VII. OVARITE PUERPÉRALE. — On a vu que l'ovarite, à ses différents degrés, accompagne fréquemment la péritonite, la métro-péritonite, la métrite, la phlébite utérine, les phlébites pelviennes, les abcès intra-pelviens. C'est dans ce sens que madame Boivin et Dugès ont dit, et qu'on a répété après eux, qu'elle est souvent liée à l'inflammation du péritoine, de l'utérus, des trompes, des vaisseaux veineux ou lymphatiques utérins, du tissu cellulaire de la fosse iliaque, des lombes, et qu'elle affecte souvent les deux ovaires en même temps. Dans cette manière de voir, on a été conduit à donner à la maladie des symptômes et une gravité qui ne lui sont pas propres. Sans aucun doute, lorsque la fièvre puerpérale est constituée par des lésions complexes, affectant un plus ou moins grand nombre des parties que nous venons de citer, l'invasion est souvent successive, et l'inflammation de l'ovaire, comme celle des autres parties, peut être primitive et exister momentanément seule. On peut même assez souvent constater au début si l'inflammation a commencé par l'utérus ou ses annexes; mais bientôt ces phénomènes ne sont plus qu'accessoires et sont plus ou moins complétement masqués par ceux qu'entraîne l'extension de la phlegmasie. Mais comme pour l'utérus ou le tissu cellulaire pelvien sous-péritonéal, elle peut rester limitée à l'ovaire pendant la totalité ou la plus grande portion de sa durée, et la maladie s'offre alors avec des symptômes, une marche et des terminaisons qui lui sont propres.

L'ovarite aiguë simple, assez commune après l'accouchement, n'affecte le plus souvent qu'un seul ovaire. Si ce n'est dans les kystes ovariens, on a rarement observé d'une manière certaine l'inflammation de l'ovaire portée jusqu'à la suppuration hors l'état de couches. Elle se développe ordinairement dans les huit ou dix premiers jours qui suivent l'accouchement. Mais il n'est pas rare de ne la constater que le quinzième, le vingtième, le vingt-cinquième jour, soit que son développement soit aussi tardif, soit plutôt qu'à raison du peu de trouble qu'elle provoque lorsqu'elle se développe lentement, elle passe inaperçue jusqu'au moment où le travail de suppuration commence ; et comme, d'un autre côté, lorsqu'elle suit de près l'accouchement, elle se confond souvent avec la métro-péritonite, elle paraît se développer le plus souvent du cinquième au douzième jour des couches.

L'ovaire enflammé se présente avec des caractères anatomiques variables. D'après madame Boivin et Dugès, au premier degré, il est un peu plus dur que dans l'état normal et un peu augmenté de volume, surtout en longueur; la substance en est ferme, rouge, injectée; de nombreux capillaires le parcourent en tous sens; les vésicules sont gonflées. Au deuxième, le volume de l'organe devient double, quadruple et surpasse celui d'un œuf de poule; il est arrondi, ovale ou aplati, mou, flexible, rouge, violacé, infiltré d'une sérosité jaunâtre, quelquefois en même temps parsemé de petits épanchements sanguins. Au troisième degré, pus liquide ou concret, infiltré, ou déposé en collections multiples, quelquefois contenu dans les veines intrinsèques de l'ovaire. M. Négrier a signalé de petits foyers purulents à loges régulières, qui paraissent être des vésicules enflammées et gonflées. L'ovaire, infiltré de pus, est quelquefois tellement ramolli, qu'il est en partie diffluent et comme dissous dans les fluides séreux et purulents. Lorsque le pus, infiltré ou séparé en petits foyers, vient à former un foyer unique, l'ovaire acquiert encore un volume plus considérable, perd tout-à-fait la forme qui lui est propre et se transforme en une poche plus ou moins vaste. Quoique cet abcès puisse acquérir de grandes dimensions, ceux qu'on a trouvés gros comme une tête d'adulte, qui renfermaient vingt pintes de pus, appartiennent certainement à des kystes ovariens suppurés. L'ovaire, converti en abcès, contracte presque toujours des adhérences, le plus souvent même de toutes parts avec les parties voisines.

L'invasion est rarement précédée de frissons ou d'un mouvement fébrile prononcé. La douleur locale est souvent le premier phénomène; cette douleur est tantôt fort circonscrite, obscure, et seulement bien appréciable à la pression, tantôt assez vive et s'irradiant vers l'aine, du côté de l'abdomen ou des lombes; il est vraisemblable que l'inflammation envahit alors en même temps l'enveloppe péritonéale de l'organe. Toutefois il est rare qu'elle ne permette pas d'explorer convenablement les fosses iliaques et la région hypogastrique, et l'on rencontre le plus souvent sur le côté de l'utérus une tumeur mobile douloureuse, allongée transversalement, qu'on reconnaît, à sa situation, sa forme et sa mobilité, pour l'ovaire. Tant qu'il ne se forme pas de pus dans son intérieur, les troubles fonctionnels sont peu prononcés; il y a quelquefois des envies de vomir ou des vomissements, ce qui tient sans doute à ce que quelques portions de péritoine sont en même temps affectées. L'inflammation se termine assez souvent par la résolution, et tantôt l'ovaire diminue rapidement, tantôt avec lenteur. Mais elle s'étend souvent au péritoine, et devient plus ou moins grave, suivant qu'elle reste limitée ou qu'elle se propage au loin. Lorsqu'elle se termine par la suppuration, le mouvement fébrile redouble; il s'accompagne de frissons irréguliers, de sueurs partielles, de douleurs plus vives, lancinantes ou pulsatives. L'ovaire se transforme par degrés en abcès, et la tumeur devient plus volumineuse, empâtée, perd le plus souvent sa forme et sa mobilité, en contractant des adhérences avec les parties voisines, de manière à ne plus se distinguer nettement de l'abcès des ligaments larges ou de la fosse iliaque, avec lesquels elle a désormais une marche et une terminaison identiques, c'est-à-dire qu'elle peut s'ouvrir dans la cavité du péritoine, et donner lieu à une péritonite rapidement mortelle ; ou bien le pus se fraye une voie avec des chances variables de salut à travers la paroi abdominale ou dans les réservoirs ou conduits voisins. Voy. *Abcès intra-pulviens*.

Il est rare que les symptômes de réaction soient assez intenses pour exiger la saignée du bras; des applications répétées de sangsues sur le point douloureux, secondées par des cataplasmes émollients, les bains prolongés, les délayants, la diète, suffisent généralement et produisent souvent de bons effets. On n'aurait recours aux purgatifs qu'autant que les laxatifs seraient insuffisants pour entretenir la liberté du ventre. Lorsqu'on est parvenu à calmer les accidents inflammatoires on a recours aux frictions mercurielles; quelquefois on administre en même temps le calomel à l'intérieur; dans les mêmes circonstances, M. Velpeau a souvent recours aux larges vésicatoires volants.

Lorsque l'ovarite se termine par un abcès, la conduite à tenir et le traitement chirurgical sont les mêmes que dans les *Abcès intra-pulviens*.

VIII. ABCÈS PHLEGMONEUX PUERPÉRAUX INTRA-PELVIENS. — En décrivant les caractères anatomiques de la métro-péritonite, nous avons déjà fait observer qu'elle est souvent accompagnée de suppuration diffuse ou circonscrite dans les ovaires, les trompes, les ligaments larges, le tissu cellulaire sous-péritonéal de l'excavation du bassin, des fosses iliaques, etc. Ces suppurations constituent alors des complications qui sont le plus souvent masquées par l'affection principale, qu'elles aggravent encore. Mais elles peuvent exister isolées de la métro-péritonite et les unes des autres, marcher vers une terminaison heureuse ou funeste sans que l'utérus ou le péritoine soient eux-mêmes enflammés. Elles forment alors des maladies distinctes par leur siége, qui ont longtemps été et sont encore souvent confondues avec la fièvre puerpérale, mais qui n'ont pas moins des symptômes, une marche et une terminaison propres, qui doivent les en faire distinguer. Lorsque les phlegmasies puerpérales se montrent sans avoir une tendance prononcée à la propagation et à la diffusion, elles se rapprochent tellement des phlegmasies ordinaires, qu'elles ne s'en distinguent guère que par les prédispositions et les causes sous l'influence desquelles elles se développent. Aussi les abcès du tissu cellulaire sous-péritonéal, qui ont leur siége dans le grand ou petit bassin, se montrent-ils d'abord sous la forme d'un engorgement phlegmoneux plus ou moins exactement circonscrit. Non seulement on ne voit pas se développer des inflammations concomitantes ou secondaires sur des points plus ou moins éloignés, mais encore les veines et les lymphatiques, qui aboutissent au foyer, présentent très rarement des traces d'inflammation. Je le répète, les abcès phlegomneux intra-pelviens sous-péritonéaux isolés, qui se développent chez les femmes en couches, ne diffèrent pas sensiblement, si ce n'est par les causes, et une égale tendance à se montrer de l'un ou de l'autre côté, de ceux qu'on observe chez l'homme ou chez la femme dans les conditions ordinaires.

Mais le travail de la parturition et l'état puerpéral y prédisposent d'une manière bien évidente, et ils sont même assez communs. M. Marchal en mentionne 67 cas, dans sa thèse de concours (1844). 38, dans lesquels l'époque de l'invasion est indiquée, se répartissent de la manière suivante : du premier au deuxième jour des couches, 15 ; du troisième au dixième, 16 ; du onzième au vingtième, 5 ; du vingt et unième à un mois, 2. C'est donc du premier au dixième jour que les premiers signes de l'inflammation se montrent le plus souvent. Je ne reviens sur quelques points de leur étiologie que pour faire voir qu'elle est commune avec celle de la péritonite, de la métro-péritonite et de la métrite puerpérale. D'après M. Marchal, dans 21 cas où le nombre des grossesses est indiqué, il y a 13 primipares, 3 bipares, 4 sextipares, 1 septipare ; et dans 26 où l'âge est indiqué, 15 femmes avaient de dix-huit à vingt-cinq ans, 7 de vingt-six à trente, et 4 de trente et un à quarante. Mais il ne faut pas perdre de vue que si, après la première catégorie, le nombre diminue rapidement, la grossesse devient aussi moins commune. Les primipares et les femmes qui accouchent de dix-huit à vingt-cinq ans, étant en beaucoup plus grand nombre, doivent fournir une proportion plus forte de maladies puerpérales. Sans nier l'influence de la primiparité, je dois encore faire observer qu'elle expose davantage à un travail prolongé, à l'accouchement artificiel, qui ont une grande influence sur le développement des phlegmasies intra-pelviennes. Sans tenir compte des observations qui décèlent une trop grande préoccupation à la croyance aux métastases laiteuses, il semblerait cependant que le défaut d'allaitement prédispose au développement de ces phlegmasies. Sur 17 cas d'abcès de la fosse iliaque mentionnés par M. Grisolle, la plupart sont relatifs à des femmes qui n'ont pas allaité. Mais dans les circonstances où l'on observe ordinairement, c'est le plus petit nombre des accouchées qui allaitent. Les abcès phlegmoneux intra-pelviens sont souvent déterminés par une cause accidentelle, comme l'accouchement artificiel, la rétention, l'extraction du placenta, une hémorrhagie utérine, une infraction aux règles de conduite que la femme doit suivre pendant les couches. Néanmoins il n'est pas rare de les voir se développer spontanément en dehors de toute influence appréciable.

Relativement à leur siège, on doit les séparer en deux catégories, ceux *du grand* et ceux *du petit bassin*. Les premiers siègent presque exclusivement dans les fosses iliaques. Cependant il s'en développe quelquefois dans le tissu cellulaire qui entoure les reins, dans celui qui unit le péritoine à la portion hypogastrique de la paroi abdominale. Ces abcès sont susceptibles de prendre un développement considérable ; mais ils ne sont pas assez communs pour exiger une histoire à part ; d'ailleurs ils se rapprochent, par leur marche et leur terminaison, de ceux des fosses iliaques qui peuvent servir de type. Les abcès phlegmoneux du petit bassin, parmi lesquels je range ceux des ligaments larges, quoiqu'ils soient assez souvent en partie ou en totalité dans le grand, suivant le degré de développement de l'utérus, n'ont pas un siége de prédilection unique, et leur histoire, plus difficile à tracer, est moins avancée.

A. — *Abcès phlegmoneux de la fosse iliaque.* — De Lamotte, Levret, Puzos, Deleurie et plusieurs autres praticiens qui ont écrit sur les maladies des femmes en couches, en ont publié des observations intéressantes, mais qui ne donnaient qu'une connaissance fort incomplète de cette maladie, qui a été étudiée sous un point de vue plus général et dans toutes les conditions où elle peut se produire par Dupuytren, Dance, MM. Husson, Ménière, etc. Leurs observations et celles qui ont été publiées depuis permettaient d'en tracer une histoire complète : c'est ce que vient de faire M. Grisolle, en analysant les faits antérieurs et ceux qui lui sont propres. J'emprunte à cet intéressant travail ce qui est relatif aux abcès puerpéraux de la fosse iliaque, en n'insistant sur ce qu'ils ont de commun avec les autres que pour l'intelligence du sujet.

Contrairement à une opinion jusqu'à certain point rationnelle, et qui compte de nombreux partisans, les abcès iliaques consécutifs aux couches ne sont pas souvent le résultat de l'extension de l'inflammation phlegmoneuse du tissu cellulaire des ligaments larges ou de celui qui se trouve entre l'utérus et le péritoine, dans les points où cette membrane adhère d'une manière peu intime à la surface externe de l'organe. M. Grisolle, en consultant les cas d'abcès iliaques puerpéraux qui se sont terminés par la mort, n'en a trouvé que deux dans lesquels la collection purulente a occupé à la fois la fosse iliaque et le ligament large. Quoiqu'on puisse en ajouter plusieurs autres, cette extension, moins rare chez les femmes en couches que chez les autres, n'est cependant pas commune. Du reste, l'abcès iliaque, qui se fraye une voie du côté de l'utérus ou du vagin, s'étend dans les ligaments larges, comme celui des ligaments larges peut s'étendre du côté de la fosse iliaque. Contrairement à ce qu'on observe dans les conditions ordinaires, l'abcès iliaque puerpéral ne paraîtrait pas plus fréquent d'un côté que de l'autre. Sur les 17 cas analysés par M. Grisolle, le côté droit a été affecté 6 fois, et le gauche 11 fois; mais le dépouillement d'un plus grand nombre d'observations tend à faire disparaître cette différence. Il se développe rarement dans les deux fosses iliaques en même temps.

Symptômes, marche et terminaison. — L'invasion est ordinairement marquée par un mouvement fébrile, médiocrement intense, sans paroxysme, rarement par un frisson. La douleur est souvent le premier phénomène apparent. Elle est tantôt vive et lancinante, tantôt sourde, obscure et profonde; la pression, les secousses de la toux, les mouvements du tronc, l'extension du membre correspondant, ordinairement un peu fléchi, l'exaspèrent. Son siége le plus ordinaire est la fosse iliaque; quelques malades la ressentent sur des points qui en sont plus ou moins éloignés, d'autres accusent une sensibilité générale du ventre. Mais quel que soit le point sur lequel elle s'est primitivement fait sentir, elle ne tarde pas à se localiser dans l'une des fosses iliaques, d'où elle s'irradie sur d'autres points du ventre ou du côté des membres inférieurs. Dans quelques cas où la maladie commence d'une manière lente et sourde, il y a absence de tout mouvement fébrile, quelquefois même la tumeur prend un développement appréciable, sans que la fosse iliaque ait été le siége d'aucune sensibilité. Indépendamment de la douleur et de la fièvre, le début est quelquefois marqué par divers troubles des organes digestifs, tels qu'inappétence, envies de vomir, et plus particulièrement par du dévoiement ou de la constipation qui précèdent.

Deux, trois, quatre ou cinq jours après les premiers symptômes de l'invasion, la palpation fait reconnaître de l'empâtement ou une tumeur sans déformation de la fosse iliaque. Cette tumeur est d'abord dure, peu rénitente, sans battement, immobile ou légèrement mobile ; si elle proémine un peu en avant, la paroi abdominale qui la recouvre glisse facilement sur elle, tant que les parties en contact restent libres d'adhérences ; son volume varie entre celui d'un petit œuf et d'une grosse orange ; elle est quelquefois aplatie et envahit toute la fosse iliaque. Cette région rend un son mat, à moins qu'une anse d'intestin ne soit interposée entre la tumeur et la paroi abdominale. En se développant, elle donne lieu à plusieurs phénomènes qui reconnaissent souvent pour cause la compression des parties voisines : le météorisme, la constipation, sont fréquemment déterminés par la compression de l'intestin ; la douleur, les fourmillements, le refroidissement, la pesanteur, l'engourdissement, qu'éprouvent quelques malades dans le membre inférieur correspondant, sont certainement le résultat de la compression des nerfs et des vaisseaux iliaques. L'artère était affectée dans un cas observé par M. Grisolle, les veines ont été trouvées plusieurs fois enflammées et oblitérées par des caillots adhérents : M. Mêlier a vu la veine iliaque externe presque en totalité et la veine crurale dans l'étendue de six à huit centimètres, oblitérées par un caillot adhérent, et la surface du vaisseau, rouge, et comme piquetée de points purulents. Dans le cas de M. Andral, la veine iliaque, une partie de la veine cave et un grand nombre de veines de l'excavation du bassin étaient remplies par du sang coagulé, auquel était mêlé, sous forme de gouttelettes, un liquide blanchâtre ressemblant à du pus ; la malade mourut avec des symptômes d'infection purulente et des abcès métastatiques. Dans celui de M. Tardieu, la veine cave, fermée au cours du sang, était aplatie au-dessus du point où adhérait le caillot.

La résolution est très rare, et paraît être encore plus rare chez les femmes en couches ; les dix-sept cas notés par M. Grisolle n'en fournissent qu'un exemple. On ne peut guère l'espérer que lorsque l'engorgement se forme avec beaucoup de lenteur et qu'il provoque peu de réaction ; et il reste pendant longtemps un noyau dur, susceptible de s'enflammer et de suppurer plus tard.

La suppuration est la terminaison habituelle de ces tumeurs phlegmoneuses, elle est toujours accompagnée d'exacerbation dans les symptômes; la tuméfaction, l'empâtement, sont plus prononcés; on ne peut plus faire glisser la paroi abdominale sur la tumeur qui semble se confondre avec elle; la douleur est plus vive et pulsative; la fièvre augmente et présente souvent des redoublements le soir ou de légers frissons, suivis de sueurs partielles ou générales, surtout pendant le sommeil. M. Grisolle fait observer que ces symptômes n'annoncent pas que le pus va se former, mais qu'il est déjà formé, et souvent réuni en foyer; car quand ils se manifestent, il est rare qu'on ne puisse pas déterminer de la fluctuation. Dans les cas où la maladie a une marche rapide, on peut la percevoir du dixième au vingt-cinquième jour, mais plus souvent après le vingtième qu'auparavant; dans ceux où elle a une marche lente, elle ne peut guère être appréciée qu'après le trentième, le quarantième, quelquefois le soixantième seulement.

L'abcès iliaque s'ouvre à peu près dans une égale proportion à la surface de la peau et dans les conduits excréteurs voisins. Tantôt il s'ouvre exclusivement sur un point du bas-ventre, tantôt exclusivement dans l'un des conduits excréteurs voisins; tantôt en même temps à l'extérieur et à l'intérieur. Lorsqu'il s'ouvre à l'extérieur, c'est ordinairement sur un point compris entre le ligament de Fallope et l'épine iliaque antérieure et supérieure, quelquefois entre la crête iliaque et les fausses côtes, au-devant du bord externe du muscle carré des lombes; il montre peu de tendance à se frayer une voie par l'anneau inguinal, et même par l'anneau crural. La région iliaque devient de plus en plus proéminente; s'amincit sur un point par l'inflammation ulcérative, et se perfore bientôt. Après la région iliaque, c'est le gros intestin qui donne le plus souvent issue au pus, et dans une plus forte proportion à droite qu'à gauche à raison des rapports du cœcum avec la fosse iliaque; à gauche l'abcès peut également s'ouvrir dans le colon descendant, l'S iliaque ou le rectum. L'ouverture est tantôt très étroite, alors l'affaissement de la tumeur est peu marqué, et l'écoulement du pus au dehors passe inaperçu, si les selles ne sont pas l'objet d'un examen attentif; tantôt très large, et la malade éprouve des coliques, des envies d'aller à la garde-robe et rend en abondance du pus, mêlé quelquefois à du sang. Il se fraye moins souvent un passage dans le vagin, plus rarement dans la cavité du col et plus rarement encore dans celle du corps de l'utérus, où les abcès de l'ovaire, des trompes, des ligaments larges se sont quelquefois ouverts; si l'ouverture est étroite, le pus peut facilement être confondu avec les lochies.

L'abcès s'ouvre moins souvent dans la vessie que dans le vagin ; on a vu le pus couler dans la vessie et le gros intestin, dans ces deux réservoirs et en même temps à l'extérieur. En général, lorsque l'ouverture s'opère dans le gros intestin, elle a lieu plus promptement que sur les autres points ; à l'extérieur, dans le vagin ou la vessie, elle est généralement assez tardive. Dans les cas où elle est le plus hâtive, elle s'opère du treizième au vingt-cinquième jour ; dans les autres elle s'opère après un mois, six semaines, deux mois.

Quelquefois la tumeur fluctuante s'affaisse d'une manière sensible, sans qu'il se soit établi une communication entre elle et l'un des conduits excréteurs désignés ou la cavité du péritoine. Le pus s'est porté du côté de l'abdomen ou du bassin en décollant la séreuse, ou bien sans qu'elle ait éprouvé d'affaissement ; il vient se frayer une voie en dehors de la région iliaque, ou sur un des points d'élection extérieurs ou intérieurs, mais après avoir déterminé des désordres graves et étendus. Une femme, dont le bassin était rétréci et qui fut délivrée avec les crochets, éprouva, peu de temps après, de la fièvre, des douleurs abdominales et de la tuméfaction dans les fosses iliaques ; plus tard, il s'écoula du pus par le vagin, l'amaigrissement fit des progrès rapides, et la mort survint au bout d'un mois. Les ligaments larges, les fosses iliaques, à droite le flanc jusqu'au niveau du foie, étaient remplis de pus, dans lequel flottait en quelque sorte le rein ; cette poche s'ouvrait à la partie supérieure du vagin (Monteggia). Dans un cas observé par M. Vigla, l'aponévrose iliaque était perforée en même temps que le cœcum, et le psoas iliaque réduit en une bouillie verdâtre ; l'abcès, devenu sous-aponévrotique, s'étendait en bas jusqu'à l'arcade crurale, en haut jusqu'aux attaches du diaphragme ; il avait pour paroi en avant l'extrémité droite et antérieure du foie, la capsule sus-rénale, la face postérieure du rein, le feuillet antérieur de l'aponévrose du muscle transverse, celle du muscle iliaque et le cœcum ; du pus s'était fait jour à travers le grand dorsal, avait dénudé la face externe du grand fessier et venait former une saillie au niveau du grand trochanter. Dans un autre cas, observé par M. A. Bérard, et consigné, comme le précédent, dans le *bulletin de la Société anatomique*, le pus s'était étendu du flanc droit dans la fosse iliaque, puis à l'hypogastre en glissant derrière le cœcum ; de là il s'était porté dans la fosse iliaque droite, était remonté sur le côté de la ligne médiane, jusque près de l'ombilic, où il avait pénétré sous la peau, restée adhérente sur toute la cicatrice ombilicale.

Le pus qui s'échappe des abcès iliaques est blanc, bien lié ; ce n'est qu'exceptionnellement qu'il présente une odeur stercorale. Mais lorsque l'ouverture de la peau ou du vagin est consécutive à celle de l'intestin, il est souvent séreux, grisâtre, mêlé à des gaz extrêmement fétides, quelquefois à des débris de matières fécales. Quelle que soit la voie par laquelle il s'échappe au dehors, la tumeur s'affaisse plus ou moins, et les phénomènes de compression diminuent ou cessent; l'évacuation du foyer s'accompagne de soulagement, de bien-être, même lorsque l'affection doit avoir une terminaison funeste. Le plus souvent si l'issue du pus est facile et les désordres médiocrement étendus, l'amélioration se soutient jusqu'à la guérison, qui ne se fait pas longtemps attendre, sans être troublée par aucun accident. Mais lorsque l'écoulement cesse prématurément par l'occlusion ou l'insuffisance de l'ouverture du foyer, on voit la fièvre se rallumer, la fosse iliaque devenir de nouveau le siège de tuméfaction et de douleurs vives, accidents qui persistent jusqu'à ce qu'une incision ou la nature ait frayé une voie nouvelle au pus. On voit souvent ces alternatives en bien et en mal avoir lieu plusieurs fois, avant que la convalescence se déclare franchement. Quelquefois les bords de l'ouverture extérieure s'enflamment et deviennent érysipélateux; d'autres fois la suppuration s'altère, devient ichoreuse, et les chances d'une terminaison heureuse diminuent beaucoup. Le temps pendant lequel le pus continue à couler varie beaucoup. En général, lorsque l'abcès s'est ouvert dans le gros intestin, la guérison est plus prompte, et le pus cesse le plus souvent de couler au bout de dix à quinze jours, quelquefois plus tôt ou plus tard. La suppuration paraît moins promptement tarie par le vagin. Ouvert spontanément ou par l'art sur un point de la paroi inférieure de l'abdomen, le pus coule au moins pendant quinze jours, souvent pendant un mois, quelquefois pendant deux et davantage encore lorsqu'il existe des complications. Chez le tiers des malades, la suppuration laisse après elle un léger engorgement ou de petits noyaux qui persistent quelquefois pendant un temps assez long.

Quand la maladie marche vers une terminaison fâcheuse, la mort survient de différentes manières. Plus du tiers des femmes qui succombent sont emportées par la péritonite: il n'est pas exact de dire que l'abcès s'ouvre dans le péritoine, car l'inflammation ulcérative est toujours précédée d'une inflammation adhésive étendue; cependant, avant qu'elle se soit opérée, il peut arriver que la paroi du foyer, très amincie du côté du péritoine, se rompe brusquement comme un kyste de grossesse extra-utérine, et l'épanchement du pus dans la cavité abdominale, est promptement suivi d'une péritonite sur-aiguë; mais il est plus commun de voir l'inflammation, sous l'influence de prédispositions plus spécialement propres aux femmes en couches, s'étendre à la plus grande partie du péritoine, sans qu'il existe de ruptures, et même à une époque où il n'y a encore qu'une tuméfaction phlegmoneuse. Quelques malades meurent sans qu'il se soit développé de péritonite, et avant que le pus se soit frayé une issue au dehors; mais, ou la suppuration a envahi des surfaces très étendues, ou bien il existe une complication grave, comme dans les cas que nous avons cités. Mais la cause la plus commune de la mort, est l'épuisement accompagné de fièvre hectique, qui résulte d'une suppuration trop abondante et trop prolongée, coïncidant ordinairement avec des décollements étendus, des désorganisations profondes, quel que soit d'ailleurs le point par lequel le pus s'est frayé une voie au dehors. Les abcès ouverts à la région iliaque ne paraissent pas offrir des chances plus favorables de guérison que ceux qui s'ouvrent dans le gros intestin; mais le danger est plus grand lorsqu'ils s'ouvrent à la fois à l'extérieur et dans le tube digestif. Sur 17 cas d'abcès puerpéraux iliaques mentionnés par M. Grisolle, 7 se sont terminés par la mort. Sur 50 cas rassemblés par M. Marchal, la mort a eu lieu treize fois: le plus souvent par la péritonite, presque aussi souvent par suite de fièvre hectique, une fois par suite d'infection purulente.

Diagnostic. — Nous avons indiqué la variété d'abcès iliaques phlegmoneux désignée sous le nom de *psoïte*, sans en tracer les caractères, parce qu'elle est rarement primitive et qu'il arrive assez souvent que l'abcès du tissu cellulaire sous-péritonéal de la fosse iliaque perfore l'aponévrose et désorganise en partie le muscle iliaque, et même le psoas, sans que les symptômes soient sensiblement différents. Néanmoins quelques uns prennent des caractères de nature à faire reconnaître cette particularité. Je vais les faire ressortir par l'extrait d'une observation intéressante de psoïte primitive, recueillie par M. Perrauchaud. Une femme, âgée de trente ans, d'une santé ordinairement bonne, accouchée de son dixième enfant, il y a deux mois et demi, et chez laquelle les suites immédiates de couches n'offrirent rien de particulier, ne tarda pas à éprouver de violentes douleurs dans les flancs, surtout dans le gauche. Elles devinrent de plus en plus intenses; celles du côté droit s'irradiaient vers l'épaule du même côté et vers la partie supérieure et interne de la cuisse. Il se fit alors une rétraction progressive du membre pelvien gauche, et la cuisse finit par être fléchie sur le ventre; l'extension est tout-à-fait impossible, tant sont douloureux les légers efforts qu'on fait pour la pratiquer ; les orteils eux-mêmes ne peuvent exécuter le plus petit mouvement. La cuisse droite, bien moins rétractée que la gauche, l'est cependant un peu, et ne peut être étendue complétement. Depuis l'invasion de la douleur, la malade a maigri considérablement ; elle est en proie à une fièvre continue, s'exaspérant vers le soir, à des sueurs nocturnes, à de la diarrhée. Il y a quinze jours qu'elle s'aperçut, pour la première fois, d'une tumeur située dans le flanc gauche ; elle garda le silence sur cette particularité, et c'est le hasard qui la fit découvrir. Transportée peu de temps après dans la salle de chirurgie, on constata la présence d'une tumeur molle, élastique, du volume du poing, située à égale distance de la crête iliaque et de la dernière fausse côte ; une même distance la séparait des apophyses épineuses lombaires ; en avant la tumeur se confondait insensiblement avec une tuméfaction très étendue qui occupait à la fois la région iliaque et le flanc gauche. De ce côté existait un empâtement considérable, tandis que le droit avait son apparence ordinaire, et quand on exerçait une certaine pression sur la tumeur de la région lombaire, on sentait un reflux du liquide dans le flanc du même côté. Dans la journée même, tandis qu'elle causait tranquillement avec sa voisine, elle fut prise d'un léger mouvement convulsif, et expira aussitôt, un jour après son entrée à l'hôpital. Il y avait deux abcès, l'un iliaque, l'autre dorso-lombaire, communiquant à travers le muscle carré et les feuillets antérieur et moyen du muscle transverse ; les apophyses transverses des vertèbres lombaires étaient dénudées ; non seulement le psoas et l'iliaque, mais encore le carré des lombes étaient en grande partie désorganisés.

Pendant les premiers jours, le diagnostic peut rester obscur, la maladie peut même facilement être prise pour une péritonite partielle ou étendue, une métrite, etc., jusqu'au moment où la douleur se concentre dans la fosse iliaque, et où apparaît une tuméfaction appréciable ; elle a même été quelquefois entièrement méconnue, malgré la présence d'une tumeur fluctuante et le mélange du pus avec les matières fécales, les lochies ou les urines ; mais on peut presque assurer que c'est par défaut d'attention ou de lumières. L'engorgement inflammatoire de l'ovaire se reconnaît à la mobilité de la tumeur, à sa forme globuleuse et bosselée ; mais s'il se forme un abcès dans son intérieur, il perd bientôt ces caractères et devient plus ou moins immobile en contractant des adhérences. Il en est de même de l'engorgement phlegmoneux du tissu cellulaire des ligaments larges, qui se présente le plus souvent d'abord sous forme d'une tumeur mobile, allongée sur le trajet et dans la direction du ligament rond, mais qui perd en grande partie sa forme et sa mobilité dès que le pus est réuni en foyer. Mais il n'y a aucun inconvénient à confondre ces abcès avec ceux de la fosse iliaque, puisqu'ils se terminent de même, et réclament un traitement identique. Quant aux tumeurs non inflammatoires qu'on peut rencontrer dans la fosse iliaque et qui peuvent conduire à des méprises fâcheuses, je ne veux appeler l'attention que sur une seule, savoir, la tumeur stercorale, inégale à sa surface, peu ou point douloureuse, parce qu'il n'est pas rare de la rencontrer dans l'état de couches, qu'elle peut coïncider avec une douleur locale assez vive, et donner lieu à de la fluctuation si elle contient en même temps des parties fluides.

Indications. — Tous les praticiens ont recours avec plus ou moins d'énergie au traitement antiphlogistique, quoique la rareté de la résolution semble lui ôter de l'importance. Puzos croyait qu'elle était facile à obtenir, non seulement au moment de l'apparition de la tumeur, mais encore lorsqu'elle avait plusieurs semaines d'existence, par un traitement antiphlogistique énergique, c'est-à-dire par plusieurs saignées du bras, pratiquées dans un court espace de temps, et il cite cinq observations à l'appui de son assertion, qui est trop en contradiction avec ce qu'on voit habituellement pour mériter pleine confiance. Néanmoins, si la maladie est reconnue dès le début, lorsque la tumeur n'a encore acquis qu'un développement médiocre, on doit, malgré le peu de chances de réussir, tenter d'en obtenir la résolution par les émissions sanguines. Leur utilité ne se borne pas là ; si la fièvre est très intense, une saignée générale apporte ordinairement un soulagement marqué. Lorsque la douleur abdominale est très vive, elle est aussi fréquemment calmée par des applications de sangsues sur la tumeur; les émissions sanguines peuvent limiter l'inflammation, prévenir son extension au péritoine et rendre la suppuration moins abondante. Mais à part les cas où il y a une réaction vive, il faut préférer la saignée locale, qu'on peut répéter plusieurs fois, suivant les forces de la malade et l'intensité des symptômes. Mais il ne faut pas perdre de vue que, dans la généralité des cas, quoi qu'on fasse, une suppuration plus ou moins abondante et plus ou moins prolongée doit survenir et qu'il importe de conserver des forces à la femme, afin qu'elle puisse résister à l'affaiblissement qui suit les suppurations prolongées. Aussi doit-on, en général, employer avec ménagement et réserve les émissions sanguines, surtout si la femme est très récemment accouchée. Les cataplasmes, les bains, les fomentations émollientes ne doivent point être négligés; les frictions mercurielles peuvent aussi être employées avec avantage.

Lorsque le pus est réuni en foyer, il y a indication d'en provoquer l'évacuation. Mais cette indication est subordonnée à de grandes précautions, afin que l'instrument tranchant, en pénétrant dans le foyer, ne le mette pas en communication avec la cavité du péritoine. Pour cela il faut attendre, non seulement qu'on reconnaisse d'une manière évidente la fluctuation, mais encore qu'il se soit établi des adhérences entre l'abcès et la paroi abdominale, et qu'il fasse en quelque sorte corps avec elle; la tumeur fait ordinairement alors une saillie prononcée, il y a de l'œdème et de l'empâtement superficiel; il faut aussi s'assurer qu'il ne se trouve aucune portion d'intestin au-devant de la tumeur, ni de gros vaisseaux derrière le point qu'on se propose d'inciser. C'est dans le voisinage de l'arcade crurale qu'on pratique l'incision; l'amincissement sur un point de la paroi abdominale détermine souvent à y plonger le bistouri comme dans un abcès ordinaire. Si l'adhérence entre la tumeur et la paroi abdominale paraissait douteuse, on ferait une ou plusieurs applications de potasse caustique ou du caustique de Vienne sur le point d'élection, et on l'ouvrirait ensuite, si ce moyen était insuffisant.

Lorsque l'abcès a de la tendance à se porter vers l'un des conduits excréteurs, l'expectation commandée par la prudence a assez souvent pour résultat l'ouverture spontanée de l'abcès dans l'intestin ou le vagin, et dans ce cas on n'a pas à redouter une terminaison plus fâcheuse. Dance a même proposé de ne point chercher à attirer cet abcès au dehors et de ne pas l'ouvrir, mais d'attendre patiemment l'évacuation de la matière purulente par l'intestin. Cette conduite aurait, dans un assez grand nombre de cas, de graves inconvénients. Si l'abcès montrait de la tendance à se rapprocher du vagin et à se frayer une voie dans ce conduit, c'est par là qu'il faudrait l'ouvrir. L'abcès ouvert, on doit favoriser l'écoulement du pus par la position, par une compression douce et soutenue; si le pus s'altérait ou s'il survenait quelque autre complication, on se conduirait comme il sera dit ci-après.

B. *Abcès phlegmoneux du petit bassin.* — L'inflammation phlegmoneuse du tissu cellulaire sous-péritonéal du petit bassin ne se développe pas, comme dans le grand, presque constamment sur le même point; elle a au contraire des sièges d'élection multiples, qui se trouvent dans le tissu cellulaire des ligaments larges et de leurs prolongements sur le côté du vagin et de la vessie; en avant dans celui qui unit lâchement, au-dessous du repli vésico-utérin, la vessie au col et au vagin, en arrière dans celui qui unit le péritoine au col, et au-dessous du repli recto-vaginal, le rectum au vagin (t. 1, p. 95, fig. 24); enfin dans le tissu cellulaire pariétal de l'excavation elle-même. Lorsque le pus est réuni en foyer, la tumeur qu'il forme tendant le plus ordinairement à proéminer vers les mêmes points, il devient souvent impossible de reconnaître, à une période avancée de la maladie, le point qui a été primitivement le siége de l'engorgement inflammatoire.

Les abcès phlegmoneux puerpéraux des points sus-mentionnés ne paraissent guère moins fréquents que ceux des fosses iliaques. Un bon nombre des cas observés par M. H. Bourdon sont relatifs à des femmes récemment accouchées, et l'on voit par son mémoire que les praticiens qui, comme MM. Récamier, Chomel, Gendrin, ont porté leur attention sur ces engorgements phlegmoneux, en ont rencontré assez souvent des exemples. Les premiers symptômes ont apparu tantôt le second, le troisième, le cinquième jour, tantôt après le septième, le huitième, quelquefois beaucoup plus tard ; mais comme le début est souvent obscur, on doit quelquefois le reporter à une époque plus éloignée de l'accouchement qu'il ne l'est réellement. Si, dans plusieurs cas, ils semblent s'être développés sous la seule influence de l'état puerpéral, néanmoins ils sont plus souvent le résultat d'une cause déterminante directe que ceux de la fosse iliaque, savoir, de lacérations, de contusions produites par l'accouchement naturel ou artificiel, à la suite desquelles il se forme des ecchymoses, de petits épanchements sanguins dans le tissu cellulaire qui entoure le col et le vagin, ou dans celui qui tapisse l'excavation pelvienne. Plusieurs se sont développés à la suite d'avortements provoqués par des manœuvres criminelles, dans lesquelles un stylet avait fait fausse route ou avait été poussé entre le col et les parties voisines.

Le début est ordinairement marqué par un mouvement fébrile, qui n'est pas en général très intense. La douleur paraît constante ; elle se fait le plus ordinairement sentir à l'hypogastre ou s'irradie de ce point dans les cas où une grande partie de l'abdomen est sensible ; elle a souvent été signalée comme profonde, lancinante, accompagnée d'un sentiment de pesanteur et même de douleur dans les reins, les cuisses ; la pression sur le corps de l'utérus, sur ses côtés, l'exploration par le vagin, l'excrétion des urines et des matières fécales l'exaspère ; le mouvement des membres inférieurs est souvent gêné et douloureux. Dans quelques cas il y a eu des envies de vomir et même des vomissements, qui semblent attester la participation du péritoine voisin à l'inflammation ; tantôt la constipation a été opiniâtre, tantôt il est survenu de la diarrhée. Si on en excepte quelques cas, les phénomènes morbides ne sont pas très intenses pendant la première période; quelques malades ne se sont alitées qu'après que la tumeur était devenue fluctuante. Lorsque les ligaments larges sont le siége de l'engorgement inflammatoire, le palper pratiqué avec soin fait ordinairement reconnaître sur la partie latérale affectée un point engorgé formant une tumeur régulière, sensible à la pression; dont la partie inférieure peut être sentie par le doigt introduit dans le vagin. Mais lorsque la tumeur se développe entre la vessie et le col ou le vagin, au-devant ou au-dessus du repli recto-vaginal, sous le feuillet pariétal de l'excavation pelvienne, ce n'est que par l'exploration vaginale ou anale qu'elle peut d'abord être sentie, et ce n'est qu'en prenant du développement, et en devenant fluctuante qu'elle devient souvent accessible à l'hypogastre.

Ces engorgements phlegmoneux peuvent sans doute se résoudre, mais ce mode de terminaison est peu commun; ils suppurent généralement, et la suppuration se produit tantôt rapidement, tantôt lentement : des tumeurs ont été reconnues fluctuantes le septième, le dixième, le quinzième, le vingt-cinquième jour; d'autres au bout de six semaines, deux mois. Mais on doit tenir compte des difficultés du diagnostic qui ne permettent pas toujours, même lorsque l'exploration est attentive et bien dirigée, de reconnaître la présence du pus aussitôt qu'il est réuni en foyer. La formation du pus et sa réunion en foyer sont accompagnées, comme dans les abcès de la fosse iliaque, de l'exaspération des symptômes locaux et généraux, de redoublements nocturnes de sueurs, d'amaigrissement. À mesure que le pus s'accumule, la tumeur se dessine mieux, et suivant sa position devient plus facilement accessible à l'hypogastre ou par le vagin, le rectum; l'excrétion des urines et des fèces devient plus difficile, et la tumeur qu'on rencontre, soit au niveau du détroit supérieur, soit sur les côtés du col et du vagin, soit au-devant ou derrière ce canal, présente une fluctuation des plus manifestes à mesure qu'elle augmente de volume. Quoiqu'elle ne prenne pas en général un développement très considérable, elle remonte cependant quelquefois assez haut du côté de l'hypogastre ou de la fosse iliaque; d'autres fois elle remplit le vagin ou le rectum, fait subir à l'utérus quelques déplacements. M. H. Bourdon a consigné dans son travail une observation de M. N. Guillot, qui montre la tumeur faisant saillie au dehors par la vulve avant de s'ouvrir.

Le périnée et les autres points du bassin qui correspondent à des vides sont formés par des tissus trop résistants pour permettre au pus de se frayer un passage de ce côté. Néanmoins il suit quelquefois l'une de ces voies insolites. M. Chomel a vu une collection purulente du petit bassin se faire jour d'un côté, à travers le rectum et de l'autre par le trou obturateur, pour venir former une tumeur à la partie interne et supérieure de la cuisse. Dans un cas rapporté par C. Hawkins, le pus s'était frayé un passage au dehors par l'échancrure ischiatique. C'est du côté des conduits excréteurs voisins qu'il trouve le moins de résistance et qu'il s'échappe le plus souvent, et sous ce rapport le vagin et le rectum sont en première ligne. L'abcès s'ouvre quelquefois dans le col utérin, la vessie ou l'urètre; mais moins souvent que sur un point du bas-ventre, à l'hypogastre, dans le voisinage de l'arcade crurale, quelquefois près de l'ombilic, assez souvent successivement à l'extérieur et dans l'un des conduits excréteurs; on voit survenir auparavant de l'empâtement et de l'œdème. Lorsque l'ouverture se fait dans l'un des conduits excréteurs, elle s'opère aussi ordinairement avec beaucoup de lenteur, et pendant ce temps les malades maigrissent d'une manière très notable. Le pus, qui s'échappe d'abord, est de bonne nature, bien lié, mais plus souvent fétide que celui des abcès de la fosse iliaque; les malades éprouvent un soulagement qui tantôt se soutient, tantôt est entravé par divers accidents. Dans la plupart des cas où l'ouverture s'est opérée à travers le vagin ou le col de l'utérus, le foyer s'est débarrassé assez promptement, et la guérison ne s'est pas fait attendre longtemps. Il en a été de même dans plusieurs de ceux où le pus s'est échappé par l'anus, mais dans quelques uns la terminaison a été malheureuse; et la suppuration paraît avoir été entretenue par le reflux de portions de matières fécales jusque dans le foyer. Lorsque l'abcès s'est ouvert sur un point du bas-ventre, le pus n'y trouve pas toujours une issue facile; plusieurs fois il s'est frayé consécutivement une voie dans l'un des conduits excréteurs contenus dans le bassin. La suppuration met plus ou moins de temps à se tarir suivant l'étendue du foyer et le plus ou moins de facilité qu'il trouve à se vider. Lorsqu'il est très étendu, qu'il se vide mal, que le pus a produit des désordres étendus, des ouvertures multiples, la suppuration s'altère et se prolonge; il survient un dépérissement graduel qui conduit souvent à une terminaison fâcheuse. La mort peut arriver beaucoup plus tôt, avant même qu'il se soit formé du pus dans la tumeur, par l'extension de l'inflammation au péritoine; un peu plus tard par la rupture de la tumeur, dont le contenu s'épanche dans le péritoine et détermine rapidement une péritonite générale sur-aiguë. Ce mode de terminaison n'est pas rare; M. H. Bourdon en rapporte trois cas remarquables: dans l'un une injection faite dans la tumeur par une ouverture artificielle paraît avoir concouru à déterminer la rupture. C'est, en définitive, tant par elle-même que par ses complications, une affection grave qui a fait périr près d'un tiers des malades.

Le diagnostic de ces abcès phlegmoneux, à raison même de leur situation, offre d'assez grandes difficultés : mais s'ils sont encore si souvent méconnus, c'est surtout parce qu'ils n'ont pas suffisamment fixé l'attention des praticiens, et peut-être parce que beaucoup partagent à leur insu la répugnance qu'ont les malades à se soumettre à l'exploration nécessaire. Il est difficile de ne point partager cette opinion, en lisant les nombreuses observations recueillies par M. H. Bourdon, dans un assez court espace de temps. Elles démontrent que, par le palper hypogastrique et les différentes espèces de toucher combinés, on peut arriver à reconnaître exactement leur position et même à y constater de la fluctuation, dès que la collection purulente a pris un certain développement. Dans quelques cas le diagnostic a pris un tel degré de certitude après la première exploration, qu'on a pu faire de suite la ponction de la tumeur purulente. Ainsi voit-on survenir, chez une femme nouvellement accouchée, un mouvement fébrile continu, avec douleur profonde, gravative, lancinante dans l'excavation du bassin et à l'hypogastre, s'exaspérant par la pression et souvent par l'excrétion des urines, des fèces : ces phénomènes, qui peuvent être le résultat d'une péritonite bornée à l'excavation du bassin, d'une métrite d'intensité moyenne, etc., doivent engager à faire une exploration complète qui conduit presque toujours à reconnaître l'organe ou le point affecté. Si par le palper hypogastrique on trouve une tumeur douloureuse sur l'un des côtés de l'utérus, et que le doigt rencontre l'extrémité inférieure de cette même tumeur comme accolée au côté de l'organe, on peut être certain qu'il existe un engorgement phlegmoneux du ligament large. On devra considérer comme de même nature les tumeurs douloureuses placées entre la vessie et le col, entre celui-ci et le rectum. Les tumeurs qui s'élèvent d'un point quelconque des parois de l'excavation pour se porter vers le vagin ou vers le rectum, pourront aussi facilement être reconnues. La situation de la tumeur peut être telle qu'il soit plus facile de prendre une connaissance exacte de sa situation et de son volume par le rectum. M. Bourdon assure que, dans quelques cas, il est avantageux d'explorer simultanément par le vagin et par le rectum. Le diagnostic prend un degré de précision assez grand, pour qu'il soit permis d'avoir recours à la ponction, lorsqu'on voit survenir, plus ou moins de temps après le début de la maladie, des frissons irréguliers, des sueurs nocturnes, et que la tumeur perd sa dureté, pour devenir molle, fluctuante. Lorsque la tumeur est peu accessible au doigt ou que ses parois sont épaisses, il est souvent difficile d'acquérir la conviction qu'elle contient du liquide. Si on peut la sentir par l'hypogastre et par le vagin, les conditions sont les plus favorables pour y déterminer de la fluctuation. Dans les cas où la tumeur ne peut être sentie que par le vagin, M. H. Bourdon conseille de porter deux doigts sur le point accessible afin de lui imprimer de légers mouvements de percussion avec l'un de ces doigts. Mais, dans un assez grand nombre de cas, on ne peut constater la fluctuation que lorsque le pus est réuni en foyer, depuis un temps plus ou moins long, et qu'il s'approche du point où il tend à se faire jour au dehors. Les tumeurs non inflammatoires, qu'on peut rencontrer sur les mêmes points, ont une marche et des caractères trop différents pour être confondus avec ces abcès. Toutefois, il ne faut pas oublier qu'elles peuvent être accompagnées d'une douleur locale et d'un mouvement fébrile; qu'une méprise est possible et peut avoir les conséquences les plus funestes, si la tumeur est formée par la vessie ou l'intestin. Il serait plus facile de confondre les abcès extra-péritonéaux du petit bassin avec les collections purulentes de la cavité du péritoine, circonscrite par des adhérences dans le voisinage du vagin, du rectum, dans le cul-de-sac vésico-utérin ou recto-vaginal. Mais elles ne se rencontrent qu'à une période et la péritonite passe à l'état chronique, et cette circonstance est de nature à éclairer sur leur véritable siége; comme, d'ailleurs, elles sont complétement isolées du reste de la cavité du péritoine, elles peuvent être soumises avec avantage au même mode de traitement que les abcès dont nous parlons.

Quoiqu'on puisse peu compter sur le traitement antiphlogistique pour obtenir la résolution, on doit néanmoins, comme pour les abcès de la fosse iliaque, y avoir recours pour modérer la réaction fébrile et la douleur, rendre la suppuration moins abondante, combattre ou prévenir l'extension de la phlegmasie au péritoine. Il est cependant assez rarement nécessaire d'avoir recours à la saignée générale; on se bornera à quelques applications de sangsues, aux bains, aux fomentations émollientes, aux boissons délayantes, à un régime approprié.

Quelques praticiens, préoccupés de la crainte d'une méprise sur la nature de la tumeur et de la possibilité de pénétrer dans la cavité du péritoine, en portant sur la tumeur l'instrument tranchant, ont donné le conseil d'abandonner l'ouverture de ces abcès au travail de la nature. Mais il ne faut pas perdre de vue par quels dangers plusieurs malades ont passé pour arriver à la guérison. Ce n'est le plus souvent qu'après un travail très long que le pus peut se faire jour au dehors, et pendant tout ce temps ils sont exposés à des souffrances qui les épuisent, à l'extension de l'inflammation à tout le péritoine, à la rupture de l'abcès dans sa cavité, à des décollements étendus et à des désordres profonds, et si la guérison a lieu, ce n'est qu'après deux ou trois mois de souffrances et de dangers. Sans doute, on peut opposer à ces cas un assez bon nombre d'autres où le travail d'ulcération ne s'est pas fait attendre longtemps, et où le foyer s'est vidé et cicatrisé dans l'espace de sept à quinze jours. Mais ces faits mêmes, en trop petit nombre, militent en faveur des ouvertures artificielles, faites dès que le pus est réuni en foyer, dans le point où la tumeur est le plus extensible : on prévient ainsi son extension au loin, son ouverture sur un point où elle pourrait difficilement se vider, et on amène de meilleure heure le soulagement prononcé qui suit l'évacuation du pus. Du reste, la plupart des praticiens qui ont eu l'occasion d'étudier ces tumeurs ont proposé et pratiqué l'ouverture artificielle. Les observations rapportées par M. H. Bourdon mettent les avantages de cette pratique hors de doute. Dans vingt cas (deux sont relatifs à des kystes et quelques uns étrangers à l'état puerpéral) où elle a été employée, elle a réussi seize fois. Chez l'une des femmes qui ont succombé, l'abcès avait déjà pris un tel développement, qu'une portion de la tumeur sortait du bassin par la vulve, lorsqu'on s'est décidé à pratiquer la ponction. Chez l'autre, on a été conduit à pratiquer l'ouverture par le vagin, et ensuite à travers la paroi abdominale.

Le point d'élection pour pratiquer cette opération est le vagin, qu'on doit choisir de préférence toutes les fois que la tumeur fluctuante en est assez rapprochée pour ne pas faire craindre de léser le péritoine : les abcès des ligaments larges et des autres points du petit bassin sont le plus souvent dans ces conditions. Le procédé opératoire de la ponction par le vagin, quoique simple, exige cependant de grandes précautions. Voici, d'après M. H. Bourdon, comment se conduit M. Récamier, qui a fait un si grand nombre de fois cette opération avec succès. Il cherche d'abord à se faire une idée exacte des rapports du péritoine avec le vagin, afin que l'incision porte sur un point dépourvu de cette enveloppe, en tenant compte du soulèvement qu'elle éprouve par le développement de la tumeur et des adhérences que celle-ci contracte ordinairement avec les parties qui sont en rapport avec elle ; d'où résulte souvent la possibilité de ponctionner tous les points du vagin aussi bien en arrière qu'en avant, sans pénétrer dans la cavité du péritoine. On peut être sûr qu'une pareille disposition existe toutes les fois que la tumeur fait une saillie bien prononcée dans le vagin, qu'elle semble faire corps avec lui, que l'ondulation du liquide est bien sensible, et qu'elle conserve ses rapports avec le vagin dans les différentes attitudes qu'on fait prendre à la malade. Une collection purulente intra-péritonéale enkystée pourrait présenter les mêmes caractères ; mais quoique plus grave, la ponction est encore applicable. On doit en outre s'assurer que des artères développées ne se trouvent pas sur le point où l'on se propose de porter l'instrument tranchant. Dans un des cas observés par M. Bourdon, on sentait la fluctuation sur l'un des côtés du col où battaient deux grosses artères. Pour pratiquer la ponction, on se sert d'un trois-quarts ou d'un bistouri à lame étroite, garni convenablement de linge. M. Récamier emploie habituellement un instrument de son invention qui a de l'analogie avec le pharyngotome. La femme étant convenablement placée, et l'indicateur de la main gauche placé sur le point où l'on veut agir, l'on fait glisser l'instrument sur la pulpe de ce doigt ; en le plongeant dans la tumeur, on doit s'arrêter aussitôt qu'on sent la sensation d'une résistance vaincue ; s'il est nécessaire d'agrandir l'ouverture, on peut remplacer le premier instrument par un bistouri boutonné. On facilite l'écoulement du liquide en pressant sur le ventre, et l'on continue la compression par un bandage de corps, maintenant des compresses graduées sur le point correspondant à la tumeur. Outre la compresion, M. Récamier recommande d'autres moyens préventifs auxquels il attache beaucoup d'importance ; il fait faire deux ou trois fois par jour des injections d'eau tiède dans l'intérieur de la poche, et il recommande de tenir celle-ci remplie d'eau. Pour arriver à ce but, il faut avoir le soin de pousser la fin de l'injection avec très peu de force, afin de ne pas mettre en jeu l'élasticité des parois de la tumeur et de ne pas établir un courant rapide ; de plus, on doit maintenir le siége élevé sur des coussins de manière que l'ouverture de la tumeur soit continuellement placée le plus haut possible, par rapport à son bas-fond. Lorsque la tumeur est éloignée du vagin et que la fluctuation se prononce sur un point du bas-ventre, c'est par là qu'on doit pratiquer l'ouverture, en se conduisant comme il a été dit pour les abcès de la fosse iliaque ; il y a même moins de chances de pénétrer dans la cavité du péritoine.

IX. INFLAMMATION DES SYMPHYSES DU BASSIN. — Je ne veux point parler des suppurations articulaires concomitantes ou secondaires : les symphyses du bassin en sont très rarement affectées pendant le cours de la métro-péritonite. Nous avons déjà cité des cas de suppuration des symphyses pubienne et sacro-iliaque à l'occasion de la symphyséotomie et de la déchirure du fibro-cartilage interpubien à la suite de l'accouchement spontané ou artificiel. Mais ces symphyses peuvent s'enflammer et suppurer après l'accouchement sans avoir éprouvé la moindre lésion traumatique. Leur relâchement pendant la grossesse et leur distension pendant le travail, constituent avec l'état puerpéral, les principales prédispositions à cette grave maladie. Toutefois la part de leur distension pendant le travail ne paraît pas très grande ; car, parmi les femmes affectées, le nombre de celles qui ont accouché difficilement est à peine prédominant, et les femmes qui ont éprouvé pendant la grossesse un relâchement considérable des symphyses n'y paraissent pas plus exposées que les autres. La cause occasionnelle est tantôt obscure, tantôt manifeste ; dans plusieurs cas les femmes ont commis des imprudences et des écarts de régime peu ordinaires. La maladie s'est développée au bout de quatre, six, huit, dix, quinze, vingt jours. Le début a été assez souvent marqué par un frisson. Les symptômes locaux et d'autres particularités exigent qu'on décrive séparément l'inflammation des deux symphyses du bassin.

A. *Inflammation de la symphyse pubienne.*— Elle paraît un peu plus rare que celle de la symphyse sacro-iliaque, et n'a jusqu'à présent fixé l'attention que d'un très petit nombre de praticiens. Les faits publiés n'étant pas assez nombreux pour en tracer une histoire complète, je me bornerai à en donner une connaissance générale d'après quelques uns de ces faits. Une femme de vingt-six ans accouche naturellement d'un enfant vivant après un travail de quatre heures environ ; les deux premiers jours se passèrent bien, la sécrétion du lait a lieu le troisième jour. Mais peu de temps après survint un frisson qui dura une demi-heure, à la suite duquel il se manifesta dans l'abdomen, pendant la nuit du quatrième au cinquième jour, des douleurs qui avaient principalement leur siège dans les reins et la région pubienne. Deux saignées du bras ne procurèrent aucun soulagement ; un bain donné après la seconde sembla enlever un peu les douleurs. Le septième jour des couches, on pratiqua une nouvelle saignée ; il y eut un nouveau frisson qui fut suivi d'une accélération très grande dans les battements du pouls. L'abdomen était légèrement tuméfié ; la malade n'accusait de douleurs que dans les aines et la région des pubis, et ces douleurs rendaient le décubitus impossible sur le côté ; il survint des symptômes cérébraux ; le douzième jour, il y eut de la diarrhée; le quinzième la malade mourut en accusant toujours beaucoup de douleurs dans la symphyse des pubis. A l'examen du cadavre, on trouva que les deux surfaces articulaires des pubis étaient distantes l'une de l'autre d'environ six lignes; la mobilité du pubis était facile à constater aussitôt qu'on déplaçait les membres inférieurs. Un pus blanc, épais, baignait l'articulation; les os n'étaient pas complétement dénudés, une légère couche fibro-cartilagineuse les recouvraient encore; les couches cartilagineuses les plus superficielles n'étaient même pas détruites, mais elles avaient éprouvé une distension remarquable, en sorte qu'elles formaient les parois du foyer purulent, qui était ainsi renfermé en totalité dans l'articulation (Déneux). Le même praticien a observé deux autres cas d'arthrite pubienne terminées par la suppuration, et où le pus s'était étendu au-delà de l'articulation. Dans l'un, les pubis étaient séparés d'environ seize lignes; les moyens d'union avaient été détruits en arrière, et le foyer purulent s'étendait derrière les muscles sterno-pubiens, et à gauche dans l'excavation du bassin. Deux jours avant la mort, le pus s'était frayé une issue au dehors à travers la partie supérieure et gauche du vagin. M. A.-C. Baudelocque a rapproché des cas observés par M. Déneux un fait de suppuration de la symphyse pubienne consignée dans l'ancien Journal de médecine. La maladie se termina par la guérison ; on avait procuré une issue au pus par incision faite au-devant des pubis ; mais une autre ouverture se forma dans le bassin. La femme conserva de la difficulté à marcher, et dans certains mouvements un craquement très fort se faisait entendre dans la symphyse pubienne. Dans plusieurs autres cas, la maladie, après avoir excité des douleurs locales vives et un mouvement fébrile prononcé, s'est terminée par la résolution après quinze à vingt jours de durée.

B. *Inflammation de la symphyse sacro-iliaque.* — Elle est moins rare que la précédente. M. Velpeau a eu d'assez nombreuses occasions de l'observer depuis les trois cas qu'il a publiés en 1824. Les malades éprouvent, dès le début, de la fièvre, des douleurs profondes, sourdes ou vives dans le fond du bassin ; les douleurs s'irradient vers le mont de Vénus, dans la fesse, le long de la cuisse; la pression, exercée en arrière ou en avant à travers le vagin, produit une douleur vive, limitée à l'articulation; non seulement la marche, mais les moindres mouvements du tronc ou des membres sont extrêmement douloureux et comme impossibles. Lorsque l'inflammation se termine par suppuration, la fièvre augmente, il survient des frissons, des sueurs, de l'amaigrissement. Dans un des cas observés par M. Velpeau, la maladie a eu une marche assez lente ; les accidents que nous venons d'indiquer persistèrent jusqu'au vingtième jour, mais en diminuant ; à cette époque, les douleurs reparurent dans les mêmes points plus vives que jamais, et se faisaient sentir dans la hanche et le membre correspondants ; en même temps ces parties se gonflèrent, et à mesure que le gonflement s'étendait et devenait plus égal, la peau prenait une teinte érysipélateuse par plaques irrégulières, disséminées sur tous les points de l'extrémité inférieure, et les douleurs diminuaient de violence dans le bassin, la hanche et même dans le membre. Cet état dura une vingtaine de jours, pendant lesquels la malade ne pouvait remuer l'extrémité inférieure sans qu'il lui semblât que son bassin allait se briser ; l'épuisement étant porté à son dernier terme, la mort ne tarda pas à survenir. On trouva dans la symphyse sacro-iliaque gauche une matière ichoreuse purulente ; les surfaces articulaires étaient altérées ; le périoste et les ligaments antérieurs décollés, épaissis, noirâtres, dans la portion qui regarde les os ; le décollement était étendu en arrière entre les muscles de la fesse, et en avant jusque dans la fosse iliaque. La veine iliaque était unie aux parties décollées, et ses parois étaient épaissies et coriaces. Cette veine, ainsi que toutes les branches profondes qui viennent s'y rendre du bassin, était remplie de pus depuis le pied jusque dans ce point ; enfin, de nombreux mais petits abcès s'étaient formés dans ces diverses parties. Dans un autre cas, les choses se sont passées de même : à l'inflammation purulente de la symphyse sacro-iliaque gauche a succédé le gonflement douloureux du membre correspondant, avec cette différence que la maladie a eu une marche plus rapide, et qu'une nouvelle complication, une péritonite survenue à une période avancée, a hâté la terminaison par la mort. Dans un troisième cas, les lésions de la symphyse sacro-iliaque gauche ont été portées à un point extrême ; il y avait en même temps écartement des pubis et ramollissement du fibro-cartilage ; mais au moment où le membre commençait à se gonfler, la malade succomba à la suite d'une lésion profonde d'un autre genre.

Les faits qui précèdent donnent une idée nette des symptômes, de la marche, de la terminaison et des complications de l'inflammation purulente de la symphyse sacro-iliaque. Le gonflement douloureux du membre correspondant, l'extension de l'inflammation dans ses veines ou son tissu cellulaire, sont des complications ou des lésions secondaires et non la cause de la *phlegmatia alba dolens*, comme M. Velpeau l'avait d'abord pensé. Dans la plupart des cas de suppuration des symphyses sacro-iliaques à la suite de la symphyséotomie, la maladie a parcouru toutes ses périodes sans qu'il soit survenu de gonflement douloureux du membre ; il en a été de même dans plusieurs cas où elle s'est développée spontanément. Le pus, formé dans l'articulation, peut se porter dans la fesse et arriver par cette voie à l'extérieur, ou fuser le long de la gaîne du muscle pyramidal, ou encore décoller au loin le *fascia pelvia*, le perforer. Il n'est pas absolument impossible que la guérison puisse s'obtenir, malgré les désordres qu'entraîne la suppuration de l'articulation dans les parties voisines. L'inflammation est susceptible de se terminer par la résolution, et ce mode de terminaison heureux paraît moins rare que dans les engorgements phlegmoneux du bassin ; il peut même s'obtenir après un temps assez long. M. Marchal cite l'observation d'une femme qui a passé deux mois dans le service de M. Velpeau pour guérir d'une *sacro-coxalgie puerpérale :* il était survenu un empâtement phlegmoneux avec tuméfaction et douleur de la fosse iliaque du même côté; des antiphlogistiques, des vésicatoires volants, joints à la diète, ont empêché ce phlegmon de se terminer par suppuration.

Les arthrites puerpérales, sacro-pubienne et sacro-iliaque, réclament au début le traitement antiphlogistique, l'immobilité du bassin, et lorsqu'on est parvenu à calmer les accidents inflammatoires, les pommades résolutives, les vésicatoires volants, etc.; s'il se manifestait de la fluctuation sur quelques points accessibles à l'instrument tranchant, il faudrait donner issue au pus.

X. PHLEGMATIA ALBA DOLENS. — On désigne par ce mot ou celui d'*œdème douloureux des membres inférieurs des femmes en couches*, un gonflement œdémateux, aigu et douloureux, accompagné de fièvre, qui a généralement son siége dans les membres inférieurs. Ces symptômes sont le résultat de lésions diverses et souvent complexes, non seulement sous le rapport des tissus affectés et du siége de ces lésions, mais encore sous celui de leur nature. On semble avoir pris à tâche de ranger sous ce mot, dès qu'il a été introduit dans la science, toutes les maladies du bassin et des membres inférieurs, accompagnées de gonflement et de douleurs. Quoique toutes les questions relatives à la *phlegmatia alba dolens* n'aient pas encore reçu une solution définitive, on pourrait néanmoins décrire séparément, et sous leurs noms propres, plusieurs des maladies qu'on a ainsi confondues sous une désignation commune. Nous continuerons cependant à nous en servir, parce que les causes, les symptômes, le traitement se prêtent assez bien à une exposition générale. Mais en recherchant le siége et la nature de la maladie, nous essaierons de restituer à chaque état morbide ce qui lui appartient, et de faire ressortir les traits qui lui sont propres, de manière à tracer l'histoire de chacun autant que le permet l'état actuel de la science.

Causes. — La *phlegmatia alba dolens* ne paraît pas une maladie exclusivement propre à l'état de couches. On a déjà plusieurs fois rencontré des symptômes semblables chez des femmes dans les conditions ordinaires, même chez des hommes, et principalement comme complication de la fièvre hectique qui accompagne la phthisie, le cancer, les suppurations prolongées, etc. Mais les femmes en couches y sont prédisposées d'une manière toute spéciale, et sans elles elle aurait à peine fixé l'attention ; cependant les relevés n'en donnent guère qu'un cas sur quatre ou cinq cents accouchements. Mais je dois faire observer qu'elle ne se développe assez souvent qu'après le dixième, le quinzième et même le trentième jour, c'est-à-dire à une époque où les malades sont sorties des hospices, et que sa fréquence est en réalité plus grande que ne l'indique le chiffre précité. Les deux membres pelviens n'y paraissent pas également prédisposés, sans qu'il soit possible de donner une raison concluante de cette différence ; le gauche a été plus souvent affecté que le droit ; et ils le sont assez souvent simultanément. Sur vingt cas analysés par M. Burns, le gonflement œdémateux a existé treize fois à gauche, une fois à droite, six fois des deux côtés. Il peut se développer dans l'un des bras ; mais il est moins rare de l'observer sur le bras, le côté du cou, de la face ou sur une partie du tronc, en même temps qu'il occupe l'un ou les deux membres inférieurs.

Les conditions de l'état puerpéral qui prédisposent le plus au développement de cette affection, paraissent fort obscures, et n'ont point encore été déterminées jusqu'à présent. Il ne paraît pas que les femmes, dont la circulation dans les membres inférieurs a été la plus gênée pendant la gestation, y soient plus exposées que les autres. Dans les observations que j'ai analysées, je n'ai trouvé mentionnée que deux fois l'infiltration des extrémités inférieures pendant les derniers mois de la grossesse, et une fois la dilatation variqueuse des veines superficielles. Les femmes qui n'ont pas allaité sont en grand nombre, ce qui me paraît dépendre seulement de ce que la plupart de celles qui accouchent dans les hôpitaux et les grandes villes ne nourrissent pas. C'est très probablement par l'ensemble des modifications de tout l'organisme, des liquides comme des solides, que l'état puerpéral prédispose à cette singulière maladie. Les accouchements laborieux, les manœuvres pour extraire artificiellement l'enfant ou le placenta paraissent en avoir été quelquefois la cause occasionnelle ; mais elle reconnaît plus souvent le refroidissement, l'humidité, les écarts de régime, l'action de se lever trop tôt, de reprendre prématurément ses occupations. Dans quelques cas, la *phlegmatia alba dolens* vient compliquer la métro-péritonite, la métro-phlébite, les phlegmons de la fosse iliaque, de l'excavation pelvienne, la suppuration de la symphyse sacro-iliaque, etc.

Symptômes, marche, terminaisons. — Dans près de la moitié des cas, la douleur locale est précédée de malaise, de céphalalgie, de fièvre, et quelquefois de frissons. La douleur est le premier phénomène local qui apparaisse: elle est constante, et se montre avant le gonflement, qu'elle précède de douze, vingt-quatre, quarante heures, quelquefois de trois ou quatre jours. Ses caractères sont fort variables; tantôt elle commence à se faire sentir au mollet, tantôt au pli de l'aine, à la fosse iliaque ou vers le milieu de la cuisse; si elle n'occupe pas, dès le début, une grande étendue, elle tarde peu à s'étendre. C'est du point qui est d'abord le siége du gonflement qu'elle se propage, mais avec beaucoup plus de rapidité que le gonflement dont elle dépasse presque toujours les limites. Tantôt elle se fait sentir dans presque tout le membre, tantôt dans certaines parties seulement. Ainsi, elle s'étend très souvent de la fosse iliaque ou du pli de l'aine à la jambe, dans la direction des vaisseaux fémoraux ou du muscle couturier; quelquefois elle a son siége en arrière, et s'étend de la tubérosité de l'ischion ou de la région lombaire au creux poplité sur le trajet du nerf sciatique. A la jambe, elle suit assez souvent la direction des vaisseaux profonds ou des veines, des nerfs saphènes. Quelquefois la douleur occupe pendant quelque temps un point limité, l'aine, la hanche, le jarret, le mollet, le pied, de manière à faire croire d'abord, si elle se fait sentir dans plusieurs de ces points en même temps ou successivement, à l'existence d'un rhumatisme articulaire aigu. Elle est lancinante, pulsative, etc., et souvent vive au point de faire pousser des cris aux malades; les plus petits mouvements des membres, la pression, l'exaspèrent; lorsqu'elle est moins vive, les malades se plaignent assez souvent d'un sentiment de tension, d'engourdissement, de crampes; elle prend surtout ce caractère à mesure que le gonflement fait des progrès; elle retentit souvent vers le plexus lombo-sacré, et les douleurs des lombes de l'intérieur du bassin peuvent fatiguer les malades, même dans les cas où il n'existe pas de lésions dans cette cavité.

Peu de temps après que la douleur s'est déclarée, et quelquefois en même temps, le membre augmente de volume, devient tendu, ferme et rénitent; la peau prend un aspect luisant et d'un blanc plus mat. La tuméfaction se manifeste d'abord à l'endroit où la douleur a commencé, s'étend ordinairement de haut en bas, et envahit successivement la cuisse, la grande lèvre, la jambe. Lorsque le gonflement commence par la partie supérieure ou moyenne de la jambe, il remonte vers la partie supérieure de la cuisse, en même temps qu'il s'avance vers le pied. Quelquefois le gonflement ne reste pas borné aux membres inférieurs, mais s'étend à la fesse, envahit le côté de l'abdomen correspondant, jusqu'au-dessus de l'ombilic; il peut même remonter sur le côté de la poitrine, le bras correspondants. Cette extension est fort rare, tandis qu'il est commun de voir le membre inférieur resté sain s'affecter après l'autre. Quoiqu'on puisse dire d'une manière générale que le gonflement procède de haut en bas, il n'est pas rare de le voir suivre une marche inverse, commencer par la jambe et même par le pied pour envahir ensuite le reste du membre. Lorsque la maladie prend un développement médiocre, il peut rester limité à la cuisse ou à la jambe. Le membre tuméfié prend le tiers, quelquefois le double de son volume. La peau a perdu une partie de sa sensibilité; sa température est augmentée, mais elle paraît le plus souvent s'abaisser quand la tension est considérable. Il se développe quelquefois çà et là des plaques rouges, irrégulières, plus rarement des phlyctènes. Tant que le gonflement œdémateux est dans sa période croissante ou stationnaire, il reste dur, rénitent, et ne conserve pas l'empreinte du doigt; ou si l'on obtient une légère dépression, elle s'efface rapidement. On voit souvent par transparence des veines, situées sous la peau ou dans son épaisseur, qui paraissent distendues, gorgées de sang noir. Quoique la tuméfaction paraisse uniforme, le palper fait reconnaître des bosselures limitées par les intersections aponévretiques, et formées par le tissu cellulaire durci; les ganglions lymphatiques de l'aine, de la cuisse, tuméfiés, peuvent souvent être sentis; on trouve très fréquemment dans la direction des vaisseaux cruraux un cordon très douloureux à la pression, présentant de distance en distance des renflements plus ou moins volumineux, situés à l'embouchure des veines collatérales dans le tronc veineux. Ces duretés, plus ou moins étendues, ont quelquefois plusieurs travers de doigt de large. Le cordon n'est souvent appréciable que dans le tiers supérieur de la cuisse, tandis que d'autres fois on peut le suivre dans toute son étendue, au creux poplité et à la jambe, sur le trajet des troncs veineux sous-cutanés. Il peut être d'autant plus facilement masqué par la tuméfaction que la rénitence et la douleur ne permettent pas toujours d'exercer une dépression très grande. Il n'est pas rare de le voir manquer tout-à-fait, et des idées théoriques ont peut-être fait exagérer sa fréquence; d'ailleurs quand il existe, il n'est pas formé par les vaisseaux lymphatiques, mais par les troncs veineux profonds ou superficiels, avec ou sans endurcissement du tissu cellulaire que les entoure.

Dans le principe, le pouls n'est pas très fréquent, et ne dépasse guère 90, 100 ou 110 pulsations par minute ; mais, si la maladie prend une grande intensité, il peut s'élever à 130, à 140, et devenir en même temps faible et petit ; la langue est blanche et humide ; il y a anorexie, soif plus ou moins vive ; il survient assez souvent des frissons irréguliers ; tantôt la peau est sèche et brûlante, tantôt couverte de sueurs : si on est à une époque encore peu éloignée de l'accouchement, le lait se tarit, les mamelles s'affaissent, à moins que la maladie ne soit peu intense ou de courte durée. La diminution ou la suppression des lochies est moins constante, elles peuvent continuer à couler d'une manière régulière, même dans les cas les plus graves. Il y a ordinairement de la constipation ; et l'on ne voit guère la diarrhée survenir que lorsque la maladie tend à se terminer d'une manière fâcheuse. On observe dans beaucoup de cas d'autres phénomènes locaux et généraux, liés à des lésions consécutives ou à des complications sur lesquelles nous aurons l'occasion de revenir, en parlant des modes de terminaison de la maladie.

L'époque où le gonflement atteint son maximum est très variable ; quelquefois il s'arrête au bout vingt-quatre ou de quarante-huit heures : mais, dans ces cas, la maladie est légère et n'envahit qu'une portion peu étendue du membre. En général, la résolution ne commence que vers le huitième ou douzième jour, quelquefois qu'au bout de trois semaines. Le mouvement fébrile, la douleur, le gonflement, s'abattent par degrés. Dès que la diminution du membre devient sensible, la rénitence est beaucoup moins grande ; la pression du doigt laisse sur plusieurs points une empreinte à peu près comme dans l'œdème aigu ordinaire ; les parties les premières affectées sont les premières à diminuer de volume. La résolution se fait d'une manière graduelle et assez lente. Lorsque le membre a été envahi tout entier, elle n'est guèr complète qu'au bout d'un mois, six semaines, même quelquefoi davantage, et encore le membre reste-t-il faible et raide pendan quelque temps. Il arrive quelquefois que le membre se gonfle d nouveau après que la résolution a déjà été portée assez loin. mesure que le membre se détuméfie, l'on sent plus distinctemen et souvent pour la première fois les cordons que nous avons signalés.

On observe assez souvent en même temps un autre phénomène très remarquable, qui n'a été signalé que depuis peu d'années : c'est le développement des veines superficielles dû à l'apparition d'une circulation collatérale nouvelle. Nous avons déjà dit que, pendant la période d'accroissement, il n'était pas rare de voir par transparence les veines sous-cutanées distendues, et formant même quelquefois des reliefs sensibles ou donnant à la peau une couleur bleuâtre par place ; mais c'est principalement quand le membre se dégonfle que cette disposition commence ou apparaît. Tantôt ce sont les veines saphènes qui acquièrent un développement considérable, tantôt ce sont des ramuscules peu apparents dans l'état ordinaire qui prennent un développement insolite sur le dos du pied, à la jambe, à la cuisse, sur la paroi abdominale. M. Raige-Delorme cite plusieurs observations fort curieuses de développement des veines superficielles qui lui ont été communiquées par M. Duplay. Une des malades observées par Dance présentait, lorsqu'elle entra à l'hôpital, sur le membre tuméfié un grand nombre de veines sous-cutanées beaucoup plus développées que dans l'état normal ; deux jours après, le développement était plus apparent, surtout dans la veine saphène interne, qui était tendue et gorgée de sang. Le dix-septième jour, on remarquait, sur le côté du ventre correspondant au membre malade, de nombreuses veines sous-cutanées fort distendues, qui remontaient en réseaux multipliés jusque dans l'aisselle sur le côté correspondant de la poitrine. La sous-cutanée abdominale surtout se faisait remarquer par son volume, qui égalait celui d'une plume à écrire. On observait aussi de longues traînées bleuâtres de veines au côté externe de la hanche, de la cuisse et de la jambe. Rien de semblable ne se remarquait du côté opposé. Chez la femme observée par M. Amstein, les veines sous-cutanées abdominales se dessinaient sous forme de cordon bleuâtre jusqu'à environ trois pouces de l'ombilic. Plus tard, les ramuscules superficiels d'origine de la saphène se dessinaient à leur tour sous forme de cordon variqueux ; et à une époque plus éloignée encore, ils devinrent de plus en plus remarquables à la jambe et sur le dos du pied. M. R. Lee a rapporté plusieurs faits à peu près semblables.

Un épanchement séreux dans le péritoine, soit comme complication, soit comme phénomène consécutif, peut survenir pendant le cours de la *phlegmatia alba dolens*. Dans un cas observé par Dance, la malade présenta, pendant la période de résolution, le signe d'une ascite commençante. M. Raige-Delorme a vu un fait analogue.

Dans un certain nombre de cas, le membre tuméfié devient le siége d'abcès simples ou multiples, qui se développent tantôt dans le tissu cellulaire sous-cutané, tantôt dans le tissu cellulaire sous-aponévrotique, et principalement dans le voisinage des troncs veineux. Lorsque l'engorgement phlegmoneux est superficiel, on le reconnaît à une tumeur circonscrite plus ou moins étendue qui se distingue peu du reste de la tuméfaction du membre, qui devient fluctuante, et s'ouvre si on tarde à procurer une issue au pus. Lorsque l'inflammation phlegmoneuse se développe dans le tissu cellulaire sous-aponévrotique, le membre conserve dans son développement une forme régulière. Ce n'est qu'après que le pus s'est accumulé en grande quantité qu'il a produit des décollements étendus, qu'on reconnaît l'existence de la fluctuation. Les abcès qui viennent compliquer la *phlegmatia alba dolens* ne compromettent pas les chances de la guérison lorsqu'ils sont médiocrement étendus et peu profonds; à mesure que le foyer se vide, on voit diminuer les accidents généraux et locaux, et le membre revient à l'état naturel comme dans les cas où il n'y a pas de complication. Mais si l'abcès est profond, très étendu ou diffus, la malade court les plus grands dangers, et peut même succomber avant qu'elle soit épuisée par l'abondance et la durée de la suppuration.

Il peut se former des escarres sur divers points du membre tuméfié; mais la terminaison par gangrène est extrêmement rare, et on n'en a recueilli qu'un très petit nombre d'exemples. Si elle s'étendait beaucoup en profondeur et en largeur avant de se borner, la maladie marcherait presque inévitablement vers une terminaison fatale.

Une complication qui est assez commune, et qui entraîne ordinairement en peu de temps la mort, c'est le développement d'une péritonite ou métro-péritonite, soit pendant la période d'accroissement, soit pendant la période de résolution de l'engorgement œdémateux douloureux. Nous avons déjà dit que la *phlegmatia alba dolens* était aussi quelquefois consécutive à la métro-péritonite.

On voit également survenir dans un certain nombre de cas les symptômes de l'infection purulente ou un état typhoïde adynamique; et après la mort on trouve du pus dans les veines du membre malade ou dans celles du bassin: on trouve aussi quelquefois les mêmes altérations consécutives que dans la métro-péritonite, des épanchements purulents dans les plèvres, les articulations, des abcès multiples.

Malgré les complications diverses ou les lésions secondaires qui peuvent se développer dans le cours de la *phlegmatia alba dolens*, si on en excepte les cas où elle est elle-même consécutive à la métro-péritonite ou aux suppurations profondes du bassin, elle se termine le plus souvent par la guérison.

Nature et siége. — Il s'agit de rechercher quelle est la lésion primitive qui constitue la maladie et quelles sont les parties qui en sont le siége. En séparant avec soin les altérations pathologiques secondaires et accidentelles, on est conduit à conclure qu'elle reconnaît pour cause des états morbides divers et souvent complexes, n'ayant pas toujours leur siége dans les mêmes parties. Je dois d'abord faire observer que, faute d'apporter une rigueur suffisante à établir le diagnostic, on a confondu souvent dans la pratique, sous le titre de *phlegmatia alba dolens*, des affections qui en sont tout-à-fait distinctes, et qu'il faut d'abord éliminer.

Je vais commencer par la plus commune, savoir : le *phlegmon* profond, simple ou diffus de la cuisse ou de la jambe. En effet, il n'est pas rare de voir le membre affecté prendre un développement considérable et régulier ; le gonflement inflammatoire s'accompagne presque toujours d'œdème ; la peau est luisante, d'un blanc mat jusqu'au moment où le pus tendant à se porter au dehors, l'inflammation devient superficielle. Au début et pendant une partie de la durée de la maladie, on trouve la plupart des symptômes attribués à la *phlegmatia alba dolens*, et comme celle-ci se complique quelquefois d'abcès, on comprendra que la distinction peut même devenir difficile.

Il faut aussi écarter le gonflement œdémateux et douloureux du membre qui accompagne quelquefois la suppuration des symphyses sacro-iliaques, l'abcès de l'excavation pelvienne ou de la fosse iliaque. On comprend facilement que la compression ou l'altération des troncs nerveux et des troncs veineux du bassin, qui est quelquefois le résultat du développement de la tumeur ou de l'extension de la suppuration, puisse produire dans le membre correspondant des douleurs et un gonflement œdémateux, comme dans la *phlegmatia alba dolens*. Alors même qu'on serait conduit à considérer celle-ci comme étant toujours secondaire, il ne faudrait pas moins distinguer cette variété d'*œdème douloureux* de celui qui est consécutif à la phlébite ou à d'autres lésions.

Depuis White, qui a imposé à la maladie le nom de *phlegmatia alba dolens*, jusqu'au moment où un retour heureux vers les fonctions et les maladies des veines s'est manifesté, on admettait assez généralement qu'elle était constituée par l'inflammation des vaisseaux lymphatiques du membre ou du bassin. Les recherches cadavériques n'ont pas été favorables à cette manière de voir ; il est bien vrai que les ganglions de l'aine sont souvent tuméfiés, et douloureux à la pression pendant la vie ; mais tout le monde sait avec quelle facilité les lymphatiques sont influencés secondairement. On a trouvé quelquefois après la mort ces vaisseaux eux-mêmes enflammés, pleins de pus ; mais ces cas sont rares, et alors les altérations sont fort complexes, il y a des infiltrations purulentes dans le tissu cellulaire, du sang coagulé dans les veines, etc. D'un autre côté, une inflammation étendue à un grand nombre des lymphatiques de la cuisse n'est pas une affection rare ; mais la douleur et le gonflement qui l'accompagnent ne prennent point les caractères de la *phlegmatia alba dolens*. Dans les cas de métropéritonite où les lymphatiques du bassin sont remplis de pus jusque près de l'origine du canal thoracique, on ne voit pas non plus survenir d'œdème aigu aux membres inférieurs. Dire que la *phlegmatia alba dolens* est une lymphangite superficielle ou profonde, c'est avancer une opinion qui n'est pas confirmée par les faits.

Il est à peine nécessaire de rappeler que quelques auteurs ont considéré la maladie comme une inflammation des troncs nerveux du bassin ou du membre. Mais dans les cas rares où l'on a trouvé du pus autour des nerfs, sous leur névrilème, la maladie était compliquée de suppuration diffuse. D'ailleurs la névrite sciatique ne se présente pas avec cet ensemble de symptômes.

L'inflammation des veines principales du membre et la coagulation du sang dans leur intérieur paraissent être la cause la plus commune de la *phlegmatia alba dolens* symptomatique. Depuis les recherches de M. Bouillaud sur la cause de quelques œdèmes partiels, la plupart des observateurs ont recherché l'état des veines du membre et du bassin chez les femmes en couches qui ont succombé avec des symptômes d'œdème douloureux, et ils ont le plus souvent trouvé dans une étendue variable des traces d'inflammation dans les veines, et leur cavité obstruée par du sang coagulé, mêlé à du pus et à des exsudations. Dans quelques cas la phlébite semble avoir envahi toutes les veines du membre ; à chaque incision superficielle ou profonde, on voit sourdre des gouttelettes de pus des orifices veineux de différents calibres, et l'on trouve du pus infiltré entre les muscles, dans les gaines celluleuses des gros vaisseaux et des troncs nerveux. Le plus souvent, la phlébite est moins étendue, et les produits plastiques ou purulents peu abondants. L'oblitération a plus ou moins d'étendue et embrasse un plus ou moins grand nombre de veines : les profondes de la jambe seulement, par exemple, ou bien isolément la poplitée, la fémorale, l'iliaque avec ou sans les saphènes. L'oblitération s'étend quelquefois à l'origine de la veine cave et détermine promptement le développement de la maladie sur l'autre membre. Toutefois ce n'est que dans le plus petit nombre des cas qu'on peut attribuer à cette particularité son extension à l'autre membre. L'oblitération de la veine est formée par du sang coagulé, souvent faiblement adhérent dans une étendue plus ou moins grande, et sur ces points la veine paraît à l'état normal. Mais on trouve ordinairement alors de distance en distance, ou au moins sur les points les plus élevés et dans une étendue variable, le caillot plus adhérent, les parois de la veine épaissies, sa tunique interne dépolie et recouverte d'exsudations plastiques qui concourent à oblitérer son calibre, l'union de sa tunique externe avec le tissu cellulaire voisin par de la lymphe coagulable. A un degré plus avancé, on trouve assez souvent mêlés aux produits plastiques et au sang coagulé des produits purulents, du pus concret adhérent à des exsudations plastiques, du pus liquide réuni en petits foyers ou englobé dans l'épaisseur du *coagulum*, de la lymphe purulente infiltrée dans le tissu cellulaire qui enveloppe la veine. Le sang coagulé, les exsudations plastiques subissent en s'atrophiant diverses transformations, et la veine, convertie en un cordon fibreux, est pour toujours fermée au sang qui continue à suivre la voie collatérale la mieux appropriée au rétablissement de la circulation. Il paraît que l'inflammation envahit quelquefois l'artère voisine. Une femme, observée par M. R. Lee, fut prise, quatre jours après un accouchement long et assez difficile, de tous les symptômes de la *phlegmatia alba dolens*, qui se termina par résolution, mais avec beaucoup de lenteur. Redevenue enceinte, elle mourut d'une hémorrhagie utérine après être accouchée. Le membre gauche, qui avait été affecté, avait conservé un volume plus considérable que l'autre, mais il n'y avait pas de traces de sérosité dans les mailles du tissu cellulaire: seulement, sous la peau, le tissu adipeux formait une couche dense et granulée; l'artère iliaque primitive était entièrement transformée en un cordon cellulaire, et il en était de même de la veine jusqu'à la partie inférieure de la cuisse.

Il n'est pas douteux que la phlébite adhésive, la coagulation du sang dans les veines principales du membre, soit à la jambe, soit à la cuisse, soit dans le bassin, ne puissent donner lieu aux divers phénomènes qui caractérisent la *phlegmasia alba dolens*; et l'on est autorisé à admettre qu'elle reconnaît cette cause, lorsque dès le principe on observe de la douleur, un cordon dur sur leur trajet et les indices d'une circulation collatérale supplémentaire. Mais il y a loin de là à dire que la maladie est constamment symptomatique d'une phlébite adhésive ou de la coagulation du sang, comme on s'efforce de l'établir depuis quelques années. D'abord il est inexact de dire que, dans tous les cas qui se sont terminés par la mort, recueillis depuis que l'attention a été éveillée sur les altérations des veines, on a toujours trouvé des traces de phlébite et une oblitération. Trois observations très détaillées consignées dans un mémoire, publié en 1836 par M. C. Smeets, constatent que les veines du membre étaient saines et parfaitement libres. Chez une femme morte le dixième jour de la maladie des suites d'une péritonite sur-aiguë, qui s'était déclarée deux jours auparavant, je n'ai trouvé ni phlébite ni oblitération dans les veines du membre affecté; M. Grisolle m'a assuré avoir rencontré un fait à peu près semblable. Dans d'autres cas où la maladie s'est terminée par la mort, la phlébite était bornée à des veines dont l'obstruction ne gêne pas d'une manière essentielle la circulation, et ne pouvait rendre compte du gonflement œdémateux du membre. La phlébite, comme la lymphangite et d'autres altérations, ne semblent être assez souvent qu'un phénomène consécutif ou une complication. Une remarque très propre à rendre suspect le rôle attribué exclusivement à la phlébite, c'est que cette maladie est fréquemment fatale, tandis que la *phlegmatia alba dolens*, si on en excepte les cas où des complications étrangères se développent, se termine généralement par la résolution et le retour à la santé. Comment supposer qu'il puisse en être habituellement de même dans une inflammation spontanée, ordinairement étendue aux troncs veineux profonds et superficiels, surtout chez les femmes en couches où la tendance à la suppuration est si prononcée, et si souvent suivie de symptômes d'infection purulente? On élude la difficulté en supposant, comme l'a fait M. Bouchut, que la coagulation d'un sang dans les veines n'est pas le résultat d'une inflammation de leurs parois, mais d'une disposition favorable à leur oblitération spontanée, qui se rattacherait selon lui à un changement de quantité dans les éléments constitutifs du sang, à l'excès de fibrine relativement aux autres matériaux, d'où naîtrait une tendance extrême à la plasticité. Mais pourquoi alors la coagulation se produit-elle habituellement dans les veines des membres inférieurs? Si c'est parce que la circulation y est plus difficile, la difficulté doit surtout être très prononcée lorsque le gonflement œdémateux existe; et cela est si vrai, que lorsqu'on rencontre de longs cordons de *coagulum* adhérents sans traces d'inflammation de la tunique interne, ils semblent plutôt s'être formés consécutivement que primitivement.

On peut donc légitimement conclure qu'outre les diverses espèces d'œdèmes douloureux symptomatiques : 1° d'un phlegmon profond du membre, 2° de la suppuration des symphyses sacro-iliaques ou d'abcès phlegmoneux intra-pelviens, 3° peut-être d'une lymphangite, 4° d'une phlébite, il existe un œdème idiopathique, d'une gravité médiocre, plus commun qu'on ne le croit généralement, et le seul pour lequel le nom de *phlegmatia alba dolens* devrait être conservé, et qui peut souvent être distingué des autres. Le moment de l'apparition, le siége, le peu d'étendue des lésions précédemment énoncées, doivent souvent les faire considérer comme des phénomènes pathologiques secondaires. D'ailleurs, quand une maladie étrangère, comme la péritonite, par exemple, vient enlever la malade peu de temps après le développement de l'œdème douloureux, on ne trouve souvent que de la sérosité dans le tissu cellulaire, qui paraît avoir subi quelques modifications. La quantité de sérosité semble disproportionnée au gonflement; elle s'échappe lentement des piqûres ou incisions; mais à la longue il en sort une assez grande quantité; elle paraît plus visqueuse que la sérosité ordinaire; elle est quelquefois jaunâtre ou trouble. Le tissu cellulaire tuméfié paraît souvent condensé, induré, moins souple, et comme hépatisé dans les points où cette disposition est portée au plus haut degré. Il est impossible de se prononcer d'une manière certaine sur la nature de la *phlegmatia alba dolens* idiopathique. Existe-t-il pour le tissu cellulaire, outre le phlegmon, une inflammation exhalante, tantôt simple, tantôt compliquée secondairement d'une lymphangite, d'une phlébite, etc., d'une nature en quelque sorte spécifique, à peine étudiée jusqu'à présent sous son véritable point de vue, plus spécialement propre aux femmes en couches et aux membres inférieurs? L'étude impartiale des faits autorise à répondre par l'affirmative.

Indications. — Le traitement antiphlogistique est employé avec avantage au début, dans les espèces symptomatiques et dans l'espèce idiopathique simple ou compliquée secondairement, et doit être subordonné aux forces de la malade, à l'intensité des symptômes. Une réaction intense, des douleurs très vives dans toute l'étendue du membre, rendent d'abord préférable une émission sanguine générale. Mais la saignée locale est plus souvent indiquée : les points douloureux, les engorgements circonscrits, les cordons noueux, quand il en existe, décident du point sur lequel doivent être appliquées les sangsues. Le membre doit être recouvert de linges chauds, secs ou trempés dans de la décoction de jusquiame ou de belladone, de cataplasmes émollients et calmants. On prescrit des bains, des boissons adoucissantes, la diète, et quelques laxatifs s'il existe de la constipation. Il faut examiner avec soin le membre dans toute son étendue, afin de constater s'il se forme des abcès, qu'on doit se hâter d'ouvrir; on a employé quelquefois les opiacés à l'intérieur, pour calmer les douleurs. Lorsqu'il convient de ne plus insister sur les émissions sanguines, on doit chercher à favoriser la résolution par de légers purgatifs, des diurétiques, la digitale, les frictions avec des liniments excitants et calmants, par la compression méthodique, dont il faudrait s'abstenir si l'on remarquait des indices d'une circulation supplémentaire dans les veines sous-cutanées. Dans quelques cas d'œdème considérable, on a pratiqué des mouchetures avec la lancette. M. Trousseau se sert de préférence d'une aiguille, pour prévenir plus sûrement le développement d'escarres.

XI. MANIE PUERPÉRALE. — La plupart des accoucheurs ont eu d'assez fréquentes occasions d'observer la folie chez les femmes en couches et les nourrices. Mais elle n'a été de leur part l'objet d'aucun travail sérieux ; ils se sont bornés à la mentionner ou à en donner quelques observations incomplètes. Le mémoire d'Esquirol est presque le premier document important qu'on possède sur ce sujet ; je vais me borner à en donner une analyse succincte.

Le nombre des femmes affectées d'aliénation mentale, après l'accouchement et pendant l'allaitement, est plus considérable qu'on ne le croit communément. Il a été, pendant une période déterminée, le douzième environ des malades reçues annuellement à la Salpêtrière ; il est même des années où cette proportion est été d'un dixième. Elle paraît encore plus grande dans la classe riche, et serait, d'après le résultat de la pratique d'Esquirol, d'un septième. Ce qu'on voit dans les maisons d'accouchement semble contredire ces résultats. Il se passe quelquefois des années entières à la Maternité de Paris sans qu'on observe un seul cas de manie puerpérale. Mais dans d'autres on en observe plusieurs : en 1838, il y en a eu cinq, dont deux ont rapport à des accès de courte durée. Mais il ne faut pas perdre de vue que les femmes en couches sont encore, pendant quelque temps, sous l'influence de l'état puerpéral lorsqu'elles quittent l'établissement, et qu'il n'y reste à demeure qu'un très petit nombre de nourrices.

L'époque de l'invasion relativement au temps des couches et de la lactation se trouve répartie de la manière suivante : sur 92 femmes observées à la Salpêtrière pendant quatre années, de 1811 à 1814, 16 sont devenues aliénées du premier au quatrième jour de l'accouchement ; 21 du cinquième au quinzième ; 17 du quinzième au soixantième ; 19 ont perdu la raison depuis le deuxième mois ou le suivant jusqu'au douzième de l'allaitement ; 19 ont été atteintes d'aliénation mentale, immédiatement après le sevrage forcé ou volontaire. D'où l'on peut conclure : 1° que l'aliénation est plus fréquente chez les nouvelles accouchées que chez les nourrices ; 2° que le danger de perdre la raison diminue à mesure que les femmes s'éloignent du terme de l'accouchement ; toutefois, d'après l'observation de M. Baillarger, l'époque où elles sont sous l'influence du premier retour menstruel serait très fertile en accès de manie ; 3° que les nourrices, et surtout les nourrices pauvres, sont plus exposées à devenir aliénées pendant le sevrage que pendant l'allaitement.

Les faits cités ci-dessus attestent d'une manière évidente que l'état puerpéral prédispose à l'aliénation mentale. Cette prédisposition est déjà préparée par les modifications constitutionnelles et organiques déterminées par la gestation, qui font souvent éclater des affections convulsives, comme l'éclampsie, des névralgies, des névroses, dont quelques unes prennent les caractères de véritables monomanies. Mais les accès d'une manie franche n'éclatent guère qu'après l'accouchement ; et à l'influence de l'état puerpéral s'ajoutent souvent d'autres prédispositions et diverses causes occasionnelles. Comme pour les autres affections puerpérales, on a fait jouer à la suppression des lochies et de la sécrétion laiteuse un rôle important. Levret était convaincu que la folie était à craindre après l'accouchement si les lochies coulaient mal ou se supprimaient, surtout si les seins ne se remplissent pas ou se flétrissent. Zimmermann cite quelques exemples de manie et de mélancolie précédées de la suppression des lochies. Tout en faisant une assez large part à cette double influence, Esquirol reconnaît que la folie se manifeste quoiqu'il n'y ait pas de suppression ; mais que les lochies coulent mal et sont peu abondantes : qu'il est des cas rares où elles coulent bien et prennent même un caractère hémorrhagique. Il a fait des remarques analogues au sujet du lait : tantôt il se supprime en totalité ; tantôt il n'y a pas de suppression, mais il est moins abondant et paraît avoir perdu ses qualités ordinaires, du moins l'enfant refuse le sein ; d'autres fois la folie éclate quoiqu'il n'y ait ni suppression ni diminution, alors que la lactation se continue avec avantage pour l'enfant. Dans six cas que j'ai observés, mais au début seulement, je n'ai remarqué aucun trouble ni dans la sécrétion du lait, ni dans l'écoulement des lochies, si ce n'est que celles-ci étaient plus abondantes et plus chargées de sang. On conçoit, du reste, que les causes occasionnelles sous l'influence desquelles la folie se manifeste, que les imprudences et les écarts de régime que les malades commettent inévitablement aussitôt qu'elle a éclaté, apportent des troubles dans la sécrétion des lochies et du lait, sans que ces phénomènes aient de part à sa manifestation. Mais tout en combattant des exagérations surannées, et en repoussant l'ancienne théorie des métastases laiteuses et lochiales, je ne veux point en conclure qu'une perturbation dans ces fonctions ne puisse pas faire éclater la folie. Le travail dont l'utérus devient le siége, à l'occasion de la sécrétion lochiale et menstruelle, réagit d'une manière bien manifeste sur le système nerveux, et les troubles de la première, comme les phénomènes qui précèdent le premier retour de la seconde, peuvent faire éclater des accès de la manie. L'activité de la fonction mammaire vient s'ajouter à l'action de l'utérus; elle semble même la remplacer chez les femmes qui nourrissent, et prolonge sous certains rapports l'état puerpéral et la susceptibilité organique. Il est impossible de le contester en voyant l'allaitement et le sevrage fait sans précaution être assez souvent la cause de dérangements dans les facultés intellectuelles.

La prédisposition inhérente à la gestation, à l'état de couches et à la lactation ne produit guère seule que des délires passagers; il faut, en général, le concours d'autres prédispositions, comme l'hérédité, des accès antérieurs, une grande susceptibilité nerveuse. Il n'est pas rare de voir la folie succéder à l'éclampsie. Mais les causes excitantes ou occasionnelles les plus communes sont des imprudences, des écarts dans le régime et les affections morales. Dans les 92 cas analysés par Esquirol, la folie a été provoquée 14 fois par des causes physiques, parmi lesquelles l'impression du froid a été notée 10 fois. Dix-neuf nourrices sont devenues folles immédiatement après le sevrage, à la suite d'imprudence ou de négligence. Elle a été attribuée 46 fois à des causes morales, telles que la crainte de retomber malade après un premier accès, le désespoir causé par la perte de l'enfant, ou par l'abandon du père, la colère, la frayeur, le chagrin, les dissentiments domestiques.

Sous le rapport de la fréquence des différentes espèces de délire, les 92 cas étudiés par Esquirol se partagent de la manière suivante : démences, 8 ; mélancolies et monomanies, 35; manies, 49. Le dérangement des facultés intellectuelles est quelquefois annoncé par des pressentiments sinistres, même pendant la grossesse, de la tristesse ; des inquiétudes exagérées ou mal fondées préludent ordinairement à l'explosion du délire, qui éclate quelquefois tout-à-coup. Au début on observe ordinairement un état fébrile : le pouls est petit, concentré, la peau chaude, humide, le teint pâle, la langue blanche, le ventre souple et indolent; il existe quelquefois de la céphalalgie, de la douleur à l'utérus: en même temps il y a délire exclusif, plus souvent manie, rarement démence. Au début, on a observé quelquefois divers phénomènes hystériques; une des femmes que j'ai observées avait des accès de catalepsie. La folie qui se développe dans ces circonstances ne diffère pas par ses caractères de celle qui éclate dans toute autre condition. Cependant, au dire de M. Esquirol, le faciès a quelque chose de particulier qui la fait reconnaître lorsqu'on a quelque habitude de soigner les aliénés. L'aliénation mentale, à la suite de couches, guérit généralement, dit M. Esquirol, s'il n'y a pas de prédispositions trop énergiques, et la guérison a lieu dans plus de la moitié des cas: de ses 92 malades, 55 ont été guéries. La durée des accès a été très variable; des 55 guérisons, 4 ont eu lieu dans le premier mois, 7 dans le deuxième, 6 dans le troisième, 7 dans le quatrième, 5 dans le cinquième, 9 dans le sixième, 15 dans les mois suivants, 2 après deux ans. Les deux tiers des guérisons ont eu lieu dans les six premiers mois. Ces malades sont disposées aux rechutes, lorsque des prédispositions énergiques ont précédé le premier accès. Six ont succombé, mais à une époque éloignée de l'accouchement, par conséquent à la suite de maladies étrangères à l'état puerpéral. Lorsque la folie éclate presque aussitôt après l'accouchement, elles sont fort exposées à contracter des phlegmasies puerpérales graves, à la suite des imprudences qu'elles commettent.

Il importe beaucoup de ne pas confondre le délire maniaque avec le délire agité et furieux qui accompagne quelquefois la métrite, la métro-péritonite, l'infection purulente, l'inflammation des méninges. Si les caractères du délire peuvent d'abord en imposer, les autres symptômes mettent facilement sur la voie du diagnostic. Néanmoins cette confusion a été commise par les observateurs qui disent avoir trouvé du pus, du liquide lactescent dans les méninges, l'utérus, etc., de femmes qui, selon eux, seraient mortes d'un accès de manie puerpérale.

On employait autrefois, et quelques praticiens recommandent encore d'employer avec énergie et persistance contre la manie puerpérale, les émissions sanguines et les purgatifs. Aujourd'hui une étude plus approfondie des maladies mentales a ramené les médecins à une pratique plus sage. M. Esquirol recommande d'employer les saignées avec ménagement dans la première période. Mais il a trouvé que les sangsues à la vulve, aux cuisses, sont utiles lorsqu'il y a des signes de pléthore ou de congestion vers la tête, ou que le tempérament sanguin prédomine. Georget partage sur ce point la manière de voir de M. Esquirol. Gooch dit que la saignée générale est rarement sûre, mais que, si le pouls est plein et fort, et que la purgation et l'application du froid sur la tête ne le modifient point, l'on peut tirer du sang du crâne ou du cou par des ventouses ou des sangsues ; mais lorsque le pouls n'est que fréquent, il défend même la saignée locale. Les ventouses, les vésicatoires, appliqués tantôt aux jambes ou aux cuisses, tantôt à la nuque, avec une tisane légèrement sudorifique ou purgative suivant la tendance de la nature, seront préférés aux moyens héroïques (Esquirol). Quelques nouvelles accouchées ont été guéries après l'emploi de lavements purgatifs. L'émétique, répété plusieurs fois de suite, a aussi obtenu des succès sur les sujets éminemment lymphatiques. Il arrive quelquefois que les vésicatoires qui n'ont pas réussi au début de la maladie, dans la période d'irritation, produisent les meilleurs effets quelque temps après l'invasion de la maladie (Esquirol). Les bains tièdes sont très utiles, Gooch regarde les bains chauds avec le camphre et l'extrait de jusquiame à la dose de 10 grains chacun, comme le meilleur sudorifique, en pareille circonstance. Au reste, la manie puerpérale, outre les précautions qu'exige l'état de couches ou de lactation, réclame, comme les diverses espèces de folie, l'isolement, des soins hygiéniques et moraux appropriés à l'état de la malade.

CHAPITRE II.

DU NOUVEAU-NÉ ET DES SOINS QU'IL RÉCLAME.

SECTION Ire. — Des premiers phénomènes de la vie extra-utérine, et des soins immédiats à donner au nouveau-né à l'état de santé. — Des maladies du nouveau-né liées à l'accouchement et à la grossesse.

A. PREMIERS PHÉNOMÈNES DE LA VIE EXTRA-UTÉRINE. — Nous considérons ici le *nouveau-né* dans le sens le plus restreint du mot, c'est-à-dire pendant que s'opèrent les métamorphoses qui le mettent en pleine possession d'une vie nouvelle et indépendante, et les premiers changements qui suivent la naissance. Il n'est pas dans la nature de phénomène plus surprenant que cette entrée brusque et instantanée en possession d'une vie toute nouvelle. Tandis que, pendant la vie intra-utérine et les autres phases de la vie, l'organisme passe d'un degré à l'autre par d'insensibles transitions, ici tout est brusque : la respiration pulmonaire et la cessation de la circulation fœto-placentaire, remplacée par la circulation ordinaire, s'opèrent en un instant ; les fonctions sensitives et sensorielles entrent forcément en activité ; le besoin de nourriture et l'aptitude à la digestion se révèlent bientôt par des mouvements de succion ; en quelques instants la vie a pris une nouvelle direction et de nouveaux rapports.

1° « D'indirecte, de végétale et d'extérieure qu'elle avait été jusqu'alors, la respiration, dit Burdach, devient immédiate, animale et intérieure. En effet, la fonction du placenta, qui, attaché à la surface de l'œuf, agit comme branchie ventrale, se trouve transportée au poumon et transplantée dans la cavité pectorale. Ce n'est plus le sang maternel, mais l'air atmosphérique, qui agit immédiatement sur le sang de l'enfant. Celui-ci n'est plus réduit à participer aux effets de la respiration maternelle par un simple travail plastique, il puise lui-même la vivification de son sang dans l'atmosphère générale. Son premier rapport avec le monde extérieur est la rencontre d'une création en harmonie avec son organisation, correspondante à ses besoins, et la prise spontanée de possession, accomplie par lui à l'égard de cette création, est le premier usage qu'il fait des forces animales développées en lui pour un but déterminé, la conservation de soi-même. » Il est intéressant de rechercher quelles sont les causes indirectes et directes qui concourent à mettre en jeu les puissances inspiratrices, et comment s'opère l'établissement de la respiration pulmonaire. Plusieurs physiologistes ont supposé qu'il se fait dans les derniers temps de la vie intra-utérine un commencement d'atrophie et de dégradation fonctionnelle du placenta, tandis qu'il s'opère du côté du fœtus des changements tendant à restreindre par degré la circulation fœto-placentaire, qui non seulement provoquent le travail, mais encore font éprouver au fœtus le besoin de respirer. Cette opinion paraît bien plus fondée sur des idées d'analogie avec la maturité des fruits, et sur la répugnance à admettre des changements brusques dans les actes fonctionnels que sur des faits appréciables. En effet, s'il survient dans les derniers temps de la grossesse des changements dans le placenta et dans la portion transitoire du système vasculaire fœtal, ils sont peu apparents, et il n'en résulte pas pour le fœtus un sentiment de malaise ou un besoin de respirer, qui se traduise par des phénomènes insolites dans sa manière d'être habituelle.

Le rôle attribué à la congestion pulmonaire, par suite de la compression du placenta et du cordon après la rupture des membranes, paraît moins hypothétique. En effet, un certain degré de gêne dans la circulation et la respiration fœto-placentaire semble provoquer l'action des puissances respiratoires pulmonaires. Nous avons cité des expériences d'œufs d'animaux séparés de l'utérus et des observations d'œufs humains expulsés entiers, dans lesquels les fœtus exécutaient des mouvements de la bouche et du diaphragme comme pour respirer. On peut en conclure que la gêne de la circulation fœto-placentaire qui entraîne l'affaiblissement de la respiration placentaire et très probablement une congestion pulmonaire, peut faire éprouver au fœtus, encore dans l'utérus, le besoin de respirer, et qu'avant de succomber, ce besoin peut se traduire par des efforts d'inspiration, qui expliqueraient la présence d'une petite quantité de liquide amniotique, mêlé à des particules d'enduit cutané ou de méconium dans la bouche, le pharynx, dans les premières divisions des voies aériennes de quelques uns des fœtus morts pendant le travail. Ainsi se trouverait établie une liaison intime entre la gêne, la suspension de la circulation fœto-placentaire et le besoin d'une respiration pulmonaire, mais moins par l'effet d'une congestion pulmonaire que par la gêne ou l'interruption de la respiration placentaire. Les derniers moments du travail doivent donc avoir pour effet de rendre plus pressant le besoin de respirer, au moment où le fœtus est mis en rapport avec le monde extérieur. Mais ce n'est pas là une cause générale et essentielle : elle est de sa nature trop variable ; si ce rôle lui était exclusivement confié, le but de la nature serait à chaque instant compromis. En effet, cette compression est nulle ou presque nulle dans la plupart des accouchements où l'expulsion du fœtus suit de très près la division de l'œuf, et dans ceux où la plus grande partie du liquide amniotique reste dans l'utérus jusqu'à la fin. Je sais qu'on a avancé que la respiration s'établit avec plus de peine et plus lentement chez les enfants dont l'expulsion a été très facile et très rapide. Mais est-ce là une assertion bien fondée sur les faits ? Je ne le pense pas. Mais bien plus dans les cas où la compression du placenta et du cordon a été portée un peu loin, et où la congestion du poumon et des autres parties du fœtus est réelle et très très prononcée, cet état de congestion s'oppose à l'établissement de la respiration, et tient le nouveau-né, après sa sortie, dans l'imminence de succomber faute de pouvoir respirer.

L'impression de l'air froid et des premiers agents avec lesquels le nouveau-né se trouve en contact, peuvent bien concourir à provoquer des cris et à mettre en mouvement les muscles inspirateurs, comme cela arrive souvent lorsque la respiration tarde à s'établir. Mais ce n'est pas non plus sous la dépendance de cette cause, qui n'est qu'accessoire ou secondaire, qu'est placé le besoin de respirer, qui se fait déjà souvent vivement sentir lorsque le tronc est encore dans les parties de la mère, et que l'air n'est en contact qu'avec la tête ; il ne doit pas d'ailleurs pénétrer bien loin dans l'arbre bronchique, même en supposant le tronc au dehors, à cause des mucosités qui y sont déposées, mucosités que l'effort inspiratoire a souvent d'abord à déplacer. Il n'est pas douteux cependant que l'air, en pénétrant mécaniquement dans les voies aériennes, n'y détermine une excitation des plus propres à solliciter les premiers mouvements respiratoires. Mais il est impossible d'admettre que ce soit là la cause que nous cherchons, et que le sang artériel formé au moment de la première pénétration de l'air dans le poumon, gagne la moelle allongée en moins de quelques secondes et excite les nerfs inspiratoires à produire des mouvements d'inspiration et d'expiration. Dans cette hypothèse, la première inspiration active n'aurait lieu qu'après une respiration mécanique et inappréciable. Je le répète, il est douteux que l'air puisse pénétrer bien loin dans les divisions bronchiques sans un effort d'inspiration. Mais lorsqu'on l'y fait pénétrer par insufflation, on parvient quelquefois à éveiller la respiration dans des cas où l'enfant est menacé de succomber faute de pouvoir respirer ; et tout en tenant compte de l'excitation mécanique par le contact de l'air, il faut bien admettre que cette respiration artificielle produit du sang artériel qui vient bientôt réagir sur les parties des centres nerveux qui président à l'acte de la respiration. Ainsi, en reconnaissant dans les circonstances qui précèdent et suivent la sortie du fœtus des causes excitantes du premier mouvement d'inspiration, causes dont on peut tirer un grand parti dans le cas de mort apparente, il faut avouer qu'elles n'en sont pas plus réunies qu'isolées la cause première, et que celle-ci est placée dans une région inaccessible à la science. On doit se borner à constater que l'enfant, en naissant, apporte un vif besoin de respirer, et qu'il cherche à exécuter cet acte en vertu de sa propre organisation d'une manière instinctive, sans qu'il ait nécessairement besoin d'excitations extérieures. C'est sous l'influence du besoin, et dans le but bien déterminé de respirer, et non dans celui de produire un mouvement indéterminé sous l'influence de l'impression de l'air, que les muscles dilatateurs des voies aériennes entrent en action, et que se produit la première inspiration.

Le premier effort d'inspiration est complexe ; il est accompagné d'un mouvement rhythmique d'ouverture et d'occlusion de la bouche et des narines avec abaissement et élévation du diaphragme. La première inspiration, d'après M. Lediberder, se fait d'une manière saccadée; l'introduction de l'air s'accompagne, dans toute l'étendue de la poitrine, d'une crépitation très fine qui dure quelques secondes; elle est remplacée par un râle muqueux, qui cesse lui-même complétement après trois ou quatre minutes. Ce n'est le plus souvent qu'après une ou deux inspirations et expirations que l'enfant crie. Un cri soutenu, sonore et facile, coïncide toujours avec une respiration libre et pleine, et indique généralement de la vigueur et de la santé; un cri faible, étouffé et incomplet annonce un établissement difficile et incomplet de la respiration et un danger plus ou moins imminent, tant que cet état persiste. Le début de la respiration s'accompagne d'un dégorgement abondant, par la bouche, de fluides séro-muqueux, rendus souvent spumeux par le passage de l'air.

La respiration peut commencer lorsque le tronc est encore retenu dans les parties de la mère. Si l'enfant est bien portant et n'a pas souffert pendant le travail, la première inspiration a ordinairement lieu au moment où la face devient libre, et si la pause entre la sortie de la tête et du tronc est un peu prolongée, il peut même arriver qu'il fasse entendre des cris ; mais la respiration et les cris sont faibles et incomplets, et si cette situation se prolongeait, sa vie serait bientôt compromise. Peut-on supposer qu'il soit exceptionnellement possible que la respiration commence avant la sortie de la tête, et que les *vagissements utérins*, attestés par des auteurs dignes de foi, n'aient pas été toujours de leur part le résultat d'une illusion ou d'une méprise? On ne peut se refuser de reconnaître que la respiration ne puisse commencer, dans la représentation de la face, avant la sortie de la tête, au moment où la vulve et l'entrée du vagin s'ouvrent et se referment à chaque mouvement de propulsion et de rétrocession. L'introduction de la main dans les parties peut encore à la rigueur frayer à l'air l'accès jusqu'à la bouche. Hors ces cas, son introduction dans la matrice est impossible, et les vagissements utérins inadmissibles.

Non seulement lorsque l'enfant se présente par l'extrémité pelvienne, mais encore par l'extrémité céphalique, si la pause entre la sortie de la tête et du tronc est nulle et de très courte durée, ou même un peu prolongée, s'il a déjà souffert, la respiration ne commence le plus souvent qu'après son expulsion complète, et la première inspiration est immédiatement suivie d'une expiration libre et de cris. Sans qu'il soit expulsé dans un état de danger imminent, il se passe dans beaucoup de cas quelques instants entre le moment de l'expulsion et celui où commence la respiration. Mais elle s'établit même le plus souvent pleinement avant qu'on ait eu le temps de prodiguer à l'enfant des soins sérieux et soutenus. Dans ce cas le retard est souvent déterminé par des mucosités dans la bouche, le pharynx; et les premiers efforts d'inspiration et d'expiration sont employés à les déplacer. Enfin, il peut se passer un temps beaucoup plus long avant qu'elle s'établisse ou ne pas s'établir du tout. Nous aurons à revenir sur ce point d'une manière spéciale.

2° L'établissement de la respiration entraîne dans la cavité thoracique et dans les voies aériennes, le poumon, etc., des changements remarquables que la médecine légale s'est attachée à déterminer d'une manière rigoureuse, qu'il me suffit de rappeler sommairement. Le thorax reste dilaté d'une manière permanente dès que les muscles inspirateurs ont été mis en activité. Suivant Bernt, son diamètre transversal est de deux pouces et demi à trois avant la respiration, et de trois pouces à quatre pouces et demi après; l'antéro-postérieur est de deux pouces à deux pouces et demi dans le premier cas, et de trois pouces et trois pouces et demi dans le second. Le diaphragme, après s'être abaissé, ne revient plus au niveau qu'il occupait auparavant; le foie est abaissé dans la cavité abdominale raccourcie; sa convexité, qui monte jusqu'à la cinquième côte avant la respiration, ne dépasse plus ensuite la sixième. L'insufflation de l'air, après la mort, ne produit pas une ampliation durable de la cavité thoracique. L'épiglotte, peu développée, qui reposait immédiatement sur la glotte, dans toute sa largeur, s'en éloigne par l'effet de l'abaissement que l'inspiration imprime au larynx; elle s'arque davantage et se redresse de manière à former un angle aigu avec l'ouverture qu'elle protège. Mais la glotte elle-même, qui, avant la première inspiration, était fermée presque entièrement à sa partie antérieure et en totalité à sa partie postérieure, demeure ensuite un peu béante en avant et plus ouverte en arrière. Suivant Petit, la largeur de la trachée-artère, avant et après la première inspiration, offre une proportion de $1:2$ dans le diamètre antéro-postérieur, et de $1:1,50$ dans le diamètre transversal. Les poumons prennent un volume en rapport avec l'ampliation de la cavité thoracique, d'après Gunz: leur hauteur est portée de deux pouces dix lignes à trois pouces trois lignes, et la largeur de chacun de deux pouces à trente-neuf lignes. Leur tissu, qui, jusque là, était dense et d'un rouge foncé, devient spongieux et d'un rouge vermeil à mesure que les vésicules sont déployées. Ce travail s'opère rapidement et a bientôt envahi tout le poumon lorsque l'enfant est né vigoureux, et que la respiration s'exerce librement; mais s'il est débile, la transformation s'opère lentement, et le poumon est encore à demi à l'état fœtal chez des enfants qui ont vécu deux, trois, six, dix, douze jours. L'expiration ne débarrasse pas entièrement les vésicules pulmonaires de l'air que l'inspiration y fait pénétrer. Les poumons qui ont respiré deviennent crépitants sous le doigt, laissent échapper des bulles d'air, et surnagent dans l'eau, c'est-à-dire que la pesanteur spécifique a beaucoup diminué. Les vaisseaux pulmonaires acquièrent de l'ampleur, s'allongent ; le sang y afflue en plus grande abondance, et tandis que l'air augmente le volume des poumons, le sang accroît leur poids ou pesanteur absolue, qui monte, d'après Ploucquet, d'une once et demie à trois onces. Bernt a trouvé que leur poids est porté, chez les filles de moyenne grosseur, de huit gros et demi à quatorze gros et demi, et chez les garçons de neuf gros à seize ; ils augmentent généralement de six gros chez les filles et de sept chez les garçons.

3° La respiration amène immédiatement des changements dans la direction de la circulation du sang. A peine est-elle établie pleinement, que les pulsations des artères ombilicales s'affaiblissent rapidement dans le cordon, du placenta vers l'ombilic, et cessent de se faire sentir au bout de trois à cinq minutes. La persistance de l'adhérence du placenta ne paraît point entretenir la circulation fœto-placentaire, ni s'opposer à l'établissement de la respiration. Mais si celle-ci s'établit difficilement, et en général, chez les enfants nés prématurément, les pulsations de ces vaisseaux continuent souvent pendant plus d'un quart d'heure, elles n'ont cessé de battre près de l'ombilic qu'après trente, soixante, quatre-vingts minutes, chez des enfants dont la respiration était incomplète. Chez d'autres où elle s'est embarrassée, les pulsations ont reparu, et une hémorrhagie s'est déclarée. La circulation fœto-placentaire cesse parce que le sang afflue en plus grande abondance vers les poumons, où il est attiré, et parce que le placenta détaché ou hors d'état de remplir plus longtemps ses fonctions ne l'attire plus. C'est un phénomène plus vital que mécanique. Le sang du ventricule droit arrive aux poumons dilatés par l'air, et cesse bientôt de passer par le *canal artériel* dans l'aorte descendante, qui désormais n'en va plus recevoir que du ventricule gauche. Le *trou ovale* cesse d'en admettre la même quantité, et finit par ne plus en laisser passer. L'effort du sang amené par la veine cave diminue parce qu'elle n'en reçoit plus de la veine ombilicale, et comme elle descend avec le diaphragme, la valvule d'*Eustache* est tirée de haut en bas, de manière qu'elle ne le dirige plus vers le *trou ovale ;* les veines hépathiques, qui y versaient presque horizontalement leur sang, s'en éloignent un peu, et s'ouvrent plus obliquement dans la veine cave. D'un autre côté, comme la *valvule* du *trou ovale* est plus grande que l'ouverture, et qu'elle est située dans l'oreillette pulmonaire, le sang, qui, dès que la respiration a commencé, y afflue en bien plus grande abondance, la refoule contre le bord du *trou ovale*, et le ferme. Ces changements se complètent peu à peu. Dans le commencement, comme tout le sang du ventricule pulmonaire ne passe pas dans les poumons, et qu'une partie coule dans l'aorte descendante, la quantité qui afflue dans l'oreillette droite est encore surabondante, et il en passe une portion dans l'oreillette gauche. Mais à mesure que le courant qui va au poumon augmente, l'équilibre s'établit entre les masses de sang qui arrivent aux deux oreillettes, et la valvule est maintenue en place. On peut se faire une idée de la rapidité et de l'ordre de succession de ces changements d'après les époques où les voies propres à la circulation fœtale sont fermées. C'est le canal artériel qui s'oblitère le premier : dès le second jour, il est très sensiblement plus étroit ; au troisième, il renferme ordinairement un caillot de sang qui l'obstrue. A la dérivation du sang vers le poumon par l'acte de la respiration et à l'impulsion plus forte qu'auparavant du courant qui va du ventricule gauche à l'aorte descendante, s'ajoutent des effets mécaniques qui ont été bien appréciés par Sabatier. Avec l'ampliation de la poitrine et des poumons, le canal artériel devient plus horizontal par rapport à l'aorte, et décrit un angle avec elle, parce que le cœur s'est abaissé avec le diaphragme, et que la crosse de l'aorte s'est élevée, double changement qui contribue également à l'allonger. Son oblitération marche par degrés de l'aorte vers l'artère pulmonaire, et au bout de deux mois il est converti en un cordon fibreux. Les artères ombilicales se resserrent aussitôt après la naissance, et se convertissent de la vessie vers l'ombilic en cordons fibreux, dont la formation n'exige qu'environ trois semaines. M. Devergie assure qu'elles sont déjà moins volumineuses dans le voisinage de l'anneau ombilical au bout de vingt-quatre heures, et qu'au bout de quatre jours elles sont oblitérées. La veine ombilicale est affaissée sur elle-même dès le second ou troisième jour, et se convertit en cordon fibreux à peu près vers le second mois. C'est le *trou ovale* qui reste le plus de temps à se fermer ; l'époque où la valvule adhère complètement à son bord varie beaucoup, et l'adhérence totale n'a souvent lieu que vers la fin de la première année. Billard a observé l'occlusion complète une fois sur dix-huit enfants âgés d'un jour, deux fois sur vingt-deux âgés de deux jours, trois fois sur vingt-deux âgés de trois jours, et deux fois sur vingt-sept âgés de quatre jours.

4° L'établissement de la respiration imprime plus d'activité à tout l'organisme ; l'enfant est plus animé et plus éveillé ; il cherche, par des mouvements instinctifs, à téter ; les réservoirs qui renferment des produits de sécrétion tendent à s'en débarrasser ; de l'urine et du méconium ne tardent pas à être rendus.

5° L'enfant qui vient de naître a presque toujours une coloration uniforme : la face, le tronc et les membres sont fortement colorés en rouge par la présence du sang qui prédomine dans le réseau capillaire. En général, du cinquième au huitième jour, cette coloration diminue ; mais elle peut persister plus longtemps sans qu'on puisse indiquer de termes précis : les mains et les pieds restent souvent plus longtemps rouges et violacés que les autres parties sans indiquer un état morbide, à moins qu'il n'existe en même temps un gonflement œdémateux. Lorsqu'on applique le doigt sur la peau, la coloration rouge s'efface sur ce point, qui paraît jaunâtre jusqu'à ce que le sang ait reparu dans les capillaires. A la coloration rouge primitive succède une teinte jaunâtre uniforme, et comme cuivrée ; puis la peau devient d'un blanc rosé, d'un blanc mat, d'un blanc brunâtre, suivant la teinte naturelle qui doit prédominer. La coloration rouge et la teinte jaunâtre qui lui succède sont accidentelles, quoique coexistant avec l'état de santé du nouveau-né. La première dépend de la surabondance du sang dans les tissus, et la seconde vraisemblablement d'un premier degré d'ecchymose déterminée par cette surabondance de sang dans les téguments.

6° La chute du cordon ombilical sépare le nouveau-né des derniers débris de la vie fœtale. Cette séparation est précédée, accompagnée et suivie de phénomènes que nous devons faire connaître sommairement. La dessiccation du cordon ombilical et l'époque à laquelle il se détache de l'abdomen offrent, suivant les individus, d'assez grandes variétés ; de sorte qu'il est difficile, ajoute Billard, dont nous allons mettre à profit les observations, d'établir à cet égard des règles fixes. Les cordons volumineux dans lesquels la matière gélatineuse est en surabondance se dessèchent et tombent plus tard que ceux qui sont petits et en grande partie dépourvus de gélatine. Avant de se dessécher, le cordon se flétrit, et l'on peut regarder la flétrissure qu'on observe du premier au troisième jour de la naissance, comme le prélude ou le premier degré de la dessiccation. Celle-ci commence le plus ordinairement le premier ou le second jour, et peut cependant ne pas être très avancée même le quatrième jour. L'époque où elle est complète n'est pas moins variable : trois jours paraissent être le terme moyen le plus ordinaire; cependant elle ne l'est quelquefois qu'à quatre ou cinq jours, ou bien elle l'est déjà après un jour, un jour et demi; mais dans ce cas le cordon est extrêmement mince. Après la section du cordon ombilical, ses vaisseaux se rétractent et se cachent dans la lymphe qui forme comme son tissu propre ; la dessiccation débute ordinairement par le sommet, et cette lymphe commence à se dessécher lorsque la membrane extérieure conserve encore sa souplesse ; parfois elle se manifeste d'abord au niveau de la ligature. Le cordon se rétrécit, se raccourcit en même temps, et se contourne en vrille : les vaisseaux comprimés, aplatis, deviennent tortueux et participent eux-mêmes à la dessiccation ; ils ne forment plus que des filaments noirâtres et plus opaques que le corps demi-transparent au milieu duquel ils serpentent. La dessiccation s'arrête au niveau du bourrelet cutané, point où va s'opérer la séparation, et au devant duquel la gélatine desséchée forme une espèce de nœud ; il existe entre ce point et l'endroit où les vaisseaux ombilicaux se séparent, un espace ou col plus ou moins court où le cordon ne consiste qu'en un petit faisceau vasculaire, dernière connexion de l'abdomen avec le cordon, et qui permet à celui-ci de se mouvoir comme sur un pivot fragile, dans tous les sens. La peau de l'ombilic, altérée par la lymphe racornie, se fronce ; mais le bourrelet cutané ombilical n'exerce pas de constriction sur le cordon (*Billard*). La dessiccation n'a lieu que chez les enfants nés vivants ; chez ceux qui naissent morts ou qui meurent avant que ce phénomène ait commencé, le cordon se flétrit, se ramollit et passe par les divers degrés de la décomposition putride. On comprend quel parti la médecine légale peut tirer de ce fait. Billard considère la dessiccation du cordon comme un phénomène tout-à-fait physiologique et inhérent à la vie. Sans doute les annexes du fœtus peuvent être le siège de phénomènes organiques divers ; mais après la naissance y a-t-il une différence réelle entre la portion du cordon qui reste attachée à l'ombilic et celle qui suit le placenta? Cela est fort douteux. L'atmosphère chaude et sèche dans laquelle se trouve le cordon chez l'enfant vivant semble expliquer suffisamment l'évaporation des parties fluides et la dessiccation des parties solides.

On a attribué la chute du cordon : 1° à la gangrène, 2° à une constriction exercée par l'épiderme du bourrelet ombilical, et par ce bourrelet lui-même, 3° à un travail inflammatoire, 4° à une séparation spontanée analogue à la manière dont la queue du fruit des cucurbitacées se détache de son implantation circulaire. Si l'on en excepte les cas où des tiraillements accidentels sur le bout desséché du cordon le rompent avant que la séparation spontanée soit achevée, on peut être certain que cette séparation se fait d'après un mécanisme constant et des lois toujours identiques. D'abord l'observation exclut les deux premières suppositions, il n'y a pas à s'y arrêter. Nous avons dit que le point où s'opère la séparation correspond à un resserrement circulaire qui y prédispose. Les changements survenus au thorax et à l'abdomen par l'établissement de la respiration déterminent de l'intérieur une traction sur les vaisseaux ombilicaux, qui concourt à hâter leur oblitération, pendant que la portion libre du cordon desséchée, et retenue par le bandage ombilical, offre une certaine résistance à cette rétraction et aux mouvements d'abaissement et de soulèvement du diaphragme ; de sorte que le cordon ombilical subit sur le point où il est le plus fragile, et où il s'établit un travail de séparation, des tiraillements qui concourent à hâter et à déterminer sa chute. Aussi quand il se rompt sous l'influence de causes accidentelles, au lieu de se détacher spontanément, c'est toujours sur ce point. Mais ce ne sont là que des causes accessoires : la cause essentielle est un travail organique qui sépare le mort du vif. Cependant Billard a émis l'opinion que la séparation du cordon ombilical résulte de la constriction que la lymphe desséchée exerce sur les vaisseaux ombilicaux au niveau de l'ombilic, et que cette chute est provoquée par le tiraillement qui s'opère en dehors et en dedans de l'abdomen sur le point rétréci, desséché et fragile du cordon. Il a été conduit à penser ainsi, en constatant que la rougeur de l'ombilic et la suppuration étaient loin d'être, comme on le croyait, des phénomènes concomitants constants. Lorsque le cordon est large à sa base, que le bourrelet cutané qui l'environne est très prononcé et s'avance de plusieurs lignes, il s'établit presque toujours à la base du cordon une suppuration plus ou moins abondante : le bourrelet cutané s'enflamme même assez souvent et présente un cercle rouge qui persiste plus ou moins longtemps. Lorsque, au contraire, le cordon est grêle et le bourrelet cutané, peu saillant, le cordon se dessèche le plus ordinairement sans suppuration, et le cercle inflammatoire peut ne pas se manifester, et la dessiccation semble seule produire la séparation. Sur 86 enfants qu'embrassent les observations de Billard, 26 seulement ont présenté des traces évidentes d'un travail inflammatoire sur le contour du bourrelet ombilical ; 17 avec un cercle rouge, 9 avec de la suppuration ; les 64 autres n'ont rien offert de semblable. Mais je dois faire observer que Billard ne fait pas entrer en ligne de compte le suintement qui survient après la chute du cordon au fond de l'ombilic. Or, ce suintement, quoiqu'il soit souvent le produit d'une inflammation étendue au-delà des limites de l'insertion du cordon, n'est autre chose que la continuation du travail éliminatoire passant à la période de réparation ou de cicatrisation. On doit en conclure que la chute normale du cordon s'opère par un travail éliminatoire analogue à celui qui sépare les parties mortes des parties vivantes, que les phénomènes qui l'accompagnent sont extrêmement peu prononcés et comme latents, lorsque le cordon est maigre et très grêle : ils consistent en une espèce d'absorption interstitielle et un suintement séro-purulent très peu abondant. Lorsque, au contraire, le bout à détacher est volumineux, la rougeur et la suppuration sont des plus manifestes. L'inflammation est quelquefois portée très loin et revêt une forme érysipélateuse, déterminée ordinairement par le contact avec l'ombilic du bout desséché et dur du cordon et par ses tiraillements. Billard a observé que dans les cas où le travail de séparation est accompagné de rougeur et de suppuration, la chute du cordon est plus tardive que dans ceux où le travail éliminatoire n'est pas appréciable ou est seulement accompagné d'un léger suintement; ce qui doit être, puisqu'il s'agit généralement, dans le premier cas, de cordons volumineux, et dans le second de cordons grêles. Il est facile de comprendre, d'après ce que nous avons dit des causes accessoires ou accidentelles et de la cause propre de la chute du cordon, que l'époque à laquelle elle a lieu doit être fort variable. Le terme moyen est, d'après les observations de Billard, du quatrième au cinquième jour; mais il se détache quelquefois dès le second ou le troisième, et assez souvent après le sixième, le septième, le huitième, et même quelquefois plus tard.

Après la chute du cordon, la dépression infundibuliforme de l'ombilic est encore pendant plusieurs jours le siége d'un suintement purulent qui laisse des traces d'une véritable cicatrice; la cicatrisation est ordinairement complète du dixième au douzième jour. Le suintement est moins abondant et la cicatrisation plus prompte lorsque le cordon est grêle et le bourrelet peu saillant, que lorsque ces parties offrent une disposition inverse; dans le dernier cas il n'est pas rare de voir le suintement se prolonger assez longtemps. Pendant que l'ombilic suppure et se cicatrise, il éprouve des changements remarquables ; les vaisseaux ombilicaux, dont l'action est bientôt contrebalancée par le resserrement de l'anneau aponévrotique de la ligne blanche, attirent vers la cavité de l'abdomen le bourrelet ombilical, qui, de saillant et de conique qu'il était d'abord, offre bientôt en dedans une surface déprimée qui concourt à former le sac, au centre duquel on voit une sorte de tubercule mollasse et plus ou moins rouge, formé par les extrémités vasculaires réunies, qui disparaît et s'enfonce peu à peu dans l'abdomen. Ce n'est pas seulement ce point, qui devient quelquefois fongueux, et les autres points d'insertion du cordon qui fournissent de la matière purulente; mais encore le contour de l'ombilic excorié, et qui se transforme en une sorte de muqueuse en rentrant sur lui-même. La peau semble entraînée au fond de l'ombilic par l'intermédiaire des adhérences celluleuses qui l'unissent au fond du sac avec les vaisseaux ombilicaux. Ces adhérences deviennent de plus en plus étroites et solides, et la face interne du pli cutané finit par être accolé au contour du cercle aponévrotique de la ligne blanche. Pendant que la cicatrisation s'est opérée au fond de l'ombilic, le bourrelet ombilical a pris à l'extérieur une forme nouvelle, il n'est plus circulaire, mais composé de deux rebords, l'un supérieur souvent très gros, l'autre inférieur presque toujours mince; ils ont la forme d'un croissant, et la convexité de l'un correspond à la concavité de l'autre; d'où résulte au centre de l'ombilic un enfoncement demi-circulaire, dont la concavité regarde tantôt en haut, tantôt en bas, mais plus souvent en bas (*Billard*).

7° L'*exfoliation* de l'épiderme est, comme la chute du cordon, un phénomène naturel propre au nouveau-né, et qui ne s'opère qu'après la naissance, et chez les enfants vivants. L'épiderme, qui jusque là est en rapport avec le liquide amniotique, ne se modifie pas seulement, mais se renouvelle pour s'approprier au contact de l'air. Cette exfoliation commence à une époque extrêmement variable. D'après Billard, quelques enfants présentent déjà des traces de soulèvement de l'épiderme dès la fin du premier jour et le deuxième; tandis qu'on en voit à peine chez d'autres âgés de huit, neuf, dix jours. Cependant c'est à l'âge de trois à cinq jours que l'exfoliation est ordinairement dans sa plus grande activité. L'épiderme commence d'abord par se fendiller et se soulever par lignes ou sillons, par larges plaques, par écailles furfuracées; les lignes se remarquent au niveau du ventre, au niveau des sillons cutanés, des articulations; les plaques se forment dans les intervalles de ces plis, sur la paroi de la poitrine, à la plante des pieds; les écailles furfuracées se rencontrent plus communément au niveau du sternum, sur la face, les membres. Dans beaucoup de cas elle n'est pas aussi apparente, il en est même où elle se fait d'une manière presque insensible; l'épiderme tombe en poussière sans qu'on puisse distinguer l'exfoliation de sa chute. La durée de temps pendant lequel se fait l'exfoliation est très variable. Billard l'a vue se terminer en trente, quarante jours, en deux mois. Elle dure plus longtemps et se fait d'une manière plus sensible chez les enfants malades qui tombent dans le marasme.

B. Soins immédiats a donner a l'enfant né bien portant. — 1° Nous avons dit (t. 1, p. 643) qu'immédiatement après la sortie de l'enfant on le place sur le côté, le visage dirigé du côté opposé à la vulve pour le garantir des liquides qui s'en échappent; qu'on fait en sorte qu'aucune traction susceptible de décoller prématurément le placenta ne soit exercée sur le cordon; que pour cela on laisse l'ombilic rapproché de la vulve, et que l'on dégage avec ménagement, lorsqu'il en existe, les circulaires qu'il forme autour du cou ou d'autres parties ; qu'on porte son attention sur la bouche et le nez pour débarrasser de suite, s'il y a lieu, ces ouvertures des mucosités ou des portions de membranes qui les obstruent quelquefois ; enfin, qu'on sépare l'enfant de ses annexes par la section du cordon, après avoir placé une ligature sur le bout ombilical et sur le bout placentaire; ou bien, si on n'opère la ligature qu'après la section, que le pouce et l'indicateur de la main qui soutient le siége compriment le cordon, tandis que l'autre embrasse les épaules et la nuque pour emporter l'enfant.

2° La division et la ligature du cordon demandent des développements que nous n'avons pas encore donnés. Lorsque l'état de santé de l'enfant n'exige pas qu'on lui fasse perdre du sang, on doit attendre, avant de le séparer de ses annexes, que la respiration soit pleinement établie et que les pulsations du cordon aient cessé ou au moins soient très affaiblies jusque près de l'ombilic. La cessation de ces pulsations annonçant que la respiration est complète, semble indiquer le moment le plus opportun pour lier et couper le cordon. Il est rationnel de penser qu'une ligature apposée trop tôt, avant que les poumons soient entrés en pleine activité, peut retarder et rendre incertain l'établissement de la respiration. Toutefois, je dois avouer que je ne connais pas de faits démontrant positivement les dangers de cette manière de procéder, bien qu'elle soit fréquemment suivie. En coupant le cordon trop tôt, on donnerait souvent lieu à une hémorrhagie mortelle si on omettait de le lier aussitôt. Disons d'abord que l'indication de poser une ligature du côté du placenta n'est fondée que sur la possibilité d'une hémorrhagie mortelle s'il existait un second enfant dans l'utérus, et qu'il y eût de larges communications anastomotiques entre les veines ombilicales des deux placentas, comme cela arrive quelquefois. Cette ligature, en s'opposant en outre au dégorgement du placenta, diminue d'autant la quantité de sang qui se répand dans le lit et sur les parties de la mère. La ligature du bout ombilical a une tout autre importance. Quelle valeur a donc l'opinion des physiologistes qui l'ont considérée comme inutile? Si, après avoir coupé le cordon aussi près de l'ombilic et à un moment aussi rapproché de la naissance qu'on le fait généralement, on omettait de poser une ligature, il s'ensuivrait une hémorrhagie grave pour la plupart des enfants et mortelle pour un grand nombre. Mais si l'on se plaçait dans des conditions plus conformes à la nature, c'est-à-dire si on attendait pour séparer l'enfant de ses annexes fœtales que celles-ci fussent sorties, ou bien seulement si on ne divisait le cordon que lorsque les pulsations ont cessé dans toute son étendue, et si l'on faisait porter la division sur un point très éloigné de l'ombilic, l'enfant serait généralement exempt de toute hémorrhagie grave. On arriverait au même résultat que chez les animaux qui n'ont pas d'hémorrhagie dangereuse, parce qu'il se passe presque toujours assez de temps entre le moment de la naissance et celui où le petit est séparé de l'arrière-faix, pour que la respiration soit en pleine activité lorsque la séparation est opérée, et parce que le cordon ombilical se déchire au voisinage du placenta ou est coupé avec les dents, c'est-à-dire divisé de la manière la plus propre à opposer des obstacles à l'écoulement du sang. Mais même en attendant, avant de couper le cordon, que les pulsations aient cessé dans toute son étendue, l'enfant ne serait pas moins exposé de temps en temps à une hémorrhagie grave et même rapidement mortelle. Il est à ma connaissance que des enfants déposés momentanément en lieu sûr avant d'avoir lié le cordon, parce qu'il avait cessé de saigner, et que la respiration était bien établie, pour s'occuper d'abord de la mère, ont été trouvés baignés dans leur sang et mourant ou dans un état d'anémie très prononcé, quoique la poitrine et l'abdomen ne fussent pas comprimés. Une ligature qui n'est pas suffisamment serrée ne doit pas opposer moins d'obstacle à l'issue du sang que la déchirure du cordon; et cependant il existe plusieurs exemples d'enfants qui ont dû la mort à une ligature mal faite. Dans un cas cité par Mauriceau, son relâchement amena une hémorrhagie qui causa la mort en deux jours; Merriman cite deux faits semblables; dans le fait publié par Desgland, l'accident arriva au bout de douze heures. L'usage de lier avec attention le cordon est donc pleinement justifié.

Avant de placer la ligature, il faut s'assurer que l'ombilic n'est pas le siége d'une ouverture anormale qui laisse sortir une anse d'intestin ou d'autres parties. Embrasser une semblable tumeur dans la ligature, suppose tant d'inattention et d'ignorance que cette recommandation semblerait superflue si elle n'était pas justifiée par les faits signalés par Peu, Sabatier, Trew, Dupuytren, madame Boivin et M. Martin, de Bazas. On divise le cordon avec des ciseaux ou tout autre instrument tranchant, et l'on fait porter la section à cinq ou six travers de doigt de l'abdomen; ce qui permet de la renouveler lorsqu'il y a indication à retirer un peu de sang à l'enfant : on place également la ligature à deux, trois, quatre travers de doigt du bourrelet ombilical. Cet usage, généralement consacré, n'a pas d'autre inconvénient que celui de laisser un bout de cordon qui n'est nullement gênant tant qu'il est frais ; mais dès qu'il est desséché, son contact avec la peau, et les mouvements nécessaires pour approprier l'enfant, en entraînant des tiraillements, transforment quelquefois le travail éliminatoire qui s'opère à sa base en une inflammation érysipélateuse, qui peut revêtir des caractères graves par son étendue, envahir la veine ombilicale ou entretenir une suppuration prolongée. Il serait préférable de lier et de couper le cordon à trois ou quatre lignes du bourrelet ombilical ; recouvert ensuite par une compresse et un gâteau de ouate, il ne serait pas exposé aux ébranlements dont nous venons de parler, et la partie desséchée n'irriterait ni ne comprimerait la peau. On conserverait la possibilité de faire saigner le cordon, et on éviterait aussi sûrement de prendre dans la ligature le bourrelet ombilical ou une partie faisant hernie à travers l'anneau, en ne considérant que comme provisoires la section et la ligature faites au moment où l'on sépare l'enfant de ses annexes. On se sert de fil ordinaire simple ou double assez résistant pour affaisser les cordons rendus volumineux par l'abondance de la matière gélatineuse ; on peut, du reste, dans ce cas presser l'extrémité du cordon entre les doigts pour en exprimer les parties fluides. On fait un premier tour qu'on arrête par un nœud simple, puis on reporte les deux extrémités du fil en arrière pour les ramener en avant et les fixer par un double nœud, en serrant assez pour affaisser les artères ombilicales sans les diviser. Lorsque le cordon est gros, plusieurs praticiens, après avoir fait un premier nœud, renversent le bout en anse pour le comprendre dans une seconde ligature. Ajoutons que, si au moment de l'expulsion de l'enfant, le cordon avait été arraché à son insertion à l'abdomen, il faudrait bien se garder de porter une ligature sur le bourrelet ombilical ; il suffirait, pour arrêter et prévenir l'hémorrhagie, de tamponner convenablement la dépression ombilicale avec de petits fragments d'agaric, des boulettes de charpie ou de linge usé, et de maintenir par un bandage approprié une compression suffisante.

3° Après avoir lié le cordon, on fait nettoyer l'enfant : si le sang et les mucosités sont facilement enlevés par l'eau tiède, il n'en est pas de même de l'enduit sébacé qui forme sur plusieurs points de la surface du corps une couche plus ou moins épaisse ; mais il se détache facilement après avoir été mêlé d'huile d'olive, du beurre frais ou de jaune d'œuf ; il suffit ensuite de promener une éponge fine, un morceau de linge usé ou de flanelle imbibé d'eau tiède pour l'enlever entièrement sur la tête aussi bien que sur les autres parties du corps. Quelques accoucheurs le font plonger dans un bain tiède, et tandis que la main gauche soutient la tête au-dessus de l'eau, l'autre promène l'éponge sur les parties salies. Après avoir été nettoyé d'une manière ou de l'autre, il doit être essuyé avec des serviettes chaudes et douces : puis l'on examine avec attention si toutes ses parties sont bien conformées, si les ouvertures naturelles sont libres, etc.

4° Il est bon que le médecin préside aussi à l'habillement, et qu'il place lui-même l'appareil destiné à fixer le cordon. Il consiste en une compresse pliée en deux, qu'on fend jusqu'à sa partie moyenne : après avoir enduit d'un corps gras le côté qui doit être en rapport avec la partie à protéger, on loge dans la fente la racine du cordon, et l'on renverse et croise en devant les deux moitiés de la portion divisée sur laquelle on applique une seconde compresse, et l'on fixe le tout en haut et à gauche à l'aide d'une bande large de trois travers de doigt et assez longue pour faire deux ou trois fois le tour du corps, qu'on serre modérément et qu'on fixe par un point d'aiguille. Ce petit appareil, destiné à prévenir les tiraillements du cordon et son contact avec la peau, doit être changé et réappliqué aussi souvent que le besoin s'en fait sentir, non seulement jusqu'à la chute du cordon, mais encore jusqu'à la cessation complète du suintement qui succède à sa chute.

Avant ou après avoir placé le bandage ombilical, on couvre la tête d'un béguin de toile et d'un ou deux bonnets d'étoffe plus ou moins chaude, suivant la saison, puis les bras et la poitrine d'une chemise et d'une camisole qui se mettent ensemble. Les langes dont on enveloppe l'enfant se composent d'une pièce de toile douce (*couches*) et d'une pièce d'étoffe (*langes*) de laine, de coton ou de flanelle qui soit chaude et légère. Après les avoir chauffées, on les place de manière que les bords supérieurs passent sous les aisselles et que les bords latéraux viennent se croiser sur la poitrine, où on les fixe avec une épingle, puis on relève l'extrémité restée libre au-devant des membres et de la poitrine, et l'on fixe ses angles en arrière avec des épingles; on recouvre ensuite le cou et la poitrine d'un fichu. Il faut que le tronc de l'enfant ne soit pas serré dans son *maillot*, qui n'a plus guère de commun avec l'ancien que le nom, et que les extrémités jouissent de leur liberté. Les Anglais remplacent les langes par une longue robe de flanelle. En habillant l'enfant, il faut éviter avec soin qu'il se refroidisse; puis on le couche sur l'un et de l'autre côté dans son lit, qui doit être placé de manière à être préservé d'une lumière vive et de courants d'air.

C. SECOURS A DONNER A L'ENFANT NÉ DANS UN ÉTAT DE MORT APPARENTE. — Je désigne, avec M. P. Dubois, à l'exemple de quelques accoucheurs allemands et anglais, par le mot de *mort apparente*, divers états morbides propres à l'enfant naissant, états généralement décrits sous les titres d'*apoplexie*, d'*asphyxie* et de *syncope*. Cette substitution d'une expression vague à des termes bien définis peut paraître au premier abord un pas rétrograde; mais c'est seulement l'aveu que l'arbitraire et des interprétations erronées ont présidé à leur emploi, et que les états morbides qu'ils désignent demandent à être révisés et éclairés par de nouvelles études. En effet, ce que les uns ont décrit sous le nom d'*asphyxie*, les autres l'ont décrit sous celui de *syncope*, état auquel le fœtus paraît primitivement étranger; car l'action contractile du cœur est toujours le dernier phénomène apparent de vie, si ce n'est dans des conditions rares et bien déterminées. On ne s'entend pas mieux sur le mot *apoplexie*, et l'on atténue bien peu ce qu'il a d'inexact en le remplaçant par celui d'*état apoplectique* ou *apoplectiforme*; car l'état morbide qu'il désigne se présente plutôt avec les caractères extérieurs et intérieurs de l'asphyxie ordinaire survenue lentement. Je laisse déjà entrevoir que, dans ma pensée, à de rares exceptions près, qu'il ait apparence d'apoplexie ou d'anémie, c'est une *espèce d'asphyxie*, consécutive à la compression du cordon ou des centres nerveux, qui est la cause de la mort apparente ou réelle qu'on observe au moment de la naissance.

L'état de mort apparente du nouveau-né, à raison de ses différents degrés, du vague qu'il comporte, n'est pas susceptible d'être défini d'une manière rigoureuse. Tout enfant nouveau-né, dit M. Nægelé, sur lequel on ne voit aucun signe de vie, et sur lequel on ne reconnaît aucun de ceux de la mort, doit être regardé comme étant en état de *mort apparente*, et être traité en conséquence ; il en est de même de ceux qui ne donnent que quelques signes de vie. M. Meude définit la mort apparente, cet état dans lequel la vie continue à l'intérieur, sans qu'il s'en manifeste aucun signe à l'extérieur. On ne peut s'en faire une idée juste qu'en indiquant l'état des fonctions essentielles dont l'activité se traduit par des signes sensibles et directs. D'abord il y a absence complète de respiration, le plus souvent les muscles inspirateurs sont dans un repos absolu ; quelquefois cependant il se fait de temps en temps, à des distances inégales, quelques faibles mouvements pour dilater la bouche et les narines ou la poitrine ; l'influence du nerf facial et de quelques uns de ceux qui animent les muscles inspirateurs n'est pas complétement abolie, mais l'air pénètre à peine au-delà des grosses divisions bronchiques. Pour ne pas donner une fausse idée de la durée de la mort apparente, on doit distinguer, malgré une analogie non douteuse, ces cas de ceux qui se rapprochent davantage des *faiblesses de naissance*, où la respiration est sans doute fort incomplète, mais suffisante pour entretenir la vie pendant une ou plusieurs heures, un ou plusieurs jours. Le sentiment paraît complétement suspendu, mais sans que les centres nerveux soient toujours absolument inaptes à être impressionnés par des excitants d'une certaine énergie ; il y a aussi abolition des mouvements volontaires, mais le degré de relâchement, de flaccidité est loin d'être le même dans tous les cas ; on observe même quelquefois de faibles mouvements des extrémités. Généralement, au moins tant que la mort n'est qu'apparente, malgré la suspension de la respiration, du sentiment et du mouvement, la circulation du sang continue en s'affaiblissant et en se ralentissant. Le plus souvent le ralentissement et l'affaiblissement commencent pendant que le fœtus est encore dans les parties de la mère ; quelquefois cependant la circulation n'est pas sensiblement modifiée avant l'expulsion, et aussitôt après les mouvements du cœur sont forts et fréquents ; l'enfant exécute même quelques mouvements, mais la respiration ne s'établit pas, et peu à peu la circulation s'affaiblit et se ralentit. Dans cette dégradation de l'action du cœur, à un premier degré, les pulsations se font encore sentir dans toute l'étendue du cordon, mais elles sont plus faibles, sans paraître sensiblement moins fréquentes, elles paraissent même assez souvent accélérées ; dans un second degré on ne les sent plus que du côté du bout ombilical ; avant de s'éteindre tout-à-fait à l'ombilic, elles s'éloignent quelquefois au point de ne se répéter plus que 40, 30, 20 fois par minute. Au troisième degré les pulsations du cordon ont cessé jusque dans sa racine ombilicale, mais le cœur est encore animé de mouvements de contraction appréciables à la main, dont on ne peut bien juger que par l'oreille; ils sont faibles, irréguliers, lents, et ils finissent par ne plus donner que la sensation d'ondulation. Tant que la circulation continue, il reste des chances de rappeler l'enfant à la vie; mais en est-il de même lorsqu'elle est suspendue? A en juger par analogie, on peut répondre affirmativement, en se fondant sur ce qui se passe dans la syncope. C'est ce que pensent, en effet, les auteurs, car ils mettent aussi au nombre des phénomènes de la mort apparente chez l'enfant naissant la suspension de l'action du cœur. Mais en étudiant de quelle manière succombe le fœtus pendant le travail, si on fait abstraction des cas rares où le cordon est rompu ou le placenta déchiré, il est impossible d'admettre que la mort arrive même exceptionnellement par une espèce de syncope: il en est de même après la naissance, dans les cas où la respiration ne peut pas s'établir. D'un autre côté, si l'on consulte les faits de mort apparente où l'enfant a pu être rappelé à la vie, publiés avec assez de détails pour prouver que le cœur a été réellement et sérieusement exploré, on voit que dans le cas où elle a été le plus prolongée, la racine du cordon ou le cœur étaient encore agités par des pulsations. Je n'ai jamais pu ni vu rappeler à la vie des enfants nés en état de mort apparente, lorsque l'action du cœur était suspendue, et je ne connais pas de faits portant avec eux la preuve que le cœur a été exploré, qui constatent que ce phénomène a été observé. Mais tout en cherchant à établir que, lorsqu'à la suspension de la respiration, du sentiment et du mouvement après la naissance, s'ajoute la suspension complète de l'action du cœur, il n'y a plus *mort apparente*; mais généralement si ce n'est toujours *mort réelle*, on ne doit pas moins dans la pratique, en l'absence de signes positifs de mort, considérer les enfants nés dans cet état comme morts seulement en apparence. Bien mieux, comme beaucoup d'enfants meurent dans la seconde période du travail sans qu'on s'en aperçoive, parce qu'on néglige encore généralement trop l'auscultation, on prodigue des soins pour les rappeler à la vie à des enfants morts depuis plusieurs heures, d'autant plus qu'ils naissent avec une température aussi élevée, et qu'après la naissance ils ne se refroidissent pas plus vite que ceux qui, tout en conservant une circulation qui va en s'affaiblissant, ne respirent pas. Maintenant que nous avons montré, en commentant des définitions incomplètes et obscures, en quoi consiste la mort apparente; et comment on en rapproche la mort réelle tant qu'elle n'est pas accompagnée de signes caractéristiques, nous allons indiquer sous quel aspect extérieur se présentent les fœtus nés dans cet état,

Les nouveaux-nés, frappés de mort apparente, se présentent sous l'un ou l'autre des deux états suivants :

1° Dans le premier (*apoplexie des auteurs*), la peau du visage, de la partie supérieure du tronc, des mains, des pieds, etc., est d'un rouge violet et bleuâtre, marqué çà et là de taches bleuâtres plus foncées ; la face, surtout les lèvres, sont en outre gonflées ; les yeux saillants, la langue collée au palais ; les membres immobiles, un peu fermes ou flasques, les battements du cordon et du cœur faibles ou nuls, la veine ombilicale gorgée de sang. Après cinq, dix, vingt, trente minutes, rarement trois quarts d'heure, sous l'influence de moyen approprié, quelquefois spontanément, tantôt la respiration s'établit de suite pleinement, et l'on voit la coloration rouge, bleuâtre ou noirâtre disparaître rapidement et être remplacée par une teinte rosée sur les lèvres, les joues et les autres parties du corps; tantôt elle ne s'établit d'abord que lentement et difficilement pour se continuer ou se suspendre définitivement; tantôt, enfin, elle ne s'établit pas du tout, et c'est le cas ordinaire lorsqu'elle est encore complétement suspendue au bout d'un quart d'heure. On ne trouve pas seulement les vaisseaux veineux du cerveau et de ses enveloppes gorgés de sang noir et liquide, mais encore ceux du cou, de la poitrine et des autres parties du corps. On trouve quelquefois du sang épanché sur les circonvolutions du cerveau.

La mort, avec coloration bleuâtre des téguments, correspond à un degré moins prononcé à une forme moins grave, et les chances de rappeler l'enfant à la vie sont nombreuses si le tronc, les membres, quoique privés de tout mouvement, conservent cependant un certain degré de fermeté. Elle se renouvelle quelquefois ou même se développe pour la première fois après que la respiration s'est établie ; M. P. Dubois l'a vue survenir sans cause appréciable le lendemain de la naissance.

2° Dans le second état de mort apparente (*syncope, asphyxie des auteurs*), l'enfant est d'une pâleur mortelle; ses membres sont pendants et flasques ; sa peau est décolorée et souvent souillée par du méconium, les lèvres sont décolorées, la mâchoire inférieure est pendante ; le cordon ombilical et le cœur palpitent faiblement ou point du tout. Souvent un enfant, dans cet état, a remué, même crié au moment de la naissance, mais il est retombé presque aussitôt dans l'état de mort apparente (*M. Nœgele, trad. de M. Pigné*).

Cet état appartient à un degré plus avancé et à une forme plus grave de la mort apparente: un moins grand nombre d'enfants sont rappelés à la vie, et il arrive bien plus souvent qu'il ne s'établit qu'une respiration incomplète et précaire, qui ne peut entretenir la vie que quelques instants, quelques heures ou quelques jours; d'ailleurs la mort est déjà bien plus souvent réelle que lorsque les téguments sont colorés en rouge brun. Malgré l'état anémique du réseau capillaire de la peau et des autres parties, les gros vaisseaux ne renferment pas moins du sang en assez grande abondance, et ils ne sont pas dans l'état de ceux des individus qui ont succombé à une hémorrhagie.

En rappelant les causes de la mort apparente chez le nouveau-né, nous allons chercher à déterminer quelle est la nature des états morbides qui la produisent, en quoi ils diffèrent, et jusqu'à quel point les mots par lesquels on les désigne généralement leur conviennent. A une époque où l'on croyait à une communication directe et facile entre les vaisseaux du placenta et ceux de l'utérus, il était bien naturel de penser, la circulation pouvant pendant le travail rester libre dans les artères ombilicales, et être entravée ou suspendue dans les veines du même nom ou réciproquement, que le sang de l'enfant continuait, jusqu'à production de syncope, à être poussé dans les vaisseaux de la mère, ou le sang de la mère dans les vaisseaux de l'enfant jusqu'à produire un état apoplectique. Il est démontré qu'il ne se passe rien de semblable: seulement il peut arriver, lorsque le cordon est comprimé, que la circulation soit déjà interrompue dans la veine, tandis qu'elle continue dans les artères, tant que les vaisseaux du placenta ne sont pas distendus; mais ils ne peuvent former un *diverticulum* suffisant pour produire une véritable anémie; d'ailleurs leur engorgement coïncide souvent avec l'apparence apoplectique du fœtus. La mort apparente ou réelle peut être déterminée par l'anémie et un état de syncope, lorsque le placenta ou le cordon est déchiré pendant le travail, et lorsqu'après la section de ce dernier on néglige d'en faire la ligature; mais ces cas sont relativement rares. Les autres causes directes ou indirectes qui produisent la syncope chez l'adulte ne se rencontrent pas chez le fœtus: d'ailleurs toutes les fois qu'on peut suivre le passage de la vie à la mort apparente, de celle-ci à la mort réelle, on voit que le cœur est toujours le dernier à s'éteindre. On peut, sans craindre de se tromper, affirmer que l'anémie ou la syncope est rarement et en quelque sorte exceptionnellement la cause de la mort apparente ou réelle de l'enfant naissant. Il est également rare qu'un obstacle mécanique, comme une portion de membrane sur la face, s'oppose à l'établissement de la respiration; si les mucosités de la bouche et du pharynx semblent assez souvent obstruer l'entrée des voies aériennes, c'est que la puissance de respirer est déjà affaiblie au moment de la naissance.

Les causes ordinaires de la mort apparente ou réelle, avant ou au moment de la naissance, sont de deux ordres : la compression du cordon et la compression du cerveau, et leur action est souvent simultanée. On sait que le cordon est exposé à être comprimé, et la circulation fœto-placentaire à être interrompue par degrés ou brusquement, dans la prolongation insolite du travail après l'évacuation du liquide amniotique, surtout lorsque la rétraction de l'utérus est forte et comme continue ou spasmodique, dans l'entortillement du cordon autour du cou, etc., dans son prolapsus, dans l'expulsion par l'extrémité pelvienne; on peut rapprocher de la compression du cordon le décollement étendu du placenta. La tête est exposée à subir une compression capable de déterminer la mort apparente, et trop souvent la mort réelle, lorsqu'elle est retenue trop longtemps au détroit supérieur rétréci, dans l'excavation ou au détroit inférieur, et lorsque son extraction à l'aide du forceps exige des efforts énergiques et prolongés.

Avant d'aller plus loin, examinons s'il y a un rapport habituel entre l'état extérieur du fœtus et la cause qui s'oppose à l'établissement de la respiration. D'après MM. Nægele et P. Dubois, qui s'expriment dans les mêmes termes, lorsque l'enfant est décoloré, les causes ordinaires de la mort apparente sont : la naissance prématurée, l'imperfection de son développement, sa faiblesse originelle, les maladies graves de la mère qui ont porté atteinte à la nutrition de son fruit, les hémorrhagies dépendant de la déchirure du cordon ombilical ou du placenta; et lorsqu'il naît coloré, cet état s'observe surtout dans les cas où le travail de l'accouchement s'est beaucoup prolongé, lorsque la tête a été fortement ou longtemps comprimée dans la cavité du bassin, lorsque le cordon ombilical se trouve brusquement ou lentement comprimé, comme cela arrive dans les cas de prolapsus de ce cordon, et dans les accouchements spontanés ou artificiels par l'extrémité pelvienne; dans les cas où les contractions utérines sont très fortes, spasmodiques, et séparées par des intervalles fort courts et presque nuls, enfin, lorsque la respiration est empêchée par l'accumulation du mucus dans la bouche, le nez, les voies aériennes. Cette manière de voir, qui est celle de la plupart des accoucheurs, renferme quelques assertions trop absolues ou inexactes. Le nombre des enfants qui naissent dans un état de mort apparente avec décoloration de la peau est beaucoup plus considérable qu'on ne doit le supposer d'après ce qui précède, et elle est loin de se rencontrer toujours dans les conditions où l'on dit qu'elle existe. Les enfants nés prématurément ou dans un état maladif, chez lesquels la respiration tarde à s'établir, sont assez souvent violacés, et cette coloration se dissipe même moins vite sous l'influence de la respiration. Rien n'est plus commun que de voir naître à terme un enfant fort et bien développé, dans un état d'anémie apparente ou au moins sans coloration anormale de la peau, lorsque le point de départ de la mort apparente réside dans la compression du cordon. Ne voit-on pas dans la procidence du cordon, dans l'accouchement naturel ou artificiel par l'extrémité pelvienne où la tête a été retenue trop longtemps dans le bassin, l'enfant naître tantôt fortement coloré, tantôt à peine coloré ou pâle et flasque? Il est vrai que le dernier état dépend souvent de ce que la mort n'est plus apparente, mais réelle; car lorsqu'il a cessé de vivre, il ne tarde pas à perdre sa coloration; et c'est pour cela que beaucoup d'enfants, qu'on suppose encore en état de mort apparente, sont expulsés ou extraits dans un état de pâleur remarquable. On voit même un enfant né avec coloration foncée, turgescence de la face et un certain degré de fermeté des membres, devenir blême et flasque pendant qu'on lui prodigue des secours, si on ne parvient pas à le faire respirer. Mais il n'est pas moins vrai que des enfants, chez lesquels la suspension du sentiment, du mouvement et l'obstacle à l'établissement de la respiration, reconnaissent pour cause la compression du cordon, naissent en état de mort apparente, décolorés et flasques; car on sent encore à la racine du cordon ou à la région précordiale de faibles pulsations; mais l'état opposé est bien plus commun et moins grave. Cette différence paraît tenir, dans le premier cas, à ce que la suspension a été rapide et brusque, et dans le second, graduelle et lente. En effet, dans les cas de prolapsus du cordon, de version sur les pieds et d'accouchements naturels et artificiels par l'extrémité pelvienne, où le tronc traverse rapidement les parties, mais où la tête est retenue dans le bassin, l'enfant est souvent extrait flasque et décoloré, quoique les battements du cœur ne soient pas encore éteints; tandis que, lorsque la gêne de la circulation dans le cordon est déterminée par la prolongation du travail, après l'évacuation plus ou moins complète du liquide amniotique ou la rétraction continue de l'utérus, il présente souvent en naissant l'apparence apoplectique; il en est encore souvent de même dans les hémorrhagies utérines où le placenta est décollé par degré et où la portion restée adhérente devient insuffisante pour entretenir les modifications que cet organe fait subir au sang du fœtus. Malgré cette différence dans l'habitude extérieure, la cause de la mort apparente ou réelle est la même et les lésions qui la déterminent identiques. C'est l'*asphyxie fœtale* qui a dans tous ses phénomènes une analogie exacte avec l'asphyxie ordinaire. Lorsque la circulation fœto-placentaire est gênée sans être entièrement interrompue, les centres nerveux ne recevant plus une excitation vivifiante suffisante, le sentiment et les mouvements volontaires s'affaiblissent par degré, tandis que la circulation continuant encore assez longtemps, la stagnation du sang dans les capillaires et les autres divisions du système veineux devient de plus en plus prononcée. De là la tuméfaction et l'aspect violacé de la face, des lèvres, les congestions du cerveau, etc. L'enfant naît-il dans cet état, le besoin instinctif de respirer, comme le sentiment et les mouvements sont neutralisés, et à l'effet du sang non revivifié sur le cerveau s'est consécutivement ajoutée une congestion cérébrale ; et l'*asphyxie fœtale* se soutient après la naissance. Lorsque la suspension de la circulation dans le cordon est de suite complète, la mort apparente n'a qu'une durée très courte, et il ne se passe pas assez de temps avant que le cœur cesse de battre pour qu'il se forme des congestions veineuses prononcées. C'est du reste ce qu'on observe dans l'asphyxie ordinaire ; la coloration violette de la face, des lèvres, etc., les congestions viscérales, sont d'autant plus prononcées que l'asphyxie a été plus lente, et lorsque la suspension de la respiration pulmonaire est instantanément complète, comme cela arrive souvent dans les éboulements, la submersion, etc., les téguments sont décolorés. Ainsi, lorsque la mort apparente est déterminée par la gêne ou la suspension de la circulation fœto-placentaire, c'est-à-dire la gêne ou la suspension de la *respiration placentaire*, l'enfant, qu'il soit violacé ou pâle, naît dans un état d'*asphyxie fœtale*. La coloration de la face et les autres congestions qui l'accompagnent sont des phénomènes consécutifs qui ne méritent pas le titre d'état apoplectique, et qui disparaissent, comme l'asphyxie ordinaire, avec une rapidité très grande, dès que la respiration peut avoir lieu librement.

Lorsque la mort apparente est déterminée par la compression du cerveau, voici comment les choses se passent. Nous avons déjà dit que l'état morbide qui en résulte et qui paralyse plus ou moins complétement les puissances inspiratrices, est souvent combiné avec le précédent. En effet, lorsque par suite de rapports trop exacts ou d'un défaut de proportion entre la capacité du bassin et le volume de la tête, celle-ci reste longtemps et fortement comprimée au détroit inférieur, dans l'excavation ou au détroit supérieur, l'action expultrice de l'utérus a été énergique et soutenue, et si le cordon n'a pas été garanti par la rétention d'une certaine quantité de liquide amniotique ou par une position favorable, il finit presque toujours par être plus ou moins comprimé. Mais à raison des conditions que je viens de mentionner ou d'une intermittence dans l'action de l'utérus soutenue jusqu'au bout, il échappe assez souvent en partie à la compression et continue à livrer passage à une quantité de sang vivifié suffisante pour entretenir la vie au fœtus : c'est le cas que nous supposons pour rendre l'explication plus simple.

Les effets appréciables de la compression de la tête du fœtus dans les conditions précitées, conditions auxquelles il faut encore ajouter le forceps, sont : une déformation du crâne beaucoup plus prononcée, dans un certain nombre de cas des dépressions, des fractures des os, des décollements du péricrâne, de la dure-mère, des épanchements de sang dans la cavité de l'arachnoïde, sur le cerveau, le cervelet et jusque sur la moelle allongée. Mais il n'est point nécessaire pour que le cerveau subisse une influence fâcheuse passagère ou durable, que les effets de la compression aillent jusqu'à déterminer des lésions traumatiques, et l'existence de celles-ci n'implique pas nécessairement une suspension temporaire ou définitive de l'action cérébrale, bien qu'on l'observe assez souvent lorsque le crâne porte seulement les traces d'une compression forte et prolongée, à laquelle a été ajoutée ou non l'action moins graduée du forceps. Il en résulte pour le cerveau une condensation moléculaire, quelque chose d'analogue à la commotion, qui peut paralyser le sentiment et le mouvement sans que la lésion s'étende aux parties qui président à l'acte de la respiration. Mais cet état de stupeur peut déjà neutraliser le besoin instinctif de respirer et rendre le cerveau moins impressionnable aux diverses excitations qui concourent à le mettre en activité. Les effets de la compression peuvent être portés beaucoup plus loin et atteindre plus ou moins profondément les parties qui président au mouvement respiratoire ; et comme celles qui président au mouvement du cœur sont à l'abri de cette compression, la vie intra-utérine n'est pas immédiatement compromise ; elle est momentanément dans des conditions jusqu'à un certain point analogues à celles dans lesquelles se trouvent les fœtus acéphales. Cela explique pourquoi dans l'accouchement laborieux et prolongé, il est souvent impossible de rappeler à la vie des enfants chez lesquels les pulsations du cœur avaient paru naturelles quelques instants avant la naissance. Lorsque l'enfant naît dans cet état, la circulation continue à avoir lieu avec plus ou moins de force ; mais, le sang n'étant vivifié ni par l'influence du placenta qui ne tarde pas à se détacher, ni par celle de l'air atmosphérique, l'*asphyxie fœtale* vient s'ajouter consécutivement à la lésion cérébrale; et si celle-ci, au lieu d'être profonde, ne consiste qu'en une stupeur, une paralysie passagère de l'influx nerveux, il reste des chances plus ou moins nombreuses de rappeler le nouveau-né à la vie. La suspension de l'influx nerveux peut être incomplète, sans que pour cela le nouveau-né soit dans un état moins grave; car plusieurs de ceux qui exécutent quelques mouvements inspiratoires, qui font entendre un faible cri et remuent, s'éteignent bientôt après, parce que cette respiration incomplète ne se soutient pas.

Parmi les altérations vaguement déterminées, si ce n'est les lésions traumatiques qui manquent le plus souvent du reste, que nous avons supposées suspendre l'influx nerveux, nous n'avons pas mentionné la congestion cérébrale ou l'*état apoplectique*. C'est que l'enfant naît aussi souvent pâle que coloré, et que la compression graduelle du cordon complique souvent la compression du cerveau; mais c'est surtout parce que cette congestion me semble inadmissible, tant que la tête reste dans les parties de la mère. En effet, le cerveau subit de toutes parts une compression uniforme, supérieure à celle des autres parties du corps, et dont la tumeur œdémateuse qui se forme dans les derniers temps de l'expulsion sur la partie du crâne qui correspond au vide du conduit vulvo-vaginal nous donne la mesure. Comment supposer que sous l'influence d'une telle compression les vaisseaux du cerveau puissent s'engorger et se distendre? Ne doit-on pas plutôt admettre que le sang y arrive difficilement par les artères, et que celui des veines est chassé en grande partie vers leurs troncs, tandis que les molécules cérébrales sont comprimées les unes contre les autres jusqu'à paralyser l'action de l'organe? Il est même très vraisemblable que, lorsque la compression est portée au point de déterminer des solutions de continuité sur les vaisseaux du crâne ou du cerveau, les épanchements sanguins ne se produisent qu'après le dégagement de la tête ou la sortie du fœtus; de même qu'on voit souvent les thrombus de la vulve ne se développer qu'après l'accouchement. Mais on comprend que la congestion cérébrale se produise rapidement et avec une grande intensité, lorsque la tête vient à être soustraite à l'action des parties de la mère, tandis que le tronc, retenu par les épaules, continue pendant quelque temps à être comprimé de toutes parts par l'utérus. En outre, lorsque la compression du cerveau a été portée au point de troubler, de suspendre son action, il en résulte souvent une diminution de tonicité ou une irritation prédisposant aux congestions cérébrales actives ou passives, qui ont une assez grande part dans la production des accidents cérébraux souvent graves qu'on voit survenir peu de temps après la naissance.

On peut résumer de la manière suivante, en les rapprochant de leurs causes, les états morbides qui s'opposent à l'établissement de la respiration pulmonaire et donnent lieu à la mort apparente ou réelle chez l'enfant naissant : 1° un *état de syncope*, lorsque, à la suite de la déchirure du placenta ou du cordon, ou de l'omission volontaire ou involontaire après la section de ce dernier de poser une ligature sur le bout ombilical, il s'est fait un écoulement de sang assez abondant pour déterminer une anémie grave ; la gravité de cet état, peu commun d'ailleurs, varie en raison de l'abondance de l'hémorrhagie ombilicale, dont il est la conséquence ; 2° un état d'*asphyxie intra-utérine* avec ou sans coloration bleuâtre de la face, survenue pendant la période d'expulsion du travail par le fait de l'affaiblissement, de la suspension de la respiration placentaire due à la compression du cordon, du placenta ou au décollement d'une grande partie de celui-ci, à la suspension de la circulation chez la mère ; c'est l'espèce de mort apparente la plus commune ; 3° une *compression* du cerveau portée au point de paralyser momentanément ou définitivement les puissances inspiratrices, et lorsqu'il n'y a pas complication de la compression du cordon, l'*asphyxie* sans différer autrement que par la cause, ne commence à se produire qu'après la naissance et dans le milieu atmosphérique, c'est l'espèce de mort apparente la plus grave ; les lésions du cerveau, dont elle est la conséquence, quoique n'ayant pas encore amené la suspension de l'action du cœur, sont souvent incompatibles avec la vie extra-utérine ; 4° enfin, l'*asphyxie par obstacle mécanique*, consécutive à l'accumulation de mucosités dans la bouche, le nez, les voies aériennes ; si l'on fait abstraction des vices de conformation par occlusion ou absence d'une portion des voies aériennes, c'est avec l'asphyxie par compression du cordon, l'espèce la moins grave, à raison de la nature des causes sous l'influence desquelles elles se produisent.

Il importe beaucoup de se faire autant que possible une idée exacte du temps pendant lequel l'enfant naissant peut vivre sans respirer. Disons d'abord que l'interruption de la respiration placentaire semble n'amener guère moins promptement la mort avant la naissance que le défaut de respiration pulmonaire après. En effet, dans la version et l'accouchement spontané ou artificiel par l'extrémité pelvienne où le tronc a traversé rapidement les parties de la mère, et où par conséquent le fœtus a eu à peine le temps de souffrir, si la tête est retenue dans le bassin et si la compression du cordon est assez forte pour y intercepter entièrement la circulation, le fœtus est très rarement extrait vivant après un retard de plus de quinze, vingt, trente minutes, trois quarts d'heure, bien qu'on n'ait pas exercé des tractions de nature à déterminer une lésion de la moelle allongée. Après la naissance, les chances de rappeler à la vie les enfants qui n'ont pas commencé à respirer au bout de dix, quinze, vingt minutes, sont extrêmement peu nombreuses, et à ne s'en rapporter qu'aux faits qui ont les caractères d'observation rigoureuse, trois quarts d'heure, une heure, sont des limites au-delà desquelles il n'y a plus rien à attendre. Les expériences faites sur les animaux naissants dans le but d'élucider la question, semblent même prouver que les derniers termes énoncés sont les produits d'observations inexactes. A la vérité, Haller dit qu'il résulte de ses expériences que les fœtus d'animaux retirés du sein de la mère, et laissés dans l'eau de l'amnios, peuvent y vivre plusieurs heures, mais qu'il n'en est plus de même si le fœtus a respiré; cependant un petit chien, qui avait fait une inspiration dans l'air, ayant été plongé dans de l'eau tiède, fut retiré vivant au bout d'une demi-heure. Dans les expériences de Buffon, une chienne attachée dans un baquet plein d'eau y mit bas deux petits, ils furent placés à l'instant dans du lait tiède sans qu'on les eût laissés respirer; ils en furent retirés bien vivants au bout d'une demi-heure. Après les avoir laissés respirer une demi-heure, on répéta l'épreuve pendant le même laps de temps, et ils furent retirés vivants; il en fut de même dans une troisième épreuve. Legallois, répétant les expériences de Buffon sur des lapins, a trouvé que ces animaux vivaient une demi-heure sous l'eau le premier jour, et qu'ils ne pouvaient y rester plus de seize minutes le cinquième. Mais M. Edwards a fait voir que ces faits généralisés consacraient une erreur, et que les nouveaux-nés de tous les animaux à sang chaud ne jouissent pas au même degré de la faculté de résister à l'asphyxie; ils se divisent sous ce rapport en deux classes : les uns naissant avec les paupières fermées (chien, chat, lapin, etc.), résistent pendant plus d'une demi-heure à la submersion ; ils se refroidissent promptement si on en abaisse la température autour d'eux et absorbent moins d'oxigène dans un temps donné. Les autres, parmi lesquels est l'homme, naissant les yeux ouverts, se comportent à peu près comme les adultes, c'est-à-dire qu'ils sont promptement asphyxiés quand leur respiration est suspendue ; ils jouissent déjà à leur naissance d'une température propre, résistent presque aussi bien que les adultes à un abaissement de température, absorbent plus d'oxigène en un temps donné et dégagent plus d'acide carbonique que les nouveaux-nés de l'autre classe. Mais les circonstances ne seraient plus les mêmes pour les fœtus humains dans le cas de naissance prématurée.

Indications. — Les chances de salut dépendent beaucoup de leur choix, de la manière et de la promptitude avec lesquelles elles sont remplies : c'est pour cela qu'on ne doit jamais négliger de préparer d'avance tous les objets nécessaires pour atteindre le but. Que faut-il penser du conseil, qui a compté beaucoup de partisans, et qui est encore suivi par des praticiens éclairés, d'attendre pour faire la section du cordon que la respiration s'établisse ? Qu'on suppose pour un moment qu'un nouveau-né chez lequel la respiration ne s'établit pas, conserve ses connexions avec l'utérus, sans que la circulation fœto-placentaire soit interrompue : dans cet état la condition essentielle à l'entretien de la vie fœtale subsistant, il n'y a pas de raison pour qu'il ne continue pas à vivre : si la mort apparente a été déterminée par la compression du cordon, celui-ci redevenu libre fait cesser l'asphyxie comme le ferait la respiration pulmonaire elle-même ; si, au contraire, la respiration ne s'établit pas parce qu'un obstacle mécanique s'oppose à l'introduction de l'air dans les poumons, ou parce qu'un défaut temporaire d'excitabilité des centres nerveux paralyse les muscles inspirateurs, la vie ne serait pas compromise alors même qu'on ne parviendrait qu'après un temps assez long à débarrasser l'entrée des voies aériennes ou à rendre au cerveau son activité. Malheureusement la condition essentielle pour que les choses se passent ainsi, fait tout-à-fait défaut, ou n'a qu'une durée très éphémère. En effet, pour peu que la mort apparente soit sérieuse, il y a un tel affaiblissement des pulsations artérielles dans le cordon, surtout du côté du placenta, qu'on peut à peine supposer qu'une petite quantité de sang le traverse : mais l'impulsion du cœur eût-elle conservé en grande partie sa force, que la respiration fœtale n'en serait pas moins presque immédiatement ou en très peu de temps complétement interrompue par les changements qu'entraînent dans la disposition des vaisseaux utéro-placentaires le retour de l'utérus sur lui-même, et par la compression et le décollement du placenta. Il faut donc renoncer à ce moyen illusoire qui a l'inconvénient de faire perdre un temps précieux, de laisser passer le moment où l'on peut tirer du sang par le cordon quand cette émission sanguine est avantageuse, de rendre plus difficile, dans cette position, l'emploi des autres moyens et d'effrayer la mère en la rendant témoin des efforts qu'on fait pour rappeler son enfant à la vie. Cela ne veut pas dire qu'il faille toujours mettre un empressement extraordinaire à couper le cordon ; s'il continue à battre avec force et vivacité, on peut attendre un moment pendant lequel on porte son attention du côté des narines et de la bouche ; le doigt introduit profondément dans cette dernière ouverture, entraîne les mucosités qui peuvent obstruer le pharynx et l'entrée des voies aériennes; et même lorsque le mucus ne s'oppose pas à l'introduction de l'air, à ce degré d'asphyxie, la présence du doigt à l'entrée du pharynx et dans le voisinage de la glotte suffit le plus souvent pour décider les muscles inspirateurs à entrer en action.

Mais pour peu que la respiration tarde à s'établir, si le nouveau-né a la face bleuâtre et gonflée, il faut se hâter de couper le cordon, et laisser sortir de deux à quatre cuillerées de sang; et le plus souvent pendant que le dégorgement s'opère, la respiration s'établit. Cet état, il est vrai, embrasse les cas les moins graves, c'est-à-dire ceux où les pulsations des artères ombilicales conservent encore de la force et de la fréquence et les membres de l'enfant de la fermeté; et bien que la respiration finirait souvent par s'établir spontanément, les bons effets de cette espèce de saignée ne sont pas moins certains. A un degré plus prononcé, et par conséquent plus grave, il s'échappe bien un flot de sang au moment de la section du cordon, mais les vaisseaux divisés cessent presque aussitôt d'en fournir, et il est rare qu'on puisse en obtenir une quantité suffisante en renouvelant la section, en exprimant à plusieurs reprises le cordon de l'ombilic vers le point divisé, en comprimant légèrement l'abdomen, en plongeant l'enfant dans un bain tiède; il faut, par conséquent, éviter de perdre du temps à exécuter ces manœuvres. L'application d'une sangsue derrière chaque oreille, alors même qu'on en aurait sous la main, entraîne la perte de trop de temps; mais on pourrait y avoir recours avec avantage, si la respiration s'établissait incomplètement ou montrait de la tendance à se suspendre, et que l'état de congestion persistât. M. P. Dubois et d'autres praticiens ont retiré dans ce cas de grands avantages de cette saignée locale.

Lorsque la respiration ne s'établit pas en laissant écouler une certaine quantité de sang par le cordon, ou si le cordon en fournit à peine, il faut se hâter d'avoir recours aux moyens qu'on emploie d'emblée quand l'enfant naît décoloré. A part les cas où cet état dépend déjà d'une hémorrhagie, d'une faiblesse congéniale, d'un défaut de développement, etc., loin d'y avoir danger, il y a avantage, quoiqu'à un degré moins prononcé que dans l'état de congestion apparente, à laisser écouler un peu de sang par le cordon. Nous avons fait voir qu'en passant dans le milieu atmosphérique, l'enfant se trouve en contact avec des excitants nouveaux pour lui, qui ne sont pas la cause essentielle de la première respiration, mais qui en sont fréquemment la cause déterminante, ainsi que des cris et mouvements auxquels il se livre.

Cette circonstance met sur la voie d'indications précises. Après l'avoir soustrait aux regards de la mère, on frictionne les tempes, le front, le pourtour du nez, la poitrine, le rachis, avec la main trempée dans l'eau de Cologne, de l'eau-de-vie, de l'alcool, du vinaigre, etc., ou bien avec un linge, une éponge, une brosse un peu rude; on titille la plante des pieds et la paume des mains ; on projette avec la bouche en forme de douches sur la poitrine, des gorgées de l'un des liquides désignés; on stimule l'intérieur de la bouche et des narines avec les barbes d'une plume sèches ou trempées dans du vinaigre, de l'eau-de-vie, etc. ; si l'on se servait de vinaigre radical ou d'ammoniaque, ils devraient être étendus d'eau ; de l'ail, de l'oignon écrasés, de la fumée d'allumettes soufrées peuvent être portées dans le même but sous le nez ; quelques flagellations sur les fesses avec la main, l'action de pincer entre le pouce et l'indicateur les téguments de la poitrine, produisent quelquefois plus d'effet que les autres moyens d'excitation ; on retire quelquefois de bons effets de pressions exercées sur la poitrine, de manière à simuler le jeu de la respiration. C'est dans le premier moment que les stimulations produisent le plus d'effet; aussi est-il avantageux de les porter promptement d'un point sur l'autre, et de varier les moyens propres à les produire ; et tout en les appliquant avec assez d'énergie, il faut prendre garde de les porter au point de nuire à une organisation encore aussi frêle. Pendant qu'on se livre à ces pratiques, il est très important que l'enfant soit tenu chaudement ; ce but est atteint en le tenant près d'un feu clair. S'il montrait de la tendance à se refroidir, on le plongerait dans un bain chaud, rendu excitant par l'addition de vin ou d'un autre liquide plus excitant. Avant de chercher à déterminer la valeur de l'insufflation pulmonaire, je veux seulement mentionner l'électricité employée pour exciter les contractions des muscles inspirateurs ; car, outre que M. Thillaye en a contesté l'efficacité, d'après de nombreuses expériences faites sur les animaux, elle ne pourrait guère être applicable que dans les établissements publics où l'on aurait sur-le-champ les appareils nécessaires. Je dois cependant ajouter que M. Leroy d'Étiolles dit avoir plusieurs fois asphyxié des animaux de même espèce et de même force ; et tandis que ceux qu'il abandonnait à eux-mêmes périssaient, ceux qu'il traitait par le galvanisme étaient sauvés. Il enfonçait entre la huitième et la neuvième côte, sur les côtés du corps, une aiguille courte et fine, qu'il suffisait de faire pénétrer de quelques lignes pour qu'elle rencontrât les attaches du diaphragme ; puis il établissait le courant avec une pile de vingt-cinq ou trente couples d'un pouce de diamètre ; aussitôt que le diaphragme se contractait, il se faisait une inspiration, pendant laquelle il interrompait le cercle et le rétablissait ensuite pour exciter une seconde inspiration ; le galvanisme appliqué ainsi, au lieu d'effets désordonnés, comme lorsqu'il est continu, provoquait une respiration régulière.

On a reproché à l'insufflation pulmonaire d'être dangereuse et peu efficace, et le premier de ces reproches a pris, il y a quelques années, assez de consistance pour jeter une véritable incertitude sur l'opportunité d'un moyen qui semblait n'avoir point trompé les espérances qu'on en avait conçues depuis longtemps, lorsque M. Leroy d'Étiolles est venu démontrer par une suite d'expériences que la distension artificielle des poumons du mouton causait, pour peu qu'elle fût forte, la rupture des vésicules pulmonaires et un emphysème interstitiel promptement fatal. Haller avait déjà reconnu que les poumons des divers animaux ne sont pas également faciles à rompre, et Bichat, qui avait fait la même remarque, ajoute que si l'impulsion n'est pas violente, il n'y a pas infiltration d'air. MM. Magendie et Duméril, rapporteurs du mémoire de M. Leroy, ont constaté que l'air, poussé avec beaucoup de force dans la trachée de fœtus et d'enfants, n'avait pas causé de rupture comme chez les adultes. M. Depaul vient de confirmer par une série d'expériences nombreuses et bien établies que, sur les nouveaux-nés qui n'ont pas respiré comme sur ceux qui ont respiré, il faut, pour produire la déchirure des vésicules pulmonaires, insuffler avec une force bien supérieure à celle qui est nécessaire pour obtenir leur simple dilatation, et agir, pour ainsi dire, avec l'intention d'arriver à ce résultat. On peut donc en toute sécurité avoir recours à l'insufflation pulmonaire, mais avec les ménagements que commandent les faits cités plus haut ; et ce n'est pas une recommandation superflue. Dans deux cas où l'insufflation avait été faite avec beaucoup de force et de persistance, Dugès a trouvé de l'air dans les gros vaisseaux de la poitrine et un emphysème interstitiel des poumons, qui, sur l'un des fœtus, s'étendait dans le médiastin antérieur.

Serait-il vrai que l'insufflation pulmonaire est peu efficace ? Les assertions des praticiens sont contradictoires à cet égard. Dans l'article du *Dictionnaire de médecine*, signé Desormeaux et P. Dubois, on lit la phrase suivante : « J'ai employé souvent l'insufflation de l'air, et je n'en ai pas retiré tout l'avantage qu'on en promet. Ce résultat de la pratique ne m'a pas étonné ; il m'a même semblé d'accord avec la théorie. » D'autres praticiens, qui ont également dû avoir de fréquentes occasions de l'expérimenter, en portent un jugement tout aussi peu favorable. Mais elle a aussi en sa faveur des témoignages fondés sur une grande expérience. En parlant du *tube laryngien* de Chaussier, Dugès ajoute : « Par ce moyen, me disait dernièrement madame Lachapelle, j'ai sauvé, tant à l'hospice que dans ma pratique particulière, plusieurs certaines d'enfants qui auraient infailliblement péri, comme périssaient presque tous les enfants asphyxiés avant que M. Chaussier nous eût fait connaître son tube. » Ce qui a empêché que l'insufflation fût généralement appréciée à sa juste valeur, c'est d'une part qu'en la pratiquant avec la bouche seule elle atteint trop incomplétement le but qu'on se propose, et de l'autre qu'on n'a recours au tube qu'après avoir constaté l'insuffisance des autres moyens, c'est-à-dire lorsqu'il s'est déjà écoulé un temps assez long depuis le moment de la naissance. Dans cette situation la mort n'est déjà que trop souvent réelle, et si elle n'est qu'apparente, il existe fréquemment des lésions des centres nerveux, incompatibles avec la persistance de la vie extra-utérine ou l'établissement de la respiration. Tout en se plaçant sur un terrain aussi désavantageux, on ne trouve pas moins des preuves nombreuses en faveur de l'efficacité de l'insufflation convenablement pratiquée. Même dans les cas où il existe des lésions des centres nerveux incompatibles avec l'acte spontané de la respiration et où les premiers moyens employés n'ont pas réussi, on parvient souvent, lorsque l'action du cœur n'est pas encore éteinte, à rendre ses pulsations plus fortes et plus fréquentes, à déterminer quelques mouvements d'inspiration, et même momentanément une respiration incomplète; il se fait un léger mouvement convulsif de la commissure des lèvres, le menton s'abaisse un peu, et la bouche s'entr'ouvre; et si les phénomènes ne s'arrêtent pas à ce degré, il se fait une espèce de sanglot étouffé, suivi de rares et faibles inspirations, suffisantes pour entretenir la vie pendant quelques instants, qui se suspendent dès qu'on cesse d'insuffler, et finissent par s'éteindre alors même qu'on continue. Dans un cas où la tête avait été fortement comprimée et où les symptômes de congestion étaient des plus prononcés, le cordon n'ayant fourni que deux cuillerées de sang, Dugès pratique l'insufflation : les battements du cœur et des artères ombilicales se rétablissent d'une manière sensible; il y a parfois quelques mouvements de la mâchoire inférieure et des ailes du nez, mais le thorax reste immobile. Il recommence sept à huit fois pendant six à huit minutes chaque fois; à chaque insufflation, réexcitation des organes circulatoires, et chute graduelle à chaque intermission. En frottant le thorax, il détermine un mouvement d'ampliation, mais sans entrée de l'air dans le poumon, et en excitant la plante des pieds, il sentait les jambes se fléchir et se rétracter fortement ; il ne fut pas moins impossible d'établir une inspiration spontanée, malgré les stimulants les plus directs pendant près d'une heure qu'il entretint la circulation. Dugès resta convaincu qu'un épanchement comprimait l'origine des nerfs pneumogastriques et la moelle allongée, et il trouva en effet une couche mince de sang noirâtre à la base du cerveau ; les fosses occipitales inférieures et la gouttière basilaire étaient remplies d'un sang noir visqueux, demi-coagulé en une couche épaisse environnant de toutes parts le cervelet, la moelle allongée. Mais les cas où il n'existe pas de lésions appréciables des centres nerveux, autres qu'une simple congestion, sont les plus nombreux, et l'on comprend que Dugès, madame Boivin et bien d'autres soient parvenus, à l'aide de l'insufflation, à rappeler à la vie, au bout d'une demi-heure, trois quarts d'heure, une heure même, des enfants sur lesquels les autres moyens étaient restés sans influence. M. Depaul a publié récemment, en faveur de l'insufflation, une dizaine d'observations concluantes, eu égard au temps écoulé et aux effets immédiats produits à chaque épreuve, quoique la respiration n'ait pu se soutenir dans tous les cas. En résumé, la conduite la plus sûre à tenir dans les cas de mort apparente, consiste à laisser saigner le cordon lorsque l'enfant présente l'aspect apoplectiforme ; si ce moyen est insuffisant ou inapplicable, et lorsque l'enfant est décoloré, il faut se hâter d'employer d'abord la méthode excitante, puis la respiration artificielle, si au bout de six à huit minutes les muscles inspirateurs ne se contractent pas. C'est à cette condition qu'elle peut rendre tous les services qu'on a droit d'en attendre, quoiqu'on ne doive pas encore désespérer de la voir couronnée de succès lorsqu'il s'est écoulé vingt, trente minutes, même trois quarts d'heure, une heure.

 Le procédé qui consiste à appliquer sa bouche sur celle de l'enfant après avoir fermé les narines est insuffisant et défectueux : il laisse difficilement pénétrer dans la trachée une quantité suffisante d'air, et l'estomac peut subir une distension assez grande pour refouler le diaphragme. Une sonde en gomme élastique et même la sonde ordinaire peut facilement être introduite dans le larynx ; mais il vaut mieux se servir du tube de Chaussier ; sa courbure est adaptée au but qu'on se propose, et le bourrelet circulaire garni d'éponge ou de peau de buffle, qu'il présente à quelque distance des deux ouvertures latérales, ferme assez exactement l'ouverture du larynx. Quoi qu'on en ait dit, son introduction n'offre pas de difficultés sérieuses, et le resserrement des mâchoires ne met jamais dans la nécessité de le remplacer par une sonde introduite par le nez. L'enfant étant placé de manière à avoir la poitrine plus élevée que le bassin, et la tête un peu renversée en arrière, on porte sur la langue jusqu'à l'entrée de la glotte, le doigt indicateur de la main gauche, le long duquel on fait avancer le tube qu'on tient de la main droite, comme une plume à écrire. Quand il est parvenu à l'entrée du larynx, on l'incline vers la commissure gauche des lèvres pour le faire passer sur le côté de l'épiglotte, qui du reste est trop peu développée pour gêner son introduction, et on le relève en le portant sur la ligne médiane. Pour s'assurer qu'il est dans le larynx et non dans l'œsophage, on soulève son extrémité en la portant à droite et à gauche, et l'on voit alors à travers la peau si le larynx marche avec elle ou s'il reste immobile. La plaque circulaire ne bouchant pas très exactement la glotte, on fait appuyer l'instrument contre l'œsophage, tandis que d'une main on ferme exactement la bouche et les narines; l'on pourrait presser à l'extérieur l'entrée du larynx sur la sonde si elle portait son ouverture à l'extrémité et non sur les côtés. L'air expiré paraissant réunir des conditions de pureté suffisantes, et les moyens à l'aide desquels on peut le remplacer par de l'air ordinaire entraînant des retards fort dangereux, le premier doit être préféré. Le danger de le pousser avec trop de force ne doit pas faire tomber dans l'excès opposé : introduit en trop petite quantité, il ne se répand que dans les principales divisions des bronches. Après une inspiration profonde, une expiration prolongée et soutenue suffit pour faire arriver l'air dans les vésicules pulmonaires; l'insufflation doit être intermittente comme la respiration ordinaire, et l'on en fait de huit à douze par minute. L'élasticité du poumon suffit pour l'expulsion de l'air insufflé; il est peut-être bon de la rendre plus complète par des pressions convenablement exercées avec la main appliquée sur la poitrine. Il est souvent nécessaire de retirer de temps en temps le tube pour le débarrasser des mucosités qui l'obstruent ; lorsqu'elles paraissent abondantes et qu'elles donnent lieu à du gargouillement, on fait quelques aspirations et l'on retire le tube. Quelquefois après deux ou trois insufflations la respiration s'établit franchement, l'enfant crie et remue bientôt. Mais le plus souvent les choses ne se passent pas ainsi. Lorsque l'enfant ne doit pas être rappelé à la vie ou seulement ranimé incomplétement et momentanément, les bons effets de l'insufflation ne tardent pas, à la vérité, à se faire sentir par quelques mouvements des ailes du nez, des lèvres, du diaphragme, et par de l'accélération et de la force dans les battements du cœur ; mais si, au bout de huit à dix minutes, on ne voit rien de semblable, on doit perdre à peu près tout espoir. L'enfant est également presque inévitablement condamné à périr lorsqu'on ne détermine que des inspirations incomplètes et lentes, qui se suspendent lorsqu'on cesse l'insufflation et se reproduisent d'une manière plus incomplète encore lorsqu'on la reprend. Au contraire les chances de salut sont nombreuses, quoique le retour à la santé s'opère lentement lorsque les inspirations et les battements du cœur prennent progressivement de la force et de la fréquence. Dès que la respiration devient régulière et moins rare, on essaie si on peut suspendre l'insufflation; elle doit quelquefois être continuée assez longtemps. Il faut en même temps prévenir le refroidissement, et renouveler de temps en temps les excitations cutanées.

D. Diverses autres lésions déterminées par la compression du fœtus pendant l'accouchement. — Je rapproche les unes des autres des lésions diverses qui ont une origine commune, savoir l'accouchement, et qui à ce titre constituent avec la *mort apparente*, à laquelle plusieurs sont intimement liés, un groupe d'états morbides particuliers.

1. *Épanchement sanguin dans la cavité du crâne et congestion cérébrale.* — L'une ou l'autre de ces altérations isolément ou en même temps se rencontre assez souvent chez les enfants morts pendant le travail, immédiatement ou plusieurs heures, plusieurs jours après la naissance. A part le cas où il y a eu même temps fracture du crâne, il est extrêmement rare de rencontrer du sang épanché entre la dure-mère et les os; on le rencontre presque constamment dans la grande cavité de l'arachnoïde. Le sang épanché, tantôt fluide, noir, visqueux, et comme épaissi, tantôt entièrement coagulé, forme une couche assez étendue qui recouvre plus particulièrement la partie supérieure et postérieure des hémisphères du cerveau, le cervelet, la protubérance annulaire, la moelle allongée. Elle s'étend quelquefois en même temps sur toutes les parties que je viens de désigner, mais le plus souvent elle est limitée à la partie postérieure de l'un des hémisphères du cerveau, au cervelet ou à la moelle allongée; il est fort remarquable que l'épanchement ne se rencontre presque jamais à la partie antérieure du cerveau, ni dans les ventricules, ni dans la substance cérébrale. Mes observations sur ce point sont conformes à celles de Dugès et de M. Cruveilhier; le premier de ces auteurs a trouvé dans un cas, sous l'arachnoïde de l'hémisphère gauche, trois ou quatre taches de sang concret de la largeur du bout du doigt. Même dans les cas où l'épanchement coïncide avec une

fracture du crâne, il n'est pas commun de trouver un des sinus veineux ouvert. Néanmoins il n'est pas probable, quoique les vaisseaux du cerveau et de ses enveloppes portent le plus souvent des traces très prononcées de congestion, que l'épanchement se fasse par exhalation ; il est plus vraisemblable, bien qu'il soit le plus souvent impossible de constater le fait, que les changements de rapports déterminés par le rapprochement des sutures et la déformation du crâne entraînent la déchirure de quelques uns des vaisseaux grêles qui convergent vers les sinus. Sans qu'on ait observé des symptômes différents après la naissance, on ne trouve souvent qu'une plénitude des canaux veineux, une congestion très prononcée des vaisseaux capillaires, une couleur rouge de la substance corticale ; et quand l'enfant a vécu quelques jours, qu'il y ait simplement congestion ou épanchement, il existe fréquemment une certaine quantité de sérosité trouble ou rougeâtre, répandue autour de la masse encéphalique et dans les ventricules.

On se ferait une idée incomplète de la lésion des centres nerveux, alors même qu'on ne trouve rien au-delà de la congestion vasculaire, si on ne voyait dans cet état que les effets et la persistance de la congestion déterminée par la gêne de la circulation fœto-placentaire. Dans l'asphyxie intra-utérine déterminée par cette cause, il se fait à la vérité une stase simple dans les vaisseaux extérieurs et intérieurs de la tête, qui est la conséquence de l'asphyxie elle-même et de la gêne ou de la suspension de la circulation dans le cordon, qui force une plus grande quantité de sang à se porter dans les artères qui partent de la crosse de l'aorte. En effet, la veine cave inférieure se débarrassant de son contenu en le poussant vers l'aorte ascendante par le trou de *Botal*, et la veine cave supérieure ne pouvant se dégorger qu'en lui faisant suivre le même trajet, il s'accumule dans les artères céphaliques, puisque la compression des artères ombilicales entrave la circulation dans l'aorte descendante, le canal artériel, l'artère pulmonaire et le ventricule droit du cœur. Mais nous avons fait observer que la tête étant fortement comprimée de toutes parts, la congestion ne pouvait être portée très loin, et que l'apparence apoplectique déterminée par cette cause et par l'asphyxie disparaît presque instantanément dès que la respiration s'établit pleinement. Si elle persiste ou se reproduit, bien que la respiration se soit plus ou moins complétement établie, c'est que la compression, sans produire de désorganisation dans les centres nerveux, y a altéré, affaibli l'activité organique ; de là, la persistance de la stase dans ses vaisseaux, la tendance aux congestions actives ou passives, aux exhalations séreuses après la naissance. En attribuant plus particulièrement aux effets de la compression de la tête les épanchements sanguins dans la grande cavité de l'arachnoïde et la congestion du cerveau et de ses enveloppes chez les enfants qui succombent après avoir respiré et vécu quelque temps, je dois encore faire observer qu'il existe entre eux une différence étonnante sous le rapport des dangers que la compression de la tête pendant le travail leur fait courir. Tel enfant, faiblement constitué, résiste à une longue compression par les parties de la mère ou à l'action énergique et réitérée du forceps; tel autre fortement constitué, dont la tête n'a pas été très longtemps ou très fortement comprimée dans le bassin ou entre les cuillers du forceps, périt promptement ou ne jouit que d'une existence éphémère. Cette différence, dans les cas, bien entendu, où elle n'est pas le résultat de la compression du cordon, paraît dépendre du degré de développement du crâne. Lorsque les sutures sont rapprochées, peu mobiles et les os résistants, la compression peut être longue, énergique, sans trop de danger; tandis que dans les conditions opposées elle devient promptement funeste. L'on sait que les fœtus à terme présentent, sous le rapport du degré de développement des os du crâne, d'assez grandes différences; c'est en grande partie pour cela que le travail est fatal dans une si forte proportion aux enfants qui naissent prématurément, quoique la tête plus petite soit moins longtemps et moins fortement comprimée pendant l'expulsion, et qu'à degré égal de développement des os coïncidant avec une différence de volume dans la tête, il y a danger égal: aussi la mortalité est-elle plus grande pendant le travail chez les fœtus à terme volumineux que chez les autres, chez les garçons que chez les filles; une différence dans le volume de la tête à terme n'entraînant pas une différence dans le degré d'ossification des os.

Les symptômes sont le plus souvent d'abord vagues et obscurs: ils apparaissent le jour, le lendemain, et même le troisième ou quatrième jour de la naissance, et plus particulièrement chez les enfants nés dans un état de mort apparente qui ont pu être ranimés, chez ceux qui, quoique ayant d'abord respiré facilement, sont nés avec une déformation prononcée de la tête et après un travail long et pénible. C'est de l'agitation, de l'anxiété, de l'irrégularité et des embarras passagers de la respiration, des cris brefs et faibles, des grimaces et des mouvements singuliers, suivis d'immobilité, de la dilatation des pupilles, un strabisme momentané, un léger trismus, des rougeurs et des pâleurs alternatives de la face, la rétention du méconium. La maladie a pris un caractère plus déterminé dès qu'on voit survenir de la somnolence, une contraction continuelle des mains avec pronation forcée, inclinaison vers le bord cubital de l'avant-bras, roideur des doigts étendus sur la face palmaire du métacarpe; on remet sans éprouver de résistance les parties en place, mais elles reprennent de suite la disposition qu'elles affectent. L'enfant exerce quelquefois des mouvements de succion continuels et exagérés, et quand on lui présente le mamelon, il le serre outre mesure et ne sait pas en faire sortir du lait. On observe assez souvent une roideur prolongée des membres de l'un des côtés, mais presque jamais de l'hémiplégie; l'absence de paralysie est d'autant plus remarquable que l'épanchement sanguin semble assez abondant pour produire une compression du cerveau, qu'on ne supposerait pas pouvoir être éludée à un degré aussi prononcé par la disposition membraneuse des sutures. Tantôt les symptômes mentionnés plus haut s'aggravent, l'enfant pâlit, s'affaiblit et meurt au bout de quelques jours; tantôt ils cessent, et quand la maladie prend cette marche heureuse, c'est le plus souvent assez rapidement pour faire supposer qu'il n'y avait pas d'épanchement dans l'arachnoïde ou qu'il était peu abondant.

Les symptômes se présentent fréquemment sous la forme de mouvements convulsifs épileptiformes, tels qu'on les observe dans l'*éclampsie* des enfants, maladie assez commune dans les diverses phases de la première enfance, mais le plus souvent indépendante de lésions appréciables dans les centres nerveux. Mais lorsqu'elle se manifeste dans les premiers jours qui suivent la naissance, elle est presque constamment liée à un épanchement sanguin dans la cavité de l'arachnoïde ou à la congestion du cerveau par excès de compression. Aussi l'observe-t-on généralement dans les conditions que j'ai indiquées en commençant l'énumération des autres symptômes qui en sont alors comme les prodromes; elle est même assez souvent le premier phénomène morbide qui fixe sérieusement l'attention. Les accès sont généralement fréquents et prolongés, et la mort arrive promptement.

Le traitement actif se borne presque exclusivement à retirer du sang des vaisseaux du crâne, en appliquant une ou deux sangsues aux tempes, et de préférence derrière les oreilles, parce que le dégorgement se fait sur un point plus rapproché de l'épanchement et des parties le plus fortement congestionnées. Une sangsue serait insuffisante sans la facilité avec laquelle le sang continue à couler après sa chute, il vaut mieux cependant en appliquer deux, sauf à arrêter plus promptement l'écoulement, et il faut prendre les précautions nécessaires contre son retour. La saignée locale produit souvent une amélioration très marquée, et même quelquefois une prompte guérison, quoiqu'il se soit déjà manifesté quelques mouvements convulsifs éclamptiformes. On seconde l'effet de la saignée locale par des révulsifs chauds ou irritants portés sur les membres inférieurs; on favorise l'évacuation du méconium en faisant prendre à l'enfant du sirop purgatif, ou en lui injectant dans le rectum du liquide de même nature.

2. *Fractures du crâne.* — C'est un accident qui n'est pas rare, quoiqu'il n'ait pas fixé l'attention des auteurs autant qu'il le mérite. M. Danyau, qui vient de l'étudier, comme l'avaient fait avant lui Chaussier et Dugès sous le rapport de la *médecine légale*, en a recueilli quatre observations en une année à la Maison d'accouchements, et rappelle que des faits semblables ont été observés par Rœderer, Camper, Haller, W. Schmidt, Gœrg, Osiander, d'Outrepont, Carus, Siebold, etc. Sous le rapport de la fréquence, les fractures des pariétaux viennent en première ligne, les deux os sont quelquefois fracturés en même temps, celles du frontal en seconde, et celles de l'occipital, du temporal avec ou sans enfoncement en troisième. Elles se présentent sous la forme d'étoiles ou de lignes plus ou moins étendues, parallèles aux fibres osseuses ou irrégulières. Elles sont assez souvent accompagnées du décollement du péricrâne ou de la dure-mère, avec épanchement sanguin, quelquefois de ces deux enveloppes fibreuses en même temps; lorsqu'il n'y a pas de décollement, on n'en trouve pas moins en dedans et en dehors une ecchymose très prononcée. Ce n'est pas seulement dans les cas d'application du forceps, de rétrécissement du bassin, mais encore à la suite des accouchements spontanés les plus simples en apparence et dans les conditions ordinaires qu'on observe ces fractures. Les enfants chez lesquels on les trouve se sont ordinairement présentés par le crâne. Dugès cite un cas de fracture des pariétaux; j'ai vu une fois l'occipital fracturé au-dessus de sa protubérance, une autre fois la déchirure de la ligne fibro-cartilagineuse qui unit la partie large de l'os aux masses condyloïdiennes, chez des enfants amenés au dehors par l'extrémité pelvienne ; mais dans ces cas des tractions avaient été exercées pour dégager la tête. Lorsque le bassin est rétréci, c'est ordinairement contre l'angle sacro-vertébral que l'os se fracture, quelquefois contre un point de la paroi antérieure du bassin, comme le prouvent les fractures simultanées des deux pariétaux ou d'un pariétal d'un côté et d'un temporal de l'autre; dans les cas de rétrécissement, elles existent le plus souvent avec un enfoncement plus ou moins prononcé. Mais on tomberait dans l'erreur si l'on croyait que l'intervention d'une

saillie osseuse est nécessaire. Des exemples déjà nombreux prouvent que la tête déjà plongée en grande partie dans le bassin, au début du travail, peut éprouver pendant qu'elle traverse le détroit inférieur et les parties molles une compression suffisante pour déterminer une fracture sur divers points du crâne, sans même que la compression paraisse avoir été toujours très forte. C'est que la résistance du crâne offre chez les enfants nés sains et à terme de grandes différences : chez quelques uns les os, quoique normalement ossifiés, sont minces et flexibles ; une pression un peu forte avec les doigts y détermine une dépression avec craquement comme sur un parchemin épais ; chez d'autres, l'ossification est retardée et n'a envahi qu'incomplétement l'élément cartilagineux qui domine par place ; l'os est plus flexible, plus mou, mais ne crépite pas d'une manière aussi sensible. Une pression un peu forte et soutenue peut facilement déterminer une fracture avec enfoncement, et, sur les points où l'ossification est le moins avancée, un enfoncement sans fracture. Ce n'est pas toujours sur le point le plus comprimé et directement que le crâne se fracture, mais sur un point éloigné et plus faible ; M Danyau a signalé dans l'une de ses observations une fracture indirecte de la voûte orbitaire. C'est ainsi que doivent le plus souvent se produire les fêlures qu'on observe près du bord supérieur des pariétaux où ces os sont très sensiblement plus minces que dans le reste de leur étendue.

Par elles-mêmes les fractures de la voûte du crâne, au moins celles qui existent sans enfoncement, ont peu de gravité et passent sans doute le plus souvent inaperçues lorsqu'elles sont exemptes de complication. L'épanchement du sang entre la face externe de l'os fracturé et le péricrâne excepté, la dépression profonde, les épanchements sanguins entre la dure-mère et le crâne, dans la grande cavité de l'arachnoïde, l'effet morbide indéterminé produit par la compression des masses encéphaliques, sont accompagnés des symptômes décrits dans l'article qui précède, et réclament les mêmes moyens de traitement. Mais ces fractures sont loin d'être toujours compliquées d'épanchement sanguin abondant dans le crâne, et peuvent se produire sous une pression qui ne porte pas constamment une atteinte franche au cerveau. Un des enfants observés par M. Danyau, qui avait éprouvé une double fracture du pariétal en traversant un bassin rétréci, sans succomber, n'est mort que le dix-huitième jour à la suite du muguet. Les fractures avec enfoncement profond ne sont pas par elles-mêmes une cause de mort irrévocable ; l'enfoncement se relève par degré, et après dix ou quinze jours il en reste à peine des vestiges. Dugès a vu deux fois des enfants vivre et se bien porter malgré ces déformations ; l'un de ces enfants avait l'œil gauche presque hors de l'orbite, tant le frontal était déprimé, et il n'y eut pas de convulsions ni d'autres symptômes graves. L'autre, ramené par les pieds, à travers un bassin dont le grand diamètre était évalué à 3 pouces un quart, ne put d'abord être extrait à l'aide de tractions violentes sur la mâchoire inférieure et sur les épaules ; mais à peine furent-elles suspendues, que la tête sortit brusquement, chassée par les muscles abdominaux. Le pariétal gauche, qui avait passé devant l'angle sacro-vertébral, était enfoncé d'un demi-pouce de profondeur et dans une largeur d'environ 2 pouces. Deux ou trois cuillerées de sang furent retirées par le cordon, qui battait encore avec assez de force, quoique l'enfant fût dans un état de mort apparente ; il se ranima peu à peu, et ne tarda pas à crier et à rendre son méconium. Une heure après la naissance, bâillements continus, froncement de lèvres et torsion de la bouche vers le côté gauche; clôture spasmodique de l'œil droit, immobilité du gauche; roideur des mains; doigts étendus et écartés, le pouce seul fléchi ainsi que la dernière phalange d'un des index; roideur des bras et des jambes. Ces symptômes revenaient de dix en dix minutes. Deux sangsues sur la tempe et le pariétal gauches ont tiré beaucoup de sang, mais leurs piqûres ne saignent pas. Les convulsions ont continué le soir et la nuit en s'affaiblissant de plus en plus; le lendemain l'enfant buvait, il tétait le surlendemain, et la dépression s'est presque entièrement effacée en quinze jours.

3. *Céphalœmatome.* — On donne ce nom à une tumeur formée par du sang épanché entre les os du crâne et le péricrâne, siégeant habituellement sur l'un ou l'autre pariétal, et par extension aux autres tumeurs de même nature ayant leur siége sur les autres points du crâne du nouveau-né. Les accoucheurs français, n'ayant pas nettement distingué cette maladie de la tuméfaction séro-sanguine, ordinairement considérable lorsque l'expulsion est difficile et prolongée, développée sur l'extrémité occipito-pariétale qui s'avance la première, l'ont pour ainsi méconnue, tout en la mentionnant et posant les indications curatives qui lui conviennent. Les recherches nombreuses dont elle a été l'objet en Allemagne, depuis le commencement de ce siècle, sont aujourd'hui parfaitement connues en France, et je puis me borner à en donner ici sommairement l'histoire. Quoique son degré de fréquence ne puisse pas être établi d'une manière rigoureuse, on peut dire, avec M. P. Dubois, qu'elle est peu commune et qu'elle ne se rencontre guère qu'une fois sur quatre ou cinq cents accou-

chements, mais qu'elle doit passer quelquefois inaperçue : M. Nægelé en a vu 17 cas en vingt années de pratique, et Hœre 18 dans un espace de temps beaucoup moindre.

Caractères et variétés relatives au siège. — Il est hors de doute que le siège de prédilection et en quelque sorte spécial des tumeurs sanguines du crâne chez le nouveau-né est sur les pariétaux, entre l'os et le péricrâne, plus souvent à droite qu'à gauche, quelquefois des deux côtés en même temps ; c'est sur les parties postérieure et supérieure du pariétal que se fait l'épanchement, et comme il ne prend pas des dimensions très grandes, le décollement ne s'étend jamais sur l'os tout entier. Les exceptions relatives au siège sont assez rares pour que M. Nægelé, qui a fait connaître les résultats de ses premières observations en 1811, ait pu écrire à M. Velpeau, à la date du 29 mars 1834, que la tumeur ne se rencontre que sur l'os pariétal, mais jamais sur un autre os du crâne, que sa base ne dépasse jamais une des sutures, que le sang épanché est toujours entre le pariétal et le péricrâne. Toutes ces assertions comportent des exceptions ; il est démontré, d'après l'ensemble des faits, que tout en restant entre le crâne et le péricrâne, il a quelquefois son siège sur l'occipital, le temporal, le frontal, sur l'un de ces os et le pariétal en même temps. L'adhérence plus grande du péricrâne, au niveau des sutures, n'oppose pas une barrière absolument infranchissable, et le sang primitivement épanché sur le pariétal, continuant à s'extravaser, passe sur une portion de l'occipital ou sur le pariétal opposé ; mais le décollement se fait rarement dans toute l'étendue de la suture qui correspond à la tumeur, mais sur un point qui forme une espèce de pont. Au lieu de passer d'un os sur l'autre, il peut décoller le tissu fibreux qui unit les os et s'étendre entre leur face interne et la dure-mère. M. Ducrest m'a montré une pièce sur laquelle le péricrâne et la dure-mère avaient été séparés du pariétal dans une portion très étendue ; les deux tumeurs communiquaient largement vers le milieu de la suture bipariétale. L'épanchement qui survient sur le pariétal, entre l'os et le péricrâne, formant la principale des tumeurs sanguines du crâne chez le nouveau-né, celle sans laquelle les autres auraient à peine fixé l'attention, nous allons d'abord en indiquer les caractères. Elle est indolore, bien circonscrite, fluctuante, et n'offre, le plus souvent, aucune coloration qui la distingue des parties voisines ; tantôt elle apparaît du premier au quatrième jour après la naissance, tantôt elle existe au moment où l'enfant vient de naître ; elle s'accroît ordinairement pendant les premiers jours, s'élève et se tend en se remplissant davantage. Ce n'est pas qu'elle prenne un développement bien considérable, son volume varie entre celui d'une grosse noisette et un œuf de poule. Les pulsations signalées par quelques auteurs sont rares, et cessent bientôt dans les cas où elles ont existé au début. Le bourrelet circulaire de la circonférence manque souvent ou est peu appréciable et partiel. Le sang contenu dans la tumeur est fluide, noir; mais sa couleur paraît moins foncée au moment où se forme l'épanchement; il ne se réunit pas en caillot consistant, comme on le voit chez l'adulte à la suite de contusion ou dans le thrombus de la vulve, mais il prend par l'absorption de sa partie la plus fluide la consistance sirupeuse. La surface osseuse sur laquelle il repose est lisse, nullement altérée; la destruction de la lame externe seulement ou du reste de l'os qu'on a observé quelquefois, est consécutive à l'épanchement et le résultat de l'inflammation. La portion du péricrâne soulevée est également saine; elle s'épaissit consécutivement, et il s'y dépose souvent des particules osseuses; elle est beaucoup plus susceptible que l'os de s'ulcérer sur un point quand la tumeur devient le siége d'un travail éliminatoire. L'os, examiné plusieurs fois longtemps après la guérison, a été trouvé très sensiblement plus épais sur le point où s'était fait l'épanchement.

De ce que dans les tumeurs sanguines qu'on observe sur le crâne de quelques nouveaux-nés, le sang est généralement épanché entre l'os et le péricrâne, il ne s'ensuit pas qu'il ne puisse aussi l'être entre ce dernier et l'aponévrose crânienne ou les téguments. Quelques uns des faits allégués par M. Velpeau ne laissent pas de doute à cet égard. Après avoir cherché à prouver qu'une partie des tumeurs sanguines que Baudelocque avait vues se former par le ramollissement subit de la tuméfaction œdémateuse, étaient placées entre le péricrâne et l'aponévrose crânienne, M. P. Dubois ajoute : « A ces faits nous pourrions en joindre une foule d'autres; nous nous contenterons de dire que ces exemples d'épanchements sanguins, non seulement entre le péricrâne et l'aponévrose crânienne, mais entre celle-ci et le cuir chevelu, se sont assez souvent présentés à notre observation. » Pendant un travail long et pénible il a pu suivre les progrès d'une tumeur, qui, d'abord œdémateuse et résistant sous le doigt, comme dans les cas observés par Baudelocque, se ramollit tout-à-coup et offrit dès lors la fluctuation la plus évidente; elle disparut quelques jours après la naissance par résolution. Dans un cas de tumeur sanguine, occupant la partie postérieure du pariétal droit, la fontanelle et la partie voisine de l'occipital, formée à la suite d'un accouchement difficile, il lui a été aisé de reconnaître après la mort, déterminée par un érysipèle du cuir chevelu, que l'épanchement sanguin s'était fait entre la peau et l'aponévrose crânienne. Chez un enfant né après un travail pénible, qui succomba le troisième jour à des accès convulsifs, le même observateur trouva le tissu cellulaire sous-cutané du crâne infiltré de sang dans une grande étendue; presque au-dessus de la bosse pariétale droite, existait dans le même tissu cellulaire un épanchement sanguin; au-dessous de celui-ci, et en se rapprochant de la suture sagittale et de la fontanelle postérieure, existait un véritable céphalæmatome, c'est-à-dire un épanchement de sang au-dessous du péricrâne, lequel était complétement intact. Il est très vraisemblable que plusieurs des tumeurs sanguines qui se développent sur les points contus par une saillie du bassin ou par les bords de la cuiller du forceps, ont aussi leur siége entre le péricrâne et les téguments. Le *céphalæmatome sus-péricrânien* forme une tumeur moins régulière, moins bien circonscrite; mais il n'est pas sûr que la différence soit toujours bien tranchée, car le tissu lamelleux et filamenteux qui unit le péricrâne à l'aponévrose crânienne, et celle-ci au cuir chevelu, est assez serré; mais la présence des sutures ne s'oppose pas à l'extension de la tumeur. Une différence plus certaine est celle qui résulte de la coloration foncée de la peau qui la recouvre. Mais comme il n'est pas impossible qu'il se développe un *céphalæmatome sous-péricrânien* sous une tumeur séro-œdémateuse prononcée, les parois de la tumeur peuvent être ecchymosées dans les deux cas. On comprend maintenant que Feiler, Schaltz et Osiander aient pu avancer que les tumeurs céphalæmateuses se distinguent par une couleur prononcée de la peau. Le céphalæmatome *sus-péricrânien* n'expose pas, comme le *sous-péricrânien*, à l'altération, à la destruction de l'os: il est également bien plus susceptible de se terminer par la résolution, même dans un espace de temps très court.

L'épanchement sanguin, extrêmement rare d'ailleurs, formé entre le crâne et la dure-mère, dont quelques auteurs ont fait un *céphalæmatome interne*, doit être rapproché des épanchements sanguins de la grande cavité de l'arachnoïde, parce qu'il donne lieu aux mêmes phénomènes. Néanmoins je dois faire observer que lorsqu'il n'est pas le résultat de fractures, du décollement de la dure-mère par le croisement forcé des bords osseux au niveau des sutures, il semble reconnaître les mêmes causes. Dans le cas observé par Hœre, l'enfant, né à la suite d'un travail prompt et facile, resta après sa naissance dans un état de faiblesse et d'assoupissement dont il fut d'abord difficile, et plus tard tout-à-fait impossible de le faire sortir ; il succomba le quatrième jour. Le péricrâne était soulevé sur un point, un peu au-devant de la bosse pariétale droite, par une certaine quantité de sang noir et coagulé. La surface de l'os sur lequel reposait l'épanchement sanguin n'était ni érodée ni décolorée ; mais on apercevait une fissure qui environnait presque circulairement la collection sanguine. A la surface interne, derrière le point même qui recouvrait l'épanchement externe, on découvrit une tumeur sanguine de la grosseur d'un œuf de pigeon, placée entre la paroi osseuse et la dure-mère décollée. L'os était très mince dans cet endroit, et sa surface interne offrait une érosion remarquable et paraissait même en partie détruite près de la suture sagitale ; la fissure, qui intéressait toute l'épaisseur de l'os, existait à l'intérieur comme à l'extérieur. La tumeur avait produit à la surface du cerveau une dépression très notable, et la portion déprimée avait une consistance à peu près pultacée. Dans un cas, observé par M. Moreau, où la mort avait été précédée des mêmes symptômes de compression cérébrale, l'épanchement s'était fait à la surface interne du coronal droit, derrière la bosse coronale, et il occupait toute l'étendue comprise entre ce point et le plancher sus-orbitaire ; la portion d'os dénudée était exempte de toute lésion. M. P. Dubois, en faisant connaître ces observations, ajoute que M. Baron lui a parlé de plusieurs cas de *céphalœmatome interne*, et qu'il a presque toujours remarqué un épanchement sanguin extérieur correspondant à l'épanchement interne ; d'après M. P. Dubois, d'autres exemples de faits pathologiques analogues à ce dernier, existent dans la collection anatomique de l'hospice de Vienne.

Terminaisons. — Les tumeurs sanguines de la tête chez le nouveau-né, à raison du peu de développement qu'elles prennent et de la fluidité du sang qu'elles contiennent, sont le plus souvent susceptibles de se terminer par résolution : celles qui ont un petit volume disparaissent à peu près constamment et même dans un espace de temps assez court, surtout lorsque l'épanchement siège entre le péricrâne et les téguments. La tumeur diminue, s'affaisse, acquiert une consistance mollasse qui rend la fluctuation plus obscure, et la santé générale continue à être à l'état normal. Cependant, lorsqu'on voit la tumeur disparaître en trois ou quatre jours, il est rationnel de supposer qu'elle est formée par de la sérosité séro-sanguine, réunie au foyer dans une portion de la tuméfaction œdémateuse. Dans l'épanchement *sous-péricrânien*, il reste ordinairement pendant quelque temps un peu d'engorgement. Lorsque la tumeur sanguine est de volume moyen et au-dessus, la résolution se ferait attendre longtemps, si l'art n'intervenait pour évacuer le sang. Il peut arriver même, à une époque assez rapprochée du début, que les parois du foyer s'enflamment, et que la santé de l'enfant soit troublée. En général, la tumeur, après être restée stationnaire ou s'être affaissée, se tend, acquiert du volume, s'ulcère sur un point et laisse écouler un mélange de sang et de pus, puis le foyer se cicatrise. Mais les choses ne se passent pas toujours aussi heureusement. Dans plusieurs cas, l'os a été profondément altéré, même perforé; la suppuration ne se tarit pas, devient ichoreuse, entraîne des fragments d'os nécrosés; les enfants s'affaiblissent, quelques uns même succombent. Toutefois, avec la précaution d'ouvrir la tumeur, lorsque son volume fait supposer que la résolution ne peut avoir lieu qu'à la longue, la maladie se termine à peu près constamment par une guérison prompte. L'opinion contraire, émise par quelques auteurs, est fondée sur de fausses idées sur la nature de la maladie. Je ne sache pas qu'aucune des tumeurs qu'on observe plus tard sur la tête ait pour point de départ ces épanchements sanguins du premier âge de la vie.

Diagnostic. — Le céphalæmatome *sous-péricrânien* se distingue du *sus-péricrânien* en ce que celui-ci se forme le plus souvent par le ramollissement subit et l'accroissement d'une portion de la tumeur œdémateuse, en ce que la peau a une couleur foncée, particularité qu'on observe quelquefois dans le premier, en ce que, s'il s'est développé près de l'angle supérieur et postérieur du pariétal, il anticipe le plus souvent sur la portion voisine de l'occipital ou du pariétal du côté opposé. L'un et l'autre, situés à la place qu'occupe ordinairement la tuméfaction séro-sanguine formée pendant la période d'expulsion, prolongée et pénible (caput succedaneum), qui les cache quelquefois d'abord lorsqu'ils coexistent, s'en distinguent en ce que, au lieu d'une tumeur fluctuante, bien circonscrite, le plus souvent avec saillie annulaire et sans changement de couleur à la peau, on trouve sur la partie qui s'est présentée au vide du bassin une large tuméfaction régulière, mais moins bien circonscrite, d'une couleur violacée prononcée, rénitente, quoique conservant l'impression du doigt et sans fluctuation, toujours exempte de pulsations, et disparaissant en douze, vingt-quatre, quarante-huit heures. Je dois signaler le danger de prendre pour un céphalæmatome la hernie congéniale du cerveau ou du cervelet, qui se rencontre ordinairement sur le trajet des sutures ou des fontanelles, quelquefois en dehors entre les points primitifs d'ossification de l'un des os restés séparés, et qui forme une tumeur indolore sans changement de couleur à la peau, rénitente et non fluctuante, ordinairement pulsative, augmentant pendant les cris, les efforts, s'affaissant, disparaissant même en partie par une pression un peu forte et soutenue, sous l'influence de laquelle se développent des accidents cérébraux, somnolence, convulsions, etc. Les signes distinctifs, surtout ceux tirés de l'absence de la fluctuation, de la disposition de la tumeur à se réduire en partie sous la pression et à augmenter par les cris, sont si caractéristiques, que la hernie, fût-elle à la place ordinairement occupée par le céphalæmatome ou celui-ci sur une suture, animé de mouvements pulsatifs entouré d'une saillie annulaire propre à simuler la perforation de l'os, que le doute serait facilement levé et l'erreur évitée après un examen attentif. Il n'en serait plus de même d'un céphalæmatome accompagné de la destruction de l'os, ni d'une hernie congéniale du cerveau compliquée d'un épanchement de sérosité ; mais dans le dernier cas, le défaut d'ossification a une étendue qui donne à la tumeur un volume que n'ont jamais les tumeurs sanguines de la tête. Il n'est pas moins important de ne pas confondre avec le céphalæmatome les tumeurs érectiles, le cancer encéphaloïde, le fongus de la dure-mère ; mais ces tumeurs diffèrent tellement, que je dois me borner à appeler l'attention sur ce point en les mentionnant.

Étiologie.— Il est si naturel de rapporter le céphalæmatome à la rupture de quelques vaisseaux, déterminée par la pression exercée sur la tête du fœtus pendant son passage à travers le bassin, qu'il n'est pas même venu à la pensée des premiers observateurs de lui supposer une autre origine qu'à la tumeur séro-sanguine. Mais une connaissance plus exacte de la maladie a fait abandonner cette opinion, qui conserve bien peu de partisans aujourd'hui. En effet, il est difficile de ne point éprouver au moins des doutes en voyant que le céphalæmatome a surtout été observé après des accouchements faciles, pendant lesquels la tête du fœtus n'a pas éprouvé une pression bien prononcée : les exceptions se rapportent à des tumeurs sanguines qui diffèrent sous certains rapports du céphalæmatome ordinaire. La plupart des praticiens sont d'accord sur ce point ; Baudelocque avait déjà observé que, outre les tumeurs sanguines qui succèdent à un travail trop long, il en existe de semblables qui se forment, quoique la tête n'ait été ni pressée ni froissée dans le bassin, les femmes ayant fait à peine quelques efforts pour s'en délivrer. Bien plus, M. Nægelé a observé cet accident chez un enfant né par les pieds ; d'autres observateurs encore ont été témoins de faits semblables. Les causes substituées à la pression extérieure ont été cherchées dans des altérations morbides diverses : d'après Michælis, l'épanchement serait le résultat constant d'une maladie de l'os antérieure à la naissance, et le sang fourni par les vaisseaux du diploé ouverts par la destruction de la surface externe de l'os, d'où résulte le cercle dur qui environne la base de la tumeur. Stein et Siebold admettent comme cause productive de la maladie une disposition anormale des vaisseaux, quelque chose d'analogue aux *nævi materni*. Ces causes, si ce n'est dans quelques cas exceptionnels, ne sont pas seulement hypothétiques, mais erronées. L'altération de l'os, lorsqu'elle existe, est consécutive à l'épanchement ; le peu de gravité de la maladie et le développement régulier du crâne ne permettent pas de supposer qu'il existe une lésion organique développée pendant la gestation, dont l'extravasation sanguine ne serait que le symptôme le plus apparent. Si la pression extérieure doit être rejetée, il faut avouer que la cause prochaine ou éloignée du céphalæmatome reste ignorée. Cette conclusion n'est pas applicable à toutes les tumeurs sanguines qu'on observe sur la tête du nouveau-né : celles qui se développent sur les points du crâne qui ont été violemment comprimées contre les os du bassin ou entre les cuillers du forceps, que le sang s'épanche au-dessous ou au-dessus du péricrâne, ne diffèrent pas de celles qui se produisent dans les autres conditions de la vie à la suite de contusions. Mais restent les tumeurs sanguines auxquelles le nom de céphalæmatome a été plus particulièrement appliqué qui, se développant généralement sur un point du crâne qui correspond au vide du bassin, ne peuvent pas être le résultat d'une pression directe. De ce qu'elles se développent le plus souvent à la suite d'accouchements faciles, faut-il en conclure absolument qu'elles reconnaissent une cause différente de celle de la tuméfaction séro-sanguine ? C'est ce que nous allons examiner. Disons d'abord qu'il n'est pas douteux qu'elles ne soient le résultat d'une lésion produite par le passage de la tête à travers le bassin, soit que la tumeur apparaisse avant ou après la naissance. M. P. Dubois a parfaitement fait connaître les dispositions, faciles à constater sur les pariétaux, qu'affectent les vaisseaux des os du crâne sur le fœtus, par rapport à la dure-mère et au péricrâne. L'ossification étant encore incomplète, les filaments osseux qui partent des bosses pariétales comme d'un centre commun, en divergeant vers la circonférence, laissent entre eux de petites fentes longitudinales n'occupant pas toute la longueur ni toute l'épaisseur de l'os, converties par la dure-mère et le péricrâne en canaux et en cavités, comme spongieuses, abondamment remplies de sang, et communiquant directement avec les vaisseaux qui s'y rendent. De sorte que le moindre décollement de la dure-mère ou du péricrâne doit facilement favoriser un épanchement de sang. Ajoutons que les vaisseaux et les filaments fibreux qui unissent le péricrâne à l'os ne sont pas très résistants, et que la rupture d'un plus ou moins grand nombre de petits vaisseaux sur le point qui correspond au vide du bassin pendant l'expulsion, est un phénomène constant. On trouve toujours, même après l'accouchement le plus facile et le plus prompt, des traces d'ecchymose sur l'extrémité pariéto-occipitale qui s'est avancée la première; j'en ai même trouvé chez des enfants nés par l'extrémité pelvienne sur le même point, qui est soustrait à la pression exercée par le bassin. Il est extrêmement commun, quoique l'expulsion n'ait été ni lente ni difficile, de rencontrer, outre l'ecchymose, de petits foyers, des plaques plus ou moins étendues et minces de sang coagulé soulevant à peine le péricrâne. Si, dans les conditions ordinaires, il existe toujours sur la partie de la tête qui s'est avancée la première, une rupture de quelques uns des vaisseaux les plus grêles qui se rendent du crâne au péricrâne, et souvent un décollement partiel peu étendu, on ne doit pas s'étonner, à raison des différences que présentent l'adhérence même à l'état normal et l'impulsion du sang vers la tête, que la lésion ne soit quelquefois portée au point de donner naissance à des tumeurs sanguines, telles qu'on les observe dans le céphalæmatome ordinaire. Au moment où la tête est le plus fortement comprimée, c'est-à-dire si le bassin est bien conformé lorsqu'elle s'engage dans le détroit inférieur, les téguments de la portion qui est soustraite à la compression forment des plis saillants, plis qui ne peuvent se former qu'à la condition d'exercer des tiraillements sur le péricrâne, et comme celui-ci n'est pas comme le cuir chevelu uni aux parties sous-jacentes par un tissu cellulaire lâche, l'effort qui tend à le plisser aussi détermine bientôt la rupture de quelques uns des vaisseaux à leur embouchure sur la surface osseuse, et souvent le décollement d'une portion du péricrâne; dès lors l'épanchement sanguin peut se former d'autant plus facilement de suite ou après la naissance si l'expulsion est prompte, que la tumeur œdémateuse ne s'oppose pas à l'extravasation. Et voici comment : lorsque la tête est longtemps à traverser le détroit inférieur, la gouttière périnéale et la vulve, aux plis du cuir chevelu succède bientôt sur les points soustraits à la pression une tuméfaction œdémateuse qui les efface ; l'engorgement des vaisseaux et le liquide séro-sanguin infiltré dans le tissu cellulaire qui unit les téguments à l'aponévrose, exercent une tension égale sur le péricrâne et la portion du cuir chevelu soulevée, et comme cette tuméfaction persiste plusieurs jours, elle s'oppose avant et après la naissance, à la manière d'un appareil compressif, à la formation d'une tumeur sanguine entre l'os et le péricrâne, bien qu'il y ait quelques ruptures vasculaires ou un peu de décollement. Si les choses se passent ainsi, comme il est rationnel de l'admettre, on conçoit que le céphalæmatome soit plus commun après un accouchement facile qu'après un accouchement difficile. D'ailleurs, d'après les observations que nous avons citées, il n'est pas très rare de le voir coïncider avec une tuméfaction séro-sanguine très prononcée. Mais il est vrai qu'alors l'épanchement a ordinairement son siége entre les téguments et l'aponévrose crânienne; l'excès d'engorgement des vaisseaux ou les tiraillements qu'ils ont éprouvés par le soulèvement des téguments ont déterminé la rupture d'un plus ou moins grand nombre. Le développement plus fréquent de la tumeur après ou avant la naissance, son accroissement pendant les premiers jours, s'explique par la cessation de la compression de la tête, cessation qui rend l'afflux de sang plus facile que pendant la période d'expulsion, et par l'activité plus grande imprimée à la circulation par l'établissement de la respiration.

Indications.—La résolution peut être obtenue et doit être tentée lorsque la tumeur est peu volumineuse. Les moyens à l'aide desquels on la favorise sont assez peu actifs pour qu'il soit permis de supposer que les seules forces de l'organisme suffiraient souvent dans ce cas. Quoi qu'il en soit, on recouvre la tumeur de compresses ou de sachets imbibés d'eau vineuse, d'une infusion de plantes aromatiques, d'une solution de sel commun, d'acétate de plomb, d'hydrochlorate d'ammoniaque, etc.; dix, quinze jours suffisent ordinairement pour l'obtenir. Lorsque la tumeur est volumineuse, elle peut encore quelquefois se dissiper par résolution, mais il est préférable d'évacuer le sang épanché. Toutefois il faut attendre que la tumeur commence à s'affaisser; si on l'ouvrait de suite ou pendant qu'elle s'accroît, il pourrait survenir une hémorrhagie qui n'est plus à craindre après huit ou dix jours; mais si elle s'enflammait, que la peau devînt érysipélateuse, il ne faudrait pas tarder à l'ouvrir. On ne doit point suivre le conseil donné par quelques auteurs de provoquer son inflammation en la traversant par un séton, ou en appliquant sur son sommet un fragment de pierre à cautère. L'adhésion des surfaces décollées s'opère aussi bien après une incision simple, mais cette incision doit être assez étendue pour que le sang soit facilement évacué; on rapproche les bords sans les réunir, et l'on continue les applications résolutives. L'inflammation serait combattue par des applications émollientes ; et si la suppuration devenait fétide, que l'os fût altéré, de la charpie imbibée de liquides aromatiques ou toniques serait portée jusque dans le foyer, puis l'on favoriserait la séparation et la sortie des portions d'os exfoliées.

4. *Hémiplégie faciale.* — Dans les cas connus jusqu'à présent, la paralysie de la septième paire, chez l'enfant naissant, a été le résultat de l'action compressive du forceps sur ce nerf. Mais une situation de la tête telle que la région parotidienne fût fortement pressée contre une portion résistante du bassin pourrait également la produire. C'est tout récemment qu'elle a fixé pour la première fois l'attention ; toutefois elle avait déjà été signalée par quelques accoucheurs étrangers, par Kilian entre autres, comme une des lésions que peut produire le forceps. M. Vernois a consigné dans sa thèse (1837) un cas de paralysie bien limitée de la moitié gauche de la face chez un enfant de quatre jours, à la suite de la compression d'une des branches du forceps sur la région parotidienne pendant un accouchement laborieux. Mais c'est à M. P. Dubois que revient l'honneur d'en avoir fait bien connaître la nature et les caractères ; les faits d'après lesquels M. Landouzy (*thèse*, 1839) en a tracé l'histoire appartiennent à sa pratique, et ont plusieurs fois fait le sujet de ses leçons cliniques. Ces faits sont au nombre de quatre, et si on réfléchit qu'ils ont été recueillis dans un espace de temps assez court, on restera convaincu que ce n'est pas un accident extrêmement rare, et qu'il a dû passer assez souvent inaperçu ou être regardé comme le symptôme d'une lésion des centres nerveux. Ma pratique m'en a offert deux exemples dans deux cas d'application du forceps, rendue nécessaire pour le rétrécissement du diamètre sacro-pubien.

Nous devons seulement indiquer les caractères plus particulièrement propres à cette variété de l'hémiplégie faciale. Il existe une différence beaucoup moins tranchée entre les signes de la paralysie à l'état de repos et à l'état d'agitation de la face que chez l'adulte. Chez celui-ci, à l'état de repos complet, le défaut de symétrie de la face, quoiqu'à un degré moindre, persiste, et les traits sont tirés du côté sain, tandis que chez le nouveau-né, ce défaut de symétrie est à peine appréciable ou nul, et il ne reste, comme caractère tranché de la paralysie, que l'écartement des paupières du côté malade ; mais si l'œil du côté non paralysé est ouvert, il devient presque impossible, surtout sans être prévenu d'avance, de saisir une différence, si ce n'est dans la régularité et le degré d'écartement des paupières. L'enfant vient-il à crier, à bâiller ou à exercer des mouvements de succion, aussitôt les traits, surtout pendant les cris, sont bouleversés : tout un côté de la figure est entraîné vers l'autre ; la commissure des lèvres du côté sain est tirée en dehors et en haut, l'aile du nez du côté paralysé paraît immobile et moins ouverte. M. Landouzy a remarqué qu'il n'y a pas déviation de la luette ni de la langue, et que la sensibilité est conservée. La non-occlusion des paupières n'a entraîné, dans les cas observés, ni épiphora ni inflammation de la conjonctive oculaire. Au début, la succion est d'abord difficile, mais au bout de quelques jours l'enfant peut ordinairement prendre le sein. La différence entre les deux côtés de la figure devient de moins en moins prononcée à mesure que la paralysie diminue, et on ne l'observe plus qu'à un faible degré pendant les contractions exagérées. C'est, en général, dans l'espace de deux jours à six semaines que s'effectue la guérison complète.

Quoique la saillie de l'apophyse mastoïde et du conduit auditif soit peu prononcée, il ne semble pas moins impossible que le nerf facial soit comprimé à sa sortie du trou stylo-mastoïdien. C'est au-delà de la naissance de ses principales divisions, vers le bord antérieur de la parotide, que la compression doit porter, de manière à comprendre les branches qui se distribuent à la face et au crâne. Mais comme la place occupée par la cuiller et sa direction peuvent varier, on doit admettre la possibilité d'une paralysie bornée à l'orbiculaire des paupières ou à l'orbiculaire des lèvres, et d'une inégalité dans l'intensité de la paralysie étendue à tout un côté de la face. On conçoit de même que la paralysie puisse être double ; il est même étonnant qu'on ne l'ait point encore observée, la pression étant égale sur les deux côtés et portant souvent sur les mêmes points. Les lésions éprouvées par les branches du nerf doivent être rapportées à une espèce de contusion qui suspend temporairement l'influx nerveux.

La maladie, se terminant spontanément par le retour à la santé dans un laps de temps ordinairement très court, n'exige pas, au moins dans le principe, un traitement actif ; on se bornera à coucher l'enfant du côté opposé à la paralysie, à garantir l'œil ouvert d'une lumière vive ; il peut être nécessaire, pendant les premiers jours, de se servir du biberon pour alimenter l'enfant ; mais le plus souvent il ne tarde pas à pouvoir prendre le sein, si la paralysie faciale n'est pas compliquée d'une lésion des centres nerveux. Si la guérison se faisait attendre trop longtemps, on aurait recours à des applications résolutives, puis aux excitants, pommade ammoniacale, petits vésicatoires, galvanisme, etc.

5. *Paralysie du deltoïde.* — J'ai recueilli, il y a quelques

années, une observation de cette paralysie, dont je vais faire connaître les principaux traits. Peu de jours après la naissance d'un enfant fort et bien constitué, né après un travail assez long et assez pénible, la personne chargée de le soigner ayant remarqué une différence entre les deux membres supérieurs, me pria de l'examiner. Les deux bras étaient également développés; mais le droit était comme pendant et se tenait rapproché du tronc ; le moignon de l'épaule paraissait un peu affaissé et moins arrondi. Lorsqu'on élevait le bras, il retombait comme une masse inerte, et sous ce rapport il présentait une différence tranchée d'avec l'autre. Les mouvements de la main, de l'avant-bras, s'exerçaient librement, mais sans que le bras y prît part autrement qu'en se portant un peu en avant ou en arrière. Je crus d'abord à une paralysie congéniale du deltoïde, et ne prescrivis aucun traitement. Mais au bout de quinze à vingt jours l'harmonie dans l'aspect et les mouvements s'étant rétablie, je dus supposer que l'accident avait été déterminé par la compression du nerf axillaire contre l'humérus, dans le point où il s'accole à la face profonde du muscle deltoïde. En effet, le peu d'épaisseur du muscle à cette période de la vie rend possible une forte compression du nerf après sa réflexion ou de ses rameaux deltoïdiens entre l'humérus et un point de la paroi antérieure du bassin.

6. *Fractures du maxillaire inférieur, de la clavicule et des os des membres.* — Le corps du maxillaire inférieur a été plusieurs fois séparé dans sa symphyse ou fracturé sur d'autres points par des tractions violentes exercées à l'aide des doigts introduits dans la bouche. Après avoir réduit, s'il y a lieu, on appliquerait, pour prévenir une consolidation vicieuse, le bandage connu sous le nom de *fronde;* il peut tenir les fragments en rapport, tout en permettant l'introduction par cuillerées du lait destiné à nourrir l'enfant. La clavicule peut aussi être rompue en décroisant à contre-sens les bras relevés derrière la nuque; il faudrait se borner à remplir le creux de l'aisselle par un tampon de ouate, et maintenir le bras en repos sur le côté du tronc, le coude un peu relevé. Il est moins rare de fracturer le bras en le dégageant après la sortie du tronc ; le fémur a été aussi quelquefois fracturé ou séparé de ses épiphyses par des efforts mal dirigés, des tractions trop violentes. Un bandage roulé, des attelles de carton suffisent pour maintenir en contact les fragments de l'os réduit ; toutefois, pour le fémur, il faudrait employer de petites attelles minces et flexibles en bois ou en baleine, parce que le carton, sans cesse mouillé, n'offrirait pas une consistance suffisante. Ces diverses fractures sont consolidées au bout de quinze à vingt

jours. Aussi faut-il les surveiller attentivement dès les premiers jours pour prévenir les difformités qui résulteraient du rapport vicieux des fragments.

E. FAIBLESSE CONGÉNIALE ET ÉTABLISSEMENT INCOMPLET DE LA RESPIRATION. — La *faiblesse native* reconnaît des causes fort variables et se rapporte à des états morbides divers qui ont pour caractère commun, lorsque le nouveau-né est en possession de la vie extra-utérine, l'établissement incomplet de la respiration et les conséquences qui en découlent. Le mot de *faiblesse native*, ayant un sens vague et indéterminé et prêtant aux classifications arbitraires est peu scientifique, je m'en sers, comme je me suis servi de celui de *mort apparente*, parce que je me propose seulement de compléter d'une manière générale l'étude des états morbides primitifs et consécutifs qui mettent en danger la vie du nouveau-né, dès le début de la vie extra-utérine, et le font le plus souvent succomber.

On considère généralement comme étant dans un état de faiblesse *pathologique* native tous les nouveaux-nés dont les membres et le tronc sont grêles, la respiration incomplète, les cris à peine entendus, et qui, ne pouvant que très incomplètement téter, et retenir les boissons ou le lait qu'on leur fait prendre, semblent toujours prêts à expirer; et l'on rapproche le plus souvent de ceux-ci les enfants qui, quoique nés avec un développement régulier, sont dans un état de vie précaire après la naissance.

1° On range donc sous sous ce titre arbitraire, d'après les particularités qui peuvent être considérées comme les causes éloignées ou prochaines de la faiblesse native, de l'établissement incomplet de la respiration et des congestions pulmonaires, les enfants nés avant terme et à une époque où la viabilité est encore peu assurée. Si le besoin de respirer est à son maximum à l'époque de la maturité du fœtus, c'est-à-dire au moment de la naissance à terme, il n'est cependant pas en rapport direct avec le degré de son développement. Il existe déjà longtemps avant l'époque convenue de la viabilité: il se manifeste chez des fœtus expulsés vivants à cinq, à quatre mois et même un peu plus tôt; mais ces courts instants de vie extra-utérine ressemblent aux derniers moments d'une paisible et lente agonie. On sait que l'existence est très précaire, non seulement au terme légal de la viabilité, mais aux époques suivantes, pour peu qu'elles soient encore éloignées du terme naturel de l'accouchement. Mais, dans tous ces cas, c'est moins le besoin de respirer qui est en défaut que les forces qui sont à sa disposition: les vésicules restent affaisées sur des portions plus ou moins étendues du poumon, qui conservent les caractères que présente l'organe avant la naissance; et si l'enfant vit quelques jours, à cet état s'ajoute ordinairement l'engorgement des vaisseaux pulmonaires et des bronches. Pendant la vie il y a production moindre de calorique et tendance prononcée au refroidissement, à raison de l'évolution moins avancée des organes et de l'imperfection de la respiration.

2° Sont dans des conditions plus ou moins analogues aux précédentes les enfants qui, bien que nés à terme, sont débiles, ématiés, dont les membres sont comme décharnés, la figure sillonnée de rides, les yeux enfoncés. Ils se divisent en plusieurs catégories : les uns, et c'est le plus grand nombre, ne présentent aucune altération appréciable ni dans leur enveloppe fœtale, ni dans leurs propres organes. Les autres présentent des lésions graves, dont les plus communes sont du côté de l'œuf, des concrétions de consistance et d'aspect divers dans le placenta, t. 1, p. 407; du côté du fœtus, p. 434, des affections chroniques ou aiguës, pneumonie, pleurésie, péritonite, inflammation gastrointestinale, etc. Il est un assez grand nombre d'enfants peu développés et maigres, mais pas au degré que je viens de supposer, qui sont peu exposés à succomber après la naissance à l'imperfection de la respiration; mais ces enfants sont vivaces, agiles, crient bien et tettent. Il ne faudrait pas croire que tous les enfants qui naissent avec des altérations profondes, dans quelques uns de leurs organes, offrent la maigreur et la faiblesse générale dont nous venons de parler. On voit assez souvent le contraire dans les hydropisies congéniales, les vices de conformation des centres nerveux, etc.; les enfants qui en sont affectés meurent aussi le plus souvent par les poumons, lorsque la mort survient quelques heures, quelques jours après la naissance.

3° Des enfants forts et bien portants jusqu'au moment du travail de l'accouchement naissent dans un état de faiblesse en apparence native, qui aboutit fréquemment en peu de jours à la mort. Nous avons déjà eu à nous expliquer sur la nature des lésions qui déterminent pendant le travail la mort réelle et la mort apparente. Plusieurs de ceux qui ont été dans le dernier état, et qui ont pu être ranimés, et même de ceux qui ont d'abord respiré, quoique le travail eût été long et pénible, restent ou tombent dans un état précaire, et meurent fréquemment au bout de quelques heures ou de quelques jours. Même dans les cas où la compression exercée sur la tête pendant le travail a déterminé un épanchement sanguin dans la grande cavité de l'arachnoïde, ou une condensation, ou une contusion de la substance cérébrale, si la mort n'a pas été déterminée rapidement, des congestions pulmonaires et l'imperfection de la respiration viennent bientôt ajouter leurs effets à ceux de la lésion principale. Lorsque la compression, éprouvée par le cordon et par le fœtus lui-même, a déterminé pendant le travail des congestions dans les principaux organes, tels que les téguments, le cerveau, le poumon, le foie, le tube intestinal, etc., il arrive assez souvent que le sang perdu par le cordon et l'établissement de la respiration ne les dissipent que très incomplétement, et si celle du poumon persiste et s'accroît, un grand nombre de vésicules restent affaissées.

4° Les nouveaux-nés qui présentent l'une des conditions que je viens de caractériser, mais à des degrés moins prononcés, et chez lesquels la respiration s'est bien établie, même ceux qui sont convenablement développés et qui n'ont pas souffert pendant le travail, s'ils manquent de soins et s'ils sont exposés à un refroidissement prolongé après la naissance, comme cela arrive si souvent en hiver aux enfants abandonnés, les bronches et les vaisseaux des poumons s'engorgent chez un assez grand nombre, et les vésicules d'abord, développées, s'affaissent par degré : il y a retour du poumon à l'état fœtal.

Caractères anatomiques. — L'établissement incomplet de la respiration et ses principaux caractères ont été indiqués par Dugès, Billiard, Gœrg, etc., ce qui n'a pas empêché les auteurs récents de les confondre, ainsi que les congestions du poumon, avec la pneumonie, à laquelle ils les ont attribués. Ils viennent d'être étudiés avec beaucoup de soin sous le nom d'*état fœtal*, par MM. Legendre et Bailly (*Arch. gén. de méd.* 1844). En s'attachant à déterminer d'une manière rigoureuse les caractères spéciaux qui le différencient des autres affections avec lesquelles il a été confondu, ils sont arrivés à reconnaître que cet état, passé presque inaperçu comme essentialité morbide, domine tellement toute la pathologie du poumon dans la première enfance, qu'elle constitue l'élément le plus général, la forme la plus constante des lésions variées que présentent à cet âge les affections pulmonaires. Mes observations, restreintes à la période la plus rapprochée de la naissance, sont conformes à celles de ces auteurs. Les portions de poumon qui n'ont pas respiré ou qui sont revenues à l'état antérieur après avoir été aérées, présentent des différences assez grandes, suivant que l'affaissement des vésicules est simple ou accompagné d'une congestion prononcée des vaisseaux pulmonaire avec ou sans engouement des bronches. Dans le premier état, à part un peu plus de sang dans les vaisseaux et le mélange de parties aérées, le poumon, dans ses portions affectées, a exactement les mêmes caractères qu'avant la naissance, c'est-à-dire qu'il est privé d'air non crépitant, charnu, souple, flasque, consistant, d'un rouge foncé ou violet; sa coupe est lisse, nette, et laisse apercevoir les interstices cellulaires, les vaisseaux, les bronches, et la pression en fait suinter un peu de sérosité sanguinolente. La persistance ou le retour de l'état fœtal du poumon, à la période de la vie extra-utérine où je l'étudie, ne se présente guère à l'état de simplicité que chez les enfants qui ont succombé peu de temps après la naissance sans que la gêne de la respiration ait été la cause principale de la mort. On voit assez souvent alors que les lobules les plus rapprochées des grosses divisions bronchiques sont aérés, tandis qu'une plus ou moins grande partie de ceux qui en sont le plus éloignés sont compactes et affaissés. Les parties aérées, non aérées ou incomplétement aérées sont ainsi disséminées dans les deux poumons, sans être masquées par des congestions sanguines ou séro-sanguines.

Mais, lorsque la mort est déterminée par l'état des poumons, surtout si l'enfant a vécu plusieurs jours, une ou deux semaines, il existe presque toujours en même temps des congestions pulmonaires plus ou moins prononcées, qui déterminent l'affaissement des vésicules ou s'opposent, si elles précèdent la respiration, à l'aérification des portions des poumons qu'elles envahissent d'abord, c'est-à-dire ordinairement la base et le bord postérieur. Au lieu de lobules ou de groupes de lobules indurés, comme carnifiés, disséminés çà et là au milieu du tissu aéré à l'état normal ou peu congestionné, on trouve les poumons ordinairement pris en masse dans une grande étendue; des lobes entiers sont affectés le plus souvent des deux côtés à peu près au même degré ou à des degrés inégaux. Les poumons, moins affaissés, envahissent un espace plus grand dans la cavité thoracique; leur couleur rouge violacée est très prononcée; les vaisseaux pulmonaires sont remplis et souvent distendus par du sang noir, dont une partie s'écoule spontanément à chaque incision, tandis qu'il en reste à l'état d'infiltration dans le tissu même du poumon. Billard a trouvé deux fois du sang réuni en foyer dans le tissu pulmonaire; ces foyers existaient dans les poumons chez un enfant né faible, et mort dix-huit heures après sa naissance, observé par M. Ollivier, d'Angers. La congestion des vaisseaux des poumons existe presque toujours avec celle du cœur, des gros vaisseaux veineux, du foie, etc. Quelquefois, au moins dans quelques portions, une infiltration séreuse semble prédominer; mais il est plus commun de rencontrer les divisions bronchiques remplies de mucosités, comme dans le catarrhe; dans le dernier cas, les parties affectées offrent quelque ressemblance avec celle de l'hépatisation grise. Lorsque les poumons ont été fortement congestionnés, que leurs vésicules aériennes soient restées affaissées ou qu'elles l'aient été secondairement, ils présentent une certaine dureté, leur consistance est sensiblement diminuée, et leur parenchyme se réduit assez facilement en une espèce de pulpe organique; mais la coupe présente toujours un aspect lisse, qui laisse apercevoir les différents éléments anatomiques. Ainsi la congestion qui se lie comme effet ou cause à l'imperméabilité des vésicules pulmonaires, lui est tantôt consécutive, tantôt antérieure. Y a-t-il faiblesse native, ou le cerveau a-t-il subi pendant le travail une compression ou une condensation de sa substance, d'où résulte dans l'un et l'autre cas, comme de l'inertie dans le poumon et dans les muscles inspirateurs à raison de l'activité plus grande qu'ils ont à déployer, l'air n'arrive que dans les vésicules où il a le plus facilement accès, et le poumon reste à l'état fœtal dans les autres points; un cinquième, le tiers, la moitié de l'organe n'est pas employé à respirer. Une respiration aussi incomplète est bientôt accompagnée d'engorgement des vaisseaux; les vésicules des parties aérées, pressées de dehors en dedans, s'affaissent par degré, et le champ de la respiration se réduit jusqu'à ce qu'il ne puisse plus suffire à entretenir la vie. La congestion est aussi ordinairement consécutive, lorsque la difficulté de l'accès de l'air est déterminée par des mucosités, dans les divisions bronchiques, qui sont difficilement expulsées, soit à raison de la faiblesse de l'enfant, soit à raison de leur nature catarrhale, si elles sont le résultat d'une bronchite contractée peu de temps après la naissance. Mais la congestion pulmonaire est antérieure à l'imperméabilité des vésicules lorsque, par la compression du cordon, de la tête ou d'autres parties, l'enfant présente en naissant à un degré plus ou moins prononcé les caractères de l'asphyxie intra-utérine ou de l'état apoplectique. L'air ne pénètre que dans les parties les moins engorgées, et si le sang perdu par le cordon et l'établissement de cette respiration incomplète ne font pas disparaître la congestion, une partie des vésicules dilatées finit par s'affaisser. La persistance ou le retour du poumon à l'état fœtal, suivi ou précédé de congestions pulmonaires auxquelles il est généralement associé, forme ainsi un état morbide complexe, qui n'est pas lui-même primitif, mais qui n'est pas moins, quoique secondaire dans tous les éléments qui le composent, la cause ordinaire de la mort, lorsqu'elle survient quelques heures ou quelques jours après la naissance, et même à une époque moins rapprochée. Il est consécutif à une imperfection de développement du fœtus ou à des lésions diverses survenues pendant la gestation ou l'accouchement, souvent incompatibles, à la vérité, avec une existence prolongée ; mais il n'est pas moins vrai que l'état des poumons détermine le plus souvent la mort, avant qu'elles soient arrivées à compromettre l'existence, et qu'un assez grand nombre de ces enfants pourraient être sauvés, lorsqu'elles sont d'un ordre moins grave et susceptibles de guérison.

Les caractères qui viennent d'être assignés à l'état fœtal simple ou combiné avec la congestion pulmonaire, un catarrhe bronchique, sont précisément ceux qui ont été attribués, de nos jours, à la pneumonie chez le nouveau-né, et plus particulièrement à la pneumonie lobulaire. C'est que nous admettons, avec MM. Legendre et Bailly, qu'ils n'appartiennent point à l'inflammation du poumon. Les expériences tirées de l'insufflation me paraissent décisives ; et ils ont constamment obtenu le retour à l'état physiologique des portions affectées, tandis qu'ils n'ont rien observé de semblable dans l'hépatisation franche. Il serait du reste fort étrange que l'inflammation du parenchyme pulmonaire ne se présentât pas chez le nouveau-né, même aux époques les plus rapprochées de la naissance, avec ses caractères pathognomoniques. Or, quoique peu commune, elle a été observée assez souvent par différents praticiens pour qu'il ne reste pas de doutes. C'est certainement avec les pièces sous les yeux que Dugès en a donné une description qui se rapproche beaucoup de ce qu'on observe chez l'adulte. « Le poumon est compacte, solide, dur en tout ou en partie. Je ne crois pas avoir trouvé plus d'une fois cette compacité sans traces de pleurésie. Il faut bien se garder de prendre pour compacité péripneumonique l'état du poumon de quelques nouveaux-nés débiles, chez lesquels la respiration ne s'est point complétement établie. Les poumons étaient violacés, privés d'air dans une partie de leur étendue, dans un lobe, rarement dans toutes leurs parties, gagnant le fond de l'eau, compactes enfin, mais *flasques, mous, flexibles, coriaces, et ne remplissant qu'incomplétement le côté correspondant du thorax.* Quand un seul lobe était maléficié, c'était ordinairement l'inférieur ; il en est de même pour la pneumonie, quoique la totalité soit plus souvent envahie ; mais, du reste, quelle différence ! *poumon gonflé, dur, facile à couper, à déchirer et à écraser* entre les doigts ; violacé, ou bien rouge-jaunâtre, gorgé de sucs et de mucosités ; quelquefois contenant encore quelques bulles d'air. » Ces différences ont été établies d'une manière encore plus exacte et plus complète par MM. Legendre et Bailly, en opposant chaque propriété assignée à l'état fœtal à celle qui lui correspond dans la pneumonie.

Diagnostic. — Quand l'état fœtal simple ou combiné avec la congestion pulmonaire est disséminé, peu étendu, lobulaire, les symptômes sont peu prononcés et difficiles à reconnaître; si on en soupçonne l'existence à un peu de gêne de la respiration, à des inspirations incomplètes et plus fréquentes, ce n'est pas par des signes positifs, mais parce que l'enfant se trouve dans les conditions où on l'observe le plus ordinairement. Mais lorsqu'il est étendu, qu'il occupe la plus grande partie d'un lobe, un lobe entier, il y a diminution de la sonorité, matité, diminution ou absence du bruit respiratoire, souffle voilé, et râles muqueux ou sous-crépitants, même en l'absence de l'inflammation catarrhale des bronches, qui, à raison de l'état de faiblesse de l'enfant, se débarrassent difficilement des mucosités qu'elles contiennent au moment de la naissance; la respiration est courte et fréquente, plus costale qu'abdominale. Si ces signes ne le séparent pas d'une manière franche de la pneumonie et du catarrhe pulmonaire, il n'en est pas de même des suivants : il y a absence de réaction fébrile, le pouls est petit, faible, peu fréquent, les extrémités et même les autres parties ont une tendance prononcée au refroidissement; l'enfant est comme engourdi, la face est pâle, elle présente quelquefois de légères traces d'asphyxie. Tandis que dans la pneumonie et le catarrhe intense, outre que les signes fournis par l'auscultation sont mieux dessinés et se rencontrent ordinairement d'un seul côté dans la première, la chaleur de la peau est augmentée, la face est colorée pendant la période de réaction, le pouls vif et fréquent; s'il devient petit et faible, c'est vers la fin, lorsque la maladie marche vers une terminaison fâcheuse.

Indications. — C'est dans l'hygiène qu'on doit choisir les moyens propres à prévenir et à combattre cet état. Les antiphlogistiques sont contre-indiqués; ils augmenteraient la faiblesse, favoriseraient les congestions passives du poumon, loin de les faire diminuer. Si la débilitation, au lieu d'être native ou le résultat d'altérations organiques développées pendant la grossesse, est le produit de la compression du cordon, de lésions éprouvées par les centres nerveux pendant le travail, et après la naissance d'une inflammation catarrhale des bronches, il est souvent utile que l'enfant perde d'abord un peu de sang. Mais ce moyen, dont nous avons précisé l'emploi en traitant de la *mort apparente* et des *épanchements sanguins* dans la cavité du crâne, est dirigé contre la cause; employé de nouveau plus tard, il deviendrait nuisible. Mais nous supposons, comme cela existe en effet le plus ordinairement, que l'enfant est dans l'une des autres conditions qui prédisposent à l'établissement incomplet de la respiration et aux congestions pulmonaires. Alors on doit, avant tout, s'appliquer à entretenir une chaleur douce et égale autour de lui, comme si l'on voulait le soumettre à une sorte d'incubation ; on l'entourera de ouate, de linges chauds et secs souvent renouvelés. La tendance au refroidissement sera combattue par la chaleur du lit de la mère, par la chaleur artificielle ; lorsque l'humidité et les soins de propreté exigent qu'on renouvelle ses langes, on profite de ces moments pour faire des frictions sèches, aromatiques, toniques, sur tout le corps; on le laissera peu de temps couché dans la même position. Il est évident qu'on ne peut pas employer les toniques à l'intérieur. C'est à peine, souvent, si la petite quantité de lait qu'il peut tirer du sein ou seulement prendre avec la cuiller ou le biberon peut être conservée. On juge assez sûrement si le mal fait des progrès ou rétrograde par le plus ou moins de peine qu'a l'enfant à prendre de la nourriture et à la conserver dans l'estomac.

F. VICES DE CONFORMATION. — L'histoire détaillée des vices de conformation du fœtus appartient à l'anatomie pathologique; quelques uns sont en même temps du domaine de la chirurgie. Parmi ces derniers, nous devons faire connaître ceux qui réclament immédiatement l'intervention de l'art, afin que les fonctions à l'établissement desquelles ils s'opposent puissent s'exercer. Nous donnerons également, autant qu'on peut le faire dans un tableau, une idée générale de leur nombre, de leur nature, de leur compatibilité ou incompatibilité avec la vie extra-utérine. Le tableau suivant, dressé par M. Devergie, d'après la classification de Breschet, me semble suffisamment atteindre ce but.

1er Ordre. AGÉNÈSES.	1er Genre. Agénésies.		
		Acéphalie	Non viables.
		Anencéphalie	Quelques uns ont vécu 20 jours.
		Hydropisie congéniale. 1º Celle des ventricules du cerveau, avec absence de quelques unes de ses parties	Mort avant ou à la naissance.
		2º Celle des ventricules du cerveau, avec développement complet de cet organe	Vie pendant un temps plus ou moins long.
		3º Celle de l'extérieur du cerveau complétement développée.	Viables.

VICES DE CONFORMATION DU NOUVEAU-NÉ.

1er Ordre. AGÉNÈSES.	**1er Genre. Agénésies.**	Aprosopie (absence de la face)...	Non viables.
		Atéloprosopie (imperforation de la face)...	Non viables.
		Absence : 1° des yeux, paupières, iris...	Viables.
		Bouche...	Non viables.
		Lèvres, langue, oreille externe.	Viables.
		2° De l'épiglotte, pénis, scrotum, testicules, vésicules séminales, utérus, vagin, quelques côtes. Quelques vertèbres, une partie d'un membre... Main, vessie...	Viables.
		3° OEsophage, estomac, foie, cœur, poumons...	Non viables.
		Cloison ventriculaire ou auriculaire du cœur, diaphragme.	Viables.
	2e Genre. Diesténasies.	*Défaut d'union des parties similaires; fissures sur la ligne médiane.*	
		Du crâne, avec encéphalocèle volumineux...	Non viables.
		— Avec encéphalocèle peu volumineux...	Viables.
		Spina bifida, avec hydrorachis, situé en haut de la colonne vertébrale.	Peu de jours de vie.
		— situé plus bas...	Quelq. mois et même 1 ou 2 ans.
		Des lèvres, os maxillaire, langue, voile du palais, vessie, verge, urètre, matrice, vagin...	Viables.
		De la ligne médiane de l'abdomen, avec hernie considérable des organes abdominaux...	Non viables.
		Exomphalie, avec hernie des organes abdominaux, et quelquefois des viscères thoraciques...	Non viables.
		Ces deux dernières monstruosités, avec déplacement peu considérable des viscères ou sans déplacement.	Viables.
		Extrophie...	Viables.
	3e Genre. Atrésies.	*Imperforations.*	
		De membrane pupillaire, Urètre. des paupières, Vagin. de la bouche, Matrice de l'anus...	Viables.
		de l'œsophage et des intestins...	Non viables.
	4e Genre. Symphisies.	*Réunion, confusion d'organes.*	
		Monopsie. Fusion plus ou moins complète des yeux...	Non viables.
		Des autres parties du corps.	Viables.
2e Ordre. HYPERGÉNÈSES.	...	Géant... Organes doubles ou accrus en nombre...	Viables.

3e Ordre. DIPHLOGÉNÈSES.	1er Genre. Par fusion.	Fœtus accolés par quelques points du corps............	Viables.
		Fœtus réunis avec fusion de parties...	
		Fœtus réunis par leurs parties supérieures et séparés par leurs parties inférieures............	
		Fœtus réunis par leurs parties inférieures et séparés par leurs parties supérieures..........	
	2e Genre. Pénétration.	L'un contenant l'autre { en partie... / en totalité...	Viables.
4e Ordre. HÉTÉROGÉNÈSES.		Fœtus extra-utérin............ Plus de trois fœtus nés à la fois....	Non viables.
		Albinos et chacrelats..........	Viables.
		Fœtus avec changement dans la situation ordinaire des organes, tous viables, excepté :	
		Fœtus avec ectopie du cœur, thoracique, avec fissure du sternum et hernie du cœur.......	Non viables.
		Fœtus avec ectopie du cœur céphalique............	

1° *Imperforation du rectum.* — Elle est constituée : 1° par l'imperforation de la peau au niveau de l'anus ; 2° par une cloison membraneuse, située un peu au-dessus du sphincter, et très probablement formée par le développement anormal du repli valvaire naturel qu'on observe sur ce point, développement qui, dans ses degrés inférieurs, forme des rétrécissements ; 3° par l'absence plus ou moins complète du rectum, qui se termine en cul-de-sac par le froncement circulaire de ses membranes, et qui adhère à la partie antérieure du sacrum, avec laquelle il contracte des adhérences plus ou moins solides. Dans cette variété, comme cela a toujours lieu dans la précédente, l'orifice anal peut coexister avec l'oblitération du rectum, circonstance qui ne permet pas de supposer, aussitôt après la naissance, l'existence de l'infirmité dont l'enfant est atteint ; et laisse l'accoucheur dans une sécurité qui peut devenir funeste. La partie de l'intestin située au-dessus de l'oblitération forme une poche qui n'est point encore considérablement développée chez l'enfant naissant, mais qui ne tarde pas à le devenir, à mesure que les matières intestinales, dont l'évacuation est impossible, viennent s'accumuler dans sa cavité.

Le plus souvent, dès le second, troisième ou quatrième jour, le ventre se tuméfie, devient douloureux, l'enfant crie, sa figure se grippe dès qu'on touche l'abdomen, et l'on ne tarde pas à voir apparaître des symptômes graves : vomissements de matière muqueuse ou bilieuse, puis de méconium délayé, gêne de la respiration, cris affaiblis, refroidissement des extrémités, petitesse du pouls ; lorsque le ventre a pris un développement considérable, on sent à travers sa paroi se dessiner les courbures du colon. La mort survient ordinairement après un temps assez court, et si l'opération n'est pratiquée qu'après l'apparition des symptômes graves, même dans les cas où elle est facile et exempte de dangers, l'enfant reste encore très exposé à périr quelques jours après.

Lorsque l'anus est fermé par la peau seule ou doublée d'une couche peu épaisse, l'opération est simple et facile. Un relief, une tache bleuâtre et une fluctuation obscure, indiquent le point où il faut enfoncer, dans la direction du rectum, jusqu'au siège du méconium, la pointe du bistouri ou du trois-quarts. Après avoir agrandi la ponction dans le sens antéro-postérieur et transversal, on excise les lambeaux, puis on y place une mèche de charpie, et l'on continue de panser ainsi jusqu'à cicatrisation.

L'opération est déjà moins facile quand l'intestin est fermé par une cloison située à quelque distance de l'anus resté ouvert; cette particularité expose en outre à opérer tardivement. Dans un cas, rapporté par S. Cooper, on ne s'aperçut de la difformité que le douzième jour, et l'enfant ne fut pas moins sauvé. Mais un retard, même beaucoup moins prolongé, accuse toujours un défaut d'attention peu ordinaire; l'absence de l'évacuation du méconium, malgré l'emploi d'un sirop purgatif, l'impossibilité de faire pénétrer une injection dans le rectum, doivent naturellement conduire à explorer l'anus au moyen du doigt ou d'une sonde dès le second ou troisième jour, et l'on peut le plus souvent constater par une espèce de fluctuation que l'obstacle est peu épais. On doit préférer le trois-quarts au bistouri, dont on peut cependant se servir en l'entourant d'une bandelette de linge. Une simple ponction a réussi assez souvent; mais il est arrivé aussi plusieurs fois que le méconium épaissi ne s'est pas écoulé ou ne s'est écoulé qu'en petite quantité, que du sang coagulé a fermé l'ouverture et a fait croire à des oblitérations étendues qui n'existaient pas. Il faut donc, pour peu que le méconium ne s'écoule pas librement et en abondance, pratiquer, à l'aide d'un bistouri boutonné, des débridements multiples lorsque la cloison forme une saillie prononcée; et dans le cas contraire, obtenir la dilatation à l'aide de mèches, porter des injections dans le rectum au moyen d'une grosse sonde, et l'on continue ensuite de panser avec des corps dilatants.

Dans le cas d'absence d'une partie plus ou moins étendue de la portion inférieure du rectum, l'opération qui consiste à aller à la recherche de l'intestin à travers les tissus qui le séparent de la surface cutanée, fort difficile et fort incertaine dans ses résultats, est cependant la seule applicable lorsque l'oblitération ne s'étend pas au-delà du tiers inférieur du rectum : il est très important de s'assurer de la position du cul-de-sac intestinal et à quelle distance il se trouve de la peau. Une sonde introduite dans le vagin ou la vessie peut donner des éclaircissements assez précis. S'il n'existe aucun indice d'anus ou d'intestin, on place le centre de l'incision à environ 22 mill. (10 lig.) de la pointe du coccyx; on incise la peau dans l'étendue de 34 mill. environ (15 lig.), puis successivement les diverses couches qui se présentent jusqu'à la profondeur d'un pouce ou deux, d'abord perpendiculairement; ensuite en inclinant par degré du côté du sacrum, afin de suivre le trajet du rectum et d'éviter la vessie, qui remplit en partie le bassin quand l'intestin manque. Dès que l'indicateur de la main gauche, qui sert de guide à l'instrument, reconnaît la saillie ou la fluctuation de l'organe distendu, on peut déterminer sur quel point il faut faire la ponction; puis on agrandit l'incision, et l'on panse comme il a été dit. Cette opération, qui a été fréquemment pratiquée, a rarement été suivie d'un succès complet, même lorsqu'on est parvenu dans le rectum sans léser la vessie ou le péritoine. La plupart des enfants qui échappent aux premiers accidents meurent ordinairement au bout de quelques mois. Si le nouveau canal, qui ne retient qu'incomplétement les matières liquides, ne se referme pas, il a au moins une tendance extrême à se resserrer, qu'il faut sans cesse combattre par des corps dilatants. Quelques enfants ont obtenu une guérison exempte d'infirmité; mais il est probable que l'intestin était à peu de distance du sphincter.

Lorsque l'oblitération s'étend sur la partie moyenne ou supérieure du rectum, il ne reste d'autres ressources que de laisser mourir l'enfant ou d'établir un anus artificiel aux dépens de l'S iliaque du côlon. Dans le procédé de Littre, qu'on suit ordinairement, on fait porter l'incision sur la fosse iliaque, et l'on divise le péritoine; ce procédé compte deux ou trois succès. Dans celui de Callisen, rappelé et appliqué avec succès par M. Amussat, pour un rétrécissement organique, on pénètre par le flanc pour atteindre le colon lombaire gauche, entre les deux feuillets de son repli mésentérique, sans ouvrir le péritoine. Mais cet avantage est plus que compensé par les difficultés de l'opération.

2° Les *anus recto-vaginal*, *recto-vulvaire*, *recto-vésical*, *recto-urétral*, sont des infirmités dégoûtantes qui, n'entraînant pas nécessairement la mort, n'exigent pas qu'on cherche à rétablir de suite l'anus dans sa position naturelle, quand l'opération est possible, et offre des chances rationnelles de succès.

3° Parmi les nombreux vices de conformation des organes génito-urinaires, ceux qui consistent dans l'absence complète de l'ouverture vulvaire de manière à fermer l'urètre, dans l'absence ou l'occlusion de celui-ci, dans l'un et l'autre sexe, sans que ce canal s'ouvre sur un autre point, à l'extérieur ou à l'intérieur, sont extrêmement rares, et peu de nouveaux-nés sont exposés à succomber à une rétention d'urine. Il serait facile de remédier à l'imperforation simple du prépuce, du méat urinaire, de la vulve; tandis que l'opération serait des plus difficiles si l'urètre manquait dans sa totalité ou dans la plus grande partie de son étendue, et l'on pourrait être conduit à faire la ponction de la vessie, et à prévenir la mort en établissant une fistule urinaire.

4° Je me borne à mentionner l'occlusion de l'entrée de la bouche, des narines par la peau ou la muqueuse; ce sont des vices de conformation extrêmement rares et auxquels il serait facile de remédier.

5° *Division congéniale des lèvres, de la voûte palatine, du voile du palais.* — Ces vices de conformation coïncident souvent chez le nouveau-né avec l'hydrocéphalie, l'anencéphalie ou l'acéphalie. Dans le *bec-de-lièvre*, si la division de la lèvre supérieure, quoique simple, est très profonde, si elle est double surtout, elle gêne considérablement la préhension du mamelon et la succion, et la difficulté est telle chez quelques enfants, qu'on est obligé de les élever à la cuiller. Quelques chirurgiens, et en particulier M. P. Dubois, veulent qu'on pratique l'opération de suite après la naissance; la plupart préfèrent attendre. Quant à la staphyloraphie, elle est impraticable à cette période de la vie. La déglutition des liquides chez les enfants affectés de la division de la voûte palatine est si difficile et si dangereuse, que l'enfant est quelquefois menacé de suffocation, quand les liquides qu'il avale se portent en dehors des voies de la déglutition. « L'enfant qui naît avec le voile du palais bifide, dit M. Roux, et alors même que chez lui la voûte palatine et les lèvres sont bien conformées, peut bien saisir le sein de sa mère ou d'une nourrice; mais, comme il ne peut faire le vide dans l'intérieur de sa bouche, il tette mal ou même ne tette pas du tout, surtout s'il est tenu dans la position horizontale: alors aussi la déglutition se fait d'une manière défectueuse. » M. Roux conseille de faire téter l'enfant en le tenant dans une position verticale, et en aidant au mécanisme de la succion par une douce pression sur le sein. On apporta un jour chez lui un enfant affecté d'une division du voile du palais et de la voûte palatine, que depuis huit jours on avait inutilement essayé de faire téter; il était réduit au marasme, et semblait devoir bientôt périr. Il lui fit boire de l'eau sucrée avec une petite cuiller en le tenant debout; il en but de cette manière un plein verre. On put dès lors l'allaiter artificiellement en prenant la même précaution, et l'enfant sortit bientôt de l'état de langueur et de dépérissement dans lequel il était tombé.

6° *Filet*. — Le repli fibro-muqueux qui fixe la portion libre de la langue à la face postérieure du maxillaire inférieur, qu'on appelle *frein* quand ses dimensions sont bien proportionnées, prend le nom de *filet* lorsqu'il est trop long d'avant en arrière ou trop court de haut en bas. Il en résulte, suivant le degré de ce développement anormal, de la difficulté ou l'impossibilité de téter. Porté à ce point, il est beaucoup moins commun qu'on ne pourrait le supposer d'après les habitudes prises par quelques accoucheurs, surtout par la plupart des sages-femmes qui le trouvent, non seulement chez tous les enfants qui ne tettent pas, mais encore chez une foule d'autres. Lorsqu'il est assez prononcé pour en nécessiter la section, il réunit presque toujours les deux caractères qui lui sont assignés : le frein de la langue est trop long d'avant en arrière en même temps qu'il est trop court de haut en bas. La pointe de la langue arrêtée contre la paroi inférieure de la bouche, reste dans ses divers mouvements derrière le rebord alvéolaire ou s'étend à peine au-delà, derrière ou entre les lèvres. Lorsque l'enfant crie avec force, on voit que la langue est bridée en bas et en avant par une cloison transparente qui l'empêche de se relever et de se porter en avant. Le doigt introduit dans la bouche ou le mamelon est mal saisi et lâché aussitôt ou après quelques efforts ordinairement suivis de cris.

L'opération qui consiste à lever cet obstacle est des plus simples : pendant que l'enfant est maintenu, la tête renversée en arrière, on soulève la langue avec un ou deux doigts de la main gauche, ou mieux avec une sonde cannelée, dont la plaque est fendue, tandis que l'autre, armée de ciseaux mousses, divise rapidement le filet avec la précaution de faire porter la section plus près de la paroi inférieure de la bouche que de la langue. Aucun soin ultérieur n'est nécessaire; l'adhésion des parties divisées est prévenue par leur rétraction et les mouvements de la langue. Quoiqu'il n'y ait pas à craindre une hémorrhagie sérieuse, lorsque la section ne porte que sur le filet et ne s'étend pas au-delà de l'angle qu'il forme en arrière, il ne faut pas moins, avant de quitter l'enfant, s'assurer, par un examen direct, parce que le sang est avalé et non craché, que tout l'écoulement a cessé. Dans les deux cas cités par J.-L. Petit, où les enfants auraient vraisemblablement succombé s'il ne leur avait porté secours, l'opération avait été mal faite. Ronhuysen, Dugès, ont été dans la nécessité de porter un caustique sur la plaie. S'il se manifestait une hémorrhagie inquiétante, on porterait sur le point qui fournit du sang, la tête d'un stylet chauffé à blanc. Un tampon fait au moyen d'une fourche de bois, longue d'un pouce, garni de linge, prenant un point d'appui contre la face interne de la symphyse maxillaire d'une part, embrassant de l'autre le sommet de la plaie, et maintenu en place par une petite bande passée en travers dans la bouche, ramenée, puis croisée au-dessous de la mâchoire et relevée au-dessus des oreilles pour être fixée au bonnet de l'enfant, a réussi à J.-L. Petit. La suffocation déterminée par le renversement de la langue dans le pharynx, à la suite de la section du filet, est un accident dont l'authenticité est restée douteuse, bien que J.-L. Petit prétende en avoir observé trois exemples. Dans un cas, il retira trois fois la langue du pharynx; mais à la quatrième, le petit malade mourut faute de secours. Il explique cet accident en supposant que, le frein une fois coupé, la langue devenue libre se relève et se dirige vers le gosier avec d'autant plus de facilité que l'enfant qui jusque là n'avait pu téter la suce avec une sorte de voracité. Certainement il n'est pas impossible que la langue puisse se renverser dans le haut du pharynx, de manière à fermer l'ouverture postérieure des fosses nasales, car un assez grand nombre d'enfants peuvent la faire avancer presque sur le menton; mais la section du filet ne faisant que mettre cet organe dans les conditions ordinaires, on ne voit pas comment les enfants y seraient plus prédisposés que les autres, et comment on n'observerait pas de temps en temps cet accident. J'ai vu plusieurs fois chez des nouveaux-nés qui ont succombé à des affections caractérisées par des mouvements convulsifs une tendance à la projection répétée de la plus grande partie de la langue hors de la bouche avec aberration de l'instinct de téter, c'est-à-dire succion de la langue, constriction comme spasmodique du mamelon sans en faire sortir de lait, mouvement de déglutition sans rien avaler; on conçoit que dans cet état où les mouvements instinctifs sont désordonnés, la langue puisse être renversée en arrière et poussée dans le pharynx.

SECTION II. — Allaitement et soins hygiéniques.

I. ALLAITEMENT — A. *Lactation*. — Je désigne par le dernier terme, avec la plupart des auteurs, la fonction qui consiste dans la sécrétion et l'excrétion du lait. Cette fonction présente cela de particulier, que l'excrétion ne s'opérant pas spontanément, comme dans les autres appareils de même nature, sous l'influence de la volonté sollicitée par le besoin ou des seules forces de l'organisme, la sécrétion est promptement tarie si elle n'est pas entretenue par l'*allaitement* ou des *traites* quotidiennes dans les espèces animales, dont le produit de la sécrétion de la glande mammaire est employé à l'alimentation.

1° La mamelle commence à entrer en activité et à préluder à la sécrétion du lait dès les premiers temps de la grossesse, mais ce n'est qu'après l'accouchement qu'elle s'établit complétement et d'une manière régulière. Nous avons fait connaître, t. i, p. 200, les phénomènes par lesquels la glande mammaire prélude à la lactation pendant la gestation, et t. ii, p. 589, ceux qui accompagnent son établissement après l'accouchement, et qui sont généralement caractérisés, surtout si l'allaitement n'est pas exercé, par un gonflement considérable des mamelles et une réaction fébrile. Mais nous n'avons pas encore indiqué les caractères du lait imparfait, désigné sous le nom de *colostrum*, qui existe dans les canaux lactifères en plus ou moins grande quantité, à la fin de la grossesse et jusqu'après la fièvre de lait, ni sa transformation en lait épuré. Immédiatement avant et après la parturition, le fluide que sécrètent les mamelles se présente sous la forme d'un liquide ressemblant à une eau de savon très légère, jaunâtre, visqueux, demi-transparent, d'une saveur fade et alcaline. Par le repos il se sépare en deux parties, une séreuse, et l'autre visqueuse qui forme à la surface une espèce de crème jaune épaisse, onctueuse, en plus forte proportion que dans le meilleur lait; elle fournit un beurre gras et ferme. Le liquide écrémé ou non se concrète sans former de coagulum, à la manière du blanc d'œuf par le feu, les acides, l'alcool, et non par la présure (*Parmentier* et *Deyeux*); traité par l'ammoniaque, il se prend tout entier en une masse visqueuse, tandis que le lait pur reste limpide (*Donné*); exposé à l'air, il s'aigrit et se putréfie avec rapidité. D'après M. Donné, au lieu de globules sphériques réguliers à bords noirs qui constituent le lait, il l'a trouvé formé de globules très petits, liés entre eux par une matière visqueuse, et se déplaçant par petites masses agglomérées; d'un certain nombre de véritables globules laiteux, mais irréguliers, disproportionnés entre eux; quelques uns ont plutôt l'apparence de gouttes oléagineuses; enfin, d'une troisième sorte de particules qui lui sont propres, et que l'auteur a désignées sous le nom de *corps granuleux*; ils paraissent formés d'une multitude de grains jaunâtres, demi-transparents, de forme et de volume différents, liés entre eux ou renfermés dans une enveloppe transparente. Cet état du colostrum, examiné au microscope, persiste presque sans altération jusqu'à la fin de la fièvre de lait : alors le liquide s'éclaircit, les corps granuleux diminuent de nombre, et les globules laiteux prennent une forme de mieux en mieux déterminée, en même temps qu'ils deviennent libres et indépendants les uns des autres. En général, les traces de la composition primitive du lait, quoiqu'il ait en apparence aussitôt après la fièvre de lait tous les caractères de ce liquide à l'état de pureté, n'ont pas encore complétement disparu à la fin du premier mois, mais elles sont déjà peu sensibles au bout de la première quinzaine.

2° Le lait, à l'état normal, est un liquide d'un blanc opaque, un peu plus pesant que l'eau, d'une odeur différente suivant les espèces, d'une saveur douce, légèrement sucrée et très agréable, que sécrètent les glandes mammaires des animaux mammifères femelles après la parturition, et qui constitue la nourriture de leurs petits. Au moment où il sort, il a une température d'environ 30° R. Le microscope y fait découvrir des globules ; il est alcalin, quelquefois déjà acide chez la vache. C'est une sorte d'émulsion composée d'une matière grasse, connue sous le nom de *beurre*, extrêmement divisée, et suspendue à l'état, de globules dans le *sérum*, contenant lui-même du *caséum*, matière azotée spontanément coagulable, du *sucre de lait*, quelques sels alcalins ou terreux en dissolution et de l'eau : tels sont les principes immédiats du lait. L'union de ces matières n'est pas tellement intime qu'elle persiste longtemps après que le lait est sorti de ses canaux. Par le repos, la matière grasse s'élève peu à peu à la surface, entraînant avec elle une certaine proportion de lait, et vient y former une couche épaisse d'un blanc jaunâtre, qu'on appelle la *crème*, et dont on peut par un simple effet mécanique, en l'agitant vivement, extraire complétement le beurre ; le lait, ainsi abandonné à lui-même, se divise en trois couches, la crème formée en grande partie de beurre, le lait blanc qui en contient encore beaucoup, le lait bleuâtre séreux qui n'offre plus cette saveur douce, ni ce toucher onctueux, et qui en contient beaucoup moins. Nous n'avons pas à suivre les changements ultérieurs et à entrer dans plus de détails sur les proportions et la composition chimique du lait.

Le lait n'offre au microscope que des globules sphériques, dont le volume varie depuis un point à peine apercevable jusqu'à 0,01 de millimètre environ. M. Donné a obtenu, par la filtration du lait, un liquide blanc opalin, riche en caséum et ne laissant apercevoir au microscope que quelques rares globules très petits, échappés à l'action du filtre qui retient tous les autres avec la crème, qu'ils semblent former entièrement; et comme les globules disparaissent en totalité par l'agitation de la crème ou du lait lui-même avec l'éther sulfurique, il en conclut qu'ils appartiennent tous à l'élément gras du lait, et non en partie au caséum. Mais M. Donné a reconnu, sur l'observation de M. Quevenne, qu'une petite partie du caséum n'est pas dissoute et se trouve à l'état de globulins extrêmement petits dans la partie inférieure du sérum filtré, qui se sépare en deux couches, l'une supérieure et transparente, l'autre inférieure et opaline, qui contient les globulins. Toute la matière grasse du lait ne se trouve pas suspendue dans le lait sous forme de globules. Une partie est à l'état de dissolution dans le sérum avec la plus grande partie de la matière caséeuse, le sucre de lait et les sels; car la partie séreuse, passant à travers le filtre, contient encore sensiblement de la matière grasse, quoiqu'il s'y trouve à peine quelques petits globulins : traitée par l'éther et étendue d'eau, elle laisse précipiter une certaine quantité d'huile qui n'est point en proportion avec la petite quantité de globules.

Bien que le lait soit toujours essentiellement formé des mêmes éléments, ces éléments offrent dans leur proportion d'assez grande différence, non seulement dans les différentes espèces d'individus, mais encore chez les mêmes individus à des époques rapprochées; le tableau suivant, emprunté à diverses analyses, va nous en donner une idée des différences relatives aux espèces de laits les plus employés, différences qui expriment leur plus ou moins de richesse en principes nutritifs.

	LAIT DE FEMME.	LAIT DE VACHE.	LAIT DE CHÈVRE.	LAIT D'ÂNESSE.
	Po. sp.	Po. sp.	Po. sp.	Po. sp.
	10250	10280	10360	10230
Beurre.	8,97	2,68	4,56	1,29
Sucre de lait.	1,20	5,68	9,12	6,29
Matière caséeuse.	1,93	8,95	4,38	1,95
Eau.	87,90	84,69	81,94	90,95

Les différences dans le nombre, le volume des globules ne suffisent pas pour faire distinguer les différents laits les uns des autres; tandis qu'avec de l'habitude, on les reconnaît assez bien à leur saveur, à leur odeur, à leur aspect extérieur; l'état aqueux, la teinte bleuâtre de celui d'ânesse est presque caractéristique; celui de la femme est moins opaque et moins blanc que celui de la vache ou de la chèvre, et la crème s'en sépare avec une promptitude remarquable. On donne comme signe annonçant qu'il a la consistance requise qu'une goutte déposée sur l'ongle ne s'en écoule point quand on tient le doigt horizontalement, et n'y demeure pas non plus adhérente lorsqu'on incline ce dernier.

3° Il n'est pas douteux que le travail organique spécial déterminé dans les mamelles, d'abord par la grossesse, ensuite par l'accouchement, que le consensus sympathique qui lie étroitement ces organes glanduleux à l'utérus, ne soient la cause excitante naturelle de la sécrétion laiteuse. Mais cette sécrétion établie cesserait bientôt, si l'excitation déterminée par la succion exercée par l'enfant ne se renouvelait pas incessamment et n'agissait pas continuellement sur les mamelles; cette cause a une telle action, qu'on l'a vue plusieurs fois déterminer la sécrétion laiteuse à des époques fort éloignées de l'accouchement, chez des femmes âgées, des filles impubères, même chez des hommes; et les personnes chez qui la sécrétion s'est ainsi exceptionnellement établie ont pu allaiter des enfants plusieurs mois. Ce n'est pas seulement sur la sécrétion du lait que la bouche de l'enfant a de l'influence, mais encore sur son excrétion, qui n'est pas aussi exclusivement mécanique qu'on pourrait le penser au premier abord. La turgescence des mamelles suffit quelquefois à elle seule pour faire jaillir le lait, ce qu'on a souvent l'occasion d'observer quand l'enfant quitte le sein, pendant qu'il tette d'un côté, même quand il ne fait qu'en approcher, mais surtout quand, titillant le mamelon de la langue et de ses lèvres, il y fait naître une sensation qui n'est pas sans volupté, une espèce d'érection; c'est alors que la femme sent le sein s'élever, se durcir, s'ériger en quelque sorte; c'est la *montée du lait* pour le vulgaire. Que cet état d'expansion vienne à cesser par l'effet d'une affection morale, de la pudeur, de la crainte, de la douleur, il peut y avoir effet contraire, constriction des canaux galactophores, rétention du lait déjà sécrété, en même temps que suspension de la sécrétion; c'est ainsi que certaines vaches inquiétées par la présence de personnes étrangères, retiennent leur lait, et qu'on en obtient l'excrétion soit par des manipulations particulières sur les mamelles, soit en plaçant leur veau près d'elles; c'est ainsi également que des nourrices timides ne peuvent parvenir, malgré leurs pressions, à faire jaillir leur lait en présence du médecin qui les examine; que d'autres ne donnent que peu de lait les premières fois qu'elles présentent le sein à un enfant étranger. L'expansion des mamelles peut être excitée par la chaleur d'un feu clair; l'imagination peut également la produire, comme lorsque le regard ou la pensée de la mère vient à se reporter sur son enfant. La cause qui l'excite le plus ordinairement est la plénitude du sein qui fait naître chez la femme, avec le besoin d'être tétée, le mouvement organique qui facilite l'excrétion du lait ; elle sent de temps en temps comme un mouvement d'ascension (de *montée de lait*), qui se porte de l'hypogastre aux seins ; c'est aussi l'indice que la sécrétion se fait avec plus d'abondance. La bouche de l'enfant appliquée au mamelon en détermine de suite la turgescence si elle n'existe déjà, et les lactifères versent le lait sous l'influence d'une légère succion. Le vide opéré par la bouche de l'enfant, quoique le plus souvent capable d'exercer une attraction très forte, n'est donc pas la seule cause de l'excrétion du lait, il s'y joint une action propre des conduits lactifères, en vertu de laquelle ils expulsent le liquide qu'ils contiennent, tandis qu'ils se remplissent de nouveau par une sécrétion plus active. L'alimentation de l'enfant serait fort mal assurée, et bientôt compromise, même en supposant la quantité de lait suffisante, s'il devait le faire sortir par la succion seule et sans le concours de l'action organique sur laquelle je viens d'insister.

4° La durée de la lactation, abstraction faite des causes accidentelles qui peuvent diminuer ou tarir la sécrétion laiteuse, est fort variable et de plus fort difficile à apprécier ; on manque même de données suffisantes pour établir un terme moyen ; cependant, le plus ordinairement vers dix-huit ou vingt mois, le lait diminue et perd de ses propriétés nutritives. D'après Boyssou, il augmenterait jusque vers le douzième mois, et deviendrait ensuite plus séreux. Mais il n'est pas rare de la voir se conserver pendant deux ans et plus sans que le lait subisse aucune altération dans ses qualités essentielles et son abondance. Il est même des femmes chez qui elle paraît se prolonger presque indéfiniment. Il est assez commun de voir des nourrices qui allaitent aisément trois enfants du même lait, ce qui suppose que la lactation a duré de trente à trente-six mois. Il y a des exemples de femmes qui ont allaité leurs enfants pendant quatre ans ; Désormeaux a vu une nourrice qui avait allaité plusieurs enfants successivement du même lait pendant plus de cinq ans ; il cite l'exemple d'une autre qui en aurait nourri en six ou sept ans successivement cinq enfants. D'un autre côté, il est commun de voir la sécrétion du lait s'établir régulièrement, souvent même avec une grande abondance, puis aller bientôt en diminuant progressivement, quelque chose qu'on fasse pour s'opposer à cette diminution, et se tarir enfin complétement six semaines, trois ou quatre mois après l'accouchement.

5° La quantité de lait sécrété dans les conditions normales, qui est généralement en rapport avec le développement des glandes mammaires, et aussi jusqu'à un certain point avec le plus ou moins de consommation faite par l'enfant, est également fort variable et fort difficile à apprécier. Quelques femmes ne peuvent ou peuvent à peine fournir la quantité de lait nécessaire à la nourriture d'un seul enfant; tandis que d'autres pourraient en allaiter deux sans les faire souffrir, et sans souffrir elles-mêmes. D'après Haller, on a évalué la quantité de lait fournie en un jour à une livre, une livre et demie, à deux et même trois, quatre pintes. La quantité de lait consommée par un bon nombre d'enfants élevés au biberon, rapprochée de la circonstance que beaucoup de mères ou de nourrices ont pendant quelque temps plus de lait que l'enfant n'en peut consommer, doit faire admettre que la femme est placée, sous le rapport de la quantité du lait qu'elle peut fournir, dans un rang élevé. En général, les femmes trop jeunes ou trop âgées, au-dessous de dix-huit et au-dessus de quarante ans, donnent du lait en moindre quantité; il est fréquemment moins abondant à un premier accouchement qu'aux suivants. On observe quelquefois le contraire, surtout chez les femmes qui ont la glande mammaire peu développée. Les femmes lymphatiques passent pour avoir un lait abondant, mais plus séreux et moins nourrissant. Sa quantité et sa richesse sont le plus ordinairement en rapport avec le degré de force et de développement de la constitution. Boyssou a observé que les enfants nourris par des femmes dont le lait a fourni un peu plus d'un gros de résidu sec par once, jouissaient tous d'une bonne santé; que l'enfant d'une nourrice dont le lait a donné un résidu au-dessous d'un gros par once, avait une très mauvaise santé, et que, changé de nourrice, il s'est parfaitement rétabli.

6° Lorsqu'on veut apprécier l'influence des diverses modifications extérieures et intérieures auxquelles la femme peut être soumise sur les qualités physiques et la proportion des principes constituants du lait, il ne faut pas perdre de vue qu'il est si peu stable, qu'il change à chaque instant sans cause appréciable. Parmentier et Deyeux se sont convaincus que le lait de femmes du même âge, ayant accouché en même temps et soumises aux mêmes influences, était toujours différent; que le lait d'une vache, tiré une seule fois en vingt-quatre heures, est moins abondant et plus riche en beurre que dans le cas où l'opération est répétée jusqu'à trois fois dans le même intervalle de temps; que, dans la même traite, le lait le premier tiré est constamment le plus séreux, tandis que le dernier se rapproche beaucoup de la crème;

que celui des deux trayons de derrière est aussi un peu plus abondant et plus riche en matière grasse ; enfin, que la traite du matin donne un lait de qualité supérieure à celui de la traite du soir, sans doute parce que le repos est favorable à l'élaboration de ce produit. Dans son travail sur le lait d'ânesse, M. Péligot a constaté aussi l'inégale richesse du lait de la même traite : partagé en trois parties, le premier tiré est le plus aqueux et le plus pauvre ; le second est déjà plus riche, et le troisième est en grande partie formé de crème ; mais il a vu que le lait est d'autant plus pauvre qu'on a mis plus de distance entre les traites : après une heure la proportion d'éléments solides s'élevait à 11,66 pour 100 ; après un intervalle de six heures, elle n'était plus que de 9,52 ; et si l'on attendait vingt-quatre heures, on le trouvait descendu à 8,52. Comme chez la femme, la quantité de lait sécrété se met en quelque sorte en rapport avec la consommation faite : un enfant fort, d'un grand appétit, qui tette souvent et vide complétement le sein, sans toutefois fatiguer la nourrice, porte la sécrétion au plus haut degré d'activité qu'elle peut atteindre, et reçoit le lait dans les conditions où il est le plus riche en principes nutritifs ; tandis qu'un enfant peu développé, faible, laissant, chaque fois qu'il prend le sein, une plus ou moins grande quantité de lait séjourner dans les mamelles, n'en prend que la partie la plus séreuse, et réduit bientôt la sécrétion dans la proportion de ses besoins. Mais si l'enfant très faible, soit parce qu'il est né prématurément, soit parce qu'il est maladif, et que cet état se prolonge, ne peut plus entretenir une sécrétion suffisante, les mamelles sont d'abord exposées à s'enflammer, puis le lait se tarit. Il arrive assez souvent que des enfants nés dans ces conditions, après avoir perdu le lait de la mère, perdent aussi celui d'une bonne nourrice ; et à la fin, celle-ci, la première victime, est accusée par la famille, et souvent par le médecin consulté tardivement, d'avoir nui à l'enfant.

7° Il va sans dire qu'une alimentation insuffisante ou de mauvaise nature diminue la quantité et la qualité du lait. Il peut, chez quelques mammifères, être modifié dans sa quantité et dans sa nature par l'espèce d'aliments qu'on leur fait prendre. On sait que le lait le plus riche s'obtient, chez les herbivores, sous l'influence de la nourriture aux betteraves, et que le plus léger est fourni par les carottes. Le changement de nourriture, de pâturage, modifie souvent sa saveur ou son odeur, ainsi que la coloration et la consistance du beurre. Parmentier et Deyeux ont remarqué qu'un brusque changement de régime est toujours suivi de diminution dans la sécrétion lactée, alors même que les nouveaux aliments sont plus succulents que les anciens. Young ayant nourri une chienne de substances végétales, en obtint un lait semblable à celui de chèvre ; il se coagulait spontanément, et par l'addition des agents qui produisent ce phénomène. Le retour au régime animal diminua la proportion du lait, qui devint alcalescent et perdit la propriété de cailler par le repos. Il est très probable que le lait de la femme, soumise à l'usage prolongé du même aliment, subirait des modifications appréciables ; mais il est certain qu'aucune substance alimentaire n'a d'une manière appréciable la propriété de rendre son lait plus abondant, ni d'en diminuer la quantité. Mais comme celui des autres espèces animales, il est susceptible d'être modifié dans sa saveur, son odeur, sa couleur, etc., par certaines substances. Le lait est rendu amer par l'absinthe ; le thym, l'ail, lui communiquent leur odeur ; il emprunte à la garance, au safran, une coloration spéciale ; il doit à la gratiole des propriétés purgatives. L'iodure de potassium et le chlorure de sodium y ont été retrouvés quelque temps après qu'on avait commencé à les administrer, tandis qu'on a cherché en vain le sublimé corrosif.

8° L'observation journalière démontre que les affections morales, la colère, la frayeur, le chagrin, etc., peuvent suspendre brusquement la sécrétion laiteuse ; les mamelles s'affaissent rapidement et restent flasques pendant un ou plusieurs jours. Les émotions, les mouvements convulsifs, qui en sont assez souvent la conséquence, paraissent pouvoir altérer ses qualités au point de le rendre nuisible à l'enfant : on a vu le lait sécrété sous l'influence de ces circonstances déterminer la perte du sommeil, de l'agitation, des coliques, de la diarrhée. Toutefois je crois devoir faire remarquer que les exemples cités d'enfants qui auraient été pris d'accidents graves ou mortels, aussitôt après avoir pris du lait ainsi altéré, n'offrent pas les caractères d'observations rigoureuses. Cependant l'altération presque subite du lait a été plusieurs fois constatée. Parmentier et Deyeux rapportent qu'en moins de deux heures, il perdait son opacité et devenait visqueux chez une femme, toutes les fois qu'elle était en proie à des attaques de nerfs, et le même phénomène s'est reproduit à plusieurs reprises dans l'intervalle de deux mois.

9° L'influence de la lactation sur les fonctions génitales se traduit par la suspension de la menstruation et la diminution de l'aptitude à concevoir. En vertu de rapports sympathiques réciproques, l'utérus, qui, pendant la grossesse, imposait aux mamelles une activité organique dans un but déterminé, reçoit à son tour la loi de l'activité fonctionnelle des mamelles. Toutefois la suspension des règles pendant la lactation n'est pas un phénomène aussi constant que pendant la grossesse. Chez un petit nombre, la menstruation se rétablit presque aussi promptement que chez les femmes qui ne nourrissent pas, et chez un assez grand nombre d'autres, les règles apparaissent après six, huit, dix ou douze mois; chez la plupart cependant elles restent suspendues pendant tout le temps de la lactation, alors même qu'elle est prolongée jusqu'à quinze et vingt mois. L'influence que fait subir à son tour la menstruation sur la lactation mérite de fixer l'attention. Tantôt ces effets paraissent nuls, tantôt ils se traduisent par des phénomènes appréciables sur les mamelles, le lait ou l'enfant. Pendant tout le temps que dure l'écoulement menstruel, la sécrétion lactée peut être moins abondante; les mamelles se remplissent moins bien ou restent même un peu affaissées, et le lait a un aspect plus séreux, une coloration bleuâtre plus prononcée; on a quelquefois remarqué que l'enfant était moins gai et dispos, que ses traits s'altéraient et que sa peau devenait chaude ou qu'il était affecté de coliques, de diarrhée. Mais on paraît avoir exagéré la fréquence de ces accidents. Ce n'est pas que les femmes réglées pendant la lactation ne soient assez souvent de mauvaises nourrices, mais voici comment : chez un assez grand nombre de femmes menstruées, les règles ne reparaissent que parce que la sécrétion du lait est peu active et peu abondante; et des idées préconçues font prendre au médecin, comme au vulgaire, l'effet pour la cause.

10° Il en est tout autrement de l'influence de la grossesse. Si elle ne fait pas cesser la sécrétion, elle en diminue et altère ordinairement le produit; il arrive quelquefois que l'enfant montre de la répugnance à prendre le sein et finit par le refuser. Le plus souvent il continue à téter, mais il ne profite pas, souffre de temps en temps, et finit bientôt par dépérir. Il n'est pas très rare cependant de voir pendant le premier mois de la grossesse le lait conserver en grande partie son abondance et ses qualités, et l'enfant n'en recevoir aucune influence fâcheuse. On cite même des faits authentiques d'enfants bien portants qui ont été allaités pendant la plus grande partie et même toute la durée de la grossesse.

11° Indépendamment des variations de la lactation et de son produit dans les conditions ordinaires, il en est d'autres qui ont plus particulièrement des caractères pathologiques, comme l'*agalactie*, la *galactirrhée*, et certaines altérations morbides du lait. L'agalactie est *complète* ou *incomplète* suivant que la sécrétion lactée manque absolument ou qu'elle est trop peu abondante pour fournir à la nourriture de l'enfant. Elle est dite *primitive* ou *accidentelle* selon que la sécrétion ne s'établit pas après l'accouchement ou qu'elle se suprime ou diminue par l'effet d'une cause accidentelle. Elle dépend de causes fort diverses, dont plusieurs ont déjà été appréciées plus haut; nous ne voulons rappeler que celles qui ont été constatées. L'agalactie primitive est le plus souvent liée à un développement incomplet de la glande, comme si elle n'avait pas subi son évolution habituelle à l'époque de la puberté, à son atrophie au milieu d'un tissu adipeux extrêmement abondant, à son défaut d'énergie vitale ou d'excitabilité; il est en effet des femmes chez qui la grossesse n'excite dans les seins que des phénomènes à peine appréciables, suivis après l'accouchement d'une évolution laiteuse nulle ou tout-à-fait éphémère. Nous avons passé en revue les principales causes de l'agalactie accidentelle survenue dans les conditions ordinaires, ajoutons qu'elle peut être le résultat de la plupart des affections fébriles, des maladies chroniques qui ont déterminé un état cachectique. Toutefois des nourrices ont pu, dans le cours de maladies graves, continuer à allaiter leur enfant, sans qu'il en soit rien arrivé de fâcheux pour sa santé. P. Frank, qui en cite des exemples, en rappelant ceux rapportés par Haller, Lettsorn, Tode, ajoute que, dans quelques cas dont il a été témoin, les enfants tombèrent malades sans que l'on pût décider si le lait était la seule ou la véritable cause. L'agalactie est facile à constater quand la femme n'a pas intérêt à dissimuler : les mamelles se gonflent à peine ou pas du tout dans l'intervalle pendant lequel l'enfant ne tette pas; celui-ci est continuellement affamé, même en quittant le sein; il le demande souvent, et bientôt après l'avoir pris, il le quitte avec impatience, et souvent en criant; il urine peu, son sommeil est court; il maigrit et dépérit promptement. L'agalactie, si funeste pour l'enfant lorsqu'on n'a pas le soin de lui procurer promptement une nourriture plus abondante, est ordinairement sans inconvénient pour la mère. Cependant, chez quelques femmes d'une constitution nerveuse, l'agacement produit par la succion répétée développe une sorte de fièvre hectique qui amènerait un prompt dépérissement si on ne faisait pas cesser l'allaitement. Lorsque l'agalactie n'est pas le résultat d'une cause accidentelle qu'on peut faire cesser, elle est tout-à-fait au-dessus des ressources de l'art. Contrairement à la croyance vulgaire, il n'existe pas d'aliments, de remèdes spéciaux qui auraient la propriété de ramener et d'entretenir la sécrétion laiteuse. Désormeaux semble vouloir faire une exception pour l'anis, le fenouil, les lentilles, qu'il dit avoir vu chez quelques femmes augmenter réellement la quantité du lait sécrété, mais chez la plupart inefficaces. Quant à l'agalactie symptomatique d'une maladie fébrile aiguë, c'est autre chose. Les seins, après s'être affaissés, flétris, se remplissent le plus souvent de nouveau, lorsque la maladie cesse, et le retour de la sécrétion est quelquefois accompagné d'une sorte de fièvre de lait. Une femme, chez qui l'allaitement avait été suspendu pendant plus de six semaines pour des abcès développés dans les deux seins, voulut à toute force continuer à nourrir, et la sécrétion du lait qui paraissait entièrement tarie, était rétablie au bout de huit jours. Les femmes qui perdent leur lait parce que les mamelles ont été très incomplétement désemplies, le retrouvent ordinairement si elles allaitent à temps un enfant vigoureux. Il est très vraisemblable que la sécrétion lactée se renouvellerait au bout d'un mois, six semaines, sous l'influence de la même cause, chez la plupart des femmes qui la laissent se tarir après l'accouchement.

12° On a vu qu'il est des femmes chez qui il y a en quelque sorte tendance à une sorte de sécrétion spontanée ; une fois que les mamelles sont remplies, une partie plus ou moins grande de la portion la plus séreuse du lait suinte par le mamelon ou est expulsée par la contraction insensible des conduits lactifères. Cette disposition, qu'il est assez commun d'observer chez les femmes qui ont beaucoup de lait, chez les bonnes nourrices à qui on confie un enfant moins fort que le leur, ne tarde pas à se régulariser et ne mérite pas le nom de *galactirrhée*. Il doit être réservé à une disposition qui a de véritables caractères morbides. Chez quelques femmes, l'excrétion se fait d'une manière passive ; le lait s'écoule continuellement des orifices des conduits lactifères, qui semblent relâchés ; le lait de son côté est extrêmement peu consistant ; une seule mamelle peut en être le siége. Cette disposition ne s'observe pas seulement chez les femmes qui nourrissent, et après la fièvre de lait, chez celles qui ne nourrissent pas, mais encore quelquefois chez les femmes grosses. A un degré modéré, cet écoulement n'a pas une influence nuisible sur la santé ; mais lorsqu'il est abondant, il devient fort incommode pour la femme qui en est inondée, malgré le soin de renouveler les serviettes avec lesquelles elle se garnit ; il survient à la longue de la pâleur, de la fatigue et de l'amaigrissement ; les mamelles, quoique fort développées, ne sont pas toujours très tendues. Dès que des symptômes de dépérissement apparaissent, il faut suspendre l'allaitement, chercher à diminuer la sécrétion laiteuse, et à donner du ton au sein. A cet effet, on a recours aux diurétiques, aux purgatifs, aux topiques astringents, toniques, excitants ; plusieurs praticiens regardent comme très efficaces les liniments dans lesquels entre du camphre, de l'ammoniaque; on retirerait probablement de bons effets d'une compression méthodique modérée. Mais il n'est pas rare de voir tous ces moyens échouer, et la sécrétion morbide ne cesser complétement qu'après un temps fort long.

13º Les altérations du lait sont, outre sa pauvreté en principes nutritifs, sa persistance, et son retour à l'état muqueux ou de colostrum, son mélange à du pus, altérations qui ont été signalées et bien décrites par M. Donné.

14º En général, dans des conditions de force et de santé ordinaires et au milieu de conditions hygiéniques convenables, la lactation n'exerce pas une influence fâcheuse sur la santé et sur la constitution de la femme; il est même d'observation que la plupart des femmes chétives et maigres ont le plus souvent assez de force et de lait pour remplir le vœu de la nature. La femme qui nourrit son enfant supporte très bien cette consommation de force et de substance, parce que l'activité vitale de l'organisme, qui s'approprie en outre l'évacuation sanguine menstruelle, s'est notablement accrue. Sous l'influence de cette activité vitale, il n'est pas rare de voir, comme pendant la gestation, des femmes jouir d'une meilleure santé, avoir le teint plus frais, prendre un peu d'embonpoint; d'autres subir dans leur constitution une sorte d'évolution favorable, qui amène plus de force et de développement dans les organes, et la diminution ou la disparition des prédispositions aux affections nerveuses. Le plus souvent, cependant, les femmes qui nourrissent maigrissent un peu, et portent sur leurs traits des traces de fatigue. D'un autre côté, cette activité plastique plus considérable venant à rencontrer certaines affections, ou seulement une grande prédisposition à leur développement, peut leur imprimer une marche plus rapide. C'est ainsi que la lactation semble souvent déterminer et rendre plus rapide le ramollissement des tubercules pulmonaires, et même devenir la cause occasionnelle de leur production. Les femmes qui nourrissent sont exposées d'une manière toute spéciale à l'inflammation phlegmoneuse des seins; elles ont également une plus grande susceptibilité organique; il y a pour elles, à certains égards, prolongation de l'état puerpéral. Les précautions qu'elles doivent prendre pour conserver à leur lait sa quantité et ses qualités, sont aussi très salutaires pour la conservation de leur santé.

Je ne dois pas dissimuler que l'allaitement est pour beaucoup de femmes, non seulement une cause de fatigue, mais de dépérissement. On l'observe principalement chez les femmes faibles, chétives ou de constitution assez développée, mais qui ne ressentent pas moins promptement les effets de la fatigue ; chez celles qui sont dans de mauvaises conditions hygiéniques, qui manquent d'aliments suffisamment réparateurs ; chez des femmes qui, par excès de zèle ou par nécessité, s'occupent de soins trop multipliés, se privent de sommeil pendant une partie des nuits ; chez celles qui ont une sécrétion lactée trop abondante, qui sont affectées de galactirrhée : celles qui sont trop fréquemment tétées par un enfant très fort, quoiqu'elles n'aient pas beaucoup de lait, qui prolongent l'allaitement au-delà des limites que la nature semble avoir fixées pour elles ; ces limites sont pour quelques unes assez rapprochées de l'accouchement. La cachexie, qui détermine les fatigues de l'allaitement, si bien décrite par Morton, s'annonce par la perte d'appétit, quelquefois par le sentiment presque continuel du besoin de prendre de la nourriture, par un sentiment d'ardeur à l'estomac, à l'arrière-bouche, dans la poitrine, par des douleurs, des tiraillements dans cette partie : il survient bientôt une fièvre hectique, à laquelle se joignent des accès d'hypochondrie ou d'hystérie : l'amaigrissement fait des progrès assez rapides, et si on ne faisait cesser l'allaitement, la mort pourrait en résulter.

B. *Allaitement.* — Des considérations qui précèdent sur la lactation, ses troubles et ses effets sur l'économie, sur le lait et ses espèces, sur l'effet qu'il produit sur l'enfant, suivant qu'il est à l'état normal ou altéré, ressort une foule d'applications aux diverses espèces d'allaitement, à l'hygiène des nourrices et des enfants, dont plusieurs ne doivent pas être formulées tant elles se présentent naturellement à l'esprit, et qui ne pourraient l'être toutes qu'à la condition de multiplier à l'infini les préceptes et de les substituer à l'étude des phénomènes. C'est dans cette fausse voie qu'on s'est laissé entraîner à la suite des médecins qui ont écrit pour les gens du monde, sans beaucoup d'avantage, du moins pour ceux-ci, dont ils ont peu avancé l'éducation jusqu'à présent.

L'allaitement est le mode d'alimentation propre à l'enfant pendant les premiers mois qui suivent la naissance, mode d'alimentation qu'il partage avec les petits des autres espèces mammifères. Le nouveau-né, mis en rapport avec le monde extérieur après avoir, en respirant, satisfait à son premier besoin, en éprouve bientôt un autre, celui de la nourriture, qu'il cherche et sait prendre instinctivement au moyen de la succion du mamelon de sa mère, d'une autre femme ou d'un animal : de là la distinction de l'allaitement en autant d'espèces. On a par extension donné le nom d'*allaitement artificiel* au mode d'alimentation par lequel on supplée à l'allaitement quand il ne peut pas avoir lieu. On appelle nourrice la femme qui allaite soit son propre enfant, soit un enfant étranger ; ce mot, dans sa signification la plus restreinte, et en quelque sorte usuelle, s'applique à la dernière seulement.

L'allaitement proprement dit s'opère par un mécanisme qu'il importe beaucoup de connaître exactement afin de savoir distinguer si l'enfant extrait réellement de la mamelle du lait qu'il avale ou s'il n'en extrait rien. Pour téter, l'enfant avance la langue sur la gencive inférieure, et la courbant en forme de gouttière, il embrasse la partie inférieure du mamelon, tandis qu'il applique en même temps exactement ses lèvres sur sa base, et fait alternativement des mouvements d'aspiration, pendant lesquels les joues se creusent en s'enfonçant entre les mâchoires : il se forme un vide dans l'intérieur de la bouche, et des mouvements de déglutition s'exécutent pendant que les joues se gonflent ; la mâchoire inférieure se rapproche de la supérieure, le larynx monte et redescend, et on entend même le bruissement du liquide qui passe de la bouche dans l'œsophage. Quand le lait vient en abondance, une partie ruisselle de temps en temps sur les lèvres ; il arrive même quelquefois que cette abondance est telle que l'enfant ne peut opérer la déglutition assez rapidement pour l'avaler, et que, menacé de suffocation, il est obligé de quitter le sein. Dans les premiers temps il ne tette pas d'une manière continue, il s'arrête souvent et semble se reposer ; mais par la suite, devenu plus vigoureux, il s'interrompt bien moins souvent. Quand l'enfant tette sans extraire du lait de la mamelle ou qu'il en extrait à peine, les mouvements de succion s'opèrent comme lorsqu'il tette réellement, mais les mouvements de déglutition n'ont lieu que d'une manière incomplète, et surtout on n'entend pas de bruissement.

1. *Allaitement maternel.* — L'enfant a les droits les plus légitimes au lait de sa mère, qui ne peut le lui refuser sur des motifs frivoles sans manquer à un devoir sacré qu'éveille l'amour maternel, et pour lequel la nature l'a graduellement préparée. A Paris, et probablement aussi, mais à un degré moindre, dans la plupart des autres grandes villes, ce devoir est singulièrement négligé. Une large part sans doute doit être faite à l'égoïsme, au relâchement des liens de famille ; mais on ne saurait sans injustice méconnaître la part de la nécessité. Dans la classe riche, une vie molle et oisive, malheureusement trop commune, imprime à la constitution de beaucoup de jeunes filles et de jeunes femmes un certain degré de faiblesse et d'irritabilité qui les rend peu propres à nourrir. Les changements d'habitude et les occu-

pations qu'entraîne l'allaitement font souvent bientôt éprouver à celles qui prennent leur devoir à cœur une fatigue qui ne tarde pas à troubler leur santé. Dans les classes pauvres et peu aisées, si la constitution laisse souvent aussi beaucoup à désirer, la résistance à la fatigue permettrait à la plupart des femmes de nourrir, mais des occupations d'où dépend en partie leur existence ou celle de leur famille ne leur laissent pas le choix. Dans les deux cas, les conséquences ne sont pas les mêmes pour l'enfant. Dans le premier, allaité dans le sein de la famille par une nourrice étrangère, son existence est aussi sûrement sauvegardée que s'il était nourri par la mère. Dans le second, au contraire, confié à une nourrice qui l'emporte, il est fort exposé à périr faute de soins et d'une nourriture convenable. La nécessité sans cesse croissante dans laquelle se trouve une partie des habitants des villes de commerce ou d'industrie de confier à des nourrices de la campagne leurs enfants où ils trouvent un air plus pur, aurait dû depuis longtemps inspirer aux administrations les moins soucieuses de la vie et de la constitution d'une partie de la population des mesures de surveillance moins illusoires que celles qui existent maintenant.

De même que le lait d'une espèce convient le mieux au petit de cette espèce, celui de la mère convient également le mieux à son enfant. Comme l'a remarqué Désormeaux, on voit souvent des femmes dont le lait est d'une médiocre qualité, faire de leurs enfants de très beaux élèves, et n'en faire que de fort chétifs des enfants étrangers qu'on leur a confiés d'après la bonne apparence de leurs nourrissons. A une époque où l'on faisait jouer un si grand rôle au lait dans la production des maladies qui surviennent pendant l'état puerpéral et même longtemps après, on était autorisé à dire aux mères qu'en nourrissant elles se préservaient de grands dangers. Mais si l'accumulation momentanée du lait dans les mamelles et la cessation prématurée de la sécrétion de ce liquide n'est pas absolument sans inconvénients et sans influence sur la production des maladies puerpérales, ces dangers sont au moins compensés par la fatigue qu'occasionnent, pendant les premiers jours, les soins de l'allaitement; et comme on doit la vérité avant tout, il faut avouer que, outre les accidents auxquels expose l'allaitement, les soins qu'il impose doivent paraître fort pénibles aux femmes qui sont habituées à une vie peu active.

Il y a souvent un très grand intérêt, soit pour elle-même, soit pour son enfant, soit pour les deux, que la mère ne nourrisse pas. Doivent être dissuadées de nourrir les femmes d'une constitution primitive ou acquise au-dessous de la moyenne, alors même qu'il n'y aurait aucun vice appréciable de l'économie; celles qui, trop jeunes, sont loin d'avoir acquis le développement et les forces qu'elles doivent avoir ; celles qui deviennent mères après trente-cinq ou quarante ans ; celles qui ont été en quelque sorte épuisées par une grossesse pénible ou compliquée d'accidents ; celles dans les familles desquelles existent des prédispositions morbides héréditaires à la phthisie, aux scrofules, aux affections dartreuses, aux maladies mentales, etc.; l'obligation de ne pas nourrir doit être absolue, si au lieu de prédisposition plus ou moins éloignée, l'affection est imminente ou déclarée. Sont dans le même cas les femmes sujettes à de violents emportements, à des accès fréquents d'hystérie, à l'épilepsie; celles qui sont entachées de syphilis. Quelques femmes, à raison de l'état de la glande mammaire, restée à l'état rudimentaire, du peu de développement du mamelon, qui reste aplati, rentré, très peu perméable, quoi qu'on fasse, sont impropres ou peu propres à nourrir. En dehors des exceptions qui précèdent ou qui s'y rattachent, la considération seule d'une bonne constitution et d'une bonne santé suffit pour qu'on puisse promettre que, sauf les causes accidentelles qui peuvent plus tard venir le diminuer ou l'altérer, le lait sera de bonne nature et en quantité suffisante pour nourrir l'enfant, et que la femme n'a d'autres accidents à redouter que ceux qui sont propres à l'allaitement. Cette probabilité devient presque une certitude si les mamelles ont subi dans leurs limites ordinaires l'évolution que la grossesse y provoque généralement, c'est-à-dire un développement assez considérable accompagné de l'apparition d'un réseau veineux qui s'étend souvent en dehors de la circonférence du sein et une sécrétion d'une notable quantité de colostrum. M. Donné, ne prenant en considération que ce dernier caractère, a constaté par de nombreuses observations qu'il existe un rapport presque constant entre la nature et la quantité de ce liquide, sécrété pendant la grossesse, et le lait tel qu'il est fourni après l'accouchement. Il a été conduit à diviser les femmes grosses, sous le rapport de la sécrétion du colostrum, en trois catégories : dans la première, se rangent celles chez lesquelles, à quelque époque de la grossesse qu'on fasse cet examen, la sécrétion du colostrum est si peu abondante que l'on peut à peine en obtenir une goutte ou une demi-goutte par la pression la plus soigneusement exercée sur la glande mammaire et le mamelon ; ce colostrum contient très peu de globules laiteux, petits, mal formés et un très petit nombre de corps granuleux ; dans ce cas, le lait sera presque à coup sûr en petite quantité après l'accouchement, pauvre et insuffisant pour la nourriture de l'enfant. La seconde catégorie comprend les femmes qui sécrètent un colostrum abondant, mais fluide, aqueux, semblable à une légère eau de gomme, et ne présentant pas de stries de matière jaune, épaisse et visqueuse; ce colostrum est également pauvre en globules laiteux et en corps granuleux: les femmes offrant ce caractère peuvent avoir du lait en plus ou moins grande quantité, quelquefois abondant, quelquefois rare, mais leur lait est toujours pauvre, aqueux et très peu substantiel. Enfin, lorsque la sécrétion du colostrum chez une femme grosse de huit mois, par exemple, est assez abondante, que l'on en obtient facilement plusieurs gouttes dans un verre de montre, et surtout lorsque ce fluide, déjà riche en globules laiteux, contient une matière jaune, tranchant par sa consistance et sa couleur avec le reste du liquide dans lequel elle forme des stries distinctes, on a la presque certitude que la femme, dans ces conditions, aura du lait en suffisante quantité, et que ce lait sera riche en principes nutritifs. Mais, en définitive, ce n'est qu'à l'œuvre qu'on juge de la suffisance ou de l'insuffisance des bonnes ou mauvaises qualités du lait; en supposant ces épreuves défavorables, ce ne serait pas une raison pour conseiller à une femme qui serait dans les conditions de force, de santé et de développement des mamelles indiquées plus haut, de renoncer d'avance à nourrir son enfant.

L'enfant doit être présenté au sein de sa mère dès qu'elle est reposée des fatigues de l'accouchement, quatre, six, huit heures après la délivrance; on suppose que la petite quantité de colostrum qu'il en retire favorise l'évacuation du méconium; la succion rend le mamelon saillant et prévient l'engorgement des conduits lactifères. Mais il ne faut pas perdre de vue que jusqu'au moment de la fièvre de lait, la sécrétion est extrêmement peu abondante, et qu'une succion exercée par un enfant vigoureux et fréquemment répétée amène bientôt un liquide mêlé de stries de sang, puis souvent du sang pur. Il en résulte de la fatigue et une irritation qui prédispose singulièrement à l'inflammation phlegmoneuse du sein. Chez les primipares, pour peu que l'enfant soit faible, le commencement de l'allaitement présente souvent des difficultés qui peuvent compromettre son existence. Jusqu'au moment où le lait a de la tendance à s'écouler spontanément, son extraction par la succion présente des difficultés dont la traduction par l'expression vulgaire de *rompre les fibres* donne une idée. Si le mamelon est difficile à saisir, ou l'enfant faible, il s'épuise en efforts superflus sans pouvoir prévenir, au moment de la fièvre de lait, la distension des mamelles, qui efface le mamelon, et rend la succion presque impossible, tant que la tension ne commence pas à diminuer, et le lait à sourdre par les orifices des conduits lactifères; l'allaitement est ainsi retardé de plusieurs jours au détriment de la mère et de l'enfant, qui souffre de la faim, qu'on est forcé d'apaiser par un peu d'eau sucrée coupée avec un peu de lait. Ainsi, pendant le premier et une partie du second jour, la succion n'a guère d'autres résultats que de rendre saillant et d'assouplir le mamelon, et ne doit pas être trop répétée, ni trop prolongée. Lorsqu'il est difficilement saisi, on commence par le former, le rendre saillant, au moyen de la pompe à sein, ou en faisant téter l'enfant sur un bout du sein artificiel, afin d'obtenir le dégorgement des mamelles avant qu'elles commencent à se tendre; et si, à raison des difficultés ou du peu de vigueur de l'enfant, on ne réussit pas, le meilleur moyen de prévenir l'engorgement, les abcès du sein, les crevasses du mamelon si fréquentes chez les primipares, et les dangers qui menacent l'enfant, consiste à lui procurer, pour deux ou trois jours, une nourrice qu'il puisse téter, et dont l'enfant plus fort triomphe des difficultés et rend bientôt l'excrétion du lait facile.

Pendant les premiers temps, l'enfant tette peu à la fois, et a besoin de téter souvent; mais après six ou huit semaines il met plus de distance entre ses repas. Cette distance est plus ou moins grande selon la force de l'enfant, sa constitution particulière, selon l'abondance et les qualités du lait. Pendant les six premières semaines et pendant un temps plus long encore pour les enfants faibles, il pourrait y avoir inconvénient à vouloir commencer à régler leurs repas et à déterminer le nombre de fois qu'il doit téter en vingt-quatre heures. Ce nombre, suffisamment déterminé par la nature, ne saurait être fixé d'avance, et doit être subordonné aux indications fournies par l'enfant. Il est vrai qu'il en prend souvent plus que son estomac ne peut en supporter, mais la facilité avec laquelle il le regorge, rend cet inconvénient peu grave. A cet âge, les enfants bien portants, bien soignés et tenus proprement, qui ont suffisamment tété, s'endorment et ne se réveillent guère qu'au moment où un nouveau besoin se fait sentir, et il s'annonce par des cris: on doit alors leur donner de nouveau le sein. D'un autre côté, il ne faut pas perdre de vue que la mère, encore sous l'influence de l'état puerpéral, demande beaucoup de ménagement, que le repos, le sommeil, lui sont nécessaires, et que de la fatigue, les écarts dans le régime l'exposent à contracter des maladies graves : il est de la dernière importance de concilier, sans nuire à l'un ou à l'autre, les soins qu'ils réclament. Au bout de six à huit semaines, l'enfant commence à ne plus être indifférent aux choses qui l'entourent; il reste éveillé et ne crie plus en se réveillant; on peut alors introduire une certaine régularité dans l'allaitement, lui donner le sein, par exemple, toutes les trois ou quatre heures; il est avantageux de lui faire prendre l'habitude d'intervalle un peu plus long pendant la nuit, afin que la mère puisse réparer ses forces par un sommeil suffisamment prolongé.

Une femme qui allaite doit préserver avec soin ses mamelles du contact de l'air, dont l'impression est surtout à redouter pendant la nuit. Il faut qu'elle ait constamment la poitrine couverte d'un linge doux, plié en plusieurs doubles, et qu'elle renouvellera toutes les fois qu'il sera humide; ses mamelles doivent être modérément soutenues; elle doit mener une vie calme et bien réglée, prendre des aliments de bonne nature et suffisamment substantiels; si les mamelles devenaient turgescentes et le lait trop abondant, elle prendrait moins d'aliments jusqu'à ce que cette surabondance eût cessé.

L'époque où l'on doit commencer à faire prendre à l'enfant autre chose que le lait de sa mère ou de sa nourrice est fort variable et ne peut être déterminée exactement. En général, il ne faut pas le faire tant que le lait, par son abondance et ses qualités nutritives, suffit à la nourriture de l'enfant; ce que l'on reconnaît à son accroissement et à son embonpoint. Cette époque est en partie déterminée par le plus ou moins d'appétit de l'enfant et la plus ou moins grande quantité de lait fournie par les mamelles. Chez un assez grand nombre de mères des grandes villes et chez les nourrices médiocres, cette époque peut se présenter le quatrième ou le cinquième mois; pour les autres elle ne se présente qu'après le sixième. Lorsqu'on est obligé de suppléer trop tôt à l'insuffisance du sein, on doit donner du lait de préférence aux préparations ordinaires. M. Donné pense que l'enfant ne doit prendre autre chose que du lait jusqu'à six mois, et c'est le lait de vache léger, donné pur, qu'il préfère à toute espèce de lait, coupé d'eau d'orge, de gruau, etc. Les premiers aliments qu'on ajoute à la nourriture lactée sont les bouillies légères préparées avec de la semoule, diverses espèces de fécules, comme la fleur de farine séchée au four, la crème de riz, l'arrow-root, la fécule de pomme de terre, de la panade préparée avec la croûte et non avec la mie de pain. On commence par en donner une seule fois par jour en passant de l'une à l'autre. Un peu plus tard on préparera ces aliments alternativement au maigre et au gras.

L'époque où l'enfant a ses vingt premières dents a été considérée par beaucoup de médecins comme celle fixée par la nature pour faire cesser l'allaitement. Mais les dernières dents de la première dentition ou de *lait* sortent ordinairement à une époque où l'enfant est sevré depuis longtemps; c'est à peine si on attend qu'il ait toutes les incisives; c'est ordinairement de douze à quinze mois qu'on suspend l'allaitement. Les enfants faibles, maladifs, ceux dont la dentition est tardive doivent le continuer plus longtemps. L'enfant y est en quelque sorte préparé, si on lui a donné vers l'âge de six mois, un peu plus tôt ou un peu plus tard, l'habitude de commencer à prendre des aliments variés, puis de téter plus rarement pendant la nuit; il doit même être déjà exercé à broyer avec ses incisives du blanc de volaille et même d'autres viandes; en un mot il doit savoir manger.

Parmi les enfants qui n'ont pris jusqu'à dix mois, un an, d'autre nourriture que le lait de leur mère ou de leur nourrice, quelques uns sont obstinément attachés à leur sein, et montrent beaucoup de répugnance à manger d'autres aliments; mais avec de la patience et en donnant plus rarement à téter, on arrive bientôt à leur faire prendre ceux qui sont le plus de leur goût. On est quelquefois forcé d'appliquer sur le mamelon des substances d'une saveur désagréable, comme un peu d'aloès, de sulfate de quinine, par exemple. La femme, de son côté, y est également préparée par la diminution progressive de la quantité du lait qu'elle fournit à son enfant; le régime et les autres moyens indiqués à l'occasion de la fièvre de lait et de la galactirrhée suffisent pour prévenir un engorgement inflammatoire, et amener promptement la cessation de la sécrétion lactée.

Accidents. — Les choses ne se passent pas toujours aussi heureusement que nous venons de le supposer: sans parler des maladies intercurrentes, diverses causes inhérentes aux qualités du lait et divers accidents propres à la lactation ou à l'allaitement, viennent assez souvent compromettre plus ou moins sérieusement la santé de l'enfant et quelquefois en même temps celle de la mère.

1° *Insuffisance* et *pauvreté du lait.* — Nous avons déjà indiqué, p. 810, les caractères de l'agalactie et les signes qui la font reconnaître; nous voulons seulement ajouter ici que la pauvreté du lait, quoique accompagnant ordinairement sa rareté, peut exister seul et échapper d'autant plus facilement à l'attention. C'est, suivant M. Donné, une des causes les plus fréquentes du mauvais succès de l'allaitement. L'enfant pâlit, végète; il se déclare des accidents du côté des voies digestives. Il a constaté en plusieurs occasions la coïncidence de la diarrhée, et même du muguet avec la pauvreté du lait. Ne possédant aucun moyen de rendre le lait plus riche, la nourrice doit être remplacée; ou si

69.

c'est la mère qui nourrit, et si l'enfant est encore peu débilité, on pourra d'abord essayer de suppléer à la pauvreté du lait, par l'addition d'une petite quantité de bon lait de vache, et au bout de quelques jours on pourra juger si l'épreuve est favorable ou non.

2° *Excès de richesse du lait.* — Cet inconvénient semble d'autant moins à redouter qu'un lait trop riche en crème amène promptement la satiété; l'enfant tette moins et moins souvent, ce qui fait bientôt perdre au lait son excès de richesse; d'ailleurs la plupart des enfants ont la faculté de rejeter une partie du lait qu'ils ont pris en trop grande quantité. Cependant, à en croire M. Donné, les dérangements dans la santé de l'enfant provenant de cette cause ne seraient pas très rares, et l'observation qu'il cite à l'appui de son opinion paraît tout-à-fait concluante. Cela doit surtout arriver lorsqu'on procure à un nouveau-né, d'une force médiocre, une nourrice dont le lait est très riche et dans toute sa force : de là des coliques, de mauvaises digestions et du dépérissement. Il suffit d'éloigner les époques de l'allaitement pour obtenir un lait plus léger et moins abondant en principes nutritifs. M. Donné assure que cette simple précaution lui a réussi en plusieurs occasions.

3° *Altération du lait par les éléments du colostrum.* — Cette altération, que le microscope peut seul faire découvrir, est dans certaines limites compatible avec la bonne santé de l'enfant, puisqu'elle existe chez presque toutes les femmes pendant les cinq ou six semaines qui suivent l'accouchement. Et, dans les cas où elle semble nuire à la santé de l'enfant, il y a le plus souvent un état complexe dont il faut aussi tenir compte. En effet, les corps granuleux dans le lait, au-delà du terme ordinaire, se produisent et se multiplient sous l'influence d'une constitution pauvre et détériorée, de maladies générales ou locales qui affectent les nourrices. Quoi qu'il en soit, M. Donné assure que cette altération coïncide le plus constamment avec le mauvais état de santé et le dépérissement des enfants qui sont chétifs et soumis à une diarrhée plus ou moins habituelle : et ces accidents cessent ordinairement dès qu'on remplace ce lait vicié par un lait pur et de bonne nature.

4° *Gerçures et excoriations du mamelon.* — Les femmes qui nourrissent pour la première fois sont fort exposées à cet accident. C'est ordinairement pendant la première et la seconde semaine qu'elles apparaissent; il est déjà rare qu'elles surviennent après cette époque. L'allaitement en est la cause déterminante, et les produit d'autant plus sûrement qu'il offre d'abord plus de difficultés. Chez beaucoup de femmes le mamelon, dont l'augmentation rapide de volume a aminci l'épithélium, ne s'habituant pas impunément de suite à être irrité, tiraillé, ramolli, alternativement humecté et desséché, s'ulcère ou se fendille à sa surface. Les femmes jeunes, irritables, à peau fine, y sont plus particulièrement prédisposées; quelques unes en sont affectées toutes les fois qu'elles nourrissent. Les excoriations n'affectent pas un siége spécial, le mamelon peut être excorié dans la totalité de son étendue ou par place; leur surface est d'un rouge vif, grenue, souvent boursouflée, tantôt habituellement humide, tantôt se recouvrant de croûtes minces. Les gerçures intéressent un peu plus profondément le tissu du mamelon; elles se développent au fond des sillons, dont elles affectent la direction; le point qui en est le plus fréquemment le siége est la rainure qui sépare le mamelon de l'aréole. Lorsqu'elles sont profondes, elles ont plus particulièrement la forme de crevasses; elles se recouvrent promptement d'une croûte qui retient souvent un peu de sang que l'allaitement a fait extravaser. Les excoriations superficielles et les gerçures existent souvent simultanément; la bouche de l'enfant les dépouille de la croûte qui les recouvre en déterminant ordinairement un suintement sanguin. Les unes et les autres se distinguent des ulcères syphilitiques par des caractères si tranchés, que la confusion est difficile; mais elles ne doivent pas moins être examinées attentivement à raison des suites graves qu'une pareille méprise pourrait avoir. La succion détermine d'abord une vive douleur, suivie d'un sentiment de cuisson très vif; et ces scènes de douleurs se renouvellent chaque fois que l'enfant prend le mamelon. La femme éprouve une répugnance extrême à donner le sein à l'enfant; plusieurs sont prises de tremblement à la seule idée de l'en approcher; souvent les douleurs sont presque intolérables. Aussi, malgré la meilleure volonté, laisse-t-elle souvent le sein s'engorger; et, outre les modifications que le lait éprouve par un trop long séjour dans les conduits lactifères, une partie, d'après M. Donné, prend les caractères du colostrum. La guérison de ces ulcères est ordinairement difficile, et se fait attendre assez longtemps, si on ne parvient pas à soustraire le mamelon aux efforts de succion exercée par la bouche de l'enfant. On remplit cette indication au moyen de bouts de seins artificiels, dont le mamelon est en tétine de vache, en caoutchouc, en liége, en ivoire fondu. Ces deux derniers, suffisamment souples et faciles à tenir propres, sont préférables et généralement employés d'ailleurs. L'allaitement n'est pas encore sans douleur, elle est même quelquefois assez vive; aussi faut-il avoir le soin d'oindre préalablement le mamelon d'un mucilage ou d'un corps gras. Il faut assez souvent beaucoup de patience pour faire prendre à l'enfant le mamelon artificiel, et pour le faire téter efficacement. En attendant, il faut prévenir l'engorgement du sein à l'aide d'un autre enfant ou artificiellement. Si les ulcères sont d'un rouge vif, irrités, on le recouvrira de mucilage de pepins de coings, de cérat, de beurre de cacao, de pommade de concombres, etc.; mais ces moyens, propres à calmer la douleur, à panser l'ulcération, sont généralement insuffisants. On a recours aux lotions avec du vin rouge, animé par une petite quantité d'alcool, à l'eau de saturne, aux solutions de sulfate de zinc, de borate de soude, de nitrate d'argent; aux pommades qui contiennent les mêmes principes actifs, à la cautérisation avec le nitrate d'argent. On a vanté un mélange de parties égales d'huile d'olive et d'eau de chaux avec 4 grammes de borax et 15 grammes d'alcool. Le nombre des moyens préconisés tour à tour prouve la difficulté qu'on rencontre souvent à obtenir la cure de ces petits ulcères : c'est surtout les gerçures ou crevasses qui résistent le plus opiniâtrément à toute espèce de traitement. Lorsque l'enfant tette mal, qu'il est faible, que le sein reste habituellement engorgé, que la femme souffre beaucoup, il peut devenir urgent de l'engager à renoncer à nourrir.

5º *Engorgement laiteux.* — Les femmes en couches, après la fièvre de lait et plus particulièrement celles qui nourrissent, pendant les premiers mois, sont sujettes à un gonflement général des seins, qu'il n'est pas rare de voir envahir les deux mamelles à la fois. C'est comme si elles étaient reprises secondairement d'une fièvre de lait plus ou moins intense. Un sein ou tous les deux se gonflent dans leur totalité, deviennent rénitents, chauds, durs, sans changement de couleur de la peau, bosselés dans leur totalité au point de déterminer des douleurs assez vives et même une véritable réaction générale. Ces phénomènes dépendent de la stagnation, de la rétention du lait dans les vaisseaux galactophores, avec ou sans irritation inflammatoire de ceux-ci. En effet, les causes et la marche de cet engorgement conduisent à en distinguer deux sortes, l'un mécanique et passif, l'autre actif et en quelque sorte inflammatoire. Quoique les canaux lactifères ne paraissent pas organisés pour remplir les fonctions d'organes excréteurs, ils ont néanmoins la propriété de se débarrasser de leur trop-plein sans trop de difficulté. En effet, après la révolution laiteuse, on voit ordinairement chez les femmes qui ne nourrissent pas le lait couler au dehors pendant plus ou moins de temps, et les seins se dégorger en partie par leur propre force. Les femmes dont la sécrétion laiteuse est entretenue par l'allaitement laissent aussi écouler du lait lorsque l'enfant ne peut en prendre qu'une faible partie. Ce phénomène est des plus remarquables dans la *galactirrhée* où la sécrétion s'entretient sans l'intervention de l'allaitement. Néanmoins, chez les femmes qui nourrissent, les mamelles deviennent souvent le siège d'un engorgement douloureux, sans se débarrasser spontanément de leur trop-plein, si le nouveau-né ne tette pas assez souvent ou suffisamment. L'écoulement spontané a lieu surtout lorsque l'action des vaisseaux galactophores a été déjà sollicitée par un allaitement plus ou moins complet. Mais, dans une foule de cas, l'action des canaux galactophores est insuffisante ou gênée, et même, malgré la succion de l'enfant, les réservoirs du lait s'engorgent. Dans l'engorgement passif et mécanique, le plus souvent un seul des seins est affecté, l'augmentation de volume marche assez lentement, les douleurs sont moins vives, et la réaction générale ne devient guère sensible que lorsque l'engorgement est porté à un très haut degré. Les causes les plus ordinaires sont : une succion insuffisante, soit parce que l'enfant est trop faible ou le lait trop abondant, la mauvaise conformation du mamelon, la présence de gerçures, la coagulation du lait dans ses canaux ; enfin, chez quelques femmes, l'appareil mammaire semble manquer de tonicité.

Dans l'engorgement actif, les deux mamelles sont plus souvent affectées simultanément, le gonflement se fait rapidement, les douleurs sont vives, et la réaction générale très marquée ; les conduits lactifères et les granulations glandulaires sont évidemment le siège d'une irritation générale qui rend plus ou moins difficile l'excrétion du lait. On a vu survenir cette espèce d'engorgement à la suite d'applications froides ou astringentes sur les mamelles : mais les causes les plus ordinaires sont l'impression du froid, les écarts dans le régime, les gerçures du mamelon qui peuvent produire une irritation qui s'étend à toute la glande et cause un état de spasme des conduits lactifères. L'engorgement laiteux du sein a quelquefois été observé dans les derniers mois de la grossesse. Abandonné à lui-même, il peut arriver que l'écoulement du lait reprenne son cours ou que la sécrétion de la glande se tarisse, et que le lait soit résorbé sans accidents ; mais le plus souvent il donne lieu à l'inflammation phlegmoneuse des mamelles. Les indications varient suivant l'espèce d'engorgement : lorsqu'il est passif ou mécanique, les meilleurs moyens pour le faire cesser promptement consistent à dégorger les seins soit par la succion d'un enfant vigoureux, d'un adulte qui sache l'exercer, soit par les moyens artificiels ordinaires, si les efforts de l'enfant ne suffisent pas, et l'on devra continuer jusqu'à ce que l'excrétion soit devenue libre et facile : on peut avoir recours en même temps avec avantage, si ces premiers moyens sont insuffisants, à des liniments résolutifs ou excitants, composés d'huile, d'une préparation opiacée ou d'éther, d'ammoniaque, de camphre, etc.; on enduit plusieurs fois par jour le sein de cette préparation ; il est très vraisemblable que ces substances n'agissent pas en fluidifiant le lait, peut-être supposé à tort coagulé, mais en réveillant la tonicité des conduits galactophores. Dans l'engorgement actif ou inflammatoire, la plupart des moyens précités sont nuisibles. En voulant d'abord dégorger les seins, on détermine des douleurs très vives qui augmentent le mal ; les liniments excitants augmentent aussi les douleurs et l'engorgement. Il faut avoir recours aux topiques relâchants, cataplasmes de farine de lin, de riz, etc.; aux délayants, à la diète, aux laxatifs, et même à la saignée si la réaction générale est vive : aussitôt qu'il survient du relâchement, on peut facilement faire dégorger le sein par les moyens ordinaires ; le lait tend même à couler spontanément à mesure que l'irritation des canaux lactifères se dissipe. Le lait subit les diverses altérations que détermine la stagnation ; de plus, il se forme des granulations de colostrum, mais ces altérations ne sont pas suffisantes ou ne persistent pas assez longtemps, lorsque l'engorgement se termine par résolution, pour nuire à l'enfant et lui faire refuser le sein.

6° *Inflammation phlegmoneuse du sein.* — Ne m'occupant que d'une manière incidente de cette inflammation, je ne dois en retracer que les principaux traits, sans entrer dans les détails, quoiqu'elle appartienne presque exclusivement à la lactation, et qu'à ce titre elle doive être rangée parmi les *maladies puerpérales*. La presque totalité des inflammations idiopathiques du sein, indépendantes de causes directes, a été observée pendant les couches, après la fièvre de lait, et pendant la lactation. Cette inflammation ne se développe pas avec la même facilité à toutes les périodes de l'activité de cette fonction. Il est très rare de voir survenir l'inflammation phlegmoneuse du sein chez les femmes qui ne nourrissent pas, même dans les cas où les phénomènes de la fièvre de lait sont le plus intenses. Le lait, encore en grande partie formé de colostrum, est résorbé, et le surplus s'écoule facilement ; d'ailleurs, la sécrétion lactée, n'étant pas excitée et entretenue par l'allaitement, ne prend pas tous les développements dont elle est susceptible, et l'engorgement se résout presque constamment sans provoquer d'abcès. C'est pendant les premiers temps de l'allaitement, et plus particulièrement lorsqu'il est difficile, mal dirigé, que surviennent la plupart des abcès du sein; ils sont déjà rares après le troisième ou quatrième mois, si ce n'est après le sevrage, opéré prématurément lorsque la femme conserve encore beaucoup de lait. Les causes les plus ordinaires de l'inflammation phlegmoneuse des mamelles sont les mêmes que celles des gerçures, de l'engorgement des conduits lactifères, et souvent ces lésions elles-mêmes qui la précèdent dans la majorité des cas. Dans quelques cas, l'inflammation se développe sous l'influence de l'action du froid, de pression, de la déclivité de la mamelle entraînée en bas et en dehors; dans d'autres, elle semble se développer sous l'influence d'un disposition générale, de la lactation seule, et alors il n'est pas rare de voir les deux glandes se prendre simultanément ou à peu de distance.

On a admis deux espèces principales d'abcès phlegmoneux du sein : dans l'une c'est la glande mammaire elle-même qui est primitivement affectée; dans l'autre, c'est le tissu cellulo-adipeux qui l'enveloppe ou le tissu cellulo-fibreux qui sépare ses lobes. La première est incomparablement plus commune que la seconde, qui lui est presque toujours consécutive, et qui représente moins une variété distincte que la propagation de l'inflammation de la glande aux parties voisines, et la réunion du pus en foyer, dans le tissu cellulaire situé soit entre sa surface externe et les téguments, soit entre sa surface interne et le muscle grand pectoral, soit dans les intestins celluleux inter-lobaires. L'inflammation de la glande y compris les cloisons cellulo-fibreuses qui unissent ses lobes commence de deux manières fort différentes. Dans l'une, l'engorgement mécanique des conduits lactifères précède l'inflammation, et leur distension extrême en détermine la rupture sur un ou plusieurs points; il se fait une infiltration de lait, limitée dans le voisinage de la lésion par les cloisons cellulo-fibreuses qui isolent les lobes les uns des autres, et cette infiltration devient la cause déterminante de l'inflammation. On en a la preuve lorsque, portant de trop bonne heure le bistouri dans un lobe affecté d'engorgement phlegmoneux, on voit avec un peu de pus s'écouler par la plaie une quantité de lait plus considérable que ne pourraient en fournir immédiatement quelques conduits lactifères divisés par l'instrument. Ce sont de véritables abcès par infiltration dans lesquels l'inflammation débute, en effet, par le tissu cellulaire. Dans l'autre, l'inflammation commence dans le tissu propre de la glande, les granulations, les conduits lactifères; ceux-ci, enflammés à leur surface interne, se remplissent de pus à la manière des veines ou plutôt des lymphatiques; leur distension par l'accumulation du pus, sa réunion au foyer, en amène la rupture ou la destruction. L'un et l'autre de ces modes de formation des abcès phlegmoneux du sein expliquent pourquoi l'œil nu, ou armé du microscope, constate la présence du lait dans le pus après l'ouverture artificielle ou spontanée de l'abcès, et la présence du pus dans le lait qu'on fait sortir par le mamelon. M. Donné a constaté du pus dans le lait de toutes les femmes affectées d'abcès du sein qu'il a examinées, et chez quelques unes, à une époque où le degré d'engorgement était loin de faire soupçonner qu'il y eût déjà du pus réuni en foyer ou infiltré dans la glande. Je ne pense pas qu'on puisse supposer, avec l'auteur de ces observations intéressantes, que le pus a passé dans l'appareil sécréteur par voie d'absorption.

L'inflammation phlegmoneuse de l'appareil glandulaire se présente sous deux formes bien distinctes par leurs caractères, suivant qu'elle a son siége dans l'aréole et le mamelon, ou dans les lobes glanduleux. La première forme a été rattachée par la plupart des auteurs à l'inflammation du tissu cellulaire sous-cutané; mais, malgré sa situation en apparence très superficielle, la lésion appartient presque toujours, au moins primitivement, aux canaux galactophores sous-jacents. D'ailleurs, la couche cellulo-graisseuse, en s'approchant de l'aréole, se dépouille de son tissu adipeux, s'amincit considérablement et se confond d'un côté d'une manière intime avec la peau, et de l'autre avec le tissu glanduleux. M. Velpeau, qui sépare cette inflammation de celle de la glande, convient qu'il est difficile d'y établir une inflammation purement sous-cutanée, distincte de l'inflammation glandulaire. Sans revenir ici sur les causes, nous ferons observer que cette forme est plus que l'autre liée aux excoriations, aux gerçures du mamelon, non seulement parce que l'inflammation peut s'étendre de dehors en dedans, mais encore parce que ces lésions favorisent singulièrement la stagnation et la concrétion du lait dans les canaux qui traversent l'aréole et le mamelon. M. Velpeau, qui a apporté beaucoup de clarté dans l'exposition des inflammations du sein, en les divisant en plusieurs ordres d'après les dispositions anatomiques, a donné une description si exacte de l'inflammation phlegmoneuse de l'aréole et du mamelon, que je ne puis mieux faire que de la reproduire presque textuellement. Il se développe sous le disque aréolaire un gonflement parsemé de bosselures ou de petits bourrelets, d'une rougeur tirant sur le livide, accompagné d'une douleur sourde et lancinante; le mamelon devient saillant et donne un aspect conoïde au sein.

Cette inflammation marche rapidement vers la résolution si l'on supprime les causes déterminantes ou si on la traite convenablement; elle se termine aussi en peu de jours par la suppuration. Les foyers purulents sont ordinairement multiples, sans communications entre eux, presque toujours globuleux, dépassant rarement le volume d'une noisette ou d'une noix. On les reconnaît à l'existence préalable d'une inflammation aiguë, à des bosselures douloureuses, à une teinte livide ou bleuâtre de la peau qui est lisse et tendue, enfin, à la fluctuation; la femme y ressent en outre une douleur sourde, des battements, et si elle éprouve des mouvements fébriles irréguliers, on acquiert presque la certitude que quelques unes de ces bosselures sont remplies de pus. Dans le cas contraire, trompé par une espèce de fluctuation, on peut plonger la lancette dans l'une de ces bosselures, qui ne laisse échapper qu'un peu de lait et du sang pur, tandis que les autres sont, un ou deux jours après, pleins de pus.

L'inflammation phlegmoneuse du corps de la glande est précédée ou non d'engorgement laiteux. Un et le plus ordinairement plusieurs lobes en même temps ou successivement deviennent le siége d'une douleur sourde et lancinante; ils augmentent de volume et se présentent au palper sous la forme de noyaux à surface inégale; le sein ne prend pas dans son ensemble un développement très considérable, à moins qu'un grand nombre de lobes soient affectés simultanément. Ces noyaux, durs et douloureux, se rencontrent plus particulièrement à peu de distance de l'aréole ou dans la partie la plus déclive de la mamelle. La marche de l'inflammation n'est pas très rapide, et l'invasion successive de plusieurs lobes lui donne souvent une apparence de lenteur remarquable. La résolution, lorsqu'elle a lieu, s'opère assez lentement, et laisse ordinairement pendant quelque temps une sorte d'induration. Mais c'est la suppuration qui est la terminaison la plus ordinaire; elle arrive rarement avant le huitième ou dixième jour. Le pus, en se réunissant en foyer, ne dissout que très imparfaitement l'engorgement; on sent entre les bosselures et les téguments un point se ramollir; puis la peau ne tarde pas à prendre une couleur d'un rouge foncé et à s'amincir. L'inflammation ulcérative met d'autant plus de temps à arriver à l'extérieur que les lobes enflammés sont situés plus profondément. A la face interne, le pus, avant de se frayer des trouées à travers les interstices cellulo-fibreux de la glande ou d'arriver à la circonférence, s'accumule quelquefois en grande quantité dans le tissu cellulaire sous-mammaire. Mais, en général, ces abcès, surtout ceux qui sont dans la profondeur de la glande, s'approchent des téguments sans contenir une très grande quantité de pus. Néanmoins, lorsque l'ouverture est confiée aux seules forces de l'organisme, il se forme assez souvent, aux dépens du tissu cellulo-adipeux sous-cutané, un foyer très étendu. Lorsqu'un seul lobe est enflammé, ou s'il y en a plusieurs et qu'ils entrent simultanément en suppuration, à part des phénomènes locaux plus intenses et une réaction générale plus vive, la marche diffère peu, et la guérison touche à sa fin au bout de quinze jours à trois semaines. Si, au contraire, ce qui arrive souvent, plusieurs lobes sont affectés successivement, la maladie peut avoir une durée fort longue, et mettre plus de deux mois à se terminer. Le plus souvent il ne survient que deux, trois ou quatre abcès. Leur multiplicité, qui est en rapport avec les lobes affectés, ne dépend pas de l'infiltration du pus d'un lobe à l'autre par l'intermédiaire des cloisons cellulo-fibreuses qui s'y opposent au contraire; mais les trajets qu'il se creuse à travers les interstices celluleux finissent souvent par communiquer les uns avec les autres. Dans quelques cas, la glande tout entière semble pénétrée de pus : par la pression ou la succion on en fait sortir, au lieu de lait, par le mamelon, pendant que presque tous les points du sein où l'on plonge le bistouri en laissent échapper.

Les signes locaux et la réaction générale ne laissent pas de doutes sur l'existence d'une inflammation phlegmoneuse, mais il n'est pas aussi facile de constater la présence du pus aussitôt qu'il est réuni en foyers. Lorsqu'il se trouve derrière la glande, dans son épaisseur même, sur un point rapproché de sa surface externe, si la couche cellulo-adipeuse est très épaisse, il est extrêmement difficile d'obtenir la sensation nette de la fluctuation. Et comme la tumeur repose au milieu d'un tissu élastique et dépressible, si on presse la tumeur d'un point à l'autre, il en résulte souvent une sensation très analogue à celle d'une véritable fluctuation; pour atténuer cette difficulté, il faut fixer la tumeur avec les doigts d'une main, en tenant la mamelle tout entière appliquée contre la poitrine, tandis que de l'autre on explore la tumeur. Malgré les précautions que je viens d'indiquer, on est exposé à commettre de temps en temps des méprises, quand on se propose d'ouvrir de bonne heure un abcès profond : aussi faut-il être attentif à observer l'apparition des frissons irréguliers, des sueurs nocturnes, de l'empâtement, d'une tension et d'une rénittence plus prononcées.

Quoique les abcès de la glande mammaire ne se terminent presque jamais par la mort, on ne peut méconnaître qu'ils ne soient assez graves. Dans les cas les plus heureux, c'est une maladie douloureuse qui ne dure guère moins de trois semaines. Mais lorsque l'inflammation est profonde, qu'un plus ou moins grand nombre de lobes sont envahis simultanément ou successivement, ou que les deux seins sont pris, les douleurs, la fièvre, la suppuration amènent un dépérissement considérable ; elle peut même, comme le prouvent des cas observés par Burns et d'autres praticiens, déterminer la mort.

Pour peu que l'inflammation soit intense et ne se termine pas promptement par la résolution, elle met dans la nécessité de suspendre l'allaitement du côté affecté, et s'oppose même le plus souvent à ce que la femme puisse continuer de nourrir. Les douleurs, la fièvre, un régime débilitant amènent bientôt une diminution dans la quantité du lait, qui suffirait pour faire souffrir et dépérir l'enfant ; mais, à ces causes, vient encore s'ajouter son altération par son mélange avec le pus. Sans doute ce dernier n'exerce pas une action délétère, et cela est fort heureux, car l'enfant est très exposé dans les inflammations du sein à prendre du lait altéré par du pus, avant qu'on en soupçonne l'existence, et parce que quelques chirurgiens suivent encore le conseil de confier à l'enfant le soin de dégorger la mamelle malade. Mais il ne peut le faire longtemps sans maigrir rapidement et tomber dans un dépérissement qui ne tarderait pas à être funeste. Quelques faits semblent même prouver que le pus mêlé au lait exerce une espèce d'infection. M. P. Dubois a vu souvent survenir, sous l'influence de cette nourriture, des érysipèles et des abcès gangréneux, particulièrement au scrotum, et la mort arriver avec promptitude (Donné).

Comme moyen préventif, le dégorgement du sein est d'une grande efficacité, et l'on ne doit rien négliger pour l'obtenir. Comme il n'y a pas encore lieu de soupçonner la présence du pus dans le lait, on continue à faire prendre le sein à l'enfant, et s'il ne remplit qu'imparfaitement cette indication, il faut avoir recours en même temps aux moyens artificiels. Mais lorsque l'inflammation phlegmoneuse est franchement déclarée, il y a tout lieu de croire qu'il y aura bientôt du pus mêlé au lait, et l'on fera cesser de suite l'allaitement du côté malade, non seulement dans l'intérêt de l'enfant, mais encore dans celui de la nourrice. Car la succion avec la bouche ou à l'aide de moyens artificiels détermine des douleurs très vives et ne fait qu'activer le travail inflammatoire, en irritant la glande et en entretenant la sécrétion ; tandis qu'en laissant le sein dans le repos, elle diminue rapidement et se tarit comme après la fièvre de lait. Ainsi, une fois que l'inflammation est franchement déclarée, tout en cherchant à détruire la cause, si elle est appréciable, on se bornera à appliquer le traitement antiphlogistique avec plus ou moins de vigueur, suivant l'intensité des symptômes et la force de la malade. Le plus souvent on peut se dispenser d'avoir recours à la saignée du bras; des sangsues en plus ou moins grand nombre sur le point douloureux et engorgé, des cataplasmes qui recouvrent tout le sein, et maintenus de manière à ce qu'il ne soit pas tiraillé par son propre poids, des boissons délayantes, un régime sévère, tels sont les moyens qu'il faut d'abord employer. Dès qu'on soupçonne que au lieu de se résoudre, l'inflammation se termine par la suppuration, il faut renoncer aux émissions sanguines. Quand le pus est réuni en foyer, et qu'on peut apprécier la fluctuation, il faut ouvrir l'abcès. En se conduisant ainsi, on diminue les douleurs, on abrège la période de réaction et la durée totale de la maladie.

C. *Allaitement par une nourrice étrangère.* — Les diverses questions qui s'y rattachent ayant été résolues en traitant de la lactation et de l'allaitement maternel, il ne nous reste qu'à présenter quelques remarques.

Les exclusions que nous avons posées pour les mères sont à plus forte raison applicables aux nourrices, pour lesquelles on se montre généralement plus sévères. Les préférences et les exclusions fondées sur le tempérament et la couleur des cheveux sont des puérilités auxquelles les gens du monde attachent beaucoup d'importance. Sous ce rapport, on ne doit exclure que les dispositions trop tranchées, tels qu'un état lymphatique prononcé, une disposition nerveuse excessive. La condition d'avoir les dents, les gencives belles, n'a généralement d'importance que comme agrément extérieur; il n'y a pas de relation entre l'état de ces parties et la santé générale. Dans beaucoup de pays, les femmes les plus saines et les plus fortes perdent comme les autres en partie leurs dents dans la jeunesse. Mais l'état des gencives et des dents est un juste titre d'exclusion s'il amène une odeur fétide de bouche. Doivent aussi être rejetées, quoique d'une bonne santé et d'une bonne constitution, les femmes dont la transpiration est fétide. Il n'est pas, en général, difficile de reconnaître si une nourrice est d'une bonne constitution et jouit d'une bonne santé; mais les détails qu'elle fournit sur sa santé antérieure, celle de ses parents, ne méritent confiance qu'autant qu'ils peuvent être confirmés par d'autres renseignements moins suspects. Après tout, on n'a guère plus à craindre qu'une femme d'une bonne constitution, bien portante, transmette à son nourrisson des germes de maladies auxquelles elle est elle-même prédisposée par voie d'hérédité, qu'à lui imprimer sa ressemblance, son caractère, etc. Mais cette femme, en apparence bien portante, peut avoir une syphilis constitutionnelle latente, des symptômes secondaires ou primitifs sur quelques parties du corps. Les conséquences de cet état peuvent devenir si fâcheuses pour l'enfant, que le médecin consulté sur le choix d'une nourrice ne saurait mettre sa responsabilité à l'abri de reproche, qu'en se livrant à un examen direct pour constater qu'il n'y a pas de cicatrices aux aines ou des lésions d'un caractère équivoque sur d'autres parties du corps; son examen doit aussi porter sur l'enfant, en se rappelant que c'est presque constamment pendant les deux premiers mois de la vie extra-utérine, le plus ordinairement vers l'âge de six semaines et sous la forme de pustules muqueuses, qu'apparaît la syphilis transmise par la voie de la génération. La santé de la nourrice a le même droit à être protégée contre l'infection que peut lui transmettre un enfant affecté de syphilis.

Nous avons déjà fait connaître les variétés de formes et de développement des mamelles et du mamelon, coïncidant ordinairement avec une sécrétion lactée abondante et un allaitement facile. Plus l'âge du lait est en rapport avec celui de l'enfant, plus il semble convenir. Mais l'état de santé de la femme pendant la période des couches est presque incompatible avec le déplacement et les occupations qui lui sont imposés comme nourrice. Les femmes, dans les meilleures conditions pour nourrir, sont celles dont le lait a de six semaines à quatre mois. Mais on peut, sans inconvénient sérieux, prendre une nourrice accouchée depuis cinq à six mois; la considération que la plupart des femmes sèvrent leurs enfants en prenant un nourrisson, doit être de nature à disposer le médecin à un peu de condescendance. Je dois même dire qu'on voit fréquemment des femmes accouchées depuis huit mois nourrir très heureusement un second enfant; mais il y a des dangers probables qu'il est prudent d'éviter.

Une femme, âgée de dix-huit à trente-cinq ans, qui réunit les conditions qui viennent d'être énoncées, et qui de plus présente un enfant bien portant, gras et fort, nourri exclusivement à la mamelle, doit être considérée comme une bonne nourrice, ayant du lait de bonne qualité et en quantité suffisante. Mais l'usage seul peut prouver s'il convient ou non à l'enfant qui lui est confié; il devient dès lors superflu de chercher à s'éclairer d'avance par des expériences propres à constater sa richesse, sa pauvreté ou ses altérations. L'absence de tout engorgement des mamelles exclut l'idée de la présence du pus dans le lait; le bon état de la santé et de la constitution ne permet pas de supposer qu'il est chargé de colostrum. Pour en constater la richesse et la pauvreté, le microscope, qui ne peut servir à distinguer le lait de la femme de celui la vache, de l'ânesse, etc., est un moyen presque aussi grossier que l'inspection à l'œil nu qui fait reconnaître, dans certaines limites, son plus ou moins de fluidité ou d'opacité et son plus ou moins de richesse. Les moyens plus précis, et jusqu'à certain point rigoureux, comme l'appréciation de la quantité de résidu sec que fournit une once de lait d'après la méthode de Boyssou ; les appareils d'un emploi facile et commode, comme le *lactomètre* de M. Banks, pour mesurer l'épaisseur de la couche de crème ; le *lactoscope* de M. Donné, pour déterminer le degré d'opacité du lait, laquelle est proportionnelle à la quantité du beurre ou de la crème, en nous montrant que le lait examiné est plus ou moins riche en principes nutritifs, ne nous apprend rien qui soit d'une application immédiate. Car du lait peu riche peut mieux convenir à tel enfant que du lait très riche, et celui-ci dans quelques cas paraît fatiguer les organes de la digestion. C'est donc seulement à l'œuvre qu'on peut juger si la femme choisie est bonne nourrice pour l'enfant qu'on se propose de lui faire nourrir. Mais si l'expérience est peu favorable, et que l'enfant, au lieu de profiter, maigrisse sans qu'on puisse l'attribuer à une maladie accidentelle, ces moyens deviennent très précieux pour mettre sur la voie de l'indication à remplir. Le microscope fait reconnaître s'il existe quelques unes des altérations qu'il peut constater, les lactomètres montrent si le lait pèche par excès de pauvreté ou de richesse ; ils peuvent rendre les mêmes services dans le cours de l'allaitement lorsqu'il survient des changements dans la santé de l'enfant, qu'ils coïncident ou non avec des changements dans la santé, les fonctions, les habitudes de la nourrice.

On doit changer le moins possible au régime et aux habitudes des nourrices qui viennent habiter dans les familles des enfants qu'elles nourrissent. Il n'y a pas de régime spécial à suivre, tous les aliments de bonne nature qu'elles digèrent bien leur conviennent ; il y a seulement à surveiller, pour les corriger, les effets du passage d'une alimentation moins substantielle à une alimentation qui l'est davantage, d'un genre de vie différent et plus sédentaire, malgré la précaution de leur faire prendre de l'exercice. Elles doivent être surveillées avec soin, afin de prévenir une grossesse, de reconnaître le plus tôt possible s'il survient des dérangements dans leur santé, si la menstruation reparaît, etc.

En rappelant une partie des précautions et des soins dont sont entourés les enfants élevés au milieu des familles, on ne peut, sans éprouver un pénible sentiment de tristesse, penser à ceux qui sont livrés sans garantie à la merci de la cupidité des nourrices qui les emportent à la campagne. On doit savoir un gré infini à M. Donné d'avoir fait connaître la vérité sur les bureaux de nourrices et les garanties illusoires qu'ils offrent aux familles qui sont dans la nécessité de se séparer de leurs enfants. En faisant appel à l'opinion publique et en sollicitant vivement l'administration de mettre fin à un état de choses aussi déplorable, il plaide en faveur de plusieurs milliers de pauvres enfants qui périssent chaque année misérablement faute de soins et d'une bonne nourriture.

D. Je ne fais que mentionner l'*allaitement par un animal*. C'est particulièrement à la chèvre qu'on s'adresse ; ce mode de nourrir le nouveau-né a été peu employé, il est même à peu près complétement tombé en désuétude. Dans la pensée de quelques médecins, ce serait un moyen avantageux à employer pour traiter les enfants affectés de la syphilis. Mais lorsque la mère peut nourrir, le traitement qui consiste à la soumettre elle-même à l'usage du mercure, soit qu'elle présente des symptômes apparents de syphilis, soit qu'elle n'en présente aucun, a le double avantage de guérir les deux individus, et l'enfant assez rapidement. Il consiste à faire prendre chaque jour à la femme de 2 à 3 centigrammes de proto-iodure de mercure ou de toute autre préparation analogue, divisés en deux ou trois pilules. On voit que l'enfant ne doit en recevoir qu'une quantité extraordinairement petite. C'est donc à une dose extrêmement faible qu'on le mêlerait au lait, si la mère ne pouvait pas nourrir, car il ne serait pas convenable de proposer à une nourrice saine un traitement mercuriel pour soigner un enfant affecté de syphilis ; d'ailleurs on en trouverait difficilement une qui accepterait.

E. *Allaitement artificiel*. — Il est le plus souvent funeste aux enfants délicats, et réussit généralement mal dans les villes ; il ne paraît pas faire courir autant de danger aux enfants de la campagne, et on l'emploie assez souvent dans quelques provinces. Il doit être proscrit ; mais il devient une nécessité pour quelques enfants affectés de vice de conformation des lèvres ou du palais, pour des enfants qui ne savent réellement pas téter, pour d'autres affectés de syphilis ; on est quelquefois forcé d'y avoir recours chez les enfants nés faibles, mais si on ne veut pas sûrement les perdre, il faut avoir à leur disposition une nourrice dont le lait coule facilement, qui puisse leur donner le sein aussitôt qu'ils auront la force de téter. Le lait de vache est le plus ordinairement employé ; celui d'ânesse, auquel on ajouterait un peu de crème, conviendrait le mieux aux enfants nés faibles.

Le lait qu'on destine à l'enfant doit toujours être frais et de bonne nature. Dans le commencement on le coupe dans des proportions variables avec de l'eau d'orge, de gruau, de l'eau panée ; le mélange doit être sucré, et préparé par petites quantités à mesure que l'enfant a besoin de manger, pour éviter tout travail de fermentation. C'est au bain-marie qu'il faut le chauffer ; on le fait prendre avec une petite cuiller, et mieux avec les biberons, destinés à cet usage, qui sont surmontés d'un bout de sein en liége ou en ivoire. Ce que je dis de l'allaitement artificiel ne s'applique qu'en partie au sevrage anticipé : un enfant qui a tété six semaines, deux ou trois mois, s'accommode assez bien de ce genre de nourriture. Le régime lacté, surtout dans les maladies, comporte beaucoup de détails que je passe sous silence. Voyez *Conseils aux mères*, par M. Donné.

II. Soins hygiéniques. — Pour continuer après la naissance, la vie animale a non seulement besoin d'air et de nourriture, mais encore de chaleur, de lumière, de protection, d'abritement, etc. L'absence de conditions hygiéniques et de soins convenables a une large part à la mortalité du nouveau-né, qui est dans la proportion effrayante d'un cinquième pendant la première année, et sensiblement plus grande encore pendant les trois premiers mois. Parmi les influences fâcheuses qu'exercent les agents extérieurs sur le nouveau-né, il faut placer en première ligne les modifications atmosphériques qui ont pour résultat le refroidissement qu'il ne peut supporter sans danger : il résulte des statistiques faites en Belgique par M. Quételet, et en Russie par M. de Gouroff, que la mortalité jusqu'à un mois est doublée dans la saison froide.

L'art, relativement à la calorification du nouveau-né, dont les principes viennent d'être bien exposés par M. P.-L. Hoffmann (*thèse de Paris*, 1842), a trois indications à remplir : 1° modifier, autant que possible, les diverses conditions atmosphériques en remédiant à leurs irrégularités et à toutes les influences nuisibles qu'elles pourraient exercer sur l'enfant ; 2° augmenter la facilité de produire de la chaleur ; 3° maintenir la chaleur produite, en préservant le nouveau-né de l'action directe des agents extérieurs.

1° Il ne doit y avoir pour le nouveau-né ni changement de climats ni succession de saisons ; sa vie, comme l'incubation qui a précédé sa naissance, doit être uniforme jusqu'à ce qu'il ait acquis assez de développement pour qu'on puisse l'habituer peu à peu à des degrés inférieurs de température. Immédiatement après sa naissance, il sera placé dans une atmosphère douce, conservant sensiblement les proportions normales de l'élément respirable. Les cheminées bien disposées suffisent généralement en hiver à son renouvellement, et doivent toujours être préférées aux poêles qui ne chauffent qu'en raréfiant l'air, et en entraînant le refroidissement brusque de l'appartement, toutes les fois qu'il est nécessaire de donner accès à l'air extérieur. On éloignera tout ce qui peut absorber l'oxigène, donner lieu à des émanations putrides; le lit de la mère sera maintenu dans la plus grande propreté. Sans doute, elle ne doit pas y faire coucher habituellement son enfant : il y a à cela des inconvénients et des dangers faciles à concevoir ; mais, outre qu'il est naturel qu'il reste souvent auprès d'elle, il ne faut pas perdre de vue que, pendant les premières semaines, et pendant plus longtemps chez les enfants nés avant terme ou faibles, il n'est pas de chaleur mieux appropriée et plus salutaire que celle de la mère pour compléter l'incubation que leur développement réclame encore.

2° La chambre réunira au plus haut degré les conditions désirables si elle est bien accessible à la lumière, spacieuse, pourvue de croisées larges et élevées regardant vers le midi ou le levant. A moins que le temps soit mauvais ou froid, on les ouvrira le matin, où l'air contenant peu de vapeur, est en général plus salubre qu'à tout autre moment du jour.

3° On ne doit sortir l'enfant que si le temps est beau. Lorsque la température est douce, tiède ou chaude aux degrés qu'elle a dans nos climats par un beau jour d'été, on peut commencer à sortir l'enfant au grand air peu de jours après la naissance; non seulement il ne se refroidira pas, mais la respiration sera plus énergique et plus complète ; l'air sec est un des modificateurs les plus efficaces du tempérament lymphatique de l'enfant, il affermit l'épiderme et resserre les fibres. Toutefois il ne faut pas trop se presser, mais attendre plus longtemps, si l'enfant est faible et né prématurément; car les moindres variations de la température, de l'état hygrométique de l'atmosphère, suffisent pour lui faire contracter une ophthalmie, un coryza, une bronchite, affections auxquelles il est singulièrement prédisposé. En hiver, il est dangereux de sortir les enfants peu de jours après la naissance; il n'est pas douteux que l'usage et la nécessité de les porter de suite à l'église et à la mairie n'aient une certaine influence sur la mortalité. C'est avec raison que Toaldo voulait qu'on ondoyât les nouveaux-nés dans la maison de leurs parents, pendant les mois froids, et qu'on ne les portât à l'église qu'au bout de trente ou quarante jours, et que M. Villermé a proposé de faire constater les naissances à domicile. Mais une fois que l'enfant a quelques mois, à moins de maladies, de temps trop mauvais et trop froid, il faut le promener tous les jours au grand air, en ayant soin de l'entourer de précautions convenables et de le couvrir convenablement suivant la température de la saison. Les enfants qui vivent renfermés, qui habitent des lieux bas et humides où l'air se renouvelle peu, sont généralement pâles, bouffis, moins vifs, d'une physionomie lourde, et leurs tissus sont mous et flasques.

4° Tandis que l'imperfection du pouvoir calorifique exige que l'enfant soit réchauffé, l'œil demande à être protégé contre une lumière trop vive : pendant les premiers jours il ne sera soumis qu'à une faible clarté, qu'on augmente progressivement à mesure qu'il paraîtra se plaire davantage à la lumière, qui lui devient de plus en plus nécessaire, et qui unie à la chaleur solaire n'est pas un modificateur moins important que l'air ; et c'est une des raisons qui doivent engager à sortir tous les jours les enfants au bout de deux à trois semaines en été, et au bout de deux à trois mois en hiver.

5° Ce n'est qu'à l'aide de la chaleur extérieure qu'on peut accroître chez l'enfant le pouvoir calorifique ; mais on ne peut sans danger et sans nuire à la respiration élever la chaleur artificielle des appartements au-delà d'une température douce. L'impression de la chaleur sèche d'un feu clair ne peut être supportée que momentanément ; trop longtemps continuée, elle accroîtrait la réaction de la peau, jusqu'à produire des effets pathologiques. Nous avons déjà dit quel parti on peut tirer de l'insolation après les deux ou trois premiers mois. Dans les conditions de développement ordinaire de l'enfant, ces moyens sont suffisants ; et lorsqu'il y a indication de soumettre tout le corps à une température plus élevée et uniforme, qu'on peut faire passer par tous les degrés du thermomètre, et de réchauffer l'enfant qui montre de la tendance à se refroidir à raison de son développement incomplet ou du peu d'activité de l'action des poumons, les bains chauds, qui ont en même temps l'avantage de maintenir la peau dans l'état de propreté ordinaire, sont les meilleurs moyens à employer pour élever sans inconvénients la température du milieu ambiant à un degré de chaleur égal et même supérieur à la température propre du nouveau-né. Le plus haut degré de chaleur de ces bains ne doit pas sensiblement dépasser la température de l'eau de l'amnios, elle doit rester dans les limites de 35 à 40° centigrades ; le degré le moins élevé doit toujours être sensiblement supérieur à celui du milieu dans lequel vit l'enfant ; ces bains peuvent être renouvelés souvent, mais ils doivent être peu à peu prolongés.

6° Les bains d'eau tiède sont aussi employés comme moyen de

propreté. Mais ils ne pourraient remplir le but qu'on se propose qu'à la condition d'être répétés trop souvent, et on y supplée à l'aide de lotions qui se font avec la main seule, une éponge, un linge ; les régions où elles doivent surtout être pratiquées sont le périné, les mains, les pieds, les aisselles, le visage, même la tête. Comme pour les bains, on ne doit pas y ajouter de liquides excitants. Il faut ensuite essuyer avec soin et promptement l'enfant, en l'entourant de précautions pour que le refroidissement qui suit soit aussi faible que possible.

7° Les vêtements et la couche sont destinés à maintenir chez le nouveau-né la chaleur produite et à s'opposer aux causes de déperdition ; ils forment autour de l'enfant une atmosphère artificielle qui doit l'isoler autant que possible des vicissitudes de l'air extérieur. Nous avons déjà indiqué la manière de le vêtir. Cette espèce de *maillot*, qui n'a plus rien de commun avec l'ancien que le nom, est le vêtement le plus commode pendant les trois ou quatre premiers mois ; car, outre qu'il laisse assez de liberté aux mouvements, il soutient convenablement le tronc ; mais après cette époque, il est avantageusement remplacé par une robe longue. La première enveloppe, c'est-à-dire la chemise, doit être de toile de fil ou de lin usée, et la seconde de laine, de flanelle ou d'un épais coton. Cette seconde enveloppe qui a en outre la propriété d'absorber l'humidité, formera en neutralisant la conductibilité de la première, une barrière puissante entre le froid extérieur.

Lors même que le nouveau-né n'a encore que peu de cheveux, sa coiffure doit être fraîche et légère, parce que la tête est à cet âge le siège d'une grande activité, et est très disposée aux congestions : un simple bonnet de toile, recouvert d'un autre de mousseline, suffit même en hiver pour rester dans la chambre.

8° On ne doit jamais laisser un enfant dans ses déjections, il faut changer la couche et les langes dès qu'ils sont humides ; lorsqu'ils ont été mouillés par l'urine et salis par les matières fécales, ils doivent être lavés à l'eau de lessive, sans cela ils conservent des propriétés irritantes qui concourent avec l'humidité à déterminer des rougeurs. Celles que détermine souvent sur la peau, malgré les soins de changer les vêtements salis et de faire des lotions, le contact des couches imprégnées de déjections, sont ordinairement saupoudrées de lycopode, ou enduites de cérat, d'huile d'amandes douces ; mais la propreté et les bains sont les meilleurs moyens à employer pour les dissiper.

9° La production de la chaleur étant diminuée pendant le sommeil, l'enfant doit être plus spécialement protégé contre le froid extérieur, mais il ne doit être couvert que tout juste assez pour qu'il n'ait pas à souffrir. Son lit doit être grand et profond, garni de balles d'avoine ou de spathes de maïs ; on emploie également des couches de fougère, une zostère foliacée, etc. ; substances préférables aux matelas de crin, à la plume, qu'on ne peut pas renouveler assez souvent, et qui s'imprègnent de mauvaises odeurs. Les rideaux doivent être élevés, d'une étoffe légère, et disposés de façon que l'air puisse circuler librement autour de l'enfant.

10° Les personnes chargées d'appliquer les moyens propres à prémunir l'enfant contre l'influence des agents extérieurs, dépassent souvent le but, c'est-à-dire qu'elles le laissent dans une atmosphère trop chaude, insuffisamment renouvelée ; qu'elles le couvrent trop dans son lit ou sous ses vêtements ; il en résulte bientôt de la fatigue, du malaise, et même des accidents.

11° Il est très important de ne pas laisser prendre à l'enfant de mauvaises habitudes qui deviennent une cause fréquente de cris ; il faut aussi faire cesser celles qu'il a contractées, et on y arrive en quelques jours. Il prend facilement l'habitude de rester éveillé dans le lit et de s'endormir sans qu'on reste près de lui, ou qu'on le tienne sur les genoux.

FIN DU SECOND ET DERNIER VOLUME.

TABLE DES MATIÈRES

CONTENUES DANS LE SECOND VOLUME.

                                                            Pages

LIVRE QUATRIÈME (Suite) 1

CHAPITRE II. De la dystocie (accouchement vicieux). . . . . *ib.*

   Considérations générales. *ib.*

   SECTION I. Dystocie par vice des forces expultrices.—Expulsion du fœtus accidentellement entravée dans les conditions où l'accouchement est ordinairement naturel 5

     I. Accouchement trop prompt. . . . . *ib.*

     II. Défaut et irrégularité dans l'action de l'utérus, 8 ; faiblesse, lenteur des contractions utérines, *ib.*; indications, 13 ; emploi de l'ergot de seigle, etc., 15.

        Action contractile de l'utérus entravée ou restreinte, 20 ; par un état de pléthore, 25 ; par un état de surexcitation nerveuse, 26 ; par des troubles gastriques, *ib.*; par des actions morbides diverses, 29 ; par les douleurs de reins, 29 ; par un excès de sensibilité, un état de congestion, d'irritation inflammatoire de l'utérus, 30 ; par divers états du col, 32, tels que sa rigidité, son épaisseur, l'étroitesse de son orifice, 33 ; sa sensibilité, son irritation, son gonflement inflammatoire, œdémateux, 37 ; distension exagérée du segment inférieur de l'utérus et déviation de l'orifice utérin, 39 ; travail ralenti pendant la période d'expulsion par les dernières résistances du col, 44 ; par l'étroitesse, la rigidité, l'irritation du vagin, 45 ; par la résistance du périnée, l'étroitesse et la rigidité de la vulve, 46 ; par l'accumulation de l'urine dans la vessie, 51 ; par des engorgements phlegmoneux sur le trajet du canal vulvo-utérin, *ib.*

        Action partielle, spasmodique de l'utérus, 52 ; rétraction du corps, *ib.*; du col, 54.

     III. Expulsion du fœtus accidentellement entravée dans les conditions de l'accouchement naturel 60

        Présentation du crâne : le mouvement de rotation ne s'opère pas, 1° dans les positions occipito-antérieures, 62 ; 2° dans les positions occipito-postérieures, 63 ;— présentation irrégulière déviée ou inclinée du crâne, 66 ; *A.* variété pariétale, 68 ; *B.* variété frontale, 73 ; *C.* variété occipitale, 75.

Présentation de la face, 76; — anomalie dans le mouvement de rotation, 76; — présentation inclinée, déviée de la face, 79; — présentation de l'extrémité pelvienne. 80. — Rapport trop exact entre le fœtus et le bassin dans les conditions normales, 81.

SECTION II. Dystocie par suite de la présentation du tronc, de la chute du cordon, du prolapsus des membres au-dessous de la partie qui se présente, de la présence de jumeaux isolés, adhérents, d'états pathologiques divers du fœtus 82

I. *Présentation du tronc :* épaule droite, épaule gauche, 82; fréquence, 85; causes, 86; diagnostic, *ib.*

Mécanisme de l'expulsion spontanée dans ses différents modes, 89; — version céphalique, ou réduction spontanée de la tête à l'entrée du bassin, *ib.*; — version pelvienne spontanée, 93; — évolution pelvienne spontanée, 94; — pronostic, 97; — indications dans les cas simples, 99; — version céphalique, 105; — indications dans les cas où la version pelvienne rencontre des difficultés, 107; et dans les cas où elle est impraticable, 112.

II. Procidence, prolapsus ou chute du cordon ombilical. . . 114

III. Brièveté et entortillement du cordon ombilical 120

IV. Procidence d'un ou de plusieurs membres à côté de la partie qui se présente. 125

V. Jumeaux isolés 129

VI. Jumeaux adhérents 132

VII. Hydrocéphalie 135

VIII. Hydrothorax et ascite 137

IX. Tumeurs et lésions diverses 138

SECTION III. Dystocie par vices de conformation du bassin et par états morbides divers de la mère préexistant à la grossesse et au travail de l'accouchement. 140

I. De l'accouchement dans le cas de rétrécissement du bassin, *ib.*; — effets des contractions utérines sur la tête du fœtus et sur les parties de la mère, 141; — indications, 151 : 1° quand le plus petit diamètre du bassin conserve au moins 94 millimètres (ou 3 pouces 1/2), 152; 2° quand le plus petit diamètre du bassin conserve 94 millimètres (3 pouces 1/2) au plus, et 67 millimètres (2 pouces 1/2) au moins, 156; 3° quand le diamètre le plus rétréci est au-dessous de 67 millimètres (2 pouces 1/2), 162.

II. De l'accouchement dans le cas de tumeurs des parties molles du bassin 163

A. Tumeurs situées en dehors du canal vulvo-utérin, 164; — tumeurs de l'ovaire, 165; — tumeurs développées dans le tissu cellulaire du bassin, 167; — calculs, tumeurs de la vessie, 169 ; — tumeurs du rectum, 170 ; — hernie périnéale, *ib.*

B. Tumeurs situées dans le conduit vulvo-utérin, 171 ; — tumeurs du corps et du col de l'utérus, *ib.* ; — tumeurs pédiculées, 172 ; enkystées, 173 ; fibreuses, *ib.* ; fongueuses, 174 ; engorgement squirrheux, cancer du col utérin, 175 ; — tumeurs du vagin, polypes, corps fibreux, kystes, squirrhe, 177 ; — entérocèle et épiplocèle vaginale, *ib.* ; — cystocèle vaginal, 178 ; — tumeurs de la vulve, inversion du vagin, 179 ; — œdème des grandes lèvres, 180 ; — tumeurs diverses, *ib.*

III. De l'accouchement dans le cas de rétrécissement et d'oblitération de quelques points du conduit vulvo-utérin, *ib.* ; — oblitération de l'orifice externe du col utérin, *ib.* ; agglutination par une exsudation pseudo-membraneuse, 181 ; — oblitération par cicatrisation de l'orifice externe du col, *ib.* ; — rétrécissement, oblitération du vagin, 183 ; — rétrécissement, oblitération de la vulve, 185.

IV. De l'accouchement dans quelques cas de vices de conformation des parties génitales. 186

V. De l'accouchement dans les cas de déplacement de l'utérus, 187 ; — obliquités de l'utérus, *ib.* ; — hernies de l'utérus, 190 ; — prolapsus de l'utérus, 191.

VI. De l'accouchement dans le cas de maladies aiguës et chroniques. 192

Section IV. Dystocie accidentelle. — Convulsions. — Hémorrhagies utérines. — Ruptures de l'utérus, du vagin, etc. . . 194

I. Convulsions puerpérales, *ib.* ; — convulsions sans forme déterminée, *ib.* ; — hystérie puerpérale, 196 ; — catalepsie puerpérale, 199.

Éclampsie, 200 ; — causes, 202 ; — prodromes, 206 ; — symptômes, 207 ; — son influence sur la grossesse et le travail, 211 ; — terminaisons et complication, 214 ; — nature, pronostic, 216 ; — indications diverses, 218 ; *a.* pendant le travail, 222 ; *b.* pendant la grossesse, 225.

II. Hémorrhagie utérine pendant les derniers mois de la grossesse et pendant le travail de l'accouchement, 228 ; — conditions anatomiques et physiologiques, *ib.* ; — causes prédisposantes et accidentelles, indépendantes du lieu d'insertion du placenta, 230 ; — insertion du placenta sur le col considérée comme cause d'hémorrhagie, 235 ; — prodromes, symptômes, marche et terminaison, 241 ; — hémorrhagie externe indépendante du lieu d'insertion du placenta, 244 ; — hémorrhagie interne, *ib.* ; — hémorrhagie par insertion du placenta sur le col, 252 ; — indications, 266 ; — moyens communs, 267 ; — moyens spéciaux, seigle ergoté, 269 ; — tamponnement, 270 ; — perforation des membranes, 272 ; — accouchement forcé, 275 ; — tableau synoptique du traitement de l'hémorrhagie utérine, 278.

III. Ruptures de l'utérus et de la partie supérieure du vagin, 279; — ruptures de l'utérus pendant la grossesse, *ib.*; — ruptures de l'utérus et de la partie supérieure du vagin pendant le travail, 283; — siége, 284; — causes, 288; — symptômes, 291; — terminaison et complications, 294; — indications, 297; le fœtus étant resté dans l'utérus, *ib.*; le fœtus étant passé en partie ou en totalité dans la cavité abdominale, 298.

IV. Ruptures de la portion périnéale et vulvaire du vagin, 301; — rupture centrale du périnée, 302; — déchirures vulvo-périnéales, 307.

V. Thrombus de la vulve et du vagin 316

VI. Rupture de quelques unes des veines distendues pendant la grossesse, 325; — rupture des veines du bassin, 326; — rupture des veines variqueuses de la vulve et du vagin, *ib.*; rupture des veines superficielles des membres inférieurs, 327.

VII. Ruptures diverses 328

VIII. Épuisement des forces. . . . . *ib.*

CHAPITRE III. Obstétrique opératoire. 330

SECTION I. Version pelvienne. — Extraction du fœtus à l'aide de la main. . . . . *ib.*

De la version considérée d'une manière générale, *ib.*; — conditions qui permettent de pratiquer la version, 331; — soins préliminaires, 332; — manuel opératoire, introduction de la main, 334; — évolution, 337; — extraction, 339.

Circonstances qui peuvent rendre la version difficile ou impraticable, 346; — étroitesse de la vulve, *ib.*; — dilatation incomplète, résistance de l'orifice utérin, insertion du placenta sur le col, *ib.*; — rétraction violente de l'utérus, 347; — la partie qui se présente étant trop profondément engagée dans le bassin, 348; — mobilité de l'utérus, 349; — confusion des membres, *ib.*; — difficulté de l'évolution, 350; brièveté du cordon, *ib.*; — difficulté dans l'abaissement des bras, 351; — arrêt de la tête, 352.

I. De la version dans la présentation du crâne, 357; — procédé opératoire dans les positions occipito-iliaques gauches, 361; — dans les positions occipito-iliaques droites, 363.

II. De la version dans la présentation de la face. 364

III. De la version dans la présentation du tronc, 365; — procédé opératoire dans la première position de l'épaule droite, ou céphalo-iliaque gauche, 366; dans la seconde position de l'épaule droite, ou céphalo-iliaque droite, 367; — procédé opératoire dans la première position de l'épaule gauche, ou céphalo-iliaque gauche, 368; dans la seconde position de l'épaule gauche, ou céphalo-iliaque droite, *ib.*

IV. Du dégagement de l'extrémité pelvienne à l'aide de la main, 369.

DES MATIÈRES. 845

Pages.

SECTION II. Du forceps. — Du levier. — Du crochet mousse. . . 374
Du forceps, *ib.*; — mode d'action du forceps, 373; — conditions qui permettent l'application du forceps, 374; — tableau comparatif des accouchements terminés par le forceps et la craniotomie dans les principaux établissements publics en France, en Angleterre et en Allemagne, 386; — soins préliminaires à l'application du forceps, 388; — règles générales de l'application du forceps, *ib.*

I. Application du forceps dans la présentation du crâne, 401; — au détroit inférieur et dans l'excavation du bassin, *ib.*; — dans la position occipito-pelvienne, *ib.*; — dans la position occipito-sacrée, 403; — dans la position occipito-cotyloïdienne gauche, *ib.*; — dans la position occipito-sacro-iliaque droite, 405; — dans la position occipito-cotyloïdienne droite, *ib.*

II. Application du forceps dans la présentation de la face, 409; — positions mento-antérieures dans l'excavation, au détroit supérieur, 411; — positions mento-postérieures dans l'excavation, au détroit supérieur, 412.

III. Application du forceps sur la tête retenue dans les parties après la sortie du tronc, 414; — dans les positions occipito-antérieures, 415; — dans les positions occipito-postérieures, 417.

IV. Du levier et de ses usages. 418

V. Du crochet mousse et de ses usages. 421

SECTION III. De l'embryotomie. 423
Craniotomie, 424; perforation du crâne, 425; écrasement de la base du crâne (céphalotripsie), 428; — section du cou du fœtus, 441.

SECTION IV. De la provocation artificielle de l'accouchement avant terme. 444
I. Accouchement prématuré artificiel, *ib.*; — procédés opératoires, 465; emménagogues, *ib.*; tamponnement, 466; ponction de l'œuf, 467; introduction d'un corps étranger dans le col, 469.

II. Avortement provoqué. 470

SECTION V. De la symphyséotomie. 473

SECTION VI. De l'opération césarienne. 496

CHAPITRE IV. De la délivrance. 540
SECTION I. De la délivrance naturelle. . . . . *ib.*
Conduite à tenir après la délivrance, 545; — soins que réclame la femme immédiatement après la délivrance, 548.

SECTION II. De la délivrance artificielle et compliquée. . . 549
I. Persistance de l'adhérence du placenta par défaut de contractilité de l'utérus, 521; — adhérence anormale du placenta, 522.

II. Rétention du placenta décollé, 528; — rétention simple, *ib.*; — rétention du placenta par la rétraction spasmodique de l'utérus, 529.

III. Phénomènes consécutifs à la rétention du placenta détaché ou adhérent, 534; — expulsion tardive du placenta, *ib.*; — résorption putride du placenta, 537; — absorption putride du placenta, 538.

IV. Hémorrhagie utérine après l'accouchement, 540; — mode de production, *ib.*; — causes, 542; — symptômes, 543; diagnostic, 545; — marche et terminaison, 547; — traitement, 548; compression de l'aorte, 549; hâter la délivrance, 556; — exciter l'utérus à se contracter, 557; s'opposer à l'afflux du sang vers l'utérus, 560; moyens mécaniques appliqués à l'intérieur pour s'opposer à l'extravasation sanguine, le tamponnement, 562; — transfusion du sang, 565.

V. Renversement de l'utérus. 566

LIVRE CINQUIÈME. De la femme en couches, du nouveau-né, des soins qu'ils réclament et des états morbides qui leur sont propres. 582

CHAPITRE I. État puerpéral. — Maladies puerpérales. . . . . . *ib.*

SECTION I. État puerpéral, soins qu'il réclame. . . . . *ib.*

I. État puerpéral considéré dans ses phénomènes naturels, *ib.*; — refroidissement général, 583; — sentiment de lassitude, *ib.*; — prédisposition au renouvellement de l'excitation et de l'irritabilité de l'utérus, *ib.*; — tranchées utérines, *ib.*; — lochies, 584; — retour de l'utérus à l'état antérieur, 587; — fièvre de lait, 589.

II. Soins que réclame la femme en couches 593

SECTION II. Maladies puerpérales à la suite des couches. . . . 597

I. Rétention d'urine, paralysie de la vessie, du rectum . . . 598

II. Contusion des plexus et des troncs nerveux du bassin. . . 599

III. Inflammation traumatique simple et gangréneuse du vagin et de la vulve. 600

IV. Fièvre éphémère des femmes en couches. 602

V. Péritonite puerpérale, 604; — caractères anatomiques, 605; — nature, 620; — invasion, 626; — symptômes, 628; — marche, durée et formes, 636; — complications, 643; — diagnostic, 644; — pronostic, 645; — étiologie, 647; — indications, 660; émissions sanguines, 664; vomitifs, 666; purgatifs, 669; préparations mercurielles, 671; camphre, 672; essence de térébenthine, 673; sudorifiques, *ib.*

VI. Métrite puerpérale, 675; — caractères anatomiques, *ib.*; — symptômes, 678; — formes et marche, 679; — indications, 691.

DES MATIÈRES. 847

Pages.

VII. Ovarite puerpérale. 692
VIII. Abcès phlegmoneux intra-pelviens puerpéraux. . . . 694
   Phlegmon et abcès de la fosse iliaque, 696 ; — symptômes, marche et terminaisons, 697 ; — diagnostic, 702 ; — indications, 704.
   Abcès phlegmoneux puerpéral du petit bassin. 705
IX. Inflammation des symphyses du bassin, 742 ; de la symphyse pubienne, 743 ; de la symphyse sacro-iliaque, 744.
X. *Phlegmatia alba dolens*, 716 ; — causes, 717 ; — symptômes, marche, terminaison, 718.
XI. Manie puerpérale. 728

CHAPITRE II. Du nouveau-né et des soins qu'il réclame. . . 732
  Section I. Des premiers phénomènes de la vie extra-utérine et des soins immédiats à donner au nouveau-né à l'état de santé. —Des maladies du nouveau-né liées à l'accouchement. . . *ib.*
   A. Premier phénomène de la vie extra-utérine, *ib.* ;—établissement de la respiration, 733 ; — changements que la respiration détermine dans la cavité thoracique, les poumons, 737 ; — changements que la respiration détermine dans la circulation, 738 ;—dans les autres fonctions, 740 ;—coloration du nouveau-né, *ib.* ; — chute du cordon ombilical, *ib.* Exfoliation de l'épiderme, 744.
   B. Soins immédiats à donner à l'enfant né bien portant, 745; — section et ligature du cordon, *ib.* ; — nettoyer l'enfant, 748 ;— bandage ombilical, *ib.* ;— habillement, *ib.*
   C. Secours à donner à l'enfant né dans un état de mort apparente, 749 ;—ce qu'on entend par le mot mort apparente, *ib.* ;—ses espèces, 752 ;—ses causes, 753 ; — indications, 764.
   D. Diverses lésions déterminées par la compression du fœtus pendant l'accouchement, 768;—épanchement sanguin dans la cavité du crâne et congestion cérébrale, *ib.* ; — fractures des os du crâne, 772 ;—cephalœmatome, 774 ;—caractères et variétés relatives au siège, 775 ;—terminaison, 778 ; — diagnostic, 779 ; — étiologie, 780 ; —indications, 783 ; — hémiplégie faciale, 784 ; — paralysie du deltoïde, 785 ; — fracture du maxillaire inférieur, de la clavicule et des os des membres, 786.
   E. Faiblesse congéniale et établissement incomplet de la respiration, 786 ;— caractères anatomiques, 789 ;—diagnostic, 793 ;—indications, *ib.*
   F. Vices de conformation du nouveau-né, 794 ;—imperforation du rectum, 796 ;—imperforation des organes génito-urinaires, 799 ;—division congéniale des lèvres, de la voûte du palais, *ib.* ;— filet, 800.
  Section II. Allaitement et soins hygiéniques. 804

A. Lactation, 801 ; — colostrum, ses caractères physiques et microscopiques, 802 ; — lait, ses principes immédiats, 803 ; ses caractères microscopiques, *ib.* ; — tableau comparatif de la composition des différentes espèces de lait, 804 ; — causes de la sécrétion du lait, 805 ; — causes qui favorisent son excrétion, 806 ; — durée de la lactation, *ib.* ; abondance de la lactation, 807 ; — cause qui fait varier la quantité et la qualité de la sécrétion, *ib.* ; — influence de l'alimentation, 808 ; — influence des émotions morales, 809 ; — influence de la lactation sur les fonctions génitales, *ib.* ; — influence de la menstruation sur la lactation, 810 ; — influence de la grossesse sur la lactation, *ib.* ; — agalactie, *ib.* ; — galactirrhée, 812 ; — altération du lait, 813 ; — influence de la lactation sur la santé de la femme, *ib.*

B. Allaitement, 814 ; — mécanisme de l'allaitement, *ib.* ; — allaitement maternel, 815 ; — conditions qui contre-indiquent l'allaitement maternel, 816 ; — conditions qui indiquent que la mère peut nourrir, 817 ; — difficultés de l'allaitement chez les primipares, et moyen d'y remédier, 818 ; — comment l'allaitement doit être réglé, et précautions à prendre dans l'intérêt de la mère et de l'enfant, 819 ; — époque où l'on doit commencer à faire prendre à l'enfant autre chose que du lait, 820 ; — sevrage, *ib.*

Altérations du lait, 821 ; — insuffisance et pauvreté, *ib.* ; excès de richesse, 822 ; — altération du lait par les éléments du colostrum, *ib.* : — gerçures du mamelon, 822 ; — engorgement laiteux des seins, 824 ; — inflammation phlegmoneuse du sein, 826.

Allaitement par une nourrice étrangère, 832 ; — choix d'une nourrice. . . . . *ib.*
Allaitement par un animal. 835
Allaitement artificiel. . . . . *ib.*
Soins hygiéniques, 836 ; — conditions de l'atmosphère, *ib.* ; — de la chambre, 837 ; — température, *ib.* ; — promenades, *ib.* ; — chaleur artificielle, 838 ; — bains, *ib.* ; — lotions, *ib.* ; — vêtements, 839 ; — soins de propreté, *ib.* ; — lit, 840.

FIN DE LA TABLE DU SECOND ET DERNIER VOLUME.

www.ingramcontent.com/pod-product-compliance
Lightning Source LLC
Chambersburg PA
CBHW070901300426
44113CB00008B/910